# 1001 DAYS
## THAT SHAPED THE WORLD

Moeris

# 1001 DAYS

## 죽기 전에 꼭 알아야 할 세계 역사

피터 퍼타도 책임편집

마이클 우드 서문편집

김희진 · 박누리 옮김

◀ 1945년 8월 6일 오전 8시 15분, 히로시마.

1001 DAYS
THAT SHAPED THE WORLD



# 죽기 전에 꼭 알아야 할 세계 역사 1001 Days

책임 편집자 피터 퍼타도
서문 편집자 마이클 우드
옮긴이 김희진, 박누리

초판 1쇄 2009년 8월 20일
2판 1쇄 2020년 12월 28일

펴낸이 이상만
펴낸곳 마로니에북스
등 록 2003년 4월 14일 제2003-71호
주 소 (03086) 서울특별시 종로구 동숭길 113
전 화 02-741-9191(대)
편집부 02-744-9191
팩 스 02-3673-0260
홈페이지 www.maroniebooks.com

*책값은 뒤표지에 있습니다.

ISBN 978-89-6053-601-2(04080)
978-89-6053-600-5(set)

Printed in Singapore

# Contents

# 서문

## 마이클 우드, 역사가이자 방송인

지난해 나는 모술 외부를 도는 미군 경비대 차량을 얻어 타고 이라크 쿠르디스탄을 돌아볼 기회가 있었다. 나의 목적은 역사적인 탐구였다. 새벽이 밝아오며 여름 더위가 치솟았고 방어복을 껴입은 우리는 중무장한 비좁은 군사 차량 안에서 이내 땀투성이가 되었다. 우리는 티그리스 강을 건넜고 구약성서와 아시리아의 왕들, "양떼를 습격하는 한 마리 늑대처럼 덤벼든" 페르시아인과 메디아인의 기억이 서려 있는, 폐허가 된 니네베의 성문을 지나쳤다. 바빌론으로 향하는 오래된 길에 접어들자, 주변의 모든 곳에서 층층이 쌓인 이라크의 역사를 볼 수 있었다. 아시리아인과 몽골인, 그리고 결코 그 중대성이 떨어진다고 할 수 없는 현대의 이라크 해방 작전에 이르기까지 여러 차례 전투의 기억이 어린, 아시리아와 그리스, 기독교, 무슬림 등의 역사를 말이다. 관측용 창을 통해 밖을 내다보면서, 나는 나도 모르게 그 역사가 진정으로 살아 있다는, 역사는 항상 지금 이곳에 있는 것이 틀림없다는 생각에 잠겼음을 깨달았다.

모술 너머에는 평원에 우뚝 솟아 있는 거대한 갈색 산괴(山塊)가 있다. 자발 마클루브, 그러니까 '위아래가 뒤집힌 산'으로, 이라크의 기독교도들은 알파프, 즉 '천 명의 성인들의 언덕'이라 부른다. 그날 오후 우리는 이 산꼭대기로 걸어 올라가 쿠르디스탄의 산지 너머로 보이는 서사시적인 정경을 만끽했다. 발치 아래로 펼쳐진 말라 버린 강바닥 옆의 넓은 평원 한가운데에는 경사가 가파른 고대의 흙무덤이 있었다. 현재 텔 고멜이라 불리는 이 흙무덤은 한때 오래된 도시였으며, 우리가 서 있는 산인 가우가멜라, 즉 '낙타의 등'에서 그 이름이 유래했다. 우리는 알렉산드로스가 최대의 전투를 치렀던 장소, 그리스인들이 훗날 주장하던 바에 따르면 전투로 단련된 그리스인 4만 9천 명이 페르시아 황제 다리우스가 이끄는 1백만에 가까운 군사를 쳐부순 바로 그곳을 내려다보고 있었다. 이 전투로 알렉산드로스는 '아시아의 주인'이 되었으며 세계는 돌이킬 수 없는 변화를 겪었다. 그날은 기원전 331년 10월 1일이었다.

60년대 말 내가 학생이었던 시절에는 중대한 사건과 역사 속에서 개인의 역할을 지나칠 정도로 중요하게 여기는 것이 통념이었다. "죽기 전에 꼭 알아야 할 세계 역사"라는 개념은 말할 필요도 없이 당연했다. 반면 좌익 역사가들은 정말로 역사를 형성한 것은 사회 운동이나 프롤레타리아 같은 더 깊은 차원의 힘이라고 주장했다. 얼마 후 지중해 문명에 관한 페르낭 브로델의 뛰어난 저서가 우리에게(내가 보기에는 훨씬 설득력이 있었는데) 역사는 여러 다른 수준으로 존재한다는 것을 알려 주었다. 기저에는 풍경이나 기후 같은 '오래 지속되는' 역사가 있으며, 인류 역사의 장기적이고 뿌리 깊은 패턴은 이를 기준으로 적응해 나간다. 이 위에는 여러 문명의 흥망성쇠라는 층이 덮여 있다. 세 번째 수준에 와서야 '사실로서의 역사', 역사의 표면을 잠시 동안 밝히는 덧없는 반딧불이라 할 수 있는 단순한 사건들이 존재한다. 나는 브로델이 옳다고 확신한다. 그럼에도 불구하고 알렉산드로스 같은 사람들, 그리고 가우가멜라 전투가 벌어졌던 그러한 날이 역사를 바꾸었음은 역시 논란의 여지가 없는 일이라고 여긴다.

이 선집이 매혹적인 것은 바로 그런 이유 때문이다. 아이디어는 단순하다. 인류 역사 속에서 가장 중요한 1001가지 순간을 상세한 이유를 곁들여 나열한 목록인 셈이다. 사건뿐만이 아니라 사상, 발명, 예술적인 창조 등의 순간도 담았다. 이 책의 많은 이야기는 나로 하여금 여러 해에 걸쳐 역사를 탐구했던 내 여행의 기억을 떠올리게 했다. 학생 시절 한니발의 칸나이 전투지를 찾아가기 위해 이탈리아 남부를 쏘다니거나, 이수스를 찾아 터키 남부 해안을 돌아다녔던 기억 말이다. 대학 방학 중이던 한번은 알레시아에서 율리우스 카이사르가 처음에는 베르킨게토릭스를 포위하고 다음에는 그를 목 졸라 죽였던 자리 옆인 거대한 참호의 희미한 흔적이 아직도 남아 있는 것을 발견하고 놀랐던 기억이 난다. 1520~1521년의 멕시코 점령이 남긴 실질적인 흔적을(구전 전설이라도 좋으니) 찾아보기 위해 폐허가 된 멕시코시티 교외를 헤매고 돌아다니던 추억도 빼놓을 수 없다. 애덤 스미스는 이를 역사에서 가장 중대한 사건이라 생각했으며, 이를 기점으로 스페인의 중앙아메리카 정복이 시작되었던 것이다.

또 다른 흥미로운 면모는 책을 읽다 보면 떠오르는 역사적인 동시성이다. 칼 야스퍼스가 '축의 시대'라 명명한 개념을 예로 들어 보라. 부처, 공자, 노자, 초기 그리스 철학자들, 구약성서의 예언자 일부는 모두 같은 시대에 살아 있었을 수 있다. 이러한 사실이 인류 사상사에서 의미하는 바가 무엇인지는 여전히 격렬한 논란의 대상이다. 책 속에서 드러나는 다른 동시성도 역시 놀랍다. 7세기는 두 종교의 흐름이 격변한 시기이다. 예언자 무함마드가 사망했고(서기 632년), 무슬림 아랍 군대가 아라비아 반도에서 쏟아져 나와 역사의 흐름을 변화시켰다. 그리고 현장 법사는 역사 속에서 가장 위대하다고 할 만한 문화적 사명을 받들고 카슈미르에 도달했다. 바로 불교의 핵심 경전을 중국으로 가져가려는 목적이었다. 이후 불교는 아마 세계의 다른 어떤 종교보다도 더 많을, 엄청난 수의 신도를 얻었다.

물론 이 목록은 우리 시대에 해당하는 것이다. 몇 세대가 지나 인도와 중국이 세계 강대국으로 돌아가고 아시아가 다시 한 번 변화의 원동력이 되면, 미래의 역사가들은 이 목록을 고쳐 쓰고 우리가 눈치 채지 못했던 역사의 흐름을 목격할지도 모른다. 오늘날 우리는 보지 못하지만, 그들의 시대에 해당하는 선례를 찾으면서 말이다. 그러나 결국 그 또한 역사의 끊임없는 매혹 아닌가? 역사는 결코 정지하지 않으며, 항상 변화하고, 그날 저녁 이라크 북부 '낙타의 등'에서 내가 깨달았듯이, 가장 흥미로운 것은 항상 지금 여기서 일어난다는 점이다. 호기심을 자극하는 이 근사한 책의 매력 또한 바로 그것이다.

Michael Wood

# 소개

## 책임 편집자 피터 퍼타도

하루 종일, 매일매일, 세계 모든 곳에서 사건은 벌어진다. 사람들은 대규모로건 소규모로건 사고 팔고, 건설하고 파괴하고, 전투와 협상을 벌이고, 살고 죽으며, 이 모든 행동은 독자적인 사건이다. 그리고 세계는 대부분의 경우 감지할 수 없는 정도이긴 하지만 이따금 극적인 정도로, 조금씩 변화한다.

매일매일, 세계 모든 곳에서, 사람들은 이 혼란스러운 다수의 사건을 목격하고 그 일부를 기록하고, 거기서 일정한 패턴을 찾아내고, 어떤 것이 중요하고 어떤 것이 덜 중요한지 가려내려고 노력한다. 그들은 무질서한 사건들을 주시하고, 거기에서 의미를 찾아내려고—혹은 부여하려고—노력하며, 그것을 바탕으로 이야기를 구성하려고, 그리고 흥미를 느낄 법한 다른 이들의 주목을 끌게 하려고 노력한다. 한 가지 결과물이 일간 신문이나 뉴스 보도 방송으로, 이는 우리에게 정보를 전달하고, 교육을 시키고 흥미를 유발하려는 목적에서 매일 일어나는 수많은 일들 중 아주 작은 일부를 정리하고 우선순위를 매겨 설명해 준다.

혼란에 질서를 부여하는 일은 간단한 일이 아니며, 결코 완벽하거나 완전할 수 없다. 기자가 발견하는 것은 진실의 일부에 불과할 수 있고, 중대한 세부사항은 감춰져 있거나 간과될 수 있으며, 사건들 간의 연계—그 의미—는 너무 포괄적이거나 복잡해서 누구도 포착하지 못할 수 있다. 우리가 사건에 대해 품고 있는 선입견에 비추어 볼 때 진상이 불쾌한 것이기 때문에 이를 무시하거나 은폐할 가능성도 있다. 따라서 다양한 기자들이 모두 각자의 다른 관점에 입각하여 작업하고 있으며, 우리 소비자들은 하루의 사건들 중에서 우리에게 가장 편안하거나 유용한 버전을 취사선택하고 있다.

의미를 찾는 데 있어서 핵심적인 관점 중 하나는 원인과 결과의 사슬을 풀어내는 것, 현재 일어나고 있는 일과 과거에 기록되었던 일 사이의 연결고리를 찾는 것이다. 어떤 이들은 이러한 탐색에 몰두하여 과거 속으로 점점 더 깊이 빠져 들어가, 실제로 일어났던 일을 밝혀내는 데에 멈추지 않고 사건들 간의 관계를 명확히 짚어내고 하나의 사건이 다른 사건에 어떤 방식으로 영향을 주었는지를 신중하게 알아내고자 노력한다. 그 결과가 역사인 것이다.

역사학자들은 항상 인과 관계를 두고 논란을 벌여 왔다. 세계가 변화한다는 것은 명확하지만, 정확히 어떻게 변화하는 것일까? 어떤 이들은 기저에 놓인 힘, 즉 변화의 굵직한 패턴을 형성하여 작은 규모의 사건들을 모두 포괄하는 경제적, 문화적 혹은 지적인 동향에 강조점을 둔다. 한편 부수적인 사건이며 우연이 가져온 효과, 인간의 성격과 실수에 주안점을 두는 이들도 있다. 20세기 중반에 일어난 유럽의 대전은 몇 십 년 혹은 몇 백 년 전으로 거슬러 올라가는 긴장 관계와 역사적 동향의 결과물일까, 아니면 단 한 사람의 세계관이 낳은 소산일까? 이러한 질문을 던지는 것 자체가 그 선택이 얼마나 그릇된 것인지를 입증한다. 둘 중 하나를 선택하는 것이 아니라, 둘 다 고려해야 하는 문제인 것이다.

과거의 인간 드라마를 지켜보며 느끼는 기쁨 중 하나는 그 범위가 얼마나 넓은지, 그중 다수가 얼마나 기억할 만한 일인지 깨닫는 것이다. 인간의 모든 삶이 거기에 있다. 그리고 역사가 그 무엇보다 웅장한 무대를 제공해 준다고 한다면, 그 무대를 주름잡는 등장인물 다수는 실제보다 거대한 모습이다. 괴물이든, 영웅이든, 자신의 능력 밖의 상황에 처한 절망적인 실패자이든, 각자 야망과 결점을 지니고 있던 과거의 주인공들은 가장 뛰어난 극작가의 상상의 한계조차 뛰어넘는 놀라운 장면을 선사한다. 우리가 그 드라마를 본다면, 그들이 했던 일의 이야기는 평생 동안 우리의 마음에 남을 것이다.

『죽기 전에 꼭 알아야 할 세계 역사 1001 Days』는 그 대규모 드라마에서 뽑아낸 극적인 장면의 시리즈를 보여 준다. 이 시리즈는 맨 처음부터—사실은 역사 전, 지구의 탄생 이전부터—시작하여 21세기까지 이어진다. 그 범위는 전 세계에 걸쳐 있다. 지금까지 일어났던 가장 중대한 사건 다수를 수록하고 있는가 하면, 대중적인 통념을 형성하는 데 기여하고 그 통념 속에 남아 있다는 점에서 흥미로운, 비교적 사소한 사건도 포함하고 있다.

옛날에는 어린 학생들이 영국의 왕과 여왕, 미국의 대통령, 신대륙의 모든 탐험가의 이름을 암기해야만 했다. 유명한 사건의 연도 역시 줄줄 외울 수 있어서, '1776년' 혹은 '1789년'이라고만 말하면 즉각 미국 독립 선언이나 프랑스 혁명을 가리키는 거라고 이해할 수 있었다. 오늘날에는 이러한 교육적 관행이 그리 흔하지 않으며, 과거의 인물과 날짜에 대한 이러한 지식을 잃었다고 불평하는 소리를 종종 듣게 된다. 연도를 기억하는 데에는 여러 가지 장점이 있다. 날짜는 역사의 중대 사건들을 기억하는 일종의 간단한 약칭이며, 그러한 사건을 자연스럽게 연대기적인 순서로 배열해 준다. 날짜를 익히면 따라서 어떤 사건이 먼저이고 어떤 것이 나중인지를 파악할 수 있다. 이는 인과관계와는 다르지만, 특정한 주제에 대한 더 세부적인 지식을 끼워 맞출 수 있는, 과거에 대한 '전체적 그림'의 시초의 된다.

이 책은 여러분에게 그러한 날짜를 천 개, 게다가 덤으로 하나 더 선사하며, 따라서 일종의 '전체적 그림'을 파악하게 해 준다. 세련되거나 완전한 그림은 아니다. 사실, 액자에 든 유화 한 점이라기보다 수많은 점으로 그린 그림을 닮았다고 할 수 있다. 그렇지만 이 그림은 명확한 형태를 갖추고 있으며, 점들을 연결하여 그 안에서 일정한 패턴을 찾으면 여러분은 세계가 어떻게 변화해 왔는지('왜'라는 질문에 대한 설명까지는 아닐지라도) 감을 잡게 될 것이다. 그리고 여러분의 마음을 사로잡는 사건들을 따라가며 몇 가지 세부적인 면을 채색하고 싶다는 흥미까지 느끼게 되면, 이 책은 제 기능을 잘 수행한 셈이 될 것이다.

책 맨 처음부터 시작해 전부를 읽을 필요는 없다. 각 항목은 독립적이며, 명확하게 제한된 공간 안에서 그날에 어떤 사건이 일어났으며, 어디에서 왜 일어났고, 그 여파가 어떠했는지에 대한 드라마를 들여다보게 해 준다. 따라서 여러분은 가볍게 독서를 시작하여 한 번도 들어 본 적 없는 일에 관하여 읽고 역사 속 중대한 순간에 대한 단편적 지식을 얻을 수 있다. 그러나 수록된 항목의 범위가 어떠하든지 간에, 이러한 한 권의 책이 과거에 대해 말할 수 있는 모든 것을 전부 다루기란 분명 불가능하다는 것만은 반드시 인정하고 들어가야 한다. 우리가 책을 통해 시도한 것은 잊어서는 안 될 사건들을 선정하고, 그 배경과 결과를 담는 일이다. 어떠한 사건이라도 포함될 수 있는 반면, 우리는 선택의 폭을 제한하여 단 하루 동안에 일어난 사건, 아니면 적어도 그날에 절정에 다다른 사건만을 선정했다.

역사의 증거는 파편적이며, 더 먼 과거를 바라볼수록 그 정도는 심하여 특정한 사건이 정확히 어떤 달 며칠에 일어났는지 항상 확신할 수 있는 것은 아니다. 어떤 때에는 역사를 통틀어 가장 유명한 사건들조차 대체 몇 년에 일어났는지 논란거리가 되기도 한다. 예수가 십자가에 못박힌 사건이 한 예이다. 날짜상의 정확성이 없다고 해서 사건이 전혀 일어나지 않았던 것은 아니므로, 우리는 이러한 사건을 포함했다. 또한 당시 세계 전역에서 사용하던 서로 다른 여러 달력 체계, 혹은 서로 다른 계산법이 혼란을 야기할 수도 있다. 몇 백 년 전까지, 공식적이거나 법적인 의미의 한 해는 오늘날처럼 1월 1일에 시작하던 것이 아니라 3월 25일(성모 영보 대축일)에 시작했다. 따라서 예를 들어 우리가 1649년 1월 30일에 일어났다고 생각하는 사건(찰스 1세가 올리버 크롬웰의 손에 처형당함)을, 당시 사람들은 1648년 1월 30일에 일어났다고 생각했다. 비슷한 연유로 달력의 변화 때문에 레닌과 볼셰비키는 혁명을 통해 러시아의 권력을 잡은 사건을 '10월 혁명'이라 불렀는데, 비록 오늘날 우리는 1917년 11월 7일로 보지만, 그들의 마음속에서는 겨울 궁전을 장악한 결정적인 일이 10월 25일에 일어났기 때문이었다.

과거에 일어났던 모든 일의 세부 사항 전부를 알기란 불가능하므로, 사람들이 일어났었다고 여겼던 일을 아는 것이 더 중요할 때도 있다. 그 이유야 어쨌건, 사람들은 종종 과거에 일어난 일에 대한, 오늘날에 보기에는 도저히 있을 법하지 않거나 심지어 완전히 불가능해 보이는 이야기를 받아들이곤 했다. 몇몇 역사가는 이러한 사례를 무시하고 실제로 일어났던 일에 치중하는 편을 선호한다. 그러나 아무리 기묘하다 할지라도 그러한 믿음 자체가 중요할 때가 있다. 그 믿음을 받아들이는 이들이 다른 많은 이들의 삶에 커다란 영향을 끼치는 주목할 만한 일을 행하도록 하는 추진력이 되기 때문이다. 따라서 그들이 '일어났다고 여기는' 사건에 관한 이야기도 역사의 일부인 셈이다. 사건 자체가 아니라 그 믿음이 중요하다는 점을 우리가 명확히 밝히기만 한다면 말이다. 책 속에서 여러분이 현대의 어떤 역사가도 실제 일어났던 일이라 진지하게 주장하지 않을 몇몇 사건—기원전 4004년 10월의 '천지창조' 같은 것—과 만나게 되는 것은 바로 이러한 이유 때문이다. 한때는 지적인 사람들이 실제의 일이라고 믿었으며, 그러한 이들이 자신의 삶에 대한 결정을 내리는 데에 심각한 영향을 끼쳤다는 사실은 책에 수록할 만한 충분한 이유가 된다. 이런 날짜의 대부분은—예를 들어 쌍둥이 형제 레무스와 함께 늑대의 보살핌을 받고 자라난 로물루스가 기원전 753년 4월 21일 로마를 건국했다는 등—오래 전에 사라진 신화와 관련이 있으나, 관련 있는 문화권의 역사 속에서 중요한 역할을 담당해 온 날짜임은 분명하다.

이 책의 이야기들은 정치, 군사, 왕조에 관한 것부터—역사의 원자재라고도 말할 수 있을 것이다—문화적, 기술적, 과학적인 것, 독특한 짧은 일화에 이르기까지 다양하다. 시작은 선사시대부터이지만, 우리가 강조점을 둔 시대는 최근 150년간이다. 여기에는 다양한 이유가 있다. 한 가지 이유는 서구의 제국이 발달하고 그 결과 역사가 세계화되기 전에는 해당 영토의 국경을 넘어서까지 반향을 일으키는 사건들이 극소수에 불과했다는 점이다. 이러한 사건들은 이 책에 수록되었지만, 흥미로우면서도 본질상 어떤 지역에만 국한된 많은 다른 사건은 조용히 간과되어 왔다. 19세기부터는 세계의 한 지역에서 일어난 사건이 다른 지역에 영향을 미치는 경우가 훨씬 더 잦아졌고, 이러한 이유로 이 책에서는 최근 두 세기에 주안점을 두었다. 또 다른 이유는 지난 200년 동안 역사의 발전 속도가 정말 빨라졌기 때문이다. 말하자면 중세 시대보다 더 많은 사건이 더 빠른 속도로 일어나고 있으며, 적어도 상세하게 기록에 남고 그 연관 관계와 뿌리를 찾아낼 수 있는 사건이 더 많이 일어난다. 변화가 점점 신속해짐에 따라 세계를 형성한 날도 점점 자주 찾아오는 것이다.

『죽기 전에 꼭 알아야 할 세계 역사 1001 Days』에 수록된 어떠한 선정 목록도 결코 결정적인 것은 될 수 없으며, 나는 여러분이 이 책의 선정에 의문을 제기하게 되기를 기대한다. 어쩌면 소망한다는 표현이 적절하겠다. 그럼에도 불구하고 나는 여러분이 놀랍고 흥미로운 사실들을 발견하게 되기를 소망한다. 모두 여러분이 유익하게 읽기 위한 것이니 말이다. 역사는 결코 결정적일 수 없다. 여러분이 이따금 역사를 두고 논의를 제기하지 않는다면, 역사가 가끔 여러분을 놀라게 하는 일이 없다면, 뭔가 잘못된 것이다. 역사가 옳지 않은 방식으로 제시되었거나 여러분 자신이 인생에 대해 알아야 할 것은 이미 다 알고 있다고 여기고 있거나, 둘 중 하나이다. 역사는 우리 모두가—작가, 독자, 학자, 일반인—나누는 대화이며, 그 전부에 대해 토론의 문은 항상 열려 있다. 그러니, 우리 토론을 시작하도록 하자.

# 나라별 색인

예루살렘 근처에서 발견된 기원전 10세기의 게제르 달력으로, 농경 연대를 상세히 알려 준다.

# BIG BANG – 1 B.C.E.

# 폭발을 통해 우주가 탄생하다

'빅뱅'은 우주의 시작이다.

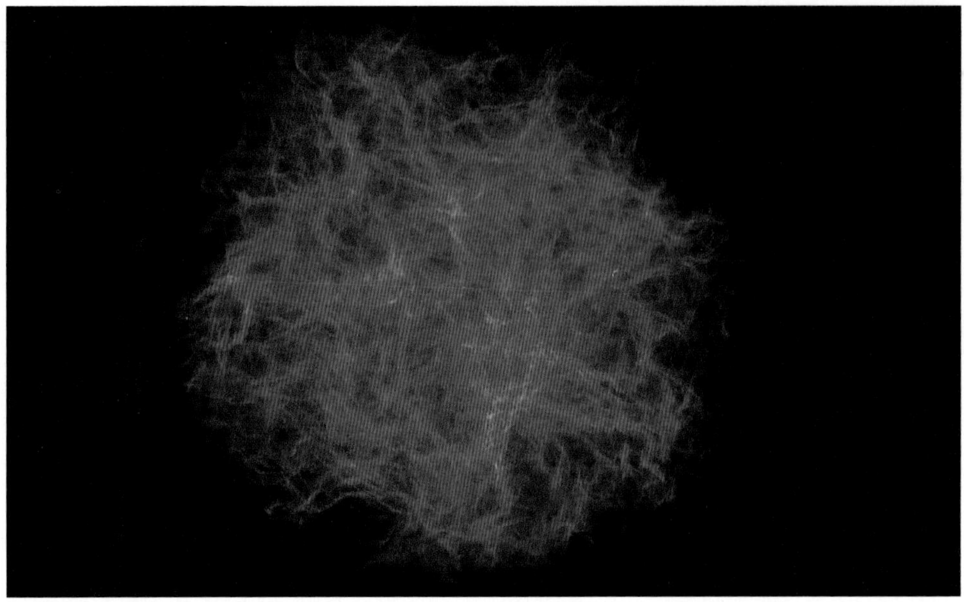

▲ 컴퓨터를 이용해 그린 폭발 장면의 구상화. 가스와 물질이 팽창하여 우주를 이루는 모습을 보여 준다.

크든 작든 '쾅' 하는 폭발음은 전혀 없었다. 소리가 존재하는 데 필요한 매체가 없었기 때문이다. 그럼에도 이 현상은 시간과 공간, 물질, 에너지 등 모든 것의 시작이 되었다. 전에는 아무 것도 들어 있지 않던 '단일체' 속에서 이 모든 것이 불가사의한 방식으로 탄생하게 된 셈이다. 1960년대 과학자들은 하늘에서 관측한 우주배경복사의 형상 속에서 빅뱅의 흔적을 탐지해냈다. 그들은 우주 최초의 순간에 일어났을 것이 분명한 현상에 대해 매우 인상적인 이론적 설명을 제시할 수 있었다. 우주가 아직 작고 매우 뜨거웠던 시절, 물질은 미세한 양자 상태에서 작지만 점차 팽창하는 우주의 상태로 변모했고, 그에 따라 갑작스러운 폭발이 일어났다. 엄청난 양의 물질과 반물질이 창조되었고, 거의 대부분은 상호 충돌에 의해 소멸했으며, 아주 적은 양의 물질만이 남았다. 우주의 막대한 에너지가 식어갈 즈음, 아원자(亞原子) 입자들이 모여들었다. 이후 38만 년이라는 시간이 더 흘러서야 온도가 충분히 떨어져 전자(電子)와 양자들이 모여들어 원자를 형성할 수 있게 되었다.

한데 모여든 거대한 수소 구름들은 더 할 수 없을 만큼 농밀한 덩어리 상태로 결집되었다. 중력하에서 이 덩어리들은 중심부의 수소원자가 헬륨으로 융해될 때까지 압착되었고, 이후 발산된 에너지로 말미암아 별이 되어 빛을 발하게 되었다. 이들 항성 중 일부가 폭발해 초신성(超新星)이 되자 더 무거운 원자들이 만들어졌고, 이것들이 오늘날 우리가 알고 있는 우주를 이루는 재료를 형성했다.

빅뱅 이론은 1950년대에 태동하였으며, 오늘날까지도 우주의 기원을 설명하는 과학 이론으로 이의 없이 받아들이고 있다. **PF**

# 공룡은 소행성 충돌의 가공할 여파 때문에 멸종되었다?

선사시대의 동물이 사라진 이유는 소행성 충돌 때문이었을까?

▲ 백악기와 신생대 제3기 암반 사이의 검은 지층인 K/T 경계층은 소행성 충돌 시 배출된 물질로 이루어졌다.

1억 년 이상 지구를 지배한 끝에, 공룡은 6천 5백만 년 전 갑자기 멸종했다. 암모나이트, 대부분의 해양 파충류, 많은 종(種)의 플랑크톤, 여러 유대류도 마찬가지였다. 그러나 몸집이 작고 원시적인 포유류와 대부분의 새, 곤충, 도마뱀, 양서류 종은 살아남았다. 지구상의 어떤 지역에서는 전체 식물종의 반 이상이 멸종해 버렸다.

무슨 일이 일어났던 것일까? 멸종이 얼마나 빠르게 진행되었는가를 두고 과학자들은 오랫동안 논의해 왔다. 파국을 몰고 온 몇 년이라는 짧은 세월 때문인지, 아니면 몇 천 년에 걸친 것이었는지 말이다. 가장 그럴듯한 이론은 한 차례 혹은 수차례의 소행성 충돌에 따라 지구의 지각이 녹고, 이로 인해 대규모 대기 변동, 거대한 해일, 화재 폭풍이 일어났으며, 그 결과로 해수면이 급격히 낮아졌으리라는 설이다. 현재 유카탄 해안 근처의 바다에 이러한 설을 명백히 증명해 주는 한 장소가 있는데, 이곳에는 지름 10km의 소행성 충돌 흔적이 있다. 모양으로 보아 소행성이 비스듬히 충돌했으며, 대부분의 잔해가 북아메리카 도처로 흩어졌음을 알 수 있다.

백악기(K)의 끝과 신생대 제3기(T)의 시작점은 K/T 경계층 사건이라 알려져 있다. 그러나 어째서 어떤 종류의 동물은 멸종했고 또 어떤 종류는 살아남았는지 이유는 분명하지 않다. 몸집이 작고 굴을 파서 살아가던 동물은 지상에 거주하던 큰 동물보다 영향을 덜 받았고, 자유 유영하던 종은 물 바닥에서 생활하던 종보다 더 큰 피해를 입었다. 그러나 새가 살아남았다는 점으로 보아 대기 변동은 상당히 짧은 기간이었던 것 같다. **PF**

# 빛이 있으라!

**아마의 주교가 성경을 토대로 천지창조의 정확한 날짜를 짚어내다.**

"태초에 하나님이 천지를 창조하시니라." 창세기의 첫 문장은 몇 천 년 동안 수많은 기독교도와 유대인들에게 역사의 시작을 알려 주었다. 그런데 그 시작은 대체 언제였을까? 18세기에 지질학 연구를 통해 지구의 나이가 몇 백만 년이라는 사실이 드러나기 전까지, 사람들이 얻을 수 있던 최상의 정보는 성경 자체에서 언급하는 여러 대의 가계(~가 ~를 낳고…)를 세어 보는 것이었다. 이를 바탕으로 해서 몇몇 족장들의 (종종 터무니없으리만치 긴) 수명을 계산하고, 천문학 주기와 중동과 이집트 역사 속에 알려진 사실들을 서로 비교 검토해 봄으로써, 아일랜드 아마 주의 주교인 제임스 어셔는 1658년 이 '시작'이 예수 탄생으로부터 약 4004년 전의 10월 22일 토요일 해질녘이었음을 추정해 냈다.

어셔는 밤과 낮이 창조되었을 때, 이 둘은 길이가 같았을 것이라 가정했고, 따라서 그 날짜가 분점(分點)에 가까웠을 것이라 결론지었다. 또한 아담과 이브가 먹을 것을 구할 수 있었으므로 에덴동산은 수확기였을 것이라 가정했다. 18세기 초부터 20세기 중반까지 출판된 많은 성경에는 어셔가 선택한 연대가 성경 한 켠에 표기되었으며, 세계적으로 널리 알려졌다.

당대에 이러한 계산을 했던 학자는 어셔뿐만이 아니었다. 그보다 몇 년 앞서 캠브리지 대학의 부총장 존 라이트풋은 기원전 3929년에 천지가 탄생했다고 계산했다. 존사(尊師) 베다, 마르틴 루터, 요하네스 케플러를 비롯한 전대의 학자들 역시 복잡한 셈을 거듭한 끝에 비슷한 결론을 내렸으나, 그중 누구의 계산도 어셔가 내놓은 천지창조의 날짜만큼 세계적으로 용인 받는 데에 이르지는 못했다. **PF**



# 거대 피라미드가 완공되다

**기자(Giza)의 거대 피라미드에는 쿠푸 왕의 무덤이 있다.**

쿠푸의 피라미드는 고대 세계의 7대 불가사의 중 유일하게 오늘날까지 남아 있다. 기원전 2575년에 건축된 이 피라미드에는 23년 동안 상 이집트와 하 이집트를 다스렸던 쿠푸 왕의 무덤이 있다. 그의 통치 시대에 대한 기록은 거의 찾아볼 수 없으나, 비문에 따르면 그는 남쪽으로는 누비아까지, 북쪽으로는 가나안까지 출정했다고 한다. 이처럼 알려진 바가 적음에도 불구하고 그의 명성은 몇 천 년 동안 이어졌다. 쿠푸는 두 개의 커다란 목적에 전념했던 잔혹한 통치자로 기억에 남아 있다. 하나는 아들인 케프렌 이후까지 왕조를 지속하려던 것이었고, 또 하나는 자기 자신의 불멸성을 확립하려는 것이었는데, 고대 세계 최대의 건축물인 거대 피라미드의 건축이 그 수단이었다. 약 2,000년 후, 고대 그리스의 역사가인 헤로도토스는 쿠푸가 피라미드 건축 비용을 조달하기 위해 자기 딸에게 매춘부로 일하도록 강요했다고 주장했다.

높이 146m에 약 230만 개의 돌덩이로 이루어진 이 육중한 건축물을 비교적 짧은 기간 내에 짓는 과정은 엄청나게 힘들었으나, 그러한 어려움을 모두 극복해 냈음이 명백하다. 이집트 건축에서 보기 드물게 표면에 비문이나 기도문을 새기지 않은 이 건물의 단순한 디자인은 몇 천 년 동안 보는 이들을 매혹해 왔다. 최근 로봇에 카메라를 설치해 피라미드의 좁은 통로를 조사한 결과, 왕의 영혼이 별을 향해 여행할 수 있도록 피라미드가 오리온별과 일직선을 이루게 놓였다는 사실이 밝혀졌다.

피라미드 옆에는 최후의 휴식처까지 왕을 태우고 갔던 43m짜리 장례용 배가 놓여 있었으며, 왕실 식구들이 묻힌 작은 무덤들도 있었다. 당시로서는 전례 없던 광경이다. **PF**

▶ 유명한 기자(Giza)의 스핑크스와 쿠푸 왕 무덤이 있는 거대 피라미드.

# 사르곤이 제국을 세우다

## 사르곤은 두 왕을 무찌르고 메소포타미아 전역을 다스리는 최초의 군주가 된다.

기원전 2334년, 사르곤은 역사상 최초의 황제가 되었다. 사르곤의 출신은 보잘 것 없었으나—그는 정원사의 손에서 자랐다—결국 메소포타미아 키쉬의 왕인 우르-자바바에게 술을 따르는 고귀한 신분으로까지 출세했다. 이후 사르곤은 우루크의 강력한 왕 루갈자게시를 상대로 전쟁을 벌여 그를 물리치고 메소포타미아의 황제가 되었다.

사르곤은 자신의 세력을 영토 전역으로 확장했고, 서쪽으로 레바논의 지중해 해안과 아나톨리아까지 정복했다. '정통 왕'이라는 뜻의 이름을 지닌 사르곤은 유프라테스 강 유역의 아카드에 수도를 세웠는데, 이 도시는 지금까지도 발견되지 않았다. 그는 곧 장 대규모 관료제를 확립했고, 고대 수메리아의 도시 신전에서 경제 활동의 중추적 역할을 담당하게 했다. 도로를 놓고 옥새를 이용한 우편 제도를 고안해 냈으며, 인구를 조사하려는 시도도 있었다.

> "지금, 스스로 나와 동등하다고 칭하기를 원하는 어떤 왕이든, 내가 갔던 곳마다, 물러났도다."
>
> **메소포타미아의 황제, 사르곤**

56년에 이르는 그의 통치 기간에 셈족의 언어인 아카드어가 메소포타미아의 공식 언어가 되었다. 반란이 지속적으로 일어났는데, 처음에는 루갈자게시가, 이후에는 각 도시 국가에서 일으킨 것이었다. 치세 말년에 아카드는 포위당했으나, 기원전 2279년 사르곤은 사망을 앞두고 자신의 제국을 아들들에게 물려 줄 수 있었고, 제국은 내적 혼란으로 무너지기까지 150년간 더 지속되었다. **PF**



# 함무라비 법전

## 함무라비는 282조의 법을 제정해 영속적인 법률 체계를 설립했다.

기원전 1782년부터 바빌론의 왕위에 있던 함무라비가 문명에 남긴 커다란 공헌은 기원전 1760년 제정한 282조의 법전이다. 현무암으로 된 원형 석주에 아카드어로 새긴 이 법전은 도시에 당당하게 서 있었다. 이 법전은 특별한 위법 행위에 해당하는 상세한 형벌(대부분 사형)을 규정한다. 잔혹하다는 면은 접어두더라도, 함무라비 법전은 영속적인 법률 원칙을 수록하고 있다. 증거의 중요성, 무죄 추정의 원칙, 독단적인 재판을 피해야 할 필요성 등이 그것이다. 석주 꼭대기에는 왕이 샤마슈 신으로부터 법전을 받는 모습이 새겨져 있다. 아마 최초라 할 수는 없겠지만, 함무라비 법전은 이렇게 오래 전부터 전해 내려 오는 가장 완벽한 법전이다.

전문 판사 체계가 설립되었고 왕은 항소할 권리를 부여받았다. 그러나 왕조차도 신이 내렸기에 결코 변경할 수 없는 이 법전에 어긋나지 않게 행동해야 했다. 부족 간의 혹은 관습에 따른 보복은 용인되지 못했다. 법전은 재산권과 계약 체계는 물론, 주인이 노예에게, 지주가 소작인에게 행사할 수 있는 권리도 설명한다. 결혼에 대한 법률도 정해 계약에 따라 문제를 다루었다.

법전을 제정한 이외에도, 함무라비는 자신의 왕국을 군사적으로나 경제적으로나 부강하게 했다. 그가 왕위를 물려받기 이전까지 바빌론은 메소포타미아에서 서로 다투던 여러 작은 나라 중 하나에 불과했다. 북부 엘람인들의 공격을 물리친 이후, 함무라비는 근처 경쟁 세력인 라르사를 정복하여 기원전 1763년 남부 메소포타미아에 왕국을 세웠다. 이후 그는 북쪽으로 세력을 확장해 나갔다. **PF**

▶ 설형 문자로 함무라비 법전을 새긴 석판. 기원전 1760년경.

# 화산 폭발이 테라를 뒤흔들다

동부 지중해 연안은 세계 최악의 자연 재해를 겪는다.

▲ 테라 섬의 화산 분출 때 나온 부석과 화산재 밑에 반쯤 묻혀 있는 그리스 항아리.

"불운한 하루 낮과 밤 사이에 …
아틀란티스 섬은 …
사라졌다."

**플라톤의 『티마이오스』, 기원전 360년경**

산토리니라고도 알려진 에게해의 자그마한 섬 테라를 덮친 화산 폭발에 대한 기록은 어떠한 문헌에도 남아 있지 않으며, 폭발이 언제 일어났는지를 두고 과학자들의 논의는 여전히 분분하다(기원전 1650년에서 1550년 사이인데, 기원전 1620년 혹은 이보다 조금 이후라는 설이 가장 널리 통용된다). 그러나 이 폭발의 여파는 동부 지중해 연안 건너편까지 미쳤다. 이는 아마 인류 역사상 두 번째로 큰 규모의 화산 폭발일 것이다. 1883년 크라카토아 폭발 때의 네 배나 되는 연기와 먼지가 발생했으며, 최대 80m 높이에 이르는 부석(斧石)이 해저를 몇 마일이나 뒤덮었다. 폭발이 불러온 거대한 지진 해일은 미노아인들이 이룩한 북부 크레타 문명을 파괴했고, 다시는 회복되지 못했다. 폭발은 또한 테라 섬에도 커다란 칼데라, 즉 화산 함몰지를 남겼으며, 아크로티리 시는 8m 높이의 잿더미 아래 파묻혔다.

이집트 쪽 기록으로 보아, 이 사건이 나일 강 유역에 심각한 영향을 주지는 않았던 듯하다. 성경에 나오는 이집트를 휩쓴 재앙이 화산 폭발의 여파와 관련이 있다고 주장하는 학자도 몇몇 있으나, 유대인들의 이집트 탈출은 몇 세기 이후의 일이라는 견해가 대부분이다. 그러나 기원전 1618년경 하(夏) 왕조가 멸망할 무렵 중국에서 보인 기이한 날씨 변동이 폭발과 관련이 있다는 설도 있다. 어떤 학자들은 심지어 테라를 플라톤이 '위대하고 훌륭한 제국'의 심장부라 묘사했던, 사라져 버린 전설적인 섬 아틀란티스와 연관 짓기까지 했다.

아크로티리에서 1967년부터 시작된 발굴 작업으로 훌륭한 프레스코화가 여럿 드러났는데, 이집트, 크레타, 레반트인들과 무역과 문화 교류를 했음을 알 수 있다. 인간의 유해는 발견되지 않았다. 폼페이와 달리, 이곳 주민들에게는 사전에 대피할 시간적 여유가 있었던 듯하다. **PF**

# 파라오가 태양 원반의 신 아텐을 섬기다

아멘호테프는 아마르나를 세우고 이집트 왕권의 통치를 잠시나마 새로이 한다.

고대 이집트의 왕은 제18대 왕조부터 파라오라 불렸는데, 이들은 테베에서 숭배한 '숨어 있는 자'라는 뜻의 최고신 '아멘', 혹은 헬리오폴리스에서 섬긴 태양신 '라'와 항상 동일시되었다. 단 한 명만이 예외였다. 통치 5년에 들어, 제18왕조의 아멘호테프 4세는 오래된 신들을 폐지하고 자신만의 유일신인 태양 원반의 신 아텐을 섬겼으며, 자기 이름조차 '아텐에게 쓸모 있는 자'라 바꿨다.

아케나텐은 사막 가운데 아마르나에 수도를 세우고 새로운 사제단을 임명했으며 아내 네페르티티와 더불어 독창적인 양식의 자연주의적 예술을 창조했다. 다른 어떤 이집트 군주와도 다른, 복부가 둥글게 부풀고 몸이 길쭉하게 늘어난 이상한 형상으로 왕을 묘사하는 예술이었다. 이런 모습을 토대로 학자들은—다른 증거를 거의 참조하지 않은 채—그가 다양한 질병을 앓고 있었다고 추측했다. 아텐의 신전은 태양이 들어오도록 열려 있었으며, 왕이 자신이 섬기는 신에게 쓴 찬가는 유대인의 시편과 같은 동시대의 유일신 숭배 문학과 비견된다.

오래된 질서에 대한 이러한 도전은 실로 극적이었다. 새로운 종교는 이집트에서 커다란 반발을 불러일으켰고, 아케나텐은 중동에서 자신의 제국을 아나톨리아의 히타이트족을 비롯한 다양한 이들의 침입으로부터 지킬 수 없게 되었다. 아케나텐의 사후, 그의 아들이 투탕카텐이라는 이름으로 잠시 동안 다스렸으나, 결국 옛 종교로 회귀하고 이름도 '투탕카멘'이라는 예전 방식으로 바꿀 수밖에 없었다. 군주로서 그다지 탁월한 면이 없었음에도 투탕카멘은 가장 유명한 파라오가 되는데, 이는 그의 무덤이 (지금까지 알려진 바로는) 유일하게 훼손되지 않고 근대까지 남아 있었기 때문이다. 그동안 아케나텐이 세운 수도는 버림받았고, 그의 독특한 종교가 남긴 흔적을 모조리 제거하려던 이들은 비문에 새겨진 그의 이름마저도 강제로 지워 버렸다. **PF**

▲ 태양 원반의 신인 아텐을 숭배하는 아케나텐과 그 가족을 나타낸 부조(기원전 1350년경).

"새들이 둥지를 떠나 날아가며, 그 날개는 그대의 영혼을 환영하고, 모두가 그대의 발치에 즐거이 모여듭니다."

**아텐에게 바치는 찬가, 아이(Ay) 무덤의 비문**

# 람세스 2세가 이집트 왕위에 오르다

그의 재위 기간은 세계 역사의 첫 무렵을 장식한 가장 길고도 중요한 시기 중 하나였다.

람세스 2세가 아부 심벨에 짓고 스스로에게 바친 세 개의 거대한 조상의 흔적.

"나는 홀로 모든 나라에 돌격했다… 나의 전차 부대는 나를 저버렸다."

『람세스 2세 연대기』

람세스 2세의 긴 통치는 기원전 1279년, 제19대 왕조를 창시한 세티 1세의 서거와 더불어 시작됐다. 세티 1세는 이집트의 무역 영향력과 권력을 부활시켜 레반트 전역으로 뻗치게 했으며, 고대 이집트에서 가장 광대한 제국을 형성했다. 기원전 1275년 시리아의 카데슈에서 히타이트족과 승패는 불분명하지만 유명한 전투를 벌이며, 람세스는 선왕의 업적을 계승해 나갔다. 이 전투는 두 나라 간의 권력 한계를 결정했으며, '라메세움'이라 알려진 테베의 파라오 장례 신전 벽에는 이 전투가 상세히 묘사되어 있다.

람세스는 통치 후기에 점차 커져 가는 아시리아인들의 세력과 마주하게 된다. 그는 또한 룩소르, 카르나크, 아비도스, 아부 심벨에서 광대하고도 흥미로운 건축 계획에 착수한다. 아부 심벨에는 태양신 아문-레에게 바쳤으리라 추정되는 암반을 깎아 만든 신전을 건설했는데, 신전 앞에는 람세스 자신의 앉아 있는 모습을 나타낸 20m 높이의 조각상이 있다. 1959년 나일 강에 아스완 댐을 건설할 때 나세르 호수의 수위가 높아져 부지가 물에 잠겼고, 따라서 아부 심벨 신전 단지를 조각상들과 함께 고지대로 옮겼다.

파라오의 개인적 삶에 대해 직접적으로 알려진 바는 매우 적지만, 아내 중 가장 총애했다고 하는 이는 네페르타리였는데, 람세스는 그녀를 위해 '여왕들의 계곡'에 훌륭한 무덤을 지었다. 그의 자녀는 약 백 명에 달했다는 설도 있다. 가장 위대한 파라오 중 하나로 명성이 높으며, 이집트의 세력이 그토록 융성했던 적은 그의 통치 이후 다시 없었다.

1880년대에 데이르 엘-바이흐리에서 미라화(化)된 람세스의 유해를 발견했고, 1970년대에는 마침내 이를 열어 필요한 보존 작업을 수행했다. 그 결과, 현대 문명은 붉은 머리에 강인한 육체와 매부리코를 한 왕의 모습을 목도하게 되었다. **PF**

# 모세가 자신의 민족을 이끌고 이집트를 떠나다

모세는 유대인을 거느리고 '갈대의 바다'를 건너 동부 사막으로 간다.

정확한 시기에 있어서는 종종 논쟁이 있지만, 심각한 기아로 고통 받던 가나안의 히브리 민족이 이집트로 이주해 왔던 것은 아마 세티 1세 통치 초기였을 것이다. 이집트에서 그들은 노예 생활을 했다. 성경에 나온 대로, 그들이 삼각주 도시인 피톰에서 일했던 것이 사실이라는 증거도 있다.

출애굽기에 따르면, 히브리 소년 모세는 이집트 왕가에서 이집트인으로 성장했다고 한다. 그러나 자신의 출생에 대한 진실을 알게 되고 히브리인들이 겪던 학대를 깨닫게 되자, 기원전 1250년 모세는 자신의 민족을 구속에서 해방하기로 결심한다. 그는 형 아론과 함께 새로운 파라오 람세스에게 자신들을 떠나게 해 달라고 요구한다. 파라오가 거절하자, 그들은 신의 뜻을 보여 주는 여러 가지 이적을 보이고, 성경에 따르면 그 후 이집트에는 여러 차례의 재앙(아마 나일 강의 이상 범람으로 인한 결과였을 것이다)이 일어났다고 한다.

최후의 재앙은 이집트의 모든 집에서 태어난 장자의 죽음이었다. 히브리인들이 제물로 바친 양의 피를 문설주에 바른 집만이 신이 내린 재앙에서 벗어나 해를 겪지 않았다. 유대인들은 이 사건을 신이 유대인 역사에 중요하게 개입한 최초의 징표로 받아들였고, 매년 유월절(逾越節) 축제(전통적으로 3월이나 4월, 춘분 다음)로 이를 기념한다.

이 일이 있은 후, 모세는 몇 천 명의 히브리인들을 이끌고 동부 사막으로 떠난다. 파라오는 큰 군대를 보내 뒤쫓게 했지만, 모세는 '갈대의 바다'(홍해를 건넜다고 잘못 알려져 있는 경우가 많다) 늪지 너머로 백성을 이끌었으며 이집트 전차 군단은 이를 건너지 못했다. 시나이에서 안전을 찾은 모세는 유대인의 율법을 세웠다. 이들은 사십 년간의 방황을 거쳐서야 마침내 가나안 땅으로 돌아갔다고 한다. **PF**

파라오와 그의 군사들이 모세를 따라 이집트를 떠나는 유대인들을 추격하는 장면을 그린 14세기의 그림.

> "주께서… 물이
> 갈라져 바다가 마른 땅이 되게
> 하시니라."
>
> **출애굽기 14장 21절**

# 무왕이 천명을 내세우다

주나라는 중국의 주요 나라 중 가장 오래 지속된 왕조가 된다.

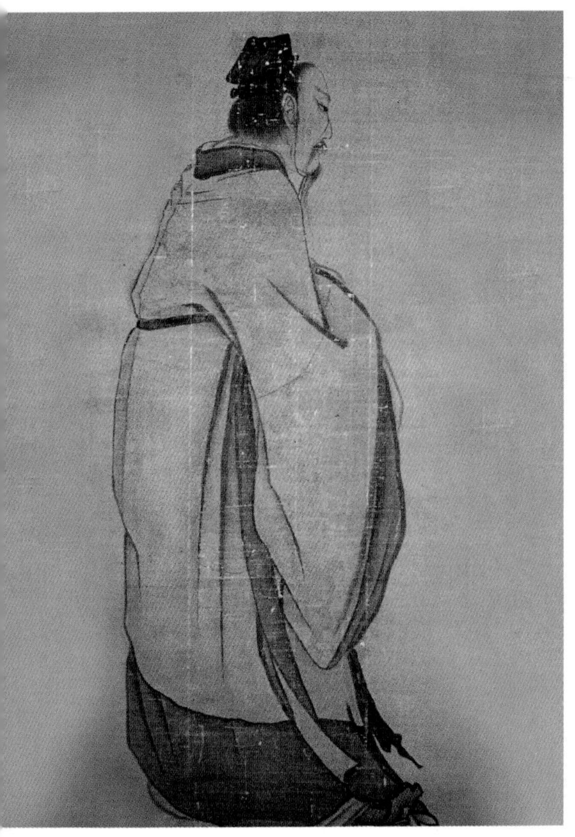

▲ 연대를 알 수 없는, 무명 화가가 그린 무왕의 초상화. 현재 타이완 국립 궁전 미술관에 있다.

"큰 나라를
이끄는 일은 작은 물고기를
요리하는 일과 같다."

노자, 도덕경, 기원전 6세기

위하(渭河) 주변 지역에 정착한, 전에는 유목 민족이었던 주 왕조가 세력을 잡게 된 것은 기원전 1122년, 우두머리였던 희발이 상(商)나라 최후의 왕인 주왕(紂王)을 물리치고 시안 근처에 새로이 수도를 세우면서였다.

상나라는 일찍이 기원전 2천 년경에 중국을 통일했으나, 희발은 상나라의 통치가 부패했고, 주왕이 잔혹한 폭군이 되어 백성들의 안녕보다 훌륭한 정원을 짓는 데에만 관심이 있다고 주장했다. 그는 또한 상나라는 통치의 정당성을 잃었으며, 군주로서 자신의 적법성은 천명(天命)에서 나온다고 단언했는데, 천명이란 중국 역사에서 몇 천 년 동안 지속된 개념이다. 천자(天子)임을 주장하며 무왕(武王)이라는 이름으로 다스린 그의 통치와 주 왕조 초기는 중국 역사의 황금기로 남아 있다.

무왕은 강력한 국가를 확립했는데, 처음에는 도시를 통해 통치했으나 이는 점차 충성의 대가로 제후들에게 영토의 넓은 부분을 내려 주는 봉건제로 발전했다. 이러한 영토의 일부는 결국 고유한 권리를 지닌 독립 왕국으로 성장했다. 농업과 도시 생활, 종교가 융성했고 문자 체계도 발전했다. 새로운 왕조는 처음에는 상나라의 문화를 이어갔다. 새로운 도시를 세우면서, 주나라는 상나라의 주민과 더불어 훌륭한 청동 세공술을 비롯한 장인 기술을 받아들였다.

주나라는 기원전 771년까지 시안을 통치했으나, 북부 야만족에게 패배하고 약탈을 당한 뒤 수도를 뤄양으로 옮겼다. 이후 주나라의 세력은 쇠퇴하여 이른바 전국시대(戰國時代)가 열린다. 그러나 역설적으로 이 시기에 중국 문화, 철학과 예술은 크게 발달했고, 철기를 이용한 노동과 관개술도 널리 발전했다. **PF**

# 다윗이 이스라엘 왕이 되다

## 성경은 다윗 왕이 이스라엘과 유다 왕국을 통일했다고 기록하고 있다.

블레셋인이 이스라엘을 패배시켜 이스라엘의 첫 번째 왕인 사울과 그 아들 요나단이 죽자, 다윗은 그의 고향인 유다의 왕이 되었다. 다윗은 가나안인들의 도시 예루살렘을 정복하여 수도로 삼고, 유대인의 성스러운 '계약의 궤'를 가져왔다. 이어서 그는 이스라엘의 세력을 북쪽으로 시리아까지 확장하고 이스라엘과 유다 왕국을 통일했다.

소년 목동에 불과했을 때, 다윗은 물매로 적군의 대장 골리앗을 거꾸러뜨렸다. 다윗은 사울 왕의 궁전에 들어가 요나단과 친구가 되었으나, 점점 더 변덕스러워져 가던 사울은 다윗을 쫓아냈다. 다윗은 블레셋 용병이 되었으나 사울이 죽은 전투에는 참가하지 않았다.

인간적인 약점에도 불구하고, 성경에서 다윗은 신이 정한 군주로 나오며, 그의 군사적 · 정치적 행위와 영적 활동(시편의 작품 대부분은 다윗이 썼다고 한다)은 신의 의지에 대한 그의 대답이 표출된 것이라고 한다. 그의 아들 솔로몬은 이스라엘의 세력을 중동까지 넓혔다. 유대인들은 이스라엘의 군주와 메시아가 다윗의 후손 가운데서 나오리라 믿었다. 다윗은 유대교, 기독교, 무슬림 전통에서 중요한 지위를 차지한다.

성경을 제외하면, 다윗의 존재에 대한 믿을 만한 역사적 증거가 매우 드물다. 기원전 850년경으로 추정되는 아람어 비문에 '다윗의 집'에 대한 언급이 있으며, 2005년에는 한 고고학자가 예루살렘에서 궁전의 잔해를 발견해 다윗의 궁전이라 주장했는데, 다른 학자들의 논쟁이 분분하다. 청동기 시대의 유다 왕국이 과연 기원전 7세기 후반에 집필된 성경에 나오는 것처럼 통일된 왕권을 지니고 있었는지를 두고, 역사학자들의 논란 역시 여전히 계속되고 있다. **PF**

▲ 이탈리아 르네상스 화가 안드레아 만테냐가 그린 다윗과 골리앗을 나타낸 15세기의 작품.

"네 집과 네 나라가 내 앞에서 영원히 보전되리라."

**야훼가 다윗에게 한 언약, 사무엘하 7장 16절**

# 성전을 건축하다

솔로몬은 아버지 다윗이 시작한 예루살렘 성전을 완공한다.

예루살렘을 수도로 삼은 다윗은 야훼에게 바칠 성전을 건축할 계획을 세우고, 이를 위해 여부스 사람으로부터 지금의 템플 마운트에 해당하는 부지를 사들였다. 그는 막대한 양의 금과 은을 비롯해 성전을 지을 자재를 마련했는데, 완공 작업은 그의 아들 솔로몬이 맡게 된다. 페니키아의 티레를 다스리던 왕 히람은 갈릴리 근처의 한 지역을 받은 보답으로 석재, 삼나무, 황금과 청동 등을 구하고 최고의 장인과 노동자를 보내 주었다.

길이 29m에 너비 9m인 성전의 건축에는 7년이 걸렸다. 일 년 후 새해맞이 축제 자리의 7일간의 행사 중에 성전을 봉헌했는데, 이 기간에 '계약의 궤'—십계를 새긴 석판을 보관하는 성스러운 상자—를 지성소(至聖所)에 안치했다. 지성소란 일 년에 한 번 '욤 키푸르' 때 고위 제사장들만 들어갈 수 있는 방이다. 내부 전체가 금으로 덮였고, 올리브 나무로 조각한 날개 달린 커다란 조각상 두 개—케루빔—가 계약의 궤 양쪽을 지키고 있다. 지성소로 들어가기 전에는 제물을 올리는 제단이 있는 성소가 있었다. 중앙 문 양쪽에는 두 개의 거대한 청동 기둥이 서 있었다. 의식을 위한 목욕물은 지하 저수지에서 길어 왔다.

여러 세기를 거치면서 성전은 수차례 습격을 받았고, 기원전 586년 바빌로니아의 왕 네부카드네자르는 마침내 이를 파괴해 버렸다. 기원전 515년 두 번째 성전을 건축했는데, 이는 서기 70년 로마인들의 손에 파괴되었다. 솔로몬의 성전이 남긴 확실한 유적은 아직 발견하지 못했으며, 예루살렘 템플 마운트가 정확히 어디에 위치했는지 또한 불확실하다. **PF**

◀ 예루살렘의 솔로몬 성전 건축을 묘사한 15세기의 채색 필사본.



# 디도가 카르타고를 세우다

카르타고 시(市)는 위치상 지중해 연안 중심을 지배하기에 이상적이다.

로마 시인 베르길리우스의 서사시 『아이네이스』로 가장 잘 알려진 전설에 따르면, 카르타고는 트로이 전쟁의 여파 속에서 디도(엘리사라고도 부르는)가 세웠다고 한다. 디도는 티레의 왕 피그말리온의 누이였는데, 그가 디도의 부자 남편을 죽였으므로 그녀는 서쪽으로 달아나야만 했다. 기원전 814년 튀니스 만(灣)에 도달한 디도는 베르베르족(族) 원주민들에게 황소 한 마리의 가죽으로 둘러쌀 수 있을 만큼의 땅만 달라고 요청했다. 가죽을 잘라 가느다란 띠로 만든 덕분에, 그녀는 언덕 전체를 둘러쌀 수 있었다. 언덕에 도시를 세우고 다스리던 그녀 앞에 어느 날 트로이의 왕자 아이네아스가 도착했다. 둘은 사랑에 빠졌으나 아이네아스는 이탈리아로 여정을 계속해야 했고, 훗날 그의 후손 로물루스와 레무스는 그곳에 로마를 세우게 된다. 비탄에 잠긴 디도는 아이네아스를 저주하고, 아이네아스의 백성과 자신의 백성에게 영원히 적으로 남으리라는 운명을 부여한 후 자살한다.

이 이야기를 뒷받침해 줄 실제 증거는 없으며, 카르타고에 남은 가장 오래된 고고학 유적은 도시를 세웠다고 여겨지는 시기보다 백 년 이후의 것이다. 카르타고 시는 낮은 언덕으로 뒤덮이고 뒤편에는 호수가 있는 반도 지형에 위치했다. 좁고 긴 땅만이 반도와 본토를 연결했으므로 방어가 수월했다. 지중해 연안 중앙부의 지배권을 둔 경쟁에서 로마의 큰 라이벌이었던 카르타고는 기원전 10세기부터 지중해 동부를 떠돌던 상인인 레바논 해안의 페니키아인들이 세운 식민지였다. 이들이 오늘날의 튀니스 가까운 아프리카 북부 해안에 세운 식민지는 장차 모(母)도시인 티레를 능가할 정도로 성장한다.

기원전 6세기 말엽, 로마와 카르타고는 시칠리아와 사르디니아의 지배권을 두고 분쟁을 겪으며, 이들 사이에는 전쟁이 계속되다가 기원전 146년 로마는 라이벌을 완전히 멸망시킨다. **PF**

# 더 빠르게, 더 높이, 더 강하게

기록상 최초의 올림픽 경기가 열리고, 휴전과 더불어 4년마다 경기를 개최하는 전통은 1,000년 이상 지속된다.

▲ 승리의 여신이 선수에게 월계관을 선사하는 모습으로, 고대 그리스의 암포라에 그려져 있다 .

"올림픽 경기의 승리자가 되기 위해 그대는 스스로를 완전히 내맡겨야 한다."

**에픽테투스, 서기 2세기**

한 그리스 신화에 따르면, 올림픽 경기를 창시한 것은 제우스로, 아버지인 크로노스를 제패한 승리를 기념하기 위해서였다. 기록에 남은 최초의 예인 기원전 776년보다 훨씬 이전부터 규칙적으로 경기를 개최했다는 것은 확실한데, 서기 2세기에 역사가 파우사니아스는 기원전 9세기의 왕 이피투스가 "알 수 없는 기간 동안 중단된 이후, 올림피아에서 경기를 준비하고 올림픽 축제와 휴전의 전통을 새로이 재건했다"고 서술한다. 당시 그리스는 내부적인 다툼과 재앙으로 고난을 겪었으며, 이피투스는 델포이에서 신에게 이러한 재앙으로부터 구해 달라고 부탁했다. 아폴론의 여사제는 이피투스 그 자신과 엘리스인들이 올림픽 경기를 재개해야 한다고 명했다.

경기는 기원전 776년부터 4년마다 열렸는데, 서기 394년 기독교도인 비잔틴 황제 테오도시우스가 이를 시대에 뒤떨어진 이교 시대의 잔해로 간주해 폐지했다. 올림픽 경기는 매우 중요해서 그리스인들이 이를 이용해 햇수를 셈할 정도였다. 4만 명 이상을 수용할 수 있는 펠로폰네소스 반도 올림피아의 경기장에서 열렸으며, 우선적으로는 제우스를 기리는 종교 축제였고, 이 기간에는 휴전을 선포해 그리스어를 쓰는 모든 도시의 남성들이 참가하도록 했다.

처음에는 200m 달리기인 '스타디온'이라는 종목 하나뿐이었는데, 경기장 트랙 길이가 200m였던 것이다. 기원전 776년의 우승자는 엘리스 출신의 소년으로, 코레오부스라는 이름의 요리사였다. 그가 받은 상은 고작 사과나뭇가지 하나에 불과했지만, 이후 점점 더 다양해진 종목에서 우승을 거둔 그리스의 올림픽 챔피언들은 올리브 나무를 엮어 만든 관을 쓰고 큰 상금을 받았다. 역사학자들은 종종 그리스의 운동선수가 나체로 겨루었다고 언급하는데, 사실 이러한 풍습은 인간 육체에 대한 찬양의 일부로 기원전 720년에야 시작했다. **PF**

# 늑대 소년들이 로마를 세우다

**쌍둥이 형제 로물루스와 레무스가 다투고 로물루스가 로마의 초대 왕이 된다.**

로마 역사는 쌍둥이 형제인 로물루스와 레무스가 티베르 강이 내려다보이는 언덕에 도시를 세우기로 결정했다는 전설에 뿌리를 둔 듯하다. 도시의 경계를 정하던 중 형제는 누가 왕이 될 것인가를 두고 싸우기 시작했는데, 결국 로물루스가 레무스의 머리에 강력한 일격을 날려 죽이고 만다. 로물루스는 로마의 초대 왕이 되었고, 오늘날까지 남아 있는 '로마'라는 이름은 그의 이름을 딴 것이다.

이 이야기는 물론 전설에 불과하다. 로물루스와 레무스는 전쟁의 신 마르스의 아들이라 여겨졌다. 어머니는 레아 실비아라는 이름의 여사제로, 그리스인들이 트로이를 멸망시킨 후 탈출한 아이네아스의 후손이다. 전설에 의하면, 지역 왕이었던 아이들의 종조부 아물리우스는 종조카들이 자신의 왕위를 위협할까 두려워 태어나자마자 숲속에 버렸으며 암늑대가 아이들을 구해 새끼들과 함께 젖을 먹여 키웠다고 한다.

쌍둥이는 어른으로 자라 아물리우스를 폐위하고 죽였으며, 적법한 왕인 할아버지 누미토르를 왕위에 다시 앉혔다. 자신들이 다스릴 만한 도시가 필요했던 그들은 전설에 따르면 그들이 버림받은 장소와 가까운, 로마의 일곱 언덕 중 하나인 팔라티누스 언덕을 택했다고 한다.

로마인들은 도시의 탄생이 기원전 753년 4월 21일이라 믿었으며, 이 날을 기초로 달력을 헤아렸다. 여러 세기가 지나면서 그들은 로물루스와 레무스 신화를 소중하게 간직해 살을 붙였다. 약 700년 후 역사가 리비우스는 방대한 저작 『로마사』를 집필하는데, 그는 이 이야기를 들어 로마가 항상 위대한 것을 지향했음을 증명한다. **SK**



# 출정의 길에서

**티글라트-필레세르 3세가 아시리아의 왕위를 이어받아 통일 국가를 이룩한다.**

시인 바이런이 "양떼를 습격하는 한 마리 늑대처럼 덤벼들었다"고 묘사한 아시리아인들은 몇 백 년간 중동을 지배했다. 역사상 가장 잔혹하고 호전적인 민족이라는 평을 듣는 그들은 주민 전체를 몰살하거나 부족과 그 지역 동맹을 철저하게 멸망시켰다. 기원전 745년, 아시리아의 티글라트-필레세르 3세가 왕위에 올라 아나톨리아, 시리아, 이스라엘 전역을 지배했다. 그는 작은 도시 국가들을 정복하고 고립시키는 방법으로 제국을 넓혔고, 공물을 바치도록 강요했으며, 레반트에서 이집트의 상업적이고 군사적인 접근을 봉쇄했다.

> "그들의 모든 백성과
> 재산을 나는 아시리아로
> 운반했노라…."
>
> **티글라트-필레세르의 『전쟁 연대기』에서**

성경에는 '불'이라는 이름으로 나오며, 세계 역사 속 위대한 군사 지도자 중의 하나이기도 한 티글라트-필레세르는 왕 직속의 지방 총독 80인이 다스리는 통일 국가를 이룩했다. 바빌론의 우킨-제르가 반란을 일으키자, 티글라트-필레세르는 이를 진압하고 바빌로니아의 왕위를 차지했다. 2년 뒤 그가 사망한 이후에도 아시리아의 지배와 침략은 계속되었다. 기원전 722년 유대인들을 바빌론으로 추방한 것은 티글라트-필레세르 혹은 그의 후계자 샬마네세르였다.

티글라트-필레세르가 수도로 삼았던 님루드의 낮은 돋을새김과 벽화에는 대부분의 군대에서 아직도 청동 무기를 사용하던 시절에 철로 된 무기로 무장한 강력한 군대가 대열을 갖추고 있다. 티글라트-필레세르는 또한 무시무시한 전차 부대를 소유했으며 세계에서 가장 정교한 공성 포열을 구축했다. **PF**

# 유대인의 바빌론 유수

**네부카드네자르는 예루살렘을 함락한 이후 유대인들을 바빌론으로 추방한다.**

기원전 605년부터 메소포타미아의 바빌론을 지배한 칼데아 왕조의 네부카드네자르 2세는 유다를 공격하고 기원전 597년 예루살렘을 정복했다. 그는 레반트에서 격렬한 전투를 벌여 왔으나, 기원전 601년 이집트에 크게 패한 뒤 속국의 일부를 잃고 보복을 결심한 터였다. 당시의 관습에 따라, 그는 왕인 여호야긴과 거의 1만 명에 달하는 유대인 백성을 바빌론으로 추방했다.

10년 후, 시드키야 왕 아래 남아 있던 유대인들이 반란을 일으켰고, 칼데아인들은 다시 강력한 공격을 가해 유대인의 성전을 파괴했다. 네부카드네자르는 몇 천의 유대인들을 다시 추방했는데, 당시로서는 드문 일이지만 그들은 하나의 무리로 남아 기원전 539년 고향으로 돌아가라는 허락이 나기까지 문화적 정체성을 유지하며 살았다.

> "우리가 바빌론의
> 여러 강변 거기 앉아서 시온을
> 기억하며 울었도다…."
>
> **시편 137편**

추방 당한 세월은 유대인에게 정신적 상처이기도 했지만, 발전적인 면모도 있었다. 유대인의 신 야훼는 그들을 유다에 머물게 하겠다고 약속했었으므로, 신이 그들을 추방되게 한 이유에 대한 설명이 필요했다. 이러한 설명을 맡은 것은 예언자 예레미아와 에제키엘이었다. 이들은 도시가 멸망하기 훨씬 전부터 유대인들이 신의 뜻을 거슬렀으므로 벌을 받게 되리라 주장했던 것이다.

한편 네부카드네자르는 아내인 아미티스를 위해 만든 '바빌론의 공중 정원'으로도 유명하다. 이는 고대 세계의 불가사의 중 하나였다. **PF**



# 솔론의 개혁

**새로운 법전이 아테네의 가장 위대한 시기가 밝았음을 선포한다.**

아테네 문명의 위대한 시기는 기원전 594년 꽤 부유한 귀족(이자 시인)인 솔론이 도시의 '아르콘'(집정관)이 되어 전례 없이 원대한 개혁을 실시했을 때 도래했다고 할 수 있다. 정의를 구현하고 빈곤을 줄이려 했던 온건파인 그는, 드라콘이 기원전 621년에 제정한 가혹한 법을 폐지하고, 살인과 고살(故殺)죄를 제외한 모든 범죄에 대한 사형을 금지했다. 그는 또한 귀족을 제외한 다른 사회 계급을 정부에서 배재하고 많은 농부들을 빚에 허덕이다 자기 땅의 농노나 다름없이 전락하게 만들었던 옛 법의 귀족 중심적인 편향에서 멀찍이 벗어났다.

> "계약을
> 깨지 않는 편이 이로울 때
> 인간은 계약을 지킨다."
>
> **솔론**

솔론은 채무 체계 역시 개혁했다. 당시 많은 이들은 부유한 자들이 곧 그의 개혁을 교묘하게 회피하리라 믿었으나, 사실상 개혁은 여러 세기 동안 지속되었고, 솔론은 아테네의 일곱 현인 중 하나라는 칭호를 얻게 된다.

정치적인 면에서, 그의 새 법은 사회적 지위에 관계 없이 모든 시민들에게 일반 의회에 참여할 수 있는 권리를 부여했으며, 가장 가난한 시민들을 제외한 모두에게 400인 평의회의 일원이 될 권리를 주었다. 아테네에서 일하는 외국인들의 권리 역시 향상시켰다. 많은 이들이 솔론의 개혁에 불만을 표했지만, 그의 법은 현실로 다가왔던 혁명의 위기를 막았고, 앞으로 오게 될 영광스러운 아테네 민주주의의 탄탄한 초석이 되었다. **PF**

# 키루스가 바빌론을 정복해 추방된 유대인들을 해방하다

키루스는 바빌론에 강제 추방된 유대인들을 유다로 돌아오게 하지만, 유다에는 사마리아인이 가득하다.

기원전 597년 네부카드네자르가 유다에서 몰아낸 이후, 유대인들은 아카메네스 제국을 세운 페르시아 왕 키루스가 기원전 539년 바빌론을 공격하기까지 그곳에 추방 당한 채였다. 키루스는 이미 기원전 549년 메디아인들을 물리쳐 이란의 지배권을 확보하고, 몇 년 뒤에는 소아시아의 리디아까지 장악한 상태였다. 기원전 539년, 그는 메소포타미아로 목표를 옮겨 10월 12일에는 오피스에서 바빌로니아인들을 격파했고, 자신의 군대가 도시로 행군해 들어갈 수 있도록 유프라테스 강의 물길을 돌려 유혈 사태 없이 바빌론을 정복했다. 키루스는 네부카드네자르의 칼데아 왕조 후계자로 자기 편 사제들의 지지마저 잃은 채 몸을 숨겼던 나보니두스를 패주시켰다. 그리고 널리 지중해 연안까지 뻗은 광대한 제국을 내세워 자신을 "세계의 네 면을 다스리는 왕"이라 선포했다.

바빌론의 왕으로 그가 처음 했던 일 중 하나는 추방 당한 유대인들을 해방시킨 것이었다. 당시 약 4만 명이라는 큰 수에 이르렀던 이들 유대인 대부분은 유다로 돌아가고자 했다. 그들은 네부카드네자르가 빼앗았던 많은 재물을 가져가 수도를 재건하고 성전을 다시 세웠지만, 자신들의 군주를 복권시킬 허락은 받지 못했다. 잃어버린 고향으로 돌아온 유대인들은 비슷한 종교를 믿으며 추방 당하지 않았던 다른 민족이 그곳에 살고 있는 것을 보고 놀랐다. 유대인과 사마리아인 사이의 적개심에서 두 집단 간의 갈등은 심해졌고, 이는 신약 성경 시대와 그 이후까지 계속된 문제이다.

유배 기간 동안에도 유대인들은 장로 체계, 의식, 중요한 풍습 등을 유지했고, 히브리 문자를 발전시켰다. 그들은 감사하는 마음으로 키루스를 기억해, 심지어 "신이 기름을 부은 자"라고 묘사하기까지 했다. **PF**

▲ 키루스 왕이 붙잡혀 있던 유대인 지도자들에게 돌아가 예루살렘을 재건해도 좋다고 말하는 중세의 그림.

"내가 키루스를 일으키리니 …
그가 나의 성읍을 건축할 것이며
사로잡힌 내 백성을 놓으리라."

이사야 45장 13절

# 싯다르타 왕자가 깨달음에 도달하다

7주간의 명상 후, 싯다르타 왕자는 완전한 깨달음을 얻어 '불교'라는 새로운 종교이자 철학적 운동을 설파하기 시작한다.

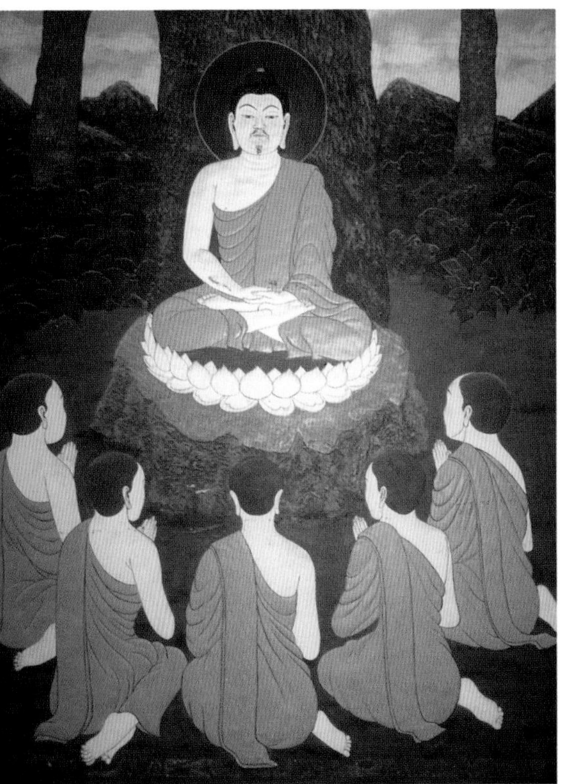

깨달음을 얻은 장소인 부다 가야의 보리수나무에 앉아 있는 붓다의 그림.

"구원을 위해 남에게 의지하는 것은 좋지 않고, 스스로에게 의지하는 것이 바람직하다."

**고타마 붓다**

기원전 527년경, 룸비니(현재의 네팔에 해당하는, 인도의 갠지스 강 북부 지역)의 왕자였던 35세의 싯다르타 고타마는 부다 가야라는 장소의 보리수나무 옆에 앉아 명상에 들었다. 그는 완전한 깨달음에 도달할 때까지 움직이지 않으리라 마음먹었다. 일곱 주일의 기다림 이후, 보름달이 뜬 밤에 그의 명상은 존재의 모든 한계를 포괄하게 되었다. 그때부터 그는 "깨달음을 얻은 자"라는 의미로 '붓다'라 알려진다.

붓다가 얻은 근본적인 가르침은 '네 가지 성스러운 진리'라고 알려졌다. 이는 상실과 고통이란 인간이 사물과 다른 인간에 대해 갖는 애착의 소산이기 때문에 피할 수 없다고 단언한다. 그는 자신이 주는 일련의 교훈인 '팔정도(八正道)'를 따름으로써 애착과 애착이 가져오는 열망을 없앨 수 있다는 점을 깨달았다.

붓다의 삶에 대한 묘사는 종교 문학에서만 찾아볼 수 있으며 기적적인 사건을 곁들여 미화했음이 분명하다. 그가 살았고 사망한 것이 몇 세기였는지조차 불분명하다. 전설에 따르면 그는 삶의 고통을 전혀 경험하지 않은 채 궁전에서 자랐다고 한다. 그러던 어느 날 궁전 밖으로 나간 그는 처음으로 질병과 노쇠, 죽음과 마주쳤다. 이에 충격을 받아 그는 특권을 누리는 삶을 버리고 대신 떠돌며 고행하는 성인의 삶을 택한다. 한동안 가혹할 정도로 엄격하게 생활한 후, 그런 방식으로는 깨달음으로 향하는 열쇠를 얻을 수 없다는 결론을 내리고 좀 더 온건한 방식의 삶을 택한다. 결국 일곱 주일의 명상을 거쳐 붓다는 깨달음을 얻게 된다.

이후 45년간 그는 여행을 하며 온갖 방식의 삶을 사는 사람들에게 설교를 했으며, 많은 제자를 이끌었다. 80세의 나이로 사망할 무렵, 그가 세운 초석은 오늘날까지 이어지는 주요 종교이자 철학적 사상인 불교를 이루게 된다. **PF**

# 마하비라가 사망하다

**자이나교의 핵심을 형성하게 되는 사상을 낳은 스승이 파와푸리에서 죽다.**

기원전 527년, 마하비라, 즉 '위대한 영웅'이 72세의 나이로 사망했다. 마하비라는 인도에서 세 번째로 큰 종교인 자이나교의 창시자라 종종 일컬어지지만, 옛 가르침을 현재의 형태로 보급한, 혹은 편찬한 인물이라는 것이 좀 더 정확하다. 그는 싯다르타 고타마, 즉 붓다와 같은 시대의 인물로, 바이샬리에서 태어났지만 붓다와 마찬가지로 비하르 지역에 살았다. 카스트 제도의 무사 계급인 '크샤트리아'에 속하는 싯다르타 왕과 트리샬라 왕비가 그의 부모였다.

30세 때 그는 아내와 가족을 버리고 승려가 된다. 당시 그의 계급에 속한 이들과 마찬가지로 그도 브라만교의 풍습 몇 가지, 특히 동물을 희생 제물로 자주 바치는 풍습을 거부했다. 그는 훨씬 더 엄격한 풍습을 채택했다. 완전히 나체로 다니고 끊임없이 방랑하는 수준에 이르기까지, 모든 것에 대한 소유를 거부했던 것이다. '아힘사', 즉 비폭력을 내세웠던 그는 어떤 생명체도 상처 입히려 하지 않았고, 12년 후 지각의 가장 높은 단계인 '케발라'에 도달한다.

이후 30년 동안 마하비라는 다양한 옛 가르침을 한데 모아 설파하는데, 이 원칙은 자이나교의 핵심을 이루게 된다. 육체적 욕망과 정념을 극복하고 어떤 생명체에 대해서도 폭력을 행사하지 않을 때 영혼을 구할 수 있다는 내용이다. 고행을 통해 깨달음을 얻은 성인을 '티르탕카라'라고 하는데, 그는 24번째이자 최후의 티르탕카라로 여겨졌다.

파와푸리에서 죽음을 맞을 무렵, 갖가지 삶을 살던 이들, 승려와 여승으로 된 수천 명의 제자들이 마하비라를 따랐다. 그의 설교는 수집과 정리를 거쳐 구전으로 전승되었고, 천 년이 지나서야 글로 쓰였다. 그러나 마하비라의 삶 이야기만큼은 그의 사망으로부터 150년 정도 이후의 『칼파수트라』라는 책이 담고 있다. **PF**



# 타르퀴니우스가 로마에서 도망치다

**로마의 마지막 왕이라 알려진 이는 민중 봉기 때 폐위된다.**

로마의 일곱 번째이자 마지막 왕 '오만한 타르퀴니우스'(라틴어로는 타르퀴니우스 수페르부스)는 민중 봉기로 인해 폐위당했다. 사람들이 분노한 것은 그의 아들 섹스투스가 루크레티아라는 귀족 여인을 겁탈했기 때문이었다. 잔혹함으로 이름이 높던 타르퀴니우스는 선왕 세르비우스 툴리우스를 살해하고 왕위를 빼앗은 후 20년 넘게 로마를 다스려 왔다.

타르퀴니우스는 오늘날 토스카나에 해당하는 지역에서 온 에트루리아인 혈통이었을 수 있다. 여러 모로 당대 로마인보다 더 앞서 있던 그들은 남쪽으로 세력을 확장했고, 로마에서는 그 시기의 에트루리아 비문이 발견되었다. 그렇다면 로마에서 타르퀴니우스와 그의 전 왕들을 그토록 증오한 이유를 설명할 수 있다. 타르퀴니우스가 로마에서 달아나자마자(섹스투스도 함께였으나 그는 발각되어 살해당했다), 에트루리아 도시 클루시움의 왕 라르스 포르세나가 로마를 차지하려 덤볐지만 호라티우스 코클레스가 이끄는 용맹한 로마인들이 이를 물리쳤다고 한다. 코클레스는 에트루리아인들이 다리를 건너 티베르 강을 넘지 못하도록 막다가 사망했다.

군주제가 200년 이상 이어진 후였으므로, 로마인들은 이제 스스로 통치할 시대가 왔다고 결정했다. 원로원(이전에는 왕에게 조언을 올리던 원로회의)에서 집정관이라 불리는 두 사람을 선출했고, 이들이 국가의 공동 수장 노릇을 했다. 임기는 단 일 년간으로, 둘 중 누구라도 상대의 어떤 행동에든 거부권을 행사할 수 있어, 이들의 권력에는 의도적으로 제한을 둔 셈이다. 후기 로마인들에게, 군주제의 타도와 로마 공화국의 성립은 로마 역사의 가장 중요한 순간이었다. 로마가 폭정으로부터 독립해 진정하고도 지속적인 위대함을 향해 부상하기 시작했음을 알리는 신호이기 때문이다. **SK**

# 민주주의가 탄생하다

**클레이스테네스가 아테네에 초기 형태의 민주주의를 도입한다.**

세계 최초이자 가장 영향력 있는 민주주의의 체계를 창조한 인물 클레이스테네스는 걸출한 자기 가문의 권리를 위해 아테네의 다른 귀족 파벌과 맞서 싸우는 데 생의 대부분을 보냈다. 몇 십 년 동안 강제 추방에 처해지기까지 했다. 결국 그는 평민 편에 섰으며, 도시를 이루는 서로 다른 집단 간의 이익을 조화롭게 하려던 입법자 솔론의 개혁에 깃든 정신을 이행하려 애씀으로써 권력을 얻게 되었다.

클레이스테네스는 가문과 씨족에 기반을 둔 전통적인 형태의 정치 조직을 폐지하고, 이를 마을, 즉 '데모스'를 기초로 한 열 개의 '부족'으로 재편성했다. 또한 입법 의회("불레")를 세웠는데, 의원은 전체 시민 가운데 추첨을 통해 선발했고, 이 500명의 의원 가운데 각 데모스의 대표자가 균등하게 할당되도록 했다. 누가 뽑힐 자격이 있고 얼마나 오래 의회에 있느냐에 대한 엄밀한 규칙이 있었고, 법정과 군대 명령 체계도 비슷한 방법으로 조직했다. 이렇게 함으로써 클레이스테네스는 정치 참여의 폭을 크게 넓혔고 한 파벌이 지역을 점령해 자신에게 이로울 대로만 지배하는 일도 어려워졌다. 전제 정치의 시대는 끝났다.

모든 시민이 동등하게 참여한다는 면에서 이를 종종 직접 민주주의의 시작으로 보기도 하지만, 클레이스테네스 자신은 이 체계를 '데모크라티아'('민주정, 즉 인민에 의한 지배'라는 뜻)라 부르지 않았고, 대신 '모두에게 동등한 권리'를 의미하는 '이소노미아'라 불렀다. 여러 가지 면에서 그는 아테네의 전통적인 문화 대부분을 그대로 남겼으나, 그의 개혁은 민주주의가 성장하고 문화가 꽃피는 아테네 황금시대의 시작으로 간주된다. 개혁을 추진한 뒤 그의 삶에 대해서는 알려진 바가 거의 없다. **PF**



# 스승의 교훈

**공자는 바른 통치에 대한 가르침을 퍼뜨리기 위해 노나라를 떠난다.**

기원전 497년, 공부자(孔夫子)는 최고 재판관으로 있던 노(魯)나라를 떠나 바른 통치의 원칙에 대한 그의 신념을 받아들여 줄 곳을 찾아 중국 곳곳을 여행한다. 전해지는 말에 따르면 그는 노나라 왕—그를 재판관으로 발탁했던—이 특정 제례에 참여하지 않았다 하여 비난했다고 한다. 이후 13년 동안, 공자는 중국 전역을 떠돌며 봉건 제후들에게 조언을 올렸다. 오늘날까지도 동양 사상에 깊은 영향을 주고 있는 그의 가르침은 당시에는 제대로 평가받지 못했고, 기원전 484년 그는 성과 없이 집으로 돌아왔다.

공자는 제자들에게 자신의 사상을 가르치며 말년을 보냈는데, 이는 후에 『논어(論語)』가 된다. 『논어』에서 공자는 도덕적인 행실, 조상에 대한 공경, 청렴함을 강조했다. 방랑하기 전, 공자는 여섯 가지 예술—예(禮), 음악, 활쏘기, 마차술, 서예, 수학—에 능통하고 고전 시가와 역사에 해박해 그 명성이 자자했다. 그러나 공자가 오늘날과 같은 수준의 명성을 얻게 된 것은 그가 죽고 난 후였다. 그의 고향은 지금도 많은 이들이 찾는 장소이며, 공자를 기리는 사당이 있다. **PF**

> "옳지 않은 방법으로 얻은 부와 명예는 내게 떠도는 구름과 같다."
>
> **공자, 『논어』, 기원전 497년경**

공자의 초상. 손에 들고 있는 두루마리는 그의 깊은 지혜를 상징한다.

# 아테네군이 마라톤 전투에서 승리하다

아테네 북쪽 마라톤 평원에서 아테네는 페르시아 군대를 무찌른다.

▲ 마라톤 전투를 묘사한 17세기의 그림으로, 아테네인이 페르시아인을 무찌르는 장면이다.

마라톤 전투의 발발 배경은 기원전 511년, 아테네인들이 여러 해 동안 참주(僭主)로 도시를 지배했던 히피아스를 몰아냈을 때로 거슬러 올라간다. 페르시아의 다리우스가 히피아스를 복위시키려 하자, 아테네는 소아시아의 그리스 이오니아 식민지들이 페르시아 제국에 맞서 일으킨 반란에 가담한다. 기원전 492년, 다리우스는 마르도니우스가 이끄는 군사를 보내 그리스와 그 동맹 에레트리아를 정복하게 한다. 지원 함대는 폭풍에 휘말려 파괴되었으나, 이듬해에는 막대한 수의 새 함대가 에우보이아에 도달해 본토에 상륙했다.

아테네는 숙적 스파르타에 전령을 보내 원조를 요청했지만, 스파르타는 종교 축제 기간이라 전쟁을 일으킬 수 없다며 거절했다. 작은 도시 플라타이아 외에는 아테네를 도울 지원 세력이 없었다. 아테네의 장수들은 공격을 해야 할지 기다려야 할지를 두고 의견이 나뉘었다. 결국 그들은 용감하게 침략자를 맞아 북쪽을 향해 행군해 갔다.

양군은 아테네 북쪽의 마라톤 평원에서 만났다. 만 명도 채 안 되는 아테네의 보병대는 2만 명에서 5만 명가량의 페르시아군과 맞섰는데, 페르시아군은 바다를 등지고 있었다. 페르시아 기병대가 전장을 비웠다는 사실을 깨닫고, 아테네의 장군 밀티아데스는 기습 공격을 가해 페르시아군을 혼란시켰다. 압도당한 페르시아군은 혼란에 싸여 함대로 도망쳤다. 아테네 역사가 헤로도토스에 의하면, 아테네 측 인명 손실은 고작 192명이었던 반면 페르시아군은 6,400명이 목숨을 잃었다고 한다. 이는 페르시아가 여러 해 만에 처음으로 맛본 최초의 커다란 패배였으며, 아테네의 자긍심과 세력을 크게 드높였다. **PF**

# 레오니다스와 300인의 스파르타인

페르시아군은 그리스인을 상대로 승리를 거두기 위해 큰 대가를 치렀다.

▲ 프랑스의 혁명 화가 자크 루이 다비드(1748~1825년)가 그린 〈기원전 480년 테르모필라이의 레오니다스〉(1814년경의 작품).

기원전 480년 페르시아 왕 크세르크세스가 대군을 이끌고 테르모필라이에서 스파르타의 작은 병력을 향해 돌격해 얻은 것은 승리인 동시에 패배이기도 했다. 크세르크세스의 군대는 스파르타 방어군을 한 사람도 남김없이 죽였으나, 이 전투는 세계 역사에서 가장 의미심장한 패배 중 하나, 다시 말해 독립적인 자세의 그리스인이 아시아의 독재 권력에 제재를 가한 예로 남는다.

십 년 전 아버지 다리우스가 겪은 패배에 복수하기 위해, 크세르크세스는 25만이라는 대군을 일으키고 대함대를 마련해 아테네를 치고 그리스를 정복하고자 했다. 아테네인들은 해상 전투에 주력하고자 결심했고, 스파르타인들은 육군을 조직해 육지 방어를 맡았다. 스파르타의 왕 레오니다스는 테살리아 평원에서 남쪽으로 가는 유일한 통로가 있는 길목을 수비했다. 300인의 중무장한 스파르타인들을 포함해, 그의 군대는 고작 7천여 명에 불과했다. 유리한 지점을 차지한 방어군은 연이어 밀려드는 공격의 물결을 이틀 동안 잘 막아냈으나, 결국 한 그리스인 농부가 크세르크세스에게 방어군을 포위할 수 있는 산길을 알려 주었다. 이 사실을 알게 된 레오니다스는 테베인과 스파르타인을 제외한 모든 병력이 철수하도록 명했다. 그는 남은 부하들에게 진격을 명했으나, 자신은 목숨을 잃었고, 테베인들은 전투를 포기했으나 역시 목숨을 잃고 말았다. 최후까지 남아 버티던 스파르타인들은 페르시아 궁수의 손에 죽었다.

승리를 거두었음에도, 페르시아 쪽의 피해는 막심했고, 저항하고자 하는 아테네의 의지는 더욱 굳건해졌다. 그리스의 도시 국가들은 함께 싸우는 법을 익히기 시작했던 것이다. **PF**

# 크세르크세스 패배하다

**테미스토클레스의 '나무로 된 벽'이 페르시아로부터 아테네 시를 지킨다.**

테르모필라이에서 스파르타군에게 '피루스의 승리'(큰 희생을 치른 승리 – 옮긴이)를 거둔 뒤, 크세르크세스에게는 아티카를 치고 아테네를 공격할 길이 활짝 열렸다. 아테네 장군 테미스토클레스는 황급히 대규모 함대를 마련했는데, 이는 '나무로 된 벽'이 도시를 지키리라는 신탁의 조언에 따른 것이었다. 시민들은 아테네에서 대피했고, 페르시아인이 거의 텅 빈 도시를 약탈하고 아크로폴리스를 파괴하는 동안, 테미스토클레스는 침략군과 함께 온—그리고 보급을 맡은—페르시아 함대와 싸워야 한다고 그리스의 다른 국가들을 설득했다.

그리스 함대의 반은 아테네 것이었지만, 스무 개의 다른 도시도 참여했다. 그렇다고는 해도, 2대 1의 형세로 숫자가 적었다. 테미스토클레스는 아테네와 가까운 좁다란 살라미스 만(灣)에서 전투를 벌일 것을 주장했으나, 다른 그리스 사령관들의 반대에 부닥치자 시칠리아로 철수하겠다고 위협했다. 이 소식을 전해 듣고(테미스토클레스는 노예 하나에게 조심스레 정보를 흘려보냈던 것이다) 페르시아는 방어군 대부분이 밤 사이 철수하리라 예상했다. 이 예상이 실현되지 않았음에도 페르시아군은 자신만만하게 전투에 임했고, 크세르크세스는 근처 언덕에서 황금 옥좌에 앉아 이를 지켜보았다.

전투는 삼단노선(trireme)이 서로 격돌한 후 해군 병사들이 백병전을 벌이는 방식이었다. 페르시아의 커다란 함선은 조종이 쉽지 않았고, 페르시아의 사령관이 죽자, 함대는 퇴각하려 했으나 강풍이 불어 도로 밀렸다. 페르시아 배 수백 척이 가라앉았고 수천의 군사가 익사했다. 페르시아 근위대는 전부 몰살당했다. 크세르크세스는 대규모 군대에 더 이상 물자를 댈 수 없어 그리스를 떠나야만 했다. 도시를 재건하면서, 아테네인들은 지금껏 어느 때와도 비견할 수 없을 정도인 세련된 문화와 정치술의 정점에 도달한다. **PF**



# 소포클레스가 상을 타다

**아이스킬로스와 소포클레스가 디오니소스 대축제에서 담쟁이덩굴 관(冠)을 두고 경쟁한다.**

고대 그리스에서, 연극—특히 비극—은 포도주의 신 디오니소스와 연관이 있었다. 극작가들은 '디오니소스 대축제'라는 이름의 연례 경연 대회에서 자기 작품을 상연할 권리를 두고 경쟁하곤 했다. 기원전 468년, 고금을 통틀어 가장 위대한 두 극작가가 맞붙게 된다.

기원전 525년에 태어난 아이스킬로스는 마라톤과 살라미스 두 전투에 모두 참전한 경험이 있으며, 기원전 472년에 상을 탄 가장 오래된 그의 작품은 패배 이후 고통 받는 페르시아 여인들에 대한 내용이다. 아이스킬로스는 기원전 499년부터 디오니소스 대축제 무대에 작품을 올렸으며, 평생 열세 번가량이나 상을—담쟁이덩굴로 만든 관이 그 상인데—탔다.

> "비열하게 행동하여 이기느니
> 차라리 훌륭하게 행동하여 목표를 이루지
> 못하는 편이 낫소."
>
> **소포클레스, 「필록테테스」, 기원전 409년**

기원전 468년, 아이스킬로스는 풋내기인 소포클레스와 경합을 벌이게 된다. 지금은 손실된 「트립톨레모스」라는 제목의 극을 포함한 소포클레스의 비극 3부작과 그가 거둔 승리는 영광스러운 이력의 서막을 연다. 훗날 그는 123편의 극(단지 일곱 편만이 온전하게 전해 온다)을 쓰고 24차례나 수상하는데, 마지막 승리는 기원전 409년으로 최초의 승리 뒤 59년이 지나서였다(수상작은 「필록테테스」였다).

아마 이 패배로 쓴맛을 보아서인지, 아이스킬로스는 다음 해에 그 유명한 오이디푸스 3부작으로 다시 돌아온다. 이 중 단 한 편인 「테베를 공격하는 일곱 영웅」만이 남아 있다. 아이러니하게도, 오늘날에는 불운한 오이디푸스에 대한 3부작으로 소포클레스가 가장 유명하다. **PF**

# 아테네인들이 거대한 조상을 세워 위상을 드높이다

페르시아를 물리친 후, 아테네는 놀라울 정도로 풍성한 문화적 · 정치적 자긍심과 창조력을 드러낸다.

아테네의 뛰어난 위상을 가장 잘 상징하는 것은 무엇보다도 아크로폴리스에 서 있는 대리석 신전과 그 한가운데의 조상이라 할 수 있다. 이 여신은 아테네 시를 수호해 주며, 도시 이름도 거기서 따 온 것이다. 바로 아테나 파르테노스('처녀 신')이다.

치밀한 기하학, 비율에 대한 심오한 지식, 조각을 새긴 훌륭한 프리즈(현재 런던의 대영 박물관에서 그 흔적을 볼 수 있다)를 갖춘 신전은 건축가 피디아스의 작품으로, 그는 기원전 449년 정치가 페리클레스의 명을 받아 이를 건축했다. 피디아스는 신전을 바치게 될 여신상을 디자인하는 일부터 착수했고, 기원전 438년 조상을 완성해 여신에게 바쳤다. 12m 높이의 여신상은 속이 빈 목조 틀로 만들어 상아(피부 부분), 은, 1톤이 넘는 금을 씌운 것이다. 여신은 튜닉을 입고, '아이기스'(가슴받이)와 투구를 장착하고, 한 손에는 '니케'(승리의 여신)를, 다른 한 손에는 창을 든 모습이다. 옆에는 방패와 뱀 한 마리가 있다.

아테나 여신상을 완성한 후, 피디아스는 신들의 아버지 제우스를 조각하는 일로 옮겨갔다. 제우스 상은 기원전 435년 올림피아에 세웠는데, 고대 세계의 7대 불가사의 중 하나가 되었다. 그러나 몇 년 후 피디아스에게 악의를 품은 자들이 금을 훔쳤다는 혐의로 그를 고발했다. 불경죄 역시 그의 죄목이었는데, 아테나의 방패에 페리클레스와 더불어 그 자신의 초상을 새겼기 때문이었다. 그 결과 피디아스는 감옥에 갇혔다. 그는 옥중에서 죽었거나 유배 당해 죽은 듯하다.

기원전 296년 금을 벗기고 청동을 씌웠지만, 여신상은 그 뒤에도 800년 동안 파르테논에 서 있었다. 1990년 테네시 주 내쉬빌에 새로운 아테나 여신상을 세웠는데, 이는 가능한한 피디아스의 원래 작품을 충실하게 따라 만들었다. **PF**

▲ 피디아스의 아테나 상이 어땠을지를 짐작케 하는 19세기 프랑스 판화.

"여신이시여 … 구원의 창으로
항상 당신의 적을 무찌르시기를!"

**오레스테스가 아테나에게 하는 말, 아이스킬로스의 「에우메니데스」 에서**

# 페리클레스가 펠로폰네소스 전쟁의 전사자들을 찬양하다

이 위대한 정치가는 유명한 장례 연설을 통해 아테네에 활기를 불어넣고자 한다.

▲ 페리클레스가 아테네 시민에게 추도 연설을 하는 모습을 담은 연대 미상의 작품.

기원전 431년 말엽, 페리클레스는 지난 12개월간 펠로폰네소스 전쟁에서 죽은 모든 이들을 위해 아테네에서 열린 공공 장례식에서 그 유명한 연설을 했다. 지난 30년 동안 페리클레스는 파르테논 신전의 건축을 주관하고 이른바 '황금시대'를 이끄는 등 아테네의 뛰어난 인물이었다. 그러나 그가 그리스의 다른 도시에 점점 더 호전적인 형태의 제국주의를 행사하면서, 결국 기원전 432년 스파르타와의 전쟁이 발발하는 결과를 가져왔다. 이 피비린내 나는 전쟁은 약 30년간 계속되며, 아테네 민주주의에 완전한 패배와 파괴를 안기게 된다. 그러나 전쟁이 시작된 무렵인 기원전 431년 페리클레스는 연설을 통해 아테네 시민의 기상을 드높이고자 했다.

역사가 투키디데스는 죽은 이들의 유골을 사이프러스 나무 관에 담고, 유해를 거두지 못한 이들을 위한 빈 관과 함께 전쟁에서 죽은 이들에게 바치는 공공 무덤으로 실어가는 장례 행렬에 대해 기록했다. 그리고 페리클레스가 연설을 시작했다. 페리클레스의 연설문이 그 자신이 쓴 것인지 역사가가 지어낸 것인지는 알 수 없으나, 아테네의 민주주의, 자유, 평등, 그리고 제국의 영광에 대한 감동적인 찬양을 담고 있다. 마지막으로 페리클레스는 전사자들을 찬미하고, 산 자로 하여금 동일한 정신을 이어갈 것을 간곡히 당부했다.

그의 훌륭한 연설에도 불구하고, 아테네인들은 전쟁이 나아가는 형세에 점점 더 불길함을 느끼게 되었다. 특히 지독한 전염병이 발생하자 불만은 극에 달했다. 페리클레스는 권력을 계속 유지했으나, 기원전 429년, 그도 결국 전염병에 굴복해 죽고 만다. **PF**

# 소크라테스가 독배를 마시다

이 유명한 철학자는 아테네의 젊은이들을 타락시켰다는 죄명을 받는다.

▲ 샤를 알퐁소 뒤프레부아(1611~1668년)의 〈소크라테스의 죽음〉(연대 미상).

아테네에는 희생양이 필요했다. 정치적인 면에서, 기원전 399년 아테네 시의 운명은 침체기에 있었는데, 5년 전 오래된 적수 스파르타에게 굴욕적인 패배를 겪은 여파였다.

아테네에는 꼴사나운 면으로 명성을 쌓은 한 사람이 있었으니, 철학자 소크라테스였다. 그는 어렵고 짜증스러운 질문을 던지길 좋아했고, 권력 있는 이들을 조롱했으며 충실한 제자들 무리와 사유를 주고받으며 시간을 보냈다. 평판 나쁜 아테네 지도자 몇몇과 교제한다고 알려져 있기도 했다. 따라서 소크라테스는 신을 믿지 않으며 아테네의 젊은이들을 타락시켰다는 죄목으로 재판에 처해졌다. 소크라테스의 유명한 제자 플라톤은 재판에 관한 기록을 남겼는데, 소크라테스가 벌금을 내면 목숨을 구할 수 있었는데도 자신이 뒤집어 쓴 혐의에 대답하기를 거부하고 자신은 아무런 나쁜 짓도 하지 않았다고 주장했다고 서술한다. 그는 유죄 판결을 받고, 헴록이라는 독초로 만든 신경 체계를 마비시키는 독약을 마시는 사형에 처해졌다. 주변에 모인 벗들과 함께 영혼의 불멸성 같은 문제로 토론을 나누며, 소크라테스는 형리의 손에서 차분하게 독약을 받아 단숨에 삼켰다. 죽음은 빠르게 찾아왔다.

소크라테스는 역사 속에서 가장 중요한 사상가 중 하나이며, 플라톤, 아리스토텔레스와 더불어 서양 철학의 기반을 형성하는 데 큰 역할을 했다. 그는 인간으로 하여금 행위하도록 하는 가치에 관심을 가졌으나, 직접 저작을 남기지는 않았다. 우리가 그의 가르침에 대해 알고 있는 대부분은 「플라톤의 대화편」에 의한 것이다. **SK**

# 갈리아족이 로마를 공격해 카피톨리누스를 포위하다

유노의 신성한 거위들이 로마 군사에게 경보를 발하여 재난을 막는다.

▲ 하인리히 메르테(1838~1917년)의 작품 〈유노의 신성한 거위들이 카피톨리누스를 구하다〉의 판화.

"식량이 부족했음에도
유노의 신성한 거위들은 죽이지
않았다."

리비우스, 『로마사』, 26년경

창건 이래 로마가 겪은 최악의 패배는 이탈리아 북부 포 골짜기의 갈리아족이 안겨 주었다. 기원전 390년의 여름에 브렌누스라는 우두머리가 이끄는 한 무리의 갈리아족이 알리아 전투에서 로마군을 쳐부수고 로마 시까지 공격하러 왔다. 때는 밤이었고, 수비군은 도시에서 가장 높은 장소인 동시에 종교적 중심지인 카피톨리누스에 피난해 있었다.

갈리아족이 카피톨리누스로 통하는 바위투성이 길을 올라가고 있을 때, 맹렬하게 꽥꽥대는 소리와 날개 퍼덕이는 소리가 울려 퍼졌다. 이 소란을 부린 것은 유노(영어로는 주노–옮긴이) 여신의 성소에서 기르는 신성한 거위 떼였으며—식량 부족에도 불구하고 잡아먹지 않고 남겨두었던 것이다—덕분에 수비병들은 갈리아족의 접근을 눈치 채어 카피톨리누스를 구할 수 있었다. 도시의 다른 곳은 약탈 당하거나 파괴되었지만, 다행스럽게도 도시의 모든 주민과 베스타 여신의 신녀(神女)들, 그들이 지키던 성화는 이미 피신한 후였다. 갈리아족은 일곱 달 동안 카피톨리누스를 포위했으나, 결국 브렌누스는 많은 금을 대가로 받고 군사를 철수시키는 데에 동의했다.

갈리아족에게 당한 이 수모의 기억은 이후 몇 세대 동안 로마인들을 괴롭힌다. 패배에서 몸을 추스른 로마군은 새로운 무기와 전술을 채택했고, 기원전 378년에는 도시 둘레에 11km 길이의 돌로 된 방어벽을 쌓았다. 이 벽의 많은 부분은 오늘날까지 서 있다.

로마의 군사적 팽창은 계속되었지만, 기원전 225년 이탈리아 북부의 갈리아족이 마침내 패배하고 로마의 지배권에 들기까지 로마인들은 결코 방심하지 않았다. 신성한 거위들에 대해 덧붙이자면, 이들은 매년 자줏빛 쿠션에 앉을 수 있었으며, 카피톨리누스를 지키던 개들은 갈리아족의 공격을 제때 경고하지 못했기 때문에 벌을 받았다. **SK**

# 아카데미의 숲 속으로

## 그리스 철학자 플라톤이 아카데미아에서 사유할 수 있는 세계 최초의 학교를 세운다.

플라톤이 철학을 체계화해 나갔던 학교의 위치는 아테네 아크로폴리스에서 북서쪽으로 1마일가량 떨어진 곳이었다. 학교는 올리브나무 숲속에 있었는데, 이 숲에서는 주로 종교 축제나 운동 경기를 열었고, 숲을 도시에 기부했다는 전설적인 인물 헤카데무스의 이름을 따 아카데미아라 불렀다. 따라서 이 학교는—그 이후로 설립한 수없이 많은 다른 학교와 대학들도—'아카데미'라는 이름을 얻었다.

아마 플라톤보다 몇 십 년 앞서 이미 수업과 토론 장소로 이곳을 사용해 왔을 것이다. 플라톤이 공식 기관을 세웠는지의 여부는 명확하지 않으나, 이곳에 집과 작은 정원을 소유했던 것은 분명하고, 기원전 348년 사망할 때까지 약 40년간 이곳에서 가르쳤다. 아리스토텔레스는 20년간 정기적으로 플라톤의 아카데미에 참석했었다.

플라톤은 자신이 생각하기에 "영혼 속에 있는 바를 배우려고 도취된" 학생들만을 받았다. 플라톤이 직접 남긴 저작의 증거로 미루어 보면, 거닐면서 자신의 대화편과 강의를 읽어주고, 종교적 기도회와 여유로운 식사 모임을 주최하는 것이 그의 수업 방식이었던 듯하다. 그동안 참석한 이들은 "신들을 기리고 서로간의 교제를 즐기며 박식한 토론으로 스스로를 새로이 할" 수 있었다. 그는 근처에 무사이 여신들의 신전인 '무세이온'을 세우기도 했다.

아카데미는 몇 백 년 동안 지속되었고, 신(新)플라톤 학파라 알려진 철학 학파로 명성을 얻었다. 기원전 86년에 로마 침략군이 올리브나무 숲을 베어 버렸지만, 아카데미는 살아남았다. 아카데미가 언제 문을 닫았는지는 불분명하나, 어떤 자료에 따르면 서기 526년까지라고 한다. 이 무렵 유스티니아누스 황제가 모든 '이교(異敎)' 학교를 폐쇄하라는 칙령을 내렸는데, 플라톤의 아카데미도 그중 하나였을 수 있다. **PF**

▲ 서기 1세기에 제작된 플라톤의 아카데미를 나타낸 모자이크로, 현재 이탈리아 나폴리의 국립 고고학 박물관에 소장되어 있다.

"교육이 한 인간을 출발시키는 방향은 그의 미래를 결정할 것이다."

**플라톤, 『공화국』, 기원전 360년**

기원전 342년

# 알렉산드로스가 교육을 받다

**필리포스 2세가 아리스토텔레스를 불러 미래 아시아의 정복자가 되는 알렉산드로스를 가르치도록 명한다.**

그리스인들은 마케도니아를 뒤떨어지고 야만적이라 판단해 항상 멸시하는 경향이 있었다. 그러나 기원전 356년 마케도니아의 왕이 된 필리포스 2세는 이를 변화시키고자 결심했다. 기원전 342년, 그는 아테네의 아리스토텔레스를 펠라의 자기 수도로 초청해 13살 난 아들 알렉산드로스의 가정교사 노릇을 맡겼다. 필리포스는 아들이 교육을 통해 미래 군사 지도자로서의 역할에 대비하기를 바랐다. 자연에 대해 열정적인 관심이 있던 아리스토텔레스는(그는 500종 이상의 동물을 식별할 줄 알았다) 3년간 알렉산드로스의 교육을 맡았다. 그는 정치, 수사학, 수학, 과학, 의학, 그리스 문학을 가르쳤다. 후에 알렉산드로스는 호메로스의 서사시『일리아드』에서 영감을 얻게 되는데, 그는 전장에 나설 때면 이 책을 가지고 다녔다.

> "필리포스는 당대 가장 박식한 인물이자 저명한 철학자인 아리스토텔레스를 부르도록 명했다."
>
> **플루타르코스(46~120년경),『알렉산드로스의 일생』**

필리포스는 그리스 전투 방식으로 마케도니아 군대를 훈련시켰고, 군사력으로 자신의 왕국을 확장해 나갔다. 16세가 되어 마케도니아의 섭정 자리에 올랐을 때, 알렉산드로스는 아버지 부재중에 일어난 반란을 진압했다. 2년 후인 기원전 338년 그는 결정적인 카에로네이아 전투에 필리포스와 함께 출전해 아테네와 테베를 비롯한 다른 그리스 도시국가를 상대로 압도적인 승리를 거두었으며, 필리포스는 이제 그리스의 단일 지배자가 되었다. 그동안 아리스토텔레스는 아테네로 돌아갔고, 기원전 335년 학교인 '리세움'을 세웠으며 학문에 전념했다. 오늘날 아리스토텔레스는 최초의 진정한 과학자라는 평가를 받는다. **SK**

기원전 336년

# 필리포스 2세 살해되다

**스무 살의 후계자 알렉산드로스가 반란을 일으킨 그리스인들에게 응징을 가한다.**

마케도니아의 수도 펠라는 필리포스 2세의 딸 클레오파트라와 에피루스의 왕 알렉산드로스의 결혼식을 맞아 분주하던 차였다. 갑자기 모든 것이 혼돈으로 빠져들었다. 극장에서 열리는 연회에 참석 중이던 필리포스가 칼에 찔려 숨진 것이다. 왕의 친위 수행원 중 하나였던 살해자 파우사니우스는 범행 현장에서 달아나던 중 죽음을 당했다. 알렉산드로스의 어머니이자 필리포스와 사이가 소원했던 왕비 올림피아스가 살인 음모에 가담했다고 믿는 이들도 있었다.

마케도니아군은 즉시 고작 스무 살 난 알렉산드로스를 알렉산드로스 3세로 선포했다. 당시 필리포스는 그리스 군대를 이끌고 페르시아를 공격하려던 차였다. 이렇게 되자 대부분의 그리스 도시국가는 마케도니아와의 동맹을 깰 수 있는 이 기회를 놓치지 않았으나, 알렉산드로스는 반란을 멈추기 위해 신속하게 움직였다. 그는 테베를 포위했고, 테베인들이 항복을 거부하자 군인들을 시켜 도시를 약탈하고 파괴하며 주민 모두를 노예로 팔도록 명했다. 다른 도시국가들은 즉시 알렉산드로스에게 복종했다. 그는 코린트의 의회에 그리스 지도자들을 소환해, 아버지의 페르시아 침략 계획을 이어나가겠다는 자신의 의사를 알렸다. 이는 어디에도 견줄 바 없는 정복 전투가 된다.

1977년, 고고학자들은 그리스 북부의 베르기나 유적지에서 필리포스 2세의 무덤을 발견했다. 묘실 안에는 대리석 관, 눈부신 금은 그릇, 왕의 훌륭한 갑옷 한 벌이 있었다. 화장(火葬)하고 남은 왕의 유해는 마케도니아 왕가를 상징하는 별로 장식한 황금 상자 안에 들어 있었다. **SK**

▶ 알렉산드로스 대왕의 아버지인 마케도니아의 필리포스 2세(기원전 382~336년)를 그린 14세기의 채색 필사본.

# 알렉산드로스의 이수스 전투

다리우스와 그의 페르시아 대군은 숙적 알렉산드로스가 이끄는 마케도니아 군대와 이수스 만에서 맞붙고, 호된 패배를 당한다.

알렉산드로스가 다리우스의 군대를 패배시킨 이수스 전투의 장면을 나타낸 서기 1세기의 모자이크.

"그대에게 겨자씨를 보내오 … 그대가 내 승리의 쓴맛을 알도록."

**알렉산드로스가 다리우스 3세에게 보낸 편지**

알렉산드로스의 중동 정벌은 기원전 334년 5월 그라니쿠스에서의 승리와 뒤이은 소아시아 점령을 필두로 시작했다. 다음 해 페르시아 황제 다리우스 3세가 이끄는 전보다 커진 군대와 맞서 이를 무찌르면서, 알렉산드로스의 기세는 막을 수 없는 정도가 되었다.

페르시아 군대의 수는 60만 명이었다고 하는데, 이는 상당히 과장 섞인 숫자인 듯하다. 그러나 좀 더 그럴 듯한 수인 10만 명이라 할지라도 이는 마케도니아 군대의 두 배 이상이었을 것이다. 알렉산드로스와 그가 거느린 장군 파르메니온은 남쪽에 있는 페르시아군을 칠 목적으로 병력을 합쳤으나, 다리우스가 이미 그들을 앞질러 보급로를 끊어 버렸다는 사실을 알게 된다. 얕은 강을 사이에 두고 나뉜 두 군대는 오늘날 터키의 남동부에 해당하는 이수스 만 상부의 작은 평원에서 만난다. 결정적으로, 이 장소는 페르시아인들이 수적인 우세함을 활용할 수 있는 곳이 아니었다.

알렉산드로스는 우측으로 돌격을 이끌었고, 마케도니아군 왼편인 해안 쪽에서 결정적인 초기 전투가 일어나는 동안, 파르메니온은 알렉산드로스의 기병대가 페르시아 진영을 무너뜨릴 때까지 페르시아의 전진을 저지했다. 알렉산드로스 자신은 다리우스가 있는 쪽을 직접 공격했으며, 두 사람이 실제로 맞붙지는 않았겠지만(유명한 폼페이 모자이크에 나온 것처럼) 황제의 전차를 둘러싸고 격렬한 전투가 벌어졌다.

다리우스는 패주했고, 뒤이어 페르시아군도 달아났으나 5만 명 이상이 죽음을 당했다고 한다. 마케도니아군은 24km나 다리우스를 뒤쫓아 가 어머니와 두 아내를 비롯한 그의 가족과 재산을 포획했다. 알렉산드로스는 남쪽으로 시리아를 거쳐 이집트로 진출했다. 아카메네스 제국은 종말이 가까웠다. **PF**

# 알렉산드리아의 성립

**알렉산드로스는 이집트 왕이 되어 자신의 이름으로 불릴 도시를 세운다.**

이수스 강에서 다리우스에게 승리를 거둔 후, 알렉산드로스는 남쪽으로 요르단을 거쳐 이집트까지 진군해 갔다. 이집트의 고대 문명은 페르시아의 속주 신세로 전락해 있었다. 페르시아 총독은 저항할 수 없었고, 이집트인들은 알렉산드로스를 해방자로 환대했다. 그는 나일 강을 따라 멤피스로 항해해, 아문 신에게 황소를 제물로 바치고 곧 이집트의 왕 자리에 올랐다.

기원전 331년, 그는 새로운 도시, 이집트를 그리스 세계와 이어 줄 도시를 세울 만한 터를 찾기 시작했다. 지중해 해안에서 알렉산드로스는 헤로도토스와 호메로스가(『오딧세이아』에서) 언급했던 땅을 발견했다. 바다와 사막, 다른 천연 방어물의 보호를 받고 있는 그곳은 그리스로 접근하기 손쉬우면서도 중심적이고 방어가 쉬운 장소였다. 알렉산드로스는 거리, 궁전, 신전, 방비 시설, 심지어 정교한 하수도 체계까지 설계했다. 훗날의 이야기에 따르면 그는 분필이 없었기 때문에 보릿가루를 줄지어 떨어뜨려 거리를 표시했는데, 새떼가 이를 먹어치웠다고 한다. 이러한 방해에도 불구하고, 한 점쟁이가 도시는 번영할 거라고 단언했다.

> "위풍당당한 바다에
> 섬이 하나 있다; 파로스가 바로
> 그 이름이다."
>
> **호메로스, 『오딧세이아』, 알렉산드로스의 암송**

이후 곧 알렉산드로스는 이집트를 떠났다. 그는 이후 알렉산드리아의 파로스(고대 세계 7대 불가사의 중 하나였던 등대)와 대(大) 도서관을 자랑삼게 될 이 도시의 완공을 결국 보지 못하고, 10년 후 관에 담겨서야 돌아오게 될 운명이었다. **PF**



# 무너진 "낙타의 등"

**가우가멜라 전투에서 알렉산드로스는 페르시아 제국을 완전히 무너뜨린다.**

기원전 331년, 알렉산드로스는 페르시아 황제 다리우스가 제안한 평화 협정—그는 유프라테스 강 서쪽 땅과 많은 돈, 그리고 딸을 아내로 주겠다고 제시했던 것이다—을 거부하고, 티그리스 강을 건너 메소포타미아 북부로 진군했다. 다리우스는 이수스 전투 때보다 훨씬 더 많은 군사를 집결시켰다. 당대 기록에 따르면 다리우스는 백만 명이나 되는 군사를 지휘했다고 한다. 다리우스는 자신의 대군과 200대의 칼날 달린 전차(바퀴축에 낫 모양 칼날이 달린 전차-옮긴이)를 잘 활용할 수 있는 넓은 평지에서 싸우기로 결심했다. 10월 1일 그들이 싸운 터는 "낙타의 등"이라는 의미의 가우가멜라 마을과 가까웠다.

> "이미 공포를 느끼고 있던
> 다리우스는 제일 먼저 뒤돌아
> 달아났다."
>
> **아리아노스(서기 146년 사망), 『알렉산드로스 원정기』**

수적으로 크게 불리했음에도 알렉산드로스는 돌격했으며, 다리우스로 하여금 전차로 중앙부를 공격하도록 하여, 자신은 페르시아 측 대열을 뚫어 측면에서 공격을 가할 수 있었다. 동시에 그는 페르시아군을 양쪽으로 유인해 페르시아 진영에 쐐기 모양 공격을 하여 흩뜨리고, 다리우스가 위치한 진지마저 위태롭게 만들었다. 다리우스는 달아났고, 알렉산드로스는 전장에 남았다.

이 전투 이후, 알렉산드로스는 페르시아의 왕실 전차를 포획하고 바빌론으로 진격했다. 기원전 330년 1월 그는 다리우스의 수도 페르세폴리스를 점령하고 자신을 페르시아의 왕으로 선포했다. 다리우스는 서쪽으로 달아났으나 그 자신의 태수들 중 하나의 손에 죽었다. 그 역시 알렉산드로스에게 처형되었다. **PF**

# 알렉산드로스의 죽음

바빌론에서 정복자가 죽자 왕위 계승을 놓고 전쟁이 일어나 몇 십 년간 계속된다.

기원전 323년 바빌론에 도달했을 때 알렉산드로스는 야망으로 가득했으며, 곧 아라비아를 침략하기 위해 함대를 파견할 계획을 구상하고 있었다. 그러나 친구 메디우스와 함께 오랫동안 연회를 즐기며 만취했던 끝에, 5월 29일 그는 병을 얻었다. 그는 이미 열병에 걸려 있었으나, 필요할 때면 침대를 운반하도록 해 군대에 명령을 내리곤 하면서 일을 계속해 왔었다. 종교 의식과 예배 역시 계속 주관해 왔으나 그도 쓸모없게 되었다. 약 2주가량 열병을 앓은 끝에 알렉산드로스는 사망했다. 고작 32세의 나이였다.

당연한 일이지만, 그가 독살되었다는 소문이 돌기 시작했고, 이는 아직도 가라앉지 않은 상태다. 하지만 모든 정황을 고려해 볼 때 알렉산드로스는 자연사했다는 편이 옳은 듯하다. 여러 문헌으로 보아 그는 말라리아를 앓고 있던 것 같으며, 의사들이 처방했던 치료법은 아마 죽음을 더 재촉했을 것이다.

6월 9일, 마케도니아의 노병들은 마지막으로 지도자 앞을 행진했다. 죽음을 앞둔 병상에서 알렉산드로스는 장군 페르디카스에게 자기 반지를 건네주었는데, 왕비 록사나는 아직 임신 중이었으므로 페르디카스는 후계자에 대한 왕의 의중을 물었다. "가장 강한 이에게", 이것이 그의 대답이었다.

알렉산드로스가 사망한 다음 날, 장수들은 어떻게 할지를 두고 논쟁을 벌였고, 이들 사이의 전쟁은 피할 수 없는 지경이 되어, '디아도코이(후계자들)' 전쟁이라는 50년간의 분쟁으로 이어졌다. 결국 제국은 마케도니아와 그리스의 안티고노스 왕조, 메소포타미아와 페르시아의 셀레우코스 왕조, 이집트의 프톨레마이오스 왕조로 나뉜다.

향료로 처리한 알렉산드로스의 시신은 화려한 대리석 관에 실려, 나일 강 어귀에 있는 그의 위대한 도시 알렉산드리아에 안치되었다. 시신은 로마 시대까지 그곳에 있었으나 이후 사라졌다. **PF**

▲ 샤를 르 브렁(1619~1690년)의 〈알렉산드로스 대왕과 사로잡힌 포로스〉(1673년)의 일부.

◀ 5세기 아르메니아 필사본에 나온, 알렉산드로스 대왕 임종 때의 애도.

> "그대는 곧 죽을 것이며, 지상에서 그대를 묻기에 충분한 넓이의 땅만을 소유하게 될 것이오."
>
> **인도의 현자 단다미스가 알렉산드로스에게 했던 말**

기원전 322년

# 새로운 세력 기반

찬드라굽타 마우리아가 마우리아 제국을 세운다.

기원전 323년 알렉산드로스의 갑작스런 죽음이 야기한 혼란 속에서, 찬드라굽타 마우리아는 북서쪽에 새로운 세력 기반을 얻고, 마가다의 왕 다나를 무너뜨렸다. 겨우 20세의 나이에 그는 자신의 이름을 딴 마우리아 왕조를 창시하고 커다란 군대를 형성하여 이를 도구로 펀자브의 그리스 태수 대부분을 정복했다. 기원전 305년 그는 아프가니스탄 전역으로 세력을 확장했다. 이는 알렉산드로스의 후계자 중 하나로, 인도를 재정복하려 했던 셀레우코스와 조약을 맺어 전투용 코끼리 500마리를 대가로 얻은 결과였다.

인도 최초의 통일 대제국을 세운 그의 출신에 대해서는 알려진 바가 거의 없다. 기원전 340년경 왕가 혈통에서 태어났다는 데에서부터 그의 부모가 공작 조련사였다는 데까지, 소문만이 무성하다. 젊었을 때 마우리아는 한 브라만(카스트 제도의 가장 상위 계급인 승려–옮긴이)에게 게릴라 부대를 일으키라는 권유를 받았다. 그가 16세 때 알렉산드로스 대왕을 만나, 동쪽으로 전진하여 마가다를 지배하는 난다 왕조에 도전하라고 설득했으나, 알렉산드로스는 서쪽으로 돌아갔다는 설도 있다.

> "커다란 야생 코끼리 한 마리가 마우리아에게 가더니, 마치 길들기라도 한 듯 그를 들어 등에 올렸다."
>
> **유니아누스 유스티누스, 서기 3세기**

몇 년 만에 마우리아는 인도 아대륙(亞大陸) 대부분을 다스릴 정도로 세력을 뻗었다. 그가 수도로 삼은 파탈리푸트라는 고대 세계에서 가장 큰 도시 중 하나가 되었다. 찬드라굽타는 기원전 293년 아들 빈두사라에게 왕위를 내주고 물러났으며, 말년에는 자이나교 수도자가 되어 단식하다가 죽었다고 한다. **PF**

기원전 305년

# 프톨레마이오스 1세가 이집트를 차지하다

프톨레마이오스 왕조 최초의 파라오는 알렉산드로스 사후에 권력을 쥔다.

알렉산드로스 사후, 그의 최고 장군들이 제국을 분할했으며 지배권을 손에 넣기 위해 서로 싸웠다. 프톨레마이오스는 마케도니아인으로, 알렉산드로스의 어릴 적 친구였다. 그는 화려한 황금 관에 든 알렉산드로스의 유해를 자기 소유로 삼아—어쩌면 훔쳤을 것이다—웅장한 행렬과 더불어 이집트로 가져갔다. 유해를 멤피스로 가져가려는 것이 목표였으나, 결국은 알렉산드리아로 가져갔고, 몇 백 년간 그곳에 관을 두었다. 프톨레마이오스는 이집트 총독의 칭호를 얻었으며 전대 파라오인 넥타네보 2세의 딸과 결혼했던 듯하다.

> "왕권과 권력 운용에 관한 책들을 모아, 그것을 읽으십시오."
>
> **대 도서관의 책임자가 프톨레마이오스에게 준 조언**

시리아에서 권력을 잡으려 여러 해 동안 책략을 부리고, 라이벌인 페르디카스의 침략 위협을 겪은 후, 프톨레마이오스는 기원전 305년 이집트 왕의 칭호를 차지해 이후 로마인들이 도래하기까지 300년간 이어진 왕조를 세웠다. 그는 상당히 고립되어 있는 이집트가 헬레니즘의 영향을 받아들이도록 힘썼으며, 고전기 세계의 이름 높은 업적 중 하나인 알렉산드리아의 대 도서관을 세우고, '박물관'을 제정했는데, 이는 최초의 대학이 된다.

프톨레마이오스는 기하학자 유클리드의 후원자였으며, 고대 세계의 불가사의 중 하나인 알렉산드리아의 거대한 등대, 즉 '파로스'의 건축을 시작하기도 했다. **PF**

▶ 남 이집트와 북 이집트의 여신들이 프톨레마이오스 1세에게 왕관을 수여하는 모습을 그린 연대 미상의 그림.

# 헬리오스에게 바치는 로도스의 거상

항만 입구에 '로도스의 거상'이라 알려진 거대한 조각상이 서고, 고대 세계 7대 불가사의 중 하나가 된다.

『세계 7대 불가사의』(1792년)라는 책에 나온 로도스의 거상을 그린 에칭.

"장인이 얼마나 많은 청동을 썼던지 기근이 일어날 지경에 가까웠다."

비잔티움의 필론, 기원전 1세기

고대 세계 7대 불가사의 중 하나인 '로도스의 거상'은 알렉산드로스 대왕의 장군인 프톨레마이오스와 안티고누스의 치열한 전쟁의 결과로 세운 것이다. 로도스인들은 이집트 왕인 프톨레마이오스를 지지했고, 안티고누스의 아들 데메트리오스는 4만 명이 넘는 병력으로 로도스를 포위 공격했다. 데메트리오스는 두 채의 거대한 공성탑(攻城塔)을 세웠으나 무용지물이었다. 첫 번째 탑은 폭풍우 때문에 무너졌고, 두 번째 탑은 방어군이 도시 성벽 둘레의 수로에 물이 넘치도록 하자 진흙 속에 붙박였던 것이다.

공격자가 물러나자, 로도스인들은 감사하는 마음에서 수호신인 헬리오스에게 바치는 40큐빗(33m) 높이의 조상을 세웠다. 조상은 항구 입구의 대좌 위에 섰다. 도시를 방어하는 데 참여했던 린두스 시(市)의 카레스라는 인물이 조상의 설계를 맡았으며, 석재와 철로 제작해 적이 버려두고 간 무기에서 얻은 청동판으로 덮었다. 제작에는 12년이 걸렸고, 카레스는 기원전 280년 완성을 앞두고 자살했다. 아마 누군가가 설계상의 결점을 지적했기 때문이었을 것이다.

로도스의 거상은 56년 동안 서 있었으나, 기원전 224년 지진이 일어나 양 무릎을 무너뜨리는 바람에 넘어지고 말았다. 거대한 조각들은 바닥에 남아 있었으며 관광 명물이 되었다. 대(大) 플리니우스는 서기 1세기에 다음과 같이 말했다. "양팔로 엄지손가락을 감싸 안을 수 있는 이가 드물었으며, 손가락만 해도 대부분의 조상보다 컸다. 팔다리가 부러지자, 안쪽에서 입을 벌린 커다란 구멍이 보였다." 이 잔해도 결국은 부서졌으며, 7세기에 로도스를 습격한 아랍인들이 여기서 나온 청동을 재사용했다.

후대의 삽화에 거상은 항만 입구에 두 다리로 버티고 선 모습으로 나오지만, 오늘날 엔지니어와 과학자들은 실제로 그렇게 세우기란 불가능하다고 주장한다. **PF**

# 아소카가 평화를 찾다

## 칼링가 전투에서 벌어진 대학살에 충격을 받아, 아소카는 불교에 귀의한다.

고대 인도 마우리아 왕조의 제3대 왕인 아소카가 이웃 칼링가 왕국을 침략하여 행사했던 끔찍한 폭력 때문에, 그 자신의 설명에 따르자면 10만 명이 사망했고 15만 명이 고국에서 쫓겨났다. 양심의 가책에 휩쓸린 그는 불교 신자가 되었고, 전쟁을 그만두었으며, 오직 '다르마(올바른 삶의 원칙)'에 따라서만 정복하고자 하는 자신의 의도를 선포했다.

아소카가 내린 칙령은 '아소카왕 석주'라는 33개의 돌기둥에 새겨져 그의 왕국 여러 곳에 세워졌다. 가장 유명한 것이 사르나트 석주로, 원래 높이는 15m도 넘었으며, 붓다가 최초로 설법을 행했던 자리에 있었다. 동서남북을 바라보는 네 마리의 사자 모양을 한 훌륭한 기둥머리는 1948년 인도의 국가 문장으로 채택되었다. 인더스 계곡 상류, 구자라트 남부, 인도 남부의 크리슈나 강 유역처럼 다양한 곳에서도 바위며 동굴 벽에 새긴 아소카의 칙령을 찾아볼 수 있다.

> "이 세계와 다음 세계의
> 모든 존재에 안녕과 행복이
> 깃들기를."
>
> **아소카 칙령**

비문의 내용은 아소카가 불교로 귀의한 일과 불교를 전파하기 위한 노력, 그의 도덕적 · 종교적 교훈, 동물의 생명에 대한 존중 등이다. 백성들을 보살피기 위해, 아소카는 병원과 휴게소를 짓고 우물을 파게 했으며, 멀리 스리랑카까지 선교단을 보냈다. 고대 인도에서 필적할 상대가 없었던 그의 제국은 기원전 233년 그가 사망하자 50년 만에 무너졌다. **SK**



# 40만 명이 산 채로 묻히다

## 고평 전투에서 진나라 군대는 조나라를 격파한다.

중국에서 통일 국가의 형성은, 서쪽의 진나라가 기원전 3세기에 소위 '전국시대'에 주요한 여섯 경쟁 세력을 무자비하게 제거해 버리고 거둔 결과였다. 결국 진나라와 그 왕인 영정에 대적할 자가 없게 되고, 영정은 시황제(始皇帝), 즉 '최초의 황제'로 등극하면서 중국 땅에 제국을 세웠다.

진나라가 패권을 장악하는 데 결정적인 공을 세운 전투는 기원전 260년의 고평(高平, 장평(長平)이라고도 함)전투였다. 당시, 왕희가 이끄는 진나라 군대는 전략적으로 중요한 산동의 항구를 정복하려는 목적으로 한나라를 침공했다. 약해진 한나라는 산동을 북쪽으로 이웃한—게다가 훨씬 강력한—조나라에게 내주었고, 조나라가 산동을 지키고 있었다. 2년간의 공성전이 이어졌고, 역사상 유례 없이 잔혹한 전투가 뒤따랐다. 대략 50만에 달했던 진나라 군대는 조나라 군대를 둘러싸 45일간 언덕 꼭대기에 봉쇄하는 데 성공했다. 수비군의 젊은 사령관 조괄(趙括)이 포위를 뚫으려 습격하다 죽자 조나라 군대는 항복했지만, 진나라의 사령관 백기(白起)는 집단 봉기를 막기 위해 40만 명에 달하는 진나라 군사들을 하룻밤 새에 산 채로 매장했다. 나이가 가장 어렸던 240명의 군사들만이 목숨을 구제받아 조나라로 이 소식을 전했다.

조나라는 이때의 패배에서 다시는 회복하지 못했고, 기원전 228년 진나라에 정복당했다. 백기는 진나라 승상(丞相)에게 위협이 되었기에 3년 후 자살을 강요받았다.

1990년대 중반에 고고학자들은 분명히 이때의 것으로 추정되는, 많은 유골이 묻힌 구덩이를 발굴해 냈다. **RG**

# 유레카!

아르키메데스는 목욕을 하다가 밀도를 측정하는 법을 발견한다.

무명 예술가의 작품인 〈목욕 중인 아르키메데스〉(1547년)라는 제목의 손으로 채색한 목판화.

시칠리아의 히에론 왕은 자신이 받은 왕관이 순금으로 만든 것인지, 아니면 속아서 은이 섞인 왕관을 받은 것인지 알아내고자 하여 아르키메데스에게 이 문제를 해결하도록 했다. 그렇지만 금속을 녹여 왕관을 망가뜨리지 않고서야 무슨 도리로 알아낸단 말인가? 목욕을 하던 중, 아르키메데스는 자신이 물속에 들어가자 수위가 높아진다는 점에 주목했고, 왕관을 물속에 넣어 무게를 달아 보면 황금의 밀도를 측정할 수 있다는 사실을 깨달았다. 이 발견에 흥분한 나머지 그는 "유레카!"("알아냈다!")라고 외치며 알몸인 채 거리로 달려 나갔다고 한다.

아르키메데스는 기원전 287년 그리스의 도시 국가인 시칠리아의 시라쿠사에서 태어났다. 지레를 발명하고 '아르키메데스의 나사'—물을 퍼 올리는 도구—를 발명한 것도 그였다고 하며, 시라쿠사 포위 때에는 거울에 태양빛을 반사시켜 로마 함선에 불을 지르기도 했다.

기원전 212년 도시가 함락되었을 때, 아르키메데스는 수학적 작도에 몰두하여 떠나라는 명령을 무시했기 때문에 로마 군인에게 죽었다고 전해진다.

아르키메데스는 실천적이면서도 이론적인 과학자로 고대 세계에서 명성이 드높았다. 그는 기계학, 유체 역학, 반사 광학, 수학에 관한 글을 남겼다. 그 대부분은 소실되었지만, 남은 저작은 중세 때 이슬람 수학자들에게 알려졌다. 르네상스 시대 학자들이 이를 재발견했고, 중세 유럽에서 수학이 발전하는 데에 지대한 영향을 끼쳤다. **SK**

# 중국이 "만 대에 이르는" 통일을 이룩하다

진나라의 왕 영정이 중국의 다른 나라들을 정복하여 시황제라는 칭호를 채택한다.

지금껏 이루어진 최대의 고고학적 발견 중 하나인, 시안의 테라코타 군대의 모습.

전국시대 동안, 중국은 200년 이상 여러 나라로 나뉘어 있었다. 기원전 246년 영정이 13세의 나이로 왕위에 올랐을 때, 서쪽의 진나라는 이미 가장 강력한 나라로 떠오르기 시작했다. 8년 후, 급습, 정탐, 뇌물 수여 등의 다양한 방법을 쓴 끝에 그는 다른 여섯 나라를 차례로 멸망시키기 시작했다. 기원전 221년 북서쪽의 제나라가 최후로 멸망했다. 역사상 처음으로 한 군주가 중국을 통일했으며 영정은 자신을 시황제, 즉 최초의 황제라 칭했다. 그는 자신의 왕조가 만세(萬歲) 동안 지속될 것이라 언명했다.

새로운 승상 이사(李斯)와 함께 시황제는 엄격한 중앙 집권 통치를 행했다. 지방마다 달랐던 도량형을 통일하고, 법률과 중국 문자를 표준화하고, 도로와 운하를 놓기 시작했다. 그는 북쪽에 있는 국경 요새들을 연결하는 흙벽을 건설했다. 만리장성을 짓기 시작한 것이다.

시황제가 두려워한 것은 단 하나, 죽음뿐이었으며, 그는 불로장생의 약을 찾아 일본의 여러 섬까지 찾아다녔던 듯하다. 우주의 형상을 상징한다는 그의 거대한 능묘를 짓는 데에는 70만 명이라는 인력이 동원되었다.

1974년, 우물을 파던 이들이 진흙으로 만든 사람 크기의 병정 수천 개가 들어 있는 구덩이를 발견했다. 그들이 우연히 마주한 것은 중국에서 지금까지 가장 큰 규모였던 고고학적 대발견이었다. 2천 년이 넘는 세월 동안 시황제의 유해 가까이에서 호위를 서 왔던, 7천 명의 전사로 이루어진 테라코타 군단이었던 것이다. **SK**

기원전 218년

# 불가능한 여정

**카르타고의 장군 한니발이 로마를 치기 위해 군사를 이끌고 알프스를 넘는다.**

기원전 218년 가을, 기진맥진하고 사기가 떨어진 군대가 알프스 높은 산길의 바위와 눈, 얼음 위에 뿔뿔이 흩어져 누워 있었다. 스페인 출신의 야만 부족, 리비아 보병, 북아프리카에서 온 누미디아 기수들은 건널 수 없을 것이 명백해 보이는 산의 장벽을 넘기 위해 28세의 장군 한니발 바르카를 따라 왔다.

오늘날 튀니지가 있는 곳인 한니발의 고향 카르타고는 동부 지중해의 해상권을 놓고 로마 공화국과 사활을 건 싸움에 휘말렸다.

기원전 218년 봄, 한니발은 스페인에서 군대를 이끌고 이탈리아를 침략하러 간다. 처음에는 10만 명 이상의 부하, 몇 만 필의 말과 노새, 37마리의 전투용 코끼리를 거느리고 출발했다. 험한 땅을 거친 긴 여정으로, 알프스에 닿기도 전에 군대는 크게 줄어들었다. 알프스에서는 알로브로게스족을 비롯한 다른 원주민 부족이 산골짜기의 좁은 길을 진군하는 한니발의 군사들을 공격했다. 산길 꼭대기에 닿는 데는 아흐레가 걸렸다.

부하들이 겪는 고통을 전부 함께 나눴던 한니발은 춥고 굶주린 병사들을 재정비해, 로마를 손아귀에 쥐어 줄 길이라 말하며, 이탈리아로 내려가는 길에 들어서도록 했다. 눈과 얼음을 밟으며, 사람과 동물들은 미끄러운 낭떠러지에서 떨어져 죽지나 않을까 하는 공포에 질려 좁은 길을 힘겹게 나아갔다. 어떤 지점에서는 사라진 길을 다시 내기 위해 나흘이나 소요했다. 고작 2만 6천 명의 병사가 이탈리아에 도달했고, 코끼리의 수는 손으로 꼽을 정도였다. 그럼에도, 한니발은 알프스를 넘는다는 엄청난 과업을 달성했고, 이제 로마로 진격할 수 있었다. **RG**

◀ 19세기 영국의 석판화인 〈알프스를 넘는 한니발과 전투용 코끼리들〉의 일부.

기원전 216년

# 로마군의 참패

**한니발은 칸나이에서 로마 군단에 끔찍한 피해를 가한다.**

칼과 창으로만 싸웠음에도, 기원전 216년 칸나이 전투의 참상에서는 유럽 역사를 통틀어 하루간의 전투 동안 가장 많은 사망자가 발생했다.

로마 공화국은 2년 전에 이탈리아를 침략했었던 카르타고의 장군 한니발 바르카와 맞서기 위해 시민군으로 구성된 8개 군단과 동맹군을 보냈다. 집정관인 파울루스와 바로가 이끄는 7만 명의 보병과 6천 명의 기병 세력은 아우피두스 강(오늘날의 오판토 강)과 칸나이 언덕 꼭대기 사이의 평원에서 한니발을 맞았다. 중앙에는 보병을, 양측에는 기병을 배치했다. 한니발의 보병—리비아, 스페인, 켈트인—은 수적으로 크게 불리했다. 한니발은 켈트와 스페인 군사들을 로마 진영으로 내보내 공격을 유도하고, 잘 훈련된 리비아 보병들을 양쪽 측면에 두었다. 양편은 소용돌이치는 먼지 속에서 격돌했다. 처음에는 로마군이 밀고 들어와, 카르타고 진영의 중심부로 파고들었다. 그러자 리비아 군사들이 양측에서 공격을 가해 로마 보병대를 격파했다. 한니발의 기병대는 로마 기수들을 몰아대며 뒤편에서 돌격했다. 로마인들은 포위당한 채 줄줄이 학살당했고, 전장에는 그 유해가 여러 더미로 쌓였다. 로마 군에서는 4만 8천 명 이상이 사망했다. 그럼에도 로마는 평화를 거부했으며 한니발은 그의 압도적인 승리를 지속해나가지는 못했다. 전쟁은 계속되었다. **SK**

> "몇몇은 … 부상으로 고통받았고 … 적에 의해 신속하게 최후를 맞았다."
>
> **리비우스, 『로마사』, 26년경**

# 농민 도적에서 황제로

농군이었던 유방이 중국의 지배권을 잡아 한나라 왕조를 세우며, 이는 400년간 지속된다.

▲ 농민 도적이었다가 한 왕조를 세운 유방 황제를 그린 18세기 그림.

"백성들을 어떻게 다룰지 알기에, 나는 천하의 영토를 정복할 수 있었다."

유방

기원전 210년 중국 최초의 황제 진시황이 죽자, 그의 아들은 제대로 통치할 능력이 없었다. 기원전 209년, 진 왕조에 대항한 봉기가 계속해서 일어났으며, 도적이었던 유방(劉邦)은 옛날 초나라 군주 편에 가담했다. 농민 출신으로 진나라 때 강소(江蘇) 지방의 경찰 관리로 있었던 유방은 적은 수의 병력을 모아 진나라 본거지인 섬서성(陝西省)의 관중(關中)을 정벌했다. 기원전 206년 그는 진나라 수도인 함양(咸陽)에 입성했으며, 이후 보답으로 한(漢)나라(오늘날의 쓰촨, 충칭, 산시성 남부에 해당함) 왕이라는 지위를 받았다.

유방은 이제 중국 전역을 정복하려 했으며, 진나라 정치 체제의 가혹했던 면을 없앴기 때문에 그의 정벌을 지지하는 백성들이 많았다. 비교적 군사력이 작았음에도 불구하고, 그는 교활한 꾀를 써서 군사적으로는 총명했으나 정치적인 면에서는 순진했던 초나라 귀족 항우(項羽)와 대적해 자신의 입지를 지켰다. 기원전 202년 유방은 결국 항우를 패배시켰다. 이후 항우는 자결했다.

승리를 얻은 후, 유방은 고조(高祖)의 칭호를 얻고, 중앙 집권 통치를 복권했으며, 수도인 장안(長安, 옛 이름은 함양)에서 한 왕조를 세웠다. 한나라는 거의 400년간 집권을 계속한다.

유방은 통치 중에도 농민다운 면모를 잃지 않았다. 학식을 경멸한다는 점을 보이기 위해 한 학자의 관에 오줌을 쌌던 일화는 유명하다. 그러나 그는 유교의 이념에 따라 다스렸다. 농민들에게 세금을 줄여 주어 인기를 얻었으나, 자신이 권력을 쥐도록 도와준 제후들 여럿을 처형해 적을 만들기도 했다. 이와는 대조적으로, 정략결혼과 뇌물 등의 전략을 이용해 외부의 커다란 위협이었던 북방 유목 민족인 흉노(匈奴)족 문제를 잘 다루기도 했다. **PF**

기원전 202년 10월 15일

# 스키피오의 복수

**자마 전투에서 스키피오의 군단은 마침내 한니발과 코끼리 부대를 무찌른다.**

로마의 장군 푸블리우스 코르넬리우스 스키피오는 기원전 216년 칸나이에서 카르타고 장군 한니발이 로마군을 대학살했을 때 살아남은 이였다. 기원전 202년 스키피오는 형세를 역전시켰다. 그는 북아프리카의 로마 침략군을 이끌고 카르타고 시를 공격하여, 한니발은 고국을 지키기 위해 원정에서 돌아와야만 했다. 스키피오와 한니발의 군대는 카르타고 서쪽에서 만나 자마 전투라는 격전을 치르게 된다.

자신의 군대가 크게 줄어든 데다가 전에 이겼던 로마군에 비해 무척 뒤떨어진다는 사실을 알고, 한니발은 전투용 코끼리에게 운을 맡겼다. 80마리의 무시무시한 코끼리들이 로마 군단으로 돌격했다. 그러나 전투의 소란 속에서 많은 코끼리들이 겁을 먹어 미친 듯이 날뛰었고, 달아나면서 오히려 한니발의 기병대 쪽을 공격했다. 스키피오의 군단 쪽으로 방향을 잡은 코끼리들도 스키피오가 로마군 진영 틈에 마련해 둔 틈새로 지나가 아무 해도 끼치지 않았다. 기병대는 전장에서 밀리고, 보병대는 무서운 기세로 돌격하는 스키피오의 군단병에 굴복하여, 한니발의 군대는 파멸을 맞았다. 대결은 끝났다.

> "로마인들은 그들의
> 적을 습격하여, 전쟁의 함성을 드높이고
> 방패 소리를 울렸다."
>
> **폴리비우스, 그리스 역사가, 기원전 205~123년**

자마 전투에서 로마가 거둔 승리로 카르타고는 패배를 받아들이고 서부 지중해에서 로마에게 패권을 내주었다. 한니발은 결국 망명에 처하고, 이후에도 로마의 적들에게 쫓기다가, 20년 후 자살하고 만다. **SK**

기원전 168년 6월 22일

# 로마가 승리하다

**마케도니아가 피드나에서 패배하여 로마의 그리스 정복이 확실해진다.**

신화 속에 나오는 신들의 거처인 올림포스 산기슭, 그리스 북부의 피드나 근처에서 두 군대가 지중해 문명의 미래를 결정하게 될 전투를 벌였다. 한 편은 마케도니아의 왕 페르세우스가 이끄는 4만 명의 병력이었고, 다른 한 편은 60세의 로마 집정관 루키우스 아이밀리우스 파울루스가 이끄는 4만 명의 로마군이었다.

영토 확장을 노리던 로마 공화국은 그리스의 지배 세력이었던 마케도니아와 30년간 끊임없이 전쟁을 벌여 왔다. 페르세우스의 부하들은 정통적이지만 시대에 뒤떨어진 방식으로 싸웠다. 길이가 7m에 이르는 '사리사'(창)로 무장한 보병은 방패와 창끝만 내보인 채 단단한 방진(方陣) 대형을 형성했다. 그러나 로마 군단병은 적은 수의 부대로 나뉘어 투창과 짧은 검을 이용해 싸웠기에, 더 원활한 전투가 가능했다.

> "세계가 어떻게 해서
> 로마의 단일 통치를 받게 되었는지
> 궁금하지 않을 자가 누구이랴?"
>
> **폴리비우스, 그리스 역사가, 기원전 205~123년**

처음에 로마군은 마케도니아 쪽 창이 이루는 벽을 뚫을 수가 없었으나, 마케도니아 대형에서 빈틈을 발견하자 접근전을 펼칠 수 있었고, 마케도니아 군사들은 칼을 휘두르는 로마인에게 손쉬운 먹잇감이 되었다. 약 2만 5천 명이 죽었고, 이에 비해 로마 측 피해는 고작 백 명이었다.

페르세우스는 마케도니아의 마지막 왕이었으며, 마케도니아는 기원전 146년 로마의 속주가 되었다. 한때는 강력했던 그리스의 도시국가들은 로마 제국 내의 속령 도시 신세로 전락했다. **RG**

기원전 146년

# 카르타고 멸망하다

로마는 철저한 집단 학살을 통해 라이벌 문명을 절멸한다.

원자 폭탄보다 2천 년이나 앞서, 로마인들은 군사 행동으로 어떻게 한 도시 전체를 파괴할 수 있는지 보여주었다. 로마 군단은 오늘날 튀니지에 해당하는 카르타고 시를 철저하게 무너뜨렸고, 주민들은 한 명도 남김없이 죽이거나 노예로 삼았다. 온전히 서 있는 건물이란 한 채도 없었다.

한때는 서부 지중해에서 로마의 막강한 라이벌이었던 카르타고는 기원전 202년 자마 전투에서 패배한 후 굴욕적인 평화 조약을 받아들여야만 했다. 카르타고인들은 군사력을 빼앗겼으나, 로마의 많은 이들은 자신의 숙적을 의심스러워했다. 웅변가 노(老) 카토도 그중 하나로, 그는 자주 "카르타고를 파괴해야 한다!"고 주장했다.

결국 카르타고인들은 평화 조약의 교묘한 항목을 엄밀한 의미에서 위반하게 된다. 이를 핑계 삼아 기원전 149년에 로마는 원정군을 보내 도시를 포위하도록 하지만, 카르타고는 단단한 요새 설비를 갖추고 있었고 로마의 작전은 처음에는 잘 먹히지 않았다. 기원전 147년, 자마 전투를 승리로 이끈 스키피오 아프리카누스의 손자 스키피오 아이밀리아누스가 지휘를 맡게 되었다. 스키피오는 도시를 철저하게 봉쇄했고, 곧 굶주림이 찾아들었다.

기원전 146년 봄, 로마군은 도시 방벽을 뚫었다. 카르타고인들은 필사적으로 저항했지만, 항복이 불가피했다. 약 5만 명의 생존자가 포로로 잡혀 끌려갔다. 끝까지 끈질기게 버티던 저항자 900명은 신전 안에서 불에 타 죽음을 맞았다. 며칠간의 약탈 행위 후, 체계적으로 도시를 파괴하는 작업이 시작되었는데, 대부분 불을 질러서였다. 스키피오는 언젠가 같은 운명이 로마를 덮치리라 내다보며 흐느꼈다고 한다. **RG**

◀ 비르사 습격과 카르타고의 패배를 나타낸 섬뜩한 판화.

기원전 70년

# 스파르타쿠스 패배하다

로마는 마침내 위대한 노예 반란 지도자 스파르타쿠스와 그 추종자들을 굴복시킨다.

로마 공화국에 대항해 일어난 최대 규모의 내부 반란을 이끌었던 스파르타쿠스는 기원전 70년 마침내 로마인들에게 패배했다. 스파르타쿠스는 노예로, 이탈리아 남부 카푸아 근처의 검투사 양성 학교에서 훈련을 받았다. 기원전 73년, 그와 약 70명의 동료들은 부엌 칼을 강탈하여 탈출했으며, 베수비우스 산비탈에 무법자—몇몇은 검투사, 몇몇은 도적, 이보다 더 많은 수의 달아난 노예들—조직을 세웠다. 스파르타쿠스는 그를 치러 보낸 군대를 연거푸 물리치고 무기를 손에 넣었다. 그의 세력은 곧 여자, 어린이, 노인까지 포함해 10만 명 이상으로 늘었다. 검투사들은 경험이 적은 이들을 훈련시켜 강력한 군대를 양성했다. 로마 역사가들에 따르면, 스파르타쿠스는 자신이 얻은 상당한 양의 전리품을 부하들과 나눠 가졌다고 한다.

> "스파르타쿠스는 … 가장 총명하고 교양 있어, 더욱 그리스인과 가까웠다."
>
> **플루타르코스(46년경~120년), 『크라수스의 일생』**

기원전 70년 초에 크라수스가 지휘하는 한 군단이 방어를 시작해 칼라브리아에서 노예군을 덫에 빠뜨렸다. 스파르타쿠스는 간신히 포위를 뚫을 수 있었지만, 그의 군대는 실라루스 강 근처에서 결국 토벌되었다. 스파르타쿠스 자신도 죽었으나 그 유해는 찾을 수 없었다. 크라수스는 약 6천 명의 생존자들을 끌어모아 브룬디시움에서 로마로 향하는 아피아 가도를 따라 십자가에 못 박았다. 시체는 차후에 반란을 꾸밀 노예들에게 경고하는 의미로 여러 해 동안 그곳에 걸렸다. 그러나 스파르타쿠스는 노예제와 예속에 맞서 싸우는 이들의 기억 속에 투사로 남았다. **PF**

# 신라가 건국되다

**하늘의 아들이 한반도 최초의 성읍국가인 신라를 세운다.**

한국에서 최초의 성읍국가가 형성된 것은 기원전 57년에 이르러서였다. 적어도 기원전 8세기부터, 한국인들은 이웃나라인 중국의 문화적 영향을 많이 받았다. 벼농사와 청동 도구 무기를 통해 한국인들은 도시화를 이루었고 국가를 형성했다.

기원전 4세기에는 한반도 전역에서 작은 나라들이 일어났는데, 각각 성벽을 두른 도시를 기반으로 했다. 도시들은 전쟁과 동맹을 반복하면서, 개중 세력이 큰 도시가 주도하는 가운데 느슨한 연합으로 발전했다. 중국은 이러한 연합국들을 위협으로 간주하기 시작했고, 기원전 108년에 한나라는 고조선을 멸망시키고 한반도 중북부 네 곳에 군현을 설치했다.

기원전 1세기에 정복당하지 않은 한국 땅에서 세 왕국이 발전하기 시작했다. 고구려, 백제, 신라이다. 전설에 따르면, 이들 중 가장 먼저 탄생한 국가는 기원전 57년의 신라로, 천마(天馬)가 지상으로 날라 온 커다란 붉은 알에서 태어난 박혁거세 왕이 신라를 세웠다고 한다.

백성들은 혁거세에게 어울릴 만한 훌륭한 배필을 점지해 달라고 기도했고, 그러자 마침 계룡(鷄龍)의 갈비뼈 아래에서 아름다운 여자 아기가 태어났다. 사람들은 아기가 새처럼 부리를 달고 있어 놀랐지만, 첫 목욕을 하자 부리는 떨어져 나갔다. 61년간 통치한 후 혁거세는 하늘로 올라갔고, 이레 뒤 그의 유해가 지상에 떨어졌다. 유해는 담엄사에 있는 무덤에 모셨다.

신라 초기 왕들의 치세는 대부분 비슷한 전설 속에 있다. 진정한 역사적 의미의 첫 왕은 356년부터 402년까지 통치한 내물왕이다. **JH**

◀ 한국 가회미술관에 있는 여덟 폭 병풍에 그려진 〈삼국 시대 이야기〉의 일부.



# 브리튼의 카이사르

**로마 군사 세력이 최초로 브리튼 땅에 발을 딛지만, 그대로 돌아온다.**

기원전 55년 어느 여름날 아침, 로마의 2개 군단을 실은 80척의 운송선으로 이루어진 함대가 전함들의 호위를 받으며 브리튼의 남쪽 해안에 접근했다. 이 원정은—브리튼은 그때까지 알던 세계의 가장 먼 끝에 위치했기 때문에 대담한 모험이었다—오늘날 프랑스의 불로뉴에 해당하는 곳에서 한밤중에 출발했다. 군단을 이끄는 율리우스 카이사르는 섬사람들이 유럽 본토의 갈리아에 있는 적대적인 부족, 그가 정복하려 애썼던 부족들과 한편이라는 것 외에는 브리튼 섬에 대해 아는 것이 없었다. 두브라이(도버) 근처의 흰 절벽에서는 브리튼 전사들이 로마 함대가 다가오는 것을 감시하고 있었다. 그곳 언덕 위에서 싸우는 위험을 감수하는 대신, 카이사르는 배를 북쪽으로 향해 더 널리 트인 해안으로 갈 것을 명했다. 그러나 브리튼 전사들은 상륙을 저지하기 위해 그들을 따라갔다. 로마 군단병은 배에서 내리자마자 바닷가와 여울에서 공격을 받았다. 브리튼인들은 카이사르의 전함이 '발리스타'(커다란 활)로 발포했을 때에야 물러갔다.

> "브리튼인은 모두 대청(大靑)으로 몸을 물들이고 … 자신의 몸에 난 … 털을 깎는다."
>
> **율리우스 카이사르, 『갈리아 전쟁』, 기원전 45년경**

상륙은 쉽지 않았고, 궂은 날씨 때문에 카이사르의 기병대는 해협을 건널 수 없었으며 함대는 손상을 입었다. 로마인들은 고립될까 두려워 갈리아로 돌아갔다. 카이사르는 기원전 54년에 브리튼에 다시 와서 템스 강 북쪽까지 진격했지만, 로마인이 브리튼에 와 머무르게 된 것은 90년이나 지난 후의 일이다. **RG**

# 카라이의 대학살

로마의 대부호가 군대를 이끌고 나섰다가 파르티아에 대패한다.

마르쿠스 리키니우스 크라수스는 로마에서 가장 부유한 인물이었으며, 율리우스 카이사르와 폼페이우스와 더불어 공화국을 지배했다. 그러나 두 동료와 필적할 만큼의 군사적 승리를 거두고 싶었던 크라수스는 기원전 53년 약 5만 명의 군단병을 이끌고 파르티아 제국의 일부인 메소포타미아를 공격했다. 파르티아의 왕 오로데스 2세는 수레나라는 이름의 귀족이 지휘하는 군대를 보내 그와 맞서게 했다.

6월 6일 카라이 시(市) 가까운 사막에서 두 세력은 격돌했고, 곧 크라수스가 군사적 상황을 심각하게 오판했다는 사실이 명백해졌다. 로마군 대부분이 기갑 보병이었던 반면, 파르티아인은 말을 타고 싸웠다. 빠르게 움직이고, 가벼운 갑옷에 강력한 혼합형 활로 무장한 파르티아 기마병은, 로마 군사가 밀집한 측면으로 재빠르게 달려와 사격하고는 반격하기 전에 피하는 방식으로 로마 군단병을 괴롭혔다. 크라수스의 기병대—그의 아들 푸블리우스가 지휘하는 갈리아 지원군—가 출격을 개시했지만, 참패하고 말았다. 적은 푸블리우스의 머리를 창끝에 꿰어 내보였고, 로마군의 사기는 더 떨어졌다.

> "푸블리우스의 머리를
> 손에 넣은 적은 가까이 말달려와
> 그것을 내보였다."
>
> **플루타르코스(46년경~120년), 『크라수스의 일생』**

밤이 되어 퇴각하는 동안, 더 많은 로마군이 목숨을 잃었고, 크라수스도 마찬가지였다. 오로데스 왕은 그의 머리를 받아 보았다. 약 2만 명의 로마인이 죽고 1만 명이 포로로 잡혔다. 크라수스의 죽음은 폼페이우스와 카이사르 간의 권력 경쟁 시대를 열었으며, 공화정의 종말을 알렸다. **RG**



# 자비는 없었다

처음부터 예정되었던 대로, 갈리아인은 알레시아에서 율리우스 카이사르에게 격파된다.

"전쟁 내내 주된 원동력이었던 베르킨게토릭스는, 가장 좋은 갑옷을 입고, 자신의 말을 치장하고, 알레시아의 관문 밖으로 말을 타고 나와, 앉아 있는 카이사르의 주위를 한 바퀴 돌더니, 말에서 내리고, 갑옷을 벗어던지고, 카이사르의 발치에 조용히 앉아 있다가 끌려갔다." 그리스의 전기 작가 플루타르코스는 기원전 52년 로마의 갈리아 정복에 대항해 일어났던, 실패로 돌아간 반란의 주동자가 항복하는 모습을 위와 같이 묘사했다.

알프스 반대편 갈리아 지방—유럽에서 라인 강 서부이자 알프스와 피레네 북쪽 지역—의 켈트 족속들은 무력하여, 기원전 58년부터 카이사르가 이끌었던 원정에 저항조차 하지 못했는데, 단결하지 못했던 것이 그 이유 중 하나였다. 그러나 기원전 52년 초, 아르베르니족의 젊은 우두머리 베르킨게토릭스가 갈리아 서부와 중부 부족들 간의 동맹을 형성했다. 그들의 커다란 군대는 게릴라 전술과 조직적인 전투를 통해 언덕 위의 요새를 지키며 로마 군단과 맞섰다.

9월, 카이사르는 성채로 둘러싼 언덕 도시 알레시아에서 베르킨게토릭스의 편을 포위하여 그를 궁지로 몰아넣었다. 로마군은 도시 둘레에 이중 포위진을 구축했다. 안쪽은 베르킨게토릭스를 안에 가두려는 것, 바깥쪽은 갈리아 동맹군의 반격을 방어하기 위한 것이었다. 갈리아 지원군이 도달해 알레시아 수비군과 잘 조율해 가며 공격하자, 로마의 포위진은 간신히 버텨냈다.

갈리아인들이 선택할 길이란 항복뿐이었다. 로마군은 자비를 허용하지 않았다. 군단병 모두가 갈리아인 한 명씩을 받아 노예로 팔 수 있었다. 베르킨게토릭스는 로마로 끌려갔고, 6년 후 카이사르가 거둔 승리로 구경거리가 되었다가 죽음을 당했다. **RG**

▶ 〈율리우스 카이사르에게 포위된 알레시아〉(1533년). 잘 알려지지 않은 화가 멜키오르 페셀렌(1538년 사망)의 유화.

QVANTA STRA
GE VIRVM SVBLI
MIS ALEXIA CESSIT
CÆSAREIS AQVI
LIS. PICTA TABEL
LA NOTAT

# 폼페이우스 목베이다

**망명한 전 로마 장군 폼페이우스가 이집트에서 암살당한다.**

한때는 로마에서 가장 승승장구하는 장군이자 가장 강력한 정치 지도자였던 폼페이우스(그나이우스 폼페이우스 마그누스)는 기원전 48년의 늦여름 필사적인 망명자 신세가 되었다. 그리스 북부의 파르살루스 전투에서 라이벌 율리우스 카이사르에게 패배한 그는 배를 타고 이집트로 달아났다. 그곳에서 폼페이우스는 이집트의 나이 어린 왕 프톨레마이오스 13세에게 전갈을 보내 피난처를 요청했다. 그러나 포티누스라는 환관이 수장인 왕의 자문단은 신중하고도 교활했다. 폼페이우스를 보호해 주면 카이사르가 분노할 거라고 생각했지만, 그렇다고 거절하면 폼페이우스가 장래의 화가 될 수도 있었다. 따라서 가장 안전한 해결책은, 그를 죽이는 것이었다.

> "… 그들은 폼페이우스의 머리를 자르고 몸은 옷을 벗겨 배 밖으로 던졌다."
>
> **플루타르코스(46년경~120년), 『폼페이우스의 일생』**

자문단의 일원인 아킬라스가 두 명의 전 로마 군인과 함께 작은 배를 타고 폼페이우스를 해안으로 데려오려 나섰다. 폼페이우스는 하인 필리푸스와 함께 배 안에 발을 내딛었다. 배가 얕은 곳으로 들어서자, 암살자들은 폼페이우스의 등을 찌르고 머리를 베었으며, 몸은 버렸다. 충실한 하인 필리푸스는 해안에서 초라한 장작더미를 만들어 화장을 치렀다.

카이사르는 나흘 후에 도착했다. 폼페이우스의 머리를 보았을 때, 그는 한 위대한 로마인이 살해당한 장면에 혐오를 느끼며 고개를 돌렸다고 한다. 그러나 폼페이우스의 죽음은 카이사르에게 명실상부한 로마의 통치자로 나서고, 이집트 왕좌를 놓고 프톨레마이오스 13세와 경쟁하던 클레오파트라의 연인이 되는 길을 열어 주었다. **RG**



# 율리우스력

**카이사르의 개혁은 오늘날 우리가 쓰는 달력의 기초가 된다.**

로마의 일상생활은 계절별 축제와 매년 행정관 선거를 중심으로 돌아갔으므로, 날짜를 정확하게 세는 일은 중요했다. 그러나 로마의 달력은 355일이라는 음력 기준이었기 때문에 양력보다 열흘 짧았다. 달력의 이러한 어긋남을 맞추기 위해, 폰티펙스 막시무스(신관의 우두머리, 수석대제관(首席大祭官))는 매년 그 해에 더해야 하는 날짜수를 공표하곤 했다.

기원전 1세기에는 정치가가 폰티펙스 막시무스를 맡는 일이 잦았으며, 이따금 부도덕하게도 정치적 동료의 행정권을 확대하거나 경쟁자의 권력을 줄이는 데에 이러한 권력을 사용했다.

> "카이사르는 최고의 철학자와 수학자들을 소집했다 … ."
>
> **플루타르코스(46년경~120년), 『카이사르의 일생』**

율리우스 카이사르는 기원전 63년에 폰티펙스 막시무스로 뽑혔지만, 그가 달력을 개량한 것은 20년 후 로마로 되돌아왔을 때였다. 그는 천문학자 소시게네스의 조언에 따라 365일하고도 하루의 1/4로 이루어져 4년마다 하루를 더하는 율리우스력을 도입했다. 그러나 소시게네스는 양력 1년의 길이를 실제보다 11분 14초 더 길게 잘못 계산했고, 따라서 1500년대 중반이 되자 이 오차가 쌓여 부활절처럼 매년 돌아오는 날은 열흘이나 빨라졌다.

1582년에 교황 그레고리오 13세가 남는 날을 없애고 공식을 재정비해 윤년을 넣었는데, 이것이 그레고리력으로, 오늘날까지 우리가 쓰는 달력이다. **SK**

# 독재관의 죽음

로마의 원로원 의원들이 서로 공모하여 율리우스 카이사르를 암살하고, 이는 공화정의 종말을 불러온다.

로마에서 3월의 '이데스'라 부르던 날, 율리우스 카이사르는 폼페이우스 극장 옆의 홀에서 진행되는 원로원 회의에 참석할 예정이었다. 여러 불길한 징조가 위험이 닥쳤음을 암시했지만, 카이사르는 이를 무시하라는 충고를 받았다. 이는 치명적인 실수였다. 실제로 그를 죽이려는 음모가 진행 중이었기 때문이다.

폼페이우스를 무찌른 후 로마에서 전능한 존재였던 카이사르는 시민들에게 큰 인기를 얻었다. 그러나 원로원을 지배하는 귀족과는 사이가 틀어졌다. 카시우스 롱기누스와 마르쿠스 브루투스는 약 60명의 원로원 의원들을 설득해 암살 계획에 참여시켰다. 공화정의 자유를 수호한다는 것이 음모를 정당화하는 이유였다. 카이사르가 자신을 "평생 동안의 독재관"이라 선포한 바 있었고, 그가 왕이 되고자 열망한다는 소문이 있었기 때문이었다.

가마를 타고 원로원 회의장으로 들어오는 카이사르의 손에 누군가가 암살 계획을 상세히 밝힌 쪽지를 쥐어 주었지만, 그는 읽지 않았다. 밖에서는 공모자 하나가 그의 강력한 부하 마르쿠스 안토니우스의 주의를 다른 곳으로 돌리고 있었다. 또 다른 공모자인 킴베르 틸리우스는 구실을 붙여 카이사르에게 다가가 그의 겉옷을 잡아당겨 벗겼다. 이를 신호로, 의원들은 숨겨 두었던 단검을 꺼내며 사방에서 카이사르를 덮쳤다. 역사가 수에토니우스의 말에 따르자면, 맞서 싸우던 카이사르는 암살자들 가운데 브루투스를 알아보았고 "내 아들아, 너마저도?"라는 외침과 함께, 폼페이우스의 동상 발치에 시체로 쓰러졌다.

민중의 적개심을 사게 된 암살자들은 로마에서 도망쳐야만 했다. 카이사르의 가장 충성스런 부하 마르쿠스 안토니우스가 로마의 통치를 맡았다. 브루투스와 카시우스는 2년 만에 죽었다. 공화정을 구하기는커녕, 카이사르의 암살은 결국 로마 제국의 수립으로 끝나게 될 권력투쟁을 가속화했던 것이다. **RG**

▲ 마르쿠스 안토니우스가 카이사르의 유해를 앞에 두고 추도 연설을 하는 모습을 그린 판화(무명 화가의 작품).

"어느 쪽으로 돌아서도 그에게 단검 공격이 빗발쳤다 … ."

**플루타르코스(46년경~120년), 『카이사르의 일생』**

# "오 시대여, 오 풍속이여!"

마르쿠스 안토니우스와 옥타비아누스의 화해는 키케로의 살해로 이어진다.

유명한 연설 한 편을 낭송하는 키케로를 그린 프레스코화, 체사레 마카리(1840~1919년), 로마의 팔라초 마다나.

암살자들이 도착했을 때 위대한 웅변가 키케로는 가마에 실려 그를 안전한 곳으로 데려다 줄 배로 향하고 있었다. 그들 가운데는 키케로가 부친 살해 혐의에서 변호해 주었던 호민관 포필리우스와 백부장(百夫長) 헬렌니우스도 있었다. 64년이라는 생애가 그를 눌러 오는 듯, 키케로는 머리가 흐트러지고 얼굴은 초췌해진 모습이었다. 그의 마지막 말은 "군인이여, 그대가 하고 있는 일에는 올바른 구석이라고는 전혀 없으나, 나를 올바르게 죽이도록 애써 보게"였다고 전해진다. 그는 스스로의 목을 내밀었다고 한다. 마르쿠스 안토니우스의 명령에 따라, 키케로의 양손도 잘렸다.

뛰어난 웅변가, 변호가, 명석한 철학가이자, 높은 혈통도 귀족도 아니었음에도 기원전 63년 집정관의 자리에 오른 마르쿠스 툴리우스 키케로에게, 이는 누구도 예상치 못했던 죽음이었다. 그는 소심하다고 할 정도까지 신중한 인물이었다고 하며, 카이사르의 독재에 반대했지만 그의 암살에는 참여하지 않았다. 그렇지만 마르쿠스 안토니우스를 폭군이라고 여겼을 때에는 입을 다물 수가 없었다. 「필리피카」(그의 유명한 연설)에서, 그는 카이사르의 양자 옥타비아누스를 칭찬하고 마르쿠스 안토니우스를 매장하고자 했다. 이는 거의 성공할 뻔했다. 마르쿠스 안토니우스는 "국가의 적"으로 선포되었지만, 그가 결국 옥타비아누스와 화해하면서 키케로의 운명은 결정되었다. 마르쿠스 안토니우스는 자신에게 반대하는 말을 했던 혀와 반대하는 글을 썼던 손을 가져오게 했다.

마르쿠스 안토니우스의 학살이 이어지면서, 로마인들은 키케로의 경고의 말을 기억해 냈다. 옥타비아누스는 훗날 마르쿠스 안토니우스를 제패하고 키케로를 "조국을 사랑했던 학식 높은 이"라 회상했다. **RP**

# 안토니우스와 클레오파트라가 패배하다

로마의 미래는 그리스 서쪽 해안의 악티움 해전에서 결정된다.

◆ 〈악티움 해전〉(1600년) 안토니오 바실라키(1556~1629년)의 벽화. 이탈리아, 비첸차 부근 빌라 바르바리고.

기원전 44년 율리우스 카이사르의 암살 이후 뒤따른 내부 분쟁 속에서, 카이사르의 양자 옥타비아누스와 카이사르의 오른팔이었던 마르쿠스 안토니우스가 로마의 공동 지도자로 떠올랐다. 옥타비아누스가 로마를 다스리는 동안, 마르쿠스 안토니우스는 알렉산드리아를 거점으로 삼았고, 프톨레마이오스 왕조의 이집트 여왕 클레오파트라 7세에게 정치적으로나 애정에 의해서나 매어 있었다. 놀랄 만한 일도 아니지만, 두 사나이는 결국 누가 로마의 진짜 지도자가 될지를 두고 대결하게 되었다.

기원전 31년의 여름, 막강한 육군과 해군 세력을 지휘하던 마르쿠스 안토니우스와 클레오파트라는 그리스 서쪽 해안의 악티움에서 옥타비아누스에 의해 궁지에 몰렸다. 마르쿠스 비프사니우스 아그리파가 이끄는 옥타비아누스의 함대는 이집트로 통하는 보급로를 끊었고, 육지에서는 약 8만 명의 로마 군사가 그들과 대면했다. 재난과 마주한 안토니우스와 클레오파트라는 아그리파의 해상 봉쇄를 뚫고 도로 이집트로 달아날 계획을 짰다. 그들은 항해에 가장 적합한 전함을 골라 군인을 싣고 60척의 상선에 재물을 실었다. 아그리파의 봉쇄선보다 안쪽을 교묘하게 노리며, 그들은 유리한 바람이 불기를 기다렸다. 양편의 함대는 혼란스러운 전투에 휘말렸지만, 바람이 바뀌어 클레오파트라는 상선을 이끌고 바깥 바다로 나갔다. 안토니우스도 성공적으로 그녀와 합류하지만, 그의 전함 300척은 뒤따르지 못하고 불타거나 포획 당했다.

안토니우스와 클레오파트라는 알렉산드리아로 돌아갔으나, 패배를 직면하고, 둘 다 곧 자살을 결행함으로써, 옥타비아누스는 로마의 유일한 지배자가 된다. **RG**

# 클레오파트라의 자살

**마지막 파라오의 서거는 이집트에서 한 시대가 막을 내렸음을 알린다.**

이집트가 통일되고 독립했던 3천 년이라는 세월은—적어도 셰익스피어에 따르면—클레오파트라 7세가 젖가슴에 독사를 얹었을 때 끝났다. 자신의 군대와 로마인 연인 마르쿠스 안토니우스의 군대가 악티움 해전에서 옥타비아누스에게 당한 패배, 그리고 뒤이은 마르쿠스 안토니우스의 자살이 그녀의 이러한 행동을 재촉했다. 그녀는 마지막 파라오였다. 그녀가 율리우스 카이사르와의 사이에서 낳은 아들이자 옥타비아누스의 삼촌인 카이사리온이 짧은 기간 동안 군주 행세를 했지만, 곧 처형당하고 이집트는 로마의 속주가 되었다. 옥타비아누스는 나아가 아우구스투스라는 칭호를 받아들이고 로마 제국을 창시했다.

기원전 51년, 17세의 클레오파트라는 열 살 난 남동생 프톨레마이오스 13세와 공동으로 이집트를 다스렸다. 그러나 3년 후 그녀는 이집트에서 도망쳐야만 했다. 프톨레마이오스가 카이사르의 라이벌 폼페이우스의 목을 잘라 그의 분노를 사자, 클레오파트라는 양탄자로 몸을 감싸고 카이사르의 방으로 숨어들어가 그의 애정을 얻었다. 둘은 연인이 되며, 카이사르는 그녀가 이집트 왕위에 다시 오르도록 도왔다.

카이사르가 암살당한 후, 삼두 정치의 일원인 마르쿠스 안토니우스가 충성을 평가하기 위해 클레오파트라를 소환하고, 그녀는 그를 유혹했다. 두 사람은 기원전 37년에 결혼해 세 아이를 낳았다. 그들은 로마에 필적할 만한 제국을 계획했던 듯하며, 따라서 옥타비아누스는 그들과 대적했고, 이는 두 사람의 패배와 죽음으로 이어졌다. 초상화로 미루어 보았을 때, 클레오파트라가 과연 전설적인 미인이었는지는 의심스럽다. 그녀는 이집트인도 아니었다. 알렉산드로스 대왕 휘하의 장군 프톨레마이오스 1세 소테르가 세운 프톨레마이오스 왕조의 마지막 후손이었던 것이다. **PF**

◀ 〈클레오파트라의 죽음〉의 일부, 이탈리아 바로크 화가 귀도 카그나치(1601~1663년)의 1658년 작품.



# 제국의 탄생

**옥타비아누스의 통치는 로마 제국의 초석을 놓는다.**

가이우스 옥타비아누스는 율리우스 카이사르의 조카딸의 아들이었다. 카이사르 암살 당시 고작 18세에 불과했음에도, 그는 마르쿠스 안토니우스와 레피두스와 권력을 나누게 되었다. 그러나 안토니우스가 클레오파트라와 결혼해 이집트에 제국을 세우려 하자, 옥타비아누스는 악티움에서 전투를 벌여 그를 패배시키고, 사실상 로마의 유일한 권력자가 된다. 카이사르의 독재적 권력이 전통적인 로마 정치 체계에 도전했던 반면, 옥타비아누스는 주의를 기울여 대외적으로는 공화정 체제라는 외견을 부활시켰다.

기원전 27년 1월, 옥타비아누스는 자신의 권력을 내놓으려 원로원을 찾아갔다. 허락받지 못하자, 그는 여러 속주의 지배권을 수락하고 '프린켑스'(제 1시민이라는 뜻으로, 사실상 평생 군주로 인정받았다)와 '아우구스투스'(존엄한 자)라는 칭호를 받아들였다. 그는 양아버지를 기리는 뜻에서 이름에 '카이사르'를 더했는데, 시간이 지나면서 이는 황제 지배의 의미를 내포하게 되었다. 그의 집 문에는 월계관이 놓여 사실상의 권력 중심지임을 나타냈다. 그리고 원로원은 그를 '임페라토르'(최고 지휘자)로 받아들여 충성 서약을 했다. 세월이 흐르자 전통적인 의미의 칭호를 유지하면서도 그의 권력은 더 커졌다. 그가 군대와 근위대를 지휘했으므로, 원로원이 그에게 대적하기란 불가능해졌다. 옥타비아누스는 이름만 그렇지 않았을 뿐 황제나 마찬가지였고, 그의 통치는 로마 제국의 서막을 알린다. **PF**

> "스스로 자진하여,
> 나는 군대를 일으켜 나라를
> 자유롭게 했다."
>
> **「신성한 아우구스투스의 업적들」, 비문, 14세기**

# 성지에 트리어 시가 서다

로마의 북쪽 수도 트리어가 설립되고 번영하는 도시로 성장한다.

당시 아우구스타 트레베로룸에 있던 빌라 루스티코에 남아 있는 희귀한 프레스코화로 서기 200년경의 것으로 추정된다.

로마의 초대 황제 아우구스투스가 기원전 18년 아우구스타 트레베로룸이라는 도시의 건설을 명했을 때, 그는 이 도시가 후에 얼마나 큰 영향력을 지니게 될지 알지 못했을 것이다. 모젤 강 유역, 고대 게르만 부족인 트레바리족의 성스러운 신전 부지에 세운 이 도시는 정착된 무역로에서 전략적으로 중요한 위치를 차지했다.

성소를 더럽혔다는 지역민의 적의가 상당했을 텐데도, 새로운 도시는 곧 융성했다. 기원전 2세기에 트레베리스(트리어의 당시 이름)는 로마가 지배하던 갈리아 지방의 벨기에 구역 수도가 되었고, 3세기에는 디오클레티아누스 황제의 궁전과 서로마 제국 수도가 이곳에 위치했다. 트리어는 성 암브로시우스의 출생지이자 초기 주교들의 거주지였으며, 기독교 전파의 중요한 핵심점이었다.

프랑크족이 침략하고 서로마 제국이 무너졌음에도, 도시가 누리던 숭배의 중심지로서의 지위는 살아남았다. 815년에는 대주교 관구가 되었고, 12세기에는 트리어의 대주교들이 신성 로마 제국 황제를 임명하게 되었다.

트리어 시는 초기 근대에도 무역과 문화의 중심지로서 번영을 누렸으며, 1473년에는 대학이 세워졌다. 혁명기 전쟁이 일어나는 동안에는 프랑스가 차지했다가, 1815년 나폴레옹이 패배한 뒤에는 프로이센의 지배하에 놓였다. 1818년에는 칼 마르크스가 이곳에서 태어났다. 오늘날 트리어는 독일 라인란트팔츠주에 속하며, 1984년에는 도시 탄생 2천 주년을 기념했다. **TB**

# 예수 그리스도의 탄생

기독교의 중심 인물, 나사렛의 예수가 태어나다.

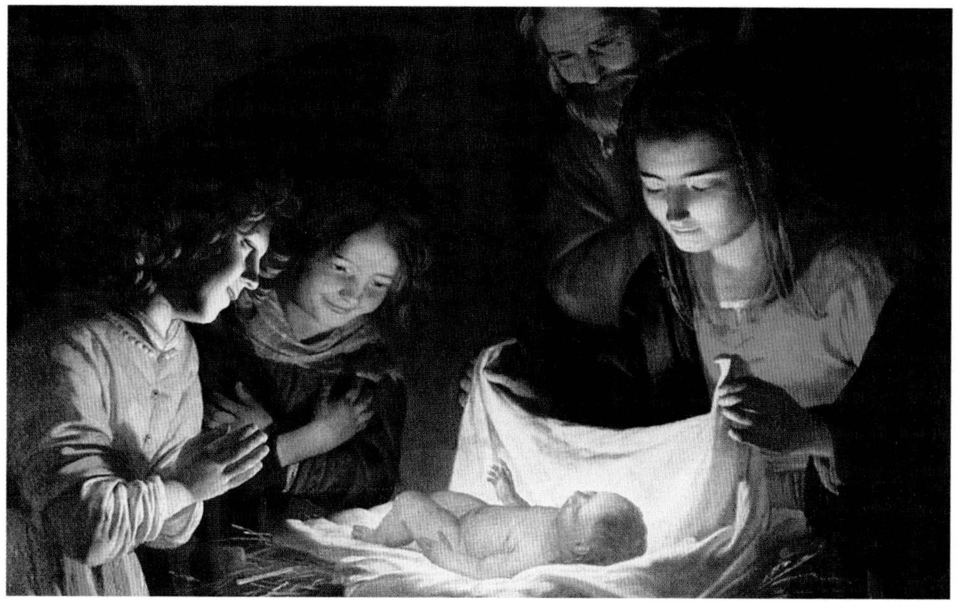

〈아기 예수를 경배함〉(1620년경), 게리트 반 혼토르스트(1590~1656년, 별칭 게라르도 델레 노티).

예수 그리스도가 탄생한 정확한 날짜를 집어 말하기란 쉬운 일이 아니다. 신약성경은 헤로데 왕 때의 일이라고 한다. 그는 30년 이상 유다를 다스렸으며, 그 동안 예루살렘의 성전을 재건하고 도시 바깥쪽 사막에 커다란 궁전과 요새들을 지었다. 전통적인 연대 측정법에는 유감스러운 일이지만, 헤로데는 기원전 4년, 보통 예수가 태어났다고 용인하는 날짜보다 4년 앞서 죽었다. 복음서 이야기를 빼면 다른 대외적 증거는 없다.

로마 황제 아우구스투스는 시리아에 퀴리누스라는 총독을 두었는데, 그는 백성들이 세금을 내야 한다는 포고를 내렸지만, 이는 헤로데 사후 10년 뒤인 대략 서기 6년의 일이다. 그리고 그가 백성들에게 조상 전래의 집으로 돌아갈 것을 요구했다는 증거는 없다. 3인의 현자가 유다를 방문했다는 기록도, 헤로데가 어린아이를 대학살했다는 증거도 없다(잔혹함으로 이름이 높았던 것으로 보아 가능한 일이기는 하지만).

이러한 얘기로, 실제로 그 즈음 한 아기가 태어나 강력한 스승이자 치유자가 되었고, 약 30년 후에 죽음으로써 놀랍고도 영속적인 변화를 일으켰다는 사실을 부정하고자 하는 것은 아니다. 그렇지만 우리와 친숙한 성경 이야기—베들레헴으로의 여정, 여인숙, 목동들, 동방 박사, 이집트로의 피신—는 나중에 덧붙인 신화적 요소에 가깝다.

복음서에는 예수가 탄생한 달은 물론, 계절에 대한 언급조차 없다. 초기 기독교도들은 이날을 1월 6일로 기렸으나, 4세기부터 예수 탄생은 12월 25일에 기념하게 되었다. **PF**

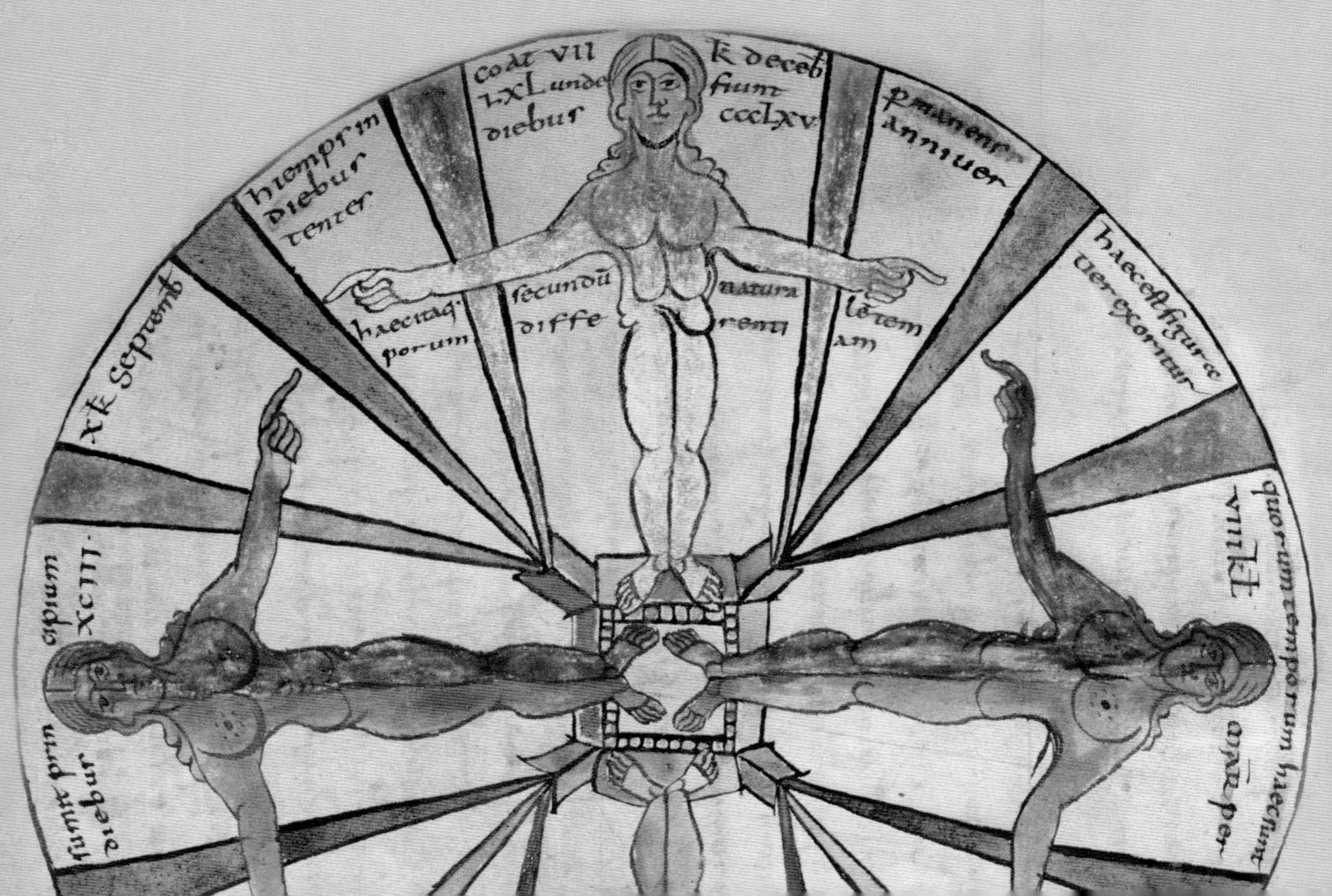
hiemp rin
diebur
tenter
cod VII
LXL unde
diebur
k deceb
fium
cccLXV
annuuer
haec est figura
uer exoritur
XK Septemb
haec itaq
porum
secundu
diffe
natura
renti
le tem
am
quorum temporum haec sunt
VIII KL
mar per
cipium
XCIII
sumit prin
diebur

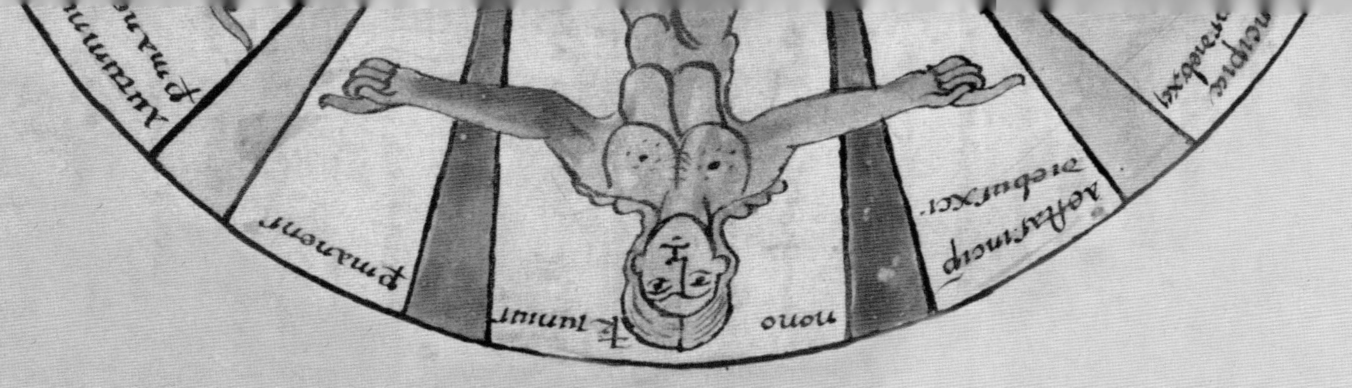

❶ 세비야의 성 이시드로의 『자연의 본성에 대하여』에 실린 계절과 달의 바퀴.

# 1–999

9년 9월

# 숲 속의 살육전

**로마의 3개 군단이 토이토부르크 숲에서 게르만 부족들의 손에 전멸한다.**

"들판 한가운데에는 하얗게 빛바래 가는 인골들이… 온통 흩어지거나 더미로 쌓여 있었다. 근처에는 무기의 파편과 말의 사지가 놓여 있었으며, 인간의 머리도 나무줄기에 못박혀 있었다." 로마 역사가 타키투스에 따르면, 서기 15년 독일의 토이토부르크 숲의 광경은 이러했다. 6년 전, 이곳은 로마 제국이 그 역사 속에서 겪은 가장 총체적인 군사적 패배의 배경이었다.

기원전 12년, 로마는 라인 강과 엘베 강 사이 지역을 정벌할 채비를 갖춘다. 게르만 야만 부족들은 로마의 지배에 곧 순순히 따를 것처럼 보였다. 사실, 서기 9년 푸블리우스 퀸크틸리우스 바루스가 제17, 18, 19 군단을 이끌고 작전에 들어갔을 때, 로마 시민이기도 했던 우두머리 아르미니우스는 토착민 지원군을 이끌고 함께 나서기까지 했던 것이다. 그러나 로마 군단이 라인 강 쪽으로 향하자, 아르미니우스와 지원군은 본색을 드러냈다.

> "로마군은 … 비탄과 분노에 잠겨 3개 군단의 뼈를 매장하기 시작했다."
>
> **타키투스(56년경~117년경), 『연대기』**

보급품을 실은 긴 짐마차 대열과 많은 막사 수행원들을 거추장스럽게 거느린 채 로마 군단은 숲 속으로 들어갔다. 아르미니우스의 말 탄 전사들은 움직임이 느린 로마군 행렬을 계속 공격했고 결국 로마군은 힘이 약해져 괴멸을 면치 못했다. 생존자는 극히 적었으며, 바루스는 스스로 목숨을 끊었다. 노쇠해 가던 황제 아우구스투스는 3개 여단을 잃어버린 충격에서 결코 회복하지 못했으며, 라인 강은 로마 세계와 '야만족' 세계를 나누는 선으로 계속 남았다. **RG**

30년경 4월 3일

# 그리스도의 부활

**예수가 매장되고, 사흘째 되던 날 죽음에서 부활한다.**

누구도 실제로 보지 못했고, 이후 직접적인 증거를 가지고 있던 이도 고작 스무 명 정도에 불과했지만, 예수의 육신이 무덤에서 사라졌다는 사실과 그 후에 예수가 자신을 방문했다는 사도들의 확신은 가히 세계를 바꿔 놓았다고 할 수 있다. 수없이 많은 이들이 이 명백하게 불가능한 사건이 문자 그대로의 진실이라는 점에 대해 직접적이고 개인적인 믿음을 품었으며, 이는 그들의 도덕, 문화, 윤리적이고 정치적인 행동에 극적인 영향을 끼쳤다.

로마의 속주인 유다에서 카리스마 있는 치유자이자 떠도는 계시록 설교가였던 예수는, 전통적인 많은 관습을 고의로 조롱하고 유대주의의 기반인 모세의 율법 대신 자신의 가르침을 따라야 한다고 주장하여 유대인의 종교적 제도를 전복시켰다. 그가 유월절 축제를 위해(날짜는 확실하지 않지만 서기 30년이었을 가능성이 높다) 마지막으로 예루살렘을 방문했던 것은 자신의 운명과 대면하기 위한 의도적 행위라고 해석해 왔다. 산헤드린(고대 예루살렘의 유대인 최고 의회이자 법원-옮긴이)과 대제사장이 선고를 내리고, 로마 총독의 도움을 빌어 예수를 십자가형에 처했다. 한 신도가 그를 개인 무덤에 묻었고 로마 군인들이 경비를 섰는데, 사흘 후 그의 유해는 사라졌다. 그날, 그리고 이후 몇 달간 여러 차례에 걸쳐, 그의 친구들은 살아 있는 모습의 예수를 목격했다고 확신했다. 첫 목격자는 막달라 마리아였고, 이후 베드로와 다른 사도들이 예루살렘과 다른 곳에서 예수를 보았다.

그 결과, 예수의 추종자들은 그의 가르침과 죽음을 재평가했고, 그 안에서 비길 데 없이 강력하고 긍정적이며 변화를 낳는, 신이 내린 메시지를 보았다. 오늘날까지 그 메시지는 온 세계의 사람들을 강하게 이끌고 있다. **PF**

▶ 브뤼셀에서 직조한 16세기 태피스트리에서 빛나는 부활한 예수 그리스도의 모습. 현재 바티칸 미술관 소장.

# 눈부신 빛이 다마스쿠스에서 사울을 내리치다

**다마스쿠스로 가는 길에서 계시를 받은 뒤, 사울은 바울이 되어 지중해 동부에 그리스도의 말씀을 전파하기 시작한다.**

사도 바울의 이야기는 성경에서 가장 극적인 이야기 중 하나이면서 역사적으로 가장 중요한 이야기이기도 하다. 「사도행전」에 따르면, 소아시아 타르수스의 천막 만드는 사람이었던 사울은 다마스쿠스로 가는 길에서 극적인 경험을 하게 된다. 이후에 그는 눈이 멀 정도로 강한 빛이 그를 내리쳤고 직접 자신에게 말하는 예수의 목소리를 들었노라고 설명했다.

빛 때문에 잠시 눈이 먼 사울은 동료에게 이끌려 다마스쿠스로 갔고, 그곳에서 아나니아라는 이름의 그리스도 신자가 그를 치유해 주었다. 이후 그는 바울이라는 이름으로 세례를 받았으며, 그리스도 교회의 심한 박해자에서 가장 열성적인 전도자로 변했다. 젊었을 때 사울은 예수가 십자가에 못박힌 후 초기에 생긴 신생 기독교 공동체를 파괴하는 일을 맡았었다. 그러나 그는 동부 지중해 전역을 여행하며 신앙을 설교하고, 초기 기독교 공동체를 방문하고, 예수의 가르침을 실천하려 하는 그들의 노력을 지원하며 여생을 보냈다. 이러한 과정에서 그는 기독교 신앙의 본질을 규정했다. 기독교를 유대인 공동체 바깥으로 분리해 냈으며, 다른 문화에서도 받아들일 수 있게 했던 것이다.

초대 교회를 이끌었던 다른 인물 다수가 직접 예수를 알았던 반면, 바울은 다마스쿠스로 가는 길에서 계시를 받았을 뿐이었다. 아마 이러한 이유에서인지, 그는 전도하는 동안 예수의 말과 행동보다는 예수의 부활이 지닌 변모의 힘을 더 강조했다. 바울이 쓴 편지는 복음서보다 한 세대 앞서 편찬된 가장 오래된 기독교 문헌이지만, 예수의 삶과 가르침에 대한 언급은 놀라우리만치 적다. **PF**

◀ 〈다마스쿠스로 가는 길의 성 바울〉, 로도비코 카라치(1555~1619년), 볼로냐 국립 회화관.

# 로마가 브리튼을 점령하다

**열한 개의 브리튼 부족이 로마 황제 클라우디우스에게 굴복한다.**

43년 말, 카물로두눔(오늘날의 콜체스터)에서 남부 브리튼의 열한 개 부족이 로마 황제 클라우디우스에게 항복했다. 이를 필두로 로마의 브리튼 지배가 시작되어, 약 400년간 지속된다.

브리튼 섬은 오랫동안 로마가 지배하는 유럽 본토 세계와 접촉해 왔으며, 브리튼의 많은 부족이 이 강력한 이웃에게 공물을 바쳤다. 43년 로마가 침략한 구실은 브리튼 부족 우두머리 간의 분쟁이었다. 아트레바테족의 우두머리이자 로마의 충실한 동맹인 베리카는 카라타쿠스가 이끄는 카투벨라우니족에게 패배해 추방당했다. 보기 드물 정도로 전쟁을 즐기지 않던 황제로, 자신의 군사적 용맹을 떨칠 기회를 찾고 있던 클라우디우스는 베리카의 축출에 대해 복수하기로 결심했다.

아울리우스 플라우티우스의 지휘 아래, 침략군의 커다란 세력은 영불해협을 건너 출발했다. 고대 사료가 불분명하기 때문에 로마 군단이 어디로 상륙했는지는 명확하지 않으나, 켄트의 리치버러가 유력하다. 게릴라 전술에 주로 의지해 침략군을 공격하기는 했지만, 브리튼인은 두 차례의 전투에서 패배했는데, 첫 번째는 메드웨이 강에서, 두 번째는 템스 강을 건너는 지점에서였다. 클라우디우스가, 전해지는 말에 따르면 군대와 함께 전투용 코끼리를 거느리고 도달했을 때, 카물로두눔의 카투벨라우니족 수도는 무방비 상태였고, 황제는 유혈 참사 없이 수도를 점령했다.

클라우디우스는 브리튼에 고작 16일 머물렀지만, 전기 작가 수에토니우스에 따르면 로마로 돌아가자마자 "위대하게 빛나는 승리를 축하"했다고 한다. 브리튼에서는 로마 정복에 대한 저항이 이어졌으나, 그다지 효용이 없었다. 4년 안에 험버 강에서 세번 강을 잇는 선의 남부 지역은 '평화로이 정복'되었다. **RG**



# 개종법을 정하다

**사도 공의회는 비유대교도가 곧바로 기독교로 개종할 수 있다고 선포한다.**

이방인(Gentile, 유대인이 아닌 다른 민족과 종교를 가리키는 말–옮긴이)이 먼저 유대교로 개종하는 절차를 거치지 않고 바로 기독교로 개종할 수 있다는 사도 공의회의 51년 결정은 기독교 선교에 있어 결정적인 순간이라 할 수 있다. 이 결정을 통해 기독교는 유대인 세계에만 국한된 한 종파에서 벗어나 전 세계에 맞는 가르침을 지닌 종교가 될 수 있었다.

기독교 역사 초기에, 새로운 믿음의 본질을 두고 분쟁이 발생했다. 가장 중요한 핵심은 기독교와 그것이 파생해 나왔던 유대교와의 관계에 대해서였다. 사도들이 유대인 공동체의 테두리를 넘어서까지 신앙을 전파하기 시작하자, 어려운 문제가 생겼다. '예수의 형제'라 알려졌으며 예루살렘 교회의 엄격한 지도사였던 '의로운 자' 야고보는, 이방인은 기독교도가 되기 전에 반드시 유대교로 개종해야만 한다고—특히 할례를 받아야 한다고—믿었다. 그러나 바울은 이방인이 곧바로 기독교로 개종할 수 있다고 가르쳤다.

이 문제를 해결하기 위해 예루살렘에서 사도 공의회를 소집했는데, 이곳에서는 개종한 바리새인 한 무리가 교회 일에 강력한 영향력을 행사했다. 기나긴 토론 끝에, 예수가 교회의 지도자로 정했던 베드로가 개종하기 위해 할례를 받을 필요는 없다고 결정했고, 결국 야고보도 동의했다. 공의회는 사도 교령(敎令)을 통해, 할례가 필요치 않을지라도 이방인은 특정한 희생을 치러야 한다고, 다시 말해 "우상이 더럽힌 음식, 성적인 부도덕함, 목졸라 죽인 짐승 고기, 피"를 삼가야 한다고 결정했다.

바울과 바르나바, 다른 두 사도가 이 교령을 안티오크로 전해 신생 교회에 읽어 주고 이후에는 다른 곳에도 알렸다. 머지않아, 바울 자신이 음식물과 관련한 이러한 제한에 있어서도 굉장히 너그러운 방식을 취했다는 점이 명확해졌다. **PF**

# 네로가 불타는 로마를 바라보다

네로 황제는 '영원한 도시'를 파괴한 화재를 기독교도 탓으로 돌린다.

▲ 화재가 로마를 휩쓰는 동안 네로는 리라를 켰다고 한다. 그는 화재를 기독교도 탓으로 돌렸다.

"네로는 기독교도들에게 … 죄를 씌우고 가장 심한 고문을 가했다."

**타키투스(56년경~117년경), 『연대기』**

64년 7월의 어느 더운 밤, 로마의 키르쿠스 막시무스 근처에 있던 낡아빠진 상가에서 불이 났다. 화염은 빠르게 퍼져 도시 전역을 휩쓸고 9일 동안 맹위를 떨치다가 사그라졌다. 화재에 대한 그 당시의 설명은 존재하지 않으나, 9세 때 이를 목격했던 역사가 타키투스는 뒷날 주민 대부분이 살았던 붐비는 '인술라이'(아파트 단지)를 포함해 '영원한 도시'의 3분의 2가 파괴되었다고 서술했다.

로마의 열 개 구역이 황폐해졌고, 200만의 인구 대부분이 집을 잃었다. 오래된 유피테르 스타토르 신전과, 베스타 여신의 신녀들이 지키는 화덕이 있는 아트리움 베스타이 역시 파괴되었다. 과대망상과 잔혹함으로 좋지 않은 평판이 높았던 네로 황제는 구경하기 좋은 높은 곳에서 화재를 미적인 드라마처럼 즐기고 화염에 맞춰 리라를 켜며 불꽃을 바라보았다고 한다. 이 말이 진실이든 아니든, 그는 넋이 나간 시민들을 자신의 궁전에 들어오도록 하고 긴급 구조 계획을 펼쳤다.

화재 이후 네로는 도시를 돌로 다시 짓게 하고 블록별로 나눠 조직했으며, 그 와중에 도시 전체 면적의 3분의 1에 해당하는 약 142ha 넓이의 광대한 땅을 자신의 호화로운 궁전 '도무스 아우레아'를 짓기 위해 남겨두었다.

화재의 원인은 확실히 밝힐 수 없고, 우연히 일어났을 가능성도 충분하다. 많은 시민들은 네로 자신이 불을 질렀다고 믿었으며, 역사가 수에토니우스도 네로의 짓이라고 하는데, 그는 네로 황제에 대해 좋게 말한 바가 거의 없다. 타키투스에 따르면, 인기 없던 황제는 이러한 비난을 접하자 기독교도(세상의 종말이 임박했음을 기대하고 로마 제국을 악마의 창조물로 간주했던)에게 책임을 씌웠다. 보복으로 네로는 박해의 물결을 시작해 기독교도를 최초로 사자에게 던져주게 된다. **PF**

# 베드로가 십자가에 거꾸로 못박히다

## 기독교 '최초의 지상 지도자'가 로마에서 죽음을 맞는다.

64년, 베드로는 네로 황제에 의해 얼마 전 도시 대부분을 파괴했던 대화재를 일으켰다는 누명을 쓴 많은 기독교도들 중 하나로 처형당했다. 기독교 신학자 오리게네스에 따르면, 그는 십자가에 거꾸로 못박혔다. 이는 자신의 최후가 예수와 지나치게 똑같아서는 안 된다며 베드로가 직접 요구했기 때문이었던 듯하다. 전해지는 바에 의하면 바울은 베드로와 같은 무렵 참수 당했다고 한다. 어쩌면 같은 날이었을 수도 있다.

성경에서 열두 사도 중 첫 번째라고 묘사하는 어부 시몬 베드로는 교회를 세울 '반석'(페트로스)이 되라는 과업을 받았다. 예수가 죽은 후에는 그와 바울이 초기 기독교 공동체의 주권을 두고 경쟁했다. 베드로는 예수의 가르침과 부활에 대한 소식을 유대인 세계 외부로 퍼뜨리자는 결정에 도움이 되었고, 시리아와 그리스를 여행하며 설교했던 것이 분명하다. 42년경 베드로는 로마에 왔고 아마 초기 로마 교회의 지도자로 살았던 듯하다.

40년대 후반, 유대인과 기독교도가 서로 분열하며 다퉜기 때문에 클라우디우스 황제는 둘 다를 도시 밖으로 추방했고, 이들은 56년이 되어서야 돌아올 수 있었다. 베드로의 로마 시절에 대해서는 이 외 알려진 바가 거의 없고, 그의 교회가 어디에 있었는지조차 알 수 없다.

초기 기독교도에게, 순교자의 죽음은 로마 제국 후기의 경우처럼 굳이 자청할 만한 일은 아니었으나, 아주 예상치 못한 바도 아니었다. 그러나 십자가형은 그들의 주 예수와 같은 최후를 맞이한다는 점에서 위안이 되었다. 그를 따르던 이들이 베드로의 시신을 수습해 매장했으며, 바티칸의 산 피에트로 바실리카는 그의 무덤이라 전해지는 곳에 콘스탄티누스 황제가 세웠다. 베드로의 무덤과 유골은 1950년에 확실히 발굴되었다. **PF**

▲ 카라바조의 〈십자가에 못박힌 성 베드로〉, 로마 산타 마리아 델 포폴로의 교회당.

> "베드로는, 부당한 악의 때문에 … 그에게 어울리는 영광의 장소로 떠났다."
>
> **로마의 클레멘스(99년경 사망), 『클레멘트 1서』**

Neron lempereur lors
estant en achaye ou il
se occuppoit aux chante
ries et melodies tragiques
Saichant que ses affaires
et besongnes se portoient inutilement
et non prosperement en iudee fut
tantost surpris et ennuye de desplaisir

paour et craincte Car combien que 118
par dehors et en appert il simulast et
demonstrast faintement son orgueil
Si estoit il indigne desplaisant et
trouble et disoit que ces desobeissan
rebellions et aduersitez contre la
chose publique de romme estoient
plus aduenues par la negligence

70년 9월 7일

# 티투스가 예루살렘을 정복하다

로마군은 예루살렘에서 유대인 반란을 강제 진압한다.

옛 유대인 왕국 유다는 기원전 4년 로마의 직접 통치에 놓였으나, 유대인은 종교적 정체성이 너무나 강해 로마 제국에 동화할 수 없었다. 66년에 봉기가 일어났고, 유다 북부의 반란군을 무찌른 적이 있던 새로 취임한 황제 베스파시아누스는 69년에 아들 티투스를 보내 예루살렘의 반란을 진압하도록 했다. 70년 9월 7일, 로마군의 포위 공격이 거의 다섯 달 지속된 끝에, 도시는 항복했다.

예루살렘의 인구는 대략 60만 명 정도였을 것이다. 도시에는 시몬 바르 기오라와 기샬라 출신 요한이 이끄는 약 2만 5천 명의 무장한 반란군이 있었다. 공성전에 능숙했음에도, 로마군은 이 커다란 도시를 장악하는 데 애를 먹었다. 부분적으로는 도시가 벽으로 둘러친 구역으로 나뉘어 있어 하나씩 뚫어야 했기 때문이었다. 포위 초기에 식량이 바닥났다. 수천 수만 명이 굶주려 죽었다. 배고픔으로 정신이 나간 몇몇 시민은 달아나려 했으나 로마 군에 붙들려 도시 방어군이 보는 앞에서 십자가에 못박혔다.

70년 8월 로마군은 유대교의 의식(儀式)적 심장부인 대성전(大聖殿)으로 뚫고 들어갔다. 성전은 완전히 불탔고 성기(聖器)는 약탈당했다. 살아남은 반란군은 구시가지의 하수도에 숨으려 했지만, 9월 7일이 되자 항복하는 수밖에 다른 도리가 없었다. 기샬라의 요한은 종신징역을 받았고, 시몬 바르 기오라는 로마로 끌려가고, 베스파시아누스와 티투스의 개선 행렬에서 인기 있는 구경거리가 된 후 공개적으로 목을 졸렸다. 약 9만 7천 명의 유대인이 포로로 잡혔고 그들 중 다수가 로마의 콜로세움을 건축하는 노예가 되었다. **RG**

◀ 70년 예루살렘 포위 때 티투스 앞에 끌려온 플라비우스 요세푸스를 그린 필사본.

73년 4월 15일

# 마사다의 대학살

로마의 유대인 요새 포위전은 학살과 자살로 끝난다.

73년 4월 15일, 당시 로마의 속주 유다에 있던 사해 근처 언덕 꼭대기의 한 요새에서, 960명의 유대인 남자, 여자, 어린이가 지도자의 명에 따라 무시무시한 죽음을 맞았다. 그들은 '시카리'라는 이름의 극단주의 단체 소속이었다. 엘리아자르 벤 야이르가 이끄는 그들은 66년에서 70년에 걸친 유대인 반란이 실패로 돌아간 뒤에도 로마의 유다 통치에 맞서 끊임없이 싸워 왔다.

마사다에서 그들이 차지한 요새는 난공불락일 것 같았다. 곡물 창고와 저수지가 있어 식량과 물 공급이 안정적이고, 어쩌면 반란군은 여러 해에 걸친 포위에도 살아남을 수 있을 듯했다. 언덕을 올라오는 유일한 길은 위험하고 공격에 노출되어 있었다. 그러나 72년에서 73년에 걸친 겨울, 로마 군단은 200m 위쪽 언덕 꼭대기에서 내려오는 거대한 비탈진 경사면을 지었다. 봄이 되자 로마군은 경사로 위로 강력한 투석기와 성문 파괴용 대형 망치를 장착한 공성탑을 끌어올릴 수 있었다.

> "그들은 참으로 불행한 이들이었으니,
> 그 비참한 처지로 인해 자기 아내를
> 죽여야만 했던 것이다."
>
> **요세푸스, 『유대인 전쟁』(75년경)**

패배를 마주한 엘리아자르는 로마의 손아귀에 드느니 자살하는 편이 낫다고 부하들을 설득했다. 제비로 열 명의 시카리 전사를 뽑았고, 이들이 남은 이들을 죽이고 최후에는 서로를 죽이는 임무를 맡았다. 유대인 역사가 요세푸스에 따르면, 다음 날 성벽을 돌파하고 들어간 로마군은 충격을 받았고, "태연하게 죽음을 경멸한 그들의 태도에 아연할 수밖에 없었다"고 한다. **RG**

# 베수비우스가 폭발하여 수천 명을 불태우다

로마 제국은 나폴리 만에서 가히 최악이라 할 만한 자연재해를 겪는다.

▲ 장 밥티스트 제니용(1750~1829년)이 그린 베수비우스 화산이 나폴리 만으로 분출하는 장면.

▶ 굳은 화산재와 용암 속 빈틈에 석고를 부어 제작한, 뜨거운 잿더미에 산 채로 파묻힌 사람의 석고 모형.

> " … 그들은 떨어지는 돌에서 머리를 보호하기 위해 베개를 갖다 댔다 …."
>
> 소(小) 플리니우스, 당대의 기록

이 지역은 불과 17년 전에도 끔찍한 지진 피해를 겪었는데, 최근 들어 땅이 다시 흔들리는 기미가 보였다. 79년 8월 24일 정오가 지난 무렵, 분명히 사화산으로 보였던 화산은 극적으로 폭발하여 폼페이와 헤르쿨라네움을 비롯해 나폴리 만 근처 다른 도시의 주민들을 기습했다. 연기와 재의 거대한 기둥이 30km 높이로 하늘로 솟아올랐고, 비가 되어 도시로 쏟아졌으며 이는 3m 두께의 부석층을 형성했다.

근처 미세눔의 해군 제독이던 자연학자 대(大) 플리니우스는 구조 작전을 짰지만, 이후 근처 구역에서 구름을 관찰할 것을 고집하다가 다음 날 아침 해변에서 죽음을 맞았다. 그의 조카 소(小) 플리니우스는 폭발의 순간을 다음과 같이 회상했다. "그것은 엄청난 높이의 키 큰 나무줄기 형상으로 자라 꼭대기에서 가지를 뻗는 우산 모양 소나무를 닮았다. 가끔은 밝게, 가끔은 어둡고 얼룩져 보였는데, 흙과 분석(噴石)에 다소간 물들었기 때문이었다."

그날 타오르는 가스로 이루어진 유독한 구름이 산에서 흘러나와 폼페이에 남아 있던 모든 이를 삼켰다. 폼페이와 헤르쿨라네움 두 도시는 모두 파묻혀 몇 세기 동안 잊혔다. 구조 및 약탈 활동이 일부 일어났지만, 재난이 너무 컸기에 로마 정부는 대규모 복원 작업을 계획할 수 없었다. 이틀 만에 최대 2만 명이 사망한 것으로 추정되는데, 대부분 뜨거운 유독 가스를 들이마셨기 때문이었다.

폼페이의 유적을 재발견한 것은 1748년에야 들어서였고, 발굴 작업은 계속되고 있다. 19세기 중반에 용암 속 빈틈을 이용해 제작한 석고 모형은 폼페이 주민들의 최후의 순간을 오싹할 정도로 생생하게 보여주었다. **PF**

# 콜로세움 개장

**로마 관중은 백 일간의 경기를 즐긴다.**

고대 로마의 거대한 원형 경기장을 건축하는 데에는 10년이 걸렸다. 200m에 달하는 길이에 5만 명 이상의 관중을 수용할 수 있는 이 극장은 네로 통치 때 화재가 휩쓸었던 자리에 건축됐다. 경기장은 티투스 황제가 재위한 첫 해에 문을 열었다. 티투스의 재위 기간은 폼페이와 헤르쿨라네움을 파괴해 버린 베수비우스 화산의 폭발과 로마의 전염병 발생 등 대규모 재난과 더불어 시작했다. 따라서 개회 경기는 위기 어린 분위기를 바꾸려는 노력이었으며, 어쩌면 신들을 달래려는 의도도 포함되었을 수 있다.

경기는 백 일간 지속되었다. 아침에는 동물 쇼가 있었는데, 경기장에 각기 다른 종의 동물들을 넣어 서로 죽이고 싸우게 하는 공연이었고, 오후에는 검투사 대결이 있었다. 이러한 개회 경기에서 9천 마리 이상의 동물이 죽었다고 한다.

첫 이름은 플라비우스 원형 경기장이었지만, 나중에는 근처의 네로 거상(colossus)을 따라 '콜로세움'이라 부르게 되었다. 콜로세움은 도시 한복판에 지은 최초의 원형 경기장이었으며, 비용의 일부는 70년에 예루살렘 성전을 약탈했을 때 빼앗아 온 보물로 충당했다. 이후에 도미티아누스 황제 때 수용 규모를 늘리기 위해, 꼭대기층과 터널과 동물 우리가 있는 지하층을 증축했다.

흔히 많은 기독교도가 콜로세움에서 순교했다고 하지만, 이를 뒷받침하는 증거는 빈약하다. 관중들에게 해전(海戰)을 상연할 목적으로 콜로세움에 물을 채울 수 있었다는 말도 있는데, 많은 역사가가 이 역시 가능성이 낮다고 생각한다. 콜로세움은 적어도 5세기까지 계속 이용되었다. **PF**

◀ 티투스 황제 때 로마 한복판에 지은 원형 경기장 콜로세움을 안이 보이도록 묘사한 석판화.



# 하드리아누스, 황제가 되다

**새로운 군주는 제국의 국경을 강화하기 시작한다.**

117년 8월 실리시아(터키 남부)에서 트라야누스가 죽자, 하드리아누스가 황제가 되었다. 트라야누스가 자신이 전에 보호하고 후견해 주던 하드리아누스를 이미 후계자로 지명했다고 말하는 이들도 있지만, 역사가 카시우스 디오는 플로티나 황후가 남편의 죽음을 숨기는 동시에 로마 원로원에 하드리아누스를 양자로 삼았음을 알리는 편지를 보내 그가 왕위를 계승하도록 도모했다고 한다. 왕위 계승이 확실해진 다음에야 그녀는 트라야누스가 사망했음을 밝혔던 것이다.

트라야누스 황제 때(97~117년 재위), 로마 제국의 국경은 최대 넓이에 달했다. 하드리아누스는 제국이 통치하기 힘들 정도로 지나치게 넓어졌다고 생각했으며, 그가 최초로 한 일 중 하나는 트라야누스가 겨우 15년 전에 제국으로 편입했던 도나우 강 북부의 다키아를 포기하는 것이었다.

> "그리고 나서 그는 브리튼으로 출발해, 여러 일을 바로잡고 최초로 성벽을 지었다."
>
> **『히스토리아 아우구스타』 중 「하드리아누스의 일생」**

하드리아누스는 또한 최근에 정복한 동쪽 영토를 버리고 로마의 동쪽 국경을 다시 유프라테스 강으로 끌어들였다. 북쪽 수비를 강화하기 위해 그는 독일 도나우 강과 라인 강 사이에 흙과 목재로 485km 길이의 방벽을 쌓았는데, 그를 가장 유명하게 한 것은 바로 하드리아누스의 성벽이다. 이 웅장한 돌 장벽은 브리튼 북부를 가로질러 128km 길이로 뻗어 있으며, 감시소와 주둔군 요새를 두기 위해 일정한 간격으로 탑이 있었다. 건설하는 데 10년이 채 걸리지 않은 이 성벽의 많은 부분은 오늘날도 여전히 남아 로마 공학 기술을 기념하고 있다. **SK**

# 유대인이 학살되고 강제 추방 당하다

바르 코크바 반란으로 로마는 유대인을 예루살렘에서 몰아내고 하드리아누스 황제는 유대교를 금한다.

로마의 속주 유다는 로마인에게 항상 골칫거리였으며, 이는 심지어 70년 예루살렘을 파괴한 뒤에도 마찬가지였다. 통치 기간 중 유일한 대규모 전쟁이 일던 당시 하드리아누스 황제는 바르 코크바의 반란을 겪으며 막중한 피해를 입었으나, 결국 135년 예루살렘을 재정복했다.

130년, 하드리아누스는 폐허가 된 예루살렘을 방문해 재건을 약속했다. 그가 도시의 이름을 '아일리아 카피톨리나'로 바꾸고 주신전을 유피테르(주피터)에게 바칠 작정이라는 사실을 알아챈 유대인들은 분노하였고, 이들 반란군은 새로운 반란을 시작해 2년 동안 독립국가를 수립했다. 하드리아누스는 '바르 코크바 반란'이라 불린 이 봉기를 진압하기 위해 대군을 모았다. 이는 많은 사람들이 유대인의 메시아라고 간주했던 대장 시몬 바르 코크바의 이름을 딴 명칭이었다. 반란군은 베타르의 요새에서 최후의 저항을 펼쳤으나 결국은 제압되어 학살당했다. 이 전투에서 대략 50만 명이 목숨을 잃었다.

그 후 하드리아누스는 토라 율법을 금지하고 성스러운 두루마리를 불살라 유대교를 법으로 금지했다. 아일리아 카피톨리나에 유대인 출입을 금하고, 이제는 힘없는 유대인 공동체 몇 개만 남은 유다 주를 시리아 팔레스티나라고 다시 이름 지었다. 많은 유대인들이 노예가 되어 외국에 팔렸다. 이는 중동과 지중해 세계의 유대인들의 디아스포라, 즉 이산(離散)의 기점으로 종종 간주한다. 디아스포라는 중세부터 1948년 현대 국가 이스라엘이 탄생하기까지 유대인의 상황을 특징짓는 단어가 되었다. **PF**

▶ 로마인과 전투하는 시몬 바르 코크바를 나타낸 1927년 아서 쉬크의 세밀화.

◀ 바르 코크바 반란군이 탈출 터널과 은신처로 사용했던 옛 지하 올리브기름 저장고.

238년

# 일본이 중국에 다가서다

**히미코 여왕은 일본과 중국 사이에 외교적 관계를 수립한다.**

238년, 왜국(倭國, 일본) 땅 야마타이(혹은 야마이치)의 히미코 여왕이 보낸 사절단이 중국 왕실에 와 황제에게 남자 노예 4명, 여자 노예 6명, 무늬 있는 천 2필을 선사했다. '오랑캐' 나라 군주가 보내는 이러한 선물은 항상 황제에게 복종한다는 징표로 바치는 공물이라 받아들였기에, 여왕은 마땅히 이에 어울리는 작은 선물을 받았다. 칭호와 금으로 된 메달이었다. 이러한 교류는 일본이 선사시대에서 벗어났음을 알렸다.

얼마 후인 240년 중국은, 히미코 여왕을 방문해 그녀의 왕국에 대해 알아 오라는 목적으로 사절단을 파견했다. 사절단이 남긴 기록은 일본에 관한 최초의 상세한 문헌 기록이다. 히미코는 마법과 주술을 사용해 백성들을 홀려 여왕이 되었다는 평이었다. 나이 찬 여인이었음에도 그녀는 결혼하지 않았고, 대중 앞에 모습을 보이는 일이 거의 없었으며, 남동생에게 백성과의 중간자 역할을 맡겼다.

> "따라서 우리는 그대에게
> 위(魏)나라와 친한 왜의 여왕이라는
> 칭호를 수여하노라."
>
> **위 문제(文帝)가 히미코 여왕에게 내린 포고**

히미코의 왕국은 사실상 그녀가 지닌 종교적 권위에 의해 결합한 30개 부족의 연합이었다. 일본 역사가들은 지난 천 년간 야마타이, 혹은 야마이치 국의 위치가 어디였는가를 두고 논쟁해 왔다. 대부분은 야마타이를 혼슈 중심부 오사카 근처로 6세기에 수도였던 야마토와 동일하게 볼 수 있다고 생각한다. 야마토 둘레의 평원에는 봉분이 여기저기 흩어져 있는데, 그 중 큰 것은 일본의 초기 군주들의 유해를 담은 무덤이라 추정한다. **SK**

248년 4월 21일

# 로마의 새 시대가 열리다

**호화로운 경기가 새로운 서광을 알리지만, 로마의 미래는 밝지 않다.**

248년, '아랍 왕 필리푸스'가 거행한 '루디 사이쿨라레스'(새로운 100년이 시작할 때 벌인 기념제)는 기원전 753년 로물루스의 로마 건립 이후 천 년을 기념했다. 전통적으로, '사이쿨룸 노붐'(새로운 시대)—한 세대에서 가장 긴 인간 수명과 근접한 기간 단위로, 90년, 100년, 110년 등 때에 따라 여러 가지로 세었다—은 로마에서 3일간 지속되는 경기를 열어 기념했다. 아우구스투스 황제가 기원전 17년 이러한 경기를 부활시키고, 제물을 바치고 전차 경주와 사냥 전시회를 열며 연극을 상연하도록 했다.

당대 사람들의 말에 따르면, 248년 콜로세움의 관중들 앞에서는 천 명 이상의 검투사와 아프리카에서 수입한 이국 동물들—하마, 표범, 사자, 기린에 코뿔소도 한 마리 있었다—이 서로 싸우다 죽었다고 한다.

> "백 년 하고도 십 년이 지나갈 때 …
> 로마인은 마땅히 바쳐야 할 제물을
> 반드시 바치라."
>
> **아폴로 신녀의 신탁, 조시무스, 『새로운 역사』, 500년경**

'사이쿨룸 노붐'을 맞았음에도, 로마의 운명은 쇠퇴하고 있었다. 필리푸스는 235년부터 285년까지 로마를 통치했던 26인의 황제 중 하나로, 이들의 재위 기간은 평균 2년이 채 안 되었으며, 변사(變死)하지 않은 이는 한 명뿐이었다. 필리푸스는 244년 자신이 섭정을 맡았던 소년 황제 고르디아누스 3세를 살해하고 황제가 되었다. 로마의 새천년을 기념하는 와중에도 필리푸스에 대항한 봉기가 일어났다. 249년, 그가 군대의 충성심을 고양시키라 보낸 신임 받는 원로원 의원 데키우스가 군대에 의해 황제로 선포되었다. 필리푸스는 베로나에서 전투 중에 죽었다. **JH**

# 인간 발판

**로마 황제 발레리아누스는 에데사에서 페르시아에 패해 포로가 된다.**

참으로 상서로운 시대였다. 3세기는 로마 역사에서 가장 폭풍우 몰아치던 시대로 꼽힌다. 게르만 야만족의 침략, 치솟는 인플레이션, 내전이 겹쳐 제국은 금방이라도 무너질 위기였다. 로마인의 운은 내리막을 걷고 있었고, 260년에는 로마 황제 발레리아누스가 에데사(오늘날의 터키 우르파)에서 페르시아 왕 샤푸르 1세에게 패배했다. 발레리아누스는 포로로 잡혀 갖은 모욕을 겪었는데, 인간 발판 노릇을 하는 것도 그중 하나였다고 한다. 그는 포로 생활 중 사망했다.

알렉산드로스 대왕이 기원전 4세기에 정복한 이후, 224~226년까지 외국 왕조가 페르시아를 다스리다가, 사산 왕조가 권력을 쥐게 되었다. 정력적이고 야망 있는 사산인들은 페르시아가 과거 아케메네스 왕조(기원전 559~330년)때 누렸던 강대국의 지위를 되찾으려는 뜻을 품었다. 이는 불가피하게 로마와의 충돌을 불렀다. 소아시아, 시리아, 팔레스타인, 이집트—모두 과거에는 페르시아가 지배했던 곳—는 로마 제국의 일부였기 때문이다.

258년, 샤푸르 왕은 로마의 동맹인 아르메니아를 정복하고, 지중해로 진격해 시리아의 도시 안티오크를 점령했다. 로마 황제 발레리아누스는 반격을 가해 안티오크를 재탈환하고 샤푸르를 도로 유프라테스 강 너머로 쫓아냈다. 에데사에서 발레리아누스는 패배했다. 전투의 여파로 로마의 국운은 다시금 주저앉았다. 브리튼과 갈리아가 독립을 선포했고, 동쪽에서는 '30인 참주'가 권력을 두고 싸웠다. 261년, 샤푸르는 팔미라의 아랍 왕으로 로마 시민인 오다이나투스의 손에 패배했다. 로마는 274년 오다이나투스의 미망인 제노비아를 쓰러뜨리고 이 지역을 다시 지배하게 되었다. **JH**

◀ 〈발레리아누스 황제가 포로로 잡혀 페르시아인에게 학대받다〉, 1630년 대(大) 마테우스 메리안의 동판화.



# 사자에게 던져지다

**기독교를 반대하는 디오클레티아누스의 첫 칙령은 박해의 물결을 일으킨다.**

로마 황제 디오클레티아누스가 기독교도에 대한 마지막 대박해를 시작한 동기는 불분명하다. 그는 모두 합쳐 네 차례의 기독교 박해 칙령을 내렸다. 303년의 첫 칙령은 로마 제국의 모든 교회를 파괴할 것을 요구했고, 304년 4월에 발표한 마지막 칙령은 모든 기독교도에게 로마의 전통 신들에게 제물을 바치지 않으면 처형을 각오하라고 명령했다. 당시, 인구의 약 10%가 기독교 신자였다.

신앙을 부정하기를 거부한 이들에게는 끔찍한 처벌을 가하여, 수천 명을 칼로 베거나, 화형하거나, 사자에게 던져 주었다. 기독교도들은 동부 제국에서 일어난 무자비한 박해가 디오클레티아누스의 카이사르(부황제)인 갈레리우스의 탓이라고 비난했다(서부는 다소 박해가 덜했다).

> "교회의 많은 지도자들은 끔찍한 고문을 받으며 영웅적으로 버텨냈다."
>
> **카이사레아의 유세비우스, 『교회사』, 320년경**

디오클레티아누스는 284년에 황제가 되었다. 대단한 에너지를 가진 인물이었던 그는 제국을 위기로부터 구하고, 방어를 강화하고, 군대와 황실 행정을 개혁했다. 그는 제국이 너무 넓어 혼자 통치하기 어렵다는 사실을 깨닫고 4두 정치 체제를 수립했다. 동부에서는 그 자신이 황제(아우구스투스)이고 갈레리우스가 부황제였으며, 서부에서는 막시미아누스가 황제, 콘스탄티우스가 부황제로 다스렸다.

305년, 건강이 악화된 디오클레티아누스는 스스로 퇴위한다는 이례적인 결심을 했고, 아드리아 해변의 스플리트에 스스로를 위해 지어 두었던 훌륭한 궁전으로 물러났다. **SK**

# "이것으로, 정복하라"

**콘스탄티누스는 밀비우스 다리 전투에서 신의 도움을 받은 것이 분명한 승리를 얻는다.**

▲ 피에터 라스트만(1583~1633년)의 작품 〈밀비우스 다리에서 콘스탄티누스와 막센티우스의 전투〉(1613년)의 일부.

"이 구원의 상징 덕분에
저는 당신의 도시를 폭군으로부터
해방시켜 다시 자유롭게 했습니다."

**콘스탄티누스 개선문의 비문, 로마**

312년, 서로마 제국에서 권력을 다투던 진정한 라이벌은 단 둘뿐이었다. 이탈리아와 아프리카를 지배하던 막센티우스와, 갈리아와 스페인에서 권위를 주장하고 나선 콘스탄티누스가 바로 그들이다. 312년 봄, 콘스탄티누스는 그리 많지 않은 군대를 이끌고 알프스를 넘기로 결정했다. 그는 북부 이탈리아를 치고 로마로 진격했다. 처음에 막센티우스는 도시의 단단한 방벽 뒤에서 버틸 작정이었으나, 콘스탄티누스의 군대가 별로 많지 않은 것을 보고 전면전에 모든 것을 걸기로 결심했다. 두 편의 군대는 로마 서쪽의 밀비우스 다리에서 만났다. 콘스탄티누스의 군대가 밀려오자, 다리는 갑작스레 무너졌으며 막센티우스와 그의 군사 대부분은 이어진 혼란 속에서 헤엄쳐 달아나려 애쓰다가 죽었다.

다음 날, 승리에 찬 콘스탄티누스는 서로마 제국의 유일한 아우구스투스로 인정받았다. 머지 않아 그는 동쪽의 아우구스투스인 리키니우스와 쉽지 않은 동맹을 맺었다. 313년 봄 밀라노에서 만난 두 사람은 제국을 둘이 나눠 다스리기로 동의하여, 305년 디오클레티아누스가 물러난 이후 발발하여 오래 지속되어 왔던 피해 막심한 내전을 종식했다. 그들의 불안한 연합은 10년을 겨우 넘겼을 뿐이었다. 324년 콘스탄티누스는 스스로를 로마 세계의 유일한 황제이자 유일무이한 주인으로 선포했던 것이다.

밀비우스 다리 전투 직전, 콘스탄티누스는 대낮에 환상을 보았다고 하는데, 태양 앞에 십자가 하나가 서 있고 십자가에는 "이것으로, 정복하라"라는 말이 새겨져 있었다고 한다. 이후에 그는 꿈속에서, 적과 맞서는 모든 전투에서 그가 천국에서 보았던 표지를 사용하라는 말을 들었다. 따라서 그는 부하들의 방패에 십자가를 그리라고 명했다. 기독교 역사가들은 망설임 없이 그의 승리가 신의 기적적인 도움을 받은 덕이라고 설명했다. **SK**

# 기독교가 공식적으로 용인되다

콘스탄티누스와 리키니우스는 기독교도 박해를 끝내기로 합의한다.

서로마와 동로마 제국의 황제 콘스탄티누스와 리키니우스가 서구 세계의 역사 속에 남을 중요한 결단을 내린 것은 313년 2월 밀라노에서였다. 바로 전국에서 기독교에 대한 박해를 끝내기로 한 결정이었다. 두 사람 모두의 이름으로 로마 모든 주의 총독에게 보낸 편지에서, 그들은 모든 이에게 자신이 원하는 어떤 신이든 섬길 수 있는 자유를 보장했다. 모든 기독교도에게 완전한 법적 권리를 보장했으며, 이전에 기독교도로부터 몰수한 모든 재산을 즉시 돌려줄 것을 명했다. 이 이른바 '밀라노 칙령'은 기독교를 로마 제국의 공식 종교로 선포한 것은 아니었으나—이는 테오도시우스 1세가 이교 숭배를 법으로 금지하고 모든 이교 신전을 철폐한 391년에야 일어난다—기독교도에게 다른 종교의 신도나 이교도와 동일한 권리를 부여함으로써, 기독교의 지위가 변화하고 '순교자의 시대'도 끝나게 된다.

몇 년 안에, 기독교는 비교적 소규모의 종교에서 로마 세계의 주된 종교로 발돋움했는데, 여기에는 콘스탄티누스의 후원이 적지 않은 역할을 했다. 그는 312년 밀비우스 다리 전투에서 승리를 거두기 얼마 전에 기독교도가 되었던 듯하며, 옛 신들에 대한 숭배를 금지하지는 않았지만(320년까지 동전에 태양신의 이미지를 계속 사용했다), 교회를 재정적으로 지원하고, 교회당을 짓고, 기독교 의회를 통솔하고, 기독교도를 고위직에 승격시켰다.

324년 리키니우스가 동로마의 주교 여러 명을 체포하여 처형하라는 명을 내리자, 콘스탄티누스는 자신을 모든 곳의 기독교도들의 옹호자로 내세우며 이를 라이벌을 쓰러뜨리는 기회로 삼았다. 그러나 그가 기독교 세례를 받는 마지막 절차를 밟은 것은 337년 임종의 자리에서였다. **SK**

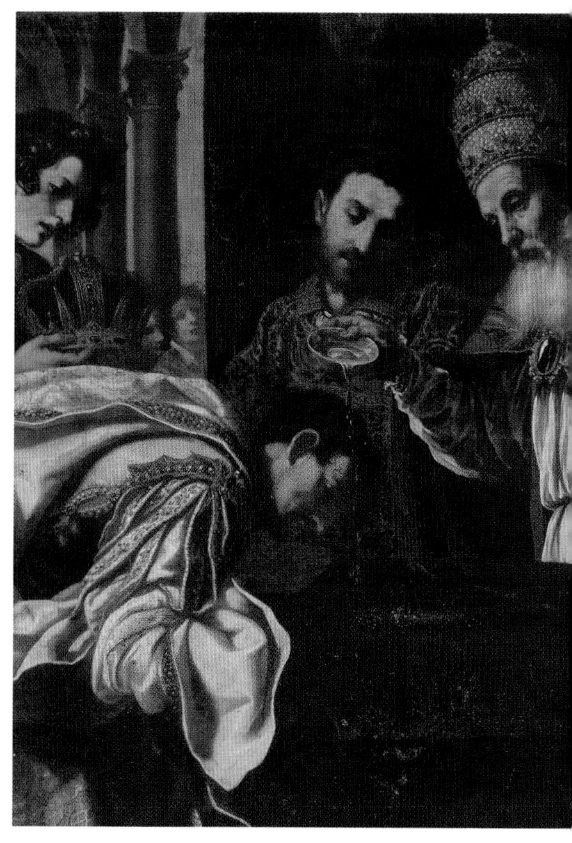

▲ 자코포 비냘리(1592~1664년)의 〈콘스탄티누스의 세례〉(부분), 현재 피렌체의 팔라티나 미술관 소장.

"이 법령을 세운 것은 우리가 어떤 종교도 명예와 존엄성을 훼손해서는 안 된다고 생각하기 때문이다."

**밀라노 칙령, 315년경**

# 주교들이 그리스도의 본성을 두고 논의하다

니케아 공의회는 신학적인 의견차를 해소하려 노력한다.

▲ 니케아 공의회의 콘스탄티누스를 그린 15세기 말 노브고로드 파(派)의 성화.

> "(콘스탄티누스는) 진행해 나갔다 … 마치 신이 보낸 천상의 전령처럼."
>
> **카이사레아의 유세비우스, 『콘스탄티누스의 일생』, 320년경**

325년 6월 19일, 콘스탄티누스 황제는 왕좌에 앉은 채 니케아 공의회를 개최했다. 콘스탄티누스는 얼마 전 크리소폴리스 전투(324년 9월 18일)에서 동로마 제국의 라이벌 리키니우스를 무찌른 후 로마의 유일무이한 황제가 되었다. 자신의 권위를 부과하고 평화를 가져왔다는 자신의 주장을 이행하고 싶어 열망했던 콘스탄티누스는 니케아(로마식으로는 니카이아, 현재 터키의 이즈니크)에 있는 자신의 궁전에 기독교의 모든 주교들을 불러들였다. 초대받은 1,800명 중 318명의 주교가 참석했다. 제1의 안건은 '아리우스 논쟁'이었다.

모든 일은 이집트 알렉산드리아의 장로(초대 기독교의 성직자)인 아리우스가 성자(聖子)인 그리스도는 성부(聖父)와 동등한 것이 아니라 신의 피조물 중 가장 높은 존재일 뿐이라고 주장한 데서 비롯되었다. 4세기 교회에서 교리의 문제는 긴급하고 열정적인 토론거리였으며, '아리우스 논쟁'이라 불리게 된 이 문제는 동로마 제국 전역에서 느낄 수 있던 격렬한 논쟁과 반박의 폭풍우를 일으켰다.

교회 역사가들은 니케아 공의회를 기독교 최초의 공회의(公會議)라 간주한다. 이는 니케아 신경(信經)이라는 형태의 단일한 신앙고백을 낳았는데, 성부와 성자는 동일한 본질이며 영원히 공존하고, '창조된 것이 아니라 나신 것'이라는 고백이다. 아리우스의 견해를 지지한 이는 단 두 사람뿐이었으므로, 그의 완패였다.

공의회는 또한 부활절을 매년 봄 만월 이후 첫 일요일에 지내자고 결정하여, 이를 유대교의 유월절과 분리했다. 니케아 공의회는 교회의 일에 황제가 중요한 역할을 담당한 선례를 세웠다. 그러나 아리우스 논쟁을 끝내지는 못했고, 이는 그 후 여러 해 동안 교회를 분열시켰다. **SK**

# 콘스탄티노플 — 새로운 로마가 태어나다

**콘스탄티누스는 자신의 새로운 수도의 탄생을 경축한다.**

그의 사후 콘스탄티노플(콘스탄티누스의 도시)이라 불리게 된 도시를 헌정한 것은 아마 콘스탄티누스의 치세 중 가장 빛나는 순간이었을 것이다. 유럽과 아시아를 가르는 좁은 물길인 보스포루스 해협으로 튀어나온 돌출부에 자리한, 그리스의 작은 항구 비잔티움을 황제가 로마 제국의 완전히 새로운 수도를 세울 자리로 처음 점찍은 지 6년도 채 지나지 않아서였다.

도시의 헌정을 기념하기 위해 주조한 동전이 '누바 로마'(신로마)를 경축했고, 여러 가지 면에서 볼 때 콘스탄티누스의 새로운 도시는 옛 도시를 주의 깊게 복제한 결과였다. 티베르 강가의 도시 로마와 똑같이, 일곱 개의 언덕 위에 서 있으며 열네 개의 행정 구역으로 나뉘어 있기까지 했던 것이다. 독립된 원로원이 있었으며, 새로운 정착민을 장려하기 위한 다른 보상과 더불어 로마와 마찬가지로 무료 곡물 배급소도 섰다.

그러나 한 가지 중대한 차이점이 있었다. 그 시작부터, 콘스탄티노플은 로마의 다신교적인 과거와의 단절을 상징하는 기독교 도시로서 구상되었으며, 콘스탄티누스는 수많은 교회와 바실리카로 자신의 창조물을 단장했다. 이러한 건물 대부분은—325년 건축한 하기아 소피아(신성한 지혜) 성당을 비롯해—이교 신전이 있던 부지에 세웠다.

콘스탄티노플의 부유함과 인구, 그 중요성은 곧 로마를 능가했다. 비잔틴 제국의 황제들 아래서, 콘스탄티노플은 1천 년 동안 그리스어 사용 세계의 지적·종교적·상업적 중추였으며, 1453년 이 도시를 함락시킨 오스만 투르크 역시 이곳을 제국의 수도로 삼았다. 그들은 그리스인 주민들이 콘스탄티노플을 '도시 안에서'라는 의미의 '에이스 텐 폴린'이라는 친근한 애칭으로 부르는 것을 들었고, 세월이 흐르자 이 문구는 투르크어로 '이스탄불'이 되었으며, 콘스탄티누스의 도시는 오늘날까지 이 이름으로 알려져 있다. **SK**

▲ 콘스탄티노플을 성채에 둘러싸인 도시로 묘사한, 하르트만 쉐델의 1493년작 목판화.

" … 그는 (도시를) 커다란 순교자 사원과 눈부신 저택들로 단장했다."

**카이사레아의 유세비우스, 『콘스탄티누스의 일생』, 320년경**

# 성묘 교회의 건축

콘스탄티누스는 예루살렘에서 예수가 매장되고 부활했다고 전해지는 장소 주변의 절벽을 파 예배당을 짓는다.

콘스탄티누스의 명령에 따라, 병사들은 동굴무덤 주변의 절벽을 파냈다. 그곳에 작은 건물을 짓고 이후에 돔형 로툰다(원형 평면 위에 돔 지붕을 올린 건물–옮긴이)를 올렸다. 바로 동쪽에 콘스탄티누스는 커다란 바실리카를 짓고, 335년에 봉헌했다.

어떤 이들은 예루살렘의 주교 마카리우스가 콘스탄티누스에게 기독교에서 예수의 일생뿐 아니라 죽음과 관련이 있다고 여겨지는 성소들을 복원하도록 도움을 청했다고 한다. 다른 기록에 따르면, 326년경 황제의 어머니 헬레나가 성지로 순례를 가서 베들레헴과 올리브 산에 교회를 짓고 성물을 모았다. 예루살렘에서 예수의 무덤이라 전해지는 장소를 보던 중, 헬레나는 땅을 파기 시작했고 기적적인 인도를 받아 예수가 못박혔던 십자가의 잔해를 발견했다고 한다.

기독교인들이 성스럽게 여기는 성묘(聖墓) 교회는 화재와 지진을 견디고 살아남았으나 1009년 파티마 왕조의 칼리프가 거의 완전히 파괴해 버렸다. 제 1차 십자군 원정대는 1099년 예루살렘을 정복한 뒤 교회의 무너진 벽 안에서 「테 데움」(감사의 찬미가)을 불렀으며, 이후에 십자군이 교회를 로마네스크 양식으로 재건해 오늘날 볼 수 있는 대략의 형태를 띠게 되었다.

콘스탄티누스가 지었던 원래 건물의 흔적이 아직 남아 있으며, 일부 전문가들이 그 정통성에 대해 의문을 제기해 오기는 했지만, 현재 고고학계에서는 이 무덤이 예수가 묻힌 장소와 동일하다고 인정하는 추세가 지배적이다. **SK**

▶ 〈예루살렘 성묘 교회로 들어가는 입구〉(1822년), 막심 니키포로비치 보로비예프(1787~1855년).

◀ 예루살렘과 성묘 교회를 그린, 영국 화파의 19세기 풍경화.

336년 12월 25일

# 최초의 크리스마스

**예수 그리스도의 탄생을 이날 기념했다는 최초의 기록이 있다.**

푸리우스 디오니시우스 필로칼루스라는 인물이 354년에 편집한 달력은 336년에 관한 다음과 같은 표제를 수록하고 있다 : "Ⅷ kal. Ian. natus Christus in Betleem ludeae"(1월 초하루의 여드레 전(12월 25일), 유다 베들레헴의 그리스도 탄생). 이는 4세기 중반 즈음에는 기독교에서 12월 25일을 예수 탄생일로 정했다는 최초의 결정적인 기록이다.

12월 25일을 선택한 데에는 가능성 있는 설명이 상당히 많다. 이 날은 동짓날이며, 로마에서는 이미 널리 알려진 이교 명절인 '솔 인빅투스'(정복되지 않는 태양)라 하여 기리고 있었다. 12월 25일은 초기 기독교도들이 천지 창조의 네 번째 날, 즉 태양과 같은 천체가 존재하게 된 날이라 여겼던 3월 25일의 춘분으로부터 정확하게 아홉 달 이후에 해당된다. 또한 3월 25일을 그리스도의 수태일이라 간주하는 것 또한 타당했다.

> "그들은 그 날을 '정복당하지 않은 자의 탄생일'이라 부른다. 우리 주님만큼 정복당하지 않은 이가 누가 있는가?"
>
> **요한네스 크리소스토무스(407년경), 『지점(至點)과 분점(分點)에 관하여』**

4세기 말에는 그리스도의 탄생을 12월 25일에 기념하는 관습이 로마로부터 다른 곳의 교회로 퍼졌으나, 대부분은 1월 6일인 주현절(主顯節)을 더 중요한 축일로 간주하며, 수백만에 이르는 기독교인들이 아직도 그렇게 여긴다. 구유 옆에 소와 당나귀가 있고, 목동들이 눈 속에서 양떼를 돌보는, 오늘날 우리가 알아볼 수 있는 방식으로 크리스마스를 지내게 된 것은 중세에 들어서였다. **SK**

378년 8월 9일

# 야만족의 승리

**고트족이 아드리아노플에서 로마 황제 발렌스를 쓰러뜨린다.**

로마의 쇠락과 멸망에 대해 쓴 18세기의 연대기 작가 에드워드 기번에 따르면, "8월 9일은 로마의 달력에서 가장 불운한 날로 표시할 만한 날이었다." 378년 아드리아노플 외부에서 일어난 전투는 자신의 영토 안에 '야만' 민족이 밀어닥치는 일을 통제할 수 없던 로마 제국의 무력함을 드러냈다.

376년, 약 200만 명의 게르만 서고트와 동고트족이 제국의 흑해 서쪽 국경을 넘어왔다. 로마 당국에게 받은 처우가 불만족스러웠던 이 이주민들은 곧 광분해 날뛰었다. 서고트족의 프리티게른의 지휘 아래, 378년 이들은 아드리아노플 바깥쪽 12마일 지점에 진영을 쳤다. 로마 제국 동쪽의 지배자 발렌스는 이들과 맞서기 위해 콘스탄티노플로부터 행진해 갔다. 지원군을 이끌고 오는 서로마 제국 황제 그라티아누스를 기다리는 대신, 발렌스는 8월 9일 일찍이 프리티게른의 진영을 치러 출발했다.

더위와 먼지에 시달리며 행군한 끝에, 로마군은 짐마차로 방어벽을 두른 진지 안에 있는 야만족을 발견했다. 동고트족의 무시무시한 기병은 말먹이를 구하기 위해 떠나고 없었다. 프리티게른은 회담을 요청했지만, 협상이 시작되기도 전에 싸움이 터졌고 발렌스는 자신의 보병대에게 공격을 명령했다.

목마르고, 기진맥진하고, 대열이 엉망이 된 로마 군단은 동고트족 기병대가 갑자기 나타나지 않았다 할지라도 충분히 힘겨웠을 것이다. 기병대가 로마 보병들을 둘러싸자, 서고트족 전사들이 짐마차로 이루어진 막사에서 몰려나와 난투극에 가담했다. 가뜩이나 좁은 공간에서 포위당하고 밀리던 로마 보병들은 산산조각이 났다. 로마 세력의 약 3분의 2에 해당하는 4만 명이 학살당했다. 발렌스의 시신은 어디에서도 찾을 수 없었다. **RG**

391년

# 세라페움이 파괴되다

**세라페움의 파괴와 더불어 알렉산드리아 대 도서관의 일부도 소실되었다.**

4세기 말 로마 제국에서, 기독교도와 고대 다신교 전통을 고수하는 이들 사이의 싸움은 절정에 이르렀다. 391년, 알렉산드리아 대 도서관의 일부를 수용하고 있기로 유명한 건물 세라페움이 포위 공격을 당했다.

제국 전역에서 이교도 박해가 일어나고 신전은 파괴되었다. 기독교도 황제 테오도시우스가 모든 이교 신전을 파괴하라고 명하는 칙령을 공포하면서 상황은 더 악화되었다. 알렉산드리아의 테오필루스 총대주교는 너무나 기뻐하며 명령에 따랐다. 그의 허락하에, 이교도와 그들의 재산, 그들이 예배하던 장소에 대한 공격은 심해져 갔다. 신전에 대한 이러한 모독에 분개한 이교도들도 보복으로 기독교도를 공격했다.

그 결과는 피비린내 나는 학살이었다. 기독교 파가 반격하자, 이교도들은 인질을 잡고 남아 있는 신전 중 가장 웅장한 세라페움에 바리케이드를 쌓아 몸을 숨겼다. 포위전을 치르는 동안 몇몇 이교도는 신전을 약탈하고, 어떤 이들은 무기력한 포로들을 고문하고 제물로 바쳤다고 한다. 사태가 이처럼 잔혹해졌음에도 테오도시우스는 이교도들을 살려두었으나, 이교의 성상이 모든 문제의 원인이라고 주장하며 세라페움을 파괴하도록 했다.

세라페움이 대 도서관의 장서 중 얼마만큼을 소장하고 있었는지에 대해서는 약간의 논란이 있다. 널리 믿는 것처럼 만일 도서관의 일부가 세라페움에 있었다면, 세라페움의 파괴는 많은 고문헌의 손실을 불러온 비극이었을 것이다. 그러나 당시에는 아마 대부분의 사람들에게 이러한 일은 중대한 문제가 아니었을 것이다. 초기 기독교도들이 391년의 이 폭력적인 사건을 기독교 신앙이 이교도 신비주의에 대해 승리를 거둔 또 하나의 증거로 보았다는 데에는 의문의 여지가 없다. **TB**

395년 1월 17일

# 로마 제국의 분열

**테오도시우스 대제의 죽음은 로마 제국을 분열하고 쇠퇴를 재촉한다.**

로마 세계에 살았던 많은 이들은 395년 테오도시우스 대제의 죽음에 두려움을 느꼈다. 여러 해에 걸친 내전 끝에 테오도시우스가 제국을 통일한 지 채 1년도 되지 않아, 테오도시우스의 미숙한 아들들이 제국을 다시 한 번 분할하게 되었는데, 호노리우스가 서쪽을, 아르카디우스가 동쪽을 지배했다. 민중의 두려움은 결코 근거 없는 것이 아니었다. 이때부터, 로마 제국은 두 번 다시 한 황제 아래 통일되지 못한다.

호노리우스는 고작 10세의 나이에 황제가 되었고, 406년에 야만족 라다가시우를 무찌른 장군 스틸리코의 지도력에 의지하고 있었다. 그러나 서로마 제국이 천천히 자신의 주변에서 무너지자 호노리우스는 계속되는 좌절에 시달렸다. 408년 모반 혐의로 스틸리코를 처형하자 상황은 더욱 악화되었다. 410년 8월 24일, 고트족 알라리크가 로마를 약탈하자 로마 세계는 그 뼈대까지 흔들린다. 423년 호노리우스가 죽었을 때 그의 제국은 반란과 왕위 찬탈자들로 몸살을 앓고 있었다.

> "로마 제국은
> 야만인들의 주거지가
> 되었다."
>
> **조시무스, 『새로운 역사』, 4권, 500년경**

동로마 제국의 아르카디우스는 서로마와 같은 재난을 겪지 않았다. 고문서에 따르면, 그는 의지가 약하고 남의 말을 쉽사리 듣는 인물이었다고 한다. 아내가 그를 조종했으며, 그는 국정에 관여하기보다는 신앙심 깊은 기독교도로 살았다. 아르카디우스는 408년 궁정 음모가 지배하는 제국을 거의 통제하지 못한 채 죽었다. **TB**

# 서고트족이 로마를 약탈하다

'고트족 알라리크'가 이끄는 서고트족이 로마 제국의 옛 수도를 포위하고 공격한다. 이 도시의 성벽이 돌파된 것은 800년 만에 처음이다.

410년 로마 시는 더 이상 위대한 제국의 수도가 아니었다. 로마 권력의 중심지는 동쪽의 콘스탄티노플로 옮겨갔고, 서로마 제국의 황제 호노리우스는 궁전을 이탈리아 아드리아 해변의 라벤나로 옮겨간 후였다. 그럼에도, 로마는 여전히 부유하고 북적대는 도시로, 강력한 아우렐리아누스 성벽이 둘러싸고 있었다. 로마 시민들은 약 800년간 외적의 침략을 받은 일이 없다는 사실을 자랑으로 여길 수 있었다. 그러나 8월 24일 밤, 로마는 배반당했다.

무적의 도시였던 로마의 기록을 깨뜨린 자는 서고트족의 우두머리 알라리크였다. 다른 많은 야만족과 마찬가지로, 로마인들은 그가 이끄는 게르만 부대를 점점 줄어가던 공식 로마 군단과 더불어 포이데라티(동맹군)로서 싸우도록 했었다. 알라리크는 자신이 봉사했던 대가를 충분히 받지 못했다고 생각했다. 로마를 포위하는 것은 그가 생각하기에 부하들이 받아야 할 재물을 직접 나서서 무력으로 얻어내는 방법이었다.

아우렐리아누스 성벽의 관문 중 하나인 '포르타 살라리아'가 안쪽으로부터 열렸고, 서고트족은 잠든 도시 안으로 아무 저항도 받지 않고 밀고 들어갔다. 이 '로마의 약탈'은 걷잡을 수 없는 파괴까지는 아니었다. 서고트족 대부분은 아리우스파 기독교도였고, 로마의 교회당과 그 안에 피신한 이들의 목숨을 존중했던 것이다. 그러나 이교라고 여긴 장소에서는 약탈과 파괴가 범람했다. 시민들이 두려워한 것보다는 덜한 규모였지만 절도, 살인, 강간이 일어났으며 포위 때문에 로마의 식량 비축은 대부분 바닥났다. 따라서 3일 후 서고트족은 굶주린 도시를 뒤로 하고, 곡물이 풍부한 시칠리아를 향해 남쪽으로 떠났다. 알라리크는 이후에 코센차에서 죽었다. 로마가 겪은 수모는 시민들에게는 물론 더 넓은 로마 세계에도 충격이었으며, 그 이후에 겪게 될 더 심한 굴욕을 암시하고 있었다. **RG**

▲ 410년 서고트족이 로마를 약탈하고 노략하는 모습을 묘사한 판화.

"전 세계를 포로로 잡았던 도시가 그 자신이 포로가 되었다."

**성 히에로니무스, 프린키피아에게 쓴 편지 128, 412년**

# 아일랜드로 향한 선교

**노예였던 성 패트릭은 꿈속에서 선교사로 아일랜드에 가라는 부름을 받는다.**

전통적으로는 성 패트릭(라틴어로는 파트리키우스-옮긴이)이 아일랜드에 선교하러 간 시기를 432년이라 여기는데, 이는 그를 갈리아 지방 오세르의 주교 성 게르마누스가 같은 때에 아일랜드의 주교가 되라고 보낸 팔라디우스라는 이와 동일 인물로 가정하기 때문이다. 이러한 가정이 사실이든 아니든, 성 패트릭이 5세기에 아일랜드에서 활발히 활동했으며, 지칠 줄 모르는 복음 전도를 통해 기독교의 말씀을 아일랜드 전역에 퍼뜨렸다는 것은 확신할 수 있다.

성 패트릭은 4세기 말 즈음 웨일스의 로마-브리튼 기독교 가정에서 태어났다. 9세기의 복제본으로만 전해지지만 패트릭이 쓴 것임이 확실한 책 『고백록』에 따르면, 16세 때 아일랜드 침략자들이 그를 사로잡아 아일랜드에서 노예로 팔았다고 한다. 7년 후에 그는 탈출했지만, 얼마 후 꿈속에서 선교사가 되어 아일랜드로 돌아가라는 사명을 받았다. 그는 사제 서품을 받고 주교로 임명되어 아일랜드로 돌아갔으며, 그 자신의 기록에 따르자면 귀족에서 노예에 이르기까지 "수천 명에게 세례를 주었고", 사제 서품을 주고, 기독교 공동체들을 세웠다.

> "성스러운 청년이여,
> 그대가 우리에게 와서 함께 거닐어
> 주길 간청합니다."
>
> **성 패트릭, 『고백록』, 450년경**

「성 패트릭의 갑옷」이라는 찬송가는 훨씬 이후의 것이다. 그는 아일랜드에서 뱀을 몰아내지도 않았고 토끼풀을 이용해 삼위일체를 설명하지도 않았다. 이러한 것들은 성 패트릭이 죽은 후 몇 세기에 걸쳐 그를 둘러싸고 생겨난 많은 전설의 일부에 지나지 않는다. **SK**



# 훈족의 왕 아틸라 패배하다

**로마 장군 아이티우스는 카탈라우니아 평원에서 훈족 아틸라를 무찌른다.**

여러 해 동안 동로마 제국의 발칸 지방을 공포로 몰아넣은 끝에, 훈족의 왕 아틸라(434~453년 재위)는 451년 훈족과 동맹인 게르만족의 대군을 이끌고 서로마 제국에 쳐들어왔다. 전투는 6월 20일 오후 중반에 시작했고, 한여름 밤에 접어들도록 잘 진행되었으나, 모든 일이 계획대로 되어 가지는 않았다. 아틸라는 가는 곳마다 약탈을 행하며 갈리아를 가로질러 진격했다. 그는 서로마 제국 황제 발렌티니아누스 3세에게, 비밀리에 자신에게 청혼해 왔던 반항적인 누이 호노리아를 아내로 달라고 하고, 지참금으로 서로마 제국의 반을 요구할 작정이었다.

아틸라의 맞수는 로마의 최고 장군 아이티우스였다. 아틸라와 아이티우스는 서로를 잘 알고 있었다. 아이티우스는 어렸을 때 훈족에게 볼모로 잡혔던 적이 있었고, 따라서 갈리아와 스페인 일부를 점령한 게르만 침략자들과 맞서 전투를 벌일 때 훈족 용병을 자주 사용했던 것이다.

아틸라의 침략은 로마인과 마찬가지로 이러한 게르만 정착민에게도 큰 위협이었기에, 평소라면 어려웠겠지만 아이티우스는 과거의 적들과 손을 잡을 수 있었다. 아틸라는 오를레앙까지 진격해 왔으나 그가 도시를 점령하기 전 아이티우스가 로마, 서고트, 프랑크, 부르고뉴, 색슨, 알라니인들로 이루어진 군대를 이끌고 도착했다. 아틸라는 자신의 기병대를 가장 잘 활용할 수 있는 장소인 트루아와 샬롱 사이의 넓은 땅 카탈라우니아 평원으로 후퇴했다. 양측 모두 피해가 막심했으나, 결국 아틸라는 물러났다. 다음 날 아틸라의 군대는 질서정연하게 퇴각했다. 아이티우스는 그 뒤를 쫓지 않았다. 아틸라는 다음 해에도 이탈리아를 침략했지만, 또 다시 실패하고, 453년에 생을 마감한다. **JH**

▶ 〈파리로 행군하는 아틸라와 그의 군대〉, 사납게 날뛰는 저 위대한 우두머리를 그린 프레스코화의 일부.

476년 9월 4일

# 제국의 종말

**서로마의 마지막 황제 로물루스 아우구스툴루스가 폐위된다.**

476년 8월 23일, 야만족 장군 오도바카르는 서로마 황제 로물루스 아우구스툴루스에게 반란을 일으켰다. 9월 4일, 오도바카르는 로물루스를 사로잡아 나폴리 근처의 저택에 두고 연금을 주었다. 오도바카르는 콘스탄티노플에 있던 동로마 황제 제노에게 편지를 써, 더 이상 제국에 두 명의 황제는 필요 없으며, 자신이 그를 대신해 총독으로 이탈리아—서로마 제국에서 남은 영토 전부—를 다스리겠다고 알렸다. 일반적으로는 이러한 사건을 서로마 제국의 멸망을 알리는 표지로 본다.

나이 어린 로물루스는 475년 10월에 아버지인 오레스테스 장군의 손에 의해 왕좌에 올랐다. 전임 황제인 율리우스 네포스를 폐위했던 오레스테스는 아들을 조종하여 권력을 행사하려 했다. 8월 28일 오레스테스를 잡았을 때, 오도바카르는 그의 목을 베었으나 로물루스는 살려 두었는데, 더 이상 황제라는 칭호에 대단한 지위가 없었기 때문이었다. 역사가들은 로물루스의 폐위가 로마 제국의 종말과 암흑시대의 시작을 의미한다고 본다.

> "오도바카르는 아우구스툴루스를 폐위했지만 나이가 어림을 가련히 여겨 목숨만은 살려주었다."
>
> **『무명의 발렌시아누스의 연대기』, 550년**

제노는 항상 로물루스를 왕위 찬탈자라 여겼었고, 따라서 법적으로 이탈리아가 로마 제국의 일부로 남는다는 조건하에 총독으로 통치하겠다는 오도바카르의 제안을 받아들였다. 오도바카르가 로마의 행정을 맡게 되었어도, 로물루스 통치의 종말이 상징하는 분기점은 대부분의 백성의 삶에 큰 영향을 주지 않았다. **JH**

496년 12월 25일

# 클로비스 왕 세례받다

**클로비스 1세는 로마 가톨릭을 받아들이고 랭스 대성당에서 세례를 받는다.**

496년 12월, '클로도보카르'라고도 하는 클로비스 왕이 자기 백성이 믿는 종교의 세례를 받기 위해 말을 타고 성당으로 행진하는 광경을 보며 랭스의 많은 구경꾼들은 천국의 기쁨을 맛보고 있음을 느꼈다. 중요한 점은 클로비스가 게르만의 아리우스주의가 아닌 로마 가톨릭 신자가 된다는 사실이었다. 로마의 오래된 속주 갈리아에서 널리 퍼진 종교를 받아들임으로써, 클로비스는 통일된 프랑크 왕국을 건설하게 되고, 이후에 이는 프랑스가 된다.

군사적인 정복을 통해 통일 프랑크 왕국을 이루는 절차는 클로비스가 개종하기 전에도 이미 순조롭게 진행되고 있었다. 그러나 로마 가톨릭을 채택함으로써 클로비스는 자신이 전투를 통해 정복한 이후 다스리게 될 백성들의 마음과 정신까지 얻을 수 있었다. 또한 클로비스는 통일 프랑크 왕국이 교황 제도와 로마 제국이 남긴 유산과 이어져 있다는 사실을 간접적으로 보장해 주고, 옛 로마 문화를 많은 부분 보존하여 정복당한 이들이 쉽게 동화하도록 한 셈이었다.

> "매일같이 신께서는 클로도보카르의 적들이 그의 손에 잡히게 하셨도다."
>
> **투르의 그레고리우스(594년 사망), 『프랑크족의 역사』**

클로비스는 서고트족이 스페인에 끼친 영향을 제한하기는 했지만, 로마 가톨릭을 받아들였음에도 부르고뉴를 정복할 수는 없었다. 511년 사망하기 전에 클로비스는 자신의 왕국에 아키텐을 추가하고 파리를 수도로 삼았다. 불행히도 클로비스가 죽으면서 네 아들이 그가 이룩한 통일 왕국을 다시 분할하였고, 파리, 오를레앙, 수아송, 랭스를 나누어 다스리게 되었다. **TB**

# 감옥에서 쓴 영향력 있는 저작

**최후의 로마 철학자 보에티우스는 반역죄 선고를 받고 처형을 기다리는 동안 『철학의 위안』을 집필한다.**

로마 철학자 아니키우스 보에티우스(480년경~524년)는 반역죄 선고를 받고 이탈리아의 동고트족 왕 테오도리쿠스에 의해 옥에 갇혀 있는 동안 썼던 저작 『철학의 위안』으로 가장 유명하다. 보에티우스는 보편적인 로마 제국의 이상에 대한 충성과 이탈리아를 다스리던 야만족 왕에게 바치는 봉사를 하나로 결합시키고자 노력했다.

서로마 제국의 마지막 황제는 476년에 폐위되었지만, 이탈리아는 여전히 원칙적으로 로마 제국의 일부였으며, 테오도리쿠스는 콘스탄티노플에 있는 동로마 제국 황제에게 주권이 있음을 인정했다. 그러나 겉으로 보이는 두 군주의 이러한 우호 관계에도 불구하고, 테오도리쿠스는 권력을 잃지나 않을까 하는 피해망상에 시달렸으며, 그가 보기에는 보에티우스가 동로마와 친밀한 관계를 맺는 것이 황제 통치를 복권하려는 음모의 일부처럼 보였다. 따라서 그는 보에티우스에게 반역죄 선고를 내리고 사형에 처했다.

보에티우스에게 있어서, 투옥과 임박한 처형은 견디기 힘든 일이었다. 고위 공직자였던 그는 부유한 귀족 가문 출신이었고, 명망 높은 학자였으며, 로마의 집정관이었던 것이다. 절망에 잠긴 채 그는 『철학의 위안』을 썼는데, 보에티우스와 의인화된 철학이 대화를 나누는 형식이다. 이 작품은 플라톤과 아리스토텔레스, 스토아 철학, 신플라톤주의의 가르침에 의거해, 선악과 행복, 자유의지의 본질, 그리고 행운과 불행의 굽이침을 다루고 있다. 보에티우스가 얼마나 오랫동안 옥에 갇혀 있었는지는 알 수 없지만, 결국 그는 고문당하고 얻어맞은 끝에 죽는다.

『철학의 위안』은 여러 세기 동안 세상에 알려지지 않고 묻혀 있다가, 중세에 들어 가장 영향력 있는 철학적 저작 중 하나가 되었다. 앨프레드 대왕은 바이킹과 싸울 때 백성들에게 용기를 북돋우기 위해 9세기에 이를 영어로 번역했다. **JH**

▲ 프랑스 화가 장 빅토르 슈네츠(1787~1870년)의 〈가족에게 이별을 고하는 보에티우스〉.

"진실한 선함에 대한 보상 대신,
내가 저지르지도 않은
범죄에 대한 처벌을."

**보에티우스, 『철학의 위안』**

# 더 이상 은자는 없다: 수도원 생활이 확립되다

성 베네딕투스는 수도원 공동체가 살아가야 할 방법을 상세히 설명한 일련의 규칙을 저술한다.

로마와 나폴리 사이에 있는 도시 카시노 위편으로 가파르게 솟은 바위투성이 언덕 꼭대기는 베네딕투스(480~547년)와 그를 따르는 이들 몇몇이 은둔하여 영적인 삶을 영위하던 장소였다. 529년에 이곳에서 베네딕투스는 수도사 공동체가 지켜야 할 규칙, 혹은 일련의 지시들을 작성하기 시작했다. 기도와 노동의 시간, 면학의 필요성, 순종 등을 정했던 것이다.

베네딕투스는 여러 해 동안 경건한 삶을 이끌어 가려 노력해 왔었다. 이탈리아 중부 누르시아에서 부유한 부모의 자녀로 태어난 그는 로마에서 학업에 열중했으나 도중에 그만두고—그레고리우스가 우리에게 전하는 바에 따르면, 로마에서 목격한 방탕함에 충격을 받아서였다—로마 동쪽의 수비아코에 있는 동굴에서 은둔자로 살았다. 3년 후, 그의 존엄함이 명성을 떨쳐 그는 다시 한 번 속세로 나왔고 근처 수도원의 수도원장이 되었다. 그의 주변에는 제자들이 몰려들었고, 그는 각각 열두 명의 수사를 둔 수도원 열두 곳을 더 설립했다. 인근의 성직자와 불화가 생겨 그는 몬테 카시노로 옮겨갔다.

기독교 역사의 초기부터, 남자나 여자가 개인적으로 은자의 삶을 살기로 결정하고, 예수가 광야에서 보낸 40일을 따라 사막에서 단식하며 기도하는 일은 있어 왔다. 이따금 그들은 함께 모여 작은 수도사(monk라는 단어는 '혼자의'라는 그리스어 단어 monakhas에서 왔다) 공동체를 이루어 살았고, 수도원장(abbot은 '아버지'를 의미하는 아람어 abba에서 왔다)을 따르는 일도 있었다.

카시노에서, 베네딕투스는 수사들 간의 공동의 삶과 가족 정신을 강조하는 수도원 생활의 공동체적 전통을 발전시켰다. 이는 그가 처음에 좇았던 고립된 은둔자의 전통과는 달랐다. 그가 발전시킨 규칙이 최초의 수도원 회칙은 아니었지만, '성 베네딕투스의 규율'은 서양 기독교계 전체를 통틀어 수도원 생활의 기본 원칙이 되었다. **SK**

▲ 스피넬로 아레티노(1332년경~1410년)의 〈성 베네딕투스 일생의 장면들: 성인이 악마를 몰아내다〉.

◀ 북부 르네상스의 독일계 플랑드르 화가인 한스 멤링의 〈성 베네딕투스〉.

"이 성스러운 분은
수사들을 위한, 명석한 언어 표현이
뛰어난 규율을 집필했다."

그레고리우스 대교황, 『대화집』, 590년

# 경기장의 반란

**군중 난동이 비잔틴 왕위를 위협하면서 콘스탄티노플이 불탄다.**

6세기 콘스탄티노플에서, 전차 경주는 대중이 열광하는 주된 관심사였다. 두 개의 주요 경기 팀인 청색 팀과 녹색 팀 사이의 경쟁심은 깊어 갔다. 최근의 싸움 뒤에 일어난 살인 때문에 몇몇 전차 몰이꾼이 교수형을 당했다는 소문이 퍼졌고, 532년 1월 13일 콘스탄티노플의 경기장인 히포드롬을 채운 관중들 사이에는 분노와 긴장감이 돌았다. 경기가 진행되면서, "청색 팀" 혹은 "녹색 팀"이라는 열렬한 응원의 외침은 "니카, 니카"("이겨라, 이겨라")라는 한 목소리로 변했고, 경쟁하던 파벌은 하나로 뭉쳐 정부에 대해 분노 어린 폭력을 행사하게 되었다. 경기장에서 군중이 쏟아져 나왔고, 5일간의 반란은 황제의 궁전을 공격하고 도시 전체의 건물에 불을 질렀다. 군중들이 히포드롬에 모여 새로운 황제를 추대하던 순간, 527년에 왕위에 오른 황제 유스티니아누스는 모든 것을 잃은 듯했다.

그날 구원의 손길을 뻗은 것은 황후 테오도라였다. 그녀를 깎아내리기 좋아하던 이들에 따르면 서커스 곰 조련사의 딸로 여배우이자 전직 매춘부였던 테오도라는 황제가 가장 신임하는 조언자였다. 그녀는 황제에게 도시를 벗어나 피신할 것이 아니라 자신의 입장을 지키라고 설득했고, 그사이 황제의 장군 벨리사리우스와 나르세스는 군대를 이끌어 군중을 진압해 수천 명을 죽였다. 두 장군은 유스티니아누스의 군사적 성공을 뒷받침했던 인물이기도 했다. 서로마 제국을 야만족으로부터 재정복하려 시도했던 일도 그중 하나였다. 533년 그는 북아프리카의 반달족 왕국을 무찌르기 위해 군대를 파견했고, 이탈리아 페르시아에서도 오랜 전투를 벌였다. 567년 사망했을 때, 유스티니아누스는 이탈리아와 스페인 남부 전역에서 황제의 권력을 되찾은 후였다. 그의 후계자들은 이러한 업적을 오래 지속시킬 수 없었지만 말이다. **SK**

◀ 고대 콘스탄티노플의 이미지로, 히포드롬에 서 있는 기념비들이 보인다.



# 지상의 천국

**유스티니아누스는 콘스탄티노플의 하기아 소피아 성당 봉헌에 참석한다.**

이러한 규모의 돔을 지으려 했던 이는 지금껏 그 누구도 없었다. "솔로몬, 내가 그대를 능가했도다!" 비잔틴 제국의 황제 유스티니아누스는 537년 봉헌식을 얼마 앞두고 최근에 완성한 하기아 소피아(하느님의 신성한 지혜) 성당에 들어서며 이와 같이 말했다고 한다.

그 전에 서 있던 성당이 532년의 반란으로 완전히 불타는 장면을 목격한 지 며칠 안 되어, 유스티니아누스는 새로운 바실리카를 건축하라고 명했는데, 이는 콘스탄티누스가 325년 처음 성당을 세웠던 자리에 선 세 번째 성당이었다. 역사가 프로코피우스의 말을 빌면 건설하는 동안 1만 명 이상을 고용했고, 건축가인 밀레투스 출신 이시도루스와 탈레스 출신 안테미우스는 건축공학적인 독창성을 최대로 발휘해 보여야 했다고 한다.

하늘의 둥근 형상을 나타내도록 설계한 돔은 바닥에서 64m 높이로 솟아 있으며, 아래쪽 넓이가 각각 99㎡인 네 개의 견고한 기둥에서 뻗어 나온 네 개의 둥근 아치가 돔을 지탱한다. 40개의 싱글 아치형 창문이 금박을 입힌 돔 내부를 밝히고, 화려한 모자이크와 색깔 있는 대리석—붉은색, 녹색, 검은색, 노란색—이 실내를 장식하고 있는데, 이 모두가 예배하러 온 이들에게 천국에 들어서는 듯한 인상을 주기 위해 기획한 것이다.

하기아 소피아는 900년 이상 콘스탄티노플 총대주교좌 성당 역할을 맡아 왔으며 정교 신앙의 명백한 중심지였다. 그러나 이 성당은 지진의 피해를 입었고 1204년에는 제4차 십자군 원정대가 성당의 보물을 약탈해 갔다. 1453년 콘스탄티노플이 오스만 투르크의 손에 떨어지자, 술탄 메메드 2세는 건물을 모스크로 바꾸라고 명령했고, 네 개의 미나렛을 추가로 지어 성당은 오늘날의 친숙한 겉모습을 하게 되었다. 1935년, 터키의 세속 정부가 하기아 소피아를 박물관으로 바꾸었고, 오늘날까지도 그렇게 남아 있다. **SK**

552년

# 중국 비단의 비밀

**유스티니아누스 황제의 총애를 얻기 위해 수사들이 중국에서 몰래 누에를 빼내 온다.**

552년부터, 두 수사 덕분에 비잔틴 제국에서는 비단 제조가 활발해졌다. 페르시아로부터의 비단 수입을 유스티니아누스 황제가 그리 내켜 하지 않는다는 사실을 깨닫자, 수사들은 황제에게 비단 제조의 비밀을 알아냈다고 말했다. 그들은 기독교 이단 분파의 일원으로, 콘스탄티노플에서 추방당해 중국으로부터 비단을 들여오는 육지 무역로에 위치한 페르시아 제국의 한 속주에 정착해 살고 있었다.

중국은 몇 백 년 동안이나 비단을 제조하고 수출해 왔지만, 그 제조 방법에 대한 지식을 매우 철저하게 비밀로 지켰다. 당시 콘스탄티노플에서 비단 염색과 직조는 자리 잡힌 산업이었고, 황제는 541년 황실 비단 공방들에게 독점권을 허용하며 보호해 주었지만, 원재료를 구하려면 생사(生絲)를 수입하는 수밖에 없었다.

> "세월과 인내가
> 뽕잎을 비단옷으로
> 만든다."
>
> **중국 속담**

유스티니아누스는 장거리 비단 무역의 중개인인 페르시아와 전쟁을 벌이던 중이었다. 그는 수사들에게 페르시아를 거치지 않을 수 있다면, 그리고 비단을 제조하는 비법을 알아온다면 후하게 보상해 주겠다고 약속했다. 프로코피우스의 말에 따르면, 수사들은 중국으로 돌아가 누에고치를 약간 구했다고 한다. 그들은 누에고치를 속이 빈 대나무 지팡이에 숨기고, 콘스탄티노플로 돌아가는 먼 여정 길에 죽지 않도록 똥 속에 묻어 가져왔다. 이 누에고치가 부화해 누에나방이 되면서 비단 제조 비법은 더 이상 비밀이 아니게 되었다. **SK**

590년

# 그레고리우스, 교황이 되다

**최초로 수사에서 교황이 된 그레고리우스는 유능한 지도자이자 행정가임이 드러난다.**

교황 펠라기우스 2세가 갑작스레 만연한 전염병으로 590년에 사망하자, 그의 부제(副祭)였던 그레고리우스가 다음 교황으로 선출되었다. 수사였다가 교황이 된 최초의 경우였다. 그레고리우스 1세(540~604년)는 귀족 가문 출생의 로마인이었다. 그는 로마의 도시 장관을 역임했고, 그 전에는 변호사 수련을 쌓았던 듯하다. 공직 생활에 환멸을 느낀 그는 574년 카일리우스 언덕 위에 있는 가문 소유의 궁전에 자신이 설립한 수도원에서 수사가 되었다. 579년부터 585년까지 그는 교황 펠라기우스 2세의 콘스탄티노플 대사로 있었고, 이후에는 부제가 되었다.

568년에 이탈리아 북부를 침략했던 랑고바르드족의 공격 위협이 도사리고 있었기에, 로마 시에게나 교황권에게나 힘겨운 시기였다. 그레고리우스는 유능한 지도자이자 행정가임을 입증해 보였다. 전략을 구상하고, 외교를 이끌고, 도시의 수로를 수리하고, 식량 공급을 안정시키고, 결국에는 랑고바르드 왕들과 협상을 통해 화해를 이끌어냈던 것이다. 그는 교회의 영지와 재정을 재편성하고, 아프리카, 스페인, 갈리아의 성직자들과 다시 연락을 취하기 시작하여 수백 통의 교서를 썼으며, 콘스탄티노플 총대주교가 '세계 총대주교(Ecumenical Patriarch)'라는 호칭을 사용하는 데에 항의하면서 교황권을 옹호했다. 그레고리우스는 스스로를 "하느님의 종들의 종"이라 칭했는데, 그는 이러한 표현을 사용한 최초의 교황이었다.

그레고리우스의 저작, 특히 성무 일과와 주교와 사제의 임무에 관한 책 『목회 지침』은 중세에 널리 연구되었으며, 시성되었을 때에는 '대교황'이라는 칭호가 붙었다. 오늘날까지도 「그레고리오 성가」라 부르는 단선율의 성가를 편찬한 것 역시 그의 업적 중 하나이다. **SK**

▶ 프랑스 수사들이 그린 12세기 채색 필사본에 나타난 성 그레고리우스.

# 수천 명의 브리튼인이 기독교로 개종하다

아우구스티누스는 앵글로색슨족에게 세례를 주고 캔터베리 대주교 관구를 세운다.

◆ 〈597년 캔터베리에서 성 아우구스티누스가 거행한 켄트의 왕 에설버트의 세례식〉이라는 제목의 19세기 판화.

◆ 산드로 보티첼리(1445~1510년)의 〈독방에 앉아 있는 히포의 성 아우구스티누스〉, 현재 이탈리아 피렌체의 우피치 미술관 소장.

"우리의 형제 아우구스티누스에 의해 만 명 이상의 앵글족이 세례를 받았습니다."

**그레고리우스 1세가 알렉산드리아 총대주교에게 보낸 편지, 598년**

그레고리우스 교황이 로마에 있는 자신의 소(小)수도원 원장인 아우구스티누스를 옛 로마 속주 브리튼으로 보내자, 왕과 그의 백성들은 기독교로 개종하게 된다. 597년 크리스마스에 아우구스티누스가 집단 세례식을 열었다는 기록이 남아 있으며, 이교도 왕인 켄트의 에설버트는 백성들이 세례를 받기 시작하기 전에 이미 개종했던 것 같다.

전설에 따르면, 그레고리우스는 로마의 시장에서 금발 노예들이 팔리는 장면을 보고 어디 출신인지를 물었다고 한다. 앵글족이라는 답을 듣고 그는 "Non anglii sed angeli"("앵글이 아니라 천사(angel)로다")라 답하고, 그들의 동포를 개종시키기 위해 선교단을 보내기로 결심했다. 베다(영어로는 비드-옮긴이)도 『영국 교회사』에서 이 일화를 인용하는데, 실화가 아닐 가능성이 높다. 그레고리우스가 이미, 에설버트와 결혼한 기독교도인 프랑크족 왕녀 베르타가 사제들에게 남편의 백성들을 개종시켜 달라고 간청했다는 소식을 들었으리라는 것이 더 신빙성 있는 설이다.

그레고리우스는 아우구스티누스에게 선교단의 지도를 맡겼고 그는 40인의 수사를 거느리고 596년에 브리튼으로 떠났다. 그러나 갈리아 남부에 도착하자, 여정이 위험하리라는 사실을 알게 되어 용기가 꺾인 그들은 로마로 돌아왔다. 그레고리우스는 선교단을 설득해 다시 가도록 했고, 597년 그들은 오늘날의 켄트 지방에 도착했다. 에셀버트 왕은 수사들을 환대하며 왕궁에 맞아들였고, 머지않아 기독교로 개종했다.

아우구스티누스는 켄트의 캔터베리를 근거지로 삼았고, 601년 그레고리우스가 네 수사를 더 보내 선교단에 합류하도록 했을 때, 그들은 교황이 대주교에게 하사하는 '팔리움', 즉 양모로 짠 어깨 장식띠를 가져왔다. 이 때 새로 온 수사 중 한 명이 파울리누스로, 그는 북부의 강력한 앵글로색슨 왕국인 노섬브리아에 처음으로 기독교를 선교하게 되며, 627년에는 에설버트의 사위인 에드윈 왕을 개종시켰다. **SK**

# 산 위의 무함마드

**히라 산에서 잠자던 무함마드의 눈앞에 대천사 가브리엘이 나타나 그가 신의 사도라 전한다.**

▲ 대천사 가브리엘이 무함마드를 찾아온 순간을 나타낸 책 삽화.

"알라는 그를 보이는 세계와 보이지 않는 세계의 사람들에게 자비의 예언자로서 보내셨다."

**이븐 이스하크, 『무함마드의 생애』, 12세기**

40세 되던 해, 히라 산(오늘날의 사우디아라비아)의 동굴에서 홀로 잠자던 무함마드(마호메트)는 대천사 가브리엘에게 첫 번째 계시를 받았다. 정신적인 혼란 속에서, 무함마드는 아내 카디자에게 마음을 털어놓았고, 가브리엘이 무함마드가 신의 사도임을 알렸다고 말했다. 카디자는 남편의 진실함을 한 치의 의심도 없이 믿었기에, 최초로 이슬람이라는 새로운 종교를 받아들였다.

무함마드는 570년 메카에서 태어났다. 쿠라이시라는 소수 일족 출신이었던 그는 7세에 고아가 되어 숙부인 아부 탈리브의 집에서 자랐다. 무함마드는 성장하여 생각이 깊고 진지한 젊은이가 되었다. 25세에 그는 쿠라이시족의 부유한 과부로 그보다 약 15세 연상인 카디자와 결혼했다. 나이 차이는 있었지만 이는 무함마드에게 썩 어울리는 배우자였다. 쿠라이시족에서 그의 지위가 올라가고, 종교에 관심을 마음껏 쏟을 수 있는 수단과 여가 시간을 얻었던 것이다. 매년 라마단 달이면 그는 메카 바깥쪽 사막에 있는 히라 산에서 홀로 기도하고 명상에 잠기곤 했다.

무함마드의 고유한 종교 사상은 분명히 6세기 아라비아의 종교적 다양성에서 영향을 받았다. 아랍인 대부분은 여전히 다신교를 믿었지만, 많은 이들이 유대교로 개종했고, 소수이지만 기독교로 개종한 이들도 있었다. 전사(戰士) 신인 후발에 대한 숭배를 비롯한 몇몇 토착 신앙도 일신교 쪽으로 발전해 나가고 있었다.

그러나 환상을 본 지 3년 후 공개적으로 설교를 시작했을 때, 무함마드는 자신을 새로운 종교의 창시자라 내세운 것이 아니라, 유대인과 기독교도가 벗어났던 아브라함의 정통 일신교 신앙을 복원했다고 주장했다. **JH**

# 새로운 시대의 시작

**무함마드가 메카에서 메디나로 이주한 사건인 '히즈라'가 무슬림 원년이 된다.**

종교적인 환상을 보았다는 무함마드의 명성은 널리 퍼졌고, 622년 그와 그의 추종자들은 몰래 메카를 떠나 메디나로 갔다. 무함마드는 부족 간의 분쟁을 해결해 달라고 초대받았던 것이다. 이 사건은 '헤지라'('이주'라는 뜻)라 알려져 있으며 무슬림 달력은 이 날로부터 시작한다. 610년에 최초의 계시를 받은 후, 무함마드는 자신의 경험을 아내 카디자와 가까운 가족들에게만 말했다. 3년 후에 무함마드는 다시 한 번 환상을 보았는데, 이번에는 대천사 가브리엘이 그에게 공개적으로 설교하라 일렀다.

무함마드는 사회적 정의를 강조했기에 가난한 이들은 속속 개종했으나, 그의 고향 메카의 시민 대부분은 적대적이었다. 메카의 카바 신전에 있는 검은 돌은 아랍인 다신교도에게 중요한 순례 중심지였고, 순례자들 덕분에 메카는 경제적 이익을 누렸던 것이다. 그들은 무함마드의 새로운 종교가 자신들의 앞날을 위협할까 두려워했고, 무함마드는 가는 곳마다 조롱과 모욕을 받았으나, 부족의 관습 덕택에 폭력을 당하지는 않았다.

메디나 부족들과의 협상을 통해, 무함마드는 최초의 무슬림 '움마'(공동체)를 세웠다. 움마는 무함마드가 신의 이름으로 종교적이고 정치적인 권위를 행사하는 제정일치 공동체였다. 무함마드의 가르침에 비판적이었던 메디나의 유대인들은 떠나라는 명령을 받았다. 거절한 이들은 노예로 삼거나 학살했다. 무함마드는 자신의 추종자에게 믿지 않는 이들을 상대로는 전쟁을 벌이는 것이 그들의 종교적 의무라고 가르치며, 메디나를 외교와 무력을 통해 이슬람교를 전파할 기지로 삼았다. 630년 그는 싸움 없이 메카를 정복했다. 무함마드는 카바를 이슬람의 가장 신성한 신전으로 선포하여 메카 주민과 화해했다. 승리를 얻은 후, 무함마드는 메디나에서 계속 살다가 632년에 사망했다. **JH**



# 정복자 우마르

**칼리프 우마르는 페르시아와 비잔티움 정복을 개시한다.**

우마르 이븐 알 카탑은 무함마드의 아내 중 하나의 아버지였다. 그는 신앙심과 소박하고 간소한 생활방식으로 명망이 높았고, 무함마드의 사촌이자 사위인 알리가 자신에게 칼리프가 될 더 나은 자격이 있다고 믿었음에도, 634년 우마르의 칼리프 즉위는 이의 없이 받아들여졌다. 우마르의 10년 동안의 통치는 이슬람 역사 속에서 결정적인 시기였다.

무함마드는 아들이 없었고 후계자를 지명하지도 않았다. 632년 그가 사망하자, 그의 장인이며 최초로 이슬람으로 개종했던 이들 중 하나인 아부 바크르가 최초의 '칼리파트 라술 알라'(칼리프, 즉 신의 예언자의 후계자)로 뽑혔다. 그의 통치 기간은 고작 2년에 불과했으나, 그동안 그는 군대를 보내 비잔틴과 페르시아 제국을 기습하여 무함마드가 시작했던 아랍인들의 정치적 · 종교적 통합을 완수했다. 두 제국은 26년간 이어졌던 소모적인 전쟁을 막 마친 차였으므로 쉽게 정복당했다. 634년 8월 아부 바크르가 마지막으로 한 일은 우마르를 자신의 후계자로 지명한 것이었다.

> "우마르가 이슬람을 받아들인 일은 승리였다 … 그의 칼리프 통치는 축복이었다."
>
> **압둘라 이븐 마수드, 무함마드의 추종자**

우마르는 아부 바크르가 거둔 성공을 열정적으로 계속해 갔다. 그는(직접 참가한 것은 아니지만) 페르시아 제국과 비잔틴 속주인 이집트, 팔레스타인, 시리아 정복을 명하여, 순수한 아랍 국가였던 칼리프의 영토를 거대한 제국으로 발전시켰다. 그럼으로써 우마르는 한편, 아랍인들만이 믿는 종교였던 이슬람을 전 세계적인 중요성을 지닌 현상으로 변모시켰던 것이다. **JH**

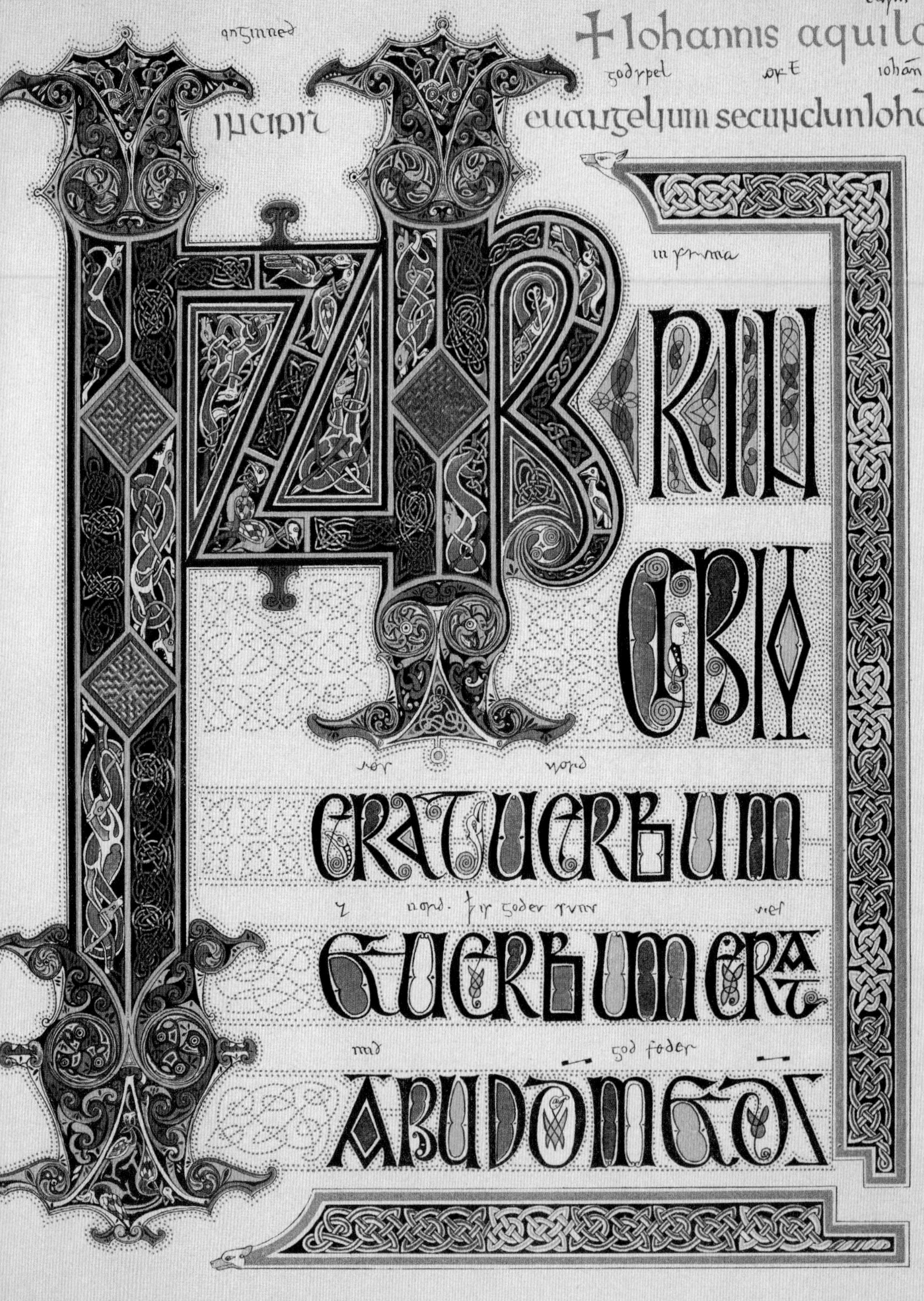

Iohannis aquila
euangelium secundum Ioha

## 635년

# 기독교의 섬

**아이오나 출신의 수사 아이단은 린디스판 주교가 되어 수도원을 세운다.**

오스왈드가 노섬브리아의 왕이 되어 처음으로 한 일 중 하나는 아이오나 출신의 아일랜드 수도사 아이단을 불러오게 한 일이었다. 635년, 왕은 아이단에게 노섬브리아의 주교가 되어 달라고 요청하고 그에게 왕의 성채가 있는 뱀버러에서 그리 멀지 않은 해안에 있는 작은 섬 린디스판('성스러운 섬'이라고도 한다)을 주어 수도원을 짓게 했다.

선왕 에드윈(616~633년 재위)의 통치 기간에 오스왈드는 스코틀랜드의 왕국인 달리아에 유배되어 있었는데, 그곳에서 595년경 성 콜룸바가 세운 섬 수도원인 아이오나의 수사들에 의해 기독교로 개종했던 것이다. 로마에서 온 아우구스티누스의 선교단 동료 중 하나인 파울리누스가 노섬브리아에 기독교를 들여왔던 것은 에드윈의 치세 때였다. 에드윈은 627년에 세례를 받았고, 파울리누스는 다른 많은 이들도 개종시켰다.

731년 완성한 『교회사』에서, 베다는 아이단의 성격과 행동, 가난한 자들에 대한 보살핌, 왕과 평민을 기꺼이 동등하게 대하는 태도, 소박한 삶 등을 호의적으로 묘사해 보인다. 그는 린디스판을 복음 전도의 발판으로 삼았고 미래의 사제와 주교들을 양성하기 위해 학교를 세웠다. 초대 리치필드 주교가 된 채드도 그중 하나였다. 근처의 작은 섬 판에서 여러 해 동안 은둔자로 살았던 성 커스버트(634년경~687년)는 이후에 린디스판 주교가 되었다. 역시 린디스판의 주교였던 이드프리스는 종교 예술의 걸작인 채색 필사본 『린디스판 복음서』의 저자로 추정되는데, 이 책은 715년에 린디스판 수도원에서 완성되었으며 현재 대영박물관이 소장하고 있다. **SK**

◀ 『성 커스버트의 복음서』라고도 알려진 『린디스판 복음서』의 삽화 페이지.

## 638년 1월

# 예루살렘의 항복

**소프로니우스는 예루살렘을 칼리프 우마르 1세에게 내어 주고 예루살렘은 무슬림 도시가 된다.**

칼리프 우마르 1세는 638년 1월에 예루살렘에 입성해 도시를 아랍인의 것으로 선포했다. 그는 여기저기 기운 외투를 입고 맨발로 무함마드의 '한밤의 여행' 꿈의 장소인 템플 마운트를 돌아다니며 자신의 겸손함을 드러내 보였다.

637년 가을, 예루살렘 총대주교인 소프로니우스는 마지못해 우마르와 협상을 거쳐 자신의 도시를 무슬림 지배에 내놓기로 결정했다. 아랍인들은 634년에 비잔틴 제국을 침공했었고, 이듬해에는 다마스쿠스를 정복했다. 헤라클리우스 황제는 다마스쿠스를 되찾기 위해 군대를 보냈지만, 636년 야르무크 전투에서 아랍인에게 격파 당했다. 637년 가을 아랍인은 예루살렘과 카이사레아를 제외한 시리아와 팔레스타인 전역을 점령하고 있었다. 예루살렘이 아랍인 손에 떨어지는 일은 막을 수 없음이 분명했다. 무슬림은 예루살렘을 성스러운 도시로 존경했으므로 소프로니우스의 어깨가 그렇게 무거웠던 것은 아니지만 소프로니우스가 내건 조건 중 하나는 자신이 예루살렘을 우마르 본인에게만 내어준다는 것이었다.

> "예언자 다니엘이 말했던 멸망을 가져오는 가증스런 것을 보라."
>
> **소프로니우스, 예루살렘 총대주교, 638년**

우마르는 예루살렘의 기독교도들에게 관대한 조건을 제시했다. 무슬림 지배자에게 '지즈야(인두세)'를 바치기만 한다면 보호해 주겠다는 내용이었다. 그러나 유대인은 보호받지 못했다. 팔레스타인의 기독교도 대부분은 단성론자(單性論者) 분파로, 비잔틴에서 박해받아 왔기 때문에, 아랍인을 해방자라 보았다. 예루살렘은 1099년까지 무슬림 지배를 받는다. **JH**

639년 1월 19일

# 다고베르트의 사망

다고베르트의 죽음은 메로빙거 왕조의 붕괴를 가속화한다.

다고베르트 1세는 통합된 프랑크 왕국을 다스렸던 메로빙거 왕조의 마지막 왕이었으며, 639년 1월 19일 그가 죽자, 백 년도 더 전 클로비스 1세 때부터 지배해 왔던 한 왕조가 천천히 무너지게 된다. 다고베르트의 세력은 부분적으로는 그가 비잔틴 황제 헤라클리우스와 맺고 있던 긴밀한 동맹에서 연유했다. 631년 아우스트라시아인들에게 패배했음에도 불구하고, 다고베르트는 가스코뉴와 브르타뉴를 상대로 중대한 승리를 거두었으며, 동쪽 국경의 슬라브인과 싸웠고, 스페인에 군대를 보내 서고트족 왕위 찬탈자 스윈틸라를 지원했다. 632년, 다고베르트는 서쪽에서 가장 강력한 메로빙거 왕이 되었다.

> "다고베르트 왕,
> 재빠르고, 잘생기고, 적수가 없기로
> 유명한."
>
> **루앙의 다도, 『엘리기우스의 생애』, 7세기**

다고베르트의 재위 기간은 풍요로웠다. 많은 교회를 금으로 치장했으며, 이 시대의 무덤에서는 풍부한 공예품을 많이 찾아볼 수 있다. 그는 예술을 후원하고, 프랑크 법을 개정하고, 학문을 장려하고, 최초의 수도원인 생 드니 수도원을 세웠다.

다고베르트의 아들인 지게베르트 3세와 클로비스 2세가 그의 뒤를 이었는데, 이들은 그저 아버지의 뒤를 이었을 뿐 한 일이 거의 없어 '루아 페네앙'(아무것도 하지 않는 왕)이라 알려지게 되었다. 실제 권력은 귀족에게 있었고, 이러한 상황은 751년까지 계속되다가 단신왕(短身王) 피핀이 메로빙거 왕조의 마지막 왕 힐데리히 3세를 폐위한다. 단신왕 피핀은 카롤링거 왕조 최초의 왕이며 샤를마뉴 대제의 아버지였다. **TB**

644년 11월 3일

# 칼리프 우마르 살해당하다

불만을 품은 노예 아부 룰루가 칼리프를 여섯 차례 찔러 치명상을 입힌다.

644년 11월 3일 이른 아침, 무슬림의 신앙 고백을 암송한 후, 제2대 칼리프 우마르는 죽었다. 그는 무함마드와, 무슬림의 속세적이고 정신적인 지도자로서 예언자의 뒤를 이은 최초의 칼리프 아부 바크르 곁에 묻혔다. 며칠 전 우마르가 메디나의 거리를 걷고 있을 때, 기독교도인 노예 아부 룰루가 그에게 다가왔고, 주인이 자신을 학대한다고 주장했다. 우마르는 그의 불평이 터무니없다며 내쳤다. 다음 날 우마르가 모스크에서 아침 기도에 참석했을 때, 아부 룰루는 그를 여섯 차례 찌르고, 마지막으로 그 칼을 스스로에게 꽂았다.

죽기 전에 우마르는 위원회를 임명해 자신의 후계자를 정하도록 했다. 주요 일원은 무함마드의 사촌이자 사위인 알리 이븐 아비 탈리브와, 역시 무함마드의 사위이며 부유한 우마이야 일족 출신인 우스만 이븐 아판이었다. 위원회는 즉시 서로 다투기 시작했고, 죽어 가는 칼리프는 논의를 자신이 사망한 뒤로 보류하라고 명령했다.

우마르의 장례를 치른 후, 위원회는 경비가 붙은 방에 들어갔고 결정을 내리기까지 사흘을 허락받았다. 칼리프 자리에 오를 유력한 후보는 알리와 우스만 둘뿐이었지만, 사흘이 지났는데도 결정이 나지 않았으므로 회장인 압둘 라흐만은 아침 기도 자리에 회중을 불러모아 의견을 물었다. 우스만이 더 큰 지지를 받는 듯했으므로, 압둘 라흐만은 우스만을 칼리프로 정했다(644~656년 재위).

세속적이고 족벌 중심적인 칼리프였던 우스만은 자신의 가문만 등용하는 태도를 보였고 이는 결국 반란으로 이어져, 그 자신도 살해당하며, 무슬림 연합의 붕괴의 서막을 알리게 되었다. **JH**

▶ 우마르의 죽음을 그린 16세기 말 혹은 17세기 초의 투르크 삽화.

شمشیر زهرآلود بیتوردی اتفاقا اول موضعه یتیدیکه روز
خندق عمر بن عبد تیغله زخمناک اولمدی
واول بدبخت تیغی مغز استخوان
کلسه نه دک اثر قیلدی حضرت امیر ایتدی فزت برب الکعبه

# 천황 혁명이 일본을 변화시키다

새로운 천황 고토쿠는 광범위한 다이카 개신을 일으켜, 법률을 편찬하고 정부 행정을 재조직한다.

▲ 나카노 오에 황자에 의한 소가노 이루카의 암살을 그린 『다무봉연기회권』의 삽화이다.

"하늘에
두 개의 태양은 없다. 한 나라에
두 명의 군주는 없다."

**고토쿠 천황, 「다이카 개신 칙령」**

645년, 나카노 오에 황자는 강력한 소가 일족을 타도했고, 외삼촌 고토쿠(孝德) 천황아래서 실권자가 되어 일본의 통치 체계를 개혁하기 시작했다. 이는 자신의 권력을 굳건하게 하고 일본 전역에 대한 지배권을 확립하기 위한 목적에서였다. 그는 공자 사상과 당나라 제도에 기초하여 토지 개혁을 시작했다. 이러한 개혁의 결과로 더욱 강력한 중앙 집권 통치가 가능해졌고 황실의 권력도 커졌다. 고토쿠는 또한 천황의 재위 기간에 따라 연호(年號)를 매기는 체계를 중국에서 들여와 자신의 재위 기간 전반기에 다이카(大化), 즉 '커다란 변화'라는 이름을 붙였다.

다이카 시대 이전에는 서로 대립하는 많은 씨족들이 일본을 지배했고, 소가 일족은 음모와 암살 등을 전략적으로 이용해 권력을 유지하며 황실을 지배했다. 황실을 소가 일족의 손아귀에서 벗어나게 함으로써, 고토쿠는 효율적이고 중앙 집권적인 천황 통치를 조직할 수 있었다.

다이카 시대의 네 가지 핵심적인 조항은 정치 체제에 혁명을 불러왔다. 토지와 사람에 대한 개인 소유권을 폐지하고, 공공의 소유가 되어야 함을 주장했다—사실상은 천황의 소유였다. 또한 일본 전역에 천황 직속의 새로운 행정과 군사 조직을 설치했다. 토지를 보다 공정하게 분배하기 위해 인구 조사를 시행했고, 공평한 조세 제도를 만들었다.

법률을 제정했으며, 정부 부서에는 공직자를 채용했는데, 대부분이 당나라에서 교육받은 이들이었다. 중앙 집권을 강화하기 위해 도로망도 놓았다. 이러한 개혁은 사실상 봉건 체계를 낳았고, 지방 호족들은 천왕에게 충성하는 한도 내에서 세습 권리를 유지할 수 있었다. **TB**

# 수니파와 시아파의 분열

**칼리프 알리의 암살은 이슬람 세계를 수니파와 시아파로 갈라 놓는다.**

661년 1월 24일 칼리프 알리의 암살로 이슬람에서는 수니파와 시아파의 분열이 시작된다. 무함마드의 사촌이자 사위인 알리는 칼리프 우스만이 살해당한 이후 656년에 칼리프가 되었다. 우스만의 통치하에서 칼리프가 다스리는 영토는 넓어졌지만, 정복한 지역에서 들어오는 돈이 균등하게 분배되지 않았고, 이로 인해 우스만에게 반대하는 이들이 늘었던 것이다.

아랍인들이 제국의 전리품을 두고 다투는 사이, 많은 무슬림이 이슬람의 메시지를 잊어 갔다. 알리는 무함마드의 가까운 친척이었기 때문에, 칼리프 자리가 예언자 무함마드의 가족들에게만 한정되어야 이슬람이 가장 순수해질 수 있다고 믿는 무슬림들의 지지를 얻었다. 그들은 '시아투 알리'(알리의 파), 즉 '시아'라 알려지게 되었다.

> "죽은 알리는 인상적이었다. 순교자로서 그는 살아생전 잃었던 것보다 더 많은 것을 되찾았다."
>
> **필립 K. 히티, 『아랍인의 역사』, 1937년**

알리가 칼리프 자리를 요구할 자격이 있는 것은 확실했지만, 그가 권력을 얻은 방식은 그의 정통성에 의문을 남겼다. 그는 곧 우스만의 사촌 무아위야가 일으킨 반란을 직면하게 되었다. 무아위야는 알리가 자신의 동족을 죽인 자들을 처벌하기를 거부해 격분했던 것이다. 처음으로 무슬림과 무슬림이 싸웠다. 칼리프 제도 자체를 부정했던 카와리지 파는 알리와 무아위야를 둘 다 살해하려 계획했다. 그러나 알리만을 죽였고, 무아위야는 칼리프가 되었으며, 그의 추종자들은 아랍어 '순나'(예언자의 본보기)에서 온 명칭인 '수니'라 불리게 되었다. 알리를 따르던 이들은 그의 아들 하산에게 충성을 바쳤고, 이는 계속적인 이슬람의 불화를 낳았다. **JH**



# 복수는 우리의 것

**칼리프 무아위야는 무슬림 세계의 지배권을 우마이야 왕조의 차지로 삼는다.**

661년, 칼리프 무아위야는 자신의 가문인 우마이야라는 이름으로 최초의 무슬림 왕조를 창시했다. 시리아의 태수였던 무아위야는 657년 칼리프 알리에 대항해 반란을 일으켰는데, 자신의 사촌 칼리프 우스만(644~656년)의 살해범들을 처벌하지 못했기 때문이었다. 아랍 전통으로는 친족을 죽인 자에게 복수하는 것이 무아위야의 의무였고, 그의 이러한 주장은 널리 공감을 얻었다. 660년, 무아위야는 알리를 권력에서 추방할 목적으로 예루살렘에서 스스로를 칼리프로 선포했다. 그렇지만 661년 1월 알리의 암살에 공모하지는 않았다. '시테'라 알려진 알리의 지지자들은 충성을 그의 아들 하산에게 옮겼으나, 하산은 칼리프 지위에 대한 권리를 포기했다. 알리가 죽은 지 일곱 달 만에 무아위야는 수니파 추종자들의 지지를 받아 칼리프의 영토를 다스리게 되었다.

무함마드는 계승에 대한 정식 조항을 남기지 않았고, 처음의 네 칼리프는 모두 구두 투표로 선정되었다. 무아위야는 자신이 살아 있던 동안 아들 야지드를 후계자로 지명하여 칼리프를 세습되는 지위로 확립했다. 무아위야는 우마이야 왕조의 창시자로 간주되며, 이는 역사 속에서 가장 빠르게 성장한 제국 중 하나를 이루게 된다.

무아위야의 세력 기반은 원래 시리아였으므로, 그는 수도를 메디나에서 다마스쿠스로 옮겼는데, 이곳은 칼리프 영토의 다른 지역과 소통이 더 수월한 장소였다. 아라비아가 누렸던 짧은 영광의 순간은 이미 지나고, 무함마드 이전 시대의 침체기로 접어들고 있었다. 그러나 이슬람을 앞세운 우마이야 왕조의 세력 확장은 아랍어가 그 넓은 지역의 공용어가 됨을 의미했다. 우마이야 왕조는 750년까지 무슬림 세계 전체를 지배했고, 제국의 지배권은 스페인에서 중앙아시아까지 뻗었다. 이후 오늘날 이라크에 세력 기반을 둔 아바스 왕조에게 멸망한다. **JH**

# 로마 대 아일랜드

**휘트비 종교회의는 아일랜드와 로마 관습을 두고 선택을 내린다.**

660년대 초, 로마를 방문한 적이 있고 프랑스 리옹에서 3년을 보냈던 노섬브리아의 성직자 윌프리드는 리펀의 수도원을 맡게 되었다. 이는 기존의 아이오나 출신 수사들에 대한 배제로 이어졌고, 아일랜드와 로마 관습을 따르는 이들 사이의 불화가 정점에 달하게 되었다. 664년, 오스위 왕(642~670년)은 이 문제의 해결을 돕기 위해 종교 회의를 소집했다. 이들은 권력 있는 여수도원장이자 귀족인 힐다가 이끄는 수녀와 수사들로 이루어진 휘트비의 수도원에 모였다.

성 패트릭이 기독교를 들여온 이후 200년간, 아일랜드 교회는 린디스판의 초대 주교 아이단이 아이오나에서 노섬브리아로 들여온 그들 특유의 관습을 발전시켜 왔다. 가장 큰 불일치는 날짜가 고정되어 있지 않은 축일이며 기독교에서 한 해 중 가장 중요한 날인 부활절을 언제로 잡느냐 하는 문제였다. 아일랜드 수사들은 로마에서 이미 오래 전부터 부정확하다고 여겼던 산술법을 여전히 이용했다. 이 밖에 수사들이 머리를 밀고 남겨 두는 부분의 모양 차이 등이 있었다.

베다의 731년 저작 『교회사』에는 이 종교회의에 대한 기록이 나와 있다. 아일랜드 관습을 지지하는 주요 인물은 힐다와 린디스판 3대 주교 콜먼이었다. 윌프리드는 로마 관습을 지지하는 가장 영향력 있는 발언자였고, 그의 의견이 오늘날까지 지켜진다. 오스위 왕은 천국과 지옥으로 가는 열쇠를 쥐고 있는 성 베드로의 가르침과 로마의 편을 들었다. 이 중요한 결정으로 노섬브리아 교회는 로마 교황 직속령이 되었고, 갈리아와 이탈리아에 한층 가까워졌다. **SK**

◀ 명망 높은 영국 학자이자 베네딕투스 회 수사인 존사(尊師, Le venerable) 베다를 나타낸 판화.



# 신라의 지배

**신라 왕국은 라이벌 고구려를 정복하고 한국을 통일한다.**

한국 역사에서 기원전 1세기부터 서기 7세기까지의 기간을 '삼국 시대'라 한다. 이 무렵 한국은 네 부분으로 나뉘어 있었다. 북서쪽은 한사군(漢四郡)이 설치되어 있었고, 한반도에서 유래한 고구려, 백제, 신라라는 세 왕국이 나머지를 두고 다투었다. 676년에 신라의 문무왕이 이끄는 적은 수의 정예 부대는 마침내 중국의 대군을 몰아냈고, 신라는 지배 왕국이 되었다.

세 나라 모두 군사를 기반으로 한 귀족 국가였으며, 세습 혈통에 따른 사회 계급인 골품 제도가 있었다. 가장 높은 계급인 성골만이 왕위에 오를 자격이 있었다. 삼국 시대 전반에 걸쳐 세 왕국 중 가장 강한 나라는 고구려였으며, 주로 중국 쪽으로 영토를 넓혀 나갔다.

> "총장(總章)년에 왕은 군사를 거느리고 고구려를 멸망시켰다."
>
> **일연, 『삼국유사』**

고구려의 세력과 맞서기 위해 중국은 두 번째로 강한 신라와 동맹을 맺었다. 연합군은 660년 백제를 정복하고 668년 고구려를 정복하여, 최초로 한반도를 단일한 군주 아래 통일했다. 중국은 통일된 한국이 신하의 나라가 되리라 생각해 군대를 주둔시켰다. 그러나 문무왕은 이에 대적해 8년간 싸워 신라의 주도권을 확립했다. 신라는 892년 백제가 독립을 되찾을 때까지 지배를 계속했다. 901년 왕자였던 궁예가 반란을 일으켜 고구려를 다시 세웠으며, 918년 왕건이 국호를 고려(코리아)라 바꾸었다. **JH**

# 시아파의 순교

**후사인 이븐 알리는 카르발라에서 칼리프 야지드 1세의 군대에게 죽는다.**

680년 10월 10일, 예언자 무함마드의 손자 후사인 이븐 알리는 전투에서 목숨을 잃었다. 이 전투로 말미암아 그의 일가 남자들은 몰살 당하고 여인과 아이들은 포로로 잡혔다.

카르발라 전투라 알려지게 된 이 싸움은 야지드 1세가 우마이야 왕조 칼리프 자리를 계승한 이후에 발발한 파벌 싸움의 결과였다. 무함마드의 손자에게 충성을 바치던 이들의 일파는 쿠파 시에서 반란을 일으켰고, 후사인 이븐 알리에게 이라크의 칼리프로 선포하겠다며 함께해 달라고 불렀다. 이를 듣고 후사인은 쿠파의 시민들에게 성대하게 환대받으리라 기대하며 가족 대부분을 거느리고 메카를 떠났다. 그러는 동안, 야지드는 바스라의 총독 우바이드 알라를 보내 반란이 일어난 도시에서 질서를 바로잡도록 했다.

후사인이 유프라테스 강 서쪽에 있는 작은 도시 카르발라에 도달했을 때, 4만 명에 달했다고 전해지는 군대가 그를 맞았다. 후사인은 쿠파의 지지자들이 원군을 보내 줄 것을 기대하면서 전투를 벌였다. 불운하게도 지원군은 오지 않았고, 그와 가족 대부분이 살해당했다.

무함마드의 손자가 죽었다는 소식이 쿠파에 다다르자, 그를 불러들였던 이들은 이 비극에 자신들의 책임이 있음을 느끼며 수치스러워했다. 야지드와 그의 지지자들은 살인자로 간주되었고, 시아파 무슬림은 그들의 이름을 영원히 저주했다. 후사인의 살해는 시아파 이슬람이 널리 퍼지도록 자극한 가장 중대한 사건 중 하나이며, 그가 죽은 날은 공적인 애도의 날로 지키고 있다. 시아파 무슬림에게, 카르발라에 있는 목이 베인 순교자 후사인 이븐 알리의 무덤은 지상에서 가장 성스러운 장소 중 하나이다. **TB**

◀ 아바스 알-무사비의 〈카르발라 전투〉, 현재 뉴욕의 브루클린 미술관 소장.



# 일본 최초의 수도

**겐메이 여제는 일본에 진정한 수도가 필요하다고 결정한다.**

710년 겐메이(元明) 여제는 오늘날의 나라(奈良) 서쪽에 있는 헤이조쿄(平城京)에 일본 최초의 수도를 세웠다. 7세기 후반 이전까지 일본 천황들은 고정된 수도를 두지 않았다. 천황의 궁전이 곧 수도였고, 천황의 가족 일원이 정부를 이루었다. 천황이 죽으면, 궁전은 죽음과 관련이 있기에 불태웠고, 새로운 궁전을 지었다. 그러나 중국 제도에 기초한 황실 관료제가 성장하면서 고정된 수도의 필요성이 점점 커졌다. 694년 후지와라쿄(쿄(京)는 '수도'를 의미한다)에 웅장한 궁전을 지어 세 천황이 이곳에 머물렀는데, 710년에 헤이조로 옮기게 되었다.

> "우리의 위대한 군주, 여신께서,
> 그분의 신성한 의지로 궁전을
> 세우셨네."
>
> **작자 미상, 「만요슈(萬葉集)」 (당시의 가집(歌集))**

헤이조는 당나라 수도 장안의 축소판이었다. 후지와라보다 훨씬 더 큰 규모의 헤이조는 동서로 4km, 남북으로 4km인 격자 형태로 건설되었다. 720년경 완성되었을 때, 헤이조에는 약 20만 명의 인구가 있었다.

헤이조의 창건으로 '나라 시대'(710~784년)라는 70년간의 정치적 안정기가 시작되었고, 이 시기에 일본은 정치 체제, 문화, 법률 면에서 중국을 점점 더 모델로 삼게 되었다. 일본어가 한자를 들여온 것도 이 시기였다. 나라 시대에는 또한 일본의 불교가 급속도로 성장했다. **JH**

# 사라센인이 스페인을 침략하다

**타리크는 사라센 군을 이끌고 이베리아 반도를 침략한다.**

711년 4월, 아랍의 장군 타리크는 유럽에서 '사라센인'이라 부르던 아랍인과 베르베르인(무어인)을 이끌고 모로코에서 바다를 건너 서고트족이 다스리던 스페인 왕국을 침략하러 왔다. 그가 상륙한 장소는 '제벨 알-타리크'(타리크의 산)라 알려졌고, 이 이름이 '지브롤터'가 되었다.

서고트족 왕 로데리크는 타리크의 침략에 맞서기 위해 돌격했지만, 7월 과달레테 전투에서 패해 죽고 말았다. 곧 사라센 군대는 712년에 스페인에 도달했고, 서고트족의 저항을 완전히 무너뜨렸으며, 2년 만에 타리크는 북서쪽 산악 지대를 제외한 이베리아 반도 전체를 무슬림 지배하에 두었다. 스페인에서 거의 800년 동안 지속된 무슬림 영향의 시대는 이 때 시작한다.

> "(사라센인들에 의해) 스페인이 황폐해진 모습은 인간이 차마 말로 다할 수 없을 정도이다."
>
> **『콘티누아티오 히스파나』(모사라베 연대기), 754년**

서고트족 왕국이 급속하게 무너진 이유를 둘러싸고 전설이 생겼다. 이 이야기에 따르면, 고대 스페인의 한 왕이 잠긴 방 안에 비밀을 봉인하고, 후계자 중 누구도 열어서는 안 된다고 금지했다고 한다. 26명의 왕이 이 말을 따랐으나, 로데리크는 모든 충고를 무시하고 방을 열도록 했다. 방 벽에는 아랍 전사들이 그려져 있었다. 방 한가운데에는 황금 탁자 위에 단지가 놓여 있었고, 단지 안에는 이렇게 씌어 있는 양피지가 있었다. "언제든 이 방이 더럽혀질 때, 그리고 단지에 담긴 주술이 깨질 때, 이 벽에 그려진 사람들이 스페인을 침략하여, 왕을 폐위하고 영토 전체를 정복하리라." **JH**



# 산 속의 매복

**스페인 아스투리아스의 코바동가 전투에서 무슬림 군대가 패배한다.**

718년에서 724년 사이의 어느 더운 여름날, 무슬림 아랍과 베르베르인 군대가 스페인 북부 산악 지대의 좁은 골짜기를 따라 올라갔다. 코바동가에서 그들은 골짜기 양옆을 따라 자리 잡고 있던, 활과 투석기로 무장한 기독교 전사들의 공격을 받았다. 무슬림 군대가 공격자를 향해 위쪽으로 쏘아올린 무기는 그들에게로 도로 떨어져 재난은 더해갔다. 갑자기, 서고트족 귀족인 펠라요가 이끄는 300명의 기독교 전사들이 숨어 있던 동굴에서 튀어나왔다. 혼란에 빠져 도주하며 퇴각하던 무슬림들은 그들의 공격을 받았다. 비록 무슬림 작가들은 대단치 않은 접전이라 다루고 있지만, 산 속의 이러한 매복은 스페인 역사에서 커다란 중요성을 지녔다.

711년, 북아프리카에서 온 무슬림 세력이 이베리아 반도를 침략했다. 6세기부터 이베리아를 지배해 왔던 기독교 서고트 왕국이 붕괴했다. 펠라요는 다른 기독교도들과 더불어 아스투리아스의 깊은 산 속에 몸을 숨겼다. 그는 지역 주민들에게 무슬림 지배의 강압에 맞서 싸울 것을 촉구하고, 게릴라 전투를 벌이도록 격려했는데, 그 덕분에 무슬림들을 코바동가로 데려온 반격 작전이 가능했던 것이다.

코바동가 전투 이후, 펠라요는 이슬람 정부에 대한 저항의 중심지인 아스투리아스 왕국을 세웠다. 기독교 역사가들은 이 전투를 18만 명의 무슬림 군대를 상대로 거두어낸 크나큰 승리라 묘사하는데, 이 숫자는 분명 과장된 것인 듯하다. 코바동가는 이베리아 반도에 기독교 통치를 되돌리려는 투쟁인 '레콩키스타'의 첫 전투로 간주된다. 레콩키스타가 완결되기까지는 700년이나 걸렸다. **RG**

▶ 전투에서 거둔 승리를 기념하는, 스페인 히혼의 산 펠라요 상.

# 프랑크인의 왕국을 위한 싸움

카를 마르텔('망치')의 지휘 아래, 프랑크인은 투르 전투에서 아랍인을 패배시키고, 무슬림 세력이 북쪽으로 더 확장되는 일을 막는다.

732년, 프랑스의 투르와 푸아티에 사이의 언덕 꼭대기에서 유럽 역사상 가장 결정적인 전투 중 하나가 벌어졌다. 예언자 무함마드가 죽은 후 백 년이 지나자, 이슬람 신앙에 고취된 군대는 북아프리카와 이베리아 반도를 지나 서유럽 한복판에 도달하려 했다. 732년, 무슬림 스페인의 총독 아브드 알-라흐만 알-가피키는 군사를 이끌고 피레네 산맥을 넘어 아키텐을 정복하고, 보르도를 폐허로 만들었다. 그리고 나서 그는 프랑크족의 왕국으로, 투르 시를 향해 진격했다.

프랑크족의 우두머리 카를 마르텔은 자신이 거느린 3만 명의 군사를 적이 진군해 오는 길목의 높고 나무가 우거진 장소에 배치했다. 그는 부하들에게 단단히 방진 대형을 짜도록 하고, 때를 기다렸다. 프랑크 군사에 비해 자신의 군사가 2대 1로 그 수가 많았음에도, 아브드 알-라흐만 알-가피키는 7일 동안 공격을 미루었다. 그가 마침내 기병대를 돌격시키자, 프랑크 보병대는 기다렸다는 듯 굳세게 버티며 공격을 물리쳤다. 긴 싸움 끝에 무슬림 기병 대부분은 군자금을 지키기 위해 철수했고, 아브드 알-라흐만 알-가피키는 부하들에게 버림받아 포위당해 죽었다.

아브드 알-라흐만 알-가피키는 유럽의 기독교 세계를 정복하려 했던 것이 아니라, 그저 기습 원정을 이끌었을 뿐인 듯하다. 그러나 만일 프랑크족 전사들이 졌더라면, 무슬림 세력이 서유럽을 차지하는 길에는 어떤 걸림돌도 남지 않았을 것이다. 카를 마르텔은 훗날의 카롤링거 제국의 초석을 다졌고 이는 이슬람의 북쪽 팽창을 막는 방벽 구실을 했다. **RG**

▶ 프랑크족 왕 카를 마르텔을 이상화한 모습으로 나타낸 19세기의 다색 석판화.

◀ 샤를 오귀스트 스퇴방(1788~1856년)의 〈푸아티에 전투〉(1837년)—투르 전투라고도 한다.

# 피의 연회

**아바스 왕조가 우마이야 칼리프 왕조를 전복 시킨다.**

661년부터 무슬림 세계 전체를 다스려 왔던 우마이야 칼리프의 권위는 8세기에 들어 점차 추락하고 있었다. 그리고 이는 750년 잔인한 종말을 맞게 된다. 아바스 장군 압둘라 이븐-알리는 750년 6월 25일 자파 근처의 아부-푸트루스에서 연회를 열어 80명의 우마이야 가문 사람을 초대했고, 연회 도중 그들을 모두 살해했다. 참상에 모욕을 더하기 위해, 죽은 우마이야인들을 파내 그 시체를 태우기까지 했다.

우마이야 칼리프가 쇠퇴한 요인 중 하나는 이슬람을 분열한 수니파와 시아파의 대립을 해소하지 못했기 때문이었다. 또 다른 원인은 칼리프 자리를 자신들의 개인적인 소유인 양 대하는 아랍인들의 태도 때문에 이슬람으로 개종한 비(非)아랍인들이 품었던 분노였다. 비아랍인들은 칼리프 제도는 아랍인의 이익을 증진하기 위해서가 아니라 이슬람의 말씀을 전파하기 위해 세운 것이라 믿었다. 747년 페르시아에서 우마이야 왕조에 대항한 반란이 일어났고, 급속도로 이라크까지 번졌다. 반란군은 무함마드의 숙부 알-아바스의 후손인 아부 알-아바스 앗-사파르를 칼리프로 선포하여, 아바스 왕조(749~1258년)를 창시했다. 750년 1월 자브 전투에서 우마이야인들을 대패한 후, 압둘라 이븐-알리는 칼리프 영토의 수도 다마스쿠스를 점령했다. 우마이야 왕조 최후의 칼리프 마르완 2세는 이집트로 달아났으나 쫓기던 끝에 8월에 살해당했다. 저항의 불씨를 완전히 없애기 위해 압둘라는 이 악명 높은 연회를 열었던 것이다.

아바스 왕조가 칼리프를 잇게 된 사건은 이슬람 세계에서 결정적인 권력 전환을 가져와, 더 이상 아랍인에 대한 편애가 없어졌고, 개종자들도 자유롭게 관직에 오를 수 있게 되었다. 이 사건은 또한 무슬림 세계의 정치적 단결이 끝났음을 알린다. 우마이야 가문에서 살아남은 유일한 주요 인물인 아브드 알-라흐만은 스페인으로 달아나 독립된 나라를 세웠다. **JH**



# 탈라스 전투

**아랍의 승리가 중앙아시아에서 중국(당나라)의 팽창 계획을 막는다.**

아랍인이 751년 탈라스 전투에서 중국인을 상대로 승리를 거두면서, 이슬람은 중앙아시아의 지배적인 종교로 자리 잡게 되었다. 이 사건은 중국의 중앙아시아 제국의 붕괴를 가속화했다.

태종 때(628~649년), 중국은 중앙아시아까지 세력을 확장했다. 목적은 중국과 중동, 지중해 연안을 연결하는 실크로드를 지배하기 위해서였다. 8세기에 중국은 힌두쿠시 산맥까지 뻗친 1,610km 가량의 지역을 정복했다. 그러나 새로이 이슬람화된 아랍인도 나름의 확장 계획을 품고 있었고, 710년 그들은 커다란 캐러밴 도시 부카라와 사마르칸트를 점령했다.

> "(아랍) 남자들은 코가 높고, 피부가 검고, 수염이 났다. 여자들은 피부가 매우 희다."
>
> **두환(杜環, 탈라스에서 포로로 잡힘), 『경행기(經行記)』**

750년, 고선지(高仙芝)가 이끄는 중국군이 타슈켄트를 점령하고 투르크인 군주를 처형했다. 왕의 아들은 중국군을 몰아내기 위해 아랍인에게 도움을 청했다. 751년 4만 명의 아랍-투르크 군대가 중국 영토로 진격했으며, 오늘날의 키르기스스탄에 있는 탈라스 강에서 고선지의 군대와 맞섰다. 중국군은 주로 보병이었으며 아랍-투르크 기병에 허를 찔렸다. 겨우 몇 천 명의 중국 군사만이 탈출했다.

이 전투 이후, 중국 포로들이 사마르칸트에서 강제 노역에 처해 제지 공장을 지었고, 이 공장에서는 중국이 비밀로 지켜왔던 종이 제작법을 이용했다고 전해진다. 이 이야기가 정말인지는 의심스럽지만, 종이 사용이 이슬람 세계에 전파된 것은 이 무렵이었고, 이후 13세기에 유럽으로 전달된다. **JH**

# 지배하고 군림하는 단 한 사람

교황 스테파누스 2세는 전 궁재였던 피핀 3세를 프랑크 왕으로 승인한다.

▲ 프랑크의 왕 단신왕 피핀을 나타낸, 송아지 가죽 종이에 그린 15세기의 채색 필사본(일부).

"로마 교황의 권위로
그대에게 프랑크의 왕위를
내리노라."

**교황 자카리아스가 피핀 3세에게 한 답신, 750년**

753년 11월, 교황 스테파누스 2세는 메로빙거 왕조의 마지막 왕 힐데리히 3세의 궁전에서 세습 궁재(宮宰)로 있던 피핀 3세(별칭은 단신왕 피핀, 혹은 소(小) 피핀)로부터 군사적 지원을 절박하게 구하기 위해 로마를 떠나 알프스를 넘어 걸음을 재촉했다. 8세기경 권력은 메로빙거 왕조의 손아귀로부터 크게 벗어났고, 왕궁의 궁재—사실상 왕가의 우두머리나 마찬가지였다—가 이름만 왕이 아닐 뿐 왕 행세를 하고 있었다. 750년 피핀은 교황 자카리아스에게 두 명의 사절을 보내 물었다. "한 사람은 지배하고 다른 한 사람은 군림하게 하는 것이 정당한 일입니까?" 교황은 피핀이 기대하던 답을 주었다. 피핀은 재빨리 힐데리히를 폐위했고, 751년 11월 교황의 사절인 보니파키우스 대주교에게 기름 부음을 받아 카롤링거 왕조 최초의 왕이 되었다.

교황 자카리아스의 뒤를 이은 스테파누스는 지금 몸소 프랑스로 가는 중이었다. 재위 중인 교황이 알프스를 넘는 여행을 하는 일은 처음이었다. 이탈리아에서는 랑고바르드족의 왕 아이스툴프가 비잔틴 총주교 대리령인 라벤나를 점령하고 로마까지 위협하고 있었다. 비잔틴인들은 무력하여 도움을 줄 수 없었으므로, 필사적이 된 스테파누스는 프랑크족에게 구원을 요청했던 것이다. 두 사람은 754년 1월 6일 파리 남쪽의 퐁티옹에서 만났고, 피핀은 군대를 소집해 랑고바르드족을 공격하겠다고 약속했다. 보답으로 스테파누스는 6월에 파리 생 드니 수도원에서 성유(聖油)로 축복을 내리고, 그의 아들 카를(미래의 샤를마뉴 대제)과 카를로만을 왕위 계승자로 인정해 주기로 했다.

피핀이 아이스툴프의 공격을 멈추기는 했지만, 이는 오래 가지 않았다. 계속된 전투에서 프랑크족은 랑고바르드족을 라벤나에서 몰아내고 총주교 대리령을 교황에게 주었으며, 이것이 교황령 영토의 기반이 되었다. **SK**

# 스페인의 지배권을 둔 싸움

아브드 알-라흐만 1세는 아바스 왕조를 뒤엎고 우마이야 아미르국을 세운다.

756년 5월 15일, 아브드 알-라흐만 1세는 당당하게 코르도바의 우마이야 아미르(이슬람에서 귀족이나 사령관 등의 우두머리를 가리키는 칭호-옮긴이)이자 무슬림 스페인의 지배자임을 선포했다. 이 사건은 무슬림 세계의 정치적 단합이 무너졌음을 알린다. 632년 예언자 무함마드가 죽은 이후부터, 모든 무슬림은 칼리프라는 지위가 최고의 종교적·정치적 권위를 행사하는 단일 국가 안에 통합되어 있었다. 무함마드 사후 2년 만에 칼리프의 영토는 놀라울 정도로 확장하기 시작했고, 8세기 즈음에는 인더스 강에서 피레네 산맥까지 이르는 광대한 제국이 되었다. 그러나 칼리프 제국은 수니파와 시아파의 분열과 아랍인과 이슬람으로 개종한 비아랍인 사이의 갈등에 시달렸다. 750년, 661년 이래로 칼리프 제국을 다스려 왔던 우마이야 왕조는 아바스 왕조에게 전복 당했다.

우마이야 가문 사람을 하나도 남김없이 처단하려는 아바스 가문의 끈질긴 노력에도 불구하고, 아브드 알-라흐만은 탈출에 성공해 변장을 하고 스페인으로 빠져나갔다. 스페인은 페르시아와 메소포타미아에 있는 아바스 세력 중심지로부터 무척 멀었기 때문에 아브드 알-라흐만이 그곳에 닿았던 755년에는 아직 사실상의 지배가 확립되지 못한 상태였다. 스페인에는 우마이야 왕조 동조자들이 많았고, 그들은 아바스 가문 출신의 인기 없던 총독 유수프에 대항할 수 있는 이 기회를 반가이 맞았다. 756년 5월 14일, 아브드 알-라흐만은 코르도바 부근의 카르모나에서 유수프의 군대를 물리쳤고, 다음 날 도시로 들어갔다. 아브드 알-라흐만은 우마이야 왕조가 칼리프 자리에 복위하기를 바랐지만, 아바스 왕조가 보낸 이들이 반란을 조장하는 바람에 재위 기간 거의 대부분을 스페인에 묶여 있을 수밖에 없었다. 그러나 그가 사망한 788년 즈음, 아바스 왕조가 북아프리카의 지배권을 유지하기 위해 안간힘을 쓰고 있던 반면, 스페인에 대한 우마이야의 지배력은 공고했다. **JH**

▲ 프랑스 화가 외젠 들라크루아(1798~1863년)의 작품, 〈모로코의 술탄, 아브드 알-라흐만〉.

"승리가 우리 것이 될 수 없다면 군인처럼 쓰러지기로 맹세하자.
정복하거나 죽거나 둘 중 하나다!"

**카르모나 전투를 앞두고 아브드 알-라흐만이 남긴 말**

# 바그다드의 형성

칼리프 알-만수르는 아바스 왕조의 새로운 수도를 세울 장소를 고른다.

750년 아바스 왕조에 의한 우마이야 왕조의 폐위는 무슬림 칼리프의 세력이 아랍 땅에서 멀리 떨어진 페르시아로 옮겨감을 상징했다. 이 때문에 아바스 왕조의 초대 칼리프 아부 알-아바스는 다마스쿠스를 버리고 동쪽으로 옮겨가 이라크의 유프라테스 강 유역에 임시로 정착했다.

762년 아부 알-아바스의 후계자인 동생 알-만수르는 새로운 정식 수도를 세울 자리로 티그리스 강 서안의 작은 마을을 선택했다. 새로운 도시의 공식 이름은 '마디나트 알-살람'(평화의 도시)이었지만, 이는 '바그다드'(신이 이를 주셨도다)라는 페르시아 이름으로 더 잘 알려졌다. 성벽으로 둘러싼 지름 2.6km의 원형 도시로 설계하고 똑같은 크기의 네 구역으로 나눈 바그다드는 불과 4년 만에 완성되었다.

> "오직
> 이러한 장소만이 군대와 주민들을
> 모두 부양할 수 있다."
>
> **칼리프 알-만수르, 762년**

칼리프 영토의 중심에 위치하고 있다는 점 말고도, 바그다드에는 여러 다른 이점이 있었다. 이 도시는 동-서를 잇는 주요 캐러밴 무역로와 가까웠고, 티그리스 강을 따라 바스라와 페르시아 만(灣)으로 쉽게 통했다. 게다가 비옥한 농토가 바그다드를 둘러싸고 있어, 많은 수의 도시 인구를 쉽게 먹여 살릴 수 있었다. 놀랄 만한 일도 아니지만, 바그다드는 번성했으며 곧 그 성벽 너머까지 성장했다. 8세기 말엽에는 세계에서 가장 큰 도시가 되었다. 아바스 왕조의 훌륭한 왕궁은 먼 곳에서 온 상인, 학자, 장인들을 매혹했으며, 바그다드는 이슬람의 문화적 위업이 이룩한 황금기의 주인 역할을 담당했다. **JH**



# 피핀의 유산은 살아 있다

피핀이 사망하자, 카를과 카를로만이 프랑크 왕국을 분할한다.

프랑크족 최초의 카롤링거 왕인 소(小) 피핀의 업적은 훗날 샤를마뉴 대제가 되는 맏아들 카를의 업적 때문에 상당히 가려졌지만, 아들이 거둔 성공에는 피핀이 남긴 바가 핵심 요인으로 작용했다. 프랑크족 부호들을 군사적으로 정복하고 로마 교황과 절친한 동맹을 맺고 있었기 때문에, 피핀은 군사력을 확장하고 대규모 상비군을 거느리며 자신의 지배력을 프랑크 왕국 전체에 떨칠 수 있었다.

중세 유럽 전반에 걸쳐 통치의 틀이 되는 초기 봉건제의 법률을 세운 이외에도, 피핀은 프랑크 왕국의 팽창 정책에 착수하였으며, 그 결과 갈리아에서 무어인을 몰아내고 나르본과 아키텐을 점령했다. 768년 그가 사망하자, 두 아들 카를과 카를로만이 유럽에서 가장 강력한 왕이 행사하던 주권을 나눠 갖게 되었다.

불행하게도, 공동 통치의 기간은 형제 간의 대립으로 얼룩졌다. 카를이 랑고바르드족의 왕 데시데리우스의 딸인 첫 아내와 인연을 끊자, 랑고바르드 왕은 카를을 물리치기 위해 카를로만과 동맹을 맺으려 했다. 그러나 771년 카를로만의 죽음은 카를이 그의 왕국들을 흡수하는 결과를 낳았다.

샤를마뉴는 아버지가 거둔 성공을 발판 삼아 중부와 서부 유럽 대부분을 통합하는 제국을 이룩했다. 그는 또한 '카롤링거 르네상스'라 불리는 일련의 정치적·문화적 개혁을 단행했다. 샤를마뉴는 800년 12월 25일, 서로마 제국의 재건을 바라던 교황 레오 3세의 손에 의해 로마의 산 피에트로 바실리카에서 아우구스투스 황제로 왕관을 썼다. **TB**

▶ 최후의 만찬 때 사용한 접시와 성배를 샤를마뉴가 엑스-라-샤펠의 대성당으로 가져가는 모습을 담은 그림.

# 바스크족이 샤를마뉴에게 수모를 안기다

## 론세스바예스에서 샤를마뉴의 후위대가 바스크족에게 격파당한다.

▲ 론세스바예스 전투를 그린 14세기 프랑스의 삽화, 런던의 영국 도서관 소장.

론세스바예스 전투는 패배로 끝났음에도 샤를마뉴의 재위 기간에 벌어진 전투 중 오늘날 가장 유명한 전투이다. 이 전투는 스페인 사라고사 시의 무슬림 총독인 이븐 알-아라비가 777년 여름 프랑크 왕국의 연례 회의에 참석한 이후에 시작했다. 이븐 알-아라비는 자신의 군주 아브드 알-라흐만에 대항해 반란을 벌이던 중이었고, 자신을 보호해 주는 대가로 도시를 프랑크 왕 샤를마뉴에게 바치겠다고 제안했다. 다음 해 여름 샤를마뉴는 스페인을 침략했지만 이븐 알-아라비가 약속을 어겼다는 사실을 알게 되었다. 사라고사를 포위하고 알-아라비로부터 명목에 불과한 복종을 받아낸 뒤, 샤를마뉴는 론세스바예스 고갯길을 통해 피레네 산맥을 넘어 퇴각했다.

8월 15일, 고갯길을 내려오기 시작한 후위 호위대는 바스크족의 매복 공격을 받았다. 지원군이 전투지에 도착했을 무렵 전투는 끝난 후였다. 바스크족은 물자를 실은 마차를 약탈한 뒤 산 속으로 자취를 감추었다. 프랑크족은 막심한 인명 피해를 겪었으며, 특히 브르타뉴 국경 지방의 백작이었던 롤랑의 죽음은 유명하다. 이 크나큰 실패의 진짜 규모는 여러 해 동안 은폐되었으며, 샤를마뉴는 다시는 스페인 정벌에 몸소 나서지 않았다. 그러나 이때의 패배는 일시적인 후퇴였을 뿐이었고, 프랑크족은 802년 바르셀로나 정복을 통해 그 세력을 굳혔다.

론세스바예스의 유명세는 이 전투에서 롤랑 백작이 보인 영웅적인 모습을 찬미한 1100년 무렵의 영웅 서사시 「롤랑의 노래」 덕택이다. 작가인 투롤두스는 이 전투를 미화하여, 샤를마뉴의 스페인 정복을 십자군 전쟁의 원형처럼 탈바꿈시켰다. **JH**

# 호화로운 왕궁이 『천일야화』에 영감을 주다

하룬 알-라시드는 이슬람 문명의 황금기를 일으킨다.

〈하룬 알-라시드의 궁전에서〉, 1895년 프랑스 화파의 『아라비안 나이트』 판화.

786년 하룬 알-라시드가 왕위에 오르면서, 아바스 왕조 칼리프 문명은 가장 찬란한 시기에 접어들었다. 하룬은 아직 젊은 시절 여러 차례의 비잔틴 제국 원정에 대한 명목상의 지휘권을 부여받았고, 원정대의 성공에 대한 영예로 '알-라시드'(올바른 자)라는 칭호를 수여받았다. 785년 부왕이 사망하자 하룬의 형 알-하디가 칼리프 지위를 이었다. 그러나 알-하디는 일 년 만에 병에 걸렸고, 786년 9월 14일 그가 죽자 하룬은 즉시 칼리프로 선포되었다.

당대 많은 이들은 알-하디가 너무 편리한 때 죽었다고 생각했다. 그가 자신의 통치에 관여하려 노력하는 어머니와 크게 다퉜던 적이 있기 때문에 더욱 그랬다. 곧, 독살하려던 시도가 실패로 돌아간 후, 어머니의 명령에 따라 그가 질식사한 것이라는 소문이 퍼지기 시작했다.

하룬은 예술과 학문의 대단한 수호자였으며, 정치에는 거의 관심이 없었다. 그는 국정 운영을 거의 대부분 고관들의 손에 맡기고 자신은 바그다드에서 호화로운 왕궁 생활을 누렸는데, 그 사치스러움과 세련미는 가히 전설적이다.

이후에 이 궁전은 『천일야화』에 나오는 많은 이야기에 영감을 주었고, 이야기의 화자 세헤라자데의 남편 샤흐리야르 왕은 하룬 그 자신을 모델로 한 인물로 여겨진다. 하룬은 이슬람 문화의 황금기를 지배한 왕이었지만, 통치에 대한 무심함으로 인해 후계자들이 해결해야 할 문제가 쌓였다. 재위 말년 그가 통치의 주권을 잡았을 무렵, 몰락의 기미는 이미 완연했다. **JH**

# 바다의 침략자들

## 린디스판 수도원이 바이킹의 첫 공격으로 파괴된다.

공격은 예고 없이 찾아왔다. 그 뱃머리만도 무시무시하게 날카로운 바이킹의 배 '롱쉽'은 바다에서 갑작스레 모습을 드러냈다. 이교도 스칸디나비아인들이 칼을 휘두르자 여름날의 평온함은 수사들의 비명 소리와 더불어 끔찍한 풍경이 되었고, 그들은 교회의 보물을 챙겨 사라졌다.

성 커스버트가 묻힌 장소이기도 한 린디스판 섬 수도원이 파괴당했다는 소식은 공포와 불안을 두루 퍼뜨렸다. 이는 덴마크와 노르웨이에서 온 바이킹 해적의 기록에 남아 있는 첫 공격이었는데, 이들은 약탈거리를 찾아 북해를 건너왔던 것이다. 794년에는 노섬브리아의 다른 수도원이 바이킹의 공격으로 불탔고, 일 년 뒤에는 스코틀랜드의 아이오나 섬에 있는 성 콜룸바 수도원이 공격을 받았다. 그 때부터 바이킹 롱쉽은 매년 여름이면 나타나 잉글랜드, 스코틀랜드, 아일랜드의 해안을 습격한 후 스칸디나비아로 돌아가 겨울을 보냈다. 790년대 말에는 대담하게 프랑스 서부까지 습격할 정도였다.

> "… 신의 사제들의
> 피가 흩뿌려진 성 커스버트의 교회를
> 보십시오."
>
> **요크의 앨퀸, 애설레드 왕에게 보낸 편지, 793년경**

바이킹의 침략이 번번히 성공할 수 있었던 것은 배를 짓는 훌륭한 솜씨, 항해 기술, 군사 전술 덕택이었다. 바이킹 롱쉽은 거센 파도에도 버틸 수 있을 만큼 튼튼하면서 얕은 물에서도 몰 수 있어, 그들은 내륙 깊은 곳까지 항해해 올 수 있었다. 많은 보물과 보석을 아로새긴 종교 서적을 지닌 수도원은 주된 표적이었고, 많은 성직자가 이교도의 습격을 신이 백성들에게 품은 분노의 표지라 보았다. **SK**



# 헤이안 시대의 서막

## 간무 천황은 새로운 일본 수도를 세우고, 이후 다시 새 수도를 세운다.

8세기에, 나라에 위치한 일본의 수도는 많은 불교 사원의 지배를 받고 있었다. 간무(桓武) 천황은 승려들의 영향력에서 벗어나기 위해 새로운 수도 천도를 결정했다. 천황의 조궁사 후지와라노 타네츠구(藤原種繼)는 나가오카에 부지를 선택했고, 784년 작업이 시작됐다. 그러나 음모와 파벌 다툼이 계획을 방해했고, 이는 절정에 달해 결국 타네츠구의 암살로 이어졌다. 간무 천황은 이 터가 불길하다 여겨 건설을 중단하고 794년 새로운 장소에 수도를 세우기 시작했다.

새로운 수도는 '헤이안쿄'(平安京, 평화와 안정의 수도)라 불렸으며, 이후 교토라는 이름으로 알려지게 되었다. 이곳은 메이지 천황이 1868년 황궁을 도쿄로 이전하기까지 천 년 이상 일본의 수도 역할을 했다. 헤이안은 이전 수도인 나라보다 더 컸지만, 마찬가지로 중국의 수도 장안을 모델로 삼은 거의 동일한 구조였다. 도시의 주요 궁전과 사원 대부분을 온통 나무로만 지었기 때문에, 화재로 인한 큰 피해를 자주 입었다. 간무 천황은 나라의 오래된 사원들이 옮겨오지 못하게 금지했지만, 새로운 사원의 설립은 허락했고, 헤이안은 곧 중요한 종교 중심지가 되었다.

이는 헤이안 시대(794~1185년)의 시작이었다. 이 시기에는 더없이 섬세하고 세련된 궁중 문화가 발달하고 예술이 꽃피었지만, 천황은 점점 더 실질적인 통치로부터 고립되어 갔다. 귀족 후지와라 일족 사람들이 정치를 장악했고, 이들은 용의주도한 혼인 동맹을 통해 영향력을 강화했으며 황실 경비로 세금이 면제된 토지를 대거 축적했다. 미나모토 요리토모가 1185년 막부(幕府, 쇼군을 우두머리로 삼는 무사 정권) 체제를 수립하자, 천황은 권력이 없는 명목상의 존재가 되었다. **JH**

# 로마에서 올린 샤를마뉴의 역사적인 대관식

**산 피에트로 바실리카에서 열린 크리스마스 미사에서, 교황 레오 3세는 갑작스레 샤를마뉴를 황제로 선포한다.**

799년, 적들에 의해 교황 자리에서 강제로 내쫓겼던 교황 레오 3세는 프랑크의 왕 샤를마뉴에게 도움을 청했다. 이에 응해 샤를마뉴는 로마로 건너와 위원회를 열었고 이를 통해 레오에게 교황권을 돌려주었다. 크리스마스 날, 샤를마뉴는 미사에 참석하기 위해 산 피에트로 바실리카에 들어섰다. 그가 기도를 올리려 무릎을 꿇자, 교황 레오 3세는 제단에서 왕관을 들어 올려 샤를마뉴의 머리에 씌워 주며 그를 황제로 선포했다.

이는 전례 없던 행동이었으며, 샤를마뉴의 전기를 쓴 아인하르트는 그가 레오의 의도를 모르고 있었다고 전한다. 그랬을 것 같지는 않다. 그러나 많은 이들이 주장했듯이 샤를마뉴가 의도적으로 서로마 제국을 부활시키려 했다는 점을 시사하는 증거는 거의 없다. 이 무렵 동로마 비잔틴 제국은 여황제 이레네(791~802년 재위)가 다스렸는데, 교황은 그녀의 권위를 인정하지 않았다. 교황 레오에게 황제의 칭호를 수여할 권력은 없었지만, 그는 프랑크 왕이 로마에 머문 순간을 이용해 서쪽에 새로운 로마 가톨릭 황제를 세우려 했던 것이 분명하다. 이탈리아에서 교황의 영향력을 강화시킬 만한 황제를 말이다.

독실한 기독교도인 샤를마뉴는 이 때 재위 32년째였으며, 이미 서유럽 대부분의 지배자라는 지위에 올랐다. 종종 그를 초대 신성 로마 황제로 간주하는데, 실제로 한 세기 뒤에 최초로 이 칭호를 사용한 것은 독일 오토 왕조의 황제들이었다. 샤를마뉴는 자신을 '로마 제국을 다스리는 황제'라 내세웠으며, '프랑크와 랑고바르드족의 왕'이라는 칭호 또한 그대로 유지했다. **SK**

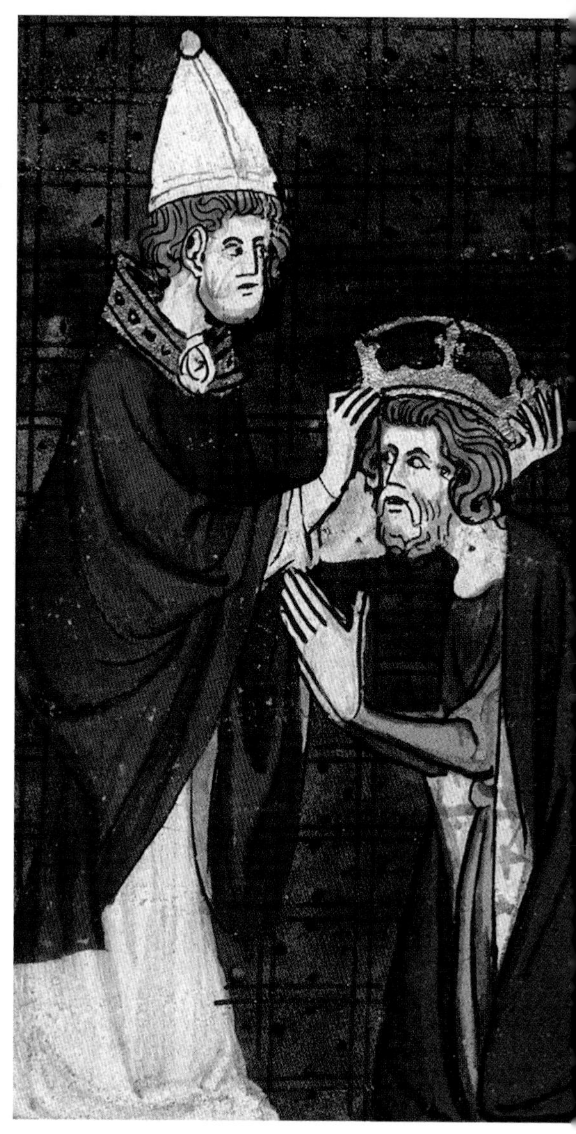

로마의 산 피에트로 바실리카에서 샤를마뉴가 교황 레오 3세에게 왕관을 받는 장면을 나타낸 16세기 프랑스 장식 삽화.

# 성인의 무덤을 발견하다

'무어인을 죽인 자' 성 야고보의 전설이 스페인 레콩키스타에 힘을 실어 준다.

7세기 스페인 전설에 따르면, 사도 성 야고보(스페인어로는 산티아고)가 살아 있을 때 복음을 설교하기 위해 스페인에 왔던 적이 있다고 한다. 그가 44년 예루살렘에서 순교한 후, 천사들이 성인의 유해를—잘린 머리를 기적의 힘으로 목에 다시 붙인 채—돌로 된 배에 실어 스페인으로 옮겼다. 배는 갈리시아 해변의 파드론에 닿았다. 알폰소 2세(791~842년 재위)의 재위 기간에, 되찾은 지 얼마 안 되는 갈리시아의 콤포스텔라 시에서 성 야고보의 것이라 추정되는 무덤을 발견했다.

8세기에, 722년 펠라요가 코바동가에서 승리를 거둔 이후에 세운 아스투리아스 왕국은 무슬림에 대한 저항 세력의 중심지로 입지를 굳혔고, 그 국경은 조금씩 스페인 북부와 서부의 산악 지대로 뻗어나갔다. 성 야고보가 클라비호 전투(844년)에서 모습을 드러내 기독교 군대를 도와 승리를 거두게 했다는 믿음이 있었고, 그 이후로 이 성인은 '마타모로스'(무어인을 죽인 자)라는 별칭을 얻었다. 레콩키스타(국토 수복 운동) 전투를 벌이는 이들은 그의 깃발을 들고 행진했고, 전쟁의 함성에서는 그의 이름을 외쳤다.

성 야고보의 명성이 퍼지면서, 점점 더 많은 이들이 그의 유골을 모신 곳을 찾았다. 12세기 무렵에는 콤포스텔라의 산티아고 대성당이 서구 기독교 세계에서 예루살렘과 로마 다음으로 세 번째 가는 중요한 순례지가 되었다. 순례자들이 피레네 산맥을 거쳐 콤포스텔라로 가는 네 군데 주요 경로를 통해 길을 찾기 쉽도록 집필한 안내서도 나왔다. 성당 주변에는 순례자들에게 음식과 숙소를 제공하고, 여정을 마쳤다는 징표로 몸에 다는 조가비로 만든 배지를 판매하는 대규모 산업이 성장했다. **SK**

◀ 콤포스텔라의 성 야고보 그림이 있는 도자기 접시. 이 성인을 따라 이름 지어진 이를 위한 선물로 제작되었을 것이다.



# 바그다드의 천문학자들

칼리프 알-마문은 바그다드에 아랍 최초의 천문대를 세운다.

391년 기독교가 로마 제국의 공식 종교가 된 이후, 이교 그리스의 과학 서적은 서가에 방치된 채 먼지만 쌓이게 되었다. 아바스 칼리프 알-마문(813~833년 재위)은 바그다드에 '지혜의 전당'을 세워 그리스어, 페르시아어, 힌두어로 된 저작을 아랍어로 번역하게 했다. 메카의 방향을 정하고 이슬람 태음력의 정확성을 유지할 필요가 있었기 때문에 천문학에 대한 관심이 지대했고, 따라서 알-마문은 바그다드의 삼시야 문 근처에 천문대를 세웠다.

9세기에 아랍인은 고대 그리스 과학 서적 뭉치를 거의 싹쓸이하다시피 사들였고, 오랫동안 읽히지 않았던, 하마터면 후손에게 잊힐 뻔 했던 필사본을 수집하기 위해 비잔틴 제국에 사절단을 보내기까지 했다. 중세 유럽인들이 12세기에 이러한 고전학문을 다시접한 것은 대개 그리스어 원전의 아랍어 번역을 통해서였다.

> "알-마문은 비잔틴 황제에게 오래된 필사본들을 요청하는 편지를 썼다."
>
> **이븐 안-나딤, 『키타브 알-피흐리스트**(당대의 다양한 저술을 총망라한 서지 목록-옮긴이)**』, 938년**

알-마문은 이러한 지식의 흡수를 크게 장려했다. 그는 지혜의 전당과 바그다드 천문대에 그치지 않고 다마스쿠스 근처에도 또 다른 천문대를 세웠다. 아랍 천문학자들은 고대 세계의 성과물을 발판삼아 항성 목록의 정확도를 개선하고, 아스트롤라베(고대의 천문 관측 기구-옮긴이)를 비롯한 천문학 기구의 설계를 개량했다. **JH**

# 스코티아 최초의 왕

## 케네스 매칼핀은 이후 스코틀랜드가 되는 왕국을 세운다.

케네스 매칼핀이 정복을 이루고 백성들을 억지로 통합해 스스로를 군주라 내세우기 이전의 여러 세기 동안, 스코틀랜드는 하나의 단일 상태가 아니었다. 중세 초기인 500년경에는 오늘날 스코틀랜드로 알려진 지역에 서로 다른 네 민족이 살았다. 가장 오래 전부터 정착했던 이들은 켈트 브리튼족으로, 포스-클라이드 지협 이남의 브리튼 전역에 거주했으며, 북부의 고지대와 섬에 살았던 픽트족이 있었다.

브리튼족과 픽트족 간의 주된 차이점은 브리튼족은 로마의 브리튼 지배(43~410년) 기간에 로마화된 반면, 정복당하지 않은 픽트족은 그렇지 않았다는 점이었다. 로마의 지배가 끝난 410년 독일 북부의 앵글로색슨 인과 아일랜드 인이 브리튼을 침략했는데, 아일랜드 인은 이 무렵 스코트족이라 불렸다. 앵글로색슨족은 북쪽으로 에든버러까지 이르는 스코틀랜드 남동부를 차지했고, 스코트족은 서쪽 해안의 아가일 지역을 차지해 달리아다 왕국을 세웠다.

9세기 초 바이킹의 공격으로 픽트족의 세력이 약해진 이후, 달리아다의 왕 케네스 매칼핀이 843년에 그들을 정복했다. 스코틀랜드 북동쪽에 있는 이 정복과 관련한 당대의 기념비 '수에노의 돌'은 이후에 이어진 픽트 귀족들의 집단 처형을 나타내는 것이라 여겨진다.

케네스는 스코트족과 픽트족의 왕으로 군림했으나, 그의 후계자들은 스스로를 스코티아, 혹은 '스코틀랜드'의 왕이라 칭했다. 그러나 스코틀랜드가 포스-클라이드 지협 남쪽의 앵글로색슨과 브리튼 영토를 정복하여 (대략) 오늘날과 같은 국경을 갖추게 된 것은 11세기에 들어서였다. 한편 픽트족은, 스코트족에게 정복당한 이후 그 언어와 문화, 정체성을 오래 간직하지 못했으며, 900년 이후 역사 속에서 사라졌다. **JH**



# 분열된 제국

## 샤를마뉴의 제국이 베르덩 조약에 의해 분할된다.

샤를마뉴는 항상 자신이 죽은 후 프랑크 제국을 세 아들에게 똑같이 나눠 주리라 마음 먹고 있었다. 그러나 실상 아들 중 샤를마뉴보다 오래 산 이는 경건왕 루이뿐이었으며, 그는 814년 제국 전체를 물려받았다. 기독교 세계의 통합을 열렬히 믿었던 루이는 유산을 나누어 상속하는 프랑크의 관습을 버리기로 결심했다. 817년 그는 맏아들 로타르를 제국의 유일한 상속자로 지명했다. 아래의 두 아들 '독일왕 루이'와 페팽에게는 부속된 소왕국만을 주었다.

823년 경건왕 루이의 두 번째 아내 유디트가 아들 '대머리왕 샤를'을 낳자, 이러한 상속 결정에 위기가 닥쳤다. 유디트는 물론 샤를이 소왕국 하나를 상속받기를 바랐던 것이다. 루이의 다른 아들들은 그렇게 되면 자신들의 상속물이 줄어들까 걱정했으므로 그녀와 대립했다. 루이는 남은 재위 기간 내내 아내와 점점 더 심하게 반항하는 아들들 모두가 받아들일 만한 배분법을 찾느라 고심했다. 838년 페팽이 죽고, 뒤이어 840년 경건왕 루이가 죽자, 상속이 수월하리라고는 전혀 기대할 수 없는 지경이 되었다.

아버지가 죽자마자 로타르는 제국 전체를 장악하려 들었다. 독일왕 루이와 샤를은 서로 간의 원한에도 불구하고 손을 잡고 로타르에게 대항하여 841년 퐁트누아 전투에서 그를 패배시켰다. 843년, 제국은 베르덩 조약에 따라 세 개의 왕국으로 나뉘었다. 루이는 독일 대부분을, 샤를은 서 프란키아 대부분(오늘날의 프랑스)을, 로타르는 그 사이의 땅 전부를 받았다. 베르덩 조약으로부터 시작해 분열된 샤를마뉴의 제국에서, 다음 세기에 프랑스, 독일, 이탈리아 왕국이 탄생하게 된다. **JH**

▶ 경건왕 루이의 아내 유디트와 아들 대머리왕 샤를(샤를 1세라고 잘못 지칭하는)을 나타낸 1850년대 경의 목판화.

# 바이킹이 파리를 약탈하다

**반복되는 바이킹의 습격은 카롤링거 제국의 쇠퇴를 가속화한다.**

845년 3월 백 척의 바이킹 배가 센 강을 따라 들어와 가는 곳마다 죽음과 파괴를 일삼자, 허약하고 분열된 카롤링거 제국은 엄청난 정신적 충격을 받았다. 서프랑크 제국의 왕 대머리왕 샤를은 바이킹을 거의 방어하지 못했으며, 그들은 거침없이 파리로 진격할 수 있었다.

파리에 도착하자마자 바이킹 침략자들은 도시를 약탈했고, 많은 교회가 신성 모독을 당하거나 파괴되었다. 파리 시민들의 시련은 샤를이 막대한 보상을 약속하고 나서야 끝났다. 바이킹은 전리품을 싣고 몇 백 명의 포로를 거느린 채 도시에서 물러나 해안 지방으로 갔고, 그곳에서도 여러 해안 도시를 약탈하고, 노략질하고, 불태웠다.

바이킹이 물러나 있던 기간은 그리 길지 않았다. 이는 전 유럽이 바이킹의 위협을 느끼게 되면서 파리와 다른 도시가 겪었던 수많은 습격 중 첫 번째에 지나지 않았다. 쇠약해 가는 카롤링거 제국에서 가장 취약한 지역은 북해 연안의 낮은 지대와 갈리아, 게르마니아 지방이었는데, 항해할 수 있는 강이 많아 침략자가 쉽게 접근할 수 있기 때문이었다.

파리는 860년대에 세 차례 공격당했고, 바이킹은 거둬들인 약탈품이나 뇌물로 받은 돈이 충분하다고 생각할 때에야 물러갔다. 습격이 거의 매년 반복되자, 대머리왕 샤를은 마침내 이 위협과 맞서기 위해 적극적인 조처를 취했다. 864년에는 피스트르 칙령을 통해 대규모 기병대를 창설하고 바이킹의 롱쉽이 지나갈 수 없도록 센 강에 여러 개의 다리를 세우는 등 발전을 보였다. 이 때 세운 다리들은 885년 바이킹이 다시 파리를 포위했을 때 매우 유용하게 제구실을 했다. 카롤링거 왕조가 결국 권력에서 밀려나게 된 가장 큰 요인은 이처럼 반복되는 재난을 막지 못한 무력함이었다. **TB**



# 잔지 노예 반란

**노예로 붙들린 아프리카인이 아바스 왕조에 항거해 봉기를 일으켜 그들만의 수도를 세운다.**

868년의 노예 반란은 여러 해 전부터 피해갈 수 없는 수순이었다. 동아프리카와 아라비아 사이의 노예무역은 이슬람 세력이 성장하기 전부터 있어 왔지만, 이슬람 칼리프 영토가 넓어지면서 그 규모가 엄청나게 커졌다. 대부분은 끌려와서 집안 노예가 되었지만, 동아프리카 해안을 일컫는 아랍어 이름을 따 '잔지'라 불린 수천 명의 아프리카인들은 남부 이라크로 실려가 바스라 부근의 샤트 알-아랍 염습지(鹽濕地)에서 배수 작업을 했다. 또 더러는 아바스 군대에서 싸우게 된 이들도 있었다.

반란은 알리 이븐 무함마드의 진두 지휘 하에 일어났는데, 그는 제4대 칼리프 알리의 후손이었다고 한다(따라서 아프리카인은 아닌 셈이다). 처음에는 몇 안 되는 사람이 무기도 없이 시작했지만, 칼리프 군대에서 도망쳐 나온 아프리카인 일부가 가담하면서 봉기의 규모는 빠르게 커졌다. 반란군은 남부 이라크의 험한 지형에 친숙했고, 곧 정교하고도 장비를 잘 갖춘 군사 부대가 되어, 아바스 함대 일부를 포획하기까지 했다. 알리는 바그다드 동쪽 모크타라에 잘 방비된 수도를 세웠다. 그는 스스로를 정화(淨化)된 형태의 이슬람을 제안하는, 종교적 · 군사적 지도자라 내세웠다.

> "(잔지는) 항상 씩씩하고,
> 미소를 지었고,
> 악의가 없었다."
>
> **아부 우트만 알-자히즈, 『수필집』, 860년경**

883년 탈영병들에게 사면을 허락했을 때에야 잔지를 진압할 수 있었다. 진압에 성공한 아바스 장군 무와파크는 잔지를 옛 주인에게 돌려줄 의사가 전혀 없었고, 대신 자신의 군대에 포함시켰다. **PF**

# 앨프레드가 웨식스 왕이 되다

새로운 왕은 데인족을 물리치고, 그의 긴 통치 기간의 특징인 단호한 결단력을 보인다.

앨프레드는 남부 잉글랜드의 웨식스 왕국이 데인족 바이킹 군대의 맹공격을 받고 있던, 더 이상 중대할 수 없는 순간에 왕위를 이어받았다. 그는 870년에서 871년에 걸친 겨울과 봄에 데인족과 다섯 차례 전투를 벌이면서 형인 애설레드를 보좌했었다. 871년 4월, 애설레드가 죽었다. 나이 어린 두 아들이 있었지만, 그가 후계자로 선택한 이는 22세의 나이에도 불구하고 전쟁으로 단련되고 경험 많은 지도자였던 앨프레드였다.

왕위를 이은 지 몇 달 만에 앨프레드는 바이킹과 아홉 차례의 전투를 더 벌였고, 바이킹은 마침내 이웃의 머시아 왕국으로 목표를 돌렸다. 의심할 나위 없이 앨프레드의 맹렬한 반격에 겁을 먹었기 때문이었다. 바이킹은 5년이 지나서야 웨식스에 되돌아왔다.

앨프레드는 849년, 웨식스 애설울프 왕의 다섯째이자 막내아들로 태어났다. 에식스 왕국은 얼마 전에 서쪽으로는 콘월부터 남동쪽으로는 켄트에 이르기까지, 템스 강 이남의 잉글랜드 전역에서 그 지배력을 굳힌 참이었다. 위로 형이 넷이나 있었으므로 앨프레드가 왕이 될 가능성은 거의 없을 것처럼 보였겠지만, 그는 왕실 혈통에 걸맞은 교육을 받았으며, 교육의 내용은 당시 앵글로색슨 잉글랜드와 유럽 대륙이 긴밀한 관계에 있었음을 보여 준다.

그는 로마를 두 차례, 853년과 855년에 방문했으며, 로마에 머무르는 동안 학문을 애호하는 성향을 익혔는데, 이는 그의 만년에 뚜렷하게 드러난다. 그는 그레고리우스 대교황의 『목회 지침』과 보에티우스의 『철학의 위안』을 번역한 것으로 유명하다. 앨프레드는 군사 훈련 역시 받았으며, 이는 그가 훗날 데인족과 싸울 때 큰 도움이 되었다. **SK**

앨프레드 시대를 재현한 19세기 작품인 〈앨프레드의 해군을 위한 모형〉(1851년), 존 호슬리(1817~1903년).

# 왕권의 하락

## 신성 로마 황제 대머리왕 샤를은 봉토 세습을 허용한다.

▲ '최초의 진정한 프랑스 왕이자 신성 로마 황제'라 칭했던 대머리왕 샤를. 월계관이 황제임을 나타낸다.

▶ 대머리왕 샤를의 생애 중 한 장면을 그린 중세의 채색 필사본.

"명성과 영예에
굶주린 많은 이들이 시대가 주는
기회에 마음이 동했다."

『앙주 백작가(家) 연대기』

대머리왕 샤를은 랭스 대주교 힝크마르의 도움을 받아 봉신들과 협상을 벌였는데, 이는 그 이후로 유럽 봉건제가 발달하고 왕권이 하락하는 데에 있어 핵심적인 단계였다고 할 수 있다. 이 협상으로 인해, 왕이 내린 봉토가 받은 이가 죽을 때까지만 유효했던 옛 체계 대신, 소유권이 세습 가능하다는 조건을 기반으로 하여 봉토를 하사하는 새로운 체계가 생겼다.

샤를은 경건왕 루이의 막내아들이었고, 843년에 서 프란키아 왕국을 물려받았다. 조카 루이 2세가 875년에 죽자 그는 황제라는 칭호를 주장했다. 877년 10월 사망하기 직전의 여러 해 동안 그는 극도의 압박에 시달렸다. 무엇보다도, 사라센인의 침략에 맞서 싸우는 교황 요한 8세를 돕기 위한 876년의 이탈리아 원정을 비롯한 여러 차례의 중요한 전투에서, 봉신들이 왕에 대한 지원을 거부했던 것이다. 따라서 샤를이 봉토 세습을 용인한 일은 카롤링거 왕조의 권위가 약화되었다는 또 다른 징조라 할 수 있다.

세습권의 인정은 두 가지 면에서 중요한 의미가 있었다. 우선, 이는 봉건제의 발달에 있어서 중요한 진보였으며, 봉신들은 자기가 지배하는 영토에 더 큰 권리를 행사하고 지방에서 지배 가문을 형성할 수 있게 됐다. 다음으로, 봉건 영주들이 점점 더 왕의 지배권에서 벗어나 자신만의 작은 지방 국가를 세우고 종종 서로 간에 전쟁을 벌인 결과, 왕권이 하락하게 되었다.

이러한 종류의 봉건제는 권력과 법 통치가 지방 분권화되고, 권력이 왕에게 부여된다기보다 왕이 자신이 만든 지방 귀족 가문에 어느 정도 예속된다는 사실을 의미했다. 봉건제가 있는 한, 카롤링거 왕조 황제들이 다스렸던 것과 같은 거대한 제국의 시대는 유지하기 어려웠다. **TB**

# 앨프레드의 반격

**웨식스 왕은 에딩턴 전투에서 데인족을 몰아낸다.**

870년대에, 데인족 침략자들은 본격적으로 잉글랜드를 넘보기 시작했다. 스칸디나비아로부터 바다를 건너 온 그들은 앵글로색슨 왕국 머시아, 노섬브리아, 이스트앵글리아를 정복했다. 잉글랜드 남부의 웨식스만이 앵글로색슨 지배로 남아 있었다. 878년 초에는 웨식스의 왕 앨프레드조차 윌트셔 치펜햄의 자기 기지에서 피신할 수밖에 없었고 자신의 나라 안에서 도망자 신세가 되었다.

그러나 878년 봄, 앨프레드는 반격을 작정하고 은둔 생활을 벗어나 서머싯의 애설니에 새로운 성채를 쌓았다. 그는 '에그버트의 돌'이라 불리는 장소에서

> "그의 공격은 길고도 맹렬했으며, 마침내 신의 도움으로 그는 승리했다."
>
> **애서 주교, 『앨프레드 왕의 생애』, 893년**

햄프셔, 윌트셔, 서머싯 사람들에게 자신과 함께해 줄 것을 요청했다. 치펜햄을 향해 소집한 군대를 행진해 가던 중, 앨프레드는 에딩턴에서 구드룸이 이끄는 데인족과 마주쳤다. 당대의 연대기 작가 애서 주교에 따르면, 치열한 전투 끝에 앨프레드 왕의 부하가 데인족을 전장에서 몰아냈다고 한다.

구드룸의 전사 중 살아 남은 자들은 치펜햄으로 피신했으나, 앵글로색슨족은 이들을 바싹 추격하여 포위했다. 14일을 버틴 후, 애서의 말을 빌자면 "굶주림, 추위, 두려움, 그리고 마지막으로 절망에 대한 공포" 때문에 데인족은 화평을 요청했다. 앨프레드는 구드룸에게 인질을 맡기고, 웨식스를 떠나며, 기독교로 개종할 것을 강요했다. 에딩턴의 승리는 데인족을 '데인로'—잉글랜드 북부와 동부 지역—로 몰아냈으며, 앨프레드는 방비를 강화했다. **RG**



# 데인족의 견제

**앨프레드와 구드룸은 색슨 지배 잉글랜드와 데인로 사이의 국경을 다시 정한다.**

885년, 데인족 우두머리 구드룸은 에딩턴 전투 이후 앨프레드와 맺었던 협약을 깨고 대군을 이끌고 켄트를 침략했다. 앨프레드는 런던을 점령하여 데인족이 남부의 본거지를 포기하도록 함으로써 맞섰다. '앨프레드와 구드룸의 조약'이라는 새 협약이 체결되었으며, 이에 따라 런던은 웨식스 차지가 되었고 색슨 잉글랜드와 데인족이 점령한 지방인 '데인로' 사이에는 새로운 국경을 그었다.

이제 하나의 선이 잉글랜드를 둘로 나누었다. 북쪽과 동쪽에서는 데인족이 군사 귀족 체제로 다스렸고 주민들에게 그들의 법과 관습을 따르게 했다. 데인족이 영토와 주민에게 미친 영향은 대단히 컸다—수도원 중심지가 사라지면서 글을 읽고 쓰는 기술 역시 맥이 끊겼던 듯하다. 잉글랜드 북부의 요크 주변, 링컨셔와 이스트앵글리아에 집중된 스칸디나비아어로 된 지명과 독특한 스칸디나비아 디자인으로 새긴 돌 십자가는 데인족이 거주했다는 증거로 남아 있다. 그러나 그들이 지역 주민과 얼마나 동화되었는지는 알 수 없다.

경계선의 남쪽에 위치한 웨식스는 이제 모든 이들에게 실제적인 지배 세력으로 인정받았다. 앨프레드가 죽은 899년까지 데인족은 여전히 위협적인 존재였지만, 그는 웨식스의 생존을 보장하기 위해 중요한 방어 수단을 취했다. 전쟁이 일어나면 주민들이 대피소로 삼을 수 있는, 상설 주둔군을 갖추고 요새 설비를 한 방위소를 여러 군데 짓도록 한 것도 그중 하나였다. 잉글랜드에서 시장이 설치된 도시 대부분은 그 기원이 '부르'(burhs, '성채 도시'를 뜻하는 오늘날의 boroughs)라 알려진 이러한 마을에서 나왔다. 앨프레드는 또한 해안을 통한 습격과 맞서기 위해 많은 수의 큰 배를 제작하게 했는데, 이러한 이유로 종종 영국 해군의 창설자라 불리기도 했다. **SK**

# 클뤼니 수도원이 수도원 부흥의 불길을 일으키다

**부르고뉴는 수도원 개혁의 중심지이자 서구 기독교 세계에서 가장 중요한 수도원의 본산이 된다.**

'경건한 자'라는 별칭이 있는 아키텐 공(公) 기욤 1세는 많은 수도원을 세웠지만, 가장 중요한 것은 부르고뉴 클뤼니에 새로 세운 대수도원이었다. 여러 명의 총명하고 유능한 수도원장을 거치면서, 클뤼니는 교회와 교황권의 부흥에 있어 커다란 역할을 담당하게 되는 수도원 개혁 운동을 앞장서 이끌었다.

9세기 말에 베네딕투스 수사회의 규율은 느슨해졌다. 그 부분적 이유는 새로운 수도원을 세울 영토를 내려 준 지방 영주들이 수도원 일에 지나치게 간섭하는 경향이 있었기 때문이었다. 기욤 공은 새로운 수도원을 교황의 권위 하에 직속으로 둔다는 고매한 결정을 내렸는데, 이는 매우 중대한 결단이었다. 교황은 멀리 로마에 있었으므로, 수도원장은 훨씬 더 자유로이 개혁을 단행할 수 있었던 것이다. 기도를 크게 강조한다는 것도 개혁 내용 중 하나였다.

클뤼니 대수도원은 모(母)수도원에서 직접 감독하는 부속 수도원, 즉 소(小)수도원(priory) 조직망을 구성했고, 개혁 운동은 더 널리 퍼져나갔다. 클뤼니로 재물이 흘러 들어왔고, 짧은 간격을 두고 세 차례 수도원 부속 성당을 지었다. 1088년에 건설을 시작한 마지막 성당은 16세기에 로마의 산 피에트로 대성당이 완공되기 전까지는 세계에서 가장 큰 교회였다.

클뤼니의 2대 수도원장 성 오동(952년 사망)은 성공을 더욱 가속화했다. 학식으로 이름 높은 대(大)성 위그 역시 성인으로 시성(諡聖)되었다. 클뤼니 출신 수도사 중 네 명이 교황이 되었는데, 성 그레고리우스 7세, 우르바누스 2세, 펠라기우스 2세, 우르바누스 5세가 바로 그들이다. **SK**

◀ 클뤼니 수도원의 18세기 판화의 일부. 11세기 건물 대부분이 남아 있다.

▶ 1095년 교황 우르바누스 3세가 클뤼니 수도원을 축성(祝聖)하는 모습을 그린 12세기 삽화.

**ROLLON, SURNOMMÉ RAOUL,**

*Et nommé, en 912, lors de son baptême,*
*Robert, 1.er Duc de Normandie;*
*Né vers l'an 856; mort à Rouen en 917.*

# 침략자 롤로

바이킹 우두머리 롤로는 단순왕 샤를에게 프랑스 땅 일부를 하사받는다.

전설에 따르면 롤로는 885년 파리를 난폭하게 공격하고 포위했던 바이킹 함대의 우두머리 중 하나였다고 한다. 프랑크 왕은 그들에게 상당한 양의 금을 주어 물러나도록 설득했지만, 잽싸게 다른 곳을 공격하는 결과를 초래했을 뿐이다. 911년 롤로가 샤르트르 지역을 습격하자, 단순왕(單純王) 샤를(898~929년 재위)은 방법을 달리했다. 그는 롤로와 부하들이 정착하여 바이킹의 차후 공격을 막아 준다는 조건 하에, 그에게 왕국 북쪽의 영토 일부를 내려 준 것이다.

롤로는 수락했고, 생 클레르-쉬르-엡트에서 협약에 서명했다. 센 강 어귀 양편의 땅(오늘날의 오트 노르망디에 해당)을 받는 대가로, 롤로는 왕을 봉건 군주로 받아들였으며 세례를 받았다. 롤로는 처음에는 약속을 지켰으며 이에 따라 몇 차례의 침략을 물리쳤다.

동료 노르만인들은 롤로를 '걷는 자 흐롤프'라 불렀는데, 그가 탈 수 있을 만큼 커다란 말(馬)은 없었기 때문이었다. 롤로 혹은 로베르(그의 세례명)라 부른 것은 프랑스인들이었다. 그가 이끄는 바이킹은 60년 이상 프랑스 북쪽 해안 지방과 내륙 깊은 곳까지를 습격하곤 했다. 단순왕 샤를과 조약을 맺은 지 몇 년 안 되어, 그는 공격을 다시 시작했고 서쪽으로 지배를 넓혀 갔다. 933년에 노르망디(노르만인의 땅이라는 뜻)는 콩탕탱 반도까지 이르렀으며 오늘날 노르망디 지방의 지리적 경계선을 갖추었다. 롤로의 후손 중 처음으로 노르망디 공이라는 칭호를 사용한 이는 로베르 2세로, 그는 후에 잉글랜드 최초의 노르만 왕인 '정복왕 윌리엄'이 되는 노르망디 공 기욤(1028년경~1087년)의 조부이다. **SK**

◀ 프랑스 화가 앙투안-프랑수아 세르장-마르소(1751~1847년)가 그린 18세기의 롤로 초상화.



# 왕이 독일을 통일하다

하인리히 1세가 프랑켄의 왕으로 뽑히고, 나아가 독일 공국들을 통합한다.

프랑켄의 왕 콘라트 1세가 임종의 침상에 누워 있을 때, 죽어가는 왕은 민족을 통일할 수 있으리라는 희망에서 자신의 적 작센 공 하인리히에게 축복을 내렸다. 전설에 따르면 하인리히는 이 소식을 들었을 때 새 잡는 올가미를 놓고 있었다고 한다. 이런 이유로 그는 '새(鳥)사냥꾼 왕 하인리히'라는 별칭을 얻었다.

왕국 내의 모든 공국(公國)에서 만장일치로 하인리히를 선출한 것은 아니었다. 가장 세력이 큰 네 공국 중에서 작센과 프랑켄은 그를 지지했으나, 슈바벤과 바이에른은 저항했다. 하인리히는 전제 통치보다 여러 공국의 연방 형태로 왕국을 다스리고자 했다. 그는 슈바벤 공작 부르하르트에게 자신의 영토 통치권을 계속 행사할 수 있도록 허락했으나, 921년에는 바이에른을 공격할 수밖에 없었고, 두 차례의 전투 이후 바이에른 공작 아르눌프도 비슷한 조건에 합의했다.

> "하인리히는 … 제국에서 가장 유능한 지배자이다. 그를 왕으로 뽑아야, 독일에 평화가 올 것이다."
>
> **콘라트 1세, 하인리히의 선왕**

로렌(독일어로는 로트링겐)을 정복하여 왕국에서 다섯 번째로 중요한 공작령으로 삼은 것도 하인리히의 업적 중 하나이다. 마지막 전투—934년의 덴마크 침공—를 통해서는 독일 왕국 영토에 슐레스비히를 더했다. 936년 사망할 무렵, 하인리히는 독일의 모든 공작령을 단일한 왕국으로 통일한 상태였다. 그는 중세 국가 형태의 독일을 세우고 이후 최초의 신성 로마 제국을 이루는 기반을 다진 이로 널리 간주된다. 그의 아들 오토는 훨씬 더 통일된 형태의 연방을 물려받았다. **TB**

# 스페인의 새 후계자

아바스 왕조 군주들에 도전하여, 아브드 알-라흐만 3세는 스스로를 칼리프로 선언한다.

929년 1월 16일, 코르도바의 아미르 아브드 알-라흐만 3세는 스스로를 '칼리프'라 선언했다. 이 새로운 칭호에는 깊은 함축적 의미가 있었다. '후계자'를 의미하는 "칼리프"라는 칭호는, 무슬림 세계에 종교적이고 정치적인 최고 주권을 행사했던 무함마드의 후계자들만이 사용하는 것이 일반적이었다. '사령관'이라는 의미의 "아미르"에는 종교적인 뉘앙스가 없었으며, 칼리프 시대 초기에 지방 총독들이 사용하던 칭호였다. 9세기에 아바스 왕조 지배 하에서 칼리프의 주권이 무너지기 시작하자, 아미르가 각각 독립적인 지배자로 권력을 행사하기 시작했다. 이러한 일로 바그다드에 있는 아바스 왕조 칼리프의 정치적 권위가 축소되기는 했지만, 그 종교적 권위에 감히 도전하지는 못했고, 따라서 무슬림 통합이라는 이상은 명목상으로는 남아 있었다.

아바스 왕조의 종교적 권위에 대한 최초의 도전은 이집트의 파티마 왕조 지배자로부터였으며, 이들은 910년 스스로를 칼리프의 지위까지 격상시켰다. 그러나 파티마 왕조는 시테파였으므로, 대다수를 차지하는 수니파 무슬림은 이들을 이단으로 간주했다. 아브드 알-라흐만은 아바스 칼리프의 정치적 · 종교적 권위를 공공연하게 거부하고 나선 최초의 수니파 지배자였다. 그가 칼리프 지위를 주장한 근거는 자신이 661년부터 750년까지 칼리프로서 무슬림 세계 전체를 다스렸던 우마이야 왕조의 후손이라는 사실이었다. 코르도바의 아미르국은 750년 아바스 왕조가 우마이야 왕조를 전복시킨 후 달아났던 우마이야 왕조의 귀족이 세운 나라였다.

새로운 칼리프로서, 아브드 알-라흐만은 다마스쿠스에 있던 옛 우마이야 궁전을 본따 코르도바 외곽의 마디나트 알-자흐라에 사치스러운 궁전 단지를 지었다. 그의 지배 아래에서 스페인의 무슬림 세력은 그 절정에 다다랐으나, 1008년 발발한 내전으로 칼리프 왕국은 결국 무너지게 된다. **JH**



# 마자르족 진압되다

오토 대제가 레히펠트 전투에서 약탈을 일삼는 유목 민족 마자르를 물리친다.

마자르족은 중앙아시아 출신의 유목 기마민족으로 9세기 말 오늘날의 헝가리 지방으로 이주해 왔다. 반세기 동안, 마자르족의 흉포한 습격대는 멀리 이탈리아와 스페인까지 침략하면서 독일 전역을 비롯한 서쪽을 약탈했다. 기독교 유럽의 지배자들은 너무 약하고 분열되어 있어 이를 방어하지 못했다. 그러나 955년, 작센 공작이자 독일 왕인 오토 1세는 상당한 규모의 군대를 모아 마자르족을 치는 데 성공했다. 약 1만 명의 기사를 거느린 오토는 마자르 유목민 무리와 맞서기 위해 출정했다.

마자르족은 의욕이 넘치는 자신만만한 태도로 말을 달려 레히 강의 범람원에서 독일군과 마주했다. 빠르게 움직일 수 있는 이 기마민족은 움직임이 느리고 무장을 갖춘 기독교 기병대를 상대로 손쉽게 큰 승리를 거둘 수 있으리라 기대했으며, 수적으로도 5대 1로 유리했다. 독일 연대기 작가들에 따르면, 마자르족은 규율이 부족하여 패배했다고 한다. 많은 이들이 오토의 군대 측면에 모여들어 독일의 물자 수송 마차를 약탈하기 위해 말에서 내렸던 것이다. 오토의 기사들은 우선 말에서 내린 이들을 죽이고, 다음으로 마자르족의 주부대에 화살을 퍼부어, 전장에서 달아나도록 했다.

> "그토록 포악한
> 적을 상대로 쟁취한 그토록 잔혹한
> 승리는 없었다."
>
> **코르바이의 비두킨트, 『작센 연대기』, 955년경**

레히펠트 전투로 마자르족의 습격은 끝났다. 오토는 대단한 명성을 얻고 떠올랐으며, 963년에는 신성 로마 황제가 되었다. 서유럽은 안정을 향해 중요한 한 발을 내딛었다. **RG**

# 덴마크가 기독교로 개종하다

불의 시련을 거쳐, 한 독일 선교사가 선대 모든 선교사가 실패했던 나라에서 '푸른 이빨왕' 하랄을 기독교로 개종시키는 데 성공한다.

덴마크의 '푸른 이빨왕' 하랄은 독일에서 온 선교사 포포에게 기독교 신앙이 진실한지 증명해 보이라며 도전했다. 포포가 뜨겁게 달아오른 쇠붙이를 손으로 들었으나 그 타는 듯한 열기에도 상처를 입지 않는 것을 보고, 왕은 이제야 기독교 신의 권위를 믿겠다고 선언했으며 즉시 모든 덴마크인을 개종시키라 명했다.

이는 967년경 독일 수도사 코르바이의 비두킨트가 전해 주는 이야기이다. 그는 포포가 "지금은 주교가 되었다"고 덧붙인다. 다른 출처를 통해 우리는 포포라는 이름의 성직자가 961년 독일 뷔르츠부르크의 주교가 되었다는 사실을 알 수 있는데, 이로 보아 하랄이 개종한 것은 분명 이보다 약간 앞선 일이었을 것이다.

포포는 덴마크를 찾아간 최초의 선교사는 아니었지만, 덴마크인으로 하여금 이교의 신을 버리게 하려는 노력은 일찍이 모두 실패했었다. 포포의 임무는 독일 왕이자 나중에 신성 로마 황제가 되는 오토 1세의 지원을 받았던 듯하며, 하랄이 개종한 이유는 대부분 정치적인 목적이 있었을 확률이 높다. 그는 야심찬 군주로, 중앙 집권 체제를 수립하고 덴마크 남부를 독일의 공격으로부터 방어하기 위해 도로를 놓고, 다리를 세우고, 요새를 지었다. 그에게 있어 기독교란 국민들을 상대로 자신의 권위를 굳히고 나라를 통합하는 또 하나의 수단이 되어 주었을 것이다.

재위 기간 중 한 시기에 하랄은 옐링이라는 곳에 비문을 새긴 커다란 비석을 세웠다. 이는 이교도였던 그의 아버지 고름의 무덤과 가까운 장소였다. 비석의 한 면에는 십자가에 못박힌 예수 그리스도가, 다른 면에는 이교의 성상인 뱀이 휘감긴 뿔 달린 짐승이, 다른 한 면에는 룬 문자로 된, 하랄의 개종을 선포하는 긴 비문이 있다. **SK**

▲ 하랄 왕이 옐링에서 신앙을 선포하는 모습을 담은 11세기 덴마크 부조의 일부.

"하랄은 스스로의 힘으로 덴마크와 노르웨이 전역을 손에 넣었으며, 덴마크인을 기독교로 개종했도다."

옐링 비석의 비문에서

962년 2월 2일

# 오토가 황제가 되다

**26년을 기다린 끝에, 오토 1세는 신성 로마 황제가 되려는 꿈을 실현한다.**

오토는 널리 샤를마뉴의 영광을 이어받을 후계자로 인정받았다. 아헨에서 대관식을 올려 독일 왕이 되기까지 했던 것이다. 직접 로마로 가 황제라는 칭호를 확실하게 얻는 것은 단지 시간 문제였다. 그러나 오토는 그 꿈을 이루기 위해 26년이나 기다려야 했다.

그의 통치 기반은 작센의 풍요로운 은광에서 얻은 부유함이었으나, 이러한 재정적 안정에도 불구하고 재위 기간이 순조로웠던 것은 아니었다. 오토는 왕국의 다른 공국들이 일으킨 반란으로 애를 먹었다. 경쟁자들을 물리치고 말썽 많은 공국을 가족에게 다스리게 한 후에야 평화가 돌아왔다. 그러나 독일 남부에서 일어난 다른 문제들에 마자르족의 침략까지 겹쳐, 오토는 962년에 이르러서야 입지를 굳히고 교황 요한 12세의 부탁에 따라 교황령으로 원정을 갈 수 있게 되었다. 샤를마뉴 시대 이후 최초로 교황령의 보호를 보장해 주는 대가로, 오토는 신성 로마 황제가 되었다. 따라서 그는 1806년 나폴레옹이 폐지하기까지 지속되는 계보의 최초 황제가 되었다.

> "오토는 많은 수행원에 둘러싸여, 팔을 뻗친 채 이탈리아에 왔다…."
>
> **밀라노의 아르눌프, 『근래의 업적들에 관한 책』**

오토의 황제 통치 첫 무렵에는 교황권의 음모와 파벌 싸움이 끊이지 않았다. 그럼에도 불구하고, 그의 치세는 '오토 르네상스'라 불리게 된다. 많은 새 성당을 지었으며, 이 무렵에 제작한 채색 필사본도 많기 때문이다. **TB**

986년

# 그린란드에 사람이 정착하다

**'붉은머리 에이리크'가 아이슬란드에서 정착민 한 무리를 이끌고 서쪽의 미개척지로 간다.**

머리 색깔과 어울리게 불같은 성미를 지닌 노르만인 '붉은머리 에이리크'는 노르웨이 출신의 살인자이자 무법자로, 아이슬란드의 바이킹 틈에 몸을 피하고 있었다. 980년, 그는 많은 이를 살해하여 아이슬란드에서도 추방당하게 되었다. 노르웨이로 돌아갈 수도 없었으므로, 그는 배를 타고 서쪽으로 가 이름 없는 땅을 찾고자 결심했다. 60여 년 전 바이킹 선장인 군비요른 울프-크라쿠손이 노르웨이에서 아이슬란드로 가던 중 거센 폭풍을 만나 항로를 벗어났을 때 목격한 땅이었다.

3년 후, 에이리크는 아이슬란드로 돌아와, 초목이 몹시 우거져 '그린란드'라 이름붙인 새 땅을 자랑하면서, 정착을 도와 줄 지원자를 모집했다. 아이슬란드에는 경작하기 알맞은 땅이 부족했으므로, 거의 천 명의 남녀가 그와 함께 가기로 결심했다. 출항한 25척의 배 중에서 14척만이 무사히 여정을 마치고 986년 그린란드 남부의 안전한 피오르드에 상륙했다. 대부분의 바이킹은 배를 대기 안전하고, 고기가 잘 잡히고, 목축할 수 있는 낮은 구릉지가 펼쳐진 이곳에 정착하기로 마음먹었다. 몇몇 이들은 더 멀리 항해해 가서 북쪽으로 650km 떨어진 두 번째 정착지를 세웠다.

상대적으로 온화한 기후 조건에서, 그린란드 정착민들은 사냥과 낚시를 하고, 겨울 동안 가축을 먹여 기를 목초를 재배할 수 있었다. 13세기의 기록에는 그린란드의 "넓고 훌륭한 목장"에 대한 언급이 있다. 교회도 짓고 주교 관구도 탄생했으나, 14세기 중반에 기상학자들이 '소(小)빙하기'라 부른 시기가 닥쳐, 서구 세계 가장 변두리에 있는 먼 곳의 정착지에서 생명은 서서히 사라졌다. **SK**

▶ 아른그린 요나스의 「그론란디아의 붉은머리 에이리크」(1688년)—바이킹의 아메리카 발견에 대한 최초의 인쇄 기록.

EJREKVR
hinn Raude/
Fyrste Lādnamo madr
Grœnlands.
Hoß bygd
a Grœnlande.
ANNO
986.

# 프랑스 최초의 카페 왕조 왕이 탄생하다

프랑스 공작 위그 카페의 대관식은 카페 왕조의 시작이었으며, 근대 프랑스의 역사도 여기서 시작한다.

프랑스에는 새로운 지배 왕조가 절실히 필요했으며, 이는 위그 카페(940년경~996년)와 더불어 시작되었다. 10세기 말에 대략 오늘날의 프랑스에 해당하는 지역인 서 프란키아는 바이킹 침략자들로부터 잦은 공격을 받았으며, 이러한 위협에 효과적으로 대처하지 못한 카롤링거 왕들의 무력함은 왕권을 좀먹어 갔다. 그들은 지원을 얻기 위해 귀족에게 점점 더 많은 양의 땅을 내주었고, 왕국은 점차 실제로 독립적인 공작령들이 붙어 있는 꼴이 되어 갔다. 그러는 동안, 왕의 세력 범위는 크게 줄어들어, 파리 근처 지역인 일 드 프랑스를 중심으로 한 작은 땅만이 남았다.

오를레앙 부근의 영토를 소유한 프랑스 공작 위그 카페는 가장 세력이 큰 귀족 중 하나였다. 가문의 창시자 '강한 자 로베르'(866년 사망)의 이름을 따 로베르 가문이라 불렸던 그의 선조 중, 세 명—종조부 외드, 조부 로베르 1세, 삼촌 라울—이 이미 약한 카롤링거 후보자를 제치고 왕으로 뽑혔던 적이 있었다. 카롤링거 왕조 마지막 왕 루이 5세가 987년 5월 후계자 없이 죽자, 랭스의 대주교 아달베롱은 별 어려움 없이 귀족들을 설득해 위그를 왕으로 선출할 수 있었다.

대관식을 올린 지 얼마 안 되어 위그는 아들인 로베르 역시 대관식을 올리도록 손을 썼다. 따라서 996년 위그가 죽었을 때 상속이 수월해졌다. 왕이 살아 있는 동안 상속자가 대관식을 올리는 관습은 계속되었으며, 이는 14명의 왕을 배출해 1328년까지 프랑스를 다스린 카페 왕조가 오래 갈 수 있었던 강력한 요인이었다. 위그가 왕으로 선출된 일은 따라서 근대 프랑스 역사의 시작점이라 간주할 수 있다. **SK**

◀ 987년부터 996년까지 프랑스의 왕이었던 위그 카페의 초상화. 왕의 예복을 완벽하게 갖춰 입은 모습이다.

# 키예프의 개종

**블라디미르 1세 대공이 세례를 받고 그의 제국이 기독교를 받아들인다.**

키예프(오늘날의 우크라이나)에서 기독교의 태동과 관련하여 가장 자주 논하는 시기는 블라디미르 1세의 치세이지만, 실제로는 많은 주민이 블라디미르의 선대인 야로폴크 때 기독교를 받아들였었다. 그러나 980년 야로폴크가 이복형제에 의해 살해당하자, 이교 신앙이 되돌아오게 되었다.

새 대공 블라디미르 1세는 7명의 아내와 많은 첩을 거느리고 있었으며, 새로운 이교 신전을 짓고, 인신 공양을 하는 이교 의식에 참여했다고 한다. 그러나 결국에는 대내외로부터 일신교를 채택하라는 압력을 받게 되었다. 전설에 따르면 블라디미르는 종교를 선택하기 위해 사절단을 파견해 다양한 종교에 대해 보고하도록 했다고 한다. 그가 가장 마음에 들었했던 것은 게르만 왕들이 믿는 수수한 종교가 아닌 비잔틴 교회 예식의 화려함이었다.

종교 역시 블라디미르의 신앙이 차후 형성되는 과정에 영향을 주었다. 987년 비잔틴 황제 바실리우스 2세는 황제 지위를 위협하는 찬탈자들 때문에 블라디미르에게 도움을 요청할 수밖에 없는 처지가 되었다. 블라디미르는 황제의 누이 안나와 결혼시켜 준다면 돕겠다고 약속했다. 협상에서 유리한 입장을 굳히기 위해, 블라디미르는 군대를 이끌고 오늘날의 세바스토폴에 해당하는 지역으로 가 콘스탄티노플을 공격하겠다고 위협했다. 바실리우스는 블라디미르가 세례를 받는다는 조건하에 동의했다. 따라서, 블라디미르는 유리한 결혼을 성사시키기 위해 988년 세례를 받았다.

블라디미르는 계속해서 이교 사원을 허물고, 우상을 파괴하고, 국민들에게 그리스 비잔틴 기독교 양식에 따라 세례를 받으라고 명했다. 블라디미르의 세례는 러시아인의 종교가 장차 나아가게 될 방향을 결정했으며, 슬라브족이 사는 동방에서 로마 가톨릭의 확산을 멈추었다. **TB**



# 가즈니의 새 아미르

**투르크인이자 수니파인 마흐무드는 무슬림 세계에서 중요한 역할을 맡는다.**

마흐무드는 남아시아 역사에서 가장 논쟁적인 인물 중 하나이다. 그는 남부 아프가니스탄의 가즈니 시에서 지배권을 잡았던 투르크의 맘루크(노예 군인)인 수부크티긴의 맏아들이었다. 마흐무드는 998년 아미르가 되었으며, 재위 기간 대부분을 이란, 중앙아시아, 인도를 정복하고 광대한 제국을 세우는 데에 힘쏟았고, 예술에 대한 후원을 통해—이는 페르시아 문학과 공예 기술의 부흥을 가져온다—가즈니를 무슬림 세계에서 가장 위대한 문화 중심지 중 하나로 만들었다.

가즈나 제국은 그의 사후 쇠퇴했지만, 마흐무드의 통치 기간은 여러 가지 면에서 중요한 시기였다.

> "마흐무드는
> 세계의 사자,
> 당대의 경이였다."
>
> **알-비루니, 가즈나 왕조의 학자, 1030년경**

시테파 왕조가 무슬림 세계를 지배하던 그 당시에, 마흐무드는 수니파였으며, 그가 권력을 쥐게 되었다는 점은 수니파 주권 회복의 첫 징조였다. 그는 무슬림 세계 최초의 탁월한 투르크인이었고, 인도 북부에 무슬림의 영향력을 확고하게 심어 놓았다. 바로 이 점이 가장 논쟁적인 평가를 낳는다. 인도 정벌 중 마흐무드는 수십 곳의 힌두교 성지를 파괴하고 약탈했던 것이다. 인도의 역사 전통은 마흐무드를 자신의 종교를 이용해 무자비한 파괴와 힌두교인 살해를 정당화했던 포악한 압제자라고 간주하게 되었다. 반대로, 파키스탄과 아프가니스탄에서는 마흐무드를 인도 아(亞)대륙에 이슬람을 전파하기 위해 싸웠던 영웅으로 간주한다. **JH**

Α Β Γ Δ Ε Ϛ Ζ Η Θ Ι Κ Λ Μ Ν Ξ Ο Π Ϙ

| arkot |  |  |  |  |  |  |  |  |  |  |  |  |  |  |
|---|---|---|---|---|---|---|---|---|---|---|---|---|---|---|
| ᾱδωζ | ωΝΕ | ϙ α | Η γ: | ∩ δ | Μ ε | Ε ζ | ω α: | Π β | ω γ | ϒ δ | Λ ϛ: | h ζ | ϙ α | θ β |
| ᾱδωιϛ | ωοΔ | ϒ δ | ϛ ε | ϶ ζ: | ϙ α | Β β | Φ γ | Μ ε: | Χ ϛ | C ζ | < α | ω γ: | ϒ δ | ϛ ε |
| ᾱδωμε | ωϙγ | C ζ | < α | ϶ β | Ν δ: | ϛ ε | ϡ ϛ | Κ ζ | ϶ β: | Φ γ | ζ δ | ϛ ε | C ζ: | < α |
| ᾱδωζα | ΛΙΒ | Φ γ: | ζ δ | ϛ ε | Ρ ϛ | Γ α: | Χ β | C γ | Λ δ | Ρ ϛ: | Κ ζ | > α | Π β | ζ δ: |
| ᾱδωπγ | ΛΛΑ | Τ ε | Κ ζ: | ω α | Π β | Η γ | ϛ ε: | Λ ϛ | h ζ | ω α | Η γ: | ∩ δ | Τ ε | Ε ϛ |
| ΛΜΒ | Λ Η | ϙ α | Φ β | ∩ δ: | Μ ε | Ε ϛ | ϶ ζ | Π β: | ω γ | ϒ δ | Μ ε | h ζ: | ϙ α | θ β |
| ᾱΛΜα | Λξθ | ϒ δ | ϛ ε | ϡ ϛ | ϙ α: | Β β | Φ γ | Ν δ | Χ ϛ: | C ζ | < α | ϶ β | ϒ δ: | ϛ ε |
| ΛΛΜ | ΛΠΗ | C ζ: | < α | ϶ β | ο γ | ϛ ε | ϡ ϛ | Κ ζ | > α | Φ γ: | ζ δ | ϛ ε | Ρ ϛ | < α: |
| ᾱΛΝΘ | α ζ | Π β | ζ δ: | ϛ ε | Ρ ϛ | Δ ζ | Χ β: | ο γ | Λ δ | Τ ε | Κ ζ: | > α | Τ β | Η γ |
| ᾱΛοΗ | αΙϛ | Τ ε | Ε ϛ | ω α: | Π β | Η γ | ϒ δ | Λ ϛ: | h ζ | ω α | θ β | ∩ δ: | Τ ε | Ε ϛ |
| ᾱΛϙζ | αΝΕ | ϙ α | θ β | ∩ γ | Μ ε: | Ε ϛ | ϶ ζ | < α | ω γ: | ϒ δ | Μ ε | ϡ ϛ | ϙ α: | θ β |
| ΕΙϛ | αξΔ | ϒ δ: | ϛ ε | ϡ ϛ | C ζ | Β β: | Φ γ | Ν δ | Ψ ε | C ζ: | < α | ϶ β | ο γ | ϛ ε: |
| ΕΛΕ | αΠΓ | Ρ ϛ | < α: | ϶ β | ο γ | ζ δ | ϡ ϛ: | Κ ζ | > α | Χ β | ζ δ: | ϛ ε | Ρ ϛ | Δ ζ |
| ΕΝΔ | αΡΒ | Π β | Η γ | ϛ ε: | Ρ ϛ | Δ ζ | Χ α | ο γ: | Λ δ | Τ ε | Λ ϛ | > α: | Π β | Η γ |
| ΕΟΓ | αΡΗε α | Τ ε | Ε ϛ | ϶ ζ | Π β: | Η γ | ϒ δ | Μ ε | h ζ: | ω α | θ β | ω γ | Τ ε: | Ε ϛ |

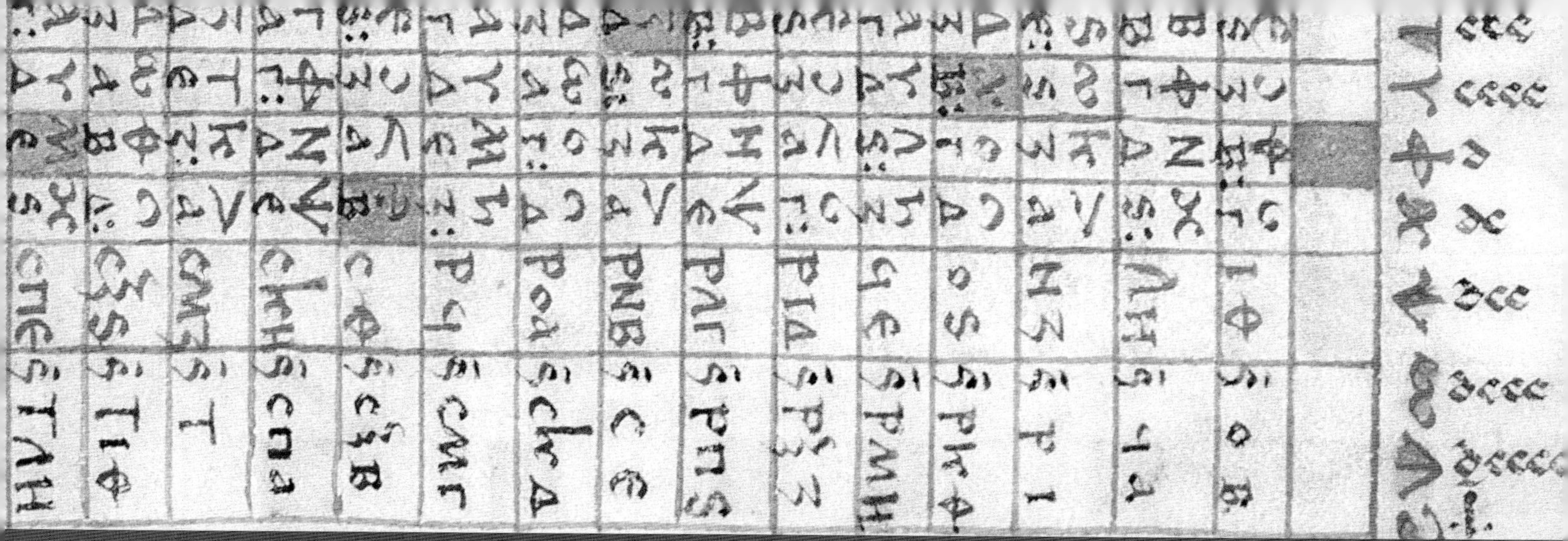

❶ 11세기 말 혹은 12세기 초의 『몬트 카신 성무일과서』에 실린 만세력. 이탈리아 수도사들 작품.

# 1000–1499

Septima uisio secunde partis.

EINDE
uidi ar
tem luc
tante n
nitudi
ut aliq
mons m
nus & altus est. in summitate sua u
in multas linguas diuisam. Et cora
luce ista quedam multitudo alb
rum hominum stabat. ante quos
lut quoddam uelum tamquam crist
lus perlucidum. a pectore usq; ad pec
eorum extensum erat. Sed & ante
multitudinem istam. quasi in quadam u
uelut quidam uermis mire mag
tudinis & longitudinis supinus ia
bat. qui tanti horroris & insani
uidebatur. ultra quam homo effari
test. Ad cuius sinistram quasi forum e
ubi diuicie hominum atq; delicie
culares & mercatus diuersarum re
apparuerunt. ubi etiam quidam homi
multa celeritate currentes. nullu
mercatum faciebant. quidam aute
pide euntes. & uendicioni & empt
ni ibi insistebant. Uermis autem ill
niger & hirsutus atq; ulceribus &
stulis plenus erat. quinq; uarietate
a capite per uentrem suum usq; ad pe

# 밀레니엄 공포

**다양한 징조와 조짐이 세상의 종말이 임박했음을 예견하는 듯했다.**

그리스도 탄생 이후 처음으로 맞는 첫 밀레니엄은 임박한 세계 종말과 적그리스도의 도래를 알리는 것이라는 믿음이 널리 퍼져 있었다. 이러한 묵시록적인 생각은 기독교 역사 전반에 걸쳐 항상 존재했지만, 대략 950년부터 1050년까지의 프랑스와 잉글랜드에서는 특히 그 두려움이 컸다는 증거가 있다. 이는 연대기나 다른 문서에 실린, 홍수와 기아, 일식, 혜성, 거친 폭풍우와 같은 징조에 관한 언급을 통해 알 수 있다. 1000년의 새벽이 밝자 패닉에 가까운 공포가 유럽을 휩쓸었다는 기록은 분명 과장일 테지만 말이다.

그리스도가 탄생한 해—즉 서력 기원(Anno Domini, A.D.)—를 기준으로 삼는 날짜 체계는 525년 디오니시우스 엑시구스라는 수도사가 고안했다. 그 전에는 로마의 건국이나 왕의 재위 기간 등을 기준으로 날짜를 헤아렸으며, 동방 정교회에서는 세계가 창조되었다고 추정하는 날짜인 '세계 기원'(Anno Mundi)을 기준으로 삼았다.

디오니시우스는 그리스도가 로마 건국 이후 754년에 탄생했다고 계산했고, 그해를 서기 1년으로 잡았다. 사실 그의 계산에는 착오가 있었으며, 그리스도는 아마 그보다 4년 앞서 태어났음이 분명하다. 그러나 10세기 즈음에는 동방 정교회를 제외한 서유럽 대부분이 그의 방식을 받아들였다. 1월 1일을 새해 첫날로 삼는 것 또한 당시에는 보편적인 일이 아니었다. 다수가 새해의 시작을 3월 25일로 보았고, 12월 25일이라 보는 이들도 있었다. 이러한 차이는 수도사나 성직자들 간의 문제였다. 대부분의 사람은 늘상 해왔던 것처럼 씨를 뿌리고, 수확하고, 추수하는 한 해 계절의 순환을 이용해 시간의 흐름을 판단했다. **SK**

◀ 몇몇 이들이 밀레니엄과 더불어 찾아오리라 믿었던 묵시록적인 공포를 나타낸 채색 필사본.



# 바이킹이 아메리카를 향해 항해하다

**레이브 에릭손은 그린란드를 떠나 서쪽으로 항해하여 나라를 발견하고 빈란드라 부른다.**

레이브 에릭손은 그린란드에 바이킹 정착지를 세웠던 붉은머리 에이리크의 아들이었다. 비야르니 헤르욜프손이라는 선장으로부터 그린란드의 먼 서편에서 나무가 무성한 길고 평탄한 해안선을 목격했다는 이야기를 들은 레이브는 그 땅을 찾으러 나섰다. 그는 그린란드 서쪽 해안에서 북쪽으로 항해해 나간 후, 오늘날의 데이비스 해협을 건너 배핀 섬을 거쳐 남쪽으로 향했다. 비야르니가 묘사한 대로 숲이 우거진 래브라도 해안이 눈에 들어왔고, 더 나아가자 초목이 우거진 툭 튀어나온 땅에 도달했는데, 그는 이 땅을 빈란드라 불렀다. 약 200년 후에 쓰인 사가(saga)는 이 이름이 그곳에서 자라던 야생 포도나무에서 따온 것이라 설명하지만, '초원'을 의미하는 고대 스칸디나비아 어 '빈'에서 왔을 가능성도 높다. 레이브는 그곳에서 겨울을 난 뒤 그린란드로 돌아갔다. 사가에 따르면 이후 빈란드에 정착하려 했으나 뜻대로 되지 않았다고 한다. 아마 적대적인 아메리카 원주민 때문이었을 것이다.

> "그곳의 강에도 호수에도 연어가 부족함이 없었다."
>
> **작가 미상, 『붉은머리 에이리크의 사가』, 13세기**

오늘날 대부분의 전문가는 레이브가 상륙한 장소가 뉴펀들랜드 북단의 랑즈-오-메도우즈였다는 데에 의견을 같이한다. 고고학자들은 1960년대에 이곳에서 바이킹 정착지의 흔적을 발견했다. 그린란드와 아이슬란드에서 볼 수 있는 것과 비슷한, 뗏장을 덮은 집과, 스칸디나비아에서 유래한 것이 분명한 청동 핀 등이다. 1965년 미국 의회는 북아메리카에 도달한 최초의 유럽인을 기리는 의미에서 10월 9일을 '레이브 에릭손의 날'로 기념하자는 결정을 내렸다. **SK**

# 마흐무드가 펀자브를 약탈하다

가즈니의 마흐무드는 17차례의 인도 원정 중 첫 번째를 개시하며, 힌두교 사원에 행한 신성모독으로 오늘날까지 지속되는 악명을 얻는다.

1001년, 아프가니스탄 가즈니의 아미르 마흐무드는 인도를 침략해 라호르의 라자 자이팔을 쓰러뜨리고 펀자브 지방을 약탈했다. 원정에서 돌아온 후, 전투적인 무슬림 마흐무드는 '가지'(신앙을 위해 용맹한 자)라는 칭호를 얻었다. 이는 열일곱 차례에 걸친 그의 인도 아대륙 대규모 원정 중 첫 번째에 불과했으며, 1025년 마지막 원정 때는 구자라트의 솜나트에 있는 힌두교 신전을 파괴하였는데, 이 때 5만 명이나 되는 이들이 죽었다고 한다. 마흐무드는 신전에 있는 시바 신의 '링가'(시바 신을 상징하는 남근상)를 손수 때려 부순 뒤 그 파편을 가즈니로 가져와 모스크의 계단을 만드는 데 사용하여, 신도들이 매일 밟고 다니도록 했다.

마흐무드는 결국 펀자브를 점령하지만, 그의 주 목적은 영토 확장보다 약탈에 있었다. 가즈니로 돌아오는 모든 원정대는 노획물과 무슬림 세계의 노예시장에 팔리게 될 수많은 포로를 가득 실은 마차를 끌고 왔다. 마흐무드는 자신의 전리품을 이용해 가즈니를 아름답게 꾸미고, 학자와 장인들을 후원했으며 차후 정벌의 자금으로 썼다.

아프가니스탄과 파키스탄에서 마흐무드를 영웅으로 여기는 반면, 인도에서는 수많은 힌두교 신전을 파괴했기 때문에 욕설의 대상이다. 마흐무드가 힌두교에 대해 품었던 반감이 어느 정도인지에 대한 역사가들의 의견은 양분된다. 그가 단지 재물을 빼앗기 위한 욕심에서 힌두교 신전을 공격했다고 주장하는 이들이 있는 한편, 솜나트의 링가를 비롯한 힌두교 성상을 무자비하게 파괴했다는 점은 다른 편에 힘을 실어준다. **JH**

▶ 가즈니의 마흐무드 치세에 가즈니와 로우자를 잇는 길에 세운 승리 기념탑.

◀ 인도 구자라트에 있는 솜나트 신전의 잔해. 1899년의 모습.

1002년 8월 8일

# 알-만수르의 죽음

**무슬림 스페인의 실권으로 코르도바 칼리프국이 쇠퇴하기 시작한다.**

1002년 8월 8일, 무슬림 스페인의 비공식적 지도자 아부 아미르 알-만수르(적군인 기독교인들은 '알만소르'라 부름)가 카스티야와 레온 왕국의 기독교 연합군과 벌인 칼라타냐소르 전투에서 전사했다. 이는 그가 스페인 북부의 기독교 왕국과 벌인 50여 차례의 전투 중 최후의 전투였다. 한 연대기 작가는 알-만수르가 "악마에게 붙들려 지옥에 묻혔다"고 썼다.

알-만수르의 본명은 무함마드 이븐 아부 아미르로, 미천한 출신을 극복하고 권력을 쥐게 되었는데, 그는 서기(書記)였으며 우마이야 왕조의 나이어린 칼리프 히샴 2세(976~1009년 재위)의 어머니와 연인 사이였던 듯하다. 978년에는 총리를 퇴위시키고 그 자리를 차지했다. 그는 칼리프국에 대한 지배력을 점차 굳혀 갔으며, 981년 '알-만수르 비 알라'(신이 승리하게 한 자)라는 칭호를 얻으며 최고 권력을 행사하게 되었다. 994년에는 '알-말리크 알-카림'(숭고한 왕)이라는 칭호를 얻어, 칼리프는 명목상의 국가 수장으로 전락했다.

> "알-만수르 같은 이는
> 이제껏 아무도 없었으며 앞으로도
> 없을 것이다."
>
> **『히스토리아 실렌세』, 역사에 관한 문집, 11세기**

기독교도를 상대로 전투를 벌이기 위해, 알-만수르는 북아프리카 출신의 베르베르족 용병 수천 명을 고용했다. 이는 칼리프국 내에서 인종 갈등이 악화된다는 예기치 못한 결과를 가져왔다. 알-만수르가 기독교 스페인을 수세로 몰아넣긴 했지만, 그가 칼리프의 권력을 침해한 결과 칼리프에 대한 존경심은 크게 손상되었다. 그의 죽음이 남긴 권력의 공백은 결국 칼리프국의 멸망을 불러오게 되었다. **JH**

1009년 10월 17일

# 성묘가 파괴되다

**칼리프 알-하킴은 성묘 교회의 파괴를 명한다.**

이집트 파티마 왕조의 제6대 칼리프인 알-하킴은 이슬람 역사에서 가장 기이한 성격의 통치자 중 하나였다. 커다란 종교적 관용을 보였던 선대 파티마 왕조 군주들과 달리, 알-하킴은 열광적인 시테파였으며 적극적으로, 종종 잔혹하게, 기독교도와 유대인, 수니파 무슬림을 박해했다. 그가 정신분열증을 앓았다고 보는 역사가들도 있다. 기독교도는 공공장소에서 검은 모자를 쓰고, 50cm 크기의 무거운 나무 십자가를 목에 걸도록 강제되었다. 그는 독단적인 법률을 정했기 때문에 공포의 대상이었다. 체스를 금지하는 법이 있는가 하면, 포도를 먹는 일을 금지하는 법도 있었고, 공직자, 시인, 판사, 의사, 장군, 요리사, 목욕 시종, 노예 등을 마음대로 죽이곤 했다. 1005년 그는 짖는 소리가 거슬린다는 이유로 이집트의 모든 개를 죽이라는 명을 내렸다.

알-하킴의 기독교 박해는 1009년 그 절정에 다다라, 그는 예루살렘의 성묘 교회를 파괴하라고 명했다. 교회의 벽은 무너졌고, 에디큘라—그리스도의 무덤—는 망치와 곡괭이에 의해 파괴되었다. 칼리프는 또한 베들레헴에 있는 예수 탄생 교회도 무너뜨리라 명했지만, 그 지역 무슬림들이 명령에 불복했다.

알-하킴은 1021년 수수께끼 같은 상황에서 실종되었는데, 살해된 것이 거의 확실하다. 그를 알라의 화신으로 여겼던 시테 드루즈파 추종자들을 제외한 모든 이가 그의 실종으로 크게 마음을 놓았다. 오늘날의 시테 드루즈파는 언젠가 알-하킴이 예언 속의 구원자 마흐디의 모습으로 돌아와 세상에 정의를 가져올 것이라 믿는다.

성묘 교회는 1048년 재건되었지만, 알-하킴에 의한 파괴로 인해 많은 기독교도가 예루살렘에 기독교 지배 세력이 되돌아와야 한다고 확신하게 되었다. 이러한 생각은 십자군 운동이 발전하게 되는 직접적 원인이 되었다. **JH**

# 독일의 성인 황제

이탈리아 왕관을 향한 경쟁자 아르두인을 진압함으로써, 하인리히 2세는 신성 로마 황제로 즉위하는 길을 닦았다.

하인리히 2세는 최후의 작센 오토 왕조 출신 신성 로마 황제였으며, 독일 왕으로서는 유일하게 시성되었다(교황 유게니우스 3세가 1146년에 그를 시성했다). 1014년 이브레아의 아르두인을 쓰러뜨린 이후, 하인리히는 신성 로마 황제로 즉위했다.

하인리히는 성인의 반열에 올랐고 신앙심도 강했지만, 왕으로서 했던 행동은 성인과 거리가 멀었다. 그의 주요 업적으로는 독일 출신 최초의 신성 로마 황제 오토 1세가 시작했던 교회와 국가 간의 강력한 연대를 강화했다는 점을 들 수 있다.

1002년 독일의 왕위를 이었을 때 하인리히가 전폭적 지지를 받았던 것은 아니었다. 그는 사촌인 오토 3세가 죽자마자 왕실 휘장을 손에 넣어 재빠르게 왕위를 요구했고, 재위 첫 2년간은 자신의 독일 왕위를 공고히 하고 이탈리아 왕위를 사이에 둔 경쟁자인 아르두인과 맞서느라 바빴다. 하인리히는 큰 어려움 없이 아르두인을 제친 후 1004년 5월 15일 파비아에서 이탈리아 왕위에 올랐다. 아르두인은 1013년 다시 반란을 일으켰지만 곧 패배했다. 하인리히는 바로 이 승리를 통해 신성 로마 황제가 되었다.

하인리히의 통치는 수도원에 대한 주교의 관할권이 강화되고 주교가 세속적 권력을 넓은 지역에 걸쳐 행사하게 되었다는 점에서 중요하다. 하인리히는 교회 개혁의 옹호자였으며 성직자의 독신 생활을 강하게 지지했다. 그와 왕비인 룩셈부르크의 쿠니군데는 서로 간의 순결 서약을 맺었다고 여겨진다. 확실히 그들의 결혼 생활에서는 자녀가 생기지 않았고, 당연히 상속자도 없었다. 1024년 갑작스레 죽었을 때 하인리히는 자신의 교회 개혁을 법으로 남기려는 작업을 하고 있었다. **TB**

◀ 하인리히 2세를 성인의 모습으로 그린 채색 필사본으로, 한 손에는 칼을, 다른 손에는 기독교 신앙을 들고 있다.

# 동서의 분열

기독교가 서방 가톨릭과 동방 정교로 분열된다.

1054년 어느 여름날 오후, 콘스탄티노플의 성 소피아 바실리카에서 막 예배가 시작되려는 참에, 훔베르트 추기경과 두 명의 교황 사절이 그리스 정교의 보루인 교회당 안으로 들어와 성찬식에 참여하려고 모인 사람들 사이를 헤치고 나아갔다. 훔베르트는 파문을 명하는 교황의 교서를 내보이며, "신이 보시고 심판하게 하라"는 말을 남긴 뒤, 제단 위에 교서를 얹었다. 한 부제(副祭)가 파문을 거두어 달라고 간청했음에도 불구하고 훔베르트 추기경은 거절했으며 교황의 칙령은 실패로 돌아갔다. 파문의 소식이 빠르게 퍼지면서 그날 밤 도시 곳곳에서 폭동이 일어났다.

기독교 내에서 동방 그리스 정교와 서방 라틴 교회 간의 공식적인 분열을 상징하는 것이 바로 이 극적인 사건이기는 하지만, 라틴과 그리스 기독교 세계 사이의 갈등은 여러 해 전부터 깊어져 왔다. 두 교파 간의 문화적 · 언어적 차이는 상당 기간에 걸쳐 커져 왔지만, 마침내 분열이 일어난 주요 원인은 교황권의 세력 범위를 둔 분쟁이었다. 간단히 정리하자면, 교황 레오 9세가 동방 교회 대주교에 대해 수위권을 주장했고, 동방 교회에서는 교황의 권위란 단지 명예상일 뿐이며 동방 교회의 공의회에 결정을 강요할 힘이 교황에게는 없다고 주장했던 것이다.

동서 교회를 통합하고자 하는 시도가 1274년과 1439년에 있었으나 실패로 돌아갔고, 기독교 세계를 이루는 두 교파는 단호하게 반목을 계속했다. 1965년 상호 간의 파문을 철회하면서 두 교회 간의 의견 불일치를 조율하려는 움직임이 일어났다. 이후 2006년 12월 13일, 크리스토둘로스 총대주교가 그리스 정교 지도자로서는 최초로 바티칸을 공식 방문했다. **TB**



# 투르크 치하의 바그다드

셀주크 투르크족이 바그다드를 점령하고 차지하여 그 흔적을 남긴다.

바그다드의 운명은 그 설립자인 아바스 왕조의 운명과 흥망을 같이했다. 9세기에는 너무도 눈부셨던 바그다드는 10세기 들어 아바스 칼리프국이 여러 개의 독립된 아미르국으로 조각나면서 차차 쇠퇴하게 되었다. 945년 페르시아의 부와이흐 왕조가 바그다드를 정복하면서 아바스 왕조의 지역적 권력은 끝이 났으나, 아직 그 위신이 남아 있었기에 순전히 종교적인 지위로서 칼리프 자리를 유지할 수 있었다.

이러한 사실에도 불구하고, 시테파 부와이흐 왕조는 수니파 칼리프를 노골적으로 업신여기는 태도로 대했으며 시테파의 축일을 지내도록 강요했다. 부와이흐 가문이 바그다드의 훌륭한 궁전 여러 곳을 보수하기는 했지만, 바그다드는 이슬람 문화 중심지로서의 우위를 잃었으며 1000년 무렵에는 카이로, 코르도바, 가즈니에 그러한 위치를 내주고 말았다.

> "바그다드가 과거에는 웅장했으나 지금은 폐허로 전락하고 있음을 알라."
>
> **알 무카다시, 아랍 지리학자, 1000년경**

셀주크 투르크족의 세력이 부상하면서 칼리프국에 일종의 구원이 왔다. 셀주크 투르크는 중앙아시아의 유목민족으로 1000년경 수니 이슬람으로 개종했던 이들이었다. 1054년 우두머리인 토그릴 베그가 칼리프 알-카임의 도움 요청에 응하여 부와이흐 아미르국을 공격했다. 1055년 12월 18일, 칼리프는 그를 해방자로 바그다드에 반가이 맞아들였다. 칼리프국이 독립적이지 못했던 것은 부와이흐 왕조 때나 마찬가지였지만, 적어도 동조적인 군주를 두게 된 셈이었다. 이 사건으로 말미암아 투르크족은 무슬림 세계의 주체로 부상하게 되었다. **JH**

# 윌리엄이 헤이스팅스 전투에서 해럴드를 무찌르다

노르망디 공 윌리엄은 해럴드가 전사한 후 잉글랜드를 정복한다.

◆ 정복왕 윌리엄의 대관식, 15세기 말 플랑드르 채색 필사본.

▶ 〈화살에 치명상을 입은 해럴드 왕〉(1066년 헤이스팅스 전투), 11세기 바이외 태피스트리의 한 장면.

"여기서 해럴드 왕이 죽었으며 잉글랜드인은 등을 돌려 도주했다."

바이외 태피스트리, 1070년경

영국 땅에서 벌어진 가장 결정적인 전투 중 하나였던 이 때, 노르망디 공 윌리엄(프랑스어로는 기욤)이 거느린 말 탄 기사들은 윌리엄의 침략 소식을 듣고 스탬포드 다리 전투로부터 서둘러 남부로 왔던 해럴드 2세의 군사에게 대패를 안겼다. 윌리엄은 참회왕 에드워드로부터 영국 왕위를 약속받았다고 주장했지만, 1066년 1월 에드워드가 죽자 해럴드는 윌리엄을 지지하겠다고 맹세한 바 있음에도 불구하고 자기가 왕위에 올랐던 것이다. 따라서 윌리엄은 교황으로부터 자신의 계획에 대한 후원을 얻어낸 후 군사를 이끌고 잉글랜드로 항해해 왔다.

1070년경 윌리엄의 이복동생인 바이외 주교 오도를 위해 제작한, 자수를 놓은 벽걸이 장식인 바이외 태피스트리에는 윌리엄의 역사적인 침략 순간부터 전투 그 자체에 이르기까지 이 사건의 극적인 장면들이 연달아 길게 묘사돼 있다. 해럴드의 기진맥진한 보병은 처음에는 기병과 궁수로 이루어진 노르만 군을 그리 대단하게 여기지 않았으며, 방패를 서로 맞물리게 하여 벽을 쌓고 그 뒤에 집결한 채 굳건히 버텼다. 전투가 한창인 장면에서, 우리는 윌리엄이 뒤를 돌아보며 투구를 높이 들어 기병대에 돌격 명령을 내리는 모습을 볼 수 있다. 그는 궁수들에게 방패의 장벽 너머로 활을 쏘라고 명하며, 눈에 화살을 맞은 것이 분명한 모습으로 해럴드가 죽는다. 해럴드의 군대는 달아나고, 윌리엄은 런던까지 전진해 그곳에서 잉글랜드 왕위에 오른다.

역사 속에서 '정복왕 윌리엄'이라는 별칭으로 알려진 윌리엄은 2년 안에 나라 전체를 장악했으며, 북부와 서부에서 일어난 반란을 가차 없는 무력으로 진압했다. 그는 부하들에게 토지를 내려 보답하고, 잉글랜드 귀족 자리에 노르만, 브르타뉴, 플랑드르인을 앉혔다. 노르만 법과 봉건제가 도입되었고, 노르망디 프랑스어가 궁정 언어가 되었다. 잉글랜드는 이제 결코 예전과 같은 모습일 수 없었다. **SK**

AROLD

# 팔레르모가 로베르토 기스카르의 손에 함락하다

노르만인의 승리는 양(兩) 시칠리아 왕국으로 가는 첫걸음이다.

▲ 로베르토 기스카르를 그린 19세기 이미지로, 시칠리아 방향을 가리키는 모습이다.

"이탈리아의 노르만인은
열성적이고 탐욕스럽게 이익과 권력을
노렸다 … ."

**조프루아 말라테라, 연대기 작가, 1100년경**

11세기, 노르망디에서 온 토지 없는 모험가들 한 무리가 상당한 넓이의 영토를 얻을 수 있는 기회를 찾아 들뜬 마음으로 남쪽 이탈리아로 몰려들었다. 이 바이킹 약탈자들 중 가장 대담하고 진취적이었던 이는 오트빌의 탕크레드가 낳은 열두 아들 중 여섯째인 로베르토 기스카르였다. 로베르토의 별명 기스카르는 '여우같은' 혹은 '약삭빠른'이라는 뜻인데, 그는 군사적인 계책은 물론 정치적인 외교에서도 능숙한 솜씨를 보였다. 1059년 그는 교황과 조약을 맺었다. 교황이 로베르토를 아풀리아와 칼라브리아 공작으로 봉하고, 만일 점령할 수만 있다면 장차 시칠리아의 공작으로까지 삼으며, 로베르토는 그 대가로 교황에게 해마다 플로랜드(1년 동안 한 쟁기로 갈 수 있는 땅의 넓이를 말하는 단위-옮긴이)당 12펜스의 임대료를 지불한다는 내용이었다.

로베르토가 칼라브리아에서 비잔틴인들을 내쫓기까지는 10년이 걸렸다. 마침내 그는 1071년 4월 바리에서 비잔틴인을 최후의 근거지로부터 몰아냈다. 다음으로 그가 눈길을 돌린 곳은 시칠리아로, 그 무렵에는 아랍인의 손에 있었다. 동생인 루지에로와 함께 재빨리 메시나 해협을 건너간 그는 팔레르모를 포위했고, 1072년 도시를 함락했다. 로베르토는 동생을 안전하게 '칼라브리아와 시칠리아 백작' 자리에 앉힌 후 섬 정복을 완수하도록 맡겼고, 이는 1091년에 이루어졌다. 루지에로의 아들인 루지에로 2세(1095년경~1154년)가 정벌을 이어나갔고 훗날 이탈리아 남부와 시칠리아의 노르만 영토를 모두 통일하여 양(兩) 시칠리아 왕국을 세웠다. 이는 19세기에 이르기까지 이탈리아 내에서 정치적 독립체로 존속했다.

로베르토 기스카르의 마지막 모험은 폐위된 미카엘 7세 대신 황제가 되려는 목적에서 비잔틴 제국 공격을 개시한 일이었다. 그러나 그는 1085년 7월 17일 70세의 나이로 케팔리니아 섬 포위 공격 중 열병으로 숨졌다. **SK**

# 신성 로마 황제가 추위 속에서 기다리다

하인리히 4세가 카노사에서 교황 그레고리우스 7세에게 속죄를 구하고 복종한다.

교황 그레고리우스 7세는 임기 초에 황제의 허가를 받지 않고도 자신이 주교를 임명할 수 있도록 법을 바꾸었고, 신성 로마 황제 하인리히 4세(1050~1106년)는 이로 인해 격노했다. 이후에 몰아닥친 일은 이 독일 왕과 교황권 사이의 충돌이었다. 하인리히는 그레고리우스를 교황 자리에서 폐위시킴으로써 응수했고, 그레고리우스는 하인리히를 파문하고 독일 왕으로서 그에게 바쳤던 지지를 철회함으로써 맞받아쳤다. 하인리히는 교회의 품에 들어가 교황의 지지를 다시 얻어낼 방법을 모색해야 했다.

결정적으로, 그레고리우스는 파문이 되돌릴 수 없는 결정이 되기 전에 용서를 구할 수 있는 기한으로 일 년을 주었다. 하인리히로에게 이 이상 나쁜 시기는 없었다. 귀족들 사이에서 반란이 일어나던 때였던 것이다. 하인리히는 자기 나라의 반란을 진압하려면 먼저 교황의 허가를 얻어내야겠다고 생각했다.

신발도 신지 않고, 참회자가 입는 마모직(馬毛織) 셔츠를 입은 채, 하인리히는 1077년 길을 떠나 알프스를 넘었다. 1월 25일 그는 카노사에 도달했고, 그레고리우스 교황의 접견을 청했다. 교황은 만나지 않겠다고 거부했으며 왕은 3일 동안 맨발로 눈 속에 서서 떨며 기다렸다. 교황 앞에 무릎을 꿇고 용서를 구한 하인리히는 기꺼이 교회에 다시 받아들여졌다. 그러나 최후의 승자는 하인리히였다. 1084년 그는 이탈리아를 침략하여 로마를 포위하고 그레고리우스 7세를 폐위했던 것이다.

카노사를 둘러싸고 일어난 일련의 사건은 이후의 역사 속에서 중요한 위치를 차지하게 된다. 특히, 교황의 간섭에 대한 하인리히의 저항은 16세기 프로테스탄트 개혁 동조자들의 표어가 되었다. 또한 독일인들에게 있어서 카노사는 로마 가톨릭 교회로부터 온 외부의 간섭에 대한 조국의 저항을 상징하는 장소가 되었다. **TB**

▲ 〈1077년 카노사의 하인리히 4세 황제〉(1862년), 에두아르트 슈보이저(1826~1902년). 황제가 속죄하는 모습을 나타냈다.

> "맨발인 채, 하인리히는 아침부터 저녁까지 단식하며 서 있었다."
>
> **헤르스펠트의 람베르트, 『연대기』, 1077년경**

# 둠즈데이 북의 편찬

**정복왕 윌리엄은 누가 무엇을 소유했는지 정하기 위해 잉글랜드 전역을 조사하도록 명한다.**

▲ 손상되기 쉬운 상태의 둠즈데이 북 원본은 런던 국립 문서보관소에 있다.

> " … 황소 한 마리, 암소 한 마리, 돼지 한 마리도 그의 기록에 남지 않고 지나가는 일이 없었다."
>
> 『앵글로색슨 연대기』

글로스터의 왕궁에서 크리스마스를 보내던 중, 정복왕 윌리엄은 잉글랜드 전역으로 여러 팀의 서기관을 파견해 토지에 대한 정보를 수집하기로 결심했다. 그는 누가 토지를 소유하고 있으며, 그들이 소유한 땅과 가축은 가치가 어느 정도인지 알아보고 싶었다. 조사는 엄청난 작업이었으며—오늘날의 정부 주도 인구조사와 맞먹는다—이전에는 단 한 번도 이와 같은 일을 시도한 적이 없었다. 1월에서 8월에 걸쳐 정보 수집 작업이 이루어졌고, 다음으로 두 권의 두꺼운 책에 결과를 기록했다. 18세기 철학자 데이비드 흄의 말을 빌면, 이 책은 "한 국가가 소유한 가장 가치 있는 유물"이다.

'둠즈데이 북'이라는 이름은 '집계' 혹은 '계산'을 의미하는 고대 영어 단어 '돔'(dom)에서 왔다. 윌리엄이 이러한 기록을 명한 이유에 대해서는 누구도 확실히 알지 못한다. 한 가지 그럴 듯한 설명은 그가 덴마크의 침략 위협으로부터 나라를 방어하기 위해 세금을 걷으려 했다는 설이다. 아니면 단순히, 정복한 지 20년이 되었으나 근래에 들어서야 제대로 통치하게 된 잉글랜드 땅에 대해 가능한한 많은 것을 알고 싶었는지도 모른다.

이 역사적인 작업은 카운티(영국의 행정 구역–옮긴이)별로 정리되어 있으며, 각 카운티 항목 처음에는 토지 소유자 목록이 나와 있는데, 국왕부터 시작해 모든 군주 직속 토지보유자가 순서대로 나열되어 있다. 각 항목은 돼지며 소의 숫자에 이르기까지 당시 잉글랜드의 모든 장원(마을과 주변 영지)에 대한 놀라우리만치 상세한 정보를 제공한다. 이 조사는 노르만 정복이 잉글랜드에 얼마나 커다란 영향을 미쳤는지 보여 준다. 250명도 안 되는 이들이 잉글랜드의 땅 대부분을 지배했으며, 국왕 직속 토지보유자 중 두 명만이 잉글랜드인이었다. 나머지는 외국인, 즉 1066년 윌리엄과 함께 건너온 노르만과 플랑드르인이었던 것이다. **SK**

# 볼로냐가 학생 도시가 되다

볼로냐의 법률 학교에서 유럽 최초의 대학이 성장한다.

1088년은 볼로냐 대학이 교회의 관리에서 독립된 기관으로 태어난 해로 널리 간주된다. 볼로냐 대학은 세계 최초의 대학 중 하나이며, 서유럽에서는 가장 오래된 대학이다.

볼로냐 대학에서 기록에 남아 있는 가장 오래된 학자는 이르네리우스로, 1084년에서 1088년 사이의 한때에 법학부를 창설했다. 이르네리우스는 이 학교에서 수업을 했으며 『로마 법 대전(Corpus Juris Civilis)』의 전문가가 되었다. 이 법전은 비잔틴 황제 유스티니아누스 1세가 529년에서 534년에 걸쳐 집필하게 했으며, 최근 11세기에 들어 재발견되었던 것이다. 이르네리우스의 최고 업적은 유스티니아누스의 법전에 대한 주석서 『숨마 코디키스』를 저술한 것으로, 이는 유럽 사회의 문화적 발전에 있어 중요한 단계였으며, 체계적이고 합리적인 성문법 체제의 초석이 되었다.

볼로냐 대학은 과학과 인문학 분야에서 탁월함의 중심지라는 명성을 얻었다. 로마법을 편찬하고 그 권위를 신성 로마 황제의 권위와 연계시킨 업적을 기려, '붉은 수염왕' 프리드리히 1세 황제는 1158년 볼로냐 대학에 특권을 부여했다. 외부 압력을 받지 않고 독립적으로 발전할 수 있는 학문과 연구의 전당으로서의 지위를 인정해 준 것이다. 볼로냐 대학은 당시로서는 특별할 정도로 개화된 편이었다. 11세기 후반에는 베티시아 고차디니라는 한 여성이 수업을 들었다는 얘기가 있다. 소문에 따르면 그녀는 교편을 잡고 수많은 대중 앞에서 강의를 하기까지 했다고 한다.

19세기에는 잠시 쇠퇴기를 거쳤으나, 1988년에는 전 세계의 학계 대표자가 볼로냐 대학이 지닌 모든 대학의 모태라는 영광스런 지위를 경축했다. **TB**

▲ 〈볼로냐 대학에서 법학을 가르침〉, 15세기 이탈리아 필사본.

"모든 대학은 …
학생의 자유를
보장해야 한다."

**유럽 대학 대헌장, 1988년**

# "신이 그것을 바라신다!"

교황 우르바누스 2세가 열정적인 연설로 제1차 십자군 원정을 개시한다.

▲ 〈1095년 클레르몽 공의회에 도착하는 우르바누스 2세〉, 우르바누스 2세는 제1차 십자군을 소집했다. 14세기 프랑스 삽화.

프랑스 중부 클레르몽 외곽의 언덕 꼭대기에 있는 연단에 앉은 채, 교황 우르바누스 2세는 가득 모인 주교, 귀족, 시민들에게 연설을 했으며, 서방 기독교 세계의 기사들에게 서로 간의 싸움을 그만둘 것을 요청했다. 그럴 것이 아니라 무슬림 세력으로부터 예루살렘을 해방시켜 하느님을 섬기는 데에 칼을 겨누어야 한다는 얘기였다. 그의 말에는 전기 충격 같은 힘이 있었으며, "데우스 불트!"("신이 그것을 바라신다!")라는 함성이 터져 그의 연설을 가로막았다.

우르바누스는 서쪽의 군사적 원조를 구하는 비잔틴 황제 알렉시우스 2세의 간청에 화답하고 있었다. 이러한 간청은 예전에도 있었다. 셀주크 투르크족이 1071년 만지케르트에서 비잔틴 군대를 격파하고 아나톨리아를 정복한 직후, 교황 그레고리우스 7세는 '밀리테스 크리스티'(그리스도의 군사들)에게 동로마의 기독교 형제들을 도우러 갈 것을 요청한 적이 있었으나, 성공을 거두지 못했다. 그 이후로 기독교 순례자들이 무슬림의 공격을 받았다는 소식이 전해지면서 서쪽에서도 새로이 종교적 열정의 분위기가 솟았고, 교황의 연설에 열광적으로 찬동했던 것이다. 1096년 무렵에는 프랑스, 베네룩스 지방, 독일 출신이 대부분인 수천 명의 사람이 중동으로 길고도 위험스런 원정을 떠나겠노라고 엄숙한 맹세를 하게 되었다.

클레르몽에서의 연설은 십자군 전쟁, 즉 이후 몇 백 년 동안 중동, 스페인, 발칸반도에서 기독교와 무슬림이 맞붙어 싸운 여러 차례의 전쟁의 신호탄이 되었다. 1차 십자군 전쟁에 나선 이들 중 일부가 세속적 야망과 개인적 이익을 위해 나섰다고는 해도, 나머지 대부분은 종교적 신앙심에서, 그리고 천국이 보장되어 있다는 약속에 이끌려 합세했던 것이었다. **SK**

# 민중의 십자군

열정적이지만 경험이 없는 '은자 피에르'의 추종자들이 십자군에 가세한다.

◆ 〈해외 원정〉의 부분, 1490년경, 세바스티앙 마르모레, '민중의 십자군' 전투의 한 장면.

'은자 피에르'는 교황 우르바누스 2세의 십자군 원정 수집에 가담했던 카리스마 있는 설교가였다. 1096년 여름 그는 '민중의 십자군'이라 알려진, 기사와 농민으로 이루어진 허술한 부대를 이끌고 1차 십자군 정예 부대보다 앞서 헝가리를 거쳐 중동으로 갔다. 몇몇 기록에 따르면 그들은 여성과 어린이를 합쳐 10만 명이나 되었다고 한다.

추수 전에 길을 나섰기에 그들은 물자가 부족했고, 도둑질을 해서 이를 충당했다. 콘스탄티노플에 다다르기도 전에 이들이 제멋대로의 행동을 보이며 행군하고 있다는 소식이 그리스인 황제 알렉시우스 2세의 귀에 들어왔다. 황제는 도움을 요청했을 때 기대했던 바와는 거리가 먼, 그토록 대규모에 규율도 없는 군대가 밀려들고 있다는 사실에 당황했고, 그들을 배에 실어 보스포루스 해협을 건너게 했으며, 8월 6일 그들은 니코메디아(오늘날의 터키 이즈미르)에 도달했다. 소아시아에 다다르자마자 십자군은 자기들끼리 다투기 시작했고 피에르는 콘스탄티노플로 돌아갔다. 그가 자리를 비운 동안 경험 없는 십자군은 셀주크 군대를 맞아 전멸하고 말았다.

피에르의 설교에 고무된 또 다른 무리의 십자군 역시 예루살렘까지 나아가지 못했다. 독일 출신의 신병 1만여 명으로 이루어진 부대가 무슬림뿐만 아니라 유대인도 기독교의 적이라는 지도자들의 말에 선동되었던 것이다. 그들은 라인 강변에 있는 여러 도시에서 유대인 공동체를 습격하고, 개종을 거부하는 이는 누구든 학살했다.

당대인들은 이 학살의 소식에 공포를 금지 못했다. 오늘날 이는 서유럽에서 반유대주의의 확산을 보여 주는 초기 징표라 간주된다. **SK**

# 수도사들이 편안한 삶을 거부하다

개혁을 열망하는 작은 수도사 단체가 시토 수도회를 창설한다.

▲ 〈성 베르나르두스에게 나타난 성모〉, 조반니 다 밀라노의 폴립티크 〈성인들의 생애〉(1353~1363년)의 부분.

"그들은 천사보다는
조금 부족해 보였지만,
인간보다 훨씬 나아 보였다."

**클레르보 수도원에 대한 생 티에리의 기욤의 묘사, 1143년경**

1098년, 부르고뉴의 몰렘 대수도원에서 보았던 편안한 삶에 불만을 느낀 작은 수도사 무리가 새 수도원을 세우기 위해 떠났다. 그들은 성 베네딕투스의 규율을 보다 철저하게 따르려 했으며, 몰렘 수도원을 개혁하려 했으나 성공을 거두지 못했던 수도원장 로베르가 그들을 이끌었다.

로베르는 전에도 두 차례 몰렘을 떠나려 했지만, 두 번 다 교황의 명령으로 돌아와야 했다. 로베르의 가문이 샹파뉴 지방 귀족층과 친분이 있었던 덕택에 본느의 자작 르노가 땅을 주기로 약속했고, 이번에는 로베르도 자신을 따르는 무리들과 함께 다시는 돌아가지 않겠다고 굳게 다짐했다.

땅은 고작 황폐한 골짜기에 불과했으나, 로베르는 결심을 꺾지 않고 시토 수도원을 세웠다. 겨우 일 년 후, 몰렘 수도원에서 베네딕투스 규율에 대한 로베르의 엄격한 해석을 따르겠다고 동의하자, 그는 몰렘으로 돌아갔다.

로베르의 제자 중 두 명인 알베리쿠스와 스테파누스 하딩이 이끄는 가운데, 시토 수도원은 시토 수도회의 본산이 되었으며, 하딩의 '자선 헌장'은 서구 수도원 제도의 초안이 되었다. 12세기에 클레르보의 시토회 수도원 원장인 베르나르두스가 1130년에서 1138년에 걸친 교황청의 분열에 개입하면서, 시토회는 영향력을 얻게 되었다. 베르나르두스의 영향력이 커져감에 따라 시토회의 영향력도 커졌던 것이다. 그러다가 1145년에는 시토 수도회의 승리라 할 만한 일이 생겼는데, 로마 근처 아쿠아이 실비아이에 있는 시토 수도원 원장이 교황 유게니우스 3세로 선출된 것이었다.

1130년에서 1145년에 걸쳐 유럽 전역에 거의 100곳의 시토 수도원이 생겨났다. 그들은 보수적인 성향이었으며, 개량된 농업 기술을 확산하는 데에는 그들의 역할이 컸다. **TB**

# 예루살렘 함락

끔찍한 살육의 현장 가운데에서, 십자군이 예루살렘을 손에 넣는다.

"살육의 규모가 너무나 컸기에 우리 군사들은 발목까지 찬 핏속을 건너갔다." 『게스타 프란코룸』을 쓴 무명의 저자는 제1차 십자군이 예루살렘 성벽을 뚫는 데 성공하여 도시로 입성한 뒤에 일어난 사건에 대해 위와 같이 서술했다.

십자군이—대부분 프랑스 기사와 귀족으로, 간혹 남부 이탈리아 출신의 노르만인이 섞여 있었다—콘스탄티노플을 떠나 예루살렘으로 기나긴 행군을 시작한 지 2년이 더 지난 때였다. 십자군은 8개월 동안 고전한 끝에 1098년 6월 마침내 안티오크를 함락시켰으나('신성한 창'의 기적적인 도움을 받은 덕분이라고 말하는 이도 있다), 비잔틴인들과의 불화와 지도자들 간의 다툼으로 지체되었다. 특히 타란토의 보에몽이 말썽거리였는데, 그는 안티오크 공이라는 지위를 얻게 되자 십자군에서 물러났다. 그때까지 십자군은 셀주크 투르크족을 상대로 싸워왔으나, 이제부터는 1098년 8월 셀주크로부터 예루살렘을 재탈환했던 카이로의 파티마 왕조 칼리프 영토를 힘겹게 쳐 나아가고 있었다.

기진맥진한 십자군이 1099년 6월 7일 예루살렘 앞에 막사를 쳤을 때에는 처음에 출정했던 7천 명의 군대 중 고작 기사 1,200명밖에 남아 있지 않았다. 7월 15일, 부용의 고드프루아의 군사들이 성벽의 중요한 구역을 점령해 성문을 열고 들어갈 수 있었다. 다음 이틀 동안, 십자군은 거의 모든 주민을 무차별 학살했다. 무슬림이든 유대인이든 가리지 않았으며, 심지어 동방 교회 기독교도도 있었다. 알 아크사 모스크에 몸을 피한 이들까지 무자비하게 죽였다. 부용의 고드프루아는 예루살렘의 새로운 기독교 총독이 되었으며, '아드보카투스 상크티 세풀크리', 즉 '성묘의 수호자'라는 칭호를 얻었다. **SK**

〈1099년 기독교도의 점령 이후 예루살렘의 약탈〉, 1440년의 채색 세밀화.

"안티오크에서 발이 묶이지 않는다면, 우리는 5주 후에 예루살렘에 도달할 것이오."

블루아의 에티엔이 아내에게 쓴 글, 1097년 6월

# 삼촌의 무서운 복수

엘로이즈와의 사랑 때문에, 당대 가장 위대한 신학자이자 철학자인 피에르 아벨라르는 끔찍한 일을 당한다.

피에르 아벨라르 자신이 『나의 불행한 이야기』라는 저서에서 이 이야기를 들려준다. 파리 노트르담 성당 학교의 교수였던 아벨라르는 성당 참사위원 퓔베르의 열일곱 살 난 조카딸 엘로이즈의 가정교사가 되었다. 그는 그녀의 총명함과 학식에 반해버린다. 둘은 사랑에 빠져 아들을 낳았고, 비밀리에 결혼식을 올린다. 그러나 퓔베르는 끔찍한 복수를 가해 아벨라르를 거세시킨다.

아벨라르의 권유로 엘로이즈는 수녀가 되고, 아벨라르는 수도원에 들어갔다. 이후에도 그는 가르치는 일을 계속했다. 처음에는 자신이 세운 파라클레트 수도원의 예배당에서, 이후에는 파리에서였다. 아벨라르는 1142년 죽어 파라클레트에 묻혔다. 엘로이즈의 시신도 같은 무덤에 안치되었다. 1817년 둘은 새로 개장한 파리 페르라셰즈 묘지에 있는 기념비적인 무덤에 재안장되었다.

> "엘로이즈는 … 풍부한 학식이라는 덕성에 비추어 볼 때 가장 뛰어난 여성이었다."
>
> **피에르 아벨라르, 『나의 불행한 이야기』, 1132년경**

두 사람의 사랑은 고금을 통틀어 가장 유명한 러브스토리 중 하나이며, 많은 시, 소설, 그림, 연극에 영감을 주었다. 유럽 전역에서 학문이 부흥하던 시기에 아벨라르가 교사이자 사상가로서 지녔던 진정한 중요성은 종종 간과되곤 한다. 그는 신학자인 동시에 시인이자 음악가였으며, 그의 사상은 유럽 전역의 중세 학자들에게 커다란 영향을 미쳤다. **SK**

◀ 〈아벨라르와 학생 엘로이즈〉(1882년)의 부분, 에드먼드 블레어 레이턴(1853~1922년).

# 새로운 송나라 시대

## 고종은 항주에서 남송을 건국한다.

송(宋) 왕조(960~1279년)의 순조로운 치세에서 중국은 세계에서 가장 번영하고 기술적으로 발달한 나라가 되었다. 그러나 송나라는 군사적인 면에서는 약했고, 그 지배는 주로 중국계 소수 민족 거주지에만 한정되어 있었다. 이들은 1127년 고종 덕택에 살아남는다.

송나라는 건국 직후부터 강력한 외적을 맞았으며, '분할하여 지배한다'는 정책으로 적을 다루었다. 북경에서 북쪽으로 고작 몇 킬로미터 떨어진 곳에 남쪽 국경을 맞대고 있던 거란족이 세운 요(遼)나라는 한시도 방심할 수 없는 위협적인 존재였고, 송나라는 평화 유지를 위해 번번히 공물을 바쳐야만 했다. 1114년 송 황제 휘종(徽宗)은 속국인 만주의 여진족이 일으킨 반란에 가담하면 거란족의 규모를 축소시킬 수 있는 기회가 되리라 생각했다.

여러 해에 걸친 전쟁 끝에 여진족은 마침내 1125년 거란족을 무너뜨렸으며 새로이 금(金)나라를 세웠다. 곧 금나라는 송나라에게 있어 여진족이 예전 어느 때 그랬던 것보다 더 큰 위협이 되었다. 1125년, 금나라가 송을 침공했고 휘종은 아들 흠종(欽宗)에게 왕위를 물려주고 물러났다. 흠종은 군사를 규합하는 데 실패했고, 1127년 1월 금나라는 개봉(開封)의 송나라 수도를 점령하고 휘종과 흠종, 왕실 일족 3천 명을 포로로 잡았으며, 이들은 죽을 때까지 귀양살이를 했다.

휘종의 다섯째 아들 고종은 왕실 사람들이 대거 잡혀갔을 때 간신히 탈출해 1127년 6월 10일 스스로를 황제로 선포했다. 고종은 북쪽 영토를 되찾을 수는 없었지만, 중국 남부 항주에 새로운 수도를 세워 남송 시대(960년에서 1126년까지는 북송 시대라 한다)를 열었다. 이는 1279년 몽고의 침략으로 멸망하게 된다. **JH**



# 고딕 양식의 탄생

## 쉬제르 수도원장이 생 드니 교회 재건축에 착수한다.

1122년, 농민 출신의 쉬제르라는 인물이 생 드니 수도원장으로 선출되었다. 쉬제르는 루이 6세의 정치 고문으로, 둘은 생 드니의 수도사들에게 함께 가르침을 받던 어린 시절부터 절친한 친구였다. 1137년 루이 6세가 죽었고, 후계자인 루이 7세는 쉬제르를 정치 고문으로 받아들이지 않았다. 따라서 이전의 중책에서 벗어난 쉬제르는 수도원 부설로 설립되었으며 그 역사가 737년까지 거슬러 올라가는 생 드니 교회에 관심을 돌렸다. 이후 5년간 쉬제르는 교회 재건축을 감독하는 데 집중했다.

그는 건물 서쪽부터 작업을 시작해, 카롤링거 왕조 풍의 원래 석조 세공을 로마의 콘스탄티누스 개선문을 모델로 삼은 새로운 디자인으로 바꿨다. 새로운 파사드는 이제 세 개의 커다란 현관과 스테인드글라스로 된 널찍한 장미 창문을 갖추게 되었는데, 이러한 창문은 최초로 선보이는 것이었다. 네이브는 원래 그대로 놓아두었으며, 뾰족한 아치, 리브 볼트, 다발 기둥 등 새로운 건축 양식을 가미해 성가대석을 다시 지었다. 플라잉 버트레스를 사용했기 때문에 스테인드글라스 창을 더 많이 낼 수 있었다. 쉬제르는 고딕 양식을 창시했던 것이다.

> "우리는 큰 노력을 기울여 교회 건물을 크게 확장했다."
>
> **쉬제르 수도원장, 『쉬제르의 책』, 1148년경**

새로운 교회당은 1144년 6월 11일에 완성되어 축성되었다. 백 년 후, 동일한 고딕 양식으로 네이브를 다시 지었다. 앙주 왕조의 영향력 아래에서 고딕 양식은 유럽 전역으로 퍼졌으며, 여러 교회와 성당 설계의 모델이 되었다. **TB**

# 다마스쿠스의 붕괴

**제2차 십자군이 무슬림 도시 다마스쿠스에서 어이없는 포위전을 시작한다.**

〈다마스쿠스 포위전〉과 〈바라다 전투〉, 세바스티앙 마르모레의 15세기 프랑스 삽화.

> "그들은 엄청난 군대가
> 과수원 과실만 먹고 버틸 수 있으리라고
> 확신했었다…."
>
> **티레의 주교 윌리엄, 『히스토리아』, 1175년경**

7월 24일, 제2차 십자군 원정대가 다마스쿠스 성벽 밖에 도달해 포위 공격을 시작했으나, 이는 고작 5일간 지속된 후 실패로 끝났다. 십자군이 소집된 이유는 모술의 아미르 장기가 동쪽의 십자군 주둔지인 에데사(오늘날 터키의 우르파)를 점령했기 때문이었다. 클레르보의 성 베르나르두스가 열정적인 연설로 원정대의 의욕을 돋우었고, 로마 가톨릭 유럽에서 가장 강력한 두 왕, 프랑스의 루이 7세와 독일의 콘라트 3세가 원정대를 이끌었다. 이들은 불운한 1차 십자군이 택했던 행로를 따라가기로 했는데, 1147년 가을 콘스탄티노플에서 집결해 아나톨리아 고원을 넘어 성지에 도착하려는 계획이었다.

아나톨리아를 건너면서, 십자군은 셀주크 투르크족의 공격으로 즉각 큰 피해를 입었다. 피해가 상당했기 때문에 루이와 콘라트는 에데사를 재탈환하려던 원래 계획을 버리고 대신 다마스쿠스를 치기로 결정했다. 다마스쿠스는 부유하고 전략적으로 중요한 도시였으나, 그곳의 아미르 우누르는 그 지역에서 유일하게 예루살렘의 십자군 왕국에 적대적이지 않았던 무슬림 지배자였다. 공격은 어리석은 짓이었지만, 그렇게 멀리까지 와 버린 참이니 십자군은 어떤 대가를 치르더라도 무슬림과—어떤 무슬림이든 상관없이—싸우려고 단단히 마음먹었던 것이다.

다마스쿠스인들은 십자군의 공격에 대비하지 못한 상태였고, 포위 첫날에 도시는 함락의 위기에 놓였다. 그러나 빠른 승리를 기대했던 십자군은 식량과 물 부족으로 포위를 계속할 수가 없었다. 7월 28일 아침, 십자군은 막사를 거두고 치욕적인 퇴각을 시작했다. 제2차 십자군은 완전히 역효과만 냈다. 유일하게 주목할 만한 결과라고는 무슬림 공동체를 부활시켜 십자군 왕국을 파멸시키려는 움직임에 박차를 가한 것뿐이었다. **JH**

# 베케트가 대주교가 되다

대법관이었던 베케트는 캔터베리 대주교가 되면서 헨리 2세와 위험한 불화를 겪게 된다.

토머스 베케트는 헨리 왕이 어떤 속셈에서 자신을 캔터베리 대주교 자리에 앉히려는지 잘 알고 있었으며, 둘 사이에 불화가 일어날 것을 예상할 수 있었기에 그러지 말아 달라고 청했다. 캔터베리 주교 자리는 일 년 이상 공석이었고, 헨리는 이미 잉글랜드의 대법관—즉 왕실 행정의 우두머리—이었던 베케트가 캔터베리 대주교직까지 맡게 되면 자신에게 정치적으로 유리할 것임을 노렸다. 베케트는 부주교였지만, 소박한 성직자라기보다 사치스러운 생활 방식으로 잘 알려진 왕의 측근이었다. 그러나 이러한 사실이 왕을 가로막지는 못했다. 당연한 절차로, 토머스는 대주교로 임명되었다. 두 사람 모두의 인생에 커다란 여파를 몰고 오게 될 행동이었다.

베케트는 1118년 런던에서 부유한 노르만 상인의 아들로 태어났으며, 파리에서 교육을 받고 런던 주지사의 서기로 일하다가 당시 캔터베리 대주교였던 시어볼드의 밑에 들어가게 되었다. 1154년 시어볼드는 잉글랜드의 새로운 왕 헨리 2세에게 베케트를 대법관으로 추천했다. 대법관으로서 토머스는 왕의 이익을 위해 헌신적으로 일하는 면모를 보였다. 그는 유능하고 근면했으며, 특히 세금을 걷는 면에서는 더 그랬다. 헨리는 토머스가 대주교가 되어서도 분명 같은 방식으로 자신을 섬길 것이라고 생각했지만, 곧 자신의 생각이 틀렸음을 알게 되었다.

1162년 대주교 자리에 앉자마자, 토머스는 대법관직을 그만두었다. 뿐만 아니라 그는 전에 왕의 이익을 위해 그랬던 것처럼 교회의 이익을 지키는 데 열성이었다. 헨리는 교회에 자신의 권위를 드리우고 싶어 안달이었다. 그러나 '파계 성직자'(법을 어긴 성직자)가 교회 법정에서만 심판받던 특권을 더 이상 누려서는 안 된다는 헨리의 주장을 베케트가 받아들이지 않자, 둘 사이의 불화는 깊어져 1164년에는 대주교가 외국으로 도피해야 할 지경이었고, 화해시키고자 하는 모든 노력은 실패로 돌아갔다. **SK**

▲ 잉글랜드의 헨리 2세가 토머스 베케트와 논쟁하고 있는 장면을 담은 14세기 초 영국의 채색 필사본.

> "토머스가 …
> 사악하고 위증죄를 범한 반역자로
> 판결났음을 알라."
>
> **베케트에 대한 헨리 2세의 포고문, 1164년**

# 노르만인이 아일랜드에 도달하다

이 공격은 아일랜드 내정에 잉글랜드가 중대하게 관여한 최초의 사건이다.

▲ 아일랜드의 코맥 예배장 북쪽 문 위편에 있는 널판으로, 노르만 켄타우루스가 켈트 그리스도교의 사자를 죽이는 장면이다.

"… 동쪽에서 오는 바람도 서쪽에서 오는 바람도 우리가 간절히 바라는 그대의 존재를 데려오지는 않는군요."

**맥머카다가 스트롱보우에게 쓴 편지, 1170년**

1169년 아일랜드 남동부 해안 배노우 만의 고요한 바다에 중무장한 노르만 군인과 웨일스 궁수 70명을 실은 배 두 척이 도착했다. 승선한 부대의 목적은 몇 해 전 축출 당했던 디머드 맥머카다를 렌스터 왕위에 복위시키는 것이었다. 맥머카다는 처음에는 웨일스로 달아났고, 다음에는 프랑스로 갔으며, 그곳에서 잉글랜드 왕 헨리 2세로부터 기꺼이 정치적 · 군사적 원조를 해 주겠다는 약속을 받았다. 로버트 피츠스티븐과, 펨브룩 백작으로 '스트롱보우'라는 별명의 리처드 드 클레어가 그를 도와 용병을 모집했다.

침략군은 거의 저항을 겪지 않았으며 다음 날에는 신속히 웩스퍼드의 바이킹 거주지를 점령했다. 그러나 아일랜드 고왕(high king)이 즉위식을 올리던 곳인 타라를 점령하는 데 실패하자, 맥머카다는 큰 수위 지원군을 요청했다. 1170년 스트롱보우가 몸소 전보다 더 많은 군사를 이끌고 도착해 남동부의 웩스퍼드와 워터퍼드 주변에 거점을 두고, 더블린을 점령했다. 스트롱보우는 맥머카다의 딸 이파와 결혼했고 렌스터 왕국 상속자로 지명되었다. 맥머카다는 얼마 후 죽었고, 스트롱보우가 왕위를 자기 것으로 주장하자 총체적 반란이 일어나 스트롱보우는 헨리 2세에게로 돌아가 자신의 영지와 성 모두를 내맡길 수밖에 없었다.

따라서 헨리 2세가 몸소 대군을 이끌고 1171년 워터퍼드에 왔다. 왕은 워터퍼드와 더블린을 왕실 도시로 선포하고 섬 전체를 시찰했다. 섬을 돌아보면서, 그는 아일랜드의 모든 왕국 지도자들이 자신에게 충성을 맹세하도록 했고, 아들인 존(후에 존 왕이 됨)을 아일랜드 영주(헨리의 사후에는 아일랜드 왕)로 앉혔다. 1175년 윈저에서 잉글랜드인의 아일랜드 주둔을 승인하는 조약이 체결되었으며, 현대에 이르기까지 남아 있다. **PF**

# "성스러운, 복된 순교"

캔터베리 대성당에서 베케트가 네 명의 기사에게 잔인하게 살해당한다.

네 명의 기사—레지널드 피츠어스, 휴 드 모어빌, 윌리엄 드 트레이시, 리처드 르 브레튼—가 캔터베리 대성당을 습격해 저녁 기도 중인 대주교를 발견했다. 그들은 대주교를 밖으로 끌어내 포로로 잡으려 했다. 대주교는 성당을 벗어나지 않으려 했으며, 네 기사는 칼을 뽑아 그 자리에서 그를 난도질해 죽였다. 그들이 가한 일격에 베케트의 머리 윗부분은 날아가 버렸다.

토머스 베케트는 유배지로부터 잉글랜드에 돌아온 지 한 달도 안 되었던 참이었다. 교황이 성무 금지령을 내릴까 두려웠던 헨리가 돌아오도록 허락했던 것이다. 그러나 토머스는 왕과의 반목을 끝내려는 어떠한 표시도 보이지 않았다. 참을 수 없을 만큼 화가 난 헨리가 "누가 짐에게서 이 말썽 많은 성직자를 없애 주겠는가?"라고 묻자, 기사들은 스스로의 손으로 심판을 내리기로 결심하고 대주교를 잡기 위해 캔터베리로 즉각 출발했다.

토머스가 죽은 지 며칠도 지나지 않아, 평민들이 그의 무덤에 모여들어 기도를 하게 되었다. 방문객들이 기적적인 치유를 경험했다고 너무나 많이 보고했기에, 교황 알렉산데르 3세는 설득에 못 이겨 사후 3년 만에 토머스를 성인으로 시성했다. 다음 해에 헨리는 캔터베리에 와서 속죄를 했다. 맨발에 무명으로 된 참회복을 입고 공개적으로 채찍질을 당하며 무덤에서 하룻밤을 지새워 기도를 올렸다.

토머스는 중세 후기에 가장 유명한 성인 중 한 명이 되었다. 그에게 바쳐진 수많은 교회가 생겼고, 그의 유골이 모셔진 곳은 순례지로서 유럽 전역에 명성을 떨치게 되었다. 영문학 최초의 걸작 중 하나인 제프리 초서의 서사 운문 『캔터베리 이야기』는 "성스럽고 복된 순교를 찾아" 런던에서 캔터베리로 가는 14세기의 순례자 한 무리를 다루고 있다. 1540년 헨리 8세가 토머스의 묘를 파괴하도록 명했으며, 이 존경받는 성인의 유골은 땅에 산산이 흩어졌다. **SK**

▲ 왕당파 기사들이 캔터베리 대성당에서 토머스 베케트를 암살하는 장면을 담은 13세기 삽화.

" … 칼이 일격을 가하자 …
머리 윗부분이 나머지 부분에서
떨어져 나왔다."

**에드워드 그림, 『성 토머스의 생애』, 1172년**

# 살라딘이 정권을 잡다

**쿠르드족 장군 살라딘이 다마스쿠스를 점령해 스스로를 술탄으로 선언한다.**

『세상의 여섯 시대』에 실린 15세기 필사본 삽화로, 언월도를 들고 있는 살라딘의 모습.

> "이 젊은이에게는 … 가정교사와 섭정이 필요하며, 그 자리에 나보다 더 어울리는 이는 없다."
>
> 살라딘, 1174년

제1차 십자군 원정(1096~1099년)이 성공을 거둘 수 있었던 주요 원인은 무슬림 세계가 단결하지 못했기 때문이었다. 무슬림 세력의 재회복은 모술의 아미르인 장기에 의해 시작되었다. 그는 1144년 십자군으로부터 에데사를 재탈환했고, 그의 아들 누르 알-딘은 1154년 시리아를 자신의 지배하에 통일하고 1169년 이집트를 정복했다. 이제 성지의 십자군 국가는 육지로는 누르 알-딘이 통치하는 영토에 둘러싸이게 되었다. 이집트 정복 후 누르 알-딘은 계속 모술에서 통치하면서 쿠르드족 장군 살라딘을 이집트 총독으로 파견했다. 이는 심각한 판단 오류였다.

부유하고 인구가 많은 땅인 이집트는 살라딘에게 독자적인 야망을 추구할 수 있는 강력한 세력 기반이 되어 주었다. 1170년과 1172년에, 살라딘은 누르 알-딘의 십자군 예루살렘 왕국 정벌 전쟁에서 고의로 물러났다. 십자군을 쫓아내겠다는 군주의 뜻에 동의하기는 했지만, 자신이 스스로 권력을 잡을 준비가 되기 전까지 예루살렘 왕국이 이집트와 시리아 사이의 완충 지대로서 온전히 남아 있기를 바랐던 것이다.

누르 알-딘이 1174년 5월 15일 다마스쿠스에서 사망했을 때, 그는 살라딘을 상대로 전쟁을 준비하고 있었다. 구무쉬티긴이라는 환관이 섭정을 맡은 가운데, 열한 살 난 그의 아들 알-살리흐가 후계자로 선포되었다. 살라딘은 자신이 적법한 섭정이라고 주장했다. 10월 말 그는 다마스쿠스를 점령하고 스스로를 술탄으로 선포했으며, 누르 알-딘의 미망인과 결혼해 권위를 한층 굳혔다. 살라딘의 지위가 마침내 확고해진 것은 1181년 알레포에서 알-살리흐가 갑작스레 죽고 나서였는데, 아마 독살당한 듯하다. 살라딘은 무정한 행동들로 왕위 찬탈자라는 평이 자자했으나, 1187년 십자군으로부터 예루살렘을 재정복하는 데 성공하여 이러한 악명을 상쇄하고 무슬림 세계의 영웅이 되었다. **JH**

# 황제가 모욕적인 패배를 겪다

**레냐노 전투에서 롬바르디아 도시 동맹이 붉은 수염 프리드리히 1세를 격파한다.**

1176년 5월 29일 먼동이 트자, 신성 로마 황제 붉은 수염왕 프리드리히의 군사들은 올라노 강을 건넜고, 궁지에 몰린 교황 알렉산데르 3세에게 여전히 충성을 바치는 도시들의 연맹인 롬바르디아 도시 동맹의 군사 3,500명과 마주쳤다. 독일 기사들로 이루어진 자신의 기병대가 롬바르디아 보병대를 노려보고 있을 때, 프리드리히는 분명 승리를 확신했을 것이다.

롬바르디아 보병이 용맹스럽게 싸웠음에도, 처음에는 프리드리히의 편이 승리할 것 같았다. 그러나 브레시아에서 보낸 기병 지원군이 프리드리히의 진영 뒤편을 기습 공격하자 전세는 결정적으로 역전되었다. 브레시아인들이 황제의 대열을 돌파하고 프리드리히를 향해 곧바로 돌진하여 기수(旗手)와 황제의 호위병을 죽이자, 그의 군대는 혼란에 빠졌다. 황제는 말에서 떨어졌으며, 지도자가 죽었다는 두려움에 휩싸인 병사들은 공포에 질려 도망쳤다. 프리드리히의 지휘관들은 군사를 집결해 버텨 서서 싸우라고 명령했으나 헛수고였고, 롬바르디아 기병대는 달아나는 군사들을 추격했다. 전투가 끝날 무렵 롬바르디아 군은 많은 포로를 잡았고 프리드리히가 소유하던 막대한 양의 재물을 손에 넣었다.

롬바르디아 도시 동맹의 승리는 미래 이탈리아의 정치적 향방을 결정했다. 전투에 뒤이어 맺은 베네치아 평화 조약에서, 프리드리히는 교황령에 대한 교황의 통치권과 로마 시에 대한 세속적 권리를 인정할 수밖에 없었다. 그는 또한 대립 교황 갈리스토 3세에 대한 지지를 철회함으로써 여러 해에 걸친 교회 분열에 종지부를 찍었다. 이에 덧붙여 시칠리아의 굴리엘모 2세와 평화 조약을 맺었으며, 그 결과 시칠리아 주민들에게 평화와 번영의 시기가 찾아왔다. 이후의 노력도 실패로 돌아가자, 프리드리히는 1183년 끝내 롬바르디아 도시들을 정복하려는 야망을 포기하고 만다. **TB**

▲ 마시모 타파렐리 다제글리오의 1831년 작 〈1176년 라냐노 전투〉의 부분.

> "황제는 …
> 스스로의 맹세로 …
> 교회와의 화평을 확약할 것이다."
>
> **베네치아 평화 조약, 1177년**

# 사무라이의 황혼

미나모토 요시츠네가 단노우라에서 다이라 사무라이 일족을 무찌르고, 천황을 대신하는 무사 정권이 수립된다.

12세기 일본의 역사는 라이벌 관계인 다이라(平, 혹은 헤이케(平家))와 미나모토(源, 혹은 겐지(源氏))라는 두 사무라이 무사 일족이 지배하고 있었다. 이들은 교토의 황실 지배권을 두고 서로 다투었다. 두 가문의 싸움은 정점에 달해 겐페이(源平) 전쟁(1180~1185년)이 발발했다. 1159년 다이라 일족은 미나모토 일족을 교토에서 몰아내고 대적할 자 없이 일본을 다스렸는데, 1180년 미나모토 요리토모(源頼朝)가 이들을 상대로 반란을 일으켰다. 요리토모는 다이묘(봉건 영주)들 사이에서 지지 기반을 쌓는 데 전념했으며 전쟁의 군사 지휘권을 이복형제인 훌륭한 사무라이 무사 미나모토 요시츠네에게 위임했다.

1183년 교토에서 쫓겨난 후, 다이라 가문은 시고쿠 섬에 몸을 피해 반격 계획을 짜고 있었다. 요시츠네는 자신의 대규모 함대를 이끌고 1185년 4월 25일 단노우라 만에서 그들을 공격했다. 궁지에 몰리고 수적으로도 불리했지만 다이라 일족은 용감하게 싸웠다. 패배가 확실해지자, 우두머리 대부분은 바다에 뛰어들어 자결했다. 단노우라에서 다이라 가문이 몰락한 일은 일본 중세 문학의 걸작 중 하나인 『헤이케 이야기』를 통해 불멸의 명성을 얻었다.

1192년 요리토모는 가마쿠라에 무사 정부를 수립하고 쇼군(총사령관, 막부 정치의 수장)이라는 칭호를 얻었다. 천황은 계속 교토에서 통치했지만, 1868년까지 일본을 실질적으로 지배한 것은 쇼군이었다. 요리토모는 점차 요시츠네에게 적의를 보였으며, 그를 정부에서 배제해 버렸다. 요시츠네는 1189년 자결했다. **JH**

▶ 말을 탄 무사 미나모토 요시츠네를 그린 일본 그림.

◀ 단노우라 해전의 미나모토 요시츠네를 나타낸 목판화.

1186년 1월 27일

# 독일의 시칠리아 지배

**호엔슈타우펜 왕조의 하인리히가 밀라노에서 시칠리아의 콘스탄차와 결혼한다.**

1186년 1월 27일, 호엔슈타우펜 왕가의 신성 로마 황제 붉은 수염왕 프리드리히의 아들인 하인리히는 시칠리아의 콘스탄차와 결혼했다. 이 결혼은 결국 호엔슈타우펜 세력을 멸망시키지만, 당시에는 외교적인 성공으로 보였다. 하인리히는 북부 이탈리아까지 포함하는 신성 로마 제국의 상속자였다. 콘스탄차는 후사가 없던 시칠리아의 노르만 왕 굴리엘모 2세의 고모이자 상속인으로, 시칠리아 왕국 역시 남부 이탈리아 지방 대부분을 차지하는 넓이였다.

교황은 신성 로마 황제와 시칠리아 왕국의 결합을 달갑게 여기지 않았다. 교황 그레고리우스 7세와 신성 로마 황제 하인리히 4세가 서로 성직자 임명 권한을 차지하기 위해 소위 '서임권 논쟁'을 벌인 지 백 년도 지나지 않았던 때였다. 전통적으로 세속 권력자가 성직자를 임명하곤 했는데 교황 그레고리우스 7세는 이러한 권한이 오직 교회의 것이라 주장했으며 뒤이어 벌어진 권력 다툼에서 간신히 승리했다. 그러나 교황과 황제 사이의 갈등은 몇 십 년간 계속됐으며, 하인리히가 콘스탄차와 결혼했으니 이제 로마는 호엔슈타우펜 영토에 둘러싸이게 되었던 것이다. 시칠리아에서도 역시 독일 지배의 가능성을 반가워하지 않았다. 굴리엘모 2세가 죽자, 시칠리아인들은 콘스탄차의 오빠 루지에로의 서자인 레체의 탕크레드를 왕으로 뽑았다. 하인리히와 콘스탄차는 1194년 탕크레드가 죽은 뒤에야 시칠리아의 지배권을 획득할 수 있었다.

1197년 하인리히가 말라리아로 메시나에서 사망하면서 시칠리아와 신성 로마 제국의 유대는 깨졌다. 그러나 콘스탄차는 장차 프리드리히 2세가 되는 어린 아들을 대신한 섭정으로 통치를 계속했다. 프리드리히는 1212년 신성 로마 제국을 지배하게 되어 교황권에 실망을 안겨 주었다. 그러나 결국에는 교황권이 신성 로마 제국과 시칠리아 두 곳에서 모두 호엔슈타우펜 세력을 무너뜨리게 된다. **JH**

1187년 10월 2일

# 예루살렘 함락

**살라딘은 기회를 포착해 하틴 전투에서 십자군을 무찌른다.**

무슬림 세계의 지배적인 인물이었던 이집트 술탄 살라딘은 십자군이 세운 예루살렘 왕국의 붕괴를 종교적이고 정치적인 첫 번째 과제라고 생각했다. 그러나 살라딘이 큰 군사를 모을 수 있는 시기는 매년 나일강이 범람하여 사람들이 밭일에서 손을 뗄 수 있는 여름의 몇 개월뿐이었다. 이 때가 되면 십자군은 단지 성 안으로 퇴각하여 8월 말이 되어 살라딘이 다시 물러나기만을 기다렸다.

1187년 초, 르노 드 샤티용 남작이 무슬림 캐러밴을 공격하여 휴전 협상을 깨뜨렸다. 이에 대한 보복으로 살라딘이 티베리아스를 포위하자, 예루살렘의 기 왕은 나사렛 부근의 강력한 방어 거점을 떠나 티베리아스를 구하기 위해 행군해 왔다. 십자군은 무슬림 공격에 시달리느라 전진이 늦어졌고 7월 3일 밤에는 멈춰 설 수밖에 없었다. 물이 부족했으며, 무슬림은 언덕 주변에서 초목에 불을 붙여 그들을 괴롭혔다. 7월 4일 새벽이 밝자 십자군은 자신들이 포위당했다는 사실을 깨달았다. 기 왕은 포로로 잡혔고 고작 몇 명만이 탈출에 성공했다. 충분히 피할 수 있었는데도 벌어진 이 엄청난 재난으로 인해 예루살렘은 무방비 상태였고, 10월 2일에 항복했다.

> "팔레스타인을 처음 습격한 이래 십자군이 이토록 커다란 패배를 겪은 적은 없었다."
>
> **이븐 알-아티르, 『완벽한 역사』, 1231년경**

예루살렘의 함락은 제3차 십자군 소집으로 이어졌지만, 프랑스, 잉글랜드, 독일 왕이 협공을 펼쳤음에도 기독교가 다시금 성지를 지배하지는 못했다. **JH**

# 황제의 죽음

붉은 수염왕 프리드리히 황제가 성지로 가던 중 물에 빠져 죽는다.

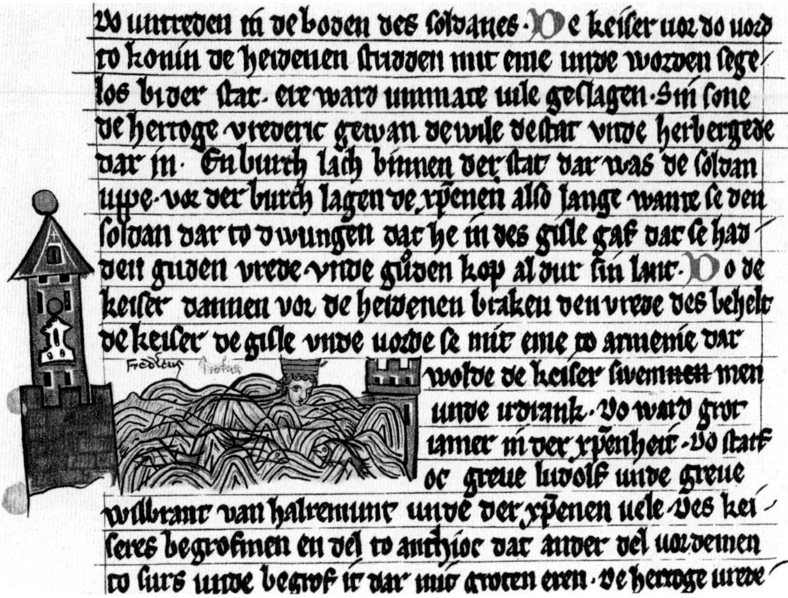
do untreden in de boden des soldanes · De keiser vor do vord
to konin de heidenen stridden mit eme unde worden sege
los bi der stat · ere ward unmate vele geslagen · Sin sone
de hertoge vrederic gewan de wile de stat unde herbergede
dar in · En burch lach binnen der stat dar was de soldan
uppe · vor der burch lagen de xpenen also lange wante se den
soldan dar to dwungen dat he in des gisle gaf dat se had
den gulden vrede unde gulden kop al dur sin lant · Do de
keiser dannen vor de heidenen braken den vrede des behelt
de keiser de gisle unde vorde se mit eme to armenie dar
wolde de keiser swemmen men
unde urdrank · Do ward grot
iamer in der xpenheit · Do starf
oc greve ludolf unde greve
wilbrant van halremunt unde der xpenen vele · Des kei
seres begrofnen en del to anthioc dat ander del vordeinen
to surs unde begrof it dar mit groten eren · De hertoge vrede

▲『앵글로색슨 연대기』의 고타 필사본(13세기 말)으로 붉은 수염왕 프리드리히 1세의 익사에 관한 내용이다.

1190년 여름, 독일의 십자군, 기사, 보병, 수행원으로 이루어진 거대한 규모의 행렬이 타오르는 태양의 섬광과 폭염에 시달리며 남부 아나톨리아(오늘날의 터키)의 평원을 가로질러 전진하고 있었다. 대열 앞에서는 '붉은 수염왕'이라는 별명으로 알려진 신성 로마 황제, 호엔슈타우펜 왕가의 프리드리히 1세가 말을 타고 나아갔다. 그 자신은 몰랐지만, 이는 그의 마지막 출정이었다.

프리드리히는 유럽에서 가장 강력한 지배자였다. 67세의 그는 군대를 이끌고, 십자군 국가들이 사라센 지도자 살라딘에게 파멸당할 위기에 처한 팔레스타인으로 나아가는 중이었다. 군대는 일 년 이상 행군을 계속해 왔지만, 여전히 온전한 대열을 갖추고 있었다. 규율이 잡히고 훌륭하게 무장한 부대로, 살라딘은 두려워하며 그들의 도착을 기다리고 있었다.

전진하던 십자군은 살레프 강 유역에 다다랐다. 물은 채 허리 깊이도 되지 않았으나, 이 물이 재앙을 초래했다. 프리드리히는 더위에 시달리다가 물의 신선함을 맛보기 위해 뛰어들었거나, 아니면 강을 건너다가 말에서 떨어졌던 듯하다. 어떤 경위에서였건, 그는 물에 빠져 치명적인 결과를 맞이했다. 갑옷이 무겁지는 않았지만, 물에 빠져 당황한 상태였다면 그 때문에 가라앉을 수도 있었다. 그는 곧 익사했다.

지도자가 죽자 군대는 혼란에 빠져 흩어졌다. 프리드리히의 시신도 같은 운명이었다. 식초에 절이는 방법으로 황제의 시신을 보존하려고도 했으나, 십자군이 안티오크에 닿았을 무렵에는 이미 부패가 시작되었다. 한편 살라딘은 기적적인 구원을 내려 주신 알라에게 감사를 드렸다. **RG**

# 아크레의 포위와 함락

프랑스와 잉글랜드의 왕이 사라센인의 도시 아크레를 점령한다.

〈십자군과 함께 아크레 외부에 발을 디딘 필리프 2세〉, 1335년경의 프랑스 필사본 삽화, 『대(大) 프랑스 연대기』 수록.

1190년 잉글랜드의 리처드 1세 (별칭 '사자심왕(獅子心王)')와 프랑스의 존엄왕 필리프 2세는 무슬림의 위대한 장군 살라딘에 의해 기독교도들이 패배와 직면하고 있는 팔레스타인을 향해 십자군 원정을 시작했다. 두 왕은 서로를 전혀 믿지 않았기 때문에, 한쪽이 자리를 비운 틈을 타 상대의 영토를 공격하는 일이 없도록 함께 출정했던 것이다. 필리프가 좀 더 서둘렀으므로, 1191년 4월에 무슬림 점령 도시 아크레를 포위하고 있던 기독교 세력과 합류했다. 리처드는 6월 8일에 도착했다.

사실상 이는 이중 포위였다. 아크레의 무슬림 방어군은 봉쇄되어 있었고, 성벽에는 거대한 투석기 공격이 쏟아졌다. 그러나 십자군도 마찬가지로 도시 외부로부터 공격해 오는 살라딘의 군대에 맞서 뒤편을 방어해야 하는 형편이었다. 막사의 위생 상태가 그리 좋지 않았기에 리처드와 필리프 둘 다 병에 걸렸다. 그럼에도 불구하고 기운찬 부대를 이끌고 온 정력적인 군사 지도자 리처드 때문에 아크레에는 패색이 짙어졌다. 7월 초, 성벽에 틈이 생기자 수비군은 항복 협상을 제시했다. 그들은 목숨을 살려 주겠다는 약속을 받았다.

7월 12일 반쯤 굶어 죽어가는 무슬림들이 아크레에서 걸어 나와 포로가 되었는데, 기독교 기사들은 무슬림의 "품위와 존엄함"에 깊은 감명을 받았다. 도시를 점령한 십자군의 모습에서는 결코 찾아볼 수 없는 그것이었다. 필리프는 즉각 프랑스로 돌아갔는데, 영국인들은 이를 비겁한 행동이라 보았다. 리처드는 항복 조약이 지켜지지 않았다고 주장하며 8월 10일 무슬림 포로들을 남자, 여자, 어린아이 할 것 없이 학살하여 불명예스러운 행위로 포위전을 끝맺었다. **RG**

# 일본의 개화

승려 묘안 에이사이가 중국으로부터 선종 불교와 차 마시는 습관을 들여온다.

〈풍경이 있는 폭포가의 선 승려〉, 일본 화가 마노토부가 비단에 그린 작품.

"우리나라에는 병약해 보이고 야윈 사람이 가득하다… 이는 우리가 차를 마시지 않기 때문이다."

**묘안 에이사이(1141~1215년), 『끽다양생기』**

우리가 일본의 독특한 철학이라 여기는 것—다도, 꽃꽂이, 무예 등의 문화적 형식의 근간이 되는 것—은 일본의 승려 묘안 에이사이(明庵榮西)가 1191년 중국에서 들여왔다. 그는 중국 천태산에서 4년간 선(禪) 불교의 임제종(臨濟宗)을 공부한 후 고국으로 돌아왔던 것이다. 그는 일본에서 선(禪, zen)이라 알려진 보다 엄밀한 형식의 불교를 들여왔다.

교토에서, 에이사이는 역시 중국에서 가져왔던 차 씨앗을 심었다. 차가 명상에 도움을 주고 건강에도 이롭다고 믿었던 것이다. 그는 원기를 회복시키고 건강에 이로운 차의 장점을 알리는 『끽다양생기(喫茶養生記)』를 집필했다.

에이사이는 항상 자신을 천태종(天台宗) 승려라 칭했지만, 그의 설법은 이후에 임제종이라 알려지게 된 교파의 밑거름이 되었다. 그는 일본 최초로 선사(禪師)라 인정받은 승려였으며, 일본과 중국의 사찰 사이의 유대를 강화했다. 천황은 그를 후원해 주고, 대선사라는 호칭을 내렸으나 그는 사절했다.

임제종의 수행 방식은 고함을 지르거나 갑자기 치는 등의 육체적인 충격, 혹은 공안(公案, 역설적인 물음)이라는 형식을 통한 지적인 충격을 통해 사토리(悟り, 갑작스런 깨달음)를 얻는 데에 강조를 두었다. 에이사이는 또한 나라를 지키고 공공 행사에 참여하는 것이 임제종의 일부라고 가르쳤기 때문에, 그의 가르침을 이용해 무예 수련을 알리려는 사무라이들을 많이 이끌었다.

그의 제자 중 하나로 역시 중국에서 공부했던 도겐(道元)은 1227년 일본에 귀국해 선종의 다른 일파인 조동종(曹洞宗)을 도입했다. 이는 깨달음을 얻고 표현하는 수단으로 좌선(坐禪)을 강조했다. 조동종은 더 큰 대중적 호응을 얻었으며, 오늘날 일본 선종의 주요 일파이다. **PF**

# 도주하던 왕이 잡히다

## 사자심왕 리처드가 오스트리아 공작에게 포로로 잡힌다.

1192년 크리스마스를 얼마 앞둔 때, 빈 교외의 에르트베르크라는 마을에 수염을 기른 외국인이 왔다. 하인이라고는 독일어를 말하는 소년 하나를 거느렸을 뿐이었다. 여행자는 한 여관에 방을 잡고, 고열과 극도의 피로로 떨며 침대에 앓아누웠다. 그는 다름 아닌 잉글랜드의 왕이자 '사자심왕 리처드'라는 별명으로 유명한 리처드 1세였다.

리처드는 팔레스타인에서 십자군 원정을 이끈 뒤 왕국으로 돌아가는 길이었다. 크로아티아 해안에서 난파 사고를 당한 그는 육로를 통해 작센으로 가고자 결심했다. 불행히도 그 길로 가려면 불구대천의 원수인 오스트리아 공작 레오폴트의 영토를 거쳐야 했다. 리처드는 소수의 기사들만 거느리고 평범한 옷차림으로 시골길을 골라 말을 달리며 조용히 지나가기를 바랐다. 그러나 예리한 눈들이 이 수상한 외국인들의 낯선 행동거지와 부유함을 알아챘다. 일단 당국에서 리처드의 정체를 알아내자, 그는 쫓기는 신세가 되었고, 결국 하인 한 명만 데리고 밤낮으로 말을 달리다가 굶주림과 피로에 지쳐 쉴 곳을 찾아야만 했다.

에르트베르크에서 그는 오래 숨어 있을 수 없었다. 음식을 사러 심부름을 갔던 소년이 값으로 지불한 은화와 주인이 빌려 준 훌륭한 장갑 때문에 주의를 끌었던 것이다. 사흘이 지나자 레오폴트의 군사들이 여관을 포위하고 수색했다. 그들은 그저 성전 기사단의 일원인 척하며 부엌에서 고기를 요리하던 리처드를 발견했다. 그는 붙잡혀 빈으로 후송되었다.

레오폴트는 도나우 상류의 뒤른슈타인 성에 리처드를 가두었고, 그를 경매에 붙였다. 리처드는 신성로마 황제 하인리히 6세에게 팔렸으며, 하인리히는 15만 마르크라는 엄청난 몸값을 받고 1194년 2월 마침내 그를 풀어 주었다. 리처드의 모후인 아키텐의 엘레오노르는 이 돈을 마련하기 위해 잉글랜드인들에게 세금을 물려야 했다. 리처드가 돌아왔을 때 왕국은 그의 오랜 부재로 많이 약해져 있었다. **RG**

▲ 빈에 포로로 잡힌 리처드를 그린 14세기 필사본을 훗날 복제한 것.

"죽음이나 감옥이 시선에서
숨겨 버린 이는 / 친척과 친구를
빼앗겼도다."

**리처드 1세, 구금 중에 쓴 시**

1194년 6월 10일

# 샤르트르의 기적

**샤르트르 대성당의 화재에서 성물이 온전히 보존되어, 새 성당 건축 기금이 모인다.**

1194년 6월 샤르트르 대성당의 대부분을 파괴한 불길이 걷히자마자, 성물인 성모 마리아의 튜닉 역시 불타 버렸다는 데에 생각이 미치면서, 지옥 같은 화염을 지켜보았던 이들의 충격은 곧 절망으로 바뀌었다. 이 튜닉을 보러 오는 순례자들이 많았던 만큼, 이는 소중한 수입원이었다.

그러나 사흘이 지나자 연기가 솟아나는 폐허에서 한 무리의 수도사들이 그 유명한 성물을 들고 걸어 나왔다. 그들은 화재 동안 지하 납골당에 몸을 숨기고 안전하게 나갈 수 있을 때까지 기다렸던 것이다. 피사의 멜리오르 추기경을 비롯해 이 장면을 목격했던 이들은 수사들과 성물이 살아 돌아온 일을 기적이라 선포했다. 교황이 보낸 특사였던 추기경은 새로운 건물 건축 기금 마련에 따르는 세금 징수에 대한 반대에도 불구하고, 샤르트르의 주민들에게 성물이 무사히 돌아온 기적을 경축하기 위해 전보다 더 훌륭한 성당을 지어야 한다고 말했다. 이 기적의 소문이 널리 퍼지면서 유럽 전역으로부터 건축 기금을 위한 기부금이 쏟아졌다.

> "왕은 성당 건축을 위해
> 파리의 200파운드를
> 하사했다."
>
> **「샤르트르 대성당 증서」, 12세기**

화재를 둘러싼 사건들이 주민 반대를 무릅쓴 작업을 해내기 위한 광고 목적의 모험이라는 의심 서린 눈길을 받기는 했지만, 새로운 성당은 고딕 건축 양식의 걸작이었다. 웅장한 플라잉 버트레스와 높이 솟은 아치를 지닌 새 성당은, 성당 건물이 이전에는 결코 시도한 적 없었던 높이까지 솟아오를 수 있게 해 준 새로운 건축 기술의 선구자가 되었다. **TB**

1204년 4월 12일

# 수치스러운 십자군

**제4차 십자군 원정대의 분풀이로 콘스탄티노플이 불탄다.**

교황 인노켄티우스 3세가 소집한 제4차 십자군은 콘스탄티노플로 갈 예정이 아니었다. 원정대는 예루살렘과 시리아 대부분을 지배하는 이집트의 아이유브 왕조를 치기 위해 1202년 베네치아에 집결했지만, 함대 비용을 지불할 돈을 모을 수가 없었다.

베네치아인들에게 속아 전리품을 나눠 받는 대가로 크로아티아의 자라 항구를 공격한 후, 십자군은 콘스탄티노플로 진격하여 베네치아 군대와 함께 도시를 공격하고 알렉시우스 4세를 왕위에 복위시켰다. 그러나 알렉시우스는 보상을 지불하지 않았고, 6개월 후 그가 살해당하자 십자군은 콘스탄티노플을 다시 공격했다.

> "그들은 성상을 때려
> 부수고 … 교회 안에 말과 노새를
> 들였다."
>
> **니케타스 코니아테스, 『콘스탄티노플 약탈』, 1204년**

그들은 사흘 동안 콘스탄티노플을 약탈했고, 자신들을 배반했다고 여겨 그리스인들을 상대로 화풀이를 했다. 이후 십자군은 콘스탄티노플을 기반으로 한 '라틴 제국'을 세웠으며 자기들끼리 그리스와 발칸 반도에 있는 봉건 영지를 나누어 가졌다. 비잔틴 황제가 다스리는 영토는 터키의 니케아 주변 일부분밖에 남지 않았다.

콘스탄티노플 약탈은 서방 가톨릭과 동방 정교 사이의 불화를 돌이킬 수 없이 악화시켰다. 또한 이는 십자군이 품었던 이상(理想)의 진실성을 완전히 망쳐 놓았다. **SK**

▶ 콘스탄티노플 포위를 보여 주는, '복음서 저자 성 요한 교회'의 바닥 모자이크의 일부.

# 프랑스 최초의 왕

존엄왕 필리프 2세가 루앙을 점령하고 잉글랜드로부터 노르망디를 빼앗는다.

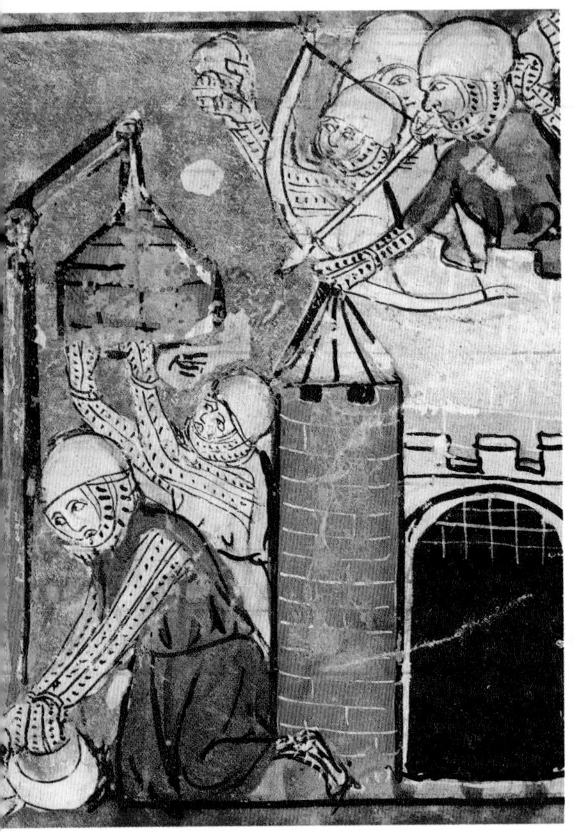

▲ 프랑스가 잉글랜드로부터 루앙을 점령하는 장면을 그린 채색 필사본.

> "존 왕은
> 아르튀르를 붙잡은 뒤 …
> 직접 그를 살해했다."
>
> 『마르감 연대기』, 마르감 수도원, 13세기

1204년 5월 중순 노르망디의 루앙 시를 포위한 프랑스의 '존엄왕' 필리프 2세는 영웅적인 인물형은 아니었다. 그는 군사적 용맹스러움과 고귀한 행동이라는 기사도적인 이상에 부합하는 바가 거의 없었다. 그러나 그는 잉글랜드 앙주 왕조의 군주들보다 크게 한 수 위인, 극도로 총명한 왕이었다.

1180년 필리프가 왕위에 올랐을 당시에는 잉글랜드 왕인 헨리 2세가 노르망디를 포함해 프랑스 영토를 필리프보다 더 많이 다스리고 있었다. 그러나 1199년 리처드 1세가 죽고 인망 없는 존이 영국 왕위에 오르자, 필리프는 기회를 얻었다. 봉건제 법률에 의하면 존은 어떤 면에서 필리프가 다스리는 봉신이었고, 그는 이 법률을 교묘하게 이용하여 1201년 존을 소환해 앙굴렘의 이자벨과의 혼인에 대해 제기되었던 정당성 여부에 답하도록 했다. 존은 출두를 거부했고, 필리프는 존이 소유한 프랑스 영토 대부분을 몰수한다고 선언했다. 잉글랜드 왕위를 두고 경쟁하던 존의 젊은 조카 아르튀르가 1203년 루앙에서 살해당하자, 앙주 왕조가 지배하는 지역의 프랑스 귀족 대부분은 존에게서 등을 돌렸다. 아르튀르를 살해한 것은 존이었고, 그가 시체에 돌을 매어 센 강에 던졌다고 한다.

필리프는 6천 명의 군사를 이끌고 노르망디를 침공했으며 긴 포위전 끝에 샤토-가야르의 잉글랜드 요새를 점령했다. 노르망디의 나머지 지역은 싸우지도 않고 항복했다. 그러나 루앙은 잉글랜드와 강력한 무역 유대를 맺고 있었다. 필리프가 진군해 오자 루앙 시민들은 센 강에 놓인 네 개의 아치로 된 다리를 부수어 그가 만(灣)을 벗어나지 못하도록 했다. 이중 성벽과 삼중의 수로가 루앙을 방비했으나, 내부의 사기는 저조했다. 40일간의 포위 공격 끝에, 존 왕의 도움을 기대할 수 없게 되자, 6월 24일 루앙은 항복했다. 도시에 입성하면서 필리프는 최초로 스스로를 '렉스 프랑코룸'('프랑크족의 왕') 대신 '렉스 프랑키아이'('프랑스의 왕')이라 칭했다. **RG**

# 칭기즈 칸이 몽골족을 통일하다

**몽골의 장군 테무친이 '전 세계의 군주'라 선포된다.**

1206년 여름, 최초의 통일 몽골 국가의 조직 초안을 잡기 위한 대규모 '쿠릴타이'(집회)를 위해 오논 강 수원 부근에 여러 몽골 유목 부족이 모였다. 이 쿠릴타이를 통해 부족들은 정식으로 테무친을 최고 지도자로 맞았고, '칭기즈 칸'(전 세계의 군주)이라는 칭호를 부여했다.

테무친은 1162년경 몽골의 소수부족 족장인 예수게이의 아들로 태어났다. 그는 테무친이 고작 9세 때 몽골 부족 중 가장 강력한 타타르족에게 살해당했다. 테무친이 너무 어려 족장이 될 수 없었으므로, 부족에서는 그의 가족을 내쫓고 재산을 빼앗았다. 버려진 가족은 살아남기 위해 갖은 애를 썼고, 테무친은 자라면서 산적에 가담하고 말을 훔쳐야만 했다. 뛰어난 역량과 대담함 덕택에 그는 곧 충성스러운 젊은 전사들을 거느리게 되었으며, 1195년에는 몽골족의 '칸'(통치자, 군주–옮긴이)이 되었다. 그가 최초로 '칭기즈 칸'이라는 칭호를 사용했던 것은 이 무렵일 수도 있다. 1202년 테무친은 타타르족을 격파했고, 1206년에는 자신의 통치하에 모든 몽골 부족을 통일했으며 그 전사들을 자기 휘하에 두었다.

중국은 일반적으로 적을 다룰 때 분할하여 통치한다는 전략을 사용했는데, 칭기즈 칸은 중국에서 유목 민족의 통합을 분열시키려 애쓸 것임을 잘 알았다. 서로 습격하고 다투는 것은 몽골인 삶의 일부였으며, 테무친 자신도 그랬듯이 젊은 전사들이 부와 명성을 얻는 방편이었으므로, 이러한 분열은 그리 어려운 일이 아닐 터였다. 그러나 칭기즈 칸은 여러 차례에 걸친 무시무시한 전쟁을 벌여, 몽골족의 공격성을 외부로 돌렸다. 그의 군대 중 하나는 중동 전역을 휩쓸었고, 그루지야와 오늘날의 러시아 지방을 정복한 부대도 있었다. 이러한 영토 확장은 1227년 칭기즈 칸이 사망한 후에도 계속되었으며, 몽골 제국은 세계 역사에서 가장 넓게 이어진 영토를 거느린 제국이 되었다. **JH**

▲ 칭기즈 칸과 아내 보르테이가 궁신들 앞에서 왕위에 오르는 모습을 그린 페르시아 필사본, 라시드 앗-딘(1247~1318년).

"그들은 아홉 개의 깃발을 올리고 칭기즈에게 '칸'이라는 칭호를 수여했다."

『몽골족 비사(秘史)』, 13세기

# 카타리파 박해

**카스텔노의 살해 사건을 계기로, 카타리파를 상대로 한 십자군 전쟁이 일어난다.**

1208년 1월 14일, 아를 북쪽 론 강 근처에서 도미니쿠스 수도회 수사인 카스텔노의 피에르가 말을 달리고 있었다. 피에르는 교황 특사로, 프랑스 남부 랑그독 지방의 이단을 진압하라는 임무를 맡고 있었다. 갑자기 말 탄 사내 하나가 다가와 창으로 그를 찔렀다. 피에르의 시신이 장례를 위해 생 질 수도원으로 실려 오자, 전령들이 이 소식을 로마의 인노켄티우스 3세에게 전달했다.

교황은 오랫동안 '카타리파' 혹은 '알비파'라는 이름의 랑그독 이단들을 상대로 행동을 개시할 것을 촉구해 왔었다. 그들은 사탄과 비슷한 존재가 세상을 창조했다고 믿었으며, 채식을 행했고, 환생을 믿었다. 스스로를 기독교도라 간주했지만 교회 조직을 인정하지 않았고, 따라서 교회는 랑그독 지방에서 그 권위를 행사할 수 없었다.

> "주님께 행해진 모욕에 복수하겠다는 경건한 분노로 그대들의 영혼을 채우시오."
>
> **교황 인노켄티우스 3세가 프랑스 귀족들에게 한 말**

피에르는 죽기 전에 랑그독에서 가장 세력이 큰 인물인 툴루즈 백작 레몽 6세와 다투었는데, 그는 이단을 단속하지 않는다는 이유로 파문당했었다. 따라서 피에르를 암살한 자는 레몽의 하인일 것이라 여겨졌고, 레몽은 살인자라는 낙인이 찍혔다. 3월 10일, 교황은 프랑스 귀족들에게 카타리파와 툴루즈 백작을 상대로 십자군을 일으킬 것을 요청했다. 이단으로 몰린 이들은 학살당했고, 그 결과 랑그독은 프랑스 왕국에 흡수되었다. **RG**



# 복음을 전파하다

**프란체스코가 신의 말씀을 듣고 프란체스코 탁발 수도회를 설립한다.**

1208년 2월 24일, 아시시 근처에 자신이 직접 재건한 예배당인 포르치운콜라에서 미사를 드리고 있던 프란체스코의 귀에 마태복음에 나오는 그리스도의 말씀이 울렸다. "가면서 전파하여 말하되 '천국이 가까이 왔다' 하고 … 너희 전대에 금이나 은이나 동을 가지지 말고, 여행을 위하여 배낭이나 두 벌 옷이나 신이나 지팡이를 가지지 말라." 프란체스코는 신발을 벗고, 허름한 옷을 걸치고, 중부 이탈리아의 사람들에게 설교를 하러 나섰다.

곧 아시시 근처의 옛 나병환자 병원에서 소박한 생활을 하던 이들이 그를 따르게 되었고, 복음 전도에 헌신했다. 그들은 성직자가 아니었으므로, '형제'를 의미하는 라틴어 '프라테르(frater)'에서 따 온 '프라이어(friar)'라는 호칭을 택했다. 사람들의 자선에 의존해 살아갔으므로, 걸인 혹은 탁발(托鉢) 수도사라 알려지게 되었다.

> "이것이 내가 소망하는 바이다. 이것이 내가 찾는 바이다 … 마음 깊은 곳으로부터."
>
> **마태복음 말씀을 들었을 때 성 프란체스코가 한 말**

1209년, 프란체스코는 교황 인노켄티우스 3세로부터 새 수도회에 대한 승인을 받기 위해 로마로 갔다. 인노켄티우스는 처음에는 망설였으나, 한 가난한 이가 무너져 내리는 교회를 받치고 있는 꿈을 꾼 뒤 수도회에 축복을 내려 주었다. 인노켄티우스는 이단이 부상하고 있음이 느껴지던 당시에 탁발 수도사들이 강력한 설교 수단이 될 것임을 알아차렸던 것이다. 1216년에는 그의 뒤를 이은 교황 호노리우스 3세가, 성 도미니쿠스가 알비파 이단을 상대로 복음을 전하기 위해 세운 또 다른 탁발 수도회인 도미니쿠스 회에 허가를 내렸다. **SK**

# 베지에에서 수천 명이 학살당하다

카타리파 이단을 처단하기 위해 일어난 십자군은 무차별 학살로 이어져 수천 명을 죽이고, 한 세기 이상 갈등이 지속된다.

1209년 7월 21일, 카타리파 이단을 처단하기 위한 교황 인노켄티우스 3세의 알비 십자군이 프랑스 남서부 베지에 시를 둘러쌌다. 사령관인 시몽 드 몽포르와 교황 특사 아르노-아모리는 도시의 가톨릭교도들에게 숨겨 준 카타리파를 내놓으라고 명했다. 그러나 가톨릭교도들은 거절했다. 어떤 설에 따르면 명령에 항거하는 뜻으로 도시 성벽 밖으로 구약성서 사본 여러 편을 내던졌다고 한다.

베지에 주민들은 소규모 군대를 보내 포위를 뚫으려 시도했지만, 십자군은 이를 물리치고 성벽 안으로 밀고 들어왔다. 베지에의 모든 이들이 학살당했다. 교회 안으로 몸을 피했던 이들마저 살해당했다. 생 나제르 대성당은 불이 붙어 무너지면서 안에 있던 수백 명의 목숨을 앗아갔다. 아이러니하게도, 당대의 기록은 사망자 수를 1만 명에서 2만 명 사이로 추산하는데, 이중 카타리파는 200명뿐이었다.

베지에가 불운한 운명을 맞았다는 소식이 프랑스 전역으로 퍼져 나가자, 많은 카타리파 도시가 항복했고, 그 주민들은 빈손으로 떠나라는 명령을 받았다. 카타리파 다수는 가톨릭으로 개종하는 편을 택했다. 개종을 거부하는 자는 화형에 처했다. 그러나 십자군의 전략에도 불구하고 카타리파 도시 중 많은 곳이 이후에 반란을 일으켰다. 그 결과, 로마 가톨릭 교회와 카타리파 사이의 싸움은 13세기 거의 내내 지속되었고, 기록에 남아 있는 마지막 처형은 1321년에 일어났다. 십자군은 프랑스 남서부 지역을 피폐하게 했고 그 오래된 문화 대부분을 파괴했다. **TB**

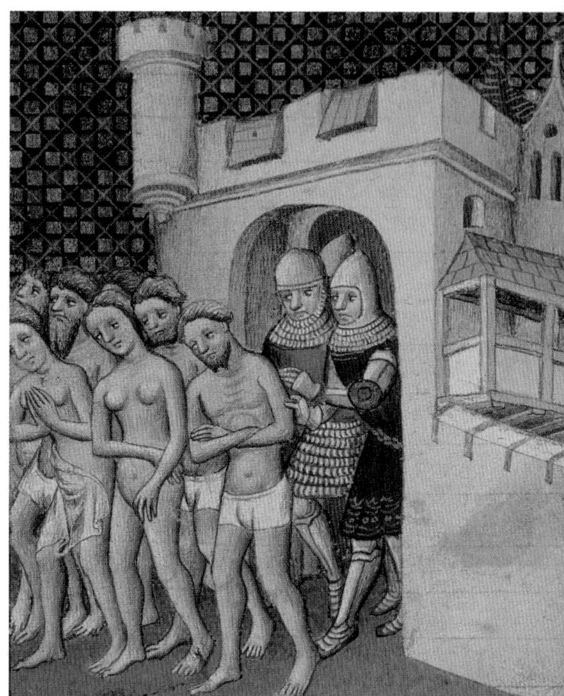

◀ 〈카타리파 이단자들의 추방〉(1390년경~1430년), 『프랑스 연대기』 수록, 부시코 원수(파리에서 활동한 무명의 필사본 삽화가로, 부시코 원수(1365~1421년)에게 바친 걸작으로 이러한 별칭을 얻음-옮긴이)

▶ 카타리파를 공격하는 알비 십자군을 나타낸 14세기 초의 고딕 양식 그림.

1212년 7월 16일

# 무슬림 스페인의 실권

**라스 나바스 데 톨로사에서 기독교 세력이 승리하여 스페인의 무슬림 세력이 무너진다.**

711년에서 713년에 걸친 아랍과 무어의 스페인 정복은 완전한 승리를 이루어 내기에는 조금 부족했다. 북서쪽 끝의 가느다란 띠 모양의 영토가 여전히 기독교 지배 하에 남아 있었던 것이다. 스페인 역사에서는 719년 코바동가에서 기독교 세력이 거둔 승리를 '레콩키스타'(국토 수복 운동)의 시작으로 간주하지만, 실제로는 11세기 초 우마이야 칼리프국이 붕괴하기까지 스페인의 기독교 근거지는 불안정한 상태였다. 그 이후로 세력의 균형은 무슬림과 기독교 왕국 사이를 오갔지만, 대세는 기독교 편이었다.

1160년 모로코 출신의 호전적인 가문인 알모아데 왕조가 무슬림 스페인을 지배하게 되었다. 1195년 알모아데인들은 알라르코스 전투에서 카스티야의 기독교 왕 알폰소 8세로부터 압도적인 승리를 거두었다. 1211년 무렵 스페인에서 기독교의 입지는 너무나 약화되어, 교황 인노켄티우스 3세는 알모아데 왕조를 상대로 십자군 전쟁을 선포했다. 알폰소는 인노켄티우스의 지지를 등에 업고 나바르, 포르투갈, 아라곤의 왕들, 그리고 십자군의 성전 기사단과 칼라트라바 기사단과 연합했다. 알모아데 세력이 기독교에 비해 적어도 2대 1로 우세했음에도, 알폰소는 눈치 채이지 않고 무슬림 영토를 공격하는 데 성공했다. 그들은 라스 나바스 데 톨로사의 알모아데 군대를 완전히 기습하여 10만 명의 무슬림 군사를 죽이거나 포로로 잡았다.

스페인의 무슬림 세력은 이때의 무참한 패배에서 다시는 회복하지 못했다. 이후 13세기 내내 기독교 왕국은 꾸준히 무슬림 영토를 잠식해 나갔고, 1294년에는 그라나다만이 남았다.

그라나다 역시 1492년 함락되어, 레콩키스타는 성공적으로 끝났다. **JH**

◀ 〈카스티야의 왕이 알모아데를 쳐부순 1212년 라스 나바스 데 톨로사 전투〉, 프란시스코 데 파울라 반 할렌(1887년 사망).

1215년 6월 15일

# 왕권의 제한

**마그나 카르타는 민주주의 발전에 있어 중대한 사건이 되었다.**

잉글랜드의 왕위에 오르기도 전부터 형제인 헨리, 리처드, 제프리를 상대로 자주 음모를 꾸몄던 존은 배신자라는 오명이 자자했다. 그의 재위 기간은 보통 잉글랜드 역사에서 가장 불운한 시기 중 하나라는 평을 듣는다.

이러한 악평이 전적으로 정당한 것은 아니다. 존은 유능한 행정가였고, 국내 사정에 정통한 군주였으며, 왕립 재판소에서는 공정한 판결을 내렸다. 그럼에도 그는 자신의 왕국에 불운을 가져온 왕이라 기억에 남아 있다. 그는 교황과 불화를 일으키고, 프랑스와 전쟁을 벌이고, 봉신들에게 세금을 물려 끝내 내전이 발발하게 했으며, 끝내 1215년 6월 15일 러니미드에서 마그나 카르타의 법조항을 받아들이지 않을 수 없게 되었다.

> "존은 … 법과 자유를 인정했고, 자신의 헌장으로 이를 승인했다."
>
> **웬도버의 로저, 『역사의 꽃들』, 1215년경**

마그나 카르타는 봉신들에 대한 왕의 권력을 제한하려는 목적이었으며, 왕의 임의대로 투옥하는 일을 법으로 금했다. 이 문서에는 1100년에 헨리 1세가 발표한 '자유 헌장'에서 따온 내용 외에 새로울 것이 거의 없었다. 하지만 강제로 서명하고 난 존은 내전을 일으킬 것을 각오하고 이를 백지화하려고 애썼다. 존은 1216년 10월에 사망했고, 아홉 살 난 아들 헨리 3세가 뒤를 이었다. 헨리의 재위 기간 동안 대헌장은 여러 차례의 개정을 거쳤고, 잉글랜드의 법으로 소중히 모셔지게 되었다. 마그나 카르타는 미국 헌법과 권리 장전에 영향을 끼쳤으며, 민주주의 역사 속에서 가장 중요한 법적 문서 중 하나로 간주된다. **TB**

1215년 11월

# 또 한 차례의 성전

**교황 인노켄티우스 3세가 제4차 라테라노 공의회를 소집한다.**

1215년 11월, 약 400명의 주교, 70명 이상의 총대주교, 900명이 넘는 대·소 수도원장이 모인 공의회에서 교황 인노켄티우스 3세가 십자군 전쟁을 요청하자, 가톨릭교회에는 흥분된 분위기가 감돌았다. 라테라노 공회의는 1213년 교황이 교서를 보내 소집한 것으로, 가톨릭교회의 7대 성사(聖事)가 정해진 것도 이때의 일이다.

팔레스타인의 십자군 국가를 지켜야 한다는 인노켄티우스의 부르짖음으로, 1217년에서 1221년에 걸친 불운한 제5차 십자군 원정이 시작되었다. 십자군은 이집트의 아이유브 왕조 국가를 점령하여 성지를 탈환할 계획이었으나 술탄 알-카밀에게 완패당하고 항복했다.

> "십자군은 다다음 해
> 6월 1일에 시칠리아 왕국에
> 집결하기로 한다."
>
> **제4차 라테라노 공의회**

그렇다고 해도, 교회의 관점에서 볼 때 1215년 공의회는 신학적인 측면에서는 보다 성공적인 결과를 가져왔다. 인노켄티우스는 공회의에서 이단을 진압할 수 있는 방편을 제안하여 유럽의 가톨릭교회를 수호할 것을, 그리고 교회의 교리와 관례를 표준화할 것을 청했다. 60개 이상의 교회법이 채택되었고, 그중 하나는 독일 왕인 프리드리히 2세를 신성 로마 황제로 선출한다는 내용이었다.

가장 중요한 사항은 7대 성사가 정식으로 결정된 것이었다. 세례성사, 견진성사, 성체성사를 일컬어 입문 성사라 했다. 치유의 성사로서 고해성사와 병자성사가 인정받았다. 소명의 성사는 혼배성사와 성품성사로 이루어지게 되었다. **TB**

1219년 11월 5일

# 이집트의 십자군

**제 5차 십자군은 다미에타를 함락하지만, 카이로 점령에는 실패한다.**

무슬림으로부터 예루살렘을 재탈환하려는 제3차 십자군(1190~1192년) 원정이 실패로 돌아가자, 십자군은 성지를 탈환하기 위해 좀 더 교묘한 전략을 도입하기로 했다. 이집트가 무슬림 세력의 중심지로 남아 있는 한 예루살렘을 완전히 차지할 수는 없다는 점을 깨달았던 것이다. 이집트만 지배하게 된다면, 예루살렘을 재정복해 계속 유지할 수 있을 터였다.

이러한 전략을 이용한 첫 시도는 제4차 십자군이 목적을 딴 곳으로 돌려 1204년 콘스탄티노플을 약탈하면서 실패로 끝났다. 마침내, 1218년 5월에 제 5차 십자군의 함선이 나일 강 동쪽 어귀에 있는 다미에타 항구에 도달했다. 이 항구를 카이로를 정복하려는 노력의 발판으로 삼을 예정이었다. 다미에타의 수비군은 공격에 강경히 맞섰지만, 십자군은 도시를 구하러 온 이집트 군을 패배시켰고, 포위가 시작되었다. 1219년 십자군은 다미에타의 흉벽에 지키는 이가 없음을 눈치 챘으며, 다음 날 성벽을 뚫고 들어가자 전염병이 발생해 수비대 전체는 앓거나, 죽어 가거나, 이미 죽어 있었다.

> "현명하고 존경받는 지도자가
> 한 사람만 있었더라도, 카이로를 점령할
> 수 있었을 것이다."
>
> **스티븐 런시먼, 『십자군의 역사』, 1954년**

술탄 알-카밀은 다미에타를 돌려주면 예루살렘을 기독교 지배에 내주겠다고 제안했지만 거절당했다. 다음 해 봄 십자군은 계획한 대로 카이로를 향해 진군하기 시작했지만, 너무 느리게 이동한 탓에 여름이 되어 나일 강이 범람하자 오도 가도 못하게 되었다. 그들은 풀어 주는 대가로 다미에타를 내놓아야 했다. **JH**

# 성 프란체스코가 성흔을 받다

아시시 근처의 산상 은거지에서 그리스도의 고난에 대해 묵상하던 성 프란체스코의 손, 발, 옆구리에 상처가 나타난다.

1224년 가을, 아시시의 성 프란체스코는 아시시에서 멀지 않은 라 베르나의 산상 은거지에 머무르고 있었다. 성 십자가 현양 축일인 9월 14일의 아침, 이곳에서 그는 환상을 보았고 성흔(聖痕)을 받았다—십자가에 못박힌 그리스도의 상처를 닮은 다섯 군데의 흔적이 그의 양손, 발, 옆구리에 나타났던 것이다. 프란체스코가 죽은 후, 교황 알렉산데르 4세를 비롯한 여러 사람이 이 흔적을 분명히 보았다고 증언했다. 이는 성 프란체스코의 신성함을 나타내는 명확한 징표였으며, 새로이 설립된 프란체스코 탁발 수도회를 널리 알리는 역할을 했다.

성 프란체스코는 기록에 남아 있는 성흔을 경험한 최초 인물이다. 성흔이란 자연발생적으로 나타나는 상처를 말하며(피가 흐를 때도 있다), 고통이 뒤따르는 경우도 잦다. 그러나 그가 사망한 다음 세기에는 스무 건 이상이 보고되었다. 가장 유명한 경우가 시에나의 성 카테리나(1347~1380년)로, 신비주의자였던 그녀는 눈에 보이는 상처가 없는데도, 손과 발에서 못으로 찌르는 듯한 고통을 경험했다고 한다. 로마 가톨릭교회는 오늘날까지 300건 이상의 성흔을 확인했다. 약 60건의 경우, 성흔을 받은 이는 성인으로 시성되거나 복자(福者)로 추증되었다. 대부분의 경우 성흔은 종교적 황홀경과 관련이 있다고 여겨진다.

프란체스코는 성흔을 받은 후 2년을 더 살았는데, 계속 고통에 시달렸고 눈이 거의 완전히 먼 상태였다. 그는 스스로의 육신을 '내 형제 당나귀'라 불렀으며, 모질게 다룬 데 대한 용서를 빌었다. 그에게 얽힌 이야기 다수는—새들에게 설교를 하고 늑대를 길들였다는 등—그가 지녔던 자연 세계에 대한 사랑을 강조한다. 이는 신의 피조물 모두를 찬양하는 내용인 그의 시 「태양의 찬가」에도 명백하게 드러나 있다. **SK**

〈성흔을 받는 성 프란체스코〉(1240년경~1270년), 마에스드로 델 산 프란체스코 바르디(피렌체 화파의 무명 화가–옮긴이).

# 루이 9세가 입수한 귀중한 성물

이후 '성왕 루이'라 불리게 되는 프랑스의 루이 9세는 가시 면류관을 소중히 파리로 가져와, 이를 모셔두기 위해 아름다운 생트-샤펠을 짓는다.

왕국이나 도시, 대성당과 수도원에서 성인의 유물을 지니고 있으면 위신이 높아졌던 때에, 프랑스의 루이 9세는 그 무엇과도 비길 수 없는 가장 소중한 성물 중 하나를 손에 넣었다. 바로 예수가 십자가에 못박혔을 때 쓰고 있었던 것으로 추정되는 가시 면류관이었다. 이 면류관과, 십자가 몇 조각, 아기 예수의 기저귀, 성모의 모유가 담긴 작은 병 하나를, 그는 콘스탄티노플의 라틴 황제 보두앵 2세에게 13만 5,000리브르라는 엄청난 금액을 주고 사들였다. 그리고 엄숙한 의식을 거행해, 파리까지 성물을 가져 온 두 명의 도미니쿠스 회 수도사의 손에서 가시 면류관을 받아들었다.

오늘날이라면 우리는 이러한 물건이 과연 진품인지 의심하겠지만, 중세 기독교도들에게는 성물을 모신 예배당을 순례하는 일이 영적으로 대단한 보상을 안겨 주었다. 루이는 자신이 사들인 성물을 보관하기에 걸맞은 장소를 짓기 시작했다. 1242년에서 1248년에 걸쳐 파리에 건축한 이 생트-샤펠은 프랑스 고딕 건축 양식이 이룩한 걸작 중 하나이다. 찬란한 스테인드글라스 창문이 빛을 비추고, 내부 석조 세공 구석구석을 선명하게 채색하여 보석을 아로새긴 이 예배당은 성물을 보관하기 위해 설계한 몹시 화려한 건물이었다.

당대 사람들이 보기에, 루이 9세는 기독교 군주가 갖춰야 할 최고의 이상—치우침 없이 정의를 분배하는 인물이자 교회의 수호자라는—을 그대로 보여주는 인물이었다. 그는 1248년과 1270년 두 차례에 걸쳐 동방으로 십자군을 직접 이끌었으며, 두 번째 원정 때 튀니스에서 이질로 죽었다. 그는 1298년에 성인으로 시성되었다. 생트-샤펠은 프랑스 혁명 때 크게 파괴되어 1846년에 복원되었고, 생트-샤펠을 지은 이유가 되었던 성물들은 현재 근처의 노트르 담 대성당에 보관되어 있다. **SK**

◀ 파리 일 드 라 시테에 있는 생트-샤펠, 19세기 후반에 촬영한 사진.

# 스웨덴의 격퇴

네바 전투에서 알렉산드르 공이 스웨덴 군대를 물리친다.

1240년 7월, 대규모 스웨덴 함대가 러시아를 침략했다. 스웨덴, 노르웨이, 타바스티아의 대군을 실은 함선은 이조라 강과 네바 강이 합류하는 지점에 상륙했다. 네바 강 어귀와 라고다 시를 점령하려는 것이 침략군의 목적이었을 것이다. 성공한다면, 스웨덴은 오랫동안 노브고로드 공국이 지배했던 무역로를 손에 넣을 수 있게 되는 셈이었다.

소식을 들은 노브고로드 공국의 알렉산드르 야로슬라비치 공은 자신의 작은 군대를 재빨리 움직여 침략대가 라고다 시에 닿기 전에 적을 맞으러 갔다. 1240년 7월 15일, 알렉산드르의 군대는 네바 강에서 적을 마주했다. 14세기 러시아 연대기 작가들에 따르면, 알렉산드르는 침략군에게 커다란 피해를 가했다고 한다. 많은 귀족이 죽었고 시체는 배에 실려 스웨덴으로 돌아갔다. 알렉산드르의 부대가 다수의 사망자를 커다란 구덩이에 묻는 동안, 부상자 대부분은 어물대다가 붙들리지 않고 시골로 달아났다. 이 대단한 승리 이후 알렉산드르 공은 '네프스키'라는 이름을 얻었는데, 글자 그대로 하면 '네바의 알렉산드르'라는 뜻이다.

> "그들은 두 척의 배에
> 시체를 실었다 … 하지만 나머지는
> 구덩이에 던져 버렸다."
>
> 『노브고로드 1차 연대기』, 14세기

이와는 대조적으로, 스웨덴 기록에서는 전투의 증거를 거의 찾아볼 수 없다. 네프스키의 정치적 영향력은 강력해졌고, 그가 네바에서 거둔 승리는 후에 러시아가 되는 모스크바 대공국이 발전해 나가는 데에 중대한 역할을 했던 연이은 승리 중 하나라 볼 수 있다. **TB**



# 몽골의 승리

기독교 기사들이 패배하여 유럽은 동쪽에서 가하는 침략에 노출된다.

1241년 봄, 이미 중국에서 우크라이나에 이르는 유라시아의 광대한 지역을 정복한 후였던 몽골족은 헝가리와 폴란드까지 밀고 들어왔다. 헝가리가 스스로 방어할 길을 모색했던 반면, 보헤미아의 벤체슬라우스 왕과 슐레지엔의 헨리크 2세는 북쪽에 군대를 집결시켰다. 폴란드를 점령한 몽골족은 기독교 세력의 움직임을 꿰뚫고 있었기 때문에 헨리크가 벤체슬라우스와 합류하기 전에 선수를 칠 목적으로 움직였다.

몽골족은 리그니츠(오늘날 폴란드의 레그니차)에서 헨리크의 군대를 발견했다. 헨리크가 거느린 기사들 중 몇몇은 성전 기사단 같은 기사단 소속이었는데, 그들은 말을 탄 몽골 전사들을 '야만인' 떼거리라고 경멸했다. 그렇지만 몽골족의 전투 책략은 놀라우리만치 정교했다. 그들은 기운찬 조랑말에 탄 채 재빠르게 움직이면서 기독교도들을 괴롭혔고, 말 등에 오른 채 화살을 퍼붓다가는 달아나는 척하면서 기사들이 쫓아오도록 유인했다. 몽골족은 무리를 이룬 채로 분산되어 말을 타고 움직이며 신호기를 통해 지시를 받았고, 연막을 쳐서 이를 가렸다. 중무장을 하고, 대규모 기병 돌격전을 각오하고 있던 기사들은 그림자만 좇는 형편이었다. 기사들이야 갑옷 덕분에 화살을 피할 수 있었지만, 말은 그렇지 못했다. 일단 말에서 떨어지기만 하면 몽골족의 먹잇감이 되어 창, 칼, 철퇴에 맞아 죽음을 당했다. 기독교 세력 거의 전부, 추정하건데 2만 명이 학살당했다. 헨리크는 목이 잘렸고 그의 목은 장대에 꽂혀 구경거리가 되었다.

헝가리 군대도 곧 패배했고, 서유럽은 몽골족의 침략에 완전히 노출되었다. 때마침 몽골족의 지도자, 오고타이 대(大) 칸이 죽어 유럽은 위기를 모면했다. 몽골족은 후계자를 선정하기 위해 머나먼 수도 카라코룸으로 돌아가야 했고, 이후 다시는 대규모로 유럽을 공격할 수 없었다. **RG**

# 얻은 것과 잃은 것

**콰레즘 투르크족이 예루살렘을 기독교 세계로부터 영구히 빼앗는다.**

1187년 살라딘에게 정복당한 예루살렘은 1229년 프리드리히 2세 황제가 이집트의 아이유브 술탄인 알-카밀과 맺은 협상에 의해 기독교 지배하로 돌아갔다. 이러한 성과를 거뒀음에도 불구하고 프리드리히는 그리 좋은 평을 받지 못했다. 앞으로 있을 무슬림의 공격으로부터 예루살렘을 확고히 지킬 만큼 충분한 영토를 얻어내지 못했기 때문이었다.

1244년 8월 23일, 예상됐던 일이 벌어졌는데, 공격해온 이는 아이유브 왕조가 아니었다. 그들은 다마스쿠스와 이집트를 근거로 둔 라이벌 술탄끼리 내전을 벌이느라 바빴던 것이다. 몇 해 전 몽골족이 중앙아시아와 이란 대부분에 걸친 지역인 투르크 콰레즘 샤 왕국을 습격하여, 투르크족이 서쪽으로 달아났던 적이 있었다. 1244년 6월 약 1만 명의 콰레즘 기마병이 다마스쿠스 영토로 넘어와, 동료 무슬림들을 약탈했다. 다마스쿠스가 강력한 도시여서 점령할 수 없다는 것을 깨달은 그들은 목표물을 예루살렘으로 바꿨다.

> "콰레즘인들은 제파트와 티베리아스를 통해 갑작스레 기독교 땅으로 침입해 왔다."
>
> **『로틀랭 속편**('티레의 윌리엄'이 쓴 연대기에 대한 속편–옮긴이)**』, 1250년경.**

기독교도들은 너무 늦게 위험을 깨달았다. 기독교 세력 다수는 다마스쿠스의 술탄을 돕기 위해 이집트로 가는 중이었다. 7월 11일 콰레즘인들은 예루살렘을 습격했다. 성전 기사단과 구호 기사단으로 이루어진 소수의 수비대는 콰레즘인들로부터 해안까지 안전하게 호송해 주겠다는 약속을 받아낼 때까지 버텼다. 8월 23일, 6천 명의 기독교도들이 예루살렘을 떠나 자파로 향했으나 가는 도중에 공격당했다. 300명만이 목적지에 도달했다. 예루살렘은 다시는 기독교도의 손에 들어가지 못했다. **JH**



# 쾰른 대성당

**주춧돌이 놓인 지 600년이 넘는 세월이 지나서야 성당은 완공되었다.**

1248년 8월 15일, 대주교 콘라트 폰 호흐슈타덴은 쾰른에 지어질 새로운 대성당의 주춧돌을 놓았다. 새 성당은 818년에 완공했으나 1248년 4월에 불타 버린, 다섯 개의 측랑으로 이루어진 건물을 대체하기 위한 것이었다. 로마 신전이 서 있던 2세기 후반 이후 이 자리에는 항상 건물이 서 있었다.

새 성당은 웅장한 규모로 지을 예정이었다. 신성로마 황제 '붉은 수염왕' 프리드리히가 1142년 밀라노에서 가져온 유명한 성물인, 아기 예수에게 예물을 바쳤던 세 왕의 유골을 안치할 건물이었기 때문이었다. 따라서 콘라트 대주교의 설계안은 유럽 전역으로부터 순례자를 끌어 모으기에 부족함 없이 훌륭했다.

동쪽 채를 짓는 작업이 1322년에 끝났고, 새 성당을 사용할 수 있도록 벽으로 막았다. 14세기 중반 건물의 커다란 서쪽 면을 세우기 시작했지만, 1473년 작업이 중단되어, 미완성의 뾰족탑 위로 커다란 기중기가 남아 있게 되었다. 성당이 완공되기 전인 19세기 중반에 제작한 판화를 보면, 오래된 중세의 기중기가 거의 400년이 지났는데도 여전히 그 자리에 서 있는 것을 볼 수 있다.

설계 원안을 찾아내면서, 1842년 작업을 다시 시작했다. 1880년에 완성된 이 성당은 고딕 건축 양식의 걸작이었으며, 개회식에는 카이저 빌헬름 1세가 참석했다. 쾰른 대성당의 서쪽 면은 다른 어떤 성당과 비교해도 그 규모가 웅장하며, 쾰른의 명물이 된 두 개의 뾰족탑 덕택에 성당은 1885년 워싱턴 기념탑이 1위를 빼앗기까지는 세계에서 가장 높은 건물이라는 영예를 누렸다. 1889년에는 에펠 탑이 가장 높은 건물이 되었다. **TB**

▶ 하르트만 쉐델의 『연대기의 책』에 실린, 1493년에 그린 쾰른 시와 대성당.

COLONIA·

1258년 2월 13일

# 바그다드 불타다

**몽골족은 바그다드를 파괴하고 최후의 아바스 칼리프를 처형한다.**

1258년 2월 13일, 몽골족은 바그다드를 습격하여 일주일에 걸친 살인과 강간, 약탈의 향연을 벌이고 무차별 파괴를 일삼았다. 훌라구가 이끄는 몽골 군대는 1월 29일에 바그다드를 포위했었지만, 칼리프 알-무스타심은 훌라구에게 바그다드를 공격하면 알라의 분노를 사게 되리라 경고했을 뿐, 거의 대비를 하지 않았다. 그러나 훌라구는 그런 말 따위에 겁먹지 않았다. 바그다드를 약탈하고 아바스 칼리프 왕조를 멸망시킨 것은 몽골족이 저지른 가장 끔찍한 잔학 행위 중 하나였다.

500년에 걸쳐 수집한 과학과 철학 문헌들을 소장한 거대한 도서관인 '지혜의 전당'이 파괴되었고, 수천 수만 권의 책이 티그리스 강에 던져져 물빛은 잉크로 검게 물들었다. 사망자 수는 9만 명에서 20만 명까지 다양하게 추정된다. 칼리프는 사로잡혀 신하들이 살해당하는 모습을 억지로 지켜보아야만 했다. 이후 그도 처형되었다. 몽골족은 왕실의 피를 땅에 흘리는 일을 미신적으로 두려워했으므로, 칼리프를 융단에 말아 말굽으로 짓밟아 죽였다. 훌라구는 썩어 가는 시체의 악취를 피하기 위해 진영을 바람이 불어오는 쪽으로 옮겼다고 한다.

아바스 칼리프의 세력은 지난날의 위대함이 남긴 한낱 그림자에 불과했지만, 칼리프가 죽고 이슬람 문명에서 가장 대단한 도시가 파괴되었다는 사실은 무슬림 세계 전역에 충격을 주었다. 그러나 이 무시무시한 잔혹 행위는 기대했던 대로의 효과를 자아내지 못했다. 몽골족은 중동의 다른 군주들이 사기가 저하되고 겁에 질려 싸울 필요 없이 항복하기를 바랐던 것이다. 그러나 이집트의 맘루크 군주들은 두려워하지 않았고, 바로 이들이 1260년 아인 잘루트 전투에서 몽골족에게 커다란 패배를 안겨, 서쪽으로 휩쓸고 나가던 몽골족을 멈추게 된다. **JH**

1260년 9월 3일

# 아인 잘루트 전투

**아인 잘루트에서 얻은 승리가 무슬림 중동을 몽골의 정복으로부터 구한다.**

1256년 몽골족 지도자 대(大) 칸 몽케는 동생 훌라구에게 제국 서편의 무슬림 영토를 정벌을 명했다. 1260년 훌라구는 아바스 칼리프의 도시 바그다드를 파괴하고 시리아의 수도 다마스쿠스를 점령한 후였다. 오직 이집트만이 남았는데, 이집트는 1250년부터 노예 용병 출신의 강인한 엘리트 맘루크 왕조가 지배해 왔다. 훌라구가 대사를 보내 항복할 것을 요구하자, 맘루크 술탄 사이드 앗-딘 쿠투즈는 그를 죽여 버렸다.

쿠투즈는 대담하게 공격적으로 나가, 팔레스타인을 거쳐 진격했다. 그동안 훌라구는 군대의 일부를 데리고 몽골리아로 돌아가야 할 처지에 놓였다. 키트부카 노이엔이 이끄는 나머지 군사가 갈릴리 동쪽의 아인 잘루트에서 맘루크 군대와 격돌하게 되었다.

> "'가능한한 빠르게 나를 끝장내 주시오.' 쿠투즈는 그의 몸에서 머리를 베어내라고 명했다."
>
> **키트부카의 죽음, 『몽골족의 역사』, 1300년경**

양편에는 각기 2만 정도의 기마병이 있었지만, 전략에서 맘루크가 한 수 앞섰다. 사령관 바이바르스는 군대의 일부를 너른 곳으로 이끌고 나머지는 뒤편에 숨게 했다. 키트부카는 이 덫에 걸려들어, 매복하고 있는 장소로 곧장 말을 달려 왔다. 몽골족은 산산조각나고 키트부카는 목이 잘렸다. 쿠투즈는 이집트로 돌아가는 길에 암살당했는데, 아마 바이바르스의 짓이었을 것이다. 바이바르스는 술탄의 자리에 올랐다.

이 전투의 패배로 몽골 제국은 더 이상 서쪽으로 뻗어나갈 수 없었다. 또한 이는 맘루크 왕조가 지배권을 잡는 계기가 되었다. 바이바르스의 후계자들은 19세기까지 이집트를 다스리게 된다. **RG**

# 시몽 드 몽포르가 의회를 소집하다

**잉글랜드 역사에서 처음으로, 선거로 뽑은 시민이 도시를 대표하게 되어 의회 민주주의의 시작을 알린다.**

레스터 백작 시몽 드 몽포르(1208~1265년)가 소집하여 1265년 1월 20일에 열린 의회는 대의(代議) 정부의 발전에 있어서 중요한 이정표 구실을 했다. 그때까지의 의회는 귀족 출신에게만 제한되어 있었다. 각 카운티의 기사와 선발된 숫자의 자치시 시민들이 자신들 가운데서 선출한 대표자 두 명씩을 의회로 보내게 된 것은 이번이 처음이었다.

시몽 드 몽포르는 잉글랜드와 프랑스에 방대한 영지를 소유하고 있었다. 그는 1238년 헨리 3세의 여동생과 결혼했지만, 점점 더 헨리의 통치에 비판적인 태도를 보였다. 마침내 그는 왕권에 제한을 두고 의회의 발언권이 커져야 한다고 요구하는 귀족들 편에 섰다. 특히 야심차고 많은 비용이 드는 헨리의 대외 정책을 염두에 둔 행동이었다.

1264년, 시몽은 반란을 일으켜 루이스 전투에서 왕의 군대를 격파하고 헨리와 아들 에드워드를 포로로 잡았다. 그는 이제 실질적으로 나라를 다스리게 되었지만 오만함 때문에 대귀족들과는 사이가 틀어졌으며 그를 지지하는 이들은 대부분 하급 귀족, 카운티의 기사, 시민 등이었다. 그는 자신의 입지를 강화하기 위한 방편으로 이들의 대표를 의회로 소환했던 것이다.

시몽을 지지하던 최후의 귀족마저 등을 돌리자, 에드워드는 대규모 군사를 이끌고 공격했고 시몽은 1265년 이브셤 전투에서 전사했다. 그러나 에드워드는 왕위에 올랐을 때 의회에 각 도시와 카운티에서 선발한 대표들이 반드시 참석하도록 했고, 이는 근대 의회 민주주의를 형성한 첫걸음이었다. **SK**

▶ 시몽 드 몽포르의 반란은 대표 의회 민주주의로 가는 길을 닦았다.

1273년 10월 24일

# 루돌프가 왕이 되다

**합스부르크의 루돌프가 독일 왕이자 신성 로마 황제로 선출된다.**

전설에 의하면, 합스부르크의 루돌프는 어느 날 말을 타고 집으로 가다가 병자성사를 행하러 가던 한 사제와 마주쳤다고 한다. 사제는 걸어가고 있었기 때문에 강물을 건너지 못하고 서 있었다. 루돌프는 말에서 내려 사제에게 타라고 권하고 강을 건너 병자의 집까지 태워준 후, 말을 사제에게 주고 자신은 집까지 걸어갔다. 여러 해가 지난 후, 당시 마인츠의 대주교였던 그 사제는 루돌프가 독일 왕으로 선출되도록 돕는다.

루돌프는 1273년 10월 24일 아헨 대성당에서 왕위에 올랐고, 그의 재위 기간을 통해 합스부르크 왕가는 독일과 그 외 지역에서 세력을 굳건히 다졌다. 그러나 독일 왕위를 놓고 가장 큰 라이벌인 보헤미아의 오타카르 2세와의 갈등은 지속되었다. 1274년, 오타카르는 프리드리히 2세 황제의 재위 기간 이후로 차지한 황제의 영토 모두를 독일 왕에게 도로 내놓으라는 명을 받았다. 오타카르는 거부했고, 그 결과로 전쟁이 일어나 계속되다가 1278년 그가 전사해서야 끝이 났다.

> "그의 이름만 들어도 귀족들 사이에는 공포가, 민중들 사이에는 기쁨이 퍼져나갔도다."
>
> **당대의 칭송문**

루돌프는 오스트리아에서 자신의 권위를 확립하기 위해 여러 해를 애썼다. 1282년 그는 오스트리아와 슈티리아 공작령을 두 아들이 다스리도록 하는 데 성공하여, 합스부르크 왕가의 토대를 마련했으나, 독일 땅에서는 결코 평화를 유지할 수 없었다. 1291년 죽기 전에 루돌프는 아들 알베르트를 독일 왕으로 선출하고자 했으나, 뜻을 이루지 못했다. 아마 독일의 경계심이 합스부르크 가문의 세력이 커지는 것을 두려워했던 그 이유였던 듯하다. **TB**

1274년 5월 1일

# 단테가 베아트리체의 모습을 보다

**베아트리체 포르티나리가 단테의 최고 걸작에 영감을 준다.**

고귀한 혈통의 피렌체 귀족 가문에서 태어난 단테 알리기에리는 르네상스 이탈리아가 낳은 가장 걸출한 작가 중 하나로 이름을 떨치게 되었다. 그의 작품은 시, 문학 이론, 도덕 철학, 정치 이론 등 다양한 분야를 아울렀다. 그러나 단테의 가장 위대한 작품 중 일부는, 그가 고작 아홉 살 때 베아트리체 포르티나리를 우연히 만나지 않았더라면 결코 쓸 수 없었을 것이다.

단테는 5월제 기념행사 때 포르티나리 집안을 방문했다가 베아트리체를 만났다. 그는 여생 동안, 1284년 베아트리체가 한 은행가와 결혼하고 1285년 단테 자신이 결혼한 뒤에도 계속 베아트리체를 찬미하게 된다. 단테와 베아트리체는 우연한 만남으로 맺어져 있을 뿐이었는데, 이는 중세의 '궁정식 연애'의 기준에 부합한다. 궁정식 연애란 다른 사람에게 비밀스럽고 보답을 바라지 않는 찬양과 존경을 바치는 것이었다.

1290년 베아트리체가 죽자, 단테는 문학 속에서 위안을 찾았고 피렌체의 거리에서 두 번째로 베아트리체를 만났을 때의 경험을 바탕으로 한 운문 작품집을 썼다. 그의 소네트에는 베아트리체가 천상의 존재처럼 그를 굽어다 보는 모습으로 등장하며, 「새로운 삶」이라는 제목으로 알려지게 되었다. 이 시집을 계기로 사랑이라는 주제가 문학의 테마로 유명해졌다. 단테의 후기 작품 역시 베아트리체에 대한 추억의 영향을 받았다. 가장 유명한 작품인 『신곡』은 단테가 라틴 시인 베르길리우스의 안내를 받아 지옥과 연옥을 여행하고, 그 후 베아트리체의 안내로 천국을 여행하는 내용인데, 그는 베아트리체를 "내 마음의 영광스러운 여주인"이라 묘사한다. 『신곡』은 라틴어가 아닌 이탈리아어로 집필된 최초의 작품 중 하나이며, 이탈리아어가 문학적인 표현에도 어울리는 언어로서 자리 잡는 데에 공헌하였다. **TB**

▶ 단테와 베아트리체의 만남을 그린 13세기 이탈리아 화파의 필사본.

# 신이 보낸 바람이 몽골족을 격퇴하다

강력한 태풍이 몽골의 쿠빌라이 칸의 침략으로부터 일본을 구한다.

▲ 쿠빌라이 칸이 이끄는 침략 함대는 폭풍우를 만나 대파되고 살아남은 배는 일본군이 모조리 해치운다.

13세기로 접어든 이후, 아시아 대초원의 소수 부족에 불과했던 몽골족은 유럽에서 아시아 전역까지 펼쳐진 세계 역사 속에서 가장 넓은 대륙 제국을 지배할 정도로 크게 성장했다. 1264년, 쿠빌라이 칸은 베이징을 정복해 중국 북부의 지배권을 차지하고 남부에 남아 있는 송나라와 전투를 벌였다. 쿠빌라이 칸의 다음 목표는 송나라의 동맹인 일본의 천황 호조 도키무네였다.

1274년 11월, 몽골의 침략 함대는 한반도를 떠나 규슈 섬의 하카타 만에 상륙하여, 대비하고 있던 일본 사무라이 군대를 쓰러뜨렸다. 그러나 몽골군이 배로 돌아갔을 때, 갑작스런 폭풍우가 불어 함대를 산산이 흩어지게 했다. 하룻밤 새에 200척 가량의 배와 1만 5천 명의 군사를 잃은 것이다. 쿠빌라이 칸은 1279년 송나라를 멸망시킨 후, 1281년 약 15만의 군사를 이끌고 다시 일본을 찾았다. 그는 사무라이 방어군을 무찌르고 뱃머리를 북쪽 다카시마로 향했다. 왕좌에서 물러난 한 천황이 신도(神道) 신사를 찾아가 승리를 비는 기도를 올렸다. 다음 날 밤 격렬한 태풍이 불어 몽골의 배 4천 척이 가라앉고 약 10만 명이 익사했다. 고고학적으로 보면, 바닥이 평평한 몽골의 배는 강에나 적당한 것이었고, 바다에서 폭풍우가 칠 경우에는 부적합했기 때문이라 할 수 있다.

이 두 번째의 패배로 몽골족은 영토를 확장하려는 포부를 접었고, 일본에서는 이를 '가미카제'(神風, 신의 바람)의 덕택이라 하여 찬양했다. 일본은 신이 자기 나라를 보호해 준다는 믿음을 제2차 세계대전 때까지 고수했고, 이 때 '가미카제'라는 개념이 전혀 다른 상황에서 되살아났다. **PF**

# 시칠리아 만종 반란

시칠리아 여인들이 폭행당한 사건이 불씨가 되어, 저녁 기도를 알리는 종소리를 신호로 반란이 일어난다.

◐ 만종 때 팔레르모 교외의 교회에서 일어난 반란을 그린 19세기 말 에룰로 에룰리의 작품.

1282년의 부활절, 팔레르모의 주민들은 도시 성벽 밖에서 축제를 열고 있었다. 당시에 앙주 왕가의 왕 카를로 1세를 대신하여 시칠리아를 지배하던 프랑스인들은 이 축제가 위협적인 사태로 번지지 않을까 우려하여 군사를 보냈다. 기록에 따르면 프랑스인들은 시칠리아인들을 난폭하게 취급하고, 무기를 찾는다는 구실로 시칠리아 여인들을 겁탈했다고 한다. 격분한 시칠리아인들은 봉기를 일으키기 시작했다.

그 순간, 시칠리아인들에게 봉기를 알리듯, 저녁 기도의 종소리가 팔레르모 전역으로 울려 퍼졌다. 봉기의 소식은 시칠리아 전체로 퍼졌고, 곧 전면적인 반란이 일어나 수천 명의 프랑스인이 학살당하고 메시나 항구에서는 프랑스 십자군 함대가 불탔다. '시칠리아 만종 반란'이라 알려지게 된 이 봉기는, 시칠리아인들이 아라곤의 왕 페드로 3세에게 시칠리아 왕위를 제안하면서 전쟁으로 번졌다. 카를로 1세는 메시나에 군대를 상륙시키고 도시를 포위했다. 그러나 카를로의 군대는 페드로가 이끄는 아라곤 군대의 습격을 받아, 곧 시칠리아를 포기했다.

이후 20년 동안, 프랑스의 앙주 왕가 왕들, 그 일가, 교황 세력이 한 편이 되고 아라곤 왕들이 다른 한 편에 서서 벌인 시칠리아 만종 전쟁이 지중해 전역을 휩쓸었다. 이 싸움은 1302년 칼타벨로타 평화 조약을 맺으면서 끝이 났다. 조약에 의해 시칠리아 왕국은 시칠리아 섬과 남부 이탈리아의 두 부분으로 나뉘었고, 후자는 뒤에 '나폴리 왕국'이 된다. **TB**

# 여행가의 이야기

**베스트셀러가 된 『마르코 폴로의 동방 견문록』이 유럽인들에게 새 세계를 열어 준다.**

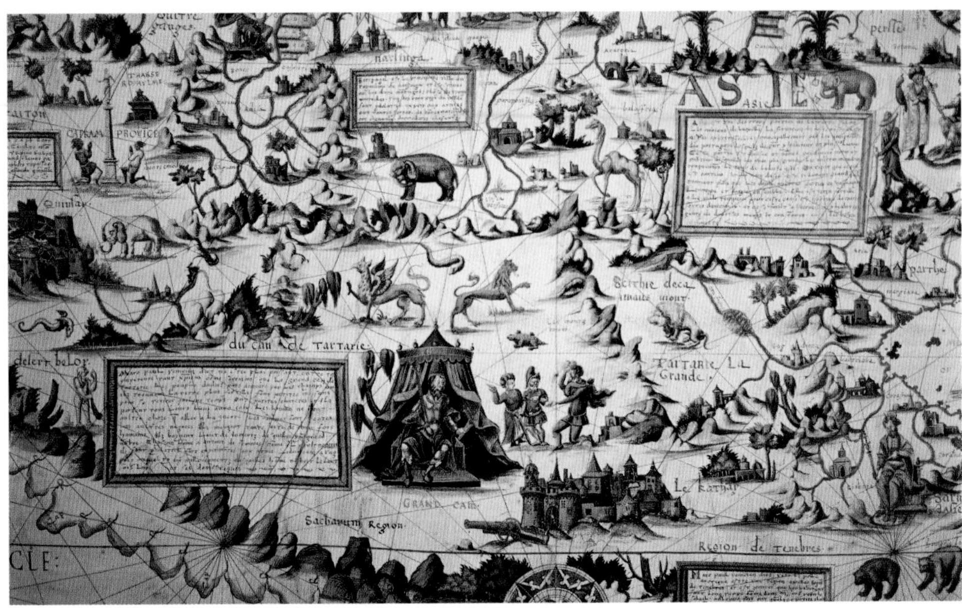


▲ 아시아 지도에 관한 마르코 폴로의 기록, 1562년 젠킨슨이 새긴 것으로, 현재 런던의 영국 도서관 소장.

베네치아의 상인이자 여행가인 마르코 폴로(1254~1324년)는 아시아 전역에 걸친 25년간의 여행을 마치고 유럽으로 돌아왔다. 3년 후 그의 함선은 제노바인들에게 붙들렸고, 그는 감옥에 들어갔다. 이곳에서 그는 기사도 소설 작가인 동료 죄수 루스티첼로에게 자신이 겪은 대모험의 놀라운 이야기들을 받아 적게 했다. 『마르코 폴로의 동방 견문록』(이탈리아어 제목은 『일 밀리오네』(Il Milione, '백만'이라는 뜻-옮긴이)이다)은 베스트셀러가 되었다. 인쇄 기술이 아직 알려지지 않아 한 권 한 권을 손으로 베껴야 했던 그 시기에, 이 책은 열 개가 넘는 언어로 번역되었다.

대체 무엇 때문에 이렇게들 열광했을까? 간단히 말해, 마르코 폴로의 이야기가 놀라웠기 때문이었다. 그는 중앙아시아를 가로질러 오늘날의 베이징에 있는 몽골의 쿠빌라이 칸의 왕궁까지 여행했으며, 그의 명을 받아 카타이(중국) 전역과 멀리 버마, 인도차이나, 인도 남부까지 가서 다양한 외교 사절 임무를 맡아보았다고 했다. 궁중의 삶과, 자신이 가 보았던 도시와 나라들의 삶을 묘사했다.

여러 세기 동안—18세기와 19세기에 유럽 여행가들이 과감하게 아시아에 발을 디디기까지— 그의 기록은 서양에서 극동에 대해 알 수 있는 지식의 가장 중요한 원천이었다. 크리스토퍼 콜럼버스는 아메리카를 발견한 1492년 여행 계획을 짜는 데에 이 책의 지리학적 정보를 활용했다. 어떤 이들은 마르코 폴로가 정말로 중국을 여행하기는 했던 것인지 의문을 던진다. 실크로드를 다니는 아랍 상인들에게서 정보를 주워들었을 수도 있다는 것이다. 그러나 그의 책이 중세 유럽의 상상력에 엄청난 영향을 미쳤다는 사실만은 의문의 여지가 없다. **SK**

# "모든 일격에 자유가 있다!"

월리엄 월리스는 런던에서 처형되어 스코틀랜드의 전설이 되었다.

◆ 〈윌리엄 윌리스 경의 초상화〉의 부분, 스코틀랜드 화파, 1870년경.

1305년 8월 23일 벌거벗겨진 채 거리에서 끌려가던 스코틀랜드인에 대해, 군중은 전혀 아는 바가 없었다. 다만 그의 죽음이 흥미로운 볼거리가 되리라는 사실뿐이었다. 천천히 목 졸라 죽이기 위해 그의 목둘레에 밧줄이 둘렸으나, 노련한 사형 집행인은 완전히 숨이 끊어지기 전에 밧줄을 잘랐다. 그리고 군중들이 떠들썩하게 외쳐대는 가운데 사형수의 성기를 잘라내고, 몸통을 갈라 심장을 비롯한 다른 장기를 끄집어냈다. 머리는 베어낸 후 부패를 늦추기 위해 역청에 담갔다가 런던교에 내걸었다. 시체의 남은 부분은 넷으로 갈라 북쪽 지방에 전시되어, 윌리엄 윌리스 같은 인물이 다시는 나오지 않도록 경고 역할을 했다.

그의 죽음과, 잉글랜드의 에드워드 1세가 그를 처형하게 한 이유에 대한 기록을 제외하고 우리가 윌리엄 윌리스에 대해 아는 바는 많지 않다. 그는 에어셔의 소지주의 아들로, '긴 다리 왕' 에드워드가 1296년 스코틀랜드를 정복했다는 사실을 인정하지 않고 군대를 일으켜, 1297년 9월 11일 스털링 다리에서 5천 명 이상을 학살하는 큰 승리를 거두었다. 말도 타지 않은 농민 군대가 강력한 잉글랜드 군을 무찌른 것이다. 1305년 마침내 에드워드가 윌리스를 사로잡아, 웨스트민스터 홀에서 공개 재판에 처했다. 그는 모든 죄목에서 유죄임을 인정했으나 반역이라는 죄목만은 예외였다. 자신은 스코틀랜드 왕에게 충성을 바치는데 어떻게 반역죄가 성립한단 말인가?

너무나 끔찍한 방식으로 처형당했기 때문에 윌리엄 윌리스는 스코틀랜드 애국자의 상징이 되었다. 잉글랜드를 적으로 삼아 반란을 일으킨 다른 많은 이들이 그에 관한 잊을 수 없는 전설에서 영향을 받았다. **RP**

# 교황이 아비뇽으로 옮겨가다

**클레멘스 5세는 교황청을 호화로운 아비뇽으로 옮기겠다고 결정한다.**

14세기 초엽, 로마의 라이벌 귀족 가문 사이의 파벌 싸움과 폭력이 너무나 위험한 지경에 다다랐기에, 교황 클레멘스 5세는 교황청 전체를 아비뇽으로 옮겼다. 게다가 교황이 교회법상 거주하던 오래된 건물이 화재로 타버렸다는 점을 감안하면, 로마의 거처는 지내기 편하지도 않았을 것이다. 1309년의 이 사건으로 말미암아 '아비뇽 교황령' 시기가 시작되어 1377년까지 지속된다.

아비뇽에 거주했던 교황 일곱 명이 모두 프랑스인이었던 것은 우연이 아닐 것이다. 그러나 프랑스는 통일된 국가 형태가 아니었다. 북부는 프랑스 왕이 다스렸지만, 남부는 신성 로마 제국과 연합했다. 프랑스 왕이 교황에게 영향력을 행사하게 된 것은 교황 우르바누스 5세(1362~1370년) 때에 들어서였다. 교황청이 아비뇽으로 간 강력한 원인 하나는 로마의 쿠리아(교회 행정 기구)가 1305년에 이미, 클레멘스와 같은 이유로 폭력을 피하기 위해 아비뇽으로 옮겨갔었다는 사실이었을 것이다.

> "그들이 황금으로 치장한 모습을 보면서, 나는 그 선임자들을 회상하며 놀라워했다."
>
> **페트라르카 1340~1350년**

그러나 아비뇽 교황령 시기는 교황의 명성에 손상을 입혔다. 교황청은 왕궁과 같이 사치스러워졌고 고위 성직자들은 군주와 같은 삶을 영위했다. 클레멘스 5세의 사치스런 생활과 파벌 근성은 교회의 권위를 약화시켰고, 청빈과 겸손의 서약으로 돌아가자고 설교하는 교단이 인기를 끌게 되었다. **TB**



# 최후의 기사단장

**프랑스의 필리프 4세가 성전 기사단의 해체를 명한다.**

1314년 3월 19일, 성전 기사단의 23대이자 최후의 기사단장인 자크 드 몰레는 파리의 노트르 담 대성당 앞에서 이단 혐의로 잔혹하게 처형당했다. 이는 부당하지만 정치적으로는 효율적인 방책이었다. 예루살렘의 성전을 지키겠다는 맹세로 결성된 성전 기사단은 제1차 십자군 이래 창설된 가장 강력한 종교-군사 단체였다. 방대한 재산을 소유하고 있었으며, 능률적인 사업체이자 금융 단체이기도 했다. 1291년 아크레가 함락된 이후 시리아에서 쫓겨나 성지 탈환이라는 목적을 잃자, 기사단이 보유한 부에 대해 악감정이 일었고, 기사단 내에 타락한 행위가(혹은 보다 더 사악한 짓이) 만연한다는 소문이 돌았다.

성전 기사단에 막대한 빚을 지고 있던 프랑스의 필리프 4세는 이러한 상황에서 재정적인 난관을 돌파할 기회를 찾았다. 1307년 10월 12일, 그는 기사단의 비밀 입회 의식에서 십자가에 침을 뱉거나 짓밟는 등 신성 모독을 행했다는 혐의를 씌워, 프랑스의 모든 기사단원을 체포하라고 명했다. 자크 드 몰레를 비롯한 많은 기사들이 고문에 못 이겨 그러한 죄를 지었다고 자백했고, 이후에 자백을 철회했음에도 불구하고 필리프는 1310년 수십 명의 기사단원을 화형에 처했다. 왕은 기사단을 해체하라며 교황 클레멘스 5세를 점점 더 강하게 압박했고, 교황은 1312년 마지못해 그렇게 했다.

마지막 남은 일은 자크 드 몰레와 노르망디 지부장인 조프루아 드 샤르네이의 화형이었다. 둘 다 결백을 주장하며 죽었고, 드 몰레는 불길 속에서 교황과 왕은 곧 하느님 앞에서 자신과 만나게 될 것이라 외쳤다고 한다. 클레멘스 5세는 한 달 내에 죽었고, 필리프 4세는 그해 말에 죽었다. **SK**

▶ 자크 드 몰레가 이단 혐의로 화형당하는 장면을 그린 14세기 프랑스 화파의 필사본.

# 스코틀랜드인의 승리

**로버트 브루스가 에드워드 2세를 패배시켜 스코틀랜드의 독립을 다진다.**

1314년에 스코틀랜드인들은 잉글랜드 왕의 지배에서 벗어나기 위해 투쟁하고 있었다. 거친 성격의 전사 왕인 로버트 브루스가 이들을 이끌었는데, 그는 무력으로 쟁취한 스코틀랜드 왕위에 대한 권리를 유지하기 위해 싸우는 것이기도 했다. 브루스는 전면전을 피하는 편이었지만, 6월 말 배넉번에서 그는 잉글랜드의 갑옷 입은 기사들과 맞서 싸우기로 결심했다.

잉글랜드 왕 에드워드 2세는 군사적 우위를 자신하며, 잉글랜드의 스털링 성을 포위하고 있던 브루스의 군사를 치기 위해 스코틀랜드로 부대를 이끌고 갔다. 6월 23일에 일어난 전초전에서는 스코틀랜드인의 전투정신이 만만찮다는 점이 드러났다. 브루스는 본보기를 보이기 위해 앞장서서, 도끼를 휘둘러 강력한 일격으로 잉글랜드 기사 헨리 드 보헌 경을 쓰러뜨렸다. 다음 날에는 스코틀랜드군이 유리한 고지를 점했다. 그들은 말을 타지 않은 채, 서로 바싹 붙어 서서 '쉴트롬'이라는 탄탄한 대형을 짜고, 긴 창을 바깥쪽으로 겨누어 기병대 돌격이 꿰뚫을 수 없는 장벽을 형성했다. 에드워드는 궁수들을 비장의 카드로 삼을 생각이었겠지만, 기사들이 중구난방 흐트러진 꼴로 돌격하는 바람에 궁수들의 사격로를 막았다. 혼란 속에서 브루스는 반격을 개시해 분열된 잉글랜드군을 전장에서 쓸어 버렸다.

> "우리들 중 단 백 명만 살아 있어도,
> 우리가 잉글랜드 지배를 받는 일은
> 결코 없을 것입니다."
>
> **「아브로스 선언」, 교황에게 보낸 편지, 1320년**

잉글랜드가 스코틀랜드의 독립을 인정하기까지는 14년이라는 세월이 더 걸렸지만, 배넉번 전투는 스코틀랜드 역사 속의 중대한 전환점이 되었다. **RG**



# 아즈텍 수도의 탄생

**뱀을 잡고 있는 독수리는 아즈텍의 새로운 도시 테노치티틀란의 상징이다.**

1325년 아즈텍인들은 멕시코 계곡의 텍스코코 호숫가를 떠돌아다니며 정착할 만한 곳을 찾고 있었다. 이들은 백여 년 전에 이 골짜기로 이주해 와서 쿨우아칸족 도시에서 지배하는 땅에 정착해도 좋다는 허락을 받았지만, 오해로 인한 불상사가 일어나 거주지를 빼앗겼다. 아즈텍인들이 전투에서 용맹하게 싸우자, 쿨우아칸의 왕인 콕스콕스는 아즈텍 족장에게 딸 하나를 아내로 삼도록 했다. 아즈텍인들은 감사에 찬 마음으로 그녀를 재빨리 희생 제물로 바쳤는데, 그녀가 전쟁의 여신으로 변하리라 믿었기 때문이었다.

아즈텍인들은 콕스콕스가 기뻐할 거라 생각하며 의식을 지켜보도록 초대했다. 성대한 결혼식을 기대하고 왔던 그는 아연실색했다. 그들은 콕스콕스의 땅에서 쫓겨났고, 텍스코코 호수 서쪽 근방의 습지로 이루어진 섬에 마침내 새로운 보금자리를 찾았다. 족장은 도시를 세우라고 명했다(그의 이름을 따 테노치티틀란이라 명명했다). 오늘날 이곳은 멕시코시티 아래에 묻혀 있다.

새로운 터는 '아즈텍인들은 뱀을 입에 물고 선인장에 앉아 있는 독수리를 본 곳에 도시를 짓게 될 것이다'라는 오래된 예언에 들어맞았다. 섬이 자그마해서 도시를 키워갈 공간이 없었으므로, 아즈텍인들은 '치남파'를 짓기 시작했다. 치남파란 부유하는 수상 식물을 재료로 틀을 짜 만든 인공 섬이다. 이러한 치남파는 도시의 많은 인구를 먹여 살릴 수 있게 해 주는 매우 생산적인 농업 체계의 기반이 되었다. 이로 인해 아즈텍인들은 강력한 전투 기계를 발전시켜 이후 150년에 걸쳐 중앙아메리카의 많은 부분을 정복하게 된다. **JH**

▶ 테노치티틀란의 건립을 묘사하고 있는 『코덱스 멘도사』의 앞표지.

Acacitli
ocelopan
tecineuh
tenuch
xocoyol
tenochtitlan
colhuacan. pueblo.
tenayucan. pueblos

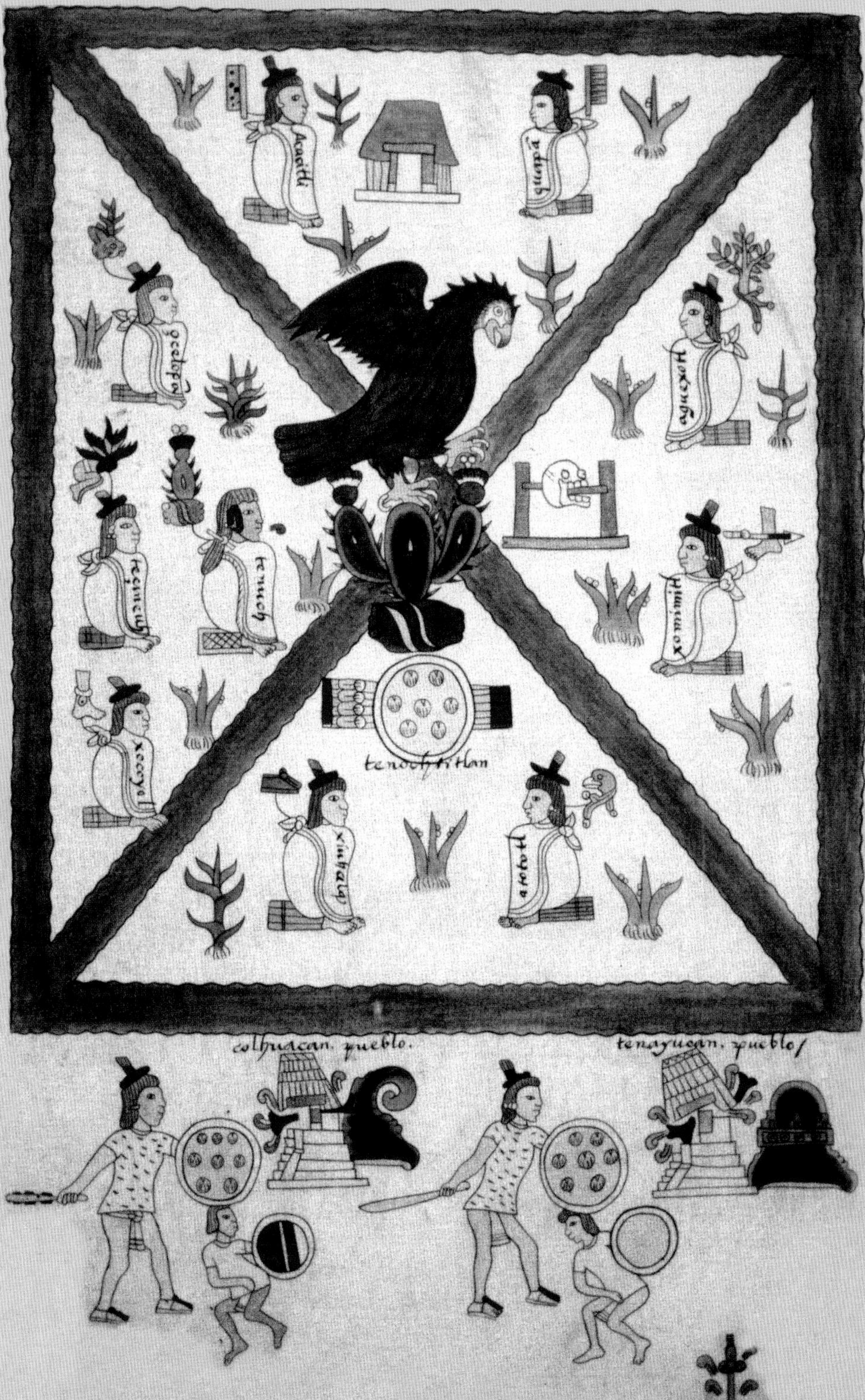

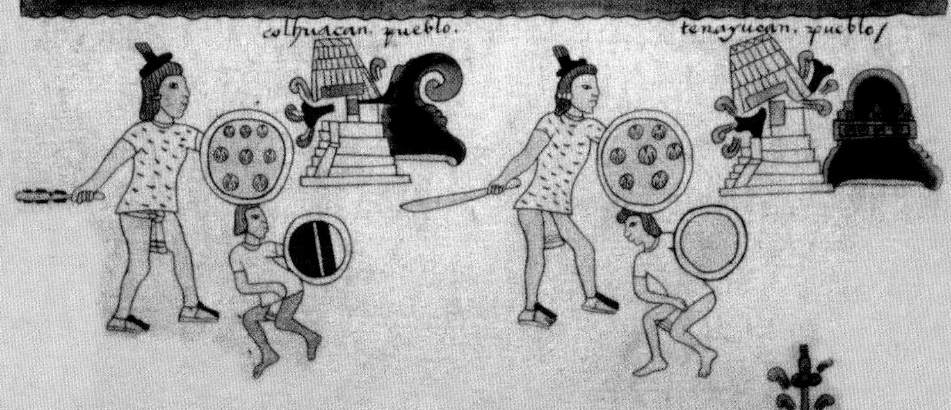

# 조토의 사망

혁신적인 기술로 르네상스의 도입을 도왔던 위대한 화가, 조토가 사망한다.

▲ 15세기에 그린 조토의 초상화의 부분. 파올로 우첼로(1397~1475년)의 작품으로 추정.

▶ 〈성 프란체스코를 경배함〉(1320년경). 이탈리아 아시시의 산 프란체스코 바실리카에 조토가 그린 프레스코화의 부분.

"조토는 회화라는 예술을 그리스식에서 라틴식로 변모시켰다."

**화가 첸니노 첸니니, 1400년경**

조토 디 본도네는 비잔틴 시대와 중세의 화법이 지닌 전통적이고 양식화된 형상을 벗어난 그림을 그려서 살아 생전 명성이 드높았다. 1337년 1월 8일 사망할 즈음, 조토는 부유한 데다가 유력한 인물들과 친하게 지냈으나, 그의 삶에 관련된 문헌 자료는 빈약하고, 그의 것이라 알려진 작품 중 다수에 대해서는 여전히 논박이 끊이지 않고 있다.

조토는 1260년 피렌체 외곽의 작은 마을에서 태어났으며, 피렌체의 거장 화가 치마부에 밑에 문하생으로 있었다. 치마부에의 화실에서 조토는 보기 드물 정도로 실물과 닮은 그림을 그려낸다 하여 독보적인 명성을 얻었다. 14세기 초 그는 파도바의 스크로베니 예배당('아레나 예배당'이라고도 한다)에 유명한 프레스코화 연작을 그렸다. 종교적인 장면을 담은 이 그림의 인물에서 주목할 만한 점은 명백하게 3차원적이라는 점이다. 화풍은 자연주의적이며, 생생한 방식으로 서로 소통하고 몸짓을 주고받는 모습으로 묘사되었다. 조토의 작품은 또한 인간의 감정을 훌륭하게 전달하기 때문에 크게 칭송받았다.

파도바 이후, 조토는 이탈리아 곳곳을 여행했으며 아시시(그는 산 프란체스코 교회의 상부 교회당에 성 프란체스코의 생애를 그렸다고 하는데, 이에 대해서는 논란이 있으며 증거도 없다), 피렌체, 로마, 나폴리에서 작품 활동을 했다. 1330년대 중반 그는 피렌체로 돌아와 피렌체 대성당 옆의 '캄파닐레'(종탑)를 설계했다.

조토의 생애에 대한 이야기 중 다수는 조르조 바사리의 『미술가 열전』에서 나왔는데, 이 책의 집필 년도는 1500년대 초였으며, 따라서 지나간 역사를 바탕으로 한 것이다. 조토가 묻힌 장소로는 피렌체 대성당이 가장 유력하다. 1970년대에 이곳에서 조토의 것일 가능성이 높은 유골을 발견했다. 유골은 키가 고작 1m 20cm에 머리가 크고 매부리코인 남자의 모습이다. **PF**

# 크레시에서 장궁이 승리하다

백년전쟁 최초의 대규모 전투에서 잉글랜드와 웨일스 궁수들이 필리프 6세의 프랑스 군대를 무찌른다.

1346년 8월 26일의 오후, 프랑스 북부의 크레시 부근에서 두 군대가 마주했다. 잉글랜드 왕 에드워드 3세가 프랑스 왕위에 대한 자신의 권리를 주장하기 위해 해협을 건너와 약탈전을 일삼았던 것이다. 그와 맞서기 위해 프랑스 왕 필리프 6세는 대규모 군대를 소집했다. 잉글랜드 군의 수가 1만 2천이었던 데 비해 프랑스 군은 3만에 가까웠다. 전투를 피할 수 없게 된 에드워드는 언덕 위에서 방비 태세를 갖추고 프랑스 군이 오기를 기다렸다.

필리프의 군대는 숨막힐 듯한 열기 속에서 종일 힘들게 행군해 와서 오후에 전투지에 닿았다. 필리프는 다음 날까지 휴식을 취하자고 했지만, 성미 급한 귀족들이 즉각 공격하자고 주장했다. 갑옷을 입은 기사들이 돌격해 올 것을 대비해 필리프의 석궁수(crossbowman)와 제노바 용병들이 앞에 섰다. 잉글랜드와 웨일스 장궁수(longbowman)들이 화살을 소나기처럼 쏘아대자, 이들은 곧 꺾였다. 제노바인들이 후퇴하자 프랑스 왕의 동생인 알랑송 백작이 언덕 위로 기사들을 몰고 돌진했으나, 빗발 같은 화살 때문에 돌격은 주춤해졌다. 전투는 거친 혼전으로 변하여 말에서 내린 기사들이 맞붙어 싸우는 양상이 되었으며, 잉글랜드 보병은 부상을 입은 프랑스 군을 끝장냈다.

그 날이 저물 때쯤에는 프랑스 군의 시체가 바닥에 가득 쌓였다. 전사자 가운데는 알랑송 백작, 로렌 공작, 플랑드르 백작도 있었다. 크레시 전투는 또한 잉글랜드의 장궁이 말 탄 기병대를 상대로 승리를 거두었음을 알리는 것이기도 하다. 그러나 이러한 완승을 거두었음에도, 에드워드는 프랑스 왕위에 조금도 가까워지지 못했다. **RG**

▶ 『장 프루아사르(1337년경~1404년)의 연대기』의 삽화로, 크레시 전투에서 흑태자가 거둔 승리를 묘사하고 있다.

◀ 프랑스(좌측)와 잉글랜드(우측)의 전투를 그린 15세기 삽화의 일부.

1347년 10월

# 역병이 포위전을 끝내다

**카파 포위전에서는 흑사병 사망자를 생물학 전투 무기로 사용했다.**

중앙아시아의 킵차크 칸국(혹은 금장한국(金帳汗國))의 군대는 거의 1년간 흑해에 있는 제노아인의 도시 카파를 포위하고 있었다. 카파는 아시아를 가로질러 중국까지 뻗은 광대한 무역로인 실크로드의 서편 끝에 위치했으며, 붐비는 부둣가와 커다란 노예 시장은 보통 소란스럽기 마련이었다. 1347년 10월, 적군이 도시 성벽 너머로 전염병으로 죽은 시체 여러 구를 던져 넣자, 주민들은 공포에 질려 허둥거렸다. 죽음의 원인은 흑사병이라 알려진 악성 전염병이었는데, 이 병은 일 년 전 중국에서 발병하여 아시아 전역을 휩쓸었었다.

> "종소리도 전혀 울리지 않고 아무도 울지 않았다 … 사람들은 중얼거렸다, '이것이 세상의 종말이로구나.'"
>
> **아뇰로 디 투라, 『시에나의 역병』, 1349년경**

병은 빠르게 퍼졌다. 피할 수 있던 이는 거의 없었고, 시체는 마치 땔나무처럼 벽에 걸쳐 쌓아 두어야 했다. 일부 상인이 네 척의 배를 타고 빠져 나가기는 했으나, 시칠리아의 메시나에 다다랐을 무렵, 승선했던 이들 대부분은 죽고 말았다.

질병은 아시아에서 중동을 거쳐 북유럽으로 가는 주요 무역로를 따라 죽음을 퍼뜨렸다. 몇 주 만에 흑사병은 이탈리아를 휩쓸었고, 1348년 6월에는 프랑스, 스페인, 잉글랜드까지 다다랐다. 1351년에는 유럽 인구의 4분의 1에서 3분의 2가량이 사망했다. 마을에는 인적이 사라졌고 도시는 황폐해졌다.

이후 300년에 걸쳐 흑사병은 100차례 이상이나 주기적으로 창궐하다가, 1700년대에 들어서야 완전히 사라졌다. **SK**

1356년 1월 10일

# 황제 선출

**카를 4세가 신성 로마 제국의 헌법을 재규정한다.**

1356년 1월 10일, 룩셈부르크의 카를 4세(1346~1378년 재위)는 독일 제후들을 의회에 소집해 신성 로마 황제를 선출하는 새로운 절차를 공포했다. 그 후 이는 '금인칙서'(金印勅書, Golden Bull)로 작성하여 선포되었다. 그 중요성을 강조하기 위해 황금 인장(라틴어로 '불라 아우레아')으로 봉인하였기에 이러한 이름이 붙었다.

당시에는 독일의 네 제후 가문(바이에른의 비텔스바흐 가, 룩셈부르크 가, 작센의 비텐베르크 가, 오스트리아의 합스부르크 가)이 황제 선출 지배권을 두고 서로 경쟁하고 있었다. 선출된 후보자는 교황의 승인을 거친 뒤, 먼저 독일에서 '로마인의 왕'으로 정식 대관식을 올리고, 이론적으로는 그 후에 로마로 가서 교황에 의해 신성 로마 황제로 대관식을 올리는 것이 정식 절차였다. 실제로는 황제 대관식까지 완전하게 거친 황제가 매우 드물었지만 말이다.

카를은 황실의 권위를 약화시키는, 왕가들 간의 소모적인 다툼을 종식시키고자 마음먹었다. 그는 일곱 명의 선제후를 지명하여 자기 가문의 입지를 다지려고 했다. 마인츠, 쾰른, 트리어의 대주교, 보헤미아 왕, 팔라틴 백작(비텔스바흐 가문 사람), 그리고 작센과 브란덴부르크의 제후가 그들이다(보헤미아와 브란덴부르크는 둘 다 룩셈부르크 왕가 소유였다). 황제 선출을 두고 논란이 일지 않도록 이들이 신성 로마 황제를 선출하게 되었다.

선거는 프랑크푸르트-암-마인에서 개최됐고, 다수의 표를 받은 후보는 곧바로 모든 왕권을 행사할 수 있게 하여, 교황이 개입할 여지를 없앴다. 30일 내에 결과가 나오지 않으면 선제후들은 결정을 내릴 때까지 빵과 물만 섭취할 수 있었다. 이후에 바이에른과 하노버 제후도 선제후로 더해졌으며, 이후 4세기 동안 신성 로마 황제의 선출은 같은 방식으로 이루어졌다. **SK**

# 프랑스 참패의 날

흑태자 에드워드가 수적으로 열세인 군사를 이끌고 프랑스 왕으로부터 승리를 거둔다.

▲ 잉글랜드군이 프랑스 기사들을 패배시킨 푸아티에 전투를 그린 14세기 필사본 삽화.

"적군을 무찔렀고,
왕을 사로잡았으니,
신께 감사드릴 일입니다…."

**흑태자 에드워드의 편지, 1356년**

1356년 9월 19일 동틀 무렵, 프랑스 왕 장 2세의 군대가 전투 준비중임을 알리는 트럼펫 소리와 금속 부딪치는 소리와 더불어 푸아티에 교외 시골의 한적함을 깨뜨렸다. 나무가 우거진 언덕 위에서는 잉글랜드 왕 에드워드 3세의 아들인 흑태자 에드워드의 기사와 장궁수들이 이를 걱정스레 지켜보고 있었다. 수적으로 크게 열세였던 이들 침략군은 전투를 피하기 위해 한껏 노력해 왔으나, 이제는 싸워야만 했다.

프랑스 편에서 먼저 300명의 엄선한 말 탄 기사들을 돌격시켰다. 덤불이며 도랑이 잉글랜드군이 자리한 곳을 보호해 주었으므로, 프랑스 기병은 좁은 길에 몰려 에드워드의 궁수들에게 표적이 되었다. 장궁수들은 무방비 상태인 말 옆구리를 겨냥했고, 곧 말에서 떨어져 허우적대는 기수들이 바닥에 쌓였다.

이러한 아수라장 속으로 19세의 프랑스 황태자가 지휘하는 보병 기사 대대가 진군해 왔다. 잉글랜드 진영에 다다르자, 그들은 백병전에 돌입해 잉글랜드 기사를 상당히 많이 쓰러뜨렸다. 그러나 황태자의 부하들이 대열을 갖추기 위해 뒤로 물러서자, 뒤편의 대대는 이는 분명 후퇴하려는 움직임이라 생각하고 공포에 질려 전장에서 달아났다. 장 2세에게는 전투로 손실을 입지 않은 다른 부대 하나가 여전히 남아 있었다. 잉글랜드인은 대담하게 공세를 취했다. 에드워드는 기사들을 비롯한 다른 중기병에게 정면 돌격을 명했고, 이와는 별개의 기사 부대 하나가 말을 타고 주변을 달리며 프랑스군을 후방으로부터 끌어냈다. 장은 포위당했다. 그의 주변에서 호위병들이 쓰러지자, 부상당한 왕은 항복을 명할 수밖에 없었다.

장 2세를 비롯한 많은 수의 귀족이 포로가 되어 잉글랜드로 끌려갔고, 풀어 주는 대가로 막대한 금액의 몸값이 제시되었다. 프랑스는 전쟁으로 황폐해지고 농민 반란으로 헐벗어 왕을 자유롭게 해 줄 금액을 다 모을 수 없었으며, 장은 1364년 잉글랜드에서 포로 신세로 죽었다. **RG**

# 상인 길드가 강력한 세력으로 성장하다

## 한자 동맹 최초의 의회가 1356년 뤼베크에서 열린다.

한자 동맹은 1356년의 한자 의회에서 최초로 공식적인 체계를 갖추었다. 그러나 역사가들은 이 동맹의 기원은 독일 북부의 도시 뤼베크의 탄생과 연관이 있다고 보는데, 뤼베크는 1159년 작센 공작인 사자공 하인리히가 그 주변 지역을 점령한 뒤 세운 도시이다. 이후 백 년에 걸쳐 뤼베크는 번영을 이루었고 발트 해와 북해에서 활동하는 상인들의 기지가 되었다.

한자 동맹은 발트 해 무역을 지배하게 되었고, 사업 규모가 커짐에 따라 상인들은 상호간의 이익을 보호하고 해적의 피해를 막기 위해 길드, 즉 '한자'를 세웠다. 1356년의 의회 이후 공식적인 체계를 갖추게 되었음에도, 한자 동맹은 단일하고 통합된 정치 기구의 형태였던 적이 한 번도 없었다. 의회는 정기적으로 열렸지만, 모든 도시에서 매번 대표를 파견하지는 않았다. 그보다, 세월이 흐르면서 동맹은 70개 이상의 중소 도시가 관여하는 비공식적인 동맹 네트워크의 형태를 갖추게 되었다. 뤼베크는 한자 동맹 도시 중에서 가장 중요한 지위를 유지했고, 종종 '한자의 여왕'이라는 호칭으로 불렸다.

1368년, 덴마크 왕 발데마르 4세가 발트 해와 북해 무역에 대한 한자 동맹의 지배권을 깨뜨리고자 시도했다. 동맹에 속한 도시들은 의회를 열어 군대를 모집하자는 결정을 내렸는데, 결국에는 이들이 덴마크 군을 무찌르고 한자 동맹이 잠시 동안 덴마크를 지배하게 되었다.

14세기 중반 한자 동맹의 영향력은 최고조에 다다랐지만, 15세기에는 지역적 차이로 인해 소속 도시들을 하나로 묶어 주었던 유대가 약해지기 시작했다. 16세기에는 네덜란드가 무역의 경쟁자로 떠오르면서 동맹을 더욱 약화시켰고, 신대륙과의 무역이 늘어나자 동맹의 세력은 급속히 쇠락하여 다시는 회복하지 못했다. 최후의 의회는 1669년에 열렸다. **TB**

▲ 함부르크 도시 헌장에 나오는 15세기 삽화로, 항구와 상업 무역의 중요성을 보여 준다.

"각각의 도시는
최선의 능력을 다해 바다에
해적이 없도록 한다 … ."

**한자 동맹의 포고문 중 첫 번째 포고문**

1368년

# 명나라 건국

농민 출신의 주원장이 명(明) 왕조로 중국을 통일한다.

쿠빌라이 칸이 세운 중국의 몽골 왕조 원(元)나라는 지배층이 타락하고 느슨해지면서 너무나 많은 문제를 안고 있었다. 인종 간 불화를 조장했고, 관리들을 제대로 감독하지 못했으며, 무거운 세금을 물렸던 것이다. 새로운 지도자의 필요성이 절실했기에, 1368년 주원장(朱元璋)은 성공적으로 재위에 오를 수 있었다.

반란은 1340년대부터 시작되었으며, 상인이나 하층민 출신의 반란 지도자들은 도시를 점령하고 스스로를 왕으로 삼았다. 반란을 일으킨 군벌들이 중국 땅을 나누어 다스렸으며, 안휘(安徽)성의 한 군벌이 농민인 주원장을 장군으로 임명했다. 어느 학자는 주원장에게 세 가지 규칙을 따른다면 중국을 정복하고자 하는 야망을 실현시킬 수 있을 것이라 충고했다. 튼튼한 성벽을 세우고, 가능한한 많은 식량을 비축해 두며, 칭호를 내세우는 데에는 서두르지 말라는 규칙이었다.

1368년, 주원장은 중국 남부 전체를 장악했으며 난징에 명(明, '밝은') 제국을 세워 중국 토착 민족인 한족(漢族)의 지배를 회복했다. 그는 스스로를 홍무제(洪武帝)라 칭했으며 중국 역사상 가장 위대한 황제 중 하나로 간주된다. 주원장과, 한나라를 세운 유방은 농민 출신으로 황제의 지위까지 오른 유일한 두 인물이다. 1369년 무렵 그는 사천(四川)성과 운남(云南)성을 제외한 중국 땅에서 몽골족을 몰아냈다.

홍무제는 관리 선발을 위한 과거 제도를 새로이 제정하고, 학자들이 반대 의견을 말하는 것을 용납하지 않으며, 행정 장관 기관에 해당하는 중서성(中書省)을 폐지하는 등 황실 통치의 권위를 재차 확립했다. 명대에 이르러 제국은 그 절정에 다다라, 서쪽과 남쪽으로 확장해 나갔고, 인도양을 거쳐 아프리카까지 대규모 해군 정벌에 착수했다. **NJ**

◀ 명나라 초대 황제 주원장의 초상화, 현재 난징에 전시되어 있다.

1378년 9월 20일

# 교회 대분열의 시작

두 명의 교황이 선출되면서 가톨릭 교회가 분열되고 유럽이 쪼개진다.

1377년, 교황 그레고리우스 11세는 지난 70년간 위치했던 아비뇽에서 로마로 교황청을 다시 옮겼다. 그레고리우스가 죽자, 로마 시민들은—이들의 싸움 때문에 1305년 교황이 로마를 떠났던 것인데—거리로 몰려나와 이탈리아인 교황을 선출할 것을 요구했다. 추기경 회의에서는 바리의 대주교를 교황으로 뽑았고, 그는 우르바누스 6세가 되었지만, 얼마 지나지 않아 추기경 대다수가 이 결정을 다시 생각하게 되었다. 그들이 보기에 새로운 교황은 너무 가혹한 규율을 중시했던 것이다. 그리하여 1378년 9월 20일 추기경 회의는 새로운 교황인 클레멘스 7세를 선출했고, 먼젓번 선거는 강압에 의해 이루어졌다고 주장했다.

> "그들은 폭력과 공포감을 이용해 이탈리아인을 뽑으라고 … 우리를 다그쳤다."
>
> 「반란을 일으킨 추기경들의 선언문」, 1378년

이제 교황이 둘이 생긴 셈이었다. 우르바누스 6세는 로마에 기거했고, 클레멘스 7세는 아비뇽에 교황청을 두었다. 이러한 전례 없던 상황은 교황권은 물론 교회의 명성에도 오래 지속되는 손상을 입혔다. 세속 군주들이 두 교황 중 어느 한 편을 선택해야 할 입장이 되면서, 유럽은 두 개의 정치적 진영으로 나뉘었다. 교회 대분열은 최초의 두 교황이 모두 죽은 뒤에도 각 후계자 선출과 더불어 지속되었다. 1409년, 이 분열을 끝내기 위해 소집한 피사 공의회에서 세 번째 교황인 알렉산드르 5세를 선출했지만(그는 곧 사망했고, 요한 23세가 뒤를 이었다), 다른 두 교황이 물러나기를 거부했으므로, 이러한 임시 조치는 분열을 더 오래 지속시켰을 뿐이었다. **SK**

# 왕이 반란군과 대면하다

리처드 2세가 농민 반란 지도자들을 설득해 해산하도록 한다.

▲ 와트 타일러의 죽음과 어린 리처드 2세가 반란군과 대화하는 두 장면을 담은 삽화.

1381년 6월 15일, 14세의 소년이었던 리처드 2세는 스미스필드에서 잉글랜드 농민 반란의 지도자들을 만나러 나섰다. 농민 반란은 인두세(人頭稅) 부과에 반대하여 에식스에서 일어난 반란이었다.

저항의 물결이 퍼져 나가면서, 남부 잉글랜드 전역에서 여러 무리의 반란군이 런던으로 행군해 와, 왕의 삼촌인 곤트의 존의 저택을 비롯한 부유한 이들의 재산을 파괴했다. 갑작스런 일에 놀란 정부는 반란군과 협상을 시작했지만 폭력적인 행위는 계속되었고, 6월 14일에는 와트 타일러가 이끄는 군중이 런던탑을 습격하고 캔터베리 대주교와 왕실 재무장관을 참수했다.

스미스필드에서 격노한 언쟁을 벌인 끝에, 런던 시장은 타일러를 죽였다. 어린 왕은 굉장히 침착한 태도로 말을 타고 반란군 앞으로 곧장 나아가더니 해산하라고 요청했다.

농민 반란에는 농업 노동자들뿐 아니라 도시에 사는 장인들도 가담했다. 이들의 분노에는 선동적인 성격의 성직자 존 볼이 지닌 평등주의적인 사상이 부채질한 도덕적인 비판이 서려 있었다. 반란으로까지 이어지게 된 불만의 기원은 흑사병 창궐 이후에 생긴 사회적 대변동에 있었다. 인구가 급감했기 때문에 노동력이 부족했고, 임금을 삭감한다는 내용의 '노동 조례'(1351년)가 크나큰 반감을 불러일으켰던 것이다. 와트 타일러가 죽고 다른 반란 주모자들이 체포되자, 반란은 가라앉았고, 영국 역사 최초의 대규모 민중 봉기는 6월 25일에 끝이 났다. **SK**

# 알주바로타에서 거둔 결정적 승리

주앙 1세가 카스티야 군대를 무찔러 포르투갈의 독립을 지킨다.

▲ 포르투갈의 주앙 1세가 카스티야의 후안 1세를 패배시키는 장면의 15세기 삽화.

포르투갈인들은 1385년 8월 14일 포르투갈 중부 알주바로타에서 일어난 전투를 포르투갈 역사상 가장 중요한 사건이라 간주하는데, 이는 포르투갈이 독립된 왕국으로서 나아갈 수 있는 존재 자체가 위태로웠던 시기에 벌어진 전투였기 때문이다.

포르투갈 왕 페르난두 1세는 1383년에 죽었고, 유일하게 적법한 상속자는 딸인 베아트리스였다. 베아트리스의 남편인 카스티야의 후안 왕은 포르투갈을 자기 영토에 병합할 권리가 있다고 주장했다. 카스티야의 지배를 두려워한 많은 포르투갈인은 페르난두의 서자 태생인 이복동생으로 아비스 기사단의 단장인 주앙을 왕으로 지지했다. 이 싸움은 백년전쟁과도 이어지게 되었다. 잉글랜드는 주앙을, 프랑스는 후안을 지지했던 것이다.

포르투갈군에는 잉글랜드에서 파견한 군사도 있었는데, 그중에는 장궁수들도 있었다. 카스티야 군대에는 프랑스 기사들이 참가했으므로, 이 전투의 형세는 자연스레 크레시와 푸아티에에서 벌어진 잉글랜드-프랑스 간의 싸움과 매우 흡사해졌다. 주앙의 장군 누노 알바레스 페레이라는 중심에 보병을 두고 측면에 궁수들을 두어 방어 태세를 형성했다. 또 진영 앞쪽에 수로를 파서 기병대 돌격을 막았다. 그럼에도 불구하고 프랑스 기사들은 돌격해 왔지만, 이번에도 역시 성공을 거두지 못했다. 저녁이 되자 전투의 흐름은 포르투갈에게 유리한 쪽으로 흘러갔다. 카스티야군은 후퇴했지만 지방 농민들이 농기구를 무기삼아 달아나는 군인들을 습격하면서 정신없이 도주하는 꼴이 되었다. 주앙은 포르투갈 왕위를 차지했고, 아비스 왕조를 세웠는데, 이는 이후 300년 동안 포르투갈을 다스리게 된다. **RG**

# 코소보 전투

오스만 투르크족이 세르비아인을 패배시킨 결과로 400년 간의 투르크 지배가 이어지고, 오늘날까지 지속되고 있는 세르비아 민족주의의 씨앗이 뿌려졌다.

코소보 전투는 1385년 성 비투스의 날(6월 28일)에 코소보 폴례('지빠귀들의 들판')에서 일어났다. 이는 술탄 무라드 1세 하에 영토를 확장해 가던 오스만 투르크 제국과, 세르비아의 라자르 공이 이끄는 발칸 반도의 서로 다른 나라 출신의 기독교 연합군 간의 싸움이었다. 역사가들은 오스만 군대의 수가 세르비아를 훨씬 능가했으리라 추정한다.

오스만 궁수들이 화살로 일제 사격을 가하면서 전투가 시작되었고, 세르비아군은 이에 맞서 전면 돌격을 감행했으며, 처음에는 압승을 거두는듯 했다. 전투 전날 밤 밀로슈 오빌리크라는 세르비아인이 꾀를 써서 오스만군 진영에 숨어들어가 무라드의 배에 칼을 꽂았고, 술탄의 죽음으로 투르크족은 사기가 저하되어 있었던 것이다. 결국은 무라드의 후계자인 바예지드 1세가 그들을 규합했으며, 격렬한 전투 끝에 압도적으로 수가 많은 그들이 세르비아를 이겼다. 라자르는 전장에서 참수당해 죽었다.

그 결과로 세르비아인들은 비참한 처지에 놓였다. 왕국은 오스만 제국에 흡수당했고, 여러 세기 동안 투르크족의 지배가 이어졌다. 그러나 세르비아인들은 동방 정교 신앙을 고수했다. 코소보는 세르비아 민족주의의 주춧돌이 되었으며, 여러 세기에 걸쳐 이 날을 기억했다. 1914년 세르비아 민족주의자가 오스트리아의 프란츠 페르디난트 대공을 암살한 사건이 6월 28일에 일어난 것은(이는 제1차 세계대전을 촉발했다) 우연의 일치가 아니다.

코소보는 세르비아인의 정신적인 중심부가 되었다. 1990년대에 세르비아 계와 소수민족인 알바니아계 사이에 일어난 분쟁은, 코소보가 상징하게 된 중요한 논점 때문에 더욱 자극받았다. **NJ**

▶ 오스만 투르크군을 이끈 술탄 무라드 1세로, 코소보 전투 전날 밤 칼에 찔려 숨졌다.

◀ 〈지빠귀들의 들판에서 벌어진 전투〉라는 제목의 18세기 판화.

1401년 7월 10일

# 해골의 탑

**절름발이 티무르가 바그다드를 약탈하고 주민을 학살한다.**

1401년 7월 10일, 절름발이 티무르(영어로는 태멀레인)는 6주간의 포위 끝에 바그다드를 정복했다. 수비군이 용맹하게 저항했음에도, 티무르가 서로 다른 일곱 방향에서 도시를 공격하는 데에는 당해 낼 수 없었다. 티무르는 종종 몽골 최후의 대정복자라고 간주되는데, 스스로 칭기즈 칸의 후손이자 유목민 태생이라 주장했지만 인종적 · 문화적으로 투르크인이자 무슬림이었을 가능성이 높다. 그는 1361년 사마르칸트의 아미르가 되었고 그곳을 기점으로 삼아 그리 오래 가지는 못했지만 중앙아시아, 이란, 이라크, 아프가니스탄에 걸친 제국을 세웠다.

> "훌륭한 도시를 황폐하게 만들고 나자, 그 모든 터에 그는 궁전을 지었다 … ."
>
> **이븐 아라브샤, 『티무르의 태멀레인』, 1420년경.**

바그다드가 함락된 이후, 티무르는 모든 군인에게 사람 머리를 최소한 두 개씩 베어 오라고 명령했고, 도시 둘레에 그 머리를 높이 쌓았다. 이 대학살에서 약 9만 명이 죽었으며, 티무르가 저지른 많은 끔찍한 일 가운데 가장 잔혹한 짓의 하나였다. 티무르는 모스크만 남겨 두고 바그다드 전체를 불태우고 건물을 모두 무너뜨리라고 명했다.

그러나 티무르가 단순한 야만인이었던 것은 아니었다. 그는 학자와 신학자들의 목숨만은 살려 주었던 것이다. 여러 천문학자를 사마르칸트에 있는 티무르의 천문대로 보냈고, 그가 다스리는 동안 사마르칸트는 번영하는 문화적 중심지가 되었다. 그러나 바그다드는 오랜 쇠퇴기에 접어들었다. 1921년 영국이 위임 통치하는 이라크의 수도가 되었을 때에야 바그다드는 비로소 부활을 시작했다. **JH**

1405년

# 중국 깃발을 휘날리며

**정화 제독이 중국의 해상권을 재수립하기 시작한다.**

1405년, 거세된 해군 제독 정화(鄭和)는 2만 7천 명의 선원과 군인, 그리고 엄청난 양의 보화를 실은 배 62척을 거느리고 남경(南京)을 출항했다. 이후 2년 동안, 정화는 베트남, 시암(태국), 말라카, 자바, 인도, 실론(스리랑카)을 방문했다. 정화는 탐험가도, 선원도 아닌 외교관이었다. 그의 임무는 백 년간의 몽골 지배를 벗어난 중국이 신경 써야 할 큰 세력이 되었다는 점을 동남아시아와 인도양의 '오랑캐' 왕국에 보여 주는, 국가 홍보 차원의 과제였다.

몽골의 점령과 지배 기간(1211~1368년)동안, 공물을 바치라는 버거운 요구와 전쟁 때문에 중국 경제는 피폐해졌다. 명나라 초대 황제 홍무제(1368~1398년 재위)의 유능한 통치력 덕분에 중국은 급속도로 회복했지만, 아시아에서 누렸던 명성과 영향력은 크게 줄어든 후였다. 홍무제의 아들 영락제(永樂帝, 1403~1424년 재위)는 아버지의 정책이 남긴 성과를 거둬들였다. 나라 안이 평화롭고 국고도 넉넉했으므로, 영락제는 군사적 정복과 해군 원정을 통해 중국의 국제적 위상을 다시 한 번 드높이려 했다.

정화의 원정은 커다란 성공을 거두었다는 평을 받았다. 그는 1407년에서 1433년 사이에 여섯 차례의 원정을 더 떠나 멀리 아라비아와 동아프리카에서까지 중국에 공물을 바치도록 하고, 몇 십 개의 나라에서 사절을 데려와 황제에게 경의를 표하도록 했다. 1435년 정화가 죽자 정통제(正統帝)는 재부상하는 몽골 세력으로부터 북쪽 국경을 수비하는 데 전력을 집중하기 위해 갑작스레 해상 활동을 모두 중단했다. 이는 중국의 해안을 일본 해적과 16세기 초부터 오기 시작한 호전적인 유럽 상인들로부터 무방비 상태로 남게 한, 큰 화를 불러일으킨 결정이었다. **JH**

# 체코의 종교개혁가가 화형 당하다

## 얀 후스가 콘스탄츠 공의회에 소환되어 이단 판결을 받는다.

얀 후스가 화형당하는 극적인 장면의 목판화. 그의 표정은 그가 결백했음을 나타낸다.

"복음서의 진실 안에서 …
나는 오늘 기꺼이
죽을 것이오."

**얀 후스가 주장을 철회하라는 마지막 권유를 거절하며 한 말**

논쟁적 인물인 체코의 종교개혁가 얀 후스는 룩셈부르크의 신성 로마 황제 지기스문트로부터 콘스탄츠 공의회에 모인 교회의 고위 성직자 앞에서 자신의 종교적인 견해를 펼쳐 보이라는 호출을 받았다. 지기스문트는 후스를 안전하게 호위해 주겠다고 약속했지만, 그는 1414년 11월 호숫가 도시에 도착한 후 곧 체포되어 1415년 이단 혐의로 재판을 받았다. 그를 고발한 이들은 그에게 자신의 견해를 설명할 기회를 주지 않았고, 후스는 자신이 설교한 것이 아니라, 그의 말에 따르자면 거짓 증인들이 그가 했다고 주장하는 모든 믿음에 대해, 철회를 거부했다. 공의회의 표결은 그에게 불리하게 나왔고, 이단자를 처단하는 정해진 방식이란 사형이나 익사였으므로, 후스는 1415년 7월 6일 화형에 처해졌다.

얀 후스는 종교개혁보다 한 세기 앞선 인물이었지만 독일의 종교개혁가 마르틴 루터가 주장한 신학적 논의의 많은 부분을 예견했다. 1390년대에 그는 보헤미아(오늘날 체코 공화국의 일부)의 프라하 대학에서 선생으로 유명해졌고, 그곳에서 죽기 전 몇 년간 교회의 권위에 도전했다. 그는 잉글랜드의 개혁가 존 위클리프(1329년경~1384년)의 저작에서 크게 영향을 받았고, 교회가 누리는 부유함과 성직자의 권력 남용, 특히 면죄부를 수여하는 행위를 비판했다. 그는 체코어를 옹호했기에 대중적인 지지를 얻었으며, 오늘날까지 체코의 민족 영웅으로 간주된다.

후스의 죽음으로 보헤미아에서는 격분의 물결이 일었다. 그의 추종자들은 후스파라는 이름을 채택했고, 1419년 지기스문트가 형으로부터 보헤미아 왕관을 물려받자 길고 격렬한 전쟁이 발발했다. 후스파를 처단하려는 시도가 여러 차례 있었으나 그들은 저항했고, 결국 1436년에 맺은 협정으로 후스파는 보헤미아 교회를 지배하게 되었다. **SK**

# 헨리 5세의 '행복한 소수'가 승리하다

수적으로 크게 불리한 잉글랜드 군이 아쟁쿠르에서 프랑스 군을 격파한다.

1415년 성 크리스핀 축일 아침은 프랑스가 대승을 거둘 만한 상황이었다. 잉글랜드 왕 헨리 5세는 무분별한 노르망디 침공에 착수했었다. 그의 군사는 아르플뢰르에서 있었던 장기 포위전에서 질병에 걸려 큰 피해를 입었기에, 그는 안전한 곳을 찾아 북쪽으로 행군하여 잉글랜드가 점령한 도시 칼레로 향했다. 그러나 총사령관 샤를 달브레가 이끄는 프랑스군이 교묘하게 헨리의 길을 막아, 싸울 수밖에 없는 상황으로 몰아넣었다. 굶주리고, 기진맥진하고, 수적으로 크게 열세인—2만에서 3만인 프랑스군에 비해 고작 6천 명 정도였다—잉글랜드군은 거의 패배를 확신하게 되었다.

아쟁쿠르에서 뜻밖의 결과가 나오게 된 핵심적인 요소는 지형에 있었다. 잉글랜드 왕은 무성한 숲 사이의 좁은 들판에 방어선을 쳤다. 900명의 기사와 다른 병사들은 말에서 내린 채 대비했고, 장궁수들은 측면에 집결했다. 이처럼 좁은 공간에서 싸우게 되자, 프랑스군은 수적으로 우월하다는 이점을 제대로 살릴 수가 없었다. 프랑스 기사들은 무거운 갑옷을 입은 채 빽빽하게 무리지어 무르고 진흙투성이인 지면을 힘겹게 나아가다가 빗발처럼 쏟아지는 화살에 당했다. 뒤이어 일어난 육박전에서 잉글랜드 병사들이 그들을 베었고, 궁수들도 이에 가세하여 도끼와 칼로 적을 공격했다. 잉글랜드는 커다란 승리를 거두었지만, 포로로 잡은 많은 프랑스 귀족을 가차 없이 살해하여 오점을 남겼다. 수송 마차에 습격을 받은 헨리가 포위를 당할까 두려워 예방책 삼아 명령한 일이었다.

아쟁쿠르는 프랑스에게 있어서 군사적인 대재앙이었다. 약 100명의 프랑스 귀족이 죽었으며, 그중에는 공작이 세 명, 백작이 일곱 명이었다. 프랑스 왕 샤를 6세는 겁에 질려 헨리가 왕위를 이어받을 적법한 계승자임을 인정하고, 딸인 카트린 드 발루아를 아내로 주었다. 1422년 헨리가 서른넷의 나이로 죽으면서 이때 맺은 모든 협정은 무효가 되었고, 따라서 아쟁쿠르 전투가 이뤄낸 성과는 전혀 오래 가지 못했다. **RG**

▲ 아쟁쿠르 전투를 묘사한 중세 그림의 일부로, 잉글랜드와 프랑스 군기가 보인다.

"프랑스 귀족들은 냉혹하게 목이 베이고 사지가 잘렸다."

**제앙 드 와브랭, 『영국 연대기 선집』, 1471년경**

# 교회 대분열이 끝나다

**콘스탄츠 공의회에서 마르티노 5세를 단일 교황으로 선출한다.**

3년간의 숙고를 거쳐, 1417년 11월 11일 콘스탄츠 공의회는 마침내 새 교황을 뽑았다. 오도네 콜론나라는 이름의 로마인으로, 그 날이 축일인 성인 이름을 따 마르티누스 5세라는 교황명을 지니게 되었다.

교황청 대분열(혹은 교회 대분열, 서방교회 대분열)은 40년간 지속되어 왔으며, 교황권에 점점 더 지독한 불명예를 안겨 주었다. 1409년 이래 자신이 교황임을 주장하는 이는 세 명이었고, 각각 자신만의 추기경단, 쿠리아, 추종자들을 거느리고 있었다. 주로 독일에서 지지하는 요한 23세, 지지 세력이 스코틀랜드, 시칠리아, 아라곤, 카스티야 정도로 줄어든 아비뇽 교황 베네딕투스 13세, 그리고 로마의 교황 그레고리우스 12세가 그들이었다. 이러한 불미스런 상황을 종식시키기 위한 새로운 시도로서, 지기스문트 황제는 요한 23세에게 압력을 넣어 독일 남서부의 콘스탄츠에서 교회 공의회를 소집하도록 했고, 이는 1414년 11월에 열렸다.

공의회에서는 전체 공의회의 권력이 교황보다 더 상위에 있다고 선포하며(이후의 교황들은 이 교령을 무시했다), 세 명의 교황 모두 자리에서 물러날 것을 권유해, 기독교 세계 전체에서 수긍하고 인정할 만한 새로운 교황을 선출하려는 해결책을 내렸다.

원하는 결과를 내기까지는 기나긴 협상과 복잡한 외교술이 필요했다. 1415년 3월, 요한 23세는 콘스탄츠에서 도망쳤고 폐위된 것으로 추정되었다. 그레고리우스 12세는 7월에 공의회에서 새로운 교황을 선출한다면 사임하겠다고 동의했다. 그러나 베네딕투스 13세는 결정에 따를 수 없다며 거절하였고, 공의회에서는 강제로 그를 폐위할 수밖에 없었다. 페드로 데 루나라는 이름의 고집스런 아라곤 사람이었던 그는 발렌시아 근처에 있는 페니스콜라 성으로 달아나, 1423년 95세의 나이로 죽을 때까지 자기가 교황이라고 주장했다. **SK**



# 마사치오의 〈삼위일체〉

**피렌체 화가 마사치오가 3차원을 나타내기 위해 원근법을 이용한다.**

피렌체 외곽 마을에서 공증인의 아들로 태어난 톰마소 카사이는 '마사치오'라는 별명으로 알려지게 되었다. 이는 '덩치 큰 톰마소'라는 뜻으로, 함께 작업하던 동료 '마솔리노'('작은 톰마소')와 구분하기 위한 별명이었다. 그는 주로 피렌체에서 활동했다. 생애에 대해서는 알려진 바가 거의 없으나, 20대에 가난에 찌들어 죽었는데, 라이벌의 손에 암살당한 것이라고 한다.

마사치오의 위대한 업적은 자신의 예술에 고전적인 지식을 합일시켰다는 것과, 그림에 생생한 깊이를 부여하기 위해 건축학적인 원근법과 멀리 있는 것을 작게 그리는 기술을 발전시켰다는 것이다. 1420년대 중반 피렌체의 산타 마리아 노벨라 성당에 그린 프레스코화인, 7.6m 높이의 거대한 작품 〈성삼위일체〉는 이 두 가지를 다 보여 주는 좋은 예이다. 마사치오는 피렌체 대성당을 건축한 브루넬레스키와 함께 작업했을 수도 있다. 고전 건축에 대한 브루넬레스키의 지식은 당대의 미학적 사고를 변화시켰던 것이다.

> "그는 얼빠진 면이 있고, 변덕스럽고, 스스로에게 거의 신경을 쓰지 않았다."
>
> **바사리, 『미술가 열전』, 1550년**

〈성삼위일체〉에서, 인물들은 세심히 관찰해 그린 고전 건축의 아치가 이루는 틀 안에 배치되어 있다. 뒤편에는 테두리 장식을 한 원통형 볼트 천장이 있어, 화가가 원근법을 탐구했음을 알 수 있다. 소실점은 그림을 보는 이의 눈높이에 위치하며, 양쪽의 두 인물이 보는 이를 그림 속에 몰입케 한다. 이 작품은 미켈란젤로를 비롯한 여러 화가에게 영향을 주었다. **PF**

마사치오의 〈성삼위일체〉(1420년대 중반). 이 작품의 원근법 사용은 여러 대에 걸친 화가들에게 영향을 미쳤다.

# 피의 영토

이츠코아틀이 멕시코에 아즈텍 제국을 세우고, 잔인한 희생 제물을 바친다.

▲ 아즈텍 지도자 이츠코아틀, 그 능력을 얻기 위해 동물과 새의 가죽을 입고 있다.

"그들은 심장과 내장을 꺼내 우상 앞에서 희생 제물 삼아 불태웠습니다."

에르난 코르테스의 편지

스스로를 '멕시카'라 불렀던 아즈텍인은 13세기에 북쪽으로부터 오늘날의 멕시코 중부로 이주해 왔다. 그들이 믿기에, 이는 부족 신인 우이칠로포크틀리의 명령에 따른 것이었다. 1325년경 아즈텍인은 텍스코코 호수의 늪지에 있는 섬에 테노치티틀란 시를 세웠다. 오늘날은 멕시코시티가 자리한 곳이다. 이 도시에는 왕이 있었지만, 아즈텍인들은 또한 아스카포찰코라는 도시 국가를 섬기기도 했는데, 이는 지역 전체를 지배하는 도시였고 아즈텍인들도 순종적으로 동맹을 맺고 있었다.

1426년에 아스카포찰코의 나이든 왕이 죽었고, 도시 국가들 사이에는 복잡한 음모와 권력 싸움이 벌어져 테노치티틀란의 아즈텍 지배자가 살해당하는 결과를 낳았다. 군사 총사령관 목테수마의 지지를 업고 있던 후계자 이츠코아틀은 기회를 얻었다. 그는 그 지역의 다른 민족들과 연합을 맺어 반란을 일으켰고, 1428년 114일간이나 지속되었다는 포위전을 거쳐 아스카포찰코를 습격하는 데 성공했다. 아스카포찰코의 패배한 군주를 제단에 올려 흑요석(黑曜石)으로 만든 칼로 심장을 도려냈으며, 그의 피를 네 방향으로 뿌렸다.

아즈텍과 그 동맹은 이제 중부 멕시코의 지배 세력이 되었다. 1440년 목테수마가 이츠코아틀의 뒤를 이었고, 아즈텍인들은 제국을 세우게 되는데, 1519년 코르테스와 스페인인들이 도달했을 때 이 제국의 넓이는 약 19만 4,000㎢에 달했다. 목테수마는 약 5백만에서 6백만 사이의 백성을 다스렸다.

아즈텍 신들은 인간의 육체를 탐식하는 습성이 있었던 듯하다. 우이칠로포크틀리와 다른 아즈텍 신에게 바친 희생 제물의 수는 수천이었으며, 이러한 신들과 일종의 교감을 나누는 의식으로, 그 살은 먹었다. **RC**

# '오를레앙의 처녀'가 사형선고를 받다

## 잉글랜드군이 잔 다르크를 이단 혐의로 화형시킨다.

프랑스 루앙의 시장터, 1431년 5월 30일에 열아홉 살의 소녀가 수많은 군중 앞에서 기둥에 묶여 화형 당했던 이 자리에는 오늘날 교회가 서 있다. 불이 붙기 시작하자, 그녀는 사제에게, 자기 눈앞에 십자가를 높이 들어 주고 화염이 타오르는 소리 속에서도 들을 수 있을 만큼 큰 소리로 기도해 달라고 부탁했다. 그녀가 죽자, 잉글랜드 군사들이 유해의 잔해를 긁어모아 그 재를 센 강에 뿌렸다.

잔 다르크는 동레미 출신의 시골 소녀로, 성 미카엘, 성녀 카테리나, 성녀 마르가리타로부터 조국에서 잉글랜드군을 몰아내라는 음성을 들었다고 주장했다. 하얀 갑옷을 입고 자기만의 군기를 든 채 그녀는 1429년 포위당한 오를레앙을 구하기 위해 군사를 이끌었다. 그랬던 그녀가 부르고뉴군의 지휘관인 룩셈부르크의 존에게 붙잡혔고 뒤이어 잉글랜드군에 팔렸다. 그들은 잔을 이단으로 몰아 교회 법정에서 재판받도록 했는데, 판결을 맡은 보베 주교 피에르 코숑은 잉글랜드 동조자였다.

잔이 유죄를 시인하지 않았으므로, 재판은 1431년 봄 내내 지루하게 계속되었다. 재판 기록에는 다음과 같이 나와 있다. "자신이 신의 은총을 입고 있는지의 여부를 아느냐고 묻자, 그녀는 답했다. '만일 그렇지 않다면 주께서 은총을 내려 주시기를, 만일 그렇다면 주께서 나를 은총 안에 계속 두시기를.'" 5월 29일, 자신의 신앙을 철회한다는 문서에 서명한 지 3일 후에, 그녀는 마음을 바꾸어 억지로 입어야 했던 여성용 옷을 벗고 다시 남성의 옷을 입었다. 이러한 행동으로 그녀의 운명은 결정되었고, 그녀는 잉글랜드군에 넘겨졌다. 2년 전에 잉글랜드를 상대로 대승을 거두었으며 황태자가 프랑스 왕으로 즉위하는 것을 지켜보았던 '오를레앙의 처녀' 잔 다르크는 공개 처형을 당했다.

그로부터 24년이 지나 프랑스에서 잉글랜드군을 모두 몰아낸 후, 교황은 잔에게 내려진 판결을 철회했다. 프랑스의 민족적인 용기에 대한 영원한 상징이 된 그녀는 1920년 성인으로 시성되었다. **SK**

▲ 잔 다르크가 화형당하는 모습을 그린 책 삽화로, 그녀의 사후 고작 53년 뒤에 그려졌다.

> "만일 내가 주의 은총을 입고 있는 것이 아니라면, 주께서 그렇게 해 주시기를, 만일 그렇다면 주께서 나를 은총 안에 계속 두시기를."
>
> **잔 다르크의 재판 기록에서**

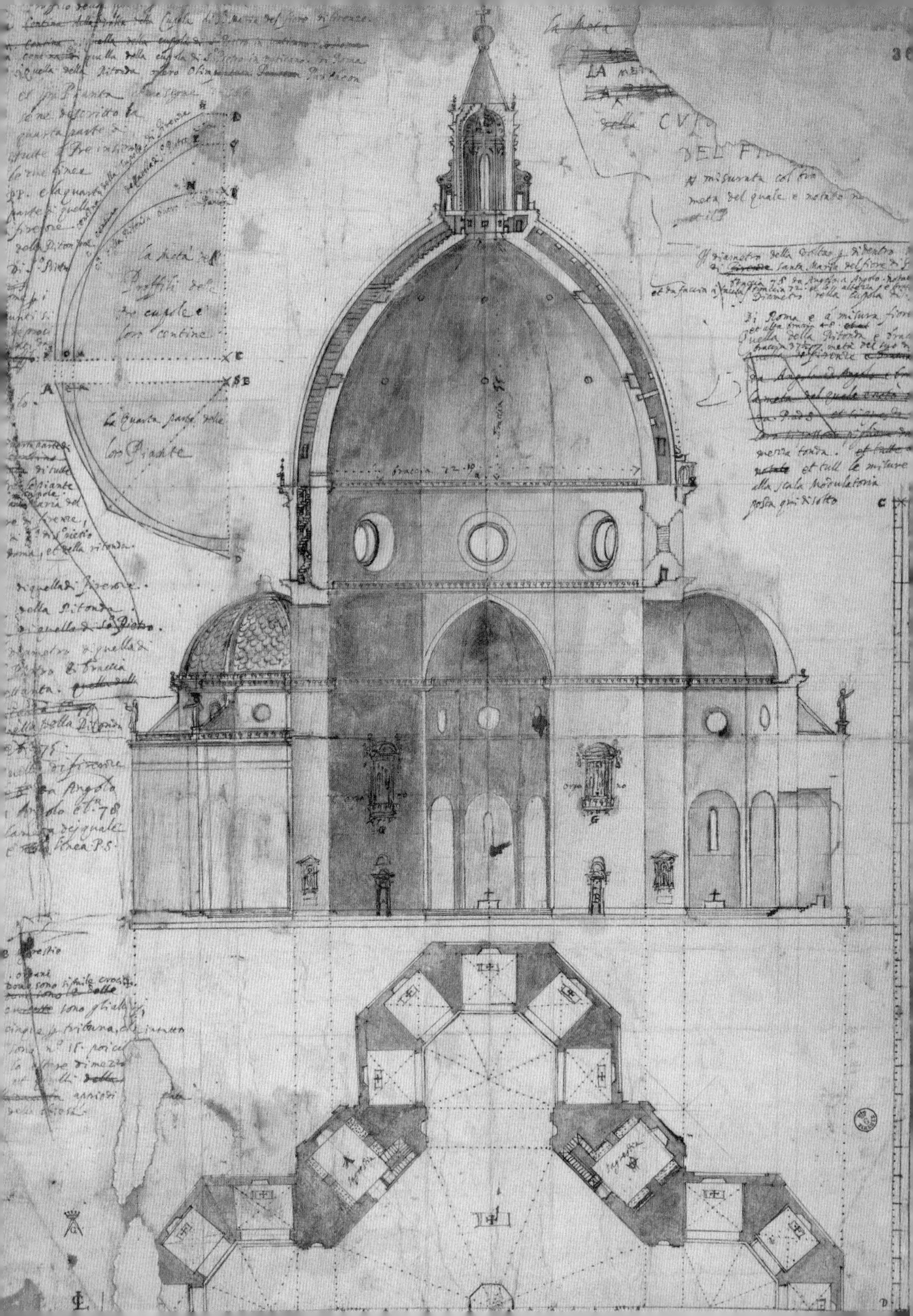

1436년 3월 25일

# 브루넬레스키의 돔

## 교황 유게니우스 4세가 새로이 완성된 피렌체 대성당을 축성한다.

피렌체 대성당의 동쪽 끝에 어떻게 돔을 올릴 것인가 하는 문제는 가장 뛰어난 두뇌들도 시험에 들게 하는 도전이었다. 1296년 고딕 양식으로 성당 건물을 짓기 시작했으나, 70년이 지난 후 건축팀은 점차 커져 가는 피렌체의 중요성을 반영하도록, 새로 작업할 부분에 모두 고전주의 로마 양식을 채택키로 결정했다. 새로운 설계안에 따르면 지름 42m의 팔각형 돔이 필요했다. 전통적으로는 목조 뼈대를 세우고 그 위에 올리는 방식으로 아치나 볼트를 지었는데, 새로 지을 돔은 너무 커서 이 방식을 쓸 수가 없었다. 반 세기 이상 돔은 지어지지 않은 채였다. 마침내 완성하고 난 후, 1436년 3월 25일 교황이 성당을 축성했다.

해결책을 낸 이는 필리포 브루넬레스키(1337~1446년)였다. 그는 금 세공인이자 조각가로, 여러 차례 로마를 방문하여 로마의 고대 유적, 특히 판테온의 거대한 돔 지붕의 건축 구조를 연구한 바 있었다. 그는 자신이 돔을 짓는 방법을 안다고 윗사람들을 설득했다. 설계는 채택되었고, 1420년 작업이 시작되었다.

브루넬레스키는 구조물의 무게를 줄이기 위하여 바깥쪽 층이 덮은 안쪽에 가벼운 내부 돔을 건축하고, 건축 자재를 올려 보내기 위해 정교한 기계를 설계했다. 그리고 벽돌과 석재를 헤링본 무늬로 배열했다. 이는 그가 고대 로마 건물을 연구하면서 터득한 기술이었다. 라이벌들은 그의 기술을 흉내내 보고는 실패할 거라고 예언했다. 그러나 이런 조롱에도 불구하고 돔은 차근차근 높아졌고, 1436년에는 피렌체 대성당 위편에 106m 높이로 우뚝 솟았다. 르네상스 토목 공학의 뛰어난 솜씨와 예술성을 보여 주는 기념물인 이 돔은 오늘날까지 남아 있다. **SK**

◀ 토스카나의 화가 루도비코 치골리(1559~1613년)가 브루넬레스키의 돔을 그린 드로잉 두 점.

1438년

# 전사가 된 돌들

## 파차쿠텍이 찬카족을 물리친 후 잉카 제국을 세운다.

1438년, 찬카족은 잉카의 수도 쿠스코를 공격하며 점령하려 하고 있었으나, 1438년부터 1471년까지 다스렸고 제국을 세운 장본인인 파차쿠텍과 그의 부하들에게 패해 물러났다. 전설에 따르면, 전투의 긴박한 순간에 들판의 돌들이 잠시 동안 전사로 변하여 파차쿠텍을 도와 적을 물리쳤다고 한다. 이후 이 돌들을 주워 모아 사당에 경건하게 모셨다.

파차쿠텍은 찬카족이 잉카를 위협하여 아버지인 늙은 잉카 비라코차가 달아난 후에 권력을 쥐게 되었다. 그가 거둔 승리는 잉카가 확장하는 데에 도약대 구실을 했다. 파차쿠텍은 자신의 세력을 페루의 고지대 대부분에 이르기까지 넓혔고, 쿠스코의 태양 신전을 재건했다. 마추픽추는 원래 그의 시골 별장이었을지도 모른다.

파차쿠텍과 찬카족의 전쟁 이야기는 후안 베탄소스라는 인물이 한참 후인 16세기에 전하게 된다. 그는 스페인인으로, 파차쿠텍의 후손 중 하나와 결혼하여 가문에 전해 내려오는 이야기를 듣고 이를 글로 남겼던 것이다. 파차쿠텍의 명성은 오늘날에도 페루에 생생하게 살아 있다.

'잉카'라는 단어는 원래 11세기경 남아메리카 안데스 중부 지역의 한 부족에서 우두머리가 지니는 칭호였다. 이들 부족은 티티카카 호수 부근 출신으로, 북쪽으로 옮겨가 오늘날의 페루에 해당하는 쿠스코와 그 주변에 정착하였음이 분명하다. 이들은 자신들의 지배자가 태양신의 후손이라 믿었으며, 15세기에는 지배자의 절대적인 권위 아래서 대륙 서편을 따라 오늘날의 콜롬비아에서 칠레와 아르헨티나까지 길게 뻗은, 콜럼버스의 발견 이전 아메리카 대륙에서 가장 광대한 제국을 세웠다. 잉카 제국의 인구는 1천만이나 되었던 것으로 추정된다. **RC**

# 콘스탄티노플의 함락

**오스만 술탄 메메드 2세가 비잔틴 제국의 수도를 점령한다.**

1453년 5월 29일 오후, 술탄 메메드 2세는 콘스탄티노플(오늘날의 이스탄불)에 입성했다. 스무 살의 나이로 그는 세계에서 가장 큰 기독교 도시 중 하나를 정복한 것이다. 오스만 군사들이 부유한 자들의 저택을 약탈하고 거리 가득 피가 흐르는 와중에, 메메드는 900년 된 하기아 소피아 성당에 들어가 알라에게 승리에 대한 감사를 드렸다.

한때는 '세계가 열망하는 도시'라 불렸던 콘스탄티노플은 이제 과거의 영광이 남긴 그림자에 불과했다. 1453년 4월 메메드의 군사가 포위했을 때만 해도, 천 년을 버텨온 성벽이 도시를 지키고 있었다. 그러나 콘스탄티노플을 공격하기 위해 메메드가 투르크와 세르비아군 8만 명과 강력한 함대를 모집했던 반면, 비잔틴 황제 콘스탄티누스 11세는 방어를 위해 고작 7천 명밖에 모을 수 없었다. 메메드는 헝가리의 포병 전문가가 주조한 육중한 대포를 이용해 성벽을 때려 부수었는데, 이는 비잔틴인이 도저히 당해낼 수 없던 최첨단 기술이었다.

> "갑작스런 폭풍우 뒤
> 도랑에 빗물이 흐르듯 도시에
> 피가 흘렀다."
>
> **니콜로 바르바로, 당대의 일기**

5월 29일 이른 시각, 대포 집중 사격이 최후의 돌격을 알렸다. 새벽 무렵에는 술탄의 정예 노예 군단인 '예니체리'가 성채 안으로 몰려 들어갔다. 비잔틴 제국 최후의 황제는 손에 칼을 들고 싸우다 죽었다. 이후 며칠간 기독교도 주민 대부분이 노예가 되거나 학살당했다. 콘스탄티노플이 이슬람에 함락당한 이 사건은 기독교 세계를 충격에 빠뜨렸다. 오스만 투르크족에게 이는 최고의 승리였다. **RG**



# 최초의 인쇄 서적

**구텐베르크의 성서가 학문과 사상 전달에 혁명을 일으킨다.**

1450년, 독일 마인츠 출신의 장인이자 금속 세공인인 요한네스 구텐베르크는 금융업자에게 돈을 빌렸다. 그는 금속 세공에 대한 자신의 지식을 바탕삼아 수동식 주형(鑄型)을 사용해 금속 활자를 다량으로 주조하는 방법을 개발해 내고, 이를 통해 낱개로 움직일 수 있는 활자를 이용해 인쇄할 수 있는 방식을 실험하고 있었다. 목재로 된 나사식 인쇄기, 유성 인쇄 잉크, 인쇄가 가능한 종이 등, 더 필요한 도구와 장비를 개발해 내기 위해 그에게는 자금이 필요했던 것이다. 이 모든 재료들로 발명해 낸 인쇄기로 그는 자신의 걸작인 『구텐베르크 대성서』에 착수할 수 있었다. 성서의 인쇄는 1455년경에 끝났다.

구텐베르크의 성서(한 쪽당 42줄이 들어 있었기 때문에 『42행 성서』라고도 한다)는 일반적으로 유럽 최초의 인쇄 서적이라 간주되며, 책의 대량 생산 시대를 열었다. 각각 1,282쪽으로 이루어진 최초의 인쇄본 180부를 제작하는 데에는 1년 가량이 걸렸던 듯하다. 곧 구텐베르크를 모방하는 이들이 많아졌고, 인쇄기를 설치한 도시가 하나 둘 늘어나, 성서, 백과사전, 신학 서적, 역사서, 로맨스물 등을 제작하여 나날이 늘어가는 인쇄물에 대한 수요를 채워 주었다.

낱개 활자의 발명은 인터넷의 탄생과도 비유되어 왔다. 이는 16세기 초 르네상스 시대의 사상 보급과 인문주의적인 학문 급성장의 원동력이 된 기술적 대발견이었다. 1999년, 『타임』지는 구텐베르크의 인쇄기를 지난 천 년간 가장 중요한 발명품으로 선정했다. **SK**

▶ 서적의 대량 생산이 시작되었음을 알린 『구텐베르크 대성서』의 아름답게 채식(彩飾)한 페이지.

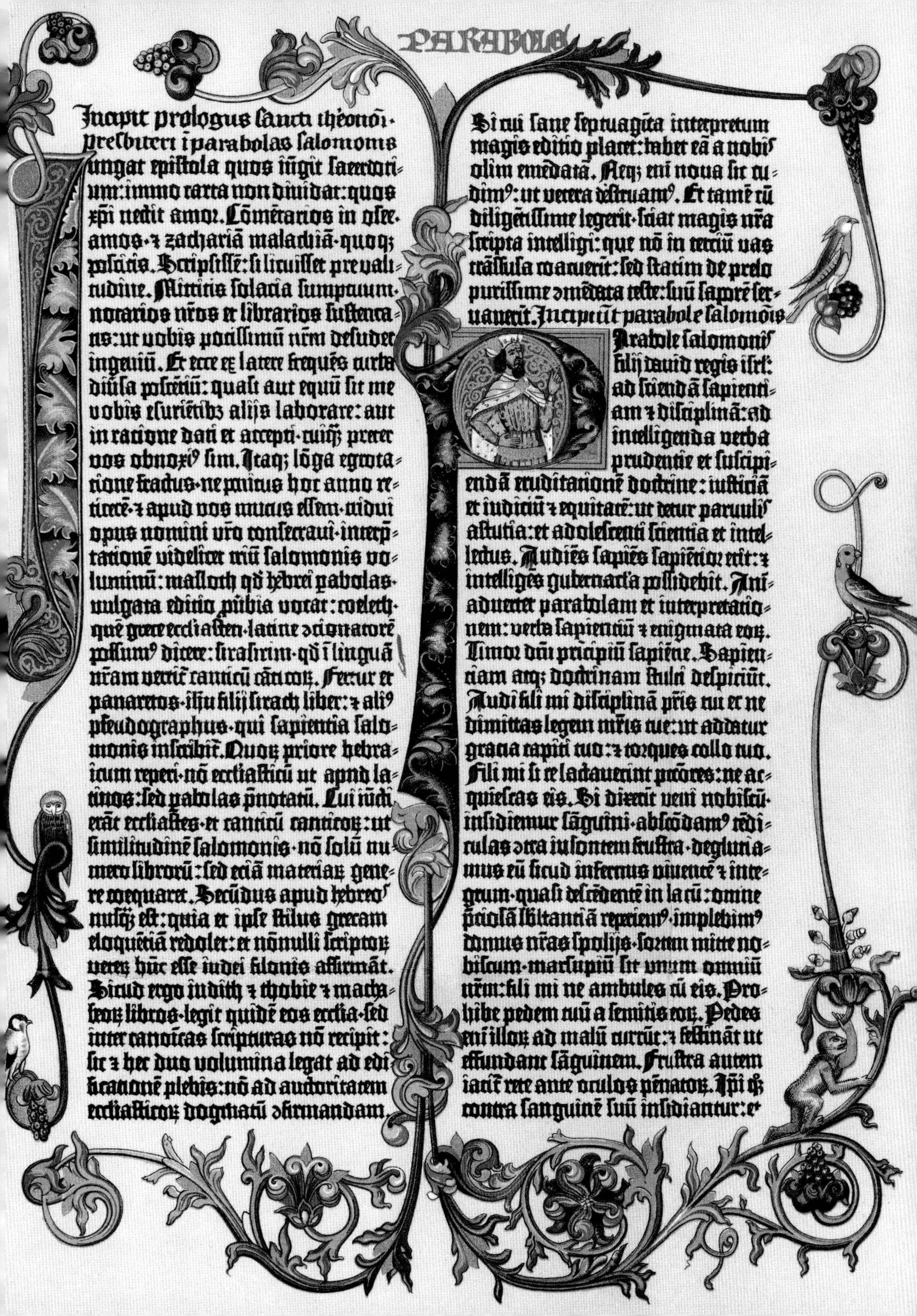

PARABOLE

Incipit prologus sancti iheronimi presbiteri in parabolas salomonis

Iungat epistola quos iungit sacerdotium: immo carta non dividat: quos christi nectit amor. Commentarios in osee, amos, et zachariam malachiam quoque poscitis. Scripsissem: si licuisset pre valitudine. Mittitis solacia sumptuum: notarios nostros et librarios sustentantes: ut vobis potissimum nostrum desudet ingenium. Et ecce ex latere frequens turba diversa poscentium: quasi aut equum sit me vobis esurientibus aliis laborare: aut in ratione dati et accepti cuiquam preter vos obnoxius sim. Itaque longa egrotatione fractus ne penitus hoc anno reticerem et apud vos mutus essem: tridui opus nomini vestro consecravi: interpretationem videlicet trium salomonis voluminum: masloth quod hebrei parabolas, vulgata editio proverbia vocat: coeleth, quem grece ecclesiasten, latine concionatorem possumus dicere: sirassirim, quod in linguam nostram vertitur canticum canticorum. Fertur et panaretos ihesu filii sirach liber: et alius pseudographus qui sapientia salomonis inscribitur. Quorum priorem hebraicum reperi, non ecclesiasticum ut apud latinos: sed parabolas prenotatum. Cui iuncti erant ecclesiastes et canticum canticorum: ut similitudinem salomonis non solum numero librorum: sed etiam materiarum genere coequaret. Secundus apud hebreos nusquam est: quia et ipse stilus grecam eloquentiam redolet: et nonnulli scriptorum veterum hunc esse iudei filonis affirmant. Sicud ergo iudith et thobie et machabeorum libros legit quidem eos ecclesia: sed inter canonicas scripturas non recipit: sic et hec duo volumina legat ad edificationem plebis: non ad auctoritatem ecclesiasticorum dogmatum confirmandam. Si cui sane septuaginta interpretum magis editio placet: habet eam a nobis olim emendatam. Neque enim nova sic cudimus: ut vetera destruamus. Et tamen cum diligentissime legerit: sciat magis nostra scripta intelligi: que non in tertium vas transfusa coacuerit: sed statim de prelo purissime commendata teste: suum saporem servaverit. Incipiunt parabole salomonis.

Parabole salomonis filii david regis israel: ad sciendam sapientiam et disciplinam: ad intelligenda verba prudentie et suscipiendam eruditationem doctrine: iusticiam et iudicium et equitatem: ut detur parvulis astutia: et adolescenti scientia et intellectus. Audiens sapiens sapientior erit: et intelligens gubernacula possidebit. Animadvertet parabolam et interpretationem: verba sapientum et enigmata eorum. Timor domini principium sapientie. Sapientiam atque doctrinam stulti despiciunt. Audi fili mi disciplinam patris tui et ne dimittas legem matris tue: ut addatur gracia capiti tuo: et torques collo tuo. Fili mi si te lactaverint peccatores: ne acquiescas eis. Si dixerint veni nobiscum: insidiemur sanguini: abscondamus tendiculas contra insontem frustra: deglutiamus eum sicud infernus viventem et integrum: quasi descendentem in lacum: omnem preciosam substantiam reperiemus: implebimus domus nostras spoliis. Sortem mitte nobiscum: marsupium sit unum omnium nostrum. Fili mi ne ambules cum eis. Prohibe pedem tuum a semitis eorum. Pedes enim illorum ad malum currunt: et festinant ut effundant sanguinem. Frustra autem iacitur rete ante oculos pennatorum. Ipsi quoque contra sanguinem suum insidiantur: et

# 무슬림 침략자를 격퇴하다

농민 십자군이 헝가리 전사, 기사, 성직자와 합세해 베오그라드에서 오스만군을 물리친다.

1456년 7월, 비잔틴 제국을 막 정복한 참인 오스만 술탄 메메드 2세는 기독교 왕국 헝가리를 치기 위해 북쪽으로 군사를 이끌었다. 헝가리의 수비는 두 사람에게 달려 있었다. 헝가리의 베테랑 전사 야노스 후냐디와 70세의 이탈리아 탁발 수도사 조반니 다 카피스트라노였다. 불 같은 성미의 설교가인 카피스트라노는 유대인과 이단을 상대로 폭력을 조장하곤 했다.

메메드의 첫 번째 목표는 당시 헝가리의 국경 요새였던 베오그라드였다. 베오그라드의 삼중 성벽은 육중했지만, 콘스탄티노플마저 점령한 술탄의 공격을 견뎌낼 거라고는 기대할 수 없었다. 오스만군이 베오그라드를 포위하자, 카피스트라노는 자신의 웅변술을 십분 발휘해 십자군을 일으키라고 설교했다. 수천 명의 농부들이 낫과 곤봉을 무기삼아 후냐디의 기사와 용병단과 합세해 지원군이 되었다. 그들은 도나우 강을 따라 내려가 오스만군의 봉쇄를 뚫고 베오그라드 내의 수비군과 합류했다.

7월 21일 오스만군은 요새 안으로 밀고 들어갔지만 패배당했다. 다음날 카피스트라노의 열정적인 농민 십자군 몇 명이 투르크 진영에서 싸움을 벌이기 위해 성벽 밖으로 돌격했다. 무모하고 정신 나간 짓으로, 카피스트라노가 안간힘을 써서 막으려 했던 일이었는데, 기적적이게도 이 기독교 돌격대는 누구도 막을 수 없는 추진력을 얻었다. 후냐디의 노련한 군사들이 전투에 가담하자, 술탄 메메드는 부상을 입고 의식을 잃은 채 전장에서 실려 나갔다. 투르크군은 곧 총퇴각에 들어갔다.

불행히도 후냐디와 카피스트라노는 이 승리를 음미할 새도 없었다. 둘 다 그해가 저물기 전 병으로 죽었던 것이다. **RG**

◀ 의기양양하게 베오그라드를 공격하는 메메드를 그린 16세기 투르크 판화. 하지만 그의 패배 장면은 나와 있지 않다.

1469년 12월 3일

# 메디치 가의 황금시대

**로렌초 데 메디치가 도시국가 피렌체를 지배한다.**

두 형제 중 누가 더 잘생겼는지에는 의문의 여지가 없었다. 줄리아노는 스포츠 분야에서 그랬듯이 외모라는 면에서도 형보다 훨씬 특출났다. 못생긴 로렌초의 코는 얼굴에 하도 납작하게 짓눌려 있어 냄새를 맡지 못했으며, 그는 건강이 나빠 늘 고생했다. 그러나 1469년 12월 2일 피에로 데 메디치가 두 아들을 공동 상속자로 남기고 죽었을 때 피렌체 시민들이 통치를 요청했던 것은 로렌초였다.

피에로가 죽은 다음 날, 적어도 700명은 되는 메디치 지지자들이 피렌체 한복판의 메디치 저택으로 두 젊은 형제를 찾아와 로렌초에게 지배를 부탁했다. 그의 통치하에서, 흔히 황금시대라 불리는 24년간의 시기가 시작되었다. 많은 사람들이 곧 '위대한 자(il Magnifico) 로렌초'가 이상적인 르네상스 지배자일 뿐만 아니라—이는 논란의 여지가 있다—피렌체 공이라고까지 생각했는데, 이는 전혀 사실이 아니다.

메디치 가는 도시에서 가장 부유한 가문이 되었지만, 로렌초의 피렌체는 공화정이었다. 공무 집행상의 권리는 9인의 '시뇨리아'에게 있었고, 이는 여전히 두 달마다 유력한 가문에서 선출했다. 로렌초는 선거권자들에게 영향력을 행사하고 의원들을 조정하기 위해 매우 열심히, 교묘하게 노력해야 했다. 물론 라이벌 가문이 여럿 있었고, 토스카나의 귀족 가문 파치 가는 1478년 줄리아노를 암살하는 데 성공했다. 그러나 로렌초는 1492년까지 살았고 평온하게 죽었다.

로렌초가 죽을 무렵, 피렌체는 예술 작품이 풍성하게 꽃피는 시기를 맞고 있었는데, 이는 부분적으로 로렌초의 후원 덕택이었다. 그는 자신의 플라톤 아카데미에 학자들을 모아 후원했고, 보티첼리와 레오나르도 다 빈치를 비롯한 화가들을 지원했다. 젊은 시절 미켈란젤로는 로렌초의 저택에 여러 해 동안 살면서 가족의 일원으로 대접받았다. **RP**

1483년 10월 17일

# 이단을 뿌리뽑다

**페르난도와 이사벨이 스페인 전역에 종교재판소를 설치한다.**

카스티야의 이사벨과 아라곤의 페르난도—1469년 두 사람이 결혼하면서 중세 스페인의 두 왕국이 하나가 되었다—는 영토에서 이단을 몰아내는 것이 자신들의 신성한 의무라고 생각했다. 이사벨은 이미 거짓으로 '콘베르소'(가톨릭 개종자)인 척하는 유대인이나 무슬림을 모조리 제거하기 위해 카스티야에 종교재판소를 설치해도 좋다는 교황의 허락을 얻어낸 후였다. 그리고 1483년 10월 17일에 교황 식스토 4세는 페르난도의 영토인 아라곤 전역에 종교재판소를 세우게 하는 칙령을 발표했다.

이전에도 중세의 교황청에서 이단과 싸우기 위해 종교재판소를 세운 적이 있었지만(그 첫 번째는 1231년 카타리파를 처단하기 위해서였다), 스페인의 종교재판은 특별한 경우였다. 왕립 재판소의 일부로 설립되었고, 재판 과정은 비밀에 부쳐졌으며, 밀고자에게 많은 부분을 의지했다. 자백을 끌어내기 위해 종종 고문을 가했고, 이단 선고를 받은 이들은 많은 군중 앞에서 유명한 '아우토-다-페'('신앙의 행위') 의식에 따라 화형에 처해졌다. 죽은 이의 재산은 압수하여 왕실과 종교재판소, 밀고자들이 모두 나누어 가졌다.

> "종교재판소가 없었다면,
> 우리는 한탄스러운 지경에 이르렀을
> 것이다 … ."
>
> **스페인의 펠리페 2세, 1569년**

종교재판소는 이후에 그 목표를 인문주의자와 프로테스탄트에게로 옮겼는데, 특히 펠리페 2세 때 그랬다. 스페인의 적들, 특히 잉글랜드에서는 이러한 면을 비판하여 선전 도구로 삼았고, 스페인 종교재판소가 그 가학적인 잔혹함으로, 다소 과장된 면이 있는 악명을 얻게 된 것은 바로 이 시기였다. **SK**

# 잉글랜드 왕이 반란군에게 살해당하다

보즈워스 들판 전투의 승리로 장미전쟁이 끝나고 헨리 튜더가 새로운 왕조를 수립하는 길이 열린다.

15세기 잉글랜드는 요크 가와 랭커스터 가가 서로 왕위를 자기 것이라 우기면서 벌인 내전 때문에 황폐했다. '장미전쟁'이라 알려진 이 싸움은 1485년 8월 요크 가의 왕 리처드 3세가 반란과 배반의 희생자가 되어 전사하면서 막을 내리게 된다.

반란군 우두머리는 헨리 튜더였다. 브르타뉴에 망명하여 지내던 그는 왕권을 이어받을 권리가 있긴 했지만, 가능성이 희박했다. 그러나 헨리는 리처드에 반대하는 이들이 찾을 수 있던 최고의 후보자였다. 그는 8월 7일 2천 명의 프랑스 용병을 이끌고 밀퍼드헤이번에 상륙해 별 어려움 없이 잉글랜드 중부까지 진군했으며, 가는 곳마다 지지자를 얻었다. 리처드가 자기 부하들에게 충성을 요구하기 어려운 상황이라는 점이 곧 명백해졌다. 사실 그 자신이 왕위에 오른 것 마저 그 내막이 의심스러웠다. 그가 두 어린 조카 에드워드 5세와 요크 공 리처드를 살해했다는 소문이 있었던 것이다. 특히 세력이 큰 스탠리 가문의 충성심이 가장 미덥지 못했다.

원래는 리처드의 군사가 헨리 쪽보다 많았지만, 8월 22일 전투가 벌어지자 스탠리 가문과 노섬벌랜드 공작은 둘 다 자기 부하들을 참가시키지 않았다. 자기 손으로 승리를 쟁취하고자 하는 열망에서 리처드는 돌격을 이끌었고, 기사들로 이루어진 호위대를 마구 베며 나아갔다. 결정적 순간에 윌리엄 스탠리 경이 자기 부하들을 전투에 투입했다—반란군 쪽에 말이다. 리처드는 도끼에 얻어맞아 쓰러졌다. 헨리 튜더는 헨리 7세라는 이름으로 왕위에 올랐고, 그가 수립한 왕조는 1603년 엘리자베스 1세 여왕이 사망할 때까지 118년간 다스리게 된다. **RG**

▶ 보즈워스 전투에서 전사한 리처드 3세의 초상화, 무명 화가의 작품.

◀ 리처드 3세가 전사하기 전의 순간을 보여 주는 19세기 판화.

# 디아스가 희망봉을 돌다

인도로 가는 항로와 귀중한 향료 무역로가 열린다.

바르톨로메우 디아스가 1488년 처음으로 희망봉을 지나 항해했을 때, 그는 그것을 보지도 못했다. 폭풍이 불어 아프리카 대륙 최남단으로 유명한 희망봉을 가렸던 것이다. 능숙한 선원이자 항해사, 선박 설계사인 디아스는 1487년 두 척의 작은 범선과 좀 더 덩치 큰 수송선을 이끌고 리스본을 출항했었다. '상 크리스티방' 호와 '상 판탈레앙' 호는 육지에 상륙했음을 알리고 영토 소유권을 주장하기 위해 포르투갈의 문장을 새긴 기념 석주 세 개를 싣고 있었다. 원정의 목표는 인도양 항로와 구미 당기는 아시아 향료 무역로를 확보하려는 것이었다.

수송선을 안전하게 정박시켜 놓은 후, 디아스와 동료들은 아프리카 남서쪽 해안을 이리저리 헤매다가 더 유리한 바람을 찾아 깊은 바다로 나아갔다. 그들은 그 지역에 우세한 편서풍을 받아 남서쪽으로 갔으나, 바람은 곧 폭풍으로 변했다. 폭풍이 잦아들자 디아스는 아프리카 서쪽 해안에 상륙할 수 있으리라 기대하며 뱃머리를 동쪽으로 돌렸지만 아무것도 시야에 잡히지 않았다. 그러자 디아스는 자신이 아프리카 대륙의 끝을 지나쳤을지 모른다는 의심을 품었다. 그는 북쪽으로 향해, 1488년 2월 3일 희망봉에서 서쪽으로 400km 떨어진 아프리카 남쪽 해안에 도달했다.

디아스는 자신이 아프리카 대륙의 남쪽 끝을 발견했다는 사실을 깨달았다. 그는 동쪽으로 계속 나아갔지만, 이제 수송선에서 너무 멀리 떨어지게 되자 선원들이 동요를 일으키고 있었다. 전체 회의 끝에 돌아가는 항로를 취해야 한다는 결정이 났다. 이 돌아가는 길에서 그들은 마침내 외측으로 항해했을 때 시야에서 가려졌었던 거대한 곶에 닿았다. 디아스는 마지막 남은 석주를 세우고, '카보 토르멘토소'(폭풍의 곶)라는 이름을 붙였다. 그러나 포르투갈 왕 주앙 2세는 이 이름을 승인하지 않고, 아프리카 남단의 이 곶을 '희망봉'이라 이름 지었다. **JJH**



# 은징가의 개종

포르투갈 지도자들이 아프리카에 제국을 개척하려 시도한다.

은징가 은쿠우는 콩고족의 5대 세습 왕으로 중앙아프리카 서부의 오늘날의 콩고에 해당하는 지역을 다스렸다. 포르투갈 탐험가 디오구 캉은 1482년에 최초로 콩고족과 접촉했고, 2~3년 후에 포르투갈 왕 주앙 2세가 보낸 선물을 갖고 되돌아왔다. 은징가는 캉을 자신의 수도 음반자(후에 상 살바도르가 된다)에 반겨 맞이하고, 포르투갈 왕실에 직속 사절단을 보내 조력을 청했다. 포르투갈은 1490년 이에 답하여, 탐험가 후이 데 소자가 선물, 군인, 사제들을 실은 배를 이끌고 콩고에 왔다. 은징가는 즉시 기독교로 개종하고 세례를 받았다.

> "돌을 던지는 이는 잊어버리지만,
> 맞는 이는 영원히
> 기억한다."
>
> **앙골라 속담**

포르투갈 군사들은 기독교 강제 전도에 반대하여 일어난 봉기를 진압함으로써 은징가의 기독교 전파를 도왔다. 은징가는 포르투갈 왕을 기리는 의미로 주앙 1세라는 칭호를 사용했고, 맏아들인 은징가 음벰바를 포르투갈에 보내 기독교 지도자로 교육받도록 했다. 그는 10년 후 완전히 서구화되어 아폰수라는 이름으로 돌아왔다. 그러나 아폰수가 이끄는 일신교적인 기독교 '근대화 세력'과 다신교를 섬기는 전통주의자들 간에 갈등이 생기자 은징가 은쿠우는 아폰수를 유배에 처하고, 둘째 아들 음판주 우 키티마를 상속자로 삼았다.

내분에 환멸을 느낀 은징가 은쿠우는 1506년 죽기 전에 기독교 신앙을 버렸다. 그가 죽은 후, 아폰수가 왕위를 차지해 기독교 전파를 계속해 나갔다. **NJ**

# 그라나다의 새 시대

**그라나다를 점령함으로써 레콩키스타의 마지막 단계가 완료된다.**

1492년 1월 2일 무어인 왕 아부 압둘라 무함마드 12세(혹은 '보압딜')가 페르난도의 손에 그라나다 시의 열쇠를 넘겨줌으로써, 무슬림 세력으로부터의 레콩키스타(국토 수복 운동)는 800년간의 투쟁 끝에 달성되었다. 이베리아 반도를 거의 완전히 점령했던 무어인들은 차근차근 영토를 잃고 밀려나, 1400년대에는 남부의 그라나다 지방만을 지배하게 되었다. 기독교 세력으로 스페인을 통일하려 단단히 마음먹은 아라곤의 페르난도 2세와 그의 아내 카스티야의 이사벨은 1480년대에 그라나다를 공격했다. 무어인들은 내부 분열을 겪고 있었고, 1490년 여름 지역 대부분에 초토화 공격을 가한 후, 페르난도는 보압딜을 그라나다에 가두었다.

> "남자처럼 지킬 수 없던 것에 대해서 여자처럼 울다니 잘하는 짓이구나."
>
> **보압딜의 어머니가 유배를 떠나는 아들에게 했다는 말**

서로 종교적인 모욕을 주고받은 끝에—모스크의 벽에는 〈아베 마리아〉(성모송) 기도문이 나붙었고, 무어인은 이를 당나귀 꼬리에 묶어 복수했다—1491년 결정적인 전투가 시작되었다. 무어 인들은 추격당해 성벽 뒤로 몰렸고, 2천 명의 사상자가 났다.

스페인인들은 무어인이 기아 상태에 이를 때까지 포위를 계속했다. 협상이 시작되었고 1492년 1월 보압딜은 신앙의 자유를 보장해 주거나 기독교 통치하에서 살기 원하지 않는 무어인들이 북아프리카로 돌아갈 수 있도록 허가해 준다면 항복하겠다고 동의했다. **NJ**



# 유대인 추방령

**이사벨과 페르난도가 칙령을 내려 모든 유대인을 스페인에서 떠나게 한다.**

1492년 3월 31일, 그라나다 함락 이후 채 석 달도 지나지 않아 이사벨과 페르난도는 '알람브라 칙령'을 포고했다. 기독교로 개종하기를 거부하는 유대인은 모조리 스페인에서 추방하겠다는 내용이었다. 칙령을 작성한 이는 종교재판소장인 토마스 데 토르케마다였다. 부유한 유대인 금융가이자 학자인 아이작 아브라바넬이 페르난도에게 60만 크라운이라는 뇌물을 주며 칙령을 철회해 달라고 요청하자, 토르케마다는 왕과 여왕 앞에 십자가를 내던지며 유다처럼 돈 때문에 주님을 배반할 셈이냐고 물었다는 일화가 있다. 아브라바넬은 스페인에서 도피해야 했던 수많은 유대인—16만 5천 명에서 80만 명까지 그 추산치에는 차이가 난다—중 하나였다. 그는 기진맥진하고 돈 한 푼 없는 신세가 되어 1608년 베네치아에서 죽었다.

이베리아 반도에는 오래 전부터 제법 규모가 큰 유대인 공동체가 있었고, 그들은 보통 무슬림 지배자와 좋은 관계를 유지했으나, 기독교 레콩키스타가 확산되면서 처지가 악화되었다. 1300년 무렵에는 유대인임을 나타내는 표지를 달아야 했고, 1348년과 1391년에는 반유대주의 폭동이 일어났다. 많은 유대인이 기독교로 개종하라고 설득 당했다.

알람브라 칙령 이후, 유대인 다수는 포르투갈이나 북아프리카로 달아났다. 오스만 제국에 정착한 이들도 있었고, 술탄은 페르난도에게 가장 돈 많은 백성 일부를 보내 준 데 대해 비꼬임 섞인 감사를 표하며 그들을 환영했다. 상당수의 유대인이 북유럽, 특히 네덜란드, 잉글랜드, 스칸디나비아 등지로 갔다. 스페인 내부에서는 유대인의 추방을 가톨릭 신앙의 승리라 간주했으나, 이는 경제적으로 가장 부유하고 중요한 국민들을 앗아갔을 뿐이었다. **SK**

# '위대한 자' 로렌초 사망

**로렌초 데 메디치의 죽음은 피렌체의 황금시대가 끝나고 혼란과 다툼의 시대가 찾아옴을 알린다.**

로렌초 데 메디치는 1492년 5월 9일 43세의 나이로 죽었으며, 그의 죽음은 피렌체가 이탈리아 르네상스를 문화적으로 이끌었던 위대한 시기가 끝났음을 의미했다. 1470년대부터 로렌초 데 메디치는 이탈리아의 도시국가들 가운데에서 피렌체의 주도권을 완전히 잡고 있었다.

시인이자 예술 애호가, 은행가, 정치적 조정자였던 그의 통치는 평화로웠고, 문화가 발전했다. 그는 다른 이들에게 피렌체의 예술가들을 고용하도록 권유했고, 레오나르도 다 빈치와 보카치오는 둘 다 로렌초의 아낌없는 후원을 받았다. 또한 산 마르코의 자기

> "아, 슬프도다! / 오 비통하고, 비통하도다! / 번개가 내리쳤네 / 우리의 월계수에."
>
> **안젤로 폴리치아노, 「로렌초의 죽음에 대한 애도」, 1492년**

정원에 조각 학교를 열고, 열다섯 살 난 소년을 데려와 아들처럼 키웠다—바로 미켈란젤로였다.

로렌초가 임종하는 자리에 사보나롤라가 서 있었다. 이 독단적인 수도사는 교회가 세속적인 부에 집착한다고 생각해 이를 맹렬히 비판했다. 그는 실용주의적인 지도자 로렌초가 이를 더욱 조장했다고 보았다. 로렌초가 죽자, 곧 사보나롤라 덕분에 정통주의적인 신앙이 널리 퍼졌다. 2년도 안 되어 프랑스의 왕 샤를 8세가 침략해 왔고 메디치 저택은 약탈당했다. 백 년에 걸쳐 모은 예술품의 진가가 고작 몇 시간 만에 파괴되었던 것이다. 로렌초가 죽은 후, 이탈리아의 나라들은 50년간의 혼란으로 빠져든다. **JJH**

◐ 위대한 자 로렌초, 베노초 고촐리가 메디치 리카르디 저택에 그린 프레스코화(1459~1460년)의 일부.

# 콜럼버스가 아메리카를 발견하다

크리스토퍼 콜럼버스는 자신이 신대륙을 찾아냈다는 사실을 깨닫지 못한다.

▲ 테오도르 드 브리가 1594년경 제작한 크리스토퍼 콜럼버스의 아메리카 발견에 대한 판화를 17세기에 재출간한 것.

1492년 10월 12일 금요일, 크리스토퍼 콜럼버스는 바하마 제도의 한 섬에 상륙해, 이를 아시아의 일부라 생각하고 '산 살바도르'('성스러운 구원자')라 이름 지었다. 유럽의 신세계 정복으로 이어지게 되는 이 여행은 8월 3일에 스페인의 팔로스 항구에서 시작되었다.

스페인 정부로부터 '대양에서 섬과 본토를 찾아 획득하라'는 임무를 받은 콜럼버스는 세 척의 작은 배—산타마리아호, 핀타호, 니냐호—로 이루어진 선단에 120명을 싣고, 중국과 극동을 목표로 서쪽으로 향한 항해를 시작했다.

콜럼버스는 신에게 감사드리며, 페르난도와 이사벨의 이름으로 새 땅의 소유권을 정했다. 곧 섬 원주민들이 면사, 앵무새, 담배 등 선물을 가지고 나타났다. 콜럼버스는 오늘날의 쿠바와 아이티까지 항해했다가 다음해 3월 팔로스로 돌아왔고, 엄청난 박수갈채로 환영받았다. 1493년 후반 20척의 선박을 거느리고 떠난 두 번째 항해에서는 카리브인을 여러 명 데려왔다.

먼저 밝혀 둘 점은 유럽의 모든 이가 콜럼버스와 마찬가지로 그가 도달한 땅이 아시아라고 믿었다는 것이다. 그리고 이 위대한 항해가는 1498년부터 1500년에 걸친 세 번째 항해에서 베네수엘라 본토를 보고 나서야 자신이 새로운 대륙을 발견한 것은 아닌지 의문을 품었다. 1502년 마지막 항해에서 콜럼버스는 멕시코 만에 닿았으나, 중국으로 가는 항로를 찾지 못했고, 1506년 55세의 나이로 죽을 때까지 스페인 외진 곳에 은거하여 말년을 보냈다. **RC**

# '신세계'를 나눠 갖다

토르데시야스 조약이 대부분이 미지의 상태인 '신세계'를 분할한다.

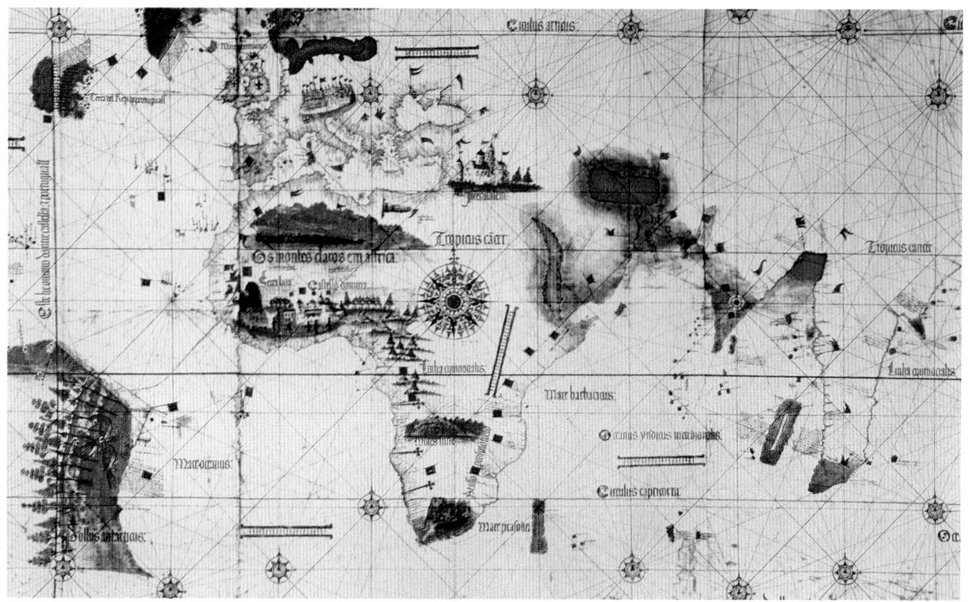

교황이 신대륙을 스페인과 포르투갈에게 나눠 준 선이 보이는 최초의 지도. 1502년.

터무니없이 뻔뻔스럽고 주제 넘는 짓이었다. 1494년 6월 7일, 스페인과 포르투갈은 북극에서 남극으로 대서양을 가로질러 임의로 그은 선을 따라 '신세계'에 대한 권리를 나누어 가졌던 것이다.

일의 발단은 콜럼버스와 그의 수다스런 입이었다. 재치도 없고 외교적인 자질도 없던 콜럼버스가, 자신의 역사적인 항해를 후원할 기회를 경쟁자인 페르난도와 이사벨에게 넘겨주었다며 주앙 2세를 도발했던 것이다. 향료 제도로 가는 무역로를 확보하려는 자신의 아프리카 정벌 야망을 스페인에 빼앗길까 두려워진 주앙은 서둘러 신세계에 함대를 파견했다.

그러나 페르난도와 이사벨이 그의 허를 찔렀다. 1493년 5월 3일, 교황 알렉산데르 6세가 콜럼버스가 새로이 발견한 육지와 바다에 대한 소유권을 확고히 해 달라는 요청에 허가를 내렸던 것이다. 교황은 카보베르데 제도 서쪽 480km 지점에 가상의 경계선을 그어 이 선 서쪽에 있는 땅에 대한 독점적인 권리를 스페인에 주었다. 주앙은 분노했지만 전쟁이 아닌 외교책을 써서 이에 응했다. 그는 페르난도와 이사벨과 대화를 시작해, 선을 서쪽으로 1,296km 옮기도록 설득했다.

토르데시야스의 협상 자리에 나온 포르투갈 대사단에는 선원과 지도 제작자 등이 있었지만, 스페인 대표로는 대서양에 대해 아는 바가 거의 없는 궁신들이 나왔다. 경계선을 확 잡아당기기로 결정이 났고, 이는 아프리카에 대한 포르투갈의 이권을 확실히 보장해 주었다. 무엇보다도 결정적인 것은 이 새로운 경계선에 따라 브라질이 포르투갈 차지가 되었다는 점이다. 포르투갈인들이 그전에 이미 브라질을 발견한 후였다는 '음모 이론'이 있는데, 이는 증명된 바 없다. **JJH**

# 새로운 어장을 찾아서

존 캐벗이 래브라도와 뉴펀들랜드를 발견한다.

▲ 어니스트 보드의 <존과 세바스찬 캐벗이 브리스틀에서 출항>의 일부, 1906년.

존 캐벗은 1497년 6월 24일, 오늘날의 캐나다 래브라도와 뉴펀들랜드 사이의 벨 아일 해협 입구 근처에서 육지를 목격했다. 그는 이 땅이 잉글랜드 소유이자 기독교 영토라고 정했다. 신중하게 해안을 탐사한 후, 캐벗은 다시 브리스틀로 돌아갔고, 리처드 메이릭이라는 이름의 세관 관리가 그를 환영했다. 몇몇 브리스틀 시민은 아메리카라는 이름이 메이릭을 딴 것이라 생각하기 좋아한다.

존 캐벗은 노련한 선원으로, 1493년 스페인에서 콜럼버스를 만나 대서양을 건넌다는 야망에 이끌렸던 듯하다. 한두 해 후 그는 잉글랜드 브리스틀로 왔고, 대서양 횡단의 장래성, 특히 새로운 어장을 발견할 가망성에 관심을 둔 상인들을 만났다. 헨리 7세는 캐벗에게 그때까지 '모든 기독교도들이 모르던, 미개인과 이교도의 땅'을 찾아 정복하라는 허가를 내렸다. 첫 번째 시도가 실패로 돌아간 후, 캐벗은 1497년 5월 20일에 '매슈' 호를 타고 약 15명의 선원을 동료로 거느린 채 브리스틀을 떠났다.

캐벗은 브리스틀 상인들에게 어장을 찾아 주었지만, 자신이 도달한 곳이 아시아 북동쪽이라고 믿었다. 1498년 그는 두 번째 항해를 떠났지만 바다에서 조난당해 다시는 돌아오지 못했다. 브리스틀의 브랜던 언덕 꼭대기에는 그를 추모하는 기념탑이 있다.

500년 전 이미 노르웨이의 모험가 레이브 에릭손이 그린란드를 떠나 북아메리카를 발견하고 뉴펀들랜드에 그리 오래 가지 않은 정착지를 세웠었다. 그러나 캐벗의 발견이야말로 캐나다와 북아메리카 역사에서 잉글랜드가 핵심적인 역할을 맡게 되는 첫걸음이었다. **RC**

# 바스코 다 가마가 인도에 상륙한다

이 포르투갈인은 베네치아가 독점하고 있던 향료 무역 체제를 깨뜨린다.

▲ 〈1498년 5월 20일 바스코 다 가마가 캘커타에 도착〉, 플랑드르 화파의 16세기 태피스트리.

1498년 5월 20일, 바스코 다 가마는 말린디에서 인도양을 건너 북쪽으로 여행한 끝에 인도 남서부 해안의 주요 항구인 캘리컷에 닻을 내렸다. 약 1년 전인 1497년 7월 8일에 다 가마는 170명의 승무원들과 함께 장엄한 행렬을 이루어 리스본 부두로 걸어갔었다. 포르투갈 왕 마누엘 1세가 그를 임명해 인도에 이르는 기나긴 항해의 어려움에 대비해 선원들을 격려하고, 동양의 군주들과 우호적인 관계를 수립하고, 포르투갈 선교사와 상인이 갈 길을 닦아 놓으라는 임무를 맡겼던 것이다.

상 가브리엘호와 자매선인 상 라파엘호는 바르톨로메우 디아스의 감독하에 이번 원정을 위해 특별히 지은 배였다. 디아스는 이미 아프리카 서해안을 항해한 적이 있었고, 따라서 그 위험에 대해서도 알았다. 배에는 무슬림 적대 세력에 맞서 방어하기 위해 대포도 실려 있었다.

다 가마는 맞바람을 피하고 유리한 해류를 타기 위해 멀리 돌아가는 항로를 택했다. 1497년 11월 4일 그는 오늘날의 케이프타운에서 북쪽으로 260km가량 떨어진 세인트헬레나 만에 닿았다. 이는 주목할 만한 항해였으며, 유럽의 뱃사람이 육지가 눈에 띄지 않는 바다를 항해한 것으로는 단연 최장 기록이었다. 지도에 나와 있지 않은 아프리카 동쪽 해안을 향하던 그들은 크리스마스에 지나치게 된 한 지점에 '나탈'이라는 이름을 붙였다. 이후 다 가마의 배는 도착하는 항구마다 무슬림 상인들을 만났다. 놀람, 의심, 적대 등 갖가지 반응이 그들을 맞았다. 모잠비크에서는 안전히 지나가기 위해 대포를 사용했다. 몸바사에서 북쪽으로 80km 떨어진 말린디에서는 술탄이 안내인을 붙여 주어 인도로 가는 나머지 길을 알려 주었다. **JJH**

# 사보나롤라가 그 열정의 대가를 치른다

**도미니쿠스 회 탁발 수도사이자 설교가인 지롤라모 사보나롤라가 피렌체에서 화형 당한다.**

▲ 사보나롤라를 새긴 15세기의 청동 화폐, 루카(1400~1482년)와 암브로지오 델라 로비아.

▶ 〈피렌체의 시뇨리아 광장에서 화형 당하는 사보나롤라〉, 16세기 이탈리아 화파의 유화.

"그는 불신자이며 이단자이고, 그렇기에 더 이상 교황이 아니다."

**지롤라모 사보나롤라가 교황 알렉산데르 6세에 대해 한 말**

1497년, 세속적 부와 윤리적 방종에 대한 사보나롤라의 열정적인 비난에 감동받은 피렌체 시민들은 손으로 쥘 수 있는 모든 불경스러운 물건—거울, 이교 서적, 부도덕한 조각품, 게임 도구, 사치스러운 로브, 악기—을 시뇨리아 광장에 산더미처럼 쌓고 불을 질렀다.

1498년 5월 23일, 이번에는 사보나롤라가 불탈 차례였다. 그는 피렌체에 기독교 공화국을 세우려 노력했지만, 거짓 예언을 했고 이단이라는 이유로 유죄 판결을 받았다. 양옆에 가장 가까운 제자 둘과 함께, 그는 십자가 위에서 사슬로 목이 매달렸고, 밑에서 거대한 불길이 타올랐다. 이전에 '허영의 소각'을 행한 불길이 타올랐던 바로 그 자리였다.

지옥의 불길을 들먹이곤 하는 사보나롤라의 설교는 그가 피렌체에 온 1490년 직후부터 많은 청중을 이끌기 시작했다. 부패에 대한 그의 공격은 부유한 메디치 가문이 휘두르는 정치적 지배력에 분개하던 많은 이들의 심금을 울렸다. 1494년, 프랑스의 침략으로 피에로 데 메디치가 권력을 잃자, 사보나롤라는 기독교 공화정 수립 배후에서 등불 역할을 했다.

1500년이 다가오면서 천년왕국 사상이 파다했고, 피렌체 시민들은 처음에는 심판이 가까웠다는 사보나롤라의 계시록적인 메시지에 열정적으로 화답했다. 단식을 하고, 찬송을 부르고, 악덕과 천박함을 반대하는 엄격한 법률을 기꺼이 통과시켰다. 그러나 1497년 무렵에는 사보나롤라에게 질리기 시작했다. 술집이 다시 문을 열었고, 공공연하게 댄스와 도박이 성행했다. 1498년 4월 8일, 한 무리의 군중이 산 마르코 수도원에서 사보나롤라를 공격했고, 여러 명이 목숨을 잃었다. 사보나롤라는 교회의 권위에 항복했으며 그가 가장 혹독하게 공격했던 교황 알렉산데르 6세의 명에 따라 재판에 회부되었다. **SK**

➊ 열두 달을 나타낸 12점의 연작 중 3폭, 16세기 일본 카노화파의 작품.

# 1500–1699

1500년 4월 23일

# 카브랄이 브라질을 발견하다

**카브랄은 브라질을 작은 섬으로 잘못 알고, 이를 포르투갈 소유로 삼는다.**

페드루 알바레스 카브랄은 1500년 3월 13척의 배에 1,200명을 데리고 리스본을 떠났는데, 대서양에서 남서쪽으로 항로를 벗어나 4월 23일 오늘날의 포르투세구루와 가까운 브라질 해안에 상륙했다. 이렇게 된 경위에는 포르투갈인들이 인정하려 드는 바 이상으로 뭔가 계산된 요소가 더 있다는 의심이 오래 전부터 제기되어 왔지만, 확실한 증거는 없다.

1498년 크리스토퍼 콜럼버스가 남아메리카 본토를 발견했고, 1499년에는 스페인 원정대가 오늘날의 베네수엘라 지역을 탐험하러 갔었다. 같은 해에 바스코 다 가마는 인도로 향하는 역사적인 항해를 마치고 포르투갈로 돌아왔다. 그리고 1500년, 카브랄의 지휘 아래 다음번 원정이 시작되었다.

브라질에 상륙한 카브랄은 자신이 도달한 곳이 섬이라고 생각했으며, '베라 크루스'(진정한 십자가)라 이름 지었다. 그는 경건하게 예배를 드리고, 십자가를 세우고, 이 발견을 보고하기 위해 포르투갈로 쾌속선을 보냈다. 열흘간 머무른 후 카브랄은 해안에 몇 명의 죄수를 남겨 놓고(브라질의 '메스티소' 주민의 선조이다) 대서양을 건너 희망봉을 돌아 인도를 향해 원정을 계속했다.

아메리고 베스푸치는 1497년 콜럼버스보다 앞서 남아메리카에 도착했고, 브라질을 발견했다고 한다. 그는 포르투갈 원정대의 일원으로 브라질에 가기도 했지만, 1501년 이후의 일이었다. 한 세기 동안 주요 수출품은 경재(硬材)에 불과했으므로, 포르투갈 정부에서는 이 발견을 철저히 이용하는 데 있어 다소 느렸던 셈이다. 17세기에 설탕 플랜테이션을 도입하면서 브라질 경제가 성장했고, 더불어 아프리카로부터의 노예 수입도 늘어났으며, 이후 브라질은 신세계에 자리한 중요한 재산이 되었다. **RC**

1501년 5월

# 신세계의 정체를 밝히다

**베스푸치가 대서양 저편의 대륙에 대한 최초 기록을 남긴다.**

아메리고 베스푸치는 지리학에 열성적이었으며, 이로 인해 1499년에서 1502년 사이에 신세계로 향하는 스페인 원정대에 여러 차례 참가하게 되었다. 1501년 5월, 그는 오늘날의 남아메리카에 해당하는 해안에 도달했다. 지리학적인 지식이 매우 풍부했던 그는 콜럼버스가 1498년에 발견한 섬들이 사실은 아시아의 일부가 아니라 대륙—바로 신세계—이라는 추측을 내렸다. 그는 이 대륙의 거대한 넓이를 어림잡아 보고, 동방으로 가는 서쪽 항로를 가리키며 남서쪽으로 나아가면 인도 제도에 닿을 수 있을 것이란 의견을 내놓았다.

> "그들은 왕도 없이,
> 정부도 없이 함께 살며,
> 각자가 스스로의 주인이다."
>
> **아메리고 베스푸치**

베스푸치가 정확히 몇 차례나 항해했는지는 확실하지 않지만, 그는 남아메리카 대륙의 대서양 해안을 파타고니아 해안까지 가장 널리 탐험했다. 그의 항해 일지와 지도는 잃어버린 것으로 추정되지만, 친구인 피에로 소데리니와 피에로 데 메디치에게 쓴, 여행을 묘사한 여러 통의 편지가 출간되었다. 베스푸치가 항해하며 목격한 장소들에 대한 판단은 르네상스 시대 사람들의 상상력을 불태웠다. 출간된 서한의 저자가 누구인지는 논란이 있지만, 베스푸치가 여행을 했던 것은 확실하며 여행에 대한 기록에는 그의 이름이 들어가 있었다. 이후 1507년에 지도 제작자 마르틴 발트제뮐러가 이 기록을 이용해 유명한 목판 인쇄 지도를 제작했고, 새로운 반구를 최초로 '아메리카'라 불렀다. **JJH**

# 사파위 왕조가 페르시아 주권을 잡다

시테파 무슬림 이스마일 1세는 자신을 페르시아의 '샤'라 선포하고 페르시아인들을 자신의 종교로 강제 개종시킨다.

여러 세기에 걸쳐 외국 침략자의 정복과 지배를 겪은 후, 이란 토착 왕조인 사파위 왕조가 1501년 페르시아의 주권을 잡았다. 오스만 아크코윤루('하얀 양') 왕조는 젊은 샤 이스마일 1세에 의해 폐위되었다.

이스마일은 아제르바이잔의 도시 아르다빌 출신이었으나, 아나톨리아 동부의 거친 투르코멘족속에게도 지지를 얻었다. 이들은 터번 색깔 때문에 '키질바시'(붉은 머리)족이라 불렸다.

어렸을 때 아버지와 형을 둘 다 잃은 뒤 이스마일은 1501년 아직 십대의 나이로 타브리즈 시에서 자신을 샤로 선포했다. 파르시어를 채택한 뒤, 1510년에는 오늘날의 이란에 해당하는 지역을 모두 정복한 후였고, 이후 현재의 아제르바이잔, 이라크, 아프가니스탄 대부분, 아나톨리아를 영토에 복속시켰다. 열렬한 시테파 무슬림이었던 그는 대부분의 페르시아인에게 무슬림으로 개종할 것을 강요했으며, 수니파 이웃 국가에서는 위기를 느꼈다.

1514년 아나톨리아 동부에서 벌어진 찰디란 전투에서 그의 정벌은 저지당했다. 오스만 제국의 예니체리 기병대과 술탄 셀림 1세의 포병대가 그의 투르코멘 군대를 해치웠던 것이다. 이때의 패배로 붙잡힐 위기에서 간신히 탈출했고 아나톨리아 지방을 잃었지만, 이스마일은 오스만과 다른 수니파와의 전쟁을 계속해 나갔으며, 우즈베크족의 왕 샤이바니를 쓰러뜨리고 그의 두개골로 보석 박힌 술잔을 만들었다.

말년에 이스마일은 우울증에 빠졌지만, 그의 왕조는 계속 번영해 나갔다. 후대 사파위 왕조 왕인 아바스 1세는 16세기에 수도를 이스파한으로 옮겼다. 이곳에서 아바스 1세는 페르시아 이슬람 예술과 문학의 찬란한 르네상스를 이룩했다. **NJ**

〈왕자다운 접대〉라는 제목의 16세기 페르시아 그림, 현재 프랑스 파리의 루브르 박물관 소장.

# 피렌체 천재 화가의 걸작

미켈란젤로의 〈다비드〉는 피렌체의 베키오 궁전 계단에 전시되어 있다.

▲ 미켈란젤로의 〈투석기를 든 다비드의 스케치〉의 일부, 1503~1504년.

▶ 미켈란젤로의 〈다비드〉는 현재 피렌체의 아카데미아 갤러리에 있다. 이 작품은 전 세계에서 인정하는 아이콘이 되었다.

"이 작품을 보고 나면
누구도 다른 조각품을 보고 싶지
않아질 것이다…."

**조르조 바사리, 『미술가 열전』, 1550년**

1504년 9월 8일, 미켈란젤로는 자신의 걸작에 3년을 쏟아 부은 참이었다. 나체의 다비드를 조각한 이 거대한 작품은 원래 피렌체 대성당을 장식할 예정이었으나 대신 베키오 궁전의 계단에 두기로 결정했다. 특별한 틀 위에 조각품을 얹어 미켈란젤로의 작업실에서 새로 정한 위치까지 끌고 가기 위해 40명의 인부가 나흘을 노력해야 했다. 가는 길의 한 때에는 구경꾼들이 조각상에 돌을 던졌는데, 아마 이교도적인 나체의 모습에 항의해서였을 것이다(나중에 금박을 입힌 청동 허리띠로 이를 가렸다). 조각상을 설치하는 동안, 1502년에 선출되어 피렌체를 다스리던 '곤팔로니에레'(도시국가의 통치자) 피에로 소데리니가 미켈란젤로에게 작품의 코가 너무 크다고 말했다. 조각가는 즉시 조각칼을 쥐고 비계 위로 올라가 높은 분의 심기를 거스르는 그 코를 다듬는 척했다.

거인 골리앗을 무찌른 성경의 영웅 다비드(다윗)를, 피렌체 시민들은 항상 시민다운 덕성의 상징이라 간주해 왔다. 성당 관리들이 더 유명하고 경험 많은 조각가 여러 명을 제치고 미켈란젤로를 선발해 조각상을 제작하게 했을 때, 그는 고작 26세였다. 그는 1460년대부터 성당 앞마당에 서 있던 4.2m 크기의 카라라 대리석에 다비드를 새겼다. 이 대리석은 원래 성당의 후진(後陣) 쪽 버트레스에 쓸 커다란 조각상을 만들 목적이었다.

당대인들이 놀라워했던 점은 미켈란젤로가 실물 크기의 모델을 참조하지 않고 대리석 덩어리 표면에 직접 그림을 그린 후 조각했다는 사실이었다. 그는 순전히 눈짐작으로만 측정을 했다. 〈다비드〉는 고대 이래 이처럼 큰 규모로 조각된 최초의 나체상이었으며, 그 엄청난 크기에도 불구하고 소박하고 우아하다. 현재 피렌체의 아카데미아 갤러리에서 소장하고 있는 이 작품은 르네상스 미술뿐만 아니라 고금을 통틀어서도 최고의 걸작 중 하나라는 평을 받는다. **SK**

# 감동을 불어넣기 위해 디자인한 천장

교황 율리우스 2세가 미켈란젤로에게 시스티나 예배당 천장에 그림을 그리게 한다.

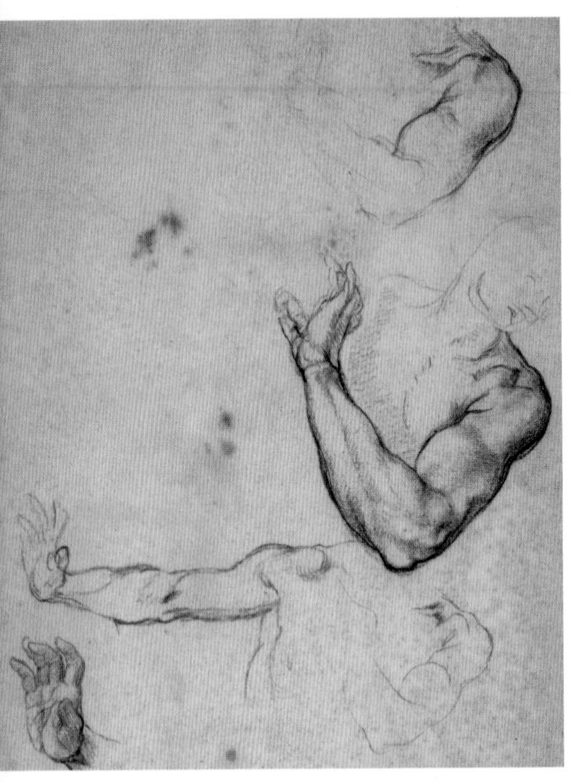

▲ 1512년에 완성한 시스티나 예배당 천장화를 위한, 미켈란젤로의 '아담' 습작.

▶ 1980년대에 복원하기 이전 시스티나 예배당의 전반적인 모습.

"작품의 덮개가 벗겨지자
모든 이가 … 말없는 경이에 차서
뚫어지게 바라보았다."

**조르조 바사리, 『미술가 열전』, 1550년**

이는 미켈란젤로가 원치 않은 일이었다. 그는 교황 율리우스 2세의 무덤을 조각하는 데에 전심을 기울이고 있던 데에다—1505년에 부여받은 임무였다— 어쨌거나 프레스코화 화법에 경험이 없었다. 미켈란젤로는 다른 화가에게 시스티나 예배당 천장화를 맡기는 것이 좋지 않겠느냐고 물었지만 율리우스 교황은 미켈란젤로가 이 훌륭한 임무를 수락해야 한다고 고집했고, 1508년 5월 10일 그에게 선불로 대가를 지급했다.

원래의 계획은 열두 사제를 크게 그려 넣는 것이었지만, 미켈란젤로는 이러한 디자인은 '형편없는 것'이라고 불평하며 교황을 설득해, 볼트 중앙에 천지 창조와 인류의 타락, 선택받은 노아의 가족을 통한 구원의 약속을 담아낸 아홉 폭으로 이루어진 더 복잡한 디자인을 그리기로 결정했다. 원래 계획에 따르면 열두 사제가 들어갈 자리에, 미켈란젤로는 메시아의 도래를 예언하고 있는 열두 명의 예언자와 여예언자를 넣었다. 완성된 작품에는 인물이 총 300명 이상 나온다.

미켈란젤로는 1508년에서 1509년에 이르는 겨울에 작업을 시작해 1512년에 마무리했다. 흔히 믿는 바와 달리, 그는 천장을 보고 누워서가 아니라 받침대를 이용해 벽에서 튀어나오게 한 작업단 위에 서서 그림을 그렸다. 갑갑하고 고통스런 작업이었다. 가장 중요한 인물들은 직접 그렸지만, 물감을 개어 주거나 매일 그릴 '조나테'(구역)에 사용할 석고를 마련하는 조수들을 거느리고 있었다. 그가 자신의 그림에 대해 점차 자신이 붙어감에 따라, 붓질은 더욱 힘차고 자유로워지며, 대담하게 휘두른 윤곽선이 보인다. 조르조 바사리는 『미술가 열전』(1550년)에서 감탄 섞인 어조로 미켈란젤로가 아담을 향해 손을 뻗은 하느님의 모습을 단 하루 만에 완성했다고 전한다. 오늘날 이 부분은 천장화에서 가장 상징적인 이미지이며, 전 세계에서 복제되어 마우스 패드며 냉장고 자석에 실린다. **SK**

# 라파엘로의 걸작

**라파엘로가 자신의 가장 유명한 프레스코화, 〈아테네 학당〉을 완성한다.**

1510년 무렵은 로마에게 있어 예술적으로 열광적인 한때였다. 히이 르네상스의 건축가인 도나투 브라만테는 새로운 산 피에트로 대성당 건축에 임하고 있었다. 미켈란젤로는 시스티나 예배당 천장화를 그리느라 바빴다. 그리고 라파엘로 산치오—'라파엘로'로 더 잘 알려진—는 바티칸에서 교황의 거처를 장식하는 일을 맡고 있었는데, 그의 프레스코화 〈아테네 학당〉도 여기에 그린 것이다. 이들을 고용한 이는 대단한 예술 후원자였던 교황 율리우스 2세였다.

잘생기고, 매력적이고, 야망이 넘치는 라파엘로는 피렌체에서 예술을 공부했는데, 그곳에서 레오나르도 다 빈치와 미켈란젤로의 영향을 받았다. 그러나 1508년 그를 율리우스 2세에게 추천한 이는 브라만테였다. 교황의 개인 거소에 있는 여러 개의 '스탄체'(방들)를 장식하는 임무를 맡게 된 것은 라파엘의 경력에 전환점이 되었다. '스탄차 델라 세냐투라'('서명의 방') 장식을 위해, 율리우스는 천상과 지상의 지혜라는 테마를 골랐고, 라파엘로가 〈아테네 학당〉에서 묘사하는 것은 바로 그 후자이다. 프레스코화의 걸작인 이 작품은 고대 이교도 철학자들과 르네상스 사고의 신플라톤주의를 서로 연결해 준다.

> "여기에 … 생전에 그가 자신을
> 능가할까 대자연조차 두려워했던,
> 라파엘로가 누워 있도다."
>
> **라파엘로의 묘비명, 로마의 판테온**

구도 한가운데에 플라톤과 아리스토텔레스가 있다. 플라톤은 라파엘로가 대단히 존경했던 레오나르도를 모델로 한 것이며, 조연 격인 다른 그리스와 로마 철학자 가운데 그는 자신과 미켈란젤로의 초상도 끼워 넣었다. **TB**



# 교회 비판

**인문주의 철학자 에라스무스가 『우신 예찬』에서 교회를 혹독하게 비난한다.**

네덜란드의 철학자 데시데리우스 에라스무스는 1509년 단 1주라는 단기간에 자신을 가장 널리 알려지게 한 책을 썼다. 이 때 그는 잉글랜드의 정치가이자 동료 인문주의 학자인 토머스 모어 경과 함께 머무르고 있었으며, 그에게 책을 헌정했다. 그리스어 제목인 『모리아이 엔코미움』은 모어의 이름을 이용한 말장난이다(보통 『우신 예찬』이라 번역하는 제목은 라틴어 버전인 『스툴티타이 라우스』이다). 라틴어로 집필한 이 책은 1511년 출간되자마자 즉시 유명해졌으며 에라스무스 생전에만 43판까지 나왔다. 로마 가톨릭 교회의 부패한 관행을 조소 어린 어조로 고찰한 내용으로, 독일의 종교개혁가 마르틴 루터의 비판을 예고하고 있다. 에라스무스는 또한 자신을 비롯해 현학적 학자들의 어리석음을 위트 있게 비꼬았고 자신의 기독교 신앙을 표명하며 결론을 맺는다.

에라스무스는 당대 일류의 인문주의 학자였다. 전직 아우구스티누스 수도회 수사였던 그는 중세 스콜라 철학의 완고한 독단주의에 환멸을 느끼고 수도원을 떠나 고전 연구에 빠져들었다. 1500년에는 『아다지아』(격언집)를 출간했는데, 속담과 경구를 모은 이 책은 베스트셀러가 되었다. 토마스 모어를 비롯한 다른 잉글랜드 인문주의 철학자들과 점차 가까워지면서 그는 잉글랜드에서 여러 해를 머무르게 되었고, 유명한 『그리스어 신약 성서』(1516년)를 집필하기 시작한 것도 바로 그곳에서였다. 그의 저작은 루터의 종교개혁의 디딤돌 구실을 했다. 원래 그는 루터의 견해에 동조적이었고, 교황 레오 10세에게 루터를 '복음서의 진리를 외치는 강력한 트럼펫'이라 묘사하기까지 했으나, 교회의 통합이 깨짐을 유감스럽게 여겼다. 이후에는 루터에 대해 매우 비판적이 되었으며, 가톨릭과 프로테스탄트 양쪽 모두 그를 의심스럽게 보게 되었다. **SK**

▶ 쿠엔틴 마시(1466년경~1530년)의 년도 미상의 초상화, 〈로테르담의 에라스무스〉.

# 스페인이 쿠바를 차지하다

**디에고 벨라스케스가 스페인이 새로 정복한 쿠바에 정착촌을 세운다.**

1510년에 스페인은 쿠바 아래의 카리브 지역을 탐험하여 발견한 후였지만, 쿠바 섬과 멕시코 만에 대한 소유권은 아직 없었으며, 멕시코, 북아메리카, 플로리다도 마찬가지였다. 거의 20년 전에 콜럼버스가 최초로 쿠바에 상륙했었다. 1511년 그의 동생 디에고가 쿠바 섬 정복을 명령했다.

디에고 벨라스케스 데 쿠엘라르와 에르난 코르테스의 지휘하에, 함대는 히스파니올라에서 윈드워드 해협을 건너 100km를 항해했다. 이들은 곧 아순시온 데 바라코아에 도착했다. 원주민인 타이노족의 활, 화살, 투석기는 스페인의 갑옷, 궁수, 대포, 치명적인 긴 강철 검에 전혀 상대가 되지 않았으므로, 정복은 별 어려움 없이 이루어졌다. 벨라스케스는 내륙으로 들어가 바야모로 향했고, 백 명 가량의 타이노 원주민을 학살하고 족장을 처형했다. 훗날 본토를 정복하며 즐겨 쓰게 될 무자비한 학살이라는 수단을 사용한 것이다. 몇몇 원주민과는 친교를 맺었으나, 가장 빠른 승리를 얻는 길은 학살이었다.

제국을 세우는 방식 또한 쿠바에서 수립되었다. 정착촌을 세울 계획도를 그린 뒤 스페인 군인과 지주에게 원주민을 배당해 주었다. 인디언들은 종교 교육을 받는 대가로 사금을 채취하거나 카사바, 옥수수, 고구마, 쌀 등을 재배하는 강제 노동에 처했다. 쿠바의 인디언을 노예로 삼는 일은 금지되어 있었지만, 뭐라고 부르든 이는 노예 제도나 마찬가지였다.

양, 돼지, 소, 흑인 노예들 또한 들여왔으며, 정착민들은 아내를 불러왔다. 거북 양식과 담배 재배 등 이윤을 낳기 위한 다른 사업과 더불어 목축업과 광업이 발달했다. '아델란타도'(총독)로서, 벨라스케스는 계속해서 1514년에 산티아고 데 쿠바를, 1515년에는 아바나를 세웠다. **JJH**



# 젊음의 샘

**폰세 데 레온이 공식적으로 플로리다를 스페인 왕실 소유로 삼는다.**

오늘날의 미국을 처음으로 탐험하고 식민지로 삼은 최초의 유럽인은 스페인, 잉글랜드, 프랑스, 네덜란드 인들이었다. 1513년 초, 1493년 콜럼버스와 함께 신세계로 항해한 경험이 있으며 푸에르토리코에서 큰돈을 벌었던 스페인 군인 후안 폰세 데 레온은 세 척의 배를 준비하여 푸에르토리코에서 북서쪽으로 나아갔다. 3월 27일, 그는 육지를 목격했다. 상륙한 날인 '파스쿠아 데 플로레스'(부활절 일요일을 부르는 스페인 이름)를 기념하여, 그는 육지에 '라 플로리다'라는 이름을 붙였다. 4월 2일에 폰세 데 레온은 오늘날의 세인트오거스틴 약간 북쪽에 상륙해 그 지역을 공식적으로 스페인 왕실 소유로 정했다. 그 후 서쪽 해안 일부를 탐험하러 항해를 떠났는데, 주민들에게 여러 차례 공격을 받고 나서 푸에르토리코로 돌아왔다.

> "폰세 데 레온이
> 요르단 강을 찾아 나선 것은 …
> 즐기려는 목적에서였다."
>
> **에르난도 폰타네다, 『회고록』, 1575년**

폰세 데 레온은 황금과 노예를 찾고 있었던 듯하지만, 자신의 성적인 불능을 치유하고 젊음을 되찾기 위해 상상 속의 요르단 강, 즉 젊음의 샘을 찾고 있었다는, 진위가 의심스런 이야기가 퍼졌다. 1521년 폰세 데 레온은 정착촌을 건설하기 위해 푸에르토리코를 떠나 다시 플로리다로 향했고, 서해안의 샬럿 항구 근처로 추정되는 지점에 상륙했다. 그러나 부하들과 집을 짓던 중 원주민 칼루사 부족이 공격했고 폰세 데 레온은 독화살을 맞아 부상을 입었다. 스페인인들은 쿠바의 아바나로 달아났고, 폰세 데 레온은 상처 때문에 숨졌다. **RC**

# 숲 속의 꽃처럼 베이다

스코틀랜드인들이 패주하고 왕과 많은 귀족이 죽은 플로든 전투는, 잉글랜드-스코틀랜드 간의 적대감이 최고조에 달한 잔혹한 사건이다.

5천 명이 목숨을 잃은 플로든 전투는 스코틀랜드가 그때껏 맛보았던 가장 크나큰 패배였다. 1513년 9월의 그날 '스코틀랜드의 꽃'이 죽었다고 하는데, 제임스 4세를 비롯해 스코틀랜드 귀족 거의 모두가 죽었던 것이다.

연대기 작가 에드워드 홀은 헨리 8세가 "항상 마르스(전쟁의 신-옮긴이)를 섬기기를 열망했다"고 평했다. 확실히, 그가 1513년 8월 11일에 자신이 '스코틀랜드의 주인'이라 단언했을 때 스코틀랜드인들은 불안을 느꼈다. 그러나 헨리의 관심사는 프랑스와의 전쟁에 있었고, 그는 방어 수단차 북쪽으로 군대를 파견했다. 반면 제임스 4세는 공격적으로 나갔다. 스코틀랜드 왕이 이끄는 2만 명의 강력한 군대가 트위드 강을 건너 잉글랜드 국경의 여러 성을 항복시켰다. 9월 8일 밤, 그들은 아래편에 있는 적은 수의 잉글랜드군을 내려다보며 노섬벌랜드의 플로든 언저리에 자리잡았다. 다음 날 오후 스코틀랜드군은 사격을 개시하여 돌을 던졌는데, 이는 잉글랜드군의 머리 위로 지나갔다. 크기가 작지만 정확도가 뛰어난 잉글랜드의 무기는 상당한 피해를 입혔지만, 이내 헌틀리 백작과 홈경이 잉글랜드의 우측을 공격했다. 이 순간 제임스가 전투에 가담했다. 전세는 스코틀랜드 편으로 가고 있었으나, 헌틀리와 홈은 알 수 없는 이유로 철수했다. 전투는 격렬했고 스코틀랜드군은 격파 당했다.

헨리는 다른 일에 정신이 팔려 이 승리의 여세를 몰아갈 수 없었다. 그러나 제임스 5세는 고작 18개월 된 아기에 불과했고 귀족의 수가 적어 반군을 형성할 수 없었으니, 한 세대 동안은 스코틀랜드가 잉글랜드에 위협을 가하는 일은 없으리라 안심할 수 있었다. **RP**

◀ 전투를 낭만적으로 묘사한 19세기의 그림 〈1513년 플로든의 소식〉, 윌리엄 브래시 홀(1846~1917년).

▶ 플로든 전투에서 전사한 스코틀랜드의 제임스 4세를 그린 16세기 판화.

# 태평양을 발견한 최초의 유럽인

발보아의 발견은 동방으로 향하는 서쪽 항로가 있다는 희망을 제시한다.

◆ 〈남쪽 바다를 정복하는 바스코 누네스 데 발보아〉, 1513년 제작한 채색 동판화.

울창한 숲 위의 언덕 꼭대기에서, 바스코 누네스 데 발보아는 산 미구엘 만의 넓고 푸른 바다를 바라보았다. 시간은 아침 10시, 스페인의 '콩키스타도르'(정복자) 누네스는 방금 태평양을 목격한 최초의 유럽인이 되었다.

발보아는 그 광활함에 대해 전혀 아는 바가 없었지만, 많은 모험가와 마찬가지로 그 바다가 아메리카의 서쪽 해안을 전부 둘러쌀 정도로 뻗어 있을 거라 추정했다. 그는 또한 자신들이 위치한 곳이(오늘날의 파나마) 길고 좁게 뻗은 땅덩이이며 동방으로 향하는 항로는 스페인의 손아귀에 있다고 생각했다. 자신이 심기를 건드린 여러 명의 세력 있는 귀족에 대해 방심을 늦추지 않으며, 발보아는 공식 허가를 기다리지 않았다. 그는 범선과 카누에 190명의 스페인 군사를 싣고 몇 백 명의 인디언을 거느리고 길을 나섰다. 파나마 지협에서 가장 좁은 구간인 아클라에 상륙한 그들은 습하고 울창한 정글을 헤치고, 넓은 강의 급류와 뱀이 득실대는 늪지를 지나, 가는 곳마다 원주민의 공격과 싸우면서 내륙으로 힘겹게 나아갔다. 놀라우리만치 심지 굳고 용감한 여정이었다.

왕실 기를 들고 '마르 델 수르'(남해)가 "위대하고 강한 군주인 돈 페르난도와 도나 후아나"의 소유임을 선포하고 난 후, 발보아는 무릎 깊이까지 물속으로 걸어 들어갔다. 그와 함께 살아남은 이들은 돌로 된 봉분과 임시로 만들어 페르난도 왕의 이름을 새긴 십자가를 세웠다. 공증인 한 명이 공식적인 발견 증명서를 작성하고 그 자리에 있던 이들의 이름을 적어 넣었다. 그중에는 전직 양돈업자로, 곧 자신도 정복자가 되는 프란시스코 피사로도 있었다. **JJH**

# 젊은 프랑스 왕의 영광

프랑수아 1세가 마리냐노 전투에서 스위스군을 격파한다.

〈1515년 9월 14일, 마리냐노 전투〉, 나탈 다티.

20세의 프랑수아 1세는 1515년 프랑스 왕위에 오르자 왕궁에 새로운 야망을 불어넣었다. 프랑수아는 교양 높은 인문주의자로, 훗날 레오나르도 다 빈치와 벤베누토 첼리니와 같은 르네상스 예술가의 후원자로 명성을 얻게 된다. 그러나 이 젊은 군주는 전장에서 자신의 뛰어남을 증명해 보이고 싶은 열망 또한 가득했다. 왕위에 오른 첫 여름, 그는 이탈리아로 원정군을 이끌었고—약 50대의 육중한 청동 대포를 끌고 그 전에는 지나갈 수 없다고 여겼던 길을 통해 알프스를 넘었다—9월의 둘째 주, 당시 유럽 전쟁의 최강자였던 스위스 창병과 맞섰다.

베네치아와 동맹을 맺고 있던 프랑수아의 목적은 부유한 밀라노 공국을 스위스 지배로부터 빼앗는 것이었다. 한동안 반응을 보이지 않던 스위스군은 밀라노에서 진격해 나와 마리냐노(오늘날의 멜레냐노) 골짜기에서 프랑수아의 군대와 만났다. 잔혹한 접전이 벌어졌다. 스위스 창병은 결연하게 돌격했지만, 스위스인을 원수처럼 증오했던 '란츠크네히트'라는 독일인 용병 보병들의 인정사정없는 반격 앞에 무너졌다. 프랑스 대포가 적들을 무더기로 쓰러뜨렸고, 프랑수아는 갑옷 입은 기사들에게 창을 낮게 꼬나 잡고 중세 스타일로 돌격하도록 했다.

24시간이라는 고된 시간 동안 전투가 계속되었다. 둘째 날 아침, 베네치아에서 약간 뒤늦게 보낸 용병 기병대가 도착하면서 전투의 전환점이 되었다. 이들 새로운 세력과 마주한 스위스 부대는 전장에서 물러났고, 프랑수아는 군사적 승리의 영광을 마음껏 누렸다. **RG**

# 합스부르크의 카를로스가 스페인 왕위에 오르다

스페인은 타국 출신의 새 왕을 얻고, 파란 많은 계승이 시작된다.

◆ 〈말을 탄 카를 5세〉(1620년). 바로크 거장 안톤 반 다이크(1599~1641년)의 화실에서.

"믿기 어려울 정도로 여위고
창백하고 우울하며
항상 입을 놀리는."

**베네치아 궁신이 부르고뉴 공 카를로스에 대해**

1516년 1월 23일 조부 페르난도 2세가 사망하자, 곧 카를로스가 스페인 왕위를 이었다. 그는 고귀한 가문 태생이었고, 3년 뒤에는 신성 로마 황제가 되었다. 부르고뉴 공작인 카를로스는 신성 로마 황제 막시밀리안 1세와 '가톨릭 부부왕' 페르난도와 이사벨 1세의 손자였다. 신앙심 깊고, 창백한 피부에 호리호리한 체격이었지만, 여성스러운 음악을 좋아한다는 비난을 했던 동료 공작을 마상 시합에서 이긴 적도 있었다.

1504년 이사벨이 죽자 페르난도는 공동 통치자의 칭호를 빼앗겼고, 카스티야는 두 사람의 딸 후아나에게 넘어갔다. 후아나는 부르고뉴 대공 펠리페와 결혼했었으므로, 스페인의 운명은 부르고뉴 왕실과 하나가 되었다. 왕위 계승권을 두고 궁정 음모가 난무했으며 펠리페와 장인인 페르난도 간에는 팽팽한 협상이 오갔다. 그러나 페르난도는 '가장 사랑하는 자녀들'을 위해 자리에서 물러났다. 펠리페가 갑작스레 죽지만 않았더라면 이렇게 모든 일이 마무리되었을 것이다. 펠리페의 죽음으로 후아나가 스페인 왕위의 유일한 상속자가 된 것이다. 그녀의 정신 상태에 대한 염려가 있었으므로, 맏아들인 카를로스가 섭정 자격으로 다스리게 되었다. 카를로스는 아직 어렸기 때문에 실제로 권력을 행사한 이는 대주교 시스네로스였다.

나이어린 섭정은 시에브레 경인 대의전관의 손아귀에 들어갔는데, 페르난도가 죽자 그는 시스네로스에게 편지를 써 더 이상 그가 필요하지 않다고 알렸다. 스페인 국정에 대해 전혀 아는 바가 없던 카를로스가 왕위에 오른 것은 결코 좋은 징조라 할 수 없었으며 그의 정치는 외국인 통치보다 그리 나을 바가 없었다. 궁신들은 각자 제 호주머니를 채웠고, "더블 더블룬(스페인의 옛 금화—옮긴이)이여, 시에브레의 손에 떨어지지 않은 것을 축하한다."는 재담이 생겼다.

1518년 카를로스 1세는 신성 로마 황제 카를 5세가 되었다. 필리핀과 페루를 비롯해 중서부 유럽 대부분이 그의 영토였으나, 문제 많은 계승은 이제 막 시작일 뿐이었다. **JJH**

# 오스만 제국이 두 배로 넓어지다

셀림 1세가 아랍 세계의 지배권을 장악하고 오스만 제국을 확장한다.

메카의 마지막 맘루크 왕조 샤리프가 1517년 7월 오스만 술탄 셀림 1세에게 통치권을 넘겨주자, 오스만 제국의 넓이는 단숨에 두 배로 늘어났다. 이란과 메소포타미아를 제외한 옛 이슬람 칼리프 제국 영토를 모두 얻게 됨으로써 오스만 제국은 엄청난 이득을 얻었다.

아랍 세계를 효율적으로 통치함으로써, 이스탄불은 15세기의 재정적 난국을 해결하고 오스만 제국이 16세기의 가장 부유하고 강력한 국가 중 하나로 발전할 수 있게 해 준 부유함과 자원을 끌어 모을 수 있었다.

게다가, 메카와 같은 이슬람 성지의 지배권을 얻으면서 셀림 1세와 그의 후계자들은 술탄이라는 지위를 이슬람 세계에서 가장 중요한 통치자의 위치로 높이고, 이슬람 문명이 남긴 지적, 예술적, 정치적 유산을 이용할 수 있었다. 뿐만 아니라 이전에 맘루크 왕조가 지배하던 영토를 차지하게 됨으로써 오스만인들은 유럽과 극동을 잇는 오래된 무역로를 장악하게 되었다.

아바스 제국의 멸망 이후 찾아왔던 중동 지방의 권력 공백이 메워지고, 오스만 제국의 국고 수입이 두 배로 늘자, 셀림의 후계자 쉴레이만 1세가 셀림의 정복으로 생긴 이득을 누리게 되었다. 쉴레이만은 '대제'라 알려지게 되며, 그의 재위 기간에 오스만 제국은 유럽의 강대국으로 인정받아 스페인과 오스트리아의 합스부르크 가문 세력에 대항하여 프랑스, 잉글랜드, 네덜란드와 동맹을 맺게 된다. 그러나 1566년 쉴레이만이 죽자 오스만 제국은 점차 부강해지는 스페인 해군력에 시달리게 되며, 결국 1571년 레판토 전투에서 패배하기에 이른다. **TB**

▲ 〈메카의 성소 카바 앞의 충실한 신도들〉, 오늘날 터키 이스탄불의 토프카피 궁전에서 소장하고 있는 16세기 그림.

> "신의 권능과
> 무함마드의 기적이
> 나의 벗이다."
>
> 쉴레이만 대제, 비문, 1538년

# 비텐베르크 교회 문에 의견서를 못박다

마르틴 루터의 95개조 논제는 프로테스탄트 종교개혁의 도화선이 된다.

▲ 대(大) 루카스 크라나흐(1472~1553년)가 1543년에 그린 마르틴 루터의 초상화. 현재 피렌체의 우피치 미술관 소장.

"우리는 정의가 지배하는
새로운 천국과 새로운 지상을 기대하고
있습니다."

**마르틴 루터가 필립 멜랑흐톤에게, 1521년**

1517년, 도미니쿠스회 탁발 수도사인 요한 테첼은 독일 전역을 돌며 자금 조달 활동을 하고 있었다. 교황청은 산 피에트로 대성당을 재건하기 위해 돈이 필요했고, 테첼은 전에도 잘 써먹었던 면죄부 판매로 대책을 마련했다. 면죄부란 이미 저지른 죄를 사하여 연옥에 머무르는 시간을 줄여 준다는 확인서였다. 아우구스투스회 수도사이자 작센 비텐베르크 대학 신학부의 강사였던 마르틴 루터는 몹시 분개하여 테첼의 상급자인 마인츠 대주교에게 조목조목 반박문을 적어 보냈다.

같은 날인 10월 31일 루터는 이 95개조 논제, 혹은 95개조 의견서를 모든 이가 읽을 수 있도록 비텐베르크 성곽 교회의 문에 게시했다. 루터가 특히 분노를 표했던 것은 '상자에 동전 떨어지는 소리가 울리자마자 연옥에 있던 영혼은 솟아오른다'는 테첼의 주장이었다.

루터는 교회 권력에 대해 점차 커져만 가던 자신의 환멸을 이전에는 거의 드러내지 않았었다. 그는 부지런한 학자로, 그의 성경 번역은 표준 독일어를 수립하는 데 도움이 되었다. 면죄부에 대한 반대는 1511년 로마를 방문했을 때 생겼던 것으로 보인다. 로마에서 그는 교황청의 세속적인 타락에 뼛속까지 충격을 받았다. 그러나 그의 후기 신학의 기반이 되는 '신앙 의인(義認)'과 '만인 제사장' 사상은 그 전부터 체계화하고 있었던 듯하다.

일단 항의를 하고 나자, 루터는 재빠르게 비교적 최신 기술이었던 인쇄기를 동원했다. 「95개조 논제」의 인쇄물은 2주 안에 독일 전역으로, 2달 안에 전 유럽으로 유포되었다. 루터도, 교회 쪽에서도, 물러설 도리가 없었다. 1521년 5월 25일, 신성 로마 황제 카를 5세는 '보름스 칙령'을 내려 루터에게서 법률상의 보호를 박탈했다. **SK**

# 노예무역이 왕의 승인을 받다

신성 로마 황제 카를 5세가 최초의 '아시엔토'를 승인한다.

1518년 노예무역을 승인하고 허가하는 최초의 '아시엔토'(스페인어로 '승인' 혹은 왕의 '비준'을 뜻함)를 공식 인가한 것은 젊은 신성 로마 황제 카를 5세가 스페인 왕위에 오르자마자 한 최초의 중대한 행위 중 하나였다. 이 아시엔토는 허가받은 상인들에게 아프리카에서 노예를 납치하여 남대서양을 건너 라틴아메리카와 카리브 연안의 노동력이 부족한 스페인 식민지로 수송할 수 있는 독점권을 부여해 주었다. 이로 인해 대서양을 오가는 무자비한 노예무역이 시작되었고, 상인들이 바다로 나서기까지는 그리 오래 걸리지 않았다. 아프리카에서 흑인 노예를 싣고 온, 기록에 남은 최초의 화물선은 최초의 아시엔토가 승인받은 바로 그 해에 서인도 제도에 상륙했던 것이다.

카를 5세는 1542년 노예무역을 금지하는 법안을 통과시키면서 자신의 승인을 철회했다. 스페인 식민지에서 노예가 된 인디언들이 고통 받는 모습을 생생하게 글로 남긴, 가톨릭 선교사 바르톨로메 데 라스 카사스(1474~1566년)에게 영향을 받았던 것이다. 그러나 노예무역은 줄어들지 않고 계속되었다.

포르투갈 상인들은 서아프리카의 상(上) 기니와 시에라리온 지방의 중개인에게 노예를 사들여 아메리카로 실어 보냈다. 1575년 포르투갈의 앙골라 식민지가 건설된 후, 포르투갈 총독 벤타 반아 카르도주는 노예 상인과 손을 잡고 개인적 이익을 챙겨 악명을 떨쳤다. 이러한 관행은 그의 후계자들에 의해 계속되었다. 17세기 초에는 아메리카의 스페인 소유 항구로 들어오는 노예의 85퍼센트 가량이 포르투갈인이 앙골라에서 데려오는 이들이었다.

포르투갈은 스페인이 노예무역을 직접 장악하려 하자 이에 저항했으나, 17세기 말 이베리아 반도의 세력이 감퇴하면서 새로운 해상 강자인 영국과 네덜란드가 노예무역을 주도하게 된다. **JN**

▲ 신성 로마 황제 카를 5세의 초상화. 이후에 금지하기는 했지만, 그는 한때 노예무역을 완전히 허용했다.

> "노예상인들이 매일
> 우리 국민을—이 나라의 자녀들을
> 납치해 가고 있습니다."
>
> **콩고의 아폰수 왕이 주앙 3세에게, 1526년**

# 위대한 예술가의 사망

르네상스 시대의 천재, 레오나르도 다 빈치가 프랑수아 1세의 품에서 숨을 거둔다.

▲ 생각에 잠긴 모습의 나이든 레오나르도 다 빈치의 자화상(1515년경), 붉은색 초크로 그림.

▶ 레오나르도의 노트 한 페이지로, 비행기의 설계도가 나와 있으며, 그의 메모는 거울에 비친 듯 반대 방향으로 적혀 있다.

레오나르도 다 빈치는 말년에 프랑스 왕 프랑수아 1세의 궁정 화가가 되었으며, 1519년 5월 2일 이 르네상스 최고 거장이 사망한 것은 루아르 강의 앙부아즈 부근에 있는 왕의 여름 별장 가까운 거처 클로 뤼세에서였다. 조르조 바사리가 『미술가 열전』(1550년)에서 전하는 바에 따르면, 왕이 몸소 죽어 가는 레오나르도를 두 팔로 받쳐 주었다고 한다.

1452년 피렌체 부근에서 태어난 레오나르도는 18세의 나이에 피렌체 화가 안드레아 델 베로키오 밑에서 수련을 쌓았으며, 그에게서 그림, 조각, 건축, 설계에 이르는 다방면의 훈련을 받았다. 처음부터 레오나르도는 기술적인 일에 관심이 많았으며, 1482년에는 밀라노 공작 루도비코 스포르차에게 군사 기술자로 일하겠다는 편지를 썼다. 편지 말미에야 자신이 조각과 그림을 할 줄 안다는 언급을 했을 뿐이다. 그는 1499년까지 공작의 집안에 머무르며 이 동안 걸작인 〈최후의 만찬〉 벽화를 그렸다. 루도비코가 밀라노에서 쫓겨나자, 레오나르도는 피렌체로 돌아가 그의 작품 중 가장 유명한 이젤 페인팅인 〈모나리자〉(1504년경)를 그렸다. 한동안 그는 밀라노와 로마에서 성공을 거두며 작업했고, 1515년에는 프랑수아 1세를 위해 기계 장치 사자 모양의 장식물을 만드는 임무를 맡았으며, 다음 해에는 본격적으로 프랑수아 1세를 위해 일하기 시작했다.

바사리는 레오나르도가 안장된 앙부아즈의 예배당까지 그의 관을 따라 60명의 걸인이 따라왔다고 전한다. 레오나르도의 명성은 살아생전에도 뛰어났으며 오늘날까지 손상되지 않은 채 남아 있다. 지칠 줄 모르고 질문을 던지며 이해하기 위해 탐구를 계속했던 그의 태도는, 그가 그림으로 남기고 연구했던 모든 것에 빛을 비추었다. 자신의 손 관절의 움직임으로부터 꽃의 윤생체(輪生體)를 비롯해 석궁, 대포, 비행기에 이르기까지 말이다. **SK**

"그의 나이 75세에,
왕의 품에 안긴 채 그의 영혼은 …
떠나갔다."

**조르조 바사리, 『미술가 열전』, 1550년**

1519년 6월 26일

# 루터가 공개 논쟁을 벌이다

**요한 에크와의 논쟁은 루터가 프로테스탄트가 되도록 한다.**

1519년 6월 26일 라이프치히, 교황 레오 10세의 청에 의해 잉골슈타트 대학의 신학부 교수인 요한 에크 박사는 마르틴 루터와 18일에 걸친 장기 공개 토론을 시작한다. 어떤 대가를 치르더라도 교회의 분열은 막아야만 했으며, 그러려면 마르틴 루터를 처리해야 했다. 일부 인문주의자들이 에크를 '수다스러운 궤변론자'라 칭했던 것은 사실이지만, 그의 지성이나 토론 솜씨에 의문을 지닌 이는 거의 없었다. 그는 이미 1514년에 이자를 받고 돈을 빌려주는 관행을 성공적으로 변호하여 은행가인 푸거 가문을 크게 만족시키지 않았던가?

> "그는 박학하며 …
> 언어와 사상이 이룬 완벽한 숲을
> 자유자재로 구사했다."
>
> **라이프치히에서 토론을 구경한 이가 루터를 묘사하며**

면죄부에서 구원, 속죄, 연옥, 교황권에 이르기까지 토론의 범위는 다양했다. 에크는 자신이 논쟁에서 우위를 차지한다는 점을 의심하지 않았다. 그는 루터로 하여금 스스로의 사상에서 논리적인 결론을 이끌어내도록 강요한 후, 그를 이단으로 낙인찍었다.

루터가 「95개조 논제」(1517년)에서 언급한 면죄부에 대한 비판은 환영받지 못했다. 많은 가톨릭교도가 돈을 주고 죄를 사면받기보다 속죄를 통해서만 구원을 얻을 수 있다는 견해에 동조했다. 루터는 교리가 규정하는 범위를 벗어나지 않았다. 다만 그에게는 순종의 미덕이 부족했다. 그러나 에크와의 토론을 통해 그는 자신의 사상, 특히 구원은 단지 신앙의 문제일 뿐이라는 부분을 구체화할 수 있었다. 교황은 루터를 위험인물로 여기게 되었고 1520년 파문장을 발행했다. 종교개혁이 시작된 것이다. **RP**

1519년 11월 8일

# 따뜻한 환대

**코르테스와 스페인인들이 테노치티틀란에 입성해 목테수마를 만난다.**

스페인 정복자 에르난 코르테스는 1519년 11월 8일에 테노치티틀란에서 처음으로 아즈텍 지배자 목테수마를 만났다. 스페인인들은 콜럼버스의 발견 이후 재빠르게 신세계의 문을 열었던 것이다. 카리브 연안과 파나마에 정착했으며, 1517년부터는 유카탄 해안을 탐험했다. 이들은 아즈텍인의 왕국에 가까워지고 있었는데, 아즈텍인 사이에는 오랫동안 떠나 있었던 신이자 왕인 깃털 달린 뱀 케찰코아틀이 하얀 피부의 동료 무리와 함께 왕위를 다시 차지하기 위해 돌아오는 중이라는 소문이 돌고 있었던 듯하다. 1519년, 정말로 하얀 피부의 정복자가 쿠바에서 왔다.

코르테스는 500명의 군사를 거느리고 멕시코 해안에 상륙했으며 부하 중 누구도 배를 타고 달아나지 못하도록 배를 가라앉혀 버렸다. 아즈텍 왕 목테수마는 황금과 은으로 된 원반과, 보석으로 장식하고 깃털을 단, 신에게나 어울릴 법한 예식용 의상을 제물로 보냈다. 아즈텍 수도로 행진해 나가던 침입자들은 아즈텍인들의 환대를 받았다. 코르테스는 말에서 내려 목테수마에게 인사를 하려 했으나, 그가 황제를 껴안기 전에 아즈텍 귀족들이 끼어들었다. 스페인인들은 진주와 훌륭한 베네치아 유리로 된 목걸이를 꺼내 목테수마의 목에 걸어 주었다. 황제는 코르테스에게 황금 목걸이를 하사해 이에 응했다. 그리고 둘은 함께 거리를 거닐어 스페인인들을 위해 마련한 궁전으로 갔다.

스페인 쪽 기록에 따르면, 코르테스는 목테수마에게 자신이 유일하고 진정한 신의 이름으로 왔으며, 세계의 대부분을 다스리는 강력한 왕을 섬기고 있다고 말했고, 목테수마는 자신은 그 왕의 가신이 될 준비가 되어 있다고 말했다고 한다. 그러나 이 일에 있어 목테수마에게는 선택권이 거의 없었다. 스페인인들을 환대하고 대접한 결과로 곧 그는 죽고 제국은 멸망하게 되었던 것이다. **RC**

# 코무네로스의 반란

**과중한 세금에 반대하여 카스티야가 들고 일어나 새로운 형태의 정부를 선언함으로써 앞으로 일어날 민중 봉기를 예비한다.**

1520년 4월 카스티야의 도시들은 신성 로마 황제 카를 5세가 스페인에 부과한 무거운 세금에 반대하여 반란을 일으켰다. 카를의 유럽 정복에는 막대한 비용이 들어갔는데, 마침 카스티야는 최악의 시기를 겪고 있었던 것이다. 추수가 시원치 않아 이 지역은 고통받고 있었고, 귀족들은 카스티야의 이사벨 1세 통치 기간 이후 얻게 된 영향력을 재확인해 보려 들었다.

1520년 카를 5세는 유럽의 패권을 잡으려는 야망을 품은 채 스페인을 떠났고, 자기 편인 장차 교황 하드리아누스 6세가 되는 위흐레흐트의 아드리안에게 섭정으로 나라를 다스리도록 했다. 그러나 카를의 원정에 드는 비용을 대기 위해 부과한 높은 세금 때문에 톨레도에서 민중 봉기가 일어났다. 곧 다른 도시들도 뒤를 이었고 혁명 '코르테스'(의회)를 세워 합법적인 정부 구실을 하며 왕실 자문회를 무효화했다. 카스티야의 '코무니나드'(도시 자치 조직)가 일으킨 전쟁이 시작되었고, 이 기간은 흔히 '코무네로스의 반란'이라 불린다. 아드리안은 혁명을 진압하려 했으나 실패했다. 반란이 확산되어 농민들이 봉기에 가담하게 되자, 아드리안의 군대는 무너졌던 것이다.

1521년 카를은 귀족들의 충성을 확보한 공동 섭정을 임명한다는 특단의 조처를 취했다. 카를의 군대는 토렐로바톤에서 코무네로스에 패했음에도 불구하고 비야라르 전투에서 승리를 거두었고, 혁명 지도자 몇 명을 처형했다. 하나씩 하나씩 도시들은 황제의 군사에 항복했다. 마지막까지 버틴 도시는 톨레도, 바로 혁명이 처음 시작한 곳이었다. **TB**

◐ 1650년에 그린 교황 하드리아누스 6세의 초상의 부분. 원본은 얀 반 스코렐(1495~1562년)의 작품.

◐ 〈1521년 마드리드에서 파디야와 그의 코무네로스의 처형〉(1860년), 안토니오 기스베르 페레스(1834~1901년).

# 아즈텍 제국의 최후

목테수마의 죽음은 '뉴 스페인'의 탄생을 알린다.

테오도르 드 브리(1528~1598년)의 〈독수리 한 마리가 목테수마를 데려가다〉. 이 작품은 17세기에 판화로 매우 유명해졌다.

테노치티틀란에 코르테스가 온 지 일 년 만에 아즈텍 황제 목테수마가 죽었다. 스페인인들은 도착 직후 그를 포로로 잡아 스스로가 스페인 왕의 가신임을 선언하라고 설득했다. 그는 많은 아즈텍 귀족의 점차 커져가는 분노를 가라앉히기 위해 애썼지만, 궁전이 공격받는 사태까지 이르렀다.

목테수마는 궁전 지붕 위로 올라가 평온을 요청했다. 그의 동생 쿠이틀라우악이 새로운 황제로 선출되었으나, 공격은 재개되었다. 목테수마는 다시 한 번 지붕 위로 올라갔지만, 이번에는 돌과 화살이 빗발처럼 그를 가격했다. 그는 궁전 안으로 실려 갔으나 1520년 5월 30일에 죽었다. 공격당한 상처 때문인지 스페인인들이 죽였는지는 알 수 없다.

이 일의 여파를 두려워한 코르테스와 부하들은 밤을 틈타 테노치티틀란을 몰래 빠져나갔다. 아즈텍인들이 뒤쫓아 와 많은 이를 죽였으나, 코르테스는 쉽사리 꺾을 수 있는 사내가 아니었다. 그와 살아남은 부하들은 안전하게 틀락스칼라 시에 도달해, 아즈텍 제국의 지배를 받던 부족 가운데 기꺼이 도우려는 연합군을 모집하여 전사 수천 명을 이끌고 테노치티틀란을 포위했다. 이들 연합군은 결국 자신들도 스페인인에게 정복당하게 될 과정을 돕고 있다는 사실을 눈치 채지 못했던 것이다. 석 달 후인 1521년 8월에 테노치티틀란 수비군은 항복했다.

아즈텍 제국 전체가 무너져 스페인 손아귀에 들어갔으며 다음 해 코르테스는 뉴 스페인의 총독으로 임명되었다. 카리브 해 연안과 스페인 본국으로부터 이주민이 몰려들어, 멕시코는 페루와 더불어 신대륙의 새로운 스페인 세력 중심지가 되었다. **RC**

# 카를 5세가 루터를 이단으로 고발하다

마르틴 루터가 보름스 의회에서 자기 저작의 내용을 고수한다.

◆ 〈보름스 의회의 루터〉(1872년), 독일 화가 파울 투만(1834~1908년)의 작품.

1520년 12월 루터가 교황의 파문장을 불태워 버리는 되돌릴 수 없는 일을 저지르면서, 고작 21세에 불과했지만 이미 유럽의 지배적인 가톨릭 군주로서 자신의 책임감을 잘 알고 있던 신성 로마 황제 카를 5세와 루터 간의 대립은 불가피해졌다. 루터는 안전을 보장한다는 작센의 선제후 프리드리히 3세의 약속 하에, 보름스에서 황실 의회에 출두해 이단 혐의를 해명하라는 명을 받았다.

1521년 4월 17일, 루터는 자신의 저작 여러 부가 흩어진 탁자 앞에 섰다. 그는 이 책들이 자신의 것이며 그 내용을 고수하는지 질문을 받았다. 그는 자신이 쓴 것이라고 단언했으나 두 번째 질문에 대해서는 대답에 앞서 생각해 볼 시간을 달라고 요청했다. 다음날 그는 "양심에 반하여 행동하는 것은 안전하지도 않고 명예롭지도 않기 때문에", 어떠한 내용도 철회하지 않겠다고 답했다. 그러나 그가 실제로 "내가 여기 서 있습니다. 다른 일은 아무것도 할 수 없습니다. 신이 나를 도우시기를. 아멘"이라는 유명한 말을 했는지는 약간 의심스럽다.

카를 5세는 공식적으로 루터에게서 법의 보호를 박탈하고 "악명 높은 이단"인 그를 체포하라고 명했다. 이는 프로테스탄트 교리에 맞선 그의 전쟁을 알리는 첫 신호탄이었다. 작센 공 프리드리히는 루터를 보호하기 위해 손을 써서 그를 붙들어 아이제나흐의 자기 성 바르트부르크에 숨겨 주었다. 루터는 거의 일 년간 비밀리에 그곳에 머물렀으며, 그동안 성경의 말씀을 모두가 읽을 수 있도록 신약 성서를 독일어로 번역하는 작업에 착수했다. **SK**

1521년 4월 27일

# 마젤란 살해당하다

**포르투갈의 탐험가 페르디난드 마젤란이 필리핀에서 전사한다.**

종종 그렇다는 영예를 안기는 하지만, 페르디난드 마젤란은 최초로 세계 일주 항해를 한 인물이 아니었다. 사실 그는 반쯤 간 곳에서 죽었던 것이다.

1520년 9월 20일 그가 다섯 척의 배와 250명의 선원을 이끌고 스페인을 떠났을 때, 그의 목적은 지구를 한 바퀴 돌려는 것이 아니었다. 스페인 왕이 그에게 맡긴 임무는 오늘날의 인도네시아에 있는 향료 제도로 가는 더 가까운 서쪽 항로를 찾아내라는 것이었다. 그러나 혼 곶을 돌고 나자 마젤란의 선원들은 자신들이 태평양의 망망대해 한복판에 있음을 알게 되었다. 고작 150명으로 줄어든 부하를 거느리고 필리핀 제도에 도착한 이 강인한 성격의 선원은, 그 지역을 다스리는 라자 후암본에게 기독교를 받아들이고 스페인의 가신이 되라고 설득했다. 그 대가로 마젤란은 이웃 막탄 섬의 왕인 후암본의 적 라푸-라푸를 공격해 주겠다고 약속했다.

> "그들은 우리의 거울, 우리의 불빛,
> 우리에게 위안을 주는 이이자 진정한
> 지도자를 죽였다."
>
> **안토니오 피가페타, 당대의 일지**

산호초가 우거져 마젤란은 대포를 가져올 수가 없었고, 부하 중 50명을 데리고 얕은 물을 건너던 중 죽창과 독화살로 무장한 1,500명의 군대가 그들을 공격했다. 마젤란은 투구를 잃어버리고 창에 찔려 죽고 만다.

마젤란이 죽자 후안 세바스티안 엘카노가 지휘를 맡았는데, 폭풍과 굶주림으로 더 많은 동료를 잃고, 쌀만으로 연명하며 희망봉을 돌아 출발한 지 2년 후에 고작 18명만 남아 스페인으로 돌아왔다. **NJ**

1523년 1월 1일

# 기사도적인 퇴장

**성 요한 기사단이 쉴레이만에 의해 품위 있게 로도스에서 물러난다.**

1523년 새해 첫날, 약 163여 명의 성 요한 기사단 단원들이 기사단장 필리프 빌리에 드 릴-아당의 지휘 아래 갑옷을 완전히 차려 입고, 깃발을 휘날리고 북을 치며 로도스의 성채에서 행진해 나왔다. 오스만 술탄 쉴레이만 1세와 그의 군대가 그들을 지켜보고 있었는데, 이들은 지중해의 세력 기반 로도스에서 기독교 군사들을 몰아내기 위해 다섯 달간 격렬하게 싸워 왔다. 기사들은 사병과, 투르크 통치를 받느니 떠나겠다고 결심한 평민들과 함께 술탄이 마련해 준 50척의 배에 타고 크레타 섬을 향해 떠났다.

성 요한 기사단(혹은 구호 기사단)은 십자군 전쟁 때 이슬람을 상대로 성전을 벌이겠다는 헌신을 품고 팔레스타인에서 조직한 군사적 수도회 중 하나였다. 1291년 무슬림이 팔레스타인을 정복한 이후 이들은 로도스 섬을 보금자리로 삼았고, 200년 이상 섬을 차지해 왔다. 그러나 1522년 쉴레이만은 자기 소유의 해상에 그들이 머무는 것을 더 이상 용납할 수 없다고 결정했다. 그는 7월 말 10만 명 이상의 군사를 이끌고 섬에 상륙했다. 대포가 성벽을 부수고, 공병(工兵)들이 성벽 아래로 뚫고 들어가 폭파하고, 그가 거느린 예니체리는 성벽에 틈만 보이면 습격을 가했다. 그러나 12월이 되었는데도 수비군은 여전히 싸우고 있던 반면, 쉴레이만의 군사는 부상과 질병으로 신음하고 있었다.

포위전은 마구잡이식 폭력에 의해서가 아니라, 기사도 정신과 분별력이 발동하면서 끝났다. 술탄과 기사단장은 신뢰 관계를 맺었고, 협상을 통해 기독교도들의 생명과 재산, 명예를 온전히 보호해 준다는 조건 아래 성채를 내놓는다는 거래를 맺었다. 쉴레이만은 이후에 구호 기사단에게 보인 자신의 관대함을 후회하게 된다. 구호 기사단은 정치적인 불안의 시기를 거친 후 1530년 몰타에 새로운 기지를 세우고, 쉴레이만의 재위 말기인 1565년에 그의 포위군에게 커다란 패배를 안겨주게 되는 것이다. **RG**

# 스웨덴이 새로운 왕을 선출하다

구스타프 에릭손이 스웨덴 왕 구스타프 1세가 되며 신속하게 나라를 통합해, 프로테스탄트주의이자 현대 국가로서의 스웨덴 기반을 닦는다.

1521년 구스타프 에릭손은 마침내 덴마크족을 자기 나라에서 쫓아내는 데 성공한다. 그 대가로 그는 섭정으로 선포되었으며, 1523년 6월 6일 왕으로 선출되었다. 6월 24일, 비교적 알려지지 않은 왕 구스타프 1세는 의기양양하게 스톡홀름으로 행진해 갔다.

전해지는 이야기에 따르면, 덴마크를 상대로 스웨덴 군을 이끌고 싸울 때 젊은 구스타프는 덴마크 군사들을 피해 어느 농가에 숨었다고 한다. 그가 발견될까 두려운 나머지 농가의 여주인은 쓸모없는 일꾼을 야단치는 척하며 빵 굽는 도구로 구스타프를 때려서 덴마크인들의 주의를 딴 데로 돌렸다. 덴마크 군인들은 이 광경에 완전히 넘어가 웅크리고 있는 사내가 찾던 이임을 알아채지 못했다.

학자들은 나중에 구스타프를 구스타부스 바사라 칭했는데, 바사는 그의 가문 이름이다. 그를 폭군이라 하는 이들도 있었지만 해방자라 보는 이들도 있었다. 그러나 대체적으로 의견이 일치하는 부분은, 스웨덴 최초의 진정으로 권위 있는 지배자였던 구스타프가 안정적이고 중앙집권화된 국가로서의 스웨덴의 초석을 놓았으며, 스웨덴 최초의 직업 군대를 조직하여 이후 17세기에 스웨덴이 스칸디나비아의 주요 세력이 될 수 있게 한 기반을 형성했다는 사실이다.

구스타프의 업적은 거기서 끝나지 않는다. 왕은 곧 대주교를 스스로 선택하려는 계획을 두고 교황권과 갈등을 겪게 되는데, 교황이 선택한 인물인 구스타프 트롤레가 덴마크 동조자로 여겨졌기 때문이었다. 로마 교황의 항의에도 불구하고 구스타프는 루터파 신학자의 형제인 라우렌티우스 페트리를 대주교로 삼았다. 따라서 그는 스웨덴이 프로테스탄트주의를 받아들이게 되는 계기를 제공한 셈이다. **TB**

구스타프 1세의 초상화, 1542년 무명 화가의 작품, 현재 스웨덴의 칼메르 성 소장.

# 파비아에서 프랑스가 대패하다

그의 군대가 카를 5세에게 굴복하면서 프랑수아 1세는 포로로 잡힌다.

▲ 브뤼셀에서 제작한 황실 태피스트리의 부분. 프랑수아 1세의 스위스 용병이 전투에서 달아나려 하는 광경을 보여 준다(1530년경).

"명예와 생명을 제외하고 저는 모든 것을 잃었습니다. 그것만은 무사합니다 … ."

**프랑수아 1세가 어머니인 사부아의 루이즈에게**

1515년 마리냐노에서 군사적 승리를 거둔 후 프랑스 왕 프랑수아 1세는 영광에 가득 차서 이탈리아로부터 돌아왔다. 10년 후인 2월 24일, 이탈리아의 또 다른 전투지 파비아는 그가 패배와 수모를 맛보게 된 장소였다. 그간 유럽의 세력 균형은 결정적인 변화를 겪었는데, 합스부르크 왕가의 스페인 왕 카를로스 1세가 자기 왕국의 상당한 자원을 1519년부터 카를 5세라는 이름으로 다스린 신성 로마 제국과 하나로 합쳤던 것이다.

1524년 10월, 신성 로마 제국과 전투를 벌이게 된 프랑수아는 파비아를 포위했다. 황제는 포위를 풀기 위해 군사를 보냈고, 양편은 도시 외곽에 참호를 파서 개울 하나를 사이에 두고 마주하게 되었다. 1525년 2월 23일 밤, 황제의 군대는 어둠을 틈타 개울을 건넜다. 날이 밝자 혼란스러운 전투가 벌어졌다. 프랑스군은 예상치 못한 습격에 반격하기 위해 대열을 정비하려 애썼지만, 이른 아침의 안개가 혼란을 더했다. 프랑수아는 갑옷 입은 기사들에게 기병대 돌격을 명했지만, 이는 오히려 포병 부대의 사격로를 막는 결과를 가져왔다. 독일 용병 '란츠크네히트'는 양편에서 모두 싸웠는데, 이례적인 잔혹성을 보이며 서로를 때려눕혔다. 프랑스 귀족 상당수가 목숨을 잃었다. 베테랑 기사인 루이 2세 드 라 트레무유도 그중 하나로, 그는 원시적인 형태의 총기인 화승총의 탄알에 맞아 숨졌다. 네 시간 후 프랑스군은 패배했고, '검은 부대' 란츠크네히트는 싸움을 계속하다가 결국 양쪽 모두 전멸했다.

프랑수아 1세는 전장에서 포위되어 포로로 잡혔다. 그는 마드리드로 끌려갔고, 포로 생활의 고생으로 거의 죽을 지경에 처했다. 1526년 1월 황제는 프랑수아가 영토의 많은 부분을 양도한다는 협정에 서명한 후에야 그를 풀어주었다. 프랑수아는 자유의 몸이 되자마자 협정을 철회했고, 프랑스와 신성 로마 제국 간의 싸움은 계속되었다. **RG**

# 독일 농민 반란이 진압되다

'농민 전쟁'이라 알려진 이 민중 봉기는 압도적 패배로 끝난다.

1525년 5월 15일, 농민 전쟁은 프랑켄하우젠에서 대규모 패배를 겪고, 그 결과 재세례파(再洗禮派)인 지도자 토마스 뮌처는 붙잡혀 처형당했다. 여러 도시와 귀족이 신성 로마 황제 카를 5세와 각기 개별적인 평화 협상을 맺으면서, 반란은 종식되었다.

1524년, 독일에서는 반란이 일어나 오늘날의 스위스와 오스트리아 지역까지 퍼졌다. 이 반란은 1789년의 프랑스 혁명 이전까지 가장 규모가 큰 민중 봉기였으며, 귀족에서 농민에 이르기까지 사회의 모든 계층이 가담했다. '농민 전쟁'이라 알려진 이 사건에는 거의 30만 명이 연루되었고 10만 명이 목숨을 잃었다. 경제적인 곤궁과 종교적 열정이 '검은 숲의 12개 조항'이라 불리는 불만 사항 목록과 합쳐져 빠른 속도로 봉건제에 반대하는 봉기로 발전해 나가는 가운데, 토마스 뮌처는 반란 지도자 중 하나가 되었다.

반란의 원인은 꾸준히 늘어 가는 인구에 영향을 준 사회적, 종교적, 경제적 요소 속에 뿌리박혀 있었다. 15세기 말에는 괜찮은 편이었던 농민 계급의 생활 형편은 16세기 초 식량과 양모 가격이 치솟고 수입이 급감하면서 점차 나빠졌다. 게다가, 지주들이 자신의 생활수준을 유지하기 위해 소작료를 인상하자 힘겨운 사정이 더욱 악화되었다.

그러나 종교적인 요인, 특히 재세례파라 알려진 한 무리가 종교적 권위에 가한 도전 역시 그 일부일 수 있다. 결정적으로, 재세례파 운동의 지도자인 뮌처는 1524년에 널리 여행을 다니며 자신의 급진적인 교리를 포고했는데, 사회의 낮은 계급으로부터 점차 성공 가도를 달리게 된다. 뮌처가 교회와 국가 권력에 도전하자 프로테스탄트 개혁가 마르틴 루터마저 이를 비평했다. **TB**

▲ 프랑켄하우젠 전투의 한 장면을 나타낸 초크 석판화, 1861년경 제작.

"반란보다 더 사악하고 …
유독할 수 있는 것은 없다는 사실을
기억하라."

**마르틴 루터, 1525년 5월**

# 무굴 왕조가 로디 술탄국을 패배시키다

파니파트 전투에서 거둔 승리로 바부르는 무굴 제국을 세운다.

▲ 〈1526년 파니파트 전투〉(1590년경), 데오 구자라티(1590년 활동)의 작품, 서적 삽화로 현재 런던의 영국 도서관이 소장하고 있다.

"칼리프들은 많은 시체 한가운데서 이브라힘의 시신을 찾아내 내게 그의 머리를 가져왔다."

바부르, 『바부르 황제의 일기』

1526년 4월, 무굴의 지도자 바부르는 유목민 기마 궁수와 20대 가량의 대포를 갖춘(당시 인도에는 대포가 도입되지 않았다) 오스만 투르크의 포병으로 이루어진 1만 5천의 군대를 이끌고 델리로 진격했다. 그에게 맞서기 위해 술탄 이브라힘 샤 로디는 4만 명의 군사와 100마리의 전투용 코끼리를 배치했지만, 대포는 갖고 있지 않았다.

1501년 우즈베크족에 의해 고국인 중앙아시아 페르가나에서 쫓겨난 무굴족(이들은 몽골의 후손임을 주장했기 때문에 이렇게 불렸다)은 바부르의 통치 아래 동쪽으로 이주했으며 1504년 카불에 새로운 공국을 세웠다. 1515년 바부르는 당시 델리의 로디 왕조 술탄이 지배하던 인도 북부를 연달아 습격했다. 펀자브 지방이 술탄 이브라힘에 대항하여 반란을 일으키자 바부르는 이 기회를 잡아 라호르를 점령했다. 얼마 안 가 쫓겨났지만, 1525년 그는 더 큰 세력으로 돌아와 펀자브 전체를 정복했다.

바부르는 수적으로 열세였으므로, 델리 북쪽의 파니파트에 수송 마차를 이용해 방어 진영을 준비했다. 오스만 대포를 배치하고, 그 사이에 사슬을 쳐서 기병대가 돌격해 와도 쉽사리 무너지지 않게 했다. 며칠간 교착 상태가 지속된 이후 4월 20일 새벽녘에 이브라힘이 선두에 서서 공격을 가했다. 바부르의 대포는 결정적인 역할을 했다. 이브라힘의 코끼리들은 대포에 겁을 먹어 달아나며 뛰어가는 곳마다 그의 군대를 짓밟고 대열을 무너뜨렸다. 그 후 바부르의 기병대가 측면을 공격해 압승을 거두었다. 이브라힘을 비롯해 그의 군사 1만 5천 명 이상이 이 전투에서 죽었다. 무굴 편의 손실도 상당했지만, 바부르는 한 주 후 델리를 정복하는 데 성공하여, 이로써 200년간 인도를 지배하게 되는 무굴 제국을 세웠다. 바부르는 아그라에서 승리를 경축했는데, 그곳에서 유명한 코이누르 다이아몬드를 선물로 받았다. 현재 이는 영국 왕관에 박혀 있다. **JH**

# 헝가리가 주권을 빼앗기다

모하치 전투에서 로요슈 2세가 술탄 쉴레이만에게 패배한다.

1526년 8월 29일, 부다페스트에서 고작 185km 떨어진 작은 도시에서 로요슈 2세와 오스만 술탄 쉴레이만 대제가 전투를 벌였다. 헝가리의 독립과, 어쩌면 유럽의 향방까지가 이 전투에 걸려 있었다.

전투는 격렬했으며, 초기에는 헝가리 궁수들이 거의 술탄을 죽일 뻔했을 정도로 성공을 거두었음에도, 술탄의 정예 부대 '예니체리'가 반격을 가하면서 헝가리 군대는 차차 지쳐 갔다. 황혼녘 즈음에는 남아 있던 헝가리 군사들도 포위당해 붙들렸다. 로요슈 왕은 전장에서 달아나다가 말에서 떨어져 살해당했다. 전투가 끝나자 술탄은 2천 명의 헝가리 포로 모두를 죽이라고 명했다. 죽은 포로 가운데에는 헝가리 귀족이 많았다.

패배는 헝가리에게 있어 재앙이었으며, 그 결과 헝가리는 분할되었고 사실상 독립 왕국으로서의 위치를 잃었다. 전투의 즉각적 여파로 오스만 제국, 오스트리아의 합스부르크 가문, 트란실바니아 공국이 헝가리를 나눠 갖게 되었다. 동방의 오스만 제국과 서방의 오스트리아 군주가 이처럼 헝가리를 분할함에 따라, 이후 몇 십 년 동안 여러 차례의 전투가 일어났다. 보헤미아와 크로아티아는 오스트리아가 정복했지만, 오스만 제국은 헝가리 중부와 트란실바니아에 대한 지배권을 잘 유지해 나갔다. 그러나 합스부르크 왕가와 오스만 제국 간의 전쟁은 200년 이상 지속되어, 헝가리의 국토와 주민을 황폐하게 했다.

헝가리인들은 모하치를 민족적인 트라우마이자 조국의 역사에서 가장 수치스런 순간이라 여긴다. 이때의 패배는 너무도 깊이 뿌리박혀 있어, 아직도 많은 헝가리인은 개인적인 비극의 순간에 "모하치에서는 더 많은 것을 잃었지"와 같은 표현으로 모하치를 인용하곤 한다. **TB**

▲ 모하치 전투의 쉴레이만 대제를 나타낸 16세기의 채색 필사본.

> "나는 쉴레이만이다 … 나는 헝가리 왕관을 손에 넣었으며 내 노예 중 가장 비천한 이에게 그것을 주었다 … "
>
> **쉴레이만 대제, 비문**

# 로마의 약탈이 카를 5세의 수치가 되다

병사들은 3일간 날뛰며 무자비한 약탈과 살인을 자행한다.

〈1527년 로마의 약탈〉, 네덜란드 화가 요하네스 링겔바흐(1622~1674년).

1527년 제국 군사들이 걷잡을 수 없이 날뛰며 로마를 약탈하는 가운데 교황 클레멘스 7세가 목숨을 부지하기 위해 바티칸의 비밀 지하 통로를 따라 산탄젤로 성으로 피신한 사건은 유럽을 충격에 빠뜨리고 황제 카를 5세의 수치가 되었다.

부르봉 공작은 프랑스와 교황이 신성 로마 황제에 대항하여 맺은 코냐크 동맹에 맞서기 위해 이탈리아에서 독일, 스페인, 이탈리아 군사를 이끌고 있었다. 1527년 4월, 봉급이 제때 지불되지 않자 군대는 폭동을 일으켰고 로마로 진군해 갔다. 독일의 '란츠크네히트'(용병 부대)가 습격에 앞장섰는데, 이들 대다수는 루터파였으므로 부패한 교황의 도시를 약탈한다는 데에서 기쁨을 느꼈다.

클레멘스 교황의 탈출을 도운 것은 교황의 개인 호신병인 스위스 호위대였다. 5월 6일 황제의 군사들이 바티칸을 습격했을 때 거의 200명의 호위병 중 고작 42명만이 살아남았다. 사흘간 노략질과 살인이 판을 치는 가운데 교회와 수도원, 궁전은 약탈당했고, 추기경과 고위 성직자들은 공격당했으며, 수녀들은 겁탈을 당했다. 이들은 6월 6일 클레멘스가 40만 더커트라는 배상금을 내겠다고 약속했을 때에야 물러났다. 로마의 약탈은 카를 5세가 도저히 막을 수 없던 일이었으며 그가 이를 꾸짖기는 했지만, 최후의 르네상스 군주 겸 교황이었던 유약한 클레멘스 7세가 당한 곤경에 대해 애도를 표하는 이는 거의 없었다. 그는 몇 달 동안 카를의 포로로 붙들려 있었으며, 자유의 몸이 되자 제국에 대한 모든 저항을 접었다. 1530년 그는 볼로냐에서 카를에게 대관식을 거행했는데, 이는 역사 속에서 교황이 신성 로마 황제의 대관식을 올린 마지막 순간이었다. **SK**

# 빈 포위가 깨지다

오스트리아의 반격은 오스만 제국의 세력 확장을 종식시킨다.

마르셀로 포골리노의 작품이라 여겨지는 프레스코화(1540년경)의 부분으로, 투르크 군대의 빈 포위전을 그렸다.

빈 포위전은 1529년에 끝났으며, 이는 오스만 제국이 유럽으로 침투한 절정기였다. 16세기 유럽은 프랑스의 프랑수아 1세와 신성 로마 황제 카를 5세의 세력 다툼으로 약해져 있었다. 오스만 술탄 쉴레이만 대제는 이러한 분열을 잘 이용해 부다를 점령하고 헝가리를 속국으로 삼았다. 불안을 느낀 오스트리아의 페르디난트 대공은 쉴레이만이 페르시아로 간 틈을 타 1528년 헝가리 국민의 반란을 선동했다.

1529년 쉴레이만은 콘스탄티노플에서 군대를 이끌고 페르디난트의 수도 빈으로 왔고, 사령관 그라프 니콜라스 수 살름-라이페샤이트는 서둘러 성벽을 수리했다. 오스트리아에는 2만 2천의 보병, 2천의 기병, 72대의 대포가 있었다. 대략 35만에 이르는 오스만 군이 9월 26일 빈에 도달했으나, 공성포(攻城砲)가 질퍽거리는 길에 빠져 움직일 수 없게 되어 버려둘 수밖에 없었다. 투르크군은 성벽 아래에 지뢰를 설치했고 오스트리아 창병은 예니체리—노예로 팔려 헌신적인 정예 전사로 훈련받은 기독교 개종자로 이루어진 투르크 기병대—의 공격을 물리쳤다. 10월 14일, 2만이라는 병력을 잃은 쉴레이만은 최후의 전력전을 명했다. 그러나 엄청난 양의 지뢰가 벽을 바깥쪽으로 무너뜨리는 바람에 공격로를 막았다. 그렇게 돌격은 끝이 났다. 그라프 살름은 부상당했다(다음 해에 죽었다). 투르크족은 포로들을 포함해, 가능한한 모든 것을 불태우고 떠났다.

오스만족은 1683년 빈을 재침공했지만 승리를 거두지 못했고, 이후 오스만 제국은 길고도 냉혹한 쇠퇴기에 들어간다. **NJ**

1533년 1월 25일

# 헨리 8세 재혼하다

잉글랜드의 왕은 교황과 로마의 뜻을 거스르고 앤 불린과 결혼한다.

1533년, 시녀였다가 가면무도회에서 왕의 눈에 든 앤 불린과 헨리 8세의 결혼은 헨리가 교황 클레멘스 7세에게 1509년 아라곤의 캐서린과 결혼했던 일을 무효로 해 달라고 청원한 지 6년 만에 이루어졌다. 헨리는 캐서린과의 결혼이 신의 법에 위배된다고 주장했다. 사실은 상속자가 될 아들을 낳아 준 적 없는(둘 사이의 유일한 자녀인 메리가 1516년에 출생했다) 40세의 캐서린에게 싫증이 났기 때문이었다.

교황을 향한 청원이 로마가 약탈당한 사건 직후였다는 것이 헨리의 불운이었다. 클레멘스 7세는 감히 아라곤의 캐서린의 조카인 카를 5세의 비위를 거스르는 짓을 할 수 없었다. 대답은 거절이었다. 이혼 사실이 알려지고, 앤과 결혼하겠다는 마음이 점차 굳어 가면서 헨리는 '왕의 중대사'를 달성할 수 있는 법적인 방도를 3년간 찾았지만 헛수고였다. 마침내 헨리는 새로운 방침을 택했다. 로마가 그에게 원하는 것을 주지 않을 작정이라면, 잉글랜드 교회를 로마와 분리하면 될 일이었다.

> "나의 연인이자 벗이여 …
> 떨어져 있는 쓰라림은 이미 너무도
> 크구려."
>
> **헨리 8세, 앤 불린에게 쓴 편지, 1528년**

따라서 그는 교황의 공공연한 반대를 무릅쓰고 앤과 결혼했고, 5월에 대주교 크랜머가 그의 첫 번째 결혼을 없었던 일이자 무효라고 선포했다. 같은 해 5월 앤은 여왕으로 즉위했고, 9월에 헨리에게 딸 엘리자베스를 낳아 주었다. 1534년 수장령(首長令)이 '영국 국교회의 유일한 지상 수장'은 왕임을 선포한다. 헨리가 캐서린과 이혼함으로써 빚어진 일은 원래의 의도보다 더 혁명적인 결과를 낳게 된다. **SK**

1533년 8월 29일

# 아타우알파 처형당하다

잉카의 왕을 제거함으로써 스페인의 남아메리카 정복로가 열린다.

잉카의 황제 아타우알파는 1533년 이교도로 산 채 화형당할 수도 있었으나, 최후에 기독교로 개종하여 대신 목 졸려 죽었다. 아타우알파는 이복형인 우아스카르와의 전쟁을 거쳐 1525년 아버지의 뒤를 이어 광대하고, 또한 광대한 부를 지닌, 페루를 지배하던 잉카 제국을 통치하게 되었다. 이후 그는 우아스카르의 가족 모두를 죽이게 했다. 1532년 복수의 여신은 스페인 모험가 프란시스코 피사로와 그 부하들이라는 모습을 빌어 그의 앞에 나타났다. 대규모 군대를 거느리고 있었음에도 아타우알파는 소수의 스페인 세력을 공격하지 않았다. 대신 그는 선물을 보내고 카하마르카라는 도시를 갖도록 했다. 그리고 그는 카하마르카를 방문하라는 피사로의 초청을 받아들였다. 빈틈없이 무장한 피사로의 부하 대부분은 숨어서 매복하고 있었다. 그 자리에 있던 스페인 사제는 아타우알파에게 백성들이 기독교로 개종해야 한다고 말하며 성경을 건네주었고, 아타우알파는 그것을 내던졌다.

> "그는 계속해서 말했다,
> '왜 그들은 나를 죽이는가? … 내가
> 무슨 짓을 했기에…?'"
>
> **페드로 시에사 데 레온, 『페루 연대기』, 1553년**

이러한 이교도적인 행위에 피사로의 부하들은 숨어 있던 곳에서 뛰쳐나와 많은 이들을 죽이고 아타우알파를 포로로 잡았다. 잉카 군은 아무런 조치도 취하지 않았고, 피사로는 포로에게 막대한 몸값을 요구했으며, 왕은 스페인인들을 위해 방 하나를 금으로 한 차례, 은으로 두 차례 가득 채우라고 명령했다. 보물이 제대로 도착했음에도 불구하고 피사로는 아타우알파를 처형시켰다. 이제 전 잉카 제국과 남아메리카 대부분이 스페인 지배를 받게 될 길이 활짝 열렸다. **RC**

# 예수회의 설립

이그나티우스 로욜라와 여섯 동료가 파리에서 맺은 서약은 예수회 설립으로 이어지고, 예수회는 반종교개혁의 물결을 저지하는 데 크게 공헌한다.

파리 대학 신학부 학생인 일곱 명의 친구가 1534년 8월 조용한 곳에 머무르던 중 '예수의 동료회'를 세우고, 이는 곧 '예수회'라 알려지게 된다. 지도자인 이그나티우스 로욜라는 바스크족이자 전직 군인으로, 전장에서 입은 상처에서 회복되던 중 종교에 눈을 뜨게 되었다. 바르셀로나 근처의 만레사에서 일 년간 은거 생활을 한 뒤 그는 학문과 가르침의 일생에 몸을 바쳤고, 파리로 가게 되었다. 일곱 친구는 함께 기도를 올리며 그리스도를 본받아 청빈과 순결의 생활을 하기로 엄숙하게 서약했고, 무슬림 이단자를 개종시키기 위해 예루살렘으로 가겠다고 맹세했다. 그러나 베네치아에서는 팔레스타인으로 가는 배를 찾을 수 없었으므로, 그들은 로마로 가서 교황이 시키는 바대로 순종하기로 했다.

이그나티우스는 1539년 로마에서 이 종교 단체의 회헌 초안을 작성했고, 1540년 9월 27일 교황 바오로 3세가 허가를 내렸다. 다만 교황은 수도사의 수가 60명을 넘어서는 안 된다는 조건을 달았다. 예수회는 이그나티우스가 썼듯이 "투르크족 한가운데든, 신세계든, 루터파나 다른 어떤 단체나 믿는 자나 믿지 않는 자든" 교황이 명하는 곳이라면 어디든지 갈 준비가 된 선교 단체로서 설립되었다.

1548년, 이그나티우스는 시칠리아의 메시나에 학생을 양성하기 위한 학교를 열었고, 교육은 예수회의 가장 중요한 활동 중 하나가 되었다. 예수회는 헌신과 순종을 강조했으므로 젊은이들에게 가톨릭 교리를 익히게 하는 데 효율적이었다. 예수회 학교는 베네룩스 지방과 폴란드에서 반종교개혁이 프로테스탄트주의에 빼앗긴 기반을 되찾는 데에 특히 핵심적인 역할을 하게 된다. **SK**

〈교황 바오로 3세에게 예수회 설립 승인서를 받는 성 이그나티우스 로욜라〉, 후안 데 발데스 레알(1622~1690년).

# 헨리 8세가 영국 교회의 수장이 되다

수장령의 선포로 영국 국교회는 교황으로부터 독립하여 왕의 통치하에 든다.

◯ 〈궁정에서 앤 불린을 소개하는 헨리 8세〉, 윌리엄 호가스(1697~1764년).

"왕은 … 영국 국교회의 유일한 수장으로 … 선택될 것이다."
**수장령, 1534년**

잉글랜드를 교황(이제는 단순히 '로마의 주교'에 불과했다)과 분리시킨 결과로 생긴 공백을 어떻게 메울 것인가? 새로운 영국 국교회는 자치해 나가야 하는가? 분명 많은 성직자가 아무래도 속인이 교회 통치권을 행사할 수는 없다고 믿었다. 그러나 헨리 8세의 생각은 달랐다. 교황이 상징했던 권력이 머물 곳은 단 한 군데이며, 그 권력은 왕권과 하나가 되어야 했다. 1534년 11월에 통과된 수장령은 영국 국교회의 수장은 군주임을 밝혔다.

그러나 잠재적인 위험 하나가 있었으니, 의회가 준 것이라면 분명 의회가 빼앗아갈 수도 있기 때문이었다. 헨리가 자신의 국교 주권을 수립하기 위해 사용한 방책이 사실상 주권을 손상시켜, 실제로는 의회 상·하원과 나누어야 하는 결과가 올 것인가? 헨리는 이러한 함정을 잘 알았다. 수장령은 왕이 '정당하고 적법하게' 교회의 수장임을 주장했는데, 이러한 문구는 넌지시 왕위가 신이 내린 것임을 암시했다. 새로운 법은 이미 사실인 것을 '확실히 하고 굳히는' 역할뿐이었다. 헨리는 어떤 경쟁자도 두지 않을 셈이었다.

1521년, 레오 10세는 헨리에게 '신앙의 옹호자'라는 칭호를 수여한 바 있었고, 교황 클레멘스 7세가 이혼을 허가해 줄 수만 있었다면 그는 교황권에 계속 충성을 다했을 것이다. 로마와의 불화와 수장령의 선포라는 결과를 가져온 것은 '왕의 중대사'였다. 더 이상의 변화가 일어나는 것은 헨리가 의도한 바가 아니었다.

헨리는 프로테스탄트가 아니었지만, 영국 국교와 로마를 분리한 그의 행동은 확실히 종교개혁가들에게 큰 기회가 되었다. 그가 죽은 후에는 그의 아들이 공식적으로 잉글랜드를 프로테스탄트 국가로 삼았다. 마찬가지로 그가 '개혁 의회'라는 말을 광범위한 의미로 사용했기 때문에, 이 기관은 영국 정치학에서, 아직 지배적이지는 않지만 훨씬 큰 중요성을 갖게 되었다. 1554년 메리 여왕이 수장령을 철회했음에도 불구하고 말이다. **RP**

# "새로운 예루살렘"은 더 이상 없다

뮌스터의 재세례파가 처참하게 패배하여 이들의 정권은 끝난다.

1535년 6월 24일, 베스트팔렌의 뮌스터 시를 18개월 동안 장악했던 재세례파—죄를 고백한 성인만이 세례를 받을 수 있다는 급진적인 신앙을 지닌 이들—가 쫓겨났다.

1520년대에 독일과 스위스에서 많은 수의 재세례파 무리가 생겨났으며, 자주 박해를 받았다. 멜히오르 호프만은 광신적인 재세례파 설교가로, 심판의 날이 급속도로 다가오고 있다는 그의 예언자적인 메시지는 많은 추종자를 이끌었다. 그중 두 사람인 암스테르담 출신의 제빵 업자 얀 마티스와 얀 보켈손(레이덴의 요한)은 뮌스터 시를 새로운 예루살렘이라 선포하고, 호프만의 사상을 전파했다. 이들의 영향력 하에서 의회는 세례 받지 않은 성인은 누구도 도시에 남아 있어서는 안 된다고 명했고, 시장에서 대규모 세례식이 이루어졌다. 그러던 중, 쫓겨났던 주교가 가톨릭과 루터파 연합군을 이끌고 와서 도시를 포위했다.

1534년 부활절 주일, 마티스는 자신이 이스라엘의 적을 해치우라 파견된 제2의 기드온이라 믿으며 성벽 밖으로 돌격대를 이끌었지만 즉각 쓰러졌고, 그러자 보켈손이 스스로를 왕으로 선포했다. 그는 일부다처제를 법으로 허용하고 모든 물건을 공동으로 소유해야 한다고 선언했다. 식량이 떨어져가고 있었으므로 과연 필요한 조치였다.

일 년 후 보켈손의 통치는 갑작스럽고 잔혹하게 끝났다. 도시는 배신행위 때문에 점령당했고 사실상 누구도 학살을 피해가지 못했다. 보켈손과 다른 지도자들은 처형당했다. 성 람베르트 교회의 탑에는 아직도 그들의 시체를 대중 앞에 전시했던 철장이 걸려 있다. 이 봉기에 대한 기록은 전 유럽에 공포의 물결을 퍼지게 했으며, 뮌스터 함락 후 10년 동안 네덜란드에서만 적어도 3만 명의 재세례파가 처형당한 것으로 추정된다. **SK**

▲ 얀 보켈손이 처형 전에 철장에 갇혀 뮌스터 시를 지나 끌려가는 장면을 담은 1890년의 판화.

> "유아 세례는
> 모든 성서 말씀과 위배되는 어리석고
> 불경스러운 불법 행위이다."
>
> **콘라트 그레벨, 취리히 재세례파의 지도자**

# 토머스 모어가 런던탑에서 처형당하다

토머스 모어는 헨리 8세의 영국 국교회를 거부하고 죽음을 택한다.

▲ 소(小) 한스 홀바인이 1527년에 그린 토머스 모어의 초상화를 16세기 말에 복제한 것.

"그토록 훌륭한 의원을 잃느니 … 우리는 최고의 도시를 잃는 편이 나을 것이다."

**황제 카를 5세, 모어의 처형에 대해**

그는 당대 가장 특출한 인물 중 하나였으며 잉글랜드에서 가장 유력한 인물 중 하나였다. 이제는 고위 관직을 박탈당하고 자유를 빼앗긴 토머스 모어에게는 고귀한 원칙과 비범한 용기를 제외하고는 남은 것이 거의 없었다. 1535년 7월 5일 월요일, 그는 딸에게 "신에게 가기를" 고대하고 있다는 편지를 썼다. 다음 날 아침, 9시가 되기 직전 런던탑 외부의 흔들대는 처형대를 오르며 그는 책임자가 자기가 무사히 오르도록 봐 줘야겠지만, "내려올 때는 알아서 내려오게 해 달라"고 농담을 던졌다. 그리고 그는 사형 집행인에게 자신의 목이 "매우 짧으니 잘못 쳐서는" 안 되겠지만, "용기를 내어" 두려움 없이 임무를 수행하라고 격려했다. 그가 처형대에 머리를 얹기 전에 수염을 옆으로 잡아당겨 치우며 마지막으로 남긴 비꼬임 섞인 말은 "이것은 왕의 비위를 거스르지 않았지"였다. 셰익스피어의 코더의 영주(『맥베스』의 등장인물–옮긴이)처럼, 토머스 모어도 "자신이 소유한 가장 소중한 것을 마치 무심하고 사소한 것처럼 던져 버리는" 듯했다.

토머스 모어는 성공한 변호사, 저명한 인문주의 학자, 학식 높은 신학자였을 뿐 아니라 1518년부터는 왕실에서 일했으며, 1529년에는 대법관이 되었다. 아라곤의 캐서린과 이혼하고자 하는 헨리의 결심을 인정할 수도 지지할 수도 없던 그는 1532년 5월에 사임했다. 그러나 교황이 아니라 왕이 교회의 수장이라는 서약을 받아들이기를 거부했기 때문에 그의 운명은 결정되었다. 영국 국교회를 지배하려는 헨리 8세의 결심은 곧 그 자신이(물론 모어 역시) 매우 싫어했던 프로테스탄트주의에 길을 열어 주었다. 모어는 자신의 양심에 따라 행동한 전형적인 순교자가 되었다. 1935년 그는 성인으로 시성되었다.

로버트 볼트의 극작품『사계절의 사나이』는 모어의 이야기를 다루고 있으며, 1966년과 1988년 두 차례 영화화되었다. **JJH**

# 앤 불린 처형당하다

헨리 8세의 왕비 앤 불린이 날조된 혐의로 처형대에 오른다.

헐렁한 짙은 회색 다마스크 가운 안에 붉은 치마를 입은 채, 앤 불린은 녹색 탑의 처형대로 향했다. 헨리 8세가 화형에서 칼을 이용한 참수형으로 그녀의 처형 방식을 바꿨다는 이야기를 듣고, 그녀는 "내 목이 매우 가느다랗기 때문에" 집행인이 손쉽게 처리할 수 있을 거라는 농담을 했다고 전해진다. 처형은 신속하게, 단 한 번의 칼놀림으로 끝났다.

1월 29일, 헨리 8세와 결혼한 지 거의 3년이 되어 가는 날, 앤은 아들을 유산했다. 그녀는 이 외에도 여러 차례 유산과 사산을 겪었다. 헨리의 애정은 이미 앤의 시녀 제인 시무어에게 향하고 있었으며, 그때부터 그는 앤이 몰락하도록 손을 썼다. 4월 말 플라망드 출신 음악가인 마크 스미턴이 체포되어 고문에 못 이겨 앤의 정부임을 자백했다. 앤의 오빠 조지 불린을 비롯하여 다른 이들도 속속 체포되었고, 5월 2일에는 앤도 붙잡혀 간통, 근친상간, 마술, 대역죄 혐의로 런던탑에 갇혔다. 그녀가 처형당한 지 11일 후 헨리는 제인 시무어와 결혼했다.

앤 불린에 대한 의견은 여전히 크게 상반된다. 많은 이들은 그녀를 단순히 왕의 변덕에 희생된 결백한 인물로 본다. 그러나 결혼 전부터 그녀가 몰래 프로테스탄트 신앙을 지지했고, 유럽의 많은 급진적 개혁파 영국인과 연락을 취했으며, 헨리가 로마와 단절하게 된 원흉이었다고 주장하는 이들도 많다. 프로테스탄트 신앙으로 양육된 그녀의 딸 엘리자베스는 미래가 불확실한 유년 시절과 가톨릭을 믿는 이복 언니 메리 1세의 통치를 버티고 살아남아 잉글랜드의 가장 위대한 여왕이 된다. 헨리가 가장 총애했던 아내임이 분명한 제인 시무어는 1537년 그에게 유일한 아들인 에드워드 6세를 낳아 주고 사망한다. 잘 알려진 바대로 헨리는 세 차례나 더 결혼한다. **SK**

▲ 사형 선고를 받는 앤 불린을 그린 피에르-놀라스크 베르주레의 1814년경 작품.

"나는 죽기 위해 이 자리에 왔습니다 … 신께서 왕을 보호해 주시고 오래 다스리도록 해 주시기를 기도합니다."

**앤 불린이 처형대에서 남긴 말**

# 시크교의 창시자가 죽다

시크교 최초의 구루인 구루 나나크가 69세의 나이로 사망한다.

구루 나나크의 죽음이 가까워 오자, 힌두교와 무슬림 제자들 사이에서 분쟁이 일었다. 힌두교도는 나나크를 그들의 '라마'라 여겼기에 그를 화장하고 싶어 한 반면, 무슬림은 그를 알라의 화신이라 여겼으므로 매장하기를 원했다. 죽기 전 나나크는 타협안을 제시하여 두 무리가 각자 그의 시신 옆에 화환 하나씩을 놓도록 했다. 사흘이 지난 후에 화환이 가장 덜 시든 무리에서 방식을 선택하도록 말이다. 두 무리가 화환을 보러 갔을 때, 남아 있는 것은 꽃뿐이었다. 구루 나나크의 시신은 사라졌다. 힌두교도는 화환을 소각했고, 무슬림은 매장했다.

나나크는 젊은 시절 종교적인 문제에 관심을 가지게 되었고, 자신이 회계사로 일하던 집의 무슬림 하인인 마르다나와 함께 찬가를 작곡하곤 했다. 나나크는 무슬림과 서로 다른 카스트 계급에 속하는 힌두교도가 함께 식사하고 찬가를 들을 수 있는 시설을 세웠다. 나나크는 술탄푸르에서 신의 계시를 받고, 인류에게 설교하라는 명을 받았다고 한다. 그는 두루 여행을 다니며 자신의 믿음을 전파했다고 하는데, 생애의 말년은 오늘날 파키스탄의 카르타푸르에서 보냈다.

나나크의 뒤를 이은 아홉 명의 구루는 인도를 다스리는 무굴 지배자가 종종 가혹하게 박해했음에도 불구하고 시크교를 더욱 발전시켰다. 최후의 구루인 구루 고빈드 싱은 1708년에 죽었다. 시크교의 성전인 '구루 그란트 사히브'가 그 뒤를 잇게 되었는데, 이는 고빈드 싱이 생전에 집필한 것으로 시크교의 영원한 구루가 되었다. **TB**

◀ 시바나브 왕과 함께 있는 구루 나나크와 마르다나, 1500년경 이후 (작자 미상).



# 미시시피 강의 발견

금과 은을 찾던 스페인 정찰대가 이 '커다란 강'을 발견한다.

멕시코 북쪽 지방을 탐사하라는 임무를 받은 에르난도 데 소토는 1539년 쿠바에서 플로리다 해안 서쪽으로 항해해 갔다. 그리고 약 600명의 부하를 이끌고 북쪽으로 향하여 오늘날의 탤러해시 부근에 이르렀다. 이곳에서 그들은 원주민과 몇 차례 격렬한 전투를 벌여 가며 조지아를 거쳐 캐롤라이나로 나아갔다. 캠프를 치고 겨울을 보낸 뒤 그들은 북서쪽으로 계속 가다가, 1541년 5월 8일에 미시시피 강을 발견했다. 이 이름은 알공킨족 말로 '커다란 강'을 뜻하는데, 데 소토는 '리오 데 에스피리투 산토'(신성한 영혼의 강)라는 이름을 붙였다. 넓고, 깊고, 진흙투성이이며 빠르게 흐르는 강으로, 급류에 휘말려 빙빙 돌며 부스러기가 떠내려갔다.

> "정복자 대부분이
> 이 강이 도나우 강보다 크다고
> 말했다."
>
> **로드리고 랑헬, 당대의 기록**

스페인인들은 강을 건너 나아가 오자크 산맥으로 갔지만, 찾고 있던 금이나 은을 발견하지 못하고 다음 겨울을 나기 위해 미시시피 강으로 돌아왔다. 이 무렵 데 소토는 지역 원주민 사이에 자신이 신성한 존재라는 인식을 심어 준 후였다. 그러나 1542년 봄 그는 40대 초반의 나이로 열병에 걸려 죽었다. 소토가 신성한 존재라는 계략을 지속해 가기 위해 부하들은 한밤중에 몰래 그의 시신을 미시시피 강에 빠뜨렸다. 이제 스페인 최초의 아메리카 남동부 탐험이 끝났고, 원정대는 배를 만들어 미시시피 강을 타고 멕시코로 내려갔다. 그들의 노력에도 불구하고 17세기에 프랑스가 이 지역을 차지하게 된다. **RC**

# 피사로가 잔혹하게 살해당하다

프란시스코 피사로가 리마의 궁전에서 보복 살해당하여, 스페인은 남아메리카에 더욱 적극 개입하게 된다.

프란시스코 피사로는 1541년 6월 26일 리마의 자기 궁전에서 복수의 일격으로 목숨을 잃었다. 그는 공격자 두 명을 죽였고 검으로 세 번째 사람을 꿰뚫었으나, 목에 칼을 맞고 바닥에 쓰러졌고, 계속해서 칼에 찔렸다. 그는 자신의 피로 바닥에 십자가를 그리고 죽어가며 예수 그리스도의 이름을 불렀다고 한다.

카하마르카에 잉카 아타우알파를 잡아 두고 있는 동안, 프란시스코 피사로는 그와 길고 친밀한 대화를 나누었으며 잉카 제국의 정치적 상황, 경쟁국, 파벌 싸움에 대해 배웠다. 이 영리한 스페인인은 아타우알파를 처형한 뒤 이 정보를 써먹을 수 있었고, 잉카 귀족 중 몇몇이 기꺼이 그를 도우리라는 사실을 알았다. 이러한 상황에 간계, 무기의 뛰어남, 피사로와 그의 부하들이 백성들에게 기독교의 축복을 가져다주기 위해 필요하다고 정당화한 무자비함이 합쳐져, 피사로가 잉카의 많은 속국을 정복하는 데 중대한 역할을 했다.

그는 쿠스코를 점령하여 꼭두각시 황제를 앉히고 자신의 본부 삼아 리마 시를 세웠지만, 오른팔인 디에고 데 알마그로와 사이가 틀어졌는데, 그는 1537년에 쿠스코를 정복했다. 피사로는 세 형제 에르난도, 후안, 곤살로에게 알마그로를 복종시키라고 말했다. 그들은 1538년 라스 살리나스 전투에서 알마그로를 쓰러뜨렸고, 에르난도 피사로는 쿠스코의 중앙 광장에서 그를 처형했다. 3년 후 역시 디에고라는 이름을 가진 알마그로의 아들과 그의 추종자들이 피사로의 궁전에 쳐들어와 그를 살해하여 복수를 단행했다.

스페인 정부가 남아메리카 식민 제국을 더 철저히 틀어쥐게 됨에 따라, 아들 알마그로는 1542년 처형당했다. **RC**

◀ 〈한 무리의 공모자들에게 암살당한 프란시스코 피사로〉, 데오도르 드 브리(1528~1598년)의 1541년 판화.

# 묵시록적 장면

**미켈란젤로가 시스티나 예배당에 〈최후의 심판〉을 완성한다.**

1534년, 미켈란젤로는 교황 클레멘스 7세로부터 로마로 돌아와 시스티나 예배당의 넓은 끝벽에 프레스코화를 그려 달라는 요청을 받았다. 클레멘스는 얼마 지나지 않아 사망했고, 프로젝트를 시작하라고 재촉한 이는 그의 후계자로 미켈란젤로를 대단히 숭배했던 교황 바오로 3세였다. 1541년 완성된 프레스코화를 처음 보았을 때, 바오로 3세는 무릎을 꿇고 심판의 날에 자신의 죄를 용서해 달라고 신에게 빌었다고 한다. 저주받아 지옥에 떨어진 이들의 절망과 작품에 담긴 감정적인 격렬함이 너무나 끔찍하게 느껴졌기 때문이었다.

미켈란젤로가 시스티나 예배당의 천장화를 그린 이후 25년간, 헨리 8세 같은 왕이나 마르틴 루터가 교회의 권위에 도전을 가하여 교황권은 크게 흔들렸다. 종종 반종교개혁의 지도세력이라는 평을 듣는 새 교황은 교회의 권위를 재확립하기로 단단히 마음먹었다. 작품의 테마인 '최후의 심판'은 당대인들에게 구원은 로마 교회를 통해서만 온다는 사실을 똑똑히 심어 주었으리라.

벽 전체를 차지하고 있는 프레스코화의 중심에는 그리스도의 모습이 있는데, 높이 쳐든 오른팔은 구원받아 천국으로 가는 영혼을 가리키고 있으며 왼팔은 아래쪽으로 향해 지옥에 떨어진 이들을 가리키고 있다. 인물들은 묵직하고 살집이 좋으며, 사지를 뒤틀고 있다. 자신이 고문 받은 도구를 들고 있는 순교자들조차 겁에 질리고 근심스러워 보인다. 작품이 나체를 묘사했다는 점을 불경스럽게 여겨 격분한 이들도 있었다. 바오로 3세는 충실하게 미켈란젤로를 이러한 공격에서 막아 주었지만, 이후의 한 교황이 미켈란젤로의 옛 문하생인 다니엘레 다 볼테라에게 옷을 그려 비속한 부분을 가리라고 명했고, 이 불운한 화가는 '일 브라게토네'('속바지 만드는 사람')라는 수치스런 별명을 얻었다. **SK**



# 바르톨로메의 책

**바르톨로메 사제가 신세계 아메리카 원주민을 위한 투사로 나선다.**

1492년부터 이어진 스페인의 아메리카 정복은 아메리카 원주민에게 커다란 재앙을 몰고왔다. 천연두가 멕시코와 페루의 주민을 몰살했고, 토착 종교와 전통이 사라졌으며, 스페인 정복자들에 의해 전 인구가 학살당하거나 노예가 되어 금광과 은광에서 강제 노동을 해야 했다. 1547년, 프라 바르톨로메는 대량 학살을 저지르는 정복자들의 끔찍한 만행을 자세하게 설명하는 내용의 『인디언 파괴에 대한 짧은 보고서』라는 책을 집필했다. 이 책은 스페인의 펠리페 2세에게 헌정되었고 10년 후에 출판되었다. 책은 널리 번역되었으며 유럽 전역에서 큰 영향력을 발휘했다.

프라 바르톨레메 데 라스 카사스는 카스티야 출신의 소년으로, 1504년 18세의 나이로 카리브 지역으로 이민을 갔었다. 1511년 그는 스페인이 아메리카 대륙에서 저지른 행동을 비난하는 안토니오 데 몬테시노스 신부의 설교를 들었다. 얼마 뒤인 1512년에는 신세계에서 사제 서품을 받은 최초의 성직자가 되었으며, 선교사로 쿠바에 갔다가 스페인인들이 저지르는 살인적인 잔학 행위를 목격했다. 그는 1515년 카를로스 1세(신성 로마 황제 카를 5세) 앞에서 인디언들의 입장을 변호하기 위해 스페인으로 돌아왔다.

1520년대 초에, 그는 왕의 지원을 얻어 베네수엘라에 인종 평등주의적 공동체를 건설하려 했으나, 주변인들이 원주민 사이에 그에 대한 반감을 불어넣는 바람에 실패했다. 그는 이제 도미니쿠스 선교회에 들었고, 1530년 스페인으로 다시 한 번 돌아와 페루의 노예 제도에 반대하는 운동을 펼쳤다. 이후에는 과테말라 치아파스의 주교가 되었으며, 강제 노역 제도인 '엥코미엔다' 제도에 항변했다. 그는 1540년대에 신세계를 떠났고, 1550년에는 아메리카 원주민에게 자치 능력이 있느냐를 두고 후안 히네스 데 세풀베다와 유명한 논쟁을 벌였다. **PF**

# 로마의 종교재판소

교황 바오로 3세는 로마 종교재판소를 통해 늘어나는 이단과 싸우고자 한다.

로마 가톨릭 교회에 대항한 이단이라 간주하는 행위가 점점 늘어나자, 교황 바오로 3세는 신앙의 완전함을 수호하기 위해 로마에 추기경단으로 이루어진 상설 법정을 세웠다. 1542년 7월 21일, 그는 '로마 종교재판소'라 알려진 기구를 허가했다. 이 법정은 마술, 마녀 행위, 신성모독과 같은 죄목으로 고발당한 이들을 기소했으며, 아비뇽처럼 교황이 관할하는 다른 지역을 비롯해 이탈리아 전역을 주관했다.

교황은 회의를 주재하는 추기경을 비롯해 자문단 한 팀을 임명했다. 이들 자문단은 노련한 학자들로, 교회법의 복잡한 조항에 대해 추기경에게 조언을 아끼지 않았다. 종교재판소를 설치한 우선적인 목적은 이탈리아에서 프로테스탄트 사상의 확산을 막기 위함이었지만, 교황령의 세력 덕분에 18세기까지 지속되었고, 이후 이탈리아의 국가들이 회의에 압력을 넣기 시작했다.

자문단은 태양은 고정되어 있고 지구가 그 주변을 돈다는 코페르니쿠스의 주장에 대해 평가하라는 요청을 받았다. 신학자들은 그러한 생각이 터무니없다고 주장했으며 그의 책 『천구의 회전에 관하여』를 금서 목록에 넣도록 했다.

로마 종교재판소의 추기경단이 다룬 가장 유명한 사건은 1633년 갈릴레오 갈릴레이의 건이었다. 갈릴레오는 중대한 이단 혐의와, 태양이 태양계 중심에 있다는 태양 중심설을 부정하기를 거부했다는 혐의로 옥에 갇혔다. 종교재판장인 벨라르미네 추기경은 그럴 리가 없다는 것을 '증명하는' 시편과 성경의 여러 구절을 인용했다. 갈릴레오는 조수의 움직임이 태양 중심설이 사실임을 증명한다고 생각했지만, 결국은 주장을 철회했고, 그럼에도 1642년 가택 연금 상태에서 죽었다. **TB**



# 중요한 책의 출간

코페르니쿠스가 지구와 행성이 태양의 둘레를 돈다는 사실을 밝힌다.

폴란드의 수학자이자 천문학자인 니콜라우스 코페르니쿠스(미코우아이 코페르니크)는 1543년 5월 24일, 오랫동안 출간을 고대하던 책의 인쇄본 한 부를 건네받은 지 몇 시간 만에 죽었다고 한다. 1530년에 그는 『천구의 회전에 관하여』를 집필하기 시작했는데, 이 책에서 우주의 중심에 태양이 있으며 지구와 다른 천체들이 그 주변을 공전한다는 이론을 펼쳤다. 그러나 그가 처음으로 자신의 견해를 발전시킨 것은 그보다 훨씬 이전으로, 1508년에서 1512년 사이에 『주해서』를 통해서였다.

교회는 아리스토텔레스의 절차를 따랐던 그리스 천문학자 프톨레마이오스(83년경~161년)의 지구 중심 모델을 받아들여 지구가 우주의 고정 불변하는 중심이라는 생각을 고수했다. 코페르니쿠스는 프톨레마이오스의 모델에서 발생하는 수학적 난점의 해답을 찾기 위해 노력하던 중에 자신의 체계를 발전시켰는데, 종교적인 분쟁이 일어날 가능성 때문에, 그리고 동료 수학자들의 비웃음거리가 되리라는 두려움 때문에 발견을 공표하기에 앞서 망설였다고 한다.

> "모든 것의 중심에 태양이 있다 … 마치 왕좌에 앉아 있는 것처럼 … ."
>
> **코페르니쿠스, 『천구의 회전에 관하여』, 1543년**

1539년, 천문학자 게오르그 요아힘 레티쿠스가 코페르니쿠스를 방문해 저작을 출판하라고 설득했다. 코페르니쿠스의 발견이 함축하고 있는, 세계를 뒤흔들 만한 의미를 알아차린 이는 드물었다. 태양 중심 체계의 우주에 관한 논쟁은 70년 후 케플러와 갈릴레오의 저작이 나온 후에야 벌어진다. **SK**

# 메리 로즈호가 영국 해안에서 전복되다

튜더 왕실의 전함이자 잉글랜드 해군에서 가장 강력한 군함 중 하나인 메리 로즈호가, 헨리 8세가 해안에서 지켜보는 가운데 전복되어 가라앉는다.

메리 로즈호는 솔렌트 해협에서 200대의 갤리선으로 이루어진 프랑스 침략 함대와 싸우기 위해 포츠머스에서 출항한 80척의 함대 중 한 척이었다. 근처의 사우스시 성에서는 헨리 8세가 전투를 지켜보기 위해 전망 좋은 자리를 잡고 있었다. 그러나 1545년 7월 19일, 바람이 불지 않아 잉글랜드 함대는 움직이지 못한 반면, 노를 저어 움직이는 프랑스 갤리선은 대포를 가지고 바싹 다가붙었다. 오후가 되자 바람이 불어 잉글랜드 함대는 프랑스군을 추격하러 나아갔다. 그 때 메리 로즈호가 뒤집혔고, 열린 포문으로 물이 쏟아져 들어오면서 배는 몇 분 안 되어 약 400명의 목숨과 함께 가라앉았다.

1509년 건조한 메리 로즈호는 이물과 고물에 높은 은신처를 갖춘 커다란 항해 전함으로, 선체에 포문을 뚫은 최초의 선박이었다. 이렇게 강력한 전함을, 적이 가한 눈에 띄는 피해도 없이, 해안에서 지켜보는 가운데 잃게 된 것은 당시 경악을 불러일으켰다. 그러나 메리 로즈호가 정말 유명해진 것은 그로부터 430년 후, 강한 바람이 불어 배의 잔해가 드러난 뒤 해양 고고학자 한 팀이 좌초된 장소를 발굴하기 시작하여 뼈대를 이루는 목재를 발견해 냈기 때문이다. 청동 대포에서 게임판과 조리 도구에 이르는 수천 점의 유물을 수면으로 끌어올렸고, 1982년 10월 11일에는 6천만의 시청자가 텔레비전을 통해 지켜보는 가운데 배의 선체를 인양했다. 그 이후로 배에서 찾아낸 200여 명의 유해를 분석하고 소지품을 연구하여, 튜더 왕조 전함의 생활이 어떠했는지 들여다볼 수 있는 무엇에도 비길 바 없는 자료를 얻었다. **SK**

◀ 20세기의 그림 〈헨리 8세의 배 메리 로즈호〉의 부분, 리처드 윌리스.

▶ 1982년 10월 11일 메리 로즈호의 선채를 인양하는 사진, 이 배는 현재 영국 포츠머스에 있다.

1549년 8월 15일

# 동방의 선교

**예수회 선교사 프란시스코 하비에르가 포르투갈 배를 타고 일본 가고시마에 도달한다.**

기독교의 아시아 전도는 포르투갈이 인도양과 태평양으로 무역을 확장해 가는 과정에서 진행되었다. 1542년 이그나티우스 로욜라와 예수회를 창설했던 초기 멤버 중 하나인 프란시스코 하비에르는 포르투갈 왕 주앙 3세의 초청을 받고 인도 고아의 포르투갈 무역 정착촌으로 갔으며, 3년간 머무르며 많은 이를 개종시킨 뒤 말라카와 향료 제도에 선교촌을 세우기 위해 다시 항해를 떠났다. 1548년 말라카에서 그는 규슈 출신의 일본인 무역업자 안지로를 만났는데, 그는 프란시스코에게 일본이 기독교를 전파할 좋은 터전이 될 거라고 설득했다. 따라서 1549년 8월 15일, 포르투갈 배 한 척이 프란시스코와 새로 세례를 받은 안지로, 몇 명의 동료를 싣고 가고시마 항구로 떠났다.

당시 유럽인들은 일본에 대해 아는 바가 사실상 전무했다. 일본에 최초로 포르투갈 배가 닿은 것은 고작 7년 전이었던 것이다. 프란시스코는 가고시마에서 거의 일 년을 머무르며 일본어를 배우고 교리문답과 성서를 번역했으며, 이후 교토와 야마구치를 방문했다. 그는 일본인들이 예수회 수도사의 소박한 옷차림에 별 감흥을 느끼지 못하며 안지로가 예상했던 것보다 자신의 설교를 잘 받아들이지 않는다는 것을 깨달았다. 그랬음에도 1551년 고아로 돌아갈 때 그는 2천 명의 개종자를 동료들에게 맡겨 둘 수 있었다.

1552년 11월 21일 중국 앞바다의 한 섬에서 열병으로 죽었을 때, 프란시스코는 중국으로 새로운 선교를 떠나던 중이었다. 이후 몇 십 년간 다른 이들도 그의 행보를 따랐다. 30년 후, 이탈리아인 예수회 선교사로 매우 학식이 높았던 마테오 리치가 마카오에 갔다. 중국을 여러 차례 방문하는 동안 그는 수학자며 천문학자들과 친교를 쌓았고 한자를 익혔다. 1601년 마테오 리치는 서양인으로서는 처음으로 북경의 자금성에 들어갔다. **SK**

1555년 2월 5일

# 아우크스부르크의 평화

**카를 5세는 독일의 종교 분열을 해소하기 위해 열린 이 회담에 참석하지 않는다.**

1555년 2월 바이에른의 아우크스부르크에서 열린 제국 회의의 목적은 하나였다. 바로 독일을 황폐하게 해온 고통스러운 종교 전쟁을 끝내려는 것이었다. 1552년 작센의 선제후 모리츠는 황제에 대항하여 프로테스탄트 동맹군을 이끈 적이 있었다. 이후의 협상에서, 가톨릭과 프로테스탄트 양편 다 영구적인 해결을 원했지만, 카를 5세는 아우크스부르크에서 다음 회의를 열 때까지만 지속된다는 조건의 평화를 허락했다.

타협 자체를 혐오했던 카를은 회의에 참석하지 않고 대신 동생 페르디난트를 보냈다. 페르디난트는 카를보다 훨씬 더 현실적인 태도로 종교적 상황을 파악했다. 이 때 맺은 아우크스부르크 평화 협정은 가톨릭과 루터파의 불화가 해소될 때까지 독일 국가들은 종교적인 문제로 서로 전쟁을 벌여서는 안 된다는 내용이었다. 한편 각 영토의 종교를 결정하는 것은 그 군주였다. 한 마디로 '쿠이우스 레기오, 에이우스 렐리기오(영토를 다스리는 자가 종교를 결정한다)'라는 라틴어 문구로 요약된다. 군주의 결정에 반대하는 백성은 누구든 다른 곳으로 이주할 수 있었다.

> "황제도 선제후도 … 제국의 어떤 영지에든 … 어떠한 피해도 입히지 않도록 하라."
>
> **아우크스부르크 평화 협정**

이 평화 협정은 가톨릭과 루터파에는 해당하지만 칼뱅파, 츠빙글리파, 재세례파, 메노파는 언급하지 않았다. 협정 덕분에 신성 로마 제국은 50년 이상 내전을 겪지 않았다. 가장 이득을 본 이들은 자주권이 늘어난 독일 제후들이었다. **SK**

# 스페인 왕이 권력에서 물러나다

카를 5세가 아들 펠리페에게 스페인 왕 자리를 물려주고, 조용한 은거 생활을 준비하며 권력에서 물러난다.

일찍이 이토록 커다란 권력을 지녔던 군주는 없었다. 스페인 왕으로서, 카를의 지배권은 신세계로 뻗어나가는 스페인 제국 전체에 달했다. 게다가 신성 로마 황제로서는 유럽의 합스부르크 영지를 다스렸다. 1556년 1월 카를이 스페인 왕위를 아들인 펠리페 2세에게 물려준다는 놀랄 만한 결정을 내린 것은 펠리페에게 네덜란드와 부르고뉴 공국을 넘겨 준 직후였다. 전해인 1555년 브뤼셀의 '황금 양털의 홀'에서 의식을 거행하여 절차를 밟았다.

어째서 카를은 자발적으로 권력을 내놓았을까? 그는 건강이 나빠지고 있었고 종종 통풍으로 심한 고통을 느꼈지만, 그것만이 유일한 이유는 아니었다. 독실한 가톨릭교도인 그는 임기 동안 프로테스탄트의 확산을 막지 못한 것이 자신의 가장 큰 실수라고 생각했다. 1555년 아우크스부르크에서 프로테스탄트 제후들과 종교적으로 타협한 이후, 독일의 상황을 불만족스럽게 여긴 그는 신성 로마 제국의 통치를 동생 페르디난트에게 맡긴 바 있었다. 이제는 더 이상 스페인의 왕도 아니었으니, 그에게 남은 일이란 신과 화해하는 일뿐이었다.

그는 공식적으로 신성 로마 황제 자리에서 물러나고, 왕으로 다스린 40년 중 고작 16년밖에 머무르지 않았던 땅인 스페인의 엑스트레마두라 지역 외딴 언덕의 유스테 수도원을 거처로 삼았다. 1558년 죽음을 맞기까지 그는 이곳에서 책과 그림에 둘러싸여 정원을 가꾸며 여생을 보냈다. 카를 5세의 제국은 한 사람이 다스리기에는 너무 거대했으며, 이제부터 합스부르크 왕가는 오스트리아와 스페인 분파로 나뉘게 된다. 1558년부터 1740년까지 오스트리아 합스부르크 가문에서 아홉 명이 신성 로마 황제로 뽑혔다. **SK**

〈스페인의 펠리페 2세의 초상화〉, 티치아노가 조수들과 더불어 1548~1550년에 그림. 현재 피렌체의 피티 궁전 소장.

# 가톨릭 여왕의 복수

메리 여왕이 잉글랜드를 가톨릭 국가로 되돌리면서, 최초의 프로테스탄트 캔터베리 대주교 토머스 크랜머가 화형당한다.

1556년 3월 21일, 캔터베리 대주교였으나 이제는 사형 선고를 받은 이단이 된 토머스 크랜머는 옥스퍼드의 세인트 메리 교회 앞에서 구경거리가 되었다. 2년 넘게 옥고를 겪고, 관직을 박탈당하고, 공개적으로 모욕을 받은 그는 자신이 이단임을 시인하는 여섯 장의 서류에 강제로 서명을 했고 이제 대중 앞에서 신앙의 철회를 선언하라는 요구를 받았다. 그는 철회를 부인하고 오른손이 "진심과 어긋나는 서명을 했으니" 불 속에 가장 먼저 밀어 넣겠다고 선언하여 듣는 이들을 놀라게 했다. 그리고 끌려나와 화형당할 때 그는 자신의 말대로, "사람들이 손이 불타 숯이 되는 것을 볼 수 있도록" 오른손을 불 속에 넣고 있었다.

교육과 타고난 기질 덕분에 유럽 대륙의 종교개혁가들과 가까이 지내는 학자였던 크랜머는 헨리 8세에 의해 억지로 대주교 자리에 앉았다. 성경을 영어로 번역하는 작업을 주관했고, 헨리 8세의 병약한 아들 에드워드 6세의 대주교 역할을 하면서 영국 국교회의 기본적인 교회법을 수립했으며, 『성공회 기도서』(1552년) 초안을 잡는 데 큰 역할을 했다.

메리 1세는 어머니인 아라곤의 캐서린과 헨리 8세가 이혼하는 일에 크랜머가 개입했던 일로 그를 용서하지 않았다. 독실한 가톨릭교도인 그녀는 잉글랜드를 진정한 신앙으로 되돌리고 이단을 단죄하는 법을 다시 도입하는 것이 자신의 신성한 의무라 생각했다. 영혼을 구원하는 것과는 거리가 먼 메리의 무자비한 정책으로 더 많은 순교자가 생겼고, '블러디 메리'의 통치 기간 말년에는 300명 이상의 프로테스탄트가 화형당했다. **SK**

▶ 1533년부터 1556년까지 켄터베리 대주교였던 토머스 크랜머를 그린 판화.

◀ 존 폭스의 『근래와 위험한 시기의 업적과 기념』(1563년)에 실린 크랜머의 화형 장면.

1556년 10월 15일

# 소년 황제

**13세의 잘랄루딘 무함마드 악바르가 무굴 황제가 된다.**

1556년 2월 12일, 무굴 제국 왕위에 대한 권리를 주장하던 후마윤은 서재 계단을 내려오다가 기도를 알리는 종소리를 들었다. 경의를 표하기 위해 절하려다가 그는 계단에서 굴러 떨어졌고, 죽었다. 이 불운한 사건으로 열세 살 난 그의 아들 악바르가 무굴 황제가 되었다. 그러나 후마윤이 무굴 제국 왕위를 두고 아프가니스탄의 시칸다르 샤와 전쟁을 벌이고 있었기 때문에, 악바르가 대관식을 올린 것은 10월 15일이 되어서였다.

아버지가 사망한 다음 날 악바르는 황금 로브를 입고 머리에 관을 쓰고 자신을 '왕 중의 왕'이라 선포했다. 거의 50년에 달하는 긴 재위 기간 동안 악바르는 현명하고 자비로운 군주였다. 그는 아프가니스탄으로부터의 군사적 위협을 제거하고 힌두스탄에 지배력을 확고히 다졌다. 무슬림이 아닌 이들에게만 부과되었던 세금을 폐지하여 그들의 지지를 얻었다. 그는 종교적 관용을 보였기에 힌두교 성전이 보존되었고, 궁정에서는 무슬림 학자와 시크교, 힌두교, 예수회의 대표들이 토론을 벌였다. 종교적인 토론을 벌일 장소로 '이바다트 카나'(예배의 집)를 특별히 짓기도 했다.

> "… 마케도니아의 알렉산드로스처럼, 그도 항상 목숨을 내걸 준비가 되어 있었다."
>
> **아불 파잘, 『악바르의 서』, 1590년대**

악바르가 남긴 가장 위대한 유산은 예술 부문일 것이다. 그는 문학 작품 집필을 장려했고, 궁전을 전 세계에서 온 예술 작품으로 단장했으며, 훌륭한 건축물을 많이 지었다. **SK**

1556년 11월 5일

# 무굴 제국이 위기를 모면하다

**악바르 대제가 파니파트에서 거둔 승리는 무굴 제국의 전환점이 된다.**

1556년 11월, 무굴의 황제 악바르는 무굴 궁정에 머무르는 페르시아 귀족 바이람 칸을 거느리고 델리 북부의 파니파트로 군사 원정을 떠났다. 악바르는 열세 살이었으며 바로 전달에야 대관식을 올렸을 뿐이었다. 이제 그는 힌두교도 장군 헤무가 이끄는 아프가니스탄 군대와 마주해야 했다.

1556년 2월, 무굴 왕조의 두 번째 왕 후마윤이 낙상으로 죽자, 인도에서 무굴 왕조의 미래는 그 어느 때보다 더 위태로워졌다. 후마윤의 통치 기간 동안 그의 아버지인 바부르가 정복한 지역은 대부분 빼앗겼고, 카불과 펀자브 지방만이 남게 되었던 것이다. 파니파트 전투의 승리는 절실했다.

> "폐하는 … 이러한 조화의 유대로 세계 평화를 확보했다."
>
> **아불 파잘, 『악바르의 서』, 1590년대**

헤무가 거느린 더 큰 세력이 승리할 것 같았으나, 빗나간 화살 하나가 헤무의 눈에 맞았고 그는 바이람 칸과 악바르 앞으로 끌려와 목이 베였다. 바부르가 델리의 마지막 술탄 이브라힘 로디를 패배시킨 지 30년 만에 파니파트에서 두 번째로 얻은 무굴의 중대한 승리였다. 2년 만에 악바르는 무굴의 풍요로운 핵심 지대인 갠지스 평야 서쪽을 지배하게 되었고, 1605년 죽을 때에는 제국의 국경을 동쪽으로는 벵골, 남쪽으로는 데칸까지 확장한 상태였다.

악바르 대제는 중앙집권적인 세금 제도를 통해 무굴 세력을 통합했고, 힌두 라지푸트 왕들과 동맹을 맺었으며, 파테푸르 시크리에 있는 자신의 궁전에서 신학적인 토론을 장려했다. **SK**

# 프랑스가 칼레를 재탈환하다

메리 1세는 두 세기 만에 '영국 왕관의 가장 빛나는 보석'을 잃는다.

〈기즈 공작 2세 프랑수아의 칼레 점령〉(1519~1563년)의 부분, 프랑수아 에두아르 피코.

1558년 1월 칼레는 기즈 공작이 이끄는 프랑스군에게 함락되었다. 이 소식이 메리 여왕에게 전해지자, 그녀는 "내가 죽어 시신을 열어 보면, 내 심장에는 '펠리페'와 '칼레'가 새겨져 있을 것이다"라고 말했다고 한다. 프랑스 북부 해안의 항구 도시 칼레는 에드워드 3세가 1347년에 점령한 이후 줄곧 잉글랜드의 소유였다. 칼레 시가 오랫동안 완강히 저항하여 몹시 화가 난 에드워드는 지위 높은 시민 여섯 명이 맨발로 목에 밧줄을 감고 그에게 자발적으로 나온다는 조건 하에서만 다른 시민들의 목숨을 살려 주겠다고 약속했다. 그가 여섯 시민을 살려 준 것은 왕비인 필리파가 탄원했기 때문이었다. 이후 왕은 칼레에 잉글랜드 상인을 거주하게 했고, 칼레는 양모, 피륙, 주석, 납 수출 독점권을 지닌 특별 항구가 되었으며 잉글랜드 의회에 대표단을 파견할 수도 있게 되었다. 칼레는 1453년 백년 전쟁이 끝났을 때 유일하게 프랑스에 남은 영국 땅이었다.

1554년 메리 1세와 스페인의 펠리페 2세의 결혼은 실패였다. 메리는 펠리페보다 열 살 연상이었고 너무 나이가 들어 아이를 낳아 주지 못했으며, 펠리페는 영국에 거의 머무르지 않았다. 무엇보다도 나쁜 결과는 이 결혼으로 인해 잉글랜드가 스페인 편을 들어 1557년 국민의 반대를 무릅쓰고 프랑스와의 전쟁에 휘말리게 되었다는 점이었다. 프로테스탄트 지지자들은 팸플릿을 써서 가톨릭 적국과의 동맹에 격렬한 반대 의견을 표했다. 전쟁이 잉글랜드 쪽에 불리하게 돌아가 결국 칼레를 잃는 결과를 가져오자, 메리를 향한 분노는 극도에 달했다. 그리고 1558년 11월 17일 그녀가 사망했다는 소식이 돌자 국민들은 축하의 횃불을 밝히고 교회 종을 울려 기뻐했다. **SK**

# 프랑스 왕이 어처구니없는 사고로 사망하다

앙리 2세는 파리에서 열린 친선 경기에서 부상당하고 열흘 만에 죽는다.

▲ 앙리 2세가 치명상을 입은, 파리 생탕투안 거리에서 열린 시합을 묘사한 그림.

프랑스와 스페인 간의 전쟁 종료와 프랑스 왕 앙리 2세의 딸 엘리자베트와 스페인의 펠리페 2세의 결혼을 축하하기 위해, 파리에서 마상 창시합이 열렸다. 경기 중에 왕의 스코틀랜드 호위대 대장인 가브리엘의 부서진 창 한 조각이 앙리의 왼쪽 눈을 관통하여 뇌수에 박혔다. 그는 열흘 후인 1559년 7월 10일에 죽었다.

앙리 2세는 1547년에 아버지 프랑수아 1세의 뒤를 이어 28세의 나이로 왕위에 올랐다. 그는 1533년 카트린 드 메디시스와 둘 다 14세의 나이로 결혼했고, 사이에 8명의 자녀를 두었으며 그중 3명이 장차 프랑스의 왕이 되지만(프랑수아 2세, 샤를 9세, 앙리 3세), 궁정에서 영향력을 행사한 것은 앙리의 정부인 디안 드 푸아티에였다. 1559년이 되자 앙리가 1551년에 일으켰던 전쟁을 프랑스도 스페인도 지속해나갈 수 없음이 명확해졌고, 4월 3일에 체결한 카토-캉브레지 평화 조약을 통해 앙리는 더 이상 이탈리아에 대해 어떤 소유권도 주장하지 않겠다고 약속했다.

앙리는 프로테스탄트와 싸우는 데 전력을 기울일 수 있도록 군사적인 문제를 모두 마무리하고 싶었다. 프랑스 출생의 제네바 종교개혁가 장 칼뱅의 저작을 통해 프로테스탄트 교리가 프랑스에 급속도로 퍼졌던 것이다. 앙리는 무자비하게 프로테스탄트를 박해했고, 이단을 심판하기 위해 특별 법정인 '샹브르 아르당트(화형 법정)'를 설치했다. 1559년 6월 2일 그는 에쿠엥 법령을 공표하여 프로테스탄트와의 전쟁을 선포했다. 그는 이 법령이 시행되는 것을 보지 못하고 죽었지만, 이로 인해 40년간 프랑스를 분열하게 되는 종교 전쟁의 길이 열렸다. **SK**

# 왕립 수도의 탄생

펠리페 2세가 이베리아 반도의 한복판인 마드리드에 왕궁을 세운다.

▲ 마드리드 알칼라 거리의 전경, 안토니오 졸리의 1750년경 작품.

1559년 펠리페 2세는 네덜란드에서 스페인으로 돌아왔고, 이후 다시는 스페인을 떠나지 않았다. 2년 후 그는 이베리아 반도의 정중앙인 마드리드에 왕궁을 두기로 결심했다. 그 전까지는 카스티야든, 아라곤이든, 나폴리든 군주가 머무는 곳으로 왕궁이 옮겨 갔지만, 궁정의 규모가 커져 1561년에는 사람 수가 1만 5천여 명에 달하자, 이러한 관습은 점점 번거로워져 갔다.

마드리드는 기후가 혹독하고 천연 자원이 거의 없어 수도로 삼기에는 전망이 좋지 않은 장소였다. 세비야나 카디스, 바르셀로나처럼 인구가 많은 중심 도시에서 멀리 떨어진 이 호젓한 소도시를 택함으로써, 펠리페는 백성들의 공공연한 시선을 피할 수 있었다. 그는 크거나 작거나 어떤 결정이든 남에게 위임하기를 싫어하는 일 중독자였으며, 책상 앞에서 몇 시간씩 보내며 아주 사소한 일을 두고도 고민했고, 비밀스럽고, 성가시고, 느릿느릿한 관료 정부 체계에 완벽을 가했다. 궁정 귀족에게는 외교적 혹은 군사적인 지위를 맡겨 외국으로 내보내 먼 곳에 묶어 두었다.

어느 날, 사냥 여행 중에 펠리페는 마드리드 북쪽 40km 가량 떨어진 곳에서 그의 재위 기간이 남긴 가장 훌륭한 기념물인 수도원 겸 궁전 '엘 에스코리알'을 세울 부지를 발견했다. 여러 채의 건물로 이루어진 이 거대한 궁전은 1563년부터 1584년까지, 20년이 걸려서야 완공했고, 서적, 필사본, 성물 등 펠리페의 막대한 소장품을 보관하고 있으며, 카를 5세부터 스페인 왕들이 잠든 영묘(靈廟)도 있었다. 펠리페는 1598년 죽기 전까지 이곳에서 많은 시간을 보냈다. 아들인 펠리페 3세가 마드리드를 바로크 양식의 수도로 변모시키게 된다. **SK**

# 트리엔트 공의회가 가톨릭 교리를 명확히하다

트리엔트 공의회는 18년 동안 반종교개혁의 선두에 섰다.

◐ 〈트리엔트 공의회〉(1563년), 티치아노의 작품으로 추정되며 파리의 루브르 박물관에 있다.

이탈리아 아디제 강변의 도시 트렌토(당시에는 오스트리아의 트리엔트)에서, 각기 세 명의 교황—바오로 3세, 율리우스 3세, 피우스 4세—의 주관 아래, 1545년에서 1563년 12월까지 세 차례의 공의회가 열렸다. 공의회에서는 교황 사절 4명, 추기경 2명, 총대주교 3명, 대주교 25명, 주교 168명을 포함한 참석자 255인의 서명을 받아 17개의 교령을 반포했다. 트리엔트 공의회는 가톨릭 교리를 명확히 밝히고 프로테스탄트 가르침을 단죄하며 교회의 규율을 개혁함으로써, 반종교개혁—프로테스탄트에 대항한 로마 가톨릭 교회의 움직임—의 강력한 도구가 되었다.

공의회는 화체설(化體說), 즉 성찬식 때 먹는 축성 받은 빵과 포도주에 그리스도가 존재한다는 교리에 대한 입장을 굳건히 고수했고, 노동과 신앙을 통해 은총을 입음으로써 구원받을 수 있다는, 루터를 비롯한 이들이 논의를 제기했던 가르침을 옹호했다. '트리덴틴 미사'(트리엔트의 라틴어 이름인 '트리덴툼'에서 유래)라는 이름의 표준화된 형식의 미사가 이 때 도입되었고, 교리문답(교육 지침서)도 정했다. 면죄부, 성지 순례, 성인과 성물과 성모 마리아에 대한 경배 등의 관습도 다시 한 번 확인했다.

트리엔트 공의회의 결정 사항은 교황의 권위와 가톨릭 군주의 전제주의적인 경향을 강화했다. 새로운 자신감은 웅장한 바로크 양식 교회당의 모습으로 나타났고, 새롭게 솟아나는 전도의 열정에 힘입어 예수회와 카푸친회 같은 새로운 수도회가 퍼져 나갔다. **SK**

# 투르크가 어쩔 수 없이 포위를 풀다

성 요한 기사단이 몰타의 지배권을 잡으려는 오스만 공격을 물리친다.

▲ 1565년 몰타의 대포위전 때 카스티야 초소의 공격 장면을 그린 그림.

1565년 9월 7일 시칠리아에서 기독교 지원군이 도달했을 때, 몰타 포위 공격은 지지부진한 상태였다. "이때껏 인간의 귀에 음악이 이토록 달콤하게 울린 적이 없었다. 지난 석 달간 우리가 들은 종소리라고는 적군에 대비해 무기를 들라는 소집령뿐이었다." 9월 8일 마침내 오스만군이 물러난 뒤 미사를 알리는 종소리가 들리자 스페인 군인 프란시스코 발비는 위와 같이 말했다.

몰타는 1530년부터 성 요한 구호 기사단의 보금자리였다. 오스만 제국의 수도 콘스탄티노플과 북아프리카 항구 사이의 항로에 놓여 있었기 때문에, 기독교도가 차지한 이 섬은 불가피하게 오스만 공격의 목표가 되었다. 1565년 무스타파 파샤 장군의 지휘로 몰타에 상륙한 군사의 수는 아마 3만 명 이상이었을 것이다. 이에 맞서 기독교 측에는 기사단장인 장 드 라 발레트가 지휘하는 기사 550명에 여러 종류의 병사 8,000명이 있었다. 5월, 오스만의 대포가 몰타 섬 해안의 성 엘모 요새에 포탄을 퍼부었다. 성벽은 곧 무너져 돌더미가 되었지만, 600명의 수비군은 거의 한 달간 버티면서 죽을 힘을 다해 싸웠다. 이후 오스만군은 목표를 돌려 해안 깊은 곳의 요새를 공격했다. 알제의 파샤인 하산은 작은 선박으로 이루어진 소함대를 이끌고 해상 수비군을 공격했지만, 심각한 피해를 입고 격퇴 당했다. 지뢰를 놓고 포격을 가해 육지의 성벽을 부수기는 했지만 돌격에 성공하지는 못했다.

몰타 포위전의 실패로, 오스만 제국이 서쪽 지중해로 확장해 나갈 길이 막혔다. 기사단은 1798년까지 몰타 섬을 지배했다. **RG**

# 여왕 앞에서 쓰러지다

데이비드 리치오의 살해로 스코틀랜드의 여왕 메리의 몰락이 시작된다.

▲ 〈리치오의 살해〉, 존 오피의 1787년 작으로 런던의 길드홀 미술관에 있다.

1566년 3월 9일, 젊은 여왕이 에든버러의 홀리루드 궁전에서 저녁을 들고 있을 때, 무장한 남자들 한 무리가 갑작스레 들이닥쳐 여왕의 개인 비서이자 속내를 털어놓는 친구인 데이비드 리치오를 찔러 죽였다. 이를 시작으로, 이미 극적인 사건과 비극으로 얼룩진 스코틀랜드의 여왕 메리의 인생에는 기구한 사건이 연달아 일어나게 된다.

메리는 아버지인 스코틀랜드의 제임스 5세의 사망으로 생후 6일째에 여왕이 되었으며, 1542년부터는 프랑스 왕궁에서 자랐다. 1558년 그녀는 14세의 병약한 소년인 프랑스 황태자와 결혼했고, 다음 해에 앙리 2세가 죽자 갑작스레 프랑스 왕비가 되었다. 몇 달 지나지 않아 남편인 프랑수아 2세도 죽자 메리는 1561년 8월 스코틀랜드로 돌아왔지만, 프로테스탄트를 추종하던 신하들과 마찰을 겪었다.

1565년 7월 그녀는 단리 백작과 (사랑해서) 결혼했으나 결혼 생활은 곧 불행해졌고 단리는 여러 명의 프로테스탄트 귀족과 공모하여 리치오를 죽일 계획을 짰다. 리치오가 가톨릭에 대한 메리의 동조를 부채질한다고 의심했기 때문이다. 임신 중이던 메리는 1566년 6월, 후에 제임스 6세(잉글랜드의 제임스 1세)가 되는 아들을 낳았다. 그런데 이번에는 단리가 수상스러운 상황에서 시체로 발견되었다. 메리는 단리의 죽음에 연루되어 있던 보스웰 백작과 결혼했는데, 이는 재난을 불러일으킬 만한, 그야말로 치명적인 움직임이었다—스코틀랜드 귀족들이 둘에 대항하여 군사를 일으켰고, 1567년 메리는 항복할 수밖에 없었으며 공식적으로 폐위되었다. 이후에 그녀는 레븐 호수의 감옥을 탈출해 잉글랜드로 달아났으며, 유배지에서 여생을 보냈다. **SK**

# 네덜란드 반란군이 스페인 세력을 몰아내다

스페인군을 상대로 승리를 거둠으로써, 네덜란드는 잠시나마 독립의 가능성에 희망을 품는다.

〈알바 공의 박해〉(1568년), 잉글랜드 첼튼엄 미술관 소장품의 일부이다.

1568년 흐로닝언 주의 헤일리헤를레이에서 네덜란드가 스페인군을 상대로 승리를 거둔 일은, 네덜란드 독립을 위한 기나긴 투쟁인 80년 전쟁의 발단이라 간주된다. 이 전쟁은 1648년 스페인이 베스트팔렌 평화조약에서 공식적으로 네덜란드 공화국을 인정하면서 끝이 나게 된다.

네덜란드는 오래 전부터 스페인 지배에 맞서 저항해 왔으며, 칼뱅주의의 확산, 경제적인 어려움, 높은 세금, 그리고 스페인 정부가 특권을 빼앗아 가는 데 대한 지방 귀족의 반감 등의 이유로 저항심은 더욱 커졌다. 1566년 가톨릭 신앙에 대한 폭력 사태가 일어나 군중이 교회를 습격하고 조각상을 때려 부수자, 펠리페 2세는 알바 공이 지휘하는 군사 1만을 보내 반란의 물결을 진압하도록 했다.

알바의 무자비한 정책은 분노를 불러일으켰다. 그가 반란군을 재판하기 위해 세운 특별 법정은 엄청나게 처형을 해대어 곧 '피의 법정'이라는 별명을 얻었다. 누구도 살려두지 않았다. 심지어 충성스런 가톨릭 귀족인 호르네 백작과 에흐몬트 백작까지도 대역죄 혐의로 체포하여 참수형에 처했다. 네덜란드의 스타드호우데르(세습 행정관) 중 가장 강력한 인물인 오라녜 공 '침묵공 빌렘'은 알바가 도착하자마자 네덜란드에서 달아났다. 이제 그가 프로테스탄트 군대를 이끌고 돌아왔지만, 헤일리헤를레이에서 승리를 거둔 뒤로는 자금 부족으로 더 이상 군사 활동을 계속할 수가 없었고, 빌렘은 이곳저곳을 돌아다녔다. 알바의 세력이 조여 오자, 네덜란드의 희망을 지켜 주는 것은 괴젠(바다의 걸인)—스페인 선박을 공격하는 해적—뿐이었다. **SK**

# 총은 칼보다 강하다

오다 노부나가가 교토를 점령해 일본 통일을 시작한다.

▲ 무명 화가가 비단에 그린 오다 노부나가의 초상화, 일본의 고베 시립 미술관.

1568년, 오와리 구니(尾張國)의 영주 오다 노부나가(織田信長)는 교토의 황실 수도 지배권을 장악하여, 일본 재통일을 시작했다. 이 야망은 노부나가의 생전에는 이루어지지 않았지만, 1582년 사망할 무렵 그는 국토의 반 가량을 정복한 뒤였다.

16세기 초, 천황도 막부 우두머리인 쇼군도 실질적인 권력을 행사하지 못하는 가운데, 일본의 권력은 지역 다이묘(大名, 봉건 영주)들의 손에 맡겨졌다. 세력이 강한 다이묘는 서로 전쟁을 벌여, 일본 재통일의 발판이 될 지역적 세력을 얻으려 했다.

처음으로 이러한 지위를 획득한 이가 노부나가였다. 그는 1566년 오케하자마 전투에서 일본 동부에서 가장 강력한 영주인 이마가와 요시모토(今川義元)를 쓰러뜨리고 포로로 잡은 후 걸출한 명성을 떨치게 되었다.

노부나가가 성공을 거둔 비결은 포르투갈인이 1542년 일본에 들여온 머스킷 총을 사용했다는 것이었다. 사무라이 한 명을 훈련시키고 장비를 갖추려면 많은 비용과 시간이 드는데다 사무라이는 귀족 태생의 사내만 오를 수 있는 길이었다. 이와 달리 머스킷 총은 태생과 상관 없이 누구든지 몇 주 만에 그 사용법을 익힐 수 있었다. 3천 명으로 이루어진 머스킷 여단이 3열로 자리 잡고 교대로 사격하여, 십 초마다 일제 사격을 가할 수 있었다. 이러한 전략으로 여전히 사무라이 기병대와 창병에 의존하는 적들을 손쉽게 제압할 수 있었다. 노부나가는 또한 교토 부근 아즈치(安土)에 새로운 형태의 성을 지어서 세력을 굳혔다. 아즈치를 세운 목적은 논, 마을, 평원의 도로를 통제하고 농민 반란을 막기 위해서였다. **JH**

# 레판토의 성전

신성동맹이 노 젓는 갤리선으로 벌인 마지막 전투에서 오스만군을 물리친다.

▲ 16세기 매너리즘 화풍의 작품 〈레판토 전투〉, 파올로 칼리아리 베로네세의 작품.

"… 그대들은 우리의 수염을 깎았을 뿐이다 … 곧 면도날로 깎지 못할 만큼 자라날 것이다."

**소쿨루 메메드 파샤 수상**

1571년 10월 어느 일요일 아침, 그리스의 코린트 만에서는 10만 명의 군사가 전투를 준비하고 있었다. 단순히 함대끼리의 충돌이 아닌 종교를 내건 싸움이었다. 오스만 제국 갤리선의 지휘자인 파샤 알리 무에진자데는 알라의 이름을 2만 8,900번 새긴 깃발을 휘날리며 레판토(오늘날의 나브팍토스)에서 서쪽으로 진격했다. 이에 맞서, 황제 카를 5세의 서자인 오스트리아의 돈 후안이 십자가에 못박힌 예수가 그려진, 교황의 축성을 받은 깃발을 앞세워 다가왔다.

기독교 세력은 신성동맹을 맺어 주로 스페인, 베네치아, 제노바에서 노 젓는 전함 220척을 모집했다. 이 중에는 보통 갤리선보다 두 배나 크고 대포로 단단히 무장한 베네치아의 갈레아스 선도 여섯 대 있었다. 오스만 쪽의 배는 280대였는데, 대부분 작은 크기였다. 양측의 배에는 노 젓는 이와 병사들이 가득 타고 있었다. 총과 화살을 쏠 수 있을 만큼 가까이 다가간 다음 적의 배에 올라 직접 맞붙어 싸우려는 것이 양측의 목적이었다. 돈 후안의 갈레아스 선은 베네치아의 사령관 아고스티노 바르바리고와 제노바의 안드레아 도리아가 좌우를 호위하는 가운데 적군의 중심부로 뚫고 들어갔다. 대규모 혼전 속에서 엄청난 학살이 벌어졌다. 지휘관들도 예외가 아니었다. 바르바리고는 머리에 부상을 입고 사망했으며, 파샤 알리는 스페인 군사들이 그의 기함에 오른 후 목이 베였다. 5시간 동안의 전투에서 오스만군은 3만의 군사와 배 대부분을 잃었다. 기독교 측 사망자는 8천 명으로 추산된다. 기독교 세계가 승리를 거두었지만 이 승리는 결코 결정적이라고는 할 수 없었다. 신성 동맹을 결성한 목적은 오스만 제국의 키프로스 점령과 지중해 노예무역을 막으려는 것이었으나, 이러한 성과를 거두지는 못했던 것이다. 오스만 제국은 다음 해에 함대를 재건할 여력이 있었다. 레판토 전투는 과거 2천 년간 지속되었던 형식의 해상 전투를 보여 주는 최후의 훌륭한 본보기라는 점에서 의미가 크다. **RG**

# 파리가 피로 물들다

가톨릭의 위그노 공격으로 수천 명이 거리에서 살해된다.

1572년 성 바르톨로메오 축일의 날이 밝기 직전, 교회 종소리를 신호로 학살이 시작되었다. 끔찍한 폭력의 물결이 파리 전역을 휩쓸었다. 프로테스탄트 교도를 추격하여 집 안에서 살해하고 상점을 약탈하며 가족 전체를 몰살했다. 프로테스탄트 왕자인 나바라의 앙리와 프랑스 왕 샤를 9세의 누이인 발루아의 마르그리트의 결혼식이 며칠 전에 열렸으므로, 여기에 참석했던 위그노(프랑스의 프로테스탄트) 지도자급 귀족들은 여전히 파리에 머무르고 있었다. 도시에는 팽팽한 긴장이 감돌았다. 이 결혼은 샤를 9세의 어머니인 카트린 드 메디시스가 가톨릭과 프로테스탄트 간의 불화를 해소하기 위해 주선한 것으로, 가톨릭 설교가들 사이에는 비판의 물결이 널리 일었으며, 파리에는 반 위그노 감정이 팽배했다.

그 전날 위그노의 우두머리인 콜리니 장군을 노린 암살 시도가 있었다. 이후 24시간에 걸쳐 벌어진 사건에 대한 기록은 매우 혼란스럽지만, 8월 23일 밤, 가톨릭에 대한 복수를 두려워한 카트린이 자신이 좌지우지하던 나약한 왕을 설득해 도시에 남아 있는 위그노 귀족을 전부 처단하게 했던 것 같다. 콜리니는 병상에 누워 있다가 급습을 당해 칼에 찔려 죽었다. 다른 귀족들도 곧 목숨을 잃었다. 새신랑인 나바라의 앙리는 개종자인 척하여 목숨을 건졌다. 왕은 뒤늦게 학살을 중단시키려 했지만 이미 다른 도시로 번진 후였다. 10월이 되어 살인이 멈췄을 때에는 파리에서만 3천 명, 프랑스 다른 곳에서는 최대 3만 명의 위그노가 죽은 후였다.

스페인의 펠리페 2세는 대학살 소식을 환영했다. 교황 그레고리우스 13세는 축하 메달을 제조하도록 했고, 화가 조르조 바사리에게 학살에 대한 그림을 그리라는 임무를 맡겼다. 그러나 성 바르톨로메오 축일 대학살은 위그노의 반발을 진압하기는커녕 이러한 상황에 맞서 무장 봉기를 일으키도록 하는 결과를 낳아, 프랑스는 또 한 차례의 내전에 빠져들게 된다. **SK**

▲ 프랑수아 뒤부아의 〈성 바르톨로메오 축일 대학살의 목격 기록〉(1572년)의 부분.

"광분한 군중이
'위그노를 죽여라!' 라고 외치는 광경에
나는 공포에 사로잡혔다."

**『쉴리 공작의 회고록』, 1638년 출판**

1576년 8월 27일

# 티치아노가 역병으로 죽다

**이탈리아 르네상스 때의 명망 높은 베네치아 화파의 수장 티치아노가 베네치아에서 죽는다.**

1576년 티치아노가 베네치아에서 역병으로 쓰러졌을 때, 그는 훌륭한 예술 작품 뿐만 아니라 대단한 노령으로도 유명했는데, 그의 나이를 두고는 논란이 분분했다. 티치아노는 자신이 태어난 해가 1477년이라고 주장했으며, 당대인 중에는 터무니없게도 1473년이라고 주장하는 이도 있다. 학계에서는 아마 그가 1490년 즈음에 출생했으리라 본다. 경의를 표하는 의미로 역병의 희생자 가운데 유일하게 티치아노만 장례를 치렀다. 그는 산타 마리아 글로리오사 데이 프라리 성당에 묻혔다. 그러나 이러한 존경심도 도둑들이 그의 호화로운 저택을 약탈하는 것을 막지는 못했다.

> "작은 별들 한가운데의 태양,
> 이탈리아뿐만 아니라 전 세계 화가들
> 가운데서 … ."
>
> **조반니 로마초, 1590년**

티치아노는 다재다능한 예술가로 신화적이고 종교적인 주제에 능통했으며 초상화와 풍경화라는 두 장르에서 명성을 얻었다. 초기와 말기 작품 모두 당대 전례 없이 섬세한 색채 구사라는 특징을 공유하고 있기는 하지만 그의 화풍은 계속해서 변화했다.

티치아노의 초기 걸작은 훌륭한 프레스코화 〈아순타〉(성모의 승천)로, 이 작품의 색채 사용을 통해 그는 로마 북쪽에서 가장 위대한 화가로 입지를 굳혔다. 1548년 티치아노가 그린 말을 탄 카를 5세의 초상화를 통해 기마 자세의 초상화라는 장르가 생겨났으며, 1562년 작품인 〈에우로파의 납치〉에는 바로크 화풍을 예고하는 요소가 있다. 티치아노는 사망하던 해까지 계속 작품 청탁을 받았다. 그의 최후작 〈피에타〉는 소(小) 팔마에 의해 마무리되었다. **TB**

1576년 11월 4일

# 안트베르펜 대학살

**스페인 군사들의 폭동으로 네덜란드 반란군과 화해할 수 있는 모든 기회가 사라진다.**

한 영국인 목격자는 1576년 11월 4일에 시작된 안트베르펜 대학살의 여파를 미켈란젤로의 〈최후의 심판〉에 비교했다. 스페인 군대가 자행한 잔혹 행위와 파괴는 '스페인인의 분노'라 알려졌으며 많은 이들이 스페인 합스부르크 군주로부터 등을 돌렸다. 네덜란드 남부의 열 개 주는 스페인 통치를 받아들였으나, 북부의 일곱 개 주는 독립을 위해 싸우기로 결단을 내렸다. 이후 북부는 네덜란드 공화국, 남부는 스페인령 네덜란드가 되며, 이 두 나라가 오늘날 우리가 아는 네덜란드와 벨기에가 된다.

16세기에 안트베르펜은 유럽의 상업적 · 재정적 중심지였다. 영국산 양모, 몰루카의 향료, 스페인 은을 거래했으며, 발트 해 연안에서 브라질로 일용품이며 완제품을 실어 나르는 산업이 분주했다. 합스부르크 군대가 약 8천 명의 주민을 죽이고 항구에 불을 지르기 전까지만 해도 이 도시는 번성하고 있었다. 그 이후, 외국 무역업자들은 새로운 상업적 연결고리를 찾아야 했다.

안트베르펜은 스페인 합스부르크 왕가와 펠리페 2세의 지배 아래 연방 체제를 이룬, 플랑드르어와 프랑스어를 사용하고 가톨릭을 믿는 17개 주 중 하나였다. 합스부르크 왕가가 부과한 세금에 분노한 귀족, 프로테스탄트, 상인들의 불만의 목소리가 넘쳐 결국 반란으로 이어졌다. 펠리페는 반란군을 진정시켜야 했지만, 이는 군대를 제대로 통제해야만 가능한 일이었다. 1570년대에 아메리카를 상대로 한 세비야의 무역이 불경기로 타격을 입었기 때문에 펠리페는 네덜란드에 주둔하던 불만에 찬 군인들에게 제때 급료를 지불할 수가 없었다. 그 결과 군인들은 안트베르펜을 약탈해 알아서 돈을 조달하기로 결심했던 것이다. **JJH**

〈1576년 11월 4일 안트베르펜에서 스페인인의 분노〉의 부분, 무명 화가의 작품.

1578년 8월 4일

# 세바스티앙의 실종

**포르투갈 왕 세바스티앙은 재난으로 끝난 알카사르 키비르 전투에서 사망한 것으로 추측된다.**

무슬림 왕국 모로코 정복에 착수했을 때, 포르투갈 왕 세바스티앙 1세는 24세였다. 현명한 행동은 아니었다. 1578년 8월 4일, 그는 전투의 참사 속에서 사라졌고 시신도 찾을 수 없었기 때문이다.

모로코의 한 폐위당한 군주 무함마드 알-무타와킬이 세바스티앙에게 왕위를 되찾게 해 달라고 간청했다. 이는 젊은 왕에게 이슬람에 대한 대규모 공격을 이끈다는 근사한 꿈을 심어 주었다. 아마 스페인의 펠리페 2세가 포르투갈이 이끄는 십자군에 불참하겠다는 뜻을 명확히 밝혔을 때 현실을 깨달았어야 했다. 그러나 그는 굴하지 않았고 스페인, 독일, 아일랜드에서 용병을 모집하여 6월 15일 1만 8,000명의 군사를 이끌고 리스본을 출항했다.

탕헤르에 상륙하자, 기독교 군대는 타는 듯한 여름 더위 속에서 고생하며 모로코를 지나갔다. 모로코 술탄 아브드 알-말리크의 우세한 세력은 화기를 충분히 준비한 채 알카사르키비르(크사르 엘-케비르)에서 기다리고 있었다. 포르투갈 기사들은 규율 없는 성급한 행동으로 기진맥진한 기독교 세력이 생환할 수 있는 모든 기회를 망쳐 버렸고, 세바스티앙은 그 선두에서 본보기를 보이며 적군이 밀집한 가운데로 돌격했다. 그의 군대는 거의 전부가 죽거나 잡혔다.

세바스티앙이 사라진 여파는 중대했다. 1580년 펠리페가 포르투갈 왕위를 이어받았다. 포르투갈은 이후 80년간 스페인에 병합되어 존재 자체가 사라졌다. 많은 포르투갈인이 세바스티앙이 돌아와 왕위를 주장하리라는 믿음을 버리지 않았다. 사라진 왕이 귀환하리라는 신화인 '세바스티아니즘'은 20세기까지도 포르투갈인의 생각 속에 신화적인 요소로 남아 있었다. **RG**

◀ 〈알카사르 전투의 세바스티앙 왕〉이라는 판화, 1578년 제작. 왕은 부상을 입고 지쳐서 말에서 떨어진다.

1579년 1월 23일

# 네덜란드 반란

**네덜란드 연방이 스페인 통치로부터 독립을 선언한다.**

1579년 1월 23일에 결성한 위트레흐트 동맹은 네덜란드 북부의 일곱 개 주끼리 맺은 것으로 이들이 스페인 통치하에서 독립을 선언했다. 남부의 주들은 같은 달 초 아트레흐트 연합을 결성해 펠리페 2세와 타협을 마친 바 있었다.

신성 로마 황제 카를 5세가 1555년 아들인 펠리페 2세에게 지위를 물려주었을 때, 네덜란드 영지는 당대 가장 부유하며 산업이 발달하고 도시화된 곳이었다. 그러나 채 몇 년도 지나지 않아 홀란트, 젤란트, 위트레흐트, 그리고 안트베르펜과 헨트, 브뤼헤처럼 중요한 도시를 포함한 네덜란드 17개 주는 스페인 통치에 대항해 반란을 일으켰다. 반란의 불씨가 된 것은 펠리페 2세의 관료적이고 중앙집권적인 통치, 스페인 종교재판소의 활동, 그리고 알바 공작의 스페인 군사들이 가한 탄압이었다. 그러나 잉글랜드나 프랑스의 도움 없이 반란군은 스페인에 군사적으로 도전하지는 못했다. 위트레흐트 연합은 사실상 통합된 전선을 형성했음을 외부 세계에 보이고 지원을 요청하는 지연 작전이었다.

> "상기의 주들은
> 언제나 단일한 주인 것처럼
> 행동한다."
>
> **위트레흐트 동맹**

긴장이 고조되면서 반란군의 우두머리 침묵공 빌렘은 '포기 서약'을 발표했다. 위트레흐트 동맹은 스페인 왕과의 관계를 끊는다는 데까지는 이르지 않았지만 사실상 이 서약이 '독립 선언' 이었다. **JJH**

# 스페인이 포르투갈 통치권을 잡다

알칸타라에서 포르투갈이 스페인에 패배하여 두 나라는 하나가 된다.

◆ 알바 공작 페르난도 알바레스 데 톨레도의 초상, 1549년 안토니스 모르가 그림.

"종교적인 대의가
무엇보다 우선시되어야
한다."

펠리페 2세, 1591년

스페인이 1580년 8월 알칸타라 전투에서 포르투갈을 상대로 결정적인 승리를 거둔 후, 포르투갈은 한동안 페루에서 필리핀 제도까지, 파타고니아에서 북해까지 뻗어 있던 펠리페 2세의 영지 중 하나가 되었다.

1578년 포르투갈의 세바스티앙 왕이 모로코의 무슬림을 상대로 어리석은 십자군 원정을 벌였다가 상속자를 남기지 않은 채 전사했다. 그보다 훨씬 나이가 많은 삼촌 엔리케가 왕위를 이었으나, 여러 다른 이들이 그의 적법성을 문제 삼으며 왕위를 자기 것이라 주장했으며, 펠리페 2세도 그중 하나였다. 펠리페는 궁정에 로비를 하고 음모를 꾸며 자신을 지지하게 하려고 애썼지만, 포르투갈의 적대감이 커지는 결과를 가져왔을 뿐이었다. 엔리케가 갑자기 죽자 펠리페는 무시무시한 알바 공작을 보내 자기가 뇌물을 써서 얻지 못했던 것을 전쟁을 통해 얻어오도록 했다.

6월 27일, 2만 3,000명의 군대가 바다호스에서 리스본을 향해 행군을 시작했고, 카디스에서는 혹시 모를 후퇴를 막기 위해 타호 강변에 157척의 스페인 함대를 파견했다. 알바의 육군과 해군은 거의 반격을 받지 않았다. 알바 공작은 리스본으로 10km 가량 들어갔을 때 알칸타라 강 서쪽에서 역시 포르투갈 왕위를 노리던 인물 중 하나인 크라투의 소수도원장 동 앙토니우의 공격을 받았다. 그는 리스본 시민 5천 명을 포함한 군대를 거느리고 있었다. 뒤이어 벌어진 전투에서 포르투갈군은 완패당하여 4천 명을 잃었고, 그 중 1천 명이 죽었으며, 스페인 측 피해는 고작 500명에 불과했다. 이틀 후 알바 공작은 리스본을 점령했고, 인도에서 실어온 향료와 상품을 가득 실은 배 한 척도 얻었다. 크라투 소수도원장은 달아나는 데 성공했지만, 1580년 말에는 포르투갈의 대부분이 스페인 차지가 되었다. 1581년 3월 25일, 펠리페 2세는 포르투갈의 왕으로 대관식을 올렸다. 이후 60년간 지속된 두 나라의 합병은 카스티야와 포르투갈 사이의 반감을 줄이기는커녕 더 늘리는 결과를 가져왔을 뿐이었다. **JJH**

# 영국 탐험가가 세계 일주를 하다

프랜시스 드레이크는 세계를 일주하는 대단한 여행을 마쳐 기사 작위를 받는다.

1580년 9월, 3년간의 서사시적인 여행을 마친 드레이크는 런던 뎁트포드에 닻을 내렸다. 1581년 4월 4일, 엘리자베스 1세는 그에게 기사 작위를 수여했다. 이는 가톨릭 적국인 스페인을 직접 겨냥한 모욕 행위였다. 드레이크가 여왕에게 탐험 계획을 제안했을 때, 엘리자베스는 구두로 도중에 스페인 선박과 기지를 빼앗고 공격할 것을 장려했던 것이다.

드레이크는 100t짜리 작은 기함 골든 하인드호(전 이름은 펠리칸호)를 지휘하며 네 척의 다른 배와 164명의 부하를 거느리고 1577년 11월 15일 플리머스를 출항했다. 그는 마젤란의 항로를 따라 남아메카까지 갔고 1578년 8월 21일에는 훗날 마젤란의 이름으로 불리게 되는 해협에 들어섰다. 드레이크는 이곳을 단 16일 만에 항해했는데, 이는 이후 16세기 내내 깨지 못한 기록이었다.

드레이크의 원래 계획은 태평양을 건너 몰루카 제도(전에는 '향료 제도'라 불렀던)에 닿아 큰 돈벌이가 되는 향료 무역에 한 몫 끼어 보려는 것이었지만, 이 위도에서는 그 계획이 불가능하다는 사실을 깨달았다. 따라서 그는 북쪽으로 새로운 항로를 잡아 칠레와 페루 해안을 끼고 돌며 스페인 무역선과 항구를 약탈했다. 스페인인들은 그쪽 바다에서 한 번도 자신들에게 적대적인 배를 만난 적이 없었기에 완전히 허를 찔렸다. 그는 페루산 은, 금 보석 등 보물을 실은 카카푸에고호를 포획하여 엄청난 횡재를 했다. 묵직하게 전리품을 실은 채 드레이크는 멀리 오늘날의 밴쿠버까지 나아가(따라서 캐나다 서부 해안을 최초로 목격한 유럽인이 되었다) 캘리포니아 북부에 닻을 내렸다.

이곳에서 그는 무역풍을 타고 태평양을 건너 몰루카 제도로 갔고, 당시 포르투갈과 전쟁 중이던 한 술탄이 하사한 정향(丁香)을 실었다. 희망봉을 돌아 유럽으로 향하는 포르투갈 항로를 따라, 드레이크는 56명의 부하와 함께 이 주목할 만한 항해를 마쳤다. **JJH**

▲ 프랜시스 드레이크 경의 초상화, 새뮤얼 레인(1780~1859년)

"… 우리는 … 날지 못하는 새를 발견했고 … 하루도 안 되어 3천 마리 이상 죽였다."

**펭귄에 대한 당대 기록**

# 달력의 재조정

**유럽의 가톨릭 국가에서 그레고리력을 채택한다.**

가톨릭을 믿는 유럽 국가(이탈리아, 스페인, 포르투갈, 폴란드)에서, 사람들은 1582년 10월 4일 밤에 잠자리에 들었다가 10월 15일에 깨어났다. 하룻밤 새 달력에서 열흘이 사라진 것이다. 이러한 변화는 오늘날 세계 대부분의 지역에서 사용하는 교황 그레고리우스 13세의 그레고리력에 의해 생긴 것이다.

그레고리우스가 달력을 개편한 목적은 교회에서 가장 중요한 축일인 부활절 날짜를 정확하게 맞추려는 것이었다. 325년 니케아 공의회에서 부활절을 춘분 이후 보름과 가장 가까운 일요일로 정했는데, 당시에는 춘분이 3월 21일이었으나 16세기가 되자 3월 11일이 되었다. 기원전 46년 율리우스 카이사르가 제정한 율리우스력이 양력으로 한 해의 길이를 잘못 계산하여(정확히 따지면 365.2422일인데 365.25일로 계산했다) 4년마다 윤년을 두었음에도 한 세기마다 약 하루씩이 늦어졌던 것이다. 그레고리력은 1582년에서 열흘을 빼고, 앞으로는 100으로 나누어지는 해는 400으로 나누어 떨어지는 경우(1600년이나 2000년처럼)가 아니면 윤년이 아니라고 정하여 이 문제를 해결했다.

> "… 우리는 이제 개편하여 완벽해진 이 달력을 승인하노라."
>
> **교황 그레고리우스 13세, 「인테르 그라비시마스」, 1582년**

새 달력은 처음에는 가톨릭이 국교인 유럽 국가에서만 인정했으나, 점차 프로테스탄트 국가에서도 이를 받아들이게 되었다. 그러나 1752년에 이 달력이 영국과 아메리카 식민지에 도입되자 대중의 큰 분노가 일었다고 한다. **SK**



# 카자크인의 침략

**예르마크가 시베리아에 오고 그가 거느린 카자크인이 타타르족의 칸 쿠춤을 무찌른다.**

카자크족의 우두머리 예르마크는 1580년 부유한 상인 세묜 스트로가노프의 재정적 · 군사적 지원을 받아 시베리아에 갔다. 예르마크는 1,600명을 데리고 타길 강과 투라 강을 따라 나아갔다. 1582년 그는 시베리아 칸국의 수도 이스케르를 포위하고 도시를 약탈했다. 차르 이반 뇌제는 넓은 영지를 하사해 스트로가노프 가문이 거둔 성공에 보상을 내렸다.

공격의 근본적인 목적은 칸 쿠춤이 다스리던 시베리아 칸국을 정벌해 러시아가 확장해나갈 수 있게 하려는 것이었다. 또한 부분적으로는 방어적인 성격의 공격이기도 했는데, 타타르족이 때때로 우랄 산맥 주변의 스트로가노프 가문 영지를 공격하곤 했기 때문이었다. 시베리아 영토를 침략하면 종종 값비싼 모피를 많이 가져올 수 있었으므로 무역도 하나의 이유였다.

> "… 축제는 차르에게 기쁜 자리였고, 그는 커다란 향연을 열어 축하했다."
>
> **시베리아 연대기, 17세기 중반.**

그러나 쿠춤은 다시 한 번 세력을 규합했다. 1584년, 그는 예르나크를 죽이고 폐허가 된 자신의 수도를 다시 차지했다. 그러나 라이벌 귀족 간의 파벌 다툼으로 다시 통치권을 잡을 수는 없었다. 따라서 쿠춤은 칸국을 남쪽, 러시아 대초원 지대로 옮겼다. 쿠춤이 영역을 옮기자 러시아 총독들과 분쟁이 발생했다. 1586년 그는 예전의 영토로 돌아가려고 했으나 실패했다. 1598년, 끝내 그는 우르민 전투에서 패배했으며 시베리아 칸국은 사라졌다. 러시아가 새로운 도시 토볼스크를 세웠으므로, 다시는 이스케르를 재건할 수 없었다. **TB**

# 이반 뇌제 사망하다

최초로 차르라는 칭호를 사용한 러시아 황제의 죽음은 모호하고 소란스러웠던 그의 통치만큼이나 불가사의하고 기이했다.

이반 뇌제는 아마 보리스 고두노프의 누이동생을 겁탈하려 했다는 비난을 받아 심한 다툼을 벌인 끝에 가장 가까운 조언자인 벨스키와 고두노프의 손에 독살당했을 것이다. 다툼이 있은 지 사흘 후, 차르는 "체스판을 가져오게 하더니 체스 말을 올려놓았는데, 킹만은 나머지 말들과 더불어 자리에 놓지 못했다." 1584년 3월 18일 이날, 그는 치명적인 심장 발작으로 죽었다.

이후에 표트르대제와 스탈린이 잇게 되는 전통의 한 축을 형성한 강력한 군주였던 이반은 러시아에 안정과 더불어 난폭한 질서를 가져왔다. 그는 러시아를 개방해 서구와 무역을 텄고 인쇄 기술을 들여왔으며, 직속 비밀경찰을 설치했고 귀족인 '보야르'의 권력을 줄였으며 영토를 시베리아와 타타르 지방까지 넓혔다. 그러나 동시에 그는—특히 통치 말기에는—잔혹하고 방종하며 예측할 수 없는 인물이기도 했다.

항상 권력에 대한 위협이 있을까 의심에 시달렸던 이반은 1553년 중병을 앓고 난 후부터 점점 더 편집광이 되어 갔다. 사랑하던 첫 번째 아내 아나스타샤가 1560년에 죽자, 그의 행동에서는—광적인 신앙심의 발작과 흥청거리는 방종한 주연(酒宴) 사이를 오갔다—심각한 정신 불안 증세를 보이기 시작했다. 1581년 그는 정신 이상 때문에 며느리를 때려 유산하게 하고, 끝이 뾰족한 지팡이로 자기 아들을 때려 죽이는 데까지 이르렀다. 1960년대에 이반의 유해를 부검하자 다량의 수은이 나왔다. 그가 독살되었을 가능성을 보여 주는 증거다. 반대로 그가 매독을 치료하기 위해 수은을 함유한 약을 복용했을 수도 있는데, 아마 이것이 정신 이상의 이유였을 수도 있다. **NJ**

◐ 이반 뇌제를 그린 20세기의 초상화, 개인 소장.

◑ 〈이반 4세(1530~1584년) 궁정의 오프리치니나(이반 4세가 세운 특별 군주령, 혹은 이를 토대로 한 정치 · 군사 체제—옮긴이)〉, 니콜라이 바실리예비치 네프레프(1830~1904년).

# 침묵공 빌렘이 델프트에서 암살당하다

펠리페 2세가 반종교개혁의 강력한—하지만 치명적이지는 않은—위협을 제거한다.

빌헬름 폰 린덴슈미트가 그린 〈델프트에서 오라녜 공 빌렘의 암살〉을 토대로 1890년에 제작한 목판화.

빌렘이 '포기 서약'에 발표하여 네덜란드가 스페인으로부터 독립함을 선언하자 스페인 종교재판소는 그를 이단이라 선포했고, 1581년 스페인의 펠리페 2세는 그를 암살하는 데 2만 5,000크라운의 현상금을 걸었다. 1584년 7월, 암살은 성공했다.

정확히 부르자면 오라녜 공이자 나사우의 빌렘이지만, 조심스런 외교책을 펼쳤기 때문에 침묵공 빌렘이라는 별칭으로 불린 그는 반종교개혁이 정점에 달한 시기에 유럽의 프로테스탄트를 이끌던 투사였다. 1582년 한 포르투갈 사무관이 빌렘의 피스톨에 화약을 과다하게 채워 그의 목숨을 노린 바 있었다. 빌렘은 부상을 입었고 머리카락에 불이 붙었지만 죽지는 않았다. 이후에도 암살 위협을 겪자 빌렘은 궁정을 안트베르펜에서 델프트로 옮겼다. 그러나 암살자들은 집요하게 따라왔다. 1583년 4월에는 한스 한줌이 폭발물로 그를 제거하려다가 처형당했다.

한 젊은 가톨릭 광신도인 발타자르 제라르라는 사내가 재산을 빼앗긴 프랑스 위그노인 척 하면서 델프트에 모습을 드러냈다. 빌렘은 그에게 12크라운을 주었고, 그는 이 돈으로 피스톨을 샀다—아이러니하게도 빌렘의 호위병에게서 말이다. 7월 10일, 빌렘의 궁전인 프리젠호프에서 제라르는 빌렘을 쏘아 폐와 복부를 관통했고, 석고로 된 벽에서는 덩어리가 부서져 나왔다. 빌렘은 "오빠의 구세주인 예수 그리스도와 화해하고 죽는 거예요?"라는 누이동생의 걱정스런 물음에 "그래"라고 대답하고 몇 분 안에 죽었다.

제라르는 붙들려 고문당하고—불에 달군 집게로 살점을 뜯어내는 고문까지 받았다—이후 처형당했다. 펠리페 2세는 빌렘의 아들을 볼모로 잡아 보상금 금액을 올린 뒤 그 돈을 제라르의 부모에게 지급했다. 네덜란드인들이 빌렘의 아들을 위해 지불한 몸값은 그들 군주의 살해범에게 가는 꼴이 되었다. 제라르의 동조자들은 그의 머리를 50년간 보존했으며 그를 시성해 달라고 청원했지만 성공하지 못했다. **NJ**

> "주여, 제 영혼을 불쌍히 여기소서. 주께서 이 가련한 사람들을 불쌍히 여기시기를."
>
> **치명상을 입은 빌렘이 남긴 말**

# 순교자인가 공모자인가?

## 스코틀랜드의 메리 여왕이 잉글랜드의 엘리자베스 1세에 대한 대역죄로 참수당한다.

처형은 1587년 잉글랜드의 노샘프턴셔에 있는 포더링헤이 성의 커다란 홀에서 집행되었다. 사형 집행인의 솜씨가 서툴렀기 때문에, 스코틀랜드의 여왕 메리의 목을 몸에서 분리하기까지는 도끼로 두 번을 내리쳐야 했다고 한다. 당시 메리는 44세로, 마지막까지 로맨틱하고 비극적인 인물로 남았다. 그녀의 죽음에 얽힌 일화 중 하나는 그녀가 귀여워하던 애완견이 치맛자락 아래로 기어들어와, 죽은 여왕의 시신에서 떠나라고 해도 말을 듣지 않았다는 이야기다.

20년 전 성급하게 잉글랜드로 도주해 온 이래, 메리는 엘리자베스 여왕에게 눈엣가시였다. 메리는 헨리 7세의 딸 마거릿 튜더의 자손이었으므로, 잉글랜드 왕위에 오를 수 있는 위치에 있었다. 잉글랜드의 가톨릭 소수파는 메리를 적법한 여왕으로 보았고, 따라서 그녀가 자유의 몸으로 남아 있는 한 잉글랜드를 가톨릭 국가로 되돌리려는 음모의 중심이 될 것이 뻔했다. 엘리자베스는 메리가 단리 백작의 살해에 연루되었다는 이유를 들어 그녀를 계속해서 가둬 두었다.

잉글랜드의 한 가톨릭교도 앤터니 배빙턴이 꾸민 음모가 발각되면서, 메리의 운명은 결정되었다. 엘리자베스의 국무장관인 프랜시스 월싱엄 경은 메리가 여왕을 살해하려는 이 음모에 대해 알았다는 증거가 있다고 주장했으며, 메리는 재판에서 사형선고를 받았다. 엘리자베스의 장관들은 "그녀가 목숨이 붙어 있는 한 희망이 있고, 그들이 희망 속에 사는 한, 우리는 공포 속에 살게 된다"고 강력히 주장했다. 메리의 아들인 스코틀랜드의 제임스 6세는 어린 시절 이후 보지 못했던 어머니가 처형되는 일을 막지 않았으나, 엘리자베스를 이어 잉글랜드의 제임스 1세로 왕위에 오른 후에는 1612년 메리의 유해를 피터버러 대성당에서 꺼내 웨스트민스터 사원에 있는 헨리 7세의 예배당에 안장했다. 살아서는 한 번도 얼굴을 맞댄 적이 없던, 사촌이자 왕위를 둔 라이벌 엘리자베스의 무덤과 가까운 곳이었다. **SK**

▲ 로버트 빌의 〈스코틀랜드의 여왕 메리의 처형〉(1587년), 런던 영국 도서관에 소장.

> "그녀는 도끼로 두 차례의 일격을 맞았으나 … 아주 작은 소리만을 냈을 뿐이고, 혹은 전혀 아무 소리도 내지 않았다."
>
> **메리의 처형에 관한 당대의 기록**

# 카디스 습격

**프랜시스 드레이크가 스페인 함대를 공격하여 영국 침공 계획을 지연시킨다.**

1587년 4월 19일, 프랜시스 드레이크는 대담하게도 한낮에 카디스 항구로 가 분주한 항구에 떼 지어 몰려 있던 선박들을 마구 파괴하기 시작했다. 펠리페 2세는 '잉글랜드 계획', 엘리자베스가 다스리는 잉글랜드와 그곳의 프로테스탄트 이단을 뿌리 뽑을 침략군을 싣고 갈 대규모 아르마다 함대를 집결시킨다는 계획을 전혀 비밀삼지 않았다. 이에 손을 쓰기 위해 엘리자베스 여왕은 그녀가 거느린 가장 대담한 선장 드레이크에게 기함 엘리자베스 보나방튀르호를 타고 침략 준비를 망쳐 놓으라고 지시했던 것이다.

하루하고도 반나절 동안 그는 배에 올라 노략질하고 불태웠다—약 37척의 선박을 가라앉히거나, 태우거나, 포획했다. 향료와 와인, 기름, 귀금속을 실은 채 드레이크는 왔던 길로 되돌아갔다. 도중에 그는 멈춰서 윌리엄 버러 대위의 만류에도 불구하고 난공불락이라 여겨지던 사르헤스 요새를 파괴했다. 버러는 드레이크에게 반대했다는 죄로 돌아가서 군법회의에 회부됐다.

> "스페인이 잉글랜드를 침공하기 위해 마련한 … 그러한 준비책은 일찍이 들어 본 적 없는 수준이었다."
>
> **프랜시스 드레이크, 그의 일지에서**

스페인 아르마다의 공격을 지연시키고 끝내 쳐부순 데 드레이크가 가장 크게 공헌한 바는, 고국으로 귀환 중이던 스페인 배 한 척을 파괴한 일이었다. 이 배에는 와인과 식량 저장통을 만들기 위한 새 통널이 실려 있었던 것이다. 역사학자들은 이 일로 스페인인들이 오래되고 품질이 나쁜 통을 사용할 수밖에 없었기 때문에 아르마다의 식량과 음료 대부분이 썩어 버렸다고 말했다. **NJ**



# 아르마다의 패배

**잉글랜드의 해전 승리는 새로운 해상 강국으로 떠올랐음을 알리는 신호다.**

1588년 7월 콘월 해안에서 스페인 아르마다가 처음으로 목격되었다. 8월 25일, 잉글랜드군은 해전에서 결정적인 승리를 거두었다. 128척의 배(20척의 갈레온 전함과 108척의 개조한 무역선), 8천 명의 선원, 1만 9천 명의 군사로 이루어진 스페인 해군은 1588년 5월 스페인령 네덜란드에 주둔한 스페인 육군과 합류하기 위해 길을 떠났다. 197척의 배와 1만 6,000명의 노련한 선원으로 이루어진, 스페인 해군보다 규모가 더 큰 잉글랜드 함대는 찰스 하워드의 지휘를 받고 있었다.

포츠머스에서 스페인 선박의 화살에 간신히 재난을 모면한 후, 잉글랜드 함대는 영국해협에서 사정거리가 더 멀고 범위가 넓은 무기로 스페인군을 괴롭혔다. 그러나 가벼운 피해만을 입혔을 뿐 아르마다의 대열은 흐트러짐이 없었다.

> "당신께서 바람을 불게 하시니 스페인 배들이 산산이 흩어졌습니다."
>
> **솔즈베리 주교, 잉글랜드가 승리를 거둔 후에**

8월 6일 아르마다는 도버해협에 닻아 칼레 해안에 정박하여 결정적인 접전을 준비했다. 그러나 군사들은 승선 준비가 되어있지 않았다. 아르마다는 완전히 덫에 걸렸다. 다음 날 드레이크는 칼레 항구에 여섯 척의 화공선을 보냈고, 이는 아르마다에 재앙을 가져왔다. 스페인 선박은 닻을 풀어 버려 방어 대열이 무너졌다. 강력한 바람, 모래톱, 잉글랜드 배의 공격으로 북쪽으로 후퇴하는 길밖에 없었다. 잉글랜드 함대는 북쪽으로 흩어지는 스페인 배들을 공격했다. 살아 돌아간 배는 76척 뿐이었고, 잉글랜드는 한 척의 배도 잃지 않았으며 인명 피해도 전사한 100명이 고작이었다. **JJH**

# 히데요시가 일본을 통일하다

도요토미 히데요시가 오다와라 포위전에서 승리를 거두어 일본의 '전국 시대'를 종식시킨다.

1590년 8월 오다와라(小田原) 성이 끝내 항복함으로써, 도요토미 히데요시(豊臣秀吉)는 정치적인 의미에서 일본을 통일하는 데 성공했다. 한때는 주군인 오다 노부나가에게 '원숭이'라는 깔보는 듯한 별명으로 불렸던 농민 보병 히데요시는 노부나가의 뒤를 이었을 뿐 아니라, 1582년 주군이 암살당하며 미완으로 남긴 일본 통일이라는 과제를 이룩했던 것이다.

앞서 히데요시는 거의 모든 다이묘를 상대로 연이어 신속한 전투를 벌여 자신의 봉신으로 삼은 바 있었다. 쇼군이라는 칭호는 사용하지 않았지만 그는 천황의 축복을 받아 실질적인 최고 사령관이 되었다. 그러나 본토 북쪽의 영주들은 여전히 위협의 대상이었다. 호조 일족은 계속해서 히데요시를 비천한 신하로 보았다. 그는 1590년까지 교토에서 입지를 확고히 다지며 기회를 보다가 호조 일족의 요새화된 성인 오다와라에 공격을 감행했다. 10만 명 이상의 엄청난 군대가 성을 포위했다. 히데요시는 전면 공격을 개시하지 않고 적군의 식량이 부족해질 때까지 기다려 복종을 받아내었으므로, 실제로 전투는 거의 없었다. 항복을 기다리는 동안 군사들을 위해 매춘부며 가수를 부르고 서커스 같은 공연을 열어 여흥을 벌여 포위전은 마치 시장 같은 광경이었다.

이후 히데요시는 중국 공격의 관문으로 조선 땅을 확보하기 위해 전쟁을 일으켰다가 실패하여 궁지에 빠졌다. 이 일로 히데요시는 신경쇠약까지 겪었다고 한다. 한때는 능란한 무장이었건만, 조선의 자연환경과 해군력, 아직 남아 있던 명나라 세력을 제대로 이해하지 못했던 것이다. 그는 강력한 무신들 손에 나약한 아들 하나를 남기고 죽었으며, 그의 업적은 도쿠가와 이에야스가 세 번째로 일본 대통일을 이룩하게 되는 발판이 되었다. **JJH**

19세기 화가 츠키오카 요시토시의 작품집 『달의 백 가지 모습(月百姿)』에 수록된, 〈소라고둥을 불고 있는 히데요시〉.

# 신앙의 자유

**앙리 4세가 프랑스 위그노에게 종교적 자유를 허락한다.**

1598년 4월 13일, 앙리 4세는 종교적 관용을 허가하는 내용의 낭트 칙령을 공포했다. 교황 클레멘스 8세는 이를 두고 "나를 십자가에 못박는군"이라 말했다고 하지만, 대부분의 프랑스 가톨릭교도는 종교적인 불화 대신 사회적 화합과 평화를 누리게 되어 만족했다.

1589년, 앙리 3세가 직계 상속자 없이 살해당하자, 프랑스 위그노(프로테스탄트)의 수장인 나바라의 앙리가 왕위에 올라 앙리 4세가 되었다. 앙리 4세는 아버지인 앙투안 드 부르봉을 통해 왕위 계승권이 있었으며 부르봉 왕가의 시조가 된다. 그러나 당시 그가 왕위에 오르는 길은 결코 수월하지 않았다. 프랑스는 여전히 종교 전쟁의 혼란에 휘말려 있었으며, 스페인의 펠리페 2세가 지원하는 강력한 가톨릭 동맹이 그의 반대 세력이었다. 앙리는 무력으로 왕국을 얻어야 했고, 1593년에는 파리만이 남았다. 앙리는 "파리는 미사를 드리고라도 얻을 만한 가치가 있다"고 선언하며 프로테스탄트 신앙을 영구히 단념했다. 다음 날 그는 왕이 되었다.

> "우리는
> 모두 프랑스인이자 같은 국가의
> 동료-시민이다."
>
> **개종한 후 화합을 요청하는 앙리 4세의 호소**

1598년, 가톨릭 동맹은 패배했다. 앙리는 로마 가톨릭을 국교로 확정했지만 프로테스탄트에게도 약간의 종교적 자유를 주었다. 그들은 20개의 지정된 '자유' 도시에서는 공공 예배를 드릴 수 있고, 완전한 시민권을 보장받으며, 프로테스탄트 목사는 국가에서 지급하는 봉급을 받게 되었고, 안전을 위해 라 로셸과 같은 몇몇 보루를 둘 수 있었다. **SK**



# 펠리페 2세의 죽음

**'반종교개혁의 투사' 펠리페 2세가 스페인 제국이 그 정점에 달했을 때 사망한다.**

제국을 다스렸던 사나이, 펠리페 2세는 1598년 9월 13일 자신의 소박한 거처에서 신앙 서적과 플랑드르 화파의 걸작 몇 점에 둘러싸여 숨을 거두었다. 펠리페에게는 깃펜이 칼만큼이나 강했다. 그는 아버지 카를 5세로부터 행동 지침과 안내를 자세히 적은 노트를 물려받았으며, 자신도 중대한 결정을 내릴 때마다 항상 비망록에 기록해 두었다. 높은 볼트 천장으로 이루어진 수도원이자 능묘인 엘 에스코리알의 어두운 장엄함 속에 파묻힌 한 서재에서, 이 고독한 인물은 등을 구부리고 앉아 법령을 발포하고 자신이 40년간 다스렸던 전 세계의 영지로부터 오는 보고문을 읽고, 대리인과 고문들이 취하는 모든 행동을 통제했다. 펠리페는 그 누구도 믿지 않았다. 의심 많은 성격 때문에 그는 장관 한 명을 살해하라는 허가를 내리기까지 했다.

> "펠리페의
> 미소와 그의 단검은 매우
> 가까웠다."
>
> **카브레라 데 코르도바, 공식 궁정 역사가**

그의 대외 활동은 다양한 결과를 낳았다. 불운한 아르마다를 이끌고 잉글랜드를 굴복시키려다 패배했고, 종교적인 완고함으로 네덜란드 국민에게는 '남쪽의 악마'가 되었으며, 네덜란드에서는 그의 정책에 대항한 반란이 일어났다. 또한 펠리페는 적극적인 제국주의에 비용을 대어 스페인-대서양 경제 교류의 물꼬를 텄는데, 그 결과 국고는 텅 비고 나라는 휘청이게 되었다. 그러나 레판토 전투를 통해 오스만 제국이 지중해에 가하던 위협을 막았고 스페인을 통일했으며, 남부 유럽과 남부 네덜란드에서 이단의 확산을 막은 것은 그의 업적이다. **JJH**

# 악바르가 인도 남부를 위협하다

**제국 건설을 위한 마지막 행동으로 악바르는 아시르가르로 나아가며, 이는 앞으로 무굴제국이 남부 인도를 잠식하는 길을 열어 준다.**

문자 그대로 하면 '대단히 위대한'이라는 이름을 지닌 악바르는 무굴제국을 그 어느 때보다 더 방대한 넓이로 확장했다—북쪽의 카슈미르와 북서쪽의 아프가니스탄부터 동쪽의 벵골과 남쪽의 데칸 고원에 이르기까지 말이다. 아시르가르의 요새는 북부 인도에서 남서부의 데칸 고원으로 수월하게 갈 수 있는 유일한 통로를 방어하고 있었다. 길고 역사적인 포위 끝에 악바르는 1599년 마지막 정복에 성공했고, 곧이어 정복한 땅에 자신의 권위에 복종하는 총독을 두었다.

13세의 악바르가 섭정인 바이람 칸을 두고 통치하고, 함께 무굴 세력을 인도 북부의 인더스 강과 갠지스 강이 경계를 이루는 지역 전역으로 확장한 이후 40년이 넘는 세월이 흘렀다. 아그라, 알라하바드, 아지메르, 라호르의 궁전 요새가 제국을 든든히 방어했다. 1560년, 나이가 차자 악바르는 여러 차례의 군사 원정을 벌여 아프가니스탄의 세르 샤(악바르의 아버지 후마윤을 축출했던)의 후손들이 가하는 군사적 위협을 제거하고 힌두교도인 헤무 왕을 쓰러뜨렸다.

악바르가 아그라와 새로운 수도 파테푸르 시크리(승리의 요새) 사이를 오갔음에도, 그의 왕궁의 호화로움은 전 세계적으로 명성을 날렸다. 그러나 1억 명의 힌두, 무슬림, 다른 신앙을 믿는 이들을 자신의 밑에서 하나로 단결시킬 수 있었던 것은 중앙집권화된 통치 체제를 갖추고, 종교에 대해 적극적인 관용을 보였으며 인도 예술과 문화를 육성했기 때문이었다. 악바르는 심지어 자기 고유의 종교를 세우기까지 했으며, 매일 아침 동틀 무렵 백성들이 바라보고 경배할 수 있도록 열린 창가에 서 있었던 것으로 보아 확실히 자신이 위대한 인물이라는 것을 잘 알았다. **JJH**

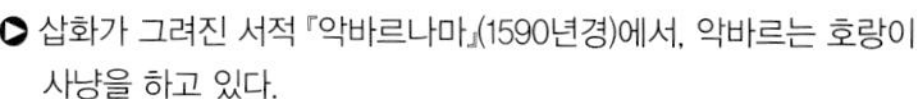

삽화가 그려진 서적 『악바르나마』(1590년경)에서, 악바르는 호랑이 사냥을 하고 있다.

# 런던에 글로브 극장이 문을 열다

이 원형 야외극장에서 윌리엄 셰익스피어의 작품이 상연된다.

런던 서더크의 글로브 극장을 그린 수채화, 개인 소장.

"나무로 된 이 O자(글로브 극장을 가리킴—옮긴이) 속에서 … 이제 우리의 왕들을 꾸며 주어야 하는 것은 여러분의 상상력입니다."

윌리엄 셰익스피어 「헨리 5세」, 1599년경

글로브 극장은 1599년 개관했으며 엘리자베스 시대의 런던에서 가장 크고 인기 있는 극장이었다. 원형의 야외극장인 이 건물은 템스 강 남안의 곰과 황소 약올리기 경기장, 도박장, 선술집 등이 가득한 떠들썩한 장소에 서 있었으며, 윌리엄 셰익스피어의 연극을 보기 위해 몰려드는 관중을 최대 3천 명까지 수용할 수 있었다. 「햄릿」, 「오셀로」, 「리어 왕」, 「멕베스」 등의 작품이 이곳에서 초연되었으며 아직도 전 세계에서 오는 관중들의 마음을 사로잡고 있다.

셰익스피어는 10년도 더 전에 워릭셔의 스트랫퍼드-온-에이번이라는 소도시에서 런던으로 상경했다. 그는 정기적으로 궁정에서 공연하는 극단인 '체임벌린스 먼'(이후에는 '킹스 먼'에 들어갔고, 인기 있는 희극과 역사극 작가로 이름을 날리기 시작했다. 런던 동부의 쇼어디치에 있던 극단 소유의 극장 임대 문제를 놓고 분쟁이 일어나자, 배우들은 오래된 건물을 해체하여 그 목재를 템스 강을 따라 실어 날라 글로브 극장을 지었다. 셰익스피어는 극단의 다른 여섯 배우와 더불어 새 극장의 소유권을 나눠 가졌다.

런던 군중은 셰익스피어의 최신 성공작을 보기 위해 글로브 극장으로 몰려들었다. 대부분은 '그라운들링'이라 불리는 입석 관객으로, 무대 앞쪽의 지붕 없는 '마당'에 서서 관람했으며, 돈을 내고 자리에 앉기를 선호하는 이들은 3층으로 된 객석을 메웠다. 1613년, 「헨리 8세」를 공연하던 중에 대포를 쏘았다가 짚을 덮은 지붕에 불이 붙는 바람에 원래의 글로브 극장은 완전히 불타 버렸다. 건물은 즉시 재건됐지만, 1642년 청교도들이 극장을 폐쇄했고 이후 다시 문을 열지 못했다. 오늘날에는 엘리자베스 시대의 옛터 가까이에 다시 지은 새로운 글로브 극장에서 셰익스피어의 연극을 상연하여 많은 관객을 끌고 있다. **SK**

# 브루노가 최초의 '과학의 순교자'가 되다

조르다노 브루노는 철학적인 믿음 때문에 로마에서 이단으로 화형 당한다.

"아마 내게 판결을 내리는 그대들의 두려움이 판결을 받는 나보다 더 클 것이오." 사형선고를 공식적으로 낭독하는 것을 들으며 조르다노 브루노는 판사들에게 이렇게 말했다. 며칠 후인 1600년 2월 17일, 그는 입에 재갈이 묶인 채 로마의 캄포 데 피오리로 끌려가 이단 죄로 불에 타 죽었다.

1548년 이탈리아 남부 나폴리 근처의 놀라에서 태어난 브루노는 도미니쿠스회 수도사가 되었으나, 곧 정교 신학에 점점 더 비판적인 태도를 보였고 1576년 파문당했다. 그는 교단을 떠나 제네바로 피신했고, 잠시 칼뱅주의를 받아들였으나 개혁 교회도 가톨릭과 마찬가지로 그의 사상을 용인하지 않는다는 점을 깨닫고 떠도는 학자 생활을 하면서 파리, 옥스퍼드, 프랑크푸르트 등지에 머무르며 수학, 마술, 신비주의 등 다양한 주제에 대한 논문을 썼다. 범신론적인 신비주의의 영향을 받은 철학 이론을 주창하던 그는 우주의 중심에 지구가 있다는 아리스토텔레스적인 우주관을 부정하게 되었다. 코페르니쿠스의 태양 중심 이론의 영향을 받기는 했지만, 그는 거기서 더 나아가 우주는 무한하며, 다수의 세계를 포함하고 있다고 주장했다—근대 과학을 예견한 사상이었다.

1591년 그는 베네치아를 여행하다가 베네치아 종교재판소에서 이단 혐의로 고발당했다. 그를 둘러싼 덫이 조여오고 있었고, 1593년에는 로마 종교재판소에 넘겨졌다. 7년에 걸친 재판에서 브루노는 신학적인 문제에는 어떠한 관심도 없다고 부인한 반면, 철학적인 믿음만은 단호하게 고수했다. 그는 교황 클레멘스 8세에게 호소했지만, 무조건적인 철회를 하라는 요구에 거부하여 사형 선고를 받았다. 정통적이지 않은 사상을 끈질기게 변호했던 브루노의 태도 때문에 많은 이가 그를 최초의 '과학의 순교자'로 여기게 되었다. **SK**

▲ 과학의 이단죄로 화형당하는 조르다노 브루노를 나타낸 19세기 말의 판화.

" … 만일 지구가 축을 중심으로 자전한다면, 해가 뜨고 진다는 말은 무슨 뜻이란 말인가?"

**브루노의 재판에 대한 바티칸의 기록에서.**

# 전장의 배반 행위

세키가하라 전투는 통일 일본으로 가는 발판이 된다.

세키가하라 전투에서 도요토미 일족을 물리친 이후의 도쿠가와 이에야스를 그린 일본의 대중적 판화.

"여름 풀들아, / 용감한 무사들의 꿈에서 / 너희만이 남아 있구나."

**마쓰오 바쇼, 하이쿠, 1689년**

세키가하라 전투는 일본 초기 근대 역사에서 가장 결정적인 사건이다. 이 전투를 계기로 동군(東軍)인 도쿠가와 일족이 일본의 실질적인 지배 세력으로 자리를 굳혔으며, 기나긴 평화와 안정의 시대이자 외부 세계로부터 고립된 시대가 시작되어 1860년대까지 지속된다.

몇 십 년에 걸친 잔혹한 내전 뒤에 서군(西軍)인 라이벌 도요토미 일족 소유인 사와야마 성을 빼앗을 기회를 노리고 있던 도쿠가와 이에야스(德川家康)는 1600년 가을 8만의 군사를 이끌고 서쪽으로 신속하게 행군했다. 그의 움직임을 눈치 챈 서군인 도요토미 일족의 수장 이시다 미쓰나리(石田三成)는 수적으로 거의 비슷한 세력을 이끌고 그를 가로막았다. 10월의 어느 가랑비 내리는 새벽, 양편은 혼슈 섬의 작은 산골 마을인 세키가하라에서 만났다. 미츠나리가 더 높은 지점을 점하고 있었지만, 그가 거느린 주요 무장 중 하나인 고바야카와 히데아키(小早川秀秋)가 전투에 앞서 이미 배반할 마음을 먹고 있었기 때문에 이러한 이점을 잘 살리지 못했다. 모리 씨와 초소카베 씨족이 거느린 약 2만 5,000명의 군사는 전투의 승패가 분명해 질 때까지 그저 멍하니 서 있었다.

격렬하지만 결정적인 승부는 나지 않은 전투가 몇 시간 동안 계속되어 정오가 가까워지자, 히데아키는 배반하여 서군을 공격했다. 그의 배반으로 전세가 역전되었고, 서군은 무질서하게 달아났다. 약 6만 명이 살해되었고, 이시다는 붙잡혀 처형당했다.

세키가하라 전투로 동군 도요토미 일족이 주권을 행사하던 시대는 끝났으며, 15년 후 도쿠가와 일족은 도요토미 가문의 오사카 성을 공격하여 파괴하게 된다. 한편 전투로부터 2년 후인 1603년 도쿠가와 이에야스는 통일된 일본의 쇼군이라는 지위를 받았고, 에도를 수도로 삼아 막부 체제를 세웠다. 이후 250년간 지속된 에도시대는 도요토미 일족에 대한 반대 행동을 제외하면 정치적으로 평온했다. **NJ**

# 엘리자베스의 황금 연설

68세의 잉글랜드 여왕은 마지막으로 의회에서 연설을 한다.

엘리자베스 1세의 재위 말년은 우울한 쇠퇴의 기간이었다. 그녀가 눈에 띄게 나이 들어감에 따라, 궁정의 주된 관심사는 후계자 문제였다. 1598년 가장 가까운 조언자인 벌리 경이 죽은 후 점점 더 고립 속에 빠져들던 그녀는—그의 아들이자 후계자인 로버트 세실과는 결코 비슷한 종류의 유대 관계를 확립하지 않았기 때문이다—정치적인 감각마저 잃은 듯 보였다. 1599년 여왕은 총애하던 부하인 에식스 경 로버트 드브르를 보내 아일랜드에서 일어난 반란을 진압하게 했다. 그는 비참한 실패를 겪은 데다가 여왕의 허가도 없이 잉글랜드로 돌아와 그녀를 공개적으로 모욕했다. 궁정에서 쫓겨난 후 그는 여왕에 반대하는 봉기를 일으키려 시도했다가 1601년 2월 25일 반역죄로 처형당했다.

그해 말, 엘리자베스는 생애 마지막으로 의회를 소집했다. 의회는 여왕이 독점권 행사를 그만둘 것을 요구하였으므로 회의는 험악한 분위기였다. 독점권이란 특정한 상품을 거래할 수 있는 독점적인 권리를 부여해 주는 일로, 신하들에게 보상을 지급하는 유용한 방책이었으며, 그녀가 포기하기를 주저하던 권리였다. 11월 30일 오후, 의회 의장과 140명의 의원은 엘리자베스의 폐회 연설을 듣기 위해 모였다. 당연히 나오리라 생각했던 비난의 말 대신, 그녀는 군주와 신민들 사이의 관계에 대해 의욕을 드높이는 연설을 했다. 언제나처럼 제왕다운 이미지를 만들어 내고 유지하는 데 세심하게 신경을 썼던 엘리자베스는 청중을 즐겁게 하는 능력을 전혀 잃지 않았던 것이다.

이후 엘리자베스의 말은 역사 속에서 '황금 연설'이라 남게 되었다. 왕이 입는 의상의 무게를 견디기도 벅찰 정도로 노쇠한 여왕의 입에서 나온 연설이었지만, 그녀는 '평소다운 위엄과 우아함'으로 칭송을 받았다. 엘리자베스는 그 후로 2년도 채 지나지 않은 1603년 3월 24일에 사망했다. 왕위는 그녀의 사촌이며 오래된 라이벌 스코틀랜드의 메리 여왕의 아들인 스코틀랜드의 제임스 6세에게 넘어갔다. **SK**

▲ 이탈리아 화가 페데리코 추카리가 그린 엘리자베스 1세, 1574년 그는 여왕과 왕궁 사람들을 그리기 위해 잉글랜드에 왔다.

" … 이 점을 나는 내 통치의 영광이라 생각하오—내가 그대들의 사랑을 받으며 통치해 왔다는 것을."

**엘리자베스 1세, "황금 연설", 1601년**

# 일본의 통일

**도쿠가와 이에야스가 일본을 통일하고 도쿠가와 막부를 수립한다.**

▲ 도쿠가와 이에야스(1543~1616)를 그린 17세기 일본 화파의 초상화.

"적을 알기 위해서는 먼저 그의 친구가 되어야 한다 … ."

**도쿠가와 이에야스**

1603년 고요제이(後陽成) 천황은 도쿠가와 이에야스를 쇼군으로 임명했다. 이로써 1868년까지 일본을 다스리는 도쿠가와 막부가 수립됐다. 그가 쇼군이 되기까지는 오랜 시간이 걸렸다. 동쪽 혼슈 지방에서 작은 씨족의 영주로 태어난 이에야스는 1568년 일본을 통일하기 시작한 오다 노부나가의 동맹군으로 세력을 얻게 되었다. 1568년 노부나가가 죽자 도요토미 히데요시가 그의 뒤를 이었고, 이에야스는 처음에는 그에게 반대했으나 1584년 입장을 바꿔 그의 편에 붙었다. 1590년 이에야스는 히데요시와 함께 일본에 마지막으로 남은 독립 영주인 호조 우지마사를 정벌했다. 히데요시는 중부 가까이 위치한 이에야스 가문 소유의 영지를 받는 대신, 그에게 호조 가문 영지를 내려주었다. 이후 도쿄라는 이름으로 불리게 되는 성곽 도시 에도에 자리를 잡은 이에야스는 경제 개혁을 통해 지역 주민의 충성심을 얻었으며, 에도가 교토에서 제법 멀리 떨어져 있었기에 상당한 수준의 자치권을 유지할 수 있었다.

1598년 사망하기 직전, 히데요시는 이에야스를 지목하여 어린 아들 히데요리를 대신하는 섭정 의회의 우두머리를 맡겼다. 1599년 이에야스는 히데요리가 거주하는 오사카 성을 점령하여 섭정 의회를 분열하고 내전을 일으켰다. 1600년 10월 21일 세키가하라 전투에서 이에야스는 정적들을 확실히 제거하여 누구도 대적할 바 없는 일본의 지배자가 되었다. 40년간 비어 있던 쇼군 자리에 이에야스가 임명된 것은 그가 오래 전부터 쥐고 있던 권력에 대한 최종 승인이자 합법적인 인정이었다.

에도에 있는 이에야스의 광대한 성은 일본의 행정 수도가 되었다. 그는 1605년 아들 도쿠가와 히데타다에게 자리를 물려주고 공식적으로 물러났지만, 그럼에도 1616년 사망할 때까지 '은퇴한 쇼군(大御所)'으로 실질적인 지배자로 남았다. 최후의 도전인 히데요리가 일으킨 반란은 1615년에 진압됐다. **JH**

# 풍차를 향해 돌진하다

유럽 문학의 걸작 중 하나인 『돈키호테』가 출간된다.

한 전설에 따르면, 미겔 데 세르반테스(1547~1616년)는 『돈키호테』를 빚 때문에 옥에 갇혀 있던 중에 썼다고 한다. 이러한 설은 책의 일부에서 보이는 부주의함을 설명해 줄지 모르지만, 기사도에 대한 책을 너무 많이 읽어 녹슨 갑옷을 입고 털떨어진 종자 산초 판사와 깡마른 말 로시난테와 더불어 모험을 찾아 떠나는 라 만차 출신의 영락한 '이달고(귀족)'에 대한 유머 넘치는 이야기는 바로 성공을 거두었다. 출간한 지 몇 주 안 되어 스페인 전역에 해적판이 나돌았고, 7년 만에 이 책은 프랑스어, 독일어, 이탈리아어, 영어로 번역되었다. 세르반테스가 창조해 낸 인물의 유명세는 사라질 줄 몰랐고, 서구 세계의 상상력 깊은 곳에 자리 잡게 되었다. '풍차를 향해 돌진하다(헛된 싸움을 하다)'라는 관용적 표현은 돈키호테가 무시무시한 거인들로 알고 일렬로 늘어선 풍차를 공격한 에피소드를 떠올리게 한다.

전직 군인이었던 세르반테스는 1571년 레판토 전투에서 오스만 해군과 싸우다 부상을 입어 왼손을 쓸 수 없게 되었다. 전투 이후 그는 바르바리 해적선에 붙들려 알제에서 5년간 포로로 잡혀 있다가 가족이 몸값을 내어 풀려났다. 스페인으로 돌아오자 그는 간간이 세금 징수원으로 일하는 동시에 희곡을 써서 스스로 먹고 살 길을 찾느라 분투했다. 『돈키호테』의 출간 이후 그는 계속해서 여러 편의 작품을 집필해 스페인 '황금 시대'의 가장 위대한 작가라는 명성을 드높였다.

바로 전 해에 알론소 페르난데스 데 아베야네다라는 인물이 가명으로 『돈키호테』의 속편을 출간했기에, 1615년 세르반테스는 급하게 속편을 썼다. 그는 윌리엄 셰익스피어와 같은 날짜인(잉글랜드는 율리우스력을 썼으므로 완전히 동일한 날은 아니지만) 1616년 4월 23일에 죽었다. **JJH**

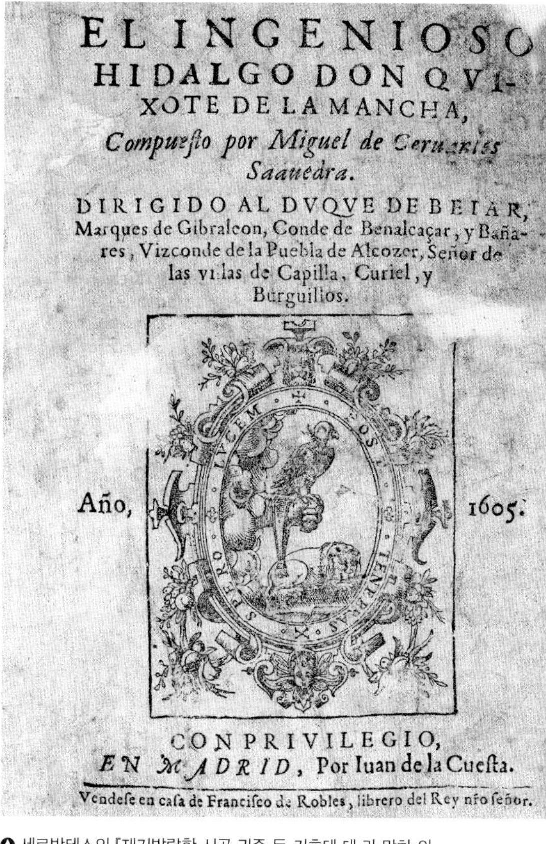

EL INGENIOSO
HIDALGO DON QVI-
XOTE DE LA MANCHA,
*Compuesto por Miguel de Ceruantes*
*Saavedra.*
DIRIGIDO AL DVQVE DE BEIAR,
Marques de Gibraleon, Conde de Benalcaçar, y Bañares, Vizconde de la Puebla de Alcozer, Señor de las villas de Capilla, Curiel, y Burguillos.
Año, 1605.
CON PRIVILEGIO,
*EN MADRID*, Por Iuan de la Cuesta.
Vendese en casa de Francisco de Robles, librero del Rey nro señor.

세르반테스의 『재기발랄한 시골 귀족 돈 키호테 데 라 만차』의 초판, 카탈루냐 국립 도서관 소장.

" … 창 걸이에는 창을 두고,
오래된 방패와 깡마른 늙은 말을
지닌 사내."

『돈키호테』의 서언

# 의회 건물을 폭파하려는 음모가 발각되다

가이 포크스가 영국 의회와 제임스 1세를 폭파하려다가 실패한다.

▲ 가이 포크스와 의회 폭파 음모를 꾸민 다른 공모자들을 나타낸 판화.

한밤중, 한 무리의 무장한 사내들이 의회 의사당 건물 지하실로 들이닥쳐 잔뜩 움츠리고 있는 가이 포크스를 발견했다. 그리 멀지 않은 곳에는 30통의 화약이 놓여 있었다. 몇 시간만 지나면 의회 공식 개회를 위해 제임스 1세와 왕가 일족, 그리고 국가 고위 관리 전부가 참석할 예정이었다. 의회를 폭파하고 왕과 정부 고관 전체를 살해하고 반란을 일으키고자 했던 음모를 아슬아슬하게 막은 것이다.

가이 포크스라는 이름은 항상 이 음모의 주모자로 인식되고 있지만, 그는 주요 공모자가 아니라 단지 폭발물에 대해 지식이 있기 때문에 가담했을 뿐이었다. 로버트 케이츠비를 필두로 한 핵심 인물들은 가톨릭을 신봉하는 중산 계급으로, 제임스 1세가 왕위에 오르면 국교를 가톨릭으로 되돌리거나 적어도 관용을 보여 주리라는 희망을 품었다가 실망한 이들이었다. 이들은 몇 달 전부터 계획을 준비해 왔으며, 10월 3일로 예정된 개회 행사 때 사용하기 위해 지하실을 임대해 7월부터 화약을 숨겨 두었다. 그런데 전염병이 발발하는 바람에 개회가 늦춰졌으며, 그러는 동안 공모자 중 한 사람인 프랜시스 트레셤이 처남이자 열렬한 가톨릭교도인 몬티글 경에게 11월 5일로 날짜를 다시 잡은 개회식에 참석하지 말라고 경고했다. 몬티글은 이 경고를 정부에 전달했다.

영국 사람들은 아직도 매년 11월 5일, 가이 포크스의 밤이면 이 음모의 실패를 기억하며 불꽃놀이를 하고 모닥불을 피워 '가이' 인형을 불태우지만, 이날을 기념하는 정치적 중요성은 대부분 잊어버렸다. **SK**

# 버지니아의 근거지

신세계 최초의 영국인 영구 정착지, 제임스타운이 설립된다.

▲ 존 스미스가 버지니아 식민지의 발판이 된 제임스타운을 설립하는 모습을 나타낸 강판(鋼版) 인쇄 그림(1850년경).

신세계에 도달한 최초의 영국 정착민들의 목적은 "땅을 파고 캐내어 모든 종류의 금, 은, 동 광산을 발견하는 것"과 그 지역의 "믿지 않는 자와 야만인들"을 기독교로 개종시키고 문명을 받아들이게 하려는 것이었다. 약 100명의 개척자를 실은 수잔 콘스탄트호, 디스커버리호, 갓스피드호라는 세 척의 배는 5월에 버지니아의 체서피크 만에 닿았다. 이들은 제임스 강을 타고 스페인의 기습 공격으로부터 안심할 수 있을 만큼 내륙으로 들어간 지점을 찾아 나아갔다. 정착촌에는 제임스 1세를 기리는 의미에서 제임스타운이라는 이름을 붙였지만, 불행히도 늪지대를 골랐던 탓에 말라리아가 들끓었다. 개척자들의 무능력함과 서로 간의 끝 없는 다툼과 음모도 정착촌을 위협했다. 그들 중 절반이 첫 번째 겨울을 버티지 못하고 죽었다.

사람들은 있지도 않은 금광과 중국으로 가는 길을 찾느라 많은 시간을 낭비했다. 제임스타운이 파멸의 위기에서 살아난 것은 개척자 중 한 명인, 노련한 군인이자 모험가인 존 스미스의 덕택이었다. 그는 주변 지역의 아메리카 원주민과 물물 교환을 하여 식량을 얻었다. 곧 그는 그 지역 추장인 포우하탄의 앞에 불려갔고, 그로서는 전혀 이해할 수 없는 의식을 통하여 부족의 일원으로 받아들여졌다.

1608년 스미스는 정착지 의회의 회장이 되었으며, 신속하게 동료 이주민들을 설득하여 땅을 개간해 농작물을 심고 분별 있게 함께 일하자고 했다. 그는 일 년 후에 잉글랜드로 돌아갔지만, 제임스타운은 이미 활기를 띠고 있다. 이후 그는 아메리카 북동부 해안을 탐험했고, 그 지역에 뉴잉글랜드라는 이름을 붙였다. **RC**

# 뉴 프랑스의 설립

**사뮈엘 드 샹플랭이 퀘벡에 요새 식민 도시를 세운다.**

사뮈엘 드 샹플랭이 퀘벡을 설립하는 동안 건축하기 시작한, 퀘벡 최초의 주택을 그린 19세기 그림.

신세계에 대한 프랑스의 초기 관심사는 주로 북쪽에 있었다. 1524년 한 원정대가 허드슨 강을 발견했고, 노바스코샤로 항해해 이후 아카디아라 불리게 되는 지역에 도달했다. 1535년, 자크 카르티에가 세인트로렌스 강을 따라 미래에 몬트리올이 되는 지점까지 갔다. 1560년대에 플로리다에 있던 프랑스 정착촌은 스페인인들이 없애 버렸고, 1603년부터 프랑스 탐험대는 세인트로렌스 지역 주변을 탐사하여 아카디아에 두 군데의 정착촌을 세웠지만 실패로 돌아갔다.

사뮈엘 드 샹플랭은 당시 정착촌 건설에 참여했던 인물 중 하나였다. 그는 아메리카 인디언과 친교를 맺어 유용한 결과를 이끌어냈고, 아카디아와 뉴잉글랜드 해안을 탐사하고 지도를 제작했으며, 중국으로 가는 길을 찾을 수 있으리라는 희망을 품고 내륙 깊숙이 들어갔다. 1608년 모피 무역을 지배하기 위해 퀘벡에 교역소를 세운 것은 샹플랭이었다. 이곳은 캐나다 최초의 프랑스 영구 정착촌이며 뉴 프랑스의 수도였다. 세 개의 건물이 있었고, 해자를 둘러 이를 보호했는데, 28명의 주민 중 고작 8명만이 겨울을 견디고 살아남았다. 샹플랭은 꺾이지 않고 무역망을 조직했으며, 적인 이로쿼이족과 대항하기 위해 프랑스인을 알공킨족, 휴런족과 동맹을 맺게 했다. 1615년 그는 퀘벡에 최초의 기독교 전도단을 데려왔고, 10년 후에 예수회가 도착했다. 리슐리외 추기경은 1627년에 더 많은 개척자를 보냈지만 1629년 영국인들이 퀘벡을 포위했고, 식량 부족으로 샹플랭은 항복할 수밖에 없었다. 1632년 프랑스 식민지가 재건됐으며 아직도 퀘벡 주의 공식 언어는 프랑스어다. **RC**

# 모리스코가 스페인에서 쫓겨나다

**스페인 정부는 모리스코에게 스페인을 떠날 것을 명한다.**

▲ 1609년에 시작한, 모리스코의 스페인 추방을 그린 19세기 스페인 화파의 판화.

스페인의 펠리페 3세(1598~1621년)는 정부 공무를 총신이자 장관인 레르마 공작에게 맡기게 되어 만족스러웠다. 레르마 공작은 모리스코—1492년 그라나다 함락 이후 기독교로 개종한 무슬림 후예들—를 스페인에서 추방하기로 결정했다. 1609년에서 1614년 사이에 30만 명이나 되는 모리스코가(스페인 인구의 4%에 해당했다) 네덜란드와 전쟁을 벌일 때 사용했던 배를 타고 스페인에서 강제 추방당했다. 가톨릭 신앙을 유지하던 많은 모리스코는 이탈리아와 프랑스에 정착했지만, 대부분은 모로코와 오스만 제국에 정착했다.

이 가차 없는 인종 청소 작업을 대부분의 스페인 국민은 열광적으로 환영했다. 모리스코는 겉으로만 가톨릭인 척 했지만, 16세기 초에는 스페인에서도 이들을 용인하는 분위기였다. 이들 대다수가 근면하고 성실한 농업 노동자였기 때문에 지주들이 박해로부터 막아 주었던 것이다. 그러나 1560년대에 들어 스페인과 오스만 제국의 전쟁이 격화되자, 모리스코들이 스페인의 무슬림 적국, 특히 지중해에서 스페인 선박을 공격하던 바르바리 해적과 동맹을 맺고 있다는 의심이 싹텄다. 펠리페 2세가 무슬림 의복과 아랍어의 사용을 금하자 안달루시아의 모리스코 사이에서는 1569년에서 1571년에 걸친 반란이 일어났고, 그 결과 이들은 이베리아 반도의 다른 지역으로 강제 이주 당했다. 40년 후 레르마는 모리스코를 모조리 추방하여 900년에 걸쳐 스페인에 뿌리내린 이슬람 문화의 마지막 흔적을 제거했다. **SK**

# "유일한 창시자"는 누구였을까?

셰익스피어의 『소네트집』 출간이 수수께끼 같은 의문을 일으킨다.

SHAKE-SPEARES

SONNETS.

Neuer before Imprinted.

AT LONDON
By *G. Eld* for *T. T.* and are
to be solde by *Iohn Wright*, dwelling
at Christ Church gate.
1609.

▲ 셰익스피어의 『소네트집』 초판의 제목면, 런던에서 1609년 출판.

▶ 이 샌도스 초상화(샌도스 공작의 소유였기 때문에 이러한 호칭이 붙음—옮긴이)는 존 테일러가 그렸다고 하며 셰익스피어를 나타낸 것이라 하는데, 확실히 증명된 바는 없다.

"참된 마음과
마음의 결합에 / 방해물을
허락하지 마라…"

**윌리엄 셰익스피어, 「소네트 116」**

우리는 윌리엄 셰익스피어가 출판업자 토머스 소프에게 그의 생전에 발행된 유일한 소네트(열네 줄로 된 시)집의 출판 권한을 부여했는지 여부를 결코 알 수 없을 것이다. 사랑의 환희와 절망, 세월의 흐름, 이별과 배반, 명성과 죽음 등의 테마를 다룬 이 소네트 연작은 여러 해 전, 추측컨대 1592년에서 1598년 사이에 쓴 것이다. 154편의 소네트 대부분은 이름이 나와 있지 않은 한 젊은이를 향한 것으로, 시인은 애정이 담긴 친밀한 언어로 그를 찬미한다. 이는 셰익스피어가 출판업자의 헌사 중 "이 소네트를 있게 한 유일한 창시자 W.H씨에게…"라는 구절에 등장하는 정체를 알 수 없는 인물과 로맨틱하게 얽혀 있다는 추측을 불러 일으켰다.

W.H라는 머리글자는(뒤집으면) 셰익스피어가 「비너스와 아도니스」와 「루크리스의 겁탈」이라는 두 편의 장시를 바쳤던 사우샘프턴 백작 3세 헨리 리즐리(Henry Wriotheley)의 이름에서 비롯됐다. 펨브룩 백작인 윌리엄 허버트(William Herbert)를 꼽는 학자들도 있지만, 윌리엄 셰익스피어 자신의 머리글자인 W.S가 실수로 잘못 표기된 것이라는 설을 비롯해 여러 가지 이론이 분분하다.

추측은 여기서 끝나지 않는다. 소네트 중 약 27편은 흔히 '흑발의 여인'이라 일컫는, 시인이 고통스럽고 질투 어린 사랑에 빠져 있는 한 여성을 향한 것이다. 이 여인의 정체를 밝혀내기 위한 여러 차례의 시도가 있었으나, 어쩌면 시에서 자서전적인 실마리를 너무 많이 찾으려 드는 것 자체가 실수일지도 모른다. 셰익스피어가 소네트를 집필한 순서가 시집에 반영된 것인지조차 확실하지 않다. 소네트에서 알 수 있는 것은 셰익스피어의 희곡 작품이 그러하듯이 그에게 인간 감정의 심리를 드러내는 놀라우리만치 천재적인 재능과 능력이 있다는 점이다. 오늘날까지도 독자에게 전율과 공감을 불러일으키는 언어로, 그는 인간의 모든 슬픔과 정념을 담아냈던 것이다. **SK**

# 천문학적 대발견

갈릴레오가 직접 만든 망원경을 사용해 목성의 네 위성을 발견한다.

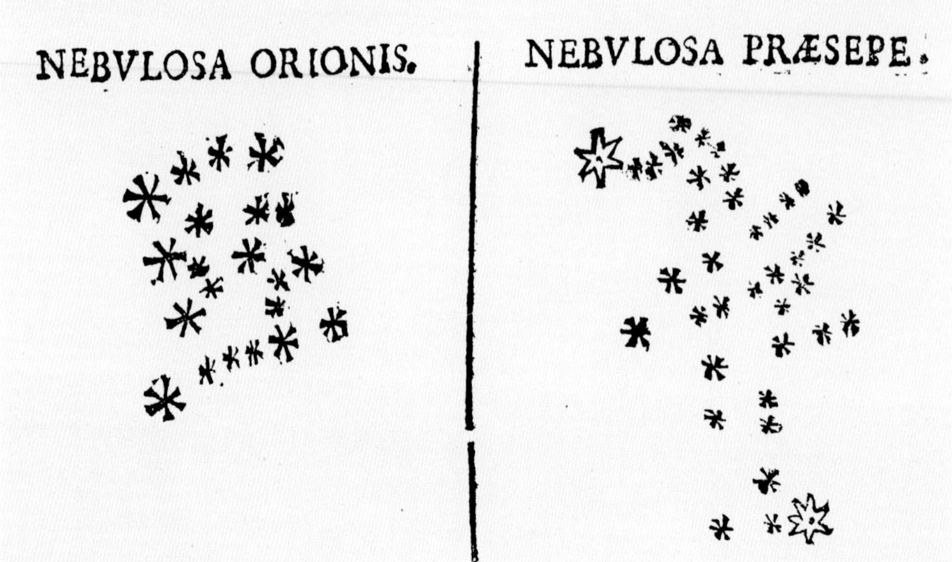


▲ 갈릴레오가 1610년에 관측한, 오리온자리의 성단과 프레세페 성단에 대한 17세기 인쇄물.

1609년, 갈릴레오 갈릴레이는 플랑드르의 한 안경 제작자 한스 리퍼헤이가 멀리 떨어진 물체를 크게 확대해 보는 기구를 발명했다는 소식을 들었다. 당시 파도바 대학의 수학 교수이던 갈릴레오는 물체의 운동에 대한 연구로 명성이 높았다. 그는 피사의 사탑에서 공을 떨어뜨려 낙하하는 물체의 속도는 무게와 비례하지 않는다는 사실을 증명해 보였다고 한다. 그는 직접 렌즈를 갈아 망원경 제작에 착수했고, 물체를 스무 배나 확대해 볼 수 있는 망원경을 완성했다.

갈릴레오는 망원경으로 달을 관측했고, 달이 아리스토텔레스와 프톨레마이오스가 묘사한 것 처럼 매끈하고 완전한 구형이 아니라 그 표면이 "거칠고 울퉁불퉁하며, 지구 표면과 꼭 닮았다"는 사실을 관찰했다. 1610년 1월 7일에서 13일에 걸쳐 갈릴레오는 목성의 주변에서 네 개 천체의 위치 변화를 관측했고, 그것이 행성 주위를 공전하는 위성이라는 결론을 내렸다. 그는 이 놀라운 발견을—모든 것이 질서정연하게 지구를 중심으로 공전한다는 아리스토텔레스의 우주 모델을 뒤집어엎는—3월에 「천계통보」라는 짧은 논문으로 발표했다.

1611년 갈릴레오는 로마의 예수회 대학 수학자들에게 자기 망원경의 구조를 설명해 보였고, 이탈리아 으뜸가는 과학 기구인 아카데미아 데이 린체이의 일원으로 선발되었다. 그러나 그는 행성이 태양 주변을 돈다는 코페르니쿠스 체계를 옹호하여, 교회 내에 적을 두게 되었다. **SK**

# 미치광이의 소행

## 앙리 4세가 마차로 파리를 지나가다가 암살당한다.

▲ 라바야크가 긴 칼을 휘두르며 앙리 4세에게 달려드는 모습을 그린 판화.

프랑수아 라바야크는 길이 좁아져 왕실 마차가 멈춰 설 수밖에 없는 곳에서 왕을 기다리고 있었다. 그는 마차에 뛰어올라 앙리 4세를 칼로 찔렀고, 왕은 즉사했다.

라바야크는 종교에 사로잡힌 광신적인 가톨릭 교도였다. 그는 '환상에 사로잡혔다'는 이유로 예수회 입회를 거절당한 경력이 있었다. 고문을 받았음에도 공모자가 없다고 부인했지만, 그는 더 커다란 음모의 일부였을지도 모른다. 파리에서는 앙리가 신성 로마 황제에 대항하는 한 칼뱅주의자 제후의 편을 들어 개입하기 위해 독일 북부에 군사를 파견할 계획이라는 사실이 잘 알려져 있었고, 다른 이들이 라바야크의 불안정한 마음을 교묘하게 뒤흔들어 살인을 저지르라고 충동질했을 수도 있다. 국왕 시해죄를 선고받은 라바야크는 그레브 광장으로 끌려가 녹인 납과 끓는 기름으로 고문을 받고, 팔다리를 잘린 채 네 마리의 말에 찢겨 죽었다.

실천적이고 정력적이며 명랑한 성격이었던 앙리 4세는 프랑스의 모든 노동자가 일요일에 닭고기 요리를 먹을 수 있게 하겠다는 말을 남긴 것으로 가장 유명하다. 장관인 쉴리 공작과 더불어 그는 무역과 산업을 장려하여 여러 해에 걸친 내전으로 만신창이가 된 프랑스 경제를 복구하기 시작했다. 앙리가 센 강에 놓은 다리인 '퐁뇌프'는 오늘날까지도 서 있다. 1600년 그는 두 번째 아내인 마리 드 메디시스와 결혼했고, 그녀는 미래의 루이 13세를 낳는다. 그러나 앙리가 가장 사랑했던 여인은 정부인 가브리엘 데스트레였으며, 이 외에도 수많은 연애 사건을 일으켰기 때문에 '르 베르 갈랑(나이든 바람둥이)'이라는 애정 어린 별명을 얻었다. **SK**

# 카라바조의 죽음

당대 가장 위대한 화가였던 카라바조가 38세의 나이로 죽었으나, 그 시체는 찾을 수 없었다.

▲ 카라바조의 〈병든 바쿠스〉, 1593년경. 이 작품이 자화상이라 믿는 이들도 있다.

▶ 〈성 마태오의 순교〉(부분), 1599년에서 1600년에 걸쳐 제작. 이 작품은 성인을 사실주의적으로 묘사해 충격을 주었다.

"그는 아름다운 것과 추한 것에 대해 선입견을 갖고 구분하지 않는다."

**델 몬테 추기경, 1610년**

미켈란젤로 메리시 다 카라바조는 1571년 밀라노에서 태어났다. 화가로서 견습 기간을 거친 뒤 1592년 그는 로마로 갔고, 길거리에서 궁핍하게 살았음에도 불구하고 처음에는 하층민의 생활을 그려냈으며(1594년 〈카드놀이 사기꾼〉 같은 작품), 이후 1597년부터는 종교적인 장면을 담아냄으로써 주목할 만한 이력을 쌓기 시작했다. 종교를 다룬 그의 작품 대부분은 후기 르네상스와 반종교개혁 특유의 신비스러운 겉치레를 완전히 벗겨낸 대담한 구성을 담고 있었다.

그의 뛰어난 작품 〈성 마태오의 소명〉과 이와 짝을 이루는 〈성 마태오의 순교〉(둘 다 1600년)는 센세이션을 일으켰고, 그는 로마에서 가장 명망 높은 화가로 불리게 되었다. 이제껏 종교적인 인물이 마치 평범한 사람처럼 사실주의적인 터치로 그려졌던 적은 없었다. 그러나 주문이 밀려들었음에도 불구하고, 그의 작품은 계속해서 후원자와 일반 대중에게 충격을 선사했다. 특히 가장 고귀한 테마를 선택해 일상적인 요소와 인간적인 흠결을 부여하고, 일화 중에서 가장 극적인 순간을 선택하는 솜씨가 그랬다.

로마에 온 뒤로 그는 거칠고, 어쩌면 동성애적이었을지도 모르는 하위문화에 빠졌다. 1606년 그는 말다툼 끝에 한 남자를 죽이고 나폴리로, 이후에는 몰타로 달아났다. 몇 년 뒤 그는 체포되었고 시칠리아로 추방당했는데, 이 시기에 집중적으로 작품 활동을 했지만 점점 더 편집증 증세를 보였다. 이후 나폴리로 돌아왔으나 또 다른 다툼에 휘말려 얼굴에 심한 상처를 입었다. 나폴리에서 그는 〈세례 요한의 목을 든 살로메〉와 〈골리앗의 머리를 든 다윗〉을 통해 두 차례 자신의 일그러진 얼굴을 그렸다. 그의 마지막 여행은 교황에게 자신이 저지른 살인에 대해 용서를 구하기 위해 보트에 밀항하여 로마로 간 것이었다. 그는 떠나가는 배를 잡아 소지품을 되찾기 위해 해변을 따라 달리다가 쓰러져 열병으로 홀로 외로이 죽었다. **PF**

1614년 4월 5일

# 포카혼타스의 결혼

**포우하탄 추장의 딸이 제임스타운 개척자 존 롤프와 결혼한다.**

1609년에서 1610년에 걸친 겨울에 제임스타운을 세운 개척자들은 적대적인 원주민에 의해 요새 안에 갇혀 개와 고양이까지 먹어야 하는 신세가 되었다. 한 남자는 심지어 죽은 아내의 시체를 먹기까지 했다.

1613년 그 지역 추장 포우하탄의 딸인 포카혼타스는 당시 17세였다. 그녀는 이주민에게 우호적이었고 많은 도움을 주었는데—요새 주변에서 완전히 알몸으로 명랑하게 재주넘기를 하며 즐기기도 했다—개척자들은 그녀를 인질로 잡아 아버지에게서 몸값을 받아내려 했다. 추장은 몸값 지불 요구에 응하지 않았지만, 개척자들은 그녀가 좋았다. 그들은 포카혼타스에게 성경 공부를 시키고, 이삭의 아내인 용감하고 현명한 여인의 이름을 따 레베카라는 세례명을 주었다. 다음 해, 그녀는 제임스타운의 예배당에서 영국인 개척자 존 롤프와 결혼했다. 포우하탄은 결혼식에 참석하지 않았지만 결혼을 거절하지는 않았으며, 이는 의도했던 바대로 이주민과 아메리카 원주민이 화해하는데 도움을 주었다. 양쪽 다 다툼에 지쳤던 것이다. 영국인들은 포카혼타스가 그녀의 동족 모두를 기독교로 이끌 수 있는 길을 열어 주기를 바랐고, 1616년 그녀와 남편은 새로 태어난 아이 토머스와 함께 자금과 지원을 구하기 위해 영국으로 갔다. 영국인들은 이 '아름다운 야만인' 의 매력에 빠졌으나, 그녀는 버지니아로 돌아갈 준비를 하던 중 중병에 걸렸다. 배가 그레이브센드에 도달했을 무렵 그녀는 죽었고, 무덤은 오늘날까지도 세인트 조지 교회에 있다.

포카혼타스의 아버지 포우하탄은 일 년 뒤에 죽었으며, 이후 버지니아에 도착한 개척자들은 평화로운 공존보다 강제 정복에 더 힘을 쏟았다. 포카혼타스의 아들 토머스 롤프는 영국에서 자라나 1640년에 버지니아로 이주했다. 그를 통해, 수천 명의 백인 미국인이 포카혼타스의 혈통을 물려받았다. **RC**

1618년 5월 23일

# 프라하 사건

**가톨릭 섭정 두 명이 프라하에서 창문 밖으로 내던져져, 30년 전쟁의 불씨가 된다.**

5월 23일 프라하에서 지방 의회가 열렸고, 여기 모인 귀족들은 최근에 일어난 몇 가지 사태에 대해 항의하려 단단히 마음먹고 있었다. 보헤미아의 새 왕이자 신성 로마 황제로 임명된 슈티리아의 페르디난트 대공은 가톨릭교도가 아닌 이들이 관직에 오르는 일을 금지했을 뿐 아니라, 클로스터그라프의 프로테스탄트 예배당을 헐고 브라우나우의 예배당을 폐쇄하기까지 했던 것이다. 당국에서는 해산을 명했으나, 그들은 해산하기는커녕 투름 백작의 뒤를 따라 흐라드차니 성으로 행진했다. 성에서 그들은 두 명의 가톨릭 섭정인 마르티니치와 슬라바타를 붙들었고, 이들이 1609년 보헤미아 종교의 자유를 보장한 황제의 교서를 위반했다는 혐의로 그 자리에서 재판을 벌여 유죄 선고를 내렸다. 그리고 창문에서 떨어뜨린다는 즉석 처분을 행했는데, 두 사람은 살아남았다. 가톨릭에서는 이를 신이 가호를 내렸다는 징조라 보았고, 프로테스탄트에서는 이들이 분뇨 더미 위에 떨어졌기 때문이라고 기록했다. 이 사건에서 '창 밖으로 내던지기'라는 의미의 'Defenestration'이라는 단어가 생겼다.

16세기 말에는 독일 인구의 4분의 3가량이 프로테스탄트가 되었다. 반종교개혁이 점차 속도를 올리기 전까지, 대다수가 구교를 소탕해야 한다고 생각했다.

5월 23일 사건은 이후 30년간이나 가게 될 분쟁을 촉발했다. 대단히 복잡한 30년전쟁은 처음에는 종교 전쟁으로 시작되었지만, 보헤미아의 분쟁이 스페인 합스부르크 왕가와 네덜란드 간의 전쟁과 연루되면서 점점 정치적인 색채를 띠게 되었다. 전쟁은 1648년 베스트팔렌 조약을 맺음으로써 끝이 났다. 독일은 여러 전제 군주국이 모인 나라가 되었고, 합스부르크 가문의 신성 로마 황제는 오스트리아를 다스리게 되었다. **RP**

▶「프라하 사건」, 30년 전쟁을 촉발한 사건을 그린 유화.

# 노예를 훔쳐다 북아메리카에 팔다

버지니아의 제임스타운에서 아프리카에서 데려온 인간이 가장 높은 값을 내는 사람에게 계약 노동자로 팔린다.

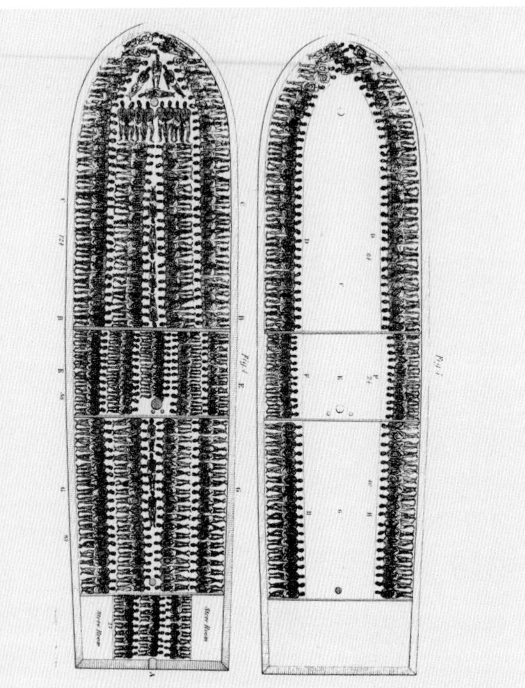

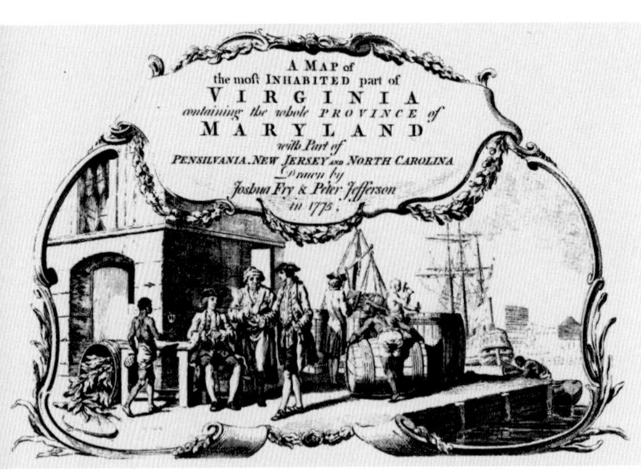


1607년 설립된 이후 제임스타운의 영국 정착촌은 빠르게 성장했고, 1620년에는 약 1천 명이 버지니아로 이주해 왔다. 꿈에 그리던 금이 나타나지는 않았지만, 대신 담배가 값어치 있는 대체품으로 자리 잡았고, 제임스 1세의 금지에도 불구하고(1604년 왕은 담배 금지령을 발표했지만 거의 효과를 거두지 못했다) 영국 내에서 즉각적이고도 이윤이 많이 남는 담배 시장을 찾을 수 있었다. 그러나 담배 작물이 풍성하게 자람에 따라 더 많은 노동력이 필요하여 개척자들만의 힘으로는 역부족인 상황에 처했다.

1619년 8월, 각각 네덜란드와 영국 깃발을 단 트레저러호와 화이트 라이언호라는 두 척의 배가 앙골라의 루안다에서 멕시코로 350명의 노예를 수송하던 포르투갈 선박 산 후안 바우티스타호를 공격해 빼앗았다. 50명의 아프리카인이 제임스타운으로 실려 갔고, 스무 명 남짓한 이들이 계약 노동자로 식민 개척자들에게 팔렸다.

계약 조건에 따르면, 아프리카 노예들은 숙식을 제공받는 대가로 7년간 주인에게 노동력을 제공해야 했다. 같은 해 초 버지니아에서 행한 인구 조사가 30명의 다른 아프리카인을 언급하고 있기는 하지만, 영국령 북아프리카에 아프리카인이 도달한 최초의 기록은 바로 이때였다. 노예제도에 대한 최초의 명백한 증거는 1640년의 것으로, 계약 노동자였다가 달아난 존 펀치라는 인물이 그 벌로 일생 동안 주인에게 봉사하라는 판결을 받았다. 그리고 1662년에는 식민지 성문법 내에 노예제도가 기록되었다. **PF**

▶ 노예선 짐칸의 구조. 이와 같은 배가 수천 명의 아프리카인을 신세계로 데려가 비참한 삶으로 밀어넣었다.

◀ 〈버지니아에서 가장 인구 많은 곳의 지도〉의 일부. 조슈어 프라이와 피터 제퍼슨 그림. 1775년.

1620년 9월 16일

# 메이플라워호의 항해

**메이플라워호의 항해는 미국 건국 신화 중 하나가 된다.**

160t의 메이플라워호에는 약 30명의 선원이 승선하고 있었다. 남성, 여성, 어린이 통틀어 약 102명의 청교도가 함께 여행 중이었는데, 이들은 주로 노팅엄셔에서 영국 국교회와 단절하고 나와 국가의 박해를 피해 네덜란드의 레이덴에 피신했던 추방당한 분리주의자 청교도 회중 가운데 젊은 축에 속하는 사람들이었다. 그들은 네덜란드 문화에 흡수당할 것을 걱정하여 런던에서 돈을 모아 버지니아의 새로운 식민 개척지로 데려가 줄 두 척의 배를 전세 냈던 것이다.

더 작은 배인 스피드웰호가 두 차례 출항에 실패했기 때문에, 결국 이 배를 버리고 승객들은 메이플라워호에 몰려타게 되었다. 4,425km에 걸친 66일간의 여정은 험난했고, 승객 중 하나인 윌리엄 버튼과 선원 하나가 죽었다. 엘리자베스 홉킨스라는 승객은 항해 중에 아들을 낳아 '오세아누스'라는 세례명을 붙였다.

> "그들은 광활하고 흉포한 대양 건너편으로 무사히 데려다 준 신을 찬양했다."
>
> **윌리엄 브래드퍼드, 필그림 파더**

메이플라워호는 폭풍으로 항로를 벗어나 11월 11일에 케이프 코드(오늘날의 매사추세츠)에 상륙했으며 12월 21에는 영구 정착촌을 세웠다. 항해를 무사히 마침으로써, 뉴잉글랜드의 초기 영국 정착촌에는 강한 청교도적인 성향과, 중심 권력으로부터의 완강한 독립심과, 신이 특별히 가호를 내려 준다는 의식이 깃들었다. **NJ**

1621년 9월/10월

# 첫 추수감사절

**필그림 파더스가 신세계에서 보낸 첫 해를 축하한다.**

1620년 영국 플리머스에서 메이플라워호를 타고 온 남성, 여성, 어린이의 대다수는 자신들이 믿는 칼뱅주의 기독교 신앙을 고수할 수 있는 자유를 찾아 온 청교도 비국교도였다. 원래 목적지는 버지니아였지만 고생스런 항해를 거친 후 이들은 11월에 케이프 코드에 닻을 내리고 안전한 장소를 찾아 '뉴 플리머스'라는 이름을 붙였다. 그들은 주택을 짓고 안전을 위해 말뚝 울타리를 세웠다.

개척자들은 그 지방 아메리카 인디언 부족의 도움을 받았고—이들은 이웃 부족에 대항하여 동맹을 맺을 수 있다는 생각에 이주민들을 환영했다—가혹한 겨울을 간신히 버텨냈다. 여름이 왔을 때에는 개척자 중 반이 죽은 뒤였지만, 가을이 되자 지도자인 윌리엄 브래드퍼드는 추장과 그의 전사들을 초대해 식민지에서 넉넉하게 거둔 옥수수, 콩, 호박, 보리 수확에 대해 신에게 감사를 올리는 축하연을 열었다. 신세계에서 보낸 처음 1년동안 생존을 위한 몸부림과 슬픔, 비통, 꿋꿋함이 가득했던 한 해를 마무리하게 되었음을 축하하고 싶었던 것이다. 그의 부하들은 가금류를 잡아다 고기를 마련했고, 원주민들은 다섯 마리의 사슴과 뭔가 특별한 것을 가져왔는데, 개척자들은 그것을 '팝콘'이라 불렀다. 그들은 야생 칠면조, 거위, 오리, 사슴고기, 아마 물고기까지, 야외에서 요리하여 나이프와 손가락을 사용해(그 무렵 포크는 아직 발명되기 전이었다) 먹으며 즐겼고 축제는 며칠 동안 계속되었다. 개척자들 중 한 명은 다음과 같이 말했다고 한다. "우리는 인디언들이 우리와의 평화조약을 매우 잘 지키며 아주 정답다는 사실을 알았다…."

오늘날에는 이 축제를 '추수감사절'이라는 이름으로 기념하며, 미국에서는 연례 명절이 되었다. 전통적으로 추수감사절은 11월의 네 번째 목요일에 열리는 가족 중심적인 행사이다. **RC**

# 네덜란드 서인도 회사가 바이아를 차지하다

바이아 시가 식민 열강의 손을 오가며 노예무역 항구가 된다.

〈네덜란드 함대의 사우바도르(바이아) 시 점령〉, 안드리스 판 에트펠트(1590~1652년)의 1624년 작품.

1500년에 브라질을 발견한 이후, 포르투갈은 넉넉히 시간을 들여 식민지를 형성했다. 처음으로 설립한 정착촌은 오늘날의 사우바도르 다 바이아가 된 바이아였고, 1549년 사제부터 매춘부까지 갖가지 사람을 포함한 400명의 이주민이 도착했다. 바이아는 브라질의 이름난 항구가 되었다. 그러나 프랑스와 네덜란드도 새로운 식민 제국을 원했다. 프랑스는 1555년 리우 데 자네이루 항구를 차지했으나 1567년 포르투갈에 의해 쫓겨났고, 네덜란드 선박은 카리브 해의 스페인 식민지를 공격하거나 몰래 무역을 하거나 했다.

1624년 5월, 설립한 지 얼마 안 된 네덜란드 서인도 회사가 원정대를 파견해 바이아를 빼앗았다. 다음 해에 스페인-포르투갈군이(1580년부터 1640년까지 스페인과 포르투갈은 같은 나라였다) 그들을 쫓아냈으나, 1630년 네덜란드는 되돌아와 페르남부쿠 지역을 점령했다. 1637년부터 1644년까지 오라녜 가문 출신의 나사우의 마우리츠 공이 총독을 지냈고, 이 시기에 네덜란드인들은 지방 수도인 레시페를 세웠다. 많은 네덜란드 유대인이 이곳에 와 정착했고 설탕 플랜테이션을 세웠다. 1640년 네덜란드와 스페인-포르투갈 함대가 벌인 전투는 분명한 승패가 나지 않았지만, 페르남부쿠의 지주들과 기나긴 싸움을 벌인 끝에 1654년 네덜란드인들이 쫓겨나고 포르투갈인이 돌아왔다.

아프리카에서 엄청난 수의 노예가 수입됐으며, 당시 브라질의 주요 노예무역 항구였던 사우바도르 다 바이아는 오늘날 캉동블레라고 불리는 부두교 양식의 종교 숭배를 비롯한 브라질-아프리카 문화와 전통의 중심지다. **RC**

# 페테르 미노이트가 맨해튼 섬을 사다

이 네덜란드인은 아메리카 원주민으로부터 맨해튼 섬을 사들인다.

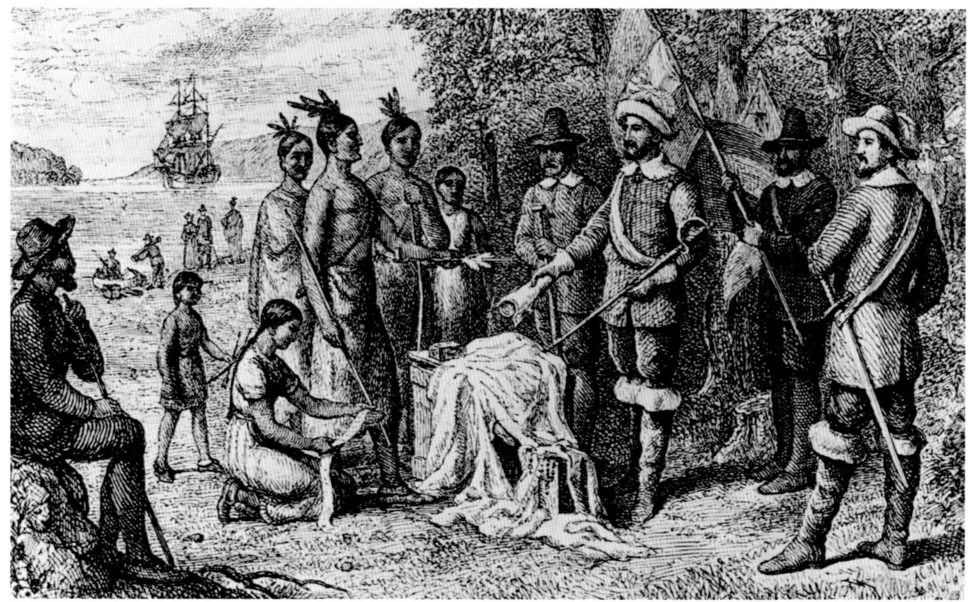

◐ 〈맨해튼 섬의 구입〉, 앨프리드 프레데릭의 그림, 1892년경.

오늘날의 뉴욕 주를 최초로 탐험한 이는 영국 항해사 헨리 허드슨으로, 1609년 그가 아시아로 가는 북서 항로를 찾느라 항해했던 강은 그의 이름을 따 허드슨 강이 되었다. 그는 네덜란드를 위해 일하고 있었다. 네덜란드인들은 1624년 뉴 네덜란드에 기지를 정하고, 포트 오렌지에 모호크족을 상대로 하는 모피 교역소를 세우고 맨해튼 섬에는 농업 정착촌을 세운 바 있었는데, 이 섬은 페테르 미노이트라는 이름의 왈론 인(벨기에에 거주하며 프랑스 방언을 사용하는 이들-옮긴이)이 델라웨어족 추장들로부터 사들인 것이었다. 그가 고작 24달러어치의 구슬을 주고 사기를 쳐서 땅을 빼앗은 것이라는 이야기가 전해 오는데, 역사가들은 이 설을 부인한다. 오늘날까지 남아 있는 당대의 한 기록에 따르면 그는 "60길더에 해당하는 값을 주고 인디언들로부터 맨해튼 섬을 샀다"고 한다. 스태튼 섬을 샀을 때 미노이트는 옷감, 주전자, 도끼, 괭이, 송곳, 조가비 구슬, 구금(口琴, 입에 물고 손으로 튕겨 소리를 내는 악기-옮긴이)으로 가격을 치렀는데, 아마 맨해튼도 비슷한 방식으로 샀을 듯하다. 델라웨어의 추장들이 이 땅을 팔 권리나 있었는지, 혹은 영구적인 토지 소유권에 대한 개념을 알기나 했는지는 의심스럽다.

미노이트는 그 지역 네덜란드인 활동 중심지에 뉴 암스테르담을 세웠다. 그는 델라웨어와 모호크족과 우호적인 관계를 유지했으며, 1627년에는 뉴 플리머스의 총독 윌리엄 브래드퍼드에게 편지를 보내 북아메리카의 네덜란드와 영국 식민지 사이에 무역의 길을 열었다. 1637년에서 1638년에 걸쳐 그는 오늘날 델라웨어 주의 윌밍턴이 된 뉴 스웨덴 식민지 건설을 도왔다. 이곳은 1655년 네덜란드에 넘어갔다. **RC**

# 기독교 세계에서 가장 훌륭한 교회

교황 우르바누스 8세가 새로이 지은 로마의 산피에트로 바실리카를 봉헌한다.

▲ 1665년 로마 화파의 작품으로, 베르니니의 주랑과 더불어 보이는 산 피에트로 바실리카의 전경을 보여 준다.

▶ 〈로마 산 피에트로 바실리카의 세로 십자가 부분〉, 19세기 이탈리아 화파의 판화.

"내가 이 반석 위에
내 교회를 세우리니…
내가 천국 열쇠를네게 주리니 ….”

**마태복음 16장 18절–19절, 돔에 새겨진 글귀**

꼭대기에 웅장한 돔을 덮고 로마 시 위편으로 우뚝 솟은 새로 지은 산 피에트로 바실리카는 반종교개혁 시대 교황청의 모든 권위와 찬란함을 상징했다. 1506년 교황 율리우스 2세가 건축을 시작한 이래, 120년 동안 여러 세대에 걸친 로마인들이 건축 과정을 감독해 왔다. 1626년 교황 우르바누스 8세가 엄숙하게 건물을 봉헌할 때에도, 여전히 완공하기까지는 한참이 남아 있었다. 잔로렌초 베르니니가 설계한 성당 앞 광장은 1667년이 되어서야 완성되었던 것이다.

새 건물을 지은 자리에 전에는 콘스탄티누스 황제가 성 베드로가 묻혔다고 전해지는 자리를 기념하기 위해 4세기에 지은 바실리카가 있었다. 15세기 말이 되자 이 바실리카는 몹시 낡게 되었고, 더 훌륭한 건물을 짓자는 결정이 내려졌다. 루터가 1517년 비텐베르크에서 항의문을 게재한 것은 이 새 성당 건축 자금을 대기 위해 면죄부를 판매했기 때문이었다.

하이 르네상스의 거장인 건축가 브라만테가 새 바실리카 설계를 위한 공모전에서 입상했다. 라파엘로와 줄리아노 다 상갈로가 그의 뒤를 이었고, 그리스 십자가 형태의 원래 설계를 라틴 십자가 형태로 바꾸고 네이브를 확장했다. 1547년 교황 바오로 3세가 미켈란젤로를 설득해 작업을 맡게 했다. 미켈란젤로는 당시 70대였고 그다지 마음 내키지 않아 했으나, 건물의 많은 부분을 설계한 주요 건축가로 간주된다. 그는 이전 디자인을 통합해 가며 교회당의 본체를 다시 그렸다. 또한 돔을 짓기 시작했는데, 이 작업은 자코모 델라 포르타가 마무리했다. 안쪽 직경이 42m에 달하는 이 놀라운 구조물은 성 베드로가 잠들어 있다고 믿어지는 중앙 제단 위로 120m라는 엄청난 높이로 솟아 있다. **SK**

MEAM ET TIBI DABO CLAVES REGNI

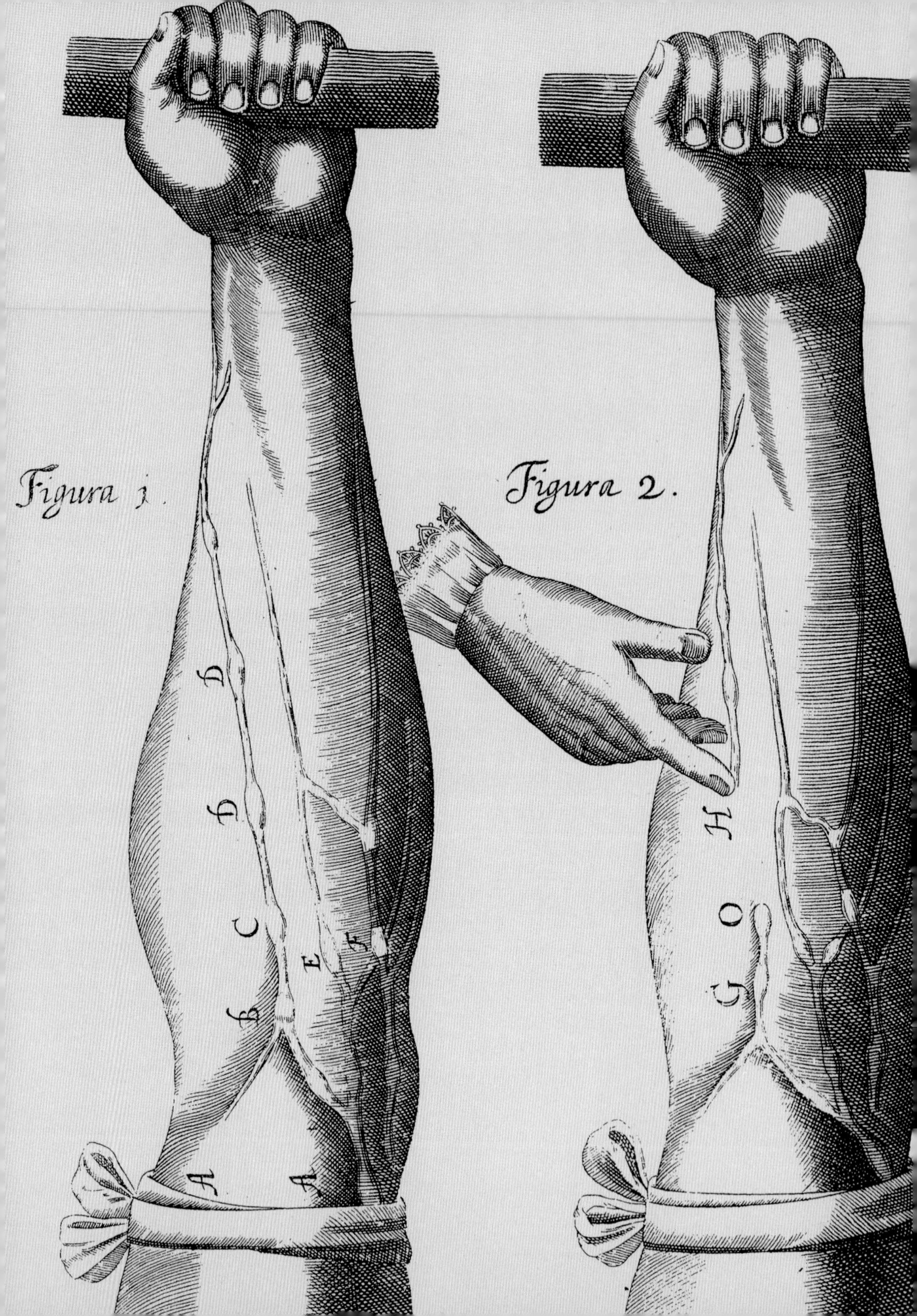
Figura 1.
Figura 2.
D
D
C
E
F
B
A
A
H
O
G

# 심장의 기능이 밝혀지다

**윌리엄 하비가 혈액은 심장의 펌프 작용에 의해 신체를 순환한다는 사실을 밝혀낸다.**

우리는 심장의 기능을 너무나 당연한 것으로 받아들이기 때문에 윌리엄 하비의 발견의 중요성이 어느 정도인지 잘 깨닫지 못한다. 『동물의 심장과 혈액의 움직임에 관한 해부학적 연구』라는 책을 통해, 그는 심장이 하나의 펌프이며, 혈액이 온 몸으로 순환하여 심장으로 되돌아오도록 한다는 사실을 밝혔다.

1578년 켄트 주의 포크스턴에서 태어난 하비는 유럽 최고의 의학 대학이라는 명성이 높았던 파도바 대학에서(이탈리아는 해부학 연구의 중심지라 간주되었다) 의학을 공부했고, 당대 뛰어난 해부학자인 히에로니무스 파브리쿠스(지롤라모 파브리치)의 제자가 되었다. 1602년 잉글랜드로 돌아온 그는 한 궁정 외과의사의 딸과 결혼했는데, 그가 런던의 세인트 바솔로뮤 병원에서 외과의사 자리를 얻은 데에는 처가의 영향력이 있었던 듯하다.

하비는 해부학에 지대한 관심이 있었다. 그는 혈액이 어떻게 심장을 지나가는지 알아내겠다고 마음먹고 지렁이며 곤충에서 포유류에 이르기까지 모든 종류의 생물을 해부해 보았으며 마침내 혈액 순환 체계에 대한 정확한 설명을 이끌어냈다. 저작을 통해 그는 전 유럽에서 유명해졌는데, 이는 오랫동안 정설로 받아들여졌던 갈레노스(129년경~216년)의 이론에 위배되었기에 전통주의자들, 특히 프랑스 학자들은 그의 발견을 비웃기도 했다. 1657년 하비가 사망한 지 몇 년 뒤, 마르첼로 말피기가 현미경을 사용해 육안으로는 알아볼 수 없지만 동맥과 정맥을 연결하는 모세 혈관의 존재에 대한 하비의 추론이 정확했다는 사실을 확인했다. **SK**

◀ 하비의 『동물의 심장과 혈액의 움직임에 관한 해부학적 연구』에 실린, 혈관 안의 판막의 존재를 보여 주는 1628년의 도해.



# 언덕 위의 도시

**존 윈스럽과 매사추세츠 베이 사가 보스턴을 세운다.**

뉴 플리머스에 정착한 이후, 필그림 파더스는 영국으로부터 새로 몰려드는 이주민들을 수용하기 위해 근처에 작은 정착촌을 건설하기 시작했다. 1628년 영국에 매사추세츠 베이사(社)가 설립되었다.

이 회사는 문서상으로는 상업 기업이었지만, 비국교도 청교도를 위한 또 다른 중심지를 마련하겠다는 의도가 숨어 있었다. 지도자 중 하나는 그로턴의 지주 존 윈스럽으로, 그는 영국 국교회를 비난하고 찰스 1세를 폭군으로 간주했다. 윈스럽은 회사의 총독으로 선발되었고 1630년 이주민들은 열한 척의 배를 타고 대서양을 건넜다. 윈스럽은 아벨라호에 타고

> "너희는 세상의 빛이라
> 산 위에 있는 동네가 숨겨지지
> 못할 것이요."
>
> **마태복음 5장 14절**

있었다. 그는 찰스 강의 편리한 항구를 갖춘 터를 골라 잉글랜드 링컨셔의 도시 이름을 따 보스턴이라는 이름을 붙였다. 아벨라호에서 설교할 때 윈스럽은 이주민들에게 다음과 같이 말했다. "우리는 언덕 위의 도시가 될 것이오. 모든 사람의 눈이 우리를 향하고 있소."

경건한 자, '성인' 같은 자만이 식민지 정부에서 투표를 하거나 참여할 수 있었다. 교회 출석이 의무적이었고 윈스럽은 도박, 신성 모독, 성적인 방종, 과도한 음주를 금지하는 법안을 발표했다. 모든 여성들이 베일을 써야 한다는 요구가 있었지만 그것만은 거절했다. 1630년대에는 이주민의 수가 급증했고, 1643년이 되자 매사추세츠 베이에는 2만 명 이상의 영국인이 살게 되었다. 보스턴은 그 지역에서 가장 번성하는 항구이자 도시가 되었다. **RC**

# 마그데부르크 습격

스웨덴 왕 구스타부스 아돌푸스가 원군을 보내지 못하여, 프로테스탄트 도시 마그데부르크는 신성 로마 제국 군대에게 약탈당한다.

30년전쟁의 첫 중대 전투는 1620년이었다. 이 때, 신성 로마 황제 페르디난트 2세의 가톨릭 동맹은 프라하 교외에서 벌어진 빌라호라 산 전투에서 프로테스탄트 연합의 지도자 프리드리히 5세를 물리쳤다. 그러나 독일의 프로테스탄트 제후국들이 남쪽으로부터 황제군의 진출에 대비한 보루로 남아 있기를 바란 스웨덴 왕 구스타부스 아돌푸스의 개입으로 프로테스탄트 측은 승산을 잃지 않을 수 있었다.

1630년, 황제 측 장군 고트프리트 폰 파펜하임 백작이 엘베 강에 있는 전략적 요지인 프로테스탄트 도시 마그데부르크를 포위했다. 마그데부르크는 구스타부스로부터 지원군을 기다리며 겨울 동안 포위를 버텨 냈다. 1631년 4월, 제국 군대의 총사령관 요한 틸리 백작은 스웨덴군이 다가오고 있다는 사실을 알고 2만 6천 명의 군사를 이끌고 파펜하임과 합류했다.

구스타부스는 루터파인 작센과 브란덴부르크 선제후의 우유부단함 때문에 신속하게 마그데부르크를 구하러 진격할 수가 없었다. 그들은 스웨덴 침략군에게 의존하기 싫은 마음과 신성 로마 황제의 지배를 받는 길 사이에서 갈등하고 있었던 것이다. 결국 파펜하임과 틸리는 마그데부르크 성벽을 뚫고 공격했다.

대부분이 외국 용병이었던 황제 군대는 이틀 동안 살인과 약탈을 자행했고 결국 도시는 불탔다. 군사들의 난동에 충격을 받은 틸리는 연기가 피어오르는 마그데부르크의 폐허에 여름 내내 떠나지 않고 머물러 있었고, 작센과 브란덴부르크 선제후는 끝내 황제군의 추후 공격을 막기 위해 구스타부스와 연합했다. 마그데부르크는 30년전쟁 때의 끔찍한 학살을 뜻하는 하나의 관용어가 되었고, 이후 여러 세기 동안 독일의 발전은 늦어졌다. **NJ**

◀ 1631년 5월 20일 틸리 장군이 이끄는 제국 군대의 마그데부르크 습격.

1631년 6월 17일

# 사랑에 바쳐진 기념물

**샤 자한 1세가 아내 뭄타즈 마할을 위해 타지마할을 건축한다.**

뭄타즈 마할—그녀를 몹시 사랑했던 남편이 내려 준 이름으로 '궁전의 가장 사랑스런 장식물'이라는 뜻이다—은 인도 대부분을 지배한 무굴제국의 5대 황제 샤 자한 1세의 세 번째이자 가장 총애하는 아내였다. 그녀가 14번째 아이를 낳다가 산고로 죽자 비탄에 빠진 그는 아그라에 타지마할 영모를 짓도록 명했다. 타지마할은 인도 이슬람 건축의 보석이자 세계의 경이 중 하나라는 평을 받는다.

뭄타즈 마할은 1593년 4월 아그라에서 페르시아 귀족의 딸로 태어났고 14세 때 당시에는 쿠람 왕자라 불리던 자한과 약혼했다. 둘은 1612년 5월, 그녀가 19세일 때 결혼했고, 1627년 자한은 아버지의 뒤를 이어 황제가 되었다. 시인들은 그녀의 아름다움과 덕성을 극구 칭찬했고 정치적 야망이 없는 정직함을 찬양했다. 남편은 그녀를 사랑하고 신뢰했으며, 여행이나 군사 원정을 떠날 때마다 데리고 다녔고, 심지어 그녀를 섭정으로 삼아 황제의 옥새인 무르 우자를 맡기기까지 했다.

> "세월의 뺨 위에서
> 티없이 밝게 빛나는 눈물
> 한 방울."
>
> **라빈드나라트 타고르(1861~1941년)**

높이 55m에 아름다운 돔 지붕을 얹은 건축물인 타지마할은 샤 자한이 아내의 죽음을 슬퍼하는 1년간의 공식 애도 기간을 마친 뒤 짓도록 명한 것이다. 비탄으로 인해 그의 머리칼은 때 이르게 하얗게 세어 버렸다고 한다. 2만 명의 인부가 22년간 공들여 일한 끝에 1653년에 건축물을 완성했다. 1666년 사망했을 때, 자한은 타지마할에있는 사랑하는 아내 곁에 묻혔다. **NJ**

1632년 11월 16일

# '북방의 사자'가 죽다

**뤼첸 전투에서 구스타부스 아돌푸스가 전사한다.**

스웨덴 왕 구스타프 2세 아돌프, 라틴식으로 하면 '구스타부스 아돌푸스'는 탁월한 군사 지휘력에 대한 찬사로 '북방의 사자'라는 별명을 얻었다. 1630년 그는 스웨덴군을 이끌고 독일로 가 합스부르크 제국과 가톨릭 연맹에 대한 프로테스탄트의 저항 정신을 되살림으로써 30년전쟁의 전세를 뒤바꾸어 놓았던 것이다. 호전성과 기동력, 최대한의 화기 이용, 기병대 돌격을 이끄는 힘 등이 그의 특징이었다.

1632년 작센의 뤼첸에서 구스타부스가 상대했던 적은 황제군 사령관인 발렌슈타인으로, 그는 연이어 전공을 세운 오만한 장군이었다. 발렌슈타인은 근처 라이프치히의 겨울 야영지로 물러나는 중이었는데, 구스타부스는 이를 공격 기회로 삼았고, 발렌슈타인은 발길을 돌려 전투를 벌여야만 했다. 화약 연기와 안개가 자욱한 가운데 약 4만 명이 격돌했다. 스웨덴 보병대는 참호를 파고 숨어 사격과 대포 공격을 가하는 황제군 진영으로 진격했다가 커다란 피해를 입었다. 치열한 전투 속에서 구스타부스가 전사했지만 누구도 이를 눈치 채지 못했다.

> "나는 내 생명을 내걸고
> 그대들과 함께 피를 흘릴 준비가
> 되어 있다."
>
> **구스타부스 아돌푸스가 뤼첸에서 부하들에게**

구스타부스가 전사했음에도, 스웨덴군이 승리했다. 대규모 학살 속에서 황제군은 반 정도가 죽었고 발렌슈타인은 작센에서 철수해야만 했다. 그러나 승리는 스웨덴에게 기쁨보다 더 큰 비탄을 안겨 주었다. 뤼첸 전투는 언제까지나 전장에서 쓰러진 6천 명과 그들의 왕을 잃어버린 전투로 기억될 것이다. **RG**

# 갈릴레오가 고문의 위협에 자신의 주장을 철회하다

종교재판소가 갈릴레오를 로마로 소환해 이단 혐의로 재판장에 세운다.

▲ 1633년 바티칸 종교재판소 재판장들 앞에 선 갈릴레오 갈릴레이, 조세프-니콜라 로베르-플뢰리의 1847년 작품.

이 사건은 역사 속의 유명한 재판 중 하나였다. 한편에는 신이 움직이지 않는 토대 위에 지구를 두었다는, 성경의 문자 그대로의 진리를 주장하는 종교재판소가, 다른 한 편에는 지구와 다른 행성들이 태양 둘레를 돈다는 코페르니쿠스 이론을 신봉하는 갈릴레오가 있었다. 주장을 철회하지 않으면 고문을 가하겠다는 강요에 못 이겨 갈릴레오는 시키는 대로 했다. 그는 꿇었던 무릎을 펴고 일어서면서 "에푸르 시 무오베(Eppur si muove: 그래도 지구는 돈다)"라고 중얼거렸다고 하는데, 실제로 그랬다는 증거는 없다.

로마 가톨릭인 갈릴레오는 1616년 벨라르미노 추기경으로부터 코페르니쿠스 이론을 '지지하거나 옹호하지 말라'는 경고를 받았다. 그러나 교회에서 공식적으로 코페르니쿠스 주의를 단죄한 적은 한 번도 없었으며, 오래 전부터 갈릴레오의 후원자였던 마페오 바르베리니 추기경은 1623년 교황 우르바누스 8세로 선출되자 갈릴레오에게 코페르니쿠스 사상을 '가설적으로' 다루기만 한다면 우주에 대한 이론을 집필해도 좋다고 허락했다. 그리하여 『두 개의 주된 우주 체계에 관한 대화』는 1632년에 출간되었다. 살비아투스(갈릴레오를 대변함)와 심플리키우스(골수 아리스토텔레스 지지자)가 재치 있는 대화를 주고받는 형식을 취하고 있다. 당연히 살비아투스의 주장이 더 논리정연하고 심플리키우스는 바보처럼 묘사된다.

갈릴레오는 로마로 소환되었고 이단 혐의로 재판을 받으라는 명을 받았다. 종신형을 선고받았지만 이후에 피렌체 근교 아르체트리에 있는 자택에 연금당하는 것으로 감형되었다. 자택에서 그는 눈이 완전히 멀어 버린 뒤에도 연구와 집필 활동을 계속했다. 그는 1642년 1월 8일에 사망했다. **SK**

# 일본이 고립을 택하다

도쿠가와 이에미츠 막부는 일본의 모든 해외 교류를 금지한다.

〈스에요시의 평저선(平底船)〉. 목판에 채색. 1633년의 편액(扁額). 1635년 쇄국령 전에는 이러한 배들이 정기적으로 교역을 했다.

16세기에 일본은 점점 더 늘어가는 외부 세계와의 무역을 크게 환영했고, 신기술이며 시계나 화기 같은 물건은 지배 계층 사이에서 큰 인기를 끌었다. 이와 더불어 일본 전통 종교 속에는 기독교가 자리를 잡았고, 16세기 말엽에는 기독교로 개종한 일본인 수가 약 50만 명에 이르렀다. 그러나 1600년부터 도쿠가와 막부 아래서 추세가 바뀌게 되었다. 막부는 기독교 박해를 시작하여 수천 명의 가톨릭 선교사와 개종자를 처형했고, 일본인에게는 기독교 예배를 금지했다.

쇼군 도쿠가와 이에미츠(德川家光)는 여러 차례의 법령 끝에 결국은 1635년 쇄국(鎖國)령을 내려 외부 세계와의 모든 교류를 금지했다. 일본 국민은 외부로의 여행이나 외국과의 무역을 금지 당했고 어길 시에는 사형에 처해졌다. 외국인들은 예전에는 일본 기독교와 외국인 거주지의 중심지였던 나가사키 시의 해안에 있는, 출입이 엄격히 통제된 데지마 섬에만 상륙할 수 있었다. 두 포르투갈인이 쇄국령을 풀어 달라고 호소하러 일본에 왔다가 처형당했다.

이러한 외국 혐오적인 법 덕분에 무술, 다도, 신도(神道) 등 일본의 자국 내 문화는 크게 발달했지만, 기술과 경제는 퇴보했다. 이후 쇄국 정책은 계속되다가 1850년대에 들어서야 미군 제독 페리와 메이지(明治) 왕조가 외교 관계를 완화하고 제한적인 개방과 무역을 가능하게 했다. **NJ**

# 아카데미 프랑세즈 설립

프랑스어의 공식 수호기관인 아카데미 프랑세즈는 거의 400년이 지난 지금까지도 원래의 역할을 다하고 있다.

◐ 〈리슐리외 추기경, 아르망-장 뒤 플레시의 초상화〉, 캔버스에 유화, 필리프 드 샹파뉴, 1639년경.

아카데미 프랑세즈는 매우 프랑스적인 기관이다. 루이 14세가 최고 재상이자 프랑스 절대 왕정 확립의 공헌자인 리슐리외 추기경의 거듭되는 간청에 창설한 이 단체는 프랑스 문학의 고전주의 시대에 프랑스 문법과 철자를 확립했다. 1698년에는 공식 프랑스어 사전을 출간했고, 그 후로 일곱 차례 개정판이 나왔다.

17세기 프랑스에서는 왕실의 후원이 대중적 취향을 결정했고, 루이 14세의 재무장관 장-밥티스트 콜베르는 회화와 조각(1648), 각인과 메달(1663), 과학(1666), 건축(1671) 등 비슷한 아카데미를 설립했다. 이러한 아카데미는 프랑스 혁명이 발발하자 폐지되었지만, 나폴레옹 보나파르트가 프랑스 학술원이라는 이름으로 재설립했다. 아카데미 프랑세즈는 프랑스어 어법, 문법, 어휘에 대한 프랑스 최고의 권위 기관으로 남아 있다. 외래어의 침투를 단속하고 있도하다. 예를 들어 다른 나라에서도 흔히 쓰는 영어 단어인 '컴퓨터' 대신 '오르디나퇴르(ordinateur)', '소프트웨어' 대신 '로지시엘(logiciel)', '이메일' 대신 '쿠리엘(courriel)' 등 프랑스어를 쓰도록 하는 것이다.

아카데미의 회원은 '불멸의 지성'이라 불린다. 회원 수는 항상 40명으로 제한되어 있고, 기존 회원의 추천과 투표로 선발된다. 나폴레옹 시대 이후로 이들은 행사가 있을 때면 자수가 놓인 제복을 입고 칼을 찬다. 아카데미 회원의 대부분은 작가지만, 뛰어난 정치가, 외교관, 변호사, 성직자 등도 뽑힐 수 있다. 아카데미 프랑세즈의 창설 이후 700명의 종신회원이 있어 왔지만, 이중 여성은 고작 4명 뿐이다. **SK**

1640년 6월 7일

# 카탈루냐의 반란

**카탈루냐가 독립 노선을 택해 카탈루냐 공화국을 선포한다.**

오래 전부터 카탈루냐는 카스티야의 지배가 너무 압제적이라고 느껴 왔다. 바르셀로나 주는 12세기에 아라곤 왕국의 일부가 되었으나, 그 고유한 권리를 계속 보유해 왔고 중세 중기(11~13세기-옮긴이)에는 문화가 융성하고 강력한 해상권을 지닌 무역 중심지가 되었다. 이 지역은 지중해와 접하고 있었기 때문에 스페인의 신세계 식민 제국 건설로 붐이 일어났을 때 거의 덕을 보지 못했고, 펠리페 2세가 카탈루냐에서 누리는 자치권을 빼앗으려 했기 때문에 그의 재위 기간에 사회적이고 정치적인 문제가 발생했다. 30년 전쟁 기간 동안 마드리드와의 갈등은 되살아났다. 총리인 올리바레스 백작이 카탈루냐 지역에 무거운 세금을 물렸고, 피레네 산맥 동부에 있는 카탈루냐의 주(州) 루시용 지방을 두고 프랑스와 분쟁이 일어나자 스페인의 많은 군사를 먹이고 재워야 했기 때문이었다.

1640년 6월 7일, 성체 축일이었던 그날 '피의 성체' 봉기가 일어났다. '미켈레트'라는 이름의 민병대가 이 자발적인 농민 봉기를 이끌어 바르셀로나로 행군했다. 여러 명의 왕실 관리가 죽었고 집은 약탈당했다. 카스티야에서 공격을 받을 위기에 처하자, '헤네랄리타트', 즉 자치 정부 의회의 회장 파우 클라리스는 프랑스의 보호를 받는 카탈루냐 공화국을 선포했다. 1641년 1월 몬트주이크 전투에서 스페인 국왕의 군대와 싸워 이겨 공화국을 유지할 수 있었다. 클라리스는 그 얼마 후에 죽었고, 카스티야 군대가 바르셀로나를 점령할 위기에 처하자 프랑스의 루이 13세가 바르셀로나의 루이스 1세로 선포되었다. 이후 12년간 이어지게 되는 이 싸움에는 '수확자들의 전쟁'이라는 이름이 붙었으며, 1659년 피레네 평화조약에 의해 프랑스가 루시용을 병합하고 바르셀로나는 그대로 스페인 소유로 남게 되면서 끝이 났다. **PF**

1640년 12월 1일

# 포르투갈의 독립

**8대 브라간사 대공이 포르투갈의 주앙 4세로 선출된다.**

1581년 펠리페 2세의 침략 이후 60년간 스페인 제국에 합병되었던 일로 포르투갈인은 자존심에 상처를 입었으나, 그 외에 그다지 잃은 것은 없었다. 포르투갈인들은 스페인 국고에 돈을 대출 필요도 없었고, 스페인 왕실은 포르투갈의 해양 수비와 브라질로 가는 대서양 항로를 강화해 주었다. 많은 포르투갈인이 스페인-아메리카 무역에 끼어들어 부자가 되었다. 합스부르크 왕가 편인 포르투갈 귀족들은 두 왕실이 하나로 합쳐짐에 따라 작위와 관직을 받고, 경제적 이익까지 얻어 굳이 독립하고 나설 계획이 없었다.

스페인-아메리카 경제가 침체하고 합스부르크 왕국이 대외 전쟁에 휘말려 생긴 어려움을 덜기 위해 펠리페 4세가 관직에 카스티야 인을 더 많이 앉히려 하자 상황이 변했다. 이러한 변화는 포르투갈의 이익을 완전히 무시한 처사였으며, 설상가상으로 포르투갈인은 이러한 전쟁 때문에 강제로 세금을 내야 했던 것이다.

1637년 민중 봉기가 일어났지만, 카스티야 군대에 의해 신속하게 진압되었다. 스페인이 더 큰 공격을 가할까 두려웠던 귀족들은 쿠데타를 계획했다. 1640년 사건의 촉매가 된 사건이 일어났다. 올리바레스 백작이 포르투갈의 대지주인 브라간사의 동 주앙에게 수천 명의 포르투갈 군사를 카탈루냐에서 일어난 반란을 진압하는 데 가세시키라고 압력을 넣었던 것이다. 공모자들—안투니우 바스 데 알마다, 미겔 데 알메이다, 그리고 주앙 핀투 리베이루—은 국무장관인 미겔 데 바스콘셀루스를 암살하고 포르투갈 총독인 사보이의 마르가리다를 투옥했다. 동 주앙은 왕으로 선포되었고, 스페인 주둔군은 쫓겨났다. 네덜란드와 프랑스와 싸우느라 모든 군사가 묶여 있던 스페인은 그저 바라볼 수밖에 없었다. **JJH**

# 걸작의 완성

**렘브란트가 자신의 작품 중 가장 크고 유명한 〈야경〉을 완성한다.**

비평가들은 오래 전부터 렘브란트의 〈야경〉을 북유럽 미술의 최고 걸작 중 하나라 평해 왔다. 새로 지은 웅장한 암스테르담의 도시 민병대 본부 건물에 걸기 위해 주문한 이 작품은 프란스 반닝 코크 대장과 그 대원들을 그린 단체 초상화로, 잘 차려입고 무장을 한 민병들이 거리를 행진하는 모습을 담고 있다. 〈야경〉이라는 제목은 18세기에 붙었는데, 그림에 칠한 니스가 검게 변한 것을 보고 밤의 장면이라 잘못 여겼기 때문이다.

이 작품을 완성했을 때, 렘브란트 하르멘스존 반 레인은 명성의 절정에 올라 있었다. 그는 1609년 레이덴에서 태어났고, 암스테르담에 정착하여 역사나 성경을 주제로 한 그림과 초상화 부문에서 천재적인 재능을 지닌 화가라는 명성을 쌓았다. 항상 새로운 효과를 찾았던 그는 〈야경〉에서 단체 초상화를 그리는 관습적인 규범을 완전히 뒤엎었다. 흔히 하듯 인물을 한 줄로 배열하는 대신, 머스킷 총과 창으로 무장한 한 무리의 사나이들이 어두운 아치 안에서 걸어 나오는, 넓고 복잡하면서도 역동적인 장면을 창조해 낸 것이다. 한 사람은 북을 치고, 기수는 깃발을 휘날리고 있으며, 앞에서는 주도적 인물인 반닝 코크가 부하들에게 앞으로 나아가라고 재촉하고 있는 듯하다. 이 역동적인 구조를 통해, 작품은 새로 탄생한 네덜란드 공화국의 번영을 이끄는 상업 중심지이던 암스테르담의 독립적인 기개와 시민적 긍지를 압축하여 보여 준다.

〈야경〉은 렘브란트의 이력이 최고점에 달했던 시기의 작품이었으며 그 이후로는 주문이 줄어들기 시작했다. 그는 1669년 63세의 나이로 죽었다. **SK**

◀ 렘브란트의 〈야경〉(1642년)의 일부. 프란스 반닝 코크 대장의 민병대를 그린 단체 초상화.



# 내란의 발발

**찰스 스튜어트가 군대를 일으켜 영국 내전을 촉발한다.**

어느 폭풍우 치던 여름날이 저물어 갈 무렵, 몸집 작고 냉담한 성격에 인망이 없던 잉글랜드와 스코틀랜드의 왕 찰스 1세는 한 무리의 귀족과 함께 노팅엄 성의 가장 높은 탑 꼭대기에서 왕기(王旗)를 들었다. 그는 충성스런 신민들에게 자신과 함께 군주의 대권에 대적하는 이들과 싸우자고 청했다. 전통적인 군대 동원령이었다.

찰스와 함께 있던 여러 연대는 각자 자신의 깃발을 들었지만, 고작 몇 명만이 그의 편을 들기 위해 왔을 뿐이었다. 의회파는 몇 주 전부터 그들의 군대를 모집하기 시작했다. '적국 없는 전쟁', '3왕국 전쟁(스코틀랜드와 아일랜드에서도 전투가 있었기 때문이다)'의 일부며, 종종 '영국 내란'이라고도 불린 이 싸움은 이미 시작되었다. 일단 자신의 결의를 내보이고 난 후, 찰스는 잠시 동안 무성의하게 런던의 의회파와 평화협정을 맺어 보려고 시도했다. 그는 투사형 인간은 아니었지만 자신에게 대적하는 이들에게 도전할 수 있는 신이 준 권리를 갖고 있다고 믿었다. 런던에는 그에 대한 적대감이 팽배했으므로, 그는 전투가 지속되는 동안 옥스퍼드를 새로운 수도로 삼았다. 두 달 후인 10월 23일, 워릭셔의 에지힐에서 처음으로 대규모 교전이 벌어졌으나 이렇다 할 결말 없이 끝났다. 그 이후로도 전투는 계속되어, 결국에는 1649년 1월 왕이 화이트홀의 자기 궁전 밖에서 공개 처형당하는 전례 없는 결과를 낳게 된다. **PF**

> "잉글랜드의 어느 누구도
> 나보다 더 자유를 더 옹호하지는
> 않을 것이오."
>
> **찰스 1세, 처형대에서, 1649년 1월 30일**

# 유럽이 뉴질랜드를 발견하다

자신의 이름을 따 '태즈메이니아'가 된 섬을 발견한 이후, 네덜란드 탐험가 아벨 타스만은 새롭고 더 큰 땅덩이를 발견한다.

1603년에 태어난 아벨 타스만은 네덜란드가 유럽의 해상 무역 강국으로 위세를 떨칠 때 네덜란드 동인도 회사에서 일했다. 1634년 그는 한 원정대의 부사령관을 맡아 포르모사(오늘날의 대만)에 갔다. 1641년에는 일본, 1642년에는 수마트라를 여행하기도 했다. 그해 말, 타스만은 그 존재가 한 번도 밝혀진 적이 없는 태평양의 전설적인 '남쪽 땅'을 찾아 탐험대를 이끌었다.

타스만은 11월 24일 태즈메이니아의 서쪽 해안을 발견했고, 네덜란드 동인도 회사의 총독인 안톤 반 디멘의 이름을 따 명명했다. 북쪽으로 항해할 생각이었으나 계절풍 때문에 배는 동쪽으로 밀려갔다. 12월 13일 그는 유럽인 최초로 뉴질랜드 남섬을 목격했으며 그곳이 아르헨티나의 스타텐 섬과 이어져 있다고 잘못 생각하여 스타텐란트라고 이름 지었다. 북쪽으로 항해하던 중 선박 한 척이 마오리족 원주민의 공격을 받았으며, 선원 네 명이 살해당했다. 타스만은 그 지점에 '살인자들의 만(오늘날은 '황금의 만'이 되었다)'이라는 이름을 붙였다. 돌아오는 길에 그는 세 번째로 통가 군도를 발견했다.

1644년, 타스만은 오스트레일리아 북쪽 해안의 지도를 작성했다. 그는 바타비아에 정착해 네덜란드인 거주지를 이끄는 부유한 인물이 되었다. 그의 말년의 유일한 흠은 한 선원을 재판도 없이 교수형에 처하여 벌금형을 받고 강등당한 일이었다. 그는 1659년에 사망했다. 타스만의 항해를 통해 네덜란드 무역이 크게 팽창하지는 않았으며, 유럽인들은 대략 백 년이 지나서야 태즈메이니아와 뉴질랜드를 다시 찾았다. 그러나 타스만은 위대한 해양 탐험가이자 발견자 중 하나로 남아 있다. **NJ**

◀ 17세기 네덜란드 화파의 아벨 얀스존 타스만(1603~1659년경)의 초상화.

1643년 5월 19일

# 스페인의 패배

**로크루아 전투에서 프랑스가 스페인을 이겨 유럽 내에서 세력을 굳힌다.**

푸엔테스 백작 프란시스코 데 멜로가 지휘하는 2만 7,000명의 스페인 침략군이 플랑드르에서 아르덴을 거쳐 프랑스의 로크루아를 포위했다. 21세의 앙갱 공작은 포위를 풀기 위해 2만 3,000명의 군사를 이끌고 행군했다. 한 도망병으로부터 6,000명의 스페인 지원군이 오는 중이라는 말을 듣고, 앙갱 공작은 도시가 내려다보이는 봉우리 위에 자리를 잡은 후 삼림과 늪지가 가득해 꿰뚫을 수 없는 지대로 난 좁은 길을 통해 새벽에 기습 공격을 명했다. 스페인군은 전통적인 사각형 대열로 정렬하여 재빠르게 반격했다. 프랑스군이 중앙과 좌측에 가한 공격은 실패로 돌아갔으나,

> "스페인의 왕들은
> 영토를 지키려고 하기보다
> 파괴하려고 애써왔던 것 같다."
>
> **루이 14세**

앙갱은 기병대가 우측을 공격해 얻은 성공을 잘 이용해 스페인군을 에워쌌고, 뒤편으로부터 몰아가며 공격을 가했다. 스페인 기병대는 패주했으나, 보병대는 대열을 무너뜨리지 않고 끈질기게 버티다가 프랑스 편의 대포에 의해 격파 당했다. 항복을 청하는 몸짓을 오해하는 불상사가 일어나는 바람에 더 큰 참사가 벌어졌다. 스페인군의 사상자는 1만 5,000명, 프랑스는 4,000명이었다.

로크루아 전투는 스페인 육군이 100년 만에 처음 겪은 크나큰 패배였다. 이 전투는 프랑스가 강대국으로 떠올랐음을 알리는 신호탄이 되었으며, 이후 '르 그랑 콩데'로 알려지게 되는 앙갱에게는 눈부신 군사적 공적이 되었다. 1659년 피레네 조약을 통해 전쟁은 끝나고, 프랑스는 새로운 지위를 인정받게 된다. **NJ**

1644년 4월 25일

# 명나라의 멸망

**반란군이 북경을 점령하자 명나라 숭정제는 자결한다.**

1628년 왕위에 올랐을 때, 명나라 최후의 황제 숭정제(崇禎帝)는 부패하고 무능한 정부, 만리장성 재건 비용을 대느라 바닥난 국고, 기아(飢餓)를 물려받았다. 도적 떼가 만연하고 농민 반란이 일어나면서 중국은 혼란 상태로 빠져 들어갔다.

1644년, 만주족이 만리장성을 뚫고 침입해 40개의 도시를 약탈했다. 4월 반란군 지도자이며 맹장(闖將)으로 알려진 이자성(李自成)이 손쉽게 북경을 점령했다. 숭정제는 술을 마시고 궁전 곳곳을 뛰어다니며 모든 이에게 자결을 명했다. 황후는 자결했고, 숭정제는 딸과 자기 첩들을 죽였다. 4월 25일 새벽이 밝아

> "… 반란군의 나의 수도를
> 차지하였으니 … 조상을 뵐 면목이 없어
> 나는 죽노라."
>
> **숭정제가 옷에 적어 남긴 마지막 말**

오자 그는 궁 뒤편의 언덕에 올라갔다. 그리고 의관을 벗고는 나무에 목을 매어 자결했다. 이자성은 스스로를 순(順) 왕조의 첫 번째 황제라 선포했다.

이자성이 자기의 애첩을 빼앗아간 일로 화를 품고 중국 전역의 혼란에 위기를 느낀 명나라 장군 오삼계(吳三桂)는 만주족 황제 도르곤을 끌어들여 반란군을 진압하기로 했다. 만주족이 들어올 수 있도록 만리장성의 산해관(山海關) 문을 열었고, 만주족은 이자성을 쓰러뜨리고 6월에 북경을 점령했다. 이자성은 자결했다. 도르곤은 십대의 조카인 복림(福臨)을 순치제(順治帝)라는 이름으로 청나라 최초의 황제로 삼았다. 청나라는 1911년까지 중국을 지배하게 된다. **JH**

# 네이즈비 전투에서 왕당파가 패배하다

잉글랜드 네이즈비에서 토머스 페어팩스 경 휘하의 '신모범군'이 찰스 1세의 군대에게 패배를 안긴다.

1643년 6월 노샘프턴셔의 네이즈비에서 벌어진 전투는 영국 내란에서 결정적인 순간이었다. 의회파에서 최근에 창설한, 토머스 페어팩스 경이 이끄는 '신모범군'은 레스터 공격 이후 남쪽으로 향하던 왕당파 군대와 맞붙기 위해 옥스퍼드에서 북쪽으로 진격해 나갔다. 왕당파의 숫자는 9,000명으로, 의회파의 1만 4,000명에 비해 열세였다.

양편은 중앙에 머스킷 총과 창으로 무장한 보병을 두고 측면에 기병대를 배열했다. 찰스 1세의 군사 사령관인 루퍼트 경은 기병대 돌격을 이끌어 의회파 진영의 좌익을 물리쳤다. 왕당파 보병대가 돌격했고, 한 차례의 머스킷 일제 사격이 있은 후 보병들은 창으로 접근전을 벌였다. 루퍼트의 기병대가 의회파 보병대의 움직임을 돌아보기만 했어도 그는 승리를 거둘 수 있었을 것이다. 그러나 루퍼트의 부하들은 돌격을 계속해 후면까지 너무 깊숙이 들어갔다. 다른 쪽 측면에서는 페어팩스의 기병대 중장인 올리버 크롬웰이 꾸준하고 결연한 구보로 접근해 왕당파 보병대를 공격하기 시작했다. 보병이 학살당하자 왕은 자신이 거느리고 있던 예비 병력을 지고 있는 전투에 투입하지 못하고 살기 위해 전장에서 달아났다.

승리를 거둔 신모범군은 절제력을 보이지 않았다. 그들은 왕당파 군사와 군대를 따라온 시중드는 여자들까지 마구 베었으며, 죽은 자와 죽어 가는 자들의 물건을 챙기느라 정신이 없었다. 전투가 끝나자 수천 명이 전리품을 감추기에 급급해 달아나 버렸다. 군사적인 면에서 왕당파는 승산을 잃었지만, 찰스는 한참 지나서야 이 사실을 깨닫게 된다. **RG**

▶ 토머스 페어팩스 장군, 캐머런의 페어팩스 남작 3세, 1645년경의 모습. 출처는 1754년의 한 삽화.

◀ 1645년 영국 내란 중 벌어진 네이즈비 전투의 한 장면.

1647년 10월 28일

# 푸트니의 토론

**영국이 의회 민주주의를 향해 한 발을 내딛는다.**

푸트니 논쟁은 1차 내란(영국 내란 중 1642~1646의 시기–옮긴이)에서 의회파가 승리를 거둔 후, 1647년 10월 28일에서 11월 11일까지 런던의 푸트니 교구 교회에서 벌어졌다. 논쟁은 의회파 신모범군의 두 주요 분파 사이에서 일어났다. 우위를 점하던 '그란데(스페인 귀족 중 가장 높은 신분을 칭하는 말. 영국 내란에서는 군대 고관들의 입장을 일컬음–옮긴이)'의 논객은 올리버 크롬웰의 사위 헨리 아이어턴이었고, 급진파인 '레벌러('수평파', 민중 주권과 균등 분배를 주장함–옮긴이)'에서는 네 명의 논객이 참여했다. 토머스 레인즈버러 대령과 그의 동생 윌리엄, 존 와일드맨, 에드워드 섹스비였다. 크롬웰 자신은 의장을 맡았다.

> "나는 영국에서 가장 가난한 자도 가장 지체 높은 자와 같이 영위할 수 있는 삶을 지니고 있다고 생각하오."
>
> **토머스 레인즈버러 대령, 푸트니 논쟁에서**

레벌러 측에서는 "국민 협정"과 "진실하게 서술한 군대의 실상"라는 팸플릿에 실은 그들의 주장을 기초로 하여 급진적인 요구를 내걸었다. 의회의 권한이 국왕 통치를 대체해야 하며, 재산에 관계없이 모든 남성이 선거권을 가져야 하고, 2년마다 의회를 열 것이며, 선거구를 동등하게 정할 것 등의 주장이었다.

2주간 지속되던 논쟁은 찰스 1세가 햄프턴 궁전을 탈출해 와이트 섬으로 달아났다는 소식이 당도하는 바람에 중단되었다. 의회파 군대의 레벌러 군사들은 반란을 일으켰으나 페어팩스, 크롬웰, 아이어턴은 신속하게 진압했다. 토머스 레인즈버러는 살해당했고, 대세는 레벌러의 편이 아니었다. 레벌러가 내걸었던 이상들은 여러 세기 동안 민주적인 권리를 위한 급진적인 투쟁으로 기억에 남았다. **NJ**

1648년 8월 26일

# 1차 프롱드의 난

**프랑스에서 계속되던 갈등이 두 차례의 반란으로 그 정점에 오른다.**

'르 그랑 콩데'로 알려진 루이 2세 드 부르봉이 이끄는 프랑스군이 8월 20일 랑스에서 스페인군을 상대로 승리를 거두었다는 소식이 파리에 도달하자, 프랑스의 실질적인 통치자 쥘 마자랭 추기경은 기운이 솟아 행동을 개시했다. 그는 프랑스 '파를망(Parlement)'—근대적인 의미의 '의회'가 아니라, 귀족 계급의 오랜 특권을 보호하는 단체—의 우두머리들을 체포했다. 그들은 마자랭이 프랑스가 30년전쟁에 참여하면서 드는 비용을 대기 위해 물린 세금에 반대해 왔던 것이다. 귀족들은 이에 대항해 파리 군중을 선동해 반란을 일으켰고, 소위 '파를망의 프롱드의 난'을 일으켰다. 프롱드라는 이름은 돌을 던져 마자랭의 창문을 깰 때 썼던 투석기에서 유래한 것이다. 추기경은 물러나야만 했다.

> "우리처럼 점잖은 이들이 악당 한 녀석 때문에 스스로 파멸을 자초하고 있다니 유감이오."
>
> **콩데가 튀렌 원수에게 마자랭 추기경을 겨냥해 한 말**

마자랭은 1648년 10월 베스트팔렌 조약에서 성공적인 협상을 이끌어내 30년전쟁의 부담을 덜어 왕권 강화에 이바지했다. 두 번째 프롱드의 난인 '귀족의 프롱드의 난'은 1653년에 끝났는데, 이전보다 더 오래 지속되었고 많은 이가 희생된 복잡한 사건이었다. 콩데와 튀렌의 지휘하에 왕당파와 귀족 세력은 서로 파벌이 갈려 싸웠다. 왕의 군대가 파리를 점령하면서 난은 끝났고, 왕권이 강화되는 결과를 초래했다. 루이 14세의 기나긴 절대주의 왕정은 그 절정을 이루었다. 마자랭은 1661년 사망할 때까지 통치를 맡았고, 프롱드의 난이 남긴 기억으로 루이 14세는 무정부주의 상태를 공포에 가까울 정도로 혐오하게 되었다. **NJ**

# 베스트팔렌 조약 체결

이 조약은 30년 전쟁의 막을 내리고 국제 외교의 본보기가 된다.

〈1648년 뮌스터 조약 체결 때의 서약 맹세〉, 헤라르트 테르보르흐(1617~1681년).

30년전쟁의 발단은 가톨릭을 신봉하는 신성 로마 황제 페르디난트 3세와 보헤미아, 작센, 라인란트의 프로테스탄트 독일 제후와 선제후 사이의 종교적이고 정치적인 자유를 둔 분쟁이었다. 결말이 나지 않던 이 싸움에 차차 다른 세력 스페인과 스웨덴을 비롯해 마침내 프랑스까지 가세했다. 베스트팔렌 조약은 독일 군주들에게 자기 영지의 종교를 결정할 수 있는 권리를 돌려주었고, 루터주의뿐만 아니라 칼뱅주의도 인정하여, 영지 내의 소수 종파에도 종교의 자유를 보장했다. 이 조약을 통해 다른 나라의 국내 문제에 외부 세력이 개입하지 못하게 되었고, 알자스-로렌 국경 지방은 프랑스 차지가 되었으며 스웨덴은 독일 북부의 항구에 대한 지배권을 얻었다. 바이에른, 보헤미아, 오스트리아는 그대로 신성 로마 제국 소유로 남았다.

조약 체결의 뒤에서 외교술을 발휘한 장본인은 소년 왕 루이 14세를 대신해 프랑스 섭정을 맡고 있던 마자랭 추기경이었다. 조약은 다섯 달의 간격을 두고 두 차례에 걸쳐 맺어졌다. 오스나브뤼크 조약(5월 15일)과 뮌스터 조약(10월 24일)이었다. 프로테스탄트와 가톨릭 대표단이 서로 얼굴을 맞대기 싫어했기 때문에, 기나긴 외교 협상을 통해 두 개의 도시에서 조약을 체결해야 했던 것이다. 스페인, 프랑스, 스웨덴, 신성 로마 제국은 물론 독일의 여러 제후와 연방국(네덜란드 공화국), 스위스 연합에서도 대표자가 참석했다. 베스트팔렌 조약은 이처럼 전 유럽에 걸친 외교 회합으로서는 최초였으며, 오래 지속되던 분쟁을 가라앉히기 위해 포괄적인 해결책을 내놓은 최초의 시도였다. **NJ**

# 찰스 스튜어트가 목을 잘리다

잉글랜드의 왕이 반역죄로 참수되고 군주제는 공화정이 된다.

◐ 〈1649년 화이트홀에서 잉글랜드의 왕 찰스 1세의 처형〉, 1730년의 판화, 베르나르 피카르.

싸늘한 1월의 아침, 떠는 모습을 보이지 않기 위해 실크 셔츠 한 장을 더 걸친 찰스 1세는 자신의 궁전 화이트홀의 화려한 연회장을 지나 바깥에 있는 급조된 나무 처형대로 호송되어 갔다. 수많은 군중을 상대로 그는 위엄 있는 연설을 하고, 복면을 한 사형 집행인에게 용서의 말을 남기고—그의 정체는 아직까지 논란거리다—처형대에 머리를 얹었다. 당대의 기록이 전하는 바에 따르면, 단 한 번의 일격에 머리가 깨끗이 잘리자 군중들은 투덜거렸다. 몇몇 이들은 흘러나와 고인 피에 손수건을 담가 적셨다고 한다. 도끼의 일격과 함께 잉글랜드는 공화국이 되었으며, 군주제의 사상에 충성을 다하는 이들에게 찰스는 순교자가 되었다.

사형 전 주에는 웨스트민스터 홀의 특별 법정에서 왕을 반역죄로 재판한다는, 전례 없던 일이 있었다. 왕권은 하늘이 부여한 것이라 믿었던 찰스는 재판 절차의 적법성을 인정하려 들지 않았고 인간의 법정에서 그를 심판할 권리는 없다고 주장했지만, 7일 후 그는 유죄로 판결나 사형 선고를 받았다. 59명이 그의 사형 집행 영장에 서명했는데, 이후 이들은 '국왕 살해자'라 불리게 된다. 처음으로 서명한 이는 재판장인 존 브래드쇼였다. 세 번째는 올리버 크롬웰이었다.

찰스가 죽은 지 열흘이 지나자, 죽은 왕이 썼다고 소문난 「에이콘 바실리케」('왕의 형상'–옮긴이)라는 제목의 종교적인 회고록이 나돌기 시작했다. 이 책의 인기는 공화제를 통한 군주국이라는 개념을 지지하고, 1660년 찰스의 아들 찰스 2세를 통해 스튜어트 왕가가 다시 왕위에 오르는 데에 기여했다. **PF**

1649년 4월

# 왕실 예술 작품을 팔다

**새 정부를 위한 기금 마련 대책으로 찰스 1세의 예술 수집품을 팔아 치운다.**

잉글랜드의 찰스 1세는 그 모든 명백한 결점에도 불구하고 예술에 대한 진정한 사랑을 지니고 있었으며 진가를 아는 인물이었다. 게다가 값싼 물건을 찾을 줄 아는 수집가의 안목 또한 겸비하고 있었다. 예술에 대한 그의 갈망이 불붙은 것은 1623년 마드리드에서 오랜 시간 동안 헛되이 스페인 왕녀에게 구애하고 있을 때였다. 스페인인들은 그에게 이탈리아의 거장 티치아노의 값비싼 작품 여러 점을 귀찮도록 보여 주고, 빌려 주고, 팔면서 정신을 쏙 빼놓았는데, 그림 대부분은 모피나 실크 옷을 아슬아슬하게 걸친 풍만한 여성의 육체를 담고 있었다. 찰스는 신부를 얻지 못했지만 수집품의 기초를 마련하여 잉글랜드로 돌아왔다.

> "이 미술 수집품은 죄스럽고,
> 우상 숭배적이고,
> 가증스럽다."
>
> **청교도 설교가 윌리엄 프린, 1649년**

내란이 발발했을 무렵, 찰스의 수집품은 레오나르도, 베로네세, 루벤스의 작품과 그의 궁정 화가 안톤 반 다이크의 작품을 포함해 족히 1,200점을 넘어섰다. 1649년 찰스의 처형 직후, 현금 부족에 시달리던 공화국 정부는 수집품 전부를 급하게 처분했다. 몇몇 작품은 남편이 의회파를 위해 싸우다 죽은 미망인들에게 보상금 삼아 선물로 주었고, 일자리를 잃은 왕실 하인들에게 장난삼아 선물하기도 했다. 궁정 포목 담당인은 태피스트리 몇 점을, 한 배관공은 바사노의 〈홍수〉를 받았다. 1660년 왕정복고 이후, 찰스 2세는 아버지의 수집품을 다시 모으기 위해 온갖 노력을 기울였으며 대부분은 회수팀의 협박과 폭력 덕택에 성공했다. 결국 거의 300점 가량의 그림을 회수했고, 이는 오늘날 왕실 미술 소장품의 바탕을 이루었다. **NJ**

1649년 9월 11일

# 드로이다 수탈

**올리버 크롬웰이 아일랜드의 가톨릭 도시 드로이다 공격을 주관한다.**

1649년 아일랜드의 드로이다는 아일랜드 연방—잉글랜드의 지배에 대항해 반란을 일으킨 가톨릭교도들—과 그 연합군인 잉글랜드 왕당파의 손에 있었다. 잉글랜드 의회는 이 가톨릭 봉기를 진압하기 위해 올리버 크롬웰과 신모범군을 파견했다.

보인 강에 위치한 드로이다는 웅장한 성벽에 둘러싸여 있었다. 크롬웰의 군대가 나타나자 왕당파인 총독 아서 애스턴 경은 항복하라는 명령을 거절했다. 크롬웰은 중포로 성벽을 공격하고 군사들에게 돌격을 명했다. 크롬웰의 부하들은 아일랜드인들과 왕당파 군대를 학살했다. 한 무리는 교회 안에 숨었으나, 건물에 불을 붙여 안에 사람이 있는 채로 무너뜨려 버렸다. 애스턴은 자기가 하고 다니던 의족으로 얻어맞아 죽었다고 한다.

> "나는 이것이 이 야만적인
> 악당들에 대한 신의 정당한 심판이라
> 생각하오."
>
> **올리버 크롬웰이 드로이다에서**

3천 명의 수비군 중 몇 백 명만 남고 모두 죽었다. 나머지는 포로로 잡혀 바베이도스로 실려 갔다. 학살된 민간인의 수는 알려져 있지 않다. 크롬웰은 예전에 가톨릭에서 프로테스탄트교도들을 살해한 데 대한 복수이며, 전쟁을 빨리 끝내기 위해 공포를 맛보여 주려는 방책이었다는 이유를 들어 대량 학살을 정당화했다. 크롬웰의 강경책은 확실히 아일랜드인들의 기를 꺾어 복종을 불러오는 데 성공했다. 그러나 드로이다 공격과, 크롬웰이 계속해서 사용했던 가혹한 반가톨릭 정책은 아일랜드 민중의 기억 속에 잔혹함으로 남아 잉글랜드 지배에 대한 아일랜드의 계속적인 저항을 정당화하는 이유가 된다. **RG**

# 르네 데카르트 사망

**이 저명한 철학자가 남긴 폭넓은 학문적 유산은 계몽주의로 도약하게 되는 길을 닦는다.**

프랑스 철학자이자 과학자이며 대륙의 합리주의와 데카르트 수학의 창시자인 르네 데카르트는 1650년의 모진 겨울 스웨덴의 스톡홀름에서 죽었다. 전 해에 그는 일생에 걸친 여행 끝에 스웨덴의 수도에 초대받아 왔는데, 젊은 여왕 크리스티나가 수학, 특히 기하학을 열렬히 배우고 싶어했기 때문이었다. 그녀는 고명한 스승이 아침 일찍 일어나는 자신의 습관을 따라야 한다고 고집했으며, 데카르트는 정오까지 침대에서 일하던 평생의 습관을 버려야만 했다. 대신 이 54세의 사상가는 오전 5시에 어둡고 추운 거리를 걸어가 여왕에게 수업을 해 주게 되었다.

익숙지 못한 이른 시간과 북유럽의 차가운 기후는 그리 좋지 못하던 데카르트의 건강을 갉아 먹었으며, 그는 폐렴에 걸려 죽었다. 또 다른 설명은 그가 생명을 앗아간 이 병을 프랑스 대사에게서 옮았다는 설인데, 데카르트는 폐렴을 앓고 있던 대사가 다 나을 때까지 간호했던 것이다. 데카르트는 과학과 철학에 지대한 영향을 남겼다. "나는 생각한다, 고로 나는 존재한다"라는 명제를 통해 그는 신앙이 아닌 이성을 지식의 기반으로 삼을 수 있음을, 그리고 이성적으로 인식할 수 있는 물질 세계와 알 수 없는 영적인 세계 사이에 명확한 구분을 두어야 한다는 점을 주장했다.

데카르트의 유해는 스톡홀름에 묻혔으나, 이후 프랑스혁명 때 파리의 팡테옹으로 이장했으며, 다시 생 제르맹 데프레 교회로 옮겼다. **NJ**

◀ 〈데카르트의 초상화〉, 프란스 할스(1582~1666년)가 그린 소실된 원본을 모사한 것, 1649년경.

▶ 소(小) 피에르-루이 뒤메닐(1698~1781년)의 이 그림에는 데카르트가 스웨덴 여왕 크리스티나와 함께 나와 있다.

# 케이프타운 정착

**얀 반 리베크가 케이프타운을 세우고 정착한다.**

포르투갈 탐험가 3인방이 이미 남아프리카 곶을 탐사한 바 있었지만—바르톨로메우 디아스가 1486년, 바스코 다 가마가 1497년이었고 안토니우 다 살다냐는 1503년 이곳을 '테이블 마운틴'이라 이름붙이기까지 했다—이 지역에 정착하려는 지속적인 노력을 기울인 것은 1652년 네덜란드인인 얀 반 리베크가 도착하고 나서부터였다. 그가 최초의 유럽인 식민지를 건설하고 아시아에서 노예를 들여온 일로 남아프리카의 유럽인 정착촌에는 네덜란드적인 특성이 강하게 깃들었고 이후 인종 문제가 끊이지 않게 되었다.

반 리베크가 맡은 임무는 네덜란드령 서인도 제도에서 신선한 식량과 물을 싣고 오고가는 보급선이 머무를 기지 역할을 할 정착지를 세우는 것이었다. 그의 기함 드로마다리스호는 4월 7일에 남아프리카에 상륙했다. 그의 아내 마리아 드 라 케를리를 비롯한 반 리베크의 동료들은 목재로 머무를 곳을 짓고 채소밭을 경작했다. 정착촌은 원주민인 코이족과 물물교환을 통해 양과 소 등 식량을 얻으며 번영을 이룩했다. 1650년대와 1660년대에 영국-네덜란드 전쟁이 발발하자 반 리베크는 진흙으로 성벽을 쌓은 요새인 뒤에인호프 요새를 짓고 가시 돋친 아몬드 나무로 울타리를 세워 보호했는데, 이는 케이프타운의 식물원에 아직도 남아 있다.

1657년 식량 생산을 늘리기 위해 정착민들에게 자유 경작지를 내려 주었고, 이듬해에는 유럽인의 세력 확장에 경계하게 된 코이족과 처음으로 무력 충돌을 하게 되었다. 1679년, 반 리베크의 후계자인 시몬 반 데르 스텔이 케이프타운에 최초로 포도나무를 들여와 오늘날 크게 번창하고 있는 남아프리카 와인 산업의 기틀을 마련했다. 1688년 프랑스의 프로테스탄트인 위그노가 종교 박해를 피해 이주해 오면서 케이프타운의 유럽 인구는 한층 더 불어났다. 케이프타운 시의 성장을 위한 발판이 마련된 것이다. **NJ**



# 천재의 작품

**베르니니가 걸작인 〈성녀 테레사의 환희〉를 완성한다.**

머리에서 발끝까지 느슨한 후드 달린 긴 옷을 걸친 성녀는 황홀경에 잠겨 정신을 잃은 채 뒤쪽으로 기대어 있고, 그 위편으로 날개 달린 젊은이의 형상이 그녀의 심장을 겨누어 화살 하나를 잡고 서 있다. 위쪽의 창문에서 쏟아지는 금빛 햇살이 두 모습을 성령의 빛 속에 잠기게 한다. 로마의 산타 마리아 델라 비토리아 성당의 코르나로 예배당에 두기 위해 디자인한, 잔 로렌초 베르니니의 매우 연극적이며 훌륭한 구도를 갖춘 이 조각 작품은 바로크 예술의 걸작이다. 이 작품은 스페인의 수녀이자 신비주의자인 아빌라의 성녀 테레사가 자신의 자서전에서 서술한 이야기를 묘사한 것으로, 그녀는 한 천사가 신성한 사랑이 담긴 창으로 그녀의 가슴을 꿰뚫는 환상을 목격했다고 한다.

뛰어난 조각가일 뿐 아니라 원숙한 경지에 이른 화가였던 베르니니는 로마를 바로크 예술의 도시로 탈바꿈하게 한 숨은 장본인인 동시에 창조적 천재였다. 1598년 나폴리에서 태어난 그는 8세 때 로마에 왔고, 십대에 접어들었을 무렵 교황청에서 추기경과 부유한 후원자들을 위해 일하게 되었다. 1665년 짧은 기간 동안 파리 여행을 했던 때를 제외하면 베르니니는 평생 로마에서 작품 활동을 했으며, 로마의 교회와 궁전들을 짓고 아름답게 단장했다. 그는 산 피에트로 대성당을 위해 많은 작품을 창조했으며, 그중에서도 중앙 제단 위에 드리워진 대리석과 청동과 금박으로 제작한 장엄한 '발다치노(닫집)'와 산 피에트로 광장을 둘러싸고 있는 주랑을 들 수 있다. 1680년 사망한 베르니니의 이름을 로마 시민들이 가장 잘 기억하게 해 준 작품은 로마의 거리와 광장을 장식하기 위해 설계한 정교한 분수들일 것이다. 특히 바르베리니 광장의 트리톤 분수와 나보나 광장의 '네 강의 분수'가 유명하다. **SK**

▶ 로마 산타 마리아 델라 비토리아 성당의 코르나로 예배당. 베르니니의 〈성녀 테레사의 환희〉가 있는 제단의 일부.

1654년 6월 5일

# 크리스티나 여왕 물러나다

**스웨덴의 크리스티나 여왕이 로마 가톨릭으로 개종하고 왕위에서 물러난다.**

1626년 출생한 크리스티나는 스웨덴의 프로테스탄트 왕 구스타부스 아돌푸스의 자녀들 중 유일하게 살아남은 딸이었다. 군인다운 아버지의 명에 따라 크리스티나는 소년처럼 양육되었다. 그녀는 항상 남성 의복을 입었고 '여자답지 않은' 방식으로 행동하라고 교육받았다. 1632년 아버지가 뤼첸 전투에서 프로테스탄트 편에 서 싸우다가 사망한 이후 왕위에 올랐을 때에도 그녀는 이러한 남성다운 자세를 유지해야 했다. 아버지의 명에 따라, 그녀는 '왕'이라는 호칭으로 대관식을 올렸다. 처음에 크리스티나는 부왕의 현명한 대법관인 악셀 옥센셰르나의 조언을 따라 학문에 가장 큰 관심사를 쏟았고, 철학자 데카르트를 초청해 개인 교사로 삼았다.

그러나 1651년 이후 국정에 대한 그녀의 관심은 점차 줄어들었고 비밀리에 가톨릭에 더욱 이끌리게 되었다. 그녀의 새로운 종교와 사치스러움, 그리고 외국인에 대한 총애로 퇴위 문제는 자주 입에 오르내리는 논의거리가 되었다. 크리스티나는 마침내 왕위에서 물러나 스웨덴을 떠나 도나 백작이라는 가명으로 로마로 갔고, 교황 알렉산데르 7세는 인기 있는 개종자인 그녀를 환대하며 잘 대접해 주었다.

사치스러운 생활로 파산한 그녀는 프랑스로 가서 살기 시작했지만, 반역을 저지른 모날데스키라는 궁신을 자기가 머무르는 바로 옆방에서 살해하도록 사주한 일로 인기를 잃었다. 1689년 그녀는 스웨덴으로 돌아가려고 했지만 가던 도중에 함부르크에서 죽었다. 바티칸의 산 피에트로 바실리카에 묻힌다는 영예를 수여받은 여성은 단 네 명 뿐인데, 크리스티나는 그중 하나다. 그녀는 레즈비언 세계의 유명한 아이콘이자 트렌스젠더들이 받드는 여주인공이지만, 사실은 전 세대의 엘리자베스 1세처럼 배우자와 권력을 나눠 갖고 주의가 분산되는 것을 원치 않아 결혼을 하지 않았을 뿐, 이성애자였다고 보는 편이 옳을 듯하다. **NJ**

1656년

# 수수께끼 같은 장면

**벨라스케스의 〈시녀들〉이 스페인 궁정의 한 모습을 모호한 장면으로 잡아낸다.**

세비야에서 포르투갈인 부모 슬하에 태어난 놀라우리만치 솜씨 있는 화가 디에고 벨라스케스는 17세기 중반 스페인의 황금시대 동안 펠리페 4세의 전속 궁정화가였다. 궁정 생활을 시작한 지 얼마 안 되어 펠리페 4세의 총애를 받게 된 벨라스케스는 가장 큰 후원자였던 올리바레스 백작이 1643년 실각한 이후에도 잘 버텨낼 수 있었다.

벨라스케스는 왕과 여왕의 유명한 초상화 여러 점과, 〈브레다의 항복〉(1634~1635년)등 스페인이 승리를 거둔 장면을 그려냈다. 그러나 당대의 상징이 된 그의 걸작은 왕의 어린 딸과 그 주변 사람들을 그린 영감이 담긴 작품 〈시녀들〉이다. 이는 수수께끼 같고 꽉 찬 느낌의 그림으로, 중앙에는 다섯 살 난 마르가리타 왕녀와 시녀 두 명, 난쟁이 두 명, 샤프롱(젊은이가 사교계에 나갈 때 보호자 역할을 하는 사람–옮긴이) 한 명, 개 한 마리가 있다. 왼쪽에는 화가 자신이(유일하게 알려진 벨라스케스의 자화상이다) 이젤 앞에 서 있다(관객은 이젤의 뒤편밖에 볼 수 없다). 뒤쪽 벽에는 거울이 있는데, 펠리페 4세와 왕비 오스트리아의 마리아나의 모습이 비춰 보인다. 종종 '그림그리기에 대한 그림'이라 불리기도 하는 이 작품의 모호한 면은 여러 세기에 걸쳐 예술가와 비평가들을 열광시켜 왔다. **PF**

> " … 정확한 기록으로
> 주인인 왕을 만족시켜 주는 것이
> 벨라스케스의 임무였다."
>
> **케네스 클라크, 『회화 감상 입문』, 1960년**

▶ 펠리페 4세의 가족을 나타낸 벨라스케스의 유명한 작품 〈시녀들〉(1656년), 마드리드의 프라도 미술관 소장.

# 황제 자리를 두고 형제가 싸우다

왕위 계승 전쟁에서, 아우랑제브는 형과 동생을 제거한 후 아버지를 이어 무굴 제국 황제가 된다.

1657년, 무굴 황제 샤 자한은 병에 걸렸고 그가 사망했다는 소식이 빠르게 퍼졌다. 이 소문은 왕위 계승 전쟁을 촉발시켜 황제의 아들들은 무굴제국 왕위를 두고 서로 싸우게 되었다. 동생인 무라드의 편에 서서 연이은 승리를 거둔 후, 아우랑제브는 형인 다라가 왕위를 찬탈했다고 단언했다. 맏아들이 자신의 뒤를 이어야 한다고 굳게 마음먹었던 샤 자한은 제국의 통치권을 다라에게 넘겨주었다.

뒤이어 잔혹한 전투가 여러 차례 일어났고, 이는 사무가르 전투에서 극치에 달해 이 전투에서 아우랑제브는 다라의 군대를 격파했다. 황제는 아그라에서 아우랑제브의 세력에 포위당했다는 사실을 깨닫고 항복했다. 그러자 아우랑제브는 무라드에 대한 지지를 거두고 그를 처형했다. 무라드를 지지하던 자들은 아우랑제브의 편에 붙어, 1658년 7월 그를 황제로 선포했다.

아우랑제브가 형인 다라와 슈자의 저항을 진압하기까지는 1년이 더 걸렸다. 마침내 그는 1659년 황제의 자리에 올랐다. 아우랑제브는 1707년 88세의 나이로 사망하기까지 제국을 통치했으며 무굴제국 최후의 위대한 황제로 간주된다. 그의 재위 때에 제국이 최고조에 달하기는 했으나, 지나친 팽창 정책을 펼친 끝에 결국 새로이 부상하던 마라타 제국에 북서부의 많은 영토를 잃은 것은 그의 실책이었다.

아우랑제브는 수니파 이슬람 신앙을 받아들이고 제국 전역에 샤리아 법(이슬람 법률—옮긴이)을 제정하여 많은 무슬림으로부터 존경을 받았다. 그는 전대 황제들이 보였던 종교적 관용책을 버리고 힌두교 탄압을 시작했다. 아우랑제브를 비판하는 이들은 그의 사후 무굴제국이 무너진 이유가 불화를 조장한 이러한 정책 탓이라고 한다. **TB**

◀ 18세기 인도 무굴 화파의 세밀화로, 다라와 그의 군대를 그렸다.

# 찰스 2세 왕위에 복위하다

**의회는 찰스 스튜어트를 불러 왕위를 되찾게 한다.**

찰스 스튜어트는 30세 생일을 맞아 대단한 선물을 받았다. 왕국을 되찾게 된 것이었다. 영국 내란 당시 십대였던 그는 신변 안전을 위해 프랑스로 보내졌지만, 1649년 아버지가 처형당한 후 스코틀랜드 왕으로 선포되었고 1650년 왕권을 주장하기 위해 스코틀랜드로 갔다. 1651년 9월 그의 군대는 우스터에서 격파당했고, 찰스는 변장을 하고 도피해야 했다. 추적자들을 피하기 위해 나무 위에 숨기도 했다는 이야기가 전해진다. 그는 네덜란드의 브레다에 정착했고 추종자들과 함께 시류가 바뀌기를 기다렸다.

1660년, 올리버 크롬웰이 사망한 지 18개월이 지나고 그의 아들인 불운한 리처드의 통치 아래서 전반적인 환멸이 자리잡아갈 무렵, 마침내 찰스의 때가 왔다. 스코틀랜드의 군사 사령관이던 조지 멍크 장군은 정치적인 혼란을 끝내기 위하여 새 의회를 소집했는데, 의원 중에는 왕당파가 많았다. 의회는 찰스에게 돌아와 달라고 했고, 그는 5월 셋째 주에 출발했다. 5월 25일 찰스는 도버에 상륙했다. 그는 행렬을 거느리고 켄트를 지나 생일인 5월 29일 성대한 퍼레이드가 열리는 가운데 런던에 입성했다.

> "의회는 …
> 왕의 생일을 감사절로 삼아
> 경축할 것을 명했다."
>
> **새뮤얼 피프스의 일기**

찰스는 아버지의 사형 집행 영장에 서명했던 이들 중 살아 있는 31명 가운데 12명을 처형하고, 크롬웰과 다른 두 명의 국왕 살해자의 시신을 파내 교수형에 처했다. 통치 기간 내내, 그는 어떤 정치적 말썽이 일어나도 다시는 유배를 떠나야 하는 일이 없도록 지위를 굳히느라 애썼다. **PF**



# 푸케 체포되다

**푸케의 성대한 불꽃놀이 공연이 루이 14세의 화를 돋운다.**

루이 14세는 5세 때 왕위에 올라 1638년부터 1715년까지 72년간 통치했다. 재위 초에 루이의 궁정은 정치적 불안과 재정적 곤란에 시달렸다. 돈 문제에 있어 그는 1653년부터 재무장관을 맡았던 부유한 인물 니콜라 푸케에게 의존해야 했다.

푸케는 인간적인 매력이 상당했으며 재능도 많았다. 잘생기고 견문이 넓고 입담도 뛰어났다. 정치적 처신력도 뛰어나서 루이의 재상인 마자랭 추기경을 지지했고, 그가 유배당한 이후에도 지지를 거두지 않았다. 그는 상당한 돈을 들여 가문 소유의 성인 보-르-비콩트 성을 재건축하고 웅장한 설비를 갖추었지만, 이는 그의 막대한 재산 중 일부일 뿐이었다. 한편 자금에 쪼들리던 젊은 루이는 찢어진 시트 틈에서 잠을 자고 낡은 옷을 입어야 했다. 1661년 3월 마자랭이 죽자, 왕은 푸케가 자신을 속여 돈을 횡령하고 있다는 의심을 키워 갔고, 그를 엄중히 감시하라는 명을 내렸다.

1661년 8월 17일, 푸케는 보르비콩트에서 왕을 위해 성대한 연회를 열었는데 이 일이 왕의 질투심을 건드렸다. 왕은 오후 6시에 도착했고, 휴식을 취한 뒤 정원을 구경하고 24대의 바이올린이 연주하는 음악을 들으며 식사를 했다. 다음 순서로는 왕에게 경의를 표하고 발레 공연을 선보였다. 새벽 1시에 루이는 수로 위로 펼쳐지는 불꽃놀이 공연을 보았고, 성 안으로 돌아갈 때는 돔 지붕에서 불꽃이 비처럼 쏟아져 내려 왕을 반겼다.

3주 후 푸케는 체포당했다. 루이는 부패한 재정관들을 기소하기 위한 새 법정을 설치했다. 푸케는 능숙한 솜씨로 변호를 펼쳤으나, 3년에 걸친 재판에서 결국 유죄 판결을 받아 추방과 재산 몰수형에 처해졌다. 푸케는 여생의 15년을 감옥에서 살다가 죽었다. **PF**

# 식민지의 항복

**뉴 암스테르담은 한 발의 사격도 하기 전에 영국에 항복한다.**

1647년부터 총독이었던 외족을 단 사나이 페테르스 스토이베산트의 노력에도 불구하고, 뉴 암스테르담은 번영을 이루지 못했다. 그는 방어벽을 세웠고—오늘날 '월 스트리트'가 있는 곳이다—이 작은 도시는 영국, 프랑스, 스칸디나비아에서 오는 이주민을 이끌었으며 아프리카 노예를 수입해 왔다. 그럼에도 불구하고 1660년 도시의 인구는 고작 1,500명에 불과했다. 같은 해, 잉글랜드에서는 찰스 2세에 의해 스튜어트 왕조가 복위했고, 뉴잉글랜드와 남부에 있는 영국 식민지를 하나로 연결하기 위해 그 사이에 있는 뉴 네덜란드를 손에 넣어야겠다는 결정이 떨어졌다.

1664년, 왕은 동생인 요크 백작 제임스(미래의 제임스 2세)에게 북아메리카의 넓은 영토를 하사했는데, 네덜란드 식민지도 그 일부였다. 300명의 군사를 실은 영국 함선 네 척이 뉴 암스테르담 항구에 도착해 무너져 가던 요새에 대포를 겨누었다. 영국 내란 때의 영리한 왕당파 베테랑이자 요크 공작이 신뢰하던 측근인 리처드 니콜스 대령이 지휘자였다. 그는 시민들의 생명과 재산을 보호해 줄 것을 약속하고 네덜란드와의 교역을 보장할 테니 항복하라고 명령했다. 총독인 스토이베산트는 저항 세력을 모집하기 위해 안간힘을 썼지만, 주민들은 전혀 그럴 생각이 없었다. 그들은 항복해서 목숨을 건지게 해 달라고 간청했고, 며칠 후 스토이베산트는 마지못해 그렇게 했다. 영국은 한 발도 쏘지 않고 식민지를 차지했다.

니콜스는 약속을 지켰다. 네덜란드 요새 주둔군에게는 패자에게 베푸는 영예를 내려 고국으로 안전히 돌아갈 수 있게 했다. 스토이베산트는 맨해튼에 있는 자기 농장에서 조용히 살다가 1672년에 죽었다. 이제 영국은 메인에서 버지니아까지 동해안을 따라 이어진 식민지를 소유하게 되었고, 1665년 6월 뉴 암스테르담은 뉴욕 시티라는 새 이름을 얻었다. **RC**



# 런던 불타다

**'대화재'는 며칠 동안 맹렬히 휩쓸어 런던 시를 파괴한다.**

1666년 9월 2일의 일요일, 런던교 근처 푸딩 레인의 한 빵집에서 불이 나면서 붐비고, 혼란스럽고 나무로 지어진, 25만 명이 거주하던 도시 런던은 불타오르기 시작했다. 강한 동풍이 불어 불길은 곧 대부분 초가지붕을 이고 있던 이웃 집으로 퍼졌고, 몇 시간 되지 않아 걷잡을 수 없는 지경이 되었다. 불길을 잡기 위해 필사적인 노력을 기울였으나 화염은 닷새 동안이나 맹위를 떨쳤다.

주택 1만 3,000채와 교회 88채를 비롯해 도시의 5분의 4가량이 전소되었고, 중세의 세인트폴 대성당도 그중 하나였다. 몇 천 명의 주민이 달아나 런던 북쪽의 무어필드에 피신했다. 이러한 엄청난 규모의 파괴에도 불구하고 사망자가 있었다는 기록은 거의 찾아볼 수 없으며, 적어도 벽돌을 이용해 도시를 재건할 기회가 되었다는 장점도 있었다. 질서정연한 거리 체계를 갖춘 몇 가지 설계안이 물망에 올랐으나, 토지 구역 분배에 대한 법적인 요구사항이 너무 많아 결국 대부분 예전 거리 설계를 유지하게 되었다. 크리스토퍼 렌은 화재 이후 런던을 재건하는 책임 건축가가 되었고, 세인트 폴 성당을 비롯해 53채의 교회를 건축했다. 1677년, 화재가 처음 발생했던 지점에 기념비를 세웠다. 원래의 비문에는 화재가 로마 가톨릭교도의 탓이라는 내용이 있었지만, 나중에 이 부분은 지웠다. 기념비는 아직도 서 있다. **PF**

> "교회, 주택, 모든 것이
> 불붙어 단숨에 타올랐고,
> 무시무시한 소음이 … ."
>
> **새뮤얼 피프스의 일기**

1666년 런던 대화재에 대한 17세기 영국 화파의 목판화(이후에 채색).

# 『실낙원』 출판

존 밀턴은 오늘날 영문학 사상 훌륭한 작품 중 하나로 꼽히는 이 서사시를 출판하고 권당 5파운드라는 상당한 금액을 받는다.

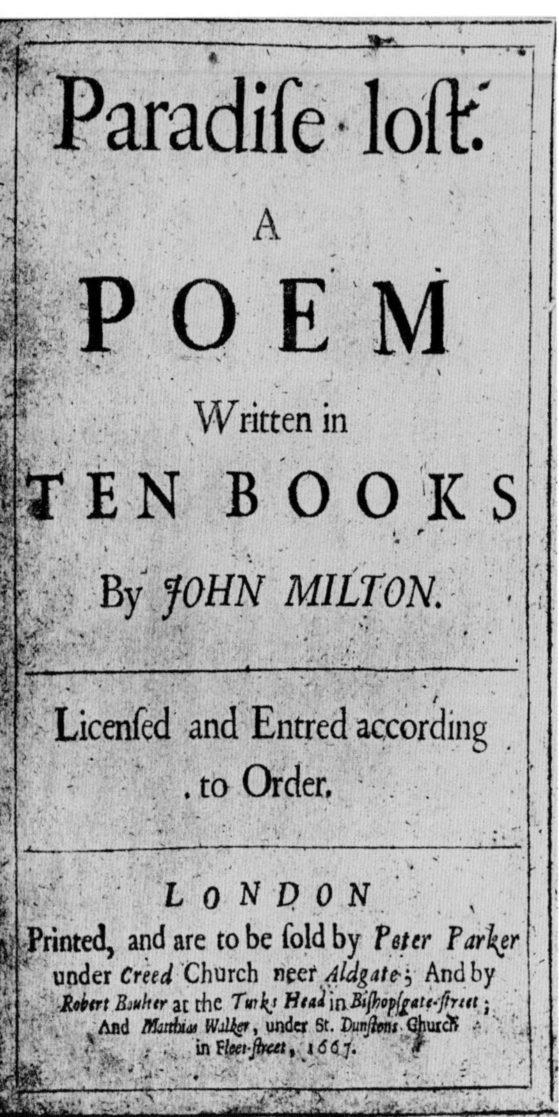
Paradiſe loſt.

A

POEM

Written in

TEN BOOKS

By JOHN MILTON.

Licenſed and Entred according to Order.

LONDON

Printed, and are to be ſold by Peter Parker under Creed Church neer Aldgate; And by Robert Boulter at the Turks Head in Biſhopſgate-ſtreet; And Matthias Walker, under St. Dunſtons Church in Fleet-ſtreet, 1667.

존 밀턴은 올리버 크롬웰의 청교도혁명을 지지하여 글을 쓴 가장 뛰어난 산문 선전가였으나, 여러 가지 사건으로 인해 첫사랑인 시에게 돌아가게 되었다. 공화국을 지지하는 책자며 서한을 쓰는 동안 그는 시력을 잃었으며 첫 아내에 뒤이어 두 번째 아내마저 떠나보냈고 1660년 왕정복고 시대가 찾아왔다. 이는 마치 이스라엘인들이 갑자기 약속의 땅을 떠나 이집트의 노예 생활로 돌아가기로 결심한 거나 마찬가지였다. 이제 공적인 문제에서는 밀턴이 할 일이 아무것도 없었다. 대신 1639년에 처음 계획한 시를 완성할 수 있었다. 작품은 1663년 완결되어 1667년 출판되었다.

밀턴이 주제로 삼은 것은 구약성서였다. 목적은 "신이 인간에게 행하는 방식을 정당화하는 것"이었다. 그 수단은 호메로스와 베르길리우스의 방식과 같은 서사시였다. 『실낙원』은 인류의 타락을 극적으로 묘사한 작품으로, 타락한 천사 루시퍼(사탄)가 지옥을 차지하는 일에서 시작해 아담과 이브를 유혹해 에덴동산에서 추방하기에 이르지만, 결말 부분은 메시아의 도래에 대한 약속과 '내면의 낙원'이 가능하다는 확신으로 끝난다. 인류의 타락을 신의 관점에서 보려고 시도한 것이 시의 정수라 할 수 있지만, 실제 주인공은 사탄이라고 보는 비평가도 일부 있다.

밀턴은 성경 이야기를 고전 문학 작품과 이교의 신화와 뒤섞어 우상 숭배와 같은 주제에 대한 자신의 철저한 프로테스탄트적 관점을 펼쳐 보인다. 그에게는 왕이 신이 부여한 권리로 통치한다는 것도 우상숭배의 일종이었던 것이다. 따라서 이 작품은 밀턴이 말년에 겪었던 왕당파 체제에 비판을 가하는 수단이 되었다. 『실낙원』은 영어로 쓰인 걸작 중 하나로 평가되며, 윌리엄 블레이크를 비롯한 많은 작가와 화가에게 영감의 원천이 되었다. **RP**

◀ 1667년 런던에서 출판된 밀턴의 『실낙원』 초판의 표제지.

1668년 9월 17일

# 최초의 근대적 은행

**스웨덴에 중앙에서 관리하는 은행이 생겨 예금을 받고 대부를 해준다.**

1661년, 요한 팔름스트루흐라는 이름의 네덜란드 상인이 4년 전에 설립한 사설 은행인 스톨홀름스 방코에서 최초의 종이 은행권을 발행했다. 30년간의 독점권을 얻어 스웨덴에서 은행업을 하는 대신, 은행 이윤의 반은 스웨덴 왕실로 가게 되어 있었다. 팔름스트루흐는 단기 예금을 받아 장기 대부해 줄 자금을 마련했지만, 예금자가 상환을 요구할 때면 문제가 발생했다. 은행의 자금 유동성을 개선하기 위해 그는 다양한 액면 금액으로 약속어음을 발행했다. 이는 엄청난—사실 지나친—인기를 끌었다. 너무 많은 어음을 발행하는 바람에 은행은 1664년 영업을 중단했다. 3년 후 은행은 문을 닫았고, 팔름스트루흐는 감옥에 갇혔다.

1668년 9월 리크센스 스텐데르스(왕국 영토의 은행)라는 새로운 기관이 스웨덴에서 은행업을 하는 특권을 이어받았다. 새로운 은행은 리크스다그(의회)의 직접 감독 아래 공무원이 관리를 맡았다. 그 결과, 19세기 중반까지 은행업이라는 일은 스웨덴 국내 정책의 중요한 측면이 되었다. 처음에는 개인을 상대로 예금을 받고 대부를 해 주었지만, 18세기 초 대북방전쟁이 발발하자 최초의 기능 대신 주로 정부를 상대로 커다란 액수를 빌려 주게 되었다.

처음에는 약속 어음 발행이 허가되지 않았지만, 은행은 1701년부터 일종의 신용장을 발행하기 시작했고 위조를 줄이기 위해 툼바 브루크에 제지 공장을 설립했다. 또한 일반 은행에 은행권을 발행할 수 있게 허가했고, 발행한 은행권 액수를 충당할 만한 예금을 보유하게 되었다. 1866년 은행의 이름이 스베리예스 리크스방크로 바뀌었다. 1897년에는 중앙은행이 되었으며 오늘날에는 세계에서 가장 오랜 역사를 지닌 국립 은행이다. **PF**

1682년 4월 9일

# 프랑스, 루이지애나 소유권 차지

**라 살이 미시시피 유역의 영토를 프랑스 소유라 선언하지만 루이 14세는 별 흥미를 보이지 않는다.**

루앙의 어느 부유한 가문 출신으로 한때는 사제였던 라 살의 지주 르네-로베르 카블리에(1643~1687년)는 1666년 캐나다를 탐험하고 몬트리올 근처에 요새로 방비한 마을을 세웠다. 1660년대 후반 그는 남부와 서부로 여러 차례 여행을 떠나 프랑스 왕의 대표자로서 오하이오 강을 발견하고 오대호(五大湖) 부근을 탐험했으며, 동부 해안의 영국 식민지 서편에 있는 미지의 땅을 누비며 처음에는 태평양으로, 이후에는 카리브 해로 가는 길을 찾았다.

그는 미시간 호숫가를 따라 내려오고 썰매로 얼어붙은 일리노이 강을 타고 여행하던 중, 1682년 2월에 미시시피 강에 닿았고 카누를 이용해 강을 따라 내려왔다. 4월 9일 그의 원정대는 멕시코 만에 도달했고, 그는 나무 기둥과 십자가를 세운 후 프랑스 왕의—냄비를 녹여서 만든—문장을 동여맸다. 라 살은 미시시피 강 유역 전체를 프랑스 소유로 정하고, '라 루이지안'이라 이름 지었다. 그는 북쪽을 향한 힘겨운 여정을 거쳐 프랑스로 돌아왔는데, 루이 14세는 라 살의 발견을 '완전히 쓸모없는 것'이라 치부했다고 한다.

1684년 7월 라 살은 작은 함대에 200명을 태우고 다시 한 번 신세계를 향해 길을 나섰는데, 미시시피 강 입구에 정착촌을 건설하는 것이 그의 목표였다. 그들은 미시시피 삼각주에서 한참 서쪽으로 떨어진 텍사스의 마타고르다 만에 상륙해 생 루이 요새를 세웠지만 정착촌의 앞길은 순탄치 못했다. 1687년 3월 라 살은 캐나다에 있는 프랑스 식민지와 연합할 수 있으리라는 희망을 품고 미시시피 강을 찾으러 원정대를 이끌고 나섰지만, 여정을 마치기도 전에 반란자들의 손에 살해당했다. 프랑스의 존재를 의식한 스페인이 멕시코 만 북쪽 해안의 활동을 강화함에 따라 루이지애나의 발전은 느려졌으며, 영국 식민지와의 싸움이 끊이지 않았다. 1803년 나폴레옹은 루이지애나 전체를 미국에 팔았다. **PF**

# 펜의 헌법

윌리엄 펜이 펜실베이니아에서 양심의 자유라는 원칙을 수립한다.

▲ 윌리엄 펜이 찰스 2세로부터 펜실베이니아 특허장을 받는 장면을 그린 앨런 스튜어트의 19세기 작품.

"어느 누구도 … 본인의 승낙 없이 타인의 정치적 견해에 종속될 수 없다."

「펜실베이니아의 정치 체제」, 1682년 4월 25일

1681년 잉글랜드의 찰스 2세는 거의 잉글랜드 넓이에 가까운 방대한 넓이의 토지를 퀘이커교도인 윌리엄 펜에게 주었는데, 펜의 아버지인 윌리엄 펜 제독에게 졌던 빚을 청산하기 위해서였다. 젊은 펜은 아버지를 기념하는 의미에서 이 땅에 펜실베이니아라는 이름을 붙이고, 동료 퀘이커교도와 당시 잉글랜드에서 박해받던 다른 비국교도들을 위한 식민지를 세웠다. 중앙 정착촌이 위치한 곳은 필라델피아였으며, 그는 오늘날 북아메리카의 여러 도시에서 흔히 볼 수 있는 격자 모양 체계로 도시 계획을 짰다. 일 년 후, 약 2천 명의 이주민이 잉글랜드에서 도착했고, 독일, 프랑스, 그 외 다른 지역에서도 여러 무리가 왔다.

새 식민지가 퀘이커교의 관용 원칙에 따라 발전할 수 있도록 펜은 「펜실베이니아의 정치 체제」를 집필했다. 이 문서는 토지 소유주와 다른 시민의 권리를 명확히 밝히고, 법에 의한 지배를 확립했으며, 선거를 통한 의회를 세우고, 의회의 역할과 총독으로서 펜 자신의 역할을 규정했다. 또한 최고의 존재인 신을 믿는 이라면 그 신앙이나 예배의 형태가 어떠하든지 간에 양심의 자유라는 원칙을 적용받을 수 있음을 정했는데, 이러한 결정은 서구 세계의 다른 어떤 곳보다도 앞선 것이었다. 사형은 살인자와 반역자에게만 행해졌다.

1682년 4월 25일 '펜실베이니아의 정치 체제'가 승인되었다. 이는 개정을 통해 그 내용이 분쟁 없이 변화할 수 있다는 가능성을 제시한 세계 최초의 헌법이었으며—이후 10년간 실제로 여러 차례 개정을 거쳤다—1701년 '주민의 특권에 대한 특허장'이 내용을 보충하게 되었는데, 이 특허장은 총독의 권력을 줄인다는 내용이었다. 머지않아 이 헌법은 성문 헌법이 지닌 장점을 여실히 보여 주었고, 한 세기 후 미국 헌법 제정자들은 이를 모델로 삼았다. **PF**

# 태양왕의 궁정

## 루이 14세가 프랑스 왕실을 베르사유 궁전으로 옮긴다.

프랑스 왕실이 공식적으로 그 거처를 루이 14세가 파리 남서쪽의 숲이 우거진 시골 마을 베르사유에 새로 지은 호화로운 궁전으로 옮겨간 일은 프랑스 절대왕정이 극치에 달했음을 상징했다. 소년 시절에 루이는 귀족들이 서로 정부 기구를 지배하기 위해 편을 갈라 싸운 사건인 프롱드의 난을 목격했다. 몸소 정부 통치권을 맡고 나선 1661년부터, 루이는 자신이 지닌 상당한 에너지를 모두 쏟아 부어 귀족보다 왕의 권력이 우위에 있음을 단언하고자 했다. 흔히 그가 했다고들 하는 "레타, 세 무아("짐이 곧 국가다")"라는 말을 그가 직접 한 것은 아닌 듯하지만, 그래도 이 말은 그의 통치 계획의 핵심을 정확히 요약해 준다. 군주의 지위를 귀족보다 훨씬 높은, 그리고 파리 군중은 손조차 닿을 수 없는 높은 곳으로 승격시키는 것이었다.

따라서 루이는 베르사유에 당대 최고의 예술가인 건축가 루이 르 보, 화가 샤를 르 브랑, 조경 설계사 앙드레 르 노트르를 고용했다. 단순한 궁전이 아닌 왕실 정부의 핵심 역할을 할 장소며, 절대왕권을 돋보이게 할 호화찬란한 배경이 되어 줄 장소를 창조하기 위해서였다. 금박을 입히고 거울을 붙인 베르사유의 방에서 거행한 눈부신 무도회와 발레 공연, 루이가 거둔 군사적 승리를 찬양하는 실외 축제와 불꽃놀이의 목적은 단 하나였다—왕 자신을 찬미하는 것이었다.

루이의 개인적 상징인 태양—그의 유명한 별명인 '르 루아 솔레유'(태양왕)는 여기서 나온 것이다—은 온갖 곳에서 눈에 들어왔고, 루이 개인에 대한 숭배는 궁정의 일상을 철저하게 지배했다. 궁신들은 매일의 의식인 왕의 '르베(기상)'와 '쿠쉐(취침)'에 참석할 권리를 두고 사뭇 진지하게 경쟁할 정도였으며, 심지어 왕의 셔츠를 들고 있는 영예를 차지하기 위해 서로 밀쳐 댈 지경이었다. **SK**

▲ 〈프랑스의 왕 루이 14세가 베르사유 성의 정원을 산책하다〉의 일부, 1688년경 에티엔 알르그랭.

"왕은 호화로움과 장대함을 사랑했으며 모든 것이 풍부해야 좋아했다."

생시몽 공작, 『1691년부터 1723년까지의 회고록』

# 빈이 투르크에 점령당할 위기를 모면하다

**폴란드 왕 얀 소비에스키가 합스부르크의 수도를 구원해 오스만 제국의 유럽 진출을 막는다.**

1683년 9월, 오스트리아에 있는 합스부르크 신성 로마 제국의 수도 빈이 위험에 처했다. 7월 중순부터 오스만 투르크 제국의 20만 군사가 이 도시를 포위하고 있었다. 황제 레오폴트 1세를 비롯한 빈 주민 대부분은 피신하고, 1만 2,000명의 수비군만이 남아 있었다. 카라 무스타파 파샤가 주도하는 오스만군은 실크로 된 텐트를 치고 호사스런 생활을 하며 식량과 수면 부족에 시달리던 수비군을 조롱했다.

9월 10일이 되자 빈은 금방이라도 함락당할 듯했다. 그러나 다음날 폴란드의 왕이자 리투아니아 대공인 얀 3세 소비에스키가 이끄는 지원군이 언덕 위에 모습을 드러냈다. 9월 12일 새벽, 두 측면에서 전투가 벌어졌다. 소비에스키가 후방에서 오스만군을 공격하는 한편, 카라 무스타파는 약해진 빈의 방어를 뚫기 위해 최종 공격을 가했다. 폴란드의 경기병이—등에 독수리 깃털 모양 날개를 단 번쩍이는 모습으로—앞장서 최종 돌격을 감행해, 투르크의 야영지를 위협할 정도로 깊숙이 파고들었다. 오스만군은 공포에 질려 소중한 노획물을 여기저기 남겨둔 채 달아났다.

> "그 누구도 이제껏
> 알지 못했던 승리였소.
> 적군은 완전히 궤멸했고 … ."
>
> **얀 소비에스키가 아내에게 보낸 편지에서, 1682년**

이후 역사에 비추어 보면, 빈에서의 패배는 기독교 유럽에 대한 무슬림 세력의 위협이 끝났으며, 오스만 제국이 쇠퇴에 접어들었다는 신호가 되었다. **RG**

◀ 〈제2차 빈 포위전 때의 칼렌베르크 전투〉, 프란츠 게펠스(17세기 말).

1685년 10월 18일

# 위그노가 프랑스에서 달아나다

**루이 14세는 위그노의 특권을 철회하여 숙련된 장인들이 대거 탈출하는 결과를 빚는다.**

루이 14세는 프랑스에서 프로테스탄트 신앙을 불법이라 선언했는데, 이는 두 번째 부인인 신앙심 깊은 여인 마담 드 맹트농의 영향을 받았기 때문이라 전해진다. 퐁텐블로 칙령은 루이의 조부 앙리 4세가 1598년 낭트칙령을 통해 프로테스탄트(위그노) 교도에게 내려 주었던 모든 특권을 철회했다. 이 칙령은 위그노 목사를 추방하고, 학교를 폐쇄하고, 예배를 보던 장소를 헐어 버리고, 위그노 부모에게서 태어난 아이들은 가톨릭으로 세례를 받게 할 것을 명했다.

낭트칙령의 철회는 이전부터 계속되던 위그노 억압책이 정점에 이른 것이었다. 루이 14세에게 있어 위그노는 국가적 단결을 해치고 강력한 정부에 위협을 가하는 존재였다. 위그노의 저항이 가장 강했던 곳은 프랑스 남부의 세벤 산맥 지역으로, 소위 '카미자르(칼뱅파 신도들)'라 불리는 이들 가운데 반란이 일어나 1705년에 이르러서야 진압할 수 있었다.

> "그들은 … 말을 데리고
> 가게에 들어왔고 책을 말에게
> 깔아 주는 데 사용했다."
>
> **토마 뷔로(위그노 서적상), 1685년**

퐁텐블로 칙령에 따르면 공식적으로 위그노는 프랑스를 떠날 수 없었지만, 20만 명에서 50만 명 가량이(전체 프로테스탄트의 반 정도였다) 프랑스를 등지고 떠났다. 프랑스에서 솜씨 좋은 장인 가운데 위그노가 많았으며 실크 직조, 유리 제조, 가구 제조, 은세공업 등에 종사하고 있었다. 이들이 전문 기술을 지니고 떠났으므로 잉글랜드, 네덜란드, 덴마크 등 프랑스와 상업적으로 경쟁하는 프로테스탄트 국가가 이득을 보게 되었다. 프랑스로서는 큰 손해를 본 두뇌 유출 사건이었다. **SK**

1686년

# 비자푸르 병합

**무굴제국의 팽창은 최고점에 다다라 내리막길로 접어들 기미가 보인다.**

샤 자한과 뭄타즈 마할의 아들 아우랑제브는 젊은 나이에 군사적 · 정치적 책임을 부여받았지만, 아버지와 사이가 틀어졌으며 형제 세 명과 왕위 계승을 두고 치열한 전투를 벌였다. 형제 중 두 명인 다라와 무라드를 처형하고, 세 번째로 슈자를 유배 보낸 뒤 아우랑제브는 1659년 왕위에 올랐고 늙은 아버지가 1666년 사망할 때까지 아그라의 '붉은 요새'에 유폐했다.

아우랑제브의 기나긴 통치의 특징으로는 그의 강력한 지배, 수니파 무슬림으로서의 개인적인 신앙심, 그리고 무슬림의 샤리아 법의 엄격한 적용을 들 수 있다. 그는 음악과 춤과 예술을 장려하지 않았고, 힌두교 성전을 파괴했으며 이슬람으로 개종하기 거부했다는 이유로 시크교의 정신적 지도자인 구루 바하두르를 처형했다. 외부적으로는 영토를 넓히기 위해서, 그리고 엄격한 통치 때문에 불만을 품은 이들이 일으킨 끊임없는 반란을 진압하기 위해서, 그는 통치 기간 내내 전쟁을 벌였다.

'알람기르(세계의 정복자)' 1세라는 공식 칭호를 얻은 아우랑제브는 시크교도, 라지푸트인, 힌두교를 믿는 마라타족, 그리고 무엇보다 데칸 고원의 라이벌 왕국인 비자푸르와 전투를 벌였다. 그는 통치 말년에 지속적으로 전쟁을 했는데, 대부분 큰 성과를 거두지 못했지만 1686년 아딜샤히 왕조를 폐위하고 비자푸르를 병합했을 때는 그 정점이었다. 그는 군사와 수행원 50만 명, 낙타 5만 마리, 코끼리 3만 마리가 거주하는, 둘레 48km의 움직이는 도시를 이끌고 원정했던 것이다.

이는 막대한 손실을 초래했고 국고는 텅 비었다. 아우랑제브는 자신이 과도했음을 뉘우쳤으며 1707년 임종의 자리에서 아들들에게 자신을 본받지 말라고 조언했지만, 그들도 서로 싸우고 데칸과 마라타가 전쟁을 계속하여 결국 무굴제국은 심하게 약해졌다. **NJ**

1687년 7월 5일

# 뉴턴의 법칙

아이작 뉴턴이 위대한 저작 『프린키피아 마테마티카』를 출간한다.

아이작 뉴턴의 『필로소피아이 나투랄리스 프린키피아 마테마티카』(자연철학의 수학적 원리)는 런던 왕립 학회가 출간했다. 뉴턴의 라이벌 로버트 훅이 온 힘을 다해 출판을 막으려 했기 때문에, 마지막 순간까지도 출간 여부가 불분명한 상태였다. 그럼에도 이 책이 커다란 파급력을 가져올 저작처럼 보이지는 않았다. 고전 라틴어로 쓰였으며, 여러 개의 명제로 이루어져 있는데, 대충 훑어볼 수 없도록 각각 그 이전 명제의 꼬리를 무는 형식이었다. 저자는 오직 엘리트만이 이해할 수 있도록 일부러 어렵게 썼다고 비밀스레 밝혔다.

곧 누구도 이해할 수 없는 이 책을 쓴 이가 캠브리지의 수학과 교수라는 사실이 지목되었다. 놀랄 만한 일도 아니지만 10년 동안 고작 몇 백 권만이 팔렸다. 그러나 이 책은 백 판이 넘게 인쇄되었고 거의 모든 언어로 번역되게 된다. 아마 그때까지 쓰인 중 가장 중요한 과학 저작이었을 것이다. 『프린키피아』는 본질적으로는 단순한 명제를 바탕으로 한, 우주에서 작동하는 메커니즘에 대한 고도로 정교하면서도 복잡한 설명이다. 뉴턴은 지구와 우주의 물체들의 운동을 지배하는 세 가지 운동의 법칙을 수립했다. 그의 만유인력 이론은 사과가 떨어지는 원리와 행성의 움직임—그리고 떨림을—모두 설명해 냈다.

뉴턴은 1703년 왕립 학회 회장으로 선출되었으며, 2년 후에는 과학자로서는 최초로 기사 작위를 받았다. 그의 저작은 과학적인 방법에 깊은 영향을 끼쳤으며 물리학계는 물론 지식인 세계를 뒤바꿔 놓았다. **RP**

◀ 고드프리 넬러의 1710년 작품. 캠브리지의 트리니티 칼리지에서 소장한 여러 점의 뉴턴 초상화 중 하나이다.

1692년 2월 13일

# 글렌코의 대학살

글렌코의 잔혹한 학살로 스코틀랜드인의 민족주의가 불타오른다.

1692년 2월 13일 토요일 새벽 5시, 군인들이 존 맥클레인의 집 문을 두드렸다. 그들은 글렌코에서 환대를 즐긴 뒤 떠나는 길이었다. 서둘러 바지를 입고 그들을 전송하기 위해 위스키를 좀 가져오라고 청하던 중, 맥클레인은 머리와 등에 총을 맞았다. 집 안에 있던 다른 두 명도 역시 살해당했다. 글렌코 마을에서 전부 38명이 학살당했고, 그중 가장 나이 어린 이는 네다섯 살의 사내아이였다. 군인들은 마을 주민 모두를 죽이라는 명령을 받았다. 달아난 자들은 혹독한 추위 속에서 대부분 목숨을 잃었다.

이 학살의 발단은 잉글랜드에서 '명예혁명'이라 부른, 1689년 가톨릭인 제임스 2세가 퇴위하고 프로테스탄트인 윌리엄 3세가 왕위에 오른 사건이었다. 스코틀랜드에서는 재커바이트(제임스 2세의 지지자) 세력이 강했고, 이들은 윌리엄 지지파에 맞서 반란을 일으켰다. 정부는 말썽을 일으키는 이들에게는 강경책을 사용하겠다고 굳게 다짐했고, 모든 씨족 우두머리들은 1692년 새해 첫날까지 충성 서약을 하라는 명을 받았다. 맥도날드 가문의 수장이 눈보라 때문에 그만 지체되어 기일을 어기자, 스코틀랜드의 대신 존 달림플 경은 글렌코에 맥도날드 가문의 오랜 숙적이었던 캠벨 가문 사람들이 대다수인 군대를 파견했던 것이다.

> "그 가련한 이들은
> 군인들을 … 모두 친구로
> 받아들였다."
>
> 「되살아난 갈리에누스, 혹은 살인은 밝혀지리라」, 1695년

사건의 경위를 조사한 결과 왕은 무죄로 밝혀졌지만 달림플은 아니었다. 그리고 재커바이트는 스코틀랜드 역사에서 가장 감정을 들끓게 한 이 사건을 결코 잊지 않았다. **RP**

# 세일럼에서 여섯 명의 마녀가 처형되다

마녀에 대한 광적인 공포가 매사추세츠 전역을 휩쓸고 참담한 결과를 불러온다.

〈1692년 8월 5일 조지 제이콥스의 재판〉, 톰킨 H. 매트슨(1813~1884년).

뉴잉글랜드의 초기 청교도들은 사탄의 사악한 위력과 마술이 지닌 어두운 힘의 존재를 믿었으며, 1630년에서 1690년에 걸쳐 다섯 명이 마녀로 몰려 처형당했다. 그러나 세일럼에서 일어난 사건은 전혀 그 규모가 달랐다.

1692년 2월부터 지방 목사인 새뮤얼 패리스의 딸과 조카인 두 소녀가 히스테리 발작을 일으키기 시작했다. 의사들은 소녀들이 마법에 홀렸다는 진단을 내렸다. 의심은 패리스의 흑인 노예 하녀인 티투바에게 집중되었는데, 그녀는 소녀들이 누구와 결혼하게 될지 예언하기 위해 민속 주술을 이용했던 것이다. 다른 소녀들도 발작 증세를 보였으며 티투바뿐만이 아니라 다섯 명의 다른 여인이 혐의를 썼고, 몇 명의 남자까지 포함해 더 많은 이들이 연루되었다. 빗자루를 타고 날아다닌다느니 사탄을 숭배한다느니 하는 얼토당토않은 주장이 광적으로 난무하는 가운데, 특별 법정이 고발당한 이들을 재판했다.

1692년 여름, 마녀 공포증은 절정에 달했다. 8월 19일에는 마사 캐리어, 조지 제이콥스, 조지 버로스, 존 윌라드, 존 프록터가 교수형 당했다. 세일럼의 전 목사이기도 했던 버로스는 처형에 임해 주기도문을 완벽하게 낭송했는데—이는 마법사라면 할 수 없는 일이라 믿었다—군중이 항의했음에도 그는 처형당했다.

10월이 되자 기소당한 이의 수가 100명을 넘어섰고, 19명이 교수형 당했으며 한 명은 무거운 돌에 짓눌려 압사 당했다. 사회의 고위 인물들이 고발당하자 시류가 바뀌었다. 1693년 초, 특별 법정은 더 이상의 사건 접수를 거절했다. 머지않아 세일럼 소동은 마술에 대한 전반적인 믿음이 사라지는 데 기여하게 되었다. **RC**

# 표트르대제의 대 사절단

러시아 근대화를 위해 표트르는 지식과 해군, 군사 장비를 구한다.

◐ 〈데트퍼드 부두의 표트르 대제〉, 다니엘 매클리스(1806~1870년).

차르 표트르 1세의 시대에는 해군을 거느린다는 일이 오늘날의 핵무기 보유와 맞먹는 일이었고, 새로운 차르는 러시아도 그 선택받은 소수에 낄 수 있기를 바랐다. 함대를 건설하고자 하는 다급한 마음에서 그는 '대(大) 사절단' 계획을 추진했다. 공식적인 목적은 러시아의 숙적인 투르크에 대항하여 유럽과 동맹을 맺고자 하는 것이었다. 당시 러시아는 유럽 정세에서 중요한 일원이 아니었으므로, 이러한 결과는 외교적으로 큰 성공을 거두었다.

사절단은 유럽 관광 여행이라는 형식을 취했다. 이는 모스크바 시대 러시아와의 극적인 단절을 상징했으므로, 표트르는 혹시 있을지 모르는 적대적, 보수주의적인 반발을 피하기 위해 가명으로 여행했을 정도였다. 네덜란드의 사르담에서 그는 넉 달 동안 네덜란드 동인도 회사의 대규모 조선소에서 일했다. 1698년 1월 9일, 다음 목적지인 잉글랜드로 갔고, 새로운 왕인 오라녜 공 윌리엄은 그를 따뜻하게 환대하며 24척의 대포를 장착한 배인 로열 트랜스포트호를 주었다. 이 배의 설계자 카마던 후작 페레그린 오즈번은 표트르와 친구가 되었고 런던 데트퍼드에 있는 영국 해군 조선소에서 영국 조선 기술의 요령을 알려 주었다.

기술적인 노하우에 대한 차르의 열망은 극도로 달아올라 있었다. 유럽인들이 보인 호의는 이익을 창출할 가망이 큰 러시아 시장에 접근하기 위한 약삭빠른 모험이었다. 표트르는 결국 숙련된 조선사, 돛대와 돛 제작자, 선장, 키잡이, 포병 사수, 엔지니어 750명을 확보하는 데 성공했다. 이러한 외국인 노동력은 러시아 함대를 건설하고 군사력을 증강하는 데에 필수적인 역할을 했으며, 따라서 25년 내에 표트르는 '충격과 공포'를 손에 넣게 되었다. **JJH**

1897
JANUARY.
S M T W T F S
- - - - - 1 2
3 4 5 6 7 8 9
10 11 12 13 14 15 16
17 18 19 20 21 22 23
24 25 26 27 28 29 30
31 - - - - - -
FEBRUARY.
S M T W T F S
. 1 2 3 4 5 6
7 8 9 10 11 12 13
14 15 16 17 18 19 20
21 22 23 24 25 26 27
28 . . . . . .
MARCH.
S M T W T F S
. 1 2 3 4 5 6
7 8 9 10 11 12 13
14 15 16 17 18 19 20
21 22 23 24 25 26 27
28 29 30 31 . . .

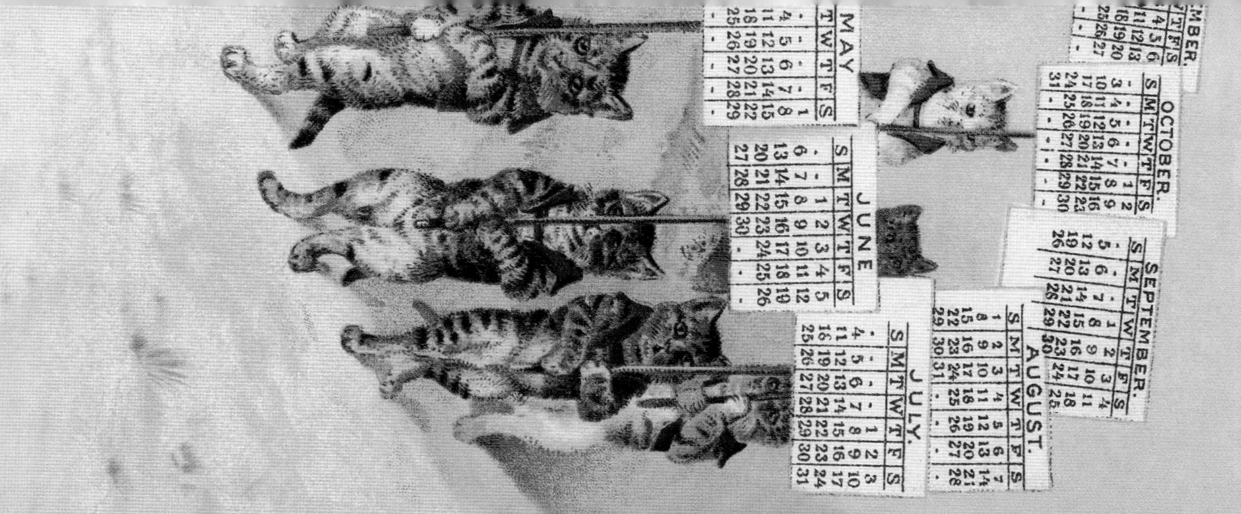


➊ 1897년 시장을 겨냥해 감성적인 스타일로 제작한, 행진하는 고양이 그림의 북아메리카 달력.

# 1700–1899

# 상트페테르부르크의 태동

**표트르 대제가 가망 없어 보이는 자리에 러시아의 새로운 수도를 세운다.**

▲ 표트르 대제가 상트페테르부르크 건설을 감독하고 있는 장면의 18세기 판화.

1703년 5월, 러시아 군은 네바 강 어귀에 다다랐다. 이제 전쟁과 서구화라는 두 가지 목적에 대한 표트르 대제의 집념을 완벽하게 실현시킬 수 있게 되었다. 새로운 도시와 항구를 건설하고, 러시아에 그가 오랫동안 염원해 온 '유럽을 향한 창문'이 되어 주기에 이보다 나은 장소가 있겠는가? 5월 27일, 표트르는 몸소 자야치 섬에 새로운 요새를 위한 주춧돌을 놓았고, 맞은편에서는 조선소 건축 계획을 시작했다. 상트페테르부르크의 탄생이었다.

그러나 많은 이들이 회의적이었다. 도시를 건설하기에 이보다 나쁜 장소가 있을까? 러시아는 아직도 스웨덴과 맹렬히 전쟁 중이었으므로 스웨덴의 카를 12세가 이 지역을 탈환해 갈 수도 있었다. 물론 그가 여기저기 섬 투성이인 습지를 싸워서까지 뺏을 만한 가치가 있다고 느낀다면 말이다. 강한 남서풍이 불어 섬들은 주기적으로 물에 잠겼고, 11월부터 4월까지는 대부분의 땅이 얼음으로 뒤덮였으며, 겨울이 한창일 때는 햇빛도 고작 몇 시간밖에 볼 수 없었다.

도시를 세우는 중에 약 2만 5천 명의 농민이 목숨을 잃었지만 작업은 빠른 속도로 진척돼 1703년 11월, 최초의 배가 부두에 들어올 수 있었다. 항만 요금은 스웨덴 항구의 절반 정도로 책정됐고, 북부의 아르항겔 항구를 이용하던 러시아의 무역은 곧 상트페테르부르크로 향하게 되었다. 그러나 표트르가 원한 것은 단순한 항구가 아니라 훌륭한 도시였다. 그는 건축가 도메니코 트레치니에게 작업을 맡겼고, 건축가는 도시에 독특하고 장식적인 바로크 양식의 색채를 불어넣었다. 사람들은 자비를 들여 이주해 오라는 명을 받았다. 1712년, 상트페테르부르크는 러시아의 수도가 되었으며 1725년에는 인구가 4만 명에 달했다. **RP**

# 블렌하임의 학살

스페인 왕위 계승 전쟁의 핵심 전투에서 대동맹군이 승리한다.

◆ 블렌하임 전투—블린트하임이라고도 한다—는 빈을 프랑스 지배의 위기에서 구했다.

1704년 여름, 프랑스 왕 루이 14세의 군대가 유럽을 지배하고 있었다. 영국, 네덜란드 공화국, 오스트리아 신성 로마 제국은 태양왕과 상대하기 위해 대(大)동맹을 형성했지만, 바이에른과 연합한 프랑스군은 오스트리아의 수도 빈을 위협하고 있었다. 영국의 말버러 공작과 오스트리아의 사부아 공 외젠은 5만 6천 명의 군사를 이끌고 공격에 나서 바이에른을 침공했다. 8월 13일 이른 시각, 안개가 걷히며 빽빽하게 행렬을 이루어 평원을 가로질러 전진해 오는 대군의 모습이 드러나자 망을 보던 프랑스 군사들은 깜짝 놀랐다.

프랑스-바이에른군은 대동맹군보다 수가 약간 많았으며 지휘관은 육군 원수 카미유 드 탈라르 백작이었다. 탈라르는 군사 수도 적고 대포도 적게 가진 말버러와 외젠이 공격해오리라고는 예측하지 못했다. 대동맹군의 보병대와 기병대는 사격이 쏟아지는 가운데 늪지의 시냇물을 건너야 했고, 요새로 방비를 갖춘 마을인 블렌하임, 오버글라우, 루징겐을 습격했다. 이 공격은 역습을 당했고 커다란 사상자가 발생했다. 말버러는 부하들을 안정시키기 위해 분투했으나, 탈라르의 군사들 중 다수가 마을에서 움직이지 못하는 상태가 되자, 말버러의 기병대가 돌격해 평원에서 적의 기병대를 패주시켰다. 프랑스 기병대가 허둥지둥 달아나자 보병은 무방비 상태로 남아 학살당했다. 저녁이 되자 용감하게 블렌하임을 방어하던 이들마저 항복했다.

프랑스-바이에른군은 거의 4만 명의 군사를 잃었다. 바이에른은 완전히 패배해 전쟁에서 물러났고, 빈은 구출되었다. 앤 여왕은 말버러에게 옥스퍼드셔의 별장을 하사했고, 그는 유명한 승리를 거둔 이 장소의 이름을 따 블레넘 궁전이라 이름 지었다. **RG**

# 잉글랜드와 스코틀랜드의 통합

합동법에 따라 두 나라는 그레이트 브리튼이라는 단일 국가가 된다.

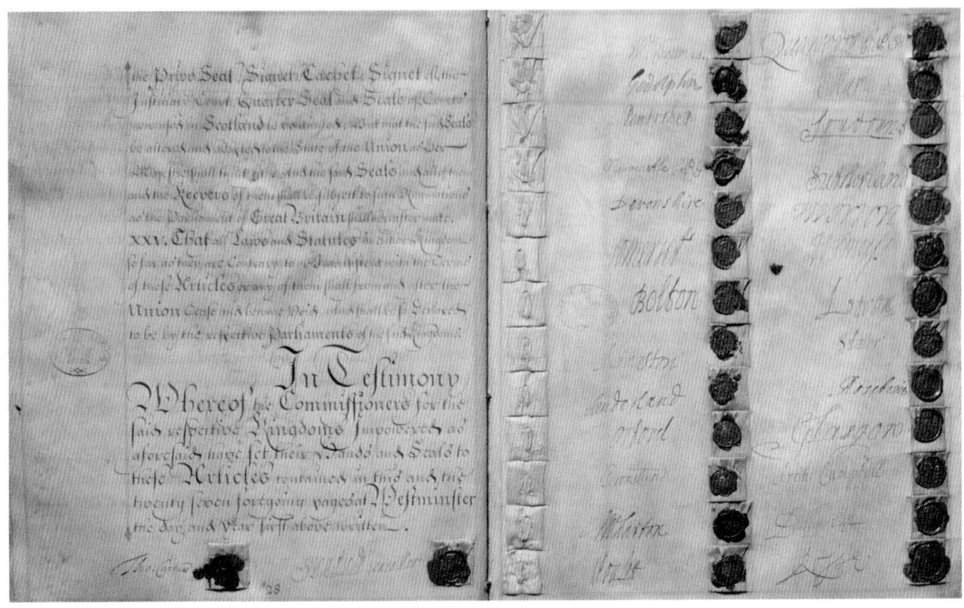
The Privy Seal, Signet, Cachet, Signet [illegible] Justiciary Court, Quarter Seal and Seals of Courts [illegible] in Scotland be continued; But that the said Seals be altered and adapted to the State of the Union [illegible] and the said Seals [illegible] and the Keepers of them shall be subject to such Regulations as the Parliament of Great Britain shall hereafter make.

XXV. That all Laws and Statutes in either Kingdom so far as they are Contrary to or Inconsistent with the Terms of these Articles or any of them shall from and after the Union cease and become Void, and shall be so declared to be by the respective Parliaments of the said Kingdoms.

In Testimony Whereof the Commissioners for the said respective Kingdoms Impowered as aforesaid have set their Hands and Seals to these Articles contained in this and the twenty seven foregoing pages at Westminster the day and Year first above written.

28

▲ 잉글랜드와 스코틀랜드 합동법의 조항. 1707년 체결되었으며 잉글랜드 런던 국회 의사당에서 소장하고 있다.

잉글랜드와 스코틀랜드는 1603년 스코틀랜드의 제임스 6세가 잉글랜드의 엘리자베스 1세를 이어 제임스 1세로 즉위한 이후 같은 군주를 섬겨 왔지만, 서로 독립된 국가인 채 남아 있었다. 1707년 5월 1일 체결된 '합동법'은 스코틀랜드가 잉글랜드의 프로테스탄트 군주인 앤 여왕 대신 가톨릭 스튜어트 군주를 왕위에 올릴 경우 발생할 위협에 대비해 '오래된 적'을 단단히 묶어 두려는 잉글랜드 측의 열망에 의한 것이었다.

스코틀랜드 측의 동기는 보다 타산적이었다. 스코틀랜드의 투자자들은 다리엔 계획—중앙아메리카에 스코틀랜드 식민지를 건설하려던 시도로, 엄청난 실패로 돌아갔다—에서 큰 손해를 보았고, 이들의 막대한 손실을 보상해 준다는 것이 합동법의 한 조항이었다. 게다가 글래스고 백작과 여왕의 국무대신인 제2대 퀸즈베리 공작 제임스 더글러스를 비롯한 스코틀랜드 상류 사회의 여러 인물은 합동법의 수월한 통과를 위해 뇌물로 쓰라며 상당한 액수의 현금을 받았다.

잉글랜드의 총리 로버트 할리가 스코틀랜드의 여론을 조사해 오라며 파견한 작가 다니엘 디포는 "호의를 품은 스코틀랜드인 1명당 반대자는 99명이다"라고 주장했다. 1715년과 1745년에서 1746년에 걸친 스코틀랜드의 재커바이트 반란이 두 차례 모두 실패로 돌아갔을 때 맛본 쓰라림이 아직도 상당히 남아 있음에도 불구하고, 19세기에 접어들었을 무렵에는 점차 부강해진 덕택에 스코틀랜드 대부분이 이 통합을 만족스럽게 받아들였다. 이러한 합의는 20세기 말 스코틀랜드 민족주의가 태동하여 에든버러에 스코틀랜드 의회를 설립하기까지 지속되었다. **NJ**

# 폴타바 전투

스웨덴의 패배는 북서부 유럽의 주도권을 잡기 위한 투쟁에서 전환점이 된다.

▲ 폴타바 전투를 그린 장면으로, 이때 러시아의 표트르 대제가 스웨덴의 카를 12세를 격퇴했다.

1709년 6월 28일의 폴타바 전투를 계기로 스웨덴은 표트르대제의 러시아에게 유럽의 군사 강국 자리를 내주었다. 스웨덴의 젊은 왕 카를 12세는 군사적인 천재였지만, 폴란드, 덴마크, 노르웨이, 러시아를 상대로 여러 차례의 승리를 거두었음에도 1700년 일어난 대북방전쟁을 종식시키지 못했다. 따라서 1707년 그는 모스크바를 점령할 계획으로 3만 2천 명의 군사를 이끌고 러시아를 침략했다. 그러나 물자 부족과 혹독한 날씨 때문에 남쪽의 우크라이나로 발길을 돌려 식량을 찾을 수밖에 없었다. 발에 부상을 입어 거동이 어려웠던 카를 12세는 이후의 전투를 직접 지휘할 수 없었고, 대신 병상에서 작전 지시를 내렸다. 그의 부하 사령관들은 자기들끼리 싸우느라 카를의 강인한 성격이 채우고 있던 빈자리를 벌충하지 못했다.

카를은 스웨덴군이 군기가 잘 잡혀 있으니 숫자가 줄어들고 대포가 부족하다는 약점도 극복할 수 있으리라는 믿음에서 폴타바 요새 공격을 명령했다. 약 1만 8천 명의 스웨덴군은 단단히 방비된 위치에 있으며 대포 100대의 지원을 받는, 두 배나 수가 많은 러시아 군 한가운데로 돌진했다. 대포 공격으로 스웨덴군 대열에는 커다란 공백이 생겼고, 습격을 거듭했지만 큰 효과를 거두지 못했다. 오전 11시 경 전투는 끝났다. 러시아의 인명 피해는 고작 1천 4백 명이었던 데 비해 스웨덴의 손실은 약 7천 명이었다. 카를은 오스만 영토인 몰다비아로 퇴각했고, 그곳에서 5년 동안 고생한 끝에 다리를 절며 고국으로 돌아왔다. 전투에서 포로로 잡힌 스웨덴 군사들은 강제 노동에 처해져, 표트르대제의 새 수도이자 발트 해의 새로운 강자에 걸맞은 상징인 상트페테르부르크 건설에 동원됐다. **NJ**

# 런던의 새 성당

의회가 크리스토퍼 렌 경의 세인트 폴 대성당이 완성되었음을 발표한다.

▲ 건축가 크리스토퍼 렌이 디자인한 세인트 폴 대성당의 화려하게 장식된 성가대석과 주 제단.

▶ 19세기에 그린 성당 단면도. 렌의 원래 설계를 따랐더라면 이러한 모습이었을 것이다.

> "이 비문을 읽는 이여,
> 그대가 그의 기념비를 찾는다면,
> 주위를 돌아보라."
>
> **렌의 비문, 세인트 폴 대성당**

크리스토퍼 렌은 왕정복고 시대의 위대한 '르네상스맨' 중 하나이며, 아이작 뉴턴, 로버트 훅, 로버트 보일, 토머스 홉스, 헨리 퍼셀과 동시대인이었다. 과학자이자 수학자이며 천문학자였던 그가 가장 커다란 업적을 달성한 것은 건축학 분야로, 1711년 그의 걸작인 런던의 세인트 폴 대성당을 완공했을 때였다.

성직자의 아들로 태어난 렌은 옥스퍼드의 워드햄 칼리지에서 수학했다. 그는 파리를 방문해 베르니니의 작품에 커다란 영향을 받아 건축의 길에 들어섰고, 캠브리지의 펨브룩 칼리지와 옥스퍼드의 셸도니언 극장을 설계했다. 1661년부터는 무너져 가던 옛 세인트폴 대성당 건물의 수리 작업을 수행했다.

1666년 8월, 성당 재건축 계획안을 제출한 지 일주일 뒤, 런던 대화재가 일어나 세인트 폴 성당과 런던 시 대부분을 파괴했다. 며칠 지나지 않아 렌은 연기가 피어오르는 폐허에서 재건축 계획을 짜게 되었다. 1669년에 찰스 2세는 그를 공사 감독으로 임명했고, 이듬해 새 성당 건축이 시작되었다. 건축은 36년 동안 계속되었는데, 렌은 공정의 대부분을 손수 감독했다. 공사가 지체됨에 따라 조급해진 의회는 완공될 때까지 14년간 그의 봉급 반액을 보류했으며, 성직자들은 그가 고려해 달라고 내놓은 세 가지 버전의 설계안을 두고 왈가왈부를 계속했다. 렌은 이에 굴하지 않고 자기 주장을 밀고 나갔으며, 1679년에는 새 성당에서 최초로 예배가 행해졌다. 1710년, 역시 건축가인 렌의 아들 크리스토퍼가 상량식을 주관했다. 다음해 의회는 건물 완공을 선포했다.

렌은 1723년까지 살았다. 말년에 그는 윌리엄 3세와 메리 여왕을 위해 켄징턴 궁전 설계와 햄프턴 궁전 증축 등을 수행했다. 그의 마지막 걸작은 그리니치 병원이었다. 그는 감기가 악화되어 90세에 사망했다. **NJ**

To his Royal Highness George Prince of Wales.
This SECTION of St. Paul's Cathedral decorated agreeably to the original INTENTION of Sr. Christopher Wren;
Is, with all humility, inscribed, by his Royal Highness's most devoted, and most Obedient humble Servants.

# 위트레흐트 조약 체결

**위트레흐트 조약으로 기나긴 스페인 왕위 계승 전쟁이 끝난다.**

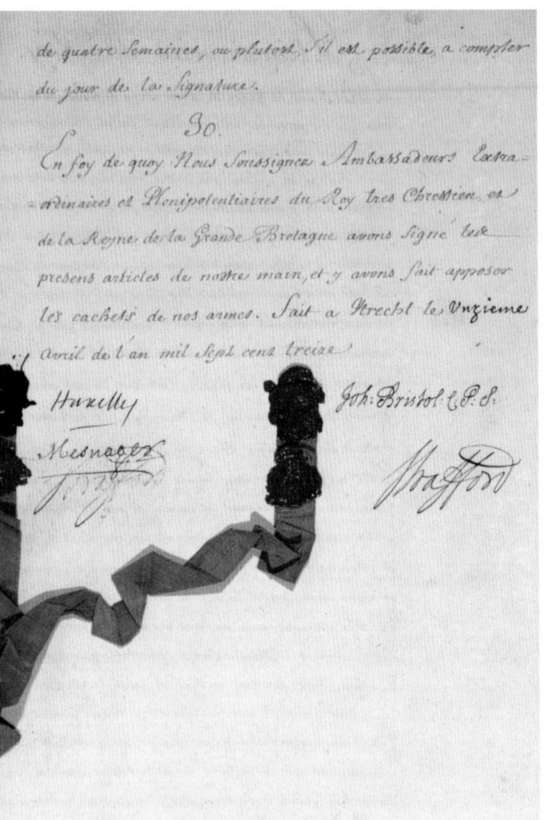
de quatre Semaines, ou plutost, s'il est possible, a compter
du jour de la Signature.

30.

En foy de quoy Nous Soussignez Ambassadeurs Extra-
ordinaires et Plenipotentiaires du Roy tres Chrestien et
de la Reyne de la Grande Bretagne avons Signé les
presens articles de nostre main, et y avons fait apposer
les cachets de nos armes. Fait a Utrecht le Unzieme
Avril de l'an mil Sept cens treize.

Huxelles
Mesnager
Joh: Bristol C.P.S.
Strafford

▲ 앤 여왕의 대사 토머스 웬트워스와 존 로빈슨이 서명한 위트레흐트 조약.

> "유럽은 결코 프랑스와 스페인이 … 단일 군주 아래 … 합병하는 일을 그대로 두지 않을 것이다."
>
> **위트레흐트 조약**

애초에 전쟁은 합스부르크 왕가와 부르봉 왕가 중 누가 스페인 왕위를 차지하느냐 하는 분쟁을 발단으로 1701년 프랑스의 루이 14세와 오스트리아 신성 로마 제국 황제 사이에서 일어났다. 십 년이 흘렀는데도 전쟁은 여전히 지속됐으며, 마침내 이를 끝맺은 것이 1713년 4월 11일 위트레흐트 조약이었다.

오스트리아가 루이 14세의 손자 필리프가 스페인의 펠리페 5세로 왕위 계승하는 것을 반대한 이유는, 그렇지 않아도 막대한 프랑스의 세력이 더욱 증대하고 심지어 스페인과 프랑스가 합병하여 적대 세력이 될 것을 우려해서였다. 점차 다른 국가—영국, 네덜란드, 사부아, 덴마크—도 이에 가세해 거대한 반프랑스 동맹을 형성했다. 뒤이어 파괴적인 전쟁이 일어났고, 말버러 공작과 사보이의 외젠 공 연합군은 블렌하임, 라미예즈, 오우데나르데, 말플라크에서 프랑스를 상대로 커다란 승리를 거두었으나, 점차 피해도 커졌다.

실제적인 전략상 이득도 없이 재정과 인명 손실(40만 명이 사망했다)만 치솟자, 영국에서는 '전쟁파'인 휘그 당 대신 평화 지향인 토리당 정부가 득세했다. 경쟁 관계인 옥스퍼드 백작과 볼링브룩 백작이 토리 당의 당수였는데, 이들은 전쟁을 끝내기 위해 1710년 프랑스와 비밀리에 협상을 시작했다. 조약은 스페인 왕위에 대한 펠리페 5세의 소유권을 그대로 인정했지만, 프랑스와 스페인의 통합은 결코 없으리라고 못박았다. 오스트리아는 스페인령 네덜란드(대략 오늘날의 벨기에)를 얻었다. 프랑스는 영국의 앤 여왕의 뒤를 이을 계승권이 프로테스탄트인 하노버 왕가에 있음을 인정하고 라이벌인 가톨릭 스튜어트 왕가에 대한 지원을 공식적으로 철회했으며, 캐나다의 허드슨 만과 뉴펀들랜드를 영국에 양도했다. 스페인은 지브롤터, 미노르카, 그리고 엄청난 이익을 낳던 스페인의 대서양 횡단 노예무역 독점권인 '아시엔토'를 영국에 내주었다. **JJH**

# 재커바이트가 영국 북부에서 반란을 일으킨다.

## 제임스 왕자가 왕위를 요구하자 마 백작이 1715년 재커바이트 반란을 일으킨다

그 비극적인 결말과 낭만적인 울림 덕택에, 보니 프린스 찰리가 1745년에서 1746년에 걸쳐 일으킨 반란이 더 유명하기는 하지만, 하노버 왕가의 영국 통치에 더 심각한 위협을 가한 것은 찰리의 아버지인 제임스 에드워드 스튜어트 왕자가 1713년 9월에 일으킨 반란이었다. 스코틀랜드뿐만 아니라 잉글랜드에서도 이 반란을 지지하는 세력이 있었던 것이다.

1689년 프로테스탄트 '명예혁명'으로 왕위에서 쫓겨난 제임스 2세와 그의 아들 제임스 에드워드는 프랑스로 망명해 고난의 세월을 보냈지만, 주로 가톨릭 고위층으로 이루어진 스코틀랜드와 잉글랜드의 지지 세력, 즉 '재커바이트' 덕택에 복위의 희망을 버리지 않았다. 1714년 하노버 왕가의 인망 없는 왕 조지 1세가 왕위에 오르자 그들은 기회를 잡았다. 잉글랜드와 스코틀랜드의 재커바이트는 반란을 계획했다. 마 백작 존 어스킨은 9월 9일 공식적으로 제임스 왕자를 군주로 선포하고 1만 2천 명을 규합했으며, 9월 14일에는 퍼스를 점령했고 스코틀랜드군 1천 5백 명을 파견하여 북부 잉글랜드의 재커바이트를 지원하도록 했다.

가톨릭 지역인 랭커셔로 진격함에 따라, 재커바이트는 지지 세력을 거의 이끌지 못했고 프레스턴에서 덫에 걸리고 말았다. 이틀간의 산발적인 전투 끝에 그들은 하노버 군대에 항복하고 말았다. 그동안 마 백작은—우유부단한 태도 때문에 그는 '변절자 존'이라는 별명을 얻었다—스코틀랜드 확보에 실패했다. 11월 13일 셰리프무어에서 아가일 공작이 이끄는 수적으로 열세인 하노버 군대와 전투를 했으나 결말을 내지 못하자, 그는 노력을 접었다. 12월에 때늦게 제임스 에드워드가 스코틀랜드에 도착했으나 이마저도 재커바이트를 규합하기에는 역부족이었다. 아가일의 퍼스 진격에 겁을 먹고 혹독한 겨울 날씨에 고생하던 제임스와 마 백작은 지지자들을 버려둔 채 배를 타고 프랑스로 돌아갔다. 그 결과, 여러 명의 스코틀랜드 재커바이트 지도자가 런던탑에 투옥되고 처형됐다. **JJH**

존 에버렛 밀레이의 〈1746년 석방 명령〉(1852~1853년). 가족의 품으로 돌아가는 한 재커바이트 군인을 나타냈다.

"지금이야말로 모든 선량한 자들이 폐하를 섬기기 위해 열정을 보여 줄 때다 … ."

**마 백작의 선언, 1715년 9월 9일**

# 발칸 반도에서 투르크를 쫓아내다

사부아의 외젠 공이 재포위 공격을 뚫고 베오그라드를 점령한다.

사부아 공 외젠을 그린 18세기의 초상화. 지구의와 지도책은 많은 승리를 거둔 그의 전적을 상징한다.

사부아의 외젠 공이 포위 공격 끝에 1717년 8월 17일 베오그라드를 점령한 사건을 시작으로 오스만 제국은 발칸 반도에서 세력을 잃기 시작했다. 외젠이 거둔 결정적인 승리로 오스만 세력은 이후 다시는 유럽 국가에 위협이 되지 못했다.

오스만 투르크는 1683년 제2차 빈 포위전에서 패배를 맛본 이후 오스트리아에 복수하기만을 갈망해 왔다. 1716년 마침내 기회가 왔고, 오스만 제국은 스페인 왕위계승 전쟁(1701~1713년)의 여파로 쇠약해진 오스트리아에 선전포고를 했다. 오스만 수상 다마드 알리는 베오그라드에 15만 대군을 집결시켜 북쪽으로 진격했다. 그러나 외젠은 도나우 강변에 있는 페트로바르디나 요새에서 충분히 강력했던 방비를 한층 더 강화한 후였다. 이 유리한 장소를 발판삼아 그는 다마드를 패배시키고 처형했다.

투르크군은 신속하게 베오그라드로 후퇴했고, 1717년 6월 외젠의 군사 10만 명은 무스타파 파샤가 지휘하는 3만 명의 방위군을 포위했다. 그러나 8월 5일이 되자 20만 명에 이르는 오스만 지원군이 도착해 오히려 외젠의 포위군을 둘러싸는 형국이 되었다. 이 무렵 외젠이 거느린 군사는 약 6만 명으로 크게 줄어 있었으나, 그는 대담하게도 돌파하기로 결심을 굳혔다. 짙은 아침 안개의 도움을 빌어 그들은 투르크 군을 조금씩 쓰러뜨렸다. 포위된 도시 베오그라드는 곧 항복했고, 다음 해에 투르크 제국은 강화 요청을 했다.

사부아의 외젠 공은 종종 위대한 군인이었던 말버러 공작 존 처칠의 손아래인 동료였다는 사실로 기억에 남아 있다. 그러나 오스만 투르크 군대에 결정적인 패배를 선사함으로써, 외젠은 자신이 최소한 말버러와 동급이라는 것을 증명했으며, 유럽에 더 큰 유산을 남긴 이는 확실히 그쪽이었다. **JJH**

"무시무시하게 정렬한
오스트리아군이 / 대담하게 대포로
베오그라드를 포위했다네."

**『더 트라이플러』지에 실린 작자 미상의 시, 1817년**

# 바흐의 바로크적 광휘

바흐의「브란덴부르크 협주곡」이 오케스트라와 실내악에 새로운 기준을 세운다.

브란덴부르크 후작은 1721년 3월 24일 작곡가의 헌사를 곁들인 여섯 곡으로 이루어진「여러 악기로 편성한 합주곡」의 악보를 받고 기뻐했을까? 역사에는 대답이 남아있지 않지만, 우리는 이 작품을 연주하기에는 후작이 거느린 연주자 수가 너무 적었고 악보는 서재에서 먼지가 쌓여 갔다는 사실만은 알고 있다. 그러나 요한 제바스티안 바흐는 이 문제를 두고 골치아파하지 않았다. 그는 종종 유머라고는 없는 까다로운 인물로 비쳤지만, 협주곡을 작곡한 시기는 그의 인생에서 행복한 시기 중 하나였다. 그는 독일의 쾨텐에서 음악 애호가인 레오폴트 대공 아래 궁정 오르간 연주자로 일했다. 대공은 칼뱅파였으므로, 쾨텐의 예배에서는 음악의 비중이 크지 않았다. 이는 오히려 좋은 일이었다. 바흐는 단순해야 하는 교회 음악에 '과도한 정교함'을 부여한다는 이유로 여러 차례 일자리를 잃었기 때문이다. 레오폴트는 그에게 비종교적으로 즐길 수 있는 작품을 작곡해 보라고 격려했다.「브란덴부르크 협주곡」은 귀를 대단히 즐겁게 해주며—우아하고, 열정적이고, 활기가 넘치고, 유머러스하다—동시에 놀라우리만치 혁신적이다.

바흐는 비발디를 비롯한 이탈리아 작곡가의 관현악 협주곡에서 영향을 받았지만 독주 부문에 리코더와 트럼펫 등 더 다양한 악기를 사용했고, 악기들이 조화되도록 했으며, 짜임새는 훨씬 풍부하고 대위법적인 요소가 강했다. 하프시코드를 독주 악기로 사용한 것은 그가 새로 도입한 것 중 하나로, 협주곡 제5번은 세계 최초의 건반악기 협주곡이 된 한편, 제6번에는 전혀 바이올린을 사용하지 않았다. 바흐는 모든 규칙을 타파했다. 혹은 그가 새롭고 더 나은 규칙을 고안했다고 말할 수도 있을 것이다.

바흐에게는 뛰어난 전문적 기예와 화성 감각이 있었다. 그는 바로크 음악의 가장 위대한 인물이며,「브란덴부르크 협주곡」을 통해 바로크 음악 입문에 가장 좋은 걸작을 창조했다. **RP**

▲ 악보 한 장을 든 바흐의 초상화. 1746년 저명한 초상화가 엘리아스 고틀로프 하우스만(1695~1774년)의 그림.

"모든 음악의 목표와 최종점은 다름아닌 신에 대한 찬양이 되어야 한다."

**요한 제바스티안 바흐(1685~1750년)**

# 관리 등급표를 제정하다

**표트르대제가 군사 제도를 정비하고 공적에 따른 승진 제도를 도입하여 러시아를 근대로 이끌려고 노력한다.**

표트르대제의 통치 기간은 처음부터 끝까지 러시아의 개혁을 향한 길고 필사적인 돌진이었다. 그러나 1722년 1월의 관리 등급표 도입이야말로 그의 가장 과감한 개혁책이었다고 할 수 있다. 이는 반동적인 오랜 귀족층—보야르—에 대한 복수였으며, 앞으로는 러시아의 군직과 공직에서 조상 대대로 물려받은 특권이 아니라 공적에 따라 승진이 이루어질 것임을 보장했다.

재위 초기에 서유럽의 다양한 문물을 돌아보았던 여행의 영향을 받아, 표트르는 새로이 해군을 창설하고 군대를 근대화 하겠다는 생각을 품었다. 그는 모든 관직에 열네 개의 등급으로 이루어진 체계를 도입했고—저마다 고유의 제복이 있었다—여덟 번째 등급까지 도달하는 이라면 설령 농노의 아들이라 할지라도 자동으로 세습 귀족의 일원이 된다고 선포했다.

러시아의 근대화를 위한 이 최종 시도는 부분적인 성공을 거두었을 뿐이다. 장기적으로 보았을 때 이는 세습 관료라는 새로운 계급을 낳았으며 이들은 위계 서열의 낮은 계층에서 나오는 모든 독창성을 짓눌렀다. 이러한 상태는 1917년 니콜라이 2세가 퇴위할 때까지 지속되었다. 표트르는 자신의 업적을 자랑스럽게 여겼으며 임종의 자리에서 다음과 같이 말했다고 한다. "내가 백성들을 위해 하려고 노력했던 좋은 일을 보아, 신께서 나의 많은 죄를 용서해 주시기를." 표트르는 또한 서양을 내다볼 창문 구실을 할 새로운 수도 상트페테르부르크를 세우고, 러시아의 숙적 스웨덴과 투르크를 무찔렀다. 중앙과 지방 정부를 개편했고, 입법 의회와 내각을 창설했으며, 귀족들로 하여금 긴 수염을 깎고 서구식 의상과 관습을 따르도록 했다. 여성을 격리된 삶에서 해방시켜 사회 행사에 참여하도록 장려한 것도 그의 업적이다. **NJ**

◀ 격식 차린 모습의 표트르대제 초상화. 그는 재위 내내 러시아의 광대한 영토 곳곳을 근대화 하려 힘썼다.

# 태평양의 섬

**야코브 로헤벤이 오스트랄라시아를 찾아 나섰다가 이스터 섬을 발견한다.**

오스트랄라시아(오스트레일리아, 뉴질랜드, 그 부근의 섬들을 통틀어 이름—옮긴이)를 찾아 나섰을 때 야코브 로헤벤은 62세였지만, 이는 어린 시절 그의 아버지가 불어 넣었던 야망이었다. 천문학자였던 그의 아버지는 전설 속의 '테라 아우스트랄리스'를 찾는 원정에 대해 특허권을 받았던 것이다. 네덜란드 서인도 회사는 로헤벤이 오스트랄라시아를 찾는 항해에 세 척의 배—아렌트호, 틴호벤호, 아프리칸스헤 갈레이호—를 가져가도록 했다. 1721년 8월 그는 항해를 나섰다. 남아메리카 대륙의 남쪽 끝을 돌아 태평양으로 들어선 후, 로헤벤은 부활절 일요일인 1722년 4월 5일에 라파 누이 섬과 마주쳤다.

> "원시 시대의 그 머리는 / 그토록 야심차게 거대하지만 / 예술적으로는 참으로 거칠다 … ."
>
> **로버트 프로스트, "나쁜 섬—이스터"**

로헤벤은 섬에 '이스터 섬'이라는 새 이름을 붙였다. 모아이—화산암으로 만든 거대한 석상 머리—가 퍽 인상적이라고 여겼지만 그는 섬을 구석구석 탐험하지는 않았다. 그는 섬 인구는 2천 명에서 3천 명 사이며, 몇 년 전, 삼림 파괴와 그 밖의 환경문제로 인구가 급감하기 전에는 최대 1만에 가까웠을 거라 기록했다. 바타비아에 닿았을 때, 네덜란드 동인도 회사는 그 지역에 대한 자신들의 독점권을 침해했다는 이유로 로헤벤을 감옥에 가두었다. 풀려난 뒤 그는 네덜란드로 돌아와 항해 기록을 글로 남겼다.

이스터 섬의 인구는 천연두 같은 전염병과 스페인 노예상인의 습격으로 계속 감소했다. 결국 100여 명 정도가 되었다가, 1888년에는 칠레에 병합되었다. 그 이후로 관광 산업 덕분에 차차 회복되고 있다. **NJ**



# 이스파한의 함락

**아프가니스탄 세력이 끔찍한 포위전을 펼쳐 페르시아 제국을 쓰러뜨린다.**

1719년, 사나운 성미의 아프가니스탄 군주 미르 마흐무드가 페르시아를 침략했다. 1722년 3월, 굴나바드 전투에서 그는 자기가 거느린 군대의 두 배가 넘는 페르시아 대군을 물리쳤다. 마흐무드는 파라하바드 시를 점령한 뒤 이스파한을 포위했다. 그가 주변 지역을 폐허로 만들어 주민들이 모두 이스파한으로 몰렸으므로 인구는 60만으로 불어났고, 굶주림에 시달렸다. 일곱 달이 흐르자 수비군은 인육을 먹는 신세까지 전락했으며, 10월 12일 이스파한은 항복했다.

16세기부터 18세기까지 페르시아(오늘날의 이란)는 고대 다리우스와 크세르크세스 시대 이래 결코 없었던 안정과 번영을 누려왔다. 토착 왕조인 사파위 왕조의 샤가 페르시아를 다스렸고, 이들은 백성들이 시테파 이슬람으로 개종하도록 강요했다. 사파위 왕조의 가장 큰 자랑거리는 바로 이스파한이었으며, 모스크, 미나레트, 궁전, 다리, 그늘이 그리운 거리를 갖춘 이 도시는 시테 이슬람 예술과 건축의 걸작이었다.

그러나 1709년 아프가니스탄 공격이 참담한 실패로 돌아가 페르시아 군사 중 고작 1,000명만이 칸다하르에서 살아 돌아온 이후, 사파위 왕조는 빠르게 쇠퇴했다. 특히 이스파한을 버려두고 대부분의 시간을 하렘에 머물렀던 샤 술탄 후세인 때에는 더했다. 1722년 이스파한이 아프가니스탄에 함락되자, 샤 후세인은 붙들려 강제로 폐위되었다. 그러나 그의 아들은 타브리즈로 달아나 러시아의 표트르대제와 오스만 투르크의 지지를 얻어 스스로를 샤 타마스프 2세로 선포했다. 1725년, 미르 마흐무드는 정신이 이상해졌고 불가사의한 경위로 살해당했다. 1729년 타마스프는 페르시아 대부분을 되찾았지만, 그 또한 새로운 지배자이자 군사적 천재인 나데르 샤에 의해 폐위되고 살해당했다. 나데르 샤는 1736년 스스로를 샤로 선포했다. 사파위 왕조의 지배는 끝났다. **JJH**

# 플라잉 셔틀의 발명

**존 케이가 특허를 낸 이 발명품이 섬유 직조에 혁명을 가져온다.**

존 케이는 1704년 랭커셔 주 면직물 산업의 중심지인 베리 근처에서 태어났다. 1730년경, 이 젊은 발명가는 소모사(梳毛絲)를 꼬고 짜는 기계의 특허를 신청한 후였다. 3년 뒤 그는 산업혁명의 도래를 앞당긴 혁명적인 기계 장치인 '플라잉 셔틀'(핸들을 이용해 직조기계의 씨실을 넣는 장치-옮긴이)을 발명했다.

케이의 발명 이전까지, 손으로 짜는 베틀을 이용해 면직물을 제조하는 일은 느리고 손이 많이 가는 과정이었다. 날실을 번갈아 가며 들어 올려 틈을 만들고 천의 씨실이 들어 있는 북(shuttle, 천을 짤때 날실 틈을 오가며 씨실 꾸리를 풀어주는 나무통)을 그 사이로 지나가게 해야했기 때문에, 짤 수 있는 천의 너비가 북을 조작하는 직조공의 팔 길이보다 길어질 수 없다. 케이의 발명은 베틀을 지나가는 북의 속도와 북이 오가는 거리 모두를 향상시키는 결과를 가져왔다. 그는 베틀 양쪽에 '북 상자'를 설치하고, 나무로 만든 트랙으로 두 개의 상자를 연결해 그 위로 북이 오가도록 했다. 직조공이 손잡이를 한쪽에서 다른 쪽으로 잡아당기면 북은 빠른 속도로 앞뒤로 오갔다.

케이의 발명품이 거둔 성공으로 면직물에 대한 수요가 크게 증가하여 면직물 산업의 판도가 변했으며, 그의 발명은 제임스 하그리브스나 새뮤얼 크럼프턴과 같은 훗날의 발명가들이 면직물 산업을 한층 더 기계화하는 데 밑거름이 되었다. 그러나 슬프게도 케이는 자신의 업적으로 이득을 보지 못했다. 탐욕스러운 제조업자들이 그가 발명한 플라잉 셔틀 사용에 대한 로열티 지급을 거부했으며, 1753년에는 기계 파괴 활동을 벌이던 러다이트 운동가들이 그를 습격하는 바람에 고향을 떠나야 했다. 그는 프랑스로 피신했고 빈곤에 시달리다 죽었다. 잉글랜드에 남아 있던 그의 아들 로버트는 아버지의 창조적인 유전자를 물려받아 복잡하고 채색된 천을 짜는 기계인 '드롭 박스'를 발명했다. **NJ**



# 자연을 분류하다

**『자연의 체계』의 출간이 분류학이라는 학문의 시작을 알린다.**

『일반적 특성, 종별 차이점, 이명, 분포지를 곁들이고, 강(綱), 목(目), 속(屬), 종(種)에 따른, 자연의 세 가지 계를 통해 본 자연의 체계』라는 거창한 제목을 달고 1735년 라틴어로 출간된 이 책은 고작 열한 쪽 분량이었다. 그러나 카롤루스 린나이우스—카를 폰 린네의 라틴명—의 이 저작은 자연 세계를 동물계, 식물계, 광물계로 나눈 독창적인 분류법이었다.

린나이우스는 자신을 새로운 아담이라 비유하길 즐겼다. 최초의 인류인 아담은 에덴동산에서 동물과 식물에 이름을 지어 주었고, 새로운 종의 식물을 몇 백 점이나 수집한 이 스웨덴 식물학자는 이제 다양한 무리와 순서의 생물들이 맺고 있는 상호 관계를 알아볼 수 있는 새로운 과학적 이름을 선보였다. 그는 식물을 수술 개수에 따라 분류했고, 호모 사피엔스를 유인원의 하나로 놓았는데, 이를 두고는 논쟁이 분분했다.

린나이우스의 저작은 단박에 유명해졌고, 그는 정기적으로 개정과 확장을 거듭했다. 1770년에 나온 열세 번째이자 최종판은 4,400종의 동물과 7,700종의 식물을 분류했으며 1749년에 고안한 이명법(二名法) 체계를 사용했다. 각 생물의 이름은 두 부분으로 되어있는데, 앞부분은 속명(屬名), 뒷부분은 종명(種名)이었다. 이 체계는 그 이후로 지금까지 표준 분류학으로 사용되고 있다. 린나이우스는 또한 실수를 고칠 수도 있었다. 예를 들어 어류로 분류했던 고래는 포유류가 되었다.

린나이우스의 업적은 대단한 영향을 미쳤다. 그는 생물 간의 차이점을 설명하는 일이라기보다 분류하는 일에 관심이 있었지만, 그의 저작은 후세의 진화론자들에게 매우 유용하게 쓰였다. 오늘날에는 아무리 큰 책에도 전부 수록할 수 없을 정도로 많은 종이 발견됐지만, 그의 계층적 분류법과 이명법 체계는 이후 수정을 거쳤음에도 여전히 빼놓을 수 없는 중요한 위치를 차지한다. **RP**

# 웨슬리가 감리교 운동을 설파하다

존 웨슬리는 잉글랜드 브리스틀에서 최초의 야외 설교를 행하고, 나라를 돌며 약 4만 회의 설교를 하여 수만 명을 감리교로 개종시킨다.

감리교의 창시자 존 웨슬리는 1739년 4월 2일에 최초의 야외 설교를 했다. 그때부터 그는 지칠 줄 모르고 잉글랜드 전역을 돌며 신앙으로 구원받고 의인이 된다는 메시지를 설파해 15만 명 이상을 개종시켰다. 1791년 웨슬리가 사망했을 때, 감리교는 영국 국교회의 주요 세력이 되었으나, 그의 소망과는 달리 결국 국교회에서 분리됐다.

웨슬리는 혁명가 타입의 인물은 아니었다. 그는 영국 국교회 신앙에 깊이 빠진 시골 사제였으나, 루터와 마찬가지로 직접적인 개인 체험을 신의 손길이 닿은 것이라 해석하는 경향이 있었다. 그는 다섯 살의 어린아이였을 때 불타는 집에서 구출된 적이 있었는데, 자신이 '고난에서 구원받은 자'가 되었음을 느꼈다고 주장했다. 옥스퍼드 대학에서 그는 동생인 찰스와 급진적인 칼뱅주의자 조지 화이트필드와 함께 '홀리 클럽'을 세웠다. 성직 임명을 받은 후 조지아 주의 서배나에서 교구 목사로 일했으며, 대서양을 건너는 여행을 하다가 난파의 위험에 처했을 때 한 무리의 독일 모라비아 교도가 보인 침착한 믿음에 깊은 감명을 받았다. 런던으로 옮겨간 그는 모라비아 교회 집회에 참석했다가 그리스도가 자신을 직접 부르고 있음을 느꼈다. 화이트필드는 그를 브리스틀로 초대했고, 그곳에서 그는 최초의 야외 설교를 행했다.

18세기 말 잉글랜드를 비롯한 기독교 세계를 휩쓴 감리교의 거대한 물결은 종교개혁과 청교도주의에 필적하는 종교 부흥이었다. 이 운동은 프로테스탄트주의에 활력을 불어넣어 초기 기독교의 단순함으로 돌아가도록 했으며, 그 여파는 오늘날까지도 남아 있다. **JJH**

◀ 존 웨슬리. 그는 나라 전역에서 많은 인파를 대상으로 설교하여 감리교의 메시지를 직접 민중에게 전달했다.

▶ 유명한 일화를 그린 판화. 존 웨슬리가 엡워스 교회 묘지의 아버지 묘석 옆에서 설교하고 있다.

# 프리드리히 대왕이 슐레지엔을 병합하다

이 전투는 프로이센이 만만찮은 군사 강국으로 성장했음을 알린다.

앙투안 펜(1638~1747년)이 그린 〈프로이센의 프리드리히 2세 대왕〉(1746년). 왕의 군사 지도자적 면모를 그렸다.

"나는 우선 점령하고 시작한다. 나중에 나에게 완벽한 권리가 있었음을 증명해 줄 학자들을 찾게 될 것이다."

프리드리히 대왕(1712~1786년)

1740년 12월, 프로이센의 새로운 왕 프리드리히 2세(프리드리히 대왕)는 오스트리아가 지배하는 독일의 슐레지엔을 차지함으로써 오스트리아 왕위 계승 전쟁(1740~1748년)을 촉발시켜 전 유럽을 전쟁에 휘말리게 했다. 이는 적나라한 기회주의적 행동이었다. 점령의 목적은 빈곤에 시달리고 인구도 적은 프리드리히의 왕국에 주로 동료 프로테스탄트로 이루어진 슐레지엔 인구 150만 명과 영토를 더하기 위한 것이었다. 프리드리히는 자신과 마찬가지로 경험이 없는 마리아 테레지아 여제가 오스트리아 황제 자리에 올랐다는 점을 잘 이용하여, 잘 훈련된 자신의 군사 2만 7,000 명을 데리고 대담한 겨울 원정을 펼쳐 슐레지엔 지방을 손에 넣었다. 그러나 나이세와 글로가우의 주둔군은 꺾이지 않고 그에게 저항했으며, 1741년 봄에는 아담 나이페르크 원수가 이끄는 오스트리아군이 반격을 가해 나이세를 구했다(글로가우는 이미 프리드리히가 정복했다).

군사령관으로서의 경험이 적었던 프리드리히는 4월 10일 몰비츠에서 처음으로 접전을 겪으면서 그만 허를 찔리고 말았다. 양측의 군사는 각각 약 2만 명으로 수적으로는 대략 비슷했는데 처음에는 오스트리아가 승승장구했다. 오스트리아군은 프로이센 기병대를 패주시켰고 프리드리히는 전장에서 물러나야만 했다. 그러나 기강이 매우 잘 잡힌 프로이센 보병대는 프리드리히의 군사 스승인 쿠르트 폰 슈베린의 휘하에 재집결하여 간신히 승리를 거두었다. 이 전투는 프리드리히가 역사상 가장 뛰어난 군사령관 중 하나가 될 수 있게 해 준 견습 기간이었다. 몰비츠 전투 덕분에 프리드리히는 정복한 슐레지엔 땅을 지킬 수 있었고, 유럽 열강들이 그에 반대하는 동맹을 맺었음에도 그는 재위 기간 내내 오스트리아와 프랑스를 상대로 거의 패배하는 일 없이 연달아 승리를 거두었다. 이는 프로이센의 군국주의적 전통을 크게 고취했으며 나폴레옹이 나타나기 전까지 약 반 세기 동안 유럽의 군사 전술에 혁명을 가져왔다. **NJ**

# 로버트 월폴 경 사임하다

영국의 총리 가운데 가장 논쟁적 인물 중 하나였던 이의 말로.

로버트 월폴은 가문의 유대 관계를 기반으로 하고 휘그당의 대지주들과 공통의 이익을 추구한 덕택에 경력을 쌓았다. 그의 내각이 부패한 본성을 드러내면서 1742년 2월 그는 사임할 수밖에 없었다.

앤 여왕 재위 말기에 그는 토리당의 정적들이 꾸민 일로 한동안 런던탑에 갇혔으나, 이 일도 그의 승승장구를 막지는 못했고, 사우스 시 버블 사건(사우스 시 회사의 주가가 갑작스레 치솟았다가 폭락하여 많은 투자가들이 파산한 사건-옮긴이)의 여파를 능란하게 무마한 뒤 1721년부터는 정부에서 가장 탁월한 인물이 되었다. 혹은 '총리'라고도 할 수 있을 것이다(그의 시대에는 수상이라는 용어를 사용하지 않았지만, 역사가들은 월폴을 최초의 수상으로 칭하며, 그는 다우닝 가 10번지에 살았던 최초의 인물이었다).

그의 권력을 지탱해준 두 개의 기둥은 야망과 탐욕을 뻔뻔스럽게 타락한 방식으로 조종하는 술책과—그의 유명한 경구인 "모든 인간은 각자의 값이 있다"는 이를 잘 요약해 준다— 대외 전쟁을 피하는 정책과 국내의 낮은 세금으로 얻은 부유함이었다. 1730년대에 진(gin)에 붙는 세금을 올리자 폭동이 일어나면서 월폴은 몰락하기 시작했으며, '젱킨스의 귀 전쟁' 발발로 그의 평화 정책도 무너졌다. 1731년 레베카호라는 배의 선장이던 로버트 젱킨스가 아바나 근처에서 스페인 해안 경비군에게 붙들렸는데, 그 때 귀를 잘렸다고 주장한 것이다. 1738년 젱킨스는 소금에 절인 귀를 단지에 담아 하원 앞에 나타났다. 이 사건으로 인한 분노는 스페인에 대한 적대감을 부채질했다. 1739년 10월 23일, 월폴은 마지못해 선전포고 했다.

그의 실각을 결정적으로 촉발한 사건은 부정이 개입된 보궐선거를 하원 불신임안으로 처리하려다가 선거에서 패한 일이었다. 조지 2세는 그에게 옥스퍼드 백작 작위를 내리고 상원의원으로 등용했으며, 월폴은 관직 생활 동안 축적한, 결코 합법적이라 할 수 없는 재물로 단장한 호화 자택 호턴홀로 물러났다. NJ

존 하인스(1732~1771년)의 「로버트 월폴」. 사임 1년 뒤인 1743년에 그린 것으로, 백작의 의복을 입고 있다.

"배스 경, 이제 그대와 나는 잉글랜드의 누구 못지않게 하찮은 인물이구려."

**월폴이 상원 의원이 되면서 배스 백작에게 한 말**

# 컬로든 전투

컴벌런드 공작이 스코틀랜드의 컬로든에서 결정적인 승리를 거두어 하노버 왕조에 대항한 최후의 재커바이트 반란을 진압한다.

1746년 4월 16일의 컬로든 전투는 찰스 에드워드 스튜어트 왕자(보니 프린스 찰리)의 얼마 안 되는 재커바이트 군대와, 수적으로 우세하고 무기도 더 잘 갖추고, 배부르게 잘 먹은 컴벌런드 공작의 하노버 군대 간 싸움이었다. 전투는 채 한 시간도 가지 못했다.

찰스 에드워드 왕자는 1745년 8월에 몇 명 남짓한 추종자를 거느리고 스코틀랜드에 상륙했다. 그는 주로 가톨릭을 믿는 하일랜드(스코틀랜드 고지 지방–옮긴이) 씨족의 지지를 얻어 에든버러를 점령하고 프레스턴팬스에서 잉글랜드군을 무찌른 뒤 남쪽의 더비로 진격했다. 이곳에서 잉글랜드의 재커바이트 세력을 일으키는 데 실패하여 스코틀랜드로 후퇴했고, 폴커크에서 또 한 차례 잉글랜드군을 쓰러뜨렸다.

1746년 4월 중순 경, 재커바이트 군대는 인버네스로 물러날 수밖에 없는 상황이었다. 찰스 왕자는 위험한 야간 공격을 명령했지만, 그의 부하들은 황무지에서 길을 잃어 기진맥진한 채 원래 지점으로 돌아왔다. 하노버 군대 측의 대규모 연속 포격으로 컬로든 전투가 시작됐다. 찰스 왕자가 망설이자, 그가 거느린 가장 유능한 사령관인 조지 머레이 경이 기병대 돌격을 명했고, 재커바이트 하일랜드 보병들이 쌍날의 큰 칼을 휘두르며 이에 가세했다. 그러나 늪지 투성이인 지면 때문에 기세는 꺾였고, 하노버 군사는 기회를 노리며 접근했다. 하노버 기병대의 모습이 나타나자 찰스 왕자는 전장에서 달아났다. 컴벌런드 공작은 보복으로 초토화 정책을 펼쳐 하일랜드의 씨족 체계를 무너뜨렸고, 스코틀랜드에는 쓰디쓴 원한이 오래 지속되었다. 재커바이트 운동은 컬로든에서 마침내 완전히 소멸했다. **NJ**

▶ 컴벌런드 백작—'컴벌런드의 도살자'라 불리기도 한다—윌리엄과 피로 물든 전쟁터의 모습.

◀ 컬로든 전투 이후 몸을 숨기고 있는 보니 프린스 찰리, 그를 지켜보고 있는 이들 가운데 플로라 맥도널드도 있다.

1748년 3월 23일

# 폼페이 발굴

카를로 3세가 파묻힌 도시 폼페이의 전면 발굴 작업을 명한다.

1738년, 헤르쿨라네움 근처에서 우물을 파던 한 농부가 파묻힌 도시 폼페이를 발견했다. 그로부터 10년 후, 부르봉 왕가의 나폴리 왕인 카를로 3세는 스위스 출생의 군사 기술자 카를 베버의 책임하에 폼페이를 전면적으로 발굴할 것을 명했다.

폼페이는 나폴리 근처의 번영하던 로마 항구 도시였으며 서기 1세기에는 약 2만 명의 인구가 살았다. 79년 8월 24일, 부근의 베수비우스 화산이 폭발하면서 이 도시는 완전히 파괴되어 묻혀버렸다. 3.7m 높이로 층층이 쌓인 화산재와 부석이 미처 탈출하지 못한 주민들과 도시를 완전히 덮었다. 폼페이와 진흙 바다 속에 파묻힌 그 자매 도시 헤르쿨라네움은, 소(小) 플리니우스와 다른 작가들이 남긴 당대의 기록 속에만 살아 있을 뿐, 기억 속에서 점차 사라져갔다.

> "주인이여, 내가 침대에 오줌을 쌌습니다. 나는 죄를 졌습니다. 왜냐고 그대가 묻는다면, 요강이 없었기 때문입니다."
>
> **폼페이의 한 침실 벽의 낙서**

1748년 이래로 발굴 작업은 드문드문 계속되어, 가장 완벽한 모습으로 남아있는 로마 시대 도시의 잔해가 차차 드러났다. 원형 경기장, 두 개의 극장, 포럼 하나, 상점과 주택이 늘어선 격자 배열의 거리들, 식당, 바, 커다란 호텔, 와인 단지, 프레스코화, 수많은 벽 그림—개중에는 에로틱한 것도 있다— 그리고 남근 숭배와 관련이 있는 봉헌물 등 많은 것이 발견되었다. 무엇보다도, 무려 2천 년 전 갑작스레 생을 마감한 폼페이 시민들의 모습을 주조한 여러 개의 주형이 마음에 통렬하게 사무친다. **NJ**

1751년

# 계몽주의의 저작

디드로의 방대한 업적이 '유럽 계몽주의의 성서'가 된다.

예수회 교육을 받은 뒤 종교를 거부하고, 과격한 견해 때문에 아버지로부터 상속권을 박탈당하고, 작가가 되려는 굳은 결심을 품고 있던 디드로는 러시아의 예카테리나 대제가 그를 사서로 임명해 주기 전까지 무일푼의 생활을 견뎌냈다. 1751년 디드로의 『백과전서』는 원래 1728년 출간된 이프레임 체임버스의 『사이클로피디아』를 영어에서 프랑스어로 번역해 달라는 주문을 받고 시작되었다. 디드로는 훨씬 더 야심찬 계획을 위해 자금을 대달라고 출판업자인 르 브르통을 설득했다. 몽테스키외, 루소, 디드로 자신을 비롯한 계몽주의 작가들의 정신 속에서 끓어오르던 예술과 과학에 대한 모든 새로운 지식과 성찰을 모아 하나의 저작으로 편찬하려는 계획이었다. 제1권이 발행되었고 대중은 환호했다.

> "최후의 왕이 최후의 성직자의 창자로 목 졸려 죽을 때까지 인간은 결코 자유로워지지 못할 것이다."
>
> **디드로가 남겼다고 전해지는 말**

출판을 계속하는 길은 수월하지 않았다. 1752년 제2권을 완성한 후, 디드로는 선동죄로 고발되어 감금되었고 가택수색을 당했다. 아이러니하게도 수색을 맡은 관리는 비밀리에 디드로를 존경하던 인물이었으며, 문제가 될 만한 원고를 자기 집에 숨겨두었다. 1775년 완결될 때까지 백과전서 계획을 주도하는 동안 디드로는 많은 것을 잃었다. 시력은 엉망이 되었고, 당국은 끊임없이 그를 괴롭혔으며 함께 일하던 이들은 그를 저버렸다. 디드로는 그리 뛰어나지 못한 집필자들을 고용할 수밖에 없었으며, 마지막 권에서는 책의 견해 중 일부분이 너무 위험하다는 사실을 깨달은 출판업자들이 내용을 검열했다. **NJ**

# 프랭클린, 피뢰침이 되다

벤자민 프랭클린이 폭풍우가 치는 가운데 필라델피아에서 전기 실험을 한다.

◆ 〈하늘에서 전기를 이끄는 벤자민 프랭클린〉(1816년경). 위대한 역사화가 벤자민 웨스트(1738~1820년).

"그는 신들로부터 번개를 빼앗았고 폭군들로부터 왕홀을 빼앗았다."

**1790년 프랭클린의 사후 자크 튀르고가 한 말**

1706년 매사추세츠 주 보스턴에서 자녀가 무려 열일곱 명이나 되는 대가족의 아들로 태어난 벤자민 프랭클린은 열 살 때 학업을 그만두고 신문기자, 출판업자, 우체국 직원, 외교관, 발명가, 그리고 과학자로 경이적인 성공을 거뒀다. 그는 미국의 건국과 전기의 이해라는 두 가지 분야에 모두 탁월한 업적을 남겼으며, 특히 번개에 대한 혁신적인 연구와 피뢰침의 발명으로 명성을 얻었다. 1752년 6월, 그는 가장 유명하고 극적인 실험을 행했다.

프랭클린은 연의 줄 끝에 매단 금속 열쇠에 뇌운(雷雲)에서 나오는 전기를 이끌었다. 몇 년 후 그의 절친한 친구이자 선구적인 과학자 동료인 조지프 프리스틀리가 전 과정에 대해 묘사했다. 프랭클린은 번개가 전기를 띤다는 자신의 이론을 실험하기 위해 자신이 살던 곳인 필라델피아의 크라이스트 교회 첨탑이 완공되기를 기다리고 있다가, 연을 이용하면 어떤 첨탑보다 '천둥이 치는 지역에 더 빠르고 더 낫게 접근할 수 있는' 방법이 되리라는 생각을 떠올렸다.

프랭클린과 그의 아들은 뇌운이 다가오기를 애타게 기다리다가 연을 날렸다. 손으로 만든 연은 두 개의 나무 막대를 엇갈리게 엮은 뒤 커다란 비단 손수건을 묶은 구조였으며, 대마로 만든 긴 끈을 달았다. 처음에는 아무 일도 일어나지 않는 듯했다. 그러다 프랭클린은 머리 위로 뇌운이 지나가면 끈의 느슨하게 늘어진 실이 똑바로 곧추선다는 것을 눈치챘다. 끈에 달린 금속 열쇠에 주먹을 갖다 대자, 확실히 전기 불꽃이 일었다.

1752년 10월 프랭클린은 이 실험에 대한 간략한 기록을 출간했다. 그는 전 세계가 절실히 필요로 하던 번개에 대한 정보와 그 예방책을 선보일 수 있었고, 당대 가장 유명한 인물 중 하나로 거듭났다. **RC**

# 시간을 빨리 돌리다

## 잉글랜드가 하룻밤 새 11일을 앞당겨 그레고리력을 채택한다.

1750년의 신력법(新曆法)이 통과되면서 잉글랜드는 (그리고 북아메리카의 잉글랜드 식민지들도) 드디어 유럽 대부분의 국가와 같은 대열에 들어섰다. 새로운 달력의 채택과 더불어, 새해 첫날을 이전의 3월 25일이 아닌 1월 1일로 정했다. 1751년은 3월 25일부터 12월 31일까지 282일밖에 없는 짧은 한해가 되었으며, 1752년에는 열하루를 앞당겼다. 9월 2일 다음날이 9월 14일이 된 것이다.

그때까지 잉글랜드는 기원전 45년 율리우스 카이사르가 처음으로 도입한 구력인 율리우스력을 따랐었다. 율리우스력은 한 해의 길이를 평균 365.25일로 잡았는데, 이는 실제 태양년의 길이보다 약간 길었다. 수 세기가 지나자 달력은 며칠이나 늦어지게 되었고, 더 이상 부활절이 춘분 즈음에 떨어지지 않게 되었다. 1582년, 교황 그레고리우스 13세가 기존 달력에서 열흘을 앞당기고 보다 복잡한 규칙으로 윤년을 정해 오차를 없앤 새로운 달력을 도입했다. 대부분의 유럽 대륙 국가에서는 16세기에 그레고리력을 채택했지만, 잉글랜드는 율리우스력을 따랐다. 그러나 1750년 무렵 의회는 구력이 "다양한 불편함을 수반하며, 이웃 국가들의 관행뿐만 아니라 스코틀랜드의 법적인 계산 방식과도 다르고, 왕국 전역의 일반적인 관행과도 다르기 때문에 잦은 실수가 발생하고 … 거기서 분쟁이 일어난다"는 사실에 동의했다.

달력의 변화는 일부의 원성을 자아냈고, 이는 윌리엄 호가스의 그림 속에 불멸의 장면으로 남았다. 그의 그림 속에서, 달력 교체의 지지자였던 휘그당 후보 메이클즈필드 백작은 국가로부터 열하루를 박탈하여 1년에 네 차례 소작료를 내는 이들을 속여 평소대로의 임금을 받을 기회를 빼앗았다는 이유로 비난받았다.

**NJ**

윌리엄 호가스의 〈선거〉 연작 중 한 판화, 빼앗긴 열하루를 돌려달라고 하는 사람들을 나타냈다.

> "달력의 맨 위는 9월 14일 목요일이었다 … 내가 7시간 동안 열하루나 잤단 말인가?"
>
> 『젠틀맨즈 매거진』, 1752년 9월

# 단결과 연합을 향하여

벤자민 프랭클린이 영국의 아메리카 식민지들을 단결할 계획을 추진한다.

중년에 접어든 벤자민 프랭클린의 초상화, 1767년 영국의 화가 더비의 조지프 라이트(1734~1797년).

"우리의 적들은 한 방향의 지휘를 따른다는 매우 커다란 이점을 지니고 있다."

**프랭클린, '펜실베이니아 가제트', 1754년 5월**

벤자민 프랭클린은 피뢰침, 이중 초점 안경, 자동차 주행 기록계를 발명한 것 이외에, 미국이 국가 개념을 발전시키는 데에도 주된 공헌을 했다. 1754년 6월, 그는 하나의 총체적 정부 아래 영국 식민지를 단결시킬 계획을 구상했다. 그러나 그 조항들은 지나치게 야심 차 영국 정부도 각 식민지도 쉽사리 받아들일 수 없었다. 양쪽 다 권력을 잃을 것을 두려워했던 것이다.

1750년대에 동쪽 해안에 위치한 영국 식민지들은 서쪽으로 향하는 길을 프랑스가 차단했다는 사실을 깨달았다. 식민지 간의 경쟁 관계로 상황은 더욱 복잡해졌다. 잉글랜드 정부는 식민지가 상호 방위를 위해 "서로 단결과 연합의 계약을 맺을 것"과 아메리카 원주민의 지원을 확보할 것을 촉구했다. 비용은 일반 전쟁 국채로 충당할 수 있었다.

뉴욕, 매사추세츠, 코네티컷, 뉴햄프셔, 로드아일랜드, 펜실베이니아, 메릴랜드에서 온 대표자들이 올버니 회의에서 이 문제를 고려했다. 이 회의는 '식민지 협력의 획기적 사건'이라 묘사되어 왔으며, 대표자들은 프랭클린이 작성한 계획을 두고 논의했다. 일단 총괄 의장을 둘 것인데, 이는 영국 왕실에서 임명하고, 각 식민지 출신의 48명의 대표로 이루어져 1년에 한 차례 이상 회의를 할 총괄 의회도 있어야 했다. 이 의회는 법안을 통과시키며 고유 권한으로 군사를 일으키고, 세금을 부과할 권리를 갖게 된다. 각 식민지의 대표자 수는 그 식민지의 인구에 비례한다. 총괄 의회는 국방, 아메리카 원주민과의 관계, 식민지를 이루는 경계선 외부에 있는 모든 영토를 담당한다. 새로운 지역에서 토지를 분양할 때 세금을 부과하여 그 비용으로 자금을 조달한다. 그러나 이 계획은 시대를 너무 앞선 것이었고, 처음치고는 지나치게 먼 앞날을 내다본 계획이었음이 밝혀졌다. **RC**

# 권위 있는 영어 사전의 출간

## 새뮤얼 존슨의 사전이 영어 역사 속의 이정표가 된다.

새뮤얼 존슨은 덩치 크고 느릿느릿한 인물로, 어린 시절에 앓았던 연주창으로 청력이 나쁘고 한쪽 눈은 거의 먼 데다가, 투렛 증후군을 앓고 있었기 때문에 종종 억제할 수 없는 경련을 일으키거나 제임스 보즈웰의 말을 빌면 '암탉처럼 꼬꼬댁거리곤' 했다. 처음 보는 이들은 종종 그를 광인으로 착각했다. 그가 혼자만의 힘으로 사전을 집필하려 하자 친구들조차 그를 미쳤다고 생각했다. 그럼에도 불구하고, 1755년 4월 15일 그는 막중한 작업을 완수했다. 『영어 사전』은 두 권의 커다란 폴리오 판으로 출간됐으며, 2,300페이지에 4만 2,773개의 단어 정의와 10만 개 이상의 인용구로 이루어져 있었다. 최초의 영어 사전은 아니었지만, 가장 완벽하고 영향력 있을 뿐 아니라 가장 독특한 사전이었다. 영어는 커다란 변화를 겪게 되었다.

권위 있는 영어 사전을 내놓는다는 생각은 한 무리의 서적상들이 처음 해낸 것으로, 1746년 그들은 3년 안에 작업을 마친다는 조건으로 존슨에게 1,575파운드를 지불했다. 아카데미 프랑세즈가 40명의 학자를 고용해 40년이 걸려서야 비슷한 프로젝트를 마쳤다는 사실은 문제도 아니었다. 존슨은 속기사 한 팀을 고용하고 런던 고프 광장 40번지에서 작업을 시작했는데, 이곳은 현재 존슨 박물관이 되었다. 집필에는 9년이 걸렸다. 존슨은 단어의 정의를 제시하는 데서 끝내지 않고, 그 어원을 추적하고 문학 작품에서 따온 인용문을 곁들여 용법을 잘 보여주고자 했다.

존슨은 단어의 의미를 고정시켜 언어의 혼돈 속에 질서를 가져오려고 굳게 마음먹은 바 있었다. 그러나 곧 그는 언어가 살아 있다는 것을 깨달았다—목록으로 분류할 수는 있어도 통제할 수는 없었다. 그는 살아생전 네 차례의 개정판을 냈다. 1928년 『옥스퍼드 영어 사전』 초판은 존슨의 사전을 개정한 것이며, 최신판 옥스퍼드 사전에는 그가 내린 정의 중 1,700개가 실려 있다. **RP**

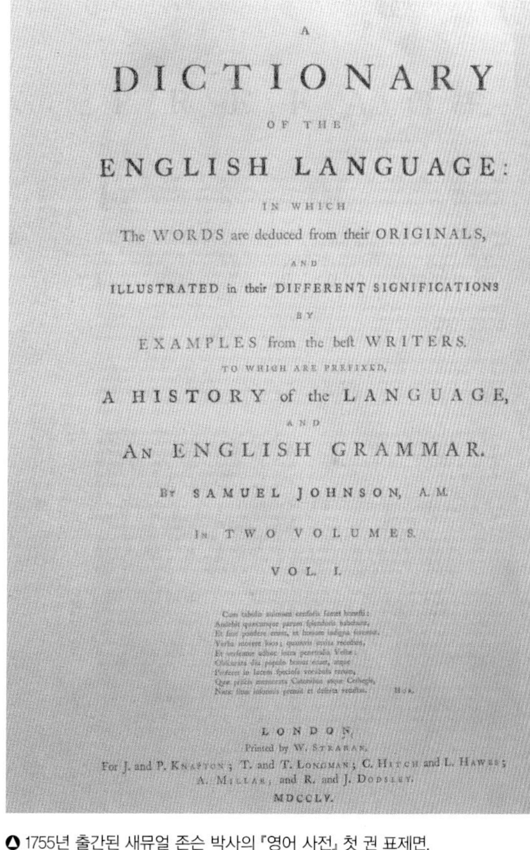

A
DICTIONARY
OF THE
ENGLISH LANGUAGE:
IN WHICH
The WORDS are deduced from their ORIGINALS,
AND
ILLUSTRATED in their DIFFERENT SIGNIFICATIONS
BY
EXAMPLES from the best WRITERS.
TO WHICH ARE PREFIXED,
A HISTORY of the LANGUAGE,
AND
AN ENGLISH GRAMMAR.
BY SAMUEL JOHNSON, A.M.
IN TWO VOLUMES.
VOL. I.

LONDON,
Printed by W. STRAHAN,
For J. and P. KNAPTON; T. and T. LONGMAN; C. HITCH and L. HAWES;
A. MILLAR; and R. and J. DODSLEY.
MDCCLV.

▲ 1755년 출간된 새뮤얼 존슨 박사의 『영어 사전』 첫 권 표제면.

"사전이란 시계와 같다 …
가장 좋은 것도 아주 정확하리라고는
기대할 수 없다."

**새뮤얼 존슨, 1784년**

# 지진이 리스본을 덮치다

기록에 남은 최악의 재해 중 하나인 이 대지진은 유럽 계몽주의 핵심 인물들의 사상에 결정적인 영향을 미친다.

지진은 1755년 11월 1일 만성절 오전 9시 40분에 리스본을 강타했다. 최초의 진동은 약 5분간 지속되어, 리스본의 건물 대부분을 무너뜨렸다. 현재 과학자들은 당시의 지진이 리히터 지진계 기준 진도 9정도였을 것이며, 진원점은 320km 떨어진 대서양의 카보베르데 제도 해저였으리라 추정한다. 지진 발생 40분 후 거대한 해일이 밀려와 타호 강을 휩쓸어 더 많은 죽음과 파괴를 초래했다(파도는 대서양과 마주한 유럽 해안 전체에 퍼져, 아일랜드의 골웨이와 잉글랜드 대부분의 해안에도 영향을 주었다). 물에 잠기지 않은 곳에서는 화재가 일어나 5일 동안 타올랐다.

이 두 차례의 자연 재해로 27만 5,000명의 인구 중 6만에서 9만 가량이 사망한 것으로 추정된다. 게다가 리스본의 건물 중 85%라는 어마어마한 양이 파괴되었다. 왕궁도 그중 하나로, 7만 권의 장서와 티치아노, 루벤스, 카라바조 등의 작품을 소장한 웅장한 도서관도 함께 무너졌다.

리스본 지진은 유럽 전역에 커다란 놀라움을 안겼다. 이를 계기로 볼테르는 당대 지식인들의 낙천주의에 대한 통렬한 풍자소설인 『캉디드』를 썼고, 루소는 전원의 '소박한 생활'로 회귀할 것을 주창했으며, 칸트는 근대 과학인 지진학을 창시했다. 포르투갈의 왕 주제 1세와 왕실은 지진에도 무사히 살아났으나, 남은 재위 기간 내내 텐트에서 생활해야 했다. 그러나 1년 안에 정력적인 총리인 폼발 후작이 리스본 재건 작업을 시작했다. **NJ**

◐ 게오르그 루트비히 하르트비히(1813~1880년)가 그린 극적인 장면 속에서, 리스본의 건물들이 무너지고 있다.

1756년 6월 20일

# 캘커타의 참극

이때의 잔학 행위가 영국의 인도 지배를 정당화하는 사건이 된다.

벵골을 식민지화하고 라이벌인 프랑스인을 몰아내려는 수단의 일환으로, 영국 동인도 회사는 캘커타를 방어하기 위해 윌리엄 요새를 지었고, 벵골의 '나와브'(토착민 지배자) 시라지 웃-다울라가 그만두라고 명령했음에도 불구하고 캘커타를 요새화하는 일을 멈추지 않았다. 이에 대한 보복으로 시라지의 군대는 요새를 포위했으며, 1756년 6월 20일에는 요새를 점령하고 사령관인 존 홀웰과 살아남은 병사, 민간인을 '블랙 홀'이라는 별명의 작은 감방에 가두었다.

목격자로서 유일하게 증언한 홀웰은 감방이 길이 5.5m에 폭 4.3m 넓이에 불과했으며 창살이 달린 작은 창문 두 개가 나 있었을 뿐이었다고 증언했다. 그의 말에 따르면 146명이 하룻밤 내내 그 방에 밀려 들어갔다. 꽉 막힌 공간과 질식할 것 같은 열기 속에서, 갇힌 이들은 풀어 달라고 혹은 물을 달라고 애걸했다—모자 두 개 분량의 물이 들어왔지만, 대부분은 흘리고 말았다. 홀웰은 사람들을 헤치고 창문 쪽으로 다가가 소매를 적신 땀을 빨아 먹은 덕분에 목숨을 건졌다.

"다음 차례를 재촉하는 하나의 흥분된 물결처럼, 우리는 억지로 … 들어가야만 했다."

**존 홀웰(1711~1798년)**

오전 6시, 마침내 감방 문이 열렸다. 홀웰과 생존자들은 열사병으로 인한 탈수, 갈증, 혹은 압사로 123명이 죽었다고 주장했다. 이후의 역사가들은 이 수치가 고의로 과장된 것이며 실제 사망자 수는 43명이었다고 말했다. 로버트 클라이브는 이 사건을 빌미삼아 다음 해에 시라지를 쓰러뜨리고 벵골에 영국 지배를 확립했다. 홀웰은 후에 벵골 총독이 되었다. **NJ**

1757년 6월 23일

# 뇌물의 전투

플라시 전투에서 싸움은 거의 벌어지지 않았고, 미리 뇌물을 쓴 덕분에 승리했다.

벵골의 동인도 회사 군사령관인 로버트 클라이브는 캘커타를 점령한 이후 벵갈의 나와브 시라지 웃-다울라의 수도 무르시다바드로 진격해하고 있었다. 시라지는 프랑스와 손을 잡고 동인도 회사와 전쟁 중 이었던 것이다. 영국인 800명과 인도인 2200명으로 이루어진 클라이브의 군대는 9대의 대포를 이끌고 자그마한 망고 과수원 마을 플라시에 도달했는데, 이는 11대의 대포와 약 40명의 프랑스 포병대원을 거느린 5만 명의 시라지 군대에 한참 못 미치는 숫자였다. 클라이브는 이미 시라지의 삼촌이자 군사령관 미르 자파르를 매수하여 싸우지않고 물러나겠다는 약속을 받아낸 터였지만, 공격하지 않고 머뭇거렸다.

"신께 맹세코 … 나는 지금 나 자신의 절제심이 놀라울 뿐입니다."

**로버트 클라이브, 부정부패 혐의로 고발되었을 때 한 말**

맹렬한 몬순이 폭우를 몰고 와 인도 군의 대포가 못쓰게 되고(그들은 화약이 비에 젖지 않도록 덮어두지 않았다) 미리 짠 대로 시라지의 군사들이 전장에서 달아난 후, 클라이브는 부관인 에어 쿠트 경의 재촉에 떠밀려 마음을 바꿨다. 클라이브는 약 50명의 사상자만 내고 전투에서 '승리'했다. 미르 자파르는 물론 시라지를 폐위하고 그를 처형 했으며, 동인도 회사는 벵골을 차지했다. 클라이브는 플라시 전투의 개인적인 전리품 삼아 시라지의 국고에서 16만 파운드라는 막대한 금액을 챙겼다.

인도 정복은 동인도 회사에 커다란 이윤을 가져다주었다. 주요 생산품은 아편으로, 막대한 분량의 아편이 동인도 회사가 불법 무역 독점권을 쥐고 있던 중국으로 운송되었다. **NJ**

# 프랑스군을 격파하면서 울프가 전사하다

**영국군이 퀘벡에서 승리해 캐나다를 차지하게 된 전투에서 울프 장군이 죽는다.**

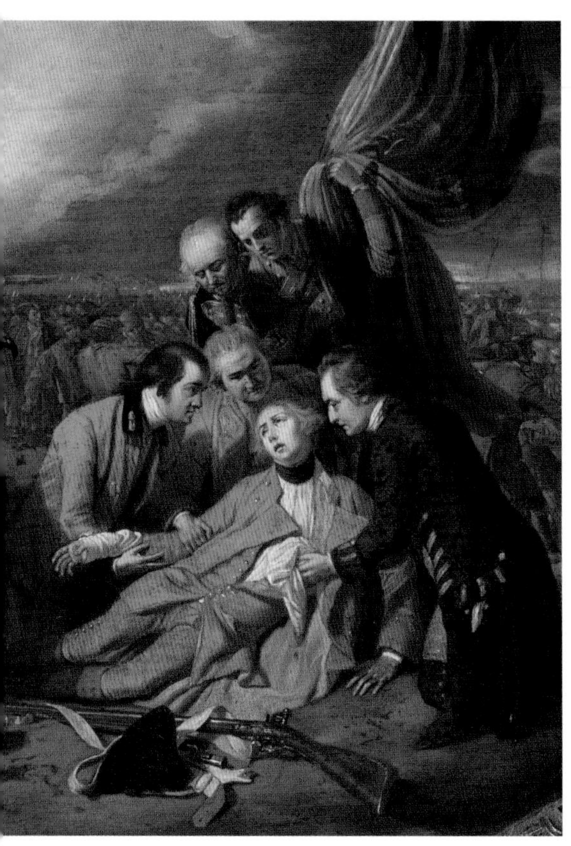

▲ 벤자민 웨스트(1738~1820년)의 〈울프 장군의 죽음〉 중 일부. 영웅은 치명적인 부상으로 쓰러진다.

"나 때문에 슬퍼하지 마시오.
나는 몇 분 지나면
행복해질 테니."

**제임스 울프 장군이 죽어 가며 남긴 말**

퀘벡에서의 승리로 영국은 1763년 평화 조약을 통해 캐나다를 확고히 차지했으며 제임스 울프 장군은 영웅이라는 명성을 얻었다. 1756년에서 1763년에 걸친 7년 전쟁(종종 진정한 의미의 최초 세계대전이라 불린다) 때문에 영국과 프랑스는 유럽, 인도, 북아메리카 세 대륙에 걸쳐 서로 맞붙었다.

울프는 1759년 5월 케이프브레턴 섬의 루이스버그에 와 영국의 캐나다 침략을 지휘했다. 13세 때부터 군인이었던 울프는 괴짜로 여겨지곤 했다—예민하고, 신경질적이고, 지나치게 활동적이고, 예측할 수 없는 성미였다. 누군가 울프는 미쳤다고 하자, 조지 2세는 만일 그렇다면 울프가 다른 장군들도 몇 명 물어뜯어 주었으면 좋겠다는 유명한 대답을 남겼다.

원정군은 세인트로렌스 강을 타고 올라가 6월 말에 퀘벡 북부에 상륙했다. 퀘벡 시는 강을 굽어보는 벼랑 위 높은 곳에 서 있었으며, 프랑스군 사령관인 몽칼름 후작은 서둘러 북쪽 강변의 방비 태세를 마친 후였다. 울프는 어느 지점이 유리할지 곰곰이 평가해 보았는데, 북쪽 강변만이 유일하게 접근할 수 있는 길이었다. 부하들이 울프의 고질적인 망설임에 시달리느라 상당히 오랜 기간 지체한 뒤, 영국군은 맞은편 강변에 상륙했다. 그러나 거듭된 공격이 너무도 암울한 실패로 돌아간 끝에 8월 19일 울프는 신경과민 증세를 보여 병상에 누워야 했다. 9월 초 맑은 정신으로 되돌아오고 건강도 회복한 그는 직접 정찰을 행해 앙즈 드 풀롱이라는 장소를 찾아냈다. 밤이 되자 영국군은 가파르고, 좁고, 감시가 소홀한 숲 사이 길을 따라 힘겹게 올라가 퀘벡 북부의 언덕인 에이브러햄 평원에 도달했다. 이곳에서 드디어 프랑스 군과의 전투가 벌어졌고, 곧 대승을 거두었다. 울프 자신은 가슴에 총상을 입고 사망했으며, 그로부터 5일 후 몽칼름은 항복했다. **RC**

# 예카테리나가 러시아 여제로 등극한다

독일 작은 공국의 공녀였던 예카테리나가 러시아의 가장 위대한 통치자 중 하나로 떠오른다.

슈테틴(오늘날 폴란드의 슈체친)에서 조피 폰 안할트-체르브스트라는 이름으로 태어난 예카테리나는 러시아 왕위를 물려받게 될 표트르 대공과 약혼했다. 제멋대로고 미숙한 남편 표트르와의 결혼 생활은 실패했지만, 예카테리나는 강력한 세력을 가진 시어머니 옐리자베타 여제의 지지를 등에 업었다. 그녀는 빠르게 러시아어를 배웠고 러시아 정교로 개종했다.

1762년 1월 왕위에 오르면서, 표트르는 프로이센과 우호 관계를 맺었으며 장교들에게 프로이센식 관습과 제복을 받아들이도록 강요하고 주로 외국인만 총애하여 러시아 군대의 미움을 샀다. 알렉세이와 그리고리 오를로프 형제가 남편을 폐위하고 그녀를 여제로 삼으려는 계획을 꾸미자 예카테리나는 이 계획을 지지하기로 약속했다. 표트르가 상트페테르부르크를 비운 7월 계획은 실행에 옮겨졌다.

예카테리나는 가장 뛰어난 부대인 이스마일로프스키 연대를 몸소 찾아가 자신을 지켜 달라고 호소하여 지원을 얻어낸 후, 표트르의 정책이 러시아를 위험에 빠뜨리고 있다는 내용의 포고문을 발표하고 군복을 입은 채 앞장서 군대를 거느리고 수도에 입성했다. 표트르는 왕위에서 물러났고, 알렉세이 오를로프의 감시를 받던 중 며칠 후에 살해당했다.

이러한 식으로 권력을 차지했음에도 불구하고 훗날 예카테리나는 러시아의 가장 위대한 황제 중 한 사람이 됐다. 러시아 영토는 남쪽으로 흑해까지 넓어졌으며 훌륭한 예술 수집품을 축적해 나라의 위신도 높아졌다. 그러나 이는 국민 대부분의 희생으로 이루어진 것이었다. 한때 예카테리나는 농노 해방을 생각했으나, 농노를 더 가혹하게 쥐어짜는 것이 정치적으로 더 유리하다는 사실을 깨달았다. 그녀가 문화를 향유하고 황제로서의 야망을 달성할 수 있었던 것은 농민들의 강제 노동 덕택이었다. 예카테리나는 다시 결혼하지 않고 대신 줄줄이 젊은 연인들을 두었는데, 포템킨 공과는 친밀한 동료 관계를 계속 유지했다. **NJ**

▲ 〈사법 전당에서 입법관 복장을 한 예카테리나 2세〉, 드미트리 레비츠키(1735~1822년).

"나는 전제 군주가 될 것이오, 그것이 내 일이니까, 주님께서는 나를 용서하실 것이오—그것이 그분의 일이니까."

예카테리나 대제

# 기번이 걸작의 꿈을 품다

에드워드 기번이 고대 카피톨리누스 언덕의 폐허에서 『로마 제국 쇠망사』 집필을 구상한다.

에드워드 기번은 그랜드 투어(영국 상류층 자제들의 유럽 대륙 여행-옮긴이)를 꽤 유쾌하게 즐기고 있었지만, 토리노의 건축은 '단조롭고 따분'하며 대리석으로 된 제노바의 궁전들은 별 볼일 없다고 여겼다. 그리고 런던을 본 뒤라면 누가 밀라노에서 감동을 받겠는가? 그의 성미는 '그다지 쉽게 열광하는' 편이 아니었다. 그러나 '영원한 도시' 로마에 다가갈수록 그의 감정은 고조되었다. 실망을 느끼지도 않았다. 그는 '여러 날에 이은 도취 상태'를 경험했고, 이는 특히 로마의 카피톨리누스 폐허에서 더했다. 그는 살아 있는 과거를 생생하게 느꼈다. 로물루스가 서 있던 곳, 마르쿠스 툴리우스 키케로가 연설하던 곳, 카이사르가 쓰러졌던 곳이 "즉시 내 눈 앞에 보였다"고 술회했다. 1764년 10월 15일, 그곳에서 그는 로마의 역사에 관한 책을 쓰겠다는 계획을 품었으며, 나중에 이는 로마 제국 전체의 역사가 된다.

그 자신의 살아온 날을 돌이켜 보면 기번은 이러한 일에 알맞지 않은 사람처럼 보였다. 그는 스스로를 "어머니는 무시하고 유모는 제대로 먹이지 않았던 허약한 아이"라고 묘사했으며, 옥스퍼드에서 보낸 기간은 "내 인생에서 가장 할 일 없고 무익한" 때였다고 말했다. 아버지와는 사이가 좋지 않았는데, 아버지는 그가 인생에서 유일하게 겪은 로맨스를 망쳐 놓았다. 주로 신학적 논쟁만이 그에게 지적 자극을 주었다. 그 때껏 느낀 적 없는 강렬한 이끌림으로 자신의 꿈을 깨닫고 거기에 전념하지 않았다면 그는 그저 딜레탕트(dilettante, 문학 예술 애호가)로 남았을 것이다.

이 작품은 1776년에서 1788년에 걸쳐 여섯 권으로 출간됐으며 놀라운 업적이자 학문적으로 길이 남을 저작이었고, 그 규모의 방대함과 세부 묘사의 생생함, 재기발랄한 문체는 가히 최상이라 할 만했다. **RP**

◐ 『로마 제국 쇠망사』에 실린, 헨리 쿡이 그린 로마 황제의 초상화 연작.

1765년 3월 22일

# 세금이 소동을 일으키다

**인지세법 시행으로 반발이 일어나고 미국 독립 전쟁의 첫 불길이 치솟는다.**

영국에서는 신문, 팸플릿, 게임용 카드, 양도증서, 법률과 상업용 서류에 인지세가 붙었으며, 정부는 세금을 쉽게 거둘 수 있는 방편으로서 이를 선호했다. 7년 전쟁의 비용을 위해 영국은 돈이 필요했고, 1764년 총리인 조지 그렌빌은 아메리카와 서인도 제도의 식민지에도 인지세를 시행할 것을 제안했다. 하원은 이에 동의했고 1765년 3월 인지세법이 시행되었다.

이는 강렬한 반발을 불러일으켰다. 인지세법은 아메리카에서 쌓여 가고 있던 영국에 대한 엄청난 적개심에 불을 질렀다. 그들은 영국 국민으로 취급받지 못하는 것과 국회의원이 없다는 사실에 불만을 품었다. "대표 없이 조세 없다"는 슬로건은 이러한 불만을 잘 요약해 준다.

> "아메리카는 거의 공공연한 반란에 휩싸였소. 나는 아메리카가 저항했다는 사실이 기쁘오."
>
> **대(大) 윌리엄 피트, 1766년 1월**

보스턴을 비롯한 여러 곳에서 폭동이 일어났고, 그 일부는 자칭 '자유의 아들단'이라는 단체가 이끌었다. 도시 회의에서는 인지세법을 비난했고, 신문과 팸플릿에는 "대양 너머까지 전제 정부를 불러와 한때는 행복했던 이 땅에 완전히 자리 잡게 하려는" 이들에 반발하는 격노한 기사가 넘쳤다. 패트릭 헨리는 버지니아 의회에서 열변을 토하여("나에게 자유가 아니면 죽음을 달라!") 결국 의회는 독립적인 입법권을 선언했고, 로드아일랜드 주는 인지세법이 위헌이라고 선포했다. 아홉 개의 식민지 대표들이 영국 의회에서 그들에게 세금을 매길 권리는 없다고 결정했다. 1766년 인지세법은 철회되었으나, 이미 돌이킬 수 없는 상처를 남긴 후였다. **RC**

1769년 4월 13일

# 금성을 관측하다

**쿡 선장이 금성의 태양 통과 현상을 관측하기 위해 타히티 섬에 도착한다.**

잉글랜드를 떠난 지 8개월 만에, 해군 범선 인데버호를 지휘하고 있던 제임스 쿡 대위는 구름에 덮인 타히티 섬의 봉우리를 발견했다. 1769년 4월 13일 그가 마투바이 만에 닻을 내리자, 호기심 많고 우호적인 섬 주민들이 카누를 저어 다가왔다. 타히티 주민들은 유럽인과 접촉했던 예전 경험을 통해—2년 전에 돌핀호를 타고 온 새뮤얼 월리스가 태평양에 있는 이 섬을 영국 소유로 삼았고, 그보다 1년 뒤에는 루이 드 부갱빌이 프랑스 땅이라 주장했던 것이다—철기를 본 일이 있었고(그들은 조개껍질, 돌, 상어 이빨로 만든 도구밖에 없었다), 못과 낚싯바늘을 훔쳐가는 통에 쿡과 그의 동료들은 몹시 귀찮아졌다. 영국인들은 대체 어떤 권리로 유럽인이 타히티에 대한 소유권을 주장할 수 있는지 문제 삼지 않았다.

> " … 그들의 얼굴을 보니 적어도 우리가 불청객은 아님이 분명했다."
>
> **쿡 선장, 1769년 4월 13일**

인데버호가 방문한 목적은 6월 3일 금성이 태양 면을 지나가는 현상을 관측하여 금성과 지구 간의 거리를 측정하려는 것이었다. 왕립 학회가 이 탐험을 후원했고, 배에는 섬의 동식물을 수집하고 연구하려는 자연과학자와 화가들도 타고 있었다. 천재 항해가였던 쿡은 바다의 기온과 바람의 세기, 대양의 해류와 깊이를 측정하고 자신이 탐험했던 해안을 주의 깊게 해도에 기록하여, 근대 해양학의 선구자가 되었다.

금성을 관측한 뒤, 탐험가들은 곧 여행의 다음 단계에 접어들어, 남쪽을 향해 지도에 나와 있지 않은 미지의 태평양 해역으로 항해를 시작했다. **SK**

# 테라 아우스트랄리스를 목격하다

**쿡 선장이 오스트레일리아를 발견하고 그 동쪽 해안을 지도에 기록하여 영국 땅으로 삼는다.**

▲ 쿡이 오스트레일리아 해안에 영국 국기를 올리는 장면을 그린 알제논 탈마지의 유화 일부.

▶ 쿡이 제작한 지도 원본을 토대로 만든 보터니 베이의 지도 동판화.

"동쪽 해안은 … 우리 이전에 어떤 유럽인도 목격하거나 방문한 적이 없었다."

**제임스 쿡, 1770년 8월 21일**

최초의 탐험 여행을 떠나면서 제임스 쿡은 해군 본부로부터 봉인된 지령을 받았는데, 타히티 섬을 방문한 다음에도 항해를 계속하여 이야기 속에 나오는 남반구의 거대한 대륙 '테라 아우스트랄리스'를 찾으라는 내용이었다. 그는 발견하게 되는 모든 땅을 조지 3세의 소유로 차지하라는 명령을 받았다. 1770년 4월 19일, 인데버호는 오스트레일리아의 동쪽 해안을 발견했는데, 이곳을 발견한 유럽 선박은 그들이 최초였다(물론 서쪽 해안 지방은 100년 전부터 알려져 있었고 네덜란드인들이 '뉴 홀란드'라 이름 지었지만).

쿡은 1769년 7월 13일 타히티를 떠났고, 남쪽과 남서쪽으로 항로를 잡았다. 10월 7일 그는 뉴질랜드의 동쪽 해안에 닿았는데, 1642년에 네덜란드 선원 아벨 타스만은 이미 이곳에 왔다. 그는 뉴질랜드에 여섯 달 동안 머무르면서 두 개 섬의 해안선 전체를 상당히 자세하게 지도에 기록했으며, 1770년 3월 31일 예정대로 서쪽으로 항해를 재개했다. 2주하고도 반이 지나 쿡은 오스트레일리아를 처음으로 목격했고 해안선을 따라 북쪽으로 나아가며 탐험하기로 결심했다.

4월 29일, 배는 널찍한 후미에 진입했으며 거기서 조지프 뱅크스를 비롯한 자연과학자들은 무척 많은 식물을 채집했기 때문에 쿡은 보터니(식물학) 베이라는 이름을 붙였다. 여기서 선원들은 최초로 토착민인 애버리진과 마주쳤는데, 그들은 영국인이 가져온 선물을 거부하고 창을 던져 공격했다. 탐험대는 머스킷 총을 쏘아 그들을 쫓아 보낼 수밖에 없었다. 6월 11일 엔데버 호는 산호초인 그레이트배리어리프와 부딪치는 사고로 수리를 위해 거의 7주 동안 해안에 머물러야 했다. 마침내 8월 21일에 쿡은 케이프요크 반도를 돌아 토러스 해협의 퍼제션 섬에 상륙했고, 자신이 지도에 기록한 5,000km 길이의 해안선 전체를 영국 왕의 이름으로 차지했다. **SK**

Fresh Water
Fresh Water
Pt Sutherland
Pt Solander
Fresh Water

# 독일인이 덴마크를 휘두르다

의사인 요한 프리드리히 슈트루엔제가 덴마크의 절대 권력자가 된다.

Johann Friedrich
Struensee.
den 5. Aug. 1737. zu Halle gebohren.
den 28. Apr. 1772. zu Coppenh. Execut.


▲ 요한 프리드리히 그라프 폰 댄 슈트루엔제의 초상, 요제프 프리드리히 라인(1720~1785년)의 판화.

"… 둘 다 살렸다면 좋았을 것을 … ."

**덴마크의 왕 크리스티안 7세**

1770년 12월, 독일인 의사인 슈트루엔제는 덴마크의 지배자가 되었다. 그는 덴마크어를 할 줄도 몰랐으며 최신식 계몽주의 개혁을 수행하려는 목적에서 덴마크 국민과 그 관습을 하찮게 여겼다. 슈트루엔제의 독특한 이력은, 주체할 줄 모르는 야심과 권력을 향한 냉혹한 욕망을 펼치다가 피해갈 수 없는 복수를 만난 전형적인 이야기이다.

독일 할레에서 신학자이자 목사인 아버지에게서 슈트루엔제는 젊은 나이에 루소의 평등주의적, 무신론적인 사상을 받아들였다. 외과의사가 된 뒤 그는 궁정에서 추방당한 한 정치 파벌에 이끌려 덴마크로 갔다. 그들은 슈트루엔제를 왕의 주치의로 삼아 정신분열증을 앓는 젊은 왕 크리스티안 7세를 다시 한 번 자신들의 뜻대로 휘두를 생각이었다. 슈트루엔제는 왕의 정신병을 어느 정도 성공적으로 치유했고, 정신이 온전치 못한 왕을 좌지우지하게 되었으며 잉글랜드 왕 조지 3세의 여동생인 젊은 왕비 캐롤라인 마틸다의 애인이 되자 그의 지배력은 한층 굳어졌다.

처음에는 꼭두각시 정치인들을 통해 통치하던 그는 1770년 12월 덴마크의 절대 권력자가 되었으며, 몇 천 가지의 급진적인 개혁책을 제시했는데, 진보적인 것도 있었고(고아원 설립, 사형의 축소, 고문 폐지) 별난 것도 있었다(무도회며 가면무도회 비용을 대기 위해 관리들의 임금을 대폭 삭감했다).

슈트루엔제가 권력을 휘두르자 이는 보수적인 덴마크 귀족층의 비위를 크게 거슬렀고, 그와 왕비, 그리고 슈트루엔제와 한편인 왕의 시종 브란트를 체포하려는 음모가 싹텄다. 왕비가 루이자 아우구스타라는 딸을 낳은 것을 계기로 궁정 내에서 모반이 일어났다. 다들 공주가 슈트루엔제의 아이라고 믿었던 것이다. 1771년 1월 세 사람은 모두 체포되었다. 스스로 고문과 사형을 금지했음에도 불구하고, 슈트루엔제와 브란트는 오른손을 잘리는 벌을 받은 뒤 참수당했다. **NJ**

# 유럽 열강들이 폴란드를 분할하다

**러시아, 프로이센, 오스트리아는 폴란드를 서로 나눠 갖기로 동의한다.**

18세기 중반, 한때는 부강했던 폴란드-리투아니아 연방은 정치적인 마비 상태에 있었다. 그 이유 중 하나는 '리베룸 베토'라는 법 때문이었는데, 이 법에 따르면 폴란드 귀족 중 단 한 명이라도 자신이 어떤 법을 승낙할 수 없으면 그 법안이 가결되는 것을 막을 수 있었다. 이러한 상황을 교묘히 이용해 이웃하고 있는 세 열강 러시아, 프로이센, 오스트리아는 폴란드 영토를 자기들끼리 분할했다. 분할 협정은—"세 마리 검은 독수리의 동맹"이라 불렸는데, 세 나라의 국가 문장이 모두 검은 독수리였기 때문이다—1772년 2월 19일 빈에서 체결되었다.

폴란드-리투아니아 연방에 대한 외국의 간섭이 점차 커지는 데 반발하여 폴란드 귀족들은 연합하여 반란을 일으켰지만('바르 동맹'이라 불린다) 러시아는 이를 진압했다. 귀족들은 자신의 대의를 수호하기 위해 외국 지원 세력을 얻으려 노력했지만, 왕으로부터 독립된 존재가 되었다는 사실이 명확해지자 그 대부분을 잃게 되었다. 8월에 세 나라의 군대가 폴란드에 입성했고, 폴란드 인의 저항이 거셌음에도 불구하고 1773년 4월 결국 크라쿠프는 러시아 장군 수보로프의 손에 함락되었다. 그는 살아남은 수비군 전체를 시베리아로 강제 이송했다. 약 10만 명의 폴란드인이 점령에 저항하다가 죽었다.

그해 9월에 승인한 조약에 따라, 오스트리아는 폴란드 남부의 갈리치아 주와, 풍요한 소금 광산이 있는 크라쿠프 일대를 차지했다. 프리드리히 대제의 프로이센은 그단스크(단치히) 항구 부근의 북부 해안 지대와 에름란트와 토룬을, 예카테리나 대제의 러시아는 리보니아와 벨로루시를 손에 넣었다. 폴란드는 영토의 30%와 국민 약 400만 명을 잃었다. 그러나 이 분할 사건은 폴란드의 애국심이 부흥하는 계기가 되어 이후 몇 세기 동안 정복자들을 애먹게 한다. **NJ**

▲ 노엘 르 미르의 판화 〈왕들의 케이크〉. 러시아의 예카테리나, 프로이센의 프리드리히, 오스트리아의 요제프 2세가 나와 있다.

> "예카테리나 여제와 나는 그저 강도들이다 … 그녀는 훔쳐가면서 울었다."
>
> **프리드리히 대제가 폴란드 분할을 두고 한 말**

1772년 6월 22일

# 한 노예의 해방

**맨스필드 경은 잉글랜드에서 노예 해방 운동을 돕는다.**

1772년 5월, 스튜어트라는 주인에 의해 버지니아 주에서 잉글랜드로 온 노예 제임스 서머싯은 자유를 얻기 위해 소송을 제기했다. 서머싯은 달아났다가 붙잡힌 뒤 강제로 자메이카로 가는 배에 태워졌으나, 그의 대부와 대모가 인신보호영장을 얻어 구출해 주었다. 6월 22일 당대 최고의 판사였던 맨스필드 경은 서머싯의 손을 들어 주는 판결을 내리며 비슷한 사건에서 유래한 엘리자베스 여왕 시대의 어구를 인용하여 이를 뒷받침했다. "잉글랜드의 공기는 노예가 들이마시기에는 너무 깨끗합니다."

맨스필드는 노예제도란 '너무도 가증스러운' 제도이며 서머싯은 비록 고향 버지니아 주에서 스튜어트의 '소유'였다 할지라도 잉글랜드에 입국하는 행동 그 자체만으로 자유인이 되었다고 여겼다. 논리적으로는 이론의 여지가 있지만, 그는 "따라서 이 흑인은 해방되어야 한다"는 결론을 내렸다.

> "하늘이 무너지더라도
> 정의가 구현되게 하라."
>
> **맨스필드 경, 루키우스 칼푸르니우스를 인용하며**

이 사건은 엄청난 대중적 관심을 불러일으켰다. 당시 영국의 상업적 부는 노예제도와 노예무역을 기반으로 삼아 축적된 것이었으며, 노예 해방 운동이 차차 자리 잡아가고 있었기 때문이었다. 맨스필드는 자신의 판결이 사회적이고 정치적으로 거대한 여파를 몰고 오리라는 것을 잘 알았다. 그러나 이 사건은 1807년 결국 노예무역이 철폐되고, 1833년 대영제국 전역에서 노예제도가 완전히 폐지되기까지의 여정에서 중요한 이정표 구실을 했다. **NJ**

1773년 12월 16일

# 보스턴 티 파티

**차 조례에 대한 보스턴 시민의 반대는 영국에 대한 뿌리 깊은 반발심을 드러낸다.**

미국 역사에서 가장 유명한 사건 중 하나는 1773년 12월 16일의 '보스턴 티 파티(보스턴 차 사건)'이다. 인지세법 이후, 영국 정부에서 시행하는 모든 법은 자동적으로 의심의 대상이 되었으며 아메리카 식민지들은 다스릴 수 없는 상태가 되었다. 보스턴은 독립적인 전통이 강한 곳이었으며, 영국 정부가 보스턴 항구와 무역에서 나오는 돈을 흡수하려 하자 적대와 반발에 부딪쳤다. 1770년, 영국 세관 경비대가 습격해 온 군중에게 총을 쏘아 그중 다섯 명이 죽자 이 사건은 '보스턴 학살'로 알려지게 되었다.

3년이 지난 11월 5일, 보스턴의 한 도시 위원회에서 아메리카에 차를 판매할 권리를 동인도 회사에 독점적으로 부여한다는 요지의 새로운 '차 조례'에 반대하는 결의안을 통과시켰다. 차를 실은 첫 번째 배들이 11월 28일에 들어왔고, 12월 16일 대규모 항의 집회가 열린 가운데 존 로우라는 사내가 물었다. "차가 소금물에 섞이면 어떻게 될지 아는 이 있소?" 아메리카 원주민으로 가장하고 미리 대답을 준비했던 한 무리가 외쳤다. "보스턴 항구는 오늘밤 찻주전자다!" 그들은 전쟁의 함성을 내지르고 피스톨과 도끼로 무장한 채 수백 명의 보스턴 시민들을 이끌고 항구에 정박하고 있던 세 척의 영국 무역선으로 몰려갔다. 다트머스 호에 올라간 그들은 차 상자를 부수어 열고 차를 전부 바닷물에 던졌으며 엘리너 호와 비버 호에서도 같은 행동을 했다. 밤 9시가 되자 항구에는 찻잎이 넘실거렸다. 다친 이는 아무도 없었고, 의기양양한 보스턴 시민들은 도시까지 개선 행진을 했다. 이 '티 파티' 소식은 신속하게 아메리카 식민지 전역으로 퍼졌으며, 영국에 대한 저항심을 불어넣었다. 뉴욕에서도 4월에 '티 파티'를 열었다. **RC**

▶ 1773년의 사건을 소재로 한 18세기의 판화. 반란을 일으킨 보스턴 시민들이 차 상자의 내용물을 보스턴 항구에 내던지고 있다.

# 발명가가 왕의 인정을 받다

## 조지 3세가 존 해리슨의 해양 크로노미터 발명을 치하한다.

▲ 시계 제조업자 존 해리슨을 그린 격식 갖춘 초상화의 일부. 배경의 시계가 그의 직업을 알려 준다.

"온갖 기후 변화 속에서도 우리를 이끌어 주는 충실한 길잡이."

**쿡 선장, 해리슨의 크로노미터에 대해**

존 해리슨(1693~1776년)은 영국의 시계 제작자로 1773년 해양 크로노미터(배의 경도를 정확히 측정하는 장치)를 발명하여 항해에 혁명을 가져왔다. 그의 발명은 몇 세기 동안 유럽에서 가장 우수한 두뇌들을 당황시켜 왔던 문제점을 해결했다.

말년에 해리슨은 발명품 덕택에 영국 의회에서 경도 문제를 해결하는 이에게 내걸었던 2만 파운드(오늘날 화폐가치로 1,200만 달러 혹은 600만 파운드에 해당)라는 막대한 현상금의 일부를—전부는 아니고—받게 되었다. 해리슨은 30년 동안 이 문제를 연구해 세 가지의 매우 독창적인 디자인의 개발을 거쳐 H4라는 원형(元型) 크로노미터를 제작했는데, 이 장치는 대서양을 건너며 처음 시험해 보았을 때 고작 5초, 그 다음 시험했을 때는 39초의 오차밖에 내지 않았다. 이러한 순서로 정밀화를 거쳐 그 어느 때보다도 더욱 정밀한 항해가 가능해졌다.

해리슨의 발명은 많은 회의주의와 반대에 부딪쳤다. 의회는 H4 때문에 마지못해 1만 파운드를 주기는 했지만, 행성을 주의 깊게 관측하여 경도 문제를 해결할 수 있는 대안을 제안했던 왕립 천문학자 네빌 매스켈린은 해리슨에게 반대했다. 특히 그는 '편차율', 즉 지구의 자전으로 발생하는 자연스러운 시간의 어긋남이 크로노미터 자체의 문제라고 주장하는 실수를 저질렀다. 해리슨은 조지 3세에게 개인적인 탄원을 넣었고, 왕은 발명품을 직접 시험해 본 뒤 1773년에 의회를 설득해 해리슨에게 상금 8,750파운드를 더 지급하도록 했다. 그가 돈을 받은 것은 80세 때로, 사망하기 3년 전이었다. 해리선의 발명품이 지닌 가치는 널리 인정받았으며 제임스 쿡 선장은 탐험 항해에 크로노미터를 가져갔고, 19세기에는 어떠한 배도 크로노미터 없이 항해를 떠나지 않게 되었다. **NJ**

# 괴테가 문학으로 유명인사가 되다

**괴테의 유명한『젊은 베르테르의 슬픔』은 '베르테르 열병'을 초래하고, 젊은이들 가운데 수천 명이 모방 자살을 하기에 이른다.**

1775년,『젊은 베르테르의 슬픔』의 출간은 엄청난 센세이션을 일으켜 작가 요한 볼프강 폰 괴테는 거의 하룻밤 새에 일약 유명 작가가 되었다. 어느 정도 작가 자신의 이야기에 근거한 이 소설은 베르테르가 아름다운 로테에 대한 짝사랑에 빠진다는 내용으로, 로테는 자신보다 열한 살 위인 알베르트와 약혼한 사이이다.

소설 속에서, 로테와 알베르트가 결혼하자 로테는 베르테르에게 전처럼 자주 만나서는 안 된다고 충고하지만, 베르테르가 마지막으로 방문했을 때 둘은 감정에 사로잡혀 키스한다. 명예를 존중하는 남자였던 베르테르는 이러한 상황이 지속되어서는 안 된다는 사실을 깨닫고 자살을 결심해, 로테가 그에게 보내준 피스톨로 자살한다.

이 소설은 계몽주의의 합리적인 감정 절제에 반발하여 극단적인 감정을 자유로이 표출한, 독일 문학의 '슈투름 운트 드랑(질풍노도)' 운동을 보여주는 중요한 예다.『젊은 베르테르의 슬픔』은 압도적인 성공을 거두었고, 작품에 깊이 감동받은 이들이 어찌나 많았는지 '베르테르 열병'이라는 현상이 생길 정도였다. 수천 명의 젊은이가 베르테르가 입었다고 묘사된 옷을 차려 입었고, 2,000건이라는 모방 자살이 발생했다.

이후에 괴테는 이 책에 대해 염증을 느끼게 되었다고 술회했지만, 그럼에도 불구하고 그가 작가로서의 이력을 쌓는 데 이 책이 차지한 역할은 무시할 수 없다. 괴테는 독일이 낳은 가장 위대한 문호 중 하나로 알려지게 되며, 다재다능했던 최후의 르네상스인다운 인물로 불린다. **TB**

THEÂTRE NATIONAL DE L'OPERA COMIQUE
Drame lyrique
d'après
GOETHE
par M.M.
Edouard Blau
Paul Milliet
et Georges Hartmann
WERTHER
Musique
de
J. MASSENET
En vente au MENESTREL 2 bis Rue Vivienne
HEUGEL & Cie Editeurs pour tous Pays. PARIS
Sté DES IMPies LEMERCIER, PARIS.


▲ 파리 오페라-코미크 국립 극장에서 쥘 마스네가『베르테르』를 공연한다는 광고 포스터.

> "나는 그 때 억압된 감정을 느꼈다;
> 그들의 무게로 인해
> 나는 침몰했다."

**요한 괴테, 젊은 베르테르의 슬픔**

# 적격의 사나이

조지 워싱턴이 영국군을 몰아내기 위한 대륙군의 사령관이 된다.

미국 독립 전쟁이 시작되고 렉싱턴과 콩코드에서 접전을 벌인 이후, 영국군은 보스턴에 포위당했고 하우 장군이 이끄는 영국군은 벙커 힐에서 미국군을 공격했다. 영국이 이겼지만, 총 사상자 수가 너무도 많아 이러한 '승리'를 몇 번만 더 거뒀다가는 전멸할 지경이었다. 필라델피아의 대륙 의회는 군대를 창설하고 1775년 6월에 조지 워싱턴을 총사령관으로 임명했다. 그는 전쟁이 크리스마스 무렵이면 끝나리라 예상하고 봉급 없이 그 자리를 수락했다.

나중에야 알게 된 일이었지만, 그를 뽑은 것은 최상의 선택이었다. 43세로 버지니아의 상류층 지주 가문 출신인 워싱턴은 직업 군인이었으며 전에는 영국군 장교로 프랑스 군과의 전투에 참가했다. 그는 키가 1m 90cm에 달하는 덩치 좋고 인상적인 사내로, 솔직하고도 남을 안심시키는 차분함을 지닌 말수가 적고 판단력이 올바른 사람이었다. 그의 동시대인 중 하나가 말하듯, 그가 지닌 가장 큰 정치적 자산은 '침묵할 줄 아는 재능'이었다. 그는 보스턴을 향해 북쪽으로 갔고 매사추세츠 주의 민병대가 "엄청나게 더럽고 불쾌한 사람들"이라 생각했지만 포위전을 주도하고 다른 주로부터 증원 부대와 대포를 구해 영국군을 더 이상 버틸 수 없는 상황으로 몰아넣었다. 마침내 3월에 영국군은 철수했고, 아메리카 내 영국 지지자 중 다수도 그들과 함께 갔다.

아직도 갈 길이 멀었다. 영국군이 위협하는 다음 장소는 뉴욕으로, 워싱턴은 뉴욕의 맨해튼과 브루클린을 점령하고 있었다. 7월 초 영국군은 3만 명이 넘는 대군과 대규모 함대를 이끌고 도착하여, 워싱턴은 퇴각해야만 했다. 그는 거의 잡힐 뻔 했고, 군대가 뉴저지로, 다음에는 펜실베이니아로 후퇴함에 따라 부하들은 사기를 잃어 갔다. **RC**

◀ 조지 워싱턴이 훌륭한 모습으로 나아가며 자랑스럽게 대륙군을 이끌고 있다.

1776년 7월 4일

# 생명과 자유

의회는 미국 독립 선언문에 서명한다.

1776년 7월 4일, 식민지에서 독립을 선언해야 할지 영국과 화해해야 할지를 두고 고심한 끝에, 미국 역사에서 가장 유명한 문서가 서명을 통해 승인되었다. 전직 교장 선생이며 지식인인 영국인 톰 페인이 집필한 「상식」이라는 팸플릿에 힘입어 독립하자는 의견이 득세했는데, 그는 팸플릿에서 조지 3세를 '왕의 탈을 쓴 영국의 짐승'이라 불렀다.

독립 선언문 자체는 마침내 필라델피아의 대륙회의에서 승인받았으나, 그 직후에 원문에 있던 노예제에 대한 비난 부분은 삭제되었는데, 이는 남부인들을 달래기 위한 것 뿐만 아니라 북부에서도 노예제 폐지에 열광적인 이는 얼마 없었기 때문이었다. 버지니아 주의 토머스 제퍼슨이 초안을 잡은, 몇 세기 동안 메아리쳐 온 이 선언문의 글귀는 "모든 인간은 평등하게 창조되었으며, 조물주로부터 몇 가지 양도할 수 없는 권리를 부여받았는데, 그중에는 생명권, 자유권, 행복 추구권이 있다"는 "자명한 진실"을 선언했다. 식민지에서 일어나는 모든 잘못은 영국 의회에 대한 어떠한 언급도 없이 전부 조지 3세의 잘못으로 돌렸는데, 이는 완전히 비현실적인 일이다.

> "우리에게 생명을 주신 신께서는 동시에 자유도 주셨다 … ."
>
> **토머스 제퍼슨, 1774년**

선언문은 연합을 이룬 식민지들이 "영국 왕실에 대한 모든 충성의 의무로부터 벗어난다"는 주장으로 끝맺음한다. 독립 선언을 유효하게 하기란 훨씬 더 어려운 일이었고 전쟁은 몇 년이나 더 지속되었지만, 그럼에도 불구하고 독립 선언문은 미국적 이상과 미국인의 삶에 오늘날까지도 심원한 영향을 끼쳤다. **RC**

1776년 12월 25일

# '여우'가 공격하다

워싱턴은 델라웨어 강을 건너 반란군의 패배를 승리로 뒤바꾼다.

영국군은 워싱턴을 '여우'라고 불렀는데, 그가 겨울 동안 몸을 사리고 있었기 때문이었다. 그러나 1776년 크리스마스날 밤, 워싱턴은 숨었던 곳에서 나와 부하들을 승리로 이끌었다.

워싱턴은 '죽을 정도로 지쳐' 있었고 이미 승부는 끝난 것이 아닌가 두려워했다. 그러나 아메리카 식민지에 대한 영국의 정책에 찬동하지 않았던 영국군 사령관 윌리엄 하우 경은 승리할 수 없다고 아메리카 인들을 설득해 평화를 이끌어내길 바랐다. 대륙군의 민병대 중 대부분이 탈영하여 하우가 제안한 특별 사면을 받아들였고, 아메리카의 영국 지지파 여러 무리가 무장을 하고 뉴저지 전역에서 치열한 전투를 벌여 반란군을 때려눕혔다.

> "적군의 서두름, 공포, 그리고 혼란은 … 최후 심판의 나팔 소리가 울리게 될 때와 같을 것이다."
>
> **헨리 녹스 소장**

워싱턴은 부하들을 규합하여 델라웨어 강을 건너 뉴저지로 갔다. 그들은 트렌턴에서 독일 용병 부대를 급습해 즉시 패배시켰다. 워싱턴은 독일군이 크리스마스 축하연을 벌이고 난 뒤에 느슨해져 있을 거라 예상했는데, 실상 독일군 사령관은 술에 취해 침대에서 코를 골고 있었던 것이다. 1월 3일, 워싱턴은 델라웨어 강을 다시 한 번 건너 프린스턴과 뉴저지 대부분의 지역에서 영국군을 몰아냈다.

반란군은 사기를 되찾았고 뉴저지에서는 반란군이 영국 지지 세력보다 우세해졌다. 그동안, 벤자민 프랭클린은 파리로 파견되어 그간 몰래 반란군을 지원해온 프랑스를 잘 구슬러 공개적으로 전쟁에 끼어들게 했다. **RC**

# 아메리카가 우세해지다

**버고인 장군이 새러토가에서 항복하여 전세는 반란군에게 유리한 쪽으로 바뀐다.**

▲ 존 트럼벌의 그림을 바탕으로 한, 버고인의 항복을 기념하는 그림엽서.

1777년 10월 17일 새러토가의 항복은 전쟁의 전환점이었다. 이제 영국군이 공개적으로 프랑스와 동맹을 맺은 아메리카 식민지군을 이길 수 있으리라고는 더 이상 생각할 수 없었다.

1777년, 조급해진 런던에서 새로운 전략을 내림에 따라, 용감하지만 무모하고, 능력은 약간 의심스러운 '샴페인 조니' 버고인 장군 휘하의 군대가 뉴잉글랜드를 확보하고 하우 장군과 합세하기 위해 남쪽으로 이동했다. 그러나 하우는 이 계획을 무시하고 9월 17일 필라델피아를 점령하기 위해 뉴욕에서 바다를 통해 남쪽으로 갔다. 영국인, 독일인, 캐나다인, 아메리카의 영국당원, 아메리카 원주민으로 이루어진 버고인의 부대는 반란군 저격병 때문에 고생하며 느릿느릿 남쪽으로 나아갔다. 10월, 버고인은 새러토가에 단단히 방비된 진지를 세웠으나 호레이쇼 게이츠가 이끄는 아메리카군에 비해 수적으로 매우 불리했다. 한 일화에 따르면 버고인의 군대에 소속된 아일랜드 병사 하나가 개울 맞은편에 있는 반란군 병사를 보고 손을 흔들더니, 물에 뛰어들어 서로 껴안았다고 한다. 그 둘은 형제였던 것이다. 두 차례의 격렬한 전투로 버고인은 크나큰 인명 손실을 입었고, 군사 수와 물자 부족에 처했으며 퇴로도 차단당했다. 그는 불명예스럽게 항복했다.

1778년, 영국군은 필라델피아에서 철수하고 대표단을 파견해 의회와 평화 협상을 주선했다. 협상은 완전한 독립을 제안하지 않았기 때문에 거절당했다. 게이츠가 승리를 거두자 워싱턴 대신 그가 사령관이 되어야 한다고 제안하는 이도 몇 있었지만 그렇게 되지는 않았다. 2월, 프랑스는 미국 독립을 위해 군사 동맹을 맺겠다고 협의했다. 스페인도 뒤따랐다. **RC**

# 도자기 제작의 신기원

조지아 웨지우드가 에트루리아 공장을 열고 도자기 대량 생산을 시작한다.

▲ 스태퍼드셔의 핸리 근처에 있는 에트루리아 공장에서 작업 중인 웨지우드를 담은 판화.

조지아 웨지우드는 최초의 실업계 거물이었다. 잉글랜드 스태퍼드셔에서 도기 장인인 부모 슬하에 태어난 그는 잉글랜드의 소규모 도기 제조업을 대량 생산 산업으로 변모시켰고, 1779년부터 웨지우드 가는 산업적 · 정치적으로 이름난 가문이 되었다.

웨지우드 가는 비국교도였으며, 따라서 조지아는 자신들이 고용한 노동자를 보살피는 일을 사회적인 직분으로 간주하는 온정주의적이고 박애주의적인 고용주가 된다는 전통을 세웠고, 퀘이커 교도인 캐드버리, 론트리, 프라이 가문이 이를 따르게 된다. 웨지우드는 왕실의 후원을 받았으나—멀리 떨어진 러시아의 예카테리나 대제까지 그를 후원했다—그는 정치적인 면에서는 급진파로, 노예무역 폐지 캠페인을 벌였고 족쇄를 풀어 버리는 노예를 새긴 도자기 카메오를 나눠주었다. 이는 노예제 폐지 운동의 로고가 되었다. 웨지우드의 에트루리아 공장을 설립한 비용 일부는 맨체스터 선박용 운하 건설 이윤에서 나온 것이었는데, 이때의 사업 파트너는 이래즈머스 다윈이었다. 웨지우드 가와 다윈 가가 서로 혼인 관계를 맺음에 따라 다윈-웨지우드 가문이라는 유력 가문이 탄생했으며, 이 가문이 배출한 영향력 있는 인물 중 하나가 찰스 다윈이다.

웨지우드는 품질을 중요시 여겨서 열악한 제품이 나오면 "이것은 조지아 웨지우드에게 맞지 않아."라고 외치며 깨뜨려 버렸고, 스토크의 에트루리아 공장에서 대량 생산을 시작했다. 이 공장은 180년 동안 도기를 생산했지만 지반 침하 때문에 공장을 옮겨야 했다. 웨지우드는 1795년 자신이 세운 공장 맞은편에 있는 에트루리아 홀에서 사망했다. **NJ**

# 해변에서 단검에 찔려 죽다

쿡 선장이 하와이 주민들과 거친 다툼 끝에 살해당한다.

존 웨버의 〈쿡의 죽음〉(1779년). 쿡 선장이 홀로 적들에 둘러싸여 있다.

전날, 레절루션호의 앞돛대를 수리하던 해변의 작업장에서 연장을 도둑맞은 사건을 두고 이미 갈등은 시작됐다. 그날 밤 배에 딸린 커다란 보트 하나가 도난당했다. 이는 심각한 손실이었고, 다음 날 쿡 선장은 항의하기 위해 해변으로 갔다.

격한 감정이 치솟았고, 그를 둘러싸고 있던 하와이 주민들은 돌을 던지기 시작했다. 쿡이 해안을 떠나 배에 타려고 서두르는 찰나, 물가에 멈춘 보트에 타고 있던 선원들이 일제 사격을 가했다. 쿡은 멈추라고 소리쳤지만 습격자들에게 얻어맞고 쓰러졌다. 파도에 얼굴을 처박고 쓰러져 있는 그를 한 섬 주민이 단검으로 찔러 죽였다.

3차 태평양 탐험 여행 중이었던 쿡은 대서양으로 통하는 북극 항로를 찾기 위해 일 년 동안 캘리포니아에서 알래스카까지 북아메리카 해안 지방을 탐험한 끝에 하와이에 돌아와 있었다. 여느 때와 달리 선원들에게 화를 잘 내는 기미가 있던 것으로 보아, 탐험이 실패한 데다가 여러 달 동안의 항해로 제대로 영양을 섭취하지 못해 지쳐있었던 듯하다. 그러나 얼마 전만 해도 섬 주민들이 쿡을 신처럼 맞이했다는 사실을 참고한다면, 하와이 주민들의 행동 또한 설명하기 어렵다.

쿡은 생전에 그가 이룩한 놀라운 업적을 인정받았다. 1779년에 아메리카 식민지가 영국과 전쟁 중이었음에도 불구하고, 벤자민 프랭클린은 아메리카 전함의 선장들에게 편지를 써 "쿡 선장과 그의 부하들을 모든 공손함과 친절함을 갖추어 … 인류의 공통된 친구로서" 대접할 것을 부탁했던 것이다. **SK**

# 더비 경마의 개회 경주

더비 백작의 유명한 경마가 최초로 열린다.

▲ 1781년 더비 우승마는 '이클립스'로, 그림에 기수와 함께 나와 있다.

12대 더비 백작 에드워드 스미스 스탠리는 경주마, 싸움닭, 도박을 사랑했다. 1779년 그는 서리의 엡섬 다운스에서 경마 대회를 개최했는데, 친구들과 함께 2.4km 거리에 걸쳐 세 살배기 암망아지들을 경주시켜 보기 위해서였다. 그는 자신의 영지 이름을 따 경주를 '디 오크스'라 명명했다. 다음 해인 1780년 5월 4일에는 그해 최고의 경주마를 찾기 위해 암망아지와 수망아지가 모두 참가하는 경주를 열었다. 더비 백작과, 백작의 친구로 당대 경마계의 유명 인사인 찰스 번버리 경은 대회 이름을 정하기 위해 동전던지기를 했고, 더비가 이겼다.

개회 경기에서는 번버리의 말인 '디오메드'가 우승을 차지했고, 다음 몇 해 동안에는 그가 지닌 다른 말 두 마리가 이겼다. 더비 자신은 1787년에 '피터 티즐 경'이라는 말로 승리를 획득했다.

초기의 더비 경마는 목요일에 개최되었고 경주 구간은 1.6km였으며, 현재의 5펄롱 표시선을 넘는 곳에 일직선으로 출발선이 있었다. 급격히 구부러지는 구간인 '토트넘 코너'는 1784년 경주 구간을 오늘날의 2.4km 길이로 넓힐 때 도입됐다. 말발굽 모양으로 굽어지며 경사가 급한 이 구간 덕분에 경주는 젊은 말의 지구력을 시험하는 독특한 기회가 되었다.

더비 경마는 세계에서 가장 유명하고 호화로운 평지 경마가 되었다. 19세기에 들어 더비 경마의 날은 수요일로 옮겨졌고, 모든 런던 시민들이 나들이하는 성대한 날이 되었으며, 왕도 경기를 구경하는 것이 보통이었다. 더비는 양차 세계 대전에도 불구하고 계속되었으며, 그 상금은 스포츠계에서 가장 높은 금액 중 하나다. 오늘날에는 참가하는 말 대부분이 수망아지이다. **PF**

# 런던이 고든 폭동에 휘말려 타오르다

가톨릭을 차별하는 법을 완화하자 프로테스탄트 군중들이 맹렬히 분개한다.

◆ 폭도 한 무리가 킹스 벤치 감옥에 불을 지르고 있다.

1780년 6월 2일, 5만 명의 프로테스탄트가 "가톨릭 금지!"라는 슬로건을 내걸고 세인트 조지 필즈에서 벌인 집회는 폭력의 향연으로 변했다. 그 소동 속에서 술 취한 군중은 가톨릭 예배당을 불태우고 잉글랜드 은행과 런던의 주요 감옥 세 곳에도 불을 질렀다. 그들은 왕이 가톨릭 구제법의 철회를 거부한 데 대해 항의했는데, 가톨릭 구제법이란 1689년 윌리엄 3세 때 영국의 가톨릭 교도에게서 박탈했던 권리 대부분을 되돌려준다는 내용이었다. 1778년, 미국독립전쟁에 파병할 군인이 심각하게 부족해지자 영국 의회는 가톨릭교도의 군대 고용을 촉진하는 법을 통과시켰고, 조지 3세도 이에 찬성했던 것이다.

스코틀랜드의 소귀족 조지 고든 경은 법안을 철회해 달라는 프로테스탄트 연합 청원서를 작성했고 폭넓은 지지를 얻었다. 청원서는 힘센 사람도 혼자서는 들지 못할 정도로 두꺼웠다. 그러나 고든은 의회에 청원서를 제출하려다가 거절당했다. 왕을 개인적으로 알현한 자리에서도 역시 거절당했다. 그가 실패했다는 소식은 일주일간의 폭력 사태를 불러왔고 그동안 런던은 무질서 상태에 빠졌다.

6월 7일 왕은 군대를 시켜 폭도를 진압했다. 폭동에 가담했던 이들 중 285명에서 850명이 목숨을 잃었으며 21명은 후에 처형당했다. 고든은 옥에 갇혔고 결국 유대교로 개종했다. 찰스 디킨스의 소설 『바너비 러지』는 고든 폭동을 배경으로 하고 있다. **NJ**

# 세계 최초의 철교 개통

슈롭셔에 세운 '아이언 브리지'는 새로운 건축 기술을 보여 준다.

◐ 펜, 잉크, 수채로 그린 아이언 브리지의 단면도.

완공된 철교는 1781년 새해 첫날 처음 개통되었다. 잉글랜드의 콜브룩데일 근처의 세번 강 협곡에 놓인 이 다리는 젊은 건축가 토머스 프리처드의 발상이었다. 그는 당시 고작 29세였던 퀘이커교도 철기 제조업자 에이브러햄 다비 3세에게—그의 조부 에이브러햄 다비 1세는 코크스를 녹여 철을 만드는 방법을 고안해 내어 산업혁명을 불러왔다—철교 건축을 의뢰했다. 선구자적인 디자인의 이 다리는 단일 구간이며, 길이 37m에 무게 378t이고, 육중한 부품들을 사용했는데, 그중 가장 큰 것은 길이가 21m나 된다.

아이언 브리지에서는 철을 사용하여 전통적인 목공 기법—장부맞춤, 주먹장맞춤, 쐐기맞춤 등—을 모방해 부품들을 서로 조립했다. 프리처드는 1777년에 사망했지만 다리 건축은 계속되었고, 그 지방의 다른 철기 제조자 존 윌킨슨이 자금을 대 주었다. 다리는 1779년에 완공했고 진입 도로를 완성하기까지는 2년이 더 걸렸다. 건축 과정에 대한 기록이 전혀 남아 있지 않아 정확한 세부 사항은 의문으로 남아 있다가, 2002년 스웨덴에서 그 과정을 담은 엘리아스 마틴의 수채화 한 점을 발견했다. 아이언 브리지는 몹시 유명해져 그 주변에서 아이언브리지라는 이름의 새로운 도시가 성장할 정도였다.

다비는 지나치게 많은 비용을 써서 여생 동안 빚에 시달렸다. 그러나 다리만은—비록 지나치게 무거워 그 토대 주변에 균열이 자주 가긴 했지만—오늘날까지 남아 있으며 세계 산업화의 중요한 이정표로 평가받는다. 1987년 아이언 브리지는 세계문화유산으로 선정되어 산업혁명을 기념하는 관광산업 중심지가 되었다. **NJ**

# 스페인이 투팍 아마루 2세를 처형하다

페루에서 잉카인을 이끌고 스페인의 압제에 반란을 일으킨 반군 지도자가 참혹한 최후를 맞는다.

잉카 제국 마지막 왕의 손자로 예수회 교육을 받은 호세 가브리엘 콘도르칸키는 1781년 5월 18일에 처형되었다. 스페인이 페루의 잉카 제국을 멸망시키고 인디언들을 사실상의 노예로 삼은 뒤에도, 일부 지방에서는 옛 귀족이 세력을 유지하고 있었다. 콘도르칸키는 틴타 지방 영지를 물려받았고, 잉카식 이름인 투팍 아마루 2세라는 이름을 사용했다.

1780년 11월 4일, 그는 쿠스코 지방에서 대규모 반란을 일으켜 스페인 총독을 처형했다. 11월 16일에는 자유 선언문을 발표해 모든 노예가 자유가 되었음을 선포했다. 그는 상가라의 한 교회에 군인 600명을 가두고 불을 질러 28명만 남기고 다 죽였으며, 세제 개혁과 인디언, 메스티소, 크리올이 서로 화합하는 미래상을 주장해 수천 명이 그의 반란에 가담했다. 그는 1781년 1월에 쿠스코를 포위했지만, 4월에 배반당해 붙잡혔다. 그와 그의 가족은 혀를 뜯어내는 형벌을 받았다. 그 다음에는 자신의 죽음에 앞서 가족들이 처형당하는 광경을 억지로 지켜보아야 했다. 처음에는 말에 묶어 사지를 찢는 형벌에 처해졌으나, 결국은 쿠스코의 중앙 광장에 모인 군중 앞에서 목 매달리고, 물에 빠진 뒤 사지가 찢겨 죽었다.

그의 동생은 끝내 항복하여 처형될 때까지 2년간 반란을 계속했다. 권위가 크게 흔들린 스페인 당국은 이제 잉카의 정체성을 완전히 뿌리 뽑고 남아 있는 잉카 왕족의 후손을 모조리 없애려 들었다. 투팍 아마루의 반란은 20세기 후반까지도 남아메리카의 해방 운동가들과 마르크스주의자들에게 커다란 영향을 주었다. **PF**

◀ 투팍 아마루 2세를 그린 20세기 그림, 아우구스토 디아스 모리.

# 요크타운의 패배

미합중국 성립으로 가는 최후의 전투는 콘월리스의 항복으로 끝난다.

1781년 10월 요크타운에서의 항복은 아직 전쟁의 끝은 아니었지만 미국독립전쟁 중 벌어진 마지막 대규모 육상전이 되었다.

영국군은 미국독립전쟁의 총사령관을 하우 장군 대신 헨리 클린턴 경으로 교체했다. 전투는 계속되었다. 콘월리스 경이 지휘하는 영국군은 조지아와 캐롤라이나 주를 공격했다. 그와 함께한 이들 중에는 전직 반란군 장군인 베네딕트 아널드와 아메리카의 영국당 군단의 지도자인 배내스터 탈튼이라는 기병이 있었는데, 탈튼의 이름은 잔혹함, 아널드의 이름은 배반자의 상징이었다.

콘월리스가 북쪽으로 더욱 나아가자, 워싱턴은 기회를 포착해 프랑스 지원군으로 상당히 강력해진 자신의 군대를 이끌고 남쪽으로 진군했다. 콘월리스는 위험을 알아채고 버지니아 주 요크 강가의 요크타운에 방비 태세를 갖추고 영국 해군이 구조하러 오기를 기다렸다. 그러나 카리브 해에서 강력한 함대를 몰고 온 프랑스 제독 그라스 백작이 체서피크 만을 봉쇄해 영국 해군이 요크타운 수비군에 닿지 못하게 막았다.

콘월리스는 자신이 함정에 빠졌고, 포위당했으며, 포격을 받고 있고, 게다가 수적으로도 크게 열세임을 깨달았다. 10월 16일 밤 그는 군사들을 보트에 태워 강을 건너게 해 탈출을 시도했지만, 맹렬한 폭풍이 불어 실패했다. 10월 17일, 영국군 성벽 위에 고수가 모습을 드러내 북을 쳐서 평화를 제의했고, 영국인 장교 하나가 백기를 들고 나왔다. 협상 조건이 논의되었고 콘월리스는 이틀 후에 공식적으로 항복했다. 전해지는 말에 따르면 그날 오후 2시에 영국군이 진지를 나와 지켜보고 있는 미국인들 사이를 행진해 갈 때, 군악대가 연주하던 곡목은 「세상이 거꾸로 뒤집혔네」였다고 한다. **RC**



# 마침내 평화가

파리 조약으로 미국독립전쟁이 끝난다.

콘월리스가 항복한 뒤 영국 해군이 여러 차례 승리를 거두어 영국은 미국독립전쟁의 평화 협상에서 더 유리한 위치를 차지하게 되었지만, 영국인들은 전쟁에 이골이 났다. 1783년 런던 시의 대표자들은 하원에 전쟁의 지속을 막아달라는 청원을 넣었다. 3월 4일 하원에서는 전쟁 집행에 반대한다는 동의가 반대 의견 없이 가결되었다. 이제 남은 것은 평화 협상뿐이었다.

> "나는 그대를, 잉글랜드의 적이라 믿지 않는 아메리카의 친구로서 축하하오."
>
> **에드먼드 버크가 벤자민 프랭클린에게, 1782년**

대륙 의회에서는 아메리카 측 협상 대표로 런던과 파리에서 모두 존경하는 벤자민 프랭클린을 지명했다. 프랑스와 스페인은 모두 북아메리카에 눈독 들이고 있었고, 프랭클린은 미국인들에게 손해 보지 않겠다는 확신을 심어주어야 했다. 영국과 단독으로 협상을 진행하는 자리에서, 그는 영국이 프랑스에 대해 품은 의심을 잘 이용해 미합중국의 국경을 프랑스와 스페인이 원하는 바보다 더 넓히는 데 동의하도록 만들었다. 그리고 아메리카와 프랑스가 영국 측에 내부적인 의견 차이를 보여서는 안 된다는 구실로 프랑스를 설득해 미리 영국과 정한 조건을 받아들이도록 했다. 1783년 9월 3일 파리에서 조인된 이 조약은 미합중국의 독립을 인정했고 그 국경을 대서양에서 미시시피 강까지로 정했으며, 캐나다는 영국령으로 남았다. 이후 1784년 1월 14일 미국 의회에서 조약을 비준했다. **RC**

1783년 6월 4일

# 최초의 열기구 비행

몽골피에 형제의 두 번째 열기구가 프랑스 하늘 높이 날아오른다.

최초의 성공적인 열기구 비행은 1783년 프랑스의 부유한 제지공장 가문 자제인 조제프와 자크 몽골피에 형제의 발명에 의해 이루어졌다. 틀어박혀 발명에 몰두하던 형 조제프는 불 위에서 말리던 세탁물이 위로 떠오르는 것을 보고 열기구를 착상했는데, 이를 실제로 제작한 것은 가업을 경영하던 사업가 자크였다. 두 형제 다—잘못된 믿음이지만—연기는 공중으로 떠오르게 하는 가스를 포함하고 있다고 믿었다.

최초의 열기구는 1782년 12월 시험 비행을 한 후 겁을 먹은 농부들에 의해 망가졌지만, 다음해 6월에는 삼베로 만들어 종이로 테를 두른, 79m³의 공기를 포함한 무게 225kg의 두 번째 열기구를 제작해 프랑스 아노네에서 공개 시험 비행을 할 수 있었다. 이 기구는 2km를 여행했으며 180m높이까지 올라갔다.

형제는 계속해서 더 크고 더 나은 기구를 제작했으며, 그중에서도 푸른색과 금색으로 12별자리의 상징을 그려 화려하게 치장한 기구 하나는 루이 16세와 마리 앙투아네트 왕비를 비롯해 왕실에서 지켜보는 가운데 베르사유 상공을 비행했다. 왕은 유죄 판결을 받은 죄수들을 날려 보내자고 제안했지만, 인도주의적인 몽골피에 형제는 양, 오리, 수평아리 한 마리씩을 태웠다. 동물들은 모두 살아 돌아왔다. 사람이 탑승한 최초의 자유 비행은 11월 21일로, 26세의 물리학자 필라트르 드 로지에와 육군 장교인 다를랑드 후작이 기구를 타고 불로뉴 숲에서 날아올랐다. 그들은 900m 높이로 파리의 하늘 위를 9km 비행하다가, 풍선의 천이 불에 그을리는 바람에 내려와야만 했다. 두 형제 중에서 자신이 만든 기구에 올라타 볼 만큼 대담했던 이는 조제프 뿐이었고, 그것도 땅에 매어 있을 때 단 한 번 뿐이었다. **NJ**

◀ 클로드 루이 데즈레의 원화를 바탕으로 한 에칭의 일부. 몽골피에 형제의 열기구가 이륙하는 순간을 담았다.

1787년 9월 17일

# 단일한 국가

미합중국 헌법이 마침내 승인된다.

미합중국은 독립을 얻어냈다. 이제는 새로운 나라를 어떻게 통치해야 할지를 결정해야 했다. 1787년 5월 필라델피아에서 헌법 제정 회의가 개최되었고, 로드 아일랜드 주를 제외한 모든 주에서 대표가 참석했다. 몇 달 간의 논쟁, 거래, 타협을 거쳐서야 협의에 도달했고, 1787년 9월 17일 조지 워싱턴과 38명의 다른 대표들이 헌법을 승인했다.

워싱턴이 만장일치로 회의의 의장으로 선발되었지만, 다른 사안에서는 만장일치가 나오지 않았다. 강력한 중앙 정부를 원하는 이들과 각 주의 권리를 옹호하고 나선 이들 사이에 의견 불일치가 있었던 것이다.

> "모든 단어가 …
> 권력과 자유 간의 문제를 결정한다."
>
> **제임스 매디슨**

마침내 연방 정부의 입법, 행정, 사법 기능은 독립되어 하며 유권자의 변덕으로부터 보호받아야 한다는 점에 합의가 이르렀다.

회의는 대통령이 대표하는 행정부와 상 · 하원으로 이루어진 의회, 대법원이 관장하는 연방 사법부를 두기로 결정했다. 선거 절차를 정하고 헌법을 수정했다. 각 주의 투표력을 결정하는 일은 노예도 시민으로 치는가의 여부 때문에 복잡한 문제였고 주들 간의 통상 규약을 정하는 일은 또 다른 문제였다. 모든 주가 헌법을 비준하기까지는 많은 분쟁이 있었다. 최후로 수락한 주는 버몬트로, 1791년이었다. **RC**

# 스캔들 신문

**런던의 '더 타임스'지가 저명 언론지로 향하는 먼 여정을 시작한다.**

'더 타임스'는 영국 최초의 일간 신문은 아니었지만—그것은 1702년부터 33년간 발행됐던 한 면짜리 '데일리 쿠랜트'지였다— 지금까지 세계에서 가장 오래된 일간 신문이다. 처음 창간됐을 당시에는 존 월터가 1785년에 발간한 '더 데일리 유니버설 레지스터'지라는 선배격 신문이 있었다. 이는 일면 대판 인쇄를 한 2쪽 반 분량의 신문으로, 활판 인쇄술 체계—낱자 단위가 아니라, 단어의 일부분으로 된 활자를 사용하는 인쇄술—를 홍보하는 것이 목적이었다. 월터는 그 특허를 취득했던 것이다. 이 신문은 크게 실패했고, 월터는 신문 그 자체로 돈을 벌어 보려고 시도했다.

> "평일의 성경, '더 타임스'는 종종 이렇게 불리곤 한다."
>
> **엘리자베스 개스켈, 1864년**

1788년 새해 첫날, 그는 신문을 '더 타임스'로 개칭하고 스캔들을 중점적으로 다루기 시작했는데, 이것이 꽤 돈벌이가 된다는 사실을 알아챘다. 대중은 그런 내용을 원했고, 부유하고 유명한 이들은 가끔 기사를 은폐하기 위해 선뜻 돈을 지불했다. 그러나 왕실 모욕죄로 2년간 감옥살이를 하고 나자 월터는 유럽과 영국의 실제 뉴스에 초점을 맞추게 되었다.

토머스 반스가 편집장을 맡은 1817년부터 1841년까지 타임스의 명성은 높아졌다. '천둥 치는 이'라는 별명을 얻었으며, 영국 상류층이 가장 즐겨 보는 신문이 되었다. 크림전쟁 중이던 1854년, 윌리엄 하워드 러셀은 러시아가 평화를 제의했다는 소식을 영국 정부가 듣기 전에 보도하기도 했다. 신문이 발간되지 않았던 유일한 시기는 1981년 언론 재벌 루퍼트 머독이 인수한 이후의 파업 기간(1984~1985년) 뿐이었다. **RP**



# 보터니 베이로 가는 배

**영국의 죄수들을 실은 퍼스트 플리트 선단이 오스트레일리아에 범죄자 식민지를 세운다.**

오늘날의 시드니가 서 있는 장소는 1788년 1월 26일('오스트레일리아 데이'라는 국경일이다) 아서 필립 선장이 뉴사우스웨일스 식민지 정착을 선언한 날이다. 1787년 5월, 그는 잉글랜드에서 열한 척의 배를 이끌고 왔다. 배에는 죄수 750명—남자 568명, 여자 191명, 어린이 19명—과 선원, 군인, 해병대원 250명이 타고 있었다. 목적지는 오스트레일리아였다. 죄수가 넘쳐나는 감옥 문제를 해결하기 위해 고심하던 영국 정부는 범죄자 식민지를 세우겠다는 계획을 짜냈다. 쿡 선장과 함께 여행했던 식물학자이자 왕립 학회의 저명한 회장이었던 조지프 뱅크스 경은 의회에 보터니 베이가 이상적인 장소가 될 거라고 알렸다.

> "…투-랄, 리-우-랄, 리-아디티, 노래하면서 / 오, 우리는 보터니 베이로 간다네."
>
> **유행가 가사**

1788년 1월 함대는 마침내 보터니 베이에 닿았지만, 필립의 마음에는 전혀 차지 않았다. 평평하고 잡목이 우거졌으며 정박하기 곤란한 장소였던 것이다. 그는 북쪽으로 8km 가량 더 가서 포트 잭슨에 들어갔고 '세계에서 가장 훌륭한 천연 항구 중 하나'를 발견했다.

'지옥선'의 끔찍한 상황을 견뎌낸 죄수들에게조차, 포트 잭슨 식민지의 환경은 가혹하고 힘들었다. 1788년에서 1868년까지, 영국 정부에서 유형에 처하기로 결정한 죄수 약 16만 명이 오스트레일리아와 동의어가 되어 버린 '보터니 베이'로 강제 수송되었다. 사실 보터니 베이에 범죄자 식민지가 있던 적이 전혀 없었지만 말이다. **SK**

# 전쟁도 먼저, 평화도 먼저

조지 워싱턴이 만장일치로 미국 대통령으로 선출됐으며, 그는 개인적인 열정에서라기보다 의무감 때문에 이 직책을 수락한다.

조국을 승리로 이끌었던 이 56세의 사나이보다 미국 초대 대통령에 더 어울리는 사람은 없었다. 이제 온 나라에서 가장 신뢰받는 인물이 된 그는 전망을 암담하게 보았지만(그는 대통령 자리가 자신이 그때까지 요구받았던 "가장 큰 개인적 희생"이라고 말했다) 누구도 그에게 반대하지 않았고, 2월 4일 선거인단은 하나도 빠짐없이 그에게 표를 던졌다. 각 주에서 선거를 승인하는 절차는 까다로웠으므로, 워싱턴은 4월 14일이 되어서야 모든 일이 결정되었다는 공식 통보를 받았다. 버지니아 주의 집을 떠나 북쪽의 뉴욕으로 향하는 길에는 환호하기 위해 모인 관중이 그를 갈채로 맞이하고 찬사가 담긴 내용의 시를 낭독했으며 아가씨들이 꽃을 던졌다.

뉴욕 시의 상원 회의실 발코니에서, 워싱턴은 미국에서 직조한 천으로 만든 검은 예복을 입고 가발을 쓴 채 옆구리에는 칼집에 든 칼을 차고 "미국 헌법을 보전하고, 보호하고, 수호하겠다"고 선서 했으며, 바깥에 모여든 수많은 뉴욕 시민은 우렁찬 환호를 보냈다. 건물 위로 연방 국기가 게양되었고, 교회의 종소리가 울리기 시작했으며 13번의 축포가 울렸다.

대통령의 취임 연설은 의도적인 모호한 어조였으며 어디 다른 곳에 있고 싶다는 기분이 배어났다. "이 정부의 성공 여부가 걸려 있는 현명한 법안들"에 "하늘의 상서로운 미소"가 어리기를 기원하면서도, 그는 정확히 그 법안이 무엇인지 언급하는 것을 삼갔다. 결국 나중에 그가 말했듯이 그는 누구도 밟은 적 없는 길을 가는 중이었던 것이다. **RC**

〈프린스턴의 조지 워싱턴〉(1779년), 찰스 윌슨 필의 작품으로, 대통령 당선 전에 그린 것이다.

# 바스티유 습격

평민들이 갑자기 파리에 밀려와 프랑스 혁명의 불길이 치솟는다.

◆ 〈1789년 7월 14일의 바스티유 감옥〉, 장 뒤부아(1789~1849년). 이는 프랑스혁명의 시작을 알리는 사건이었다.

"이것은 반란인가?
/ 아닙니다 폐하, 반란이 아니라,
혁명입니다."

루이 16세와 라 로슈푸코-리앙쿠르

역사 속에서 가장 유명한 사건 중 하나는 1789년 7월 14일 평범한 파리 시민들이 당시 프랑스의 정치적 혼란 속에 난입한 일일 것이다. 이는 격동과 혼란 속에서 군주제 타도로까지 이어졌고, 자연권과 "자유, 평등, 박애"의 원칙에 의거한 공화정이 수립되는 결과를 낳았다. 파산한 군주인 루이 16세가 100년 만에 처음으로 프랑스의 삼부회를 소집한 이후, 일 년간 긴장은 점차 고조되고 있었다. 1789년 6월 20일, 제3신분의 대표자들은—귀족이나 성직자가 아닌 이들을 말한다—폐회하려는 정부의 시도에 맞서 독립적인 정치 기구인 국민의회를 유지하기로 서약했다.

7월 12일, 평민에 협조적이었던 재정장관 자크 네케르를 왕이 해임했다는 사실에 놀라고, 점점 더해 가는 불안 상태가 보수주의 반동에 진압당할 것을 두려워한 상퀼로트(글자 그대로는 '반바지를 입지 않은 이들'이라는 뜻으로, 평민을 의미한다)들은 파리의 길거리로 뛰쳐나왔다. 질서 유지의 임무를 맡은 '가르드 프랑세즈' 연대와의 사이에서 긴장이 높아 갔고, 7월 14일 시위대는 앵발리드(노병을 위한 요양 병원-옮긴이)에 강제 진입해 총기를 찾았으나 화약은 없었다.

그 이후 약 1천 명이 '바스티유'라 알려진 성으로 행진했다. 바스티유는 전통적으로 정치범을 구금하는 장소였지만, 그날에는 일곱 명밖에 없었으며, 주로 위조범이나 '광인'들이었다. 수비군은 약 60명으로 로네이 후작이 지휘하고 있었다. 오후 1시 30분경, 군중은 정문을 부수었고, 그들이 바깥쪽 구내로 진입하면서 사격이 시작되었다. 네 시간이 지나 습격한 이들 가운데 수십 명이 죽었을 무렵 성문을 부수는 데 쓸 대포가 도착했고 수비대는 항복했다. 로네이 후작은 집단 폭행으로 죽었고 군중들은 거리에 바리케이드를 쳤다. 폭정의 상징인 바스티유는 신속하게 허물어졌다. 혁명이 시작된 것이다. **PF**

# 프랑스가 인권선언을 공표하다

**이 역사적인 선언문은 프랑스 혁명 속의 핵심적인 순간이 된다.**

미국독립전쟁의 베테랑인 라파예트 후작이 초안을 작성하고, 그 혁명을 일궈낸 가장 뛰어난 인물 중 하나인 토머스 제퍼슨의(그는 파리 주재 미국 대사로 일하고 있었으며 10년 전에 미국 독립 선언문의 초안을 작성했다) 검토 하에 「인간과 시민의 권리 선언」은 신속하게 완성되었다. 바스티유 감옥 습격이 프랑스 혁명의 서막을 올린 지 고작 한 달이 좀 넘었을 뿐인 1789년 8월 26일, 프랑스 국민의회는 이 선언을 채택했다.

새로운 헌법의 기초가 된(그리고 이후에 제정된 여러 헌법에도 영향을 미친) '인권선언'은 만민 평등과 권리의 불가침을 내세우고 봉건제와 절대왕정을 거부했다. 선언의 철학적인 배경은 미국과 프랑스 혁명에 둘 다 참여했던 잉글랜드의 톰 페인과 프랑스의 장 자크 루소 같은 사상가로부터 비롯됐다. "인간은 자유롭게 태어나지만 모든 곳에서 사슬에 묶여 있다"는 루소의 언명은 선언문의 제1조에서 울려 퍼지고 있다. 제2조는 '자유권, 소유권, 안전권, 압제에 대한 저항권'이 '모든 정치적 결사체가 목적으로 삼아' 보전해야 할 권리임을 선포한다.

급진적인 비평가들은 인권선언에 여성이나 노예의 권리에 대해서는 아무런 언급이 없다고 비난했으며, 자코뱅이 독재 체제를 수립해 공포정치를 시작하자 발표된 지 몇 달도 안 되어 이를 마구 위반하는 일이 발생했다.

인권선언은 이에 그치지 않고 보편적인 권리 추구가 모든 나라에 해당하는 것임을 단언했다. 따라서 유럽에 존재하는 모든 군주국은 이러한 급진적인 개념이 자기 영토의 국경 안으로 침투할 것에 대해 두려움을 느꼈고, 혁명주의자들은 즉각 이들의 적대감을 사게 되었다. **NJ**

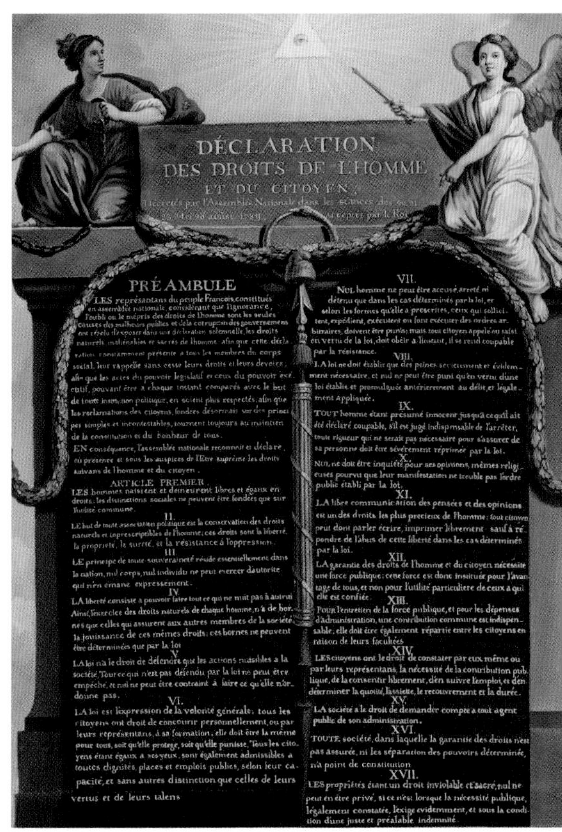


「인간과 시민의 권리 선언」, 1789년. 이 선언은 오늘날 프랑스 법의 근간으로 남아 있다.

> "인간은 자유로운 상태로 평등한 권리를 지니고 태어나며 살아간다."
>
> **인권 선언 제1조**

# 예술과 현실이 죽음에서 만나다

음악의 천재 모차르트가 35세의 나이로 죽어 쓸쓸하게 묻힌다.

▲ 루이 카로지(1717~1806년)의 수채화에는 레오폴트 모차르트와 피아노에 앉아 있는 어린 볼프강이 나와 있다.

▶ 무명의 오스트리아 화가가 그린, 나이 든 뒤의 볼프강 아마데우스 모차르트를 담은 18세기 초상화.

> "그가 마지막으로 한 일은 「레퀴엠」의 팀파니 소리를 입으로 따라한 것이었다."
>
> **조피 베버, 모차르트의 처제**

자신의 일생이 여덟 살 이후로 계속 내리막길을 걷고 있었다는 사실을 그는 생각해 보았을까? 당시 그는 이미 유럽의 여러 콘서트홀에서 관중들의 찬사를 받으며 연주하기에 바빴다. 찬란하고 유명한 그는 다른 신동들을 빛바래게 했다. 서른다섯의 그는 여전히 천재적인 재능을 지닌 어른이기는 했지만(그 말고 대체 누가 복잡한 작품을 악보로 옮겨 적으면서 머릿속으로는 또 다른 음악을 작곡할 수 있겠는가?) 지난 몇 회의 콘서트는 재정적으로 크나큰 실패를 맛보았다. 오늘날의 음악학 연구가들은 그가 1780년 이후에 작곡한 모든 곡을 뛰어난 걸작이라 간주한다. 그러나 그의 주변인들은 그렇게 생각하지 않았다. "우리 취향에는 지나치게 아름답군," 한 작품에 대해 황제 요제프 2세는 이렇게 말하면서 솔직함을 담아 다음과 같이 덧붙였다. "그리고 음표가 너무 많네, 친애하는 모차르트." 감기가 악화되어 류머티즘 발열 증세를 드러내는 바람에 1791년 11월 중반부터 빈의 자택에 앓아누웠던 볼프강 아마데우스 모차르트는 분명 울적한 생각에 사로잡혀 있었을 것이다. 특히 「레퀴엠」을 완성하기가 어렵기 때문이었다. 그는 「디에스 이라에」('진노의 날')에서 막혀 있었다. 자신도 곧 삶에 이별을 고하게 되리라 예감했던 것일까? 앓아눕기 전에 그의 재정 상황이 얼마간 나아지기는 했고, 가장 큰 라이벌인 살리에리조차 「마술 피리」만은 칭찬했지만, 그가 예감을 느꼈다고 보는 이들도 있다.

12월 4일 오후, 모차르트와 그의 침대에 둘러선 네 명의 가수는 「레퀴엠」의 일부를 연습했다. 「디에스 이라에」까지 갔지만 "라크리모사 디에스 일라('눈물의 날')"라는 구절에서 더 이상 나갈 수 없었고, 모차르트는 악보를 밀치고 흐느껴 울었다. 그날 늦게 사제가 병자성사를 올려 주었다. 간혹 입술이 움직이는 모습을 보이기는 했지만 뇌사 상태에 빠졌다. 1791년 12월 5일 월요일, 새벽 12시 55분, 모차르트는 숨을 거두었고 공동묘지의 눈에 띄지 않는 무덤에 묻혔다. **RP**

1792년 1월 9일

# 크림반도 병합

**야시 조약에 따라 오스만 제국은 크림의 지배권을 러시아에 양도한다.**

우크라이나 남단에서 흑해 쪽으로 튀어나온 바위투성이의 다이아몬드 모양 반도인 크림반도는 온화한 기후와 물이 따뜻한 항구 때문에 항상 다들 탐내던 지역이었다. 제1차 러시아-투르크 전쟁(1768~1774년)에서 오스만 제국을 이긴 결과, 러시아는 크림반도를 차지할 수 있었다. 오스만 제국은 제2차 러시아-투르크 전쟁(1787~1792년)에서도 재차 패배를 인정해야 했고, 크림반도는 야시 조약에 따라 정식으로 러시아 제국에 병합되었다. 발칸반도에서 러시아군이 철수한다는 조건 하에 크림반도를 억지로 내놓아야 했으므로, 오스만 제국에게는 굴욕적인 조약이었다.

> "국가의 확신이 없는 권력은 아무것도 아니다…."
>
> **예카테리나 대제가 했다는 말**

러시아 여제 예카테리나 2세(예카테리나 대제)에게 크림반도의 병합은 러시아 제국을 남쪽으로 콘스탄티노플까지 확장시키기 위한 계획의 일부였다. 이 계획을 위해 그녀는 투르크족 무슬림인 크림반도의 토착민 타타르족을 상대로 인종 청소 정책을 시행했고, 대신 스위스와 독일 기독교도들을 데려와 살도록 했다. 크림의 타타르 인구는 5,000만 명에서 30만으로 크게 줄었다.

크림전쟁(1853~1856년)의 목적은 러시아가 발칸 반도에 세력을 펼치는 일을 막으려는 것이었고, 19세기 내내 크림반도는 유럽의 여러 열강이 러시아의 제국 확장 계획을 방해하려 노력하는 각축장이 되었다. **NJ**

1792년 3월 16일

# 티푸 패배하다

**영국군이 이정표적인 승리를 거두어 마이소르의 술탄이 콘월리스에게 굴복한다.**

1782년 티푸는 아버지인 하이데르 알리의 뒤를 이어 마이소르의 술탄이 되었고, 영국 동인도 회사의 지배에 맞서 강경하게 저항했기 때문에 '마이소르의 호랑이'라는 별명을 얻었다. 그는 제1차와 2차 마이소르 전쟁에 참여하여 영국군과 인도 연합군에 맞서 싸웠고, 1789년에는 프랑스군과 연합하여 영국 보호령인 트라방코르를 공격해 제3차 마이소르 전쟁을 촉발시켰다. 그의 맞수는 미국독립전쟁 때 요크타운에서 항복했던 인도 총독 찰스 콘월리스 경이었다. 콘월리스는 1792년 티푸를 패배시키고 방갈로르 시를 차지했으며, 티푸가 강화를 제의할 수밖에 없게 만들었다.

> "티푸 사히브가 지키는 맹세를 / 속세의 재판관은 그 누구도 조사할 수 없네."
>
> **헨리 뉴볼트 경, 「세링가파탐」, 1898년**

그 결과로 맺은 조약에서 티푸는 영토의 반을 빼앗겼고, 영국군은 차후 행동에 대한 안전책으로 그의 아들 둘을 맡아 두었다.

이러한 패배에도 불구하고 마이소르의 술탄은 나폴레옹 치하의 프랑스와 또 다시 동맹을 맺었으며, 콘월리스의 뒤를 이어 총독이 된 아서 웰즐리 경은 이를 훌륭한 구실로 삼아 4차 마이소르 전쟁을 일으켰다. 1799년 티푸의 수도 세링가파탐이 포위당하고 함락되었으며, 티푸는 성벽을 지키다가 영웅적인 죽음을 맞으면서 전쟁이 끝났다. 그의 궁전에서 찾아낸 영국 군인 한 명을 잡아먹는 호랑이 모양의 기계 장치는 그 시대의 관점으로도 자신의 조국을 식민화하려는 이들에 대해 완강히 저항한 이 인도 영웅에게 걸맞은 상징이 분명했다. **NJ**

# 군중이 튈르리 궁전을 습격하다

프랑스 혁명은 헌법에 따른 적법성을 완전히 잃고 폭력적인 극단주의자들의 손에 휘둘린다.

극단주의적인 자코뱅 클럽의 지휘하에, 경종 소리를 신호삼아 파리의 가장 가난한 구역에 사는 2만 명의 군중이 튈르리 궁으로 행진해 루이 16세의 퇴위를 요구했다. 스위스 호위병 900명과 국민군 2,000명이 궁전을 지키고 있었는데, 왕실에 대한 국민군의 충성도는 그리 믿을 만하지 못했다. 보라색 예복을 차려입고 머리에 파우더를 뿌린 채, 왕은 국민군의 결의를 굳히기 위해 그들을 사열했지만, 군중들이 궁전에 가까워 오자 그들은 전날 밤 결성된 혁명정부에 대한 충성을 선언했다.

오랫동안 주저한 끝에 왕과 가족은 그나마 안전해 보이는 선거를 통해 뽑힌 국민의회로 피신했고, 의회가 논의하는 동안 기자석 뒤편에 앉아 있었다. 한편 궁전에서는 스위스 호위대의 한 분대가 대중을 향해 총을 쏘았고 대학살이 벌어졌다. 약 600명의 호위병이 군중에게 목숨을 잃고 시신은 조각났으며, 시민들은 260명 정도가 싸우다 죽었다. 군중이 무분별한 약탈과 파괴를 벌이기 시작하자 왕가 식구들은 감옥으로 이용하던 중세의 성인 탕플로 호송되었고, 각각 독방에 수감되었다.

변호사이자 자코뱅의 우두머리격인 막시밀리앙 로베스피에르는 "누구든지 8월 10일에 프랑스를 도운 이는 도둑이 아니다"라는 말로 튈르리 궁전을 약탈했다는 죄를 쓴 도비니라는 사내를 변호했다. 이는 당시의 새로운 정치적 · 도덕적 현실을 잘 보여 주는 일화다. 이로써 9월 학살이 일어날 무대 장치가 갖춰진 셈이었다. **NJ**

◀ 추종자들이 '부패하지 않는 자'라 불렀던, 혁명 지도자 로베스피에르를 그린 18세기 초상화.

▶ 튈르리 궁전 점거를 그린 당대의 이 그림은 당시의 소란과 폭력이 어땠는지 알려 준다.

# 루이 16세 단두대에 서다

**프랑스 왕의 처형은 공포에 질린 유럽과 프랑스 사이에 돌이킬 수 없는 간극을 남기고, 혁명의 가장 피비린내 나는 국면을 시작한다.**

1792년 12월 11일, 지난해 8월 이후 가족과 함께 탕플 탑에 갇혀 있던 38세의 루이는 국민공회에 출두하여 "자유의 폐허 위에 폭정을 다시 일으키려는" 계획을 세웠다는 자신의 혐의에 답하라는 명을 받았다. 루이와 세 명의 변호사는 훌륭하게 죄목을 반박했지만, 국민공회는 어떻게 해서든 유죄 판결을 내릴 생각이었고, 그는 만장일치로 유죄가 되었다.

형벌을 두고는 논란이 일어났다. 온건주의인 지롱드당은 투옥이나 추방형, 아니면 적어도 루이의 운명을 결정하기 위해 국민투표를 조직할 때까지 처형을 유예할 것을 주장했다. 상퀼로트 민병대를 이루는 파리의 빈민 지구에서 우세했던 극단주의 자코뱅은 사형을 요구했고, 361대 319로 사형이 결정되었다. 사형이라는 투표 결과가 나오자 관중들은 환호했다. 더 가벼운 형벌을 선택한 이들은 으르렁대는 관중들로부터 커다란 욕설을 들었다.

1월 21일, 왕은 새벽 5시에 일어나 아일랜드인 사제 에지워스 드 피르몽과 함께 기도를 올렸다. 그는 마차를 타고 처형대까지 왕과 함께 갔다. 넓은 혁명 광장(오늘날에는 콩코르드 광장)에 세워진 단두대에 도착하자, 손은 뒤로 묶이고 목덜미의 머리카락은 잘렸다. 왕은 자신을 사형에 처한 이들을 용서한다는 말로 시작하여 군중을 상대로 연설하려 했지만, 일부러 울린 요란한 북소리 때문에 그의 말은 묻히고 말았다. 단두대의 칼날이 떨어지자, 혁명파인 조르주 당통은 프랑스가 대담하게도 전 유럽에 도전하여 군주의 목을 떨어뜨렸다고 선언했다. **NJ**

▶ 〈1793년 1월 20일, 탕플에서 루이 16세와 가족의 작별〉, 장-자크 오에르(1751~1829년)

◀ 혁명 덕에 악명을 얻은 기계인 단두대에서 루이 16세가 처형당하는 장면을 그린 무명 화가의 판화.

1793년 2월 12일

# 도망 노예 송환법

**미국 정부는 노예가 도망치도록 도와준 이들을 처벌하기로 결정한다.**

미국 헌법은 노예를 소유할 권리와 다른 주로 달아난 노예를 되찾을 권리를 암묵적으로 담고 있었다. 그러나 실행을 위한 법적 절차는 확립되어 있지 않았고, 노예가 달아나도록 도와주면서 처벌을 받지 않을 수 있었다. 도망 노예 송환법은 이러한 허점을 막았다.

식민지 시대에 이미 달아난 노예를 돌려주기 위해 주들 간의 협약이 체결된 바 있었다. 그러다 1790년대 초 존 데이비스라는 노예를 두고 분쟁이 발생했다. 그는 노예를 부리는 버지니아 주에서 노예제 폐지론을 옹호하는 펜실베이니아로 달아났던 것이다. 버지니아인이 찾아와 그를 데려가자, 펜실베이니아의 주지사 토머스미플린은 이것이 납치에 해당한다며 신병 인도를 요구했으나 버지니아 주지사는 거절했다.

> "… 혹은 자신의 주에서 범죄적인 도주자, 하인, 노예를 보호해 주는 행동."
>
> **도망 노예 송환법 제4조, 1793년**

조지 워싱턴 대통령이 1793년 2월 12일에 승인한 새로운 법에 따르면 연방구 혹은 순회 재판소 소속 판사나 주 행정관은 도주 노예로 의심되는 이의 신분에 대해 결정을 내릴 수 있었다. 이 법에 따라 도망 노예를 도와주는 일은 범죄가 되었으며, 노예를 잡아오는 산업이 부상했다. 노예 소유주의 권리를 연방법으로 보장해 준다는 일은 북부 여러 주에 즉각 반발을 일으켰다. 북부에서는 이 법의 실시를 어렵게 하기 위해 고발당한 이들에게 더 많은 법적 권리를 부여한다는 요지의 지역법을 통과시켰다. 법에 반대하여 '지하철도' 네트워크—해방으로 가는 비밀 통로—가 설립되었고, 이는 탈출한 노예들이 북부를 거쳐 캐나다로 가도록 도왔다. **PF**

1793년 4월 6일

# 공포 위원회

**로베스피에르의 자코뱅이 프랑스 혁명의 주도권을 다시 차지하려 든다.**

국민공회에서 창설한 공안위원회는 많은 위원회 중 하나에 불과했으나, 프랑스 혁명의 추진 세력이자 전쟁 내각이 되었다. 위원회는 침략을 중단시키고 공포정치의 가장 피비린내 나는 시기를 주도했다.

공안위원회는 혁명이 위기를 맞은 순간에 탄생됐다. 외부의 침략과 내부적인 반혁명 세력, 식량 부족, 국민공회 내에서 자코뱅과 지롱드파 간의 불화로 인해 혁명이 지속될 수 있을지 불투명한 상황이었던 것이다.

예전에는 궁전이었던 튈르리에서 계속 모임을 열면서, 공안위원회는 자체의 생존을 보장하기 위해 독재적인 권력을 취했다. 징병제를 도입했고—오스트리아 침략군과 싸울 혁명군을 창설했다—생쥐스트, 푸셰, 카리에르 등의 위원을 파견해 군대 장교 군단을 보강하고 방데, 노르방디, 리용 등지의 반혁명 봉기를 진압하게 했다. 또한 잔혹한 숙청을 시행해 수천 명을 단두대로 보냈다.

> "나는 매일같이 저질러지는 범죄를 꿰뚫어볼 수 있었다."
>
> **로베스피에르가 공안 위원회에 가담하면서, 1793년 7월**

위원회 내의 분파들도 숙청 대상이 되어 지롱드파, 에베르파, 당통파 등이 파멸을 맞았고 결국 로베스피에르의 자코뱅파가 최고 권력을 행사하게 되었다. 그러나 1794년 6월 푸셰와 탈리앙이 주도하는 자코뱅 당원 몇몇은 점차 편집광이 되어가는 로베스피에르를 두려워하여 내부 반란을 계획했다. 로베스피에르와 그를 따르던 이들은 단두대에서 처형당했고, 공포정치는 끝났다. 얼마 안 가 공안위원회는 해산됐다. **NJ**

# 프랑스 제1공화국 헌법

프랑스 총재정부는 "인간은 자유로운 상태로 평등한 권리를 지니고 태어나며 살아간다"고 선언한다.

〈1793년 8월 10일 헌법 수락을 축하하며〉, H. 드 라 샬르리의 작품을 바탕으로 제작한 판화, 조나르.

1793년의 프랑스 헌법은 '산악당 헌법'이라고도 하는데, 이는 이 법안을 강행한 프랑스 국민공회의 자코뱅당 중 극단주의 성향의 지배 세력인 '산악당'에서 온 명칭이다. 이 헌법은 루이 16세를 처형하고 군주제를 폐지한 이후 프랑스 혁명의 결과물로 탄생한 프랑스 제1공화국의 사법적 기틀이었다.

혁명 초기에 국민의회가 선포했던 1789년 '인권선언'에 근거하여—이는 또한 급진주의적인 사상가 장-자크 루소와 토머스 페인의 평등주의 사상의 영향을 받은 것이었는데—헌법은 국민주권이 무엇보다도 우위에 있음을 선포했다. 또한 개인의 자유, 집회의 자유, 노동, 교육, 부당한 폭정에 항거해 봉기를 일으킬 권리를 비롯해 특정한 인간의 권리는 양도할 수 없는 것임을 주장했다.

혁명의 서로 다른 분파들이 맹렬한 내부 싸움을 벌이는 용광로 속에서 탄생한 1793년 헌법은 고작 두 달 지속된 끝에 1795년의 새 헌법으로 대체되었다. 1795년 헌법을 선포한 것은 총재정부로, 이는 온건파 자코뱅 당원들이 로베스피에르의 독재권을 타도하고 잔혹한 공포정치의 막을 내린 후에 설치한 정치기구였다. 그럼에도 불구하고 1793년 헌법에 영감을 불어넣었던 자유, 평등, 박애라는 이상은 차후 들어선 프랑스 공화국이 나아갈 길을 밝혀주는 빛으로 남았으며, 후에는 외국에서도 이를 모방하게 되었다. **NJ**

# 프랑스가 공포정치에 들어서다

프랑스 혁명의 고귀한 이상주의는 전체주의적인 압제로 빠져든다.

샤를-루이 뮐러가 그린 이 마음에 사무치는 그림 속에서, 공포 정치의 희생자들이 종말을 기다리고 있다.

지난 3월에 설립된 혁명 위원회는 불리한 증거가 아무리 빈약하더라도, 혹은 전혀 없다 할지라도, 혁명에 반대한다는 혐의가 조금이라도 있는 사람이라면 누구든지 체포하고, 재판에 회부하고, 판결을 내리고, 사형시킬 수 있는 무한한 법적 권력을 얻었다. 그 목적은 '애국심'에 해를 끼칠 수 있는 모든 실제적인 혹은 잠재적인 적을 협박하여 무력화하고, 지배적인 자코뱅당의 정책과 편견에 동의하지 않은 자 모두에게 복수하는 데 있었다.

그 즉각적인 결과는 1793년 가을에 펼쳐진 죽음의 향연이었다. 프랑스 왕비 마리 앙투아네트뿐만 아니라 패배한 지롱드당의 지도자 21명도 이때 목숨을 잃었다(그중 한 명인 발라즈는 단검으로 스스로 목숨을 끊어 단두대를 피해갔지만, 그의 시신은 단두대에서 목이 잘렸다). 다른 희생자로는 파리의 전 시장 장-실뱅 바이이, 루이 15세의 애인이었던 마담 뒤바리, 그리고 지롱드를 격려하던 씩씩하고 총명한 여인 마담 롤랑이 있었다.

그해 말에는 파리에서만 3,000명, 프랑스의 다른 지방에서는 1만 4,000명이 단두대의 이슬로 사라졌다. 그러나 머지않아 혁명은 제 자식들을 집어삼키기 시작했다. 대량 학살의 참극 속에서 자유, 평등, 박애의 혁명적 이상은 돌이킬 수 없이 사라졌던 것이다. 마담 롤랑의 지적처럼 "사람들이 빵을 달라고 요구하고 시체를 받게되는, 예고된 대로의 시간이 왔다". 처형당하면서 그녀는 그녀가 남긴 가장 유명한 말을 내뱉었다. "오 자유여, 그대의 이름으로 어떠한 범죄들이 자행되는가!" **NJ**

# 왕비 마리 앙투아네트가 처형당하다

**프랑스 왕비는 지난날 과도하게 사치스러운 생활을 누렸다는 죄목에 대해 최종적인 대가를 치른다.**

◐ 자크-파비앵 고티에 다고티(1710~1781년)가 그린 마리 앙투아네트의 초상화, 왕비가 된 초기의 모습이다.

▶ 무명 화가가 그린 이 그림에서 처형당한 프랑스 왕비의 머리가 환호하는 군중 앞에 구경거리가 되고 있다.

"내 피만이 남는군.
거두어 가시오, 하지만 나를 오래
고통스럽게 하지는 마시오."

**마리 앙투아네트가 처형에 앞서 한 말**

1792년 8월 군중들이 튈르리 궁전을 습격하고 왕의 가족을 잡아들인 이후, 마리 앙투아네트가 누렸던 특권적인 삶은 상실과 고난의 나날로 돌변했다. 갇혀 있는 동안 그녀는 남편과 격리되어 따로 수감되었고, 왕이 처형당한 후에는 여덟 살 난 아들 루이 샤를과도 격리됐다. 왕자는 어머니를 조롱하고 모욕하며 여러 가지 성적인 학대죄로 어머니를 고발하라고 강요받았다.

탕플에서 센 강의 섬에 있는 축축한 감옥 콩시에르즈리로 옮겨진 그녀는 다양한 죄목으로 법정에서 기소당했다. 정치적인 것부터—오빠인 오스트리아 황제와 공모하여 프랑스를 침략하게 했다는 것— 개인적인 것까지— 특히 아들과 근친상간을 맺고 있었다는 것— 혐의는 여러 가지였다. 그녀는 "어머니로서 그러한 죄목을 인정한다는 일은 자연 그 자체가 거부하고 있기 때문에, 나는 이 자리에 있는 모든 어머니들에게 호소합니다" 라는 말로 후자의 죄목에 대해서는 답변을 거부했다. 법정이 왕비에게 반역죄의 대가로 사형에 처한다는 피해갈 수 없는 선고를 내렸을 때, 그녀의 얼굴에는 "어떠한 감정적 동요의 흔적도 나타나지 않았다".

10월 16일, 마리 앙투아네트는 하얀 드레스와 보닛, 검은 스타킹에 붉은 구두를 차려입었다. 사형집행인의 아들 앙리 상송은 그녀의 양손을 뒤에서 묶고, 백발이 되어버린 머리칼을 잘랐다. 사형수 호송차의 모습을 보고 두려움에 질린 그녀는 마음을 가라앉히기 위해 감옥 안뜰 한구석에서 잠시 머뭇거렸지만, 곧 의연함을 되찾고 짐마차에 실려 10개월 전 남편이 처형당했던 단두대로 갔다. 이름난 자코뱅 당원이자 로베스피에르와 한편인 화가 자크-루이 다비드는 마지막 가는 길의 그녀를 화폭에 담았다. 그녀가 마지막으로 남긴 말은 처형대에 오르다가 실수로 사형집행인 샤를 상송의 발을 밟은 데 대한 사과의 말이었다. **NJ**

# 토머스 제퍼슨 사임

중앙집권적 권력에 강하게 반대하던 제퍼슨이 국무 장관 직에서 물러난다.

▲ 대통령 임기 중에 저명한 초상화가 길버트 스튜어트(1755~1828년)가 그린 토머스 제퍼슨.

"정부에 저항하고자 하는 정신은 매우 소중하오 … 앞으로 그럴 날이 자주 있을 것이오."

**토머스 제퍼슨이 애비게일 애덤스에게, 1787년**

조지 워싱턴은 노련한 대표였으며, 미국 대통령이 되어서는 재무 장관에 알렉산더 해밀턴, 외무 장관에 토머스 제퍼슨, 하원 의원장에 제임스 메디슨 등 유능한 인재들을 선발했다. 워싱턴처럼 버지니아 상류 가문 출신이었던 제퍼슨은 외무장관직을 수락했지만 마음 한구석에는 앞날에 대한 불안이 있었다. 워싱턴을 존경했지만, 두 사람 사이에는 차이점이 있기 때문이었다.

파리 주재 사절로 있었을 때, 제퍼슨은 프랑스 혁명의 시작을 목격했고, 이 혁명이 미국 독립의 자유주의적인 이상을 유럽에 가져다 줄 것이라 믿었으며 이를 지지해야 한다고 생각했다. 그에 반해 워싱턴은 훨씬 조심스럽고 고립주의적이었다. 그는 미국의 외교정책은 미국의 이익을 끌어올리는 데에 집중돼야 한다고 생각했다. 강력한 중앙집권적 연방 정부를 원했던 알렉산더 해밀턴과 그의 지지자들이 대통령의 지위에 거의 미국의 군주라 할 만한 권력을 부여하려 하자 제퍼슨은 크게 놀랐다. 해밀턴이 국립은행을 설립하려 하자 제퍼슨은 이를 '자유에 대한 반발'이라 간주하여 강하게 반대했고, 워싱턴을 설득해 거부권을 행사하게 하려 했으나 실패했다.

이 시점에 미국에서는 두 개의 정당이 발전하고 있었다. 해밀턴을 따르는 '연방파'와 각각의 주가 개별적인 권리를 지니고 있음을 믿고, 연방 권력이 제어되기를 원했으며 제퍼슨을 대변인으로 삼았던 '공화파(혹은 민주공화파)'였다. 제퍼슨의 지지자들은 오늘날의 미국 민주당의 선조라 할 수 있다(현재의 공화당은 몇 년이 지나서야 탄생한 것이다). 자신의 입장이 내각에서 소수 의견에 불과하다는 사실을 깨달은 제퍼슨은 사임하고 버지니아 주 몬티첼로에 있는 자신의 영지로 돌아갔다. 하지만 그는 머지않아 부통령이 됐고, 이후에는 대통령까지 오르게 된다. **RC**

# 로베스피에르가 처형당하다

**프랑스 혁명기 공포정치의 주도자가 재판도 거치지 않고 단두대에서 처형당한다.**

"바다처럼 푸르른, 부패하지 않는 자(스코틀랜드 역사가 토머스 칼라일의 표현이다)"라 불렸던 막시밀리앙 로베스피에르는 지방 변호사였다가 프랑스혁명 초반에 이름을 떨치게 되었다. 극도로 급진적이고 민주적인 입장을 취하고, 자코뱅 클럽의 혁명 원칙에서 벗어나려는 자들을 혹독하게 비난하는 것이 그의 방식이었다. 프랑스 공화국 선포와 1793년 1월 루이 16세의 처형 이후 오스트리아와 다른 군주국 군대의 공격으로 혁명이 치명적인 위험에 봉착하자, 로베스피에르는 내부의 적에 초점을 맞췄다.

1793년 6월 상퀼로트, 즉 노동계급의 혁명 민중은 정부를 전복시켰고 공안위원회가 창설되었는데, 로베스피에르는 위원회에서 가장 영향력 있는 인물이었다. 9월에 위원회는 '혐의법'을 제정하여 정부에 거의 무제한의 체포권을 부여했으며, 시민 권리를 유보하는 긴급 법령을 통과시켰다. 공포는 통치 정책의 한 도구가 되었고, 이후 6개월간 1만 6천 명 이상이 처형되었다. 그중에는 조르주 당통과 카미유 데물랭 등 로베스피에르의 옛 친구이자 동료들도 여럿 있었다.

무정하고 냉혹하게 공포라는 수단을 휘두른 로베스피에르는 이 위원회를 끝내려는 이들의 주요 표적이 되었다. 1794년 7월 27일(혁명력으로는 테르미도르 9일), 로베스피에르의 반대자들은 국민공회에서 연설하는 그를 가로막았으며 체포할 것을 명했다. 로베스피에르는 범법자로 선포되었다. 그는 파리 시청으로 철수했고, 스스로의 턱에 총을 쏘았으며, 아침에 체포되었다. 다음날 로베스피에르와 그의 동료 21명은 혁명 광장(오늘날의 콩코르드 광장)에서 재판도 거치지 않고 처형당했다. **PF**

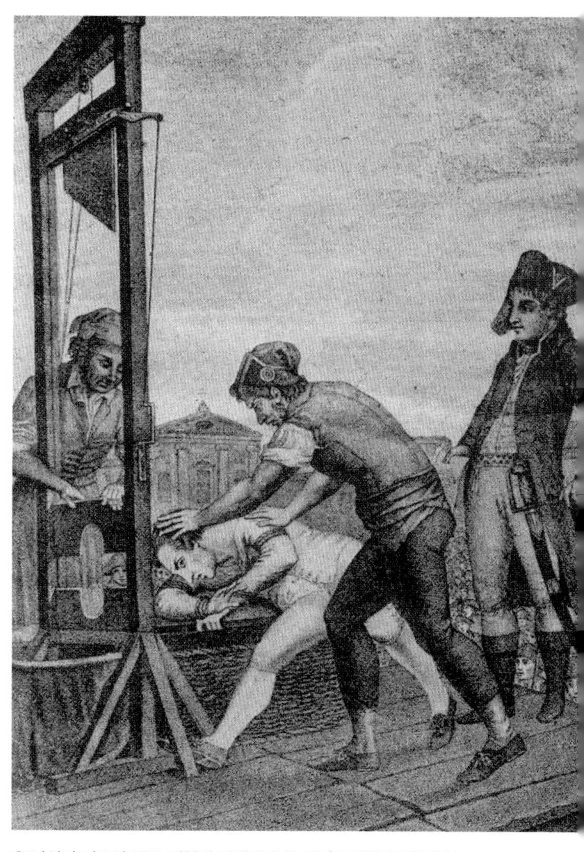

자신이 퍼뜨린 공포 정책의 희생자가 된 로베스피에르가 혁명 광장에서 처형당하는 장면.

"공포란 다름 아닌
신속한 정의다. 따라서 그것은
덕의 발산이다."

**로베스피에르가 국민공회에 한 말, 1794년**

# 헤이스팅스 무죄 방면되다

**워렌 헤이스팅스의 탄핵은 상원의 무죄 방면으로 끝난다.**

영국령 인도의 초대 총독 워렌 헤이스팅스의 탄핵은 18세기에 큰 반향을 일으킨 사건이었는데, 인도에서의 그의 행적 때문이라기 보다는 정치적이고 개인적인 분쟁이 더 큰 이유였다.

1732년에 태어난 헤이스팅스는 유능한 행정가로, 동인도 회사의 서기직이었다가 로버트 클라이브의 후원을 받고 승진하여 12년 동안(1773~1785년) 총독을 지냈다. 그의 통치 방식의 특징은 인도의 전통과 종교에 대한 존중이었다. 벵골 총독으로 있을 때는 무슬림 종교 학교를 세웠으며 힌두교의 카스트 제도도 그대로 두었다. 그는 유럽인이 아닌 인도인에게 세금 징수를 맡겼고, 프랑스와 네덜란드군을 상대로 군사적 승리를 거두었다.

> "한 사건이 일어났다. 그것에 대하여 말하기는 어렵고 침묵을 지키기는 불가능한 사건이."
>
> **에드먼드 버크, 헤이스팅스의 탄핵에 대하여**

그러나 그는 영향력 있고 야망이 큰 동인도 회사의 의원 필립 프랜시스 경과 대립하는 사이였다. 프랜시스는 헤이스팅스를 선동해 결투를 벌였다가 부상을 입었고, 잉글랜드로 돌아가 헤이스팅스를 추락시킬 음모를 꾸몄다. 그는 헤이스팅스가 부패했다며 에드먼드 버크를 설득했고, 그 결과 의회에서는 정식 탄핵 처리가 이루어졌다. 7년 후 헤이스팅스는 마침내 무죄로 판명이 났다. 그는 자신의 평판을 지키기 위해 거의 8만 파운드를 쓴 후였으나, 동인도 회사는 우스터셔에 있는 그의 옛 가문 영지 데일리스퍼드를 사들여 그가 사용하도록 했다. 헤이스팅스는 1814년에 추밀 고문관을 지낸 뒤 1818년에 죽었다. **NJ**



# 제3차 분할

**이미 두 차례의 분할로 영토를 빼앗긴 폴란드는 3차 분할로 주권마저 잃는다.**

최초의 폴란드 공화국—1772년 폴란드 제1차 분할 때 막을 내렸다—은 동쪽의 적 러시아의 침입으로부터 스스로를 지키기 위해 서쪽의 적인 프로이센과 손을 잡아야만 했다. 1790년에 맺은 폴란드-프로이센 협정에 힘입어 '세임(폴란드 의회)'은 친러시아적인 레프닌 개혁을 철회했다. 금방이라도 혁명이 닥쳐올까봐 겁을 먹은 폴란드 귀족들은 타르고비차 연방을 세우고 러시아의 개입을 요청했다. 1793년 예카테리나 대제는 10만 대군을 보냈다. 이들은 프로이센과 더불어 폴란드를 패배시키고 제2차 분할을 시행하여, 폴란드는 연방국과 급진주의적인 민족주의 세력으로 나뉘었다.

> "모든 것을 지키기 위해 모든 것을 희생해야 할 그런 때가 있다."
>
> **타데우슈 코시치우슈코**

이듬해, 폴란드 애국자들은 국민 영웅이자 조지 워싱턴의 부대에서 장군으로 활약한 타데우슈 코시치우슈코의 뛰어난 지휘 아래 러시아 지배에 반발하여 봉기를 일으켰다. 수적으로 크게 우세한 러시아군은 봉기를 짓눌러 버렸고, 코시치우슈코는 2만 명의 병사들과 함께 러시아에서 투옥되었다. 1795년 10월 24일 선포된 폴란드 3차 분할로 러시아는 폴란드 영토 12만km²와 거기 거주하는 120만의 인구, 그리고 빌노(빌뉴스) 시를 얻었다. 프로이센은 5만 5,000km²의 영토와 인구 100만, 그리고 바르샤바 시를, 오스트리아는 4만 7,000km²의 영토, 120만의 인구, 크라쿠프와 루블린 시를 손에 넣었다. **NJ**

# 천연두 백신의 발명

**영국의 의사 에드워드 제너는 환자에게 우두 균을 접종하면 천연두 바이러스에 대한 면역이 생긴다는 사실을 밝혀낸다.**

1796년, 에드워드 제너는 고향인 글로스터셔 버클리 근방에서 시골 의사로 일하고 있었다. 환자 대부분은 시골 농장에서 일하는 사람들이었는데, 그는 소젖을 짜다가 흔하고 가벼운 질병인 우두에 감염된 이들은 치명적이고 흉한 상처를 남기는 무서운 병인 천연두에 결코 걸리지 않는다는 사실에 주목했다.

5월 14일, 그 지방에 천연두가 유행하고 있을 때 세러 넬메스라는 소 젖 짜는 여인이 우두 때문에 손에 물집이 생겨 제너를 찾아왔다. 제너는 물집을 절개하고 거기서 나온 액체를 보관했다. 이후 그는 핍스라는 동네 농부를 설득해 그의 어린 아들인 제임스에게 '백신 접종'(vaccinate, 제너는 우두를 뜻하는 라틴어 vaccinia를 이용해 이 단어를 만들어 냈다)을 하도록 허락해 달라고 했다. 그는 제임스 핍스의 팔 두 군데를 약간 절개하고, 우두 균이 든 고름을 떨어뜨린 뒤 상처에 붕대를 감았다. 제임스는 가벼운 우두 증세를 보였다. 6주 후 제너는 대담하게도 제임스에게 천연두 '바이러스(virus, 역시 그가 만든 단어)'를 주사했다. 제너가 예상했던 대로, 소년은 면역이 생겨 이 무서운 병에 걸리지 않았다. 제너는 우두가 천연두와 관련이 있는 바이러스이며, 따라서 우두 균으로 백신 접종을 하면 천연두에 대한 면역이 생긴다는 사실을 우연히 발견해낸 것이다.

이후에도 여러 번 실험을 거친 끝에, 제너는 1798년에 자신의 연구 성과를 출판했고, 거세고 때로는 히스테릭하기까지 한 반발에도 불구하고(제임스 길레이의 유명한 만평은 제너의 환자들 온몸에서 소가 돋아나는 장면으로 이를 비꼬았다) 1800년 무렵에는 유럽 전역에서 천연두 백신 접종을 시행하게 되었다. 제너는 의회에서 3만 파운드(15만 달러)의 상금을 받았다. 그는 74세의 나이로 1823년 1월 16일에 죽었다. **NJ**

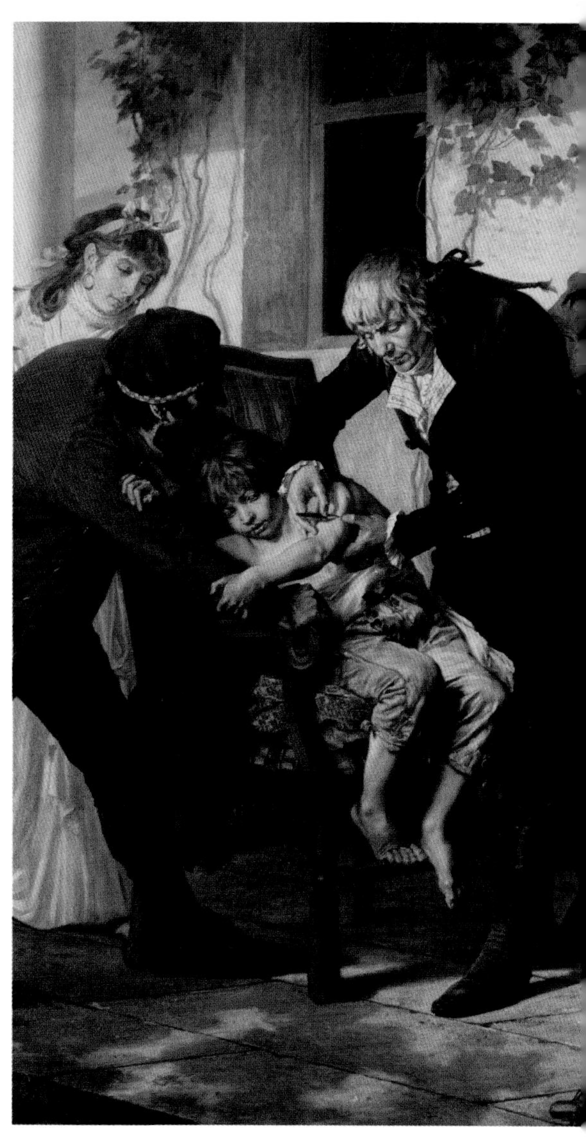

1796년 제너가 최초로 천연두 백신을 접종하는 장면을 담은 가스통 멜랭그(1840~1914년)의 유화.

# 나이저 강의 근원을 탐사하다

스코틀랜드의 의사이자 식물학자 멍고 파크는 아프리카 연합을 위한 탐험길에서 유럽인 최초로 나이저 강을 발견한다.

선의(船醫)로 수마트라에 다녀온 후, 1795년에 멍고 파크는 아프리카 연합(서아프리카 탐험을 위해 런던에서 조직한 모임-옮긴이)에 나이저 강 탐험을 제의했다. 파크는 감비아 강을 따라 영국의 무역 기지인 피사니아까지 간 후, 12월에 미지의 내륙 지방으로 길을 떠났다. 그는 상(上) 세네갈과 카타 사막을 건너 여행하다가 무어인 추장에게 붙들려 네 달 간 갇혀 있었다. 7월 1일, 그는 말을 타고 탈출했고, 오로지 포켓 나침반을 길잡이 삼아 7월 21일에는 나이저 강의 세구에 도달했다. 그는 강을 따라 130km를 간 끝에 실라에서 발길을 돌려 피사니아로 돌아왔다.

파크가 자신의 발견에 대한 소식을 갖고 돌아오자 센세이션이 일어났다. 그는 탐험 일지를 출간했고, 결혼하여 가정을 꾸렸으며 피블스에 정착하여 나이저 강을 다시 한 번 찾기 위해 아랍 원주민에게 아랍어를 배웠다. 1806년 정부의 후원을 받은 두 번째 원정 때, 파크는 나이저 강의 유로를 추적했다. 그는 나이저 강이 콩고 강과 이어져 있다고 생각했다. 파크와 한 무리의 유럽인은 몇 백 마일 가량 나이저 강을 따라 올라갔다. 그러나 탐험대의 다수는 질병으로 죽거나 적대적인 원주민들에게 살해당했고, 파크 자신은 공격받던 도중 급류에서 익사하여 자신이 사랑했던 강에서 목숨을 잃었다. 탐험대의 유일한 생존자인 아프리카인 안내원이 파크의 죽음을 알렸고, 1825년 리처드 랜더와 휴 클래퍼턴이라는 탐험가가 이를 확인했다. 클래퍼턴은 이 탐험 도중에 병으로 숨졌으며 아버지의 최후를 알아보기 위해 이 지역을 탐험했었던 파크의 아들 중 한 명도 죽었다. **NJ**

▶ 나이저 강 유역을 탐험하던 멍고 파크가 아프리카 원주민 덕에 원기를 회복하는 장면을 담은 그림.

◀ 멍고 파크가 직접 스케치한 자신의 모습(하단 맨 우측)으로, 세네갈의 바핑 강 다리가 나와 있다.

# 고별 연설

## 조지 워싱턴이 미국 국민에게 전하는 마지막 말을 발표한다.

1793년 조지 워싱턴은 미국 대통령으로 두 번째 임기를 맡아달라는 청을 마지못해 수락했다. 그러나 세 번째 임기만은 거절했다. 이때의 선례는 1940년 프랭클린 D.루스벨트가 4번 연임을 하기 전까지 지속되었다. 워싱턴은 당파 정치에 신물이 났으며, 틀니 때문에 항상 불편을 겪었다.

1796년, 대통령은 국민에게 보내는 마지막 편지를 발표했다. 그는 모든 사람이 공익을 위해 함께 일할 것을 당부했다. 그는 파벌 싸움, 자기 선전 행위, 정당의 정치 공작 따위를 혐오했으며, 편지에서 "파벌 의식이 지닌 해로운 영향력"에 대해 비판했고, 미국 국민에게 미국의 이익보다 자신들만의 야망을 우위에 두는 "작지만 교활하고 야심찬 소수"의 정치인을 조심하라고 경고했다. 또한 "외국 영향력의 간계"와 유럽 전쟁에 관여하려 하는 정치인을 비판했다. 그가 보기에 유럽은 부차적인 문제였던 것이다.

> "모든 국가를 향해 선의와 정당함을 준수하시오. 모두와 더불어 … 평화를 일구어 내시오."
>
> **조지 워싱턴의 고별 연설**

워싱턴은 미국 국민의 안전, 번영, 행복이 미국의 이익을 추구하고 "영구한 동맹"을 피해가는 일에 달려 있다고 믿었다. 그는 또한 대통령의 권한이 강력해야 한다고 믿었다. "국민에게 정부를 수립할 힘과 권리가 있다는 사상 자체가, 모든 개인은 수립된 정부에게 복종할 의무가 있음을 전제한다." 이 자유의 땅에서, 미국 대통령이 입헌 군주국의 군주보다 더 방대한 권력을 행사한다는 것은 역사의 아이러니 중 하나다. **RC**



# 나폴레옹 이집트에 가다

## 이 원정은 군사적인 면에서는 실패였지만, 학문과 과학 면에서는 성공이었다.

5월 19일 프랑스 남부의 항구 툴롱을 떠나 이집트로 향했을 때, 나폴레옹은 400척의 배에 3만 5,000명의 군사를 거느리고 있었다. 그중에는 그가 훗날 원수(元帥)로 삼게 되는 장교 다섯 명도 끼어 있었다. 나폴레옹은 제2의 알렉산드로스 대왕이 되기를 꿈꾸었다. 근대 유럽의 기술을 도입하고 고대 동방의 지혜를 배워 동양에 제국을 개척하고자 했던 것이다. 이러한 목적을 위해 예술가, 과학자, 학자, 석학 167명도 함께 했다. 이 박식한 이들은 이집트에서 보물—로제타석도 그중 하나로, 장-프랑수아 샹폴리옹이 히에로글리프를 해독했다—을 지니고 돌아와 원정의 진정한 승리자가 된다. 그들이 지닌 지식의 정수는 22권으로 된 『이집트에 대한 기록』이라는 책으로 출간됐고, 이는 근동에 대한 유럽의 열정을 촉발했다.

> "우리는 동방으로 가야 한다—모든 위대한 영광은 그곳에 머무른다."
>
> **나폴레옹**

그러나 군사적인 면에서 나폴레옹의 원정은 큰 승리를 거두지 못했다. 7월 피라미드 전투에서 이집트의 지배 계층 맘루크를 쓰러뜨린 후, 나일 강 전투에서는 넬슨에게 나폴레옹의 함대가 격파된 것이다. 나폴레옹은 팔레스타인으로 가서 자파를 습격하고 아크레를 포위했으나, 전염병이 닥쳐 그의 군대를 몰살시켰다. 그는 1799년 한 대의 배에 몸을 싣고 프랑스로 몰래 돌아갔다. 3년 후 이집트에 남은 그의 군대가 영국군에 항복했을 때, 나폴레옹 자신은 이미 황제로 대관식을 올린 후였다. 그러나 그와 함께 이집트에 갔던 이들은 3명 중 1명만이 살아남았을 뿐이었다. **NJ**

# 아일랜드인 연합이 패배하다

영국 정부는 '아일랜드인 연합' 이라는 단체와 이를 지지하는 프랑스군을 공격하여, 끝내 아일랜드의 반란군을 패배시킨다.

'아일랜드인 연합'은 미국 독립과 프랑스 혁명의 영향력 아래서 탄생한 자유주의적인 토론회이자 선전 단체였다. 그 목적은 의회를 개혁하여 아일랜드의 가톨릭과 프로테스탄트 국민들이 영국 국교회의 지배권을 무너뜨리고, 영국의 지배에서 벗어난 독립 국가로서의 아일랜드 안에서 모든 종파의 아일랜드 국민이 연합을 이룩하도록 하려는 것이었다.

아일랜드가 프랑스 혁명을 따라할까 두려웠던 영국 정부는 이 단체를 강경하게 단속했다. 1796년 오슈 장군이 이끄는 프랑스 대군과 아일랜드인 연합의 지도자 시어볼드 울프 톤이 밴트리 만 상륙에 실패하자, 주도자들은 더블린에서 때 이른 반란을 일으켰다. 더블린에서 패배한 반란군은—머리카락을 짧게 깎았기(crop) 때문에 '크로피'라 불렸다—아일랜드 지방의 넓은 지역, 특히 얼스터와 웩스퍼드를 지배하는 데 성공했고, 이곳에서 3주간 혁명정부를 수립했다. 북쪽에서는 대부분 장로교회파로 이루어진 반란군이 영국군에 연달아 패배를 안겨주었지만 끝내 무릎을 꿇고 말았다. 2만 명으로 이루어진 최후의 대규모 반란 세력은 6월 21일에 웩스퍼드 북쪽의 비니거 힐에서 패배했다.

8월과 10월에 프랑스군은 메이오와 도니골 주에 상륙했지만 역시 패배했고, 울프는 처형 전에 감옥에서 자살했다. 반란군이나 그 진압 세력이나 모두 잔혹한 행위를 자행해, 3만 명에 달하는 이들이 죽었다. **NJ**

◆ 1798년 6월 21일 웩스퍼드의 에니스코시 외곽에서 일어난 비니거 힐 전투 장면.

◆ 훈련 중인 아일랜드인 연합을 그린 제임스 길레이의 캐리커처(1798년)는 영국군 모집을 장려하기 위한 것이었다.

1798년 8월 1일

# 나일 강 전투

**넬슨이 보나파르트를 이집트로 데려온 프랑스 함대를 격파한다.**

나폴레옹 보나파르트의 군대를 이집트까지 호송해 온 프랑스 함대는 알렉산드리아 근처 아부키르 만의 얕은 물에 정박하고 있었다. 공격으로부터 스스로를 보호하기 위해 선박들은 대열이 흐트러지지 않도록 서로를 사슬로 묶었다.

지중해에서 영국 함대의 사령관을 맡고있던 호레이쇼 넬슨은 프랑스 함대가 툴롱을 떠난 이후 계속 그들을 찾고 있었다. 그는 목적지가 이집트임을 간파했고, 8월 1일 오후 프랑스 함대를 발견했다. 그는 프랑스와 즉시 전투를 벌이기 위해 이동했고, 기함인 골리앗호는 육지 쪽으로부터 사슬 선을 타고 넘어 프랑스 함대를 공격할 수 있음을 알아냈다. 영국군의 선박 조종술이 훌륭한 데다가 선수를 쳤다는 이점 때문에, 프랑스 제독의 방어 전략은 무효로 돌아갔다. 양쪽 함대가 수적으로는 동등했지만 프랑스군은 배를 수월하게 조종할 수가 없었던 반면 영국군은 대열을 무너뜨리고 프랑스 함대 양쪽 편에서 포격을 할 수 있었다. 새벽 무렵 프랑스 함대는 전멸 상태였다. 선원 1,700명이 죽었고 3,000명은 포로로 잡혔다. 영국군은 200명이 죽었고 700명이 부상을 입었다. 가라앉은 영국 선박은 한 척도 없었다.

> "나는 형제와 같은 전우들을 지휘한다는 행복을 누렸다."
>
> **호레이쇼 넬슨이 자기 배의 선장들에 대해 한 말**

이러한 압도적인 승리로 프랑스가 이집트에 대해 품었던 계획은 실패로 돌아갔으며, 영국군은 그 적들을 제치고 도덕적인 우위를 확보할 수 있었고, 넬슨은 전 유럽에 개인적 명성을 떨치게 되었다. **NK**

1798년 10월 14일

# 새로운 시

**『서정 민요집』은 문학계의 낭만주의 운동의 시작을 알린다.**

『서정 민요집』과 더불어 윌리엄 워즈워스와 공저자 새뮤얼 테일러 콜리지는 의식적으로 주류 시문학과 거리를 두었으며—주류 문단은 워즈워스가 "현란하고 내실 없는 시 작법"이라 칭한 것들로 가득했다—지위가 낮고 학대받는 자들, 인류의 평등과 형제애, 평범한 삶과 그러한 삶이 갖춘 모든 놀라운 면모에 대해 글을 썼다. 그들의 시에서 쓰인 언어 역시 당시의 기준으로 보면 놀라우리만치 소박하고 꾸밈없는 언어였다. 많은 비평가들이 혹평했으나, 곧 『서정 민요집』이 문학에서 새로운 시대가 시작하는 계기가 되었음이 명백해졌다. 윌리엄 해즐릿에 따르면, 이는 프랑스의 정치적 혁명과도 비견할 만한 문학적 사건이었다.

> "시란 강력한 감정이 자발적으로 넘쳐 흐르는 것이다."
>
> **『서정 민요집』 서문, 1802년 판**

워즈워스는 1797년에 처음으로 콜리지를 만났으며, 두 사람은 곧 창조적인 관계를 키워나갔다. 그들은 마치 시구를 생산하는 제작 회사라도 되는 양 농담 삼아 스스로를 '회사'라고 불렀다. 콜리지는 「늙은 수부의 노래」와 그보다 짧은 시 세 편을 집필했고, 워즈워스는 말로 표현할 수 없이 훌륭한 작품인 「틴턴 수도원을 거슬러 수마일 지점에서」를 포함해 책의 많은 부분을 썼다.

1801년과 1802년에 증보판을 냈으나, 시집은 재정적인 성공을 거두지는 못했다. 콜리지는 아편 중독에 빠져들었으므로 이후의 작품 수는 제한되어 있다. 워즈워스가 남긴 많은 시는 비록 그 수준이 고르지 못했지만 시문학의 낭만주의 운동만은 그들의 유산으로 남아 있다. **RP**

# 소득세의 도입

**나폴레옹 전쟁에 드는 막대한 군비를 충당하기 위해 이제껏 없던 새로운 세금이 부과된다.**

소득세는 1798년 12월 소(小)윌리엄 피트의 연간 예산안에서 영국에 처음으로 생겼으며, 다음해 1월 9일에 법으로 제정되었다. 피트는 연간 60파운드 미만의 소득에 대해서는 1% 미만, 200파운드가 넘는 소득에는 10% 이상까지 비율이 올라가는 누진세법을 제안했다. 이러한 제안을 통해 그는 애덤 스미스가 20년 전에 『국부론』에서 주창했던 누진세 개념을 따랐다. 그는 이러한 수단으로 1,000만 파운드를 걷을 것이라 기대했으나, 1799년 실제 세금 수취액은 고작 600만 파운드를 조금 넘어섰을 뿐이었다.

소득세 수입은 다양한 군사 조치 비용을 대기 위해 꼭 필요했다. 전 세계에 걸친 영국의 이해관계를 지키기 위한 함대, 프랑스의 위협에 대비한 마텔로 탑과 같은 국경 수비, 피트의 폭넓은 스파이 업무에 들어가는 비용, 유럽 본토에서 프랑스에 대항한 영국 연합군을 지원하기 위한 비용 등이었다.

> "가난은 물론, 불명예가 아니다. 하지만 지독하게 성가신 일이다."
>
> **소(小)윌리엄 피트**

소득세는 극심한 반대에 부딪혀, 짧은 기간 동안 집권한 헨리 애딩턴 내각에서는 1802년 프랑스와 영국의 아미앵 평화조약이 수립되자 이를 폐지했다. 전쟁이 재개되자 1803년에 소득세를 다시 채택했는데—피트도 내각으로 돌아왔다—1816년 나폴레옹 전쟁이 끝난 후 다시 폐지되었다. 1842년 로버트 필 경의 내각에서 재도입한 이후 소득세는 오늘날까지 지속되고 있는데, 피트와 달리 필은 연간 150파운드 미만의 수입에는 세금을 물리지 않았다. **NJ**



# 암호의 열쇠

**로제타석이 발견돼 고대 이집트 문자 체계의 비밀이 풀린다.**

나폴레옹이 인도의 영국 지배를 무너뜨릴 방도를 찾겠다는 희망을 품고 1798년 이집트를 침공했을 때, 그는 군대와 더불어 167명의 석학으로 구성된 팀을 파견했다. 나일 강의 위대한 고대 문명이 남긴 불가해한 자취를 발굴, 기록하고 연구할 수 있는 학자와 예술가들이었다. 어떠한 종류의 진정한 지식이든, 불가사의한 히에로글리프 문자를 해독하는 것만이 그 열쇠였다.

1799년 7월 19일, 군사 엔지니어 부대 하나가 라시드, 즉 로제타 항구의 나일 강 서쪽 변에서 요새의 토대를 발굴하다가 현무암으로 된 석주, 즉 비문이 새겨진 돌 하나를 발견했다. 길이는 1m 이상이었고 비문은 그리스어, 이집트 히에로글리프, 이집트 대중언어의 세 가지 언어로 되어 있었다. 그리스어 텍스트를 해독한 결과 비석의 연대는 기원전 196년으로 밝혀졌다. 로제타석은 카이로로 운반돼 자크 드 메누 장군의 손에 들어갔고, 곧 그 중요성을 깨닫게 되었다. 비문은 여러 장 복사되어 유럽 전역의 학자들에게 배포됐다. 2년 후, 영국군이 프랑스군을 이집트에서 몰아냈다. 메누 장군은 로제타석을 숨기려고 했지만 영국군이 이를 빼앗아 런던으로 실어 갔다. 영국 골동품애호가 학회에서 로제타석을 살펴보았고, 이후에는 대영박물관에서 오늘날까지도 소장하고 있다.

학자들은 세 개의 텍스트가 동일한 문단을 각기 다른 언어로 쓰였다는 점을 알아냈다. 로제타석은 기원전 305년부터 기원전 30년까지 지배했던, 이집트의 그리스 왕조인 프톨레마이오스 왕조가 여러 차례 발표했던 법령을 기록하고 있다. 이러한 지식을 바탕으로, 장-프랑수아 샹폴리옹은 1822년 자신이 성공적으로 히에로글리프를 해독했다고 발표할 수 있었다. **PF**

▶ 1822년에서 1824년에 걸쳐 해독한 로제타석은 오늘날 히에로글리프 문자 체계에 대한 이해에 있어 핵심 역할을 했다.

# 나폴레옹 권력을 잡다

나폴레옹은 우여곡절 끝에 쿠데타에 성공하여 권력을 거머쥔다.

1799년 9월 면목 없이 이집트에서 돌아온 이후, 나폴레옹의 운명은 그리 잘 풀리지 않았다. 그러나 혁명 이후 프랑스의 통치 기구인 총재정부의 5인 중 하나였던 시에예스 신부는 공포정치의 생존자이자 만성적인 음모가 기질이 있는 인물이었다. 그는 나폴레옹을 앞세워 동료 총재들을 거꾸러뜨리고 자코뱅 세력을 부흥시키려고 굳게 결심했다.

11월 9일, 시에예스와 자코뱅당이 아닌 두 명의 동료 총재 뒤클로와 바라스는 사임했다. 그러나 두 명의 자코뱅 총재 고이에와 물랭은 이에 따르기를 거부했고, 군사 호위대를 이끌고 원로원에 들이닥쳐 자신에게 권력을 내놓으라고 협박을 시도했던 나폴레옹은 야유에 휩싸였다. 500인회에서는 더 격렬한 반응과 마주쳤고 신체적 공격까지 당했다. 그의 동생으로 500인회 의장이자 옛 자코뱅 당원인 뤼시앵이 칼을 빼어들고 만일 나폴레옹이 혁명의 원칙을 배반한다면 칼로 꿰뚫겠다고 위협하는 멜로드라마적인 행동을 하여 사태를 수습했다. 훗날 원수가 되는 뮈라 장군이 이끄는 나폴레옹의 호위대는 오랑주리에서 대표자들을 몰아냈고, 나폴레옹을 제1통령, 시에예스를 제2통령으로 하는 3인 통령정부 형태의 새로운 정치기구가 들어섰다. 이 사건은 "브뤼메르 18일의 쿠데타"로 알려져 있다(혁명력으로 브뤼메르 18일이었기 때문이다).

나폴레옹이 스스로를 황제로 선포한 이후, 뤼시앵은 망명을 떠났고 시에예스는 공직에서 물러나 사적인 삶을 살았다. 그러나 워털루 전투로 종지부를 찍은 1815년 나폴레옹의 백일천하 때는 둘 다 황제의 곁으로 돌아왔다. **NJ**

◀ 나폴레옹이 권력을 쥐게 된 쿠데타를 담은 가장 유명한 그림. 프랑수아 부쇼(1800~1842년).



# 새로운 것의 충격

고야의 〈변덕〉 연작은 예술이 지닌, 충격과 놀라움을 선사하는 능력을 보여 준다.

1746년 사라고사에서 태어난 프란시스코 고야는 금박 세공사의 아들로 1780년대에 궁정 화가가 되었으며 1790년대에는 스페인 왕 카를로스 4세가 가장 총애하는 화가가 되었다. 1792년, 중병을 앓고 난 고야는 청력을 영구히 상실했고, 이러한 고립 상태에서 그는 점차 자신의 상상력에 기초한 작품들을 그려냈다. 에칭과 드로잉 연작으로 이루어진 〈변덕〉은 시대에 대한 고찰을 담고 있으며, 인간의 상황에 대한 풍자적인 통찰력을 보여준다. 그가 선호하던 주제는 가톨릭 교회, 특히 종교재판소와, 마법, 인간 본성의 타락 등이었다.

> "〈변덕〉은 … 어떤 문명화된 사회에서도 찾을 수 있는 광기를 묘사한다."
>
> **〈변덕〉에 대한 고야의 묘사, 1799년**

이 연작은 또한 판화의 새로운 미학적 가능성을 탐구한 것으로, 애쿼틴트 기법을 이용해 전통적인 에칭보다 더 부드럽고 회화적인 효과를 낼 수 있었다. 〈변덕〉 연작은 300장 정도 인쇄되었다. 고야는 이틀만에 27세트를 판매한 뒤 남은 작품을 시장에서 거둬들였는데, 대중의 반응이 적대적이었기 때문인지 종교재판소의 박해를 두려워해서인지는 확실치 않다.

1808년 나폴레옹이 스페인을 침략하고 뒤이어 반도 전쟁이 발발하면서, 고야는 〈전쟁의 참화〉 에칭 연작을 제작했다. 이는 그의 사후 오랜 시간이 지나서야 발표되었다. 1819년부터 1823년까지 그는 자신의 집 벽에 유명한 〈검은 그림들〉 14점을 그렸는데, 마찬가지로 어두운 테마를 탐구한 작품들이었다. **PF**

# 웃음 가스

**험프리 데이비가 아산화질소의 특성을 증명한다.**

조지프 프리스틀리가 1793년에 이미 철가루를 가열하여 아산화질소—무색의 질소 산화물($N_2C$)—를 발견하기는 했지만, 이 가스를 실용적으로 사용하게 된 것은 6년 뒤 영국의 화학자 험프리 데이비가 그 특성을 증명해 보이고 나서부터였다.

콘월 출신의 데이비는 외과의사의 조수를 거친 뒤 브리스틀의 의료 기체 연구소에 들어가 여러 가지 기체로 실험을 했다. 데이비는 연구소 방문객들에게 아산화질소를 약간 쐬게 해 주었고, "알코올이 주는 모든 이점은 있지만 그 결점은 없다"는 말로 그 유쾌한 속성을 증명해 보였다. 그는 기체에 '웃음 가스'라는 이름을 붙였으며 이것이 마취제로 쓰이게 될 거라고 예언했다. "이 기체에는 육체적인 고통을 제거하는 힘이 있는 듯하므로, 출혈이 크지 않은 외과 수술을 할 때 유용하게 쓸 수 있을 것이다." 저작인 『화학과 철학 연구』에서 그는 위와 같이 썼다.

> "천국의 공기는 이처럼 경이로울 것이 분명하다—진정한 환희의 기체이다."
>
> **로버트 사우디, 웃음 가스에 대해, 1799년 7월**

이후에 데이비는 런던 왕립 과학 연구소의 교수가 되었으며, 곧이어 왕립학회 회장이 되었다. 그는 '데이비 안전등'을 발명했는데, 이것은 램프의 불꽃을 촘촘한 쇠그물망으로 가려 폭발을 방지한 구조였다. 1813년 데이비와 조수 마이클 패러데이는 프랑스와 이탈리아를 여행했고, 요오드 원소를 분리해 냈으며 다이아몬드가 순수한 탄소라는 사실을 밝혀냈다. 데이비는 실험실에서 일어난 폭발 사고로 눈에 부상을 입었으며, 화학물질을 많이 들이마신 후유증으로 1829년 제노바에서 사망했다. **NJ**



# 새로운 수도

**미국의 수도가 반대를 무릅쓰고 워싱턴 D.C.로 옮겨간다.**

필라델피아에서 워싱턴 D.C.로의 수도 이전은 10년 전에 결정된 일이었지만, 많은 이들이 이를 후회했다. 동부 해안을 따라가는 여행길은 폭설 때문에 힘들었고, 하원 의원들은 자주 늦었다. 행정부 건물이 모두 완공된 것도 아니었다. 백악관은 1792년에 주춧돌을 놓았고, 대통령 관저는 준비가 끝났지만 국회의사당은 아직 완성되지 않았다. 상원 위원들은 새로운 장소가 필라델피아의 '편리하고 우아한 시설'과 비교해 형편없다고 불평했다. 완공된 건물은 국회의사당 북쪽관 뿐이었고, 상원, 하원, 대법원, 국회도서관, 지방법원이 모조리 그곳에 들어가야 했다. 그럼에도 불구하고 1800년 11월 17일 의회는 그곳에서 열렸고, 5일 후에는 충분한 인원이 출석하여 대통령 존 애덤스가 상원 의원실에 들어가 정치인들에게 새로운 정부 소재지에 대해 축하의 말을 건넬 수 있었다.

> " … 지금은 시설이 희망했던 것만큼 아주 완벽하지는 않지만 …"
>
> **애덤스 대통령, 의회를 향한 연설**

새로운 수도는 부지를 선정했던 조지 워싱턴 대통령의 이름을 따 명명되었는데, 워싱턴 자신은 이를 '연방 도시'라 불렀다. 새 수도의 건축 작업은 더디게 진행되었으나 워싱턴은 번영을 이룩했고, 20세기 말에는 인구가 5억에 달했다. 오늘날 이곳에는 미국 대통령, 의회, 세계은행, 국제통화기금이 자리잡고 있다. **RP**

# 대영제국 및 아일랜드 연합왕국의 성립

**영국과 아일랜드의 '합동법'은 화합을 촉진하는 데 실패하고, 도리어 종교적이고 정치적인 분열을 강화하는 데 일조한다.**

1801년 1월 1일, 합동법에 따라 "대영제국 및 아일랜드 연합왕국"이 성립됐다. 더블린의 아일랜드 의회는 폐지되었고, 아일랜드는 하원에 의원 100명, 상원에 성직자 의원 2명과 세속 의원 28명을 선출하여 보냈다. 영국은 두 나라 간 끊이지 않는 분쟁이 이것으로 끝나기를 바랐다.

합동법은 1798년 아일랜드 봉기 때문에 탄생했다. 당시 '아일랜드인 연합' 단체는 혁명 중인 프랑스에게 "우리의 모든 정치적 악덕이 기인하는 끝없는 근원"인 잉글랜드와의 정치적 관련을 끊어 달라고 도움을 청했다. 이 '해방의 해'로 말미암아 양측 모두 구제도를 새로이 바꿔야한다고 생각했다. 총리 윌리엄 피트는 두 나라의 연합이 아일랜드의 번영과 잉글랜드의 안보를 향상시킬 것이며, 아일랜드의 프로테스탄트는 프로테스탄트가 다수인 영국 내에서 매우 안전함을 느껴 동료인 가톨릭에 동등한 권리를 부여할 거라 주장했다. 피트는 법 조항 안에 가톨릭 해방—가톨릭교도가 의회 의석을 차지하고 공직에 오를 수 있는 권리—을 포함하겠다고 약속했지만, 조지 3세는 그 생각을 좋게 여기지 않았다. 결국 법안의 통과는 아일랜드 의회에서 표결에 부쳐졌고, 영국 정부는 뇌물을 이용해 원하는 결과를 얻어냈다.

합동법 이후에도 달라진 점은 전혀 없었다. 더블린에는 총독이 있었고 여전히 프로테스탄트가 아일랜드를 지배했다. 가톨릭교도들은 배신감을 느꼈고, 민족적이고 종교적인 분열은 더 깊어졌다. 앞날에는 분쟁만이 놓여 있었다. **RP**

◀ 대(大) 윌리엄 피트의 둘째 아들이자 영국의 가장 젊은 총리였던, 소(小) 윌리엄 피트(1785년경).

▶ 〈아일랜드의 가톨릭 해방 소동의 종말〉, 제임스 길레이(1757~1815년)의 에칭과 애쿼틴트.

# 차르 파벨 1세의 암살

차르 파벨 1세의 암살로 로마노프 왕가의 분쟁이 앞으로도 계속 러시아에 상처를 입힐 것임이 분명해진다.

◐ 〈몰타 기사단장의 초상화〉(1800년), 블라디미르 루키치 보로비코프스키(1757~1825년).

"아버지에겐 계획이라는 것이 없소. 한 달 후면 취소할 것을 오늘 명령하곤 하오."

**알렉산드르 대공이 1797년 자신의 가정교사에게**

차르 파벨 1세는 1801년 3월 23일 밤에 암살되었다. 그의 인생은 단 한 순간도 편한 적이 없었다. 그가 고작 8살이었을 때 어머니는 유약한 아버지 차르 표트르 3세가 살해되도록 했다. 이후 그녀는 예카테리나 대제로서 나라를 통치하느라 아들에게 시간도 애정도 거의 쏟지 않았고 아들을 볼 때마다 혐오만을 표할 뿐이었다. 예카테리나는 그를 가트치나의 영지로 거의 유배하다시피 보냈고 나중에는 파벨의 외아들 알렉산드르를 총애하는 후계자로 삼았다. 파벨은 1796년 결국 차르가 되었지만, 일관성 없고 무능력한 태도로 짧은 기간밖에 통치하지 못하게 된다.

그전에도 파벨에 대한 음모가 있었다가 실패로 돌아간 적이 있었다. 1801년의 음모 주도자는 상트페테르부르크 지사 표트르 폰 팔렌 백작으로, 그는 다름 아닌 파벨의 외아들 알렉산드르 대공의 지원을 얻어냈다. 이 무서운 사건은 어느 추운 월요일 밤 상트페테르부르크의 미하일로브스키 궁전에서 일어났다. 저녁 식사 후 차르는 개인 별실로 물러났고, 공모자들은 두 명의 시종을 힘으로 제압하고 침실 문을 부수어 열고는 스카프로 그를 교살했다. 그러나 차르의 서명을 받기위한 퇴위 문서를 들고 있었던 것으로 미루어 보아 죽일 생각까지는 아니었을지 모른다.

파벨 1세는 통치 초기에는 자유주의적이었다. 정치범을 사면하고, 농노들의 부담을 줄여주었으며 귀족 세력을 축소했다. 그러나 그는 일관성 있는 태도를 보일 때가 극히 드물었으며, 대외 정책에서는 다른 열강들과의 불화를 초래하는 치명적인 행위를 저질렀다. 온화하다가도 걷잡을 수 없이 난폭해지는 등 감정 기복이 심했기에 그가 미쳤다고 생각하는 이들도 있었다. 모든 이들이 불안감을 느꼈고, 이러한 상황에서 음모가 싹트기까지는 오래 걸리지 않았다. 후계자 알렉산드르 1세는 아버지의 암살에 가담했다는 죄책감을 끝내 떨치지 못했고, 그 역시 자유주의적인 개혁에서 억압으로 가는 비슷한 경로를 밟았다. **RP**

# 노예 공화국

## 투생 루베르튀르가 생도밍그의 새로운 헌법을 쓴다.

투생 루베르튀르는 짧은 기간 동안 아이티에 옛 노예들의 손으로 독립 국가를 세웠으며 미국 독립과 프랑스 혁명의 전례를 따라 서반구 최초로 백인에 대항한 흑인 봉기를 성공적으로 이끈 흑인 지도자였다. 1801년 그는 최후로 남은 스페인령 산토도밍고 지방을 차지했고, 7월 7일에는 자코뱅이 입안한 혁명기 프랑스 헌법을 모델로 삼은 평등주의 헌법을 아이티에 부여했다.

투생과 그의 선조들은 노예였다. 그는 아이티(당시에는 생도밍그)의 브레다 플랜테이션에서 노예로 태어났고, 아프리카의 황금 해안(오늘날의 가나)에서 노예로 붙들려 섬에 온 조상들의 아프리카 지방어를 말하며 성장했다. 총명하고, 글을 읽고 쓸 줄 알며 타고난 지도자였던 그는 가톨릭이자 프리메이슨 단원이었으며 1791년 노예 반란이 일어나자 스페인군에서 처음으로 지휘관을 맡아 4천 명의 흑인 병사를 통솔했다. 프랑스 혁명 의회가 아이티의 흑인들에게 완전한 평등권을 부여하자 그는 프랑스 편으로 돌아서 충성을 바쳤다. 그와 동료 반란군들은 프랑스 혁명의 이상에 큰 영향을 받았으며, 아이티의 지배권을 두고 프랑스와 다투던 영국과 스페인에 맞서 싸웠다. 스페인은 1795년 공식적으로 아이티를 프랑스에 양도했다.

투생은 뛰어난 능력 덕분에 곧 노예 반란군의 지휘권을 얻었고, 그는 별명인 '루베르튀르'(L'Ouverture, '돌파구'라는 뜻. 적군의 빈틈을 발견해내는 능력 때문에 붙었다)를 정식 성(姓)으로 삼았다. 그는 아이티의 해안 도시들을 점령하고 있던 영국군을 무찌르고, 1798년에는 7일 동안 일곱 차례의 교전에서 승리를 거두어 영국군이 철수하게 만들었다. 1802년 프랑스 혁명의 물결이 잦아듦에 따라 나폴레옹은 원정대를 파견해 아이티를 재탈환하도록 했다. 평화 협정이 맺어졌으나, 협상이 이루어지는 동안 투생은 프랑스로 강제 호송되었고, 1803년 4월 쥐라 산맥의 한 지하 감옥에서 죽었다. **NJ**

'흑인 나폴레옹' 이라는 별명이 붙은 투생 루베르튀르, 1797년 프랑스의 채색 판화 .

"그대의 친구들은
환희와 고뇌, / 그리고 사랑,
그리고 인간의 정복할 수 없는 정신."

**워즈워스, 「투생에게 바치는 소네트」, 1803년**

# Convention

## Entre les Etats unis d'Amérique Et la République Française.

Le Président des Etats unis d'Amérique et le Premier Consul de la République française au nom du peuple français, par suite du traité de cession de la Louisiane, qui a été signé aujourd'hui, et voulant régler définitivement tout ce qui est relatif à cette affaire, ont autorisé à cet effet, des Plénipotentiaires ;

### Savoir :

Le Président des Etats unis, par et avec l'avis et le consentement du Sénat des dits Etats, a nommé pour leurs plénipotentiaires Robert R. Livingston, Ministre plénipotentiaire des Etats unis et James Monroe, Ministre plénipotentiaire et envoyé extraordinaire des dits Etats-unis, auprès du Gouvernement de la République française ;

et Le Premier Consul de la République française, au nom du peuple français, a nommé pour plénipotentiaire de la dite République le Citoyen François Barbé-Marbois Ministre du Trésor public ; lesquels en vertu de leurs pleins pouvoirs, dont l'échange a été fait aujourd'hui sont convenus des articles suivans :

### art. 1er.

Le Gouvernement des Etats unis s'engage à payer au Gouvernemt. français de la manière qui sera spécifiée en l'article suivant, la somme de Soixante millions de francs, indépendamment de ce qui sera fixé par une autre convention pour le paiement des sommes dues par la france à des Citoyens des Etats unis.

### art. 2.

Le paiement des Soixante millions de francs mentionnés au

RRL B. M

1803년 4월 30일

# 미국의 영토 확장

**프랑스로부터 루이지애나를 사들임으로써 미국의 영토는 두 배로 늘어난다.**

1803년 루이지애나 매입으로 미국 영토는 태평양까지 늘어났다. 루이지애나는 아칸소, 아이오와, 캔자스, 루이지애나, 미주리, 네브래스카, 오클라호마 주, 그리고 콜로라도, 노스다코타와 사우스다코타, 미네소타, 몬태나, 텍사스, 와이오밍 주의 일부를 포함하는 땅이었다. 고작 2,300만 달러가 조금 넘는 싼 가격이었다.

토머스 제퍼슨은 1801년 최초로 미국의 새로운 수도 워싱턴 D.C.에서 취임식을 거행한 대통령이었다. 루이지애나 매입은 그가 한 일 중 단일 업적으로서 가장 유명하다. 아이러니하게도, 제퍼슨은 연방 정부가 강력한 권력을 휘두르는 것을 반대하는 입장이었는데, 루이지애나 매입은 헌법이 부여한 적 없는 전례 없는 대통령권 행사를 통해 이루어졌다.

미국 독립을 인정한 1783년의 평화 조약에 따르면 미국의 서쪽 국경은 미시시피 강까지였는데, 나폴레옹 보나파르트는 북아메리카에 프랑스 제국을 건설할 생각으로 스페인에게 미시시피 서쪽의 뉴올리언스와 루이지애나를 내놓게 했다. 그런데 유럽의 상황이 복잡해지자 나폴레옹은 마음을 바꿨고, 파리에 있던 제퍼슨의 공사는 미시시피 강에서 로키 산맥, 멕시코만에서 캐나다까지 이르는, 넓이 21만km²에 미국 영토를 두 배로 넓혀 줄 토지 매입을 제안 받았다.

헌법에는 더 이상의 영토 획득에 관한 조항이 없었지만, 제퍼슨 대통령은 이 거래가 국익에 필수적이라고 판단했으며, 의회의 반대에도 불구하고 사절단에게 제안을 수락하라는 명령을 내렸다. **RC**

◀ 루이지애나 매입 건으로 프랑스에 6,000만 프랑 지급을 승인한 서류.

1803년 9월 20일

# 에밋의 유산

**로버트 에밋의 처형에서 아일랜드 민족주의의 대의를 위한 순교자라는 전설이 탄생한다.**

모든 영웅은 대의가 필요하며, 모든 대의는 영웅이 필요하다. 9월 20일 로버트 에밋의 죽음은 아일랜드의 새로운 영웅을 탄생시켰다. 그의 대의는 아일랜드의 독립이었다. 에밋은 주도자형 인물은 아니었으며 형인 토머스 에밋의 그늘에 가려있었다. 토머스 에밋은 1801년의 합동법(이 법으로 아일랜드 의회가 폐지됨)의 원인이 된, 1798년의 '아일랜드인 연합' 봉기에 참여했다. 1803년 7월 23일 로버트 에밋이 일으킨 반란은 봉기라기보다 거리 투쟁에 가까웠다.

1803년 에밋은 때를 기다리며 무기를 비축하고, 혁명 중인 프랑스에서 지원이 오기를 기다렸으나, 무기고에서 폭발이 일어나자 즉시 행동할 수밖에 없었다. 그는 소수의 반란군 세력을 이끌고 지원군을 기다리며 더블린 성으로 갔다. 유일한 성과는 법원장인 킬워든 경과 그의 조카를 죽인 것이었다. 에밋은 붙들려 25세의 나이에 반역죄로 교수형에 처해졌다.

> "이제껏 아일랜드인이 했던 중 가장 기억에 남는 연설."
>
> **패트릭 피어스가 에밋이 재판에서 했던 연설에 대하여**

열 시간에 걸친 재판에서, 에밋은 아일랜드 민족주의 역사에 길이 남을 위대한 연설을 했다. 그는 누구도 자신의 비문을 쓰지 말 것을 요청했다. 그의 진정한 동기를 아는 이라면 감히 그것을 말로 표현하지 못할 것이기 때문이었다. "내 조국이 지상의 국가들 가운데 자기 자리를 차지하게 될 그 때, 오직 그 때에, 내 비문을 써 주시오." 그 순간 전설이 탄생했다. 1916년 부활절 봉기를 일으킨 패트릭 피어스를 비롯하여 훗날 많은 애국자들이 이 전설에서 힘을 얻었다. **RP**

# 철도 기관차

## 최초의 증기기관차가 철도의 확장을 예고한다.

리처드 트레비식은 많은 교육을 받지 못했지만 건축 공학에 많은 업적을 남겼다. 아버지가 주석 광산의 감독으로 있던 콘월 주 일로건에서 소년 시절을 보낼 때 회전식 기어와 증기기관에 열중한 덕택이었다. 자신도 광산 기사가 된 그는 더 큰 동력을 생산할 수 있는 '고압증기'를 이용하여 제임스 와트의 압축식 증기기관을 개량했다. 1801년, 그는 세계 최초의 자체 추진식 승객 수송 차량인 기관차의 모델을 제작했다. 이것은 울퉁불퉁한 길에서 전복됐으나, 그는 또 다른 버전을 만들었다. 그의 가장 훌륭한 업적은 1804년 2월 21일에 공개된 최초의 철도 기관차였다.

> "우리는 기관차에 철 10톤, 화차 5대, 사람 70명을 태우고 운반했다."
>
> **리처트 트레비식의 편지, 1804년**

홈프레이의 철공소에서 이미 설계에 맞는 엔진을 제작 중이던 트레비식은 기관차를 완성해 웨일스의 페니대런 선로에서 시험했다. 이 기관차는 10t의 화물을 끌 수 있었고 거의 14km에 걸쳐 70명을 운송할 수 있었다. 트레비식 덕분에 이제 증기기관차의 활약이 시작된 것이다. 기관차는 자체의 무게에 의해 선로와 맞물렸으며, 피스톤은 바퀴에 연결돼 있었고, 배기가스는 바람을 일으켜 불이 더 거세게 타오르도록 했다.

트레비식은 발명으로 상업적인 이익을 전혀 얻지 못했고, 돈을 벌기 위해 런던에서 선전용 운행을 하는 처지로 전락했다. 그는 1816년 페루로 떠났다가 10년 후 영국으로 돌아와 증기기관을 이용한 수송을 확장하려 했다. 트레비식은 1833년 가난 속에서 죽었다. **RP**



# 나폴레옹 법전

## 프랑스에서 여러 법체계를 혼합한 『나폴레옹 법전』이 시행된다.

1804년 3월의 새로운 민법전은 2,281개 이상의 법조문을 담고 있었으며 어떤 나라의 민법보다 앞선 최초의 성문법 제정이었다. 나폴레옹의 감독 아래, 최고 행정 법원의 논의를 거쳐 프랑스 변호사들이 편찬에 임했으며, 결국 프랑스 황제의 이름을 제목에 달게 되었다. 나폴레옹 법전은 혁명 사상과 앙시앙 레짐(구체제) 간의 절충안으로, 혁명의 산물인 합리주의와 과거의 권위주의적인 규율을 하나로 뒤섞었다. 법전은 최근에 선포된 봉건제 폐지를 재확인했고 사유 재산을 지닌 이들에게는 확실한 자격 증서를 부여했다. 또한 장자가 모든 것을 상속받는 것이 아니라 남자 상속인끼리 재산을 나눠 갖는다는 혁명 때의 원칙을 그대로 따랐다. 그러나 여성에게는 부차적인 지위만을 부여했으며, 자녀가 20대가 되기 전까지는 부모가 자녀의 결혼을 막을 수 있게 허락했고, 노동조합을 금지했으며, 프랑스 식민지에 노예제도를 재도입했고, 노동자가 경찰의 감시를 받도록 했다.

> "남편은 자기 아내를 보호할 의무가 있으며, 아내는 복종할 의무가 있다."
>
> **민법 제213조, 1804년**

혁명 이전에는 프랑스에 단일한 사법 체계가 없었다. 북부에서는 관습법이, 남부에서는 로마법이 우세했다. 혁명 때 1만 4,400개라는 방대한 수의 새 법령이 도입되었으므로, 이를 반드시 집대성해야 했다. 새로운 민법전은 프랑스가 명확한 법률에 의해 통치되고 있음을 의미했다. 차후에 상법전과 형법전도 편찬됐지만, 전 유럽에 걸쳐 가장 막대한 영향을 끼친 것은 나폴레옹 법전이었다. **RP**

# 나폴레옹의 대관식

이 단신의 장군을 우뚝 선 반신(半神)적인 인물로 보이게 하기 위해, 나폴레옹의 장엄하고 화려한 대관식에는 비용이 아낌없이 들어간다.

그 무엇도 운에 맡길 수는 없었다. 1804년 12월 2일 나폴레옹의 대관식을 위해서라면 비용 따위는 걸림돌이 아니었다. 오텔 데 쟁발리드의 교회당이 너무 작았기 때문에, 대관식 장소로는 노트르담 성당이 선정되었다. 주변 건물 중 마음에 차지 않는 것은 모두 허물었다. 성당이 충분히 웅장하지 않았으므로 서쪽 프론트를 모조 고딕 양식으로 증축해 덮었고, 내부의 성가대 칸막이와 두 개의 제단을 치우고 대신 위풍당당한 중앙 무대를 세웠다. 마차와 의상도 새로 제작했고, 엑스라샤펠 소장의 샤를마뉴의 칼을 비롯하여 왕권을 상징하는 가장 훌륭한 유물들을 구해왔다.

물론 장애물도 있었다. 교황 비오 8세는 나폴레옹과 조제핀이 대관식 전에 성당에서 결혼식을 올려야 한다고 고집했고, 나폴레옹은 교황에게 왕관을 받는다는 점, 선서를 하여 자신이 교황권에 의존한다는 것을 강조하게 되는 점, 미사 중에 영성체를 받는다는 점 때문에 주저했다. 그는 '독실한 가톨릭교도'가 되지는 않을 작정이었다. 그러나 대관식은 엄숙하고 웅장했으며, 특히 나폴레옹이 왕관을 스스로의 머리에 얹는 순간은 절정이었다. 이렇게 해서 프랑스의 제1통령은 황제가 되었다.

대관식은 굉장한 선전 효과를 거두었다. 나폴레옹은 자크-루이 다비드에게 대관식을 미화하여 그려 달라고 주문했다. 그림에서 나폴레옹은 실제보다 키가 더 커 보인다. 그는 조제핀의 머리에 두 번째 왕관을 씌워 주는 모습이지만 실제 이런 일은 없었다. 교황은 오른손을 들어 축복을 내리고 있지만 실제로는 그러지 않았다. 이 코르시카인은 이제 초인적인 인물이 되었으며, 권력은 그를 도취시켰다. 10년 후 나폴레옹이 몰락함으로써, 오만에는 파멸이 따른다는 말은 여지없이 들어 맞았다. **RP**

프랑수아 제라르의 〈대관식 예복을 입은 나폴레옹〉(1804년), 프랑스 파리의 루브르 박물관 소장.

# 새로운 스타일의 음악

**베토벤의 「영웅」 교향곡 초연은 대중의 다양한 반응을 자아낸다.**

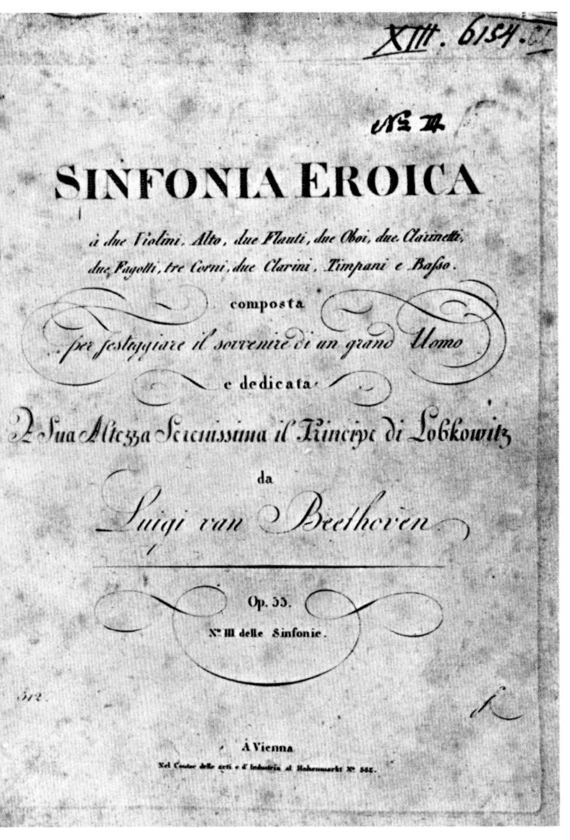


▲ 〈영웅 교향곡〉의 초판 표지에는 프란츠 요제프 막스 로프코비츠 공작에게 바치는 헌사가 있다.

"그러니까 그는 평범한 인간에 불과하군! … 이제 그는 폭군이 되겠군!"

**나폴레옹이 황제가 되었다는 소식을 듣고 베토벤이 한 말**

루트비히 판 베토벤의 「영웅」 교향곡(교향곡 제3번 내림마장조)에 친숙한 21세기 사람들은 1805년 4월 7일 빈 극장에서 이 곡이 최초로 대중 앞에서 연주되었을 때 사람들에게 안겨준 충격을 상상하기가 어려울 것이다. 그러나 이 곡의 길이, 구조, 감정적인 솔직함, 박력은 1805년 당시에는 매우 새로운 것이었다. 하이든의 교향곡과 비교하면 길이가 반 이상 길었으며, 이전 교향곡의 구조를 따르고 있기는 했지만 새로운 요소가 많았다. 특히 제3악장에서는 전통적인 조용하고 억제된 미뉴에트를 대신하는 활기찬 스케르초에서 에너지를 느낄 수 있고, 확장된 4악장은 하나의 테마와 그 변주곡들로 되어 있다. 그러나 궁극적으로 가장 강렬한 영향력을 선사한 악장은 확장된 장송 행진곡 형식의 2악장으로, 이는 그때까지 어떤 교향악에서도 찾아볼 수 없는 것이었다. 직접 첫 공연을 지휘했던 베토벤은 의식적으로 완전히 새로운 스타일의 음악을 창조하려 했던 것이다.

「영웅」은 원래 프랑스 제1통령 나폴레옹 보나파르트에게 헌정하려 했던 작품이었다. 베토벤은 유럽의 개혁과 변화의 주도자로서 그를 존경했다. 그러나 나폴레옹이 스스로 황제의 지위에 오르자 베토벤은 몹시 화가 나 헌사가 적힌 제목면을 찢어 버리고 교향곡을 "위대한 이에 대한 추억"에 재헌정했다고 한다. 그는 이 작품을 「영웅 교향곡」이라는 제목으로 발표했다.

이 독창적이고 힘이 넘치는 작품에 대한 빈 청중들의 반응은 다양했다. 환호를 보낸 이들도 있었던 반면, 과장된 넌센스라 여기는 이들도 있었다. 「영웅」은 곧 걸작이라는 평을 받았으며, 프랑스혁명 이후의 정치적 · 사회적 대변동을 반영하는 예술계의 새로운 사조인 낭만주의 운동의 일부로 간주되었다. **NK**

# 트라팔가르 해전

**영국 해군력이 전 유럽 해군에 대해 우위를 떨친다.**

영국과 프랑스 간의 적대 관계가 재개된 1803년 이래, 영국 해군은 해상 지배권을 확실히 장악할 방도를 도모해 왔다. 특히 프랑스와 스페인의 연합으로 두 나라의 함대가 수적인 면에서 우월해졌기 때문이기도 했다. 영국이 우려하는 바는 양국의 연합 함대가 영불 해협을 집중 공격하여 프랑스가 영국 침략을 개시하지 않을까 하는 것이었다. 1805년 10월 21일 트라팔가르 해전의 승리는 이후 100년 동안 영국이 해상 지배권을 유지하는 계기가 되었다.

영국과 연합군의 함대는 스페인 남부 대서양 해안의 카디스 항구 근처인 트라팔가르 곶에서 마침내 맞섰다. 영국의 해군 제독 호레이쇼 넬슨은 이날의 교전을 계획해 왔다. 그에게는 결정적인 승부를 가져올 전술이 있었는데, 다만 그 전술에 따르면 적진에 접근하느라 맞받아 사격할 기회를 얻지 못한 채 적의 사격에 노출될 위험이 있었다. 넬슨은 전투 전에 함장들에게 "신호기를 볼 수도 완벽하게 이해할 수도 없는 상황에는, 모든 선장이 자신의 함선을 적의 배에 나란히 갖다댄다면 큰 잘못은 일어나지 않을 것이다" 라는 간략한 지시를 내려, 필요하다면 대형을 깰 것을 허락했다. 넬슨은 선박 조종과 포술 면에서 영국 함대가 더 뛰어나므로, 적군의 배가 수적으로 더 많다 해도 접근전에서 큰 타격을 입힐 수 있다는 사실을 알았다.

계획은 성공을 거두었다. 그날이 저물어갈 무렵 넬슨의 함대는 적의 배 한 척을 파괴하고 21척을 포획했으며, 영국군은 배 한 척의 손실도 입지 않았다. 그러나 예복 차림을 고집한 채 기함인 빅토리호에 있던 넬슨은 별 모양 훈장과 장식 때문에 쉽게 조준할 수 있는 표적이 되었고, 프랑스 전함 르두타블호 저격수의 총을 맞았다. 갑판 아래로 운반된 그는 승리를 거두었음을 알 때까지 숨이 붙어 있었다. 프랑스와 스페인 함대의 생존자들은 카디스로 돌아갔고, 프랑스 제독 빌뇌브는 나폴레옹 황제에게 보고하러 파리로 돌아가던 길에 미스터리한 상황에서 죽었다. **NK**

▲ 빌뇌브 제독의 기함이 침몰한 것은 프랑스 해군이 겪은 손실 중 일부에 불과했다.

"키스해주게, 하디.
이제 저는 만족합니다. 주여 감사합니다,
저는 제 임무를 다했습니다."

**넬슨이 죽기 전에 마지막으로 남긴 말**

# 미국 서쪽 해안의 탐험

루이스와 클라크 탐험대가 로키 산맥을 건너 여행하여 태평양에 도달한다.

대륙 횡단 탐험 중인 메리웨더 루이스 대위와 윌리엄 클라크를 그린 토머스 미켈 번햄의 그림.

1803년 루이지애나 매입이 낳은 첫 결과물 중 하나는 제퍼슨 대통령이 메리웨더 루이스에게 윌리엄 클라크와 함께 로키 산맥을 넘어 태평양까지 탐험대를 이끌고 가라는 임무를 맡긴 일이었다. 1805년 11월 7일, 루이스는 최초로 태평양을 목격했고 일지에 이렇게 썼다. "바다가 보인다! 오! 기쁘도다."

'탐험 부대'는 세인트루이스 근처에서 겨울을 보냈고, 1804년 5월, 대부분이 군인으로 이루어진 40명의 대원은 클라크의 흑인 하인과 루이스의 개 시맨과 더불어 출발하여 미주리 강을 따라 올라갔다. 클라크는 엉망인 철자로 날씨는 "부드러운 바람"이 불었다고 기록했다. 오늘날의 노스다코타에 해당하는 지역에서 만단족 인디언들과 겨울을 보낸 뒤, 그들은 직접 통나무 속을 파내 카누를 만들고 쇼쇼니족 여인을 안내원으로 삼아 로키 산맥을 헤치고 클리어워터, 스네이크, 컬럼비아 강을 따라 나아가 오리건 주와 태평양에 도달하여, 오늘날의 애스토리아 근처에 요새를 짓고 다음 겨울을 보냈다. 탐험대는 1806년 3월에 돌아오는 여정을 시작했고 세인트루이스에서 영웅으로 환영받았다.

제퍼슨은 루이스와 클라크에게 여행했던 지역에 대해 기록할 수 있는 것은 모두 기록하라고 지시한 바 있었다. 그들은 그 말에 따랐고(비록 철자가 놀랄 만큼 엉터리였지만), 탐험지의 아메리카 원주민, 지리, 광물, 야생 생물에 대한 정보를 가져왔다. 탐험대는 회색곰을 발견했으며("가장 무시무시하게 생긴 동물") 미국이 서부를 점령하게 되는 기틀을 닦았다. 루이스는 1809년 35세의 나이로 죽었는데, 자살이었던 것 같다. 클라크는 미주리 주의 주지사가 되었고 1838년 68세로 죽었다. **RC**

# 아우스터리츠 전투

나폴레옹 보나파르트 황제가 오스트리아와 러시아 황제에게 패배를 안긴다.

▲ 〈아우스터리츠 전투 후의 나폴레옹과 프란츠 황제〉(1806~1812년), 앙투안 장 그로.

1805년 12월 2일 아우스터리츠를 비추는 아침 햇빛 속에서, 니콜라 술트가 지휘하는 나폴레옹의 보병대는 프라첸 고원으로 돌격했고 전장의 주도권을 잡았다. 수적으로 불리한 프랑스군은 새벽부터 오스트리아와 러시아 제국 군대에 굳건히 맞서 왔으나, 이제 고원 위에서 공격을 퍼붓게 되자 전세는 역전됐다. 러시아와 오스트리아군 2만 명 이상이 사망한 데다가 포로로 잡힌 수도 2만이었다. 러시아와 오스트리아 황제들은 이제 정치적·군사적으로 유럽을 지배하게 된 나폴레옹을 찾아와 평화 협정을 맺어야 했다. 프로이센 왕만이 아직 정복당하지 않은 채 불안에 휩싸여 있었고, 영국은 해상에서는 승승장구했지만 동맹국 없이는 무력했다. 영국 총리 윌리엄 피트가 조직한 대(對)프랑스 동맹은 무너졌다. 12월 26일, 오스트리아는 프레스부르크에서 굴욕적인 평화 조약을 승인했고 러시아군은 오스트리아 영토를 떠나 고국으로 돌아갔다.

근대의 가장 혁혁한 군사적 성과인 이 전투에서, 나폴레옹은 영불해협 해안에서 영국 침공을 위해 준비를 갖추고 있던 '대육군' 부대를 독일 남부로 진격시켰다. 그는 울름에서 오스트리아 군사 3만 명을 사로잡은 뒤 오스트리아를 침략하여 끝내는 연합군의 더 큰 세력을 패배시켰다. 이처럼 나폴레옹의 탁월한 군사적 기량은 유럽을 매혹시켰다. 나폴레옹은 유럽 대륙의 진정한 지배자였으며 그의 군대는 최고의 찬사를 받았다. 이탈리아, 독일, 네덜란드에 새로운 왕국을 건설해 형제들에게 나눠 주면서, 그는 유럽의 지도를 다시 그리기 시작했다. **NK**

# 자유의 현장

영국이 대영제국 내에서 노예무역을 법으로 금하나, 노예제도 자체는 여전히 합법으로 남는다.

▲ 대서양 횡단 노예무역이 불법으로 선포되자 잉글랜드 윌트셔의 워턴 배셋에서 기념 행렬이 지나가고 있다.

영국 내 여론이 고조되고 있었으므로 노예무역 폐지는 금방이라도 이루어질 것 같았다. 2년 전에 법안이 하원을 통과했으나 상원에서 이를 막았다. 1807년인 지금, 총리 그렌빌 경은 노예무역이 "정의, 인간애, 올바른 정책의 원칙에 위배된다"고 주장했으며, 41 대 20으로 법안은 통과되었다. 노예무역 폐지령은 3월 25일에 제정되어(비록 노예제도 자체까지는 아니지만), 대영제국 전체에서 노예무역을 금지했다. 영국 배에 노예가 실려있는 것이 발각되면 한 명당 100파운드라는 벌금을 부과했다. 다른 동기도 작용했지만, 이러한 윤리적인 조치에는 보상이 따랐다. 프랑스 노예무역을 부활시킨 나폴레옹에 비해 영국이 윤리적으로 우위에 있음을 과시할 이상적인 기회였다.

1771년, 영국은 자국 내 노예제도를 사실상 폐지했다. 그러자 폐지론자들은 노예무역 자체를 목표로 삼았으며 개혁론자들은 정치적인 로비로 그 과정에 개입하는 술수를 익혔다. 윌리엄 윌버포스는 의회에 계속해서 이 안건을 제기했고 1807년 폐지령으로 끝내 성공을 거두었다. 그러나 이는 미국에서 강인한 육체의 남자 노예 가격이 네 배로 치솟는 등 예상치 못한 여파를 남겼다. 그 결과 일부 영국 함선 선장은 법을 어기고 무역을 계속하려는 유혹에 빠졌다. 배가 수색당할 위기에 놓이면 그들은 노예를 배 밖으로 집어던졌다. 따라서 1827년에는 노예무역이 해적 행위와 동등한 범죄로 선포되었으며 사형선고까지 받을 수 있는 중죄가 되었다. 그리고 1833년에 들어, 대영제국 전역에서 노예제도 자체가 불법이 되었다. **RP**

# 나폴레옹, 유럽의 지배자

러시아의 알렉산드르 황제가 유럽의 미래를 결정하기 위해 최강의 세력자 나폴레옹을 만난다.

▲ 19세기의 판화인 〈녜멘에서 나폴레옹과 차르 알렉산드르 1세의 만남〉.

1807년 6월 틸지트(리투아니아)의 네무나스(녜멘) 강 중간의 한 뗏목 위에서 이루어진 나폴레옹과 러시아 황제 알렉산드르 1세의 만남은 프랑스 황제의 권력이 유럽에서 절정에 달한 순간이었다.

나폴레옹은 이미 1805년 아우스터리츠에서 오스트리아를, 1806년 예나에서 프로이센을 무찔렀고, 이제는 프리틀란트에서 러시아군에 치욕을 안겨 주었다. 피레네 산맥과 이탈리아에서 발트해까지, 영불해협과 북해에서 러시아 국경까지, 그는 유럽의 지배자였다. 따라서 녜맨 강 위의 뗏목에 있는 막사 안에서, 두 황제는 예복을 갖춰 입은 호위병을 동반하고 유럽 대륙의 미래를 결정하기 위해 회담을 열었던 것이다. 알렉산드르는 프랑스가 유럽 국가들을 재조직한다는 데 동의했고, 영국을 경제적으로 봉쇄한다는 나폴레옹의 계획에도 협조하기로 했다. 그 대신 나폴레옹은 러시아가 오스만 제국과 싸울 때 지원하기로 했다.

이틀 후 프로이센과 또 한 차례의 조약을 맺었는데, 프로이센은 영토의 절반을 빼앗기고 군대의 수를 10만 명으로 제한당했다. 나폴레옹은 원했던 바를 모두 얻지는 못했다. 러시아와의 우애를 다지기 위해 그는 황후 조제핀과 이혼하고 알렉산드르의 여동생과 결혼하겠다고 제안했다. 그러나 이는 알렉산드르와 러시아 궁정에서 도저히 받아들일 수 없는 일이었다. 이때의 성공에는 장차 말썽을 일으킬 씨앗이 숨어 있었다. 프로이센에 굴욕을 안겨 줌으로써 나폴레옹은 화해할 수 없는 적을 만들었던 것이다. 러시아 측은 영국의 경제 봉쇄가 그리 내키지 않았다. 우호적인 관계는 오래 지속되지 않았고, 1812년 나폴레옹은 러시아를 상대할 유일한 방도는 침략과 정벌을 통해서라는 결단을 내렸다. **NK**

# 프랑스군이 마드리드에 입성하다

나폴레옹은 형 조제프 보나파르트를 왕위에 앉히기 위해 카를로스 4세와 페르난도 7세의 퇴위를 강요한다.

스페인은 혼란에 휩싸여 있었다. 스페인과 프랑스는 공식적으로 동맹국이었지만, 나폴레옹은 스페인의 카를로스 4세도 그의 총리 고도이도 믿지 않았다. 1807년에서 1808년에 걸친 겨울에 더 많은 프랑스 부대가 스페인 북부로 옮겨 왔고, 명목상으로는 포르투갈에 있는 군대를 지원하기 위해서라고 했지만 부대는 스페인에 그대로 머물렀다. 3월 19일 궁정 내란이 일어나 카를로스와 고도이는 쫓겨났고 카를로스의 아들 페르난도가 스페인 왕으로 선포되었다. 나폴레옹은 처남인 뮈라에게 마드리드에 입성할 것을 명했으며 3월 23일 뮈라는 군대를 이끌고 마드리드에 도달했다.

카를로스와 페르난도는 프랑스로 불려와 나폴레옹의 형 조제프 보나파르트에게 왕위를 내주고 물러나라는 명을 받았다. 5월 2일, 마드리드 주민은 프랑스군에 대항해 반란을 일으켰다. 뮈라 원수는 시민 소요를 어떻게 다루어야 할지 알고 있었다. 그는 폭력으로 반란을 진압했으며, 고야의 그림에는 이때의 에피소드가 생생하게 나와 있다. 페르난도 7세는 나폴레옹의 위협에 굴복하여 퇴위했으며 조제프 보나파르트는 스페인의 왕이 되었다.

5월 25일, 스페인 북서쪽 구석의 아스투리아스 공국은 프랑스 침략군에게 전쟁을 선포했고, 갈리치아, 에스트레마두라, 카스티야, 아라곤, 안달루시아 주도 뒤따랐다. 바일렌에서는 프랑스군 약 1만 7,000명이 반란군에 항복했다. 조제프 왕은 겁에 질려 마드리드에서 달아났다. 마드리드와 대도시에서는 프랑스가 지배권을 되찾았지만, 스페인 국민은 나폴레옹과 프랑스 군인의 지배를 결코 용납하지 않았다. **NK**

▶ 폴 지라르데(1819~1880년)의 그림으로 제작한 목판화 〈마드리드의 봉기〉의 부분.

◀ 〈1808년 5월 3일 마드리드 수비군의 처형〉, 프란시스코 고야의 1814년 작.

1811년 3월 1일

# 맘루크의 살해

**메흐메트 알리가 경쟁자들을 처단하여 주권을 확고히 한다.**

나폴레옹이 맘루크(Mamluk, 이슬람 노예 군인)들을 패배시킨 결과로 생긴 이집트의 권력 공백은 메흐메트 알리—오스만 제국을 섬기던 알바니아 출신의 군인—가 최고권을 쥐는 기회가 됐다. 그는 프랑스군의 잔당을 소탕한 뒤 오스만 제국 궁정으로부터 공식적으로 세력을 인정받아 1805년 이집트 총독이 되었다. 알리는 맘루크와의 휴전을 선언하며 1811년 3월 1일 아라비아에서 연회를 베풀어 맘루크 아미르들을 초청해 그들을 죽이도록 했다. 이러한 살육은 비난을 받았지만, 알리는 이집트의 지배자가 되는 데 성공했으며 한 왕조가 새로운 왕조로 교체되는 계기가 되었다.

> "사실상,
> 그 날의 혼란과 공포는 말로
> 표현할 수 없다."
>
> 『조반니 피나티의 삶과 모험』, 1830년

알리는 기나긴 재위 기간의 나머지에 걸쳐 주권을 확장하는 데 힘썼다. 그는 이집트의 주요 산물인 면화를 개인 독점 품목으로 만들었고, 도로와 조선소를 지었으며 국립학교와 병원을 도입했고 이집트의 농업 인구를 군에 징병했다. 그의 아들들은 시리아를 정벌하고 오스만 칼리프 제국을 위협했는데, 1839년 런던 협약이 이집트 전역에 대한 알리의 세습 지배를 인정함으로써 평화가 찾아왔다. 말년에 알리는 점점 노망이 들어 편집증 증세를 보였고, 이는 재정의 혼란으로 이어졌다. 1849년 8월 2일 알리가 죽은 이후 조카 아바스가 뒤를 이었다. 알리가 세운 왕조는 영국의 보호를 받으며 1953년 나세르의 공화국 혁명이 일어날 때까지 100년간 이집트를 다스렸다. **NJ**

1812년 6월 24일

# 최후의 도박

**나폴레옹은 러시아를 침공하지만, 수가 크게 줄어든 군사를 데리고 퇴각한다.**

1807년 틸지트 조약이 깨지면서, 나폴레옹은 자신의 가장 끈질긴 숙적인 영국과 벌이고 있는 경제 전쟁에 러시아 제국을 확실히 동참시키려면 전쟁을 벌여 패배시켜야 한다고 결심했다. 1812년 6월 24일, 나폴레옹의 군대는 러시아와의 국경인 네멘 강을 건너 모스크바로 향했다.

약 69만 명으로 이루어진 이 군대는 나폴레옹이 이끌었던 군대 중 가장 규모가 컸다. 군인들은 주로 프랑스인이었으며, 공작이자 원수인 포니아토프스키가 이끄는 9만 명의 폴란드군과 슈바르첸베르크 공이 이끄는 3만 5,000명의 오스트리아군 등 다른 나라 군대도 있었다. 프랑스 황제는 다부, 네, 술트 원수를 비롯해 가장 전공이 크고 노련한 장군들을 데리고 있었다.

> "… 척탄병들은 그를 힐끗
> 바라보았다 … '카이사르여, 곧 죽을
> 이들이 그대에게 경례를 바칩니다.'"
>
> 하인리히 하이네, 『여행기』

바클라이 드 톨리와 미하일 쿠투조프가 지휘하는 러시아군은 처음에는 후퇴하다가 프랑스군의 습격을 받았다. 두 장군은 러시아군을 고스란히 보존하는 일이 무엇보다 중요하다는 사실과, 먼 거리와 식량 부족, 추운 날씨로 프랑스군이 쓰러지리라는 것을 알고 있었다. 9월의 보로디노 전투에서는 이렇다 할 승패가 나지 않았고, 나폴레옹은 모스크바에 진입했지만 러시아로부터 항복 제의나 협상을 이끌어내지 못했다. 모스크바가 불타자 나폴레옹은 식량 부족, 질병, 기상 악화로 철수할 수밖에 없었다. 12월에 그와 함께 순조로이 러시아를 떠난 군사는 고작 2만 2,000명 뿐이었다. **NK**

# 보로디노 전투

전투의 희생은 컸지만 승패가 나지 않아, 나폴레옹은 러시아군을 쓰러뜨리지 못한다.

▲ 프란츠 루보의 〈보로디노 전투〉(1913년), 러시아 상트페테르부르크의 국립 중앙 무기 박물관 소장품의 일부.

1812년, 미하일 쿠투조프 장군 휘하의 러시아군은 드디어 모스크바로 진군하는 프랑스 침략군과 전투를 벌였다. 그때까지 러시아군은 교전을 피해 왔지만, 보로디노는 수비에 유리한 지형이었으며 요새를 쌓아 포병대와 보병대가 몸을 숨길 수 있도록 방어를 강화할 수 있었다.

나폴레옹의 전투 계획은 치밀하지 못했다. 하루 종일 그는 자신의 병사들을 러시아 방어 전선으로 정면 돌격시키며 포병대로 하여금 이들을 지원하게 했다. 레프 톨스토이의 『전쟁과 평화』를 통해 유명해진, 요새를 차지하기 위한 이 전투는 프랑스와 러시아 양측에 수많은 사상자를 냈으며, 요새는 여러 차례에 걸쳐 양편이 번갈아 점령했다. 아침이 되어 구름을 뚫고 태양이 비추자 나폴레옹은 1805년 오스트리아를 상대로 거둔 대승을 상기시키며 "아우스터리츠의 태양이다"라고 외쳤다. 그러나 그때처럼 되지는 않았다. 그는 갈구하던 승리를 쟁취하지 못했다. 러시아군은 프랑스군을 남기고 전장을 떠났다. 쿠투조프의 군에서 5만 2천 명의 사상자가 났으며, 죽거나 부상 입은 장군도 22명이었다. 프랑스군도 장군 29명과 병사 2만 8천 명이라는 사상자가 발생했으므로 도저히 러시아군을 추격할 형편이 아니었다. 프랑스군이 추정한 바로는 대포를 6만 회 발사했고 머스킷 탄알을 200만 발 쏘았으며, 1분마다 양측에서 140명의 사상자가 발생했다.

이 전투는 나폴레옹의 전력 중 가장 치열한 전투였지만 이렇다 할 결과를 내지 못했으며, 프랑스는 모스크바로 계속 나아가다가 결국 4개월 전에 진격했던 길을 따라 독일로 퇴각했다. **NK**

# 비토리아 전투

웰링턴은 스페인을 통해 후퇴하는 나폴레옹의 군대를 추격해 격파한다.

존 어거스터스 앳킨슨의 〈비토리아 전투〉, 개인 소장.

비토리아 전투는 반도 전쟁의 마지막을 장식했다. 전 유럽에서 이 전투의 승리를 경축했다. 비토리아의 중앙 광장에는 "스페인의 독립"이라 새겨진 기념비가 섰다. 빈의 베토벤은 감동에 겨워 「웰링턴의 승리」라는 관현악 곡을 작곡했다.

나폴레옹의 제국은 점점 더 막중한 부담 아래 놓이게 되었으며, 1813년 러시아에서 퇴각하면서 그는 더 이상 스페인의 자원을 영국과의 싸움에 이용할 수 없게 되었다. 5년 후, 영국군은 스페인에서 프랑스 세력을 쫓아내기 위해 진격해 왔다. 나폴레옹의 형인 스페인 왕 조제프는 주르당 원수가 지휘하는 군대와 함께 약탈한 예술 작품과 보물을 지니고 마드리드를 떠나 프랑스와의 국경 가까이 북쪽으로 나아갔다.

조제프는 웰링턴에게 추격당하다가 피레네 산맥과 프랑스로 가는 길에 있는 비토리아 외곽에서 전투를 벌였고, 도시 바깥의 언덕에 군사를 호(弧)형으로 배치했다. 웰링턴은 3열 종대로 공격하여 적군의 중심부로 뚫고 들어갔다. 조제프의 군대는 패배하여 151대의 대포와 그때까지 모은 귀중품, 가구, 그림, 동전, 보석을 두고 달아났다. 100만 파운드 이상의 가치가 있는 물품들이었다. 영국군은 찾을 수 있는 것은 모조리 약탈했다(오늘날까지도 영국 기병대의 한 연대에서는 비토리아 전투에서 얻은, "황제"라는 별명이 붙은 그릇으로 술을 마신다—사실 이것은 조제프 왕의 은 요강이었다). 웰링턴은 질서를 회복하고 프랑스 국경을 향해 북쪽으로 나아갔으며, 영국군은 프랑스 땅으로 들어갔다. **NK**

# 나폴레옹의 종말

나폴레옹이 오랜 친구에게 배반당한 후 연합군이 파리에 입성한다.

◆ 〈파리 생드니 문 앞을 지나가는 연합 왕국 군대의 행렬〉. 중앙에 러시아 황제와 오스트리아 총사령관이 보인다.

1814년 3월 31일, 러시아 황제 알렉산드르 1세, 프로이센의 프리드리히 빌헬름 3세, 오스트리아 사령관 슈바르첸베르크와 그들이 각각 거느린 군대는 아무 저항도 받지 않고 프랑스의 수도에 입성했다. 한때 나폴레옹의 외무장관이었던 탈레랑 공작이 주요 관문을 내주었던 것이다.

나폴레옹의 형 조제프가 몽마르트르 언덕에서 지휘하던 도시 수비군은 마르몽 원수에게 뚫렸다. 나폴레옹의 가장 오래된 전우이자 사관학교 시절 친구였던 마르몽은 연합군 사령관들과의 비밀 협약을 통해 자신의 군사를 포위당하기 쉽고 항복할 수밖에 없는 위치로 옮기겠다고 미리 약속했다. 나폴레옹은 침략군을 상대로 뛰어난 전투를 벌였다. 그러나 자신이 파리 남부 퐁텐블로의 성에서 앞으로의 작전을 조직하는 동안 수도로 직접 진격하는 러시아, 프로이센, 오스트리아군을 막을 수는 없었다. 사령관들이 더 이상 자신에게 충성을 다하지 않는다는 사실을 깨달은 나폴레옹은 근위대에 작별을 고하고 4월 6일 왕위에서 물러났다. 그는 로마의 왕인 자기 아들이 뒤를 잇기 바랐지만, 연합군 정부에서는 부르봉 왕가를 복위시키기로 결정하여 1793년 참수당한 왕의 동생 루이 18세가 왕위를 이었다.

프로이센군 사령관 블뤼허는 프랑스의 수도에 앙갚음하는 의미로 나폴레옹이 1807년 프로이센을 상대로 거둔 승리를 기념하는 이에나 다리를 부수고 싶은 마음이 굴뚝같았지만, 주위의 만류로 단념했다. **NK**

# 영국이 미국을 침략하다

영국의 워싱턴과 볼티모어 공격에서 영감을 받아 「성조기여 영원하라」라는 시가 탄생한다.

영국이 워싱턴을 습격하면서 불길이 백악관을 집어삼키고 있는 장면이 뒤에 보인다.

영국 해군이 미국 통상을 방해하며 미국 배를 나포하고 선원들을 탄압하여 발발한 1812년의 영-미 전쟁은 유럽을 집어삼킨 나폴레옹 전쟁에서 비롯되었다. 1813년, 미국은 캐나다를 침략하여 토론토의 공공건물을 불태웠다. 이에 대한 보복으로 영국은 1814년 체서피크 만을 통해 4천 명의 군사를 상륙시켜, 당시 인구 8천 명의 소도시였던 미국의 수도 워싱턴을 파괴했다.

얼마 안 되는 수비군은 도시 밖의 블랜덴스버그에 흩어져 있었으며 그중에는 메디슨 대통령도 있었다. 그는 아내인 돌리에게 긴급한 전갈을 보내 대통령 관저(백악관이라는 이름은 후에 붙었다)에서 피하라고 전해야 했다. 그녀는 길버트 스튜어트가 그린 조지 워싱턴의 초상화를 소중하게 챙겼고, 들이닥친 영국군은 테이블에 성대한 만찬이 차려진 데다가 고기가 익어가고 훌륭한 와인이 준비되어 있음을 발견했다. 그들은 관저에 불을 지르기 전에 우선 앉아서 행복하게 식사를 즐겼다.

영국군은 국회의사당과 재무부 건물을 비롯한 공공건물에 불을 질러 잿더미로 만들었다. 목격자인 조지 글레이그는 "불타오르는 주택과 배, 상점들, 탄약고가 폭발하는 폭음, 그리고 지붕이 무너지는 굉음"이 들렸다고 서술했다. 영국은 미국의 사기를 꺾지 못했다. 얼마 후 벌어진 볼티모어의 전투에서는 영국군 사령관 로버트 로스가 전사했고, 볼티모어의 요새 방어가 성공적으로 끝난 데서 영감을 얻어 프랜시스 스코트 키는 「성조기여 영원하라」를 썼다. 1815년에 전쟁이 끝났을 때 미국은 그 어느 때보다도 공고한 단합을 자랑했다. **RC**

# 나폴레옹 엘바 섬에서 탈출하다

황제는 엘바 섬의 감시병을 피해 프랑스로 돌아온다.

〈엘바 섬에서 나폴레옹의 귀환(1815년 3월 1일의 칸 상륙)〉, 카를 폰 슈토이벤(1788~1856년)의 1818년 작.

1814년 4월 나폴레옹이 퇴위한 이후, 연합 정부는 그를 엘바 섬으로 유배 보냈다. 그는 '황제'라는 칭호를 그대로 유지했으며, 오스트리아와 프랑스인들이 엄중히 감시하는 가운데 자신의 자그마한 영지를 다스렸다. 그러나 학교며 병원을 세우고 1만 2,000명의 인구를 위해 물 공급을 개선하는 일은 그의 지성과 정력에 만족을 주지 못했다. 복위한 부르봉 군주제 아래서 프랑스가 불안정을 겪고 있음을 알았던 그는 프랑스로 돌아가겠다는 결단을 내렸다. 2월 26일, 그는 감시병을 피해 배에 올라탔고 영국 해군의 틈을 무사히 빠져나와 프랑스 해안으로 향해 프레쥐에 상륙했다.

그의 상륙은 저항 받지 않았다. 체포하라고 파견한 첫 군사들은 나폴레옹의 편에 섰고, 프랑스 북쪽으로 나아가는 곳마다 점점 더 많은 지지자들이 몰려들었다. 황제군의 뛰어난 군인 중 하나였으며 돌아온 부르봉 왕가의 루이 18세를 섬기던 미셸 네 원수는 나폴레옹을 철창에 넣어 파리로 데려오겠다고 약속했다. 자신의 군사들이 복위한 왕보다 폐위된 황제에게 더 충성스럽다는 사실을 깨닫자, 그 역시 옛 지도자의 편에 섰다. 3월 20일, 나폴레옹 황제는 튈르리 궁전에서 잠을 잤다. 루이 18세는 벨기에로 달아난 후였다.

황제는 100일 동안 다시 프랑스를 통치했으나 결국 워털루에서 웰링턴 공작에게 패했다. 그는 잉글랜드에 머물 수 있기를 바라며 영국의 보호를 요청했으나, 그 대신 자신이 여생을 남대서양의 황량하고 가까이 가기 힘든 외딴 섬 세인트헬레나에서 보내도록 결정되었음을 알게 되었다. **NK**

# 빈회의 종결

나폴레옹의 정복자들이 전후 유럽의 향후 체계를 정립한다.

◆ 〈여우와 거위, 혹은 탈출한 보니(영국에서 부른 나폴레옹의 별명—옮긴이)〉, 빈 회의와 나폴레옹의 엘바 섬 탈출을 그린 1815년 만평.

1814년 11월 빈회의가 시작됐을 때, 나폴레옹은 엘바 섬에 유배되어 있었으며 프랑스군은 유럽의 다른 국가에서 쫓겨났다. 영국, 러시아, 오스트리아, 프로이센이라는 네 열강의 우두머리는 빈에 모여 유럽 대륙의 재편을 논의했고 1793년부터 유럽을 뒤흔들었던 대소동이 재차 발생하는 일을 어떻게 막을 것인지 결정했다.

나폴레옹이 프랑스로 돌아와 있던 때인 1815년 6월 8일에 합의된 그들의 해결책은 매우 보수적이었다. 프랑스의 국경은 1792년 당시의 넓이로 돌아갔다. 나폴레옹이 세운 유럽의 새로운 국가—이탈리아 왕국, 라인 연방, 바르샤바 대공국—는 모두 무효가 되었다. 오스트리아, 프로이센, 러시아는 나폴레옹이 빼앗았던 중부 유럽과 이탈리아 지역을 되찾았다. 그러나 세 나라는 여전히 프랑스에 대한 불안을 느꼈고 프랑스와 국경을 맞댄 곳에는 강한 나라가 있어야 한다는 판단에서 북해 연안의 베네룩스(지금의 벨기에, 네덜란드, 룩셈부르크를 일컬음) 지방에 오스트리아가 다스리던 지역과 네덜란드 연방을 합쳐 네덜란드 왕이 통치하게 했다. 또한 300개에 달하던 독일 소공국의 수를 38개로 줄여 오스트리아와 프로이센의 주도하에 새로운 독일 연방을 형성했다. 빈회의의 결정 사항은 40년간 유럽의 평화를 보장했다. 그러나 빈회의는 보수주의와 정치적 합법성에 주안점을 두었기 때문에, 프랑스혁명 이후 격변의 세월 동안 표출되었던 혁명적이고 자유주의적인 충동을 모두 무시하고 말았다. **NK**

# 나폴레옹 워털루에서 패배하다

나폴레옹 황제가 마침내 웰링턴과 블뤼허 원수의 군대에게 패한다.

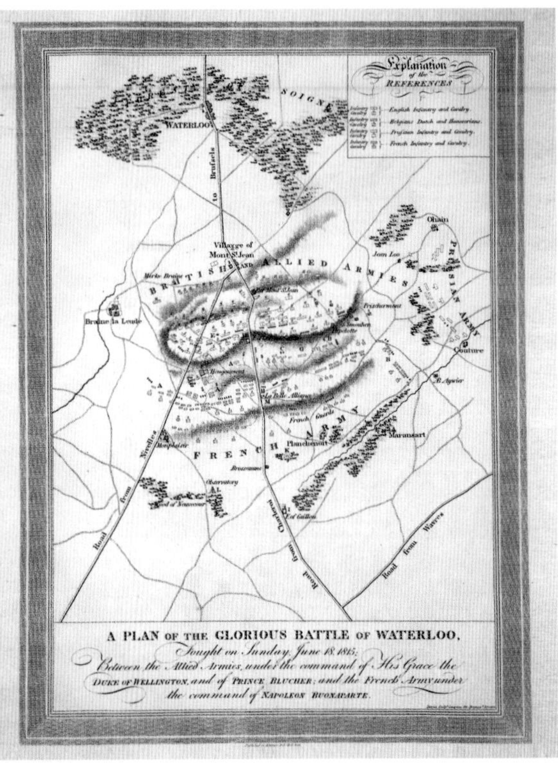


◆ 〈영광스런 워털루 전투의 지도〉, 최전선의 연합군 배치도를 그린 19세기 영국 판화.

▶ 데니스 다이턴(1792~1827년) 작 〈1815년 6월 18일 워털루 전투〉의 오른쪽 패널.

"정말 한 치 앞을 내다볼 수 없는 전투였다—살면서 볼 수 있을 가장 아슬아슬한 승부였다."

1815년 6월 19일 웰링턴이 자기 형제에게

1815년 6월 18일, 웰링턴 공작 아서 웰즐리는 브뤼셀로 진격하여 베네룩스 지역을 점령하려는 나폴레옹을 막기 위해 워털루 남쪽 생 장 산의 산마루에 영국, 벨기에, 네덜란드, 하노버 등 다양한 국적으로 이루어진 자신의 군대를 배치했다. 웰링턴은 수적으로 열세였으며 군인 중 일부는 자질이 의심스러웠다. 황제의 군대를 제압할 수 있을 만한 장소라고 미리 점찍어 두었던 이 산등성이에서 그는 프랑스군의 습격을 기다렸다.

엘바 섬에서 나폴레옹이 돌아오자, 그가 전에 거느렸던 군대와 사령관 대다수는 다시 한 번 이 강력한 지휘자의 편에 모여들었다. 그는 브뤼셀을 향해 신속히 진격해 카트르브라에서는 웰링턴의 군대를 밀어붙이고 리니 전투에서는 웰링턴 군대의 좌익에 있던 프로이센 부대를 물리쳤다.

전투 전날에 밤새도록 폭우가 내렸고, 나폴레옹은 아침나절이 되어 땅이 마를 때까지 공격을 연기했다. 그는 집중 포격을 가해 전투를 시작했고, 다음으로 보병대를 돌격시켰으며 마지막으로 영국군 진영을 향해 대규모 기병대를 투입했다. 영국군은 동맹군의 지원을 받아 가며 하루 종일 이 맹렬한 공격을 받아냈고, 대열을 유지하며 우구몽과 라 에이 생트라는 두 군데의 중요한 농장을 지켰다. 오후가 되자 라 에이 생트는 수비군의 탄약이 다 떨어져 함락되었고, 웰링턴의 대열은 무너질 것만 같았다. 이번에는 운명이 나폴레옹을 돕지 않았다. 교묘히 이동해 웰링턴을 돕게 된 블뤼허 원수의 프로이센군이 나폴레옹군의 좌익을 공격했다. 나폴레옹은 전장에서 적군을 몰아내기 위한 최후의 시도로 연합군 진영을 향해 가장 노련한 부하들이자 비장의 카드인 황제 근위대를 돌격시켰다. 그러나 영국군 머스킷 총 부대와 마주하자 근위대는 달아나 버렸다. 나폴레옹은 최후의 전투에서 패배했다. **NK**

1816년 7월 2일

# 메두사호의 공포

**테오도르 제리코가 바다에서 일어난 참사를 소재로 〈메두사호의 뗏목〉을 그린다.**

메두사호는 프리깃 전함을 개조한 프랑스 배로 1816년 세네갈의 생루이 항구를 차지하기 위해 네 척의 배를 이끌고 가는 중이었다. 나폴레옹이 워털루 전투에서 패배하여 부르봉 왕조가 복위했고, 메두사호의 선주 위그 드 쇼마리는 오래된 왕당파로 선박을 지휘해 본 적이 단 한 번도 없었다. 7월 2일, 쇼마리는 모래톱에 좌초했다.

지체 높은 승객들은 구명보트에 탑승할 수 있었지만, 150명의 다른 승객은 배의 목재를 엮어 만든 뗏목에 탔다. 쇼마리는 뗏목을 끌고 가겠다고 약속해 놓고는 줄을 끊어 사람들을 표류하게 했다. 그와 함께 있던 이들은 사하라 사막에 상륙해 구출됐다. 뗏목에 잔뜩 남겨진 불운한 이들은 가죽이며 천을 먹고 연명했으며 끝내 서로 잡아먹었다. 약한 자를 살육하고 인육을 먹는 일이 일상이 된 2주간의 끔찍한 고난을 거쳐, 15명의 생존자가 아르구스호에 의해 구출되었다. 메두사호 본선에서는 세 명의 생존자가 발견되었다.

> "우리는 미친 듯한 기쁨으로부터
> 깊은 낙담과 비탄으로
> 빠져들었다."
>
> **생존자 알렉상드르 코레아르**

제리코는 알렉상드르 코레아르와 앙리 사비니라는 두 명의 생존자가 전한 참상의 기록에 깊은 인상을 받아 작품 활동에 착수했다. 그는 시체 공시소의 시체며 육체 일부를 모델로 삼았다. 거대한 화폭에 끔찍한 장면을 낭만주의적 사실주의 화풍으로 담아낸 제리코의 작품은 1819년 파리 살롱에 전시되어 센세이션을 일으켰다. 제리코는 난파 사건을 테마로 삼아 부르봉 왕조의 보수적이고 무능한 본성을 고발하는 동시에 인간의 야만성에 대해 냉혹한 논평을 내렸다. **NJ**

1819년 8월 16일

# 피털루 대학살

**영국의 '피털루'는 노동 계급의 저항을 뜻하는 상징이 되었다.**

월요일이었던 그날, 6만 명 이상의 시민이 표어를 높이 들고 세인트 피터즈 필드에서 열린 항의 집회로 행진했다. 그들은 '웅변가'라는 별명을 가진 헨리 헌트로부터 열정적인 연설을 들으러 온 것이었는데, 헌트는 정부 당국이 "국민을 억압하고 국민의 비참함을 쥐어짜 약탈한 노획물로 먹고 살 생각밖에 하지 않는다"고 쓴 바 있었다. 전에도 비슷한 회합이 폭력적으로 끝난 적이 있었으므로, 치안 판사들은 기마 의용병을 파견해 헌트를 체포하도록 했다. 의용병이 문제에 휘말렸으므로 그들을 구출하기 위해 긴 칼을 든 기병대까지 파견됐다. 이 싸움에서 11명이 사망했고 400명 이상이 부상을 입었다.

> "기병대는
> 혼란 상태였고 … 잘려진
> 사지가 … 보였다."
>
> **새뮤얼 뱀퍼드, 『한 급진주의자의 행로』**

이 사건은 나폴레옹 전쟁으로 말미암은 경기 침체, 실업률 상승, 임금 하락 때문에 4년간 쌓인 영국 국민의 불만이 절정에 이른 것이었다. 총리 리버풀 경은 혁명 사상이 영불해협을 건너와 전파될까봐 걱정했다. 신경과민 상태의 정부가 학살을 허가한 것은 아니었으나, 이는 급진적인 움직임을 강력히 찍어 누르려는 정부의 의지를 반영한 사건이었다. 장관들은 치안판사의 행동에 축하를 보냈다. 헌트는 2년간 감옥에 갇혔고 정부는 공공 집회를 금지했다. 그러나 언론은 웰링턴이 1815년 워털루에서 영광스런 승리를 거둔 반면 리버풀 정부는 1819년 '피털루'에서 무장도 하지 않은 시민들을 상대로 불명예스러운 승리를 거둔 것이라 적었다. 피털루 대학살은 몇 십 년 동안 급진적 개혁을 논하는 주장의 근거가 되었다. **RP**

# '해방자'의 남아메리카 십자군

시몬 볼리바르가 콜롬비아에서 스페인과 왕당파 세력을 물리치고 그란콜롬비아 공화국을 선포한다.

1800년에 남아메리카 대부분은 스페인과 포르투갈이 지배하고 있었다. 두 나라가 모두 나폴레옹에게 점령당해 남아메리카 식민지와 단절되자, 이에 자극받아 정치적이고 경제적인 독립을 쟁취하려는 운동이 싹텄다. 나폴레옹의 몰락 이후 복권한 스페인 정권은 남아메리카 대륙에 대한 지배력을 다시 굳건히 하려 했다. 그 결과 해방 전쟁이 일어났으며 시몬 볼리바르는 이 전쟁의 주요 인물이었다.

'해방자' 볼리바르는 스페인 혈통의 부유한 베네수엘라 크리올 귀족으로, 외국에서 교육을 받고 1807년 20대에 남아메리카로 돌아와 스페인 통치에 대항해 전쟁을 일으켰다. 그는 스스로 베네수엘라의 최고 권자 자리를 차지했으나, 축출되어 카리브 해로 달아났다. 1819년 그는 군대를 이끌고 돌아와 콜롬비아의 스페인인들과 왕당파를 패배시켰다. 콜롬비아, 베네수엘라, 에콰도르(콜롬비아와 에콰도르가 여전히 스페인령이었다는 사실은 문서상에 불과한 것으로 간주됐다)로 이루어진 새로운 연방국인 그란콜롬비아 공화국에서 그는 스스로 사실상 독재자의 자리에 올랐다. 1820년 볼리바르와 부사령관 안토니오 호세 데 수크레는 왕당파를 무찌르고 베네수엘라와 에콰도르의 지배권을 잡았다. 뒤이어 그와 수크레는 페루와 볼리비아를 완전히 해방시켰다.

이후에 그란콜롬비아와 페루에 대한 볼리바르의 전제 독재는 반발을 불러일으켰고, 1828년에는 그를 노린 암살 미수가 있었으나, 그는 위기를 모면했다. 수크레는 1830년 암살당했다. 볼리바르의 건강은 나빠졌고, 그의 남아메리카 연방 계획은 실패로 돌아갔으며, 베네수엘라와 페루는 콜롬비아에서 떨어져 나갔다. 그는 1830년 결핵으로 47세의 나이에 사망했다. **RC**

▶ 군복을 입은 시몬 볼리바르(1783~1830년)의 초상화, 아르투로 미첼레나(1868~1898년).

# 미주리 주(州)가 노예제 합법주로 연방에 가입한다

'미주리 타협'으로 노예제 문제가 연방을 갈라놓을 위기는 넘기지만, 단지 문제를 한 세대 뒤로 미루었을 뿐이다.

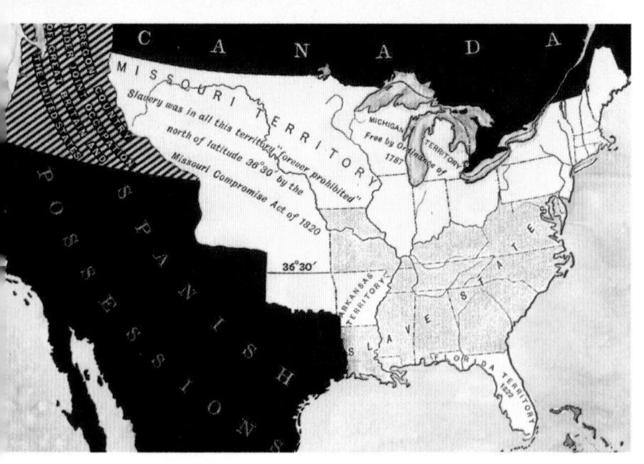


미국에서 노예제도는 처음부터 말썽 많은 문제였다. 1803년 루이지애나 매입으로 미시시피 강 서쪽의 광활한 영토에 정착민이 자리 잡게 되면서, 새로운 주(州)로 연방에 가입하게 된 지역에서 노예제도를 허락해야 하는가에 대한 논쟁을 일으켰다. 남부에서는 노예제를 원한 반면 북부에서는 노예제에 대한 반대가 격렬했는데, 시행하는 주가 많아지면 미국 전역에서 노예제도를 근절하는 방향으로 헌법을 수정하기가 더 어려워지기 때문이었다. 1819년에 연방의 22개 주 중 반수가 노예제도를 합법으로 인정했다.

그해에 미주리 주가 노예 주(노예제도가 합법인 주–옮긴이)로 연방에 가입하겠다고 신청했으며, 이는 북부의 노예제 폐지론자들의 분노를 샀다. 뉴욕 주의 하원 의원 제임스 탤매지는 미주리 주가 점진적인 해방 계획을 받아들인다는 조건 하에서만 가입을 승인하자고 제안했다. 의회는 격렬한 논란을 일으키며 갈라졌지만, 하원 대표자 헨리 클레이 덕분에 타협안에 도달했다. 미주리를 노예주로 받아들이는 대신 매사추세츠 북부를 새로운 자유 주인 메인으로 삼아 균형을 맞춘다는 해결책이었다. 또한 위도 36도 30분을 기준선으로 남쪽에 새로 생기는 주에서만 노예제를 허가하자는 안도 통과되었다. 장기적인 대책은 아니었지만, 당분간 평화를 유지할 수 있었다.

제임스 먼로 대통령은 이 타협안이 잘 될지 의심스러웠지만 연방의 분열을 막기 위해 승인했다. 1857년 대법원은 미주리 타협이 위헌이라는 판결을 내렸고, 이는 남북전쟁을 불가피하게 하는 데에 일조했다. **RC**

▶ 새뮤얼 오스굿(1808~1885년)이 그린 헨리 클레이(1777~1852년)의 1834년 초상화.

◀ 19세기의 미국 지도로, 미주리 타협으로 노예제가 확대되었음을 보여 준다.

# 새하얀 남부

**너새니얼 파머를 비롯해 많은 이들이 남극대륙을 처음 발견했다고 주장한다.**

파머랜드는 남극 대륙 본토를 최초로 발견했다고 주장한 여러 명 중 한 사람의 이름을 따 붙인 이름이다. 1819년 윌리엄 스미스가 이끄는 영국 배 윌리엄스호는 혼 곶에서 바람을 만나 남쪽으로 밀려갔고, 남극 본토 북쪽의 오늘날 사우스셰틀랜드 제도라고 알려진 섬들을 목격했다. 바다표범잡이 선장들은 이 땅에 관심을 가졌다. 이미 파타고니아와 포클랜드 제도에서 모피용 바다표범을 거의 멸종할 지경으로 잡아들인 탓에 새로운 사냥터가 필요했던 것이다. 미국과 영국 배들은 사우스셰틀랜드 바다를 돌아다니며 털가죽을 얻기 위해 수천 마리의 바다표범을 잡아 죽였다.

> "선생, 당신이 새로운 땅을 발견했으니 파머랜드라 이름 지읍시다."
>
> **벨링스하우센 제독이 파머를 만난 자리에서**

그러는 동안 영국 해군 본부에서는 에드워드 브랜스필드와 윌리엄 스미스를 보내 그 지역을 조사하도록 했고, 1820년 1월 거대한 남극 반도를 목격했다는 보고를 들었다. 러시아의 차르는 타데우스 벨링스하우센에게 두 척의 배를 보냈고, 그는 1821년 1월 남극 본토를 처음으로 목격했다고 주장했다. 2월에 러시아인들은 남극 반도 해안 앞바다에서 미국의 바다표범잡이 배 선장 너새니얼 파머와 마주쳤다. 그는 작년 11월 자신이 최초로 남극 본토를 발견했다고 주장했다. 1821년 잠시 동안이었지만 남극 본토에 최초로 발을 디딘 이들은 존 데이비스가 지휘하는 미국 바다표범잡이 배 세실리아호의 선원들이었을 것이다. 그러나 역사 속에서 최초의 발견으로 인정하는 것은 너새니얼 파머의 주장이다. **RC**



# 그리스 부활하다

**그리스의 독립 선언으로 10년 간의 전쟁이 일어난다.**

봉기의 진원점은 그리스가 아니라 오스만 제국이었다. 파트라이의 게르마노스 대주교가 하기아 라브라 성당(오늘날의 루마니아)에서 성모 마리아의 깃발을 쳐든 순간, 이는 모든 그리스인에게 투르크 지배자에 대항하여 반란을 일으킬 것을 호소하는 전설적인 외침이 되었다. 2월 22일, 필리키 에타이레이아(우애형제단)라는 러시아 남부 비밀단체 소속의 알렉산드로스 입실란티스가 3,000명을 데리고 프루트 강을 건넜으나, 오스만군에 패배했다. 더 많은 수가 모이지 않는다면 그리스 독립주의자들이 성공할 기회는 적었던 것이다. 이후 봉기는 펠레폰네소스 반도로 퍼져나갔고, 양측 모두 많은 이들이 죽은 후 투르크군은 해안의 요새로 물러났다. 그리스 독립 전쟁이 시작된 것이다.

> "이 세상은 과거로 지쳐 있으니 / 오 그것이 죽거나 끝내 정지하기를!"
>
> **퍼시 비시 셸리, 「헬라스」, 1822년**

1453년 오스만인들이 그리스를 지배한 이후 불만은 계속 증가해 왔다. 그러나 독립을 향한 요구는 미국 독립과 프랑스혁명의 영향을 받은 것이었다. 이는 단지 그리스인만을 향한 것이 아니라 전 유럽에서 지지자를 모으기 위한 호소였다. 1824년 오스만 술탄은 이집트의 파샤 메흐메트 알리에게 도움을 청했고, 알리의 아들 이브라힘은 연달아 대승을 거두었다. 기독교 동포가 학살됐다는 것 때문에 열강들이 개입하지 않았다면 그리스는 완전히 꺾였을 것이다. 1832년 크레타와 테살리아는 오스만이 지배하고 있었지만 그리스의 나머지 영토는 독립을 얻었다. 민족주의의 세기가 시작되고 있었다. **RP**

# 보나파르트의 태양이 지다

나폴레옹이 프랑스에 강력한 유산을 남긴 채 세인트헬레나 섬에서 죽는다.

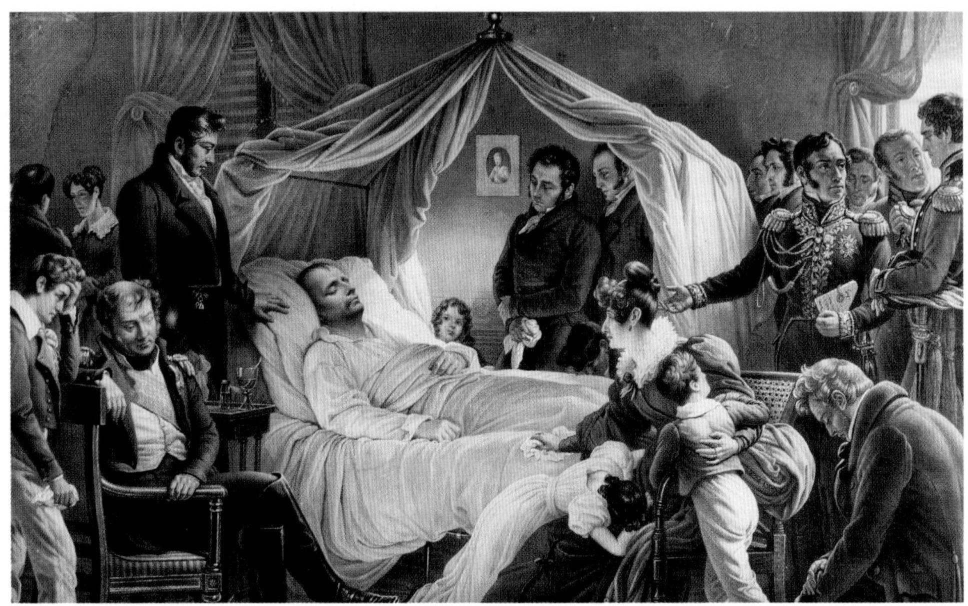

〈프랑스 황제, 나폴레옹 보나파르트(1769~1821년)의 죽음〉, 카를 폰 슈토이벤(1788~1856년)의 작품으로 제작한 판화.

"황제 만세!"라는 외침은 참으로 오랫동안 울려 왔고, 유배지인 세인트헬레나 섬에서도 나폴레옹은 다른 이들이 자신을 '황제'라 부를 것과 자신 앞에서는 서 있을 것을 고집했다. 유배에 처해졌음에도 그는 "전 세계가 우리를 주시하고 있다. 우리는 불멸의 대의의 순교자다"라고 말했다. 그러나 1821년 5월 5일이 되자 나폴레옹에게 남겨진 시간이 얼마 안 된다는 사실이 분명해졌다. 그는 유언장을 작성했고 여러 종류의 유산을 넣어 가며 고쳐 쓰곤 했는데, 그중에는 웰링턴 공작을 암살하는 이에게 500파운드를 남긴다는 조항도 있었다. 5월 1일 종부성사가 거행됐고, 나흘 후 그는 시체와 같은 상태가 되었다고 한다. 오후 5시 49분, 그는 네 차례 탄식하고는 숨을 거두었다.

5년 간의 세인트헬레나 섬 유배 생활은 나폴레옹의 삶이 밑바닥으로 떨어진 비참한 기간이었다. 아프리카에서 1,930km, 남아메리카에서 2,895km 떨어진 이 섬은 탈출이 불가능한 완벽한 감옥이었다. 그는 회고록을 집필했다. 회고록에서 그는 보수주의 체제와 싸우고 유럽 통합을 통해 평화를 모색했던 '인민의 황제'였다. 그러나 시간이 흘러갈수록 지루하고, 피로하고, 건강이 좋지 않아 침대에 눕는 시간이 길어졌다.

나폴레옹의 사인을 두고는 논란이 분분했다. 프랑스와 영국은 서로 그의 죽음을 상대방 탓으로 돌렸는데, 사실 둘 중 어디서도 위궤양이 악화되어 그가 죽음에 이르렀음을 진단하지 못했다. 유해는 이틀 동안 정장을 하고 안치되어 있다가 5월 9일 '제라늄 골짜기'에 묻혔다. 그의 유해가 프랑스로 돌아가 여러 차례 재안장되었음은 예측 가능한 일이었다. 프랑스가 이후로도 오랫동안 보나파르트의 이미지를 떨쳐 버리지 못했다는 것도 충분히 예측 가능한 일이었다. **RP**

# 페루의 새로운 시대

페루의 독립이 선포되지만, 전쟁은 3년간 지속된다.

◐ 〈1821년 7월 28일 페루 리마의 아르마스 광장에서 호세 데 산 마르틴이 페루의 독립을 선포하다〉, 작자 미상.

호세 데 산 마르틴은 스페인에서 훈련받은 아르헨티나 장군으로 1816년 아르헨티나를 스페인 지배에서 해방시켰으며 군대를 이끌고 안데스 산맥으로 가 칠레인인 동료 베르나르도 오이긴스와 합세해 칠레를 해방시켰다. 이러한 성과를 확고히 다지기 위해, 1820년 그는 흑인과 혼혈 메스티소로 이루어진 4,500명의 군사를 데리고 페루에서 스페인인들을 몰아내기 위해 북쪽으로 향했다.

산 마르틴은 피스코에 상륙해 페루의 수도 리마를 포위하기 위해 북쪽으로 행군했으나, 스페인의 지배에 익숙해 있던 페루의 유럽 혈통인 크리올로부터 거의 지원을 얻지 못했다. 그는 스페인 사령관 호세 데 라 세르나와 논의를 시작했지만 페루에 입헌군주국을 세우자는 문제를 두고 의견 일치를 보지 못했으며, 라 세르나는 리마를 떠나 쿠스코의 본부로 돌아갔다.

산 마르틴은 이제 리마를 점령할 수 있었고, 중앙 광장에서 행사를 개최해 페루의 독립을 엄숙하게 선포했다. 페루에서는 오늘날까지 이 날을 독립 기념일로 삼아 축하하고 있다. 그러나 페루가 마침내 독립을 확립하기까지는 시몬 볼리바르와 그의 오른팔 안토니오 호세 데 수크레가 지배계층인 크리올인들과 맞서 3년을 더 싸워야 했다. 이들은 스페인 왕당파로부터 연거푸 승리를 거두었다. 흑인과 원주민 인구의 이익을 향상시키려는 해방자들의 노력은 크리올인들의 저항에 부딪쳤다. 그러나 남아메리카 대륙에서 스페인 제국주의의 중심지였던 페루의 역사에 비추어 볼 때, 페루의 독립은 상징적으로 중요한 의미를 갖는다. **RC**

# 페드루 1세 리스본에 도전하다

페드루 1세가 국가적 자부심을 느끼는 독립국가 브라질의 황제가 된다.

▲ 장-밥티스트 드브레의 〈산타 아나 교외에서 페드루 1세를 향한 환호〉를 바탕으로 제작한 19세기 석판화.

브라질에서는 스페인령 남아메리카와 사뭇 다른 경로로 일이 진행되었다. 나폴레옹이 스페인과 포르투갈을 침략했을 때, 포르투갈의 실질적 지배자는 이후 주앙 6세가 되는 왕자로, 그는 정신이 온전치 못한 어머니 마리아 여왕을 대신해 섭정을 맡고 있었다. 1807년 그와 그의 가족은 포르투갈을 떠나 식민지인 브라질로 피신하여 리우데자네이루에 정착했다. 그들은 2,200만 파운드(오늘날로 치면 10억 파운드 이상)에 달하는 왕실 자금을 챙겼으며, 리우데자네이루는 세계 각지에 다양한 사람들이 모여든 도시가 되어 번영을 누렸다.

동 주앙은 브라질 국민 문화가 성장하도록 장려하고 바다 수영을 선보이는 등 영민하게 브라질의 국가적 자부심을 일깨웠으며, 1815년에는 새로이 포르투갈과 브라질 연합 왕국을 선포했다. 1816년 마리아 여왕이 사망했고, 1821년 주앙은 아들 페드루를 섭정으로 앉히고 자신은 왕위에 오르기 위해 포르투갈로 돌아갔다. 리스본의 포르투갈 의회는 브라질을 식민지의 지위로 되돌리기로 결의했으나, 페드루는 리스본이 요구하는 바대로 포르투갈로 돌아가기를 거절했다. 극적인 몸짓으로 칼을 휘두르며 그는 "독립이 아니면 죽음이다!"라고 외쳤고 곧 브라질 황제가 되었다.

그러나 연애 사건을 자주 벌였던 페드루는 인망을 잃었고, 1831년 다섯 살 난 아들 페드루 2세에게 제위를 내주고 퇴위해야만 했다. 페드루 2세는 섭정 통치 기간을 거친 9년 후에 브라질의 황제이자 종신 보호자로 선포되었다. 그의 재위 시기는 브라질 역사에서 가장 번영한 시기 중 하나였으나, 여론이 군주제에 반대하는 쪽으로 흘러가면서 1889년 브라질은 공화국이 되었다. **RC**

# 구세계와 신세계의 분리

먼로독트린은 미국 대외 정책의 성격을 규정하는 선언이 된다.

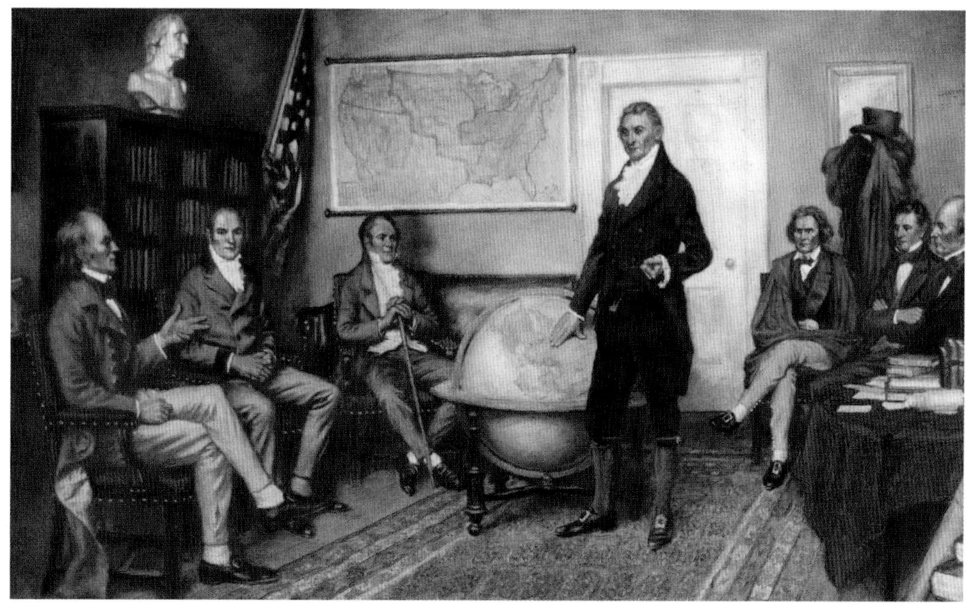

먼로독트린의 창안자들을 그린 클라이드 드 랜드의 1912년 그림.

제임스 먼로는 1817년부터 1825년까지의 미국 대통령이었다. 그는 국무장관 존 퀸시 애덤스와 긴밀하게 협조를 주고받으며 일했고, 둘 다 남아메리카의 독립운동에 동조했다. 1823년 남아메리카에 상업적 이익이 걸려 있던 영국 정부는 남아메리카에 대한 유럽 열강의 간섭에 대해 경고하는 영-미 공동선언을 하자고 제안했다. 그러나 애덤스는 "영국 전함의 뒤에 매여 끌려가는 작은 배가 되느니 단독 행동을 하라"고 먼로를 설득했다.

국회에 연두교서를 발표하는 자리에서, 먼로 대통령은 다음과 같이 선언했다. "아메리카 대륙은, 보유하고 또한 유지하고 있는 자유와 독립의 조건에 의해, 지금부터는 어떠한 유럽 열강이 더 이상의 식민지를 건설하려 하더라도 그 대상이 되지 않을 것이다."

그는 구세계의 정치 체제는 신세계와 다르며, 유럽 열강이 어떤 방식으로든 자신들의 체제를 아메리카 대륙에 까지 확장하려고 시도한다면 미국은 이를 "우리의 평화와 안전에 대한 위험"으로 간주하겠다고 말했다. 동시에, 미국은 현존하는 어떠한 유럽 식민지나 보호령에도 간섭하지 않을 것이며, 유럽의 정세에도 개입하지 않을 작정이었다. 먼로독트린은 19세기 말까지 거의 중요성을 띠지 못했다. 남아메리카의 독립을 지켜준 것은 미국이 아니라 영국 해군이었다. 그렇다고는 해도, 먼로 독트린에는 신세계의 패권을 쥐고자 하는 미국의 야심이 들어 있었다. **RC**

# 바이런 경의 죽음

영국 땅에서 배척당한 바이런은 투르크족을 내쫓고 그리스에 독립을 선사하겠다는 못다 이룬 꿈을 남긴 채 그리스에서 죽는다.

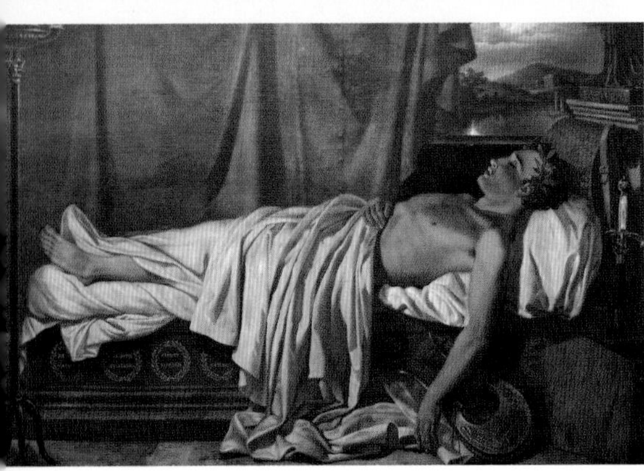

조국에서 그는 명성을 얻지 못했다. "미치고, 불량하고, 알고 지내기 위험한" 인물이라는 평판이 『차일드 해럴드의 여행』을 집필한 시인으로서의 명성을 가렸던 것이다. 결혼 생활이 파경을 맞고 근친상간을 저질렀다는 비난을 받은 이후 바이런은 1816년에 영국을 떠나 다시는 돌아가지 않았다. 유럽 대륙에서 그는 자유를 찾는 이들로부터 사랑받았으며, 1824년 1월 그리스의 메솔롱기온에 갔을 때는 열광적인 환영을 받았다. 그는 '바이런 여단'을 조직해 레판토 요새를 공격하고 투르크인들을 몰아낼 계획을 구상했다. 이는 바이런이 1810년 헬레스폰트 해협에서 수영을 즐길 때부터 지녔던 그리스의 독립에 대한 집념을 성취하기에 꼭 어울리는 수단이었다.

현실은 로맨스와 너무도 달랐다. 열광적인 반응을 보였던 이들은 대부분 선원이었는데, 바이런이 그들에게 임금을 주었기 때문에 환호한 것이었다. 게다가 지역 주민들은 서로 다툼을 멈추지 않아 투르크족과 맞서 단결하기에는 역부족이었다. 비는 끝도 없이 쏟아졌고, 바이런의 건강은 악화되었다. 몸 상태가 점차 악화됐는데, 분명 말라리아 때문이었을 것이다. 그는 발작적인 기침과 구토에 시달렸다. 의사들은 온전한 정신을 유지하게하는 유일한 방법으로 사혈(瀉血)요법을 행했지만 곧 바이런은 정신착란에 빠졌다. 4월 19일, 거머리가 빨게 한 머리의 자국에서 피를 흘리며 바이런은 숨을 거두었다. 세인트 폴 성당이나 웨스트민스터 사원에 그를 안치하고자 하는 요청은 거부됐다. 동료 낭만주의자들이 전하는 낭만적이고도 비극적인 최후는 바이런의 삶을 전설로 승화시키고 그리스 독립의 대의를 고취시키기에 부족함이 없었다. **RP**

▶ 제6대 바이런 남작 조지 고든 바이런의 1813년 초상화, 리처드 웨스톨(1765~1836년).

◀ 〈바이런 경의 죽음(1824년 4월 19일 메솔롱기온)〉, 조제프-드니 오데바에르(1778~1830년)의 1826년 작.

1824년 6월 17일

# 동물의 권리

## 영국에서 세계 최초의 동물 학대 방지 단체가 설립된다.

'휴머니티 딕'이라는 별명으로 알려진 리처드 마틴은 노동용 동물이 학대받고 끔찍한 환경에서 도살당하는 것을 걱정했다. 그는 투계처럼 동물을 유희에 이용하는 일을 비난하기도 했다. 아일랜드에 있는 8만 940ha 넓이의 땅을 비롯해 넉넉한 재산이 있었고, 의회 의원이자 조지 4세의 친구로 정치적인 영향력도 충분했으므로 마틴은 행동에 나설 수 있었다. 동물 학대를 규제하려는 예전의 법안이 실패했음에도 불구하고 1822년에 리처드 마틴의 가축 학대 방지법이 통과되었다. 그 후에는 아서 브룸 목사가 실행을 촉구하고 선전물을 발행하는 등 이 법을 집행하기 위해 지지자들을 모았으며, 1824년 6월 17일, 이들은 동물 학대 방지 협회를 창설했다. 노예제도 폐지론자 윌리엄 윌버포스도 그중 하나였다.

"문제는 '그들이 논리적으로 생각할 줄 아는가?' 나 '그들이 말할 줄 아는가?'가 아니라 '그들이 고통을 느끼는가?'다."

**제레미 벤담, 1789년**

협회는 곧 동물 학대를 자행하는 이들을 보고하고 고발하는 활동을 시작했다. 1930년대에 들어 검사관을 고용하게 되었고, 1835년에는 의회를 설득해 더 광범위한 학대 방지법을 통과시키도록 했다. 1840년 빅토리아 여왕이 협회를 후원했으며 '왕립 동물 학대 방지 협회'의 영향력은 영연방 전역으로 퍼져나갔다. 미국에서는 1830년대에 학대 방지 법안이 가결되었고, 1866년에는 헨리 버그가 미국 동물 학대 방지 협회를 설립했다. 이러한 단체는 동물의 권리를 인정하는 데 이정표 구실을 했다. **RP**

1825년 8월 6일

# 볼리비아의 독립

## 수많은 봉기를 거쳐 독립국가 볼리비아가 탄생한다.

시몬 볼리바르의 이름은 그 자신은 사라지길 바랐던 한 나라의 이름에 영원히 남게 되었다. 잉카인이 지배하던 볼리비아는 스페인에 정복당했고, 스페인은 포토시 광산에서 캐낸 은으로 막대한 부를 모았다. 스페인의 식민지인 페루의 일부였던 이 지역은 상(上) 페루라고 불렸다. 1800년대에 독립을 향한 움직임이 일어났고, 1809년에는 상 페루에서 반란이 일어났으나 스페인은 이를 가혹하게 진압했다. 반란군 지도자 페드로 도밍고 무리요는 교수형을 당했다.

이후 10년 동안 수많은 지방 봉기가 일어나 상 페루에는 오래 지속되지 못한 독립 공화국이 여럿 생겨났다. 1820년대, 시몬 볼리바르와 부관 안토니오 호세 데 수크레가 페루의 독립을 이루었다. 수크레는 볼리바르에게 상 페루는 자치를 원한다고 전했지만, 볼리바르는 남아메리카 연방을 원했다. 1825년 수크레는 상 페루의 미래를 결정하기 위해 의회를 소집했다.

"나는 죽을지 모르나, 내가 불타오르게 한 자유의 횃불은 결코 끌 수 없을 것이다."

**페드로 도밍고 무리요, 1809년**

게릴라 지도자 미겔 란사가 의장을 맡은 가운데 세 가지 가능성을 두고 논의가 진행됐다. 독립, 페루와의 연합, 아르헨티나와의 연합이었다. 독립에 45표, 페루와의 연합에 2표가 나왔으며 아르헨티나와의 연합을 원한 이는 아무도 없었다. 대표자들은 독립선언문에 서명했고, 새로운 나라가 존속하기를 바라며 볼리바르의 이름을 따 볼리비아라는 국명을 지었다. 그러나 1825년 이후 볼리비아는 이웃 국가들에게 영토를 빼앗겨 본래 영토의 반도 못 미치는 넓이로 줄어들었다. **RC**

# 철도광 시대 개막

스톡턴에서 달링턴까지 이르는 조지 스티븐슨의 선로는 최초의 성공적인 철도가 된다.

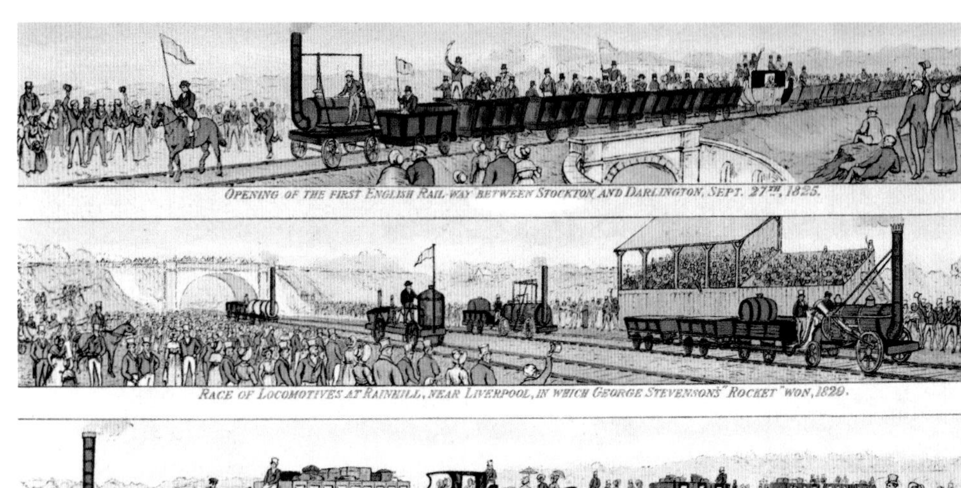

OPENING OF THE FIRST ENGLISH RAIL-WAY BETWEEN STOCKTON AND DARLINGTON, SEPT. 27TH, 1825.
RACE OF LOCOMOTIVES AT RAINHILL, NEAR LIVERPOOL, IN WHICH GEORGE STEVENSON'S "ROCKET" WON, 1829.
A FIRST-CLASS TRAIN ON THE LIVERPOOL AND MANCHESTER RAIL-WAY, 1833.


▲ 스톡턴-달링턴 철도 개막과 초기 기관차를 그린 19세기 영국 화파의 석판화.

말과 고정식 증기기관을 이용해, 잉글랜드 북동부 달링턴 근교의 탄광으로부터 40km 떨어진 스톡턴-온-티스의 항구까지 선로를 따라 화물차를 끌고 갈 수 있었는데, 이는 운하보다 비용이 적게 드는 운송 대안책이었다. 조지 스티븐슨을 고용해 이러한 일을 가능하게 했던 것은 사업가들의 계획이었다. 스티븐슨은 화물뿐 아니라 승객 수송도 해 보라고 조언했고, 1825년 선로가 개통되자 그는 직접 제작한 증기 기관차 '로커모션'을 운전했다. 이 기관차는 시속 8km의 속도로 75t의 무게를 끌 수 있었고 내리막길에서는 두 배 이상의 속도를 낼 수 있어 승객들에게 두려움을 안겨 주었다. 요금은 운하를 이용하는 것보다 3분의 1이나 저렴했다. 고장 나는 일이 잦아 말이 끌고 가야 할 때도 있었지만, 스티븐슨의 증기기관차는 25년 동안 사용되었고 스톡턴-달링턴은 최초의 상업 철도가 되었다.

스티븐슨은 전형적인 자수성가형 인물로, 8세 때부터 열심히 일을 했으며 엔지니어링에 대한 직관적인 지식이 있었다. 1812년에 그는 여러 탄갱에서 기계장치를 관리하는 '엔진 기술자'로 일하고 있었다. 그는 탄광용 안전등을 발명했으며 이후 최초의 증기기관차를 제작했다. 스티븐슨은 아들 로버트의 도움을 받아 가며 스톡턴-달링턴 선을 놓았는데, 부서지기 쉬운 주철 대신 연철(鍊鐵)을 이용해 선로를 제작했고 선로 규격을 1.43m로 정했다. 곧 이는 표준규격이 되었다. 영국 전역의 운하 회사와 역마차가 운임료를 인하했으나 철도를 당해내지 못했다. 바야흐로 철도광 시대가 개막을 앞두고 있었다. **RP**

# 전 대통령 두 명이 독립 기념일에 사망하다

## 전 미국 대통령 존 애덤스와 토머스 제퍼슨이 같은 날 죽는다.

존 트럼벌(1756~1843년)의 〈1776년 7월 4일, 독립 선언〉에 나온 미국 서명인단의 일부.

놀랄 만한 우연의 일치로, 미국의 제2대와 3대 대통령은 둘 다 50번째 독립 기념일에 사망했다. 미국 독립에 기여한 주요 인물인 매사추세츠 주의 존 애덤스는 조지 워싱턴때 부통령을 지냈으며 1797년부터 1801년까지는 대통령이었다. 토머스 제퍼슨은 애덤스 대통령을 강력히 비판하는 입장이었으나, 둘 다 정계를 은퇴한 뒤에는 다시 좋은 친구가 되었다. 애덤스는 80대까지 매우 원기 왕성한 건강을 자랑했다. 그는 아들인 존 퀸시 애덤스가 대통령이 되는 것을 지켜보았으며, 1826년 7월 4일 90세의 나이로 사망했다. 그의 마지막 말은 "토머스 제퍼슨이 나보다 오래 사는군"이었다.

제퍼슨이 오래 살기는 했지만, 아주 근소한 차이였다. 그는 1809년 은퇴하여 버지니아 주의 사랑하는 영지 몬티첼로로 돌아갔다. 아내인 마사(패티)는 1782년에 죽었는데, 임종의 자리에서 제퍼슨에게 재혼하지 말아 달라고 부탁했다. 그는 약속을 지켰으며, 딸 마사(팻시)가 아버지를 위해 가사를 돌보았다. 말년에 그는 전립선 비대증을 앓았으며 결장암인 듯한 증세도 보였고 빚에 시달렸다. 그는 복권 기금을 조성하여 몬티첼로를 지키려 노력했다.

7월 1일, 제퍼슨은 의식불명 상태에 빠졌으나 여러 차례 의식을 회복해 아직 독립 기념일이 되지 않았냐고 물었다. 7월 3일에 그는 종일 잠들어 있었지만, 저녁에는 의사에게 "4일인가요?" 라고 물었다. 의사는 잠들 수 있도록 평소 복용하던 분량의 아편을 주려 했으나 제퍼슨은 "아니오, 선생. 이제 더 이상은 됐소"라는 말로 거절했다. 그는 몇 번 더 의식을 회복했으나 다음 날 오후 1시 직전에 숨을 거두었다. 향년 83세였다. **RC**

# 최초의 사진

니에프스가 이미지를 정착시킬 수 있는 방법을 찾아 몇 년간 연구한 끝에 최초의 사진을 촬영한다.

▲ 니에프스가 프랑스 부르고뉴의 자기 집 창문 밖을 찍은, 세계 최초의 사진을 재현한 것.

19세기 초의 위대한 발명품 중 하나인 사진은 62세의 프랑스인 조제프 니세포르 니에프스의 발명품이었다. 그와 그의 형은 발명가로, 1798년에는 내연 기관으로 움직이는 보트 '피레올로포르'호를 개발했다. 1816년부터 니에프스는 카메라 옵스큐라를 이용해 얻은 이미지를 '정착'시키려고 노력했는데, 카메라 옵스큐라란 바늘구멍 사진기의 원리를 이용해 표면에 이미지를 맺히게 하는 장치로, 거울이나 렌즈를 이용하기도 했다. 그는 염화은으로 처리한 종이를 써서 창문 밖의 영상을 담아냈지만 이 음화(陰畵) 이미지는 햇빛에 노출되면 사라져 버리고 말았다.

니에프스는 양화(陽畵) 이미지를 제작할 수 있는 방법에 몰두했고, 1822년 유대산(産) 역청을 칠한 유리판이 빛과 반응하는 작용을 이용하여 판화 한 점을 종이 위에 밀착 인화하는 데 성공했다. 2년 후에는 카메라 옵스큐라를 이용해 최초의 영구적인 이미지를 제작했는데, 이는 여러 시간에 걸친 노출이 필요했다. 그는 사진용 감광판에 적절한 소재를 찾기 위해 여러 가지 소재로 실험했고 1827년 영국을 방문해 큐에 위치한 왕립 학회에서 백랍을 이용한 자신의 기술을 발표했다. 그 과정에 사용한 화학 물질을 밝히기를 원하지 않았기 때문에 상금을 타지는 못했다. 비슷한 시기에 창문에서 본 정경을 8시간의 노출을 거친 후 주석판에 에칭으로 새겨 성공적인 이미지를 제작해 냈으며, 이는 오늘날 세계 최초의 진정한 사진으로 평가받는다. 1829년부터 그는 루이 다게르와 함께 작업했다. 니에프스는 1833년 7월에 사망했고, 다게르는 연구를 계속해 1839년 다게레오타이프를 발명해 낸다. **PF**

# 나바리노 전투

유럽 연합 함대가 오스만 함대로부터 승리를 거두어 그리스에 독립을 가져다준다.

◐ 그리스 독립 전쟁의 일부였던 1827년 10월 20일 나바리노 전투의 묘사.

나폴레옹 실각 이후 유럽 정치인들이 취한 노선은 대외 관계에서나 국내 문제에서나 안정, 정통성, 질서를 추구하는 방향이었다. 그러나 한 나라의 독립운동이 유럽 시민들의 상상력을 자극했다. 오스만 투르크 제국의 지배로부터 독립하려는 그리스인들의 투쟁이었다. 영국은 개입할 의향이 없었지만, 러시아 황제 니콜라이 1세는 정교(正敎)를 믿는 동료 기독교 국가를 도와주고 싶었다.

오스만 지배에 대항한 그리스의 싸움은 1821년에 시작되었지만, 1827년에는 이러한 운동이 꺾일 위기에 있었다. 오스만 술탄은 아들에게 공국 하나를 떼어 주겠다는 약속으로 이집트의 지배자 메메트 알리 파샤를 설득해 그리스에 군사를 보내 반란을 진압하게 했다. 러시아의 개입이 커지면서, 영국과 프랑스 정부는 러시아와 협력한다면 더 큰 영향력을 발휘할 것이라 판단했다.

1827년 10월 20일, 영국, 러시아, 프랑스 연합 함대는 그리스 해안의 나바리노 만에 진입했다. 이곳에는 수가 더 많은 오스만 함대가 정박하고 있었다. 투르크 전함이 사격을 개시하면서 곧 전투가 시작되었다. 함선이나 대포 모두 수적으로 열세였음에도 불구하고, 자기편이 우위라는 확신이 있었던 코드링턴의 소함대는 적의 함대를 쳐부수고 이집트군이 더 이상 지원군이나 물자를 보내지 못하도록 차단했다. 5년 내에 유럽 열강과 오스만 제국 모두 그리스를 독립 국가로 인정하게 되었다. **NK**

# 샤카 왕 살해당하다

자신들의 왕인 샤카를 암살한 사건은 줄루족의 쇠퇴를 알린다.

◆ 〈줄루족의 샤카 왕〉, 영국 화가 윌리엄 백의 1836년 작.

"그는 흔들리지 않는 자 샤카,
앉아서 천둥을 울리는 자,
멘지의 아들."

**줄루족 전통 찬양가**

샤카 왕처럼 존경과 증오, 두려움을 한 몸에 산 인간은 드물었다. 그는 보잘것없던 줄루 씨족을 아프리카 남부 드넓은 지역을 지배하는 25만 명의 강력한 전투 민족으로 변모시킨 왕으로 존경을 받았다. 권력, 파괴, 잔혹함을 사랑했기에 그는 증오의 대상이기도 했다. 항의의 말을 입 밖에 내기라도 했다간 머리가 쪼개져 죽음을 맞는 일이 허다했다. 1827년 어머니가 죽고 여인 열 명이 산 채로 함께 묻히자, 샤카는 7,000명의 주민을 때려죽일 것을 명령했다. 당연히 샤카는 두려움의 대상이었으며, 심지어 이복형제 딩간과 음랑가나에게도 예외는 아니었다. 그들은 다음 해에 그를 처치하기로 결심했으며, 부족 전사들이 북쪽에서 전투를 벌이느라 호위가 철저하지 않은 9월까지 기다렸다. 황혼이 다가올 무렵 샤카는 자신의 '크랄(가축우리를 둘러싼 거주지)'에서 츠와나족 대표단이 오기를 기다리고 있었다. 샤카는 덩치가 큰 사내였지만—그의 완력은 전설적이었고, 체격도 마찬가지였다—그들은 급습을 가한다는 이점이 있었다. 공범한 사람이 샤카의 주의를 딴 곳으로 돌렸고, 두 형제는 자신들의 배다른 형제를 찔러 죽였다.

1816년 왕위에 올라 위대하면서도 살벌한 통치를 시작했을 때, 샤카는 약 30세 정도였다. 그가 신무기와 전략을 개발하여 줄루족을 무시무시한 전투 부족으로 성장시킬 수 있었던 것은 순전히 천재적인 군사적 재능 덕택이었다. 역사학자들은 그의 냉혹한 잔혹성이 불우한 어린 시절을 보냈던 데 기인한다고 설명했다. 우리가 아는 바에 따르면, 그가 세운 나라에서 누구도 그의 죽음을 슬퍼하지 않았다. 시체는 황소 가죽에 싸서 텅 빈 구덩이에 던져졌다.

줄루족이 누린 영광의 나날은 곧 끝났다. 샤카의 뒤를 이은 딩간은 대이주에 나선 보어인들과 싸웠으나 1838년 블러드 강 전투에서 패배했고, 그의 조카 케츠와요는 1879년 울룬디에서 영국군에게 완전히 패배했다. **RP**

# 순찰 도는 경관들

내무 장관 로버트 필 경이 영국 최초의 직업 경찰대를 창설한다.

1820년대에는 불법행위가 빈번했으며 법 집행 인력이 부족했다. 내무 장관 로버트 필은 신흥 도시 켄싱턴을 예로 들어 "술 취한 교구 경관 세 명"의 힘으로는 강도와 도난 사건 증가를 막기에 역부족임을 지적했다. 사실상 "그러한 상황에서는 세 명의 천사라 할지라도 보호를 바라게 될 것"이었다. 그러나 1822년 내무 장관이 최초로 새로운 경찰대를 창설하고자 했을 때에는 시민 자유에 대한 우려 때문에 이 안이 의회를 통과하지 못했다. 1829년에 마침내 로버트 필이 제안한 수도 경찰 개선법이 통과하여, 영국 최초의 훈련받은 직업 제복 경찰대인 '그레이터 런던(런던을 중심으로 한 수도권 지역-옮긴이) 수도 경찰청'이 창설되었다. 경관들은 일정한 봉급을 받았으나 예전에 있던 조직들과 달리 범죄를 해결하거나 도난당한 재산을 되찾아 준다고 해서 특별 수당을 받지는 않았다. 두 명의 경찰청장이 1,000명의 '필러'를 관리했으며, "선발한 사람의 인격, 자격 조건, 공적만을 바탕으로 해서" 이들을 고용했다.

1798년 창설된 옛 체계인 '템스 강 경찰'은 런던 항구에서 일어나는 범죄만을 관할했으며, 주요 도로의 순찰을 담당하기 위해 1748년에 세운 '보우 스트리트 러너즈'는 급료가 열악하고 부패한 기구였다. 주로 교구 관리나 무보수의 사법 공무원이 범죄 관리라는 부담을 지곤 했다. 내무 장관으로서 필이 단행한 개혁은 중대했다. 그는 법령집에서 시대에 뒤떨어진 법을 제거하고 100개에 달하는 범죄에 대해 사형을 폐지했다. 가장 큰 업적은 바로 런던 경찰청 창설이었다.

새로 담당 구역을 순회하게 된 '바비(로버트 필의 이름을 딴, 경찰의 별명-옮긴이)'들은 대중의 조롱을 받았으나, 새로운 영국 경찰의 모델이 되었다. 이는 범죄율을 떨어뜨리는 데 기여했으며, 혁명의 물결이 유럽 대부분을 집어삼켰던 1848년에는 런던에서 폭동을 진압하는 데 일조했다. **RP**

▲ 〈필러 피어스〉(1850년경) : 최후의 '필러'인 피어스 경관. '필러'는 로버트 필을 기념하는 의미로 영국 경찰관이 얻은 별명이다.

"자유란 조직적인 절도단에게
집을 털리는 데 있는
것이 아닙니다."

**로버트 필이 웰링턴 공작에게, 1829년**

# 로켓호가 증기를 뿜어내며 역사 속에 들어오다

스티븐슨의 로켓호가 레인힐 공모전에서 입상하여 기관차의 새로운 기준을 세우며 철도 성장에 박차를 가한다.

1825년 스톡턴-달링턴 선로의 성공은 기업가들에게 철도의 가능성을 보여 주었다. 리버풀과 맨체스터의 사업가들은 두 도시를 잇는 브리지워터 운하의 화물 1t당 15실링이라는 요금이 너무 비싸고, 리버풀 항구에서 '방적 도시' 맨체스터까지 56km를 가는 데 거의 미국에서 출발하는 대서양 횡단 항해에 맞먹는 오랜 시간이 소요된다고 여겼다. 조지 스티븐슨은 1829년 두 도시 간 철도 선로를 완공했고, 기관차를 선정하기 위해 공모전이 열렸다. 우승자는 500파운드의 상금과 이 철도에 차량을 공급하는 계약을 딸 수 있었다. 1만 명 이상의 인파가 공모전을 구경하기 위해 레인힐에 몰렸다.

각각의 기관차는 자기 무게의 세 배에 달하는 화물을 싣고 평균 시속 16km의 속도로 리버풀에서 맨체스터까지 왕복 거리인 112km에 맞먹는 거리를 주행할 때까지 레인힐에 있는 짧은 선로를 반복해서 오가야 했다. 대부분의 참가자들이 탈락하고 네 대가 남았다. '퍼서비런스'호는 기준 속력 미달이었고, '노벨티'호는 두 차례 고장을 일으켰으며, '상 파레이'호는 너무 무거웠다. 스티븐슨의 '로켓'호 설계는 최고였다. 로켓호의 보일러에는 25개의 개별 튜브가 있어 트레비식의 표준 기관보다 두 배나 되는 증기를 발생시킬 수 있었다. 로켓호는 수월하게 우승을 차지했다. 10월 8일에는 시속 22km라는 평균 속도를 냈으며 최고 속도는 거의 그 두 배나 되었다.

1830년 9월 리버풀-맨체스터 철도 공식 개통식 때 스티븐슨은 직접 로켓호를 운전했다. 이는 최초의 증기기관차 전용 선로였으며, 이 노선의 성공은 철도 시대의 개막을 알렸다. **RP**

▶ 레인힐 공모전에서 우승하여 새 철도 계약을 따낸 조지 스티븐슨의 로켓호를 담은 1860년 사진.

◀ 〈레인힐 공모전〉이라는 제목의 19세기 판화로, 로켓호와 상 파레이호가 겨루는 모습을 볼 수 있다.

# 스미스의 새로운 교파

**조지프 스미스가 예수 그리스도 후기 성도 교회(모르몬교)를 세운다.**

"이것은 신의 작품입니다". 조지프 스미스는 뉴욕에서 예수 그리스도 후기 성도 교회의 창시를 선포하며 이렇게 말했다. 스미스는 모르몬교의 예언자이자 초대 장로였다. 영혼들을 데려와 구세주에 대한 지식을 접하게 하는 '기적적인 일'이 시작되었다. 모여든 다섯 사람은 "성직자의 힘이라는 영광스런 징조"를 받았다.

조지프 스미스는 가난한 농가의 넷째 아이였다. 어머니인 루시는 그가 "보기 드물게 조용하고 착한 성품의 아이"였다고 회상했다. 정교 기독교 교리에 만족하지 못했던 스미스는 14세 때 개종 체험("최초의 계시")을 했는데, 하느님과 예수 그리스도가 자신의 앞에 나타났다고 한다. 그리스도는 그의 죄가 용서됐다고 했고, 하느님은 기독교의 모든 종파가 그릇된 교리를 가르치고 있으니 앞으로의 지시를 기다리라고 말했다. 다음 계시를 받은 것은 1820년대로, 모로니 천사가 고대 모르몬 경전을 담은 비밀의 금판이 있는 곳을 알려 주며 그리스도가 훗날 미국에서 부활할 것이라 전하고 올바른 교리를 알려 주었다. 1844년 스미스는 일리노이주에서 반역죄로 체포되었고 감옥에서 폭도에게 살해당했다. 그러자 분열이 일어났다. 1843년 이후 도입된 일처다부제에 대한 의심과, 교회 주도권을 누가 잡느냐 하는 것이 주된 문제였다. 브리검 영이 교주가 되어 모르몬교도를 이끌고 유타주로 갔고, 1847년 솔트레이크시티를 세웠다. 2007년 기준으로 전 세계 모르몬교도의 수는 1,300만 명이었다. **RP**

> "모든 남자, 여자,
> 어린아이로 하여금 이 일의
> 중요성을 깨닫게 하라."
>
> **조지프 스미스, 『교회의 역사』, 1839~1856년**



# 샤를 10세 폐위당하다

**프랑스 왕 샤를 10세는 지나치게 반동적인 경향을 드러내 강제로 물러나게 된다.**

7월 29일 목요일은 프랑스에서 '영광의 3일'이라 부르는 날 중 마지막 날이었으나, 그날 죽음을 맞은 1,000여 명에게는 영광스러운 날이 아니었다. 폭도들이 파리의 무장 경비대를 습격한 화요일에는 수십 명이 죽었다. 두 번째 날은 자유주의자들이 완고한 샤를 10세에게 청원서를 제출하느라 좀 조용했다. 대부분의 희생자가 발생한 날은 바리케이드를 치고, 폭동이 일어나 잔혹한 폭력이 오가던 목요일이었다. 파리 시의 요지 곳곳이 하나씩 무너졌고, 마침내 행정 중심지인 시청도 넘어갔다. 정치인들은 즉각 임시 정부를 구성했다. 왕의 퇴위를 제외하고 모든 문제가 마무리되었으며, 퇴위 공식 절차는 다음날 논의되었다.

1824년부터 재위한 샤를 10세는 초(超)왕당파였다. 랭스에서 전통적으로 대관식을 올렸고, 불경죄에 대해 사형을 도입했으며, '왕권신수설'의 신봉자로 보였다. 마치 1789년의 혁명과 나폴레옹 시대는 있지도 않았던 일 같았다. 1830년의 선거로 하원에서 자유주의 세력이 다수로 득세하자, 샤를은 언론을 억압하고 의원과 유권자의 수를 줄여 상황을 더 악화시켰다. 부르봉 왕가는 종말을 맞고 있었다. 보나파르트 식의 독재 정치나 공화국이 왕정을 대체하기를 원하는 이들도 있었다. 결국 오를레앙 공 루이 필리프가 왕위에 올라, 매우 부르주아적이고 입헌적인 왕이 되었다. **RP**

> "… 대포와 포화
> 소리는 더욱더
> 커지고만 있다."
>
> **쥐스트 올리비에, '파리 저널', 1830년 7월 28일**

# 세계 최초의 발전기

전자석을 이용한 패러데이의 발견은 전기의 이해에 획기적인 공헌을 한다.

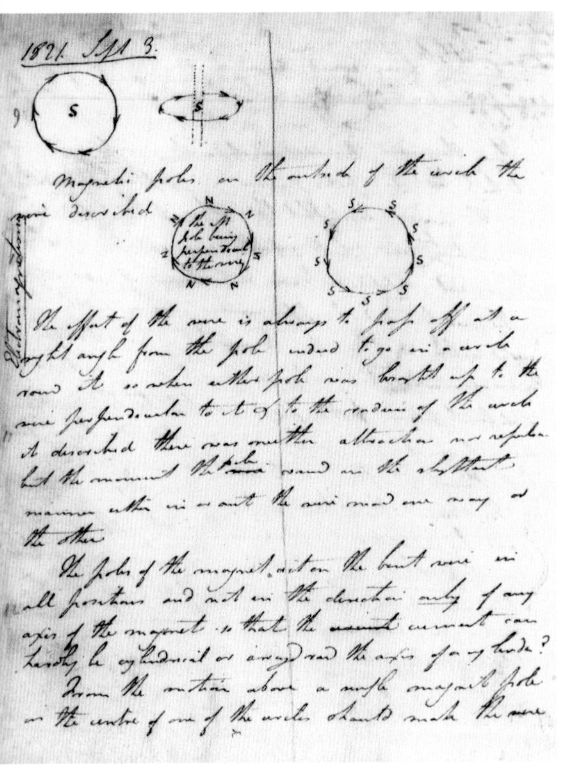

1821. Sept 3.

Magnetic poles on the outside of the circle the wire described

The effect of the wire is always to pass off at a right angle from the pole indeed to go in a circle round it so when either pole was brought up to the wire perpendicular to it or to the radius of the circle it described there was neither attraction nor repulsion but the moment the pole moved in the slightest manner either in or out the wire moved one way or the other

The poles of the magnet act on the bent wire in all positions and not in the direction only of any axis of the magnet so that the current can hardly be cylindrical or arranged round the axis of any kinds?

From the motion above a single magnetic pole in the centre of one of the circles should make the wire

▲ 패러데이의 노트 74페이지, "전류 실험의 회전"에 대한 내용, 1821년 9월 3일.

▶ 1860년경 촬영한 마이클 패러데이의 사진. 그는 전기 분해 법칙과 전자기 유도를 발견했다.

1년 전에 마이클 패러데이는 과학 전문 자문가로 1년에 1천 파운드라는 경이적인 금액을 벌어들였다. 이제 그는 연구에만 헌신하고 있어 그 금액의 10분의 1도 안 되는 돈으로 생활을 꾸려나가고 있었다. 그러나 이러한 수입 감소에는 그럴 만한 가치가 있었다. 그는 오래 전부터 자기(磁氣)와 전기는 밀접한 관련이 있다고 확신해 왔다. 이미 전류의 흐름이 자기력을 발생시킬 수 있다는 사실도 알고 있었다. 그리고 1831년 8월 24일, 런던 왕립학회에서 9일에 걸친 획기적이고 뛰어난 실험을 해 보인 끝에, 그는 자기가 전력을 일으킬 수 있다는 사실을 증명했다. 아주 단순한 장비(자석, 구리 코일, 기본적인 전류계)를 사용하여, 코일이 자기장을 통과하도록 움직이면 전류를 유도할 수 있으며 그 전압은 움직임의 속도와 비례한다는 점을 증명해 보였던 것이다. 사실상 이는 세계 최초의 발전기였다. 현대 전기기계의 기본적인 작동 방식은 대부분 그가 발견한 원리를 바탕으로 한다. 패러데이는 뛰어난 두뇌를 지닌 실험 과학자였을 뿐 아니라, 실용적인 인물이기도 했다.

패러데이는 1791년 요크셔에서 가난한 대장장이의 아들로 태어났으며, 놀랍게도 정규교육을 거의 받지 못했다. 그는 제본공 밑에서 견습생으로 일하다가 험프리 데이비 경의 눈에 들어 헌신적인 화학자이자 물리학자, 그리고 뛰어난 강사가 되었다. 그는 벤젠을 발견했고, 산화수(酸化數) 체계를 고안했으며, 초기 형태의 분센 버너를 발명했다. 또한 전기분해 법칙을 개발했으며 나노과학의 탄생에 기여했고, 우리에게 '패러데이 차폐막', '패러데이 상수', '패러데이 효과' 등을 선사했다.

마이클 패러데이는 다른 누구보다도 전력 생산을 가능하게 하는 데 큰 공헌을 했다. 그의 발견이 완전히 실용화되기까지는 한 세대를 더 기다려야 했지만, 인류는 그에게 막대한 빚을 지고 있는 셈이다. **RP**

" … 그래도 계속 노력하라,
무슨 일이 가능할지
누가 알겠는가."

**마이클 패러데이가 했다고 전해지는 말**

# 혁명적 진화론자

다윈이 비글호 항해에서 자신의 진정한 소명을 발견하며, 그의 발견은 진화론의 토대를 이룬다.

ON

THE ORIGIN OF SPECIES

BY MEANS OF NATURAL SELECTION,

OR THE

PRESERVATION OF FAVOURED RACES IN THE STRUGGLE FOR LIFE.

By CHARLES DARWIN, M.A.,

FELLOW OF THE ROYAL, GEOLOGICAL, LINNÆAN, ETC., SOCIETIES;
AUTHOR OF 'JOURNAL OF RESEARCHES DURING H. M. S. BEAGLE'S VOYAGE ROUND THE WORLD.'

LONDON:
JOHN MURRAY, ALBEMARLE STREET.
1859.

*The right of Translation is reserved.*

1831년 12월 27일, 로버트 피츠로이 선장이 지휘하는 10대의 대포를 장착한 쌍돛대 범선 비글호는 잉글랜드 데번포트를 성공적으로 출항했다. 비글호의 5년짜리 임무는 남아메리카 해안과 남해안의 섬을 지도에 기록하는 것이었다. 새로운 땅을 발견하지는 못했지만, 그럼에도 이는 발견의 항해가 되었는데, 찰스 다윈이 배의 식물학자로 승선하고 있었기 때문이다. 그때까지 다윈은 인생에서 몰두할 분야를 찾지 못했다. 처음에는 의학을 공부했고, 그 다음에는 신학을 공부했다. 그러나 그가 진정으로 관심을 지닌 것은 바다 생물과 곤충을 수집하는 일이었다.

다윈은 계속해서 뱃멀미에 시달렸으나 모험에 열중했다. 사냥과 낚시를 하고, 거대한 바다거북을 타기도 하고, 배에서 물때를 벗겨내고, 적대적인 원주민과 대면하기도 했다. 그러나 이 항해에는 진지한 면도 있었다. 다윈의 관찰 능력은 향상됐고, "맡는 일마다 열정적인 근면과 집중적인 관심을 기울이는 습관"을 익혔으며 이후에 자신의 이론을 발전시키는 데 쓰게 될 자료와 견본을 수집했다.

찰스 라이엘의 저서를 읽은 다윈은 육지가 점진적으로 형성되어 왔다는 이론을 받아들였다. 그는 자신이 관찰한 사실들을 토대로 동물과 조류가 일종의 진화를 거쳐 왔다고 확신했다. 그렇지 않고서야 화석이 현대의 같은 종과 다른 형태로 남아 있으며, 격리된 갈라파고스 제도에 네 가지 종류의 방울새가 존재한다는 사실을 어떻게 설명할 수 있겠는가? 이러한 그의 관찰을 설명해 줄 이론은 없었다. 저서『비글호 항해』(1839년)의 뛰어난 점은 설명은 다소 빈약하지만 풍부한 정보를 수록하고 있는 점이다. 이는 단지 시작에 불과했으나, 대단한 중요성을 지닌 출발점이었다. **RP**

▶ 찰스 다윈의 혁명적인 저서,『종의 기원』의 표제면, 1859년 런던에서 발행.

◀ 남아메리카 해안을 배경으로 다윈의 배 비글호를 담은 채색 판화.

# 공장 규제령

**공장 규제령은 점점 비도덕적이 되어 가는 자본주의 노동에 제약을 가하려는 노력이었다.**

공장주들은 이 제안을 치욕적인 것이라 보았다. 방직 기계란 진보를 의미하며, 정부는 마땅히 신흥 방직 공장이 영국의 산업적이고 상업적인 성장을 이끄는 견인차 노릇을 하도록 장려해야 했다. 그러나 토리당의 박애주의자 앤터니 애슐리 쿠퍼를 비롯한 다른 이들은 어린이들이 낮은 임금을 받으며 과도하게 노동하도록 강제하는 착취적인 공장 시스템이야말로 치욕적인 것이라고 주장했다. 공장 규제령이 제정되었다. 방직 공장에서 9세 미만의 어린이를 고용하는 일은 무조건 불법이 되었다. 9세에서 13세까지의 어린이는 최대 하루 8시간까지, 13세에서 18세까지는 12시간까지 일할 수 있었다. 13세 미만의 노동자는 공장 부설 학교에서 2시간의 교육을 받게 되었다.

> "… 어린이들은 자신이 겪는 노동으로부터 이러한 상해를 입고 있다."
>
> **공장 조사 위원회, 1833년**

1819년의 무력한 공장령 이후, 방직 공장에서는 어린이 고용이 붐을 이뤘다. 1832년의 한 보고서는 극도로 열악한 노동 조건을 전형적인 것으로 치부해 버렸으며, 다른 나라의 공장도 영국에 비해 그다지 나을 것이 없다고 주장하는 이도 있었다. 성인의 노동 시간과 조건을 결정하는 일은 자유 시장 경제에 맡겨 두었으나, 어린이들은 보호가 필요했다. 이후에도 1844년, 1847년, 1867년에 법이 규정되어 어린이의 노동시간을 줄이고, 교육 관련 조항을 늘렸으며, 여성의 노동시간을 제한하고 다른 직종에도 영향을 주었다. 자본주의에 인본주의적인 규제를 가하는 일은 멈출 수 없는 움직임이 되었다. **RP**



# 인간 매매를 금하다

**노예제도 폐지령으로 대영제국 전역에서 노예제는 불법이 된다.**

서아프리카와 아메리카 대륙, 영국을 잇는 이른바 '삼각 무역'은 끝났다. 대부분이 '노예무역' 이라 부른 이 대규모 사업은 1,000만 명 이상의 아프리카인을 대서양 너머로 실어 보내왔던 것이다. 노예제도 폐지령은 대영제국의 모든 노예를 "해방하여 자유롭게 풀려나도록 하고, 지금까지 그러한 노예제의 짐을 지어온 이들에게는 적절한 보상을 지불 할 것"을 선포했다. 카리브 연안에서 66만 8,000명의 노예가 해방되었고, 이들에게 지불한 금액은 총 2,000만 파운드에 달했다.

노예제도 폐지에 이르기까지는 오랜 시간이 걸렸다. 1787년 윌리엄 윌버포스와 토머스 클락슨이 '노예무역 폐지 협회'를 창설했고, 윌버포스는 2년 후 하원에서 장장 4시간에 달하는 열렬한 연설을 통해 노예무역을 비판했다. 그러나 영국 함선의 노예무역을 법으로 금한 것은 1807년에 들어서였고, 그때조차 상인들은 종종 법을 교묘하게 회피했다. 따라서 노예무역을 아예 근절하려면 노예제도 자체를 금지해야 한다는 결정이 내려졌다. 윌버포스는 투표를 통해 이 법안이 확실히 제정된 뒤 사흘 후에 죽었다.

> "잉글랜드는 노예제도 폐지를 위해 기꺼이 2,000만 파운드를 지불할 것이다."
>
> **1833년 윌리엄 윌버포스의 말**

영국의 노예제 폐지령 선포는 중대한 영향을 끼쳤다. 1862년에는 미국이 노예제를 폐지했다. 이후의 차티스트 운동, 여성 참정권 운동, 민권 운동은 모두 여기서 영향을 받았다. 영국의 노예제 폐지는 세계 인권 운동의 출발점이라 불린다. **RP**

# 영국 국회의사당 불타다

잉글랜드의 웨스트민스터 궁전 대부분이 화재로 파괴된다.

〈1834년 10월 16일 국회 의사당 화재〉, P. T. 캐머런(1834년 활동)의 당대 그림.

영국 국회 의사당은 1605년의 폭발 음모 때와 1666년 런던 대화재에도 손상을 입지 않았으나, 낡은 계산용 막대 더미를 태우려다 일어난 화재에는 버티지 못했다. 앤 릭맨이라는 한 목격자에 따르면, 불꽃이 처음 보인 것은 오후 6시 20분으로 상원 의회실 서쪽 위층에서였다고 한다. 곧 근처의 다리와 템스 강 승선장에는 이 엄청난 경관을 구경하기 위해 군중이 떼로 몰려들었다. 대부분 망연자실하여 바라보고만 있을 뿐이었지만, 화가인 J. M. W. 터너는 화재에서 영감을 얻어 수채화 연작 작업에 착수했다. 빠른 시간 내에 불길은 손쓸 수 없는 상태로 번졌다.

웨스트민스터 궁전에서 남은 것이라고는 세인트 스티븐 예배당, 주얼 타워, 웨스트민스터 홀뿐이었다. 웨스트민스터 홀이 살아남은 것은 총리 멜버른 경 덕택이었다. 그는 여러 대의 소방차를 홀 쪽으로 집중시켰던 것이다.

1,200개의 방, 100개의 계단, 11개의 안뜰, 거의 3.2km에 달하는 복도와 통로를 갖춘 새로운 웨스트민스터 궁전이 건축됐는데, 1840년에 주춧돌을 놓아 1860년에 완성했다. 건축을 도맡은 이는 찰스 배리였다. 제출된 97개의 설계안 중에서 고딕 양식으로 된 그의 설계안이 채택된 것이다. 그가 지은 건물은 남아 있는 웨스트민스터 홀과 근처의 웨스트민스터 사원과 완벽한 조화를 이루었다. 내부 장식의 대부분은 그의 조수 오거스터스 퓨진의 작품이다. 이들의 걸작은 오늘날까지도 남아 있는데, 다만 하원 의회실만은 1941년 폭격의 피해를 입어 재건축해야 했다. **RP**

# 알라모 함락

이 전설적인 포위전은 미국 역사의 이정표가 된다.

〈알라모 전투〉. 텍사스 주 산안토니오에서 벌어진 포위전을 담은 그림. 이때 미국 정착민 남자 대부분이 죽었다.

1835년 텍사스는 멕시코 공화국의 영토로 인구가 거의 없는 지역이었는데, 미국에서 들어온 정착민들이 멕시코 헌법에서 텍사스의 지역 자치권을 줄 것을 요구했다. 이러한 요구에 대해 멕시코는 군사력으로 답했고, 산타 안나 장군이 이끄는 약 6,000명의 군대가 알라모에 있는 텍사스 주민 200여 명을 포위했다. 알라모는 산안토니오에 있는 옛 선교원 자리로 요새가 된 곳이었다. 수비대의 주도 인물로는 윌리엄 트래비스, 짐 보이—'보이 나이프'를 발명한 인물이다—, 그리고 훗날 노래와 영화를 통해 불멸의 명성을 얻은, 테네시주 출신의 너구리 가죽 모자를 쓴 사나이 데이비 크로켓이 있었다. 알라모 포위는 2주간 지속되었으며, 멕시코군 2,000명이 최후의 급습을 가해 한 시간 동안 전투를 벌인 끝에 결국 수비군을 제압했다. 몇 명의 노예, 여자, 어린이를 제외하고 모두가 학살당했다.

최후 습격이 있기 하루나 이틀 전, 윌리엄 트래비스는 모래에 선을 긋고 끝까지 싸울 준비가 되어 있는 이는 선을 넘어오라고 명했다. 한 사람을 제외하고 모두 선을 넘었다고 한다. 그는 유일한 생존자가 되었고, 훗날 포위전의 기록을 출판했다.

그러나 멕시코의 알라모 탈환은 별 소득이 없는 승리가 되었다. 이는 텍사스 반란군 지도자 샘 휴스턴 장군으로 하여금 시간을 벌어, 군사를 모으고 준비하여 이후 산하신토 전투에서 멕시코를 상대로 더 큰 승리를 거두도록 도와주었을 뿐이었다. 따라서 "외로운 별의 주(별 한 개가 있는 텍사스 주의 깃발에서 유래한 별칭–옮긴이)"는 독립을 얻었으나, 곧 미국 연방에 가입했다. **NJ**

# 디킨스의 소설이 연재 출간되다

『피크윅 페이퍼스』 연재는 문학계와 독서 습관에 변화를 가져온다.

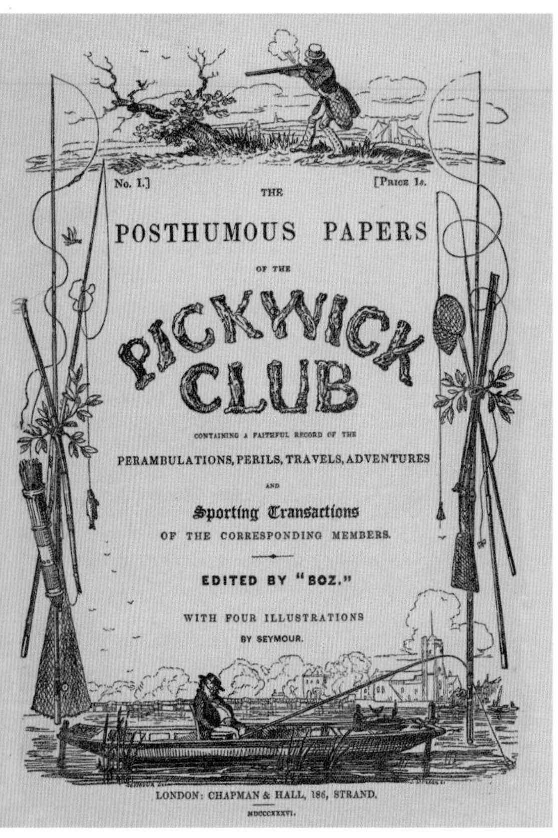


▲ 최초 삽화가 세이무어의 판화를 수록한 『피크윅 페이퍼스』 초판의 앞표지.

『피크윅 클럽의 기록』 첫 회의 출간은 1836년 3월 31일이었다. 32페이지에 네 편의 판화를 수록했으며, 녹색 표지에 싸여 있었고 가격은 1실링이었다. 채프먼과 홀은 신중하게 우선 초판 400부로 시작했다. 인기 있는 책은 한 달 분량씩 잘 팔려 돈이 들어왔지만, 이 작품은 아직 집필 중인데다가 알려지지 않은 작가의 작품이었던 것이다. 그들은 디킨스가 유쾌한 삽화에 어울리는 글을 써 주기 바랐지만, 디킨스는 그림이 자기 이야기를 묘사해야 한다고 고집했다. 400부는 잘 팔리지 않았고, 이 사업은 실패할 것만 같았다. 특히 2회 연재 뒤에 원작 삽화가가 자살한 뒤에는 더 그랬다.

24세의 디킨스가 청탁을 받아들인 것은 돈이 필요했기 때문이다. 원고료는 1만 2,000단어당 14파운드를 조금 넘는 금액이었다. 그는 2월 18일에 집필을 시작해 하루 만에 연재분을 끝냈다. 이 일 덕분에 그는 결혼할 수 있었지만, 집필 속도는 줄어들지 않았다. 비록 처음에는 잘 팔리지 않았지만, 대체 삽화가인 '피즈'의 삽화에 힘입어 작품이 뛰어나다는 소문이 널리 퍼졌다. 『피크윅 페이퍼스』는 전체 20회까지 연재됐는데, 1837년 11월에 나온 최종회는 40만 부가 팔렸다. 디킨스의 첫 전기 작가는 노동자 한 명이 순회도서관에서 단돈 2펜스에 빌려온 책을 낭독하고 있으면 글을 못 읽는 20명이 탐욕스럽게 귀를 기울이고 있었다고 당시를 묘사했다. 연재물은 1837년에 한 권의 책으로 나왔다.

『피크윅 페이퍼스』는 풍부한 문체에 익살스럽고 마음을 따뜻하게 해 주는 이야기로, 19세기 가장 재미있는 책 중 하나였다. 빈곤과, 어린이들에게 있어서 놀이의 필요성을 논하고 있는 이 작품은 디킨스의 사회적 관심사를 보여준다. 디킨스는 기자를 그만두고 작가 일에 전념할 수 있었다. 디킨스도, 독서 대중도, 문학계도, 커다란 변화를 겪었다. **RP**

"내가 백 년을 산다 해도 … '피크윅'에 대해 느끼는 것만큼 자부심을 느낄 수는 없을 것이오."

**찰스 디킨스가 출판업자에게, 1836년**

# 러시아의 대문호가 결투로 숨지다

알렉산드르 푸슈킨의 때 이른 죽음으로 러시아 문학은 그 최초의 옹호자를 잃는다.

의사들은 거머리를 이용한 사혈 요법과 아편 투여로 그를 조금이나마 편안하게 해주려고 노력했다. 그러나 운문체 소설 『예브게니 오네긴』과 희곡 『보리스 고두노프』의 작가이자 러시아의 가장 위대한 시인인 알렉산드르 푸슈킨이 고통 속에서 죽어가고 있다는 점은 확실해 보였다. 그는 스스로를 쏘기 위해 피스톨을 달라고 했으나 주변인들은 그에게 종부성사를 내렸다. 그는 급하게 유언장을 작성하여 모든 것을 아내 나탈리야와 네 자녀에게 남겼다. 마지막 밤에 그는 끔찍한 경련을 겪었고, 아침에는 나탈리야를 알아보기가 힘들다는 것을 깨달았다. 한쪽 무릎을 올리고 양손을 머리 뒤에 댄, 수많은 시를 창작했던 그 자세로 그는 소파에 누워 죽음을 기다렸다. 잠든 것처럼 보이던 그는 갑자기 야생 나무 딸기를 달라고 했다. 잠시 후 그는 "인생은 끝났다"라고 중얼거렸고 1837년 2월 10일 오후 2시 45분에 숨을 거두었다.

이틀 전 그는 아름다운 나탈리야와 비밀스런 관계를 맺었다는 소문이 있던 동서 조르주 당테스와 결투를 벌였다. 푸슈킨은 첫 발에 맞았지만 결투 입회인들의 만류를 뿌리치고 반격할 것을 고집했다. 당테스는 팔에 총상을 입었을 뿐이었지만, 푸슈킨은 그렇게 운이 좋지 못했다.

푸슈킨의 업적은 모국어인 러시아어로 운문과 산문을 집필해 현대 러시아 문학의 전통을 창조했다는 것이다. 그때까지 러시아 귀족은 프랑스어를 썼다. 푸슈킨은 어린 시절 하인들로부터 러시아어를 배웠으며, 그가 러시아어를 시어로 사용한 것은 당시로서는 혁명적인 일이었다. 푸슈킨이 죽은 후 차르 니콜라이 1세는 러시아 문학에 대한 그의 공로를 인정하여 그의 빚을 갚아 주었고, 나탈리야에게 연금을 지급했으며 조르주 당테스를 유배 보냈다. 39세라는 나이에 이처럼 극적인 방식으로 죽음을 맞은 푸슈킨은 현대 러시아 문학을 창시한 낭만적인 인물로 기억에 남아 있다. **RP**

▲ 〈알렉산드르 푸슈킨의 초상화〉, 바실리 안드레비치 트로피닌(1776~1857년), 상트페테르부르크 러시아 국립 미술관 소장.

"그리고 어디에서 운명은 내게 죽음을 보낼 것인가? 전쟁터에서, 여행길에서, 혹은 바다에서일까?"

**알렉산드르 푸슈킨, 제목 없는 시, 1829년**

# 빅토리아, 여왕이 되다

빅토리아가 왕위에 올라 영국 역사에서 가장 오랜 재위를 시작한다.

빅토리아가 여왕이 되었다는 소식을 전해 듣는 모습을 낭만적인 분위기로 그려낸 19세기 그림.

"나는 조국을 향해
내 임무를 다하기 위해
최선을 다하리라."

빅토리아, 1837년 6월 20일의 일기

1837년 6월 20일, 그녀는 아침 6시에 어머니의 입맞춤을 받고 깨어나 캔터베리 대주교와 궁내 장관이 자신을 만나러 왔다는 말을 전해 들었다. 슬리퍼를 신고 화장복을 걸친 채 그녀는 거실로 갔고, 두 사람은 삼촌 윌리엄 4세가 정확히 그날 새벽 2시 12분에 "완벽하게 행복하고, 평온한 마음으로 … 죽음에 대한 마음의 준비를 하고" 사망했으며 따라서 그녀가 여왕이 되었다고 전했다. 궁내 장관은 무릎을 꿇고 18세인 빅토리아의 손에 입맞춤 했다. 자신은 어리고 경험도 없다고 그녀는 솔직하게 일기장에 털어놓았다. 그러나 확신이 부족하지는 않았다. 빅토리아는 1830년부터 왕위 계승자였으며 신중하게 이 날을 기다려 왔던 것이다.

이렇게 해서 그녀는 영국 역사에서 가장 길며 진정으로 중요한 변화들이 일어났던 시대를 다스리게 되었다. 기술이 급속도로 발전하고 서민의 생활 조건이 향상되고, 대영제국이 급성장한 시기였으며, 더 많은 이들이 투표권을 얻고 군주는 정치권력을 대부분 잃게 된 민주화의 시기이기도 했다. 빅토리아가 기계장치나 대중의 복지에 전혀 관심이 없거나, 정치권력을 움켜쥐려고 마음먹었던들 무슨 상관인가? 그녀는 임신 기간을 혐오했고 아이들을 싫어했으나, 그럼에도 불구하고 아홉 명의 자녀를 두었다. 그녀는 이 시대에 자신의 이름을 남겼으며, 공상적인 것이긴 하지만 여왕이 빅토리아 시대 자체를 의미한다고 믿게 된 이들도 있었다.

그러나 한 가지 중요한 점은 그녀의 왕위 계승이 시의 적절했다는 사실이다. 그녀의 '사악한 삼촌들' 아래에서 군주제는 쇠퇴하고 있었다. 타락하지도 부패하지도 않은 우아한 젊은 여성이 왕위에 오름으로써 유지될 날이 얼마 남지 않은 것처럼 보였던 왕정은 단번에 인기를 회복했다. **RP**

# 모스가 전신 부호를 선보인다

## 새뮤얼 모스가 세계 최초의 전기 통신 혁명을 시작한다.

진정한 천직을 지닌 이는 드물지만, 새뮤얼 핀리 브리즈 모스처럼 두 가지나 지닌 이도 있다. 그는 워싱턴과 런던에서 미술을 공부했으며 왕립 아카데미에서 전시회를 열었다. 곧 그는 창의적인 초상화가로 성공을 거두었으며, 1835년에는 뉴욕에서 미술 교수가 되었다. 그러나 모스는 또 다른 분야에도 열정을 느꼈다. 전기와 전기를 이용한 통신 가능성이 바로 그것이었다. 전기 분야에서의 연구는 1838년 1월 6일 마침내 결실을 맺어 그는 '모스부호'라 불리게 된 전신 부호를 시연해 보였다.

모스가 더 빠른 통신 수단의 필요성을 절감한 것은 1825년 아내인 루크리셔가 자신이 미처 아내가 아프다는 것을 알기도 전에 사망했을 때였다. 몇 년 후 그는 새로이 발견된 전자석의 힘을 이용해 전신기를 제작한다는 착상을 했다. 모스와 레너드 게일은 이미 단거리에 신호를 전달할 수 있는 전신기를 고안해 냈다. 1836년, 그들은 회로의 중계를 이용하여—하나의 배터리가 신호를 다른 배터리로 보내고, 그것이 또 다음으로 이어가는 방식으로—전선이 먼 거리까지 신호를 보낼 수 있도록 하였다. 그리고 모스는 전류의 흐름을 짧거나 길게 해서 전송하도록 문자, 숫자, 문장 부호 등을 나타내는 점과 짧은 선으로 이루어진 전신 부호를 완성했다. 함께 일한 앨버트 배일은 점과 선을 움직이는 종이 테이프에 인쇄하는 도구를 발명했다.

모스는 유럽 발명가들에게 선수를 빼앗겨 자신이 개발한 전신기에 대해 특허를 얻지 못했지만, 모스부호는 1837년 10월 특허를 내었고 1838년 1월 뉴욕에서 분당 10단어의 속도로 성공적으로 이를 시연해 보였다. 이러한 혁신적 성과의 중요성을 사람들이 완전히 인정하기까지는 몇 해가 더 걸렸지만, 세계는 그야말로 통신 혁명의 언저리에 서 있었던 것이다. **RP**

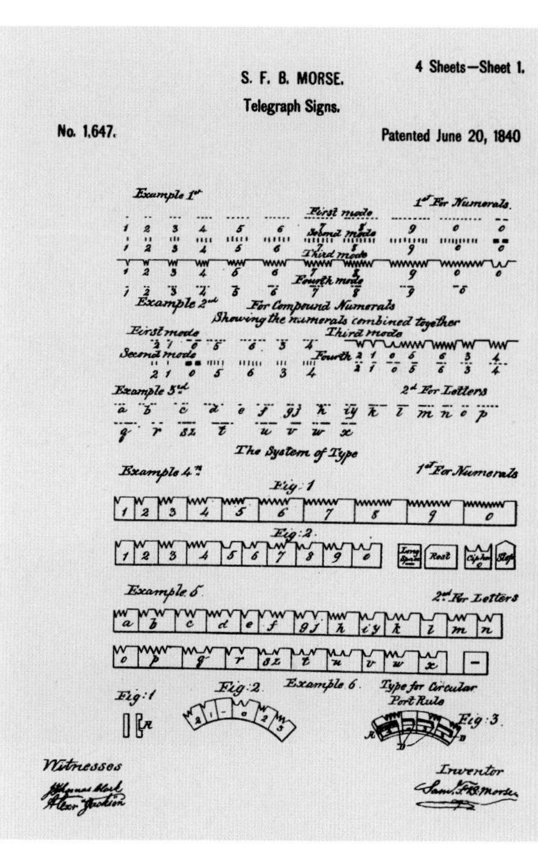


모스부호의 기호를 나타낸 도표. 모스부호는 1840년 이러한 형식으로 특허를 얻었다.

> "나의 야망은 지금 이 나라에서 떠오르고 있는 천재들의 별자리에 이름을 올리는 것입니다."
>
> 새뮤얼 모스가 부모에게, 1815년 5월 2일

# 레티프가 남아프리카에서 살해당하다

협상을 통해 새로운 땅을 얻으려던 '보르트레커'의 대이주는 참사로 끝나며 수천 명이 전투에서 목숨을 잃는다.

1838년 2월 6일, 보어인(남아프리카의 네덜란드 이주민-옮긴이) 지도자 피에터 레티프와 그가 이끄는 '보르트레커(개척자)' 무리들은 줄루족에게 목숨을 잃었다. 보르트레커는 남아프리카의 케이프 식민지를 떠나 협정을 통해 토지를 얻으려고 했다. 그러기 위해 레티프와 그를 따르는 무리는 줄루족과 협상을 시도했다. 레티프의 죽음에 대한 보복으로 네덜란드 보어인들은 짐마차를 묶어 원형의 '라거(방어 대형)' 진을 치고 블러드 강 전투에서 수천 명의 줄루족을 죽였다. 그러나 이 대학살 이후 경쟁자인 영국인들이 나탈을 식민지로 삼고 보어인을 다른 곳으로 옮기게 했다.

레티프와 보르트레커 무리는 황소가 끄는 짐수레 32대를 끌고 윈터버그 지역을 떠나 멀리 떨어진 산지로 향했다. 레티프는 자신이 '선택받은 사람들'을 '약속의 땅'으로 인도한다고 여겼을지 모르지만, 그를 따른 이들은 그저 영국 정부로부터 벗어나 평화로운 생활을 하고 싶을 뿐이었다. 레티프의 성명서에는 이러한 점이 잘 드러난다. "우리는 어떠한 사람도 괴롭히지 않을 것이며, 그들에게서 아무리 작은 재산이라도 빼앗지 않을 것이다. 다만 공격을 받는다면 우리의 생명과 재산을 지키기 위해 능력이 닿는 한 최선을 다하는 행위를 정당한 것으로 간주할 것이다."

줄루족과 대면하기 전에 보르트레커는 이주 중인 다른 무리들을 만났고, 레티프는 짧은 기간 동안 '남동아프리카 뉴 홀란드' 총독으로 선출되었다. 레티프가 죽은 후 보어인들은 오렌지 자유주와 트란스발이라는 두 개의 공화국을 세웠다. 그러나 포위당한 보르트레커는 평화를 누리지 못하고 칼을 들 수밖에 없었다. 역사 속에 오랜 울림을 남긴 비극이었다. **RP**

▶ 남아프리카 보어인 개척자의 지도자 피에터(보통 '피에트'라 불리는) 레티프.

◀ 영국 지배에서 벗어나려던 보어인 농민 보르트레커는 북쪽 트란스발로 이주했다.

1838년 4월 8일

# 대서양 항해 기록

**최초의 대서양 횡단 기선 그레이트 웨스턴호가 브리스틀에서 뉴욕까지 항해한다.**

키가 고작 1m 62cm에 불과했으나 이샘바드 킹덤 브루넬은 진정 '작은 거인'이었다. 그는 브리스틀에서 런던까지 그레이트 웨스턴 철도를 놓았다. 그 노선을 서쪽으로 연장해, 대서양을 건너 뉴욕까지 기선으로 항해할 수 있도록 하면 어떨까? 그때까지는 범선이 주를 이루었는데, 기선 운항에는 석탄이 많이 필요해서 화물이나 승객을 실을 공간이 거의 없기 때문이다. 그러나 브루넬은 배를 크게 만들 작정이었다.

길이 64.6m에 1320t인 그레이트 웨스턴호는 가장 크고 무거운 기선이었다. 450마력에 두 개의 실린더와 네 개의 보일러를 갖춘 엔진을 장착하고 있었다. 오크 나무로 된 선저에는 쇠 볼트를 박아 강화했고, 선체에는 구리를 씌웠다.

> "그 길을 연장시켜서 기선이 브리스틀에서 뉴욕까지 다니게 못 할 것도 없지 않은가?"
>
> **이샘바드 킹덤 브루넬, 1835년 10월**

3월 말 기관실에서 화재가 발생해 브루넬이 부상을 입었다. 예약한 손님은 57명 뿐이었는데 화재 이후 그나마 50명이 황급히 환불을 요구했다. 어쩌면 702t짜리 시리우스호가 더 빠른 기록을 낼지도 몰랐다. 시리우스호는 나흘 전 브리스틀이 아닌 코르크에서 더 짧은 항해를 시작했던 것이다.

그레이트 웨스턴호는 1838년 4월 8일에 브리스틀을 떠났다. 1분당 50kg의 석탄이 들어갔다. 15일 후, 배는 좌초됐던 경쟁자 시리우스호보다 몇 시간 늦게 뉴욕 항 부두에 들어갔다. 이 기록은 범선보다 두 배나 빠른 것이었다. 그 이후로는 기선이 정기적으로 대서양 횡단 항해를 하게 되었다. **RP**

1838년 5월 8일

# 민주주의의 씨앗

**민주주의 체계에서 더 많은 대표권을 얻기 위해 노동계급이 운동을 일으킨다.**

윌리엄 러벳과 프랜시스 플레이스가 인민헌장의 초안을 작성했으며, 이는 광고 없이 발표되었다. 스코틀랜드 글래스고 그린에서 열린 집회 자리에서 아서 웨이드가 환호하는 군중에게 한 부를 흔들며 자신이 손에 들고 있는 것이 "헌장, 바로 인민헌장"이라 선언했을 때도 이를 배포하기 위해 사본을 제작하지는 않았다. 차티스트 운동이 지닌 정치 문화는 글이 아니라 말을 통한 것이었고, 대부분이 이 운동의 여섯 가지 요점을 알고 있었다. 남성 보통 선거권 부여, 의회 의원이 되기 위해 필요한 재산 자격 제한의 폐지, 매년 의회 선거 실시, 선거구의 균등한 설정, 하원 의원에게 보수 지급, 무기명 비밀투표 실시가 그것이었다.

> "차티스트 운동은 나이프와 포크, 빵과 치즈의 문제였다."
>
> **조셉 레이너 스티븐스, 감리교 목사**

차티스트 운동의 발단은 18세기 말부터였으며 이 시기에 활발하게 싹트게 된 이유를 설명하는 요인은 세 가지다. 첫 번째는 1832년 개혁법에 대한 불만이었다. 노동자들이 꾸준히 참정 운동을 벌여 왔음에도 오직 중산계급만 선거권을 부여받았던 것이다. 두 번째 요인은 경기 침체, 세 번째는 1834년의 '기아법'(1834년의 빈민 구제법 수정 조항을 가리킴, 빈민 원조를 줄인 엄격한 정책–옮긴이)을 비롯한 다수의 냉철한 정부 정책이었다. 130만 명 가량이 전국적 청원서에 서명했으며, 1839년 2월 전국 차티스트 대회가 열렸다. 차티스트 운동은 1850년대에 점차 스러졌으나, 매년 총선거 실시를 제외한 모든 요구 사항은 한 세기 안에 민주주의의 필수 불가결한 요소로 채택되기에 이르렀다. **RP**

# 최초의 사진 '음화' 탄생

다게르가 세계 최초의 실용적인 사진 제작 과정을 대중에게 밝힌다.

▲ 현존하는 가장 오래된 다게레오타이프, 1837년, 다게르의 기술 혁신은 사진술을 크게 발전시켰다.

루이 자크 망데 다게르는 윤을 내어 요오드 처리를 한 은판을 20분 동안 빛에 노출시킨 후 수은 증기를 쐬어 보통 소금물이나 티오황산나트륨 용액으로 '정착' 시키면 사라지지 않는 이미지를 얻을 수 있다고 설명했다. 거울 같은 판 표면에 남은 이미지, 즉 '다게레오타이프'는 아주 선명했다. 망원경을 통해 본 달, 현미경을 통해 본 거미, 조개껍질, 화석, 석고상의 이미지가 있었다. 다게르의 대발명은 1839년 1월 프랑스 과학 아카데미에서 첫 선을 보였고, 8월이 되서야 전 세계에 공개해 감탄의 대상이 되었다.

무대 디자이너로 일하던 다게르는 카메라 옵스큐라를 구입하게 되었다. 그는 조제프 니세포르 니에프스를 알게 되었는데, 니에프스는 유대산 역청을 바른 백랍판을 이용해 영상을 담아내는 데 성공했지만 노출 시간이 8시간이나 걸렸다. 두 사람은 빛에 민감한 물질을 이용해 더 빠르게 영상을 기록할 수 있는 방법을 찾는 데 몰두했다. 니에프스는 1833년에 죽었지만, 다게르는 혼자 연구를 계속했다.

1839년의 성공으로 다게르는 연간 6,000프랑의 연금을 받게 되었으며 전 세계적인 명성을 얻었다. 다게레오타이프는 특히 초상 사진에 매우 유용했지만, 명암이 반전되어 나오며 올바른 이미지를 보기 위해서는 거울 같은 면이 필요하다는 것이 큰 단점이었다. 영국인 윌리엄 톨벗은 다게레오타이프를 '음화'로 간주하고 감광지를 이용한 사진을 제작하여 이 두 가지 문제를 모두 해결했으며 사진술을 한 단계 진보시켰다. **RP**

# 아편전쟁

중국이 영국인들을 쫓아내어 1차 아편전쟁이 발발한다.

F. J. 화이트의 채색 석판화로, 아편 전쟁 때의 촨비(川鼻)항구 습격과 방비 작업을 보여 준다.

임칙서(林則徐)는 청나라의 세력가였다. 그는 후난성(湖南省)과 후베이성(湖北省)의 총독으로 이름이 높았으며, 자신이 관할하는 지역에서 막대한 양의 아편을 폐기했다. 황제는 그에게 광둥(廣東)의 아편 무역을 처리하라는 임무를 맡겼다. 그는 외국 상인들에게 압력을 넣어 아편 무역을 하지 않겠다는 서약서에 서명하도록 했으며, 영국 해군 장교인 찰스 엘리엇 선장은 그에게 아편 2만 282상자를 내주어 폐기하도록 했다. 그러나 중국인 농부 한 사람이 외국 선원들의 손에 죽었는데도 엘리엇이 범인의 인도를 거부하자 임칙서는 영국인들을 내쫓았다. 그들은 홍콩 섬으로 피신했다.

임칙서가 영국인들이 주룽(九龍)에서 물자를 구입하지 못하게 막자 싸움이 일어났고, 11월에 영국 함선과 청나라 해군이 충돌했다. 제1차 아편전쟁이 시작된 것이다. 영국인들은 무역이 자유화되어야 하며, 무역 자유화로 세계가 경제적인 상호 의존 관계에 놓이면 전쟁이 일어나지 않을 거라고 주장했다. 벵골의 아편 수출은 즉각 영국에 이익을 가져다주었다. 중국인들의 입장에서 볼 때 이는 제국주의적인 책략이었다. 청나라는 아편에 중독성이 있다는 증거를 지니고 있었으며 아편을 근절하기를 원했다.

영국 총리 파머스턴 경은 기선과 군대를 파견했다. 애초에 상대가 되지 않는 싸움이었다. 1842년 난징 조약으로 중국은 다섯 개의 '조약 항구'를 개항하여 무제한적인 해외무역을 허가해야 했으며 영국은 홍콩을 식민지로 삼았다. 1856년에서 1860년에 걸친 두 번째 전쟁은 영국 상인들의 배를 더 불려 주는 결과를 낳았다. 많은 이들이 약해진 중국을 서구 열강들이 분할할 거라 생각했다. **RP**

1840년 2월 6일

# 영국의 새로운 식민지

## 와이탕기 조약에 의해 영국이 뉴질랜드를 차지한다.

1840년 1월 29일, 윌리엄 홉슨 선장은 뉴질랜드의 북쪽 섬에 닿았다. 그는 즉시 랑가티라(마오리족 추장)들을 모아 회의를 열었고 서명을 받기 위해 조약문을 준비하도록 했다. 조약문은 며칠 안에 완성되었고, 선교사 헨리 윌리엄스와 그의 아들 에드워드는 재빨리 마오리어로 번역을 시작해 2월 4일에 마쳤다. 이틀 후, 아일랜즈 만에 있는 와이탕기에서 40명의 추장이 마오리어로 된 조약문에 서명했다. 조약을 통해 마오리족은 그들의 땅과 다른 소유물에 대한 소유권을 보장받는 대신 빅토리아 여왕의 통치권을 인정해야 했다. 이후 몇 달에 걸쳐 500명의 추장이 조약 사본에 서명했으며, 영국은 조약이 서명하지 않은 이들에게도 적용된다고 선언했다. 대영제국은 그 영토에 식민지 하나를 추가했다.

아오테아로아(뉴질랜드의 마오리어 이름–옮긴이) 섬에 유럽인이 최초로 찾아온 것은 1642년이었으나, 1830년까지는 마오리족이 묵인하는 가운데 극히 소수의 영국인들만이 살고 있을 뿐이었다. 정착민의 수가 늘어나자 토지 소유권을 두고 분쟁이 일어났고, 유럽에서 전파된 전염병 때문에 마오리족 인구는 줄어들었다. 프랑스가 뉴질랜드를 병합하려 한다는 소문이 나돌았다. 영국이 행동에 나서야 할 때였다.

뉴질랜드는 현재 와이탕기의 날을 공휴일로 정해 경축하고 있으며, 일반적으로 와이탕기 조약은 뉴질랜드를 탄생시킨 문서라 간주된다. 그러나 조약의 내용은 오랫동안 심한 논쟁의 대상이었다. 1845년에서 1872년에 걸쳐 마오리족은 다섯 차례의 전쟁을 일으켜 조약이 무시되고 있음을 항의했으나 그다지 큰 영향을 발휘하지 못했다. 20세기 중반에 와서는 마오리족의 항의를 좀 더 진지하게 귀담아듣게 되었다. 1975년부터 마오리족은 1975년 와이탕기 법령에 의거해 탄생한 재판소를 이용해 조약 원문의 조항 위반에 대한 보상을 청구할 수 있게 되었다. **RP**

1840년 5월 1일

# 1페니 우편 제도

## 페니 블랙은 세계 최초의 접착식 우표가 된다.

몇 년 전 체신국장은 롤런드 힐의 "엉뚱하고 비현실적인 계획"을 비웃었으며, 체신국 비서관은 그의 계획이 "앞뒤가 맞지 않는다"고 덧붙인 바 있었다. 그러나 영국 우편 업무의 평판은 몹시 실추된 형편이었고, 개혁을 요청하는 사업가들의 목소리가 높았기 때문에 힐은 우편제도 개혁 임무를 맡게 되었다. 1840년 5월 1일, 세계 최초의 접착식 우표가 발행되었다. 무게가 반 온스 이하인 규격 우편은 새로운 '페니 블랙'을 이용해 보낼 수 있었는데, 이는 지불한 금액이 적혀 있고 빅토리아 여왕의 초상이 그려진 작은 종이였다. 뒤쪽에는 끈끈한 풀이 묻어 있었다. 현대 우편 제도가 도입된 것이다.

찰스 1세는 17세기에 우편배달을 왕실의 독점 사업으로 정했고, 18세기 말에는 도로 사정이 나아져 영국의 주요 도시에서는 우편물을 빠르게 받아볼 수 있었다. 그러나 배달 거리와 내용물 장수에 따라 요금을 매긴데다가(물론 수취를 거부하지 않았을 때의 이야기이지만), 수신인이 요금을 내야 했기 때문에 편지 한 장 한 장을 기록해야 하는 성가시고 비용이 많이 드는 체계였다. 교육자인 롤런드 힐이 1837년 '우체국 개혁'이라는 제목의 팸플릿으로 우편 체계 개선 방안을 제안하자 많은 사람이 호응했다.

그의 개혁으로—거리가 아니라 무게에 따른 저렴하고 일정한 요금을, 보내는 사람이 먼저 지불하는 방식—10년 내에 발송 우편물 수는 네 배로 늘었으며 우편 사업은 빠르게 확장됐다. 일 년 후에는 페니 블랙 대신 소인(消印)을 찍었을 때 더 잘 보이는 페니 레드가 나왔다. **RP**

▶ 소인이 찍힌 최초의 접착식 우표 페니 블랙, 1840년.

POSTAGE
C
ONE PENNY.
K

1842년 1월 6일

# 영국의 패배

**1차 영국–아프가니스탄 전쟁이 정점에 달해 영국군이 학살당한다.**

영국은 1839년에 자신들이 아프가니스탄을 '침략'했다거나 '점령'하고 있었다는 사실을 결코 인정하지 않았다. 그들의 관점에서 이는 샤 슈자가 러시아 우호 세력인 라이벌 도스트 모하마드가 인도로 쫓겨난 뒤에 자신의 정당한 소유물을 되찾는 것을 도와준 것에 불과했다. 그러나 주민들은 영국인을 믿지 않았으며 반란을 일으켰다. 엘핀스톤 장군이 안전한 퇴각을 협상한 후 1842년 1월 6일 비무장 상태의 카불 주둔군을 이끌고 철수했음에도 아프가니스탄인들은 적대적이었다. 인도와 영국 군인 4,500명과 그들의 아내, 자녀, 공무원 등 민간인 1만여 명이 카불 강 유역 고갯길과 골짜기를 따라 이동하자 전사들은 공격을 시작했다. 1월 13일 간다마크 고갯길에서 공격은 대학살로 번졌다. 단 40명만이 살아남았으며 이들조차 무사히 돌아갈 확률이 희박했다. 눈은 깊이 쌓였고, 피할 곳이라고는 없었으며 식량도 거의 없었다. 유일한 생존자인 윌리엄 브라이던 의사만이 잘랄라바드에 도달했다.

> "브라이던은 … 이곳에
> 홀로 도착하여 … 무시무시한
> 이야기를 전했다."
>
> **줄리어스 브록맨**

영국이 동방에서 누리던 위세는 큰 타격을 받았다. 그때까지만 해도 영국군은 무적의 존재였던 것이다. 샤 슈자는 1842년 암살당했고, 도스트 모하마드가 권력을 잡았다. 이 영국–아프가니스탄 전쟁은 '그레이트 게임(중앙아시아의 지배를 둔 영국과 러시아의 패권 다툼–옮긴이)'의 일부로, 아프가니스탄을 러시아의 침략에 대비한 완충 장치로 삼아 영국의 인도 지배를 공고히 하려는 목적이었다. 영국은 1879년과 1919년 다시 침략했다. 아프가니스탄을 패배시키는 일은 쉬웠으나 정복하는 것은 다른 문제였다. **RP**

1842년 3월 30일

# 에테르를 마취에 사용하다

**최초로 황산 에테르를 수술용 마취제로 사용한다.**

외과 수술이나 치과 치료 때 환자의 고통을 덜기 위해, 의사들은 수 세기 전부터 노력을 기울여 왔다. 알코올, 아편, 마리화나 등을 사용해 보았으나 모두 완전한 성공을 거두지는 못했고, 이후에는 최면술까지 동원되었다. 그러나 현대 마취 약품의 역사는 조지아 주의 의사인 크로포드 윌리엄슨 롱의 친구들로부터 비롯되었다. 롱은 조지아 주 제퍼슨에서 개업하고 있었는데, 친구들이 찾아와 아산화질소를 달라고 부탁했다. 그들은 아산화질소를 들이마셨을 때 나타나는 증상을 즐겼던 것이다. 그는 대신 황산 에테르를 흡입해 보라고 제안했다. 그는 친구들이 글자 그대로 아무런 고통도 느끼지 않는다는 것을, 심지어 심하게 멍이 들었는데도 아픔을 모른다는 것을 발견했다.

1842년 3월, 제임스 M. 베너블이라는 환자의 목에서 낭포성 종양을 제거하는 수술을 하게 된 롱은 황산 에테르를 마취제로 사용하여 효험으르 보았다. 그는 이후에도 절단 수술이나 분만 등에 여러 차례 에테르를 사용했으며, 1845년 아내가 둘째 아이를 낳을 때에도 사용했다. 그가 이러한 발견을 발표한 것은 1848년 조지아 의대에서 강의를 하면서였다. 다음 해 그는『남부 의료와 수술 학회』지에 연구를 발표했다.

롱이 연구 성과를 뒤늦게 발표했기 때문에 다른 이들이 마취제의 최초 사용을 주장하며 나섰을 때 혼란과 반감이 일었다. 코네티컷 주의 치과의사 호레이스 웰스는 자신이 1844년에 아산화질소를 성공적으로 사용했다고 주장했다. 웰스의 동료인 보스턴의 윌리엄 T.G. 모턴은 에테르 사용의 선구자는 자신이라고, 존 C. 워렌은 1846년 매사추세츠의 종합병원에서 에테르를 이용해 수술했다고 주장했다. 그러나 오늘날에는 수술에 마취제로 에테르를 처음 사용한 이는 롱이었다고 간주한다. 미국 국회의사당 지하에는 조지아 주를 대표하는 두 인물 중 하나로 롱의 동상이 있다. **RC**

# 중국이 난징조약에 서명하다

유럽 열강이 쇠퇴해 가는 청 나라에 첫 번째 '불평등 조약'을 강요하여 중국을 서양에 굴종하게 한다.

난징조약은 제1차 아편전쟁에서 중국(청나라)이 패배한 결과로 맺은 것이었다. 1839년의 아편전쟁은 영국이 매우 중독성 있는 마약을 수출하자 청 황실이 마약의 확산을 막으려 헛되이 노력을 기울이는 와중에 발발했다. 중국은 1729년부터 아편 수입을 금지해 왔으나, 영국은 이를 무시했다. 영국 식민지인 인도에서 재배하던 아편은 동인도 회사의 공식적인—게다가 큰 이윤을 낳는—독점 사업이었던 것이다. 1839년 중국이 광둥 항에서 아편을 압수하자 전쟁이 벌어졌다. 영국은 광둥을 폭격하고, 홍콩을 빼앗고, 상하이를 점령하여 싸움은 일방적으로 끝났다.

중국은 평화를 간청할 수밖에 없었고, 난징 항구에서 헨리 포틴저 경과 기영(耆英)이 영국 전함 콘월리스호에 승선한 가운데 조약 협상이 이루어졌다. 1842년 8월 29일에 체결한 난징조약의 13개 조항에 따라, 중국은 다섯 개의 항구—광저우(廣州), 상하이(上海), 샤먼(厦門), 푸저우(福州), 닝보(寧波)—를 아편을 포함한 무역에 개항해야 했다. 또한 중국은 황실 무역 독점권을 포기하고 영국과 중국의 자유 무역에 동의했으며, 전쟁 배상금과 전에 압수한 마약 보상금으로 2,100만 달러를 지불해야 했다.

마지막으로 중국은 홍콩 항구를 영국에 내주어 수출품 보관 창고로 사용하게 했다. 수출품 대부분은 아편이었다. 소위 '조약 항구'의 개항으로 새로운 시대가 열려, 서구 열강들은 영향력을 행사하기 위해 앞 다투어 중국 해안 지대에 몰려들었고 철도를 따라 내륙까지 들어왔다. **NJ**

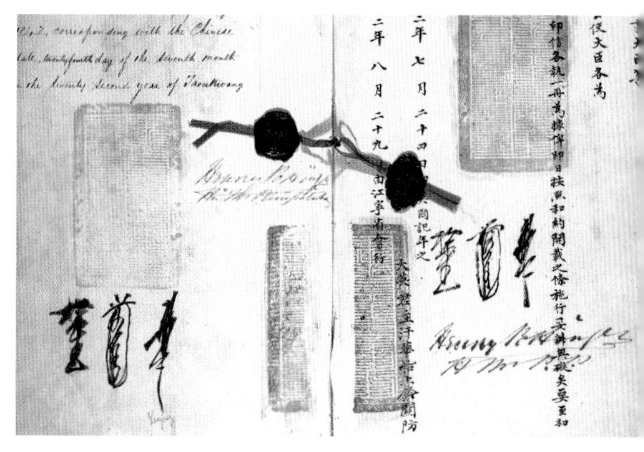

◀ 찰스 엘리엇 선장이 이끄는 영국군이 광동을 폭격하는 장면의 판화, 1841년

▶ 평화, 우호, 통상, 배상을 약속한 난징조약의 두 페이지, 1842년 8월 29일.

# 최초의 자칭 '카툰'

『펀치』 지가 사회적 불평등을 테마로 한 풍자적인 그림을 선보이고, '카툰'이라는 새 명칭은 풍자만화의 상징이 된다.

USEFUL SUNDAY LITERATURE FOR THE MASSES;
OR, MURDER MADE FAMILIAR.
Father of a Family (reads). "The wretched Murderer is supposed to have cut the throats of his three eldest Children, and then to have killed the Baby by beating it repeatedly with a Poker. * * * * * In person he is of a rather bloated appearance, with a bull neck, small eyes, broad large nose, and coarse vulgar mouth. His dress was a light blue coat, with brass buttons, elegant yellow summer vest, and pepper-and-salt trowsers. When at the Station House he expressed himself as being rather 'peckish,' and said he should like a Black Pudding, which, with a Cup of Coffee, was immediately procured for him."


▲ 〈대중을 위한 유용한 일요 문학, 혹은 친숙해진 살인 사건〉, 1849년 『펀치』 지의 만평.

"가난한 이들은 빵을 요구하고, 정부의 자선 단체는—전시회를 하사한다."

『펀치』, 1843년 7월 15일

최초의 카툰(cartoon)은 누가 그렸을까? 이는 용어를 어떻게 정의하느냐에 달렸다. 원래 '카툰'이란 나중에 제작할 완전한 크기의 그림, 태피스트리, 모자이크 등을 위한 예비 밑그림을 지칭했다. 레오나르도 다 빈치는 카툰이라 볼 수 있는 밑그림을 여러 장 남겼다. 사전 편찬자 존슨 박사는 1755년에 카툰이라는 용어를 "커다란 종이에 그린 그림이나 드로잉"이라 정의했다. 유머가 담기고 풍자적인 그림을 뜻하는 현대적인 의미의 카툰은 18세기, 특히 윌리엄 호가스의 작품에서 찾을 수 있을 것이다. 그러나 직접 카툰이라는 이름을 붙인 첫 번째 그림은 1843년 7월 15일 영국 주간 잡지 『펀치』에 실린 존 리치의 〈카툰 No.1 : 실체와 그림자〉다.

그림의 테마는 당시 건설 중이던 새 국회 의사당 건물 벽을 장식할 작품을 선정하려는 목적으로 런던 웨스트민스터 홀에서 열렸던 프레스코 전시회였다. 정부는 가난한 이들도 그림을 볼 수 있도록 "무료 관람일"을 정하기까지 했다. 『펀치』의 편집자들은 빈곤이 만연한 시기에 그러한 기획은 전부 공금 낭비라고 생각했고, 리치는 이러한 주장을 더할 나위 없는 그림으로 표현했다. 그는 허름한 옷차림에 여위고 불구인 다양한 모습의 사람들이 그림 속의 피둥피둥한 인물들을 못마땅하게 바라보고 있는 장면을 그렸다. 『펀치』의 논평은 정부가 "굶주리고 헐벗은 이들에게 그들이 갈망하는 실체를 줄 수 없기 때문에, 적어도 그림자만이라도 느끼게 해 주려고 결심했다" 고 주장했다.

이는 사회적 불평등에 공격을 가한, 『펀치』에 실린 여섯 편의 자칭 '카툰' 중 첫 번째였다. 카툰이라는 용어는 곧 너무도 친숙해져 이렇게 고도로 풍자적인 그림에 어울리는 다른 단어를 찾을 수 없을 정도였다. **RP**

# 최초의 전신문

**모스가 최초의 전신 업무를 시작하여, 통신의 신세계가 탄생한다.**

전신을 발명하려는 첫 시도는 1800년대 초 유럽에서 있었지만, 현대 전신 기술의 아버지는 미국인 새뮤얼 모스였다. 예일 대학에서 그는 전기에 대한 강의에 매료되었다. 원래는 화가로 이력을 쌓기 시작했으나 생계를 꾸리기에 충분치 않았고, 40대에는 전기 통신의 가능성에 관심을 돌렸다. 1837년에 효율적인 전신 체계로 특허를 낸 후 1844년에는 볼티모어와 워싱턴 D.C. 간 전신 서비스를 시작했다. 그가 보낸 첫 번째 전신문은 "하느님이 무엇을 만드셨는가!"였다. 전신 체계는 뉴저지로 확장되었으며 즉각적인 통신 수단의 가치를 높이 평가한 금융 관련 고객이 몰려들었다.

> "나는 발명품을
> 완성하기 위해 화가라는
> 직업을 희생했다 … ."
>
> **새뮤얼 모스, 1864년 1월 20일**

경쟁 발명가들로 인해 모스는 법정 싸움에 휘말렸지만 전신은 급속도로 성장해 1852년에는 미국 동부에 퍼진 전신망 길이가 2만 9,000km 이상에 달했다. 1861년 캘리포니아 주에도 전신망이 가설되었고, 보내는 요금은 단어 당 1달러였다. 미국 전역에 철도가(그리고 철도 통행권이) 확산되자 이는 전신주와 전신망을 세울 수 있는 기회가 되었다.

1858년에는 영국 선박 아가멤논호가 대서양을 건너는 해저 케이블을 설치했는데 오래 지속되지 못했다. 1866년에는 이샘바드 킹덤 브루넬의 기선 그레이트 이스턴호가 영국에서 제조한 대서양 횡단 케이블을 놓았고, 유럽과 미국을 잇는 믿을 만한 전신망이 확립되었다. **RP**



# 텍사스 합병

**텍사스 주가 28번째 주로 미연방에 가입한다.**

멕시코는 스페인 제국의 쇠퇴 덕분에 1821년에 독립을 얻었지만, 북쪽으로 이웃한 미국 옆에서 여전히 약소국인 상태였다. 1830년대부터 서쪽과 남쪽으로 뻗어나가려는 미국의 계속된 압력 때문에 두 나라의 충돌은 불가피한 상황에 이르렀다. 미국 정착민들은 멕시코 북부의 주 텍사스로 이주해 원래 있던 스페인 주민을 제압했고, 1834년 멕시코의 대통령 산타 안나가 북쪽(앵글로아메리칸인) 정착민에게 떠날 것을 요구하자 전쟁이 발발했다.

1836년 3월에 유명한 알라모 포위전에서 패배와 학살을 경험했음에도 불구하고, 텍사스 주민들은 멕시코에서 분리해 나와 독립 텍사스 공화국을 선포했다. 다음 달에 그들은 산하신토 전투에서 산타 안나를 물리쳤다. 미국과 영국은 이 새로운 공화국을 인정했으나, 멕시코는 인정하지 않았다. 1837년 마틴 밴 뷰런 대통령은 텍사스 합병안을 거부했는데, 이 문제를 놓고 멕시코와 전쟁이 날까 두려웠기 때문이었다.

1845년 2월, 텍사스 주의 미연방 가입을 허가한다는 결의안이 미국 의회를 통과했으며 텍사스 인들은 새로운 헌법, 특히 노예제를 허가한다는 조항을 승인했다. 12월 의회에서 합병을 비준하여 텍사스는 미국의 28번째 주가 되었다(뉴멕시코와 콜로라도 주의 일부를 포함하고 있었다). 공식 주권 이양식은 1846년 2월 19일에 열렸다.

이듬해 봄, 제임스 녹스 포크 대통령은 텍사스에서 여전히 멕시코가 소유권을 주장하던 지역을 침략해 멕시코-미국 전쟁을 일으켰고, 1848년 전쟁이 끝나자 멕시코 영토의 더 많은 부분이 미국으로 넘어갔다. 합병을 둘러싸고 워싱턴에서 보인 열의는 미국에 "대륙을 확장한다는 명백한 운명"이 주어져 있다는, 저널리스트 존 오설리번의 단언으로까지 이어졌다. **PF**

# 영국 의회가 곡물법을 폐지하다

**곡물법 철회는 의회에서 자유당 세력을 증대시키지만 필의 정치 이력을 망쳐 놓는다.**

▲ 〈필의 값싼 빵집, 1846년 1월 22일 개점〉, 『펀치』 잡지의 만평, 1846년경.

> "내 이름은 모든 독점 업자에게 증오의 대상으로 남을 것이오."
>
> **로버트 필, 하원 연설문, 1846년 6월 29일**

21세에 의회에 진출해 24세에 내무 장관, 46세에 총리를 지냈으며 이제 두 번째 총리 임기 6년째에 접어든 로버트 필 경은 경험으로 보나 능력으로 보나 동료 보수당 의원들보다 월등히 뛰어났다. 그는 자신이 어떤 것을 해야할 지 알았으며, 그것을 해낼 작정이었다. 곡물법은 반드시 폐지해야 했다. 아일랜드에 기근이 들었는데 어째서 인위적으로 밀 가격을 높게 유지해야 하는가? 어째서 평민들에게 식량을 값비싸게 구입해야 한다는 손해를 끼치면서, 그리고 제조업자들에게 높은 임금을 지불해야 한다는 손해를 끼치면서까지 농민의 수입을 후원해 주어야 하는가? 논의는 격렬하게 오랫동안 지속되었으나, 필은 97표의 다수로 투표에서 승리했다. 그러나 보수당의 3분의 2는 그에게 반대표를 던졌고, 철회는 야당 측의 지지만을 얻었다.

수입 곡물에 보호 관세를 매기는 곡물법은 1815년 당시에는 이치에 맞는 법이었다. 나폴레옹 전쟁 동안 생산이 크게 증대했고, 자유무역을 실시하면 농업이 무너질 위험이 있었기 때문이다. 그러나 이러한 이론은 곧 본래 취지를 잃었다. 많은 이들이 곡물법을 제조업자와 대중을 상대로 한 지주들끼리의 음모라고 보았다. 1842년 필은 관세를 인하했고, 감자 잎마름병이 아일랜드를 덮친 것을 계기로 관세를 완전히 폐지했다. 베리 주 면직 제조업자의 아들이었던 그는 소속 당 내에서 인기를 얻었던 적이 한 번도 없었다. 그의 랭커셔 억양을 조롱하는 이들도 있었고, 그를 냉담하고 재미없는 사람이라 여기는 이들도 있었다("표면만 살짝 녹은 빙산"). 이제 그들은 비난의 칼을 뽑아 들었다.

곡물법 폐지로 영국의 식량 가격이 내려가고, 제조업이 부흥했으며 자유무역이 도래했다. 그러나 필은 선거에서 패배해 관직에서 밀려났다. 그는 1850년에 사망했다. '필 당원'의 다수가 자유당으로 이적했으며, 보수당이 다시 여당이 되기까지는 30년이 걸렸다. **RP**

# 후기 성도 교회가 도시를 세우다

**브리검 영과 그를 따르는 모르몬교도들이 솔트레이크시티를 세운다.**

모르몬교의 창시자이자 예언자 조지프 스미스는 그리스도의 미국 재림을 기다리는 동안 신도들이 정착할 장소를 찾기 위해 여러 차례 시도했다. 그러나 그들은 맹렬한 적개심에 부딪혔고, 1844년 스미스는 일리노이 주의 노부에서 폭도에게 살해당했다. 그의 뒤를 이어 교주가 된 강력한 실천적 인물 브리검 영을 따라 모르몬교도들은 황소가 끄는 짐수레를 타고, 저녁이면 춤을 출 수 있게 취주 악단을 이끌고 서쪽으로 길을 떠나 엄밀히 말해 멕시코 영토에 해당했던 유타 주에 새 보금자리를 꾸렸다. 이곳에서 후기 성도 교도들은 새로운 수도를 세우고 규율이 엄격한 사회를 이루어 잠시나마 외부 세계와 단절된 상태로 살아갈 수 있었다.

이 여정의 계획은 두 단계였다. 첫 번째는 1846년에서 1847년에 걸친 겨울로, 오늘날의 네브래스카 주 오마하 근처에 임시로 통나무 오두막을 짓고 겨울을 보냈다. 봄이 되자 여행자들은 로키 산맥을 건너 오늘날의 유타 주에 있는 그레이트솔트 호수(서반구 최대의 염호)로 향했다. 캘리포니아까지 여정을 계속하는 편이 낫다는 의견이 있었지만, 1847년 7월 24일 현재의 솔트레이크시티 터에 닿자 영은 "바로 이곳이다"라고 선언했다.

그들의 놀라운 조직력은 엄청난 성과를 거두었다. 정착민들은 열심히 일하여 당시만 해도 사막이었던 곳에 관개 수로를 파고 작물을 심었으며, 요새를 짓고 새로운 도시의 터를 닦았다. 도시 중심부에 새로운 성전을 짓자, 그들이 '데저렛('꿀벌의 땅'이라는 뜻이며, 모르몬교도들이 유타를 부른 이름-옮긴이)'이라 부른 이곳에는 더 많은 이주민이 도착했다. 곧 여러 무리가 탐험에 나서 새로운 정착촌을 세웠으며, 1850년 필모어 대통령은 영을 새로운 준주(準州) 유타의 주지사로 임명했다. 스무 명이 넘는 아내와 엄청나게 많은 자녀를 거느리고 업적을 쌓던 영은 1877년 사망했다. **RC**

▲ 유타 주 솔트레이크시티의 성립. 모르몬 교파에서 정착촌을 세우기 시작했던 흔적이 뚜렷하게 남아 있다. 1850년경.

"나는 조지프 스미스의 이름을 존경하고 숭배한다. 그 이름을 들으면 나는 환희를 느낀다. 나는 그것을 사랑한다."

**『브리검 영 설교집』**

1847년 7월 26일

# 아프리카의 자유

## 수난 많은 라이베리아가 독립국가로 선포된다.

아프리카 사하라 이남에 있는 라이베리아는 미국에서 노예 생활을 하다가 아프리카로 돌아간 이들을 위한 나라였다. 라이베리아의 기원은 1821년으로, 리처드 필드 스톡턴이 함장을 맡은 미국 전함 앨리게이터호가 미국식민협회를 대표해 서아프리카로 항해를 떠났을 때부터였다. 미국식민협회란 백인 이상주의자들이 해방 노예들을 아프리카의 고국으로 돌려보내려는 목적에서 세운 단체였다. 스톡턴은 부족장들을 설득해 프로비던스 섬 근처 60km 남짓한 땅을 자신에게 팔라고 했고, 이곳은 미래 라이베리아의 수도 몬로비아의 터가 되었다.

> "… 이 오랫동안 학대받은 이들에게 행복한 날이 금방 밝아올 거라고 소망하지는 맙시다."
>
> **H. L. 엘즈워스가 미국식민협회에게, 1842년 5월 8일**

식민주의자들과 원주민 사이에는 처음부터 충돌이 일어났다. 황열병을 비롯한 치명적인 질병이 새로 도착하는 이들의 목숨을 주기적으로 앗아갔다. 첫 20년을 버티고 살아남은 이는 4,500명 정도의 이주민 중 절반에 불과했다. 1839년에 국호를 라이베리아 연방이라 바꿨고, 설립에 공헌한 백인들은 주권을 흑인에게 넘겨주었다. 조지프 젠킨스 로버츠가 라이베리아 최초의 흑인 총독이 되었고, 미국식민협회의 후원에 힘입어—이 단체는 식민지에 자금을 대느라 파산 위기에 처해 있었다—1847년 라이베리아를 독립국가로 선포했다. 영국(1848년)과 프랑스(1852년)의 인정을 받아 차후 생존이 보장되었다. 지금도 소수의 미국계 흑인과 다수의 아프리카 부족민 간의 갈등이 지속되고 있어, 내전이 끊이지 않고 폭력적인 불안정 상태가 계속되는 형편이다. **NJ**

1848년 1월 24일

# 서쪽에 금이 있다!

## 캘리포니아 골드러시가 시작되고, 더불어 캘리포니아 인구도 급성장한다.

자칭 존 A. 서터 대위라는 인물은 스위스 포목 상인으로 1834년에 빚쟁이들과 자기 아내를 피해 미국으로 이주했다. 캘리포니아에서 그는 멕시코 정부로부터 오늘날의 새크라멘토 부근에 있는 목축과 농업용 식민지를 받아 뉴 헬베티아라고 이름 지었다. 그는 요새를 짓고, 중고 러시아 군복을 입은 아메리카 원주민과 다양한 국적의 백인들을 수비군으로 삼았다. 놀랍게도 그의 정착지에서 금 조각이 발견되었다. 서터는 이를 비밀로 지키려 노력했으나 소문이 새어나갔고 곧 그의 땅은 황폐해졌다. 이후 몇 년간, 1849년이라는 해를 따서 '포티 나이너'라고 불리게 된 금 찾는 사람들이 떼 지어 몰려와 모든 냇물에서 사금을 찾고 땅 구석구석을 파헤쳤다.

> "그 갑작스런 금의 발견이 나에게는 얼마나 큰 불운이었는지!"
>
> **존 A. 서터, 『캘리포니아 매거진』, 1857년**

최초의 금광꾼들은 동부 출신의 미국인이었다. 이내 멕시코와 다른 라틴아메리카인들이 왔고, 하와이, 중국, 오스트레일리아, 뉴질랜드, 유럽에서까지 사람들이 몰려왔다. 뒤따라 상인, 사업가, 사기꾼들도 왔는데, 정작 골드러시 덕을 톡톡히 본 것은 이들인 경우가 많았다. 리바이 스트라우스가 만든 최초의 바지도 이때 금광꾼들에게 팔렸다. 1850년부터 캘리포니아는 번영했다. 1860년대에는 1만 4,000명이던 인구가 38만 명으로 불어났다. 도시가 탄생하고 도로와 철도가 깔렸다. 골드러시는 미국 서부 개척 시대를 열었으며, 금과 은의 발견은 네바다, 콜로라도, 오리건, 몬태나, 다코타 주의 정착지에도 비슷한 영향을 주었다. **RC**

# 미국이 멕시코로 영토를 확장한다

**과달루페이달고 조약으로 미국은 멕시코 영토의 반 이상을 합병하며, 조약에 반대하는 훗날의 반동 세력을 낳는다.**

제임스 녹스 포크 대통령은 미국의 영토 확장이 '명백한 운명'이라 천명했다. 1846년에서 1848년까지의 멕시코-미국 전쟁의 결과 획득한 영토는 미국 연방의 넓이와 부를 증대시켰다. 전쟁을 끝맺은 조약은 2월 2일 멕시코시티 교외의 과달루페이달고에서 체결되었다. 이 조약은 미국과 멕시코의 국경을 리오그란데 강과 힐라 강으로 확정했고, 미국은 전쟁 전 멕시코 영토의 약 55%에 해당하는 135만 6,000km² 이상의 새 영토를 얻었다. 오늘날의 캘리포니아, 네바다, 유타주, 그리고 콜로라도, 뉴멕시코, 애리조나, 와이오밍주 일부를 획득한 것이다. 멕시코는 1,500만 달러를 받고 325만 달러의 빚을 청산받았다. 이 전쟁은 또한 텍사스 소유권을 둔 분쟁을 마무리 지었다.

전쟁의 시초는 미국의 텍사스 합병을 둔 분쟁이었다. 1846년 1월, 포크 대통령은 재커리 테일러에게 군사를 이끌고 남쪽으로 나아가도록 명령했으며, 그는 연이어 승리를 거두었다. 멕시코 대부분의 도시가 점령당했고, 1847년 9월 14일 멕시코시티 함락과 더불어 전쟁은 끝났다. 이후 미국의 주도하에 조약이 체결되었다.

미국 영토는 이제 대서양에서 태평양까지 뻗게 되었으며, 동부 해안 항구를 손에 넣었으므로 동양과의 교역이 크게 성장했다. 1853년 개즈던 매입으로 애리조나와 뉴멕시코 주의 나머지 부분도 미국의 소유가 되었다. 그러나 이렇게 커다란 영토를 잃은 것은 멕시코에게는 의심할 나위 없는 큰 손해였다. 조약에 반발하는 움직임의 일부로 1850년대에 베니토 후아레스가 권력을 잡은 후, 이 조약은 미국과 멕시코의 관계에 악영향을 끼치는 원인이 되었다. **RP**

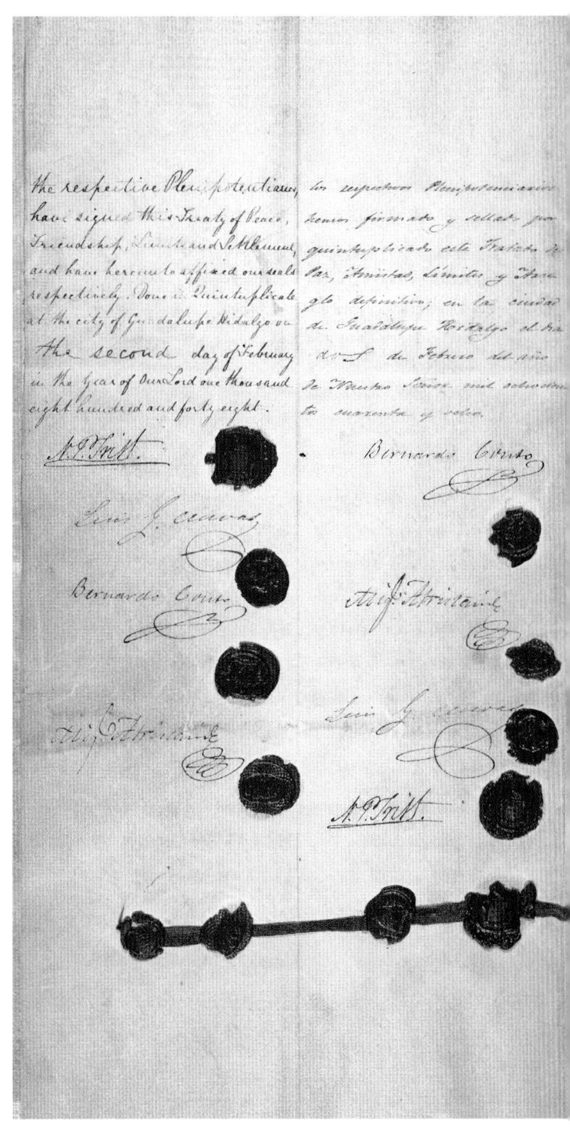

The respective Plenipotentiaries have signed this Treaty of Peace, Friendship, Limits and Settlement, and have hereunto affixed our seals respectively. Done in Quintuplicate at the city of Guadalupe Hidalgo on the second day of February in the year of Our Lord one thousand eight hundred and forty eight.

Los respectivos Plenipotenciarios hemos firmado y sellado por quintuplicado este Tratado de Paz, Amistad, Límites y Arreglo definitivo, en la ciudad de Guadalupe Hidalgo el dia dos de Febrero del año de Nuestro Señor mil ochocientos cuarenta y ocho.

N. P. Trist. — Bernardo Couto

Luis G. Cuevas — Migl. Atristain

Bernardo Couto — Luis G. Cuevas

Migl. Atristain — N. P. Trist.

▶ 멕시코-미국 전쟁을 종식한 과달루페이달고 조약의 한 페이지.

# 마르크스와 엥겔스가 역사를 재정의하다

『공산당 선언』의 출간은 앞으로 닥쳐올 혁명적인 변화의 씨앗을 뿌린다.

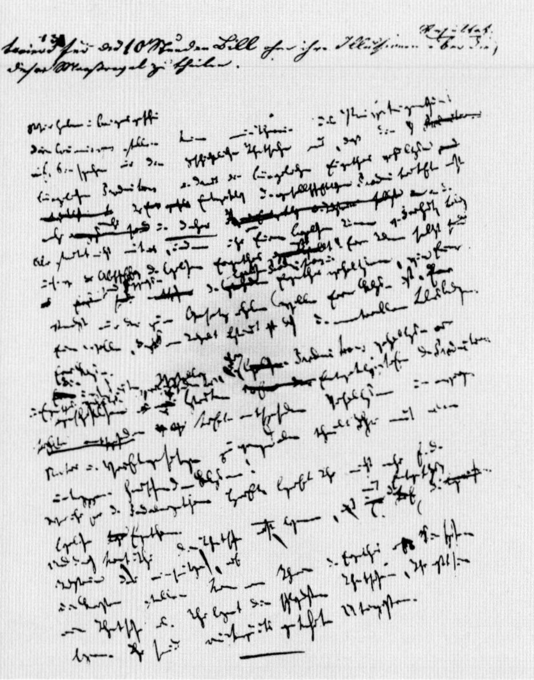

"지금까지 존재한 모든 사회의 역사는 계급투쟁의 역사다." 『공산당 선언』의 첫 문장이 언급하는 범위와 그 새로움, 그것이 내포하고 있는 정치적인 함의는 가히 놀랍다. 역사는 생산 수단을 소유한 자들이 그들을 위해 노동하는 이들과 싸우는 것을 목도해 왔다. 한 계급이 다른 계급을 지배하는 수단은 본질적으로 사상의 주입이 통제하는 학교와 군대, 경찰, 사법 체계, 그리고 후세에서의 보상을 약속하며 불평등을 유지하는 교회 등의 국가 기구였다. 그러나 어떠한 체계도 영구적이지는 않았다. 봉건제는 자본주의에 자리를 물려주었고, 자본주의자는 노동자를 착취함으로써 스스로 무덤을 파고 있었다. 착취당한 노동자들은 결국 피비린내 나는 혁명을 일으켜 인류 역사의 새로운 단계, 즉 공산주의를 인도하는 것이다.

선언문의 초안은 1847년 프리드리히 엥겔스가 작성했으며, 동료 카를 마르크스가 수정했다. 이후 선언문은 런던의 그리 알려지지 않은 단체인 공산당 연맹에 제출되었고, 1848년 2월 마침 유럽에 혁명의 물결이 밀려왔던 해에 독일어로 출간되었는데 혁명에는 거의 영향을 미치지 못했다.

『공산당 선언』은 자본주의 사회에 대한 사회학적 분석이자 혁명을 요구하는 정치적 외침이었다. 이는 쉽게 읽을 수 있는 글이기도 했다. 분석가들은 곧 선언문의 단점을 지적했다—예를 들어 국가 정체성의 중요성을 과소평가했다는 점이나, 계급 내에서의 갈등을 무시했다는 점 등이다. 그럼에도 『공산당 선언』은 19세기의 가장 중요한 혁명적 텍스트가 되었으며, 마르크스주의 사상가들에게는 새로운 성경이 되었다. **RP**

▶ 『공산당 선언』(1848년) 초고의 마지막 페이지.

◀ 딸 예니, 라우라, 엘레아노르, 프리드리히 엥겔스와 함께한 카를 마르크스(오른쪽)의 사진, 1865년경.

1848년 2월 24일

# 갑작스런 봉기

1848년 프랑스에서 민중 봉기가 계획에 없던 혁명을 일으킨다.

1830년 혁명 때 왕위에 오른 루이-필리프는 쉽게 물러나지 않으리라 결심했다. 그는 '시민왕'이 되어, 부르주아 군주로서 검열을 줄이고, 특권을 확대하고, 선거로 뽑은 의회가 법을 입안하도록 허락했다.

2월 22일, 군중이 군인들과 충돌하여 버스를 뒤집어엎고 바리케이드를 세우는 사태가 벌어졌다. 다음 날 아침 군중의 수는 더욱 늘어났으며, 8만 명의 국민군 중 대부분이 명령에 따르기를 거부했다. 그날 오후 총리인 프랑수아 기조가 사임했고, 저녁이 되자 군대는 공황 상태에 빠졌으며 카퓌신 대로에서 52명에게 발포했다. 2월 24일, 1,500개의 바리케이드가 섰다. 왕은 반대파 지도자를 정부에 임명하려 했으나 그들은 거절했다. 루이-필리프는 퇴위한 후 변장을 하고 프랑스에서 달아났다.

> "우리는
> 화산 위에서 잠자고 있다.
> 혁명의 바람이 분다."
>
> **알렉시스 드 토크빌, 하원 연설, 1848년**

1840년대의 정치적인 문제도 있었지만, 진정으로 상황을 뒤바꾼 것은 흉작, 높은 식량 가격, 실업률 증가 등 경제적 불만이었다. 루이-필리프의 퇴위는 유럽 다른 국가의 혁명을 바라는 열망을 부채질했고, 프랑스에서는 사태를 악화시켰다. '6월 봉기' 동안 파리에서는 1,500명 이상이 죽었다. 1848년 선거에서 유권자 대대수가 나폴레옹 보나파르트의 조카 루이 나폴레옹 쪽으로 돌아선 것은 놀라운 일이 아니다. **RP**

1848년 3월 13일

# 오스트리아의 불안한 기운

메테르니히의 사임이 자유주의적이고 민족주의적인 성공의 희망을 북돋운다.

빈의 헤렌슈트라세에서는 학생들이 새로운 헌법과 자유주의를 요구하며 시위하고 있었다. 알브레히트 대공이 이끄는 군대는 만일을 대비한 예비책으로 그 자리에 투입된 것이었으나 총성이 울리고 네 사람이 사망했다. 시위는 폭동으로 변했다. 빈 시민들은 군대 철수와 실권자 클레멘스 폰 메테르니히 총리의 해임을 요구했으며, 심약한 성격의 페르디난트 황제는 국무 협의회의 조언을 그대로 따라 그를 해임시켰다.

프랑스에서 혁명이 일어났다는 소식으로 지배계급은 눈에 띄게 불안을 느꼈으며, 개혁에 대한 요청을 막을 수는 없을 것 같았다. 1809년부터 외교 장관을 맡았던 메테르니히가 희생양이 되었다. 어쩌면 이것으로 혁명의 자극은 가시고 여러 민족으로 이루어진 오스트리아 제국은 살아남을 것이었다.

> "우리는 …
> 위험 없이 커다란 내부적
> 변화를 일으킬 수는 없다."
>
> **클레멘스 폰 메테르니히, 1848년 2월 29일**

곧 오스트리아에서는 강력한 인물이 나타났다. 또 하나의 혁명주의자도, 메테르니히 같은 인물도 아닌 바이에른의 조피였다. 그녀의 주도하에 이탈리아, 프라하, 헝가리, 빈에서 황제의 권위는 되돌아왔다. 1848년 12월 그녀는 아들을 프란츠 요제프 황제로 대관식을 올리게 했다. 그러나 메테르니히의 전성기 때에는 안정성의 근원이었던 합스부르크 왕가 중심의 제국이 결국 유럽 정세에서 분쟁의 원인이 되어 제1차 세계대전을 촉발하기에 이른다. **RP**

# 혁명 예행 연습

**밀라노에서 오스트리아 지배에 대항한 봉기가 일어나 빠른 승리를 얻지만 이는 허상에 불과했다.**

⊙ 〈밀라노 '5일' 때의 에피소드 : 반란군이 포르타 토사를 공격하다(1848년 3월 22일)〉, 밀라노 미술관에 있는 낭만주의 작품.

혁명은 공기 중에 만연해 있었다. 프랑스 왕은 2월에 도피했고, 이제 이탈리아의 국가들 차례였다. 자유주의자는 정치적인 자유를, 민족주의자는 오스트리아로부터의 독립을 외쳤다. 오스트리아가 지배하는 롬바르디아 주 밀라노의 자유주의자들은 이탈리아 반도의 다른 곳에서 거둔 성공으로 이미 용기를 얻었으며, 3월 17일에는 빈에서도 봉기가 일어났다는 놀라운 소식을 들었다. 밀라노 시장 가브리오 카사티 백작은 즉시 시위를 조직했고, 곧 1만 여 명이 무장을 갖추고 정부 건물 주변으로 밀어닥쳤다. 호위대 두 명이 죽자 총독인 오도넬 백작은 시위대의 요구를 들어주었다.

이는 밀라노의 유명한 '5일' 가운데 첫째 날일 뿐이었다. 80대의 오스트리아 노장군 라데츠키는 싸워서 도시의 요충지 여러 군데를 재탈환하려고 단단히 마음먹고 있었다. 그러나 3월 22일에는 라데츠키조차 철수하기로 결심했다. 임시정부가 수립되었고, 정부는 피에몬테의 카를로 알베르토에게 이탈리아 북부에 남아 있는 오스트리아 세력을 쫓아내 달라고 간청했다. 5월 말 그들은 대승을 거두었다.

그러나 이 훌륭한 성과는 그리 오래 가지 못했다. 라데츠키가 철수한 것은 패배해서가 아니라 고국의 부름 때문이었고, 7월에 그는 보강 세력을 이끌고 돌아와 쿠스토차에서 커다란 승리를 거두었다. 두 가지 교훈만은 명백했다. 성공에는 지배 계층만이 아니라 민중의 개입이 필요하다는 것과, 오스트리아를 무찌르려면 열강 연합 세력이 필요하다는 것이었다. 이로써 1861년의 성공적인 이탈리아 통일을 위한 기틀이 마련되었다. **RP**

# 구자라트 전투

영국의 구자라트 전투 승리로 영국령 인도에 시크교 영토가 병합된다.

◆ 〈1849년 2월 21일 구자라트 전투〉, 헨리 마르틴스의 그림을 바탕으로 제작한 존 해리스의 1850년 채색 판화.

1849년 2월 21일의 구자라트 전투는 제2차 영국-시크 전쟁에서 결정적인 역할을 했다. 란지트 싱 때 시크교도들은 펀자브 지방에 강력한 왕국을 이루었으며, 싱의 후계자들은 영국 동인도 회사의 세력 확장에 경계심을 느껴 1845년 공격을 개시했다. 1차 영국-시크 전쟁은 영국의 승리였지만, 강력한 '할사(시크 군대)'는 온전한 상태로 남았다. 1848년 전쟁이 재개되었고, 1849년 1월의 칠리안왈라 전투는 양편 모두 엄청난 사상자가 발생한 가운데 무승부로 끝났다.

거프 장군이 이끄는 영국군의 병력은 2만 3,000명이었고 시크 군대는 6만명이었다. 이번에는 정면 총검 돌격이 먹혀들지 않을 것 같았다. 거프는 자기편의 유리한 점을 이용할 작정이었다. 바로 96대의 야전포와 67대의 공성포, 구경 20cm에 무게 8kg짜리 곡사포 10대였다. 그의 부하들은 진군했고 시크 부대는 사격을 개시했지만, 오히려 그들의 진영을 노출시키는 격일 뿐이었다. 고프는 부하들을 멈추게 하고 모든 대포가 사격할 것을 명령했다. 연속 포격은 재난의 두 시간 동안 계속되었고, 이후 보병대가 돌격하여 시크 진영을 장악했다. 전투는 3시간 내에 끝났다. 시크교도 측의 인명 피해가 3,000명에서 5,000명으로 추정되는 반면, 영국군은 96명이 사망하고 682명이 부상을 입었다.

구자라트의 대패 이후 1849년 3월 11일에 전투는 모두 끝났다. 3일 후 시크 군대는 길버트 소장에게 공식 항복했다. 영국은 펀자브를 병합하고 나이 어린 왕 둘립 싱을 폐위했다. 그러나 시크 교도들은 주권자 아래에서 충성스런 신민이자 무시무시한 전투 세력이 되었다. **RP**

# 가정용 재봉틀 출시

**싱어가 최초로 상업적 성공을 거두게 되는 새로운 재봉틀을 발표한다.**

▲ 잡지 『하퍼스 바자』에 실린 싱어 재봉틀의 최신 지면 광고.

"나는 북이 원을 그리며
돌아가게 하는 대신 앞뒤로
움직이게 할 생각이다."

**아이작 싱어, 초기 재봉틀 모델에 대해, 1850년**

오늘날 싱어라는 이름은 재봉틀을 뜻하는 동의어나 마찬가지지만, 아이작 싱어가 최초로 사람들이 구입해 집에서 쓸 수 있는 효율적인 기계를 만들기 전에도 이 분야에는 다른 선구자들이 있었다. 1755년, 카를 비젠탈이라는 독일인이 이중 바늘의 특허를 냈다—중대한 발전이었다. 바르텔레미 티모니에라는 프랑스인은 1830년대에 기계를 제작하기 시작했으나, 손바느질로 생계를 꾸려가던 재단사들이 폭동을 일으켜 공장을 파괴했다. 1846년 엘리어스 하우라는 미국인이 재봉 기계의 특허를 냈고 런던 코르셋 제조공장에서 그의 기계를 사용했다.

아이작 머릿 싱어는 1760년대에 미국으로 이주해 온 원래 라이징거라는 성의 독일 가문 출신이었다. 거의 교육을 받지 못하고 자란 젊은 아이작은 연극에 열중하여 배우 겸 감독이 되려 했지만 그리 성공적이지 못했다. 큰돈을 벌게 해 준 것은 그가 지닌 기계공이자 발명가로서의 재능이었다. 그는 착암기와 활자 조각 기계를 제작했고 뉴욕에서 보스턴으로 옮겨가 재봉틀에 관심을 쏟았다.

1850년에 싱어는 페달을 밟아 작동하는 효율적이고 실용적인 재봉틀을 만들었는데, 바늘이 양옆이 아니라 아래위로 움직이는 구조였다. 그러나 곧 엘리어스 하우와 다른 발명가들의 특허를 침해했다는 이유로 법적 소송에 휘말렸다. 이른바 '재봉틀 전쟁'이 마침내 끝난 것은 1856년이었고, 냉혹한 사업가였던 싱어는 재봉틀 시장에서 지배적이고 유리한 위치를 차지했다. 싱어는 사생활 또한 엄청나게 복잡했다. 그를 아버지로 하는 아이가 28명이 넘는다는 소문이 떠돌았다. 1875년 60대에 사망했을 당시, 그의 재산은 1,300만 달러가 넘었다. 싱어의 회사는 1889년 최초의 전기 재봉틀을 제작하기도 했다. **RC**

# 최초의 세계 박람회

**대박람회는 영국의 기술력과 디자인을 보여주는 행사였다.**

행사의 이름은 '만국 산업 제품 대박람회'였고, 확실히 세계 곳곳에서 온 전시물이 선을 보였다. 그러나 따뜻한 봄날 오전 11시에 런던 하이드 파크에서 박람회가 열렸을 때, 영국인들은 어느 나라가 가장 두각을 나타내 이 대규모 회장을 장악하게 될지 거의 의심하지 않았다. 이러한 기대는 마땅히 사실로 나타났다. 영국에서 내놓은 전시 품목이 7,381점, 세계 다른 나라에서 온 전시물이 6,556점이었던 것이다. 그러나 가장 주목할 만한 볼거리는 바로 풍자적인 잡지 『펀치』에서 '크리스털 궁전'이라는 별명을 붙인 박람회 건물 그 자체였다. 건물의 길이는 563m, 너비는 124m, 높이는 20m로, 로마의 산 피에트로 대성당 면적의 4배를 차지했다.

더비셔의 채츠워스에서 수석 조경가로 일했던 조지프 팩스턴이 디자인한 크리스털 궁전은 세계 최초의 조립식 건물이었다. 채츠워스의 거대한 온실을 본 따서 제작한 것으로 건물의 무게를 지탱하는 부분은 철골 구조였고, 눈부신 유리판을 씌웠으며 안에는 세 그루의 커다란 느티나무가 서 있었다. 5월 1일에서 10월 15일에 걸쳐 영국 인구의 3분의 1에 해당하는 600만 명 이상이 박람회를 보러 왔는데, 대부분은 새로 개설한 유람 열차를 타고왔다. 박람회는 커다란 성공을 거둔 현대적 기술과 설계의 향연이었고, 빅토리아 여왕의 남편 앨버트 공의 주도하에 박람회를 조직했던 이들은 이러한 성과에 마땅한 자부심을 느꼈다. 곧 다른 나라에서도 이를 따라 박람회를 개최했다.

총 18만 6,437파운드에 달하는 박람회 수익으로는 런던 사우스켄징턴에 부지를 사들여 빅토리아 앤드 앨버트 박물관, 자연사 박물관, 과학박물관 등 교육적인 목적의 전시관이 건립됐다. 크리스털 궁전은 해체하여 1854년 시드넘 힐(당시 켄트 주 소속)에 재조립했는데 1936년의 화재로 파괴되었다. 시드넘 힐 구역은 오늘날 크리스털 궁전이라 불린다. **RP**

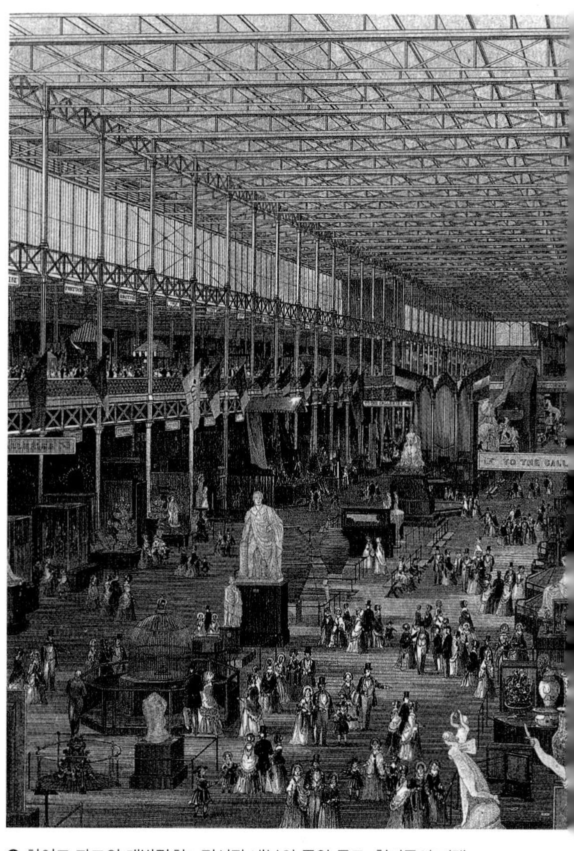


▲ 하이드 파크의 대박람회 : 전시장 내부의 중앙 통로, 철기둥이 지탱하고 있는 갤러리가 보인다.

> "이 날은 우리 삶에서
> 가장 대단하고 영광스러운
> 날 중 하나다."
>
> **빅토리아 여왕의 일기, 1851년 5월 1일**

# 『모비딕』 출간

고래잡이 배의 모험을 소재로 한 멜빌의 고전은 대중의 흥미를 불러일으키지 못한다.

멜빌의 『모비딕』 삽화, A. 번햄 슈트, 1851년경.

“누가 고래에서 철학을 찾았을 것이며, 고래 기름에서 시를 찾았겠는가 … .”

『런던 매거진』, 1851년

오늘날에는 『모비딕』을 존경할 만한 작가 허먼 멜빌이 쓴 미국 문학의 대서사시라 평가한다. 그러나 이 책이 『고래』라는 제목으로 런던에서 리처드 벤틀리가 3권으로 첫 출간했을 때나, 뒤이어 1851년 11월 14일 뉴욕 하퍼 앤드 브라더스 출판사에서 『모비딕』이라는 한 권으로 출간되었을 당시에는 이렇게 인정받으리라고는 생각할 수 없었다. 대중적 취향에 비추어 보았을 때, 멜빌은 작살질이 오가는 모험 소설 속에 자신의 철학적 사유를 자연스럽게 녹여냈다기 보다 줄거리에 억지로 삽입한 인상을 주었던 듯하다. 이슈멜과 남양제도 출신의 친구 퀴케그가 음침한 에이협 선장이 지휘하는 낸터컷 섬의 포경선 피쿼드호를 타고 고래잡이를 한다는, 성경에 대한 암시를 담고 있는 이야기는 배의 침몰로 끝나며, 멜빌의 문학적 평판이 빠르게 하락하는 결과를 가져왔다.

전직 교사였던 멜빌은 『타이피족』(1846), 『오무』(1847), 『화이트 재킷』(1850) 등 여러 편의 모험 이야기를 써서 문학적 이력을 다졌다. 『모비딕』과 마찬가지로 이러한 이야기도 멜빌이 남태평양에서 작살잡이로 일하면서 식인종을 목격하고, 해군 평선원으로 일했던 일련의 경험을 기초로 한 것이었다. 형편이 좋았을 때 번 돈으로 멜빌은 매사추세츠 주 피츠필드의 애로우헤드에 농장을 구입했으며, 그곳에 13년 간 살면서 셰익스피어 작품에 몰두했고 이웃인 소설가 너새니얼 호손과 우정을 키워 나갔다. 그러나 빚이 쌓여 가자 멜빌은 재산을 팔아야만 했고, 뉴욕에서 세관 검사원이 되었다. 세계 곳곳을 여행했던 마음 편한 방랑자이자 작가였던 그는 이제 하루 4달러를 받는 사무직에 종사하게 되었고 이후 20년간 그 일을 계속했다.

미국의 커피 체인점 스타벅스는 『모비딕』에 나오는 커피를 좋아하는 일등 항해사 스타벅의 이름을 딴 것이지만, 스타벅스의 단골들에게 아마 『모비딕』이 끼친 영향은 퇴색되었을 것이다. **JJH**

# 루이 나폴레옹, 쿠데타를 주도하다

1851년 12월 루이 나폴레옹의 쿠데타는 프랑스 민주주의를 훼손한다.

1851년 12월 1일, 파리의 정부 인쇄업자들은 철야 근무를 하는 수밖에 선택의 여지가 없었다. 경찰은 일찍 퇴근하는 이에게는 발포하라는 명령을 받았다. 그들은 성명서를 인쇄하고 있었는데, 그 내용은 극비여서 몇 문장 이상을 조판할 수 있는 이는 아무도 없었다. 작업은 오전 5시에 끝났으며 경찰국장인 드 모파스는 인쇄물을 배포하라고 지시했다. 몇 시간도 지나지 않아 도시 전체에 게시물이 나붙었다. 파리 시민들은 의회가 해산되었고 계엄령이 발효 중이며, 또한 보통 선거권이 되돌아왔고 곧 새로운 헌법에 대해 투표를 하게 될 거라는 소식을 읽게 되었다. 나폴레옹이 아우스터리츠에서 승리를 거두었던 기념일이기도 한, 이번 12월 2일 쿠데타의 주모자는 다름아닌 보나파르트의 조카 루이 나폴레옹이었다. 1848년 12월 그는 4년 임기로 대통령으로 선출되었다. 그는 자리에서 내려올 의향이 없었다. 벽보가 나붙었을 즈음, 그는 왕당파, 장군, 급진주의 지도자, 그 외 마음에 들지 않는 인물을 비롯한 유력한 정치 인사 78명을 검거했다. 반대파 약 500명이 목숨을 잃었다.

쿠데타는 놀라우리만치 순조롭게 진행됐는데, 그만큼 잘 계획된 일이었기 때문이었다. 루이 나폴레옹은 자신의 이미지를 좋게 각인하고 의회 안팎에서 지지자를 얻기 위해 부단히 애써 왔다. 가장 중요한 점은 그가 파리 시에 5만 명의 충성스런 군대를 거느리고 있었다는 사실이었다. 그는 이제 10년 임기의 대통령이었고, 이 지위는 국민 투표의 유권자 91%가 그에게 부여한 것이었다. 다음 해에 그는 황제 나폴레옹 3세로 승격했다.

유럽은 결코 전과 같은 모습이 될 수 없었다. 부분적으로는 루이 나폴레옹이 미숙하게 대외 문제에 간섭해 오히려 이탈리아와 독일의 통일을 부추겨 프랑스를 위태롭게 했기 때문이고, 다른 한편으로는 훗날의 독재자들이 그의 행적을 거울 삼았기 때문이다. **RP**

RÉPUBLIQUE FRANÇAISE.
LIBERTÉ, ÉGALITÉ, FRATERNITÉ.
DÉCRET
ET PROCLAMATIONS
DU PRÉSIDENT DE LA RÉPUBLIQUE.
DÉCRET.
APPEL AU PEUPLE.
PROCLAMATION A L'ARMÉE.

▲ 1851년 12월 2일 루이 나폴레옹의 포고문과 성명서 판화. 이를 통해 그는 독재자가 되었다.

"나의 임무는
공화국을 유지하고
조국을 구하는 것이다."

루이 나폴레옹의 성명서, 1851년

寅六十才
提督ペルリ肖像

1853년 7월 8일

# 일본의 개항

## 페리 제독이 도쿄 만에 도달해 일본에 조약을 강요한다.

페리 제독이 두 척의 외륜 기선을 포함해 전함 4척으로 이루어진 소함대를 이끌고 위협적으로 도쿄 만에 진입하자, 해안에 있던 일본인들은 기선이 뿜어내는 엄청난 양의 검은 연기를 보고 겁에 질려 마치 떠다니는 화산 같다고 생각했다. 그 전까지 일본 정부는 외국인으로부터 나라 문을 단단히 걸어 잠그고 있었다. 그러나 필모어 대통령이 통치하던 미국은 생각이 달랐다. 페리는 조약을 체결해 일본과 미국 간의 통상을 개시하고 정치적 관계를 수립하라는 명을 받고 파견된 것이었다.

친구들은 캘브레이스, 해군에서는 '늙은 곰'이라는 애칭으로 부르던 매슈 캘브레이스 페리는 57세로, 뛰어난 공적을 쌓아 왔으며, 팽창주의적인 미국 제국주의 이념의 신봉자였다. 1852년, 페리는 일본으로 가는 원정대의 지휘를 수락했다. 그는 해군 악대가 「콜롬비아에 갈채를」을 연주하는 가운데 항해를 떠났으나 일본은 조약을 맺으려 하지 않았고, 페리는 다시 오겠다는 약속을 하고 물러났다.

페리는 약속을 지켜, 다음해 2월 규모가 더 큰 군함 함대를 이끌고 돌아왔다. 이번에 그가 상륙할 때는 군악대가 「성조기여 영원하라」를 연주했다. 일본 정부는 위압당하고 분열된 상태에서 1854년 3월 가나가와 조약에 서명했다. 조약에 의해 미국은 교역 최혜국의 지위를 얻었고, 일본은 미국 함선이 연료 기지로 쓸 수 있도록 두 개의 항구를 열었으며, 난파한 미국 선원의 안전한 귀환을 보장했다. 곧 영국, 러시아, 네덜란드와도 비슷한 조약이 체결됐다. 의회는 페리에게 감사를 표했고 페리는 미국인이 "대서양 너머와 태평양으로 그 지배력과 권위를 확장해야" 한다고 공개적으로 촉구했다. 그는 1858년 뉴욕에서 죽었다. **RC**

◀ 페리 제독을 그린 채색 목판화. 미키 코사이의 『이코쿠 오치바 카게』 수록(1854년경).

1854년 7월 6일

# 새로운 정당의 탄생

## 노예제에 대한 반대가 공화당 창당으로 이어진다.

공화당은 노예제 찬성과 반대 주 사이의 균형을 유지했던 미주리 타협안이 1854년의 캔자스-네브래스카 법으로 깨어진 이후 노예제에 대한 적대감에서 탄생했다. 이 법은 새로운 준주인 캔자스와 네브래스카의 이주민들이 노예제 채택 여부를 자유롭게 결정할 수 있도록 허락했다. 남부의 '노예 지지파'에 반대하는 이들은 북부에서 세력을 결성했고, 모든 인간은 자유롭게 스스로 올바른 생활을 꾸려나가야 한다는 원칙을 지지했다. 또한 소규모 자작농들을 위해 서부를 개척해야 한다고 주장했다.

1854년 미시건 주의 잭슨에서 1만 명이 모인 가운데 정식으로 공화당을 창당했고 소문은 빠르게 퍼져나갔다. 에이브러햄 링컨도 중심인물 중 하나였으며 그는 노예제도가 독립선언문에 위배된다고 비판했다.

> "남들의 승낙 없이
> 다른 사람을 통치할 만큼
> 뛰어난 사람은 없다."
>
> **에이브러햄 링컨, 일리노이 주 페오리카, 1854년**

공화당은 1854년 국회의원 선거에서 하원 다수 의석을 차지했다. 1856년에는 공화당의 대통령 후보 존 C. 프레몬트가 열한 개의 주에서 지지를 얻었다. 1860년 공화당은 대통령 후보로 링컨을 뽑았으며 북부와 남부로 갈린 민주당에서는 두 경쟁 후보를 내놓았다. 링컨은 북부 주 선거인단 투표에서는 완승을 거두었으나 일반 투표 지지율은 40%에 불과했다. 민주당과 공화당은 이때부터 미국 정계를 지배하게 된다. **RC**

# 경기병 여단의 돌격

발라클라바 전투 때의 패배로 끝난 기병대 돌격은 영국 군대의 타락성을 돋보이게 한다.

▲ 발라클라바 전투의 유명한 "경기병 여단의 돌격"을 그린 그림.

크림 전쟁은 영국과 프랑스가 러시아의 발칸반도 진출을 막기 위해 러시아를 친 전쟁이었다. 전쟁은 기나긴 세바스토폴 포위전으로 변했고 이따금 근처에서 격렬한 전투가 일어났다. 1854년 10월 25일, 발라클라바 전투에서 다섯 개의 연대로 이루어진 영국 경기병대 여단의 지휘를 맡은 카디건 장군은 어느 계곡 끄트머리에 있는 러시아 포병 중대를 공격하라는 명을 받았다. 그는 몸소 대열 앞에 서서 경무장한 용기병, 창기병, 경기병 673명을 이끌고 1마일 넘게 떨어져 있는 러시아 포열 쪽으로 갔다. 처음에는 걸어서, 다음에는 속보로, 보통 구보로, 그리고 마침내 돌격을 개시하여 포병 부대를 공격하고 포병들이 대포를 버리고 달아나게 했다. 임무를 마친 그들은 발길을 돌려 계곡에서 물러났다. 계곡을 내려와 돌아오는 길에 그들은 양쪽에 배치된 대포와 앞쪽의 포병 부대의 사격에 무너졌다.

돌격을 마친 이후 군대를 소집했을 때, 경기병 여단에서 여전히 말에 올라탄 이는 195명 뿐이었다. 남은 이들 중에서 118명이 사망하고 127명이 부상을 입었다. 생존자들은 걸어서 돌아왔다. 카디건은 전장에서부터 말을 타고 왔고, 전용 요트로 물러나 평소대로 사치스런 식사를 했다.

경기병 여단의 장교와 병사들의 영웅적인 태도는 널리 명성을 얻었다. 그러나 명령이 분명하지 않고 오해가 있었던 탓에 그들은 엉뚱한 곳에 돌격하여 거의 성과를 얻지 못했다. 테니슨 경의 유명한 시 「경기병 여단의 돌격」을 인용하자면, "누군가가 큰 실수를 저질렀다".

이 돌격은 당시 영국 군대의 강점과 약점 모두를 여실히 보여주었다. 돈, 세력, 출신 성분을 이용해 지위를 얻은 지휘관과 장교들은 늙어가고 있었다. 영국 군사 체계는 긴급한 개혁이 필요했다. **NK**

> "이는 훌륭하지만,
> 전쟁이 아니다.
> 이것은 미친 짓이다."
>
> **목격자 피에르 보케 장군, 프랑스 장교**

# 간호의 선구자

**플로렌스 나이팅게일이 크림 전쟁에서 싸우는 영국 병사들을 위한 간호 체계를 조직한다.**

크림 전쟁에서 러시아와 싸우다 부상을 입은 영국 병사들을 위해 야전병원으로 개조한 터키 스쿠타리의 병영은 불쾌하고 해충이 들끓었다. 이러한 상황은 플로렌스 나이팅게일과 38명의 간호팀이 예상했던 것보다 훨씬 열악했다. 병들고 죽어가는 군인들이 여기저기 널려 있었는데, 대부분은 콜레라나 이질을 앓고 있었다. 스쿠타리에서 부상이 원인이 되어 사망하는 경우는 여섯 건 중 한 건에 불과했다. 게다가 군의관들도 딱히 나이팅게일의 간호팀을 반기지 않았다. 특히 나이팅게일이 간호사들에게 병원을 철저하게 청소하고 환자 간병 체계를 재조직하도록 했을 때는 더 했다. 자기들만의 전문 분야에 대한 모욕이라 느꼈던 것이다.

1820년 이탈리아의 부유한 상류계급 가문에서 태어난 나이팅게일은 간호사의 길을 가기 위해 간호가 하류층 여자들이나 하는 직업이라 여기던 부모님의 반대를 극복해야 했다. 어느 모로 보나 그녀는 투사였다. 또한 그녀는 최초로 영국 국민에게 콜레라 전염에 대해 경고했던 '더 타임스' 신문을 자기편으로 두고 있었다. 더 타임스는 그녀를 "등불을 든 여인"이라 부르며 나이팅게일의 숭고한 뜻을 옹호하고 그녀의 일을 돕기 위해 공공 기금을 조성했다.

위생 상황을 개선하자 스쿠타리의 사망률은 감소하기 시작했고, 1854년 영국으로 돌아온 나이팅게일은 국민 영웅으로 환대받았으며 빅토리아 여왕을 접견하는 기회까지 얻었다. 크림 반도의 최전선에서 병사들을 돌보았으나 그 이름은 대중에 알려지지 않은 자메이카 출신의 크리올인 메리 시콜과는 사뭇 다른 대우였다. 고국에서 나이팅게일은 자신의 영향력을 이용해 군병원을 개혁하고 간호의 모범 수준을 향상시키기 위해 노력했으며, 1860년에는 런던 세인트 토머스 병원에 나이팅게일 간호학교를 세웠다. 1907년 그녀는 여성 최초로 메리트 훈장을 받았다. **NK**

▲ 크림 전쟁에서 쌓은 경험을 이용해 현대 간호 체계를 수립한 플로렌스 나이팅게일.

" … 등불을 들고
홀로 회진을 돌고 있는
그녀의 모습을 볼 수 있을 것이다."

'더 타임스', 1854년

# 세포이 항쟁

## 인도 군인들이 영국군 장교들에게 대항하여 봉기한다.

▲ 델리를 점령한 인도 반란군은 영국군 세력에 도시를 빼앗겼고, 영국군은 반란 주모자들을 교수형에 처함으로써 신속한 보복을 가했다.

5월 9일, 델리 북쪽 메루트의 병영에서 벵골 제2 경기병대의 지휘관은 인도인 군인(세포이) 85명에게 사격 훈련 수행을 거부한 죄로 10년간의 강제 노동형을 선고했다. 다음날 메루트의 인도인 연대는 반란을 일으켜 선고받은 이들을 풀어주고 영국인 장교들을 죽이기 시작했다. 그리고 은퇴한 무굴 황제 바하두르 샤를 인도의 지배자라는 전통적인 권좌에 복위시키기 위해 델리로 행군했다. 델리의 인도 연대도 반군에 합류했고, 반란은 인도 북부 전역으로 퍼져 나갔다.

폭동의 직접적인 원인은 신형 엔필드 라이플의 도입이었다. 이 총을 쏘려면 기름을 바른 탄약통 끝을 입으로 물어뜯어야 했다. 힌두교 군인들은 이것이 소기름이라는 이유로, 무슬림 연대에서는 돼지기름을 포함하고 있다는 이유로 기름이 자신들을 부정하게 한다고 여겼다. 영국군에 대한 인도 군인들의 불신은 지배 계층과 피지배자 사이의 간격이 점점 멀어진다는 징후였다. 영국 군인과 행정관은 예전에는 인도 문화를 존중하는 자세를 보였으나, 이제는 자신들의 역할을 명백하게 기독교 중심적인 개혁적 관점에서 수행했으며 인도의 전통적인 사회 구조에까지 간섭하려 들었다.

인도인 연대 전부가 반란을 일으킨 것은 아니었다. 그럼에도 불구하고 반란군을 진압하고 영국의 지배를 다시 부과하려는 과정에서의 폭력과, 실제이든 과장된 상상이든 양측에서 저지른 잔혹 행위는 두 집단의 분리를 더 심화시켰다. 지배자들이 피지배자인 인도인들을 두고 느끼는 우월감이라는 위험한 환상을 더 굳혔을 뿐이었다. **NK**

# 루르드의 성모마리아

**베르나데트 수비루의 환상 목격 체험 덕에 루르드는 기독교의 순례지가 된다.**

▲ 루르드의 마사비엘 동굴에 성모마리아가 나타났다는, 수비루의 환상 체험을 목격하기 위해 군중이 몰려들었다.

지병인 천식이 악화될 것 같은 날씨였지만, 14세의 베르나데트 수비루는 밖에 나가 땔나무를 모아 오겠다고 고집을 부렸다. 그녀는 루르드의 어느 폐기된 감옥 안의 몹시 살기 나쁜 한 개의 '감방'에서 부모 형제와 함께 살고 있었는데, 이 열악한 공간을 벗어나 휴식이 필요했다. 아래편에 작은 동굴이 나 있는 바위투성이 절벽을 돌다가 그녀는 동굴에서 "한 줄기 바람과 같은 소리를 들었다". 뒤돌아서자 눈앞에 "부드러운 빛"이 보였고, 하얀 옷을 입은 아름다운 여인이 다정한 몸짓으로 손을 벌렸다. 베르나데트는 성호를 그으려 했지만 손이 마음대로 움직이지 않았다. 환영은 성호를 그어 보이더니 사라졌다. 부모의 반대에도 불구하고 베르나데트는 그곳에 이끌려 갔고 더 많은 환상을 보았는데, 친구들의 눈에는 아무것도 보이지 않았다. 3월 25일, 환영은 "원죄 없는 잉태"라며 자신의 존재를 밝혔다.

베르나데트는 몽상가에 허풍쟁이, 혹은 단지 정신이상이라는 비난을 받았다. 그러나 교황은 1862년 그녀의 환상이 진정한 것이라고 선언하여 루르드의 성모마리아 숭배를 인정했고, 지하 샘물은 기적적인 효험을 지닌 것으로 선포되었다. 루르드는 곧 순례지가 되어 연간 300만 명의 방문객이 몰려들었다. 대부분 병들고 불구인 사람들이었다.

1958년, 루르드에 2만 석의 지하 교회가 건설됐다. 베르나데트는 수녀가 되어 여생을 기도와 은둔 생활로 보냈으며 지혜와 상냥함, 고통을 마주하는 태연한 자세로 큰 사랑을 받았다. 베르나데트는 1879년에 죽었으며 1933년 성녀로 시성되었다. **RP**

# 세균학의 기원

루이 파스퇴르가 자연 발생설이 틀렸음을 증명한다.

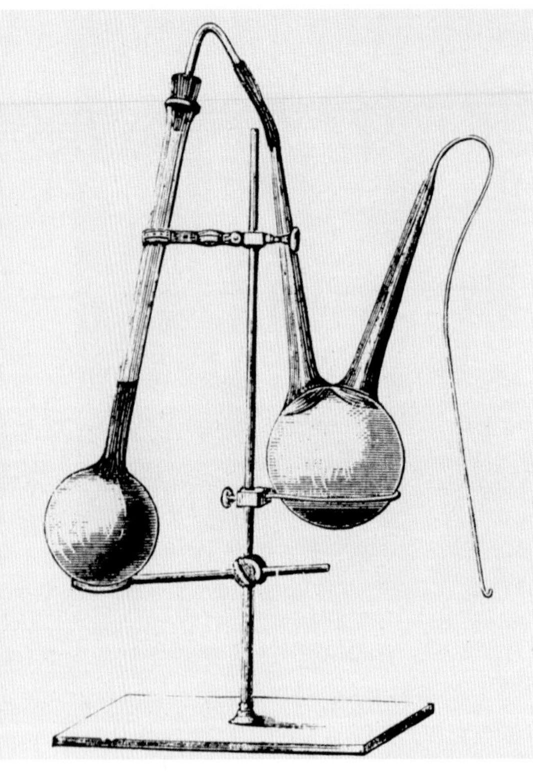

▲ 루이 파스퇴르가 질병 걱정 없는 맥주를 제조하려는 초기 실험에서 사용한 기구를 그린 판화.

▶ 화학자 루이 파스퇴르가 실험실에서 과학 실험을 하고 있다.

"와인은 생명체의 바다다.
그 일부는 와인을 있게 하고,
일부는 부패하게 한다."

**루이 파스퇴르**

와인이나 우유를 플라스크에 두고 방치하면 '시어지며', 표면에는 미생물이 나타난다는 것은 누구나 알고 있었다. 그러나 무엇이 이러한 변화를 초래하는 것일까? 파리 고등사범학교의 신임 교수로 임용된 루이 파스퇴르는 일반적으로 용인되던 펠릭스 푸셰의 이론이 틀렸다는 확신을 지니고 있었다. 푸셰는 '자연 발생설', 즉 발효 작용이 화학적인 과정이며, 따라서 생명이(미생물만을 말하는 것이긴 했지만) 단순한 물질로부터 발생할 수 있다는 이론을 믿었다. 파스퇴르는 실험을 통해 이 이론이 틀렸음을 증명해 보일 수 있다고 자신했다. 그는 니트로셀룰로오스로 마개를 막은 시험관에 공기를 통하게 한 다음 니트로셀룰로오스를 용해시켰다. 잔여물에서는 발효 중인 액체에서 볼 수 있는 것과 똑같은 미생물을 발견할 수 있었다. 한편 충분히 가열한 공기를 통하게 하면 잔여물에서 미생물이 나오지 않았다. 파스퇴르는 발효나 부패를 일으키는 것이 공기 중의 이러한 생물이며, 열을 가하면 죽일 수 있음을 입증했다. 이는 중대한 발견이었다.

이 최초의 대 발견 이후에도 파스퇴르는 자신의 성과를 계속 발전시켰다. 그는 '미코데르마 아세티'라는 미생물이 와인을 시어지게 하지만, 고온에서 가열하면 그 문제를 해결할 수 있음을 알아냈다. 물질을 특정한 온도로 가열하는 것, 즉 '파스퇴르식 저온 살균법'은 식품 살균에 있어 획기적인 대책이었다.

파스퇴르는 화학적 현상과 생명 있는 유기체 사이에는 근본적인 차이가 있음을 밝혔다. 이제 공기 중에 박테리아가 가득하다는 점을 알게 되었으니, 질병과 맞서 싸우고 면역 대책을 발전시켜 나갈 수 있는 길이 열린 셈이었다. 파스퇴르 자신은 1881년 탄저병 백신을 개발했고, 이후에는 광견병을 퇴치했다. 그는 1895년 파리의 파스퇴르 연구소에 묻혔다. **RP**

ETEINDRE
A

# 나이아가라를 건넌 스타

프랑스 곡예사 샤를 블롱댕이 외줄을 타고 나이아가라 폭포를 건넌다.

▲ 프랑스 곡예사 샤를 블롱댕이 나이아가라 폭포 높은 곳에서 줄타기 묘기를 선보이고 있다.

"위대한 블롱댕"은 줄타기 곡예사 중에서도 가장 유명하다. 1824년 프랑스에서 장-프랑수아 그라벨레라는 본명으로 태어난 그는 한 번 구경한 서커스에 푹 빠져 아버지의 낚싯대를 균형 잡는 장대로 삼아 줄타기를 연습하기 시작했다. 부모는 그에게 곡예사 훈련을 받게 해 주었고, 그는 다섯 살의 나이에 대중 앞에 데뷔했다. 그는 스스로를 '블롱댕'이라 칭했는데, 금발 머리 때문이었다.

그의 가장 유명한 묘기는 35세 때 최초로 나이아가라 폭포를 건넌 것이었다. 그는 노 젓는 보트를 이용해 강을 가로질러 로프를 쳤다. 거리는 305m를 넘었고, 자체의 무게 때문에 중간 지점에서는 로프가 약 18m나 아래로 쳐져 가파른 경사가 졌다. 이 행사는 신문과 벽보, 전단지를 통해 널리 홍보되었다. 주변 호텔은 방값을 올렸고, 보라색 조끼에 하얀 바지를 입고 모자를 쓴 차림의 블롱댕이 줄타기하는 장면을 구경하기 위해 엄청난 수의 관객이 흥분한 가슴을 안고 모여들었다. 그는 5시 15분에 묘기를 시작했다. 시작하기 전에 지원자가 있으면 등에 둘러매고 건너겠다고 제안했지만, 아무도 나서지 않았다. 굵기 7.5cm이상의 로프 위를 걷는, 개인적으로는 쉬운 일이라고 여긴 이 묘기를 그는 서두르지 않고 해 나갔다. 정확히 17.5분 만에 폭포를 완전히 건너자 관중은 환호했다.

블롱댕은 7월 4일에 다시 한 번 나이아가라를 건넜고, 중간에 로프 위에 누워서 잠시 낮잠을 즐겼다. 이후에도 눈을 가리거나 실크햇을 쓴 매니저를 업거나 손수레를 미는 등 다양한 변화를 주며 묘기를 부렸는데, 한 번은 죽마를 타고 건너기도 했다. 그는 1897년 72세의 나이로 런던에서 사망했으며, 죽기 직전까지 곡예를 계속했다. **RC**

# 그의 영혼은 행군을 계속하고 있도다

존 브라운의 버지니아 주 하퍼스 페리 습격은 집단 노예 봉기를 일으키는 데 실패한다.

▲ 존 브라운과 그의 무리는 무기를 얻기 위해 하퍼스 페리의 미국 국립 무기고의 머스킷 총 공장을 습격했다.

1854년 캔자스-네브래스카 법은 두 새로운 준주의 주민들에게 노예제 채택 여부를 결정할 수 있도록 했다. 이웃 미주리 주의 노예 소유주들이 캔자스로 이주해 왔으나, 다른 이주자들—켄터키, 테네시, 그 외 다른 곳의 농부들—은 노예를 두지도 않았고 그럴 필요도 없었기에, 실질적인 내전이 발발했다. 존 브라운은 이러한 상황에 관심을 기울였다. 50대 중반의 열렬한 노예제 폐지론자인 그는 미국의 노예제도가 그리스도의 재림을 늦추고 있다고 믿었다. 그의 아들 다섯 명은 이미 캔자스로 이주했으며, 1855년 존 브라운 자신도 충분한 무기를 갖고 캔자스로 갔다. 다음 해 그는 포타와토미 크리크의 정착촌에서 '노예 사냥개'로 추정되는 이들을 학살하는 데 앞장섰다. 그를 비롯한 누구도 이 일에 대해 처벌받지 않았다.

브라운은 노예 반란을 일으키기를 원했다. 그는 노예들에게 무기를 공급해 주고 애팔래치아 산지의 은둔처로 데려갈 생각이었다. 그곳에서 남부의 모든 노예들이 그에게 합세할 것이고 노예제가 붕괴하리라고 그는 믿었다. 이러한 계획에 따라 그는 15명의 백인과 5명의 흑인을 이끌고 버지니아 주 하퍼스 페리의 무기고를 기습했다. 무기고에서 브라운은 근처 노예 소유주 여러 명을 포로로 잡고 노예들을 무장시켰다. 그러나 다음날 미래의 남군 사령관 로버트 E. 리가 이끄는 미군 해병대가 무기고에 들이닥쳤다. 브라운은 부상을 입었고, 그의 아들 둘과 다른 8명은 사살됐다. 그는 체포되어 교수형에 처해졌으나, 노예제 폐지를 위한 순교자로 불멸의 명성을 남겼다. **RC**

# 자연 선택설

다윈이 『종의 기원』을 출간하여 학계에 논란을 불러일으킨다.

책은 녹색 천으로 장정되었고, 502페이지 길이에 14실링이라는 비싼 가격이었다. 런던의 존 머레이가 『자연 선택, 혹은 생존 경쟁에서 유리한 종의 보존에 의한 종의 기원에 대하여』라는 제목으로 출판했다. 단 1,250부를 인쇄했는데, 이는 발행 당일 모두 팔렸다. 찰스 다윈은 학계에 혁명을 일으킬 베스트셀러를 내놓은 것이다.

다윈은 동물과 새에서 나타나는 시간에 따른 변이를 설명해야 할 필요성을 깨달았다. 상세한 조사를 하는 동안 어느 때보다도 행복한 시간을 보냈음에도, 이론을 책으로 발표하기에 앞서 그는 머뭇거렸다. 학계에 다이너마이트를 던지는 격이 되리라는 사실을 알고 있었기 때문이다.

> "만족스럽게 설명하지 못한 매우 많은 문제점이 있다는 사실을 완전히 인정하는 바다…."
>
> **찰스 다윈, 『종의 기원』에 대해서**

다윈은 생명체들 사이에는 격렬한 생존경쟁이 있다고 주장했다. 환경에 더 잘 적응하게 해 주는 자연적인 이점을 타고난 생물은 살아남아 번식할 가능성이 더 높고 그들의 이점을 후손에게 전달하게 되며, 후손은 결국 새로운 종으로 진화하게 된다는 것이다. 비판하는 이들이 보기에 그는 창조주라는 개념을 훼손해 신을 공격하고, 인류를 동물 수준으로 전락시키는 셈이었다. 책을 둘러싸고 강렬한 반발과 대단한 지지가 잇따랐으며, 많은 신랄한 논의가 오갔다. 곧 진화를 뒷받침하는 증거가 서서히 쌓여갔으나 자연 선택의 기제를 설명해 줄 증거는 없었다. 현대 유전학에 이르러서야 자연 선택의 원리가 밝혀졌다. **RP**



# 가리발디의 이탈리아

가리발디가 이탈리아 통일을 진척하려는 사명을 안고 시칠리아에 온다.

이탈리아의 통일은 가리발디의 가장 큰 모험이었지만 이는 하마터면 일어나지 않을 뻔 했다. 원래 그는 고향인 니스를 프랑스로부터 빼앗으려는 데 전심을 기울이고 있었으나, 북부 이탈리아의 통일 주도자 비토리오 에마누엘레와 카보우르의 태도는 실망스러웠다. 그들은 가리발디의 뜻을 꺾을 수 없었고 성공을 거둔다면 도와 줄 의향이었지만, 지극히 주의할 것을 당부했다. 그럼에도 불구하고 주세페 가리발디는 나폴리왕에 대항한 반란이 일어난 시칠리아로 향했다. 1860년 5월 6일, 그는 두 대의 낡은 외륜 기선 롬바르드호와 피에몬테호에 부하들을 태우고 제노바를 떠났다. 5월 11일 배는 마르살라에 닿았다. 두 척의 기선은 더 강력한 나폴리 선박과 맞서야 했으므로, 이때라도 그의 임무는 끝나 버릴 수 있었다. 다행히도 나폴리 사령관은 근처에 정박하고 있던 두 척의 영국 전함이 가리발디를 보호하고 있다고 생각해 공격을 주저했다. 사격을 개시했을 때에는 대부분이 배에서 떠난 후였다. 가리발디 측의 피해는 한 명이 어깨에 부상을 입고 개 한 마리가 다리를 다친 것뿐이었다. 이제 이탈리아의 통일 과정을 통틀어 가장 놀라운 승리를 맞이할 준비가 끝났다.

가리발디의 붉은 셔츠단 '천인대'는—실제로는 약 1,200명이 두 척의 배에 타고 있었다—팔레르모를 점령했고, 성공적으로 지지를 얻어냈다. 곧 시칠리아도 그의 수중에 들어왔고 나폴리도 뒤를 이었다. 10월에 가리발디는 자신이 점령한 지역을 비토리오 에마누엘레 왕에게 넘겨주었으며, 비토리오 에마누엘레는 다음해 이탈리아의 왕이 되었다. 이탈리아의 국민 영웅 가리발디는 1년 동안 먹을 마카로니 외에는 거의 가진 것도 없이 카프레라 섬에서 은둔에 들어갔다. 누구도 왕보다 더 빛날 수는 없었기 때문이다. **RP**

▶ 〈카푸아를 내려다보는 가리발디〉, 도메니코 인두노(1815~1878년) 작, 밀라노.

Ger.º Induno 1861

1860년 6월 17일

# 강철 바다 괴물

**세계 최대의 배인 브루넬의 그레이트 이스턴호가 대서양을 횡단한다.**

그레이트 웨스턴 호는 15일이라는 기록으로 대서양을 건넜지만 이샘바드 킹덤 브루넬에게는 이 정도의 성공으로 충분치 않았다. 그는 도전을 계속할 작정이었다. 이제 북대서양 항로는 그의 것이었다. 하지만 오스트레일리아는 어떨까? 그는 더 크고, 뛰어나고, 빠른 배를 건조하기로 결심했다. 배라기 보다 거대한 철도역 같은 모습을 한, 길이 189m에 톤수가 8,915t인 그레이트 이스턴호가 바로 그것이었다. 외륜 엔진과 강철 스크루가 동력을 냈다. 철로 된 선체는 표면을 이중으로 만들어 가라앉는 일이 없도록 했다.

뉴욕 타임스의 말을 빌자면 "이 거대한 배의 탄생 과정은 전부 하나의 커다란 실책이었던 듯하다." 과장의 말이 아니었다. 재정적인 문제가 끝없이 발생했다. 진수부터가 대실패였다. 처음에는 배가 앞쪽으로 기우는 바람에 한 사람이 죽었고, 그러더니 전혀 움직이려 들지 않았다. 몇 달이 지나서야 물에 뜨게 되었다. 1859년 9월 9일에는 기관실에서 폭발이 일어나 다섯 명이 죽었다. 다른 선박이었다면 분명 난파했겠지만, 그레이트 이스턴호는 멀쩡했다. 그러나 이는 브루넬이 견딜 수 있는 마지막 한계였다. 그는 전에도 뇌졸중을 일으켰던 적이 있었던 그는 끝내 죽고 말았다. 1860년 6월 17일 그레이트 이스턴호는 사우샘프턴을 떠났다. 이번에는 또 무엇이 잘못될까? 겁 없는 기자들이 직접 알아내기 위해 승선하고 있었다. 결국 뉴욕으로 가는 항해에서는 별 일이 없었다. 대서양 복판을 지날 때 강풍이 불었지만 승객 세 명만이 뱃멀미를 일으켰다고 보고됐다. 6월 27일, 부두를 들이받아 1.5m 정도 파이게 하는 사고가 있었지만 배는 무사히 독에 들어갔다.

그레이트 이스턴호는 기대에 미치지 못했고, 여객선으로서도 성공을 거두지 못했지만 루시타니아호(1906년 진수)가 나오기 전까지 세계 최대의 선박이었으며, 오늘날의 모든 대형 정기선의 모델이었다. **RP**

1861년 2월 18일

# 이탈리아가 재통일을 이루다

**통일 이탈리아 전체를 대표하는 최초의 의회가 소집된다.**

이탈리아의 재통일은 매우 다른 성격의 네 사람이 만든 작품이었다. 냉담하고 금욕적인 이상주의자 주세페 마치니는 이념을 제시했다. 카리스마 있는 애국지 주세페 가리발디는 군사력을 제공했다. 피에몬테 지방의 왕 비토리오 에마누엘레는 왕으로써 국민의 구심점 구실을 했으며, 그의 총리인 영민한 정치가 카밀로 카보우르 백작은 종종 확실한 결말을 향해 우회하는 경향이 있었다.

이탈리아 민족주의의 잠재적인 원인은 나라가 오스트리아의 통치를 받는 북동부, 로마 주변의 교황령, 부르봉 왕가가 지배하는 나폴리와 시칠리아로 나라가 분열되었다는 데 있었다. 나폴레옹 3세가 오스트리아 영토를 정복하고 이탈리아의 의식을 고취시켜 민족주의는 다시 불이 붙었다. 프랑스는 카보우르와 손을 잡고 북부 이탈리아를 침공하여 오스트리아를 궁지에 몰아넣었다. 그러나 중부와 북부 이탈리아 전체를 통일하는 데까지 이르지 못하고 평화 협정을 맺어 이탈리아인들을 실망시켰다.

1860년 가리발디는 1천 명의 '붉은 셔츠단' 군대를 이끌고 시칠리아를 침공해 시칠리아와 나폴리 두 섬을 부르봉 왕가로부터 해방시켰다. 전에는 공화주의자였던 가리발디는 로마 밖에서 피에몬테의 왕 비토리오 에마누엘레와 연합하여 그를 통일 이탈리아의 군주로 인정했다. 교황령과 베네치아만이 새로운 이탈리아의 영토 밖에 있었다. 2월에 이탈리아 전역에서 온 대표자로 구성된 의회를 소집했고, 3월에는 새로운 연방을 비준했다. 1866년 가리발디는 이탈리아군을 이끌고 베네치아에서 오스트리아군을 몰아냈으며, 1871년에는 교황령도 새로운 이탈리아 국민군 앞에 항복했다. 오스트리아 총리 메테르니히의 말을 빌면, 이탈리아는 더 이상 "지리학적인 표현에 불과한" 것이 아니었다. 이탈리아는 친구들의 도움을 약간 받아 스스로를 하나의 민족국가로 수립한 것이다. **NJ**

# 러시아 봉건제의 철폐

귀족의 반발에도 불구하고 차르 알렉산드르 2세는 러시아 근대화를 위한 노력의 일환으로 농노 해방령을 내린다.

차르 알렉산드르 2세는 모순된 사나이였다. 그의 가장 유명한 업적은 철저한 개혁—무엇보다도 농노제라는 봉건제도를 폐지한 일—이지만, 전제 권력에 대한 집착으로 1863년에서 1864년에 걸친 폴란드 봉기를 잔혹하게 진압했고, 결국 자신이 혁명가들에게 암살당하는 결과를 낳았다.

알렉산드르가 왕위에 오른 것은 크림전쟁이 한창일 때였다. 체제를 개편하려는 그의 굳은 결심은 농노제를 완전히 철폐하겠다는 대담한 결단으로 이어졌다. 알렉산드르는 수백만 명의 러시아 농민을 글자 그대로 영주의 사적 소유물로 삼는 중세의 봉건제가 근대화를 가로막는 장애물이라고 여겼다. 농노제를 폐지하겠다는 알렉산드르의 선언은 그의 6번째 즉위 기념일에 시행되었다.

그의 변덕스러운 인격 중 또 다른 일면은 2년 뒤 러시아 통치로부터의 민족 독립을 목적으로 한 폴란드 봉기를 무력 진압한 데서 드러난다. 수천 명의 폴란드인이 시베리아 유형에 처해졌다. 광대한 영토에 대한 차르의 근대화 정책—철도를 놓고 자본주의 기업을 들여오는 등—은 온건한 개혁에 불만을 품었던 혁명주의자들의 기세를 북돋우는 결과를 가져왔을 뿐이었다. 여러 차례의 암살 미수를 겪은 이후—한 번은 폭탄이 그의 겨울 궁전 한 층을 모조리 파괴하기도 했다—1881년 3월 차르는 '인민의 의지'라는 이름의 젊은 혁명가 단체가 실행한 대규모 폭탄 공격의 희생자가 되었다.

이 치명적인 공격은 그가 농노 해방령을 선포해 '해방자'라는 칭호를 얻은 지 정확히 20년째 되는 날에 일어났다. 아버지의 고통스럽고 오래 끄는 죽음을 지켜본 알렉산드르 3세는 혁명의 위협에 맞서는 유일한 방법은 가차 없는 반대와 억압이라는 결단을 내렸다. **NJ**

러시아의 차르 알렉산드르 2세. 그는 적극적인 개혁 주도자였으며 1861년 농노제 폐지의 주역이었다.

"농노제가 아래에서부터
스스로 허물어지기를 기다리는 것보다,
위에서 폐지하는 편이 낫다."

**알렉산드르 2세의 선포문에서**

# 남부 연합이 섬터 요새를 공격하다

섬터 요새의 연방 수비군이 남부 연합에 항복한다.

1861년 4월 남부 연합 소속 사진사가 찍은, 두 장을 합성한 이 사진은 폭격당한 섬터 요새를 보여 준다.

"미래의 세월은 결코
남북 전쟁의 소용돌이치는
지옥을 알지 못하리라…."

월트 휘트먼, 『산문집』, 1892년

1860년 에이브러햄 링컨의 대통령 당선 이후 사우스캐롤라이나 주가 연방에서 탈퇴하고 뒤이어 남부의 다른 주들도 빠져나가자, 미국 내전은 불가피한 상황이 되었다. 1861년 2월, 앨라배마 주 몽고메리에서 집회가 열려 미시시피 주의 제퍼슨 데이비스를 대통령으로 하는 새로운 '남부 연합'이 탄생했다.

남부 연합이 당면한 곤란한 문제는 사우스캐롤라이나 주 찰스턴 항구에 있는 섬터 요새였다. 워싱턴의 연방 정부가 이 요새를 차지하고 있었다. 로버트 앤더슨 소령 휘하의 약 70명의 수비군이 요새를 지키고 있었는데, 이는 남부 연합에 군사적인 위협이 될 가능성은 거의 없었지만 남부의 자부심에 대한 도전이었다. 찰스턴 당국은 요새에 더 이상 식량을 팔지 않겠다고 거부했고, 워싱턴에서 취임식을 올린 다음 날인 3월 5일에 링컨 대통령은 4월 15일까지 식량 지원이 가닿지 않으면 수비군이 굶어죽을 것이라는 소식을 전해 들었다. 그는 바다를 통해 항구 쪽으로 식량과 물자를 실은 파견대를 보냈다.

제퍼슨 데이비스는 요새에 항복할 것을 명했으나 앤더슨은 거절했다. 4월 12일 오전 4시 30분, 남부 연합군은 요새를 폭격하기 시작했다. 34시간이 지난 후—탄약과 식량이 거의 바닥난 상태로—앤더슨은 항복했다. 성조기는 내려오고, 요새 수비군은 패자에게 주어지는 예우를 받으며 걸어 나왔다. 양측 모두 인명 피해는 없었다.

이제껏 링컨도 데이비스도 먼저 공격을 감행하기를 원치 않았었다. 그러나 링컨은 이제 남부의 '반란'을 진압할 7만 5,000명의 자원군을 모집했고, 5월 6일 남부 연합 의회는 전시 상태임을 포고했다. '주(州)들 사이의 전쟁'이 시작되었다. **RC**

# 미쇼가 벨로시페드를 고안하다

파리의 한 대장장이가 인류에게 알려진 가장 효율적인 형태의 교통 수단을 개발한다.

사람이 올라타서 두 발로 땅을 굴러 앞으로 나아가는 방식의 두 바퀴 '하비호스' 혹은 '드레지엔(발명가 카를 폰 드라이스 남작의 이름을 딴 명칭)'은 1810년대 말부터 잘 알려져 있었지만 1800년대 중반이 되도록 사람들에게 신기한 물건으로만 남아 있었다. 1839년 스코틀랜드에 컬패트릭 맥밀런이라는 대장장이가 페달로 뒷바퀴를 움직이는 혁명적인 시스템을 설계했으나 그의 발명품은 별 인기를 끌지 못했다.

그러다가 1861년에 피에르 미쇼가—프랑스 동부 낭시의 피에르 랄르몽의 업적이라는 설도 있다—직접 앞바퀴를 돌아가게 할 수 있는 페달을 고안했다. 그는 이 기계를 '벨로시페드'라 불렀으며, 일반적으로 이것이 최초의 진정한 자전거라 간주된다. 미쇼의 최초 설계에서는 몸체가 주철로 되어 있었다. 잠시 동안 미쇼 밑에서 일했던 랄르몽은 더 강하고 효율적인 연철을 선호했다. 그는 1865년 미국으로 이주했고, 1866년 11월 벨로시페드의 특허를 얻었으나, 이 발명품을 제작해 줄 업자를 찾지 못했다. 그는 2년 후 프랑스로 돌아왔다.

벨로시페드의 발명은 유럽 전역에 최초의 짧은 자전거 열풍을 일으켰고, 미쇼는 수요를 맞추기 위해 어떤 때는 하루에 200대까지 생산하는 등 대량 제작에 들어갔다. 이 새로운 기계는 '본셰이커(뼈를 흔드는 것)'라는 이름으로 유명해졌다. 이러한 별명이 붙은 것은 벨로시페드가 철과 나무로 되어 있고 스프링이 없어 타기가 몹시 불편했기 때문이었다. 자전거 경주가 열렸고, 1869년의 한 대회는 파리에서 루앙까지 120km 구간의 경주였는데, 우승자는 이 거리를 11시간 안에 주파했다. 그러나 이 열기는 곧 지나갔다. 1870년 프랑스-프로이센 전쟁의 발발로 미쇼를 비롯한 유럽 대륙의 철기 제조인들은 보다 중요한 일에 몰두하게 되었고, 자전거 디자인의 중심지는 영국으로 옮겨갔다. **PF**

▲ 미쇼의 벨로시페드를 그린 1869년의 수채화. 강철과 나무로 되어 있었고 페달을 밟으면 앞바퀴가 직접 돌아갔다.

"벼룩마저도 코요테에 붙느니 벨로시페드에 달라붙을 것이다"

**마크 트웨인, 『고난을 넘어』, 1871년**

1861년 12월 14일

# 장티푸스로 인한 왕가의 비극

앨버트 공의 죽음으로 빅토리아 여왕은 40년간의 거상 기간에 들어간다.

1861년 12월 1일, 영국 빅토리아 여왕의 남편 앨버트 공은 몸 상태가 좋지 않음을 느꼈고 너무 쇠약해서 펜 한 자루도 들고 있을 수 없을 정도라고 불평했다. 다음 날 아침, 왕실 의사 윌리엄 제너는 곧 열이 날 것이지만 "크게 걱정할 이유는 전혀 없다"고 진단했다.

열이 나기 시작했으며 이는 어느 모로 보나 걱정해야 할 일이었다. 오염된 물이 원인이 되어 발생하는 장티푸스는 사람을 가리지 않는 병이었고, 여왕의 부군이라는 고귀한 인물은 그 희생자가 되었다. 12월 14일인 목요일은 빅토리아에게 '두려운 날'이었다. 아침에 그녀는 앨버트의 눈이 번들거리고 호흡이 가쁜 것을 보고 놀랐다. 오후가 되어 죽음이 가까워 온다는 사실을 깨달은 그녀는 남편의 위에 몸을 숙이고 독일어로 "당신의 작은 아내에요" 라고 속삭였다. 그녀는 키스해 달라고 부탁했고 앨버트는 가까스로 그럴 수 있었다. 저녁이 되자 호흡은 다소 편해졌으나 손이 차가웠다. 빅토리아는 그의 곁에 무릎을 꿇은 채 왼손을 꼭 잡고 있었고, 가족과 의사들이 병상 주변에 모여 있었다. 앨버트는 두세 번 깊은 숨을 쉬더니 숨을 거두었다.

사망 당시 그는 42세로 빅토리아 여왕과 결혼 한 지 21년 째였다. 자그마한 작센-코부르크 공국 출신인 그가 돈 때문에 빅토리아와 결혼하는 것은 아닌가 걱정한 이들도 있었다. 그러나 앨버트는 지적이고 근면하며, 훌륭한 행정가이자 보기 드문 예술 후원자로서의 면모를 보여 주었다. 그는 의심할 나위 없이 가정에 충실한 인물이었고, 빅토리아는 남편을 몹시 사랑했다. 그녀는 "영혼과 육체의 반을 강제로 찢겨 잃어버리는 일과 같다"고 말했다.

정치가들은 재빨리 여왕을 대영제국의 위엄에 걸맞은 영광스러운 상징으로 다시 꾸몄지만, 빅토리아는 사랑하던 앨버트의 죽음에서 결코 헤어나지 못했으며 기나긴 여생 동안 검은 상복을 입었다. **RP**

1862년 5월 20일

# 홈 스위트 홈

자작농법이 중서부로의 집단 이주를 촉진한다.

1840년대와 1850년대에 점점 더 많은 수의 개척자와 그 가족이 미주리 강 서편으로 이주하여 작은 농장을 꾸리고, 통나무집을 지을 수 있게 될 때까지 풀로 임시 오두막을 지어 살았다.

미주리 주의 상원 의원 토머스 하트 벤턴은 소규모 자작 농장주에게 싼 값에 토지를 불하해 주어야 한다고 쉴 새 없이 주장했다. 민주당의 유력 인사 스티븐 A. 더글러스는 이 제안을 받아들였지만, 남부 여러 주의 반대에 부딪치고 말았다. 소규모 농장주는 노예를 필요로 하지 않았으므로 남부에서는 서부에 새로이 노예 반대 주가 생기면 노예제도 전체에 위협이 될 거라고 여겼던 것이다.

공화당은 이 안건을 승인했고, 남북전쟁이 발발한 이후 워싱턴의 의회는 자작농법을 통과시켰다. 정부 소유의 땅 6ha를 제공하여, 미국 시민이라면 누구나 5년 동안 계속해서 그곳에 거주하고 난 뒤 거의 무료에 가까운 가격에 그 땅을 소유할 수 있게 한 법이었다. 6개월만 살면 1ac당 1.25달러라는 싼 값에 땅을 사는 것도 가능했는데, 이런 조항 때문에 투기꾼들은 농부 행세를 하도록 사람을 고용해 엄청난 양의 토지를 사들일 수 있었다. 의회는 또한 대륙 횡단 철도 건설에 5,200만ha를 할애하는 법안도 통과시켰다.

이러한 조치는 미국 중심부로의 집단 이주와 중서부 지방의 개발을 촉진했고, 미주리에서 로키산맥까지 농장과 도시가 급속히 증가했다. 아메리카 원주민에게는 커다란 악영향을 끼쳤지만, 1870년에서 1920년에 걸쳐 미국의 농장 수는 270만에서 650만으로 급증했고, 그 평균 넓이는 약 60ha 정도로 작은 편이었다. 1860년대의 이러한 조치는 공화당이 미국 정계에서 50년 만에 주도적인 위치로 발돋움하는 데 도움이 되었다. **RC**

# 북부의 땅에서 막대한 사상자가 나다

앤티텀 전투에서 남북전쟁 최대의 인명 손실이 발생하며, 이는 미국 전쟁사를 통틀어서도 하루 동안 일어난 최악의 피해였다.

1862년 여름, 남부 연합은 버지니아 주에서 공격을 개시했다. 로버트 E. 리 장군의 지휘 아래 남군은 북쪽으로 진격해 포토맥 강을 건너 메릴랜드로 진입했다. 리는 펜실베이니아를 공격할 생각이었지만, 더 나아가지 못하고 남북전쟁 사상 가장 치열한 전투를 맞았다.

리는 펜실베이니아 국경과 가까운 샤프스버그의 앤티텀 시내 뒤편 낮은 언덕에서 방어 거점을 차지했다. 조지 B. 매클렐런 장군이 이끄는 북부 연방군이 9월 15일 오후와 저녁에 도착했으나, 조심성 많은 성격의 매클렐런은 자기편이 적보다 얼마나 수가 많은지 깨닫지 못했다. 그는 망설였고, 전투가 본격적으로 시작된 것은 이틀이 지난 새벽부터였다. 만일 매클렐런이 집단 돌격을 명해 남부 연합을 전력으로 몰아붙였더라면 그는 큰 승리를 거두었을 것이다. 그러나 그는 단편적인 공격만을 가했고 남부 연합은 이에 맞서 버텼다.

4,000명이 사망하고 1만 7,000명이 부상당했다. 북부 연방의 사상자 수가 더 컸지만, 비율로 따지면 수적으로 열세였던 남부 연합의 손실이 더 심각했다. 다음날에는 죽은 자와 죽어 가는 자, 부상자가 여기저기에 널려 있었다. 리는 연방군이 또 한 차례 공격을 하리라 예상했지만 공격은 없었고 그는 버지니아로 퇴각했다. 매클렐런은 이를 서둘러 추격하지 않았고 링컨 대통령은 11월에 그를 해임했다. 겉보기에는 명백한 승패가 나지 않았지만 앤티텀 전투는 링컨이 노예제도 폐지를 공표하는 계기가 되었고, 유럽이 남부 연합을 인정하는 일을 막았다. **RC**

◀ 앤티텀의 북군 진영에서 링컨 대통령이 앨런 핑커턴 소령과 매클렐런 장군을 만나고 있다.

▶ 전투 동안 헤이거즈타운 도로변의 울타리를 지키다 전사한 루이지애나 여단의 군인들.

# 남부의 노예를 해방하다

링컨 대통령이 노예 해방령을 선포한다.

▲ 1862년 링컨의 내각 회합. 이 자리에서 링컨은 예비 노예 해방령을 발표했다.

남북전쟁은 미연방을 보전하기 위한 것이기도 했지만, 오랜 기간에 걸친 북부와 남부 간 분쟁의 근본적인 뼈대는 노예제를 둘러싼 것이었다. 1862년 7월, 워싱턴의 의회에서는 남부의 '반란'을 지지하는 이의 노예는 무조건 해방한다는 내용의 법안이 통과됐다. 이 법률을 시행할 수 있는 방도는 전혀 없었다. 북부에서 노예 폐지론적인 의견이 강세이기는 했지만, 여전히 흑인을 깔보는 분위기였으며 백인의 일자리를 빼앗을 수 있는 값싼 노동력이 될까 봐 두려워하는 추세였다.

링컨 대통령은 서두르지 않는 사람이었지만, 앤티텀에서 남부 연합이 패하고 난 며칠 뒤 예비 노예 해방령을 발표했다. 남부 연합의 주들이 반란을 그만두지 않는다면, 1863년 첫 날에 남부 영토에 "노예로 묶여 있는 모든 이들이 그날을 기점으로 자유의 몸이 될 것"을 선포하겠다는 내용이었다.

1863년의 선언은 미국 노예제 폐지 과정의 시작이었다. 이 법은 또한 북군에 흑인 군사를 모집하는 것도 허용했다. 달아난 흑인 노예는 이미 북군에서 노동자, 운전사, 요리사, 간호사 등 쓸모 있는 역할을 하고 있었으며, 벌써 군인으로 복무하는 흑인도 몇 있었다. 그러나 1863년부터는 다수의 흑인이 연방 육군과 해군에 들어갔다. 흑인 병사들은 따로 흑인 부대로 편성되었고 거의 항상 백인 상관의 아래에 놓였으며, 백인보다 더 적은 봉급을 받았다. 몇 차례의 격렬한 전투에서 그들이 보여 준 용기와 능력은 북부 주민들의 태도를 바꾸어 놓기 시작했다. **RC**

# 지하를 달리는 기차

최초의 승객용 지하 철도는 빅토리아 시대 공학 기술이 절정에 달했음을 알린다.

▲ 세계 최초의 지하철인 런던의 메트로폴리탄 철도에 사람들 한 무리가 시승하고 있다.

런던 지하철도 운행이 처음 제안된 것은 1851년, 그레이트 노던 철도의 종착역인 킹스 크로스 역이 문을 연 뒤였다. 그러나 그레이트 노던 철도회사에서 지하철에 전혀 관심을 보이지 않았으므로 신규 회사인 노스 메트로폴리탄 철도회사에서 이 일을 맡게 되었다. 새 노선은 1854년에 허가를 받았다.

기술적인 장애를 해결하고, 패링던부터 이샘바드 킹덤 브루넬의 그레이트 웨스턴 철도의 종착역인 패딩턴까지의 최초 구간에 선로를 놓는 데에는 10년이라는 시간이 더 걸렸다. 새로 놓은 선로는 브루넬의 광궤(廣軌) 열차와 런던 내의 다른 협궤(狹軌) 열차와 합병하도록 설계되었다. 대중의 흥분이 열렬한 가운데, 1월 10일 새 철도는 매 10분마다 운행하여 4만 1,000명의 승객을 운송했다. 무어게이트까지 가는 새로운 구간도 개통되었고, 20년 안에 메트로폴리탄 철도는—오늘날에는 해머스미스 앤드 시티 노선의 일부가 되었다—일 년에 4,000만 명이라는 경이적인 수의 승객을 실어 날랐다. 1884년에는 '런던 일주선'인 원형 순환선 '서클' 노선이 완성되었다.

초기의 객차에는 지붕이 없었으며, 기관차는 증기력을 이용한 것이었다. 영국 총리 윌리엄 글래드스턴도 첫 승객 중 하나였다. 현재는 노던 선의 일부가 된 최초의 고심도 노선은 1890년에 개통했다. 런던의 지하철은 '튜브'라는 별명을 얻었으며, 모스크바와 파리를 비롯한 다른 대도시에서도 곧 이를 모방했다. 도심 교통수단이 속도와 기동성의 시대를 맞이한 것이다. **NJ**

# 새로운 것의 충격

'낙선전'이 프랑스 예술을 해방하고 인상주의 화가들을 격려한다.

〈풀밭 위의 점심 식사〉의 부분, 1863년, 에두아르 마네, 파리의 오르세 미술관.

프랑스 예술계를 오랫동안 지배했던 것은 1667년 프랑스 미술 아카데미에서 창설한 파리의 연례 '살롱전'이었다. 살롱전에 작품을 전시한다는 것은 예술적인 성공을 거두었다는 증명이자 수입을 약속하는 보증 수표였다. 이러한 기관은 가치 없는 작품들을 골라내지만, 동시에 혁신을 막는 장애물 역할을 하기도 했다.

1863년 제출된 작품 5,000점 중 반 이상이 심사단에 의해 낙선했다. 자유주의적인 인물로 보이기를 좋아했던 황제 나폴레옹 3세는 살롱을 방문했고, 낙선한 작품도 전시된 것만큼 훌륭하다고 평했다. 그는 근처의 '팔레 드 랭뒤스트리'에 '낙선전'이라는 이름으로 작품을 전시하라고 명했다. 낙선한 화가 대다수가 심사진의 격분이나 대중의 조롱을 두려워했지만, 이 도전을 받아들인 이들도 있었다. 입장은 공식 살롱의 회전문을 통하게 되어 있었는데, 한 논평가가 말했듯이 마치 "마담 튀소(역사적 사건을 토대로 한 밀랍인형 박물관을 창설한 인물—옮긴이)의 공포의 방에 들어가는 것" 같았다.

전시회 첫날 7,000명 이상의 관객이 방문했다. 마네, 휘슬러, 피사로, 세잔을 비롯한 화가들의 작품을 볼 수 있었다. 가장 논란을 일으킨 것은 자유로운 보헤미안적 삶을 그린 마네의 〈풀밭 위의 점심 식사〉였다. 어떤 비평가들은 작품의 사실주의가 예술과 상반되며 도덕 체계에 위협을 가한다고 혐오감을 표했다. 작품의 신선함을 옹호하는 이들도 있었다. 낙선전은 살롱의 권위에 직격탄을 날렸으며, 이를 선례로 8회의 인상주의 전시회를 비롯해 더 많은 전시회가 열렸다. 예술은 해방되어 새로운 조류를 타게 되었다. **RP**

# 남북전쟁의 전환점

게티즈버그 전투에서 연방군은 북쪽으로 전진하는 남부 연합을 저지한다.

▲ 존 리처드의 작품, 〈1863년 7월 1일~3일, 게티즈버그 전투〉.

1863년 늦은 봄, 남부 연합은 북부에 강력한 일격을 가했다. 로버트 E. 리의 버지니아 북부군은 버지니아주 챈슬러즈빌의 울창한 숲에서 포토맥 부대를 무찔렀다. 그러나 이 전투에서 리는 오른팔인 스톤월('철벽') 잭슨을 잃었다. 그는 자기 편 보초의 실수로 총에 맞았던 것이다. 리는 전략적으로 중요한 해리스버그의 철도 교차점을 차지하거나(북군의 보급선을 끊기 위해서였다) 나아가 필라델피아나 수도인 워싱턴 D.C까지도 점령할 수 있으리라는 계획으로 북쪽으로 진군해 펜실베이니아 서부로 접어들었다. 이에 맞서는 연방군은 조지 D. 미드 장군이 지휘하고 있었다. 두 편 다 정확히 적군이 어디까지 와 있는지 모르고 있다가 앤티텀 전투지에서 그리 멀지 않은 게티즈버그에서 맞닥뜨렸다. 남부 연합은 연방군을 도시 밖으로 몰아냈으나, 불행히도 그쪽은 산등성이를 따라 훌륭한 방어 지점이 있는 남쪽이었다.

9만 대 7만 5,000명으로 남부 연합이 열세였다. 상황은 앤티텀에서와 정반대로 진행되어, 리가 언덕 위쪽으로 수차례에 걸친 공격을 가하고, 연방군은 이틀간 버텼다. 양쪽 다 용감하게 싸웠고, 끔찍한 사상자가 발생했다. 모두 8,000명이 죽고 2만 7,000명이 부상을 입었으며 양측의 사상자 수는 대략 같았다. 쏟아지는 빗속에서 양편 모두 기진맥진한 가운데, 리는 군대를 이끌고 남쪽으로 퇴각했다.

게티즈버그 전투는 남북전쟁의 중대한 전환점으로 평가되지만 당시에는 전세가 전혀 명확하지 않았다. 앞으로도 더 많은 전투가 이어지고 더 많은 생명을 잃어야만 했다. **RC**

# "87년 전에…."

링컨 대통령이 역사 속에서 가장 훌륭한(그리고 가장 짧은) 연설인 게티즈버그 연설을 한다.

Four score and seven years ago our fathers brought forth, upon this continent, a new nation, conceived in Liberty, and dedicated to the proposition that all men are created equal.

Now we are engaged in a great civil war, testing whether that nation, or any nation, so conceived, and so dedicated, can long endure. We are met here on a great battle-field of that war. We have come to dedicate a portion of it as a final resting place for those who here gave their lives, that that nation might live. It is altogether fitting and proper that we should do this.

But in a larger sense we can not dedicate — we can not consecrate — we can not hallow this ground. The brave men, living and dead, who struggled here, have consecrated it far above our poor power to add or detract. The world will little note, nor long remember, what we say here, but can never forget what they did here. It is for us, the living, rather to be dedicated here to the unfinished work which they have, thus far, so nobly carried on. It is rather

승리를 거두고 있음에도 불구하고, 북부에서는 전쟁에 대한 싫증이 점점 커지고 있었으며 징병에 대한 반감이 맹렬했다. 7월 중순에는 뉴욕에서 아일랜드 노동자들이 주도한 가운데 폭동이 일어나 수백 명이 죽었다. 징병제에 대한 분노가 원인이 되어 발생했지만 주로 흑인을 대상으로 삼아, 흑인을 가로등에 목매달아 죽이고 흑인 어린이들을 위한 고아원을 완전히 불태워 버리기까지 했다.

게티즈버그 전투지의 국립묘지 개관식 자리에서 연설을 부탁받았을 때 링컨 대통령은 이러한 점을 염두에 두고 있었다. 일정은 음악, 찬송, 기도 등으로 이루어져 있었고 전직 매사추세츠 주지사 에드워드 에버렛이 주요 연설을 맡았다. 그는 두 시간 동안 열변을 토했지만, 2분도 안 되는 시간 동안 채 300단어도 안 되는 짧은 말로 역사 속의 가장 위대한 웅변을 한 링컨의 그늘에 가려지고 말았다. 연설은 "87년 전에"로 시작하여 전쟁이 무엇을 위한 것인지를 간략하게 언급하고 미합중국의 근본적인 목적을 밝히며 끝맺었다.

링컨은 연방을 세운 선조들이 "자유 안에서 착상되고, 인간은 평등하게 태어났다는 이념에 바쳐진 새로운 국가를 탄생시켰다"고 했다. 게티즈버그에서 전사한 용사들은 "조국이 살아갈 수 있도록 자신의 목숨을 바쳤다". 그는 다음과 같은 말로 마무리했다. "이 자리의 우리는 그들의 죽음이 헛된 것이 되지 않도록, 하느님의 가호 아래 이 나라가 새로이 자유롭게 탄생하도록, 그리고 국민의, 국민에 의한, 국민을 위한 정부가 지상에서 결코 사라지지 않도록 굳건히 결의를 다져야 합니다." **RC**

▶ 자필로 된 링컨의 유명한 게티즈버그 연설문 첫 페이지.

◀ 연설을 행한 곳인 게티즈버그 국립묘지 개관식에 참석한 링컨을 멀리서 찍은 사진.

# "차이니즈 고든"

태평천국운동의 진압으로 청나라의 지배가 확고해진다.

난징의 사망자 수는 엄청났지만, 14년 전에 시작한 반란에서 학살당한 사람 수 역시 2천만 명이 넘었다. 마지막 날인 사흘째에는 격렬한 시가전에서 약 10만 명이 죽었다. 스스로 예수 그리스도의 형제임을 자청했던 반란의 최초 지도자 홍수전(洪秀全)은 무력한 청왕조와 탐욕스러운 외국인들을 타도하고 태평천국(太平天國)을 세우겠다며 난징을 점령하여 10년간 수도로 삼았으나, 전달에 식중독으로 사망했다. 반란을 성공적으로 진압한 토벌군은 같은 편에서 싸워 준 영국군의 덕을 많이 보았다. 특히 찰스 고든과 '상승군(常勝軍, 항상 승리하는 군대)'의 공적이 컸다.

반란군은 증국번(曾國藩)과 이홍장(李鴻章)이 토벌군을 재조직하던 1860년대부터 수세에 몰려 왔다. 이제는 중국 땅에 투자한 재정적 이익을 지키려 드는 유럽인들이 진압에 가담했다. 고든은 1860년에 중국의 영국군에 들어가겠다고 자청했고, 상승군을 창설한 미국인이 죽자 이홍장은 1863년 3월에 고든이 사령관을 맡게 될 거라고 영국군을 설득했다. 고든은 음주에 대해 사형을 부과하는 등 엄격한 규율을 도입했다. 그는 등나무 막대기를 위압적으로 휘두르며 선봉에 서서 부하들을 이끌고 연이은 승리를 거두었고, 이는 토벌군이 난징에서 진압에 성공하는 데 도움이 되었다. 그는 황족이 입는 노란 관복을 수여받았고 "차이니즈 고든"이라는 별명을 얻었다.

인류 역사상 매우 끔찍한 싸움 중 하나였던 이 반란은 아직 완전히 끝난 것이 아니었다. 25만 명 이상의 태평천국 단원이 여전히 잡히지 않았기 때문이었다. 그러나 황제 측이 성공한 것은 명백했다. 청나라의 중국 지배와 중국에 대한 유럽인의 영향은, 이후 몇 십 년간은 보장되었다. **RP**



# 부상자를 돕다

1864년 제네바 조약이 국제 적십자단의 활동을 돕는다.

1864년, 스위스 정부가 개최한 국제회의에는 16개국의 대표단이 참석했다. 장소는 제네바였고, 8월 22일 그중 12개국이 "전쟁 중 부상자의 처우 개선을 위한 협약"을 승인했다. 체결국간의 법적인 구속으로 전장의 부상병과 의료진에 대해 중립을 지키고 보호할 것을 보장하는 최초의 법적 조항이 탄생했다. 붉은 십자가가 그려진 하얀 깃발이 병원, 구급차, 대피 시설 등의 중립성을 증명해 줄 것이었다. 스위스 사업가 앙리 뒤낭에게 이는 꿈의 실현이었다.

1859년 6월, 뒤낭은 프랑스와 오스트리아 사이의 솔페리노 전투의 참상을 목격했다. 의료진의 도움은 전혀 받을 수 없었고, 수천 명이 불구가 되어 전장에 쓰러져 있었다. 며칠 동안 그는 부상자들을 돕기 위해 자신이 할 수 있는 모든 일을 했다. 고향인 제네바로 돌아와서 그는『솔페리노의 회상』을 집필하여, 전쟁에서 부상당한 병사들을 간호해 줄 구호 봉사 단체를 조직해야 한다고 주장했다. 1863년 그는 이 목적을 달성하기 위해 국제 적십자 위원회의 창설을 도왔다. 그는 또한 국제 협약을 통해 비전투원의 보호를 보장하도록 로비를 했고, 스위스 정부는 다음 해에 이 제안을 받아들였다.

뒤낭은 자기 사업을 등한시한 나머지 1867년에 파산선고를 받았으며, 그 후로 심한 빈곤 속에 살았다. 그러나 1901년에는 노벨 평화상을 탔고, 20세기에 들어 그의 노고는 놀랄 만한 결실을 맺었다. 20세기 말엽 국제 적십자와 적월단 운동은 활발한 단체가 되어 전시는 물론 평화 시에도 인류의 고통을 막는 데 도움을 주었으며 제4차 제네바 조약에는 190개국 이상이 서명했다. **RP**

# 국제 노동자 연합

제1인터내셔널이 수립되어 공산주의 혁명을 서두른다.

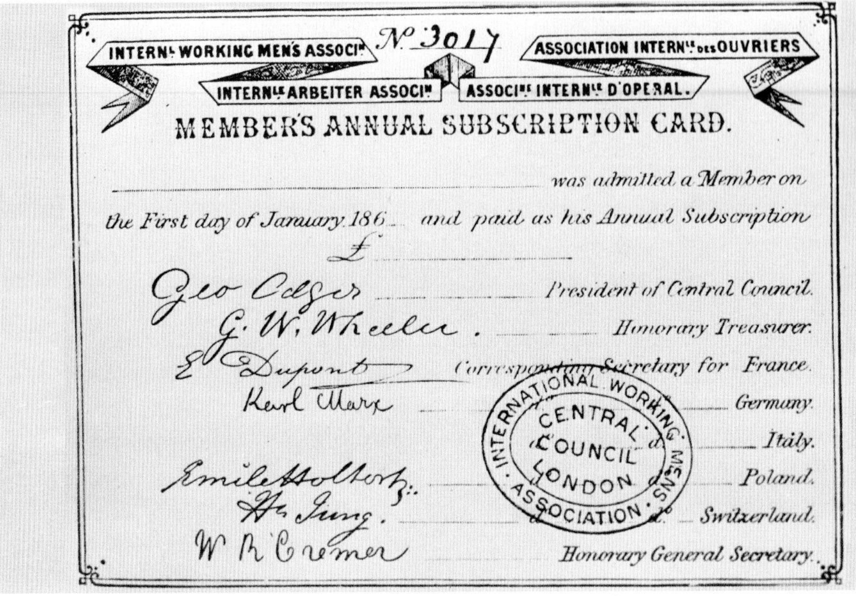

INTERNL. WORKING MEN'S ASSOCIN. No 3017 ASSOCIATION INTERNLE. DES OUVRIERS

INTERNLE. ARBEITER ASSOCIN. ASSOCINE. INTERNLE. D'OPERAI.

MEMBER'S ANNUAL SUBSCRIPTION CARD.

................ was admitted a Member on the First day of January 186... and paid as his Annual Subscription £ ................

Geo Odger ................ President of Central Council.

G. W. Wheeler ................ Honorary Treasurer.

E. Dupont ................ Corresponding Secretary for France.

Karl Marx ................ Germany.

................ Italy.

Emile Holtorp ................ Poland.

H. Jung ................ Switzerland.

W R Cremer ................ Honorary General Secretary.

INTERNATIONAL WORKING MEN'S ASSOCIATION CENTRAL COUNCIL LONDON

카를 마르크스가 세운 국제노동자연합(제1인터내셔널)의 회원증.

카를 마르크스에게는 자본주의의 앞날이 얼마 남지 않았다는 확신이 있었다. 속박을 제외하고 잃을 것이 없게 된 프롤레타리아는 유혈 혁명을 일으킬 것이었다. 마르크스는 이러한 관점을 지니고 런던 코벤트 가든의 세인트 마틴 홀에서 열린 유럽 사회주의자와 공산주의자 집회에 참석했다. 런던은 1849년부터 그가 머물러온 도시였다. 노동자들은 단결해야 했지만, 좌익 지식인들도 단결해야 하기는 마찬가지였다. 따라서 그는 세계 노동자의 단합을 주장하는 에드워드 스펜서 비즐리 교수의 연설에 찬성했다.

노동조합 지도자들도 지지하는 발언을 했고, 회합은 만장일치로 국제 노동자 연합, 즉 제1인터내셔널을 창설하고 그 본부를 런던에 두기로 결정했다. 위원회는 선출된 의원 21명으로 이루어졌으며, 마르크스 자신도 그중 하나였다. 그는 또한 이 새 단체의 강령과 회원 규칙 초안을 작성하는 임무를 맡은 분과 위원회의 일원이기도 했다. 그들은 마르크스의 집에서 모임을 가졌고, 곧 그가 주도적인 인물임이 명백해졌다. 그는 인터내셔널의 존재 이유를 설명하는 내용의 『노동 계급을 향한 연설』을 집필했고, 이후 모든 총회에서 위원으로 선출되었다.

제1인터내셔널의 창립은 쉬웠다. 그러나 각기 다른 원칙을 주장하는 유파가 충돌과 논쟁을 거듭하는 통에 이 단체가 효율적으로 돌아가게 하는 일은 무척 어려웠다. 결국 무정부주의자 미하일 바쿠닌과 개인적인 충돌을 거듭한 끝에, 마르크스는 그것이 불가능함을 깨달았다. 제1인터내셔널은 1876년에 해체되었다. 1889년 제2인터내셔널이 형성되었으나, 역시 잘 운영되지 않았다. **RP**

# 리 장군이 패배를 받아들이다

로버트 E. 리가 애퍼매턱스에서 항복하여, 남북전쟁의 종결을 가져온다.

▲ 애퍼매턱스 컨트리 코트하우스 앞의 군사 병영. 이곳에서 리 장군은 그랜트 장군에게 항복했다.

1865년 3월 말, 율리시스 S. 그랜트 장군이 이끄는 북부의 포토맥군은 버지니아 주 피터즈버그에서 로버트 E. 리의 남부 연합군에게 공세를 취하기 시작했다. 리는 서부로 피하려고 노력했지만 그랜트가 그를 막았다. 리는 군사도, 탄약도, 장비도 부족했으며 남쪽에서는 또다른 북부 연방군이 신속하게 진격해 오고 있었다. 4월 7일, 그랜트는 리에게 더 이상의 유혈 사태를 막기 위해 항복하라는 전갈을 보냈다. 두 사령관은 오후 1시쯤 애퍼매턱스 코트하우스 마을의 매클린 하우스에서 만났다. 놀랍게도 두 사람은 서로에게 호감을 느꼈고 즐겁게 대화를 나누다가 본격적인 얘기로 들어갔다. 그랜트가 내건 조건은 관대했다. 그는 적에게 모욕을 안겨 주기를 원하는 것이 아니라, 남부가 연방의 품 안으로 돌아오기를 바랐다. 리의 군인들은 무기를 버리고 고향으로 돌아가도록 한다. 더 이상 어떠한 공격도 가하지 않을 것이었다. 그들은 자기 말을 가져갈 수 있었고, 연방군은 식량을 나누어 줄 것이었다.

이 조건을 수락한 후, 리는 포치로 나아가 말에 올랐다. 그랜트는 모자를 들어 올려 인사했다. 리도 경례로 답한 뒤 돌아가 부하들에게 이 소식을 알렸다. 남부 연합의 다른 부대도 곧 항복했다. 그때까지 북부 연방군 36만 명과 남부 연합군 26만 명 정도가 전사했으나, 북부의 인구가 훨씬 많았던 것이 결정적인 이점이었다. 북부는 산업화가 더 진행되었기에 남부보다 장비를 훨씬 더 잘 갖추고 있었다. 싸움이 길어질수록 남부 연합이 승리할 기회는 줄어들 것이 명백했던 것이다. **RC**

# 대통령에게 죽음을

북부가 남북전쟁에서 승리를 거둔 이후 링컨 대통령이 암살당한다.

◀ 에이브러햄 링컨 대통령을 암살하기 몇 년 전에 찍은 존 윌크스 부스.

▶ 공식 호위대가 대중이 방문할 수 있도록 관을 열어 뉴욕 시청에 안치한 링컨의 시신을 지키고 있다.

"결국 가장 중요한 것은 몇 년의 삶을 살았는지가 아니다. 그 세월 동안의 삶이 어떠했느냐다."

**링컨 대통령이 했다고 전해지는 말**

남부 연합이 애퍼매턱스에서 항복한 지 5일 후, 북부의 승리를 이끌어낸 장본인인 링컨 대통령이 암살당했다. 암살 전 그는 며칠 밤에 걸쳐 백악관에 수의에 덮인 시체가 놓여 있고 대통령이 죽었다는 말을 전해 듣는 악몽을 꾸었다. 그는 어깨를 으쓱하며 꿈을 떨쳐 버렸고 뒤에 아내인 메리에게 "앞으로는 우리 둘 다 좀더 명랑해져야 하오" 라고 말했다. 성(聖) 금요일 저녁, 두 부부는 포드 극장에서 「미국인 사촌」이라는 희극 공연에 참석하기로 되어 있었다. 메리는 마음이 내키지 않았지만, 링컨은 한바탕 웃을 필요가 있다며 아내를 설득했다.

그러는 동안 광신적인 남부 지지자인 배우 존 윌크스 부스는 대통령과 행정부의 주요 인사들을 살해할 음모를 짜고 있었다. 링컨 부부가 극장에 도착하자 관중이 기립하여 「대통령에게 만세를」을 부르며 환호했다. 그들은 특등석에 자리를 잡았으나, 경호원은 공연을 보기 위해 슬쩍 빠져나갔다. 부스는 특등석으로 몰래 다가가 안으로 들어갔고, 링컨의 머리에 단 한 발을 쏘았다. 그리고 무대로 뛰어내리더니 버지니아 주의 표어 "폭군의 말로는 언제나 이런 것이다!(Sic semper tyrannis)"를 외치고 극장에서 달아났다.

의식을 잃은 대통령은 길 건너편의 하숙집으로 옮겨졌다. 그는 다시는 의식을 회복하지 못하고 몇 시간 뒤인 4월 15일 오전 7시 22분에 죽었다. 북부에서는 엄청난 애도와 복수에 찬 분노가 쏟아져 나왔다. 부스는 즉각 추격당했고 체포에 저항하던 중 총에 맞았다. 그의 공모자들도 대부분 붙들려 교수형에 처해졌다. 부통령인 테네시 주의 앤드루 존슨이 링컨의 뒤를 이었다. 링컨의 죽음과 함께 북부와 남부, 흑인과 백인 사이의 화해를 이룩하려는 미국의 가장 큰 희망도 사라졌다. **RC**

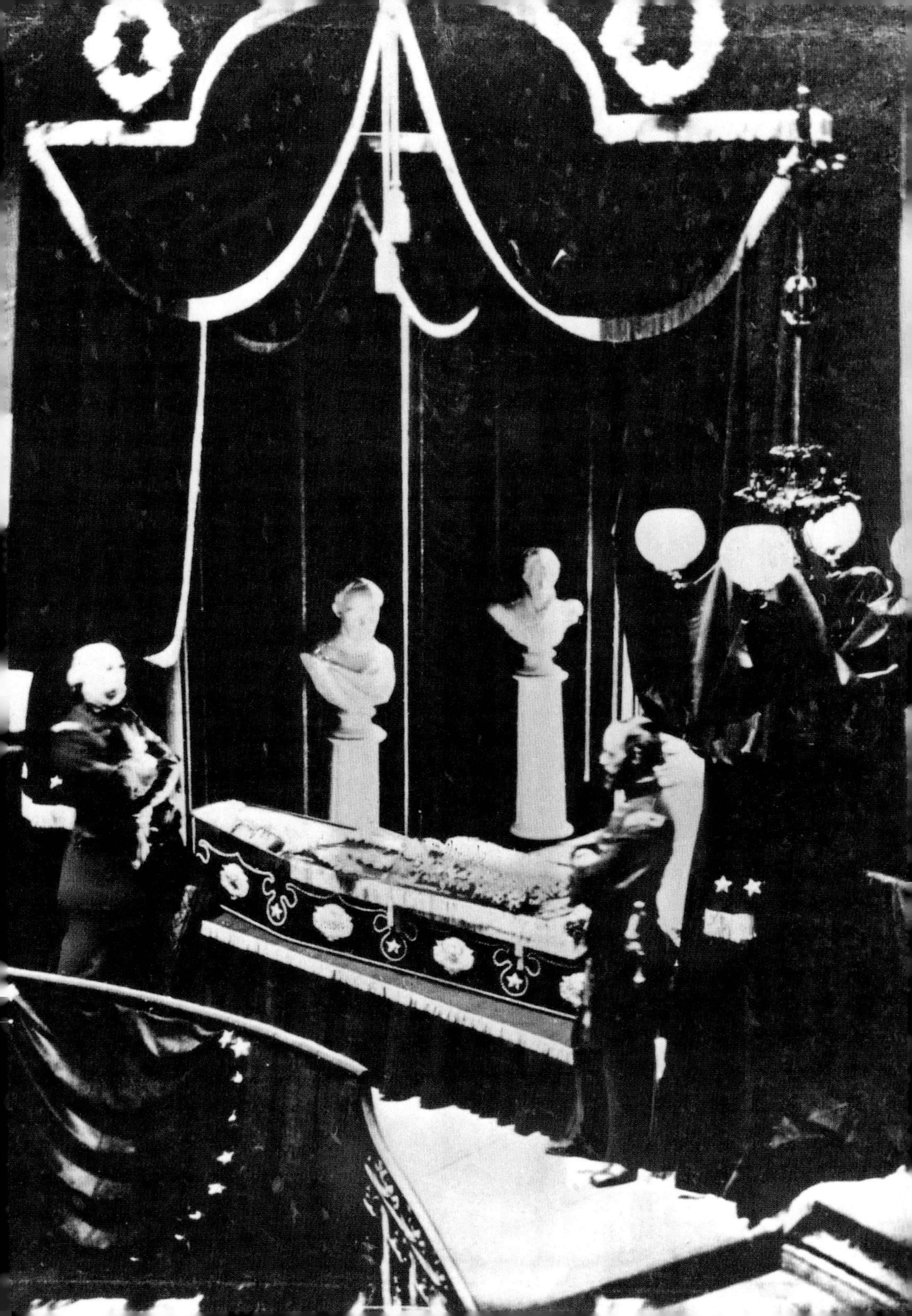

# 『전쟁과 평화』 출간

레프 톨스토이의 러시아어 서사시 『전쟁과 평화』의 1부가 출간되어 러시아와 유럽 문학계를 뒤바꾼다.

레프 톨스토이는 『전쟁과 평화』의 1부를 완성하는 데 5년을 바쳤다. 그는 초고를 일곱 차례 작성하여, 1865년 제1권을 연재하기 시작했다. 1866년 영어 번역본이 나왔고, 1869년 전 6권이 출간되었다. 인간의 삶을 다룬 대서사시인 이 작품은 러시아와 유럽 문학계에 혁명을 일으켰다. 피비린내 나는 전장, 세련된 야회장, 농민의 집 등 다양한 장소를 배경으로 하여 농노에서 차르에 이르기까지 거의 500명에 달하는 등장인물을 복합적인 스토리 안에 엮은 이러한 작품은 그 누구도 접한 일이 없었다. 이 이야기 속에 톨스토이는 인간의 상황에 대한 자신의 예리한 통찰력을 덧붙이고 자유의지와 정해진 운명의 대결이라는 테마를 불어넣었다.

작품은 1812년 나폴레옹의 러시아 침공 동안의 두 러시아 가문—빈곤한 시골 지주인 로스토프 가와 부유하고 귀족적인 볼콘스키 가—를 그려낸다. 톨스토이는 1850년대에 포병 연대에 들어가 크림전쟁에서 싸웠던 경험을 바탕으로 이를 집필했다. 소설 속 전투 장면은 전쟁의 혼란과 참상을 생생하게 묘사하며, 역사의 거대한 흐름이 인류를 휩쓸어 간다는 톨스토이의 운명론을 논하고 있는 듯하다. 이 작품에 깊은 감동을 받아 톨스토이와 서신 교환을 시작한 한 인물은 마하트마 간디로, 그는 평화주의와 무저항주의를 채택하기에 이르렀다. 다른 러시아 귀족과 마찬가지로 톨스토이도 농노를 소유하고 있었으나, 볼가 강 초원지대에 있는 자신의 광활한 영지에서 농노의 사회적 지위와 교육을 향상시키는 데 열중했다. 말년에 그는 소박한 삶을 영위하기 위해 모든 세속적 소유물을 떨쳐 버리려고 애썼다. **JJH**

▶ 자신이 태어나고 죽을 때까지 살았던 집인 야스나야 폴랴나에 있는 러시아의 대문호 레프 톨스토이.

◀ 레프 톨스토이의 소설 『전쟁과 평화』에 수록된 알렉산드르 아프시트의 1964년 삽화.

1865년 12월 6일

# 노예제도 폐지

## 미국 헌법이 수정되어 전직 노예들의 권리를 보호한다.

노예제를 중심에 둘러싸고 벌어진 남북전쟁—길고, 소모적이고, 비극적으로 격렬한—이 한창이던 1862년 9월, 링컨 대통령은 중대한 노예 해방령을 내렸다. 이는 남부 연합의 일부를 이루는 주에 사는 모든 노예의 해방을 선포하고 북부에서도 사실상 노예제를 금지했다. 그러나 이는 대통령의 명에 지나지 않았으며 부분적으로 실시되었을 뿐이었다. 경계주(노예 자유주와의 경계에 위치한 남부의 주들-옮긴이)인 켄터키, 미주리, 메릴랜드, 델라웨어, 웨스트버지니아 주의 노예를 해방시키지는 못했으며, 이미 북부 연방의 지배권에 들어온 테네시 주도 마찬가지였다.

해방령 적용이 배제된 주 중 몇몇은 전쟁이 지속되는 도중에 노예제 폐지에 들어갔다. 그러나 켄터키와 델라웨어 주는 완강하게 버텼다. 헌법을 수정하기 전까지는 법적으로 노예제를 폐지할 수 없었고, 1864년 대통령 재선을 위한 선거운동에서 링컨은 노예제를 완전히 폐지할 수 있도록 헌법을 수정하겠다는 점을 강조했다. 1804년 이래 최초의 수정이 되는 셈이었다. 1865년 초 그는 의회를 통해 수정안을 강행했고, 비록 그는 암살당했지만 각 주에서는 이를 비준했다. 12월 6일 조지아 주가 노예제 폐지를 수락하자 36개 주 중 27개 주에서 비준을 마쳐, 헌법 수정에 필요한 전체 주의 4분의 3이라는 숫자가 채워졌다. 1865년 국무 장관 윌리엄 헨리 수어드의 선포로 마침내 미국과 그 영토 내에서 노예제가 폐지되었다. 그러나 1865년 여전히 4만 명의 노예가 남아 있던 켄터키 주는 비준을 거부하여 1976년이 되어서야 허가했다. 델라웨어 주는 1901년까지 버텼고, 미시시피 주가 비준한 것은 1995년이었다.

해방된 노예의 시민권과 선거권의 보호를 다루고 있는 수정 헌법 제13조와 두 개의 다른 수정 조항은 합쳐서 '재통합 수정 헌법'이라 불린다. **PF**

1866년 7월 3일

# 프로이센이 지배권을 잡다

## 쾨니히그레츠 전투에서 오스트리아군이 완패한다.

1866년 여름, 약 40만 명의 군사가 전투를 준비하고 있었다. 독일의 미래가 걸린 전쟁이었다. 그 무렵에는 39개의 작은 국가가 느슨한 독일 연방을 형성하고 있었으며, 오스트리아 제국과 프로이센 왕국이 이를 지배했다. 프로이센의 총리 오토 폰 비스마르크는 오스트리아를 선동하여 프로이센의 승리를 확신하는 전쟁에 끌어들였다.

매우 능란한 프로이센 참모진은 철도를 이용해 전례 없는 빠른 속도로 다수의 징집병을 배치했다. 프로이센군은 세 개의 부대로 나뉘어 진격했는데, 두 부대는 정면공격을 전담하고 나머지 하나는 교묘히 이동해 측면 공격을 맡았다. 정면 돌격은 무모한 일이었고, 오스트리아의 사령관 루트비히 베네데크가 조금 덜 머뭇거렸어도 결정적인 반격을 가할 수 있었을 것이다. 그러나 프로이센군은 오스트리아 무기보다 다섯 배나 빨리 발포할 수 있는 드라이저 소총으로 무장하고 있었다. 이미 많은 사상자가 발생한 오스트리아군은 프로이센군의 측면 공격에 큰 타격을 입었다. 그때부터 전세는 결정된 거나 다름없었다. 프로이센의 사상자가 9,000명이었던 반면 오스트리아는 4만 5,000명이었다. 오스트리아는 더 이상 전쟁을 계속할 형편이 아니었고 휴전 협정을 맺었다. 이 협정으로 프로이센은 독일 북부의 지배권을 장악했고 오스트리아는 독일 국정에서 배제되었다. 프로이센이 주도하는 통일 독일을 향해 크게 한 걸음 전진한 것이다. **RG**

> "나는 결코 국내 문제를 해결하기 위해 외국과 마찰을 일으키려는 것이 아니다."
>
> **프로이센 총리 오토 폰 비스마르크, 1862년**

# 자본주의의 약점이 밝혀지다

카를 마르크스가 『자본론』 제1권을 출간한다.

Das Kapital.

Kritik der politischen Oekonomie.

Von

Karl Marx.

Erster Band.

Buch I: Der Produktionsprocess des Kapitals.

Das Recht der Uebersetzung wird vorbehalten.

Hamburg
Verlag von Otto Meissner.
1867.

New-York: L. W. Schmidt. 24 Barclay-Street.

▲ 카를 마르크스의 방대한 저서 『자본론』의 표제면. 1876년 함부르크에서 출간.

"자본은, 흡혈귀처럼
살아 있는 노동의 피를 빨아서만
생존하는 죽은 노동이다."

**카를 마르크스, 『자본론』**

1867년, 마르크스의 『자본론』이 출간 예정을 한참 넘겨 독일어로 출간되었다. 이는 정치 경제학에 대한 방대한 논문으로, 이 책을 통해 마르크스는 자본주의의 숨은 원동력은 착취와 노동 소외라고 선언했다. 고용주는 상품을 생산하는 데 들어간 노동에 해당하는 시장 가치를 노동자에게 임금으로 지불하지만, 상품이 판매되는 최종 가치는 노동자에게 주어지는 가치보다 높다. 고용주는 자본의 소유주로서 이익을 가져갈 자격이 있다고 주장하며 여기서 발생하는 잉여 이익을 차지한다. 이렇게 해서 고용주가 소유한 자본의 양은 늘어나며, 자본주의가 노동자의 착취를 계속할 수 있는 조건이 영속화된다.

『자본론』은 계급투쟁보다 자본주의 체계의 구조와 그 내부의 모순을 집중적으로 다룬다. 따라서 이 책이 혁명을 주장하지는 않는다. 그 대신 마르크스는 자본가가 계속해서 성장만을 촉구하면 결국 자본주의는 붕괴하고 혁명의 조건이 갖춰지거나, 적어도 새로운 생산 방식으로의 이행이 이루어질 거라고 논했다. 마르크스는 『자본론』이 정치 경제학을 철저히 분석하여 변증법적으로 나타내 근대 노동 운동의 정당성을 과학적으로 증명하려는 시도라고 주장했다. 그의 목표는 어떻게 해서 자본주의에 자연스럽게 뒤이어 노동자들이 생산수단을 지배하게 되는 새로운 사회주의적인 생산 방식이 찾아올 지를 서술하려는 것이었다.

마르크스는 1883년과 1885년에 『자본론』의 뒷권이 출간되기 전 사망했지만, 이 책은 프리드리히 엥겔스와 공동 집필하여 1848년 출간한 그의 가장 유명한 저작 『공산당 선언』에서 펼쳤던 논의를 과학적인 방식으로 성취해 낸 결과물이라 볼 수 있다. **TB**

# 도살장에 들어가는 순진한 어린양

## 멕시코의 막시밀리안 황제가 실패한 쿠데타 이후 살해당한다.

오스트리아 황제의 동생인 선량한 성품의 막시밀리안 대공은 1864년 젊은 아내 카를로타와 함께 황제의 자리에 오르기 위해 멕시코로 갔다. 그는 자신이 앞으로 '자기 백성'이라 여길 이들이 자신을 추대한 것이라 믿고 있었지만 이는 크게 잘못된 생각이었다. 사실은 제국주의적인 야심을 품고, 멕시코의 부유한 지주와 로마 가톨릭 교회와 공모한 프랑스 군대가 그를 지지하며 왕위에 앉힌 것이었다. 그들은 새 황제가 자신들의 재산과 권력을 위협하는 대통령 베니토 후아레스를 제거해 주기를 원했다.

막시밀리안은 학대받는 농민의 모습에 크게 놀라 그들의 복지에 관심을 기울이고, 후아레스의 개혁을 철회하지 않겠다고 거부하여 지지자들의 분노를 샀다. 프랑스 군대는 후아레스를 미국 국경 너머 텍사스까지 몰아냈으나 미국 정부가 먼로독트린을 들먹이며 철수할 것을 명령했다. 1866년 프랑스의 나폴레옹 3세는 프랑스군의 철수를 명했다. 카를로타는 유럽으로 가서 그에게 도움을 간청했지만 헛수고였다. 프랑스군은 다음해에 물러났다. 막시밀리안은 퇴위하지도 달아나지도 않았다. 그러한 행동은 불명예스럽다고 여겼기 때문이었다. 그의 군대 9천 명은 멕시코시티 북쪽의 케레타로에서 후아레스군에 포위당했고, 굶주림에 지치고 배반당해 결국 항복했다.

막시밀리안은 한 수도원에 갇혔다. 궁신 중 하나인 미국 출생의 아그네스 수 잘름-잘름이라는 왕녀가 팔라시오스 대령이라는 인물을 유혹하여 탈출 계획을 꾸미려 했으나 실패로 돌아갔다. 34세의 막시밀리안은 사형 선고를 받고 이른 아침에 총살당했다. 후아레스는 다음 달에 멕시코시티로 돌아왔고, 멕시코는 다시 공화국으로 돌아갔다. **RC**

▲ 나폴레옹 3세가 1867년 멕시코에서 프랑스군을 철수시키자, 막시밀리안은 왕위에서 쫓겨나고 결국 처형당했다.

"… 미국 말고는
그 누구도 멕시코를 혼내줄
권리가 없다."

**아르테무스 워드, 1865년**

# 동양의 윤리, 서양의 과학

메이지 유신이 일본의 근대화를 시작한다.

◆ 〈신문 읽기〉(1877년), 요시토시 작. 이 풍자 만화의 글귀는 여인을 발정난 고양이에 비유하고 있다.

1853년 페리 제독의 미국 해군 소함대가 일본을 강제로 개항한 이후, 15년 동안 전통주의자와 근대주의자 간의 정치적 분쟁이 이어졌다. 1850년대 일본은 여전히 에도(도쿄)의 도쿠가와 막부가 지배하는 봉건사회였다. 천황은 명예는 있으나 순전히 형식적인 존재로, 교토의 황궁에서 무력하지만 평온하게 군림했다.

일본의 공식적인 쇄국 상태에 대한 미국의 침입을 막지 못한 실패는 막부의 권위를 침식했다. 해안 방비를 강화하는 데 들어가는 재정적 부담과 일본 경제를 외국 무역에 개방한 결과로 어려움은 더해갔으며, 수많은 봉기가 일어났다. 1863년 이에모치(家茂) 쇼군은 황궁을 찾아가 천황에게 통치를 도와 달라고 부탁해야 했는데, 쇼군이 이런 일을 한 것은 200년 만에 처음이었다. 1867년 말, 쇼군은 물러났고 서양식 소총으로 무장한 사무라이 반란군은 무사 정부를 전복시키고 젊은 메이지 천황에게 권력을 돌려주어, 천황이 1912년까지 통치하게 된다.

1868년 1월 3일 황제의 선포를 통해 공식 황제 정부가 수립되었다. 황제 통치의 복권에 뒤이어, 사쿠마 쇼잔의 "동양의 윤리, 서양의 과학"이라는 슬로건으로 요약할 수 있는 다양한 변화가 쇄도했다. 봉건 지배와 사무라이의 특권적 지위가 폐지되었다. 근대적인 교육 체계, 징병을 통한 육군과 해군, 성문 헌법, 서양식 의복, 전기, 철도, 소득세, 우편제도, 의회 정부의 채택이 20년에 걸쳐 이루어졌다.

일본의 서구화는 여전히 독재적이고 군사적이며, 고대 일본 종교인 신도(神道)를 이용해 천황을 신성한 숭배 대상으로 내세운 정부가 윗선에서부터 집행한 것이다. **JH**

> "지위가 높거나 낮거나
> 하나로 합심하여 활발하게
> 경륜(經綸)을 실시한다."
>
> **메이지 천황의 5개조 서문, 1868년 4월**

# 화학 세계의 분류

**멘델레예프가 원소 주기율표를 발표한다.**

드미트리 이바노비치 멘델레예프는 1869년 러시아 화학 학회에서 최초로 원소 주기율표를 발표했다. 그러나 회원 일부는 더 많은 방사성 액체 물질이 발견되리라는 그의 예측을 비웃었다. 그러나 최후에 웃은 자는 멘델레예프였다. 1875년 갈륨이, 1886년 게르마늄이 발견되었던 것이다. 이러한 발견은 멘델레예프의 원소 주기 이론을 확인해 주었다.

멘델레예프의 표는 화학 원소의 주기적인 특성을 나타낸다. 원소는 원자번호가 증가하는 순서대로 나열되며, 비슷한 화학적 특성을 보이는 원소는 같은 세로줄에 배열되어 있다.

최초의 주기율표를 만든 공적은 멘델레예프의 것이지만, 적어도 두 명의 다른 과학자가 나름의 원소 주기율표를 제작하려 연구했다. 로타르 마이어는 1864년에 28개의 원소를 다룬 제안서를 발표했다. 멘델레예프와 달리, 마이어는 자신의 표를 이용해 새로운 원소를 예측하지는 않았다. 1865년에는 존 뉴런즈가 '옥타브 법칙'을 발표했다. 그는 비슷한 물리적 · 화학적 특성을 지니는 원소가 8번째마다 나타난다는 점을 발견해 이를 음악의 옥타브에 비교했던 것이다. 그러나 뉴런즈의 이론은 두 가지 점에서 실패였다. 칼슘보다 질량이 큰 원소에는 유효하지 않았고, 비활성 기체 같은 새로운 원소가 들어갈 자리가 없었던 것이다.

주기율표는 근대 화학의 중요한 발견이며, 화합물의 속성을 분류하고 비교하는 중요한 틀이 되었다. 새로운 원소를 발견하고 새로운 이론을 발전시킬 때마다 주기율표는 계속 수정되어 왔으며, 과학과 산업의 다양한 분야에서 중요하게 응용되고 있다. **TB**

▲ 드미트리 멘델레예프(1834~1907년)의 사진, 화학계에서의 뛰어난 이력이 끝나 가던 1900년대에 촬영.

"원자량은 석탄이나 다이아몬드가 아니라, 탄소에 속한다."

**드미트리 멘델레예프가 자신의 주기율표에 대해**

# 골든 스파이크

유타 주에서 두 철도가 만나 미국 최초의 대륙 횡단 철도를 이룬다.

▲ 유타 주에서 거행한 황금 못을 박는 의식은 최초 대륙 횡단로의 완성을 상징했다.

미국의 발전에 있어 철도는 정당만큼이나 중요한 역할을 했다는 설이 있다. 확실히 철도는 미국처럼 광대한 지역을 단일한 통일 국가로 만든 핵심 요소였다. 최초의 철도를 놓은 것은 1820년대와 1830년대였으며, 1850년대에는 동쪽 해안에서 서쪽으로 이어 나가고 있었다. 1860년대에 센트럴 퍼시픽 철도가 캘리포니아에서 시작해 동쪽으로, 유니언 퍼시픽 철도가 오마하에서 시작해 서쪽으로, 각각 중국과 아일랜드 노동자 집단을 고용해 철도를 건설하기 시작했다.

미국 철도 역사에서 가장 극적인 순간은 유타 주의 프로먼토리 서밋에서 두 철도가 만난 때였다. 마지막 연결점을 완성하기 위해 황금 못(골든 스파이크)이 준비됐다. 캘리포니아산 월계수로 만든 특별한 침목에 그 못을 박을 예정이었다. 그 날 8명의 중국인 노동자가 우렁찬 환호 속에서 마지막 선로를 놓았다. 두 대의 기관차인 유니언 퍼시픽 119호와 센트럴 퍼시픽 60호가 사이에 침목 하나만의 너비를 남겨 두고 나란히 마주섰다. 센트럴 퍼시픽사의 회장 리런드 스탠퍼드가 구멍에 부드럽게 황금 못을 박아 넣어, 미국 최초의 대륙 횡단 철도를 완성했다.

이 행사를 목격한 이들의 숫자는 최대 3,000명으로 추산된다. 황금 못과 월계수 침목은 즉시 거두어들였고 보통 침목과 쇠못으로 대체했다.

오후 12시 47분, "완료"라는 단 한 마디가 전신을 통해 나라 전역으로 퍼졌다. 1957년에 골든 스파이크 국립 역사 유적지를 설립했는데, 여기에는 두 대의 기관차를 본딴 실제로 작동하는 모형이 있다. **RC**

# 수에즈 운하 개통

유럽과 아시아를 잇는 새로운 단거리 무역로라는 꿈이 실현된다.

▲ 1869년 11월 17일, 수에즈 운하 개통식에 여러 대의 선박이 들어오고 있다.

홍해와 지중해를 잇는 운하를 건설하겠다는 수에즈 프로젝트가 실현된 것은 단 한 사람의 공로로, 전직 프랑스 외교관이던 포부가 큰 사나이 페르디낭 드 레셉스 덕택이었다. 드 레셉스는 고대 세계에서 사막에 길을 뚫고 나가려 시도했던 기록을 읽고 꿈을 품었으며, 옛 지인인 사이드 파샤가 이집트의 케디브(오스만 제국에서 파견한 이집트의 부왕–옮긴이) 자리에 오르자 서둘러서 이 꿈을 실현시킬 허락을 얻어냈다. 며칠 내에 특허장을 얻자, 그는 자금 조달에 착수했고, 프랑스 국채의 도움을 얻었다.

1859년 드 레셉스 자신이 첫 삽을 떴고, 10년이 지나—수천 명의 이집트 농민이 강제 노역에 동원된 덕분이었다—수에즈에 운하를 완성했다. 163km 거리의 이 운하가 생기자, 남아프리카 곶을 빙 돌아 항해할 필요가 없어져 유럽과 근동, 극동을 오가는 무역에 걸리는 시간이 크게 단축되었다. 1869년 11월 국제적인 대규모 행사와 더불어 운하를 개통했다.

영국은 처음에 프랑스의 운하 건설을 반대했지만, 벤자민 디즈레일리 총리는 로스차일드 가문의 자금을 이용해 운하에 대한 이집트 정부의 주식을 사들여 영국–프랑스 공동 투자가 되었다. 수에즈 운하는 영국과 프랑스에 계속해서 이익을 주었는데, 1956년 가말 압둘 나세르 대통령이 이를 국유화했다. 그해에 수에즈전쟁이 발발해 통행이 불가능해졌고, 1967년과 1973년 아랍–이스라엘 전쟁으로 같은 위기를 겪었지만, 오늘날 이 운하는 다시 국제적인 수로가 되었다. **NJ**

# 영적인 진실인가 세속적인 책략인가?

교황 무류설이 민주주의와 자유주의 세력에 대항한 교황의 싸움에 힘을 실어준다.

이 세상의 기준에 순응하지 말지어다, 성 바울은 이렇게 조언했다. 교황 피우스 9세는 특히 세상이 점점 더 세속화되고 민족주의화되며 교황에게 반대하는 방향으로 나아가고 있는 지금, 전혀 세상에 순응할 생각이 없었다. 1864년 그는 이미 "진보와… 근대 문명"이라는 유독한 실책을 단죄한 바 있었으며, 제1차 바티칸 공의회에서는 자유주의와 싸우는 교황의 고유한 권한을 뒷받침 하는 '교황 무류성(無謬性)' 교리를 추가했다. 이는 교황이 항상 옳다는 뜻이 아니라, 그가 특히 '권좌로부터(ex cathedra)'—즉 모든 기독교를 이끄는 목자이자 스승이라는 자기 지위의 의무를 지고, 최고 사도라는 권위의 덕에 비추어—신앙이나 윤리 문제에 대해 말할 때, 그의 견해에는 구속력이 있다는 의미다. 이 교리는 1870년 7월 18일, 교황으로부터 로마의 교황권 대부분을 박탈할 것 같은 사건들이 일어나는 와중에 선포되었는데, 시대를 초월한 기존의 진실을 재천명한 것이었다.

피우스 9세는 1846년에 교황이 되었다. 그가 임명된 것은 예상 밖이었다. 오스트리아의 총리 메테르니히는 "우리는 모든 것에 대비했지만, 자유주의적인 교황은 생각도 못했다"고 농담했다. 그러나 1848년 폭력적인 혁명이 여러 차례 일어나고 1861년 새로 탄생한 이탈리아 왕국에 교황령을 잃자 그는 자유주의를 버렸다. 1870년 7월 프랑스 주둔군이 로마에서 물러나자 '영원한 도시'는 곧 이탈리아의 새로운 수도가 되었다. 독일의 일부 가톨릭교도는 교회와 갈라섰지만, 대부분은 이 교리를 받아들였으며, 사실상 이 권위를 사용하는 일도 거의 없었다. 교황의 세속적 권력은 감소했고, 1871년에 교황은 로마에서 고작 44ha밖에 차지하지 못했으나, 독실한 신자들에 대한 영적인 권세는 더 커졌다. **RP**

◀ 교황 피우스 9세의 전신 초상, 1860년경, 교황령과 권력을 잃어 1차 바티칸 공의회를 소집하기 전의 모습이다.

# 비스마르크의 승리

새로운 독일의 선포로 유럽에서 가장 강력한 국가가 탄생한다.

정오, 군악대의 북소리가 울리는 가운데 프로이센의 빌헬름 1세가 입장했고 독일의 다른 군주와 장군들이 뒤따랐다. 짧은 종교의식을 거행한 후, 빌헬름의 총리 오토 폰 비스마르크는 모든 것이 마무리되었다는 포고문을 낭독했다. 프로이센의 빌헬름 1세는 이제 독일 황제 빌헬름 1세가 되었으며 비스마르크는 독일의 총리가 되었다. 새로운 독일제국 탄생을 선언한 곳은 독일이 아니라 프랑스 베르사유 궁전의 거울의 방이었다. 새로운 국가로서 독일의 수립은 몇 십 년 전부터 논의된 문제였지만, 최근 프로이센과 프랑스가 전쟁을 벌이는 동안 급하게 이뤄진 것이었다. 비스마르크가 '라이히(제국)' 수립에 대한 수락을 확보할 수 있었던 것은 순전히 1870년 7월 프랑스의 선전포고로 강렬한 민족주의적 감정이 터져 나왔기 때문이었다. 새로운 황제도, 독일의 군주들도, 독일 자유주의자들도 그들이 얻게 되는 바를 달갑게 여기지 않았다.

프로이센의 빌헬름 1세는 황제라는 새로운 칭호가 과연 세계에서 자신의 지위를 높이는 것일지 의심했다. 당연히 그는 하찮은 것들로부터—그러니까 국민으로부터—왕관을 받을 생각은 없었고, 비스마르크는 바이에른 왕을 매수하여 왕관을 바치는 일을 맡겨야 했다. 독일의 다른 군주들은 새로운 봉건 체제 아래서도 군주로서 인정은 받겠지만, 자신들의 권력을 희생해야 했다. 가장 얻은 것이 없는 이는 자유주의자들이었을 것이다. 보통 선거권이 생기고 민주주의라는 겉모습을 띄기는 하겠지만 진정한 권력은 의회가 아니라 황제의 장관들에게 있었다.

독일의 통일은 역사적으로 중대한 사건이었다. 전쟁으로 통일을 이룬 이 새로운 국가는 정치적으로 미숙한 군사적 거인이 되어 유럽 안에서 지속적인 영토 확장을 노리게 된다. **RP**



# 파리코뮌의 패배

프랑스 정부가 두 달에 걸친 파리코뮌을 무너뜨린다.

1871년 5월 28일 파리 동쪽 교외, 홀로 남은 방어군이 최후의 사격을 가했고, 프랑스 정부군이 도시에 남은 마지막 코뮈나르(코뮌 지지자)의 바리케이드를 점령하자 자리를 떠났다.

지난해 나폴레옹 3세의 패배, 프로이센군의 파리 포위, 미래 프랑스 정부에 대한 불확실함 등이 일으킨 혼란 속에서, 파리 시민들은 3월 28일 도시 자치 정부인 파리코뮌을 수립했다. 1792년과 1845년의 혁명과 당시의 자코뱅, 사회주의자, 무정부주의자 이념에 뿌리를 둔 파리코뮌은 새로운 종류의 정부를 세워 여성 참정권과 국가와 교회의 분리 등을 도입했다.

> "이것은 기생충과 노동자,
> 착취자와 생산자 간의
> 전면전이다."
>
> **국민군 중앙 위원회**

혁명적인 정신을 띠고 도시 자치 정부임을 자칭하는 이러한 활동은 프랑스 정부가 용납할 수 없는 것이었다. 프랑스의 단합과 지배 계급에 대한 위협이라고 여겼기 때문이었다. 정부 지도자 아돌프 티에르는 군대를 시켜 도시를 점령하도록 했다. 정부와 코뮈나르 간의 격렬한 싸움 한복판에서 파리의 여러 곳에 불이 났다. 양측 다 서로 인질을 잡았고, 많은 이들이 총에 맞았다. 항복 이후 정부는 보복을 가했다. 약 2만 5,000명의 코뮈나르가 처형 당했고, 많은 이들이 강제 유형에 처해졌다. 근대 프랑스 역사에서 유례가 없던 이러한 잔혹한 사태는 여러 세대에 걸쳐 프랑스 정치계의 좌익과 우익을 양극화했다. **NK**

1871년 10월 8일

# 불타는 시카고

**'바람의 도시' 가 불타기 시작하고 불길은 멈출 수 없는 지경이 된다.**

19세기 최악의 피해를 끼친 재해 중 하나인 시카고 화재는 10월 8일에 시작되었다. 원인은 알 수 없다. 캐서린 올리어리라는 이주민의 소가 등불을 걷어찬 데서 비롯되었다는 설이 있었지만, 이는 기자가 꾸며낸 이야기였다. 여러 가지 다른 설도 있지만 일반적으로 인정받는 설은 없다.

전 주에 20건의 화재를 다루었던 소방 부서는 신고가 들어왔을 때 신속히 대응하지 못했고, 소방관들이 도착했을 때는 많은 수의 목조 주택과 농장이 불길에 휩싸인데다가 강한 바람이 불길을 걷잡을 수 없이 퍼뜨리고 있었다. 목조 건물, 도시에 쌓여 있는 많은 양의 재목, 나무로 된 보도가 불길이 타오르는 데 일조했다. 불은 시카고 강을 건너 상수도 시설을 파괴했고, 따라서 소방관은 더욱 애를 먹었다. 10월 9일 월요일 이른 오전에는 중앙 상업 지구가 황폐해지고 새로 지은 오페라 하우스와 법원 건물도 불탔다. 수천 명이 불길을 피해 피난했고, 화재는 시카고 시의 건물 3분의 1 가량을 전소시키고 10만 명을 이재민으로 만들었으며 300명의 생명을 앗아가고 나서야 사그라들었다. 소위 '불타버린 지역'은 길이 6.4km에 너비 1.2km에 이르렀으며, 8km² 넓이에 34개의 블록, 45km 길이의 도로, 190km 길이의 보도, 2천 개의 가로등을 포함했다.

즉시 재건 작업이 시작되었으며 이는 19세기 후반 시카고가 성장하는 계기가 되었다. 15년 후에는 도시 어느 곳에서도 화재로 인한 피해의 흔적을 거의 찾아볼 수 없었다. **PF**

◀ 시카고 대화재 이후, 잡석과 금속 파편이 널려 있는 가운데 불타 버린 필드, 레이터, 앤드 코 상점이 서 있다.

1871년 11월 10일

# 리빙스턴 박사님?

**스탠리가 데이비드 리빙스턴을 발견해 그의 목숨을 구한다.**

데이비드 리빙스턴은 제3차 아프리카 탐험 중이었다. 이번 탐험의 목적은 나일 강의 근원을 찾아내고 복음을 전파하며 노예제에 반대하는 메시지를 뿌리는 것이었다. 이 여행은 그의 마지막 탐험이기도 했다. 그가 죽었다는 보고는 과장된 것이었지만, 그는 위험한 상황에 놓여 있었다. 고통스러운 치질로 출혈이 있었고, 발에는 열대성 궤양이 생긴데다가 장출혈과 설사로 고생하고 있었다. 폐렴 초기 증상으로 호흡도 힘들었다. 그는 밤바라에서 일곱 달 동안 쉬며 성경을 네 번 읽었고, 탕가니카 호수를 건너 1871년 11월 5일 우지지에 간신히 도착했다. 그러나 그의 앞날은 어두워 보였다. 11월 10일에 뉴욕 해럴드지 소속 기자 헨리 모턴 스탠리를 만나기 전까지는 말이었다.

> "나는 다가가서 …
> 모자를 벗고는 말했다.
> '리빙스턴 박사님이시지요?'"
>
> **헨리 모턴 스탠리, 탐험가**

스탠리는 15세 때 웨일스의 구빈원에서 도망쳐 나와 미국으로 건너갔고, 뉴올리언스의 한 상인의 보살핌을 받았으며 기자가 되었다. 실종된 선교사를 찾아내면 엄청난 특종이 될 것이었다. 그는 유럽인 2명, 흑인 짐꾼 192명과 함께 진지바르에서 길을 떠났으나 일행은 대부분 사망했다. 리빙스턴을 향해 다가가면서, 스탠리는 "그가 창백하며, 기진맥진하고 병약해 보였다"는 점을 알아챘다.

스탠리는 리빙스턴을 위해 식사를 준비해 주었고, 리빙스턴은 점차 기운을 되찾았다. 그들은 놀라우리만치 서로 잘 지냈으나, 리빙스턴은 영국으로 돌아가지 않겠다고 고집했다. 둘은 1872년 3월 14일에 헤어졌고, 리빙스턴은 1873년 5월 죽을 때까지 아프리카에서 자신의 임무를 계속했다. **RP**

# 텅 빈 채 떠도는 배

메리 셀레스트호에 일어난 일은 가장 오래된 해상 미스터리 중 하나다

▲ 자신을 제외한 모든 승무원이 바다에 떨어져 상어 밥이 되었다는, 아벨 포스딕의 날조된 이야기.

"스토브는 제자리에서 떨어져 나와 있었고, … 주방 용구가 여기저기 흩어져 있었다."

**메리 셀레스트호의 발견자 올리버 드보**

자그마한 두 돛대짜리 화물선 메리 셀레스트호는 1872년 11월 7일 뉴욕을 떠나 이탈리아 제노바를 향해 항해를 시작했다. 배에는 공업용 알코올이 화물로 실려 있었고 선주인 벤자민 브릭스 선장, 그의 아내 사라, 두 살 난 딸 소피를 비롯해 열 명이 타고 있었는데 승선했던 이들 중 그 누구도 다시 볼 수 없었다.

다음으로 배가 목격된 것은 12월 4일 지브롤터 해협 근처로, 메리 셀레스트호보다 일주일 뒤에 뉴욕을 출항했던 영국 상선 데이 그라티아호가 이를 발견했다. 선장인 데이비드 모어하우스는 브릭스와 아는 사이였는데, 메리 셀레스트호가 돛을 모두 올리고 나아가고 있음에도 불구하고 텅 비어 있음을 보았다. 그는 조사단을 보냈고, 조사단은 배가 항해할 수 있는 상태이기는 하지만 침수되었으며, 구명보트 하나가 없어졌다는 것을 알아냈다. 갑작스레 배를 버린 것이 분명하지만 공포에 질렸다거나 폭력이 오갔던 흔적은 없었다. 최소한의 승무원이 승선해 메리 셀레스트호를 지브롤터로 몰고 갔다. 조사 위원회는 데이 그라티아호의 승무원들 본인이 메리 셀레스트호의 사람들을 처분한 것이 아니냐는 기색을 비추었다—이는 대부분의 역사가가 부정하는 결론이다. 모어하우스는 자신이 마땅히 받아야 할 상금의 극히 일부만을 받았다.

메리 셀레스트호의 운명을 두고는 반란, 갑작스러운 폭풍, 지진 등 다양한 가설이 제시되었다. 그러나 현대의 많은 저술가들은 브릭스 선장이 화물의 상태가 불안정해져 쉽게 폭발할 것을 염려해 황급히 배를 떠날 것을 명령했다는 의견이다. 그 이후 구명보트가 탑승객 전부와 함께 바다에서 실종되었다는 것이다. 소설가 아서 코난 도일은 셜록 홈즈 시리즈로 세계적인 명성을 얻기 이전에 메리 셀레스트호의 실종을 소재로 삼은 적 있다. 코난 도일은 배의 이름을 '마리 셀레스트'로 바꾸고, 조사단이 배에 올랐을 때 따뜻한 찻잔과 잠든 고양이가 눈에 띄었다고 썼다. 이러한 묘사와 다른 세부 사항은 모두 상상한 것이었다. **NJ**

# 최초의 영불해협 수영 성공

**매슈 웨브 선장은 바다에서의 모험으로 즉시 유명인사가 된다.**

잉글랜드 슈롭셔의 도울리에서 의사인 아버지의 열두 자녀 중 하나로 태어난 매슈 웨브는 세번 강에서 수영을 배웠다. 그가 수영 능력을 처음으로 입증한 것은 큐나드 사의 정기선인 러시아호에 2등 항해사로 있다가 배에서 추락한 사람을 구하기 위해 대서양 한복판으로 뛰어든 때였다. 비록 구하지는 못했지만 이러한 행동으로 그는 100파운드의 상금과 영국 익사자 구조단체에서 수여하는 스태너프 금메달을 받았다.

1873년 그는 J. B. 존슨이 헤엄쳐서 영불해협을 건너려고 시도했다가 실패로 돌아갔다는 글을 읽었으며, 그보다 더 잘 해보겠다고 결심하고는 직장을 그만두고 런던의 램버스 배스에서 훈련을 시작했다. 1875년 8월 12일 그는 첫 시도를 했지만 강풍이 불어 돌아와야만 했다. 8월 24일 그는 도버의 애드미럴티 파이어에서 물속에 뛰어들어 썰물일 때 출발했고, 꾸준한 평영으로 밤새 헤엄쳐 나갔다. 몸에는 돌고래 기름을 바르고 쇠고기 수프를 마셔 가며, 세 척의 보트가 지원해 주는 가운데 웨브는 해파리에 심하게 쏘이기는 했지만 칼레 근처에 무사히 도착했다. 단 한 번도 쉬거나 지원용 배를 건드리지 않은 채 21시간 45분 동안 수영을 계속한 결과였다. 그는 어떤 도움도 받지 않고 인공적인 수영 장비의 힘을 빌리지도 않은 채 최초로 영불 해협을 수영해서 건너는 데 성공한 것이다.

이 모험으로 웨브는 즉시 명성을 얻었으며, 성냥갑에서 특허 의약품에 이르기까지 온갖 종류의 상품에 콧수염이 잔뜩 나고 줄무늬 수영복을 입은 그의 모습이 들어갔다. 런던 주식 거래소에서는 그를 표창하는 의미의 기금을 거의 2,500파운드나 모았고, 그는 미국을 널리 여행하며 돈을 받고 물속에서 묘기를 해 보였다. 『수영의 기술』이라는 책을 쓰기도 했다. 그러나 1883년 7월 24일, 그는 나이아가라 강의 유명한 폭포 아래서 상금 1만 파운드를 위해 수영에 도전하던 중 소용돌이에 빨려 들어가 익사했다. 그의 영불해협 횡단을 따라한 이는 1911년까지 없었다. **NJ**

▲ 위업을 달성한 뒤, 한 신문은 웨브 선장이 "아마 세계에서 가장 유명하고 인기 있는 사나이"라고 칭했다.

> "내 팔다리가 느끼는 감각은 크리켓 시즌 첫날이 지난 뒤의 감각과 비슷하다."
>
> **웨브 선장이 해협 횡단 수영에 대해**

# 전화가 말을 전달하다

전화에 대한 특허가 인정되면서 현대 통신 세상이 탄생한다.

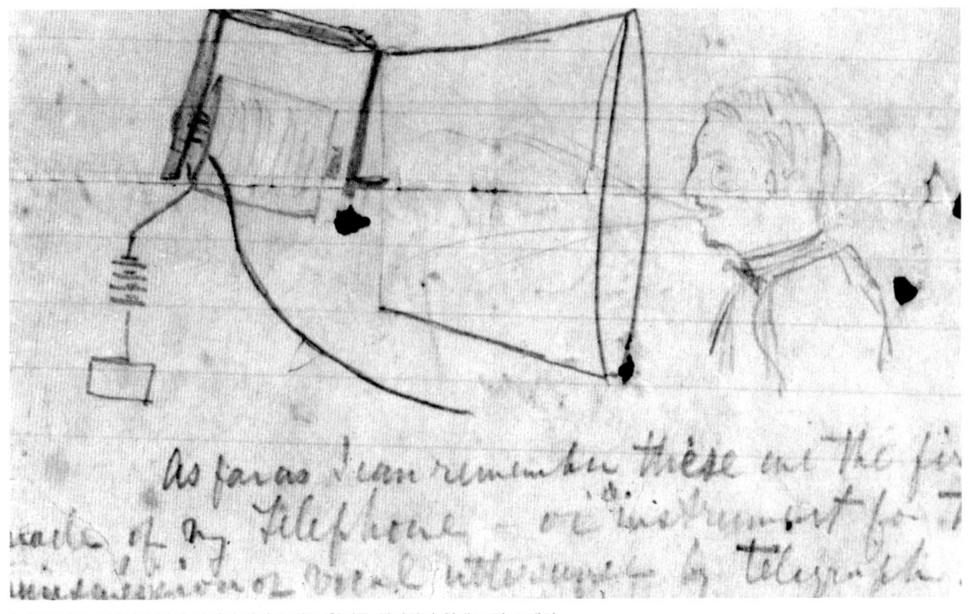


알렉산더 그레이엄 벨이 자신의 발명품 작동 원리를 설명하기 위해 그린 스케치.

알렉산더 그레이엄 벨의 특허 번호 175465번은 지금껏 특허를 받은 제품 중 가장 가치 있는 것이라 불려 왔다. 벨은 고작 29세 생일을 지났을 뿐이었다. 에든버러 출신의 스코틀랜드인인 그는 자기 아버지처럼 통신 체계에 몰두해 있었다. 소년 시절 그는 스카이테리어 개에게 단어로 짖는 법을 가르치려 했으며, 형과 함께 '말하는 기계'를 만들었다. 이 기계는 양의 후두를 모델로 삼은 것으로, 튜브를 사용해 입김을 불면 아무 의미는 없지만 정말 사람 목소리 같은 소리가 났다.

벨과 그의 부모는 1870년에 캐나다로 이주했으며, 벨은 농아들에게 말하는 법을 가르치는 일로 경력을 쌓았다. 여생 동안 그는 자신의 직업을 그저 '농아 교사'라고만 적었다. 1871년 그는 미국 보스턴으로 이주했고, 음성 생리학 교수로 학생들을 가르치면서 밤이면 실험에 열중했다. 1874년 그의 마음속에는 전화의 원리가 윤곽을 드러냈고, 1875년 시카고의 발명가 엘리샤 그레이의 비슷한 연구에 자극을 받아 그는 한층 노력을 쏟아 부었으며 토머스 A. 왓슨이라는 조수를 고용했다.

1876년 벨은 발명품에 대한 특허를 얻었고 사흘 뒤에는 옆방에 있던 왓슨에게 전화 메시지를 전달했다. 엘리샤 그레이와 다른 발명가들과의 법정 다툼이 한참 남아 있었지만, 1877년 벨이 신혼여행을 즐기는 동안 보스턴의 사업가 가디너 그린 허버드가 벨 전화 회사를 설립했다. 그 무렵 전화 메시지는 160km이상 도달할 수 있었다. **RC**

# 리틀 빅혼의 승리

**아메리카 원주민이 커스터 장군을 패배시키고 죽이지만, 그들의 운명은 결정되었다.**

▲ 리틀 빅혼 전투를 그린 그림, 미네콘주 수족 레드 호스 추장의 연작 중 하나.

리틀 빅혼 전투는 대평원의 아메리카 인디언 부족이 백인들과 싸워 얻어낸 눈부신 승리였다. 인디언의 삶은 백인의 압력, 백인 농부, 백인 도시, 철도, 버펄로의 멸종, 쏟아져 들어오는 금 채굴꾼들로 파괴되어 가고 있었다. 전면전이 발발하게 된 원인은 1874년 사우스다코타 주 블랙 힐즈에서 금이 발견되어 백인 채굴꾼들이 침입한 사건이었다. 남북전쟁의 기병대 대장으로 뛰어난 명성을 얻었던 조지 암스트롱 커스터는 당시 미군 제7기병대를 지휘하고 있었다. 3,000명의 전사를 소집한 수족과 샤이엔족이 그와 맞섰다. 주요 지도자는 시팅 불(앉아 있는 황소) 크레이지 호스(미친 말)였다.

수적으로 크게 불리했음에도 불구하고, 커스터는 기병대 일부를 나누어 리노 소령에게 지휘를 맡겨 리틀 빅혼 강의 수족과 샤이엔족 진영을 공격하도록 명했고, 자신과 다섯 개 중대는 그 뒤에서 인디언의 조랑말을 몰아가기로 했다. 이러한 작전은 정확히 아메리카 원주민이 기다렸던 대로였다. 커스터와 그의 부하들은 크레이지 호스가 이끄는 전사들에게 정면 공격을 당했고, 골이라는 이름의 추장이 지휘하는 다른 한 무리는 그들의 퇴로를 막았다. 꼼짝없이 붙들린 커스터와 그의 부대는 몰살당했으며 리노의 부대는 막대한 사상자를 내고 언덕으로 퇴각하여 지원군이 올 때까지 36시간 동안 포위되어 있었다.

커스터의 패배에서 전설이 탄생했으나, 아메리카 원주민의 운명은 이로써 결정되었다. 대부분이 보호 구역에 갇히게 되고, 시팅 불 자신을 비롯한 전사들은 '버펄로 빌의 와일드 웨스트 쇼'에 출연하여 생계를 꾸려 나가야만 했다. **RC**

# 「니벨룽겐의 반지」 초연

**바이로이트의 페스트슈필하우스에서 네 편으로 이루어진 리하르트 바그너의 연작 서사시인 「니벨룽겐의 반지」가 최초로 완전하게 상연된다.**

「라인의 황금」의 막이 오르자, 리하르트 바그너가 직접 설계한 대로 건축된 바이에른의 소도시 바이로이트의 '페스트슈필하우스(축제 극장)'에 가득한 군중은 조용해졌다. 다음 이틀 동안 관중은 「발퀴레」와 「지크프리트」를 보게 되고, 마지막으로 8월 16일에는 다섯 시간에 걸친 오페라 「신들의 황혼」이 무대에 오를 예정이었다. 이 마지막 공연은 「니벨룽겐의 반지」 전체 초연을 웅장하게 끝맺었다.

바그너는 1849년 혁명 봉기에 가담했다는 이유로 독일을 떠나 취리히에 머물러야 했던 25년 전부터, 스칸디나비아 사가와 중세 독일의 서사시 「니벨룽겐」을 대략의 바탕으로 삼은 오페라 연작을 구상해왔다. 오랜 망명 생활로 바그너는 파산하기 직전이었는데, 1864년 '광인왕' 루트비히 2세가 그를 뮌헨으로 초청했다. 루트비히는 중세 기사담에 푹 빠져 있었고—훗날 그는 바이에른 알프스에 동화에 나오는 듯한 노이슈반슈타인 성을 세운다—바그너를 경제적으로 도와 그가 「니벨룽겐의 반지」를 완성할 수 있게 했다. 바그너가 코지마 폰 뷜로우라는 기혼녀와 연애 사건을 일으켜 뮌헨을 떠나야 했을 때조차 왕은 지원을 계속했다.

바그너는 1870년 코지마와 결혼했고, 바이로이트에 가정을 꾸리고는 자기 작품을 공연할 페스트슈필하우스를 짓기 위해 자금을 모으는 데 열중했다. 그는 1883년 마지막 오페라인 「파르지팔」이 바이로이트에서 초연한 몇 달 뒤에 베네치아에서 죽었다. 바이로이트에서는 매년 여름 바그너의 오페라만을 무대에 올리는 여름 축제가 열린다. **NK**

▶ 오스트리아의 소프라노 아말리 마테르나는 최초로 바그너의 「니벨룽겐의 반지」 연작에 나오는 발키리 중 하나인 브륀힐데 역을 맡았다.

◀ 바이로이트의 '페스트슈필하우스'는 바그너가 설계한 건물이며 1876년 바그너에 오페라 4부와 더불어 개관했다.

1879년 1월 22일

# 줄루족의 승리

**단단히 무장한 영국군이 이산들와나에서 끔찍한 패배를 맛본다.**

이산들와나의 패배는 영국군의 지나친 과신과 사령관 첼름스퍼드 경의 무능함이 빚은 결과기도 했지만, 줄루족의 용기와 우월한 전술, 많은 숫자에 비해 영국군이 뒤떨어졌기 때문이기도 하다.

줄루족의 나라를 세운 샤카 왕은 1820년대에 백성들을 단련시켜 뛰어난 전투 기계로 만들었다. 1873년 그의 조카 케츠와요가 왕위에 올랐을 때, 줄룰란드는 남아프리카를 통일하여 백인 지배 식민지로 삼으려 노리던 영국인들의 위협을 받고 있었다. 케츠와요가 줄루족의 자치를 끝내겠다는 영국의 최후통첩을 거부하자 영국은 줄룰란드를 침공했다. 첼름스퍼드와 그의 군사 1만 7,000명은 이산들와나 산 아래쪽에 임시 진지를 쳤다. 그러나 그는 진지를 보호하기 위해 짐마차를 끌어다가 방어 대형인 '라거'를 형성하는 일을 소홀히 했다. 기병대 정찰병 한 무리가 1,500명의 줄루족과 마주치자, 첼름스퍼드는 부대를 나누어 지원군을 보내고 이산들와나에는 풀레인 중령의 지휘 아래 1,700명을 남겨두었다.

> "자비를 베풀라고 …
> 당신들이 우리나라를 차지하고
> 우리를 먹어치우려 왔는데 말이오?"
>
> **사울 데이비드, 『줄루』, 2004년**

1월 22일, 풀레인은 줄루족이 그들의 진영으로 전진하고 있다는 말을 들었다. 2만 명의 줄루 군대는 영국군을 급습하여 완전히 제압했다. 고작 350명 가량만이 살아 남았다. 줄루족은 관습에 따라 영혼을 자유롭게 풀어주기 위해 의식에 따라 사망자의 내장을 꺼냈다. 줄루족의 숫자는 약 1,500명이었다. 이산들와나는 화려함의 절정에 오른 빅토리아 시대 제국주의에 일격을 가했으며, 패배의 주된 원인은 첼름스퍼드가 적군을 얕잡아본 탓이었다. **NJ**

1879년 2월 14일

# 구아노를 건 싸움

**페루, 볼리비아, 칠레가 구아노를 놓고 전쟁을 벌인다.**

1820년대 라틴아메리카의 해방은 너무나 빠른 속도로 진행되었기에 1800년대 말이 되어도 많은 국경 문제가 해결되지 않은 채 남아 있었다. 한 가지 그러한 분쟁 지역은 볼리비아가 바다와 접하는 부분인 칠레와 페루 사이의 아타카마 사막이었다. 이 사막은 초석(硝石)과 비료를 제조하는 데 쓰이는 값비싼 질산나트륨의 주원료 구아노(조류의 배설물이 굳어진 것-옮긴이)가 풍부한 지역이었다.

볼리비아가 1879년 2월 세금을 낼 것을 요구하며 칠레의 안토파가스타 질산나트륨과 철도 회사를 압류하자, 칠레는 군사를 일으켜 보복했다. 1873년 볼리비아와 비밀 동맹을 맺었던 페루도 이 분쟁에 휘말렸고 칠레는 두 나라에게 선전포고를 해야 했다.

볼리비아 육군은 제대로 싸울 만한 형편이 아니었지만, 곧 이 전쟁에서는 누가 바다를 지배하느냐가 승패를 좌우하는 요소가 되었다. 6개월 동안 페루 해군은 남쪽에 있는 훨씬 대규모의 적군에게 상당한 피해를 입혔다. 그러나 10월 8일 칠레가 페루의 그라우 제독을 패배시키고 해상을 장악했다. 곧이어 칠레는 페루를 침략했고, 1881년 1월에는 수도인 리마를 점령하기에 이르렀다(이 때 페루 국립도서관을 약탈하여 3만 권의 장서를 칠레로 가져갔다—결국 2007년에 그중 4,000권 정도를 돌려주었다).

페루가 완강히 저항했으므로—미국의 암묵적인 지원을 받았다—전쟁은 여러 해 동안 계속되었고, 드디어 1883년에 평화 조약을 맺었다. 조약에 따르면 볼리비아와 페루는 둘 다 광물이 풍부한 지역을 칠레에게 양도해야 했고, 타크나와 아리카 지방은 10년 간 칠레가 점령한 이후 투표에 붙여 소유권을 결정하게 되었다. 페루와 볼리비아는 이 전쟁 때문에 실제로도 경제적으로도 커다란 타격을 겪었으며, 교전국 간에는 여전히 긴장이 팽배했다. **PF**

# 최초의 전구

백열등은 아마 토머스 앨버 에디슨의 가장 위대한 발명품일 것이다.

토머스 에디슨이 16촉광의 빛을 발하는 최초의 백열등의 모형을 보여 준다.

당대 최고의 미국 발명가인 토머스 앨버 에디슨은 1847년 오하이오 주 밀란에서 태어났다. 학교 교육이라고는 거의 받지 못했지만, 열 살 때 집 지하실에 실험실을 마련할 정도로 과학 실험에 관심이 많았다. 19세였던 1866년 그는 전기 투표 기록계를 제작해 최초의 특허를 따냈다. 그가 일생 동안 취득한 천 개 이상의 특허 중 첫 번째였다.

그는 주식 거래 가격을 국내 전역으로 보낼 수 있는 기계 '티커'를 개발하여 번 돈으로 뉴저지에 자신만의 실험 연구실을 세웠다. 전화의 발명을 두고는 1876년 알렉산더 그레이엄 벨에게 뒤졌지만, 그는 전화 시스템에 중요한 개량을 이룩했고, 1877년에는 포노그래프(이후에는 그라모폰, 그 후에는 레코드플레이어라는 명칭으로 불린다)를 발명하여, 소리 녹음이라는 분야에 완전히 새로운 시대를 열었다.

다음으로 에디슨은 전구 제작에 착수했다. 당시의 주된 인공조명은 가스등이었다. 무명실로 된 가느다란 탄소 필라멘트를 전극 위에 얹으면 과열되지 않고 45시간 동안 지속되는 빛을 발했다. 그와 조수들은 6,000가지의 다른 소재를 시험해 본 끝에 마침내 대나무 섬유를 쓰면 전구가 1,000시간을 간다는 사실을 알아냈다. 이들은 계속하여 효율적인 발전기와 전력을 운반하는 케이블, 전력 계량기 등을 개발했다.

말년에 에디슨은 영사기의 발명을 도왔다. 1931년 84세의 나이로 그가 사망했을 때, 『뉴욕 타임스』에는 네 페이지하고도 반이 넘게 그의 생애와 업적이 실렸다. **RC**

# 농노 해방자가 암살당하다

1881년 알렉산드르 2세의 암살은 혁명의 심판일을 앞당긴다.

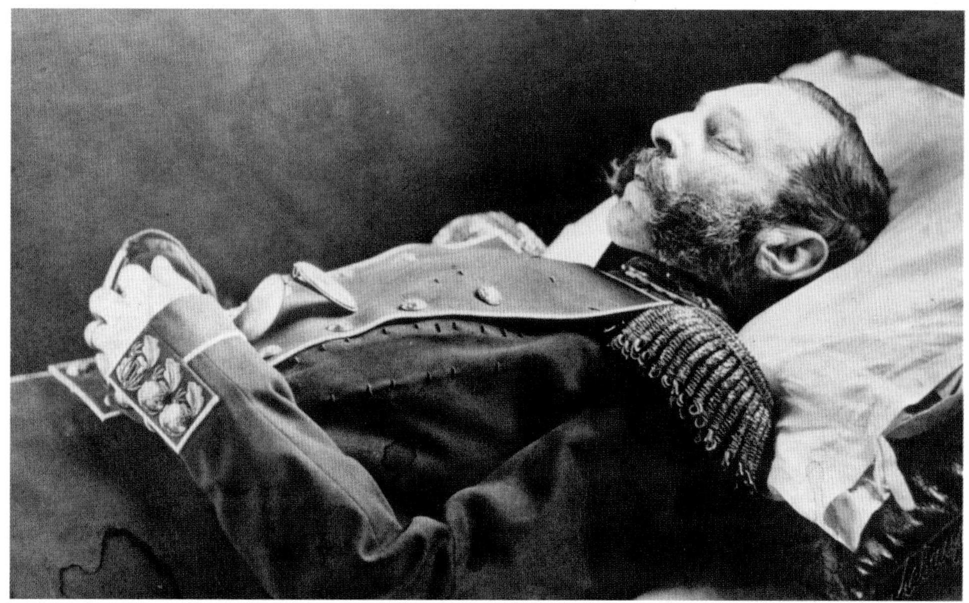

▲ 차르 알렉산드르 2세의 암살은 19세기 가장 대담한 테러 행위였다.

어떤 이들에게 차르는 1861년 농노를 해방한 '위대한 해방자'였지만, '인민의 의지' 단체에게 그는 기생하는 소수를 위해 빈곤에 처한 다수를 착취하는 또 다른 로마노프 왕조 중 한 사람일 뿐이었다. 알렉산드르 2세는 자신을 암살하려는 시도가 있다는 것을 알았고, 반대파를 달래기 위해 선거로 뽑은 '두마(러시아 의회)' 등 개혁을 준비하고 있었다. 그러나 3월 13일 그가 겨울 궁전으로 다가갈 때, 한 암살자가 철판으로 감싼 그의 마차 아래에 폭탄을 던졌다. 측근들이 부상을 입었고, 범인인 니콜라이 리사코프는 붙잡혔다. 차르가 마차에서 내려 리사코프에게 다가가는데 이그나치 느리니에비에츠키라는 또 다른 테러리스트가 두 번째 폭탄을 던졌고, 이는 차르와 그 자신 모두에게 부상을 입혔다. 열병식을 마치고 돌아오던 사관생도들이 알렉산드르를 눈 위에서 들어 썰매에 태우고 떨리는 몸에 제복을 덮어 주었다. 그는 몇 시간 내에 숨졌다.

'인민의 의지'는 열 명 가량의 젊은이들로, 비밀 조직을 이루어 무조건 리더의 명령을 따르는 단체였다. 목적은 정부를 무너뜨리고 러시아를 국민들에게 돌려주는 것이었다. 알렉산드르 2세의 암살은 그들이 실행한 가장 성공적인 공격이었다.

알렉산드르 2세는 어쩌면 소심한 개혁자였을지 모르지만, 19세기 러시아를 다스린 군주들 중에서 가장 자유주의적이었다. 그의 후계자는 의회를 수립하려던 계획을 파기했다. 이후 어떤 차르도 자발적으로 개혁을 주도하지는 않았으며, '인민의 의지'보다 더 조직적이고 지지 세력도 큰, 명확한 사회주의적 목표를 지닌 단체들이 혁명의 주도권을 쥐게 되었다. 러시아는 혁명으로 나아가는 중이었다. **RP**

1881년 7월 2일

# 총격에 쓰러지다

**가필드 대통령이 열차를 기다리던 중 어느 광신자에게 저격당한다.**

미국 대통령 중 비교적 잘 알려지지 않은 인물에 속하는 제임스 A. 가필드는 대통령직에 고작 네 달 밖에 있지 못했다. 워싱턴의 볼티모어 앤드 포토맥 철도역에서 휴가를 떠날 열차를 기다리던 중, 그는 총에 맞았고 얼마 남지 않은 생애 동안 직무를 수행할 수 없었던 것이다.

살인자는 39세의 찰스 J. 기토라는 사람으로, 뉴욕 주의 완벽주의적 종교 분파에 몸담았던 적이 있는데, 이 단체는 죄와 죽음은 환상이라는 믿음을 주장했으며 성적인 방종에 대해 관용적인 태도를 보였다. 기토는 이 분파에서 호감을 사지 못해 떠났고, 빚을 갚지 못해 사기죄로 감옥 신세를 지곤 하다가 공화당 정계에 몸담으려 노력하며 가필드에게 연설문을 적어 보냈다. 그는 대가로 외교적인 자리에 임명될 것을 기대했으나 거부당했다. 이 무렵 그는 미국에서 또 다른 내전이 일어나는 것을 막기 위해 가필드를 '제거해야' 한다는, 그가 믿기로는 신이 보낸 것이 분명한 메시지를 받았다.

> "나는 대통령이 기독교인이며 천국에서는 더 행복할 거라고 생각한다."
>
> **찰스 J. 기토, 가필드의 암살범**

기토는 44구경 피스톨을 사들고 사냥에 나섰다. 그 때 대통령은 경호원도 없고 보호도 받고 있지 않았기 때문에 역 대합실에서 대통령의 등에 두 발을 쏠 수 있었다. 그는 마차를 대기시켰으나 달아나기 전에 경관에게 체포되었고, 1882년 6월 워싱턴에서 교수형 당했다. 1881년 9월까지 목숨이 붙어 있던 가필드는 그 때 이미 사망한 후였다. **RC**

1882년 7월 11일

# 알렉산드리아가 불타다

**이때의 포격은 영국의 이집트 지배가 시작됨을 의미한다.**

공격은 무슬림 아랍 주민의 지지를 등에 업은 군사 지도자 아라비(우라비) 파샤의 민족주의 세력과, 영국과 프랑스의 보호를 받는 소수 유럽인과 콥드 기독교 간의 갈등이 커져만 가고 이집트의 이름뿐인 지배자 케디브 테우피크 파샤가 그 사이에 끼어 있는 상황에서 찾아왔다. 1869년 수에즈 운하의 완공으로 영국과 프랑스가 이집트에서 거둬가는 이익은 증대했고, 아라비 파샤는 외세에 대한 반발 세력을 등에 없고 권력을 쥐게 되었다.

1882년 아라비의 민병대는 고대 항구 도시 알렉산드리아를 점령했고, 영국과 프랑스 함대가 항구로 다가옴에 따라 도시의 수비를 강화했으며, 긴장은 고조되었다. 그리고 6월에 일어난 잔혹한 반란에서 무슬림 폭동이 도시의 기독교도 거주 지역을 공격해 유럽인 50명과 이집트인 125명 이상을 죽였다. 영국의 제독 보챔 시모어는 이집트인들에게 도시를 요새화하는 일을 멈추지 않으면 포격을 가하겠다고 명했다. 그 뒤로 일어난 싸움에 프랑스는 가담하지 않았다.

> "…죽은 자들의 도시 같은 겉모습. 거의 폼페이를 떠올리게 할 정도였다."
>
> **윌리엄 길, 알렉산드리아를 방문한 영국 여행자**

아무런 반응도 없었으므로 영국군은 7월 7일에 요새에 발포했다. 이집트인 700명과 영국군 장교 하나가 죽었다. 요새들은 파괴되었고 주변 지역은 황폐하게 무너졌다. 이집트인들은 알렉산드리아의 외국인 거주 지역을 불살라 보복을 가했다. 영국군은 상륙하여 계엄령을 선포했고, 이를 서막으로 가넷 울즐리 장군은 텔-알-케비르 전투에서 아라비 파샤를 쓰러뜨렸으며, 영국은 이집트를 보호령으로 선포했다. **NJ**

# 애시스의 탄생

오스트레일리아 팀이 최초로 영국 땅에서 잉글랜드를 격파하면서, 크리켓 계의 가장 오래된 라이벌 전통이 시작된다.

두 나라 간의 시합은 1882년 런던 남부 케닝턴 오발에서 문제의 시합이 열리기 전에도 5년 동안 계속되어 왔다. 이 경기에서 프레드 스퍼퍼드가 던진 빠른 공으로 6아웃에 12점 차로 지고 있던 영국은 목표에서 7점 모자라 패배했다. 관중은 충격에 휩싸였고 언론은 크리켓 역사상 최악의 경기였다고 묘사했다. 이틀 후 스포팅 타임스지에는 장난스런 사망 기사가 실렸다. “1882년 8월 29일에 오발에서 사망한, 영국 크리켓을 애정 어린 마음으로 추모하며, 수많은 친구와 지인들이 슬픔에 잠겨 크게 애도하노라. 고인이 편히 잠들기를. 주의—유해는 화장하고 그 재는 오스트레일리아로 보낼 예정임.”

다음 번 오스트레일리아 원정 경기에서 잉글랜드 팀의 주장 아이보 블라이는 “재를 되찾아 가겠다”고 말했으며(결국 성공했다) 여기서 애시스(ashes, 재)의 전통이 탄생했다.

실제로 재가 있는 것은 아니었지만, 1882년에서 1883년에 걸친 오스트레일리아 원정 때 잉글랜드 주장은 ‘가공의 재’를 담아 가라는 벨벳 주머니를 받았으며, 훗날 블라이의 아내가 되는 플로렌스 머피는 그에게 15cm 정도 높이의 테라코타 단지를 주었다. 정확한 내용물이 무엇인지는 알 수 없지만, 아마 크리켓과 연관 있는 물건이었을 것이다. 단지 바깥에는 블라이의 성공을 축하하는 ‘멜버른 펀치’지의 짧은 시 한 편을 붙였다.

블라이는 죽을 때까지 이 단지를 지니고 있었고, 1927년 그의 아내는 이것을 당시 영국 크리켓을 주도하던 단체 메릴레번 크리켓 클럽에 기증했다. 보통 때 이 단지는 로즈 크리켓 구장의 박물관에 전시해 놓는다. 공식적 트로피는 아니기 때문에 승리한 편에게는 진짜 단지가 아닌 복제품을 수여한다. **PF**

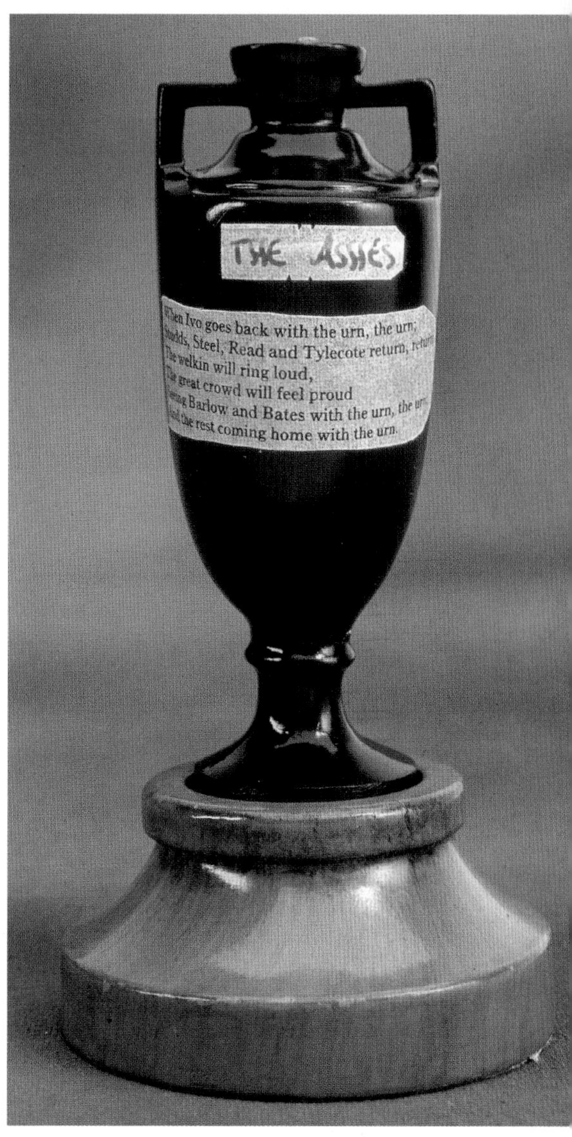


◐ 이 작은 테라코타 단지의 내용물에 대해 여러 가지 설이 있다. 공이나 크리켓 기둥을 태운 재, 혹은 그냥 공이라는 등이다.

# 크라카타우 화산 폭발

크라카타우 화산의 대규모 분출을 전 세계에서 느낄 수 있었다.

▲ 왕립 학회의 크라카타우 『화산의 폭발과 부수적인 현상들』(1888년)에 실린, 화산을 그린 채색 석판화.

"나는 그곳에 서 있었다 … 그리고 끝없는 절규가 자연을 꿰뚫고 지나가는 것을 느꼈다."

**에드바르트 뭉크가 크라카타우 폭발 이후**

자바와 수마트라 사이에 있는 크라카타우 섬은 오래전부터 맹렬한 화산 폭발로 잘 알려져 있었다. 기록에 따르면 416년, 535년, 1680년대에 폭발이 일어났다. 그러나 1883년 8월 섬을 날려 버리고 역사상 가장 커다란 굉음을 냈던 대규모 폭발은 세계 어디서도 예상치 못한 일이었다. 화산 폭발음은 히로시마의 원자 폭탄보다 1만 3,000배나 더 소리가 컸던 것으로 추정되었다.

몇 달 동안 이 섬의 화산 봉우리 세 개가 우르릉대고, 증기를 분출하고, 소규모 분출을 일으킨 끝에, 결국 네 차례의 강력한 폭발이 연이어 터져 나와 높이 30m가 넘는 해일을 일으켰다. 3,500km 떨어진 오스트레일리아의 퍼스에서도 폭발음을 들을 수 있었으며, 연기와 재의 기둥은 대기 중으로 80km나 소용돌이치며 치솟았다. 뜨거운 재가 비처럼 수마트라에 쏟아져 수천 명이 즉사했다. 섬의 대부분은 바다 밑으로 주저앉아 거대한 칼데라가 되었고, 남은 땅에 살아 있던 생물은 모조리 쓸려나갔다. 해일은 3만 5,000명의 목숨을 더 앗아갔고, 마을과 정착지 165개를 완전히 파괴했으며 비슷한 정도의 손상을 입혔다.

이 대규모 폭발은 세계 전역에 현저한 기후 변화를 일으켰다. 폭발이 일어난 다음해에, 세계 평균 기온은 섭씨 1.2도가 떨어졌다. 1880년대 말에 이르기까지 날씨는 혼란스런 양상을 보였다. 폭발과 멀리 떨어진 지역에서는 높은 대기층에 갇힌 화산재와 가스 때문에 눈부신 일몰 광경을 볼 수 있었다고 한다. 오슬로의 에드바르트 뭉크가 걸작 〈절규〉에 그린 일몰 풍경이 가장 유명할 것이다. 1969년의 「크라카타우 : 자바의 남쪽」을 비롯하여, 많은 영화와 책이 이 재난을 소재로 다루었다(사실 이 섬은 자바의 서쪽이므로, 제목이 완전히 잘못된 영화다). **NJ**

# 하르툼 함락

**'차이니스 고든'이 하르툼에서 전사하여 빅토리아 여왕이 분노한다.**

찰스 고든 장군은 조금 별난 면이 있지만 유능하고 정력적이며 신비주의적인 기독교 신앙을 지닌 군사 엔지니어였다. 그는 중국에서 잔혹하게 태평천국운동을 진압했을 때의 활약과 런던의 가난한 이들 사이에서 펼친 복음주의적인 선교 활동으로 대중에게 인기가 높았다. 1884년 1월, 글래드스턴 내각은 그를 수단으로 파견했다. 카이로에 도착하자 그는 총독으로 임명되었고, 카리스마적인 종교 지도자 '마디(사람들이 기다려온 자)' 마호메드 아메드가 이끄는 이슬람 군대의 진격으로 위협받는 하르툼에서 여성과 어린이를 대피시키라는 지시를 받았다.

고든은 2천 명 이상의 민간인을 나일 강 하류로 대피시키는 데 성공했으나 이내 하르툼은 마디의 군대에게 포위당했다. 정부는 그에게 떠날 것을 요구했으나, 고든은 자신에게 주어진 명령을 넘어 도시에 방어 태세를 갖추었다. 하라툼은 성벽으로 둘러싸인 요새로 바뀌었고, 중앙의 망루에서는 고든 자신이 종종 망을 보았다.

여론의 재촉에 못 이겨 영국 정부는 곤경에 처한 고든을 돕기 위해 구호 원정대를 조직해 울즐리 장군에게 맡겼다. 원정대는 사막을 가로질러 돌진했지만 간발의 차로 너무 늦고 말았다. 이틀 전, 포위가 320일 이상 지속된 끝에 고든이 거느린 이집트 장교 하나가 성벽을 열어 마디 파를 들어오게 했던 것이다. 고든은 총에 맞거나 창에 찔려 죽었고 그의 잘려진 머리는 의기양양하게 전시되어 있었다. 빅토리아 여왕은 분노하여 원정대를 조직하는 데 꾸물거렸다고 글래드스턴을 책망했고, 고든은 사후에 명성을 얻어 순교자가 되었다.

식민지를 건설하기 위한 유럽 열강의 '아프리카 쟁탈전'이 최고조에 달했을 때 벌어진 이 사건은, 서구 제국주의의 지나친 자신감과 부활하는 이슬람 세력 사이의 충돌이 빚은 중요한 순간이라 평가된다. **NJ**

▲ 〈고든 장군 최후의 저항〉(1885년), 조지 윌리엄 조이. 이 사건을 영웅적인 행위로 간주한 전형적인 영국 측 시선이다.

"나는 … 수비대 내의 배신행위가 두렵다, 모든 일이 크리스마스까지는 끝날 것이다."

**고든 장군, 1884년 12월**

# 카를 벤츠가 최초의 자동차를 특허 내다

벤츠는 현대 자동차의 조상 격을 발명하고 시장에 내놓는다.

카를 벤츠의 '모토르바겐'에는 실린더 하나짜리 내연기관이 있었고 시속 14.5km를 냈다.

자동차 산업의 두 아버지는 100km의 거리와 10년이라는 시간 간격을 두고 태어난 독일인들이었다. 두 사람은 같은 시기에 일했지만 서로에 대해 전혀 알지 못했으며 1880년대 초에 자동차를 발명했다. 고트프리트 다임러와 카를 벤츠가 개발한 내연기관은 동력을 이용한 최초의 차량은 아니었다. 증기와 전기의 힘으로 끄는 장치가 그들보다 100년도 더 앞섰던 것이다. 그러나 가솔린이나 디젤유를 연료로 삼는 엔진의 실용성을 증명해 보였다는 데 있어 벤츠와 다임러는 다른 어떤 발명품보다 교통수단을 혁신적으로 뒤바꿔 놓은 탈 것인 자동차 대량 생산의 선구자가 되었다. 따라서 1926년 두 회사가 합병하여 오늘날 독일 최대의 회사인 다임러-벤츠사가 되면서 두 천재의 이름이 나란히 놓인 것은 매우 어울리는 일이라 하겠다.

다임러는 조수인 빌헬름 마이바흐와 함께 내연기관을 발명했는데, 슈투트가르트의 바트 칸슈타트에 있는 어느 온실에서 비밀을 단단히 지켜 가며 작업했다. 1885년 그는 반 마력에 2행정(行程)짜리 흔들식 엔진을 자전거에 달아, 최초의 오토바이를 만들었다.

몇 달 후, 몇 마일 떨어진 만하임에서는 카를 벤츠가 최초의 자동차를 공개했다—세 바퀴가 달린 '모토르바겐'이었다. 벤츠는 배터리, 점화 플러그, 액셀러레이터, 변속기, 클러치 등 오늘날까지도 자동차에 사용하는 많은 부품을 고안했다. 다임러와 벤츠는 빠른 현대 세상을 가능하게 했다. **NJ**

# 시카고의 폭력 사태

자본주의 체제 내 갈등이 헤이마켓 광장의 폭동으로 이어진다.

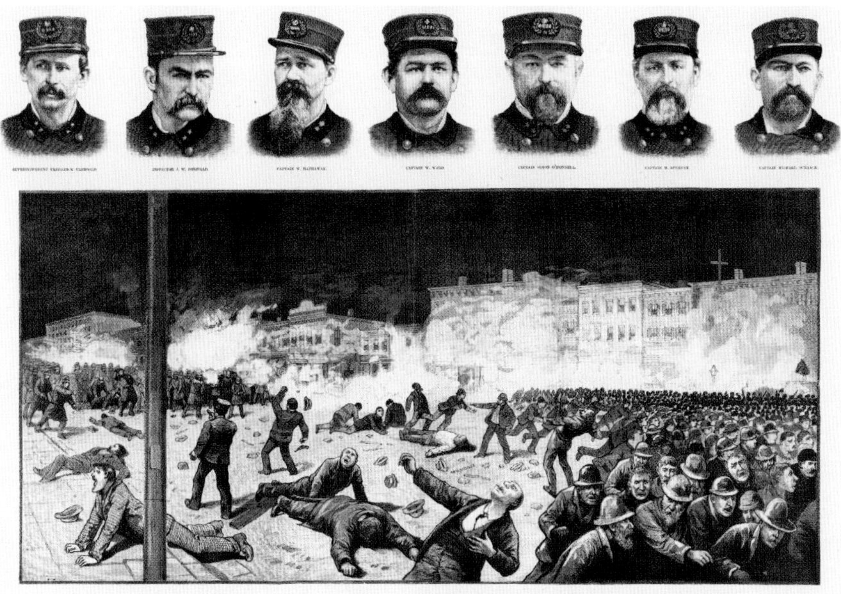

▲ 헤이마켓 광장에서 시위대에게 돌격하는 경찰을 그린 판화. 목숨을 잃은 경찰 7명의 초상화도 보인다.

산업화, 도시화, 유럽으로부터의 이주민 유입은 미국 노동운동의 성장에 박차를 가했다. 노동운동 지도자들이 미국의 사회체제를 무너뜨리려고 애쓰는 외국 혁명주의자라는 혐의를 받으면서, 이내 잔혹한 충돌이 발생했다. 1886년 5월 1일, 미국의 많은 도시에서는 하루 8시간 노동을 요구하는 시위를 벌였으며 필요하다면 총파업도 불사할 계획이었다. 시카고에서는 매코믹 수확기계회사에 반발하여 파업이 일어났는데, 파업 참가자들이 피켓 라인을 넘으려던 파업 불참자들을 공격하면서 사건은 악화되었다.

5월 3일 경찰이 개입했고, 적어도 한 명의 파업자가 죽었으며 다른 이들은 부상을 입었다. 다음날 헤이마켓 광장에서는 경찰의 무자비함에 항의하는 평화 시위가 열렸다. 그러나 경찰이 군중을 해산시키기 위해 움직이자 누군가가 폭탄을 던졌고, 경찰 한 명이 죽었다. 경찰은 사격을 개시했고 폭동이 벌어져, 결국 경찰 측에서 6명의 사망자가 더 발생하고 경찰 60명과 헤아릴 수 없이 많은 시위자들이 부상을 입었다.

8시간 노동 운동 지도자들은 증거가 없음에도 불구하고 살인자와 공모하고 있다는 판결을 받았다. 그들은 대부분 외국 출신으로 모두 사회주의나 무정부주의 선동가였으며, 이러한 사실은 확실히 배심원의 평결에 영향을 미쳤다. 이들 중 4명이 1887년에 교수형 당했고 다른 한 명은 자살했다. 나머지 3명은 1893년에 사면 받았다. 그러나 그 즈음에는 미국 노동 총동맹이 탄생했고 노동운동은 미국 경제와 정치의 일부로 인정을 받게 되었다. **RC**

# 자유의 여신상 제막

자유와 민주주의의 상징인 이 여신상은 프랑스로부터의 선물이었다.

▲ 자유의 여신상은 프레데리크 오귀스트 바르톨디가 제작한 이 찰흙 모형에서 시작되었다. 여신상의 얼굴은 그의 어머니였을 가능성이 있다.

▶ 뉴욕으로 실어가기 전에 파리의 제작 장소에서 동상의 부품을 조립해 보았다.

"그대의 지친, 가난한, 자유를 숨쉬기를 열망하는 무리들을 내게 다오…."

엠마 래저러스, 「새로운 거상」

미국의 가장 유명한 동상이자, 전 세계를 통틀어서도 한 눈에 알아볼 수 있는 아이콘 중 하나인 자유의 여신상은 뉴욕 항구로 들어가는 한 섬에 서 있다. 이곳에서 여신상은 자유와 민주주의의 상징이자, 더 나은 삶을 찾아 유럽에서 미국으로 쏟아져 들어오던 19세기의 수많은 이민자들에게 경의를 표하는 역할을 맡고 있다. 엠마 래저러스는 자유의 여신상에게 바친 유명한 시에서 여신상을 "추방자들의 어머니"라 칭했다.

환영하듯이 횃불을 들고 서 있는 이 동상의 크기는 45m에 달한다. 자유의 여신상을 탄생시킨 것은 미국에 크게 감탄했으며 1776년의 독립선언이 100주년을 맞은 것을 기념하기를 원했던 한 무리의 프랑스 지식인들이었다. 에두아르-르네 르페브르 드 라불레가 그 리더로, 미국 역사에 대한 세 권짜리 방대한 저서를 쓰기도 했던 그는 프랑스에도 미국 같은 원칙을 기반으로 한 공화국을 수립하고 싶어했다. 1875년, 라불레와 그의 친구 몇몇은 프랑스에서 정치력을 얻어 제3공화정을 수립했다. 라불레는 자유의 여신상의 횃불을 "계몽의 빛을 비추는 등대"라 칭했다.

조각가 프레데리크 오귀스트 베르톨디가 파리에서 동상을 제작했다. 그는 테라코타로 만든 모델에서 시작하여 현재 크기에 닿을 때까지 네 단계에 걸쳐 그 크기를 키웠다. 여신상을 지탱하는 철제 골조는 에펠 탑으로 유명한 귀스타브 에펠이 설계했다. 1884년, 미국 정부는 공식적으로 자유의 여신상을 받아들였고, 동상은 분해와 포장을 거쳐 뉴욕으로 실려갔다. 동상의 받침대를 세우는 데 필요한 기금 모금을 주관한 것은 신문 재벌 조지프 퓰리처였다. 1886년 그로버 클리블랜드 대통령이 공식적으로 제막식을 올렸다. 여신상의 왕관까지는 354계단이며, 매년 600만 명이 방문한다. **RC**

1888년 8월 31일

# 가장 사악한 범죄

**런던 화이트채플에서 일어난 살인 사건이 잭 더 리퍼의 행각을 예고한다.**

1888년 8월 31일 이른 시각, 찰스 크로스는 런던 화이트채플 역 뒤편의 벅스 거리를 걸어 출근길에 나섰다. 진흙탕을 피하려다가 그는 우연히 시체 한 구를 발견했고, 시체의 신원은 나중에 메리 앤 니콜스로 밝혀졌다. 그녀는 키 1m 57cm에 눈동자는 갈색이고 치아 다섯 개가 없었다. 얼굴과 목에는 멍이 들었고, 목 주변에는 두 군데의 깊은 상처가, 하복부에는 칼자국이 있었다. 검시의에 따르면, 해부학적인 지식을 지닌 왼손잡이 남자가 5분간의 습격을 가해 그녀를 살해한 것이 분명했다.

종종 '폴리'라는 애칭으로 불리던 메리 앤은 1845년에 태어났다. 1880년 결혼 생활이 파경을 맞았고, 아이들은 아버지와 살았다. 그녀는 이따금 하녀로 일하거나 매춘부 일을 했다. 8월 30일 그녀는 화이트채플 도로를 걸어갔고, 자정이 넘은 시각에는 '프라잉팬'이라는 술집에서 술을 마시고 있었다. 이후에 그녀는 간이 숙박소에 갔다가 도로 나왔는데, 하룻밤을 보낼 적은 돈도 없었기 때문이었다. 몇 시간 후 그녀는 죽었다.

> "끔찍한 상처 … 횡격막까지 닿으며, 거기서 창자를 끄집어냈다."
>
> **'이스트 런던 옵저버' 1888년 9월 1일**

이 사건은 아마 '잭 더 리퍼(Jack the ripper)'가 저지른 최초의 살인이었을 것이다. 1888년 8월에서 11월에 걸쳐 그는 적어도 다섯 명의 여인을 살해했다. 언론이 추적에 나섰고, 사건은 전 세계적으로 유명해져, 이를 소재로 한 책과 소설, 뮤지컬, 심지어 오페라까지 나왔다. 그의 진짜 정체에 대한 미스터리는 전 세계의 '리퍼 연구가'들을 자극했다. **RP**

1889년 5월 6일

# 영광의 상징

**물의를 빚은 에펠탑은 만국박람회의 최고 명물이었다.**

1889년 5월 프랑스혁명 100주년을 기념하기 위해 파리에서 열린 만국박람회에는 약 3천만 명이 참석했지만, 모두들 화젯거리로 삼는 유일한 전시물은 하나뿐이었다. 바로 에펠탑이었다. 이는 세계에서 가장 높은 인공 건축물로, 높이 320m에 2,000개의 가스등이 조명을 밝혔다. 용접한 금속 1만 5,000개의 조각이 탑을 이루었고 무게는 7,000t이었다. 꼭대기에서 볼 수 있는 파노라마적인 경치는 72km까지 달했다.

프랑스의 영광스러운 과거와 훨씬 더 영광스러운 미래를 나타내는 데 이보다 더 좋은 상징이 있을까? 에펠탑을 설계했을 뿐 아니라 꼭대기에 삼색기를 꽂아 건물을 공식 개관하기도 했던 엔지니어 귀스타브 에펠은 이런 질문을 던졌다. 세속적이고, 과학적이고, 산업적인 현대성을 띤 새 시대를 그대로 보여 주는 건축물이기 때문이었다. 에펠탑은 또한 프랑스의 라이벌들에게 부러움을 안겨 주었다. 다른 어떤 나라의 수도가 이러한 건축물을 자랑할 수 있단 말인가? 그러나 파리에서조차 모든 이들이 납득한 것은 아니었다. 회의주의자들은 방문객이 현기증을 느낄 것이고 어쩌면 번개에 맞을지도 모른다고 예언했으며, 명성 있는 프랑스 예술가 한 무리는 건축 기간 동안 "우리의 수도에 저 쓸모없고 보기 흉한 에펠탑을 세우는 데 대해 … 모든 정력을 바쳐" 항의했다. 그럼에도 에펠탑은 박람회의 인기 구경거리였으며 사람들은 떼로 몰려들었다.

탑은 1909년에 철거할 예정이었으나, 새로운 무선 전신 기술에 따라 필요해진 안테나를 세우기에 이상적인 장소였기에 그대로 남았다. 후세에도 에펠탑은 파리의 전 세계적인 상징이 되었으며, 오늘날 세계 최대의 관광 명소 중 하나다. **RP**

◆ 1888년 10월 17일에 촬영한 에펠탑의 모습. 탑은 1889년 3월 31일 꼭대기에 깃발을 올리는 행사와 더불어 완공되었다.

# 밀밭에서의 자살

고난과 드라마, 비극으로 가득 찬 삶을 산 반 고흐의 때 이른 죽음에 누구도 관심을 기울이지 않았으며, 그는 놀라운 독창성이 깃든 화가로서의 이력을 마감한다.

그 일요일, 그는 서둘러 점심을 먹었다. 해야 할 일이 있기 때문이었다. 많은 이들이 그를 단 한 점의 그림밖에 팔지 못한 실패한 화가라 여겼지만, 그는 꺾이지 않고 이젤을 놓아둔 오베르 성으로 걸어갔다. 거기서 그는 성벽을 따라 난 오솔길을 거닐다가 권총을 꺼냈다. 그는 사람들에게 까마귀 떼를 쫓아 버리기 위해 필요하다고 말하곤 했다. 그러나 이번에 그는 권총을 자기 가슴을 향해 겨누고 방아쇠를 당겼다.

이 네덜란드 화가의 삶은 언제나 격렬했으므로, 이 사건은 전혀 예상치 못한 일은 아니었다. 1870년대에 그는 세속적인 소유물을 모두 주변에 나눠 주고 그리스도 같은 삶을 살려고 노력했다. 1880년부터 그의 '사명'은 그림이었고, 그는 강렬한 색채 사용이 돋보이는 수백 점의 유화를 놀라운 속도로 그렸다. 그러나 심한 우울증과 망상에 시달렸고, 1888년 12월 자기 귀를 잘라낸 다음에는 자발적으로 정신병원에 들어갔다.

부상을 입은 반 고흐는 비틀거리며 마을로 돌아왔다. 총알은 심장과 중요 기관을 빗나갔으므로 의사들은 안심했고, 병원에 보내지도 않았다. 다음 날 동생이자 후원자인 테오가 도착했다. 감염이 일어나기 시작했고, 빈센트는 숨쉬는 것조차 힘겨워하고 있었다. 테오는 형의 머리를 안아들었다. "이렇게 죽었으면 좋겠군." 빈센트는 말했다. 반 시간 뒤인 1890년 7월 29일 화요일 오전 1시 30분, 그는 숨을 거두었다.

잘 알려지지 않았던 이 화가의 죽음은 거의 관심을 끌지 못했으나, 반 고흐는 곧 후기 인상주의의 가장 위대한 화가 중 하나이자 현대 매우 뛰어난 문화적 영웅 중 하나로 인정받게 되었다. **RP**

▶ 반 고흐의 〈귀를 자른 자화상〉(1889년). 정신병 발작으로 한쪽 귀를 잘라 내고 난 뒤에 그린 것이다.

◀ 〈까마귀가 나는 밀밭〉(1890)에는 불길한 예감과 자연에 대한 강렬한 인식이 나란히 깃들어 있다.

# 최후의 저항

운디드니 대학살은 아메리카 원주민과의 전쟁이 끝났음을 알린다.

아메리카 원주민의 생활양식이 파괴된 결과물 중 하나는 '유령 춤'이라는 종교 의식이 탄생했다는 것이었다. 인디언은 이 춤을 추면 아메리카 원주민의 세계를 회복할 수 있고 버펄로가 돌아오며, 죽은 자가 되살아난다고 믿었다. 사우스다코타 블랙 힐즈의 수족은 그 위대한 날이 오면 백인들은 사라지고 오직 아메리카 원주민만을 위한 세상이 될 거라고 생각했다. 어떤 이들은 총알을 막을 수 있다고 여기는 특별한 '유령 셔츠'를 입었다. 이러한 의식은 정착민과 인디언 문제 담당국에 불안을 안겨 주었다.

12월 15일, 수족의 위대한 추장 시팅 불이 사우스다코타의 스탠딩 록 보호구역에서 그를 체포하려하던 경찰대에 의해 살해당했다. 12월 29일 운디드니 크리크에서는 미군 제7기병대 한 대대가 강제로 네브래스카로 보낼 목적으로 수족 350명이 머무르는 막사를 포위했다. 수족 한 명이 소총을 내놓으라는 요구에 돈을 내지 않는다면 내놓지 않겠다고 거부하자 갑작스레 사격이 시작되었다. 기병대가 호치키스 기관총을 쏜 것이다.

> "우리의 안전은
> 인디언을 완전히 몰살하는
> 데 달려 있다."
>
> **L. 프랭크 바움, 『애버딘 새터데이 파이어니어』, 1891년**

결국 150명의 수족 남자와 여자, 어린아이와 기병대 군인 25명이 죽었다. 군인들 몇 명은 사격이 빗발치는 와중에 자기편에서 쏜 총알을 잘못 맞고 죽은 듯하다. 기병대는 20개의 명예 훈장을 받았다. **RC**



# 여성 참정권

뉴질랜드가 세계 최초로 여성에게 투표권을 준다.

19세기 뉴질랜드의 정치 체계는 세계에서 가장 앞서 있었다. 1853년부터 선거로 선출된 하원이 있었고, 재산이 있는 유럽인 남성에게만 투표권을 제한하긴 했지만 유럽인 남성 인구의 4분의 3 정도가 이 조건을 충족시켰다. 1860년대의 골드러시로 몰려온 수천 명의 채굴꾼들도 투표권을 받았고, 원주민 마오리 족은 네 의석을 차지했다. 1879년에는 모든 성인 남성이 투표할 수 있게 되었다. 1893년의 선거법으로 여성도 투표권을 얻었다—뉴질랜드는 여성에게 투표권을 부여한 최초의 나라였다.

이는 오랜 캠페인의 결과였다. 여성은 1860년대부터 지방선거에서 투표권을 행사할 수 있었고, 1870년대 들어 여성에게 의회 투표권을 주려는 노력은 실현되지 않았지만 근소한 차이였다.

> "여성들과 그들의 미소 짓는
> 얼굴은 기표소를 아주 환하게
> 밝혀 주었다."
>
> **'더 크라이스트처치 프레스', 1893년**

의회 밖에서 여성 투표권 운동에 앞장선 단체는 케이트 셰퍼드가 이끄는 '기독교 여성 금주 동맹'이었다. 그녀는 여러 차례 청원 운동을 주도했고, 1893년의 한 번은 뉴질랜드의 성인 유럽인 여성 인구의 4분의 1에 달하는 3만 2,000건이라는 서명을 받았다. 여성 투표권을 적용한 최초의 선거는 1893년 11월 28일에 실시됐다. 어떤 여성들은 호위도 받지 않은 채 기표소에 혼자 들어가야 한다는 사실에 놀라 여성은 우편을 통해 투표해야 한다고 주장했다. 결국 이때 선거는 뉴질랜드 식민지에서 열렸던 중 중 '가장 훌륭하게 진행되고 가장 질서 바른' 선거라고 묘사되었다. **PF**

# 드레퓌스 사건

드레퓌스 대위의 재판은 제3공화정을 갈라놓고 있던 어려움을 더 악화시킨다.

▲ 드레퓌스 대위(오른쪽, 의자 옆에 서 있다)가 렌느의 군사 법정에 서 있다. 법정은 그를 악마의 섬으로 추방할 것을 명했다.

1894년 12월 22일, 프랑스군의 유대인 장교 알프레드 드레퓌스는 군사기밀을 유출한 혐의로 '종신 유형'을 선고받았다. 항변에도 불구하고("나는 결백하오! 프랑스 만세! 군대 만세!") 그는 계급을 박탈당하고 "더러운 유대인"이라는 군중의 야유 속에서 '악마의 섬'으로 유배당했다. 간수를 제외한 유일한 주민은 그뿐이었고, 간수들은 그에게 말을 걸지 말라는 명령을 받았다. 결국, '사건'은 1789년 혁명 이후 그 어떤 것보다 프랑스를 분열시켰다.

드레퓌스의 가족은 그의 무죄를 확신했고, 기자 베르나르 라자르도 마찬가지였다. 드레퓌스는 반유대주의에 희생당한 것이라는 소문도 있었다. 피카르 중령은 진상 은폐의 증거를 찾아냈고, 군사기밀을 넘겨준 것은 에스테라지 소령이라고 밝혔다. 그러나 상부에서는 피카르의 입을 다물게 했고, 1898년 군사 법원은 에스테라지에게 무죄 판결을 내렸다. 다음 달, 소설가 에밀 졸라가 "나는 고발한다!" 라는 제목의 프랑스 대통령에게 보내는 공개서한을 발표했는데, 이는 엄청난 분쟁을 촉발시켜 프랑스 사회를 '드레퓌스파'와 '반(反) 드레퓌스파'로 갈라놓았다.

드레퓌스는 프랑스 사회의 분열에 대한 상징이었다. 따라서 1899년 그가 사면 받았고 1906년에는 무죄판결을 받았다는 점은 그리 중요하지 않아 보였다. 여전히 물의가 남아 있었다. 적어도 드레퓌스가 복직하여 레지옹 도뇌르 훈장을 받은 제1차 세계대전 때에 프랑스인들은 단합 상태였다. 그러나 1946년 독일에 동조적인 비시 정부에서 주된 역할을 맡았다는 죄목으로 기소당한 페탱 원수는 "드레퓌스의 복수다!" 라고 주장했다. **RP**

# 오스카 와일드가 유죄 판결을 받다

극작가, 소설가, 시인인 오스카 와일드가 남색 죄로 투옥된다.

▲ 오스카 와일드의 풍자적인 문체와 생활방식은 젊은이들의 나약한 댄디즘을 조장한다는 이유로 비판의 대상이 되었다.

1895년 5월 25일 토요일, 올드 배일리의 재판장은 사람이 빽빽한데다가 숨 막힐 듯 더웠다. 유명한 극작가이자 재치꾼인 오스카 와일드는 여러 건의 중대 외설죄로 고발당했고, 재판에 대한 대중의 관심은 열광적이었다. 오후 3시 30분, 증거를 검토하기 위해 배심원단이 물러갔다. 두 시간 후, 일곱 건의 '유죄' 평결 중 첫 번째가 울려 퍼졌다. 판사인 윌스는 자신이 다루었던 중 최악의 사건이며, 와일드가 "젊은이들 가운데 퍼져 있는 가장 끔찍스러운 종류의 엄청나게 타락한 모임 중심에 있었다"고 말했다. 윌스는 와일드에게 그의 행위가 얼마나 사악한 것인지에 대해 설교하지도 않겠다고 결심했는데, "이러한 짓을 저지르는 이들은 수치심에 완전히 무감각할 것이 분명하기" 때문이었다. 최종 판결로 그는 와일드에게 2년 간의 강제 노동이라는 최대 형벌을 내렸다.

와일드의 몰락은 순식간이었다. 그해 2월에 걸작인 「정직함의 중요성」의 초연으로 그는 가장 큰 승리를 맛보았지만, 영어로 쓰인 가장 재치 있고 생기발랄한 희곡이라는 평을 받는 이 작품은 와일드의 개인 생활이 위기에 처했을 때 쓴 것이었다. 와일드의 연인의 아버지가 공개적으로 동성애자라 고발하겠다는 위협을 가했고, 그는 주변의 충고에 따라 중상죄로 맞고소했다. 당연히 그가 패소했고 남색 죄로 체포되었다. 와일드는 힘겨웠던 시기에 더 많은 걸작을 내놓았다. 최고의 시인 「리딩 감옥의 발라드」와 매우 자기 고백적인 어조의 서한 『옥중기』가 그것이다. 그러나 이 무렵 그의 건강은 몹시 나빠졌고, 그는 1900년에 죽었다. **RP**

# 빌헬름 뢴트겐이 X-Ray를 발견하다

한 물리학자의 발견이 진단 의학계에 혁명을 일으킨다.

▲ 빌헬름 뢴트겐은 누구나 자유롭게 이 발견의 혜택을 누릴 수 있어야 한다고 말하면서, 발견으로 결코 이익을 취하지 않겠다고 했다.

▶ 빌헬름이 X-Ray로 촬영한 베르타 뢴트겐의 손. 반지와 다른 물건들이 광선의 진로를 막고 있다.

"오, 하느님 … 마치 나 자신의 죽음을 들여다보고 있는 기분이 드는군요!"

**X-Ray로 촬영한 손을 보고 베르타 뢴트겐이 한 말**

바이에른 뷔르츠부르크 대학의 물리학 교수인 빌헬름 콘라트 뢴트겐(1845~1923년)은 최초로 개복 수술에 의지하지 않고도 신체 내부 구조의 탐색을 가능하게 하여 의료 역사의 새로운 지평을 열었다. 세계를 떠들썩하게 한 다른 많은 발견처럼, 이것도 우연에 의한 일이었다.

뢴트겐이 이 새로운 형태의 방사능을 발견한 것은 어느 날 저녁 자기 실험실에서 음극선으로 실험을 하던 중이었다. 두꺼운 검은 종이로 덮은 진공 유리관에 전류를 통하게 하자, 의자 위에 둔 작은 스크린에 예상치 못한 녹색 빛이 맺힌 것을 볼 수 있었다. 그는 곧 튜브에서 일종의 보이지 않는 광선이 나와, 종이를 뚫고 스크린을 빛나게 한다는 점을 알아차렸다. 그는 광선에 'X-Ray'라는 이름을 붙였는데, 수학에서 X란 미지의 속성을 가리키기 때문이었다. 곧 그는 이 광선이 나무, 천, 종이 등은 수월하게 통과하지만, 밀도가 높은 물질은 통과하지 못한다는 것을 밝혀냈다. 1895년 뢴트겐이 처음으로 실시한 실험 중 하나는 아내인 베르타의 손을 촬영한 실험으로, 그는 X-Ray가 피부를 뚫고 그 밑의 뼈를 드러내 보인다는 것을 증명했다.

뢴트겐의 발견에 대한 소식은 전 세계로 급속히 퍼졌다. 당시 음극관은 널리 알려져 있었으므로 곳곳의 과학자들이 그의 실험을 따라할 수 있었다. 그 해가 가기 전에 스코틀랜드의 왕립 병원에는 X-Ray 담당 부서가 생겼으며 최초로 X-Ray를 통해 신장 결석을 발견하고 어린이의 목에 걸린 동전을 촬영했다. 같은 해에 월터 캐넌이라는 미국인은 X-Ray와 함께 바륨 용액을 이용해 소화 기관을 통과하는 음식의 경로를 추적했다. 5년 안에 보어 전쟁에서 부상당한 병사들에게 X-Ray를 사용해 총알이 박힌 위치를 밝혀내게 되었고, 심지어 극장 공연에서 흥밋거리로 X-Ray 기계를 들여놓기까지 했다. **JJH**

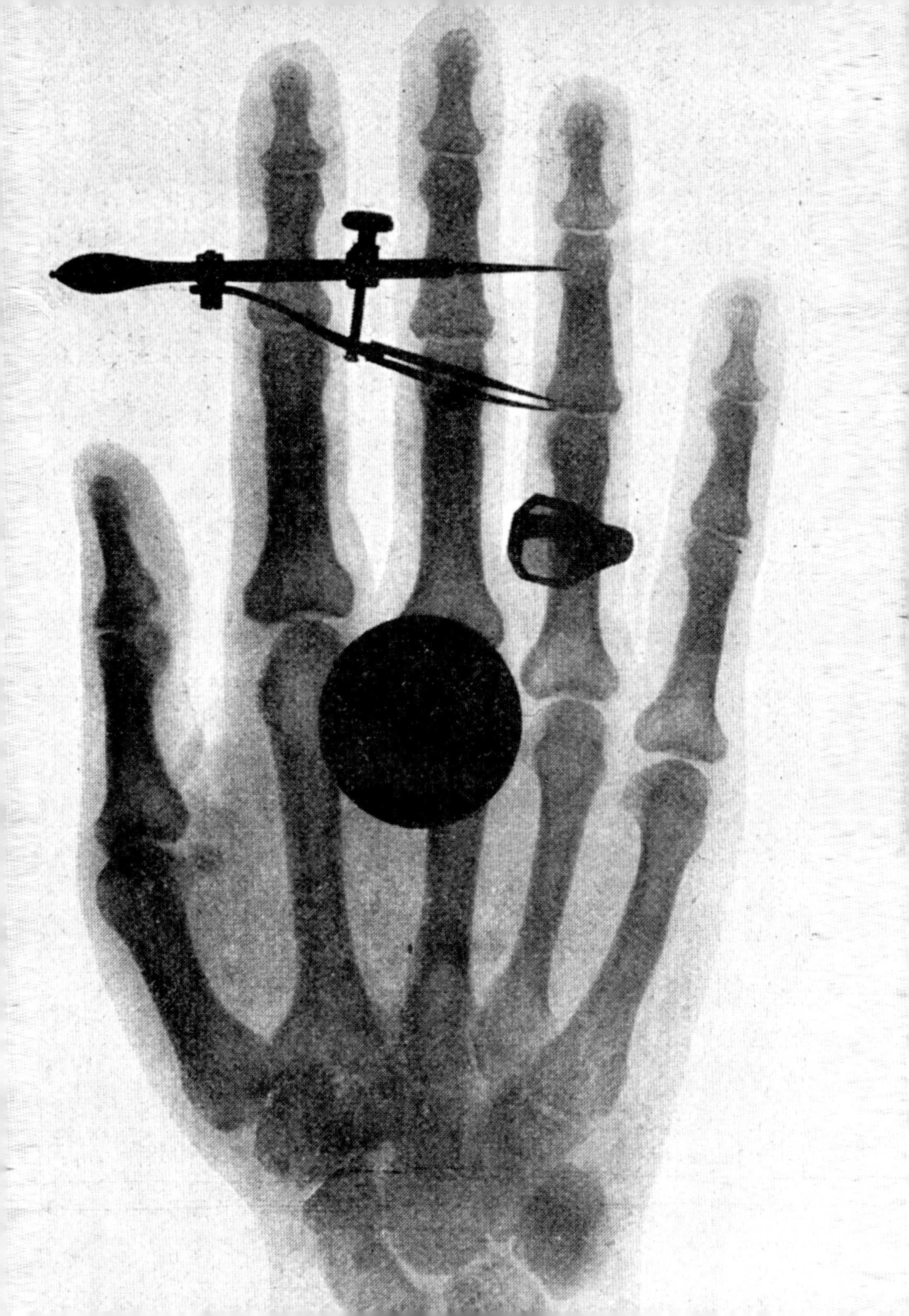

# 최초의 영화 상영

**뤼미에르 형제는 최초의 영화를 선보이지만 결국 사진으로 관심을 돌린다.**

▲ 오귀스트(왼쪽)와 루이 뤼미에르는 영화의 발명과 오토크롬 방식의 컬러 사진술 발전 두 가지에 기여했다.

▶ 뤼미에르 형제의 첫 영화 중 하나는 라 시오타 역에 도착하며 손님들을 모으고 있는 기차를 찍은 것이었다.

"영화는 전 세계를 즐겁게 한다. 이보다 더 훌륭한 일이 있을까 … ?"

**루이 뤼미에르, 영화의 선구자**

파리 카퓌신 대로 그랑 카페 지하의 방은 가득 모인 사람으로 붐볐다. 이들은 어둠 속에 앉아 열 편의 짧은 영화 연속물을 보기 위해 돈을 지불한 사람들로, 각 영화는 40초 남짓한 길이에 주제는 '담요 위에 뛰어내리기', '아기의 식사', '바다에서 수영하기' 등 일상생활을 직접 관찰하여 가벼운 희극을 섞어 넣은 내용이었다. 상영은 큰 성공이었고 계속 보려는 사람들이 줄을 이었다. 이 역사적인 최초 상영회보다 조금 뒤에 촬영한 한 장면은 화면을 거슬러 비스듬하게 달려오는 증기 기관차를 찍은 것으로, 관객은 비명을 지르며 몸을 숨기려 들었다.

상영회를 연 것은 리옹의 한 사진사 겸 초상화가의 아들인 30대 초반의 형제 오귀스트와 루이 뤼미에르였다. 그들의 아버지는 1894년 구멍으로 들여다보는 형식의 에디슨의 영사기 시연을 보고 영향을 받아 아들들에게 영화 실험을 해보라고 격려했고, 둘은 곧 스프로켓 구멍을 이용해 카메라 안에서 필름을 감는 시스템을 개발했다. 1895년 초에 두 형제는 카메라, 인화 기계, 영사기 역할을 다 하는 작은 기계 '시네마토그래프'의 특허를 냈다. 최초의 영화는 아버지의 공장에서 퇴근하는 일꾼들을 담은 것으로 1895년 3월 22일 개인적인 자리에서 상영했지만, 최초로 영화 기술을 상업적으로 이용하고 영화를 스크린에 비춘 것은 그랑 카페에서였다.

두 형제는 그들이 만든 기계를 전 세계에 선보이기 위해 조수를 고용했고, 영화를 상영하기 위해 극장을 개관했다(그들은 극장을 '시네마'라고 불렀다). 영화 한 편은 1900년 파리 박람회 때 거대한 화면에 투사하기도 했다. 시네마토그래프의 성공에도 불구하고 루이 뤼미에르는 곧 이것이 "미래 없는 발명품"이라 단정 지었고, 결국 형제는 기계에 대한 권리를 팔고 대신 컬러 사진에 집중했다. **PF**

# 치욕적인 패배

## 아도와에서 에티오피아군이 아프리카를 식민지로 삼으려던 이탈리아에게 뼈아픈 일격을 날린다.

이탈리아는 소말리아와 에리트레아 식민지와 더불어 '아프리카의 뿔' 지역에 식민 제국을 건설하기 위해 에티오피아—유럽 제국주의가 절정에 달한 19세기에 아프리카에서 라이베리아를 제외한 유일한 독립국이었다—를 침략했다. 이탈리아 사령관인 오레스테 바라티에리는 메넬리크 2세 황제가 이끄는 수적으로 우월한 에티오피아군(8~15만 명)을 공격하고 싶지 않아 머뭇거렸고, 메넬리크는 1만 7,700명의 이탈리아 군대의 길을 막았다. 하지만 부하들의 비웃음에 도발된 바라티에리는 새벽에 급습할 생각으로 군사를 세 갈래로 나누어 산지대를 건너 야간 행군을 하도록 했다.

> "이탈리아는 불명예스러운 후퇴보다 2천이나 3천 명의 군사를 잃는 편을 선택할 것이오."
>
> **비토리오 다보르미다 중장, 아도와 전투에서 전사**

메넬리크는 첩자에게 이탈리아군의 행동 개시를 전해 들었고, 부하들을 매복에 이상적인 장소로 옮겼다.

이탈리아군은 길을 잃었고 새벽에는 적진으로 곧장 뛰어드는 실수를 저질렀다. 이탈리아군과 에티오피아 원주민인 '아스카리' 외인부대는 용감하게 싸웠지만 대학살을 당해, 7,000명이 죽고 1,500명이 부상당했으며 3,000명이 포로로 잡혔다. 에티오피아 측은 사망자 5,000명에 부상자 8,000명이었다. 바라티에리는 남은 부대를 이끌고 총과 장비를 모두 승리자에게 넘겨둔 채 에리트레아로 후퇴했다. 이탈리아 포로들은 관대한 대접을 받았지만 '아스카리'들은 에티오피아의 배신자로 간주되어 한 손과 한 발을 잘렸다. 이 승리로 에티오피아는 1936년 무솔리니가 아도와에서 복수전을 펼치기까지 40년간 독립을 유지할 수 있었다. **NJ**



# 올림픽의 재개

## 최초의 근대 올림픽이 열려 위대한 스포츠의 전통을 부활시킨다.

프랑스의 피에르 드 쿠베르탱 남작에게는 운동선수다운 탁월함과 국제적인 화합을 고취하고자 하는 바람이 있었다. 그리스 올림피아에서 최근에 이루어진 고고학적 발견에 자극받아, 그는 고대 그리스 올림픽 경기에서 해결책을 찾았다. 1894년 그는 경기를 개최할 국제 올림픽 위원회를 설립했고, 초대 개최지로는 아테네를 선정했다. 이렇게 해서 정식 명칭 "올림피아드 대회"는 1896년 4월에 개막식을 올렸고 열흘 동안 진행되었다. 14개국에서 온 241명의 선수가 참가했다—모두 남성이고 아마추어로, 국가별 팀으로 참가한 것이 아니라 사비를 들여 개인별로 참가했다.

올림픽을 위해 기원전 4세기의 고대 파나테나이아 경기장을 복원했는데, 이 복원 사업과 다른 시설에 들어간 비용은 주로 게오르기오스 아베로프라는 사업가가 알렉산드리아에서 모은 기금으로 충당했다. 3월 25일의 개회식에는 8만 명의 군중이 경기장을 가득 메웠고, 경기 참가자는 나라별로 모여 있었으며, 그리스의 왕 게오르기오스가 지켜보는 가운데 악단과 성가대가 올림픽 찬가를 연주했다. 올림픽 성화 봉송을 행사 일부로 채택한 것은 1928년이었으므로, 아직 성화는 없었다. 첫 경기인 3단 뛰기에서는 미국의 제임스 코널리가 우승을 차지했다.

경기는 커다란 성공이었고, 그리스는 가장 많은 메달을 딴 나라인 미국보다 하나가 부족했다(우승한 선수는 현재와 달리 금이 아닌 은메달을 받았다). 가장 유명한 경기는 마라톤으로, 전에는 이름 없는 목동에 불과했던 그리스의 스피리돈 루이스라는 선수가 우승했다. **PF**

▶ 독일 체조선수 헤르만 바인가르트너가 그리스 아테네에서 열린 첫 번째 올림픽 경기에서 링 체조를 선보이고 있다.

# 클론다이크에서 금을 발견하다

미국의 금 채굴꾼들은 북쪽의 캐나다로 주의를 돌린다.

짧게 유행한(1896~1898년) 클론다이크 골드러시 때에 칠쿠트 서밋 근처에서 채굴꾼들이 포즈를 취하고 있다.

"한밤중의 태양 아래에선
금을 찾아 악착같이 일하는 사나이들이
이상한 짓을 한다."

**로버트 서비스, 『샘 맥기의 화장(火葬)』**

1896년 8월, 클론다이크 강에서 낚시를 하던 세 사람은 래빗 크리크의 강바닥에서 황금임이 틀림없는 광채를 목격했고, 이 지역에는 후에 보난자 크리크라는 이름이 붙었다. 다음 날 아메리카 원주민인 '스쿠컴 짐' 메이슨 케이시, 그의 누이 케이트, 그녀의 남편인 조지 카맥으로 구성된 3인방은 카맥의 이름으로 이 지역에 소유권을 주장했다. 금을 발견했다는 소식이 퍼져나갔고, 소식을 들은 지 열흘도 되지 않아 시애틀에서 1,500명이 북쪽으로 항해해 왔다. 샌프란시스코에서는 얼어붙은 북부로 가는 기선의 배표가 1천 달러가 넘는 가격에 팔렸다. 1898년 즈음, 최초의 발견지를 중심으로 급성장한 '인스턴트 타운' 도슨 시티의 인구는 4만에 달해, 위니펙 북쪽에서 캐나다 최대의 도시가 되었다. 따라서 이 외딴 지역은 심각한 식량 부족을 겪었으며(소금이 거의 금값에 팔렸다) 기근에 시달렸다. 불굴의 의지를 지닌 사나이 샘 스틸 대장이 이끄는 그 지역 기마 경관대가 법과 질서를 유지했다.

사람들은 떼돈을 벌었고—한 이발사는 하루만에 4만 달러 어치의 금을 파냈다— 어떤 모험심 강한 채굴꾼은 술집 바닥에 떨어진 금가루를 쓸어 담은 것으로 275달러를 벌었다. 클론다이크를 향해 떠난 것으로 추정된 10만여 명의 사람 가운데 반수만이 도착했다. 그중 5천 여 명은 땅을 차지하는데 성공했지만, 고작 몇 명만이 큰 돈을 벌었다. 많은 이들이 질병, 굶주림, 사기꾼의 희생자가 되었다. 캐나다 국경 스캐그웨이의 보안관인 제퍼슨 '소우피'(soapy, 현금이 들어 있는 비누를 섞어 팔아 큰돈을 번 데서 붙은 별명-옮긴이) 스미스는 '오는 사람 모두를 속여 재산을 강탈하고 항의하는 이는 누구나 죽인다'는 소문이 있었다. 국경을 지키는 기마 경관대는 일 년 분에 못 미치는 식량을 가져온 채굴꾼을 모두 돌려보냈다. 골드러시는 시작됐을 때 만큼이나 빠르게 끝났다. 상업적으로 금을 캐는 일은 1966년까지 계속되었지만, 최상급의 금은 1900년 즈음에는 이미 사라진 후였다. **NJ**

# 미스터 다이너마이트의 죽음

## 유언을 통해 알프레드 노벨은 사후에 위대한 영향력을 남겼다.

스웨덴의 기업가이자 화학자, 박애주의자인 알프레드 노벨은 이탈리아 산 레모에 있는 자신의 휴양 별장에서 뇌졸중으로 사망했다. 죽음을 앞두고 그는 놀라운 부를 축적했지만 개인적인 행복을 많이 가져다주지는 못했던 자신의 삶을 돌아볼 수 있었다.

기업가로서 노벨은 보포스 제강 공장을 성공적인 무기 제조 공장으로 키웠고, 화학자로서는 1867년에 폭발성 니트로글리세린의 안전한 형태인 다이너마이트를 개발했다. 공장에서 폭발이 일어나 남동생 에밀과 근로자 네 명이 사망한 이후, 그는 더욱 안전하고 강력한 폭발물을 발명했다—젤리그나이트였다. 감성적인 영혼을 지녔던 노벨은 무기 제조, 폭발물, 석유 등으로 엄청난 재산을 축적하는 틈틈이 희곡과 시를 집필했다.

1888년 그는 "죽음의 상인이 죽었다"는 표제를 달고 노벨이 그 어느 때보다도 더 많은 사람을 신속하게 죽일 수 있는 방법을 찾아내 부자가 되었다고 묘사한, 잘못 나온 자신의 사망 기사를 읽고 큰 충격을 받았다. 이에 더해 오스트리아의 작가이자 평화주의자인 베르타 폰 주트너와의 서신 교환에서 감화를 받아, 노벨은 막대한 재산을 자신의 이름을 붙인 상을 제정하는 데 기증하여 평화를 장려하고 예술과 과학의 발전을 돕겠다고 결심했다.

매년 수여하는 노벨 평화, 문학, 물리학, 화학, 의학, 경제학상의 수상자 중에는 윈스턴 처칠, 알베르 카뮈, 사무엘 베케트(문학), 알베르트 아인슈타인(물리학), 라이너스 폴링(화학), 미국 대통령 테디 루스벨트와 우드로 윌슨, 테레사 수녀, 헨리 키신저, 마틴 루터 킹(평화) 등이 있다. 적십자를 창설한 앙리 뒤낭과 베르타 폰 주트너(전 세계적인 규모의 급진적인 평화 운동에서 활발한 인물이 되었다)는 최초의 노벨상 수상자에 속한다. **NJ**

▲ 니트로글리세린은 1846년 이탈리아의 화학자 아스카니오 소브레로가 발명했지만, 노벨은 이것을 안전하게 사용하는 방법으로 특허를 얻었다.

> "알프레드 노벨—이 가련한 반쪽자리 존재는 없앴어야 하는데."
>
> **노벨, 형인 루드비그에게 쓴 편지, 1887년**

# 신이여 여왕을 보호하소서

빅토리아 여왕이 재위 60년을 맞으면서 영국 군주제는 그 절정에 이른다.

▲ 재위 60주년 기념을 맞이하여 촬영한 빅토리아 여왕. 백성들은 그녀에 대해 열렬한 헌신을 보였다.

▶ 런던 트라팔가 광장에서 빅토리아의 마차가 내셔널 갤러리와 환호하는 구경꾼 앞을 지나가고 있다.

> "환호성은 귀가 먹먹할 정도였고, 모든 얼굴이 … 진정한 기쁨으로 가득했다."
>
> **빅토리아 여왕이 일기에서**

빅토리아의 재위 60주년 기념행사가 1887년의 50주년 기념식 때를 따라갈 수 있을까? 그럴 수는 없을 것 같았다. 78세로 점점 인색해져 가는 여왕은 예정된 축하 행렬 때 마차에서 내리지 않을 것이고, 축제에 자기 돈이라고는 전혀 쓰지 않을 것이며, 유럽의 군주들은 절대 아무도 초대하지 않을 거라고 고집했다. 실제 재위 기념일인 6월 20일 일요일, 왕명에 따라 축하 행사는 열리지 않았다. 오전 11시, 영국의 모든 교회와 예배당, 시나고그에서는 특별 예배를 올렸고, 빅토리아 자신은 윈저 궁의 세인트 조지 예배당에 참석했다. 일기장에서 빅토리아는 "앞으로 올 날들에 대해 사뭇 불안하다. 모든 것이 잘 되어야만 한다"고 고백했다. 걱정은 공연한 것이었다. 이후에 일어난 일은 장엄하고 눈부신 장관이었기 때문이다.

빅토리아는 축제가 절정에 달했던 6월 22일을 "결코 잊을 수 없을 날"이라 묘사했다. 그녀가 버튼을 눌러 60주년 기념 전신을 대영제국 전역으로 보낸 순간부터, 모든 일이 근사하게 잘 되었다. 하이드 파크의 축포가 여왕이 궁전을 떠났음을 알리자 태양이 구름을 뚫고 모습을 보였고, 시내의 몇몇 빈민 구역에서 소란이 일어나긴 했지만 행렬 자체도 열렬한 반응을 불러일으켰다. "내 생각에 이제껏 그 누구도 6마일의 거리를 지나쳐 가며 내가 받았던 만큼의 환호를 받지는 못했을 것이다." 이는 영국 역사에서 가장 성대한 행사였다.

사회주의자 키어 하디에 따르면, 이는 "빵은 없는 빵과 서커스('빵과 서커스'는 대중의 불만을 잠재우기 위한 임시방편을 뜻하는 표현-옮긴이)"였다. 그러나 효율적이었다. 또 다른 사회주의자 비어트리스 웨브는 사람들이 "병적으로 흥분한 충성심에 취해 있다"고 적었다. 영국은 민주주의 국가가 되어 가고 있었고 군주에게 남겨진 정치권력은 거의 없었지만, 군주제는 최고의 인기를 누렸다. **RP**

Deuxième Année. — Numéro 87 — Cinq Centimes — JEUDI 13 JANVIER 18

Directeur ERNEST VAUGHAN

ABONNEMENTS

| | Un an | Six mois | Trois mois |
|---|---|---|---|
| Paris | 20 » | 10 » | 5 » |
| Départements et Algérie | 24 » | 12 » | 6 » |
| Étranger (Union Postale) | 35 » | 18 » | 10 » |

POUR LA RÉDACTION : S'adresser à M. A. BERTHIER Secrétaire de la Rédaction

Adresse télégraphique : AURORE-PARIS

# L'AURORE

Littéraire, Artistique, Sociale

Directeur ERNEST VAUGHA

LES ANNONCES SONT REÇUES : 142 — Rue Montmartre — AUX BUREAUX DU JOURNAL

Les manuscrits non insérés ne sont pas ren

ADRESSER LETTRES ET MANDATS : à M. A. BOUIT, Administrate

Téléphone : 102-88

# J'Accuse...!

## LETTRE AU PRÉSIDENT DE LA RÉPUBLIQU

## Par ÉMILE ZOLA

### LETTRE A M. FÉLIX FAURE

Président de la République

Monsieur le Président,

Me permettez-vous, dans ma gratitude pour le bienveillant accueil que vous m'avez fait un jour, d'avoir le souci de votre juste gloire et de vous dire que votre étoile, si heureuse jusqu'ici, est menacée de la plus honteuse, de la plus ineffaçable des taches?

Vous êtes sorti sain et sauf des basses calomnies, vous avez conquis les cœurs. Vous apparaissez rayonnant dans l'apothéose de cette fête patriotique que l'alliance russe a été pour la France, et vous vous préparez à présider au solennel triomphe de notre Exposition universelle, qui couronnera notre grand siècle de travail, de vérité et de liberté. Mais quelle tache de boue sur votre nom — j'allais dire sur votre règne — que cette abominable affaire Dreyfus! Un conseil de guerre vient, par ordre, d'oser acquitter un Esterhazy, soufflet suprême à toute vérité, à toute justice. Et c'est fini, la France a sur la joue cette souillure, l'histoire écrira que c'est sous votre présidence qu'un tel crime social a pu être commis.

Puisqu'ils ont osé, j'oserai aussi, moi. La vérité, je la dirai, car j'ai promis de la dire, si la justice, régulièrement saisie, ne la faisait pas, pleine et entière. Mon devoir est de parler, je ne veux pas être complice. Mes nuits seraient hantées par le spectre de l'innocent qui expie là-bas, dans la plus affreuse des tortures, un crime qu'il n'a pas commis.

Et c'est à vous, monsieur le Président, que je la crierai, cette vérité, de toute la force de ma révolte d'honnête homme. Pour votre honneur, je suis convaincu que vous l'ignorez. Et à qui donc dénoncerai-je la tourbe malfaisante des vrais coupables, si ce n'est à vous, le premier magistrat du pays?

⁂

La vérité d'abord sur le procès et sur la condamnation de Dreyfus.

Un homme néfaste a tout mené, a tout fait, c'est le colonel du Paty de Clam, alors simple commandant. Il est l'affaire Dreyfus tout entière, on ne la connaîtra que lorsqu'une enquête loyale aura établi nettement ses actes et ses responsabilités. Il apparaît comme l'esprit le plus fumeux, le plus compliqué, hanté d'intrigues romanesques, se complaisant aux moyens des romans-feuilletons, les papiers volés, les lettres anonymes, les rendez-vous dans les endroits déserts, les femmes mystérieuses qui colportent, de nuit, des preuves accablantes. C'est lui qui imagina de dicter le bordereau à Dreyfus; c'est lui qui rêva de l'étudier dans une pièce entièrement revêtue de glaces; c'est lui que le commandant Forzinetti nous représente armé d'une lanterne sourde, voulant se faire introduire près de l'accusé endormi, pour projeter sur son visage un brusque flot de lumière et surprendre ainsi son crime, dans l'émoi du réveil. Et je n'ai pas à tout dire, qu'on cherche, on trouvera. Je déclare simplement que le commandant du Paty de Clam, chargé d'instruire l'affaire Dreyfus, comme officier judiciaire, est, dans l'ordre des dates et des responsabilités, le premier coupable de l'effroyable erreur judiciaire qui a été commise.

Le bordereau était depuis quelque temps déjà entre les mains du colonel Sandherr, directeur du bureau des renseignements, mort depuis de paralysie générale. Des « fuites » avaient lieu, des papiers disparaissaient, comme il en disparaît aujourd'hui encore; et l'auteur du bordereau était recherché, lorsqu'un *a priori* se fit peu à peu que cet auteur ne pouvait être qu'un officier de l'état-major, et un officier d'artillerie : double erreur manifeste, qui montre avec quel esprit superficiel on avait étudié ce bordereau, car un examen raisonné démontre qu'il ne pouvait s'agir que d'un officier de troupe. On cherchait donc dans la maison, on examinait les écritures, c'était comme une affaire de famille, un traître à surprendre dans les bureaux mêmes, pour l'en expulser. Et, sans que je veuille refaire ici une histoire connue en partie, le commandant du Paty de Clam entre en scène, dès qu'un premier soupçon tombe sur Dreyfus. A partir de ce moment, c'est lui qui a inventé Dreyfus, l'affaire devient son affaire, il se fait fort de confondre le traître, de l'amener à des aveux complets. Il y a bien le ministre de la guerre, le général Mercier, dont l'intelligence semble médiocre; il y a bien le chef de l'état-major, le général de Boisdeffre, qui paraît avoir cédé à sa passion cléricale, et le sous-chef de l'état-major, le général Gonse, dont la conscience a pu s'accommoder de beaucoup de choses. Mais, au fond, il n'y a d'abord que le commandant du Paty de Clam, qui les mène tous, qui les hypnotise, car il s'occupe aussi de spiritisme, d'occultisme, il converse avec les esprits. On ne croira jamais les expériences auxquelles il a soumis le malheureux Dreyfus, les pièges dans lesquels il a voulu le faire tomber, les enquêtes folles, les imaginations monstrueuses, toute une démence torturante.

Ah! cette première affaire, elle est un cauchemar, pour qui la connaît dans ses détails vrais! Le commandant du Paty de Clam arrête Dreyfus, le met au secret. Il court chez madame Dreyfus, la terrorise, lui dit que, si elle parle, son mari est perdu. Pendant ce temps, le malheureux s'arrachait la chair, hurlait son innocence. Et l'instruction a été faite ainsi, comme dans une chronique du quinzième siècle, au milieu du mystère, avec une complication d'expédients farouches, tout cela basé sur une seule charge enfantine, ce bordereau imbécile, qui n'était pas seulement une trahison vulgaire, qui était aussi la plus impudente des escroqueries, car les fameux secrets livrés se trouvaient presque tous sans valeur. Si j'insiste, c'est que l'œuf est ici, d'où va sortir plus tard le vrai crime, l'épouvantable déni de justice dont la France est malade. Je voudrais faire toucher du doigt comment l'erreur judiciaire a pu être possible, comment elle est née des machinations du commandant du Paty de Clam, comment le général Mercier, les généraux de Boisdeffre et Gonse ont pu s'y laisser prendre, engager peu à peu leur responsabilité dans cette erreur, qu'ils ont cru devoir, plus tard, imposer comme la vérité sainte, une vérité qui ne se discute même pas. Au début, il n'y a donc de leur part que de l'incurie et de l'inintelligence. Tout au plus, les sent-on céder aux passions religieuses du milieu et aux préjugés de l'esprit de corps. Ils ont laissé faire la sottise.

Mais voici Dreyfus devant le conseil de guerre. Le huis clos le plus absolu est exigé. Un traître aurait ouvert la frontière à l'ennemi, pour conduire l'empereur allemand jusqu'à Notre-Dame, qu'on ne prendrait pas des mesures de silence et de mystère plus étroites. La nation est frappée de stupeur, on chuchote des faits terribles, de ces trahisons monstrueuses qui indignent l'Histoire, et naturellement la nation s'incline. Il n'y a pas de châtiment assez sévère, elle applaudira à la dégradation publique, elle voudra que le coupable reste sur son rocher d'infamie, dévoré par le remords. Est-ce donc vrai, les choses indicibles, les choses dangereuses, capables de mettre l'Europe en flammes, qu'on a dû enterrer soigneusement derrière ce huis clos? Non! il n'y a eu, derrière, que les imaginations romanesques et démentes du commandant du Paty de Clam. Tout cela n'a été fait que pour cacher le plus saugrenu des romans-feuilletons. Et il suffit, pour s'en assurer, d'étudier attentivement l'acte d'accusation lu devant le conseil de guerre.

Ah! le néant de cet acte d'accusation! Qu'un homme ait pu être condamné sur cet acte, c'est un prodige d'iniquité. Je défie les honnêtes gens de le lire, sans que leur cœur bondisse d'indignation et crie leur révolte, en pensant à l'expiation démesurée, là-bas, à l'île du Diable. Dreyfus sait plusieurs langues, crime; on n'a trouvé chez lui aucun papier compromettant, crime; il va parfois dans son pays d'origine, crime; il est laborieux, il a le souci de tout savoir, crime; il ne se trouble pas, crime; il se trouble, crime. Et les naïvetés de rédaction, les formelles assertions dans le vide! On nous avait parlé de quatorze chefs d'accusation : nous n'en trouvons qu'une seule en fin de compte, celle du bordereau; et nous apprenons même que les experts n'étaient pas d'accord, qu'un d'eux, M. Gobert, a été bousculé militairement, parce qu'il se permettait de ne pas conclure dans le sens désiré. On parlait aussi de vingt-trois officiers qui étaient venus accabler Dreyfus de leurs témoignages. Nous ignorons encore leurs interrogatoires, mais il est certain que tous ne l'avaient pas chargé; et il est à remarquer, en outre, que tous appartenaient aux bureaux de la guerre. C'est un procès de famille, on est là entre soi, et il faut s'en souvenir : l'état-major a voulu le procès, l'a jugé, et il vient de le juger une seconde fois.

Donc, il ne restait que le bordereau, sur lequel les experts ne s'étaient pas entendus. On raconte que, dans la chambre du conseil, les juges allaient naturellement acquitter. Et, dès lors, comme l'on comprend l'obstination désespérée avec laquelle, pour justifier la condamnation, on affirme aujourd'hui l'existence d'une pièce secrète, accablante, la pièce qu'on ne peut montrer, qui légitime tout, devant laquelle nous devons nous incliner, le bon dieu invisible et inconnaissable. Je la nie, cette pièce, je la nie de toute ma puissance! Une pièce ridicule, oui, peut-être la pièce où il est question de petites femmes, et où il est parlé d'un certain D... qui devient trop exigeant, quelque mari sans doute trouvant qu'on ne lui payait pas sa femme assez cher. Mais une pièce intéressant la défense nationale, qu'on ne saurait produire sans que la guerre fût déclarée demain, non, non! C'est un mensonge; et cela est d'autant plus odieux et cynique qu'ils mentent impunément sans qu'on puisse les en convaincre. Ils ameutent la France, ils se cachent derrière sa légitime émotion, ils ferment les bouches en troublant les cœurs, en pervertissant les esprits. Je ne connais pas de plus grand crime civique.

Voilà donc, monsieur le Président, les faits qui expliquent comment une erreur judiciaire a pu être commise; et les preuves morales, la situation de fortune de Dreyfus, l'absence de motifs, son continuel cri d'innocence, achèvent de le montrer comme une victime des extraordinaires imaginations du commandant du Paty de Clam, du milieu clérical où il se trouvait, de la chasse aux « sales juifs », qui déshonore notre époque.

⁂

**Et nous arrivons à l'affaire Esterhazy. Trois ans se sont passés, beaucoup de consciences restent troublées** profondément, s'inquiètent, cherchent, finissent par se convaincre de l'innocence de Dreyfus.

Je ne ferai pas l'historique des doutes, puis de la conviction de M. Scheurer-Kestner. Mais, pendant qu'il fouillait de son côté, il se passait des faits graves à l'état-major même. Le colonel Sandherr était mort, et le lieutenant-colonel Picquart lui avait succédé comme chef du bureau des renseignements. Et c'est à ce titre, dans l'exercice de ses fonctions, que ce dernier eut un jour entre les mains une lettre-télégramme, adressée au commandant Esterhazy, par un agent d'une puissance étrangère. Son devoir strict était d'ouvrir une enquête. La certitude est qu'il n'a jamais agi en dehors de la volonté de ses supérieurs. Il soumit donc ses soupçons à ses supérieurs hiérarchiques, le général Gonse, puis le général de Boisdeffre, puis le général Billot, qui avait succédé au général Mercier comme ministre de la guerre. Le fameux dossier Picquart, dont il a été tant parlé, n'a jamais été que le dossier Billot, j'entends le dossier fait par un subordonné pour son ministre, le dossier qui doit exister encore au ministère de la guerre. Les recherches durèrent de mai à septembre 1896, et ce qu'il faut affirmer bien haut, c'est que le général Gonse était convaincu de la culpabilité d'Esterhazy, c'est que le général de Boisdeffre et le général Billot ne mettaient pas en doute que le fameux bordereau fût de l'écriture d'Esterhazy. L'enquête du lieutenant-colonel Picquart avait abouti à cette constatation certaine. Mais l'émoi était grand, car la condamnation d'Esterhazy entraînait inévitablement la revision du procès Dreyfus; et c'était ce que l'état-major ne voulait à aucun prix.

Il dut y avoir là une minute psychologique pleine d'angoisse. Remarquez que le général Billot n'était compromis dans rien, il arrivait tout frais, il pouvait faire la vérité. Il n'osa pas, dans la terreur sans doute de l'opinion publique, certainement aussi dans la crainte de livrer tout l'état-major, le général de Boisdeffre, le général Gonse, sans compter les sous-ordres. Puis, ce ne fut là qu'une minute de combat entre sa conscience et ce qu'il croyait être l'intérêt militaire. Quand cette minute fut passée, il était déjà trop tard. Il s'était engagé, il était compromis. Et, depuis lors, sa responsabilité n'a fait que grandir, il a pris à sa charge le crime des autres, il est aussi coupable que les autres, il est plus coupable qu'eux, car il a été le maître de faire justice, et il n'a rien fait. Comprenez-vous cela! voici un an que le général Billot, que les généraux de Boisdeffre et Gonse savent que Dreyfus est innocent, et ils ont gardé pour eux cette effroyable chose. Et ces gens-là dorment, et ils ont des femmes et des enfants qu'ils aiment!

Le colonel Picquart avait rempli son devoir d'honnête homme. Il insistait auprès de ses supérieurs, au nom de la justice. Il les suppliait même, il leur disait combien leurs délais étaient impolitiques devant le terrible orage qui s'amoncelait, qui devait éclater, lorsque la vérité serait connue. Ce fut, plus tard, le langage que M. Scheurer-Kestner tint également au général Billot, l'adjurant par patriotisme de prendre en main l'affaire, de ne pas la laisser s'aggraver, au point de devenir un désastre public. Non! le crime était commis, l'état-major ne pouvait plus avouer son crime. Et le lieutenant-colonel Picquart fut envoyé en mission, on l'éloigna de plus loin en plus loin, jusqu'en Tunisie, où l'on voulut même un jour honorer sa bravoure, en le chargeant d'une mission qui l'aurait fait sûrement massacrer, dans les parages où le marquis de Morès a trouvé la mort. Il n'était pas en disgrâce, le général Gonse entretenait avec lui une correspondance amicale. Seulement, il est des secrets qu'il ne fait pas bon d'avoir surpris.

A Paris, la vérité marchait, irrésistible, et l'on sait de quelle façon l'orage attendu éclata. M. Mathieu Dreyfus dénonça le commandant Esterhazy comme le véritable auteur du bordereau, au moment où M. Scheurer-Kestner allait déposer, entre les mains du garde des sceaux, une demande en revision du procès. Et c'est ici que le commandant Esterhazy paraît. Des témoignages le montrent d'abord affolé, prêt au suicide ou à la fuite. Puis, tout d'un coup, il paye d'audace, il étonne Paris par la violence de son attitude. C'est que du secours lui était venu, il avait reçu une lettre anonyme l'avertissant des menées de ses ennemis, une dame mystérieuse s'était même dérangée de nuit pour lui remettre une pièce volée à l'état-major, qui devait le sauver. Et je ne puis m'empêcher de retrouver là le lieutenant-colonel du Paty de Clam, en reconnaissant les expédients de son imagination fertile. Son œuvre, la culpabilité de Dreyfus, était en péril, et il a voulu sûrement défendre son œuvre. La revision du procès, mais c'était l'écroulement du roman-feuilleton si extravagant, si tragique, dont le dénouement abominable a lieu à l'île du Diable! C'est ce qu'il ne pouvait permettre. Dès lors, le duel va avoir lieu entre le lieutenant-colonel Picquart et le lieutenant-colonel du Paty de Clam, l'un le visage découvert, l'autre masqué. On les retrouvera prochainement tous deux devant la justice civile. Au fond, c'est toujours l'état-major qui se défend, qui ne veut pas avouer son crime, dont l'abomination grandit d'heure en heure.

On s'est demandé avec stupeur quels étaient les protecteurs du commandant Esterhazy. C'est d'abord, dans l'ombre, le lieutenant-colonel du Paty de Clam qui a tout machiné, qui a tout conduit. Sa main se trahit aux moyens saugrenus. Puis, c'est le général de Boisdeffre, c'est le général Gonse, c'est le général Billot lui-même, qui sont bien obligés de faire acquitter le commandant, puisqu'ils ne peuvent laisser reconnaître l'innocence de Dreyfus, sans que les bureaux de la guerre croulent sous le mépris public. Et le beau résultat de cette situation prodigieuse, c'est que l'honnête homme là-dedans, le lieutenant-colonel Picquart, qui seul a fait son devoir, va être la victime, celui qu'on bafouera et qu'on punira. O justice, quelle affreuse désespérance serre le cœur! On va jusqu'à dire que c'est lui le faussaire, qu'il a fabriqué la carte-télégramme pour perdre Esterhazy. Mais, grand Dieu! pourquoi? dans quel but? Donnez un motif. Est-ce que celui-là aussi est payé par les juifs? Le joli de l'histoire est qu'il était justement antisémite. Oui! nous assistons à ce spectacle infâme, des hommes perdus de dettes et de crimes dont on proclame l'innocence, tandis qu'on frappe l'honneur même, un homme à la vie sans tache! Quand une société en est là, elle tombe en décomposition.

Voilà donc, monsieur le Président, l'affaire Esterhazy : un coupable qu'il s'agissait d'innocenter. Depuis bientôt deux mois, nous pouvons suivre heure par heure la belle besogne. J'abrège, car ce n'est ici, en gros, que le résumé de l'histoire dont les brûlantes pages seront un jour écrites tout au long. Et nous avons donc vu le général de Pellieux, puis le commandant Ravary, conduire une enquête scélérate d'où les coquins sortent transfigurés et les honnêtes gens salis. Puis, on a convoqué le conseil de guerre.

⁂

**Comment a-t-on pu espérer qu'un** conseil de guerre déferait ce qu'u
seil de guerre avait fait?

Je ne parle même pas du choix
jours possible des juges. L'idée
rieure de discipline, qui est da
sang de ces soldats, ne suffit-elle
firmer leur pouvoir même d'é
Qui dit discipline dit obéis
Lorsque le ministère de la g
le grand chef, a établi publique
aux acclamations de la représen
nationale, l'autorité absolue de la
jugée, vous voulez qu'un cons
guerre lui donne un formel dé
Hiérarchiquement, cela est impo
Le général Billot a suggestion
juges par sa déclaration, et ils o
comme ils doivent aller au feu
raisonner. L'opinion préconçue
ont apportée sur leur siège est é
ment celle-ci : « Dreyfus a été
damné pour crime de trahison p
conseil de guerre; il est donc co
et nous, conseil de guerre, no
pouvons le déclarer innocent; o
savons que reconnaître la culp
d'Esterhazy, ce serait proclame
nocence de Dreyfus. » Rien ne p
les faire sortir de là.

Ils ont rendu une sentence iniq
à jamais pèsera sur nos conse
guerre, qui entachera désorm
suspicion tous leurs arrêts. Le p
conseil de guerre a pu être in
gent, le second est forcément cri
Son excuse, je le répète, est que
suprême avait parlé, déclarant la
jugée inattaquable, sainte et
rieure aux hommes, de sorte q
inférieurs ne pouvaient dire l
traire. On nous parle de l'honn
l'armée, on veut que nous l'ai
que nous la respections. Ah!
oui, l'armée qui se lèverait à l
mière menace, qui défendrait l
française, elle est tout le peu
nous n'avons pour elle que ten
et respect. Mais il ne s'agit pas
dont nous voulons justement
gnité, dans notre besoin de just
s'agit du sabre, le maître qu'on
donnera demain peut-être. Et
dévotement la poignée du sa
dieu, non!

Je l'ai démontré d'autre part
faire Dreyfus était l'affaire des bu
de la guerre, un officier de l'état-
dénoncé par ses camarades de
major, condamné sous la pressi
chefs de l'état-major. Encore une
il ne peut revenir innocent, san
tout l'état-major soit coupable.
les bureaux, par tous les moyen
ginables, par des campagnes de
par des communications, par d
fluences, n'ont-ils couvert Est
que pour perdre une second
Dreyfus. Ah! quel coup de b
gouvernement républicain devra
ner dans cette jésuitière, ainsi q
appelle le général Billot lui-mêm
est-il, le ministère vraiment
d'un patriotisme sage, qui ose
y refondre et tout y renouvele
de gens je connais qui, deva
guerre possible, tremblent d'an
en sachant dans quelles mains
défense nationale! et quel n
basses intrigues, de commérage
dilapidations, est devenu cet
sacré, où se décide le sort de la p
On s'épouvante devant le jour t
que vient d'y jeter l'affaire D
ce sacrifice humain d'un malhe
d'un « sale juif »! Ah! tout ce q
agité là de démence et de sottis
imaginations folles, des pratiq
basse police, des mœurs d'inqu
et de tyrannie, le bon plaisir de
ques galonnés mettant leurs bot
la nation, lui rentrant dans la
son cri de vérité et de justice, s
prétexte menteur et sacrilège
raison d'État!

**Et c'est un crime encore que
tre appuyé sur la presse immon
de s'être laissé défendre par to
fripouille de Paris, de sorte qu
la fripouille qui triomphe insolen**

1898년 1월 13일

# "나는 고발한다!"

에밀 졸라의 기사는 '드레퓌스 사건'의 진범을 밝힌다.

"나는 고발한다!"라는 도발적인 표제를 달고 급진주의 정치가 조르주 클레망소가 발행하는 '로로르'지에 실린 에밀 졸라의 유명한 기사는 대소동을 일으켰다. 반교권주의적이고 자유주의적인 노선을 따르던 졸라는 펠릭스 포르 대통령을 향한 공개서한에서 군대 고위 장교들을 고발했다. 그들이 유대인 참모 장교인 알프레드 드레퓌스에게 독일의 스파이라는 혐의를 씌워, 결백한 사람을 유형지인 '악마의 섬'으로 보냈고, 고의로 자신들의 범죄를 은폐했다는 내용이었다.

이 편지는 드레퓌스 사건을 공론화시킨 촉매 역할을 했으며 이로 말미암아 기나긴 재심이 진행되어 결국은—내부 분열이 일어나고 여러 개의 정부가 몰락하는 와중에도—드레퓌스의 죄는 벗겨졌고, 대신 에스테라지가 진짜 스파이임이 밝혀졌다. 프랑스의 보수적인 군대와 성직자 단체에서 연합하여 그를 보호했던 것이다.

편지는 졸라에게 개인적인 악영향을 미쳤다. 1899년 그는 중상죄로 유죄 선고를 받아 감옥을 피하기 위해 런던으로 달아나야 했다. 그는 애인과 아이들과 더불어 일 년 간 망명해 있다가 드레퓌스의 무죄를 입증하는 증거가 많아지자 돌아올 수 있었다. 졸라의 말을 빌면, "진실은 행진해 오는 중이며 무엇도 그것을 막을 수 없다."

그러나 1902년 졸라는 파리의 아파트에서 난로 결함 때문에 연기에 질식해 숨졌다. 이후에 반 드레퓌스주의자들이 이 소설가를 죽이기 위해 일부러 난로 굴뚝을 막았다는 의혹이 있었다. 드레퓌스가 마침내 군에 복직하자, 1908년 졸라의 유해는 프랑스의 위대한 영웅들이 잠들어 있는 파리의 팡테옹으로 이장되었다. **NJ**

◀ 1898년 1월 13일, 졸라가 대통령에게 보내는 공개서한은 '로로르'지의 일면을 가득 차지했다.

1898년 2월 15일

# 메인호 침몰

이 사건을 계기로 미국은 전쟁을 일으켜 스페인의 쿠바 지배를 끝낸다.

오래된 군함 메인호는 윌리엄 맥킨리 대통령의 명령으로 아바나로 갔다. 그 목적은 미국의 힘을 과시하여 쿠바 수도의 위험한 상황에 처한 미국 시민들을 보호하려는 데 있었다. 이곳에서는 스페인 당국과 독립을 지향하는 쿠바 민족주의자들 사이의 폭동이 끊이지 않았고, 이렇다 할 성과 없는 게릴라전에서 쿠바인 10만 명이 사망했던 것이다.

메인호는 1월 25일에 도착했고 폭력 사태는 진정되었다. 그러던 2월 15일 저녁, 메인호의 이물에서 큰 폭발이 일어나 배는 몇 분 안에 가라앉았다. 대부분 사병인 260명의 선원이 그 자리에서 사망했고, 6명은 뒤에 부상으로 숨졌다. 찰스 시기스비 선장과 고관 대부분은 고물 쪽에 머무르고 있었기에 무사했다.

> "제발 남아 주시오.
> 당신은 그림을 마련하시오.
> 나는 전쟁을 마련할 테니."
>
> **윌리엄 랜돌프 허스트가 신문 삽화가에게**

언론의 선동으로 미국의 여론은 격노했으며 스페인이 메인호를 가라앉혔다고 비난했다. 서로 경쟁하는 사이인 신문왕 윌리엄 랜돌프 허스트와 조지프 퓰리처는 전쟁의 열기를 부채질했고, 해군 조사단이 메인호의 침몰 원인이 어뢰라는 결론을 내리자, 미국은 스페인에 선전포고를 했다.

그 결과로 일어난 스페인-미국 전쟁으로 스페인의 쿠바 지배는 끝났고, 대신 미국이 들어섰다. 이는 1959년 카스트로가 정권을 이양 받을 때까지 지속되었다. 1976년 미국의 리코버 제독이 행한 조사에서 석탄 창고에서 일어난 자연 발화가 배의 화약고에 불을 붙였다는 결론을 내긴 했지만, 메인호 침몰의 원인은 지금까지 미스터리다. **NJ**

# 치명적인 신무기

## 옴두르만 전투는 기관총의 치명적인 위력을 보여 주었다.

1885년 하르툼에서 고든 장군이 마디 파에 의해 죽고 같은 해에 마디가 자연사한 이후, 영국군은 다시금 수단에 지배력을 행사 하려고 행동에 나서기 전까지 14년을 기다렸다. 그러나 1898년 영국-이집트군의 '시르다르'(사령관)인 허버트 키치너 경은 2만 7,600명의 이집트 군사와 8,000명의 영국 정규군을 이끌고 나일 강에 있는 12척의 포함(砲艦) 소함대의 지원을 받으며, 마디의 후계자 칼리파 아브드 알라가 수도로 삼은 하르툼 교외의 옴두르만으로 갔다. 포함은 도시에 포격을 가했고, 상징적으로 마디의 무덤은 이 무자비한 힘자랑 속에서 무너져 돌 더미가 되었다.

> "무슨 일이 일어나든,
> 우리에겐 / 맥심 기관총이 있고
> 그들은 없다네."
>
> **일레르 벨록, 시인, 소설가, 역사가**

옴두르만 북쪽 언덕에 모인 마디 파 데르비시(이슬람 신비주의 교파의 탁발 수도승-옮긴이) 전사들은 창과 소총으로 무장하고 새벽에 공격을 가했다. 그들은 신무기인 맥심 기관총에 맞아 몰살되었고, 제21 창기병 연대가 돌격하여—유럽 군대가 최후로 벌인 대규모 기병대 돌격이었다—도망자를 해치웠다. 젊은 윈스턴 처칠도 기병대의 일원이었다. 영국군의 손해는 최소였던 반면, 마디 파는 2만 명이 죽었다. 영국군 세 명이 빅토리아 십자 훈장을 받았으며, 키치너는 남작 작위를 받았다.

처칠은 첫 저서인 『강의 전쟁』에서 이 전투를 자신의 역할을 과장하여 기록했는데, 이 책은 옴두르만 전투를 영국 제국주의의 최고점으로 승격시켰다. **NJ**



# 파쇼다 사건

## 영국과 프랑스 간 마지막 식민지 경쟁이 평화롭게 해결된다.

수단 동부의 백나일 강가에 있는 작은 도시 파쇼다는 아프리카 정복의 야망을 품은 프랑스와 영국의 분쟁을 상징하는 두 선이 교차하는 지점에 있었다. 영국은 '케이프에서 카이로까지'를 완성하여 아프리카 남부와 북부에 있는 영토를 이집트와 수단에 있는 북쪽 합병 영토와 연결하려고 안달이었다. 그러나 프랑스 역시 사하라 무역로를 통해 서아프리카 식민 제국과 동쪽에 차지한 땅을 연결하려고 열심이었다.

1898년 7월 10일, 장-밥티스트 마르샹 소령은 파쇼다에 도달했고 재빨리 이 도시를 프랑스 소유로 선포했다. 그는 14개월 전 150명의 식민 군인들을 이끌고 프랑스령 콩고의 브라자빌에서 길을 떠났다. 그가 도착하고 두 달 뒤인 9월 19일, 허버트 키치너 경이 이끄는 더 강력한 영국군이 나일 강을 타고 도착했다. 옴두르만에서 마디 파를 물리치고 승리한 지 3주도 채 지나지 않은 키치너는 전혀 식민지를 두고 경쟁국과 타협할 기분이 아니었고, 몇 달 간 긴장이 지속된 후 마르샹은 마지못해 파리에서 온, 파쇼다에서 철수하라는 명령에 따랐다. 프랑스군은 11월 3일에 떠났다.

프랑스의 신임 외교 장관 테오필 델카세는 영국과 전쟁을 벌여야 한다는 민족주의적인 중대한 압박에 저항해 왔다. 그는 프랑스가 악명 높은 드레퓌스 사건으로 분열되어 내부적으로 허약한 상태라는 점을 깨달았던 것이다. 델카세는 독일에 반대하는 연합을 세우고 싶었고, 1899년 아프리카에서 영국과 프랑스 세력 범위의 경계를 각각 나일 강과 콩고 강까지로 한정한다는 협정을 맺어 조용하게 이 위기를 모면했다. 그의 외교정책은 영불 협약이라는 결실을 맺었고, 결국 제1차 세계대전에서 영불 동맹이 승리하게 되었다. **NJ**

# 무의식으로 가는 길

**지그문트 프로이트의 사유는 인간의 심리와 성적 욕망의 이해에 있어 오늘날까지 우리 사고에 영향을 미치는 혁명을 촉발했다.**

집필은 1899년 9월에 끝났고, 곧 11월 4일에 출간되었다. 속표지의 연도를 1900년이라고 새겨 놓은 것으로 보아, 출판업자들은 이렇게 빨리 발행하게 되리라고는 예상치 못했던 것이 분명하다. 하지만 이러한 오류는 문제가 아니었다. 빈의 무명 심리학자가 쓴 『꿈의 해석』은 완전히 재정상 실패였기 때문이다. 단 600부를 찍었고 다 팔리기까지 8년이 걸렸다. 그러나 지그문트 프로이트 박사는 감격했다. "이러한 통찰력은 인생에서 단 한 번밖에 얻을 수 없다"며 그는 기뻐했다. 프로이트는 오래 전부터 자신의 꿈에 열중해 왔으며, 꿈이 심리학적으로 깊은 의미를 담고 있다고 믿었다. 여러 해 동안 임상 경험과 연구를 거친 끝에, 그는 자신의 발견을 출판할 준비가 되었다. 그의 의견에 따르면 "밤의 꿈은 백일몽과 마찬가지로 소망에 대한 실현"이다.

프로이트는 인간이 오이디푸스 콤플렉스 같은 성적인 정념의 지배를 받으며, 의식은 이런 정념을 아주 희미하게 밖에 알지 못한다고 믿었다. 잠들어 있을 때조차 마음속의 리비도는 해소할 방도를 찾는다. 따라서 모든 꿈의 핵심은, 설령 일종의 정신적 검열에 의해 약간 혼란스러워 진 꿈이라 해도 어떤 욕망을 실현하려는 시도이다. 이 핵심 속에 인간 정신에 대한 이론 전체가 있었다.

프로이트는 대단한 속력으로 연구를 계속했다. 그는 신경병뿐만 아니라 인간의 마음 자체, 나아가 인류 문화의 모든 면모에 빛을 드리워 주는 이론을 발전시켰다. 출판된 지 10년이 지나자 그의 저작은 훨씬 유명해졌다. 그는 『꿈의 해석』 제2판을 준비했고, 세계 전역으로 번역본이 팔려 나갔다. 그의 이론을 단순화 시키거나 왜곡하는 이들도 있었지만 대중은 프로이트가 누구나 읽고, 음미하고, 토론할 수 있는 뛰어난 문장가라는 사실을 깨달은 것이다.. **RP**

▲ 시가를 피우는 버릇에 어떤 의미라도 있냐는 질문을 받자, 프로이트는 이렇게 답했다고 한다. "시가가 그냥 시가일 때도 있지요."

"나는 기질적으로 정복자, 모험가에 지나지 않는다 … ."

**지그문트 프로이트가 빌헬름 플리스에게, 1890년 2월**

## DECEMBER

*A Merry Christmas to you all!*
*I'm off to join the WAACs,*
*And serve the country that I love*
*Until the Axis cracks!*

| S | M | T | W | T | F | S |
|---|---|---|---|---|---|---|
| | | | 1 | 2 | 3 | 4 |
| 5 | 6 | 7 | 8 | 9 | 10 | 11 |
| 12 | 13 | 14 | | 16 | 17 | 18 |
| 19 | 20 | 21 | 22 | 23 | 24 | 25 |
| 26 | 27 | 28 | 29 | 30 | 31 | |

↑ 화가 알베르토 바르가스가 1943년 달력에 글래머 여인의 모습과 애국적인 메시지를 섞어 그려넣었다.

# 1900–1949

# 비행선이 첫 비행을 하다

비행선에 대한 체펠린 백작의 신념이 20세기 항공 산업에 변혁을 일으킨다.

▲ 최초의 체펠린 비행선 LZ1호가 독일의 보덴 호수 위로 날아오르는 모습을 담은 우편엽서.

프로이센의 군사 귀족인 페르디난트 체펠린 백작은 1863년 미국 남북전쟁 기간 중에 공기보다 가벼운 기체를 이용한 비행기구를 접했다. 연방 육군의 감시자로 일했던 그는 관측용 기구(氣球)를 여러 차례 보았다. 1891년 독일로 돌아온 그는 일찍 퇴역하여 민간과 군사용 비행선을 발명하는 데 전념했다. 체펠린 비행선은 1900년 7월 2일에 처녀비행을 했다.

프리드리히스하펜에 공장을 세운 체펠린은 아내인 이자벨라의 재산을 이용해 길이 128m에 지름 11.5m인 거대한 기구를 개발하는 비용을 댔다. 고무를 입힌 천을 덮은 서로 분리된 17개의 기체 주머니에는 11,298㎥ 분량의 수소를 채웠다. 경금속으로 제작된 뼈대는 면 천을 이용해 연결했다. 체펠린 비행선은 앞쪽과 뒤쪽에 달린 두 개의 방향타를 이용해 조종했으며, 두 대의 15마력짜리 다임러 엔진이 프로펠러를 돌리는 방식으로 추진력을 얻었다. 승객은 기구 아래에 있는 두 개의 곤돌라에 탑승했다.

체펠린 비행선의 최초 비행에서, 다섯 명의 승무원은 비행선을 조종해 18분에 걸친 비행에서 396m 고도로 거의 6km를 나아갔다. 제1차 세계대전이 시작될 즈음 체펠린 비행선은 독일에서 사고 한 번 없이 3만 5천 명의 승객을 운송해 왔다. 전쟁 중에는 영국과 프랑스에 폭격을 가하는 데 사용되었지만, 공격을 받았을 경우 취약하다는 약점이 드러났다. 1917년 체펠린 백작의 사망과 1924년 R101호, 1936년 힌덴부르크호의 치명적인 사고는 이제 비행기가 항공의 미래를 책임지게 되었음을 의미했다. 그러나 최초의 프리드리히스하펜 공장에서는 1997년까지 계속 체펠린 비행선을 제작했다. **NJ**

# 한 시대의 끝

빅토리아 여왕의 사망으로 영국은 국민적 애도의 물결에 휩싸인다.

◐ 많은 공을 들인 빅토리아 여왕의 장례 행렬을 보기 위해 수많은 군중이 몰려나왔다.

시력이 감퇴하고 거동하기조차 힘들었음에도 불구하고, 1900년에 81세에 접어든 노쇠한 빅토리아 여왕은 근면한 태도로 임무에 임했다. 여왕은 장관들과 방대한 서신 교환을 계속해, 아일랜드 자치의 전망은 전혀 마음에 들지 않는다든지 등, 여러 사안에 대한 자신의 뜻을 그들에게 확실히 밝혔다. 그녀는 또한 식민 제국 영토에도 특별한 관심을 보였다. 그녀에게 보어인은 "잔혹하고 거만한, 혐오스러운 사람들"이었고, 남아프리카 전쟁에서 영국 쪽의 정당성을 그녀는 단 한 번도 의심하지 않았다. 그러나 와이트 섬의 오즈번 하우스에 머물렀던 1900년 12월은 잔혹한 달이었다. 그녀가 쓴 마지막 일기는 1월 12일로, "잘 자"라고 적혀 있었다. 며칠 후 여왕은 말하는 데 어려움을 겪었고, 곧 자녀와 손자들이 찾아와 병상을 둘러쌌다. 그녀는 1901년 1월 22일 화요일 저녁 6시 30분에 사망했다.

열흘 후, 장엄하고 화려한 군대 행렬을 동반한 장례 절차가 시작되었다. 수천 명의 육군과 해군이 위풍당당한 행렬을 이루어, 처음에는 오즈번에서 솔렌트 해협을 건너 포츠머스까지, 다음에는 런던까지 그녀의 관을 운구하였다. 런던 하이드 파크에는 반 마일에 달하도록 관중이 모여들었다. 행렬은 마지막으로 윈저 궁으로 향했으며 2월 2일 윈저의 세인트조지 예배당에서 장례식이 거행되었다. 이틀 후, 빅토리아 여왕은 프로그모어에서 40년 전에 죽은 남편 앨버트 공과 나란히 묻혔다.

빅토리아는 인간적인 약점을 지닌 한 여인에 불과했지만, 왕실의 선전과 호화로운 행사를 통해 생전에 그랬듯이 죽어서도 여신에 가까운 수준으로 변모했다. 이 환상이 불어넣었던 경외심이야말로 영국에서 군주제가 존속할 수 있었던 핵심 요인이었다. **RP**

# 매킨리 암살

**한 무정부주의자가 매킨리 대통령을 쏘았지만 총알은 찾아내지 못했다.**

25대 미국 대통령 윌리엄 매킨리는 1891년 오하이오 주의 주지사가 되었고 1896년 대통령 선거에서 공화당 후보로 성대한 승리를 얻었다. 첫 임기 때 발발한 스페인-미국 전쟁은 쿠바의 스페인 함대를 격파하고 미국이 필리핀과 푸에르토리코를 합병하는 성과를 얻어내며 끝났다. 1900년 그는 또 한 차례 큰 표 차이로 재선되었다. 다음 해에 나이아가라 폭포에 있는 버펄로 시에서 전미 박람회가 열렸고, 대통령은 기꺼이 참석했다. 그가 총격을 당한 것은 시민들과 인사를 나누던 중이었다.

음악당에서 열린 공개 환영회에서 대통령과 악수를 나누려고 줄을 서서 기다리던 사람들 중에는 오하이오 주 클리블랜드 출신의 레온 촐고츠라는 28세의 무정부주의자가 있었다. 같은 무정부주의자들조차 그를 위험한 광신자라고 간주했다. 그는 붕대를 두텁게 감은 오른손에 총을 감춰들고 있었고, 대통령이 미소 지으며 손을 내밀자 방아쇠를 당겼다. 총알은 매킨리의 양복 조끼 단추에 맞아 빗겨나갔고 촐고츠는 즉시 한 발을 더 쏘았다. 이 두 번째 총알은 대통령의 복부에 맞았으며, 촐고츠는 "나는 임무를 다했다"고 소리쳤다. 대통령 경호원들이 촐고츠를 붙잡아 총을 빼앗고 그를 때렸다. 매킨리는 가냘프게 말했다. "너무 거칠게 다루지 말게나."

매킨리 대통령은 9월 14일 버펄로에서 죽었다. 그는 고작 58세였지만 의사들은 그가 너무 뚱뚱해서 복부에 박힌 총알을 찾아낼 수 없다고 말했다. 부통령인 시어도어 루스벨트가 그의 뒤를 이었다. 촐고츠는 재판을 받아 살인죄로 유죄가 확정되었고, 다음 달에 전기의자에서 사형 당했다. 그는 완벽한 침착성을 고수하며 이렇게 말했다. "내가 대통령을 죽인 것은 그가 선량한 사람들—선량한 노동자들의 적이었기 때문이다." **RC**



# 무선 통신

**마르코니가 무선 신호를 보내어 통신의 새로운 시대를 연다.**

1899년 굴리엘모 마르코니는 영불해협을 건너 무선 신호를 보냈다. 같은 해에 그의 무선 통신 기술은 실제 SOS 메시지를 전달하여 북해에서 침몰해 가던 선박을 구조했다. 1901년 12월 마르코니는 모스부호로 된 'S'를 콘월의 폴두로부터 뉴펀들랜드의 세인트존스에 있는 수신자에게 전송하는 데에 성공했다고 발표했다. 그는 상자 모양 종이연으로 지탱한 121m의 안테나를 이용해 이러한 성과를 얻어낸 것이었다. 20세기에 전 세계를 완전히 변화시킬 통신의 혁명이 조용히 새벽을 맞이하고 있었다.

볼로냐에서 이탈리아인 아버지와 스코틀랜드인 어머니 사이에서 태어난 마르코니는 고국에서 무선전신을 개발하려는 노력을 했지만 초기에는 실패했다(십대 때 그는 부모 소유의 영지에서 안테나 사이로 전기 신호를 전달하는 실험을 했다). 고작 21세에 불과했던 그는 어머니와 함께 혹시 후원자를 찾을 수 있을까 하고 영국으로 건너갔다. 체신국의 수석 전기 기술자였던 윌리엄 프리스 경의 지원을 얻어낼 수 있었고, 그는 마르코니의 '무선전신' 체계를 선전하는 데 도움을 주었다. 그에 더하여 마르코니는 여러 차례에 걸쳐 지상과 수상에서 모스 부호로 된 점점 더 강력한 무선 신호를 전달하기 시작했다.

마르코니는 무선전신으로 부자가 되었지만, 경쟁자들과의 분쟁 때문에 이 발명을 상업적으로 개발하는 데에는 기술적으로나 상업적으로나 어려움이 많았다. 1912년 마르코니 주식의 내부자 거래 추문 때문에 영국 정부는 거의 붕괴할 뻔 했다. 마르코니는 훗날 이탈리아로 돌아갔고, 열렬한 파시즘 추종자가 되었다. 1927년 그의 두 번째 결혼식 때 신랑 들러리를 섰던 사람은 독재자 베니토 무솔리니였다. 1937년 마르코니는 63세의 나이로 로마에서 암으로 죽었다. **NJ**

# 카루소가 첫 음반을 녹음하다

카루소는 자신의 목소리를 그라모폰 판에 녹음한 최초의 가수 중 하나로, 완전히 새로운 형식의 오락거리가 탄생하는 데 일조한다.

엔리코 카루소는 1902년 뉴욕의 그라모폰 앤드 타이프라이터 회사 소유인 한 녹음실에서 첫 녹음을 했다. 1907년 그가 녹음한 「베스티 라 주바」("의상을 입어라")는 세계 최초의 밀리언셀러 음반이 되었으며 덕택에 그라모폰(영국식 축음기)은 음악을 녹음하는 다른 경쟁 기술을 제치고 우위를 점하게 되었다.

1875년 나폴리에서 태어난 카루소는 당대의 걸출한 테너였으며 17년 동안 뉴욕 메트로폴리탄 오페라 하우스의 주역 테너였다. 「라 보엠」의 로돌포 역을 연습하던 중 그는 작곡가 자코모 푸치니를 찾아가 자신이 곡을 잘 표현하는지에 대한 평가를 부탁했다. 카루소가 몇 소절을 불러 보이자 푸치니는 물었다. "누가 당신을 내게로 보냈소? 전능하신 하느님이?"

카루소는 최초의 음반 스타로서 명성을 확보했다. 1877년 에디슨이 최초로 왁스를 칠한 원통에 「메리에게는 어린 양이 있었네」를 녹음한 이래, 여러 가지 다른 방식의 기술이 발전해 왔다. 에밀 벌리너는 그라모폰용 판에 녹음하는 체계를 개발했는데, 이는 원통과 포노그래프를 이용하는 것에 비해 많은 장점이 있었다. 녹음 음질 면에서는 별로 나을 것이 없었지만 주조와 압착을 통해서 여러 장의 음반을 제작하기가 수월했던 것이다. 또한 그라모폰은 조작이 수월했고 음반의 양쪽 면에 녹음할 수 있었다. 450곡이 넘는 카루소의 녹음곡은 모두 그라모폰 용으로 제작되었으며 그라모폰은 20세기 초반에 가정에서 즐길 수 있는 가장 인기 있고 대중적인 여흥거리가 되었다.

녹음을 통해 듣는 카루소의 목소리는 오늘날의 기준으로 보면 음질이 상당히 떨어지며, 이 위대한 성악가의 목소리에 깃든 힘과 넓은 음역, 섬세함의 아주 작은 부분만을 전달해 줄 뿐이다. **NK**

「리골레토」에 나오는 공작 의상을 차려입은 카루소의 사진, 1903년 무렵 촬영.

# 제1회 투르 드 프랑스가 열리다

험난한 자전거 경주가 망해 가던 신문사를 살린다.

▲ 프랑스의 자전거 선수 모리스 가랭은 1903년 제1회 투르 드 프랑스에서 우승했다.

종종 세계 최대 규모의 자유로운 스포츠 행사라 평가되는 투르 드 프랑스의 발단은 한 신문사의 홍보 행사였다. 챔피언 자전거 선수인 앙리 데그랑주가 편집장을 맡아 보던 '로토'지는 경쟁 신문인 '르 벨로'지와 다투고 있었다. 경기를 착안해 낸 것은 데그랑주 밑에서 일하던 기자 중 하나인 제오 르페브르로, 경기 조직 과정 대부분은 그가 주관했다.

첫 번째 경주는 1903년 7월 1일 파리의 '르 레베유 마탱'이라는 카페를 출발점으로 하여 시작했다. 총 거리는 2,400km로, 19일에 걸쳐 6개의 만만찮은 구간을 완주해야 했으며, 어떤 구간에서는 밤새도록 달려야 했다. 파리에서 리옹까지 무려 467km였으며, 마르세유, 툴루즈, 보르도, 낭트를 거쳐 다시 파리에 이르는 코스였고, 각 구간 사이에는 휴식일이 있었다. 프랑스, 벨기에, 독일, 스위스에서 온 전문 팀이거나 무소속 아마추어인 60명의 참가자 중에서 험난한 코스를 완주한 사람은 단 21명뿐이었다. 약 1만 명의 관중이 줄곧 선두를 지켜 왔던 프랑스인 "꼬마 굴뚝청소부" 모리스 가랭이 파리의 파크 오 프랭스에서 1위로 경주를 마치는 모습을 지켜보았다. 그는 2위와 3시간의 차이로 우승했는데, 평균 시속 25km 이상의 속력으로 코스를 완주한 셈이었다. 가랭은 6천 프랑의 상금을 받았다. 마지막으로 도착한 선수는 이틀 후에 들어왔다.

'로토'지의 특별호는 수만 부가 팔렸다—다음 해에 '르 벨로'지는 폐간되었다. 제2회 대회는 폭동과 뇌물로 얼룩졌다. 가랭은 다시 우승했지만 그와 4위까지의 세 선수는 부정행위로 실격 판정을 받았다. 가랭은 중간에 기차를 탔다는 소문이 있었다. **PF**

# 라이트 형제가 하늘로 날아오르다

자전거 수리공 형제는 최초의 동력 비행에 성공해 역사를 창조한다.

▲ 오빌 라이트가 조종석에 있고 윌버는 최초의 성공적인 비행을 지켜보고 있다.

고향인 오하이오 주 데이턴에서 자전거 수리 기술자로 있던 오빌과 윌버 라이트는 1890년대에 동력 비행에 관심을 갖게 되었다. 그들이 이룩한 큰 약진은 비행사가 휘게 하여 조종할 수 있는 유연한 날개를 발명한 일이었다—날아가는 갈매기를 관찰하다가 얻은 아이디어였다. 글라이더와 직접 제작한 풍동(風洞, 항공기 등의 모형을 시험하기 위해 빠르고 강한 공기 흐름을 일으키는 장치-옮긴이)으로 실험을 거친 뒤, 1903년 12월 그들은 특별히 만든 엔진을 장착했고, 나무와 종이, 철사로 만들어 제작비용이 천 달러도 들지 않은 비행기를 가지고 노스캐롤라이나 주 키티 호크의 외딴 모래언덕으로 갔다. 12월 14일, 윌버는 최초로 이 비행기를 조종하려는 시도를 했으나 플라이어호(나중에 키티 호크호라는 이름으로 알려짐)는 이륙 중에 멈췄고 수리해야만 했다. 사흘이 지난 후 오전 10시 35분, 이번에는 오빌이 탑승한 채 최초의 비행은 12초 동안 39m를 기록했다. 그날의 네 번째 비행에서 윌버는 지상에서 3m 정도의 높이로 59초 동안 279m를 활공했다. 그 이후 바람이 플라이어호를 뒤집어 망가뜨렸다. 다섯 명의 행인만이 그들을 보았고 다음 날 지방신문 하나가 이들의 업적을 짧게 보도했을 뿐이었다.

다음 해에도 계속된 실험은 성공할 때도 실패할 때도 있었으나 형제는 비행 중에 비행기를 제어하는 법을 터득했고, 이륙 시에 일어나는 골치 아픈 문제를 해결하기 위해 사출기(射出機)를 이용해 실험했다. 형제는 모방당할 것이 두려워 비밀스런 그들만의 방식을 고수했고, 주변에서 그들의 발명에 대해 관심을 보이지 않았기 때문에 라이트 형제의 업적이 주목을 끈 것은 1908년 프랑스 르망에서 열린 에어 쇼에서였다. **PF**

# 중단된 파나마 운하 건설이 재개되다

미국이 파나마 운하 굴착권을 따낸다.

오하이오호(왼쪽)가 파나마 운하에서 미주리호를 지나치고 있다, 1915년 7월.

파나마 지협에 운하를 파겠다는 계획은 16세기부터 논의되어 왔다. 그렇게 하면 케이프 혼을 돌아가는 것보다 12,875km를 단축할 수 있기 때문이었다. 특히 1898년 메인호가 쿠바 해안에서 침몰한 이후, 미국에서는 운하 건설의 필요성을 시급하게 느끼게 되었다. 프랑스가 운하를 건설하려 시도했으나 난관에 부닥쳐 중단되었고, 1902년 미국의 루스벨트 대통령은 특허권을 사들이기 위해 파나마를 지배하던 콜롬비아와 협상을 시작했다.

1902년 11월, 파나마인들은 콜롬비아로부터의 독립을 선언했고 운하 지역에 대한 관할권을 1천만 달러에 미국에 팔았다. 조약은 1904년에 비준되었고, 그해 5월 미국은 프랑스가 중단하고 철수한 건설 공사를 정식으로 인계받았다. 4만 명이 넘는 인부가 매월 200만㎥ 이상의 바위를 파냈으며, 이들이 머물 곳을 제공하고 모기가 들끓는 늪지대의 배수 작업을 하는 데에도 그만큼 큰 노력이 들어갔다(모기가 전염시키는 황열병과 말라리아로 프랑스 인부들은 큰 피해를 입어 5,500명 이상이 사망했다).

82km 길이의 운하를 완공한 것은 예정보다 일 년 앞선 1913년 말이었다. 그 다음 해에는 성대한 공식 개통식을 거행할 예정이었지만, 유럽의 전쟁 발발로 취소해야 했다. 그러나 1914년 8월 15일 화물선 앙콘호가 최초로 운하를 건너면서 운하는 사실상 개통되었다. 1999년 마지막 날, 미국은 운하 운항권을 파나마에 되돌려 주었다. **PF**

# 상트페테르부르크의 피의 일요일

겨울 궁전에서 벌어진 노동자 학살은 러시아 혁명을 촉발하는 계기가 된다.

피의 일요일, 궁전 광장의 군인들이 달아나는 시위자들에게 발포하고 있다.

1904년에서 1905년에 걸친 러일전쟁 동안 고용주들은 형편없는 임금을 주면서 노동자에게 초과 근무를 강요했고 상트페테르부르크는 비참한 상황에 처해 있었다.

푸틸로프 공장에서 파업이 일어나 시 전체로 번져나갔으며, 1월 중순에는 일손을 놓은 노동자가 8만 명에 달해 시에서는 전기와 신문이 끊겼다. 정교회의 사제로 노동자 단체를 세웠던 게오르기 가폰이라는 신부는 1905년 1월 차르의 겨울 궁전에서 시위를 벌여 니콜라이 2세에게 전쟁을 끝내고 하루 8시간 노동제로 돌아가자는 청원을 올리자고 발표했다. 가폰은 매우 모호한 인물로, 사실 차르 비밀경찰의 지원을 받고 있었지만 가난한 이들이 더 나은 조건을 얻기를 바랐던 것은 진심이었던 것 같다. 시위 자체는 평화롭게 진행되어, 노동자와 그 아내와 자녀들은 종교적인 성상을 들고 나와 차르를 향한 충성의 노래를 불렀다. 가폰의 부하들이 과격주의자를 가려냈던 것이다.

행진이 궁전에 가까워지자, 차르의 황실 경비대는 당황하여 군중에게 발포하였다. 총격과 놀란 군중이 급하게 달아나는 바람에 발생한 사망자 수는 90명(공식 수치)에서 4천 명(가폰의 추산치)이라는 데까지 다양하다. 대부분의 역사가는 대략 1천 명이 죽었다고 보고 있다. 이 학살은 분노의 물결을 일으켜, 파업 운동은 1905년의 혁명으로 탈바꿈했다. 차르 통치의 명예 역시 실추됐으며 체제에 대한 증오가 커졌다. 가폰은 스위스로 달아났지만, 10월에 러시아로 돌아왔을 때 경찰 첩자라는 정체가 발각되어 사회주의 혁명가 동료들이 조직한 '인민재판'에 회부된 후 핀란드의 한 시골집에서 목매달려 죽은 채 발견되었다. **NJ**

1905년 5월 27일

# 쓰시마 해전

**러시아 발틱 함대의 패배는 일본이 세계열강으로 부상했음을 알리는 신호가 된다.**

쓰시마(對馬) 해전은 러시아의 군사적 무능력을 드러내고 러시아의 위신을 실추시켰다. 또한 전쟁에서 러시아의 패배가 확실해졌으며 1905년 혁명의 도화선이 되기도 하였다. 반대로 일본은 강국으로 발돋움했다.

러시아가 만주의 자원을 착취하는 데 일본을 배제하자, 도고 헤이하치로 제독이 이끄는 일본 함대는 뤼순(旅順) 항과 한국의 제물포에서 포격과 어뢰 공격을 가해 러시아 태평양 함대를 무력화시켰다. 이에 격노한 차르 니콜라이 2세는 지노비 로제스트벤스키 제독 휘하의 발틱 함대를 불러들여 보복하도록 명했다. 북해에서 영국 어선을 일본 군함으로 착각하여 발포하는 어이없는 사고를 겪은 이후, 로제스트벤스키는 일본 서쪽에 도달했다. 전함 8대, 순양함 8대, 구축함 9대로 이루어진 그의 함대는 전함 4대, 순양함 8대, 구축함 21대, 어뢰정 60대로 이루어진 도고의 함대와 만났다—모두 러시아 것보다 신식이었다.

> "이 날 일본은 함대 내 모든 장교와 사병이 용기와 기력을 보여 줄 것을 기대한다."
>
> **1905년 5월 27일, 도고 헤이하치로 제독**

도고는 혼슈와 쓰시마 섬 사이에서 러시아 함대에 매복 공격을 가했다. 한 시간도 채 지나지 않아 그는 러시아의 기함 수보로프호를 격파하고 로제스트벤스키에게 부상을 입혔다. 러시아 전함 세 척이 더 침몰했고 일본의 어뢰정은 남은 배를 공격하기 시작했다. 러시아 해군 1만 명 가량이 사망했다. 러시아 측에서는 순양함 1대과 구축함 2대가 살아남았다. 일본 측의 피해는 어뢰정 3대와 군인 1천 명에 불과했다. **NJ**

1905년 6월 30일

# 모든 것이 상대적이다

**아인슈타인의 특수 상대성이론이 공간과 시간에 대한 사유를 바꿔 놓는다.**

알베르트 아인슈타인은 자신의 특수 상대성이론이 역학 법칙과 전자기 법칙을 일치시키려는 시도라고 설명했다. 1905년 6월에 발표한 이 이론은 아이작 뉴턴이 최초로 체계화한 우주관을 바꿔 놓았다. 특수 상대성이론은 시간에 대한 선적인 관점을 보다 복잡한 모델로 대체했다. 아인슈타인은 만일 모든 관찰자에게 있어 그들의 운동 상태나 광원의 운동 상태와 관계없이 빛의 속력이 동일하다면, 시간과 공간의 다른 모든 차원은 절대적인 것이 아니라 관찰자와 관찰 대상체의 움직임에 따라 상대적으로 변할 수밖에 없다고 가정했다. 느린 속력의 운동에서 그 측정치는 뉴턴의 역학적 물리 모델과 근접하지만, 빠른 속력에서는 크게 달라진다.

이 이론이 함축하고 있는 많은 사항 중 두 가지는 어떠한 물리적 물체도 광속보다 더 빠르게 이동할 수 없다는 것과, 물질과 에너지는 결국 상호 교환 가능하다는 것이다. 이는 핵무기 개발의 토대가 되었다.

아인슈타인은 스위스 특허 사무소의 하위 직원으로 있던 시절 스위스 물리학 저널에 그의 이론을 공식 발표했으나 거의 주목을 받지 못했다. 특수 상대성이론은 아인슈타인이 1905년에 발표한 세 편의 혁명적인 논문 중 하나였다. 그러나 그의 이론은 프라하와 베를린 대학에서 자리를 얻고 1916년 일반 상대성이론을 발전시키고 난 뒤에야 비로소 유명해졌다.

유대인인 아인슈타인은 1933년 나치가 집권하자 독일을 떠나 미국으로 가서 여생 동안 프린스턴 대학에 몸담았으며, 세계 평화와 이스라엘 독립을 위해 노력하면서 세상을 뒤바꾼 과학적 업적을 쌓아갔다. **NJ**

▶ 세계에서 가장 위대한 물리학자 중 하나인 알베르트 아인슈타인. 1905년 연구 중에 찍은 사진.

# 바다의 제패권

드레드노트호가 해상 지배권을 둔 세계적 경쟁에서 영국에게 선두를 안겨준다.

▲ 영국 해군의 강력한 전함 드레드노트호를 담은 엽서, 1906년.

1906년 포츠머스 해군 조선소에서 영국의 새로운 전함 드레드노트호가 물 위로 미끄러져 나온 순간, 세계 해군의 성격이 뒤바뀌었다. 그전의 모든 전함은 이제 퇴물이었다. 드레드노트호의 디자인은 너무도 혁신적이어서 완전히 새로운 스타일의 전함을 의미하는 '드레드노트 급'이라는 말이 탄생했을 정도였다. 이 전함은 한때 지중해 함대의 총사령관이었고 이제 영국 해군본부위원회의 제1군사위원, 즉 해군 참모총장 격인 피셔 제독의 의견에 따라 건조된 것으로, 그 디자인에 추진력, 장갑(裝甲), 포술 등의 최신 기술이 집약되어 있어, 다른 어떠한 배든 무찌를 수 있는 빠르고 강력한 전함이었다.

다른 해상 국가—미국, 프랑스, 일본, 이탈리아, 러시아—는 해상 세력을 지키고자 한다면 이 디자인을 따라야만 했다. 그러나 가장 큰 영향을 받은 것은 신생 독일제국이었다. 독일의 카이저 빌헬름 2세는 해군 장관 티르피츠 제독의 협조를 받아 세계 바다를 주름잡고 있는 영국의 해군력에 도전하기 위해 영국을 경쟁국으로 삼아 해군을 증강하는 정책을 실시하고 있었기 때문이다. 두 나라 모두 더욱더 정교한 설계로 이러한 전함을 더 많이 제작했다. 독일제국의 선박 건조 정책은 영국의 주된 걱정거리였다. 제1차 세계 대전 때의 유틀란트 해전에서 결국 이 두 나라의 함대는 맞붙게 되는데, 결정적인 승패가 나지는 않았다.

드레드노트호의 기준은 잠수함, 항공기, 항공모함이라는 신기술이 나오기 전까지 전 세계의 해군을 지배했다. 제2차 세계대전이 끝날 무렵 드레드노트호는 퇴물 신세가 되었다. **NK**

# 샌프란시스코 대지진

샌프란시스코는 20세기 미국에 일어난 최악의 자연재해를 겪는다.

1906년 지진 이후, 하이드 근처 골든게이트의 주민들이 다시 일상을 계속하고 있다.

4월 18일 오전 5시 12분, 최초의 진동은 산 안드레아스 단층에서 감지되었다. 단 2분 후, 샌프란시스코 중심에서 3km 떨어진 곳을 진원지로 하는 지진은 도시를 거세게 뒤흔들었다. 한 생존자는 지진이 마치 바다의 파도와 같았지만 그보다 더 빠르고 거칠었으며, 거대한 기차와 같은 마찰음이 났다고 묘사했다. 목조 건물은 무너져 내렸고, 케이블카 선로는 주저앉았으며, 거리는 움푹 꺼졌다. 가스 운반관이 폭발하여 화재가 발생했고 나흘 동안 맹위를 떨쳐, 도시의 500블록을 파괴하고 지진 그 자체보다 더 큰 인명 피해를 끼쳐 최대 2만 명의 목숨을 앗아갔다(평판이 실추될 가능성 때문에 당시 촉각을 곤두세우고 있던 정부가 보고한 숫자인 567명보다는 확실히 사망자가 많았을 것이다).

대부분의 건물이 화재에 대해서는 보험에 가입해 있었지만 지진에 대해서는 그렇지 않았으므로, 지진으로 손상된 건물 대부분이 방화의 피해를 입었다. 시 당국은 철저한 감독에 들어가, 소방국에서는 불이 번지는 것을 막기 위해 건물을 폭파했다. 수백 명이 약탈을 자행하다 사살되었다. 결국, 40만 명의 주민 중 반수에서 3분의 2 가량이 집을 잃어 시내 공원에 머물렀다. 그러나 재건 작업에는 몇 달밖에 걸리지 않았다.

사상 최초로 사진을 통해 전 세계가 이러한 사건의 결과를 목격할 수 있었으며(파괴의 규모를 감추기 위해 보정한 사진이 대부분이었지만), 많은 자료를 바탕으로 지진학이라는 새로운 과학이 발달해, 훗날 단층이 거의 483km나 갈라졌다는 것을 발견하고 지진이 리히터 규모로 7.8이었음을 측정했다. **PF**

# 드레퓌스, 결백이 밝혀지다

**결말이 나지 않은 채 프랑스를 분열했던 정치적 스캔들이 마침내 매듭지어진다.**

이날, 파기원(破棄院, 하급 법원의 판결에 대해 파기 권한을 가진 프랑스 최고상소법원–옮긴이)을 이루는 프랑스의 세 개 재판소는 1894년 악마의 섬으로 유형에 처해졌던 알프레드 드레퓌스가 독일과 공모한 스파이 혐의와 반역 혐의에 대해 무죄임을 선포했다.

군대와 교회, 반유대주의 언론에 있던 드레퓌스의 막강한 적들은 드레퓌스의 결백에 대한 증거가 쌓여감에도 불구하고 이 사건을 다시 들추지 않으려 싸워 왔다. 이미 여러 차례 정권이 바뀌었다. 드레퓌스가 프랑스로 돌아온 것은 지지자들이 그에게 씌워진 혐의는 거짓이며, 한편으로는 그가 반유대주의적인 참모진 내부의 유대인 장교였기 때문에, 다른 한편으로는 진짜 스파이인 샤를 에스테라지의 정체를 덮어 주기 위해 고위 장교들이 꾸민 음모의 일환이라는 점을 결정적으로 증명해 보이고 난 후였다.

> "아닙니다, 여러분,
> 제발 그러지 마십시오.
> '프랑스 만세!'"
>
> **드레퓌스가 "드레퓌스 만세!"를 외치는 팬들을 만류하며**

재판소의 평결 이후, 프랑스 상원과 하원 의회는 투표를 통해 드레퓌스 대위와 조르주 피카르 중령—최초로 드레퓌스의 무죄를 증명했다가 해임된 장교—의 군대 복귀을 승인했다. 11년 전 야유하는 군중 앞에서 불명예를 당했던 열병장 맞은편의 안뜰에서, 드레퓌스는 레지옹 도뇌르 훈장을 받았다. 이번에 군중은 "드레퓌스 만세! 피카르 만세!"를 외쳤다. 10월 15일, 처음 체포된 날로부터 12년이 지나서, 드레퓌스는 파리 근교의 뱅센느 요새에 근무를 신고했다. 드레퓌스 사건이 종결된 것이다. **NJ**



# 이민 통제

**미국 이민법이 밀려드는 인구를 막을 방안을 모색한다.**

1815년 이후 100년 동안 약 3,500만 명이 휴 브로건의 표현처럼 "역사상 가장 대규모의 평화로운 이주"의 물결을 타고 미국으로 들어왔다. 미국인들은 위협을 느끼기 시작했으며 더 엄격한 통제를 원했다. 1907년 국회 제정법으로 애리조나, 뉴멕시코, 텍사스에는 멕시코 이주민을 막기 위한 새로운 국경 담당 부서가 생겼고, 일본과 중국 노동자에 대해 거부권을 행사하게 되었다.

1890년 인구 조사에 따르면 총 6,300만 인구 중 900만이 외국 출생이었다. 동유럽과 남유럽 이민, 멕시코인의 침투, 감자 상자 밑이나 건초더미 속에 숨어 밀입국하는 수천 명의 중국인과 일본인 하급 노동자에 대한 불안한 기운이 돌았다. 1907년의 이민 통제법은 정신적 혹은 육체적 결함이 있어 노동할 수 없는 이들과 보호자 동반 없는 어린이의 입국을 거부할 수 있음을 규정했다. 수정 조항을 통해 시어도어 루스벨트 대통령은 누구에게나 입국 거부권을 행사할 수 있게 되었다.

> "우리가 떠맡은 인간쓰레기가
> 투표할 수 있게 된다고 해서
> 우리의 어려움이 줄어들까?"
>
> **헨리 조지, 미국 경제학자, 1883년**

1917년의 이민법은 이민자로부터 그들의 모국어로 읽고 쓸 수 있는 능력을 요구했다. 1920년대에는 인원 할당 체계가 생겨 이미 미국에 정착한 이민 수에 따라 각 국가별 허용 인원수를 제한했다. 그러나 미국은 새로운 이주민들이 고유한 민족 전통을 보존하면서도 스스로를 미국 국민으로 여길 수 있도록 확신을 심어 주는 데 성공했다. **RC**

# 굴착기가 유전을 발견하다

페르시아에서 찾아낸 막대한 석유 매장량은 세계 정치와 경제에 축복이 되기도, 저주가 되기도 한다.

사우디아라비아 다음으로 큰 페르시아 남부(오늘날의 이란)의 막대한 유전을 발견한 것은 1908년으로, 영국인 기업가 윌리엄 녹스 다시가 설립한 합동 기업 소속인 굴착기에 의해서였다. 그는 오늘날의 브리티시 석유 회사의 전신인 앵글로-페르시아 석유 회사의 창립자 중 한 명이었다.

오스트레일리아 금광 합동 기업으로 처음 큰돈을 벌었던 변호사 녹스 다시는 페르시아의 석유와 광물을 찾는 사업에 자금을 투자하기로 동의했다. 1901년 5월, 그는 페르시아의 샤로부터 특허권을 따냈고 굴착 작업이 시작되었다. 비용이 많이 든 사업인데다가 처음에는 성과도 없었다. 1903년에는 녹스 다시의 재산 50만 파운드가 굴착 비용에 들어갔고, 다음 해 그는 자기 몫의 주식 대부분을 대가로 하여 버마 석유 회사에서 10만 파운드의 자금 지원을 얻어내야 했다.

1908년에는 남부 페르시아의 마스제드 솔레이만에서 굴착 작업을 했으나, 5월이 되기까지 석유가 나오지 않아 이 사업은 파산할 지경에 이르렀다. 그러던 5월 26일, 지하 360m 깊이에서 굴착기가 마침내 유맥(油脈)을 찾아냈다. 1911년에는 송유관이 완성되어 페르시아 만의 아바단에 있는 정유 공장까지 이어졌다.

석유는 한 세기 이상 이란과 주변 중동 일대의 정치를 좌지우지하게 되었다. 1950년대에 모사데크 총리 정부가 앵글로-페르시아 석유 회사를 국유화하자, 영국과 미국의 지원을 받은 쿠데타가 일어나 그를 축출하고 친서구적인 샤 레자 팔라비를 왕위에 앉혔다. 샤 역시 1979년 혁명으로 퇴위되고 반서구적인 이슬람 공화국이 들어섰으며, 따라서 이후 이란의 유전에서 솟아나는 석유는 더 많은 문제를 일으키게 된다. **NJ**

1900년대 초, 페르시아의 마스제드 솔레이만에서 굴착이 성공하여 석유가 높이 분출해 오르고 있다.

# 그것은 우주에서 왔다

시베리아에서 거대한 운석 폭발이 발생한다.

1910년 촬영한 이 사진은 손상된 퉁구스카 지역의 폭발 2년 후의 모습을 보여준다.

오전 7시 15분, 시베리아 중부 퉁구스카 강 근처의 사냥꾼들은 하늘을 가로지르는 밝은 푸른색 섬광을 보았고, 곧바로 번쩍임과 함께 커다란 충돌음이 들렸다. 뒤이어 매번 충격파를 동반한 여러 차례의 폭발이 일어났다. 숲은 파괴되었고 80km에 걸친 지역에서 거의 1억 그루의 나무가 불탔다. 먼 곳에서는 이 사건을 대규모 지진과 맞먹는 일로 기록했고, 멀리 떨어진 유럽에 이르기까지 며칠간 밤하늘이 환했다.

계산에 따르면 이 폭발은 히로시마 원폭보다 약 1천 배나 규모가 큰 현재 지질학 역사상 가장 대규모의 폭발이었다. 시베리아처럼 외진 곳에서 일어났던 것이 다행이었다. 1920년대에 와서야 무슨 일이 일어났는지에 대한 과학자들의 조사가 시작되었다. 거대한 운석 충돌이라는 결론이 나왔고, 몇 십 년 동안 운석 구덩이를 찾았으나, 운석과 관련이 있는 광물의 흔적을 발견하는 데 그쳤을 뿐 헛수고였다. 지질학자들은 이 운석이—얼음으로 이루어진 혜성인지 돌로 된 소행성인지는 아직 논란이 분분하지만—아마 지표 몇 마일 상공에서 폭발했으리라는 단정을 내렸다. 지상에 남은 흔적은 핵폭발 이후에 남은 것과 유사했다.

이 사건으로 말미암아 일부 시베리아 주민은 세상의 종말이 가까워 왔다고 믿었으며, 이 충돌을 두고는 다양한 설명이 있다. UFO와 관련됐다는 설이 있는가 하면, 소형 블랙홀 같은 신기한 천문학적 현상을 들먹이는 설도 있다. 또한 많은 소설가가 이 사건에 흥미를 느껴 그 이유를 추측했다. **PF**

# 대중적 자동차의 출시

T형 포드가 최초로 시장에 나온다.

▲ 1908년 제작한 초기 T형 포드 중 하나.

자동차는 20세기의 발전이 남긴 주요 소산 중 하나였으며, 그것이 사치 품목에서 많은 사람들이 구입할 수 있는 제품으로 변화하는 데 가장 큰 공을 세운 인물은 헨리 포드였다. 읽고 쓰기를 완전히 익히지 못한 미시간 주 출신의 농가 소년이었던 그는 도제 생활을 하면서 엔지니어링을 익혔고, 디트로이트의 자기 집 뒤뜰에서 자동차를 제작하기 시작했다. 1896년에 완성한 그의 첫 모델은 실린더 두 개짜리 가솔린 엔진, 목조 차대(車臺), 자전거 안장, 자전거 타이어가 달려 있었고 최고 시속 30km를 낼 수 있었다. 경쟁 자동차들은 간신히 시속 8km를 넘는 것이 고작이었다.

1905년, 그는 포드 자동차 회사를 설립했고 1908년에는 825달러라는 가격에 T형 포드를 출시했다. 20마력 엔진에 강철 차대를 한 이 차는 시속 40km의 경제속도를 냈다. 그는 T형 포드를 "다양한 다수를 위한 자동차"라 불렀으며, "2천 달러 이하에 더 나은 자동차는 없으며, 2천 달러가 넘는 자동차도 겉치레를 빼면 이보다 더 낫지는 못합니다"라고 주장하며 "대중적 자동차"라고 광고했다.

T형 포드는 잘 만들어진 차였고 잘 팔렸다. 포드는 대량 생산 방식을 개발하고 가다듬었다. 이는 노동자를 기계 속의 톱니바퀴로 전락시켰지만, 제작에 걸리는 시간을 단축하여—차대 조립 시간은 12시간 반에서 2시간으로, 1913년 말에는 40분으로 줄었다—가격을 내렸다. 포드는 임금을 인상하고 노동 시간을 단축시켰다. 매 24초마다 한 대의 T형 포드가 생산 라인에서 나오기 시작했고, 생산이 중단된 1927년에 가격은 290달러까지 떨어졌다. 이 차는 1,500만 대 이상이 팔렸다. 세계가 자동차와 사랑에 빠지기 시작한 것이다. **RC**

# 피어리가 북극점에 도달하다

미국의 탐험가 로버트 피어리가 최초로 북극점을 정복했다고 주장하지만, 많은 이가 그의 말을 의심한다.

1890년대와 1900년대에 그린란드를 탐험한(이때 그는 동상으로 발가락 여덟 개를 잃었다) 미 해군 장교인 로버트 피어리는 북극점에 닿겠다는 결심을 굳혔다. 여러 차례 실패한 이후 1909년 3월 1일, 그는 매슈 헨슨이라는 조수와 그 외 스무 명과 함께—그중에는 이누이트족도 여럿 있었다—엘즈미어 섬의 케이프 컬럼비아에서 나무로 된 개썰매를 타고 탐험을 나섰다. 여행의 마지막 단계인 5일 동안에는 피어리와 헨슨, 네 명의 이누이트만이 참여했고, 출발한 지 37일 만에 그들은 북극점에 도달했다. 적어도 피어리는 그렇다고 주장한다.

9월에 래브라도로 돌아온 피어리는 자신이 목적지에 도달했다고 발표했지만, 지난해에 그곳에 닿았다고 주장하는 또 다른 미국인 프레더릭 쿡과 심한 논쟁에 휘말렸다. 쿡의 말에 담긴 진실성은 큰 논란의 대상이었지만, 피어리의 주장 역시 의심을 받았다. 당시로서는 북극점 여행을 37일 만에 마친다는 것은 불가능하다고 여겼기 때문이었다. 1926년 한 팀이 비행선을 타고 북극점에 도달했다. 리더는 남극점을 발견한 노르웨이 탐험가 로알 아문센이었다.

그러나 2005년, 다섯 명으로 이루어진 영국의 한 탐험대가 피어리가 뒤에 남겨 놓은 북극을 가리키는 커다란 팻말로부터 시작해 그의 자취를 따라가기 시작했다. 그들은 당시와 같은 종류의 썰매와 개를 이용해 피어리보다 몇 시간 빠르지만 동일한 37일 만에 영하 27도에서 북극점에 닿았다. 사후 65년이 지나, 피어리의 명성은 비로소 재확립된 듯했다. **RC**

▶ 북극 탐험 무렵에 촬영한, 극지방 탐험가 로버트 피어리

◀ 탐험대의 동료 일부 : 우구에아, 우타, 헨슨, 에킨카, 시글루.

1909년 4월 27일

# 무너지는 제국

**오스만 투르크 술탄 압둘 하미드가 폐위된다.**

1909년 권좌에서 쫓겨난 압둘 하미드는 오스만 제국의 종말을 앞당긴 잔혹한 폭군으로 사람들의 기억에 남아 있다. 사실 그는 교묘하게 유럽 열강들을 서로 싸움 붙여 자신의 제국에 닥친 피할 수 없는 붕괴를 저지한 군주였다. 그는 자기 나라를 잘 구슬려 자신의 권력을 양보하지 않으면서 근대화로 이끌어 가려고 노력했다. 역사가 F. A. K 야사미에 따르면, 그는 "결단력과 소심함, 대단한 실용주의에 의해 접합된 통찰력과 환상의 조합"이었다고 한다.

1875년 압둘 하미드는 발칸반도의 오스만 속주인 불가리아, 보스니아, 마케도니아에서 일어난 봉기를 가혹하게 진압했으나, 1877년에서 1878년까지의 전쟁에서 러시아에 패배한 결과 발칸반도에 독립을 부여하는 산 스테파노 조약을 맺어 세력을 크게 잃었다. 게다가 예전에 지배했던 이집트, 수단, 키프로스에서 영국이 지배 세력으로 떠오르는 일을 막을 능력도 없었다.

> "내 주여 이 험난한 때에
> 내 손을 잡아 주소서. 내 주여
> 나의 원조자가 되어 주소서 … ."
>
> **압둘 하미드의 시**

머지않아 대학생과 젊은 장교들로 이루어진 '청년 투르크당'이 압둘 하미드가 1876년에 공포했다가 중지한 헌법을 부활시킬 것을 요구하고 나섰다. 1909년, 청년 투르크당 군인들이 이스탄불로 행군해 압둘 하미드를 폐위하고 그의 동생 메메드를 왕위에 앉혀 꼭두각시로 삼았다. 이후 투르크는 독일과 동맹을 맺어 영국과 프랑스의 연합국과 맞섰다—제1차 세계 대전의 패전국이 되는 결과를 낳아 오스만 제국의 붕괴를 가져온 정책이었다. **NJ**

1909년 4월 29일

# 급진적 예산안

**로이드 조지의 '국민의 예산안'이 영국 의회 내에서 논쟁을 빚는다.**

영국 하원 의원들은 재무장관 로이드 조지의 1909년 예산안에서 뭔가 뜻밖의 것을 기대했다. 이끌어내야 할 항목이 너무 많아 그의 연설은 네 시간이나 걸렸다. 그는 우선 세입을 늘릴 필요가 있다는 말로 시작했다. 새 전함을 구축해야 하고, 1908년에 도입한 노인 연금에는 예상보다 더 많은 비용이 들어갔고, 병자와 실업자를 돕기 위해 새로운 항목이 필요했다. 그 결과 세금이 오르게 되었다. 소득세가 증가했으며 고소득에 대해서는 부가세를 도입했다. 세입을 늘리기 위한 방안으로는 토지세를 비롯한 다른 세목도 있었다. 영국 역사상 가장 급진적인 예산안이었다.

> "이것은
> 빈곤과의 결연한 전쟁에
> 비용을 대기 위한 자금 마련이오."
>
> **데이비드 로이드 조지**

하원에서는 자유당이 다수 의석을 차지하고 있었지만 상원은 보수당이 지배하고 있었고, 여기서는 예산안을 제외한 모든 의안을 거부할 수 있었다. 지주들은 이 예산안을 자신들에 대한 공격이라 생각했으므로 감정이 고조되었다. 상원은 예산안을 거부했다. 그러자 로이드 조지는 예산안에 대해 상원이 행사할 수 있는 권력을 제거하고 의안에 대한 거부권을 2년으로 제한하는 법률을 제정하여 상원에 실망을 안겼다.

1910년 두 차례의 총선거를 거치고, 상원 의원 자리를 더 많이 창설하겠다는 왕의 위협까지 동원해야 했지만, 결국 상원도 예산안과 새로운 의회법을 승인했다. '국민의 예산안'은 복지국가의 성장과 영국 헌법의 발달 과정의 중요한 이정표로 남았다. **RP**

# 크리펜 의사, 해상에서 체포되다

에드워드 왕조풍 가정 살인이 해결된 것은 신기술이 이룩한 승리다.

▲ 크리펜(오른쪽, 복면과 수갑 착용)이 해외 도주 시도가 실패한 이후 끌려가고 있다.

크리펜 부부는 어울리지 않는 한 쌍이었다. 아내는 러시아, 폴란드, 독일 혈통이 섞인 덩치가 좋고 품행이 단정치 못한 벨 엘모어라는 예명의 삼류 영화배우였다. 남편은 미국 중서부 출신으로, 근시에 수줍음을 타는 사이비 동종 요법 의사였다. 그럼에도 불구하고 1910년 7월 31일 크리펜 의사는 아내 살인죄로 체포당했다. 배심단은 30분도 지나지 않아 유죄를 선고했고, 그는 11월 23일 런던 펜턴빌 감옥에서 교수형 당했다.

크리펜 부부는 런던 북부 홀로웨이 힐탑 크레센트 39번지에 정착했고, 벨은 내놓고 바람을 피워 남편을 괴롭혔다. 그것은 에셀 르 네브라는 늘씬한 흑발의 미녀가 크리펜의 접수원이자 연인이 되기 전까지의 이야기였다. 갑자기 벨은 자취를 감췄다. 크리펜은 아내가 미국으로 돌아가서 죽었다고 말했다. 경찰과 월터 듀 경위는 크리펜의 집을 세 차례 수색했으나 성과는 없었다. 그러나 크리펜은 겁을 먹었다. 그는 르 네브에게 남장을 시켜 몬트로즈호를 타고 뉴욕으로 떠났다. 듀는 다시 한 번 가택수색을 했고 벨의 절단된 시체 덩어리가 지하실에 묻혀 있는 것을 발견했다. 바다 위에 있었음에도, 발명된 지 10년도 안된 대서양 횡단 무선전신 때문에 이 왜소한 의사는 붙잡혔다. 몬트로즈호의 선주인 조지 켄달이 남장을 한 르 네브를 껴안고 있는 크리펜을 보고 무선전신을 통해 이 두 승객이 의심스럽다고 전했던 것이다. 듀는 더 빠른 배를 타고 몬트로즈호를 따라잡았으며, 키잡이로 변장하고 크리펜을 마주 대했다. 언제나처럼 유순하게, 크리펜은 수갑에 손을 내밀었다. **NJ**

# 멕시코 혁명이 시작되다

예측하지 못할 정도로 복잡한 멕시코 혁명이 시작되어 디아스 대통령이 축출당한다.

지지자에게 둘러싸인 판초 비야와 에밀리아노 사파타.

1876년부터 멕시코의 대통령이었던 포르피리오 디아스의 통치 아래 멕시코의 산업은 발전했고 외국 투자와 더불어 기반 산업 프로젝트도 급증했다. 그러나 빈부의 격차와 "진보는 질서를 따른다"는 디아스의 노선에 따른 국가 지원의 폭력 때문에, 사회적 불평등은 심화되었다.

프란시스코 I. 마데로는 대통령 선거에 나서 디아스와 맞서려고 했지만 투옥되었다. 그는 풀려나 미국으로 피신했다. 1910년 11월 20일, 그는 디아스의 타도와 토지개혁을 호소했다. 마데로는 1911년 선거에서 승리했지만 자신의 사회적 · 경제적 개혁안을 수행하는 데에는 실패했다. 1913년 디아스의 군사적 추종자인 빅토리아노 우에르타가 마데로를 축출하고 대통령이 되었다. 여러 단체가 군사 쿠데타의 위협을 가하는 가운데, 멕시코의 갈등은 깊어만 갔다. 이들 중에는 판초 비야, 온건파인 베누스티아노 카란사, 그리고 아메리카 원주민으로 게릴라 농민군을 일으켜 급진적인 토지 개혁을 주장했던 에밀리아노 사파타의 추종자 등이 있었다. 1914년 우에르타는 망명할 수밖에 없었고, 카란사가 정치적 · 경제적 개혁을 약속하며 대통령이 되었다. 카란사는 이 약속을 이행하지 못했으며 1920년에 암살당했다. 종종 이를 혁명의 끝으로 보기도 하나, 불안정함과 폭력은 1940년까지 지속되었다.

이 혁명을 통해 멕시코 민족주의와 외국의 정치적 · 경제적 간섭에 대한 저항, 그리고 가톨릭교회에 대한 반발이 태동했다. 여러 혁명 지도 세력이 이상주의적인 목적을 내세웠으나 그 이상의 분명한 성과는 없었다. **PF**

# 안데스 산맥에서 놀라운 요새를 발견하다

빙엄이 페루에서 '잃어버린 도시' 마추픽추를 발견한다.

페루의 안데스산맥 높은 곳에 있는, 가장 유명한 잉카 유적지이자 남아메리카의 매우 잘 알려진 고고학 유적지 중 하나인 마추픽추의 발견은 센세이션을 일으켰다. 발견자인 예일 대학 교수이자 라틴아메리카 역사 전문가인 35세의 히럼 빙엄은 확실한 명성을 얻었다. 하와이의 선교사 가문 출신이었던 빙엄은 티파니사의 상속녀와 결혼했고, 따라서 남아메리카로 탐험 여행을 떠나기에 충분한 돈이 있었다.

콜롬비아와 베네수엘라를 탐험한 후, 빙엄은 관심을 페루로 돌렸고, 운 좋게도 원주민 안내인의 인도를 받아 몇 세기 동안 외부 세계로부터 잊혀져 있던 놀랍고 신비로운 요새이자 궁전이며 신전인 마추픽추를 발견했다.

빙엄은 자신이 발견한 '잃어버린 도시'에 대해 다양한 이론을 생각해 보았다. 그는 마추픽추가 잉카문명의 근원적 중심지이거나, 잉카인들이 정복자 스페인인들로부터 숨은 마지막 도피처였거나, 어쩌면 잉카 성처녀들의 집일 수도 있다고 생각했다. 지금은 마추픽추가 사실 15세기 잉카 황제 파차쿠텍의 시골 별장이었으며, 황제가 죽은 이후 서서히 황폐해져 갔을 가능성이 높다고 본다. 의심할 나위 없이 이는 잉카 건축과 공예술의 훌륭한 본보기이다.

빙엄은 이후에도 남아메리카를 여러 차례 탐험했고, 이후 마추픽추의 발견과 전혀 동떨어진 분야에서 경력을 쌓았음에도 불구하고 라틴아메리카 역사와 지리 분야의 존경받는 권위자가 되었으며, 1920년대와 1930년대에는 미국, 코네티컷 주 상원 위원으로 활동했다. 그의 발견은 미국 나아가 전 세계에서 남아메리카 역사에 대한 관심이 증가하는 데에 크나큰 영향을 끼쳤다. **RC**

▲ 1925년 선서를 마치고 코네티컷 주의 상원 의원이 된 빙엄.

◀ 원정대가 우루밤바 협곡을 따라 마추픽추로 나아가고 있다.

"이 벽과 신전은 …
세계에서 가장 정교한
석조 세공만큼이나 섬세했다."

**히럼 빙엄, 『잉카인의 잃어버린 도시』, 1948년**

# 아문센이 남극점에 도달하다

이누이트 옷을 입고 데려온 동물을 잡아먹으며, 로알 아문센이 라이벌 영국 탐험대보다 35일 앞서 남극점에 도달한다.

로알 아문센이 동료 노르웨이 탐험가 프리티오프 난센으로부터 프람호를 빌렸을 때, 그의 목적은 남극점에 최초로 도달하려는 것이 아니었다. 원래 목표는 북극점이었지만, 미국의 로버트 피어리가 1909년에 그곳에 첫발을 내디뎠다는 소식을 듣자, 그는 남쪽으로 향했다.

그는 마데이라에 도착해서야 승무원들에게 자신의 목적을 밝혔고, 같은 목표에 전념하고 있던 영국의 탐험가 로버트 스콧 대령에게도 전보를 쳤다. 1911년 1월 14일 로스 빙붕(氷棚)의 훼일스 만에 닿은 아문센은 극점을 정복하기 위해 공급 기지들을 설치했다. 1911년 10월 19일, 그는 동료 네 명과 그린란드 허스키 개 52마리와 함께 출발했다. 그들은 악셀 하이베르크 빙하를 루트로 삼고 나아갈 때마다 개를 잡아먹으며 12월 14일에 개 16마리와 함께 남극점에 도달했다—스콧보다 34일 앞선 것이었다. 텐트와 편지, 노르웨이 국기를 증거로 남기고, 일행은 99일간의 일주 여행 끝에 1912년 1월 25일 기지로 돌아왔다.

아문센이 스콧을 이겼던 것은 과학 관측을 위해 멈춰 서지 않았으며, 이누이트의 전통 복장인 모피를 입었고, 목적지까지 더 빠른 길을 택한데다가, 남극점에서 돌아오는 영국 탐험대에 죽음을 안겨 준 혹독한 눈 폭풍을 만나지 않았기 때문이다. 게다가 스콧은 동물들을 잡아먹지 않았기 때문에 무겁게 식량을 지고 가야 했다. 아문센은 비행기를 이용해 극지방 탐험을 계속했으나, 1928년 베링 해에 추락한 프랑스 기구의 생존자를 수색하던 중 비행기 사고로 목숨을 잃었다. **NJ**

▶ 아문센이 남극점에 도달해 승리의 증거로 노르웨이 깃발을 세우고 있다.

◀ 1912년 1월 17일에 촬영한 이 사진은 아문센의 텐트를 발견한 스콧과 그의 탐험대를 담았다.

1912년 2월 12일

# 황제 퇴위하다

청나라 마지막 황제가 감옥 생활을 거치고 궁전 정원사로 살다가 죽는다.

1906년에 태어난 푸이(溥儀)는 1634년부터 중국을 다스렸던 만주 청나라의 12대이자 마지막 황제였다. 아기였을 때 서태후(西太后)의 임종 자리에서 후계자로 선택된 푸이는 유모인 왕씨과 함께 환관과 관리들이 지배하는 궁정인 베이징의 자금성으로 들어갔다. 그는 6년 동안 어머니를 만나지 못했다.

1912년, 섭정인 융유황태후(隆裕皇太后)는 중국 남부에서 일어난 쑨원(孫文)의 공화 혁명의 압력에 퇴위해야만 했다. 그러나 푸이는 황제라는 칭호를 유지하고 베이징의 궁전에 계속 머무를 수 있었다. 스코틀랜드인인 가정교사 레지널드 존스턴은 그에게 지속적인 영향을 행사했다.

> "세상에서 내가 가진 것은
> 당신밖에 없소,
> 당신은 내 생명이오."
>
> **푸이가 마지막 아내 리신에게**

푸이는 1917년에 한 장군에 의해 복위되었고, 1920년대에는 일본이 지배하는 만주로 옮겨갔으며 1930년대에 일본 보호령인 만주국의 꼭두각시 황제 강덕(康德)제가 되었다. 제2차 세계대전 후에는 일본으로 이송되었다가 소비에트의 한 별장에서 가택 연금에 처해졌고, 스탈린의 명령으로 중국에 돌아갔지만 일본과 협력했다는 이유로 마오쩌둥에 의해 15년간 수감 생활을 했다.

1959년 풀려난 다음 푸이는 마오쩌둥 휘하 공산주의자들의 신기하다는 눈총을 받으며 전에 자신이 다스렸던 자금성에서 정원사로 일했다. 일생 동안 남들이 정해준 왕실의 여인들과 불행한 관계만을 맺은 그는 '평범한' 중국 간호사 리신과 결혼했고, 1967년 10월 16일 암으로 사망했다. **NJ**

1912년 3월 29일

# 남극 탐험가 죽다

남극점 정복에서 진 스콧 대령은 영웅적인 죽음을 맞는다.

처음에는 실망이, 나중에는 비극이 그를 덮쳐왔을 때 영국 해군 장교인 로버트 스콧 대령은 2차 남극 탐험 중이었다. 스콧은 서두르기를 거부하고 표면상 탐험의 주요 목적이었던 과학적 연구에 많은 시간을 들였으며, 노르웨이의 로알 아문센이 남극점을 두고 자신과 경쟁하고 있었다는 사실을 너무 뒤늦게 알았다. 그는 또한 다양한 운송 수단을 이용할 것을 고집했다. 노르웨이 탐험대가 의지했던 더 빠른 허스키 개 말고도, 조랑말이나 인간의 힘을 이용했던 것이다. 같이 있던 동물을 도살할 수 없다는 영국적인 감상주의도 스콧이 늦어지는 데 한 몫 하였다. 그와 동료들은 여행 내내 식량을 운반하고 다녀야 했기 때문이다.

> "… 더 이상 쓸 수 없을 것
> 같다. 부디 우리 가족을
> 돌보아 주길."
>
> **스콧의 마지막 날 일기**

여행의 운명을 결정한 마지막 요소는 스콧과 그의 팀—에드워드 윌슨, 헨리 보우어, 로렌스 오츠, 에드거 에반스—이 가는 길과 극점에서 돌아오는 길에 부닥쳤던 예외적으로 혹독한 날씨였다. 경주에서 졌다는 사실을 알게 된 실망에 부상, 동상, 폭풍우가 겹쳐 그들의 목숨을 앗아갔다. 에반스가 죽고, 너무나 약해진 오츠가 팀 전체를 느리게 하느니 스스로를 희생하는 편을 택하여 동료들을 두고 죽음을 향해 걸어나간 이후, 남은 이들은 식량 기지와 구조가 고작 몇 마일밖에 남지 않았다는 사실을 모른 채 텐트 안에 남았다. 그곳에서 그들은 굶주림과 오랜 추위로 죽었고, 남겨진 스콧의 일기로부터 그의 영웅적인 불멸의 신화가 탄생했다. **NJ**

# 타이타닉호가 처녀항해에서 침몰하다

타이타닉호가 빙산과 충돌해 침몰하여 1,517명의 목숨을 앗아간다.

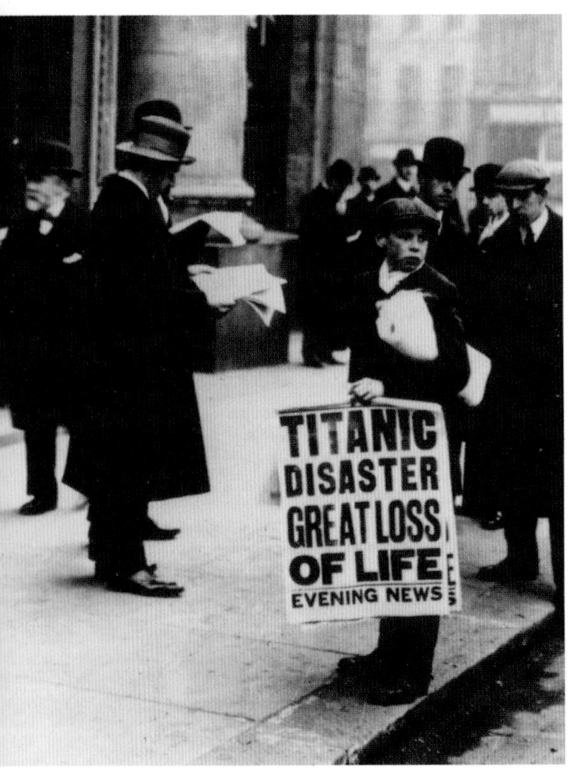


▲ 신문팔이 소년이 런던의 화이트 스타 본사 앞에서 소식을 전하고 있다.

▶ 처음이자 마지막인 항해를 떠날 당시의 타이타닉호를 그린 수채화 엽서.

" … 이 사건은 … 세계를 …
덜 평화롭고, 덜 만족스럽고, 덜 행복함을 향해 눈뜨게 했다."

잭 B. 세이어, 타이타닉호의 생존자

새로 건조한 화이트 스타 회사의 호화 여객선인 5만 2,000t의 타이타닉호가 1912년 4월 10일 잉글랜드 남해안의 사우샘프턴을 떠나 뉴욕으로 처녀항해에 나섰을 때, 이 배는 그때껏 물에 떴던 최대의 선박이었다. 그러나 타이타닉호는 목적지에 닿지 못했다. 나흘 후 오후 11시 40분, 호화로운 에드워드 왕조풍 건조물이자 과학기술적 쾌거의 상징인 이 거대한 배는 맑은 하늘을 뒤로 하며 빠른 속도로 고요한 바다를 나아가던 중 빙산과 충돌했다. 충돌의 여파로 타이타닉호의 측면에는 길고 깊은 상처가 생겼고, 이 거대한 배가 결코 침몰하지 않게 도와 줄 것이라 믿었던 수밀격실(水密隔室)에는 하나씩 하나씩 물이 차기 시작했다.

점차 공포가 고조되면서 두 시간 사십여 분이 지나자, 타이타닉호는 65도 각도로 고꾸라졌으며, 뱃머리 쪽부터 대서양의 얼음 같은 물 밑으로 가라앉기 시작했다. 고작 20대의 구명보트에는 2,200명의 승무원과 승객 중 절반만이 탈 수 있었고, 그나마 일부는 반쯤 빈 채로 물에 띄워졌다. 다음 날 아침 정기선 카르파티아호가 705명의 생존자를 구해냈지만, 타이타닉호의 선장 에드워드 스미스를 포함한 1,517명은 배와 함께 가라앉았다. 재난이 발생한 근처에 있었던 배 캘리포니아호의 승무원은 타이타닉이 보낸 SOS 조명탄을 축포로 오인했다는 이유로 비난의 대상이 되었다. 화이트 스타의 사장인 브루스 이즈메이를 비롯한 남성 생존자 몇몇은 여성과 어린이를 대신 태우지 않고 자기가 살아남았다고 공격을 받았다. 사망자 가운데에는 새로운 삶을 찾아 미국으로 이민을 떠나던 아래 갑판의 3등실 승객이 압도적으로 많았다.

1985년 로버트 발라드가 이끄는 미국-프랑스 공동 단체가 약 4km 깊이의 바다 속에서 배의 잔해를 발견했다. 이후 그 지점에서 선체의 커다란 앞부분을 비롯해 수천 점의 유물을 인양했으며, 이를 소재로 한 사진과 영화가 많이 나왔다. **NJ**

WHITE STAR
LINE

# 발레 공연이 격분을 자아내다

이고르 스트라빈스키의 「봄의 제전」의 파리 첫 공연은 폭동을 초래한다.

▲ 이고르 스트라빈스키의 「봄의 제전」은 '발레 뤼스'가 초연했다.

20세기의 첫 10년이 저물 무렵, 28세의 망명한 러시아 작곡가 이고르 스트라빈스키는 파리의 인기인이었다. 현대적인 접근법을 지녔으면서도 동포인 차이코프스키처럼 음을 중시하는 전통을 단단히 고수하는 것 같기 때문이었다. 그의 유명한 발레 「불새」와 「페트루슈카」에는 이러한 점이 잘 드러났다. 그러나 1913년 5월, 그는 음악적 혁명이라 할 작품을 내놓았고, 그 울림은 20세기 내내 반향 했을 뿐 아니라 아직도 남아 있다.

이국적이고 사치스러운 공연과, 초인 같은 도약과 약동을 보이는 수석 무용수 니진스키의 춤으로 서구를 매혹시켰던 발레단인 '발레 뤼스'의 감독 디아길레프로부터 새로운 발레 음악을 써달라는 부탁을 받았을 때, 스트라빈스키가 어떤 충격을 대중에게 선사하게 될지 그 누구도 예상하지 못했다. 악보는 너무 복잡해서 백 번의 연습이 필요했고 초연은 일 년 뒤로 미루어야 했다. 5월 29일 공연이 막을 올리자 글자 그대로 폭동이 일어났다.

불협화음의 음악과, 봄의 부활을 환영하기 위해 거친 이교도 농민들이 처녀를 제물로 바친다는 야만적인 줄거리에 세련된 취향의 파리 관객마저 격분했으며, 함성과 야유의 휘파람은 고조되어 결국 본격적으로 주먹다짐이 벌어졌다. 소동 속에서 음악은 묻혔고, 스트라빈스키는 극장에서 뛰쳐나갔으며, 공연은 혼돈 속에서 끝났다. 다음 해에 이 작품을 다시 공연했을 때에는 무사히 마칠 수 있었으며 이 혁명적인 작품은 즉시 고전의 반열에 올라 불멸의 명성을 얻었다. **NJ**

# 여성 참정론자가 짓밟혀 죽다

더비 경마에서 에밀리 데이비슨의 죽음은 여성 참정론자들의 불굴의 정신을 드러낸다.

▲ 에밀리 데이비슨이 조지 5세의 말의 고삐를 부여잡으려다가 치명적인 부상을 입었다. 말은 다치지 않았다.

1913년 더비 경마 개최일, 잉글랜드 엡섬의 경주로에서 수수한 복장의 중년 여인이 가로대 밑으로 빠져나가 경주마를 향해 돌진하는 것을 목격하고 군중들은 몹시 놀랐다. 여인은 조지 5세의 말인 앤머 앞으로 달려갔고, 말에게 짓밟혔다. 말은 무사했고 기수는 경미한 부상을 입었다. 경찰은 신문을 이용해 여인의 머리에서 흐르는 피를 막았지만, 그녀는 의식을 회복하지 못했다. 여인의 외투 안쪽에는 '여성사회정치 연합'이라고 쓰인 깃발 두 개가 꽂혀 있었다. 에밀리 데이비슨은 여성 참정권을 위해 죽은 최초의 순교자였다.

1872년에 태어난 데이비슨은 옥스퍼드에서 공부한 뒤 가정교사이자 학교 교사가 되었다. 1906년 그녀는 에멜린 팽크허스트가 조직한 여성 사회 정치 연합의 초기 회원 중 하나가 되었고, 삶의 목적이 될 대의를 찾아냈다. 이후 몇 년 동안 그녀는 여러 차례 체포되었고 단식 투쟁을 하기도 했다. 한 번은 강제 음식 급여에 복종하기 싫어 독방에 바리케이드를 치고, 호스를 동원하여 방안에 물을 뿌릴 때까지 나가기를 거부하기도 했다. 마지막으로 체포된 것은 1912년으로, 어떤 남자를 재무 장관으로 잘못 보고 말채찍으로 때렸기 때문이었다.

많은 이들이 에밀리 데이비슨을 정신이 불안한 여성 참정론자로 보았고, 더비에서 자살한 것은 전형적인 신경증 증세라고 생각했다. 그러나 그녀는 단지 왕의 말을 잡아당기는 간단한 일로 자신의 주장을 확실히 홍보할 수 있겠다고 여겼을지 모른다. 검시관의 결론은 '우발적 사고에 의한 사망'이었다. 데이비슨은 자신의 주장을 위해 정말로 죽음의 위험을 무릅썼던 것이다. 이러한 단호한 결단력 덕분에 1918년 영국 여성은 투표권을 획득하게 되었다. **RP**

# 프란츠 페르디난트 대공 암살

사라예보의 총성이 제1차 세계대전의 서막을 알리다.

총격을 받기 1시간 전의 프란츠 페르디난트 대공과 부인 조피의 모습.

오전 10시 50분, 사라예보 거리. 19세의 가브릴로 프린치프가 오스트리아-헝가리 제국의 왕위 후계자 프란츠 페르디난트 대공을 태운 차 앞으로 튀어나와 차 안을 향해 총을 쏘았다. 프린치프는 오스트리아-헝가리 제국 남부 슬라브족의 독립을 주장하는 "검은 손"이라는 테러 조직 소속의 세르비아 민족주의자였다. 이 조직을 이끄는 세르비아 비밀 정보부 대령이 암살 계획을 총괄했다.

대공과 부인 조피가 탄 차가 리셉션 회장으로 가고 있을 때 폭탄을 던졌으나 튕겨 나와 뒤를 따르던 차 아래에서 터졌다. 보안상 심각한 허점이 있음이 충격적으로 드러났음에도 불구하고 대공의 귀국길 역시 경호에 문제가 많았다. 운전수는 신호를 놓치는 바람에 프린치프와 공범의 바로 옆에 정차했다. 프린치프는 이 절호의 기회를 놓치지 않고 총을 쏘았다. 대공은 목에, 대공비는 복부에 총을 맞았으며 두 사람 다 즉사했다. 프린치프는 총격 직후 자살하려고 했으나 주변인들에게 제압 당했다. 그는 오스트리아 감옥에서 종신형에 처해졌으며 4년 후 결핵으로 죽었다.

그 사이에 오스트리아-헝가리는 이번 음모의 책임을 세르비아에 돌리는 한편 세르비아의 독립을 박탈할 최종 통첩을 선언하기에 앞서 독일의 지지를 확인했다. 48시간의 시간 제한을 불과 2분 남겨놓고 세르비아는 오스트리아-헝가리의 요구 조건을 거의 전부 받아들이고 국제 중재를 수용할 것을 제안했다. 오스트리아-헝가리는 이 제안을 거부했다. 제1차 세계대전이 막을 올린 것이다. **JJH**

# 독일, 벨기에 침공

중립국 벨기에 침공으로 제1차 세계대전의 첫 번째 막이 시작되다.

독일군이 브뤼셀에 입성했다.

제1차 세계대전의 악몽은 독일군이 벨기에 국경을 넘어 물밀듯이 밀려들어온 8월 4일에 시작되었다. 영국은 독일의 즉각 철군을 요구했지만 무기력한 허공의 메아리에 지나지 않았다. 결국 밤 11시, 영국은 독일에 선전포고 했다.

1914년 유럽은 이미 두 편으로 나뉘어져 있었다. 러시아의 군사력이 나날이 증강하는 것과 유럽 중부에 고립되는 것을 우려한 독일과 오스트리아-헝가리는 영국이 개입하기 전에 선제공격으로 러시아-프랑스 연합군을 충분히 이길 수 있다고 확신했다. 영국은 아가디르와 팬서에서 증명된 독일의 군사적 야심과, 막강한 영국의 해군에 도전하기 위해 북해에 건설한 대규모 함대에 근심하고 있었다. 영국이 1904년에 프랑스와 맺은 다소 허술한 우호조약에, 독일이 프랑스를 침공할 경우 영국이 군사적으로 지원한다는 조항이 추가된 지 그리 오래 되지 않았다.

세르비아 민족주의자가 오스트리아-헝가리 제국의 왕위 계승자 프란츠 페르디난트 대공을 암살한 사건을 구실삼아 세르비아의 동맹국인 러시아를 전쟁에 끌어들였을 때, 독일은 이미 오래 전부터 전쟁 계획을 수립하고 있었다. 이 계획에는 중립국 벨기에를 침공하여 프랑스로 쳐들어간 뒤 영국해협의 항구도시들을 점령하는 내용이 포함되어 있었다. 영국과 독일 모두 벨기에의 중립을 확약한 보증 국가였다. 하지만 이제 독일 총리 테오발트 폰 베트만-홀베크는 이 조약을 가리켜 한마디로 "종이 조각"이라며 일소에 붙였다. 독일은 영국이 선전포고까지는 하지 않을 것이며, 설사 하더라도 영국이 본격적으로 나서기 전에 프랑스를 짓밟을 수 있을 것이라는 도박에 국운을 건 것이다. **NJ**

# 참호 속의 성탄절

완충 지대에서 일시적인 긴장 완화를 위해 축구를 하고 담소를 나누다.

▲ 1914년 성탄절을 기해 영국과 독일 병사들은 잠시 전쟁의 참혹함을 잊고 함께 어울렸다.

제1차 세계대전 시작 이후 처음 맞는 겨울, 양국의 참호선 중간의 완충지대에서 자연스럽게 정전이 이루어지면서, 비극적인 분쟁 한가운데서 감동적인 에피소드 가운데 하나가 탄생한 것이다. 전쟁을 시작한 이동전법 이후 참호선이 확립되었으며, 1914년 성탄절 무렵에는—특히 새로 선출된 교황 베네딕트 15세로부터—임시 정전을 요구하는 목소리가 터져나왔다. 이러한 간청은 양국 정부로부터는 거부당했지만, 얼어붙은 참호 속에서는 절절이 울려퍼졌다. 이때 사병 출신 헌병인 발렌틴 플레밍 대위는 친구 윈스턴 처칠에게 다음과 같이 말했다. "양쪽 모두 한 사람도 빼놓지 않고 (전쟁이) 멈추기를 바라고 있네." 크리스마스 이브가 되었을 때, 전쟁은 정말로—비록 잠깐이기는 했지만—멈추었다.

훗날 작가가 되는 헨리 윌리엄슨은 이프르 남쪽에서 참전 중이었는데, 독일군이 흉벽 위에 크리스마스 트리를 세우는 것을 보았다. 잠시 후 크리스마스 성가 "고요한 밤"의 멜로디가 완충지대에 퍼져나갔다. 대담하게도 참호를 빠져나와 완충지대로 나간 군인들은 적군과 악수를 하고 담배를 나누면서 크리스마스 인사를 건넸다.

대부분의 전선에서 정전은 크리스마스 당일 아침까지 계속되었다. 쾌활한 성품의 작센, 슈바벤, 바이에른 출신 군단들이 호전적인 프로이센 병사들보다 더 많이 정전에 참여하였다. 크리스마스 오후가 되자 양측 간의 즉석 축구 시합이 벌어지기도 했다. 정전은 26일까지 지속되었으며 일부 전선에서는 신년까지 이어졌다. 이 사실이 고위 지휘관들에게 알려지자 병사들의 사기를 우려한 사령부는 이러한 친교를 엄격하게 금지하였다. **NJ**

# 연합군, 갈리폴리 상륙

연합군이 터키의 안작 후미에 상륙한다.

안작 후미에 상륙하는 병사들. 좁은 해안으로 밀고 들어가야 했기 때문에 전진로를 확보하는 데에 어려움을 겪었다.

갈리폴리 상륙작전은 계획 자체는 대담한 전략—윈스턴 처칠의 전형이라 할 수 있는—이었지만 그 실행은 치명적인 시행착오투성이였다. 이 작전의 목적은 갈리폴리 반도를 장악하여 터키를 동맹국인 독일과 오스트리아로부터 고립시켜 놓고, 가능하다면 아예 전쟁에서 손을 떼게 만드는 것이었다. 한번 승리를 거둔 연합군은 발칸반도에 새 전선을 열어 추축국의 "물렁한 아랫배"에 강펀치를 먹일 작정이었다. 영국 내각은 1월에 이 계획을 승인하였지만, 다르다넬스 해협의 항구들을 포격하던 함대가 수뢰(水雷)에 폭발하면서, 터키에 방어력을 보강할 수 있는 시간을 주는 바람에 전격 기습의 핵심 요소에서 실패하고 말았다.

연합군—특히 오스트레일리아와 뉴질랜드(별칭은 안작 Anzacs)군과 영국 해군—은 1915년 4월 25일 안작 후미에 상륙했다. 터키군은 용감하게 싸웠고, 작열하는 태양 아래 깎아지른 듯한 절벽 위에서 피비린내 나는 격전이 벌어졌다. 헬레스 곶에 상륙한 영국-프랑스 연합군 역시 마찬가지로 전진로를 확보하는 데 실패했으며, 결국 이 작전은 무참한 교착 상태로 전락하고 말았다. 수블라 만에서 시도한 세 번째 상륙작전까지 실패하자 1915년 영국 정부는 달리 방법이 없음을 인정하고 결국 철수를 명령했다. 아수라장과도 같았던 작전 자체와는 달리 철수는 군사학 교과서에 등장해도 손색이 없을 정도로 훌륭했다.

갈리폴리 상륙작전 실패로 대영제국은 20만 5천 명의 사상자와 실종자, 병사자를 냈으며 프랑스도 4만 7천 명의 손실을 입었다. 터키 측의 피해는 25만 명에 달했다. 갈리폴리에서의 실패로 오스트레일리아인들에게는 영국인들의 무능에 대한 비통함이 깊이 뿌리내리게 되었다. **NJ**

1915년 5월 7일

# 루시타니아호 침몰

**여객선이 U보트의 어뢰 공격을 받아 침몰하면서 미국이 전쟁에 개입할 구실을 주다.**

제1차 세계대전이 시작된 지도 어느새 2년째로 접어들었다. 키일와 브레머하펜의 독일 잠수함 부대는 연합군 함대 수백만 톤을 수장시키고 있었다. 특히 대서양에서의 피해가 심했다. 그 대서양 너머의 미국 정부는 여전히 중립 정책을 관철하고 있었다. 그러나 1915년 5월 7일, 약 2,000명의 승객과 승무원을 태우고 뉴욕을 출항하여 리버풀로 향하던 영국 국적의 3만 1,500t급 여객선인 루시타니아호가 침몰하자 미국은 (비록 1917년까지 질질 끌며 꾸물거리기는 했지만) 전쟁에 뛰어들지 않을 수 없게 되었다.

> "어쨌든 두 번째 어뢰를
> 발사하는 것은
> 불가능했을 것이다……."
>
> **발터 슈비거, 전쟁 일기 中**

워싱턴 D.C.의 독일 대사관에게 있어 해전 법규는 아주 명확했다. 대영제국 또는 그 동맹국의 국기를 달고 있는 선박이 전쟁 해역—영국제도 인근 해역 포함—에 진입할 경우 이유를 막론하고 공격 대상이라는 것이었다. 독일 잠수함 활동이 증가하고 있다는 보고가 들어오자 영국 해군 본부는 즉시 루시타니아에 전문을 보내 지그재그로 항해하거나 그 밖에 공격을 피할 수 있는 항법으로 항해할 것을 명했다. 루시타니아 승무원들은 이 경고를 대수롭지 않게 생각했으며, 발터 슈비거 대위는 U-20 잠수함에서 어뢰 발사를 명했다. 이 어뢰는 루시타니아호의 우현 한복판에서 폭발했으며, 엔진실 보일러에서 더 큰 폭발이 일어났다. 루시타니아호는 불과 20분 만에 가라앉았으며, 배와 함께 목숨을 잃은 1,198명 중 128명은 미합중국 시민이었다. **JJH**

1915년 10월 12일

# 애국지사의 죽음

**에디스 카벨의 처형이 영국 국민들의 분노를 불러일으키다.**

에디스 카벨은 노퍽에서 목사의 딸로 태어났으며 1907년 브뤼셀의 간호학교 원장으로 임명되었다. 1914년 독일이 벨기에의 대부분 지역을 점령하자, 그녀는 비상 탈출 작전에 자원하여 수백 명의 징집된 벨기에인들과, 후에는 연합군 포로들과 패잔병들까지 의료활동을 위장하여 중립국인 네덜란드로 탈출시켰다. 그러나 결국 독일군에게 발각되었고, 전쟁 발발 1년만인 1915년 8월 5일 체포되고 말았다. 카벨은 군사법정에 세워졌고, 자신의 행위를 인정했으며 사형을 선고받았다.

브뤼셀에서 영국을 대변한 미국 외교관들이 그녀의 처형은 중립국 여론에 악영향을 미칠 것이라고 강력하게 경고했음에도 불구하고, 카벨은 10월 12일 브뤼셀의 한 사격장에서 예정대로 총살되었다. 오늘날 런던 시내에 서있는 카벨의 동상에는 그녀가 처형 전날 밤 영국 국교회의 게이헌 목사에게 남겼다는 "애국심만으로는 부족합니다. 나는 어느 누구에게도 비통함이나 증오의 감정을 품지 않았어야 합니다"라는 유언이 새겨져 있다. 카벨의 사망을 확인한 독일군 의사는 표현주의 시인인 고트프리트 벤이었다.

영국 외교관들이 개인적으로 인정한 바와 같이, 당시 군법상 독일군은 여성 간호사를 처형할 수 있는 법적 권한이 있었지만, 연합군은 카벨 처형의 "야만성"을 대대적으로 선전했다. 어찌됐건, 그녀는 제1차 세계대전 사상 가장 유명하고 사랑 받는 순교자가 되었으며, 독일의 "소름끼치는 잔인함"을 증명하는 유명 인사로 변신하였다. 전쟁 중에 태어난 수많은 여자 아기들이 그녀를 기려 에디스라는 이름을 얻었다(프랑스의 유명 가수 에디트 피아프도 그중 하나다). 종전 후 그녀의 유해는 노퍽으로 돌아와 노위치 대성당에 안장되었다. **NJ**

# 독일군, 베르덩 공격

야만적이리만치 소모적이었던 베르덩 전투가 프랑스에서 개시됐다. 장장 10개월 동안 계속된 이 전투는 역사상 가장 길고 가장 유혈이 낭자했던 전투로 손꼽힌다.

겉으로 드러난 목표는 프랑스였지만, 제1차 세계대전 당시 베르덩을 공격한 독일군의 진짜 목적은, "피를 쏟고 또 쏟다 결국 죽음에 달하는" 전투에 프랑스를 끌어들임으로써 영국이 자랑하는 가장 훌륭한 총검을 빼앗는 것이었다. 독일이 고른 표적은 뫼즈 강변에 서있는 성채 도시 베르덩이었다. 베르덩은 빙 둘러선 요새들의 보호를 받고 있었지만, 이 요새들은 대부분 무기가 떨어졌다는 것이 문제였다.

13㎞에 이르는 전선에 걸쳐 1,220문의 독일군 화기가 불을 뿜는 집중 포격으로 공격이 시작되었다. 그러나 그리 오래지 않아 독일군의 피해도 프랑스군의 그것을 맞먹는 수준으로 치솟기 시작했다. 게다가 독일군이 중요한 요새를 두 군데나 손에 넣었는데도 불구하고 베르덩은 함락하지 않았다. 베르덩이 버티면 버틸수록, 양측에 베르덩이 지니는 상징성도 더욱 커졌다. 프랑스는 보급 물자와 지원 병력을 쏟아부었으며, 유능한 방어 사령관 프탱을 임명했다. 가을이 되고, 영국이 솜므에서 공세를 취해준 덕분에 비교적 여유가 생기자 반격에 나서 그 때까지 독일군에 빼앗긴 지역을 거의 대부분 탈환하였다.

독일의 계획은 실패하였지만, 베르덩 전투는 프랑스군의 사기를 갉아먹어 이듬해 항명 사태가 창궐하는 원인이 되었다. 또한 더욱 장기적인 안목에서 보면, 프랑스는 두 번 다시 독일군과 싸우고 싶지 않게 되어 1940년에 무기력하게 무너지는 데 일조를 하고 말았다. **NJ**

◀ 장기전이 된 베르덩 전투 도중 프랑스군의 공세 때 쓰러진 독일군과 그들의 장비가 참호를 가득 메우고 있다.

▶ 포탄으로 쑥대밭이 된 전장에서 자신의 위치 근처에 폭발이 일어나자 프랑스군이 잠복을 위해 땅을 파고 있다.

1916년 4월 24일

# 부활절 봉기

**아일랜드가 영국의 통치에서 벗어나기 위해 한걸음 전진하다.**

더블린에서 일어난 부활절 봉기는 물리력으로 아일랜드 공화국 독립을 쟁취하려는 비밀 조직인 아일랜드 공화수의 형제단(Irish Republican Brotherhood, IRB)의 작품이었다. IRB는 아일랜드 의용군(Irish Volunteers)에 침투하여 지도부를 장악하였다. 아일랜드 의용군은 헌법으로 자치권을 획득하려는 다수당인 아일랜드 의회당(Irish Parliamentary Party) 산하의 합법적인 군사 조직이었다. 1916년 초, 사회주의자인 제임스 코놀리가 조직한 소규모 아일랜드 시민군(Irish Citizen Army)이 계획에 가담하였고, 코놀리는 거사를 진두 지휘하는 7인 위원회 위원으로 선출되었다.

4월 24일, 약 1,250명의 반군이 봉기하여 더블린의 우정 본부 건물을 점거하여 사령부로 삼은 뒤 시내 곳곳의 요충지를 수중에 넣었다. IRB 지도자 페드레이그 피어스는 아일랜드 독립선언문을 낭독하였다. 격전이 6일 동안 계속되었다. 영국군은 포격으로 더블린 중심부를 초토화시켰고, 양쪽에서 수백 명의 사망자가 나왔다. IRB 측은 투항하는 수밖에 다른 방법이 없었다. 피어스와 코놀리를 포함한 간부급 14명이 총살형에 처해졌다. 코놀리는 전투 중 입은 부상으로 의자에 기댄 채 처형되었다. 이전에는 대중의 경멸을 받았던 반군은 이번 처형으로 폭넓은 동정과 공감을 얻었으며 전쟁이 끝난 후인 1918년에 열린 선거에서는 영국의 수용소에서 복역을 마치고 돌아온 부활절 봉기 생존자들—이몬 데 발레라와 마이클 콜린스 등이 집권하여 자신들만의 의회인 다일 에이렌(Dáil Éireann)을 구성하였다. 이는 독립을 쟁취하기 위한 최종 단계 돌입을 의미했다. 1주일 만에 진압되기는 했지만, 부활절 봉기는 영국의 압제에서 벗어나기 위한 아일랜드의 오랜 독립 열망의 신속한 실현에 불을 붙이는 계기가 되었다. **NJ**

1916년 5월 16일

# 아랍 땅의 분할

**영국과 프랑스가 비밀리에 사이크스-피코 조약을 체결하다.**

사이크스-피코 조약은 제1차 세계대전의 와중에 오스만 투르크 제국의 영토를 영국, 프랑스, 러시아가 분할 소유하기로 결정한 외교 협상이다. 유럽 열강들이 아랍 땅을 멋대로 "나눠먹은" 결과 중동에는 오늘날까지 계속되는 불신의 씨앗이 뿌려졌다.

런던에 차려진 협상 테이블에는 친터키파 외교관인 마크 사이크스 경과, 수십 년 후 프랑스 대통령이 되는 지스카르 데스탱의 숙부인 프랑수아 조르주-피코가 앉았다. 이들은 오늘날 시리아, 레바논, 터키 남동부, 그리고 이라크 북부(쿠르드)는 프랑스가 이라크 중부와 남부, 요르단, 팔레스타인은 영국이 차지하기로 합의하였다. 이 협상 결과는 훗날 1922년 산 레모 조약으로 정식 승인되었으며, 페르시아 만은 러시아에게 넘겨졌다.

> "나는 우리가 작은 벗들을 팔아 큰 벗들에게 진 빚을 갚아야 할지도 모른다는 사실을 인정한다…"
>
> **T. E. 로렌스, 마크 사이크스 경에게 보낸 서한에서**

영국이 아랍인들을 부추겨 오스만 투르크에 반란을 일으키게 한 사정도 있고 하여, 처음에는 아랍인들을 자극할 것을 우려해 비밀로 했으나, 러시아혁명에 성공한 레닌이 연합군을 당황시키기 위해 일부러 합의 내용을 공개하면서 만천하에 알려지고 말았다. 제국주의적인 야심과 아랍인들의 자치 열망을 무시했다는 비난을 받기는 했지만 사이크스-피코 조약은 전후 중동 정책의 청사진이 되었다. **NJ**

# 양대 해군력의 충돌

유틀란트 해전에서 독일 해군이 대영제국 해군에 심각한 피해를 입혔음에도 영국의 제해권을 깨는 데에는 실패하다.

1916년 5월 31일, 제독 존 젤리코 경이 이끄는 대영제국 해군의 대함대는 라인하르트 셰르 제독 휘하 독일제국 해군에 맞서 제1차 세계대전 중 유일한 해전을 치르게 된다. 전쟁이 발발하기 20년 전부터 독일은 특히 북해에서 영국의 제해권에 도전해 왔으며, 새 드레드노트 군함을 진수하는 등 공격적인 프로그램을 구축해왔다.

덴마크 해상에서 벌어진 전투에서 대영제국 해군은 주력함 세 척, 순양함 세 척, 구축함 여덟 척을 잃었고, 6,000명의 해군이 사망했다. 독일제국 해군은 드레드노트 두 척, 순양함 세 척, 구축함 네 척, 그리고 2,500명의 병사를 잃었다. 황제 빌헬름 2세는 대승리를 거두었다고 공표했다. 실제로 유틀란트 해전은 넬슨과 트라팔가 전통의 후예인 영국이 기대했던 결정적인 승리는 안겨주지 못했다. 선박 설계, 무기, 교신 등 전 분야에서 취약점이 확연했다.

그럼에도 불구하고 6월 2일, 젤리코는 오크니 제도에 있는 기지에서 작성한 보고서에서 자신의 함대는 4시간 안에 출동할 준비가 되어 있다고 말했다. 반면 셰르는 황제에게 8월 초까지는 군사작전에 나서는 것이 불가능할 것이라고 보고하였다. 같은 해 독일제국 해군은 두 차례 더 출항했으나, 두 번 다 영국 해군이 있다는 보고를 받고는 그대로 기지로 돌아오고 말았다. 유틀란트 해전은 영국이 제1차 세계대전의 남은 기간 동안 전략적으로나 심리적으로나 여전히 북해를 장악하고 있다는 사실을 다시 한 번 확인시켜 주었다. **NK**

◀ 1916년 5월 31일, 유틀란트 해전에 참가한 해군 선단.

▶ 1916년 5월 31일, 유틀란트 해전 도중 포격을 가하고 있는 독일 전함.

# 가장 격렬했던 아침

솜므 전투를 개시하다.

1916년 7월 1일은 1066년 헤이스팅스 전투 이래 영국 군대의 역사 속에서 가장 암울했던 날로 기록될 것이다. 수 개월에 걸친 준비에도 불구하고 솜므 북쪽에 포진한 독일군에 가한 영국의 공격은 완벽한 실패로 끝났다. 해가 질 무렵 사상자는 5만 7,000명에 달했으며, 그중 1만 9,000명이 사망자였다. 이들은 대부분 독일 기관총의 희생양이었다. 독일군은 영국군의 초반 포격 동안 깊은 지하에 "들어 앉혀 두었던" 기관총을 급히 날라다가 서서히 진격해 오는 영국군 보병들에게 총알 세례를 퍼부었다.

7월 1일 작전 성공은 영국군이 아닌 프랑스군의 작품이었다. 프랑스군은 베르덩에서 얻은 교훈을 살려 소규모로 조직된 전투원들이 이 지역 화기로 무장하여 위장한 채 조심스럽게 한 걸음 한 걸음씩 전진하는 "물고 늘어지기" 전법을 구사했다. 결국은 영국군도 이 전술을 습득하게 되었다. 솜므 공격 뒤에는 베르덩을 사수 중인 프랑스 방어군의 부담을 덜어주고, 독일군에게도 손실을 안겨주려는 전략이 숨어 있었다. 이 때문에 영국군 사령관 헤이그는 끔찍한 피해에도 불구하고 공격을 계속하라고 명령했다. 솜므 전투는 4개월간 계속되었으며, 어마어마한 인명 피해에 대한 보상으로 고작 몇 평방킬로미터의 숲과 공터, 그리고 몇 개의 폐허가 된 마을을 손에 넣었다.

솜므 전투 말기에 비록 그 성과는 미미했지만 최초의 탱크가 등장했다는 점에서 기억해둘 만 하다. 남아프리카, 오스트레일리아, 캐나다, 뉴질랜드에서 파견된 증원군이 신군단을 보강하였다. 11월 중순, 헤이그가 마침내 공격 중지를 명령했을 때 그의 군대는 원래의 목표였던 바포므 마을을 여전히 수중에 넣지 못한 상태였다. 영국군은 41만 4,000명, 프랑스는 19만 5,000명의 사상자를 냈으며, 독일도 비슷한 수치의 피해를 입었다. **NJ**

▲ 솜므 전투 첫날, 한 독일군 병사가 전진하는 영국군을 향해 수류탄을 던질 준비를 하고 있다.

◀ 영국군은 참호를 포기하고 "돌격"했지만, 그들을 기다리고 있던 것은 기관총 세례였다.

"전장의 적군은 심각한 손실을 입었다."

1916년 12월 23일, 더글러스 헤이그 경

1916년 8월 30일

# 살았다!

**섀클턴이 엘레펀트 섬으로 귀환하여 흩어졌던 동지들과 조우하다.**

어니스트 섀클턴은 타고난 쇼맨십의 소유자였다. 못 말리는 모험가 기질과 천부적인 리더십을 모두 갖춘 그는 극지방 탐험에 대한 에드워드 시대의 강박적인 열정을 한 몸으로 보여주었으며, 게임을 이기는 것보다는 게임 그 자체가 더 중요하다는 신념을 몸소 체현하며 살았다. 제1차 세계대전이 한창인 와중에 섀클턴은 자금과 지원자를 모아 극지방 횡단에 나섰다.

섀클턴은 부하들이 다시 한 번 따라 나서게 만드는 것만큼이나 궁지로 몰아넣는 데에도 일가견이 있었다. 그의 배 인듀어런스호는 극지방 해안에 도달하기도 전에 웨델 해 한복판에서 난파하여 얼음 속으로 가라앉았다. 외딴 엘레펀트 섬에 간신히 피신한 섀클턴은 몇몇 동료들과 함께 작은 나룻배인 제임스 케어드호를 타고 구조 요청에 나섰다. 1,100㎞의 여정 끝에 그들은 사우스조지아 섬에 도달했다. 이 곳에서 그들은 가장 가까운 고래잡이 선원 기지에 닿을 때까지 그야말로 산맥 하나를 넘어야만 했다. 그들은 해냈다. 그리고 나서 섀클턴은 칠레로 가서 또 한 척의 배 옐코호를 얻어 엘레펀트 섬으로의 위험하기 짝이 없는 귀환 길에 올랐다.

다시 한 번 그는 해냈고, 원정대 중 살아남은 22명을 구출했다. 이들은 거의 식량이 바닥나고 있던 참이었지만, "대장"이 자신들을 구출하러 돌아올 것이라는 희망을 한 순간도 버리지 않았다. 아이러니컬하게도, 사지에서 살아남은 섀클턴의 동료 몇 명은 전쟁에 찢긴 유럽으로 돌아와 참호 속에서 죽었다. 섀클턴은 1921년 또 한 번의 탐험—이번에는 극지방을 일주하려는—중 심장마비로 사망하였다. 그는 사우스조지아 섬에 묻혔다. **NJ**

◀ 인듀어런스호가 얼음 속에 단단히 박혀버리자 섀클턴은 배를 버리기로 결정한다.

1916년 12월 31일

# "미친 수도승" 암살

**수 차례의 살해 기도가 실패한 끝에 신비주의자 라스푸틴이 마침내 목숨을 잃는다.**

그리고리 예피모비치 라스푸틴은 시베리아에서 농노의 아들로 태어나 글조차 읽을 줄 몰랐지만, 치유와 예언의 신비한 능력을 지녔다는 명성을 얻으면서 러시아 황실 가족의 사랑을 한 몸에 받았다. 또 타고난 명이 길었던지 수많은 암살 기도에도 살아남았지만 결국 1916년 12월 31일, 종말을 맞이했다. 종교인임에도 불구하고 라스푸틴은 늘 술에 취해 있고 지저분하고, 흉청거리기로 유명했다.

1904년 상트페테르부르그에 처음 온 그는 일부 러시아 정교회 사제들의 후원 덕분에 완전한 성자 이미지를 굳혔으며 그 거칠고 사나운 이미지에도 불구하고(오히려 어쩌면 바로 그 때문에) 귀족 여인들의 인기를 끌었다. 라스푸틴은 황태자 알렉세이가 내출혈로 죽어가고 있을 때 출혈을 멈추게 해줌으로써 어리석고 고집 센 황후 알렉산드라—그리고 그녀를 통해 궁극적으로는 황제 니콜라이 2세—의 마음을 사로잡았다.

> "끝내 죽지 않으려고 발버둥치는 그의 악마적인 몸부림에는 무언가 끔찍하고 괴물 같은 느낌이 있었다."
> **펠릭스 유수포프 왕자**

러시아가 제1차 세계대전에 개입하게 되면서 라스푸틴의 정치적 입김도 점점 세졌고, 이 때문에 보수적인 민족주의자들의 표적이 되었다. 펠릭스 유수포프 왕자와 정치가 블라디미르 푸리시케비치가 공모하여 라스푸틴을 유수포프의 저택으로 꾀어낸 뒤 살해했다. **NJ**

1917년 3월 1일

# 암호 전문 해독

**제1차 세계대전에 멕시코를 끌어들이려던 독일의 허술한 시도가 엄청난 파장을 몰고 오다.**

'치머만 전문'은 치명적인 외교 실수인 동시에 암호 해독 기술의 승리이기도 했다. 발신인은 독일 외무장관 아르투르 치머만, 수신인은 멕시코 주재 독일 대사인 하인리히 폰 에카르트였다. 런던 해군 본부 40호실에 위치한 영국의 혁신적인 해군 정보국은 이미 오래 전부터 독일의 외교 전문을 해독하고 있었으며, 따라서 연합군은 폰 에카르트가 전보를 받기도 전에 이미, 멕시코를 전쟁에 끌어들이려는 치머만의 무모한 시도를 잘 알고 있었다.

이 전문은 어떻게 해서든 미국의 개입을 막으려는 독일의 필사적인 승부수였다. 베를린은 독일이 무제한 잠수함 작전을 선포한 이래(미국을 포함한) 중립국 선박을 마구 침몰시키는 바람에 워싱턴의 인내심이 한계에 달하기 시작했다는 것을 알고 있었다. 그러나 치머만 전문 덕분에 미국은 마지막 남아 있던 인내심까지 바닥나고 말았다. 이 전문에 따르면 신임 외무장관 치머만은 독일이 무제한 잠수함 작전으로 미국을 전쟁에 끌어들이면 멕시코가 미국과의 국경 분쟁을 구실 삼아 미국에 선전포고를 한다는 내용이었다. 그 보상으로 독일은 19세기에 미국이 정벌 또는 합병한 "잃어버린 영토"—텍사스, 뉴멕시코, 애리조나 주—를 멕시코가 수복할 수 있도록 원조하기로 했다.

전문 해독에 성공한 뒤 영국 첩보 당국 수장인 레지널드 "눈깜빡이" 홀 제독은 외무장관 아서 발퍼에게 그 내용을 알렸다. 신이 난 발퍼는 다시 이를 런던 주재 미국 대사 월터 페이지에게, 페이지는 다시 워싱턴에 전달했다. 4월, 우드로 윌슨 대통령은 독일에게 선전포고를 날렸다. 역사가들은 치머만 전문에 드러난 명백한 악의가 우유부단하던 윌슨이 마음을 돌리게 한 결정적인 계기였다고 평가하고 있다. **NJ**

1917년 4월 16일

# 지도자의 귀환

**레닌이 상트페테르부르그에 도착 러시아혁명을 주도하다.**

1917년 2월에 일어난 자유주의 러시아혁명은 여러 면에서 많은 이들을 놀라게 했다. 블라디미르 일리치 울리아노프(레닌)도 예외는 아니었다. 러시아 마르크스주의 혁명가들 가운데 "볼셰비키"파 지도자였던 레닌은 수 년 전부터 이러한 사태가 벌어질 것이라고 예견하기는 했었지만, 살아 생전에 실제로 눈앞에서 혁명이 일어나리라고는 확신하지 못했기 때문이었다.

"최초의" 러시아혁명이 일어났을 당시 레닌은 스위스 취리히에 있었다. 차르 정권이 무너지고 온건파 사회주의 정부가 들어서자 레닌은 독일과 협상을 벌여 자신과 볼셰비키 동료들을 러시아로 들여보내줄 것을 요구했다. 그 대가로 레닌은 두 번째 혁명을 일으켜 러시아가 완전히 전쟁에서 발을 뺄 수밖에 없도록 해주기로 했다.

독일 정부는 레닌의 혁명 계획을 혐오했지만, 미국이 전쟁에 개입하기 전에 하루라도 빨리 러시아가 손을 떼도록 하는 것이 급선무였기에 이를 승인하였다.

길고 고생스러운 여행이 끝나고, 레닌은 4월 16일 상트페테르부르그의 핀란드 역에 내렸다. 레닌은 즉시 당에 대한 신랄한 공격에 착수했다. 그는 러시아에 남아 케렌스키의 준군사 정권에 협력한 볼셰비키 지도자들을 강하게 힐책하였다. 이 가운데에는 스탈린도 포함되어 있었다. 그 대안으로 레닌은 "대지, 평화, 그리고 빵"을 기치로 내건 혁명을 일으켜야 한다고 주장했으며, 오직 볼셰비키들만이 이 혁명에 앞장설 수 있다고 못박았다. 처음에는 조롱의 대상이었던 이 "4월의 명제"가 6개월 후, 볼셰비키들의 정권 장악의 청사진이 되었다. **NJ**

# 마타 하리 처형

## 비밀 요원, 이중 간첩, 희생양—결국 운명이 궁극의 팜므파탈 마타 하리를 덮친다.

많은 역사가들이 마타 하리는 희생양이었다고 추정한다. 마타 하리는 프랑스가 잇따른 군사적 패배와 군대 내부의 반란 사태로 표류하는 와중에 누군가 비난의 대상을 간절히 필요로 하던 1917년 10월 15일 처형되었다.

마타 하리의 본명은 마르가레테 젤레로 1876년에 태어났다. 그녀는 18살 때 네덜란드 장교 루돌프 맥레오드와 결혼하여 암스테르담을 떠나 네덜란드령 동인도 식민지인 자바로 이주했다. 그러나 이 결혼은 오래가지 못했고, 1905년 마타 하리는 파리에서 서커드 단원으로 일하고 있었다. 그녀는 마타 하리(자바어로 "태양"이라는 뜻)라는 예명을 짓고 인도네시아 전통 춤에서 기원한 에로틱한 스트립쇼 동작을 개발하여 공연하였고, 그 결과 선정주의 언론의 찬사를 받았다.

마타 하리는 대담한 성품과 거의 알몸으로 추는 관능적인 춤으로 명성을 얻었으며, 다수의 고위층 애인과 사귀었다. 제1차 세계대전이 발발하자, 군인 애인들과 중립국인 네덜란드 국적 덕분에 교전국을 자유롭게 여행할 수 있는 신분이었던 그녀는 자연스럽게 어두운 첩보 세계로 이끌려 들어갔다. 그녀는 단순히 프랑스 비밀 요원으로만 활동했을 수도 있지만, 독일을 위해 일한 이중간첩이었을 수도 있다. 체포되어 런던에서 영국 정보부의 심문을 받은 그녀는 프랑스 첩보 요원이라고 주장하여 풀려났다. 그러나 1917년 2월, 이번에 마타 하리는 파리에서 체포되었다. 프랑스 당국은 마드리드의 독일 무관으로부터 그녀가 독일 스파이라는 내용의 메시지를 입수했던 것이다. 마타하리는 분노하여 이러한 혐의를 부정했지만, 결국 반역죄로 유죄판결을 받고 뱅센에서 총살 당했다. **NJ**

◀ 1917년 10월 15일 처형 직전 마타 하리의 상반신 옆모습 사진.

▶ 마타 하리가 인도의 현악기인 시타르 반주에 맞춰 자바 사원 춤을 공연하고 있다.

# 밸푸어 선언

영국이 팔레스타인에 이스라엘의 "민족적 고향"을 건설하겠다는 아이디어에 지지를 보낸다.

▲ 밸푸어 선언 이후 건설된 팔레스타인의 유대인 식민지.

1917년의 밸푸어 선언문은 이만한 파장을 몰고 온 문서 치고는 유례를 찾아보기 힘들 정도로 짧았다. 영국 외무부 장관 밸푸어 경이 영국내 유대인 사회의 대표격인 로스차일드 경에게 보낸 한 페이지짜리 서신으로, 내각이 팔레스타인에 유대인들의 "민족적 고향"("국가"라는 표현을 쓰지 않았다)을 건설하는 것을 지지한다는 내용이었다. "영국 정부는 팔레스타인에 유대인들의 민족적 고향을 건설하는 것을 긍정적으로 고려하고 있다… 팔레스타인의 기존 비유대인 주민들의 민권과 종교의 자유를 침해할 수 있는 행위가 행해지지 않을 것으로 명확히 이해한다…" 이렇듯 모호하고 모순적인 표현 때문에 이후 중동은 광란에 빠져들게 된다.

밸푸어 선언은 제1차 세계대전 와중에 영국이 아랍 지도자들과 접촉하고 있던 민감한 시점에 나왔다. 영국과 카임 바이츠만을 주축으로 하는 시오니즘 로비스트들은 아랍인들이 적국인 오스만 투르크에 대항하여 봉기하도록 독려하고 있었다. 바이츠만은 전쟁에 필수적이었던 아세톤—무연 폭발물은 코르다이트의 핵심 성분—합성 과정을 개발한 뒤, 그 대가로 팔레스타인에 유대인 고향 건설을 지지해줄 것을 영국 정부에 요청하였다.

전쟁이 끝난 뒤 영국은 팔레스타인을 국제동맹 위임통치령으로 한 뒤 유대인들의 팔레스타인 이주를 허용했다. 1930년대 들어 유대인의 팔레스타인 이주가 급격히 증가하면서 유럽에서는 반유대주의가 고개를 들었고, 팔레스타인에서 아랍인들의 반발에 부딪힌 영국은 뒤늦게 유대인들의 이주를 제한하려 했으나 별 효과를 거두지 못했다. **NJ**

# 볼셰비키 권력 장악

10월 혁명은 무장한 소수가 권력을 쟁취한 구습의 반복이었다.

상트페테르부르그에서 격렬한 시가전이 벌어 지면서 공포가 엄습했다.

1917년 4월 레닌이 귀국한 이래 볼셰비키—마르크스주의를 표방하는 러시아 사회민주노동당원들 중에서도 과격파—들은 케렌스키가 이끄는 임시정부로부터 정권을 탈취하는 데에 혈안이 되어 있었다. 7월에 이미 한 차례 시도가 실패한 뒤, 볼셰비키 간부들은 줄곧 두 번째 시도를 준비하고 있었다. 11월 7일, 순양함 오로라호에서 미리 정해둔 신호인 공포탄이 터지자 무장한 볼셰비키 선원들, 군인들, 노동자들이 상트페테르부르그의 주요 요충지를 장악하였다.

임시정부는 전쟁을 끝내지도, 그렇다고 절박한 상황인 러시아 경제를 회복시키지도 못하여 날이 갈수록 지지도가 추락하고 있었다. 좌파 사회 혁명가들의 지원을 받은 볼셰비키 중앙 위원회는 10대 2로 또 한번의 정권 탈취를 시도하기로 결정하였다. 실질적인 준비 작업은 최근 온건파인 멘셰비키파에서 나와 볼셰비키 측에 가담한 카리스마 넘치는 레온 트로츠키에게 맡겨졌다. 그는 군사 혁명 위원회를 이끌고, 이전에는 귀족 여학교였던 스모니 학원 건물의 볼셰비키 본부에서 상황을 지휘하였다.

10월 혁명 최대의 쿠데타는 임시 정부 청사로 쓰이고 있던 겨울 궁전을 탈취한 것이었다. 겨울 궁전을 경비하고 있던 젊은 사관 생도들과 여군 병사 1개 대대는 적수가 되지 못했다. 해가 저물었을 때, 상트페테르부르그는 볼셰비키의 수중에 떨어졌으며, 러시아를 손에 넣기 위한 제1단계는 성공적으로 끝났다. **NJ**

# 프랑스 선박 폭발

캐나다에서 인간이 초래한 최대 규모의 폭발 사고가 일어난다.

▲ 폭발 이후 도크 노동자들이 피해 규모를 알아보기 위해 눈을 헤치며 걸어가고 있다.

노바스코샤의 핼리팩스는 제1차 세계대전 당시 중요한 해군항으로, 언제나 무역선으로 붐비는 항구였다. 그중 노르웨이 국적의 선박 SS 이모호는 벨기에로 보낼 구호 물자를 선적하기 위해 뉴욕으로 향하던 중이었다. 1917년 12월 6일, 예정보다 뒤처지는 바람에 평소 때보다 일찍 내항에서 나온 이모호는 뉴욕에서 들어오던 프랑스 국적의 선박 SS 몽블랑호와 충돌하였다. 몽블랑호는 TNT, 솜화약, 탄약, 포탄 제조에 쓰이는 피크르산(酸)을 가득 싣고 있었다. 또 고(高)옥탄가 연료가 들어 있는 드럼통이 갑판 위에 쌓여 있었다.

두 선박이 충돌하면서 불꽃이 튀었으며, 몽블랑호의 연료 드럼통 일부에 불이 붙었다. 몽블랑호 선장은 선원들에게 배를 버리도록 명령했고, 배는 항구의 방파제까지 떠밀려갔다. 갑자기 번쩍 하고 흰 섬광이 일더니 몽블랑호는 폭발했다. 배 전체가 완전히 산산조각이 난 것이다. 그 결과 그 주위가 완전히 초토화되었으며, 132ha에 이르는 인근 지역이 쑥대밭이 되었고, 도시의 유리창 대부분이 깨졌다.

이 사고로 1,600여 명이 사망하고 수천 명이 부상당했다. 게다가 수압이 엄청나게 상승하면서 항구에 정박해 있던 소형 선박 일부가 침몰하였다. 파편이 비오듯 떨어지면서 수많은 사람들이 부상을 입었으며, 독일 체펠린 비행선이 핼리팩스를 폭격했다는 루머까지 나돌았다. 구조대원들은 용감하게 일했으나, 그날 밤 수년 만에 최악의 눈보라가 몰아치면서 사망자는 더욱 늘어났다. 최종 사망자 수는 2,000명이 넘는 것으로 집계되었다. **RC**

# 브레스트리토프스크 조약 체결

볼셰비키들이 제1차 세계대전에서 발을 빼는 데 성공한다.

▲ 브레스트리토프스크(오늘날의 벨라루스)에서 군 장교들이 평화조약에 서명한 후 인사를 나누고 있다.

1918년 3월 3일, 브레스트리토프스크 조약이 마침내 체결되었지만 그 조건은 러시아에 지극히 불리했다. 러시아는 영토의 1/4과 산업 지역의 절반, 그리고 석탄 광산의 90퍼센트를 잃었다. 볼셰비키들은 1917년 11월 정권을 손에 넣었으며 어떻게 해서든 전쟁에서 발을 빼려고 했다. 독일 역시 혁명정권으로부터 평화의 대가로 어마어마한 이권을 받아내려고 작정하고 있었다. 그 결과 브레스트리토프스크에서 양측이 만났을 때 협상은 막다른 길에 몰렸다. 독일 사령관 막스 호프만 장군은 폴란드, 우크라이나, 핀란드, 발트 3국의 포기를 요구하는 등 너무나 가혹한 조건을 내걸었기 때문에 소비에트 외교 위원 레온 트로츠키는 협상 결렬을 선언하면서, 러시아군은 독일군과 싸우지도 않겠지만 그렇다고 강화를 맺지도 않겠다고 발표했다.

독일군은 러시아 영토 깊숙이 전진하였으며, 2주일 만에 그들이 원하는 땅을 모두 손에 넣었다. 이제는 러시아 정권의 생존 자체가 기로에 서있는 셈이었다. 겁에 질린 러시아와 볼셰비키 지도부는 서둘러 브레스트리토프스크 조약에 서명하였다.

9개월만에 이 조약은 무효가 되었다. 패전한 독일 내부에서도 혁명이 일어나 군대가 떠난 지역은 보수 반동주의자와 공산주의자들, 그리고 이 지역 민족주의자들의 격렬한 내전 무대로 바뀌었다. 공산주의자들은 우크라이나와 벨라루스를 다시 손에 넣었지만, 폴란드와 핀란드, 발트 3국은 러시아로부터 불안한 독립 상태를 유지하는 데에 성공했다. **NJ**

# 레드 배런 사망

리히트호펜의 죽음으로 연합군 조종사들의 가장 큰 악몽이 사라진다.

△ 리히트호펜은 프로이센의 하급 귀족이었다. 그의 장례식에는 대규모 군중이 참석했다.

핏빛 전투기 덕분에 적들로부터 "레드 배런(붉은 남작)"이라는 별명을 얻은 프라이헤르 만프레트 폰 리히트호펜은 타고난 킬러였다. 1918년 4월 21일 리히트호펜이 격추당해 사망하자, 영국 공군은 적이지만 최고의 예우를 다해 장례식을 거행했다.

리히트호펜은 정열적인 사냥꾼이었으며 제1차 세계대전이 발발하자 자신의 치명적인 저격 솜씨를 하늘에서 발휘하기로 마음먹었다. 그는 독일 공군 최고의 에이스였다. 다채롭고 카리스마 넘치는 리더였던 그는 종종 자신의 덴마크 하운드 종 애견 모리츠를 마스코트 삼아 비행에 동행시키곤 했다. 최후의 비행에 나서기 전에도 리히트호펜은 이미 몇 차례 간발의 차로 죽음의 문턱까지 갔던 적이 있었다. 특히 1917년 7월에는 격추 당해 머리에 중상을 입기까지 했다. 그는 1917년 8월, 연합국 공군이 "플라잉 서커스"라는 별명을 붙여준 자신의 비행 중대 중대장 자리로 돌아와 활약을 계속했다. 그러나 리히트호펜의 죽음은 그를 격추시킨 적군의 재능만큼이나 그 자신의 판단 미스의 결과이기도 했다. 영국 공군의 풋내기 조종사였던 윌프레드 메이 중위가 리히트호펜과의 공중전에서 간신히 빠져나왔을 때, 그의 소피스 캐멀 전투기의 기관포가 고장나고 말았다. 리히트호펜은 메이를 추격해 거의 지면 가까이까지 몰아붙였다. 캐나다 공군 조종사 로이 브라운 대위가 자신의 소피스 캐멀 기로 그 뒤를 바짝 뒤쫓았다. "메이 중위에 포격을 가하고 있는 빨간 3엽기를 향해 급강하했다. 나는 장거리 사격을 쏟아부었는데, 그가 수직으로 떨어지더니 추락하는 것이 보였다." 유난히 저공 비행하는 전투기를 보고 지상에서 사격을 가한 오스트레일리아의 기관총 부대 역시 리히트호펜의 죽음에 일조하였다. **NJ**

# 차르 일가 몰살

로마노프 일가 처형으로 러시아 역사가 또 한 번 피로 물든다.

5명의 자녀와 포즈를 취한 니콜라이 2세와 황후 알렉산드라. 1915년 사진.

1917년 2월 혁명 이후 퇴위한 차르 일가는 시골의 은신처를 전전하며 유폐되어 지냈다. 볼셰비키들이 정권을 잡은 뒤 그들의 생활은 한층 더 힘들어졌고, 예카테린부르그 근교의 이파티에프 저택으로 옮겨졌다. 이들은 이곳에서 1918년 7월 처형 당했다.

반볼셰비키 세력이 다가오고 있다는 소식을 들은 볼셰비키 수뇌인 레닌과 스베르드로프는 예카테린부르그의 동지들에게 전보를 쳐서 황제 일가를 죽이라는 지령을 내렸다. 7월 17일 오전 12시 30분, 잠들어 있던 로마노프 일가는 억지로 깨워져서 가족사진을 찍기 위해 지하실로 향했다. 총살형 집행 부대가 그들을 총으로 쏘기 시작했지만 대부분은 황녀들의 옷에 박혀 있던 보석에 맞고 튕겨 나갔기 때문에 결국 총검과 피스톨로 숨을 끊어야만 했다. 황실 가족의 시체는 신원 확인을 막기 위해 절단되어 광산 갱에 던져졌다가 훗날 근처에 얕은 무덤을 파고 한꺼번에 묻혔다. 1991년 공산주의가 몰락한 뒤 차르와 황후, 그리고 자녀 3명의 유해 일부가 회수되었고, 생존한 황실 후계자와 DNA 샘플을 대조하여 신원을 확인한 뒤 1998년 상트페테르부르그의 상트표트르-파울 대성당에 재매장되었다. 2007년 8월, 혈우병 환자였던 차레비치 알렉세이 황자와 누이 마리아의 유골이 예카테린부르크에서 발견되었다.

이파티에프 저택은 보리스 옐친의 지시로 철거되고, 그 자리에는 대성당이 세워졌다. 황제 일가가 살해된 지하실은 현재 러시아 정교회 성소가 되어 있다. **NJ**

# 다마스커스 함락

연합군이 시리아 수도를 탈취, 투르크 지배에 종지부를 찍는다.

▲ 다마스커스 함락 7개월 전인 1918년 1월, 앨런비 장군이 예루살렘 시가지에 공식 입성하고 있다.

"…우리는 마치 죽음과 흐르는 피가 우리의 고통을 누그러뜨려 주기라도 하는 듯이 죽여댔다…"

T. E. 로렌스, 『지혜의 일곱 기둥 The Seven Pillars of Wisdom』

1918년 9월 20일, 중동의 연합군 사령관 앨런비 장군은 투르크군이 점령하고 있는 팔레스타인 북부와 시리아에 대해 최종 공격을 개시했다. 10월 1일 무렵에는 이미 연합군의 승리가 굳어진 상황이었지만, 앨런비 자신이 다마스커스에 입성한 것은 10월 3일이었다.

이 최후의 전진에 앞장선 것은 T. E. 로렌스 대령과 아미르 파이살 휘하 기마 종대였다. 로렌스는 사이크스-피코 협정에 항의하는 의미에서 파이살이 시리아의 왕위에 오르기를 희망했다. 로렌스는 데라를 점령하고 투르크군의 퇴로를 차단하라고 명령하였으나, 진짜 의도는 아랍의 독립을 만천하에 드러내고 파이살 집권을 확고히 하려는 것이었다.

그러나 취약한 아랍 기마 부대는 뿔뿔히 흩어지고 말았다. 퇴각하는 투르크군이 남긴 만행의 증거를 보고 분노한 로렌스의 아랍인 부대는 포로로 잡은 투르크 군사들을 무차별 학살하였다. 한편 그동안 앨런비는 공군과 기병대의 지원을 받아 남쪽과 동쪽에서 동시 공격을 하기 위한 협공 작전의 일환으로 다마스커스로 전진했다. 9월 30일, 다마스커스 시내에 가장 먼저 발을 들여놓은 것은 오스트레일리아 제3경기병대였다. 다마스커스 시민들은 환호로 이들을 맞이하며 음식과 담배를 제공했다. 다음날, 로렌스의 아랍 부대가 입성했지만 수적으로 크게 뒤졌으며, 투르크군 사살과 약탈에 지나치게 열중한 나머지 질서를 바로잡기가 어려웠다. 10월 2일, 오스트레일리아군이 나서 무정부 상태에 마침표를 찍었으며 연합군은 승리를 자축하는 개선 행진을 벌였다. 이로써 제1차 세계대전에서 투르크의 존재는 사실상 무의미해졌으며, 다섯 세기에 걸친 오스만 투르크 제국 통치도 막을 내렸다.

실망한 로렌스는 영국에서 아랍인들의 권리를 위해 싸울 결심으로 앨런비의 허가를 받고 귀국길에 오른다. **NJ**

# 빌헬름 2세 퇴위

## 독일제국이 역사의 뒤안길로 사라진다.

"나는 이로써 프로이센의 왕위와 그에 따른 독일제국 황제 제위를 영원히 포기한다." 이와 같은 포고가 공표된 것은 1918년 11월 9일의 일이었으나, 엄밀히 말하면 카이저는 그날 퇴위한 것이 아니었다. 카이저(독일 황제의 칭호)의 동의 없이 그의 먼 사촌 뻘인 바덴의 막스 공이 빌헬름 2세의 이름으로 공표한 성명이었기 때문이다. 막스 공은 독일제국의 마지막 총리였으며, 제1차 세계대전 패배가 눈앞에 닥친 상황에서 대규모 혁명이 베를린을 뒤덮는 것만은 피하기 위해 필사적이었다.

황제 자신은 전시 군사 작전 본부로 쓰여온 벨기에의 작은 숲속 마을의 온천에 머무르고 있었다. 군대가 독일 국경을 향해 퇴각하자 빌헬름 2세는 앞으로 어떻게 해야 할지 갈피를 잡지 못하고 있었다. 그가 사랑해 마지 않았던 대함대는 선원들이 선상 반란을 일으켰고, 베를린에서는 노동자들과 혁명 분자들이 관공서를 습격하고 있었다. 처음에 그는 고래고래 소리를 지르며 군대를 동원해 혁명을 강제로 진압하겠다고 으름장을 놓았지만, 연락이 닿는 20명의 사령관 중 단 두 명만이 충성을 확약했다는 소식을 듣자 곧 마음을 고쳐먹었다. 카이저가 장군들에게 그들이 자신에게 충성을 맹세했다는 사실을 상기시키자 빌헬름 그뢰너 장군은 퉁명스럽게 되받아쳤다고 한다. "이런 경우에는 폐하, 맹세는 그저 말 몇 마디에 불과합니다." 충성스러운 총사령관 폰 힌덴부르크마저 카이저의 존재가 사실상 평화와 안정에 방해가 되고 있다는 사실에 말없이 동의하였다.

심통이 난 빌헬름 2세는 황제 전용 열차에 올랐고 그날 밤 느닷없이 중립국인 네덜란드로 향하도록 명령했다. 11월 28일, 그는 공식적으로 "왕족의 특권 사용을 중지"하였다. 그는 또 한 번의 전쟁이 한창이던 1941년 6월 사망할 때까지 네덜란드에 체류했으며, 두번 다시 고국 땅을 밟지 못했다. **NJ**

▲ 예장을 한 카이저 빌헬름 2세의 공식 초상화.

> "…한 민족에 의해 자행된
> 가장 심오하고
> 가장 구역질나는 수치…"
>
> **퇴위 당시 카이저 빌헬름 2세**

# 모든 것에의 고별

프랑스의 한 열차 안에서 조인된 휴전협정으로 제1차 세계대전이 막을 내린다.

◆ 파리 시내의 거리에서 시민들이 제1차 세계대전 종전을 축하하고 있다.

◆ 휴전 협정이 발효되기 직전 군인들을 실은 군용 트럭이 런던 시가지를 지나가고 있다.

"그대가 휴전 협정에 서명을 하든 하지 않든, 나는 라인 강에 닿을 때까지 멈추지 않을 것이오."

**포슈 원수, 독일 대표단에게**

1918년 11월 11일 오전 5시가 조금 지난 시각, 파리 북서쪽 콩피에뉴 숲에 있는 한 열차 차량에서 제1차 세계대전의 휴전협정이 조인되어 오전 11시—"열한번째 달, 열한번째 날의 열한 시"—를 기해 효력에 들어갔다.

이 휴전협정은 11월 7일 독일 최고 사령관 파울 폰 힌덴부르크가 요청한 바에 따른 것이었다. 독일군이 패배한 것도 아니고 독일 영토가 침공 당한 것도 아니었지만, 경제는 파탄났고 육군의 몰락, 해군 내 선상 반란, 그리고 후방의 혁명 위협 등으로 정부는 엄청난 압력을 받고 있었다. 가톨릭 중앙당 소속 정치인 마티아스 폰 에르츠베르거가 이끄는 사절단은 소규모 차량 행렬로 라 카펠 근교에서 국경을 넘은 다음 기차를 타고 프랑스 북부 전장을 건너갔다.

프랑스의 페르디낭 포슈 원수와 영국의 로슬린 웨미스 제독을 필두로 한 연합국 대표단은 독일이 프랑스와 벨기에에서 철군하고 라인란트 지방을 무장해제시키며, 독일 함대가 투항할 것 등 타협의 여지가 없는 요구 조건을 내놓았다. 에르츠베르거는 발뺌하려고 했지만, 망명한 카이저를 대신해 베를린에 새로 들어선 사회민주당 정부의 압력을 받고 결국 조약에 서명하였다. 처음에는 30일간의 휴정협정에 불과했지만, 1919년 6월 28일 베르사유 조약이 체결될 때까지 정기적으로 갱신되었다.

영국은 환희에 휩싸였지만, 훗날 히틀러(당시 상등병이었다)가 기록했듯이 많은 독일 국민은 깊은 허탈감에 빠졌다. 독일은 그때껏 점령하고 있던 모든 영토를 포기해야 했으며, 러시아(브레스트리토프스크 조약) 및 루마니아와 맺은 조약 역시 무효화되었던 것이다. 독일은 또 어마어마한 양의 자원과 철도 차량, 그리고 잠수함을 포기해야 했으며 제한된 숫자를 넘는 군함은 억류되었다. **NJ**

# 스파르타쿠스 주간

**볼셰비키 혁명에서 영감을 받은 폭동이 베를린 시내에서 일어나지만 당국이 신속하게 진압한다.**

1919년 1월 5일, 러시아의 1917년 볼셰비키 혁명이 독일에서 재연되는 듯 싶었으나, 대신 피로 얼룩진 대실패, 일명 "스파르타쿠스 주간"으로 끝나고 말았다. 취약했던 독일 공산주의는 준군사조직인 프라이코어(Freikorps, "자유 군단"이라는 뜻)의 전면적인 좌파 탄압으로 이어졌다.

제1차 세계대전 말, 독일이 몰락하고 권력의 공백기가 찾아오자 혁명주의 좌파—반란을 일으킨 군인들, 선원들, 파업 노동자들, 그리고 "스파르타쿠스단"이라고 불린 소수의 무장 공산주의자들—사이에서 내분이 일어났다. 군부 및 새로이 탄생한 프라이코어와 전략적으로 손을 잡은 새 사회민주당 정부는 이들에 반대하였다.

스파르타쿠스 단원들은 독일공산당(KPD)를 창설하였고 그 지도자 카를 리프크네히트는 신중파인 동지 로자 룩셈부르크의 조언을 무시한 채 1월 5일 새 정부 성립을 선포하고 베를린 시내의 요충지를 점거하였다. 이에 대해 전쟁장관 구스타프 노스케는 즉각 5,000명의 군대와 프라이코어에게 지령을 내려 시내 중심가로 이동하도록 했으며, 그 과정에서 스파르타쿠스 단원들의 저항을 조직적으로 진압하였다. 정부군이 요충지들을 탈환하고 최종적으로는 스파르타쿠스단 본부 건물을 장악하면서 화염 방사기, 대포, 기관총 등이 사용되었다. 1월 11일, 노스케는 다음과 같이 썼다. "도시를 짓누르고 있던 악몽이 제거되었다." 스파르타쿠스 주간 동안 리프크네히트와 룩셈부르크를 포함한 수많은 좌익분자들이 색출되어 냉혹하게 살해되었으며, 이는 독일 역사의 미래에 불길한 전조를 드리웠다. **NJ**

▶ 카를 리프크네히트가 베를린 폭동 와중에 숨진 이들의 집단 장례식을 주관하고 있다.

◀ 베를린 시가지에서 스파트타쿠스 단원들과 정부군 사이에 무력 충돌이 일어나고 있다.

# 암리차르 학살

## 영국이 시위대 학살로 인도 민족주의의 불꽃에 기름을 붓는다.

잘리안왈라바그는 펀자브 주의 성시(聖市)인 암리차르 한복판에 있는 광장 이름이다. 수많은 인도인들에게 이 광장의 정원은 북적이는 시장에서 빠져나와 잠시 쉬어갈 수 있는 휴식처다. 그러나 1919년 4월 13일, 이곳은 1만여 명의 인도인들이 모여 영국의 공공집회 금지 명령에 저항한 시위 장소였다. 그리 오래지 않아 다이어 장군과 그의 휘하 구르카 소총부대가 도착했고, 광장은 말로 형용할 수 없는 공포와 집단 살해 현장이 되고 말았다.

다이어는 부하들에게 한쪽 무릎을 꿇고, 목표를 정한 뒤 조준하여 발사하라고 명령했다. 총격은 탄약이 떨어질 때까지 10분 동안 계속되었다. 영국은 397명이 사망했다고 발표했지만 인도인들은 800명 이상이 사망했다고 주장하였다. 당시 40살이었던 레지널드 다이어 장군은 인도 전역에 영국 통치의 권위를 재확립할 필요가 있다고 믿었다. 그중에서도 암리차르는 최근 영국인이 5명이나 살해 되고 영국인 선교사 셔우드 양이 공격을 당하는 등 요주의 지역이었다. 그는 "이 도시를 잿더미로 만들어버리고 싶다"고 말했다고 한다.

> "그렇습니다. 발사하지 않고도 충분히 시위대를 해산시킬 수 있었을 것이라고 생각합니다."
>
> **헌터 위원회에서, 다이어 장군**

인도에서는 학살 소식이 전해지면서 영국의 헌정 개혁 노력은 물거품 되었고, 영국에 협력을 찬성했던 온건파 중산층들이 골수 민족주의로 돌아서고 말았다. 영국의 인도 통치의 도덕적 기반이 무너져 내린 것이다—간디의 표현을 빌리자면 이것은 이제 "악마의 정권"이었다. 인도에서 대영제국의 태양은 이미 저물기 시작하고 있었다. **RP**



# 아인슈타인 학설 증명

## 아서 에딩턴이 아인슈타인의 일반상대성이론을 증명한다.

알베르트 아인슈타인이 역사적인 일반상대성이론이 처음 제기한 것은 제1차 세계대전 전이었으며, 1919년 5월 영국의 천체물리학자 아서 에딩턴이 증명할 때까지는 여전히 모호한 상태로 남아 있었다. 에딩턴은 일식 때 태양 근처의 별들을 관측한 뒤 아인슈타인의 이론을 증명하는 사진을 촬영하였다.

1887년 서민 가정의 퀘이커교도 부모 밑에서 태어난 에딩턴은 어렸을 때 아버지를 여의었다. 그는 어린 시절부터 과학 신동으로 유명했기 때문에 장학금을 받아 학업을 마칠 수 있었다. 캠브리지 대학교의 트리니티 컬리지에서 학위를 받은 에딩턴은 1913년 캠브리지 대학교 천문대 책임자가 되었다. 그는 퀘이커 신앙에 어긋난다는 이유로 제1차 세계대전 당시 군복무를 거부하였다.

전쟁이 끝난 이듬해, 그는 5월 29일로 예정된 일식을 관찰하기 위해 인도양의 프린시페 섬으로 떠났다. 그가 찍은 사진들은 태양 주위 별들이 그 빛이 태양의 중력장에 의해 굴절되면서 약간 이동한 것처럼 보인다는 아인슈타인의 가설을 확인해주었다. 이러한 효과는 오직 태양 광선이 이웃 별들의 빛을 가릴 수 없는 일식 때에만 가능하다. 에딩턴의 발견은 널리 퍼져나갔고, 아인슈타인의 상대성이론은 처음으로 일반 대중 사이에서도 빛을 보게 되었다.

복잡하기 그지없는 과학 이론을 일반인도 알기 쉬운 간단한 표현으로 설명할 수 있는 그의 재능을 두고 아인슈타인마저 "어느 나라 말을 막론하고 지금껏 들어본 것 중 가장 훌륭한 설명"이라고 극찬하였다.

에딩턴은 여생을 양자물리학, 상대성이론, 중력 역학—그는 세 가지가 동일한 기초 법칙을 따른다고 믿었다—을 통합한 "기초 이론(Fundamental Theory)"을 설계하는 데에 바쳤다. 에딩턴은 대영제국 기사 작위와 메리트 훈장을 받았으며, 1944년 1월 사망하였다. **NJ**

# 하늘을 뚫고

앨콕과 브라운이 무착륙 대서양 횡단 비행에 성공한다.

▲ 1919년 6월 15일, 뉴펀들랜드 상공에서 방향 선회를 하고 있는 앨콕과 브라운의 모습.

존 앨콕과 아서 휘튼 브라운이 한 쌍의 롤스로이스 엔진을 장착한 비커스 비미 폭격기를 타고 최초의 무착륙 대서양 횡단 비행에 성공하였다. 조종사 출신인 앨콕은 비커스 社를 설득하여 비행기를 얻어냈다. 26세의 잉글랜드인으로 제1차 세계대전 당시 폭격기 조종사로 비행 경력을 쌓았다. 스코틀랜드 출신의 파트너 브라운은 앨콕보다 여섯 살이 많았으며, 전쟁 포로였었다.

그들은 6월 14일 샌드위치와 위스키, 그리고 맥주 한 병을 싣고 뉴펀들랜드 세인트존스의 레스터 비행장을 이륙했다. 16시간에 걸친 힘겨운 비행 끝에 그들은 3,040km를 날아 아일랜드 커너매라의 클리프든 근교의 한 습지에 불시착했다. 평균 속력은 시속 185km, 비행 고도는 최고 해상 3,658m였다. 비행 중 그들은 엔진 고장과 안개, 눈, 그리고 얼음과 격투를 벌여야만 했다. 브라운은 엔진의 공기흡입구에 엉겨붙은 얼음을 긁어내기 위해 날개 위로 내려서기까지 했고, 그동안 앨콕은 눈앞이 보이지도 않는 눈이 가득 쌓인 조종석에서 필사적으로 조종간과 싸웠다. 그들이 착륙한 습지는 상공에서 내려다보았을 때에는 녹색 들판으로 보였지만, 어찌됐건 두 사람 다 다친 곳 없이 무사했다. 달려온 지역 주민들이 그들에게 어디에서 왔냐고 묻자 그들은 "아메리카"라고 대답했다.

앨콕과 브라운은 영웅 대접을 받았으며 조지 5세는 그들에게 기사 작위를 수여했다. 안타깝게도 앨콕은 그해 말, 프랑스에서 비행기 추락 사고로 목숨을 잃었다. 브라운은 1948년 사망했다. **RC**

# 베르사유 조약 체결

마지못해 조인한 이 조약이 독일을 재정 파탄으로 몰아넣다.

▲ 프랑스 베르사유 궁전의 거울의 방에서 열린 조인식에서 조르주 클레망소가 서명하고 있다.

1919년 독일이 베르사유에서 받아본 조약문에 대해서는 의견이 둘로 갈린다—지나치게 가혹했다는 의견과 충분치 않았다는 의견이다. 제 1차 세계대전에 마침표를 찍은 베르사유 조약의 주 내용은 연합국들—미국 대통령 우드로 윌슨, 영국 총리 데이비드 로이드 조지, 그리고 프랑스 총리 조르주 클레망소—이 결정하였다. 이 조약으로 독일은 해외 식민지는 물론 동쪽과 서쪽의 독일어권 영토 일부까지 잃어버렸다. 그로는 부족하여 해군과 공군까지 포기해야 했으며 육군은 10만 명으로 제한되었다. 또한 중포와 탱크의 생산 미 사용을 금지 당했으며, 천문학적인 액수의 전쟁 배상금을 지불하도록 명령 받았다. 그중에서도 가장 굴욕적인 조항은 독일이 단독으로 전쟁 발발에 대한 모든 책임을 진다는 것이었다.

베르사유 조약 내용은 독일 내에서 반발과 대규모 시위를 불러일으켰다. 독일 외무장관은 조약에 서명하느니 사임을 택했다. 연합국이 다시 군사행동에 돌입해서 독일을 점령하겠다고 심각하게 협박한 다음에야 독일 의회는 마지못해 조인을 승인했다. 6월 28일—제1차 세계대전 발발의 단초가 된 사라예보 암살 사건 발생일—에 독일은 마침내 베르사유 조약에 서명하였다. 미국과 영국에서조차 너무 가혹한 조건이라는 여론이 일었다. 4년 동안 독일 점령 치하에서 이를 갈았던 프랑스만이 여전히 너무 너그러운 조건이라며 목소리를 높였다. 베르사유의 적개심은 결국 히틀러의 등장에 불을 지폈고, 히틀러는 집권 후 베르사유 조약의 조항 하나하나를 완전히 찢어발겼다. 독일은 재무장에 들어갔고, 결국 제2차 세계대전을 일으킴으로써 보복에 나서게 된다. **NJ**

# 2분간의 묵념

**오스트레일리아 기자의 제안으로 해마다 전 국민이 전몰 용사에게 조의를 표한다.**

▲ 1919년 11월 11일, 런던 패딩턴 역에서 승객들이 최초의 2분간 묵념을 위해 멈춰서 있다.

매년 거행되는 공식 추모 행사와 전국 전쟁 묘지와 기념비, 그리고 "무명 용사"를 위한 상징적인 무덤에서 전몰자를 위한 애도 묵념은 제1차 세계대전 참전국들의 가장 중요한 전쟁 유산이 되었다.

이러한 관습은 휴전협정 1주년을 맞아 시작되었다. 오스트레일리아 태생의 기자이자 참전 용사인 에드워드 조지 허니가 매년 전국적으로 전몰자를 위해 묵념하자는 제안을 했다. 허니는 1918년 11월 11일, 휴전협정을 축하하는 요란스러운 축하 행사를 보고 충격을 받았다. 1919년 5월 8일 런던 이브닝 뉴스紙는 허니가 보내온 편지를 실었다. 전국에서 5분 동안 전몰 용사들을 위하여 묵념하자는 내용이었다. "5분, 단 5분간만 전 국민이 함께 기억합시다." 허니는 이를 가리켜 "매우 신성한 중재"라고 불렀다. 그의 제안은 사람들의 호응을 이끌어냈고 남아프리카 정치가 퍼시 피츠패트릭 경이 이에 화답했다. 피츠패트릭 경은 10월 영국 국왕 조지 5세에게 서한을 보내 이러한 묵념은 "후세에게 우리의 자유를 지켜준 위대한 희생의 의미와 고귀함, 헌신을 깨닫게 하는 데 도움이 될 것"이라고 말했다. 국왕의 고문관들은 이 제안을 지지하였다. 다만 5분을 2분으로 줄였다.

미국에서도 1921년 앨링턴 국립 묘지에서 열린 한 무명 용사의 장례식에서 비슷한 관습이 생겨났다. 1954년, 미국은 11월 11일을 현충일(재향 군인의 날)로 지정하였다. **NJ**

# 친절한 이웃 술집

미국에서 금주법 시대가 막을 올린다.

연방정부 요원들이 하수구에 위스키를 부어 버리고 있다.

1920년 1월 16일 발효된 미합중국 수정 헌법 제 18조는 알코올 음료 일체의 제조, 판매, 교환, 운송, 수출입을 전격 금지하였다. 수정 헌법 18조는 19세기 이래 꾸준히 목소리를 높여온 금주 운동가들이 올린 개가였다. 금주 운동가들은 바이블 벨트 프로테스탄트들과 연합하였고, 하층 노동자계급의 알코올 문제가 빈곤과 근무 태만, 그리고 심상치 않게 증가하고 있는 가정 폭력의 원인이라고 우려한 시민들과 산업가들이 이에 합세하였다. 금주운동은 곧 알코올의 전면 금지 요구로 이어졌다. 1861년 이미 13개 주가 알코올을 금지했으며, 1880년에는 최초의 금주당(Prohibition Party) 후보가 대선에 도전했다.

제1차 세계대전은 금주주의자들에게는 절호의 기회였다. 그들은 전쟁에서 이기고 싶다면 나라 전체가 술을 끊어야 한다고 주장하였다. 역사학자들 사이에서는 금주법이 실제 알코올 소비를 증가 혹은 감소시켰는지에 대해 의견이 분분하지만, 이 법이 처음부터 끝까지 엉망진창 대실패였다는 점에서는 전적으로 일치한다. 무엇보다 범죄율이 치솟았다. 사람들은 지하실에서 밀주를 만들었고 주류 밀매자들(bootlegger)은 이것을 무허가 술집(speakeasy)에 유통시켰다. 덕분에 수백만 달러가 범죄자들의 호주머니 속으로 들어갔고, 범죄 조직들이 권력에 진출해 오늘날까지 뿌리 뽑히지 못하고 있다.

금주법 시대는 1933년 알코올의 판매와 소비를 허용하는 제21조 수정 헌법이 발효될 때까지 계속되었다. **RC**

# 다일, 잉글랜드-아일랜드 조약 비준

아일랜드가 남북으로 분할되고, 아일랜드 정계가 비탄에 빠진다.

▲ 더블린에서 열린 이몬 데 발레라의 아일랜드 자유국 조약 반대 연설에 수많은 청중이 운집했다.

아일랜드 자유국 조약의 비준으로 정점에 달한 논쟁은 하나의 전쟁—영국에 대항하는 아일랜드 독립 전쟁—에 종지부를 찍었지만, 또다른 전쟁, 즉 아일랜드 내전(1922~1923년)에 불을 당겼다. 런던에서 열린 협상에는 데이비드 로이드 조지 총리와 전쟁 장관 윈스턴 처칠이 이끄는 영국 측과, 전권을 위임받은 아일랜드 측 대표 아서 그리피스와 마이클 콜린스가 참석하였다.

1922년 1월 체결된 이 조약은 아일랜드가 영국으로부터 독립하되, 아일랜드 공화국이 아닌 영연방 자치령 지위를 얻을 것을 보장하였다. 또한 신교도 주민들이 많은 얼스터 지방의 북부 주들에게 새로운 국가에 참여할 것인지 선택권을 부여하였다. 이에 이몬 데 발레라가 이끄는 무장 공화주의자들은 이 조약이 그들의 투쟁에 대한 배신이라고 보았으며, 조약 찬성파들은 훗날 완벽한 자유를 얻어내기 위한 발판을 마련했다고 주장했다. 더블린 다일(영국 하원 참여를 거부한 아일랜드 의원들이 구성한 비공식 "아일랜드 국민의회") 1주일간의 격렬한 논쟁 끝에 64 대 57의 근소한 차이로 조약을 비준하였다.

콜린스와 그리피스는 모두 내전 와중에 암살 당했으나, 그럼에도 승리한 쪽은 조약 찬성파였다. 이후 20년간 데 발레라는 공화주의자들을 이끌었으며, 공화국 창설을 위해—비록 남북이 통일된 아일랜드를 건설하지는 못했지만—아일랜드 자유국 제도를 교묘하게 이용하였다. 조약 찬성파와 반대파들은 이후 통일 아일랜드당(Fine Gael)과 아일랜드 공화당(Fianna Fail)의 모태가 되었으며, 오늘날까지 아일랜드 정계의 양대산맥으로 자리잡고 있다. **NJ**

# 무솔리니 쿠데타

"로마 진군"은 파시스트 전설의 영웅적인 쿠데타가 아니었다.

△ 검은 셔츠단 단원들에 둘러싸인 무솔리니(가운데)가 "로마 진군"을 이끌고 있다.

10월 28일은 역사적으로 중요한 날이었다. 얼마나 중요한 날이었던지 1922년이 파시스트력 원년으로 파시즘 프로파간다에 의하면 지위 고하를 불문한 베니토 무솔리니의 남성 지지자들이 로마로 행진해 부패한 민주 정권으로부터 권력을 쟁취하였다. 이탈리아가 다시 한 번 위대해지고 무솔리니가 새로운 로마 제국을 건설할 수 있도록 3,000명이 기꺼이 목숨을 바쳤다는 것이다. 그러나 현실은 조금 달랐다.

로마 진군은 철저하게 계획된 사건이었지만 파시스트들의 지원은 미미했고, 만약 국왕 비토리오 에마누엘레 3세가 계엄령을 선포할 경우 무솔리니는 망명할 예정이었다. 그러나 내전 발발을 우려한 국왕은 계엄령 선포를 거부하고 10월 28일 무솔리니를 로마로 초청했다. 지난번 총선에서 겨우 35석을 확보하는데 그친데다 파시스트당 내에서 무솔리니의 기반도 흔들리고 있었기 때문에 국왕이 그에게 총리직을 제안하리라고는 예상한 사람은 아무도 없었지만 10월 29일, 국왕은 무솔리니를 총리로 선포했다. 다음날 3만여 명의 검은 셔츠단 단원들이 수도에 당도했다. "로마 진군"은 무솔리니가 정권을 잡기 전이 아닌 후에 일어났으며 유혈 사태는 없었다.

1926년 무솔리니는 이미 이탈리아의 독재자가 되어 있었으며, 영리한 파시스트 선전 기계에 따르면 이탈리아의 구세주였다. 무솔리니 최대의 실수는 제2차 세계대전에 끼어들었다는 것이었다. 프로파간다는 이탈리아의 승전보를 날조했지만, 이탈리아의 참담한 패배나 무솔리니의 끔찍한 죽음을 은폐할 수는 없었다. **RP**

# 투탕카멘 무덤 발견

하워드 카터가 투탕카멘의 무덤으로 들어가는 내부 출입구를 열고 수 세기 동안 잠들어 있던 보물들을 찾아내다.

무덤을 발견한 것은 3주 전이었지만, 카나본 경이 룩소르의 "왕들의 계곡"에 도착할 때까지 개봉은 연기하기로 했다. 하워드 카터는 1899년에 이미 하트셉수트 여왕의 도굴된 무덤을 발견한 적이 있었다. 이곳 역시 텅 비어있는 것은 아닐까? 1922년 11월 26일 일요일 오후 2시 경, 카터는 내부 출입구의 왼편 위쪽을 아주 약간 깨뜨렸다. 촛불을 켜자 어슴푸레한 내부가 희미하게 눈에 들어왔다. 경탄한 카터는 할말을 잃었다. 구멍을 넓히자 두 사람이 한꺼번에 경이에 차서 "환상적인 보물들"에 넋을 잃고 바라볼 수 있게 되었다. 의심할 나위가 없었다. 이곳은 투탕카멘의 무덤이었다.

하워드 카터는 소년 시절에 고대 이집트의 유물에 매료되었으며 1907년부터 아마추어 고고학자인 카나본 경의 재정 후원을 받고 있었다. 1922년 카터는 한 시즌 더 후원을 약속 받았다. 11월, 투탕카멘의 무덤을 발견한 두 사람은 전실(前室)에서 발견한 유물들을 분류하여 목록을 작성하였다. 1923년 2월 16일, 그들은 투탕카멘의 석관을 열었다.

그해 봄, 카나본은 패혈증으로 사망했다. 곧 "투탕카멘의 저주" 설이 퍼지기 시작했다. 카나본은 타임스紙에 독점 취재권을 주었는데, 그 보복으로 다른 신문사들이 저주설을 확산시켰던 것이다. 그러나 카터는 "말도 안 되는 소리"라며 일축했다. 카터의 발견은 초자연 현상 때문이 아니라 그 역사적 가치 때문에 중요하였다. 세계는 곧 최고의 보존 상태를 자랑하는 파라오의 유물들을 만끽할 수 있게 되었다. **RP**

▶ 고고학자들이 성소 문을 통해 석관을 들여다보고 있다.

◀ 하워드 카터는 지레를 이용하여 투탕카멘의 관을 열고 미라를 공개하였다.

# 소비에트 연방 창설

**모스크바에서 소비에트사회주의공화국연방이 공식 선포되다.**

1922년 U.S.S.R., 또는 소비에트 연방을 창설하자는 결정은, 공산당 내에서 러시아가 통치하는 여러 국가들에게 얼마만큼의 자치를 허용하느냐를 놓고 벌어진 논쟁에 마침표를 찍었다. 소비에트 연방은 1917년 볼셰비키 혁명 이후 독립을 쟁취한 폴란드와 핀란드를 제외하면, 구 차르 치하의 러시아 제국의 재현이라 할 수 있었다.

언제나 러시아의 입김에 좌지우지된 소비에트 연방은 처음에는 4개의 공화국—러시아, 우크라이나, 벨로루시, 트란스코카시아—만으로 구성되었지만, 볼셰비키들이 통제권을 강화하면서 더 많은 공화국들—아르메니아, 아제르바이잔, 그루지야, 카자흐스탄, 몰도바, 우즈베키스탄, 타지키스탄, 투르크메니스탄—이 가입하게 되었다. 제2차 세계대전이 발발하자 에스토니아, 라트비아, 리투아니아의 발트 3국 역시 강제로 합병되었다.

> "우리는…
> 한 국가가 다른 국가의 복종을
> 강요할 수 없는 연합을 원한다…"
>
> **V. I. 레닌**

1929년 스탈린이 독재자가 된 뒤 소비에트 연방은 제2차 세계대전으로 국토의 황폐화와 강요된 집단화, 산업화, 그리고 기아의 확산에도 불구하고 미국 다음 가는 세계 제2의 수퍼파워로 부상했다. 소비에트 연방은 동유럽으로 공산정권을 확장하였고, 전 세계 공산주의에 영향을 미쳤다.

미국과의 군비 경쟁 비용과 공산주의식 중앙 통제 경제의 필연적인 비효율성은 결국 소비에트 연방의 토대를 잠식하고 말았다. **NJ**



# 간토 대지진

**지진, 화재, 쓰나미가 요코하마와 도쿄를 파괴하다.**

떠들썩한 항구 도시 요코하마. 항만 노동자와 외국 외교관들, 선원들, 무역상들, 여행객들이 북적이는 거리를 수천 대의 인력거가 누비고 있었다. 주거 지역은 얄팍한 목재로 지은 음식점과 주택들로 가득차 있었고, 주민들은 가스 스토브에 불을 붙여 점심 준비에 한창이었다. 정오가 되기 2분 전, 도쿄만 바로 남서쪽의 사가미 만 해저에서 리히터 규모 7.9의 엄청난 지진이 일어났다.

하코네 산 정상에서 요코하마 만의 항로, 도쿄 시가지 북쪽에 이르기까지 물밀듯이 번져나간 파동의 결과는 참혹했다. 가스 공급이 끊겼고, 곤로가 넘치면서 불붙은 석탄이 쏟아져 나와 혼잡한 옛 시가지에 수백 건의 화재를 냈다. 수도관이 끊기면서 소방 작업은 불가능 하다시피 했고, 공공 공원과 빈터는 자연 방화선 역할을 하기에는 너무 작고 그 수도 적었다. 불은 사흘 동안 타올랐고, 뜨거운 바람이 화염을 부추기면서 불꽃 회오리바람이 일어났다.

> "불이 도시 전체를
> 뒤덮고 밤낮을 가리지
> 않고 타올랐다"
>
> **목격자의 증언**

일본은 워낙 지진이 많은 나라라 역사상 최대 규모의 지진으로 기록되지는 않았지만, 대도시인 도쿄와 요코하마에서 일어났기 때문에 그 피해가 컸다. 300만 명 이상의 이재민이 발생했고 10만 4,500명이 사망했으며 5만 2,000명이 부상당했다. 놀라운 것은 눈부신 재건 속도였다. 1932년 도쿄와 요코하마는 활기 넘치는 근대적인 도시로 다시 태어나 있었다. **JJH**

# 독일 마르크화 폭락

1923년의 하이퍼인플레이션으로 마르크화가 휴지 조각이 되면서 독일 정계가 요동치다.

▲ 1923년, 독일 마르크는 한 국가의 화폐라기보다는 화장실용 휴지에 가까웠다.

▶ 휴지 조각이 되어버린 지폐 뭉치는 어린이들에게는 좋은 장난감이었다.

"독일은
무시무시한 속도로,
한 걸음 한 걸음씩 파멸하고 있다.

**빅토르 클렘페러의 일기, 1923년 10월 9일**

경제학자들은 인플레이션과 하이퍼인플레이션의 경계가 어디라고 정확하게 정의하지는 못한다. 그러나 독일 국민들은 자국 통화가—그리고 자신들의 예금이—휴지 조각이 되는 것을 뼈저리게 느낄 수 있었다. 1918년까지만 해도 50페니히(유로화 이전 구 독일의 화폐단위. 1마르크=100페니히)면 살 수 있었던 빵 한 덩이 가격이 1923년 11월에는 천억 마르크였으니 말이다. 당시 환율은 1달러에 4조 마르크였으며 이조차도 점점 올라가고 있었다. 경제가 나빠진 것이 하루아침의 일은 아니었지만, 이제는 기가 막혀 웃음이 나올 지경이었다. 커피 한 잔을 산 뒤 다 마셨을 즈음에는 가격이 두 배가 되어 있었다. 돈의 가치는 지폐를 찍는 종이 값도 되지 못했다. 물물교환이 확산되었다고 해서 놀랄 일도 아니었다. 머리를 자르고 달걀로 지불하는가 하면 석탄을 주고 영화 티켓을 받았다. 거리에는 거지들이 우글거렸다.

도대체 원인이 무엇인가? 많은 독일인은 베르사유 조약과 제1차 세계대전 승전국에게 지불해야 하는 배상 책임을 이유로 들었다. 나치당은 유대인 국제금융가들을 지목했다. 진짜 범인은 독일 정부였다. 그들은 전쟁 동안 세금은 적게 거두고 돈은 마구 찍어냈다. 이러한 상황이 1918년까지 계속됐다. 1923년 1월, 프랑스가 루르 지방을 점령하자 독일 정부는 국민들에게 소극적으로 저항하라고 명령하는 대신 파업 노동자들의 임금을 지불하기 위해 또 돈을 찍었다. 이로 말미암아 인플레이션의 저주가 하이퍼인플레이션이라는 재앙으로 돌입했다.

1923년 9월, 구스타프 슈트레제만이 연립 내각을 구성하면서 사태가 진정되기 시작했다. 슈트레제만은 프랑스에 대한 저항을 중지하게 하고 1924년에는 도스 플랜이 실행되면서 독일은 배상금 지불을 수용하고 새 통화를 도입했다. 위기는 한 고비 넘겼지만, 고통스러운 기억과 정치 불안이 계속되면서 바이마르 공화국은 근간부터 흔들리게 된다. **RP**

# 영국 국왕, 라디오 연설

영국 국왕 조지 5세의 최초 라디오 연설로 왕정의 인기가 치솟다.

조지 5세가 샌드링햄에서 1934년 크리스마스 라디오 방송을 하고 있다.

"...방송은 잘 됐다… 지금까지 우리가 한 일 중에서 가장 대단한 일이다."

**존 리스, 1924년 4월 23일 일기에서**

웸블리에 특별히 건립된 회장에서 열린 대영제국 박람회는 1851년 런던 대박람회보다도 규모가 컸으며 참가객의 수도 그 4배에 달했다. 대영제국 박람회는 1924년 4월 23일 성 조지 축일에 국왕 조지 5세의 연설로 개막했다. "우리는 이번 박람회가 제국 국민들이 어떻게 상호 간의 필요와 포부를 충족시킬 수 있는지에 대해 더 잘 알 수 있게 해줄 것이라 믿습니다. 또한 우리는 이번 박람회의 성공이 대영제국뿐만 아니라 인류 전반에 지속적인 이익을 줄 수 있기를 희망합니다." 평범한 감회였지만, 대중의 관심은 엄청났다. 바로 라디오로 방송된 최초의 국왕 연설이었기 때문이다. 거리의 군중이 멈춰 서서 연설을 경청했으며, 엄숙한 법정조차 잠시 휴정하였다. 총 천만 명의 청취자가 국왕의 연설을 들은 것으로 추산되었다. 비록 국왕 자신은 이 신(新) 문명의 이기를 혐오했지만, 연설은 대성공이었다.

왕실 행사 때면 조지 5세는 그의 선조들처럼 국왕다운 면모를 연출했지만, 대중의 인기를 얻으려고 한적은 한번도 없었으며, 새로운 매체인 라디오를 활용해보라는 권고도 번번히 거절했다. 1923년 10월, 취임 1년을 맞은 영국방송회사(BBC) 사장 존 리스는 국왕에게 대국민 크리스마스 메시지를 라디오로 전달하도록 끈질기게 권했다. 국왕은 이 역시 거절했지만, 아무리 조지 5세라 할지라도 제국 박람회의 개막을 알리는 중요한 연설까지 거절할 수는 없었다.

이 연설은 각종 의식을 위한 수 차례의 방송 연설 중 최초의 방송이었다. 국왕의 방송 연설이 즉각적으로 큰 인기를 얻자, 지금까지의 고집을 후회한 국왕은 BBC에게 1932년 크리스마스 연설을 방송하도록 허락했다. 이것이 왕가의 전통으로 자리잡아 오늘날까지 계속되고 있다. 이제 왕족들은 눈으로 보여지는 것을 넘어 귀로도 들릴 수 있게 된 것이다. 라디오의 힘을 무시할 수 있는 정치인은 아무도 없었다. **RP**

# 성지 점령

이븐 사우드가 메카에 입성해 사우디아라비아 왕국의 초석을 놓다.

1924년 아브드 알-아지즈 이븐 사우드가 주도면밀한 사전 계획으로 이슬람 최고 성지인 메카를 점령했을 때, 그 중요성을 이해한 사람은 별로 없었다. 그러나 이슬람 부흥과 전 세계적인 석유 확보의 중요성을 절감하고 있는 21세기의 관점에서 보면, 이는 지난 100년간 일어난 가장 중요한 사건 중 하나다.

이븐 사우드는 1880년 사막 지방인 네지드에서 리야드 왕가의 왕자로 태어났다. 그러나 그가 겨우 열 한 살이던 1891년 리야드 가는 아라비아 지방을 놓고 다투던 라이벌인 라쉬디 가문에게 축출되었고, 이븐 사우드는 쿠웨이트로 망명했다. 1902년, 21세의 이븐 사우드는 고향인 네지드 근처에서 60명의 군사를 일으켰다. 단 20명의 병사들로 리야드를 탈환하고 라쉬디 왕조의 수장을 직접 죽여 복수했다.

이븐 사우드는 이 성공을 놓치지 않고, 엄격한 원리주의 교파인 와하비즘과 손을 잡고 자신의 일족을 아라비아 반도의 지배자로 자리를 굳혔다. 또한 지지자들을 조직하여 이크완이라는 이름의 제대로 훈련 받은 군대로 만들었다. 1915년 12월, 영국은 오스만 투르크와의 싸움에 이븐 사우드를 끌어들이기 위해 겉으로 동맹을 맺었다. 전쟁이 끝나자 이븐 사우드는 라이벌인 하시미테 일족을 공격하여 헤야즈 지방에서 몰아내고 1924년 10월에는 메카를 점령하여 승리에 정점을 찍었다.

1932년 이븐 사우드는 스스로를 사우디아라비아의 초대 국왕으로 선포하였다. 1930년대 말 왕국에서 거대한 유전이 발견되면서 그의 권력은 한층 공고해졌다. 그는 미국의 석유 회사 아람코에게 유전 개발권을 주고 그 대가로 거액의 돈을 받았다. 이븐 사우드는 1953년 사망했으며, 사우디아라비아는 오늘날까지도 그의 아들들이 지배하고 있다. **NJ**

▲ 아브드 알-아지즈 이븐 사우드는 영국 보호령을 수락함으로써 영국과 동맹을 맺었다. 1917년의 사진.

"…그는 태초의
혼돈이 있었던 곳에
왕국을 세웠다…"

**레슬리 맥러플린, 작가**

# 팽창하는 우주

에드윈 허블이 외부 은하의 발견을 공표함으로써 우주가 우리가 생각하는 것보다 훨씬 크다는 사실이 밝혀지다.

1920년대까지는 태양계가 속해 있는 우리 은하가 우주에 존재하는 유일한 은하라는 것이 보편적인 믿음이었다. 그러나 천문학자들은 이미 다른 천체 구조가 있을지 모른다고 의심하기 시작하고 있었다. 미주리 출신의 젊은 미국인 천문학자인 에드윈 파월 허블도 그중 한 사람이었다. 허블은 성운—별과 별 사이에 존재하는 먼지와 가스 구름—에 주목, 1919년부터 캘리포니아의 마운트 윌슨 천문대에서 성운을 연구하였다. 그는 성운인 줄 알았던 천체의 일부가 실제로는 거대한 별들의 집단, 혹은 우리 은하와 유사한 은하라는 사실을 발견하였다. 예를 들면 1923년 안드로메다 성운에서 36개의 항성을 찾아냈는데, 계산 결과 지구에서 90만 광년 떨어진 곳에 존재하며, 그 위치는 우리 은하의 가장자리보다 훨씬 멀리 떨어져 있다는 사실을 알아냈다.

허블은 자신의 연구 결과를 1925년 1월 1일 공식 발표하였다. 허블은 은하를 세 가지—나선형, 타원형, 불규칙형—으로 분류했다. 그는 우주가 우리가 생각했던 것보다 훨씬 더 크다는 사실을 증명했을 뿐만 아니라, 우주가 팽창하고 있다는 사실까지 밝혀냈다. 즉 외부 은하가 우리로부터 점점 멀어지고 있다는 것이다. 1929년, 그는 은하가 멀어지는 속도가 우리 은하로부터의 거리와 비례한다는 사실(허블의 법칙)과 그 비례상수(허블 상수)를 확립하였다. 후속 연구에 따라 이 상수가 언제나 같은 것은 아니고, 시간의 흐름에 따라 증가하거나 감소한다는 것이 밝혀졌다.

허블은 1953년 사망할 때까지 마운트 윌슨에서 연구를 계속했다. 허블 우주 망원경은 그의 이름을 딴 것이다. **RC**

◀ 풋내기 천문학자 시절, 인디애나 주 실버힐즈에 있는 친구 존 로버츠의 집에서 망원경 앞에서 포즈를 취한 에드윈 허블.

# 유인원과 인류의 조상

"원숭이 재판"에서 창세기와 진화론이 맞붙다.

테네시 주에서는 진화론을 가르치는 것이 불법이었다. 데이튼의 생물 교사 존 스콥스는 미국 시민 자유 연합의 지지를 받아 이 법의 위헌 여부를 가리기로 마음먹었다. 1925년 7월 미 전국의 이목이 집중된 이 재판에서는 당대 최고의 법조인들이 맞붙었다.

피고 측 변호사 클래런스 대로우는 미국에서 가장 유명한 변호사였다. 검찰 측은 진화론자들에 맞설 십자군으로 전 민주당 대통령 후보였던 윌리엄 제닝스 브라이언을 고용하였다. 브라이언은 7월 16일 1차 논고로 열광적인 박수를 받았지만, 대로우에게는 적수가 되지 못했다. 대로우는 성경 전문가로 브라이언을 증인석에 세운 다음 그를 완전히 바보로 만들었다. 대로우는 생물학, 고고학, 그리고 당대의 성경 비판 경향에 대한 브라이언의 무지를 무자비하게 발가벗겼다. 브라이언은 여호수아를 위해 태양이 정말로 하늘에 그대로 머물러 있었는지 의심했다는 사실을 인정할 수밖에 없었다. 방청석에 있었던 한 기자가 말한 것처럼 "대로우는 정말로 털끝만큼도 봐주지 않았다. 정말 대단했지만 한편으로는 (브라이언이) 안쓰럽기도 했다."

> "그리스도를 아는 것보다
> 그리스도를 믿는 것이
> 더 낫습니다."
>
> **윌리엄 제닝스 브라이언**

그럼에도 불구하고 1월 26일 배심원은 스콥스에게 유죄 평결을 내렸다. 브라이언은 5일 후 사망했으나 근본주의가 패배한 것은 아니었다. 테네시 주 대법원이 이 법에 합헌 판결을 내렸기 때문이다. **RC**



# 히틀러의 투쟁

히틀러가 『나의 투쟁』에서 혼탁하고 악의적인 사고를 드러내다.

"지구상의 모든 위대한 운동은 위대한 저술가가 아닌, 위대한 연설가들에게서 비롯되었다." 아돌프 히틀러는 『나의 투쟁 Mein Kampf』에서 자신의 과장스럽고, 지리멸렬하고, 때때로 이해조차 불가능한 문장에 대한 간접적인 변명을 한 것일까? 전혀 아니다. 이 책의 다른 부분을 보면 엄청난 자화자찬으로 가득하다. 예를 들면 학창 시절 스스로를 "쉽게 터득하는 우수한 학생"이었다고 적고 있다. 자서전으로서 이 책은 정확하지도, 진실되지도 않다. 또한 충분히 생각하거나 증거로 뒷받침된 내용도 아니다. 이 책은 주로 열렬한 주장으로 구성되어 있다. 히틀러는 유대인을 증오하고, 공산주의를 혐오했으며, 민주주의는 질색이었다. 독일 유권자들은 "대부분 멍청하고, 기억력이 형편없었다." 그러나 히틀러는 종족적으로 순수한 독일의 역사적 운명을 믿었다. 미래는 명확했다—모든 독일인은 하나의 국가에 모여, 동방의 레벤스라움(lebensraum, 생활 공간)을 손에 넣어야 하며, 전 세계의 미래를 결정할 거대한 전쟁을 일으켜야 한다는 것이었다.

『나의 투쟁』은 1923년 맥주홀 폭동의 "패배한 영웅들"에게 헌정되었다. 정권을 잡으려던 히틀러의 시도는 유혈 사태로 끝났고, 히틀러 자신도 란츠베르크 요새에 있는 감옥에 투옥되었다. 이곳에서 그는 나치 전술을 재정립하였으며 자서전을 구술한 것도 감옥에서였다. 『나의 투쟁』은 1925년 7월 발간되었으며 초판으로 500부만 찍어냈으나 이듬해 재판(再版)에 들어갔다.

나치가 인기를 얻고 정권을 잡으면서 『나의 투쟁』은 베스트셀러가 됐으며, 미래의 정적들까지 이제는 히틀러의 견해를 모르는 사람이 없게 되었다. **RP**

# 움직이는 영상의 실시간 송신

## 존 로지 베어드가 처음으로 텔레비전을 공개하다.

◀ 한 조수가 베어드가 "텔레바이저"를 사용해 송신한 복화술사의 인형 머리를 보여주고 있다.

▶ 암흑 속에서 왕립 연구소 과학자들에게 보여준 기계 앞에서 포즈를 취한 베어드.

> "영상이… 스크린 위에 믿겨지지 않을 정도로 또렷하게 나타났다. 해낸 거다!"
>
> **존 로지 베어드, 『회상록』**

세계를 변화시키는 현상이라 할 수 있는 텔레비전의 창조자를 들라면 여러 이름이 나올 수 있겠지만, 역시 그중에서도 가장 공이 큰 사람은 스코틀랜드의 엔지니어인 존 로지 베어드일 것이다. 1926년 1월 26일, 베어드는 런던 소호 지구의 프리스 가 22번지에 있는 실험실에서 왕립 연구소의 과학자 50명과 타임스紙 기자 한 명 앞에서 움직이는 영상의 실시간 송신을 최초로 증명했다. 영상은 초당 12.5의 속도로 송신되었다.

페어드는 이미 1년 전 영국 벡스힐-온-시에 있는 자택에서 작동 가능한 텔레비전 시스템을 완성했다. 그는 모자 상자, 가위, 자전거의 라이트 렌즈, 차 상자, 그리고 대량의 봉랍용 왁스와 풀로 최초의 텔레비전 시스템을 만들었다. 베어드는 반기계식 아날로그 시스템을 사용하여 1925년 3월 런던의 셀프리지 백화점에서 움직이는 실루엣 영상을 송신해 보였다. 10월에는 "스투키 빌"이라고 이름 붙인 복화술사의 인형의 영상을 텔레비전 송신하는 데 성공하기도 했다. 윌리엄 테인튼이라는 이웃이 최초로 텔레비전 영상을 본 사람이 되었다.

1927년에는 전화선을 이용하여 런던-글래스고 간, 1928년에는 런던-뉴욕 간 장거리 송수신에도 성공했다. 같은 해 7월, 그는 최초로 컬러 텔레비전을 선보였다. 베어드의 기계식 주사는 곧 미국의 마르코니社가 개발한 브라운관 방식으로 바뀌었으며, BBC는 1935년 베어드식과 비교 실험한 끝에 마르코니사 방식을 채택하였다. 베어드 자신도 텔레비전 회사를 설립했으나, 자신의 피조물로 돈을 벌지는 못했다. 뼛속까지 발명가였던 그는 레이더, 유리 면도기, 공기 압축 신발, 그리고 보온 속양말을 실험하였다. **RP**

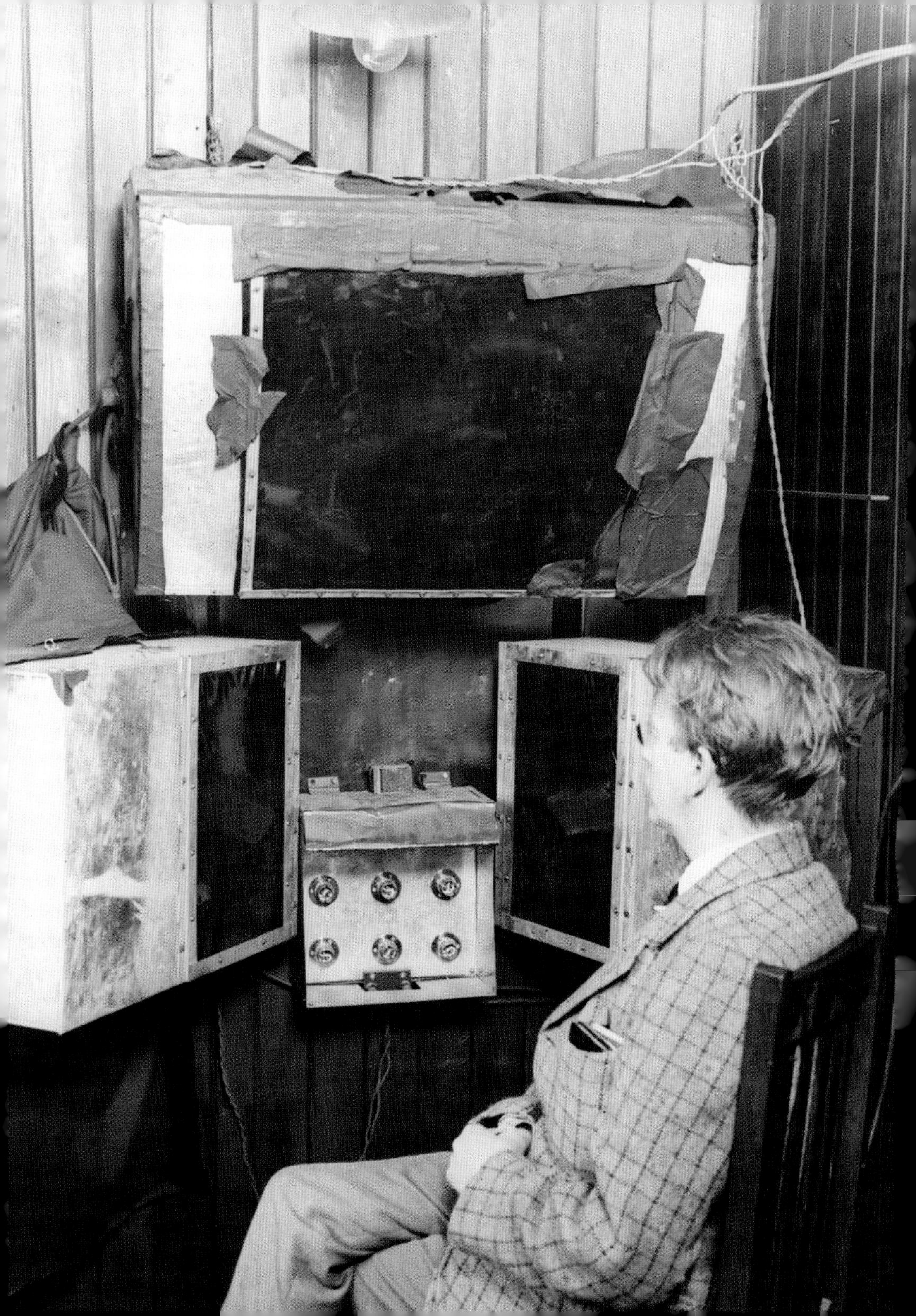

# 최초의 로켓 발사

**최초의 액체연료 로켓으로 우주 여행의 가능성이 높아진다.**

로켓 실험은 중세 중국으로 거슬러 올라가지만, 근대 로켓 연구의 선구자는 러시아의 수학자 콘스탄틴 치올코프스키다. 1903년, 치올코프스키는 로켓을 사용한 우주여행을 처음으로 과학적으로 진지하게 접근한 논문을 발표하였다. 그러나 국외에서는 그의 연구가 거의 알려지지 않았으며, 1926년 3월 최초의 액체 연료 로켓을 쏘아올린 사람은 로버트 고다드였다.

고다드는 내성적인 성격의 미국인 물리학자로, 매사추세츠 주 클라크 대학교 교수였다. 이곳에서 그는 수년간 로켓과 우주 비행의 가능성을 연구했으며, 200여 건의 특허를 냈고 바주카포의 초기 모델을 발명하기도 했다. 1919년, 스미소니언 협회는 고다드의 「초고공에 도달하는 방법 A Method of Reaching Extreme Altitudes」을 출간하였다. 이 획기적인 논문에서 고다드는 로켓이 물체를 대류권 너머 초고층 대기로 쏘아올릴 수 있음을 수학적으로 증명하였다. 이 논문은 상당한 주목을 받았으며 찬사와 조롱을 동시에 받았다.

뉴욕 타임스紙는 고다드가 로켓이 달에 도달할 수 있다는 이론을 제시했다는 이유로 "말도 안되는 소리를 하고 있다"며 비난했다. 1926년, 고다드는 매사추세츠 주 오번 근교에서 액화 산소와 가솔린을 추진제로 사용하는 액체 연료 로켓 발사를 실험했다. 길이 3미터의 이 로켓은 2.5초 동안 56m를 수평으로 비행하며 12m를 상승했다. 비행사 찰스 린드버그의 격려와 대니얼 구겐하임의 재정 원조를 받은 고다드는 1930년대 뉴멕시코 주 로스웰에 자신의 로켓 실험장을 만들었다. 1935년까지 그가 실험한 최고의 로켓은 시속 885km의 속도로 2,210m 상공에 도달하는 데에 성공했다. 고다드는 1945년 62세의 나이로 세상을 떠날 때까지 연구를 계속했다. **RC**



# 총파업

**영국 역사상 최초이자 최후의 총파업이 시작된다.**

1926년 5월 3일 월요일 자정을 1분 앞두고, 영국 노동조합회의(TUC)는 "전국에 정지" 명령을 승인했다. 100만 명의 광부들이 이미 작업을 중단한 상태였으며, 이제는 철도 노동자, 항만 노동자, 도로 수송 노동자, 인쇄공 그리고 가스와 전기 노동자들이 작업을 거부한 것이었다. 이후 엔지니어들과 조선(造船) 노동자들까지 파업에 동참하면서 광부들을 제외하고도 250만 명이 영국 역사상 최대 규모 파업에 들어갔다. 파업 첫날, 철도는 멈춰섰고 버스와 전차도 움직이지 않았다. 필수 업무는 수천 명의 자원봉사자들로 간신히 진행되었다. 정부는 이 전쟁의 이성과 감성적인 면 모두에서 승리하기 위해 방송을 통제하고 신문사를 창설했다.

> "대단한 단결이다! 존 오그로츠 부터 랜즈엔드 에 이르기까지 모든 노동자들이 부름에 응답했다…"
>
> **A.J. 쿡, 광부 지도자, 1926년 5월 4일**

총파업은 오랜 세월에 걸친 광산 노동자들의 쓰라린 노사 갈등의 산물이었다. 노동시간은 길어진 반면 급여는 줄어들자 TUC는 행동에 들어갈 것을 약속했다. 그러나 정부가 협상 테이블에서 철수하자, 당황한 것은 TUC 쪽이었다. 원하지도 않았고, 준비도 부족한 파업에 들어가는 수밖에 도리가 없었기 때문이다. 정부는 총파업을 민주주의에 대한 도전이라고 몰아붙였고, TUC는 파업이 폭력적인 반란으로 둔갑하지 않을까 우려했다. 파업은 성공적으로 계속되었으나, 5월 12일 TUC는 파업을 철회하고 광부들 홀로 투쟁하도록 내버려두었다. 1927년 정부는 향후 총파업을 불법으로 선언함으로써 승리를 자축했다. **RP**

# 죽음, 명성, 그리고 히스테리

루돌프 발렌티노의 죽음으로 집단 애도 현상—적어도 여성들 사이에서는—이 발생한다.

루돌프 발렌티노가 영화배우로서의 짧은 생을 마감하자 엄청난 반향이 일어났다. 이는 무성 영화 시대 할리우드 세계에 대해 많은 것을 말해준다. 뉴욕 데일리 뉴스紙는 발렌티노를 가리켜 "(제1차 세계대전) 전후의 전형"이라고 묘사하였다. 발렌티노는 1913년, 이탈리아를 떠나 뉴욕에 도착하여 댄싱 파트너로 일했다. 1917년 할리우드로 간 그는 어두운 매력을 지닌 잘생긴 라틴계 애인 타입의 이미지를 구축했다. 1921년 「시크 The Sheikh」가 개봉하자 여성들은 극장에서 기절하기까지 했다. 그러나 시카고 트리뷴紙는 발렌티노에 대한 남자들의 반응을 한 마디 헤드라인—"핑크 파우더 퍼프"—으로 정리해주었다.

뉴욕 방문 도중 갑자기 쓰러져 중태에 빠진 발렌티노는 급히 병원으로 옮겨져 급성 맹장염과 천공성 위궤양 수술을 받았다. 의식이 돌아온 그는 친구에게 "내가 핑크 파우더 퍼프처럼 굴었어, 아니면 남자답게 행동했어?" 하고 물었다. 그의 회복을 기원하는 군중이 병원 앞에 모여들었고, 이들이 전화를 걸어대는 통에 추가로 전화 교환수를 고용해야만 했다. 그러나 그는 결국 사망하였다.

브로드웨이의 한 장례식장에서는 약 5만 명이 그의 관을 지켰다. 8월 30일 세인트 맬러키 성당으로 향하는 길에는 수천 명이 영구차를 배웅했고, 그중에는 당대의 스타였던 폴라 네그리, 메리 픽포드, 콘스턴스 탤머지 등도 있었다. 로스앤젤레스에서 치뤄진 장례식에는 할리우드 스타들이 대거 참석했으며, 비행기가 그의 무덤 위에 장미꽃을 뿌렸다. 한편 일각에서는 질투를 이기지 못한 정부(情婦)가 그를 살해했다는 소문이 나돌았다. 발렌티노 사후 일종의 영웅숭배가 일어났으며, 수년간 할리우드에서는 그의 기일이면 기념행사가 열리곤 했다. **RC**

▶ 클래런스 브라운 감독의 「독수리 The Eagle」(1925년)에서 러시아군 중위로 분한 발렌티노.

# 세인트루이스의 정신

찰스 린드버그가 단독 대서양 횡단 비행에 성공, 파리에 무사히 착륙한다.

앨콕과 브라운이 최초로 논스톱 대서양 횡단 비행에 성공한 지 8년만에, 항공 역사상 또 하나의 이정표가 세워졌다. 언론이 붙인 별명대로 "외로운 독수리"가 1927년 5월 최초로 단독 대서양 횡단 비행에 성공한 것이다. 그는 세계적인 명성과 2만 5,000달러의 상금을 받았다. 20대 시절 찰스 어거스터스 린드버그는 "데어데빌 린드버그(Daredevil Lindbergh, 무모하기 짝이 없는 린드버그라는 뜻)"이라는 별명으로 불렸다.

이전에도 많은 비행사들이 단독 대서양 횡단 비행에 도전했으며, 그중 일부는 추락하여 목숨을 잃기도 했다. 린드버그는 5월 20일 특수 설계된 단일 엔진 단엽기인 "스피릿 오브 세인트 루이스 Spirit of St. Louis"에 올라 뉴욕 롱아일랜드의 루스벨트 비행장을 이륙하였다. 연료를 너무나 많이 실었기 때문에 이륙이 어려울 정도였으며, "날아다니는 2t짜리 기름 탱크"라는 별명까지 얻었다. 샌드위치는 5개 챙겼지만 라디오나 낙하산은 없었다. 린드버그는 안개와 진눈깨비를 뚫고 33시간 30분 동안 대서양을 건너 5,794km를 비행한 끝에 열렬한 환호를 받으며 파리의 르 부르제 공항에 착륙하였다. 프랑스 대통령은 그에게 레지옹 도뇌르 훈장을 수여하였고, 뉴욕 시는 5번가에서 색종이 테이프를 뿌리는 전통 퍼레이드를 베풀었다.

린드버그의 비행과 그에 따른 유명세는 항공 산업을 부양시켰으며 항공 여행 수요에 불을 붙였지만, 린드버그는 언론의 관심을 부담스러워했다. 린드버그 부부(린드버그의 부인 앤 모로우 역시 비행사였다)는 언제나 기자들과 찬양자들에게 포위되서 살다시피 했으며, 1932년 큰아들이 납치되 살해 당하는 끔찍한 비극을 겪었다. **RC**

◀ 린드버그가 "스피릿 오브 세인트루이스"를 몰고 파리의 에펠탑을 지나가는 풍경을 보여주는 포토몽타주.

1927년 8월 23일

# 무정부주의 재판

## 사코와 반제티가 모호한 재판 끝에 결국 처형 당한다.

니콜라 사코와 바르톨로메오 반제티가 정말 유죄였는지 아닌지에 대해서는 오늘날까지도 논란이 계속되고 있지만, 유죄 판결 7년 만에 그들이 결국 처형 당하자 국제적인 항의가 잇따랐다. 이탈리아의 가난한 농가 태생인 두 사람은 1908년 미국으로 이민왔다. 그들은 골수 반정부주의자가 되었으며, 혁명을 위해서라면 암살과 폭력을 서슴지 않았던 루이기 갈레아니의 추종자가 되었다. 미 당국은 날이 갈수록 혁명분자들에게 적대적이 되어가고 있었으며, 1919년 갈레아니와 그 동지들 중 일부는 강제로 추방되었다. 갈레아니의 추종자들은 정치인, 판사, 공무원들에 대한 테러 공격으로 보복하였다. 1919년에는 법무 장관 자택에 폭탄이 터졌고, 1920년에는 월 스트리트에서 폭탄이 터져 30명 이상이 사망하였다.

사코와 반제티가 어디까지 관여했는지는 불분명하지만, 1920년 4월 매사추세츠 주 사우스브레인트리의 한 공장에서 강도 사건이 일어나 두 명이 살해 당했다. 경찰은 무정부주의자 용의자들을 줄줄이 검거했고, 사코와 반제티 사건을 담당한 웹스터 테이어 판사는 훗날 이들을 "그 무정부주의 개자식들"이라고 불렀다. 피고 측 변호사들은 완전히 함량 미달이었고, 검찰 측 증거 일부는 날조되었다.

당시에도 많은 사람들이 사코와 반제티가 설득력 있는 증거보다는 정치적인 이유에서 유죄판결을 받았다고 생각하였다. 사코와 반제티는 1921년 7월 유죄 판결과 함께 사형선고를 받았다. 여러 차례 항소를 시도했지만 테이어 판사는 번번히 거절했으며, 매사추세츠 주지사가 특별히 선정한 위원회는 재판이 공정했다고 판정했다. 사코는 36세, 반제티는 39세의 나이로 찰스타운의 주립 형무소에서 전기의자로 처형되었다. **RC**

1927년 10월 6일

# 최초의 유성영화

## 앨 존슨이 최초의 유성영화에서 첫 줄의 대사를 연기하는 영광을 누린다.

미국에서 전국 개봉한 최초의 유성영화—적어도 부분 유성영화—는 브로드웨이의 히트작 「재즈 싱어 The Jazz Singer」로 워너 브라더스社는 새로운 비타폰 사운드 프로세스를 사용하였다. 대부분의 장면은 무성이었지만, 음악 시퀀스와 일부 대화 장면은 사운드를 삽입했다.

이 영화는 아들이 자신의 뒤를 잇기를 바라는 시나고그 독창자인 아버지와 감상적이고 세속적인 곡들을 불러 스타가 된 유대인 소년(앨 존슨 분)의 이야기다. 존슨은 당대 최고의 매력적인 무대 연기자였으며, 활기찬 동작과 제스처, 관객과의 대화를 도입하여 비

> "잠깐 기다려요!
> 아직 아무것도 못들었잖아요!
> 기다리라니깐요!"
>
> **「재즈 싱어」에서 앨 존슨의 첫 번째 유성 대사**

교적 절제된 보드빌 공연을 변신시키는 데 성공했다. 그는 무대에 활력을 불어넣는 존재감의 소유자였으며 브로드웨이의 주요 작품을 공연할 때는 연기를 중단하고 관객에게 다가가서 공연을 마저 다 보고 싶은지 아니면 지금 당장 노래를 듣고 싶은지 묻곤 했다. 관객들은 언제나 후자를 선택했고, 그러면 그는 한 시간 동안 그들을 위해 노래를 부르곤 했다. 1928년 존슨은 「싱잉 풀 Singing Fool」에서 "Sonny Boy"를 불러 미국 최초로 밀리언셀러 앨범을 기록했다. **RC**

# 만화영화「증기선 윌리 Steamboat Willie」 개봉

디즈니 스튜디오를 글로벌 브랜드 반열에 올려놓은 최초의 유성 만화 영화의 탄생.

▲ 단편 만화영화「증기선 윌리」의 한 장면.「증기선 윌리」는 미키 마우스를 대중의 뇌리에 각인시킨 실질적인 데뷔작이라 할 수 있다.

미키 마우스라는 이름의 생쥐를 등장시킨 8분짜리 흑백 만화영화가 영화 산업을 유성영화의 시대로 끌어들였다.「증기선 윌리」는 최초의 미키마우스 영화도 아니고(그 전에 이미「프레인 크레이지 Plane Crazy」라는 작품이 있었다), 유성 기술을 활용한 최초의 단편 만화 영화도 아니었다(베티 붑을 만든 맥스 플라이셔가 이미 유성 기술을 사용했었으며, 그 몇 달 전에는 폴 테리의「디너 타임 Dinner Time」이 최초로 이 기술을 시도하였다). 그러나 대중의 상상력을 사로잡은 것은 사람을 흉내낸 깜찍한 생쥐와 그의 익살스런 모험담이었다. 셀 애니메이션(Cell Animation, 플라스틱 평면 비닐에 움직이는 캐릭터만을 각 프레임별로 설계하고, 주요 배경은 그대로 두는 방식)은 캐릭터, 장면, 그리고 배경을 매 프레임마다 다시 그리지 않아도 되게 해주었으며 덕분에 1920년대 만화영화는 영화관의 단골 상영작이 되었다.

월트 디즈니는 어브 이웍스와 함께 스튜디오를 차렸으나 곧 망하고 말았다. 두 사람은 함께 할리우드로 가서 운을 걸어보기로 했다. 디즈니는 기차 안에서 낙서를 하며 빈둥거리며 새 캐릭터를 만들어냈는데, 이것이 바로 미키 마우스였다. 이웍스가 동작을 애니메이션 작업하고, 소규모 팀이 애니메이션 셀의 제도를 맡아, 디즈니는 그리 오래지 않아 세 편의 미키 마우스 만화영화를 세상에 내놓게 되었다. 그러나 먼저 만든 두 편의 무성영화의 배급사를 찾지 못하자, 그는 세 번째 영화에 사후 작업으로 사운드를 씌우게 되었다. 디즈니의 만화영화는 위대한 캐릭터를 창조해냈음은 물론 음악을 배경에서 분리시키는 대신 영화의 시각적인 리듬을 위한 드라마틱한 원동력으로 사용했을 때 어떤 효과를 나타내는지를 증명하였다. **JJH**

# 시카고의 학살

미국 역사에서 가장 악명 높은 갱단 살해 사건인 발렌타인데이 학살이 일어난다.

시카고 경찰은 금주법 시대 불법 밀주 거래를 둘러싼 갱단들 간의 알력 싸움이 원인이라고 지목하였다.

일곱 명의 남자가 시카고의 한 주류 창고에 일렬로 세워져 총살 당했다. 무차별로 총탄을 발사한 네 사람 가운데 두 명은 톰슨 소형 기관총으로 무장하고 있었다. 이들은 악명 높은 갱 "머신 건" 잭 맥건이 고용한 하수인들이었다. 살인자 중 두 사람은 경찰관 제복을 입고 있었으며, 경찰차처럼 보이는 승용차를 타고 현장에 왔기 때문에 희생자들은 자신들이 체포 당한다고 여겨 별다른 저항을 하지 않은 것으로 밝혀졌다 (그리고 이 때문에 시카고 경찰청장을 격노케 했다). 학살이 끝나자 사복 차림의 두 사람은 머리 위에 손을 올리게 하고 두 명의 "형사"에게 이끌려 차고 밖으로 나와 경찰차를 타고 도주했다. 희생자 중 여섯 명은 조지 "벅스" 모런이 이끄는 아일랜드계 노스 사이드 갱단의 멤버들이었으며, 다른 한 사람은 우연히 그 자리에 끼게 되었던 기술자였다. 그가 정말로 갱단과 아무 관계가 없었는지에 대해서는 수많은 논란이 있었다.

"벅스" 모런은 뒤늦게 도착하는 바람에 가까스로 목숨을 건질 수 있었다. 모런은 난폭하고 변덕이 심하기로 유명했으며 오랫동안 라이벌 알 카포네가 이끄는 이탈리아계 사우스 사이드 갱과 전쟁 중이었다. 사건 발생 당시 카포네는 플로리다 마이애미 비치에 있는 자택에 얌전히 머무르고 있었지만, 그가 이 사건을 최종 지휘했거나, 아니면 적어도 계획을 승인했음을 의심하는 사람은 아무도 없었다. "머신 건" 맥건은 카포네의 수하 중에서도 높은 평가를 받고 있었으며, 모런 갱단이 그를 살해하려 했던 시도가 무산된 지 그리 오래지 않았을 때였기 때문이다. 발렌타인데이 학살로 치명타를 입었음에도 불구하고 모런은 1930년대 초까지 자신의 영역을 지켜냈다. **RC**

# 제1회 아카데미상 시상식

## 더글러스 페어뱅크스 시니어가 훗날 오스카라 불리게 되는 열 다섯개의 황금 트로피를 수여하다.

더글러스 페어뱅크스가 재닛 게이너에게 초대 아카데미 여우주연상을 시상하고 있다. 오스카상이 지금처럼 빛나는 영광을 의미하게 된 것은 훨씬 훗날의 일이었다.

"머리는 반밖에 없고,
그나마 뇌가 있어야 할 부분은 완전히
떨어져 나갔군."

**프랜시스 매리언, 오스카 입상에 대하여**

미국 영화예술과학 아카데미상이 정식 명칭인 아카데미상은 대중에게 영화의 이미지를 부양시키기 위한 홍보 활동의 일환으로 제정되었다. 이후 아카데미 상은 세계에서 가장 권위있는 상으로 발전하였으며, 매년 열리는 시상식은 전 세계의 시청자들이 손꼽아 기다리는 연례 행사가 되었다. 초대 아카데미상은 로스앤젤레스의 할리우드 루스벨트 호텔에서 약 200명의 내빈들이 참석한 가운데 열린 만찬장에서 대내외의 존경을 한몸에 받는 할리우드 배우 더글러스 패어뱅크스 시니어가 시상하였다. 기사의 긴 칼을 차고 필름 릴 위에 서 있는 황금 입상 열 다섯 개가 1927년부터 1928년 사이에 만들어진 영화들에게 안겼다. 이 트로피는 1931년까지는 "더 스테추잇(The Statuette)"으로 불렸다. 전해지는 이야기에 따르면 아카데미의 사서였던 마거릿 헤릭이 자신의 "오스카 삼촌"을 닮았다고 말한 데에서 오스카라는 이름이 유래했으며, 이후 쭉 이 애칭으로 불리고 있다.

초대 작품상의 영예는 무성영화 「날개 Wings」가 거머쥐었다. 이 영화는 제1차 세계대전 당시 전쟁으로 폐허가 된 프랑스에서 두 명의 미국 공군 비행사가 겪는 이야기를 그리고 있다. 이들은 스펙터클한 비행의 연속 속에서 죽음을 경험하며, 한 여인(클라라 보우분)의 마음을 얻기 위해 경쟁한다. 윌리엄 웰먼이 감독한 이 작품에는 젊은 시절의 게리 쿠퍼가 조종사로 출연한다. 음향효과와 배경음악은 있지만 등장인물들의 대화는 없다. 이 영화는 아카데미 작품상을 수상한 유일한 무성영화로 기록된다. 2회와 3회 작품상은 뮤지컬 영화 「브로드웨이 멜로디」와 「서부전선 이상없다」에게 돌아갔다.

1929년의 남우주연상은 두 편의 영화(「육체의 길」과 「마지막 명령」)에 출연한 에밀 재닝스가, 여우주연상은 세 편의 영화(「일곱번째 천국」, 「거리의 천사」, 「해돋이」)에서 주연을 맡은 재닛 게이너가 받았다. **RC**

# 월스트리트 대폭락

**주식시장 대폭락과 함께 광란의 20년대는 막을 내리고 대공황의 암흑에 뒤덮인 30년대가 찾아왔다.**

10월 24일 목요일은 서늘하고 다소 흐린 날이었다. 주식시장이 개장하는 오전 10시, 바깥 기온은 고작 10℃밖에 되지 않았다. 그럼에도 대다수의 거래인들 사이에는 가벼운 낙천적인 분위기가 퍼져 있었다. 9월 다우존수 지수가 최고점인 381을 돌파한 이후 주가는 다소 상승세가 꺾이긴 했지만, 바닥은 지난 것으로 보였고, 이미 주식을 처분한 투자자들은 더 싼 가격에 재매입을 할 수 있다며 자축하고 있었다.

개장 후 첫 30분간 소폭의 내림세가 지속되었을 뿐 별다른 변화의 징후는 보이지 않았다. 그리고 둑이 무너졌다. 매도 주문을 외치는 목소리가 홍수처럼 곳곳에서 터져 나왔다. 불안해진 군중이 브로드 스트리트와 월스트리트가 만나는 모퉁이에 위치한 증권거래소 밖에 모여들었다. 유수 금융인들이 황급히 모여 시장을 지탱할 것을 약속했으나 이미 때는 늦었다. 투자 심리는 얼어붙은 뒤였다. 어쩌면 시장이 필요로 하는 조정장은 아니었을까? 그러나 이것은 지금까지 전례가 없었던 베어마켓의 시작에 불과했다. 주가 하락은 1932년 6월까지 계속되었으며, 미국 주식시장 시가총액의 90퍼센트가 증발했다.

문제의 뿌리는 소설가 F. 스콧 피츠제럴드의 표현을 빌리자면 "더 이상 천박할 수 없을 정도로 흥청망청했던" 1920년대에 있었다. 투기는 기업의 가치와 상관없는 주가의 폭등으로 이어졌다. 투자 심리가 높고 사람들이 여전히 매수를 외칠 때에는 문제가 없었지만, 일단 투자 심리가 꺾이고 나자 대규모 패닉이 마치 전염병처럼 퍼져나갔다.

월스트리트의 대폭락은 공황과 대량 실업으로, 다시 1933년부터는 루스벨트의 뉴딜로 이어졌다. 유럽의 상황은 더욱 심각했다. 미국이 유럽에 빌려준 자금을 거둬들이고 유럽의 대미 수출 시장이 막히면서 취약했던 민주주의가 무너지고 나치즘, 파시즘, 그리고 전쟁의 시대가 막을 올렸다. **RP**

▲ 경제 붕괴 뉴스가 퍼져나가는 가운데 뉴욕 증권거래소 밖에 모여든 군중들.

> "주가 하락이 전국의 크고 작은 투기꾼들을 가리지 않고 나락으로 끌어내렸다."
>
> **뉴욕 타임즈, 1929년 10월 25일**

# 소금의 행진

소금세 부과에 저항한 간디의 비폭력 운동은 인도 독립을 향한 중요한 첫걸음이었다.

단디는 인도 서부 해안에 위치한 평범하기 그지없는 어촌이었지만, 1930년 4월 5일부터 6일까지 이곳에서 일어난 일들은 결코 평범하다 할 수 없었다. 첫째 날, 머리를 수그리고 손에는 지팡이를 쥔 모한다스 카람찬드 간디가 도착했다. 간디는 아메다바드에서 시작된 기나긴 행진으로 퉁퉁 부어 있었던 발에, 구자라트 해안의 진흙은 마치 벨벳과도 같다고 탄성을 질렀다. 더욱 놀라운 것은 그와 함께 온 사람들이었다. 행진을 시작할 때에는 78명이었던 군중이 수천 명으로 늘어나 있었다. 남녀노소 구분이 없었고 자전거와 오토바이로 함께 한 사람들도 있었다. 음유시인, 행상인, 사진작가, 언론의 사진기자도 끼어 있었다. 이들은 이 역사적 사건의 증인이 되기 위해 온 것이었다. 다음날 아침 일찍, 썰물이 개펄에서 빠져나가자 간디는 바닷물에서 자연적으로 생성된 소금 한 알갱이를 집어들어 공개적으로 영국 총독의 절대 권력에 저항하였다.

1929년 인도 국민회의는 투표를 통해 1년 내에 독립하기로 결정을 내렸으나 이 과업은 결국 간디의 두 어깨에 지워졌다. 간디는 오직 정부에게서만 소금을 살 수 있도록 규정한 법안에 저항하기로 결심하고 그의 지지자들에게도 동참을 독려하였다. 이것이 야말로 모든 인도인이 공감할 수 있는 이슈였던 것이다. 간디는 인도인들이 협력을 거부한다면 인도의 협조에 기반을 두고 있는 인도 총독의 권력도 붕괴할 것이라고 보았다. 사티아그라하, 즉 비폭력 불복종 운동은 결국 독립에 결정적 역할을 하게된다. 간디는 투옥되었으며 곧 감옥들이 넘치게 되었다. 소금의 행진이 영국의 식민 통치를 몰아낸 것은 아니었지만, 전 세계 여론이 간디에게 기울자 총독은 이듬해 간디와 개인적으로 회담을 가질 수밖에 없었다. 인도가 독립을 쟁취하는 순간까지, 이 성자와도 같은 독립운동가는 영국인들에게 손끝의 가시와 다름없는 존재였다. **RP**



# 날개와 기도

에이미 존슨이 영국-오스트레일리아간 단독 비행에 성공한다.

"제이슨"이라는 이름으로 불린 그 비행기는 단일 집시 엔진을 장착한 중고 모스 경비행기였다. 이 비행기는 나무와 섬유로 제작되었으며 오픈에 제어장치라고는 단 4가지—고도계, 대기속도계, 나침반, 그리고 선회경사계—밖에 장착되어 있지 않았다. 심지어 라디오조차 없었다. 조종사의 이름은 에이미 존슨, 영국에서 최초로 지상직 엔지니어 자격증을 딴 여성 중 하나였지만 새내기 조종사에 불과했다. 그녀는 여분의 프로펠러와 리볼버 한 자루, 칼 한 개 등 최소한의 필수품만 지니고 비행기에 올랐다. 1930년 5월 5일 1만 7,600여 km의 여정에 오른 존슨은 5월 24일 다윈에 무사히 착륙함으로써 역사적인 비행을 완수함과 동시에 영국-오스트레일리아간 단독 비행에 성공한 최초의 여성이 되었다. 꼬박 19일이 걸린 비행이었다.

> " . . .나는 (이 비행 전까지) 심지어 영국 해협도 건너본 적이 없는 사람이었다. 나 자신의 무모함에 스스로도 놀랐다."
>
> **에이미 존슨**

제1차 세계대전 덕분에 비행에 대한 인지도가 크게 올라갔으며, 위대한 비행은 언제나 뉴스거리가 되곤 했다. 에이미 존슨은 버트 힝클러가 기록한 16일을 깨고 남성이 주도하고 있는 세계에서 여성이 1인자가 될 수 있다는 사실을 증명하고자 했다. 에이미 존슨의 비행은 전 세계의 주목을 끌었다. 영국 국왕 조지 5세로부터 축전을 받은 것은 물론 데일리 메일紙로부터 1만 파운드의 격려금까지 받았다. 존슨이 귀국했을 때 약 100만 명의 시민들이 거리로 나와 그녀의 위업을 축하했다. **RP**

▶ 1930년 5월 5일, 역사적인 여정에 오르기 직전의 에이미 존슨

MOTH

# 웅장한 마천루

**세계 최고층 건물인 엠파이어 스테이트 빌딩이 화려하게 공식 개관한다.**

▲ 뉴욕의 스카이라인은 엠파이어스테이트 빌딩의 건립으로 드라마틱하게 바뀌었다.

"그 비싼 임대료를 감당할 수 있는 사람이 아무도 없었기 때문에 '엠프티 스테이트 빌딩'이라고 불렸다."

**어빈 브로드, 엠파이어 다이아몬드사 사장.**

맨해튼 한복판에 웅장한 아르데코 양식으로 우뚝 솟은 엠파이어 스테이트 빌딩(381m)는 대공황의 늪에 가라앉아 있던 미국의 자존심을 대변하고 있다고 해도 과언이 아니었다. 5번가와 34번가 모퉁이에 자리 잡은 이 빌딩은 뉴욕 주의 별명을 따서 명명됐으며 전 뉴욕 주지사인 앨 스미스가 공식적으로 개관을 선포했다. 스미스의 어린 손자들이 리본을 잘랐다. 또 한 명의 전 뉴욕 주지사 앨프리드 E. 뉴먼이 건축회사 사장이었으며 개관식 당시 워싱턴에 있었던 허버트 후버 대통령이 빌딩의 점등 스위치를 눌렀다.

1930년 성 패트릭 축일(3월 17일)에 시작된 공사에는 3,000명 이상의 인부와 400t 이상의 스테인리스 스틸, 그리고 1,000만 개 이상의 벽돌이 쓰였다. 꼭대기의 첨탑은 원래 비행선의 착륙장으로 설계되었지만, 빌딩으로부터의 상승 기류 때문에 도크와 접촉이 거의 불가능해지면서 결국에는 비현실적인 의도로 판명되었다. 슈리브램앤드하먼 건축사무소의 그레고리 존슨이 설계한 이 위대한 건축물은 최상단부 기준 시속 160km의 강풍에도 견딜 수 있다. 6,400개의 창문과 70개가 넘는 엘리베이터가 있는 이 빌딩은 2만 명이 넘는 사람들의 오피스 공간으로, 1954년까지 세계 최고층 건물이었다.

1945년 짙은 안개로 인해 B-25 미첼 폭격기가 사고로 79층을 들이받아 14명이 사망하는 사고가 있었다. 한 엘리베이터 승무원은 엘리베이터에 탄 채로 75층을 추락하였지만 살아남아 당시의 정황을 증언하였다. 지금까지 엠파이어 스테이트 빌딩에서 뛰어내려 자살한 사람은 모두 30명이 넘는다. 1979년에는 86층에서 뛰어내린 한 여인이 기류 때문에 바로 아래층으로 다시 빨려들어가 엉덩이뼈만 부러졌을 뿐 멀쩡하게 살아남은 진기한 경우도 있었다. **RC**

# 알 카포네 11년형 선고

**"스카페이스"가 연방 대배심으로부터 탈세 혐의로 유죄 판결을 받다.**

후버 재임 당시 연방 정부는 알 카포네를 파멸시키기로 작정했다. 오랜 노력은 1931년, 카포네가 조세 사기 혐의로 유죄 판결을 받으면서 마침내 결실을 맺었다.

미국 최고의 악명을 떨친 갱인 카포네는 1917년 코니아일랜드의 한 바에서 경비원으로 일하던 당시 뺨에 입은 상처때문에 언론으로부터 "스카페이스(Scarface)"라는 별명으로 불리웠다. 그의 친구들은 그를 "스노키(Snorky)"라고 불렀다. 카포네는 1920년 경 시카고로 이주하여 또다른 뉴욕 출신의 이탈리아계 이민 존 토리오와 합류하면서 명성을 쌓기 시작하였다. 토리오는 시카고의 사우스사이드 지역에서 매음굴을 운영하고 있었으며, 금주법이 통과되자 밀주 밀매로 큰 돈을 벌었다. 그리 오래지 않아 토리오는 은퇴했고, 1925년부터 카포네가 그의 조직을 물려받았다. 카포네는 도박업에 손을 뻗쳤으며, 시카고 정계에서 점점 영향력이 막강해졌다.

카포네는 기자들과도 가까운 관계를 유지했으며, 이들 중에는 카포네를 개인적으로 좋아하는 이들도 많았다. 그러나 그의 악명이 점점 높아지면서 경찰의 주목을 끌지 않을 수 없게 되었다. 카포네는 1928년 플로리다의 마이애미 비치에 저택을 사들인 뒤 시카고에는 점점 발길이 뜸해졌다. 1929년 애틀랜틱 시티에서 열린 범죄 조직 회합에 참석한 뒤 체포되어 불법 무기 소지죄로 1년을 살기도 했다. 그러나 난공불락일 것 같았던 알 카포네를 무너뜨린 것은 다른아닌 국세청의 세무조사였다. 1931년 카포네는 탈세 혐의로 기소되었으며 연방 대배심에서 23개 항목 중 5개에서 유죄를 선고받고 11년형을 언도받았다. 미국 연방 대법원은 상고를 기각하였고, 카포네는 애틀랜타 교도소에 수감되었다가 샌프란시스코 베이에 있는 알카트라스 감옥으로 이감되었다. 1938년 의사들은 매독균이 뇌로 전이되었다는 진단을 내렸고, 이듬해 카포네는 가석방되었다. 플로리다에 정착한 이후 그의 세력은 점점 쇠퇴하여 1947년 사망하였다. **RC**

▲ 조세 포탈 혐의로 재판 중이던 알 카포네가 법정을 나서면서 기다리던 사진 기자들에게 윙크를 하고 있다.

"수치스러운 시대의 상징. . . 카포네는 악의 꿈이 만들어낸 믿을 수 없는 피조물이었다."

**1947년, 뉴욕 타임즈에 실린 카포네의 부고 中**

# 나치 수상 탄생

히틀러의 수상 임명과 함께 독일 민주주의의 종말이 시작된다.

▲ 1933년 6월 히틀러 수상이 에어푸르트에서 군대를 사열하고 있다.

약속 시간은 오전 11시였다. 힌덴부르크 대통령은 지난 5년간 이런 종류의 만남에 익숙해져 있었으며, 이미 5명을 임명한 경험이 있었다. 그렇다고 힌덴부르크가 "보헤미아 상병놈(der böhmische Kapral, 힌덴부르크가 히틀러에게 붙인 별명)"에게 조금이라도 호감이 있었다는 이야기는 절대 아니며, 시간이 흘러갈수록 점점 더 신경질을 냈다. 히틀러 일행이 도착한 것은 정오가 조금 넘어서였다. 힌덴부르크가 짧은 연설을 마치자 히틀러는 당의 이해관계를 떠나 국가의 안녕을 위해 자신의 임무를 다할 것을 선서하였다. 힌덴부르크는 고개를 끄덕였다. 이제 독일의 수상이 된 아돌프 히틀러는 즉각 헌법을 수호할 것을 맹세하는 내용의 연설을 시작했다. 힌덴부르크는 대답조차 하기 싫다는 태도로 단 한 문장으로 절차를 끝내버렸다. "자, 제군들. 신의 가호가 함께 하기를."

사실 어떻게 보면 히틀러가 수상이 되는 것은 거의 시간 문제였다. 어쨌든 나치당은 총 유권자수의 1/3의 지지를 받은 제국의회의 최대 다수당이었던 것이다. 이제는 히틀러의 차례였다. 식물인간이 돼버린 민주주의 시스템과 붕괴 직전에 비틀거리고 있는 경제와 싸워야만 했다. 그러나 히틀러는 공공연한 민주주의의 적이었으며 갈색 셔츠를 입은 그의 준군사 조직은 수년간 거리에서 폭동을 일으키고 있었다. 힌덴부르크가 그를 수상으로 지명하기를 주저한 것도 무리는 아니다. 그러나 공산주의를 두려워하던 산업가들은 히틀러를 지지했다. 히틀러가 해악을 끼쳐봤자 얼마나 끼치겠는가? 히틀러의 추종자들은 의회와 내각에서도 소수에 불과했다. 그러나 불과 몇 달만에 히틀러는 독재자가 되었으며, 그리 오래지 않아 히틀러가 무슨 짓을 할 수 있는지 전 세계가 알게 되었다. **RP**

# 화염에 휩싸인 민주주의

베를린의 제국의회 의사당이 불타면서 히틀러는 독재자가 될 준비를 끝냈다.

▲ 제국의회 의사당 화재로 히틀러는 권력을 완전히 수중에 넣었고 민주주의는 나치즘에 자리를 내주게 된다.

그날 밤 9시 45분, 구역 소방서에 비상 전화가 울렸다. 제국의회 의사당 건물에 불이 났다는 것이었다. 몇 분만에 소방차들이 쾨니히스 광장으로 달려갔고, 소방관들은 할 수 있는 최선을 다했지만, 오전 12시 30분 경 불길이 잡혔을 때에는 이미 회의장이 잿더미로 변한 뒤였다. 유리로 만든 쿠폴라—베를린 시민들이 "유럽에서 가장 큰 둥근 치즈"라고 불렀던—는 열로 인해 갈라졌으며, 참나무 벽판으로 장식한 반원형 계단식 강당이 타오르는 광경은 그야말로 장관이었다. 현장에 가장 먼저 도착한 나치당원은 헤르만 괴링, 그 뒤를 이어 아돌프 히틀러가 모습을 드러냈다. 괴링은 히틀러에게 공산주의자들의 방화가 틀림없다고 말했고, 히틀러는 이 주장에 기꺼이 동의했다. 민주주의 선거 운동이 진행되고 있는 바로 그 순간에 공산주의자들이 권력 탈취를 기도하고 있었던 것이다. 무쇠 주먹으로 그들을 진압해야 마땅했다.

제국의회 화재는 매우 편리한 구실이었으며, 일각에서는 나치가 불을 질렀을 것이라고 주장하기도 했다. 그러나 사실 방화범은 단 한 사람이었고 마리누스 반 데르 루베라는 이름의 네덜란드인이었다는 것이 정설이다. 그는 노동자 계층을 선동하여 폭동을 일으키려 했던 좌익분자였다.

이튿날 비상사태가 선포되고 공산주의자 색출이 시작되었다. 공포와 억압이 짓누르는 분위기 속에서 나치당은 3월 5일에 열린 총선에서 승리한 것은 물론 대의원들이 모여 히틀러에게 독재 권력을 부여하는 법안을 통과시키기에 충분한 의석수를 얻었다. 제국의회와 함께 독일의 민주주의도 화염 속으로 사라져 버린 것이다. **RP**

1933년 3월 4일

# 희망의 메시지

**루스벨트의 대통령 취임과 함께 거대한 변화의 시대가 막을 올린다.**

대공황에도 불구하고 국회의사당에서 열린 대통령 취임식은 예년과 다름없이—혹은 거의 다름없이—성대하게 열렸다. 1933년 3월 4일 군악대의 나팔 소리가 정오를 알리자 신임 대통령은 부축을 받으며 군사 위원회 회의실에서 상원 회의장으로 들어섰다. 루스벨트는 10여 년 전 소아마비로 하반신이 마비되었기 때문에 아들의 도움을 받아야 했다. 루스벨트가 손을 얹고 선서를 한 성경은 300년 동안 루스벨트 가문에 전해 내려오는 네덜란드어 성경이었다. 루스벨트는 취임 연설에서 다음과 같이 역설하였다. "우리가 두려워해야 할 단 한 가지는 오직 두려움 그 자체입니다."

> "이 나라는 행동, 그것도 즉각적인 행동을 필요로 합니다. 우리는 행동할 것이며, 신속하게 행동할 것입니다."
>
> **프랭클린 D. 루스벨트**

그는 과감하고, 즉각적이고, 필요하다면 비정통적인 방식으로라도 대공황을 이겨낼 것을 약속했다. 실업자가 1,300만 명에 달하고 대부분의 은행이 파산하였으며 농민들은 처절한 절망에 빠져 있던 암울한 시절에, 루스벨트의 자신감 넘치는 목소리는 미국 국민이 그토록 필요로 했던 희망의 메시지를 전달했다. 미국의 국내 생산은 1929년에 비해 절반으로 주저앉아 있었다. 루스벨트가 독재자가 될 거라고 우려하는 이도 있었지만 대다수의 미국인은 루스벨트가 미국이 굶어 죽는 것을 막고 경제를 제자리로 돌려놓을 것이라고 희망했다.

프랭클린 루스벨트의 취임과 함께 시작된 과감한 경제 정책 "100일 계획"으로 미국은 훗날 제2차 세계대전의 승전 때까지 이어지는 번영의 길로 들어설 수 있었다. 제32대 미국 대통령은 미국 역사상 전무후무한 12년의 재임 기간을 기록했다. **RP**

1934년 6월 30일

# 긴 칼의 밤

**히틀러가 최후의 경쟁자를 살해하고 전권을 장악한다.**

에른스트 룀과 "갈색 셔츠단"이라고 불렸던 나치 돌격대(Sturmabteilung, 약칭 SA) 지도자들은 독일 바이에른 주의 바트비스제에서 휴가를 보내고 있었다. 아직 그들이 곤히 잠들어 있었던 오전 6시 30분, 히틀러와 그의 개인 경호원들이 호텔로 들이닥쳐 그들을 침대에서 끌어냈고, 히틀러는 룀에게 권총을 들이댔다. 이들은 뮌헨의 슈타델하임 교도소로 보내져 자신들의 운명을 기다리게 되었고, 선전장관이었던 요제프 괴벨스는 베를린으로 암호 전보를 쳐 심복들에게 그밖의 SA 대원들을 잡아들이게 하였다. 히틀러가 직접 숙청 대상을 선별했다. 한때 히틀러의 2인자였던 그

> "그 히틀러라는 놈 멋진 녀석이로군! 정적을 어떻게 다루어야 하는지 보여주었으니."
>
> **이오시프 스탈린**

레고르 슈트라서, 바이마르 공화국의 마지막 수상이었던 폰 슐라이허, 에른스트 룀, 그 외 100여 명이 지목됐다. 나치 돌격대는 히틀러가 집권하는 데 일조하였으나, 히틀러는 그들이 원하는 권력을 줄 마음이 없었다. 돌격대원 중 일부—겉은 갈색이지만 속은 붉은색이라는 뜻으로 "비프스테이크"라는 별명으로 불리기도 했던—는 사회주의 혁명을 주창했고, 일부는 군대 장악을 요구하였다. SA의 수장으로 수많은 염문을 뿌린 동성애자이자 터프가이였던 에른스트 룀은 심지어 히틀러를 비난했다. SA가 혁명을 일으키려 한다는 소문까지 들려오자 히틀러는 조치를 취해야 했다.

히틀러는 제국의회에 룀과 그의 동료들이 반란죄로 처형되었다고 보고하고 기립박수를 받았다. 힌덴부르크 대통령이 사망하자 히틀러는 독일 군대가 "무조건적인 복종"을 약속한 제국의 총통이 되었다. 이제 어느 누구도 히틀러를 막을 수 없었다. **RP**

# 파시스트의 아프리카 침공

무솔리니의 이탈리아 군대가 에티오피아로 진군, 하일레 셀라시에 1세가 망명길에 오른다.

1935년 10월 3일 아디스아바바, 전투 개시를 알리는 북소리가 울려퍼지자 시민들이 하일레 셀라시에의 황궁으로 달려왔다. 에티오피아는 당시 독립국가였다. 궁정 의전관은 모든 에티오피아인이 무기를 들 것을 선언했다. "지금 피를 흘리지 않으면 신의 꾸중과 후손들의 저주를 받을 것이다." 오전 5시, 10만 명의 이탈리아군이 이탈리아령 에리트레아와 소말릴란드를 넘어 에티오피아로 진군하였다. 그들의 임무는 무솔리니의 파시스트 정권을 위해 이탈리아가 아프리카에 건설한 제국을 확장하는 것이었다.

하일레 셀라시에의 군대 일부는 현대식 무기를 갖추고 있지만, 대부분의 병사는 구식 소총과 창으로 무장했을 뿐이었다. 이탈리아군은 공중을 장악하고 고성능 폭탄과 독가스로 에티오피아 군인과 민간인을 공격하였다. 특히 빛났던 것은 이탈리아 공군이었다. 무솔리니의 아들 비토리오와 브루노, 사위인 갈레아초 치아노 역시 조종사로 참전하였다. 에티오피아군은 용맹하게 맞섰지만, 1936년 5월 결국 아디스아바바는 함락됐고, 하일레 셀라시에는 영국으로 망명하였다.

에티오피아는 국제동맹의 회원국이었다. 아프리카 국가가 침략 당했는데도 국제동맹 헌장이 약속한 공동 군사 작전의 도움을 받지 못했다는 사실은 "집단 안보" 정책의 발목을 잡았다. 이탈리아에 가해진 뒤늦은 경제 제재는 오히려 무솔리니로 하여금 히틀러와 손을 잡게 했을 뿐이었다. 이탈리아의 에티오피아 식민 통치는 5년간 계속됐으며, 하일레 셀라시에는 영국이 아프리카 동부에서 이탈리아군을 격파한 후 1941년에야 조국으로 돌아올 수 있었다. **RG**

◀ 이탈리아군의 침공에 맞서 싸우기 위해 자원한 에티오피아의 부족민들에게 무기가 지급되고 있다.

▶ 에티오피아 북부에서 이탈리아군이 아디그라트를 향해 진군하고 있다. 아디그라트는 파시스트 정권에 가장 먼저 무릎을 꿇은 도시 중 하나가 되었다.

# 대장정 완료

마오쩌둥의 제1방면군은 1년 동안 중국을 가로지르는 고난의 행군 끝에 옌안에 정착하였다.

대장정 후 샨시 성에서 저우언라이.

"대장정은… 홍군이 영웅의 군대라는 것을… 선포하였다."

마오쩌둥, 1935년

대장정은 수 년 동안 계속된 중국 공산당과 홍군, 그리고 장제스가 이끄는 국민당 정부 사이의 내전 와중에 쓰인 인내의 대서사시다. 1만 2,000km를 도보로 행군한 마오의 홍군 8000여 명은 1935년 10월 옌안에 당도하여 이 외진 지방에 성공적으로 정착했다.

5회에 걸친 국민당의 공격으로 거의 몰살당하다시피 했지만, 1934년 여름, 공산당 지도부는 주더(朱德)의 지휘 아래 살아남은 8만 4,000명의 당원들로 하여금 중국 동남부 장시성의 근거지를 뚫고 나와 서쪽으로 행군, 북부의 오지인 산시성으로 후퇴하여 견고한 진지를 구축하였다. 나머지 군대도 비슷한 여정을 거쳐 산시성에 이르렀다.

대장정은 그야말로 가혹했다. 공산당들은 사막을 가로지르고, 강을 건너고, 산을 넘으면서도 끊임없이 국민당의 공격을 받았으며, 질병과 굶주림과도 싸워야만 했다. 지나가는 길목에 얼마 안되는 식량을 무지막지하게 징발했기 때문에 적대하는 농민들과도 맞서야만 했다. 중국 대륙을 횡단하는 한 해 동안 마오쩌둥은 당 지도권을 확고하게 장악하였으며, 이때 취한 우회 전술과 경쟁자들—예를 들면 저우언라이(周恩來), 린뱌오(林彪), 류샤오치(劉少奇), 덩샤오핑(鄧小平)—을 무자비하게 밀어내는 전략은 평생동안 계속됐다. 마오 자신도 행군 도중에 아내와 두 아이를 죽게 내버려둘 수밖에 없었다.

비록 공산당 선전주의자들과 서방의 변증론자들이 과장, 왜곡했지만, 대장정이 아니었다면 공산당은 끝내 살아남아 1949년 중화인민공화국을 세우지 못했을 것이다. **NJ**

# 프랑코, 스페인 반란 가담

**프랑코가 스페인 내전 가담을 결정, 40년간에 걸친 집권의 초석을 놓다.**

과연 프랑코는 참전할 것인가, 참전하지 않을 것인가? 프란시스코 프랑코는 "불가사의(retranca)"하기로 이름난 갈리시아 태생이다. 프랑코가 에밀리오 몰라가 계획한 쿠데타를 지지하는 데 망설인 이유를 아무도 추측할 수 없었던 것도 아마 그 때문이었을 것이다. 프랑코가 자신을 육군 참모부장에서 카나리아 제도의 수비 사령관으로 좌천시킨 정부에 반감을 가지고 있었던 것은 확실하다. 그는 반란이 실패할 거라고 생각했을까, 아니면 어쩌면 정부가 자신이 나서 스페인을 구하기 바란다고 생각했을까? 어떤 의심을 품고 있었든지간에, 1936년 7월 17일 몰라가 내린 지령을 받은 프랑코는 마음을 정했다. 7월 18일 오전 6시 10분, 프랑코는 몰라에게 전보로 지지 의사를 표명했고, 휘하 부대를 라스 팔마스로 보내 정부 건물을 포위하도록 했다. 그런 뒤 오후 3시가 되자 영국에서 날아온 전세기 드라곤 라피데호를 타고 카나리아에서 스페인령 모로코로 향했다. 모로코에서는 비교적 저항이 적어 189명 사살으로 충분했다.

프랑코는 1910년에 군대에 들어갔으며 2년 후에 모로코에 배치되었다. 그는 순식간에 명성을 쌓았다. 그가 조련한 아프리카 부대의 프로페셔널리즘은 프랑코의 전문 지식과 기강에 힘입은 바 컸다. 이제 이들의 존재는 스페인 본토에서 핵심적인 역할을 담당하게 되었다. 스페인 함대는 공화군의 수중에 있었지만, 프랑코는 무솔리니와 히틀러의 원조를 받아 자신의 부대 전체를 해협 너머로 수송하는 데 성공했다. 스페인의 쿠데타는 빠른 속도로 내전으로 변해갔다. 이러한 초기 실패가 프랑코가 민족주의 지도자로 급부상하도록 길을 터준 셈이다. 1939년 5월 유혈이 낭자한 내전에서 승리를 거둔 것은 프랑코였다. 실제로 프랑코는 1975년 사망할 때까지 스페인의 독재자로 군림했다. **RP**

▲ 스페인 토레혼에서 프랑코의 병사들이 포로들 사이에서 무기 수색을 하고 있다.

"열광적인 환영과 … 승리를 향한 눈먼 믿음 … 을 받아들이시오. 스페인이여 영원하라."

**프랑코가 몰라에게, 1936년 7월 18일**

SA
31
31

# 제시 오언스 금메달 획득

**오언스의 승리가 히틀러가 주장하는 아리아인의 인종적 우수성을 뒤집어 엎는다.**

올림픽은 의심의 여지 없이 나치 정권의 쇼케이스였다. 이전까지 올림픽은 이토록 화려하고 영예로운 행사가 아니었다. 레니 리펜슈탈은 훗날 영화 「올림피아 Olympia」에서 이 스펙터클한 광경은 물론 독일의 아리아 혈통 젊은 이들의 투쟁 정신과 그들의 정신적 지도자 아돌프 히틀러—"한 국가와 그 국민들에게 형태를 부여하는 신"—의 위엄을 재연해냈다. 놀랄 일도 아니지만 독일은 메달 집계에서 수위를 달렸다. 그러나 나치에게는 불운하게도 53개 참가국의 5,000명의 출전 선수 가운데 가장 독보적인 성공을 거둔 선수는 미국의 육상선수 J. C. (제시) 오언스—흑인이며, 따라서 당연히 아리아인도 아닌—였다. 그는 10.3초의 기록으로 100m에서 금메달을 획득한 뒤, 200m에서는 20.7초의 올림픽 신기록을 세웠다. 멀리뛰기에서는 8.06m로 또 하나의 올림픽 신기록을 세우며 독일의 루츠 롱을 2위로 밀어냈으며, 400m 계주에서는 미국팀을 세계 신기록으로 이끌었다.

오언스가 승리한 뒤 서둘러 경기장을 떠나는 히틀러의 모습을 담은 사진들은 원래 의도와는 다르게 편집되었다. 오언스는 히틀러가 자신에게 손을 흔들었다고 믿었으며, 독일에서 받은 대접에 퍽 만족해 했다. 실제로 독일의 운동선수들과 시민들은 오언스에게 기꺼이 축하를 건넸다.

오언스는 그의 성과는 물론 개인적인 매력, 겸손함, 훌륭한 매너로 아리아인이 최고의 인종이며 흑인은 열등하다는 나치의 망상이 기만이라는 사실을 증명했다. 그러나 히틀러는 진실에 승복하기를 거부했다. 우등 인종에 대한 그의 믿음은 제2차 세계대전과 나치 국가의 완전한 붕괴로 이어졌다. **RP**

◀ 멀리뛰기에서 우승한 뒤 시상대에 오른 오언스. 타지마 나오토가 은메달을, 빌헬름 라이훔이 동메달을 획득했다.



# 모스크바의 참극

**스탈린의 공개 재판으로 소련의 공포 시대가 막을 올리다.**

이 최초의 공개재판은 1936년 8월, 모스크바의 무역노조 건물의 호화로운 연회장 "10월 전당"에서 열렸다. 참석자는 반란죄로 기소된 16명의 피고와 제복 차림의 대법원 판사 3명, 검사 안드레이 비신스키, 그 밖의 법원 직원들, 그리고 350명의 일반 대중이었다. 이들은 크리스탈 샹들리에 아래 쿠션이 깔린 긴 의자에 앉았다. 전세계에서 몰려온 기자들과 정권 수장인 이오시프 스탈린도 있었다.

정의는 실행될 것이었다. 그러나 비신스키가 피고들을 "거짓말쟁이에 광대들"이라고 비난하고 나서 어떤 증거도 제출되지 않았다. 이는 서방의 사고 방식으로는 상당히 거슬릴 수밖에 없었다. 그러나 피고들은 죄를 시인했으며 심지어 때때로 서로를 비난했다. 뉴욕 타임스의 표현을 빌리자면 "사형집행인의 그늘 속 언론의 자유"였다. 처형당한 고위 인사들 중에는 그리고리 키노비에프와 레프 카메네프, 그 외에도 1917년 혁명에서 핵심 역할을 한 14명의 볼셰비키가 포함되어 있었다. 재판이 진행되는 동안 피고들은 또 하나의 "트로츠키주의자들의 온상"을 비판하였다. 더 많은 재판과 숙청이 뒤따랐고, 탄압은 스탈린의 일상이 되었다. 자백만 받아내면 되었고, 사람들의 입을 여는 방법은 많았다. 1956년에야 소련은 스탈린이 자국민에 대한 범죄를 저질렀음을 시인하였다. **RP**

> "미친 개들은 쏴버려야 한다
> —단 한 마리도
> 남김없이!"
>
> **안드레이 비신스키**

# 국왕 퇴위

**에드워드 8세는 심프슨 부인과 결혼하기 위해 대영제국 왕좌에서 스스로 물러난다.**

윈저 성에서 BBC 사장은 연사를 소개할 때 "에드워드 왕자 전하"라고 소개하였다. 이제는 전 국왕이 된 에드워드 8세는 대영제국 국민들에게 월리스 심프슨 부인과 결혼하기 위해 왕위를 아우에게 이양한다고 설명하였다. "나는 이제 모든 공식 활동을 중지하고 무거운 짐을 내려놓는다… 신이여 국왕을 보호하소서." 교회는 안도했다.

조지 5세는 그의 전기 작가에 따르면 수십 년 동안 동물 사냥과 우표 수집 외에는 아무 것도 한 일이 없었지만, 적어도 결혼 생활에 있어서는 모범적이었다. 1936년 그의 뒤를 이은 플레이보이 장남과는 딴판이었다. 많은 사람들이 그가 영국의 실업자들과 히틀러의 독일에 지나치게 온정적이라고 생각했다. 그러나 심프슨 부인—"서민"에 미국인, 그리고 영국 수상의 표현을 빌리자면 "불가능한"—과 결혼하겠다고 한 것은 좀 심했다. 심프슨 부인은 두 번 이혼 경력이 있었으며, 영국 국왕이 수장인 영국 국교회의 교리에 따르면 결혼은 "죽음이 갈라놓을 때까지" 유지됐다. 에드워드는 그녀를 잃고 왕위를 지키느니 그녀와 넉넉한 경제적 정착을 선택했다. 만약 에드워드가 왕위를 내놓지 않고 결혼했다면, 헌법의 위기가 닥쳤을 것이다. 그러나 모두가 알다시피 에드워드는 왕좌에서 내려왔고, 조지 6세가 즉위하였으며, 에드워드와 월리스는 결혼하여 여생을 함께 보냈다. **RP**

> "나는… 국왕으로서… 책임감의 무거운 짐을 견딜 수가 없다는 것을 깨달았다."
>
> **1936년 12월 10일 방송 연설에서 에드워드 8세**



# 게르니카 폭격

**게르니카의 비극이 바스크족에 대한 프랑코의 잔인함을 그대로 보여준다.**

1937년 4월 26일은 장날이었다. 스페인의 중세 도시 게르니카의 광장은 사람들로 북적였다. 오후 4시 30분, 교회 종소리가 공습 경고를 알렸고, 사람들은 공공 대피소로 지정된 지하실로 들어갔다. 단 한 대의 비행기가 나타났다. 독일 콘도르 비행단의 하인켈 51 폭격기였다. 하인켈 51은 자기 몫의 폭탄을 투하한 뒤 사라졌고 피해는 그다지 크지 않았다. 공습이 끝났다고 생각한 사람들은 대피소에서 나와 부상자들을 구조하기 시작했다. 그 순간 콘도르 비행단 전체가 모습을 드러냈고, 폭탄이 빗발치듯 떨어졌다. 지하 대피소는 이런 대규모 폭격을 견뎌낼 만큼 강하지 않았으며, 사람들은 미친 듯이 들판으로 도망가는 수밖에 없었다. 바로 이때 하인켈 51 폭격기 부대가 저공 주행하며 사람들에게 총알을 퍼부었다. 마침내 5시 15분, 독일 융커 52 폭격기 비행대대 3개가 도착했다. 이들은 2시간 30분 동안 무차별 폭격을 가했다. 바스크 주정부는 후에 1,654명이 사망했고 889명이 부상 당했다고 발표했다.

게르니카 폭격은 스페인 내전에서 전략적 목적이 전혀 없는 공격이었다. 프랑코의 진짜 속셈은 바스크 민족주의를 뿌리뽑는 것이었다(게르니카는 바스크 지방의 중심지였다). 한편 히틀러에게는 공군을 훈련시킬 훌륭한 기회였다.

프랑코는 공격을 부인했고, 이후 오히려 바스크인들을 비난했다. 그러나 당시 게르니카 지방에는 4명의 외국인 기자들이 있었으며 그리 오래지 않아 진실이 밝혀졌다. 전 세계가 충격에 빠졌다. 파블로 피카소는 경악했고, 2개월 뒤 그의 암울하기 그지없는 걸작이 완성되었다. 민간인을 합법적인 공격 목표로 삼은 이 학살은 20세기 야만주의의 새로운 끔찍한 형태였다. **RP**

▶ 폭격이 끝난 뒤 폐허가 된 게르니카의 거리. 운이 좋았던 개 한 마리만이 살아 있는 유일한 생물체다.

BILBAO
LEQUEITIO

# 화염에 휩싸인 체펠린

## 힌덴부르크호에서 일어난 엄청난 폭발로 비행선 제조가 중단된다.

▲ 이만한 폭발이 일어났는데도 생존자가 있으리라고는 상상하기 어렵지만, 기적적으로 승객의 2/3가 살아남았다.

한때 체펠린이 등장하면 경보가 울리던 시절이 있었다. 가스를 채운 이 경식 비행선은 제1차 세계대전 동안 공습에 사용되었기 때문이다. 하지만 그 이후부터 일반적인 승객 운송용으로 여겨지고 있었다. 독일의 호화 비행선 그라프 체펠린호는 1928년 대서양 횡단에, 1929년에는 세계일주에 성공하였으며, 사고 한 번 없이 160만km 이상을 비행하였다.

당시 역사상 가장 큰 비행선이었던 힌덴부르크호는 프랑크푸르트를 출발하여 1937년 5월 6일 미국 뉴저지주 레이크허스트로 접근했다. 이 새로운 경이를 구경하기 위해 관중이 구름처럼 모여 있었으며, 라디오로 착륙을 중계했다. 이윽고 일어난 대참사는, 한 승객의 표현을 빌리자면 "중세 회화 속에 등장하는 지옥의 한 장면" 같았다. 뇌우로 착륙이 지연되는 바람에 힌덴부르크호는 비행장 위 상공을 선회하면서 기상이 좋아지기를 기다렸다. 그리고 나서 약 100m 상공에서 정박용 로프를 내리는 순간 묵직한 폭발음이 들리더니 비행선은 커다란 불덩어리가 되었다. 수 킬로미터 밖에서도 보일 정도였다. 30초 뒤, 힌덴부르크호는 땅 위에서 뭉게뭉게 연기를 내뿜었다. 총 33명이 사망했지만 여전히 불타는 뒤엉킨 잔해 속에서 64명이 구출됐다는 것은 기적에 가까웠다.

히틀러는 힌덴부르크호가 고의로 불량 생산됐다고 믿었지만, 그보다는 정전기 때문에 수소 연료에 불이 붙었다는 설이 더 설득력 있다. 원인이 무엇이었던 간에, 이러한 대형 참사 이후 비행선 산업은 존속할 수 없었다. 비행선의 금속은 녹여서 전투기를 만드는 데 사용하게 되었다. **RP**

# 스탈린 군부 공격

8명의 고위 장교가 처형되면서 붉은 군대의 숙청이 시작된다.

▲ 1937년, 신뢰하는 정치인들과 함께 포즈를 취한 스탈린. 비아체슬라프 몰로토프, 아나스타스 미코얀, 보로실로프 원수, 미하일 칼리닌

제1 인민 국방위원이었던 미하일 투카체프스키 원수와 7명의 다른 붉은 군대 장교들이 소련을 배신하고 독일과 내통하려는 음모를 꾸몄다는 혐의로 비밀 재판에서 유죄 선고를 받는 뒤 처형됐다. 제정 시대 러시아군 장교였다가 1918년 공산당에 가담한 투카체프스키는 농민들로 조직된 붉은 군대를 현대적이고 기계화된 군대로 탈바꿈시키는 데 중요한 공헌을 했으며 1935년에 원수가 되었다.

스탈린의 피해망상증은 그의 군대에서도 가장 우수하고 가장 명민한 장교들에게로 화살을 돌렸다. 1936년부터 1938년에 걸쳐 거행된 공개 재판에서 그는 "정치적으로 신뢰할 수 없는 분자들"의 군대를 숙청하기 위해 최고위층부터 마녀사냥을 시작했고, 잠을 재우지 않고 고문과 구타를 가한 끝에 원하는 자백을 받아내는 데 성공했다. 군 최고 지휘관들의 손실은 엄청났다.

붉은 군대의 5명의 원수 중 3명, 15명의 사령관 중 13명, 9명의 제독 중 8명, 54명의 군단장 중 50명, 186명의 사단장 중 156명, 그리고 16명의 국방위원 전원과 28명의 군 정치위원 중 25명이 처형되었다. 처형되거나 강제 수용소로 보내진 군부 인사는 총 3만 명에 달했다. 숙청으로 붉은 군대가 취약해졌다는 점도 1941년 히틀러가 바르바로사 작전을 감행하는 데 어느 정도 영향을 미쳤을 것이다. 독일군의 소련 침공 초기에 경험이 풍부한 장교들이 없었기 때문에, 전쟁을 겪으면서 경험을 갖추게 된 신세대 사령관들이 이들을 대체할 때까지 잇따라 패전할 수밖에 없었다. **NK**

1937년 7월 8일

# 마르코 폴로 다리

**베이징 성 밖에 멈춰선 일본군이 중일전쟁의 방아쇠를 당긴다.**

8년 동안 이어진 중일전쟁의 시발점이 되었으며, 결과적으로는 1930년대와 1940년대에 중국을 정벌하려던 일본의 노력을 물거품으로 만든 전투는 1937년 7월, 베이징 남쪽 융딩 강(永定河)에 걸쳐 있는 중세의 대리석 다리를 둘러싸고 벌어졌다. 이 다리는 베네치아의 위대한 여행가 마르코 폴로가 그의 여행기에서 "아름답기 그지없는 다리"라고 묘사한 데서 마르코 폴로 다리라는 별명으로 알려져 있었다.

일본은 1931년 만주 사변을 일으킨 뒤 세운 괴뢰 정권 만주국을 통해 중국 북부의 지배권을 꾸준히 확장하고 있었다. 1932년부터 1933년까지 만리장성 주변의 러허 평원 일대를 장악하였으며, 1937년 중반 무렵에는 옛 중국의 도읍 베이징으로 향하는 북쪽, 동쪽, 서쪽의 길목을 손에 넣었다. 베이징 시가지와, 마르코 폴로 다리가 위치한 남쪽 방향만이 중국의 수중에 남아 있었다. 그나마도 우세한 공군과 기갑 부대의 지원을 받은 일본군이 다리의 서쪽 끝을 차지했으며, 수적으로는 우세했을지 모르지만 무기도 변변치 못하고 제대로 된 훈련조차 받지 못한 중국군은 다리 동쪽을 간신히 지키고 있었다.

7월 7일 새벽, 일본군은 중국 측에 전신을 보내 실종된 일본 병사를 수색한다는 핑계로 다리를 건너갈 수 있도록 허가를 요청했다. 이 요청은 거절 당했으며, 자정이 되자 일본군은 다리를 지키고 있던 1,000명의 중국 병사에게 포격을 시작했다. 일본군은 다리를 탈취하는 데 성공했지만, 이튿날 병력이 증강된 중국군이 다리를 탈환했다. 결국 양측은 협정에 들어갔다.

협상 끝에 일본군 사령관 하시모토 참모장은 일본군의 베이징 입성과 중국 측의 사과를 요구하는 최후 통첩을 했다. 중국 측 대표였던 장 장군은 자리를 박차고 나갔고, 일본군은 베이징에 대한 포위 공격을 시작했다. 베이징은 8월 18일 함락되었다. **NJ**

1937년 12월 13일

# 난징 대학살

**일본군이 중국 민간인을 학살하고 여성을 무차별 강간한다.**

20세기는 참극으로 점철된 세기였지만, 당시 중국의 수도였던 난징이 함락된 뒤 일본군이 저지른 학살은 전시에 민간인을 상대로 자행된 단일 대량 학살로는 최악의 야만적 범죄로 손꼽힌다.

항구 도시인 상하이를 함락시킨 마쓰이 이와네 휘하 일본군은 장제스의 국민당 정부 수도였던 난징으로 진군했다. 장제스는 후퇴하면서 시가지를 초토화할 것을 명했다. 이에 대해 일본군은 양쯔 강 계곡에서 중국인을 대량으로 학살하는 것으로 응수했고, 12월 13일, 난징 시가 저항 없이 투항하자 전례가 없는 대학살이 시작되었다. 처음에는 중국군 병사들이 목표였지만, 곧 민간인들까지 닥치는 대로 죽이기 시작했다. 특히 여성들을 어린아이건 노인이건 가리지 않고 강간해 2만~8만 명의 여성이 희생된 것으로 추정된다. 처형 방법도 집단 총살, 참수, 생매장, 십자가에 매달기, 혀에 매달기 등 다양했다. 갓난아기를 공중에 던진 뒤 총검으로 찔러 꿰어 죽이는가 하면 가족을 죽이기 전에 근친상간을 강요했다. 서방의 선교사들과 언론인들이 이 끔찍한 만행의 증인이었다. 독일 지멘스사(社) 상하이 지사장이었던 욘 라베는 난징 시 서쪽 외곽에 안전구역을 설정하여 서양인은 물론 수많은 중국인의 목숨을 구했다. 학살과 집단 강간은 1938년 2월까지 6주 넘게 계속되었으며, 약 30만 명이 살해당한 것으로 알려져 있다. 종전 후 마쓰이와 두 명의 중장이 전범으로 교수형을 당했지만, 그 외에는 거의 책임 추궁이 이루어지지 않았다. 중국 정부는 일본군이 난징에서 저지른 짐승만도 못한 범죄에 대해 일본 정부에게 공식 사과와 배상을 끈질기게 요구하고 있지만, 일본은 여전히 난징 대학살을 부정하고 있다. **NJ**

# 오스트리아 합병

히틀러는 오스트리아를 독일 제국에 합병시킴으로써 베르사이유 조약을 털끝만큼도 존중하지 않는다는 사실을 증명했다.

제1차 세계대전이 끝난 뒤 합스부르크 왕가의 오스트리아-헝가리 제국은 베르사이유 조약에 의해 분할되어 독일과 국경을 맞댄 소국으로 전락하였다. 독일 민족주의에 따르면 모든 게르만족은 단결해야 한다. 오스트리아 태생인 히틀러는 1938년 오스트리아를 독일 제국에 합병함으로써 이를 현실로 만들었다.

독일-오스트리아 합병은 베르사이유 조약에서 금지돼 있었으나 양국 국민들 사이에서는 폭넓은 지지를 받았다. 1938년 히틀러는 오스트리아 나치당을 해금 조치하고 나치당 장관을 임명하며 참모본부를 해산하도록 오스트리아 수상 쿠르트 슈슈니크를 압박

> "오스트리아를 치워버리게 되어 천만 다행이다."
>
> **알렉산더 카도간, 영국 외무부**

하였다. 슈슈니크는 오스트리아의 독립 유지를 위해 국민투표를 실시하고자 했다. 히틀러는 나치 정권 수립이냐 독일군의 오스트리아 침공이냐 양자택일을 강요했다. 슈슈니크는 사임했고, 오스트리아 나치당이 정부를 장악했다. 3월 12일 독일군은 시민들의 환영을 받으며 오스트리아에 입성했다. 나치 통제하에 실시된 국민투표는 독일-오스트리아 합병을 승인하였고, 오스트리아는 위대한 독일제국의 한 주인 오스트마르크가 되었다. **NK**

◀ 1938년 4월 4일 베를린에 도착한 오스트리아의 크라프트 두르히 프로이데(Kraft durch Freude, 약칭 KdF. "환희를 통한 힘") 지지자들.

▶ 영국에 거주하는 독일인들이 안슐루스(Anschluss, "합병") 찬성 여부를 투표하기 위해 배를 타고 영국 영토에서 몇 마일 떨어진 해상으로 향하고 있다.

# 뮌헨 회담

대영제국 수상이 히틀러의 주데텐란트의 합병 요구에 동의한다.

네빌 체임벌린(검은 롱코트)이 히틀러와의 뮌헨 회동에 앞서 독일에 도착하고 있다.

히틀러와 뮌헨 회담을 마치고 귀국한 대영제국 수상 네빌 체임벌린은 다우닝 가에 운집해 있던 군중으로부터 열렬한 환호를 받았다. 체임벌린은 자신이 서명한 주데텐란트 합병 승인 서류를 흔들면서 "명예로운 평화", "우리의 시대를 위한 평화"를 쟁취했다고 선언했다.

1938년 3월 오스트리아 합병에 성공한 히틀러는 체코슬로바키아에서 독일어 사용 주민들이 다수를 차지하는 주데텐란트를 요구하기 시작했다. 프랑스와 영국에서는 독일과의 무력 충돌을 피하기 위해서라도 굳이 반대하지 않는 편이 좋다는 의견이 대세였다. 재건과 재정비를 거친 독일군과 대치하기에는 아직 군사적으로 준비가 미비하다는 것이었다. 독일, 이탈리아, 영국, 프랑스 정부는 뮌헨에서 조인한 조약을 통해 체코슬로바키아의 산업 지역 대부분을 독일에게 양보했다. 개중에는 중요한 슈코다 군수 공장과 체코슬로바키아의 서방 군사 방어시설도 포함되어 있었다. 국제적 지지를 전혀 받지 못한 체코 정부는 무력할 수밖에 없었고, 독일은 한시도 지체하지 않고 주데텐란트를 집어삼켰다. 그로부터 6개월이 채 못되어 독일군은 프라하로 진격했고, 히틀러는 체임벌린에게 한 약속을 어기고 체코슬로바키아를 독일의 보호령으로 선포하였다.

파시스트 독재정권에 대한 이러한 유화정책을 신랄하게 비난한 대표적인 인물은 바로 윈스턴 처칠이었다. 처칠은 영국이 신속하게 재무장하여 히틀러와 무솔리니와 맞서야 한다고 확신했다. **NK**

# 화성인의 침공

## 오손 웰스의 「우주전쟁」 방송이 청취자들을 패닉에 빠트린다.

「우주 전쟁」 라디오 방송의 리허설을 지휘하고 있는 오손 웰스.

라디오 역사상 가장 유명한 방송 가운데 하나가 미국에서 할로윈 특집으로 전파를 탔다. 「머큐리 씨어터 온 에어 Mercury Theater on the Air」 시리즈의 일부로 방송된 「우주 전쟁 The War of the Worlds」은 화성인들의 지구 침공을 소재로 한 H. G. 웰스의 동명 소설을 각색한 것으로, 웰스가 놀랄 만큼 현실감 있는 음향효과을 넣어 제작한 덕분에 일부 청취자들은 실제 화성인의 침공 뉴스라고 오인했다. 한 시간 동안 계속된 방송은 화성이 기묘하게 폭발했다는 보고로 시작하여 댄스 밴드 음악 중간중간에 뉴스 속보를 끼워넣었다. 속보의 횟수는 점점 늘어났으며, 유성은 화성인들("표현할 수 없는 존재들 indescribable"이라고 표현했다)의 로켓으로 둔갑하였다. 화성인들은 유성을 구경하는 사람들에게 치명적인 광선을 쏜다. 더욱 많은 화성인의 비행선이 지구에 착륙하여 독가스를 분사하고 전력 공급을 차단한다. 이러한 상황들은 프린스턴 대학교 교수(라고 하는 사람)와 정부 대변인(이라고 하는 사람)이 중계하였다. 침략자들이 공격하는 군대를 쓸어버리고 뉴욕 시를 향하는 동안 사람들은 패닉에 빠져 도주한다. 화성인들은 결국 패배하지만, 그것은 군대가 아닌 지구의 세균에 의해서다.

이 방송이 야기한 패닉에 대한 당시 언론의 보도는 과장돼 있지만, 전체주의 정부들이 프로파간다를 확산시키기 위해 라디오를 활용했던 그 시대에 웰스는 단번에 명성을 거머쥐었다. 이 소동은 설득력 있는 거짓말을 퍼뜨리는 데 근대 커뮤니케이션이 얼마나 유용할 수 있는지를 증명한 셈이다. **RC**

# 수정의 밤/크리스탈나흐트

**나치 폭도들이 독일과 오스트리아의 유대인 사회를 공격한다.**

"수정의 밤(Kristallnacht)"라는 이름은 1938년 11월 9일, 거리에 어지러이 흩어진 수정(깨진 유리 파편을 지칭) 더미에서 유래했다. 옛 동지들과 만찬을 즐기던 히틀러는 파리에서 독일 외교관 에른스트 폼 라트가 헤르셸 그린슈판의 총을 맞고 사망했다는 보고를 받았다. 그린슈판은 1만 2,000명에 달하는 폴란드계 유대인이 독일에서 폴란드로 강제 이송된 것에 항의하였으나 받아들여지지 않자 분노하여 폼 라트를 저격한 것으로 알려져 있다. 히틀러를 대신해 성명을 발표한 요제프 괴벨스는 히틀러가 시위는 허가하지 않지만, 자연발생적인 분노의 표출에는 관여하지 않을 것이라고 말했다. 이는 유대인 사회에 대한 전국적인 광란의 시작을 알리는 신호탄이었다. 돌격대, 친위대 등 나치 단체의 회원들은 도끼와 쇠망치로 무장하고 유대인 소유의 상점과 예배당에 대한 공격을 주도했다.

> "수정의 밤이 찾아왔고…
> 그리고 모든 것이
> 변했다."
>
> **막스 라인, 역사학자**

7,000여 소의 상점과 29개의 백화점, 수많은 개인 주택이 약탈당했다. 독일과 오스트리아의 유대인 예배당, 묘지까지 훼손 당했다. 3만 명 이상의 독일계 유대인이 다카우, 부헨발트, 작센하우젠의 강제수용소로 보내졌다. 독일 정부는 반유대주의 분노의 자연스러운 분출이라고 주장했으나, 관련 문서를 보면 나치당이 유대인 사회를 제거하는 캠페인의 일환으로 계획했다는 사실을 알 수 있다. 수정의 밤과 그 이후의 사건은 독일 내 유대인의 해외 이주를 더욱 촉진했다. **NK**

◀ 1938년 11월 10일 '수정의 밤' 다음날 아침, 베를린의 유대인 예배당이 여전히 불길에 휩싸여 있다.



# 한, 핵 분열 성공

**"원자력 시대의 창시자" 오토 한이 핵 분열 방법을 발견, 평화적인 핵 에너지와 핵무기 모두에 길을 연다.**

오토 한은 1939년 제2차 세계대전이 발발한 와중에 핵 분열을 발견한 독일의 과학자다. 다행스럽게도 그는 반나치주의자였기 때문에 히틀러는 그의 천재성을 이용할 수 없었다.

1879년 태어난 한은 1904년 마르부르크 대학을 졸업하고 런던의 유니버시티 컬리지에서 연구를 계속해 라디오토륨(토륨 228) 동위원소를 발견하였다. 1905년 몬트리올의 맥길 대학교로 옮겨간 그는 어니스트 러더포드 경 휘하에 있다가 1906년 베를린 대학교 교수가 되어 귀국하였다. 이곳에서 그는 라듐의 "모(母) 물질"인 이오늄을 발견하였고, 결혼했고, 아들을 낳았으며, 향후 30년간 동료가 되는 오스트리아의 화학자 리제 마이트너를 만났다. 제1차 세계대전 중에는 독가스를 개발하도록 징집되기도 했다. 한은 『응용 방사화학』을 저술했는데 이 책은 훗날 원자폭탄을 발명한 미국 맨해튼 프로젝트의 "바이블"이 되었다.

한의 가장 중대한 발견은 1939년, 그가 우라늄에 중성자로 충격을 가하면 우라늄 원자핵이 그보다 가벼운 원자핵으로 쪼개진다는 사실을 알아낸 것이다. 바로 핵분열이다. 1934년 한은 리제 마이트너와 유대인 동료 과학자들에 대한 탄압에 항의하는 의미에서 베를린 대학교 교수직을 사임하였다. 그는 마이트너에게 여권을 마련해주고 국외로 피신하게 했다. 전쟁 말기, 히로시마에 원자폭탄이 떨어졌을 때 한은 캠브리지 근교에 구금되어 있었다. 1945년 노벨 화학상을 받은 한은 1968년 사망할 때까지 핵무기와 방사능 오염의 위험을 경고하는 데 일생을 바쳤다. **NJ**

# 히틀러 프라하 침공

히틀러가 권력을 확장하면서 나치가 또 하나의 민주 공화국을 파괴한다.

오스트리아 제국이 붕괴하고 그 일부가 독립적인 민주 공화국을 결성하면서 탄생한 체코슬로바키아는 1938년 3월 독일어를 사용하는 주민이 많은 주데텐란트 지방을 독일에게 강제로 양도하였다. 동시에 그 외의 면적이 작은 다른 지방들도 헝가리와 폴란드에 넘겨주어야 했다. 그로부터 1년이 채 못되어 히틀러와 그 군대는 체코슬로바키아의 심장부에 눈독을 들이기 시작했고, 3월 15일 결국 프라하를 점령했다.

체코슬로바키아 공화국은 1938년 치명적으로 허약해져 있었으며 신임 대통령 에밀 하하는 슬로바키아인에게 더 큰 자치권을 허용할 수 밖에 없었다. 중앙 유럽에 대한 통제권을 확장하는 데 혈안이 되어 있었던 히틀러는 이제 폴란드를 무너뜨리고 그 영토를 독일 제국으로 흡수하고자 했기 때문에 남아 있는 체코슬로바키아를 마저 집어삼킬 필요가 있었다. 1년 전 히틀러에게 주데텐란트를 넘겨주면서 국경 지대의 방어력을 상실하고 주요 산업 생산시설도 잃어버린 체코슬로바키아는 저항할 힘이 남아 있지 않았다. 3월 13일, 동부 슬로바키아 지방이 독립을 선언했으며, 이틀 뒤 프라하는 독일군의 손에 떨어졌다. 독일 공군(루프트바페)의 대규모 공습 경고를 받은 에밀 하하는 체코군에게 저항하지 말 것을 명령했다.

다음날 히틀러는 체코 공화국을 독일제국의 보호령으로 선포하고 슬로바키아를 독립국가로 승인했다. 체코와 슬로바키아는 1945년 러시아군에 의해 해방되면서 다시 합쳐졌으며 공산주의 정권 아래 소련 제국의 일부가 됐다. **NK**

▶ 히틀러의 무장 친위대가 프라하 시가지로 입성하고 있다. 체코슬로바키아 군대는 독일군에 저항하지 말 것을 명령받았다.

◀ 전쟁이 시작되기 몇 달 전인 1939년 3월, 독일군이 오토바이를 타고 프라하에 입성하고 있다.

1939년 3월 28일

# 프랑코 마드리드 입성

## 스페인 수도의 함락이 내전의 종결을 고하고 전 세계에 프랑코 정권을 합법적인 정부로 확립시킨다.

프랑코 장군의 팔랑헤 군대가 마드리드에 입성하면서 장장 3년 동안 스페인을 둘로 분열시켰던 내전도 막을 내렸다. 독일, 이탈리아, 프랑스, 대영제국에게 정부를 승인받은 프랑코는 방송으로 승리 연설을 했다. 유혈 사태가 마침내 끝난 것이다.

마드리드는 1936년 이래 포위 당하고 있었으며, 팔랑헤당 장군인 몰라는 자신의 4열 종대가 내부 지지자인 "제5열"의 원조를 받아 도시를 손에 넣을 것이라고 자랑했다. 그러나 공화주의자들은 훈련이 절대 부족했음에도 불구하고 소비에트 러시아 지휘자들과 국제여단의 도움을 받아 팔랑헤 정규군의 정식 군인들을 몰아냈다. 팔랑헤군은 한동안 직접적인 공격을 자제하였다.

> "마드리드가 함락되었다 …
> 이는 파시즘이 거둔
> 대단한 새 승리다."
>
> **치아노 백작, 이탈리아 외무 장관**

마드리드로의 보급선이 완전히 끊어진 것은 아니었지만 식량, 연료, 무기 공급과 시민들의 상황은 점점 악화되고 있었다. 팔랑헤 공군은 마드리드 시가지를 정기적으로 폭격했지만 팔랑헤 지지자들이 거주하는 부유한 교외 지역은 그냥 놔두었다. 팔랑헤 동조자들에 대한 폭력은 훗날 1만 여 명의 처형으로 이어졌다. 1939년 프랑코는 마드리드에 대한 장악력을 강화했다. 3월, 공화주의자들이 내분을 겪는 동안 팔랑헤 총리와 소비에트 고문들이 떠나고, 이 지역 사령관인 카사도 장군에게 투항 협상의 임무가 남겨졌다. 프랑코는 무조건적인 항복을 주장하며 이를 거부하였다. 이후 4년간 마드리드 방어군에 가담했던 공화주의자들은 대부분 투옥되거나 처형 당했다. **NK**

1939년 8월 2일

# 핵의 위협

## 알베르트 아인슈타인은 루스벨트에게 파괴적인 미래에 대한 준엄한 경고를 보낸다.

알베르트 아인슈타인은 그 시대의 가장 유명한 과학자였다. 또 그는 국제 동맹이 전쟁을 없앨 수 있다고 믿는 평화주의자기도 했다. 그러나 1930년대 나치 독일은 이러한 그의 신념을 바꿔놓았다. 아인슈타인은 독일 시민권을 버리고 미국에 정착했다. 1939년 7월 헝가리 물리학자 실라르드는 아인슈타인에게 독일이 원자폭탄을 만들지도 모른다고 경고하였다. 아인슈타인은 "Daran habe ich gar nicht gedacht(거기에 대해서는 전혀 생각하지 못했는 걸)"이라고만 대답하였지만, 즉시 이 문제를 곰곰이 생각한 뒤 미국 대통령에게 연락하였다.

> "우리가 인류에
> 종지부를 찍어야 하나, 아니면
> 인류가 전쟁을 포기해야 하나?"
>
> **알베르트 아인슈타인**

실라르드는 프랭클린 D. 루스벨트에게 보낼 서신의 초안을 이미 작성해두었다. 실라르드는 아인슈타인과 또다른 헝가리 물리학자 에드워드 텔러와 이 서신에 대해 의논한 뒤, 아인슈타인의 이름으로 대통령에게 보내야 한다고 결정하였다. 1939년 8월 2일 루스벨트에게 보내진 이 편지는 가공할 만한 파괴력을 지닌 폭탄 제조로 이어질 수 있는 연구에 대해 설명하였다. 또한 원자력에 대한 미국의 연구에 투자를 늘릴 것을 권고하고 독일이 이미 핵 에너지 프로그램을 시작하였음을 암시하였다(실제로 독일은 이미 원자력 연구를 시작한 상태였다). 9월, 루스벨트 대통령은 우라늄에 대한 자문 위원회를 설치하였다. 실라르드와 텔러는 위원으로 초빙받았지만 아인슈타인의 이름은 빠졌다. 이것이 바로 최초의 원자폭탄 개발로 이어진 첫 걸음이었다. **RC**

# 독-소 불가침조약

**독일과 소련의 외교관계 회복에 유럽이 뒤통수를 맞는다.**

1930년대에 나치 독일과 소비에트 러시아는 앙숙관계로 알려져 있었다. 스탈린은 동쪽 국경에 대한 독일의 야욕을 의심스럽게 생각했으며, 오스트리아 합병, 주데텐란트, 그리고 1939년 3월의 체코슬로바키아 침공을 불안스럽게 지켜보고 있었다. 때문에 1939년 8월 독-소 불가침조약이 조인되자 유럽은 어마어마한 충격을 받았다.

합의 내용은 7년 기한의 무역 협정과 10년간 불가침 조약을 공개적으로 포함했다. 또한 두 나라 사이에 존재하는 국가들을 "사이좋게" 나눠가질 것을 합의한 비밀 의정서도 있었다. 발트해 연안 국가들 대부분, 즉 에스토니아, 라트비아, 리투아니아는 러시아의 지배 아래 들어가게 되었고, 폴란드는 양국이 분할 통치하기로 하였다.

> "[히틀러는] 나를 멋지게 속여넘겼다고 생각하지만, 진짜 그 자를 속여넘긴 건 나라구."
>
> **스탈린, 니키타 흐루시초프에게**

이 합의 덕분에 독일은 풍부한 천연 자원을 손에 넣었을 뿐 아니라, 향후 폴란드 침공시 러시아가 끼어드는 사태를 미연에 방지할 수 있었다. 스탈린 쪽에서 보면 1917년 혁명 이전 러시아 제국의 영토였던 지역에 대한 영토 확장이 손쉬워졌다. 스탈린은 또 자유 민주주의와 파시스트 국가들 사이에 임박한 전쟁으로 쌍방이 모두 취약해져 서유럽의 공산주의 세력이 전진하기를 바랐다. 독-소 불가침조약은 1941년 6월 독일이 소련을 침공할 때까지 2년 가까이 지속되었다. **NK**



# 히틀러 폴란드 침공

**독일의 폴란드 침공으로 마침내 영국과 프랑스가 전쟁에 뛰어든다.**

히틀러의 대외정책은 언제나 베르사유 조약의 불공정함을 바로잡고, 유럽의 독일어권 지역을 독일 제국에 흡수시키며 중앙 유럽의 슬라브족에 통제력을 확장하는 것에 초점을 맞췄다. 1939년 오스트리아와 체코슬로바키아에서 성공을 거둔 그가 주목한 곳은 폴란드였다. 히틀러는 특히 발트해에 면한 항구 도시 단치히와 오스트프로이센과 독일 본토를 분리하고 있는 소위 "폴란드 회랑" 지역을 탈환하고자 했다. 지금까지의 영국 및 프랑스와 협상 경험 결과 히틀러는 두 나라 모두 전쟁을 할 의향이 전혀 없다고 확신했다.

1939년 3월 영국과 프랑스는 폴란드 정부를 지지할 것을 보증한 바 있으나, 여기에는 영토에 대한 보장은 포함되어 있지 않았기 때문에 히틀러는 서쪽 국경에서 전쟁을 일으키지 않고도 자신의 목적을 달성할 수 있을 것이라고 믿었던 것이다. 긴장이 고조되면서 히틀러는 소비에트 러시아와 불가침조약을 맺어 소련이 끼어드는 사태를 미연에 방지했다. 폴란드 정부가 그의 요구를 거부하자, 독일은 조작된 국경 분쟁을 일으킨 뒤 바르샤바를 향해 세 방면에서 군대를 진군시켰다. 독일의 우월한 공군력, 기갑 부대, 포병대에 맞선 폴란드군은 남동부 국경지대로 후퇴했다. 9월 17일, 나치-소비에트 조약의 비밀 협정에 따라 소련군이 동쪽으로부터 폴란드를 침공했다. 옛 폴란드 영토 내에 독일-러시아 국경이 새로이 수립되었으며, 폴란드는 더 이상 독립국가가 아니었다.

9월 3일 영국과 프랑스는 폴란드에게 보증했던 대로 독일을 상대로 전쟁을 선포했지만, 폴란드 국민을 위한 즉각적인 군사 행동은 전혀 취하지 않았다. **NK**

# 바람과 함께 사라지다

사상 최고의 제작 비용이 든 영화가 블록버스터의 기준을 세우다.

할리우드에서 유례없는 풍년이었던 1939년, 관객이 가장 손꼽아 기다린 영화는 바로 이것이었다. 제작자 데이비드 O. 셀즈닉은 1936년 이 영화의 숨은 주인공이었다. 셀즈닉은 15명의 시나리오 작가(그중 F. 스콧 피츠제럴드도 있었다)와 3명의 감독을 거쳤다. 건달 남자 주인공 레트 버틀러 역은 여론 조사를 거쳐 클라크 게이블이 낙점되었지만, "스칼렛 찾기"는 보통 일이 아니었다. 베티 데이비스와 캐서린 헵번을 비롯한 할리우드의 A급 여배우 대부분이 스크린 테스트를 치렀다. 결국 여주인공 타이틀을 거머쥔 여인은 영국의 연극 배우 비비안 리였다. 제작자가 영화 한 편에 390

> "나는 어쩌란 말이에요?"
> "솔직히 말하면,
> 내 알 바 아니오."
>
> **스칼렛 오하라 & 레트 버틀러**

만 달러의 예산을 쏟아붓는 것은 당시 매우 과감한 행보였다. 그러나 셀즈닉은 투자한 돈을 뽑고도 남았다. 3시간 42분짜리 대작인 이 영화는 전 세계에서 3억 9,000만 달러를 벌어들였다. 게이블과 리의 한치도 양보 없는 로맨스가 영화의 성공 열쇠였다. 또 다른 흥행 요소는 세트였는데, 애틀랜타 시가지가 불타는 장면을 찍기 위해 12ha의 오래된 스튜디오 세트에 실제로 불을 질렀으며, 할리우드에 있는 7대의 테크니컬러 카메라를 모두 동원하였다. 조지아에서 찍은 타이틀 장면을 제외하면 전형적인 할리우드 영화이지만 미국을 대표하는 문화의 한 부분이 되었다. **JJH**

◀ 1939년 작 「바람과 함께 사라지다」에서 클라크 게이블과 비비안 리가 열정적인 포옹을 나누고 있다.

▶ 그해 가장 열광적인 관심을 받았던 이 영화를 잠깐이라도 보기 위해, 미국 관객들이 보도를 가득 메우며 줄을 서 있다.

# 처칠 총리 취임

정치적 혼란을 뒤로 하고 처칠이 거국 내각을 수립한다.

▲ 트레이드 마크인 스리피스 수트를 입고 중절모를 쓴 윈스턴 처칠. 총리직에 취임한 지 며칠 뒤에 찍은 사진이다.

" … 우리는
어떤 대가를 치르더라도
이 나라를 지켜낼 것입니다 … "

**처칠, 1940년 6월 4일 영국 하원 연설에서**

독일이 네덜란드와 벨기에를 침공하면서 "걸치레 전쟁"(phony war, 선전포고는 했으나 본격적인 무력 충돌은 일어나기 전의 기간)이 막을 내린 바로 그날, 윈스턴 처칠은 대영제국 총리에 취임했다. 네빌 체임벌린은 1937년 이래 줄곧 총리직을 수행해 왔으며 동료들 대다수의 존경을 받았지만, 전쟁이 시작된 지 6개월이 지나자 효율적인 지도자가 되기에는 추진력이 부족하다는 평가를 받기 시작했다. 노르웨이에 파견한 영국군이 처참하게 패하자 이러한 불만은 더욱 고조되었다. 영국 하원에서 열린 논쟁에서 그의 예전 동료였던 레오 에이머리는 올리버 크롬웰을 인용하여 이렇게 말하기까지 했다. "자네가 어떤 공적을 쌓았든 지간에 이 자리에 너무 오래 있었네. 말하겠는데, 떠나게. 이제 자네랑은 끝내야 해. 신의 이름으로 말하는데, 가라고." 새 총리가 필요하다는 것은 누가 봐도 명백했다.

5월 10일, 영국 국왕은 처칠에게 내각을 조성할 것을 요청하였다. 처칠은 정당을 가리지 않는 인사로 거국 내각을 수립하였다. 특히 클레멘트 아틀리의 노동당까지 참여시켰다.

처칠은 내무부 장관, 재무부 장관, 해군 대신을 거쳤으며, 전쟁이 발발하기 전까지 수 년간 정치적으로 주류에서 밀려나 있었다. 히틀러와 무솔리니 같은 파시스트 독재에 대한 유화정책에 단호하게 반대하는 바람에 어떤 장관직도 얻지 못했다. 그러나 9월 그는 제1차 세계대전 당시 재직했던 해군 대신직에 복귀하였다. 독일과 이탈리아 해군을 가능하다면 언제나 전투로 끌어내려는 그의 결심과 정력은 확고했다. 이제는 전쟁 상황 전체를 통제하게 된 그는 적과의 어떠한 화의도 거부하였다. 그가 영국 국민들에게 약속할 수 있는 것이라곤 당분간 고난의 시절이 계속될 것이라는 것 뿐이었지만, 기필코 승리하겠다는 믿음만은 흔들리지 않았다. **NK**

# 독일, 네덜란드와 벨기에 침공

독일이 전격전을 개시하며 제2차 세계대전의 전투가 치열해지다.

1940년 5월 9일 밤 9시, 독일군 수뇌부는 작전명 "단치히(Danzig)"를 발신하였다. 이것은 다음날 새벽 5시 35분 서쪽에서 공세를 시작한다는 암호였다. 강력한 판처(Panzer, 독일어로 "장갑차"라는 뜻) 부대를 앞세운 독일군은 네덜란드와 벨기에의 중립을 깨고 드넓은 전선으로 전진하였다. 영국과 프랑스군은 이들과 맞서기 위해 벨기에로 이동했다. 원래 공격 계획은 독일군이 프랑스와 영국군을 솜 강 경계선 너머로 밀어내고 전열을 재배치하여 프랑스의 심장부를 향해 남진한다는 것이었다. 그러나 어찌하여 이 계획이 연합군의 손에 들어가게 되었다. 독일군 참모 장교들이 타고 있는 비행기가 실수로 중립국인 네덜란드에 착륙한 것이다. 독일군 참모본부는 계획을 다시 생각하지 않을 수 없었다. 폰 룬트슈테트 장군의 참모장인 폰 만슈타인 장군은 지헬슈니트(Sichelschnitt, "낫질"이라는 뜻) 작전을 제안하였다. 이 작전은 기갑부대를 좌측 측면에 집중시켜 아르덴 숲을 관통하게 했다. 벨기에-프랑스 국경의 프랑스 전선을 돌파한 독일 기갑부대는 프랑스 북부를 가로질러 영국 해협의 항구 도시들로 진격, 연합군을 효과적으로 반으로 분열시키게 되어 있었다. 히틀러는 이 작전에 열광적으로 찬성했다.

이 임시변통 작전은 기대 이상의 엄청난 성공을 거두었다. 스당의 뫼즈를 넘은 독일 기갑 사단은 공격에 착수, 방어하는 프랑스군을 그대로 깔아뭉개고 앞으로 나아갔다. 작전 개시 열흘만에 구데리안 장군 휘하의 제2기갑사단인 XIX 판처 코르프스가 영국 해협 연안의 노아이유에 도달했다. 북부의 프랑스군은 영국 원정군과 함께 남부의 프랑스군 주력과 떨어져 고립되고 말았다. **NK**

▲ 병사들이 독일군의 공격을 받고 불타오르는 로테르담을 바라보고 있다.

" … 우리 병사들은
이제 독일의 공격방법에
익숙해졌다…"

5월 20일, 파리-수아르紙

# 덩케르크 철수 작전

## 고트 경이 영국 원정군을 무사히 대륙에서 철수시키다.

1940년 5월, 독일군은 프랑스-벨기에 국경지대의 프랑스 방어선을 돌파하고 그대로 영국 해협을 향해 서쪽으로 밀고 나갔다. 그 과정에서 연합군은 둘로 갈라졌고, 영국군은 퇴로를 차단 당한 채, 해안에 고립되고 말았다. 영국군 사령관이었던 육군 원수 고트 경은 자신에게 주어진 가장 중요한 사명은 병사들을 구출하는 것이라고 결론내린 뒤, 프랑스 북부와 벨기에 해안으로부터 철수 계획을 세웠다.

고트는 남쪽 측면의 칼레와 불로뉴를 희생하여 독일군 탱크들이 해안에 접근하지 못하도록 저지시킨 뒤 경계선을 설정했다. 자꾸만 계속해서 옥죄어오는 이 경계선 뒤로 영국 해군은 프랑스군과 함께 덩케르크 항구와 인근 해안으로부터 철수할 수 있었다. 독일 공군의 끊임없는 공격을 받으면서도 철수하는 군대나 이들을 나르는 선박은 거의 보호를 받을 수 없었지만, 5월 28일부터 6월 4일까지 계속된 다이나모 작전은 성공리에 33만 8,000명의 병사를 잉글랜드로 철수시켰다. 그중에는 12만 명의 프랑스 병사도 포함되어 있었다.

이후 영국이 위기에 처할 때마다 되새기게 되는 "덩케르크 정신"은 일반인들의 요트와 어선들까지 나서서 병사들을 구출한 "작은 배들"의 이야기에서 그 정점을 찍는다. 탱크도, 수송선도, 대포도, 중화기도 모두 포기한 채 간신히 몸만 탈출한데다 만약 독일군이 영국 본토를 침공해왔다면 맞서 싸울 상황은 더더욱 아니었지만, 고트의 결단은 유럽에서 영국 육군을 구했으며, 훗날 군대를 재건하고 재정비할 수 있는 기반을 마련했다. **NK**

◀ 구조선들은 덩케르크 해안까지 접근할 수가 없었기 때문에 병사들은 목까지 물에 잠긴 채 바닷물을 헤쳐가야만 했다.



# 독일군 파리 입성

## 나치가 충돌 없이 프랑스의 수도를 함락시킨다.

독일군 참모 장교와 두 명의 프랑스 장교가 가진 회담에서 파리는 무장을 해제했으며 어떠한 저항도 없을 것이라는 것을 확인한 뒤, 폰 슈투트니츠 장군의 제87 보병사단 병사들이 파리로 입성하였다. 독일 병사들이 샹젤리제 거리를 행진하며 기관총을 곳곳에 장착하고 시청과 국방부 청사 등 요충지를 점거하였다. 1940년 6월 14일, 파리는 고요했다. 프랑스 정부는 투르로 옮겨갔으며 훗날 더 남쪽인 보르도로 내려갔다. 외교관들도 따라갔으며 수많은 상점과 기업들이 문을 닫았다. 대다수의 파리 시민도 이미 피신하고 없었다.

그날 저녁, 독일 라디오 방송은 승전가를 울렸으며 아돌프 히틀러의 친명에 따라 독일 제국 전역의 교회가 종을 울리고 국기가 나부꼈다. 제1차 세계대전 당시 4년이나 고투하면서도 손에 넣지 못했던 파리가 번개와도 같은 전격전 끝에 4주 남짓만에 독일군에 항복한 것이다.

파리는 곧 본래의 모습을 되찾았다. 독일 병사들은 카메라를 들고 마치 관광객처럼 시가지를 돌아다녔으며, 카페와 레스토랑도 다시 문을 열었다. 모든 것이 정상으로 되돌아온 것처럼 보였다. 폴 레노 총리가 이끄는 내각은 파리가 군사적 가치가 없다는 사실을 깨닫고 총 사퇴하였다. 이후 프랑스 정부는 제1차 대전의 전쟁 영웅인 페탱 원수에게 맡겨졌다. 페탱은 즉시 강화를 시도했다. 6월 22일, 이제는 스와스티카로 장식된, 1918년에 독일로부터 항복을 받았던 바로 그 열차에서 욍치제르 장군은 프랑스 정부를 대표하여 강화 조약에 서명했다. 프랑스 측에서는 당시 런던에 있었던 자유 프랑스군의 지도자 드골 장군만이 침략자에 대한 투쟁을 계속할 것을 천명하였다. **NK**

# 트로츠키 암살

러시아 혁명 주역들의 운이 다하면서 스탈린의 마지막 라이벌이 제거된다.

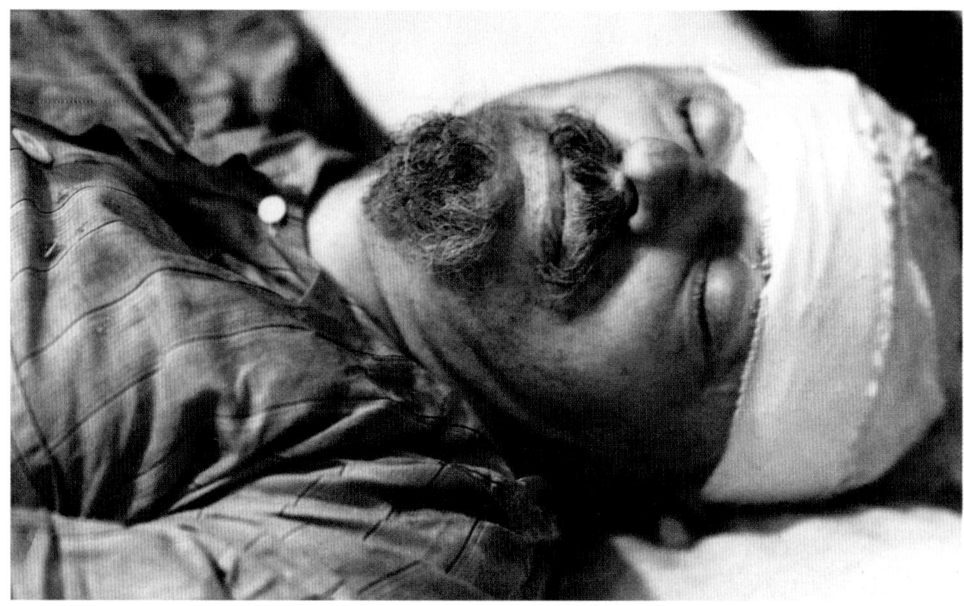

▲ 트로츠키가 스탈린 지지자의 얼음도끼 공격을 받고 멕시코시티의 한 병원에서 사망했다.

스탈린은 적의 암살을 기획했을 때만큼 푹 자는 때는 없다고 말한 바 있다. 아마 1940년 8월 20일 스탈린은 태어나서 최고로 달콤한 꿈을 꾸었을 것이다. 그의 하수인 중 하나였던 라몬 메르카데르가 마침내 레닌의 부관이자 스탈린의 최고 라이벌이며 가장 신랄한 이념적 적수였던 레온 트로츠키를 추적해 찾아내서 죽였다는 소식을 들었기 때문이다.

트로츠키는 1917년 볼셰비키 쿠데타를 주도한 이단 혁명가로 러시아 내전을 승리로 이끈 데에 공로가 컸다. 그는 레닌 사망 이후 스탈린과의 권력 싸움에서 패배하고 해외로 망명하여, 스탈린의 끈질긴 보복 기도를 피해 수년간 이 은신처에서 저 은신처로 떠돌아다니며 추종자들을 결집시켰다. 트로츠키 추종자들은 트로츠키가 주창한 "영구 혁명" 이론을 실현하고자 했다. 멕시코시티 외곽의 요새와도 같은 가옥에 정착한 트로츠키는 수없는 암살 시도에 시달렸다. 그의 침실에 기관총 세례가 퍼부어진 적도 있었으며 1937년에는 암살자들의 손에 아들을 잃었다.

마침내 스탈린의 앞잡이였던 스페인 태생의 메르카데르가 트로츠키의 비서 실비 아헬로프의 애인이 되면서 트로츠키의 집으로 잠입하는 데 성공하였다. 미리 짜인 각본대로 트로츠키에게 원고를 교정해달라고 부탁한 뒤 메르카데르는 얼음도끼로 혁명가의 머리를 내려쳤다. 혼수상태에 빠지기 전 트로츠키는 배후로 스탈린을 지목했으며, 다음날 사망했다. 메르카데르는 1960년 석방되어 소련의 영웅이 되었다. 그는 1978년 쿠바에서 사망했으며 모스크바에 묻혔다. **NJ**

# 라스코 동굴 벽화 발견

프랑스 라스코의 한 동굴에서 놀라운 석기시대 벽화가 발견된다.

동물을 주 소재로 한 라스코의 선사시대 동굴 벽화.

이날, 프랑스 남서부의 도르도뉴 주의 라스코에서 네 명의 십대 소년이 최근 큰 비로 불안정해진 언덕 비탈을 걷고 있었다. 쓰러진 나무뿌리 옆에 생긴 구멍에 로봇이라는 이름의 개가 미끄러져 빠지고 말았고, 소년들은 서둘러 개를 구하기 위해 달려갔다. 구멍 안을 살펴보던 그들은 더 큰 동굴로 들어가게 되었다. 그중 한 명이 벽과 천장 위로 등불을 비춰보니, 얼룩덜룩한 색깔이 보였다. 그들은 지금까지 발견된 가장 웅장한 구석기 시대 벽화 중 하나와 맞닥뜨린 것이다.

그들이 들어간 동굴(훗날 "황소의 전당"으로 불리게 된)은 600점의 회화와 약 1,500점의 조각을 포함하고 있는 방과 통로로 구성된 동굴군의 일부였다. 놀라우리만치 또렷하게 보존되어 있던 이 벽화는 1만 5,000~1만 7,000년 전에 살았던 사람들이 그린 것으로 추정된다. 적색, 주황색, 검정색의 광물질 안료로 그린 말, 사슴, 들소, 소떼가 벽을 따라 연달아 이어져 있다. 그중에서도 가장 놀라운 것은 네 마리의 거대한 검은 황소였다. 길이가 5m가 넘는 이 황소 그림은 구석기 시대 예술에 등장하는 가장 큰 형상이다.

이 믿을 수 없는 발견 소식은 금방 퍼져나갔고, 라스코 동굴은 1948년 대중에 공개되었다. 연간 10만 명의 방문객이 몰려들면서 벽화가 손상되는 것—벽 표면에 불길한 녹색 반점이 생기고 하얀 결정이 맺히는—이 분명해지면서, 1963년에 폐쇄되었다. 1983년 똑같은 복제품을 전시한 관광 센터가 개장했으며, 동굴 자체로 들어가 관람하는 것은 엄격하게 제한되어 있다. **SK**

# 최악의 야간 공습

크리스마스 사흘 뒤, 런던이 세 시간에 걸친 어마어마한 폭격을 견뎌낸다.

▲ 포어 가의 폭격을 맞은 건물의 폐허 속에서 공무원들이 잔해를 헤치며 나아가고 있다.

▶ 놀랍게도 런던의 상징인 세인트폴 대성당은 소이탄 폭격을 맞고도 다친 곳 하나 없이 살아남았다.

"… 다른 수많은 사람들처럼, 나 역시 세인트폴이 버티는 한, 우리도 그럴 것이라고 믿었다."

**도로시 바턴, 『전시 영국』(1939~1945년) 中**

독일 공군(루프트바페)이 영국 공군기지에서 영국의 도시들로 공격 목표를 수정한 1940년 9월 7일 이래 런던은 거의 매일 밤 공중 폭격에 시달려야만 했다. 런던 시민들은 공습 경보 사이렌과, 일과 이동을 중단하고 비오듯 떨어지는 폭탄을 피해 공공 대피소에서 밤을 보내는 데에 익숙해져야만 했다. 또한 수많은 건물과 인명 피해도 감당해내야 했다.

크리스마스 전후로 며칠간 평온했던 나날이 지나가고, 12월 29일 일요일, 지금껏 최악의 블리츠가 런던의 역사적인 심장부에 집중되었다. 공포와 화염의 세 시간 동안 120t의 고성능 폭탄과 2만 2,000개의 소이탄이 투하되었다. 수도관이 파열된 데다 그날 밤따라 템즈 강의 수위가 유난히 낮았기 때문에 소방관들은 강에서 물을 끌어다 진화할 수가 없었다. 1666년 대화재 이후 시가지의 주요 건물을 석재로 재건한 크리스토퍼 렌 경의 건물들이 특히 피해가 심했다. 렌 경이 설계한 교회 중 여덟 곳이 파괴되었으며, 개중에는 플리트 가에 서 있었던 세인트브라이드 교회의 아름다운 "웨딩 케이크" 첨탑도 포함되어 있었다. 폭탄을 직격으로 맞은 세인트폴 대성당이 살아남은 것은 재빨리 화재를 막은 성직자들의 노력과 기적 덕분이었다. 그러나 모든 건물이 그처럼 운이 좋았던 것은 아니었다. 가이스 병원은 전원 소거령이 내려졌고, 캐논 가 전체와 브레드 가 동쪽은 폐허가 되었다. 500명이 넘는 사람들—그중 절반 이상이 소방관이었다—이 부상을 당했으며, 160명 이상이 사망했다. 플리트 가에서 화재 진압 중이었던 16명의 소방관 가운데 8명이 무너진 벽에 깔려 사망했다. 이날 공습은 블리츠의 클라이맥스였으며, 1941년 5월 중순 독일은 공격 목표를 다시 한 번 수정했다—이번에는 러시아 침공을 대비해 동유럽을 조준한 것이다. 런던과 영국은 최악의 시련을 견뎌내고 살아남았다. **NJ**

# 에니그마 해독 성공

영국 해군이 침몰하는 U보트에서 독일의 최고 기밀에 속하는 암호 기계와 코드북을 입수한다.

독일군은 "에니그마(Enigma, "수수께끼"라는 뜻)"라는 별칭으로 알려진 일련의 기계를 사용하여 전신 교신을 암호화하고 해독했다. 제2차 세계대전 내내 이들은 이 시스템이 완벽한 보안을 자랑한다고 믿었다. 그러나 폴란드 정보국 장교들은 전쟁을 시작하기도 전에 독일군의 전신을 일부 해독할 수 있는 방법을 찾아냈다. 이들은 자신들이 알아낸 것을 영국과 프랑스의 군 당국과 공유하였다. "울트라"라는 작전명으로 불린 이 첩보는 독일의 전투 지령과 작전계획을 알아내는 데 핵심적인 열쇠가 되었다. 특히 대서양 해전 중 독일 U보트 무리(일명 "이리떼")로부터 호송선을 안전하게 피신시키는 데 결정적인 역할을 했다. 그러나 독일 해군이 사용한 에니그마는 블레츨리 파크의 영국군 암호 해독가들 사이에서도 가장 공략이 어려운 종류였다. 전투가 치열해지면서 독일군이 기계를 수정하였기 때문에 바다의 U보트와 지상의 사령부 사이에 오가는 교신을 해독하기란 거의 불가능해졌다.

1941년 5월 9일, U-110호는 프리츠-율리우스 렘프 소령을 선장으로 북대서양 해저에서 호송선 공격 작전을 수행 중이었다. 수면으로 올라올 수밖에 없는 상황이 되자 배가 침몰하리라 생각한 렘프는 대원들에게 잠수함을 버리고 탈출하도록 명령했다. 그러나 배가 완전히 가라앉기 전에 영국 해군함 불독호의 선원들이 U보트에 올라 암호 기계와 코드북을 입수하였다. 독일군의 암호를 다시 해독할 수 있게 되었다는 사실은 대서양 전투의 승리에 결정적으로 공헌하였다. 대서양에서 승리하지 못했다면 영국이 전쟁을 계속해 나가기란 불가능했을 것이다. **NK**

▶ 독일의 암호부대가 0과 1의 조합으로 암호를 만들어내는 텔레타이프 형식의 암호 기계를 사용하고 있다.

◀ 다른 암호기계를 사용했을 때 암호를 해독하는 데 수일이 걸렸던 것에 비해 에니그마로 수신되는 암호를 해독하는 데에는 평균 한 시간이면 족했다.

1941년 5월 10일

# 헤스, 스코틀랜드로 탈출

## 히틀러의 오른팔이 영국으로 탈출, 평화 교섭을 시도하나 제3제국에 버림받는다.

왜 히틀러의 오른팔이자 나치당 내에서 괴링 다음가는 2인자였던 루돌프 헤스가 1941년 5월 10일 영국으로 탈출했는지는 오늘날까지도 미스터리로 남아있다. 헤스는 Bf 110 전투기를 타고 스코틀랜드의 글래스고 남쪽 농경지에 착륙했다. 그는 발목이 부러진 채로 지역 주민들에게 붙잡혔으며, 영국군에 넘겨져 전쟁이 끝날 때까지 포로로 잉글랜드의 한 농가에 억류되었다.

헤스가 평화 교섭을 제안하기 위해 왔다는 것은 명백했다. 히틀러는 소련 침공을 눈앞에 두고 있었고, 대영제국이라는 적을 등뒤에 두지 않는다면 히틀러의 지정학적 조건은 훨씬 유리해지기 때문이었다. 헤스의 제안은 독일과 그 동맹군이 현재 점령 지역에서 모두 철수하는 대신 영국이 독일-소련간 분쟁에서 중립을 지킨다는 내용이었다.

> "헤스는 비밀주의의 연옥으로 인도되었으며… 단호하게 입막음 당했다."
>
> **익명의 저자, 『아메리칸 머큐리』, 1943년**

헤스의 교섭 시도가 히틀러의 지령이었는지 알려져 있지 않다. 히틀러는 헤스의 주장을 부인하고 그와 절교했으며, 정신병자라고 선언했다. 영국 정보당국이 헤스로 하여금 전쟁 전에 나치당에 동조했던 해밀턴 공작과 교섭 하도록 유인한 데에 헤스가 속아넘어갔을 가능성도 있다. 전쟁 전 나치당 동조자였던 켄트 공작(조지 5세의 동생)이 헤스를 끌어들인 미끼였을까? 헤스 탈출에 대한 공식 기록들은 모두 폐쇄되었기 때문에 확인이 불가능하다. 뉘른베르크 전범 재판에서 유죄를 선고받은 헤스는 1987년 슈판다우 전범 교도소에서 나치당 지도부 인사 가운데 마지막으로 사망하였다. **NK**

1941년 6월 22일

# 바르바로사 작전 개시

## 히틀러가 기습 공격을 감행, 소비에트 연합의 붕괴를 초래한다.

바르바로사 작전은 스탈린의 러시아를 정복하고자 하는 히틀러의 계획으로, 새벽녘에 400만이 넘는 독일 군대가 소련 국경을 넘었다. 소련 영토에 들어간 독일군은 3개로 나뉘어 주요 공격목표를 향해 전진하였다. 육군 원수 리터 폰 레브가 지휘하는 북부군은 발트해 연안을 가로질러 레닌그라드로 진격하였다. 육군 원수 페도르 폰 보크가 이끄는 중부군은 모스크바를 향해 진군하였다. 육군 원수 게르트 폰 룬트슈테트 휘하의 남부군은 러시아 남부의 유전과 산업 지대, 그리고 농업 경제 자원을 점령하였다.

소련군은 완전히 허를 찔렸다. 스탈린은 영국이 항복하기 전에는 히틀러가 공세를 취하지 않을 것이라 보고 침공이 임박했다는 첩보를 믿지 않았던 것이다. 러시아는 탱크, 포병대, 그리고 공군기의 숫자에 있어서는 우세였지만, 훈련이나 전략 교본에서는 완전히 열세였다. 히틀러의 군대는 러시아 남부를 지나 레닌그라드와 모스크바의 코앞까지 진격했다.

> "우리가 문짝을 걷어차고 들어가기만 하면 구조물 전체가 무너져내릴 것이다."
>
> **러시아 침공 당시 아돌프 히틀러**

바르바로사 작전은 게르만족은 더 넓은 영토를 필요로 하며, 열등한 슬라브족을 노예로 만들어 식량 생산을 위한 경제적 자원으로 삼아야 한다는 히틀러의 신념을 군사적으로 체현한 것이었다. 러시아인들은 꿋꿋이 버텼으며, 보급 문제와 러시아의 혹독한 겨울 때문에 히틀러의 군대는 주요 목표 중 어느 하나도 완수하지 못했다. **NK**

# 레닌그라드 포위 시작

바르바로사 작전의 일환으로 독일군이 레닌그라드를 봉쇄한다.

▲ 1942년, 레닌그라드 시민들이 폭격으로 폐허가 된 집을 떠나고 있다. 이 해에만 약 65만 명이 굶주림과 추위, 폭격으로 사망하였다.

호반의 도시 레닌그라드—제정 러시아의 옛 수도 상트페테르부르그—는 1941년 6월 독일군이 러시아를 침공한바르바로사 작전의 3대 핵심 목표 중 하나였다. 8월 31일, 독일 북부군이 레닌그라드와 외부 세계를 잇는 마지막 철도를 차단하였고, 이튿날부터 봉쇄가 시작되었다. 레닌그라드 봉쇄는 이후 29개월간 이어졌다. 1주일 후, 독일군과 핀란드군이 도시를 에워쌌다. 스탈린은 레닌그라드를 버린 셈 치기로 했다.

레닌그라드는 끝없는 포격과 공중 폭격에 시달렸으며, 이로 인한 피해 규모는 훗날 원자 폭탄이 투하된 히로시마와 나가사키보다 더 컸다. 대중교통이 끊기고 수도가 파괴되었다. 식량 공급은 거의 전무하다시피 했다. 실직 민간인들을 위한 식량 배급량은 하루에 125g의 빵이 전부였다. 석탄과 석유는 겨울이 시작되기도 전에 동이 났다.

다수의 시민이 얼어붙은 라도가 호수를 건너 탈출하였기 때문에 완전한 봉쇄라고는 할 수 없었다. 공장 노동자들 역시 독일군에게 점령당하지 않은 지역에 공장을 재건하기 위해 이주 당했다. 포위 개시 당시에는 350만 명이었던 레닌그라드 인구는 봉쇄가 끝날 무렵에는 75만 명으로 줄어 있었으며, 가능한 모든 시민들은 도시의 생존을 위해 협력할 것을 요구 받았지만, 대부분 도시를 버리고 탈출했으며 남은 이중 절반은 병사들이었다. 스탈린의 비관주의는 근거없는 것이었다. 레닌그라드는 1944년 1월 봉쇄가 풀릴 때까지 결국 버텨냈다. **NK**

# 바비야르 학살

키예프 외곽에서 약 36시간 동안 자행된 나치의 대량 학살로 수천 명이 목숨을 잃는다.

▲ 나치는 학살 소식이 키예프의 유대인들에게로 흘러들어가는 것을 막기 위해 바비야르를 만행 장소로 골랐다.

1941년 9월 19일, 동쪽으로 진군하여 소련 영내에 들어온 독일군은 45일간의 전투 끝에 우크라이나의 키예프에 입성했으나, 곧 시내에서 벌어진 일련의 폭탄 공격으로 수많은 독일 병사가 사망했다.

사실은 소련 NKVD(KGB의 전신)의 소행이었지만, 배후에 유대인이 있다고 오판한 나치 친위대(SS)는 키예프의 유대인 전체에 보복을 행하기로 결정하였다. 키예프시에 거주하는 모든 유대인은 서류, 돈, 귀중품을 지니고 따뜻한 옷차림으로 9월 29일 유대인 묘지에서 가까운 멜니코프스키 가와 도흐투로프 가의 모퉁이에 집합하라는 명령이 떨어졌다. 강제 이송 당하게 되었다고 생각한 유대인들은 그날 하루 종일 유대인 묘지 문 밖에 줄을 서서 기다렸다. 그들은 명령받은 대로 이곳에 짐을 남겨둔 채 10명씩 조를 짜 바비야르라는 이름의 시 외곽에 있는 큰 골짜기로 끌려가 기관총으로 난사 당했다.

학살에는 총 36시간이 걸렸으며, 약 3만 4,000명이 살해 당했다. 시체 위에 시체가 쌓였고, 급히 집단 매장 당하는 와중에 아직 숨이 붙어있었던 희생자도 있었다. 극소수만이 탈출하였다. 바비야르의 학살은 SS의 이동학살분대(Einsatzgruppen)가 저지른 가장 극악무도한 만행 가운데 하나로 손꼽힌다. 이 분대는 독일군이 동유럽과 소비에트 러시아로 진군하는 동안 150만 명의 유대인과 집시, 공산주의자, 그리고 정적들을 살해하였다. **NK**

# 진주만

**일본이 미 해군을 선제공격, 함대 일부를 침몰시켜 미국이 중립을 깬다.**

하와이 시간 오전 7시 48분, 한 무리의 일본 뇌격기와 폭격기가 미국의 태평양 함대가 주둔하고 있는 진주만의 해군 함대, 육상 시설, 공군기지에 대한 공격을 시작했다. 약 90분 후, 제2진의 마지막 폭격기가 진주만을 떠났을 때 전함 여덟 척, 순양함 세 척, 구축함 세 척이 완전히 파괴되거나 심각하게 손상되었다. 총 188기의 공군기가 파괴되었으며 155기가 크게 파손되었다. 일본의 피해는 29기의 공군기와 5척의 소형 잠수함에 그쳤다.

진주만 공습 계획은 연합함대 사령관 야마모토 이소로쿠 해군 대장이 처음 제안하였다. 야마모토는 미국에 정통했으며, 그 자신도 미국을 자극하는 것은 잠자는 호랑이의 콧털을 건드리는 짓이라는 사실에 두려워하고 있었다. 그러나 미국 해군 기지에 대한 선제 공격은 장차 일본이 영국와 네덜란드 식민지를 침공할 때 미국이 간섭할 가능성을 사전에 차단하기 위한 의도였다. 일본은 동아시아 지배를 위해 영국과 네덜란드령 식민지의 풍부한 석유와 고무가 반드시 필요했던 것이다.

진주만 공습은 일본에게 있어 전술적으로는 빼어난 성공이었지만 전략적으로는 재앙 그 자체였다. 미국이 연합군 편에 서서 참전하게 만들고야 만 것이다. 일본은 당시 해상에 있었던 항공 모함을 침몰시키지도 못했고, 미국의 잠수함 함대를 위축시키는 데에도 실패했다. 이 두 가지야말로 장기적인 관점에서 미국이 일본을 쓰러뜨리는 데 결정적인 역할을 한 병력이었다. 미국의 산업 생산력은 진주만 공습으로 인한 피해를 순식간에 보강하고도 남았다. **NK**

◀ 일본의 진주만 기습 후 미 해군 군함 웨스트 버지니아호에서 선원들이 구출되고 있다.



# 최종적 해결

**반제 회의가 유대인 말살에 합의한다.**

베를린 외곽 반제(Wannsee)에서 제3제국 국가보안부 수장이었던 라인하르트 하이드리히 주최로 열린 90분간의 회의는 독일이 점령한 소련과 동유럽 지역의 유대인을 소거 및 말살시키기로 한 나치 수뇌부의 결정을 승인하였다. 하이드리히는 나치 친위대(SS), 외무부, 각 지방 정부 등의 대표 15명에게 현재 한층 강화되고 있는 반유대 조치들을 설명하고, 전쟁과 자원 감소로 인해 유럽에 남아 있는 1,100만 명의 유대인들을 살려둘 수 없음을—그리고 이들이 이주하도록 내버려둘 수 없음을—역설하였다.

"말살" 또는 "제거"라는 단어를 사용하는 대신,

> "하이드리히는… 코냑을 마시고 있다. 그가 알코올에 손 대는 것을 보는 것이 몇 년 만인지 모르겠다."
>
> **회의 당시 아돌프 아이히만**

하이드리히는 유대인들을 동쪽으로 "이송"할 것이며 건설 공사에 투입하여 죽을 때까지 강제 노동을 시키거나 "적절히 처리"하여 새로운 유대인의 번식을 막을 것이라고 밝혔다. 코냑이 한 잔 들어가자 더 이상 완곡어법에 의존할 필요가 없었다. 아돌프 아이히만이 작성한 의사록에 따르면 유대인 대량학살을 위한 방법이 논의되었다고 한다. 하이드리히는 6개월 뒤 프라하에서 체코 애국지사들에게 암살 당했다. 반제 회의에 참석했던 대표단 중 일부는 전쟁이 끝날 무렵 죽거나 자살하거나 혹은 처형 당했다. 최후의 두 사람은 1982년 사망했다. 반제 회의는 나치의 "유대인 문제에 대한 최종적 해결책"으로써 대량 학살을 선택한 것이다. **NJ**

# 대영제국의 치욕

싱가포르의 대영제국 해군 기지가 취약해진 일본군에 항복한다.

▲ 일본군 경비대가 총검으로 손을 들어올린 채 서 있는 영국군 포로들을 줄지어 세우고 있다.

1942년 2월 15일, 아서 퍼시벌 중장은 백기를 든 장교들과 함께 일본군 병사들이 지켜보는 가운데 싱가포르 부킷 티마의 포드 자동차 공장으로 걸어갔다. 퍼시벌은 처칠이 "대영제국 역사상 최대의 투항"이라고 부른 항복 문서에 서명할 참이었다.

싱가포르는 우수한 해군 방어력을 갖추고 있었지만, 육지 쪽에서의 공격에는 취약하기 이를 데 없었다. 1941년 12월부터 일본군은 말레이시아를 가로질러 진군하면서 영국, 오스트레일리아, 인도 군대를 격파하였다. 이 밀림전의 생존자들은 1942년 1월 31일 싱가포르로 후퇴하였다. 2월 8일 밤, 일본 군인들은 뗏목을 타고 싱가포르 섬으로 건너와 방어선으로 침투하기 시작했다. 처칠은 죽는 순간까지 싸울 것을 독려하였지만 그의 지휘관들은 그렇지 못했다. 싱가포르는 일본 공군과 포병대의 폭격에 시달리고 있었으며, 수도 공급관 마저 일본군의 수중에 절반 이상 들어가 있는 형편이었다. 퍼시벌의 부하 장교들은 항복을 권유했다. 이는 일본군 사령관 야마시타 토모유키에게는 반가운 소식이었다—일본군은 숫자에서도 밀렸을 뿐만 아니라 병참마저 바닥나 가는 상황이었던 것이다.

친일 노선인 인도 국민군에 가담한 인도인 병사들을 제외하고도 8만 명이 포로가 되었고, 그중 다수는 생존하지 못했다. 일본군 점령 2주가 채 못되어 3만 명의 중국계 주민들이 학살 당했다. 퍼시벌은 전쟁포로로 종전까지 살아남았지만, 싱가포르 함락은 대영제국 신화는 물론 백인의 인종적 우수성의 신화까지 무너뜨리고 말았다. **RG**

# 미드웨이 해전

미국 해군이 태평양에서 일본을 상대로 최초의 대규모 승리를 거둔다.

▲ 미국 군함 요크타운호(CV-5)가 폭격 당하고 있다. 침몰한 요크타운호는 미드웨이 해전에서 미국이 잃어버린 유일한 항공모함이었다.

1942년 6월 6일, 날이 저물었을 무렵 미국의 태평양 함대 사령관이었던 해군 제독 체스터 니미츠는 일본을 상대로 대승리를 거두었다. 일본은 진주만 공습으로 미 해군 전함들을 파괴했지만, 항공모함 함대만은 건드리지 못했다. 이 항공모함 함대 격파가 일본 해군 제독 야마모토 이소로쿠의 주요 목표였다.

야마모토의 계획은 하와이 군도에서 가장 서쪽에 위치한 미드웨이 섬을 공격하려는 것이었다. 미군이 이곳을 방어하지 않을 수 없다는 것을 알고 있었기 때문이다. 그러나 미국의 암호 전문가들이 그들의 해군 암호를 해독하여 일본군의 의도와 배치를 파악하고 있다는 것은 알지 못했다. 전투는 사흘 동안 계속되었다. 양쪽 모두 항공모함에서 출격한 전투기들에 의한 장거리 공격이었기 때문에 정작 서로의 함대는 구경조차 하지 못했다. 전투가 끝났을 때 일본은 이 전투에 투입한 4척의 항공 모함이 모두 침몰했지만, 미국의 손실은 한 척에 불과했다. 이보다 더 치명적인 것은 일본이 200기가 넘는 공군기와 전투 경험이 풍부한 조종사들을 잃었다는 것이었다.

취약한 일본의 군수산업은 잃어버린 전함과 전투기를 미국처럼 빨리 보강할 수가 없었으며, 고도의 훈련을 받은 조종사와 선원의 손실은 그야말로 회복이 불가능했다. 일본은 미드웨이 해전에서 패한 뒤로도 3년을 더 버텼지만, 미드웨이 승전 이후 태평양 전쟁의 주도권은 미국에게 넘어갔다. 속전속결로 승리를 쟁취하려던 일본의 희망은 물거품이 되고 말았다. **NK**

# V-2 발사

히틀러가 대항할 수 있는 무기가 하나도 없는 위협적인 미사일을 개발했다.

◐ 폰 브라운이 미국 정부를 위해 일할 무렵인 1946년 발사된 V-2의 모습. V-2는 "복수의 무기(Vengeance Weapon) 2"라고도 불렸다.

영리한 젊은 엔지니어 베른헤르 폰 브라운은 어린시절부터 로켓에 푹 빠져 있었다. 1936년 이래 나치는 폰 브라운의 재능을 이용하여 세계 최초의 탄도 미사일인 V-2를 개발하였다. 발트해 연안의 페네뮌데에 있는 연구소에서 폰 브라운이 만든 원조 V-2는 1942년 가을, 최초로 발사에 성공하였다. 추진, 항공역학, 유도 등 기술적인 문제들은 여전히 미해결 상태였지만, 1944년 9월 드디어 V-2는 배치 준비를 완료하였다. 이동 기지에서 발사된 이 치명적인 로켓은 아무런 경고도 없이 초음속의 속도로 목표 지점에 떨어졌다.

V-2의 대부분은 북유럽에서 영국 육군의 주요 보급 기지였던 안트베르펜을 겨냥하였다. 총 1400기가 런던을 향해 발사되었으며, 이로 인해 2,700명의 민간인이 사망하고 6,000명이 부상당했다. 영국의 대응책이라곤 독일군을 최대한 후퇴시켜 영국이 V-2의 사정거리 안에 들어오지 않도록 하는 수밖에 없었다. 히틀러는 이 신형 로켓이 그밖에 나치가 개발한 테러 무기들—무인 로켓 비행기 V-1, 제트 전투기, 신형 잠수함 등—과 함께 전세를 뒤집을 수 있을 것이라고 희망했다. 그러나 이들 무기만으로는 전쟁에서 승리할 수 없었다.

베른헤르 폰 브라운은 1945년 자신의 연구팀 대다수와 함께 미군에 투항, 미국으로 보내져 미국의 로켓 프로그램을 개발했다. 폰 브라운의 연구는 핵 미사일 억지는 물론 달 탐사 로켓 제작에도 공헌하게 된다. **NK**

# 독일군 스탈린그라드에서 항복

히틀러의 저항에도 불구하고 독일군 전군이 러시아 앞에 무릎을 꿇는다.

▲ 제2차 세계대전 중 가장 격렬한 전투 중 하나로 꼽히는 스탈린그라드 전투 후, 수많은 독일 병사들은 오랜 세월 포로 생활을 해야만 했다.

11월 22일부터 보급도, 전력 보강도 끊긴 채 스탈린그라드에서 소련군에 포위된 독일군 제6군과 사령관 프리드리히 파울루스는 마침내 항복하였다. 스탈린그라드 공세는 독일군에게도, 소련군에게도, 양국 사이의 분쟁을 상징했다. 이날의 항복이 있기 전까지 독일군은 비록 러시아의 주요 도시를 탈취하여 정권의 붕괴를 노린다는 당초의 목적을 달성하지 못했지만, 작전상 러시아군에 져본 적이 없었다.

제6군이 절대 항복해서는 안된다고 생각한 히틀러는 파울루스를 원수(Generalfeldmarschall)로 승진시켰다. 지금까지 독일군 역사상 원수 계급이 항복한 예가 없다는 사실을 알고 있었기 때문이다. 그러나 수적 열세는 물론 혹독한 날씨에 방한복도 없이 굶주림과 질병에 시달리고 있던 독일군이 저항을 계속한다는 것은 불가능했다. 22명의 장군을 포함한 9만 1,000명의 독일군 병사들은 포로가 되어 시베리아로 이주 당했다. 이 가혹한 행군에서 살아남은 단 5,000명의 생존자는 항복으로부터 12년이 지난 1955년에야 풀려났다. 이들은 소련에서 풀려난 최후의 독일군 전쟁 포로들이었다.

스탈린그라드 전투는 20세기 가장 참혹했던 전투 중 하나로 꼽힌다. 스탈린그라드 전투에 참가한 일반 병사들은 24시간을 채 넘기지 못했으며, 하급 장교들도 사흘 이상 살아남지 못했다. 마마예프 언덕을 놓고 벌어진 일전에서 러시아군은 하루만에 1개 사단이 완전히 몰살 당했다. 독일군과 소련군의 사상자는 무려 75만 명에 달했다. **NK**

# 쿠르스크 전투

소련군이 독일 전격전(Blitzkrieg)의 공포를 어떻게 막아야 하는지 보여준다.

▲ 쿠르스크 야습을 감행하고 있는 소련군. 쿠르스크 전투는 총 6,000대의 탱크가 동원된 사상 최대 규모의 탱크 전투였다.

스탈린그라드 전투에서 패배한 뒤 독일군 수뇌부는 어떤 식으로든 러시아인들로부터 주도권을 빼앗아와야 할 필요를 느꼈다. 그 결과 쿠르스크 시의 소련군을 목표로 다방면에서 공격을 퍼붓는 "치타델레(Zitadelle, 독일어로 '보루'라는 뜻)" 작전을 실행하기로 결심하였다. 80만 명의 병사와 2,700대의 전차, 그리고 1,800대의 공군기로 구성된 독일군은 제2차 세계대전 중 최대 규모의 공격군을 조직했다.

독일의 의도를 제대로 파악하고 있었던 러시아는 독일군의 공격 목표가 되리라고 예상되는 지점에 철저한 방어선을 구축했다. 우선 엄청난 면적에 지뢰를 묻어놓고 유례를 찾아보기 힘들 정도로 많은 대전차포를 설치했다. 소련군의 탱크 수는 3,600대, 공군기는 2,400대로 독일을 압도했다. 독일의 제4 기갑군은 7월 4일 남쪽에서, 제9군은 7월 5일 북쪽에서 공격을 시작했다. 동부 전선에서 벌어진 가장 격렬한 기갑전이었던 이 전투에서 독일군 기갑 부대와 보병대는 어느 정도 진격하는 데에는 성공했지만 소련의 방어선을 돌파하지는 못했다. 가장 치열했던 전투는 7월 12일, 프로호로프카 마을 근교에서 벌어졌다. 독일의 제2 SS 판처 군단과 소련의 제5 기갑 수비대가 맞서 싸웠다.

7월 20일, 히틀러는 전투를 중지시켰다. 미국군과 영국군 사단이 시칠리아를 침공했기 때문에 군대를 옮겨 동맹인 이탈리아를 지원해주고자 했던 것이다. 쿠르스크 전투는 굳이 따지자면 무승부라고 말할 수 있겠지만 소련 사령관들은 독일의 전격전을 어떻게 가로막아야 하는지를 증명하였다. 1943년 한 해에 걸친 반격으로 소련은 독일군을 러시아 중부와 남부 너머로 몰아낼 수 있었다. **NK**

# 레닌그라드 공방전 종료

러시아 제2의 도시가 포위 공격에서 풀려나면서 저항한 시민들이 승리한다.

▲ 장장 879일에 걸친 끔찍한 봉쇄가 끝나자 감정에 북받친 레닌그라드의 영웅들이 서로를 얼싸안고 기뻐하고 있다.

독일군은 소련 제2의 도시인 레닌그라드를 1941년 겨울 이래 계속 포위하고 있었지만, 1944년 1월 소련군의 공격은 봉쇄를 뚫고 적을 물러나게 하는 데 성공하였다.

포위 기간 동안 레닌그라드는 식량이 바닥난 데다 쉴 새 없이 공습과 포격에 시달려야 했다. 학교, 병원, 수도와 전력 공급, 대중 교통 수단이 모조리 파괴되었고, 도처에 질병이 만연했다. 무려 120만 명 이상의 시민들이 사망한 것으로 추정된다. 그러나 레닌그라드가 완전히 고립된 것은 아니었다. 겨울이 되어 얼음이 얼고 라도가 호수 위로 길이 생기자 100만 명이 넘는 시민들이 탈출했으며 식량, 연료, 장비가 공수되었다. 여름에는 물길을 사용했다.

시민들은 남녀노소를 불문하고 부역을 해야만 했다. 1만 5,000명의 어린이들까지 레닌그라드 방어에 참여한 공헌을 인정받아 훈장이 수여되었다. 도시의 문화생활 역시 죽지 않았다. 레닌그라드 라디오 오케스트라는 시민들을 위하여 지속적으로 연주회를 열었으며, 1942년 8월에는 1941년 쇼스타코비치가 레닌그라드 시에 헌정한 7번 교향곡을 생방송으로 연주하였다. 연주에 필요한 체력을 쌓기 위해 단원들에게는 특별 배급이 주어졌다. 레닌그라드는 독일의 침략자들에 맞선 "대애국 전쟁"에서 보여준 러시아인들의 저항정신의 상징이 되었으며, 소련 전역에서 레닌그라드의 해방을 축하하였다. 1945년 레닌그라드 시는 레닌 훈장을 받았으며 1965년에는 "소비에트의 영웅 도시" 칭호가 수여되었다. **NK**

# 기나긴 날

D데이, 사상 최대 규모의 상륙군이 프랑스 해안으로 밀어닥친다.

동틀 무렵 노르망디의 오마하 해변에 상륙하는 미군 병사들. 로버트 카파의 사진 속에 영원히 살아남았다.

6월 6일 새벽, 5개 보병 여단, 3개 공수사단으로 구성된 드와이트 D. 아이젠하워 장군 휘하 연합군 1진이 105km에 이르는 노르망디 해변에 상륙, 독일군이 점령하고 있는 센 강 하구를 공격하기 시작했다. 이 날 해가 저물 때까지 사상 최대 규모의 수송 함대의 지원을 받은 12만 5천 명의 미국, 영국, 캐나다 병사들이 상륙하였다. 영국군이 덩케르크에서 참담하게 철수한 지 4년만에 다시 유럽 대륙에 굳건히 발을 디딘 것이다.

이미 6개월 동안 유럽 해안 지대의 독일군 사령관들은 정력이 넘치는 에르빈 롬멜 원수의 지휘하에 대서양 방어선—나치 선전주의자들이 "대서양 성벽"이라고 이름붙인—을 강화하고 있었다. 특히 전투 지점이 되리라 예측된 해변의 방어를 튼튼히 했다. 이렇게 함으로써 적들이 불리하게 되리라는 것을 롬멜은 잘 알고 있었던 것이다. 월등히 뛰어난 연합군의 공군은 말할 것도 없이 병사, 탱크, 총기가 모두 부족했기 때문에 이를 극복하려면 상륙 도중에 적군을 무찔러야 한다고 생각했다.

비록 큰 손실을 입히기는 했지만 상륙을 저지하는 데에는 실패했고, 해가 저물었을 때에는 연합군 병사들이 해안을 장악하였다. 이후 10주에 걸쳐 노르망디의 독일군은 45만 병사를 잃었으며 프랑스와 벨기에를 내주고, 결국은 제3제국의 붕괴를 지켜보게 되었다. **NK**

# 히틀러 암살 미수

독일군 참모 본부 내에서 히틀러 암살 기도가 실패로 돌아간다.

▲ 암살 미수 이후 히틀러를 만나기 위해 볼프샨체(독일어로 "늑대굴"이라는 뜻. 히틀러의 집무실 겸 숙소의 별명)를 방문한 베니토 무솔리니.

7월 20일은 무더웠다. 히틀러는 라스텐베르크에 있는 참모본부 부지 내의 나무 오두막에서 일일 회의를 주최했다. 만약 평소 때처럼 지하 벙커에서 회의가 열렸더라면 베를린 출신의 참모 장교 클라우스 폰 슈타우펜베르크 대령이 가지고 들어온 서류가방 안에 들어있던 폭탄이 폭발했을 때, 파괴력이 훨씬 컸을 것이다. 오두막이 무너지기는 했지만 히틀러는 털끝 하나 다치지 않았다.

전쟁으로 비롯된 인명 피해와 궁핍에도 불구하고 독일 국민 대다수는 여전히 히틀러와 나치 정권에게 충성했지만, 소수의 장교들, 성직자들, 공무원들은 히틀러를 죽이고 쿠데타를 일으킨 뒤 영국과 미국과 강화를 맺는 것만이 독일이 살길이라고 확신하게 되었다. 많은 사람이 이 음모에 대해 알고 있었지만, 실제로 가담하려는 사람은 그보다 훨씬 적었다. 그러나 만약에 성공한다면 쿠데타를 지지하는 쪽으로 돌아설 것이었다.

슈타우펜베르크는 폭발이 일어나는 것을 보고 히틀러가 죽었다고 생각하고는 쿠데타를 실행에 옮기기 위해 베를린으로 날아갔다. 그러나 히틀러는 신속하게 상황을 장악하였고, 슈타우펜베르크와 공모자들은 그날 밤 처형당했다. 단 한번도 장교 부대나 독일군 전통 조직을 신뢰하지 않았던 히틀러는 공모자들과 그의 가족들, 동조자들을 모두 숙청할 것을 명령했다. 독일군 내에서 가장 유명한 장군이었던 에르빈 롬멜 역시 이 계획에 대해 알고 있었다는 이유로 자살을 강요당했으며, 계급을 불문하고 수많은 장교가 아주 사소한 이유로도 체포되어 수치스럽고 고통스러운 방법으로 살해당했다. **NK**

Ik begin met de foto van Margot en eindig met mijn eigen. Dit is ook Januari 1942. Deze foto is afschuwelijk, en ik lijk er absoluut niet op.

1944년 8월 4일

# 안네 프랑크 체포

한 유대인 가족의 비극이 전 세계에 희망의 메시지를 던진다.

1944년 8월 4일 이른 아침, 익명의 제보를 받은 독일군 보안부 군인들이 암스테르담의 한 사무실 빌딩에 있는 은신처로 들이닥쳤다. 그들이 체포한 8명의 유대인 가운데에는 이곳에서 지난 2년간 숨어 살아온 프랑크와 판 펠스 가족이 포함되어 있었다. 이들은 모두 강제 수용소로 보내졌다. 열다섯살 난 안네 프랑크는 즉시 가스실로 보내지는 대신 강제 노동 판정을 받았지만, 수감자들의 처우와 환경을 감안하면 처형을 잠시 유예한 것과 다를 바가 없었다. 안네는 연합군이 베르겐-벨젠 수용소를 해방하기 불과 몇 주 전, 티푸스로 사망하였다. 수용소에서 살아남은 그녀의 아버지 오토는 암스테르담으로 돌아와 딸이 쓴 일기에 대해 알게되었다. 안네는 1942년 6월부터 일기를 써왔으며, 프랑크 가족을 도와준 이들이 이 일기를 보관하고 있었다.

딸이 글 속에서 보여준 사려깊음과 통찰력에 감명을 받은 오토 프랑크는 1947년 이 일기를 출판하였고, 안네의 일기는 출판 즉시 센세이션을 불러일으켰다. 그것은 좁은 장소에 여러 사람과 함께 숨어 살아야 하는 스트레스, 페테르 판 펠스에 대한 첫사랑, 미래에의 희망에 대한 한 어린 소녀의 이야기였다. 안네의 순수함, 낙천적인 성품, 그리고 만연한 악 속에서도 인간의 선에 대한 꿋꿋한 믿음 덕분에 그녀의 일기는 엄청난 반향을 불러일으켰다. 안네의 일기는 순수하고 핍박받는 이들의 목소리를 대변하고 무자비와 맞서는 약한 이들에게는 용기를 주었다. 세계 각국에서 수많은 언어로 번역되어 출간된 것은 물론 영화, 연극, 텔레비전 드라마로도 제작된 안네의 일기는 차별과 편협함에 대한 저항의 상징이 되었다. **JS**

◀ 오토 프랑크는 딸이 일기를 써왔다는 사실에 대해서도, 그녀가 일기에 묘사한 감성의 깊이에 대해서도 전혀 알지 못했다.

1944년 8월 26일

# 파리 해방

프랑스 제2 기갑사단이 조국의 수도로 폭풍처럼 밀고 들어간다.

8월 26일, 파리 시민들은 해방에 환호했다. 파리는 4년간 독일군 점령하에 있었으며, 독일군이 노르망디에서 후퇴하자 해방을 부르짖었다. 히틀러는 주둔군 사령관인 폰 콜티츠 장군에게 파리를 파괴하라고 명령했다. 지하 레지스탕스는 봉기하여 내부로부터 파리를 해방시킬 준비가 끝나 있었고, 페탱 장군은 미군의 영광을 위해 파리 입성을 원했다.

파리는 정치적으로 가장 중요한 도시였기 때문에, 연합군 사령관 아이젠하워 장군은 그가 지휘하는 단 한 개의 프랑스 부대가 파리를 해방해야 한다고 결정하였다. 북아프리카와 노르망디에서 독일군을 상대로 싸웠던 프랑스 제2 기갑사단이 영광의 부대로 선정되었다. 파리의 서쪽과 남쪽 교외에서 독일군의 저항을 돌파한 3개 보병 전투군 탱크가 8월 25일 드디어 파리에 입성해 전략적 요충지—개선문, 국방부, 드 빌 호텔—를 점거했다. 시민들이 환호하는 가운데 남아 있는 독일군 부대들이 저항을 계속했다. 그러나 폰 콜티츠는 다리를 폭파하고 주요 공공 건물을 파괴하라는 히틀러의 지령을 어기고 파리를 파괴하지 않았다. 그는 프랑스군 사단장인 르클레르 장군에게 파리를 고스란히 넘겨주었다.

> "파리를 적에 손에 넘겨주지 말든지,
> 그게 안된다면... 잿더미로
> 만들어버려라."
>
> **히틀러가 폰 콜티츠에게 내린 지령, 1944년 8월 23일**

샤를 드골과 그의 병사들은 추수감사절 미사를 드리기 위해 개선문부터 노트르담 대성당까지 행진하였다. **NK**

# 글렌 밀러 실종

미군 위문 공연길에 오른 인기 재즈 뮤지션은 영영 파리 땅을 밟지 못했다.

◀ 밀러의 히트곡 「채터누가 추추(Chattanooga Choo Choo)」는 석 달 동안 백만 장이 넘는 판매고를 기록했다.

미국의 밴드 리더 글렌 밀러가 공연길에 실종된 사건은 여전히 미궁의 수수께끼로 남아있다. 밀러가 탄 비행기가 영불 해협을 건너 파리로 향하는 도중 행방이 묘연해졌을 때 밀러는 인기의 절정을 달리고 있었다. 그의 빅 밴드 스윙은 모르는 사람이 없었으며 '인 더 무드(In the Mood)', '리틀 브라운 저그(Little Brown Jug)', '문라이트 세레나데(Moonlight Serenade)' 같은 주옥 같은 히트곡들을 발표하였다. 전쟁이 발발하자 그는 미 육군에 자원 입대하였으며, 그의 육공군 밴드(Army Air Force Band)는 영국에서 미군을 위한 일련의 콘서트를 열어 군 사기를 고취시켰다.

노먼 베셀 중령이 조종하는 파리행 노르된 노스먼 C-64기에 탑승하게 된 밀러는 비행 전날 밤 베드포드셔에 있는 RAF 공군기지 트윈우드 팜에서 밤새 포커를 쳤다. 아침에 짙은 안개가 낀 것을 본 밀러는 불안해 했지만, 베셀과 조종사 존 모건은 비행하기에 안전하다고 그를 안심시켰다. 비행기가 이륙한 뒤 아무도 그 세 사람을 보지 못했다.

1985년 영국의 다이버 클리브 워드는 프랑스 해안에서 노르된 노스먼 기의 잔해를 발견했지만, 일련번호도, 시신의 흔적도 없었기 때문에 이 비행기가 밀러가 탔던 비행기인지 확실하게 증명할 수는 없었다. 공식적인 사고 원인은 비행기 날개 동결이었지만, 기체가 전혀 발견되지 않았다는 사실 때문에 말도 안되는 음모론이 꼬리를 물었다. 개중에는 비행기 사고는 애당초 일어나지도 않았으며 밀러가 사창가에서 혹은 폐암으로 죽었다는 황당한 설도 있었다. 밀러가 탄 비행기가 공습에서 돌아오던 영국 공군 폭격기가 버린 폭탄에 오폭 당했다는 설이 보다 그럴듯하다. **NJ**

1945년 1월 27일

# 드러난 참상

진격하던 붉은 군대가 폴란드의 강제수용소에서 끔찍한 범죄의 증거를 발견한다.

아나톨리 샤피로 소령 휘하의 소련군 부대는 폴란드의 오슈비엥침과 브제진카 마을 주변의 수용소 집단으로 들어갔다. 이곳에서 그들은 홀로코스트 최대의 살인 공장 가운데 하나의 끔찍한 증거를 목격했다. 원래는 폴란드인, 독일인, 그리고 소련군 포로들을 수감하기 위해 지었지만, 1941년 10월 비르케나우에 가스실과 화장장을 구비한 아우슈비츠 2호소가 세워졌다. 뒤를 이은 아우슈비츠 3호소에서는 유대인들이 학대와 굶주림, 질병으로 죽을 때까지 강제 노동을 시켰다. 100만~400만 명이 이곳에서 살해 당했다.

진격해오는 러시아군을 피해 후퇴하면서 나치는 자신들의 만행을 은폐하려고 했다. 그러나 그들이 저지른 범죄는 감출 수 있는 것이 아니었다. 화장장과 가스실은 파괴되었지만, 분노한 소련군이 파괴한 것이라는 설도 있다. 대부분의 수감자는 서쪽을 향해 진군 명령을 받았을 때 너무 병약해서 움직일 수 조차 없어서 뒤에 남겨졌다. 그들은 이곳에서 요제프 멩겔레 같은 이들이 생체 실험을 자행했다고 증언했다. 산더미처럼 쌓인 안경, 머리카락, 신발도 발견되었다. 1947년 폴란드 정부는 아우슈비츠의 일부를 국립박물관으로 만들었으며, 1979년 국제연합문화과학기구(UNESCO)이 세계 유산으로 지정했다. **JS**

> "나는 우리가 해방시킨 사람들의 얼굴을 보았다. 그들은 지옥을 빠져나온 듯한 모습이었다."
>
> **아나톨리 샤피로 소령, 2005년 1월**

1945년 2월 11일

# 얄타 회담

연합국 수뇌부들이 만나 전후 유럽의 미래를 논의한다.

세 전시 지도자, 즉 미국의 프랭클린 D. 루스벨트 대통령, 소련의 이오시프 스탈린, 영국의 윈스턴 처칠 수상이 얄타에서 한자리에 모여, 임박한 독일의 항복 이후 유럽의 청사진을 논의하였다.

루스벨트와 처칠은 정해진 요구 사항들이 있었다. 루스벨트는 러시아가 일본에 선전포고를 해줄 것을, 처칠은 폴란드의 정치적 재건과 영토 회복을 주장했다. 스탈린은 동유럽에 소련의 영향력을 확대하기를 원했다. 최종 합의 결과 독일은 3개(나중에 프랑스가 동등한 지위를 얻으면서 4개)의 점령 지역으로 분할되었다. 러시아가 동쪽, 영국이 북쪽, 미국이 중앙, 프랑스가 남쪽을 관할하게 되었다. 러시아 관할에 속하는 베를린은 4개국이 공동 관리하기로 했다. 서유럽에서는 전쟁 이전의 국경을 인정하기로 했다. 오스트리아는 다시 독립국 지위를 얻게 되었지만 가장 큰 변화는 독일이 대부분의 영토를 잃은 동유럽에 있었다. 오데르 강과 나이세 강을 따라 새로운 국경선이 그어졌다. 폴란드 역시 독립국가가 되었지만, 국경이 서쪽으로 이동하여 이전에 독일 영토에 속했던 지역이 폴란드 영토가 되었다. 대신 폴란드의 동부는 소련에 속하게 되었다.

얄타 회담의 진짜 성과는 스탈린이 동유럽에—이 지역 주민들의 의사와는 상관없이—공산 정권을 세울 수 있는 기회를 손에 넣었다는 것이다. 1939년 런던에서 수립되어 영국과 미국은 물론 대다수 폴란드 국민으로부터 합법 정부로 승인을 받은 폴란드 망명정부는 바르샤바에 정부 수립을 금지 당했다. 얄타에서 밑그림이 그려진 유럽의 정치 지도는 1980년대 소비에트 헤게모니가 붕괴할 때까지 계속된다. **NK**

# 드레스덴 폭격

독일에서 가장 아름답고 유서깊은 도시 가운데 하나가 불 폭풍에 파괴된다.

▲ 오늘날에도 드레스덴의 폐허 유적 사이로 전차가 운행되고 있다.

동독의 드레스덴을 폭격한 날 밤, 영국 공군은 모든 전략적 폭격기 부대의 목표—불 폭풍을 일으키는 데 성공하였다. 고성능 폭약과 소이탄의 혼합물을 사용한 폭격기들은 스스로 꺼지지 않는 대화재를 냈다. 다음날에는 미국 공군이 그 뒤를 이었고, 33km²의 시가지가 파괴되었다. 약 2만 5천~4만 5천 명이 사망하였다. 18세기 건축의 보석 가운데 하나로 과거 작센 왕국의 수도였던 바로크 시대의 걸작 드레스덴은 이날 폭격 때까지 거의 공습을 받은 적이 없었다.

독일의 최종 항복을 14주 남겨놓고 실시된 이 공습은 분노를 불러일으켰다. 나치 선전장관 요제프 괴벨스는 드레스덴에 군수공장이 하나도 없다며 엄청난 민간인 인명 피해(괴벨스는 사상자를 20만 명으로 부풀렸다)를 들먹여 연합군의 비인도적인 처사를 비난하였다.

드레스덴 폭격과 이로 인한 인명 피해 기사는 영국 일각에서 "공포" 폭격의 도덕성에 문제를 제기하게 했다. 의회에서도 이에 대한 추궁이 있었으며, 심지어 윈스턴 처칠조차 폭격의 필요성에 대해 의문을 던졌다. 군 당국은 드레스덴이 군수 생산 능력이 있으며 독일군 사령부 및 통신 기지가 있었기 때문에 합법적인 목표 지역이었다고 주장하였다. 드레스덴 폭격과 관련된 논쟁은 종전 이후에도 오랫동안 계속되었다. 1945년 이래 드레스덴은 과거의 영광을 재건하기 위한 노력을 계속하고 있다. **NK**

# 미 해병대 이오지마 점령

제2차 세계대전 중 최초로 일본 영토에 성조기가 휘날린다.

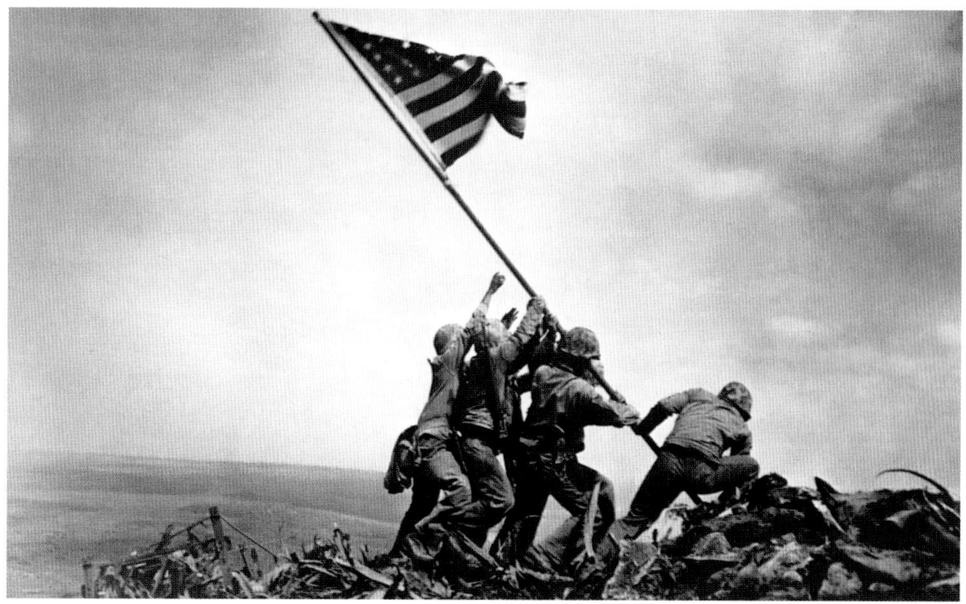

▲ AP통신의 종군기자 조 로젠탈이 찍은 이 사진은 수많은 잡지 표지를 장식했다. 이 사진으로 그는 퓰리처 상을 수상했다.

이 섬에서 저 섬으로 진군하며 태평양을 건너온 미국 해병대와 해군은 일본 열도의 작은 섬인 이오지마를 탈취하라는 지령을 받는다. 향후 일본 주요 도시를 공습하기 위한 공군기지로 사용하려면 이오지마를 점령할 필요가 있었다.

본토에 속해 있는 섬이기 때문에 일본측도 공격군에 최대한의 손실을 입히려는 결의가 확고했다. 일본은 병력을 2만 1,000명 이상으로 늘려 가능한 한 장시간 버틸 작정이었다.

1945년 2월 19일 오전 9시, 해군 함대와 공군이 격렬한 폭격을 퍼부은 뒤 해병대 제4사단과 제5사단이 이오지마에 상륙했다. 즉각적인 저항은 없었지만, 내륙을 향해 진격하자 일본군 보병과 포병 벙커에서 맹렬한 포격이 시작되었다. 이로써 태평양 전쟁의 가장 치열한 전투 중 하나가 막을 올렸다. 35일 동안 계속된 전투에서 미국은 2만 8,000명의 사상자를 냈다. 일본군 216개 중대만이 포로로 잡혔으며, 2만 명 이상이 전사하였다.

이오지마 섬의 남쪽에는 스리바치 산이 우뚝 서 있다. 전투 개시 4일째, 해병대는 스리바치 산을 손에 넣는 데 성공하였다. 2월 23일 소규모 척후대가, 그리고 뒤이어 1개 소대 전체가 정상에 올라 성조기를 게양하였다. 일본 영토에 최초로 휘날린 외국 국기였다. 이 순간을 놓치지 않은 AP 통신 사진기자 조 로젠탈은 태평양 전쟁에서 가장 유명한 장면을 카메라에 담았다. **NK**

# 프랭클린 델라노 루스벨트 사망

백악관이 프랭클린 델라노 루스벨트 대통령의 서거를 발표한다.

루스벨트 대통령은 뉴욕 주 더치스 카운티의 하이드파크에 있는 자신의 영지 장미꽃밭에 안장되었다.

3월 1일, 얄타 회담을 마치고 귀국한 루스벨트 대통령은 의회 앞에서 회담 결과를 보고하였다. 연설 내내 그는 앉아 있었다—"내 발의 5kg을 움직이지 않는 편이 훨씬 수월하다"고 그는 말했다. 루스벨트가 얼마나 수척했는지 의원들 다수가 충격을 받았을 정도였다. 전시에 대통령직을 수행하는 스트레스가 거의 정점에 달한 듯 했다. 그렇긴 해도 1945년 4월 12일, 바로 전해 역사상 전무후무한 4번째 임기에 당선된 대통령이 조지아의 웜스프링스에 있는 별장에서 심각한 뇌출혈로 사망했다는 뉴스에 망연자실하지 않은 사람은 거의 없었다.

한때 그의 애인이었던 루시 머서 러더퍼드가 임종을 지켰다. 루스벨트는 "머리가 지독하게 아프다"라고 말하고는 쓰러진 지 2시간 만에 숨을 거두었다. 백악관에서는 엘리너 루스벨트가 부통령 해리 S. 트루먼에게 이 소식을 알렸고, 트루먼은 미국의 제 33대 대통령으로 선서하였다.

대통령 서거가 공식 발표된지 몇 초만에 이 뉴스는 미국 전역에 보도되었다. 한 신문 기사에 의하면, "사람들이 슬픔을 어떻게 표현해야 할지 알 수 없어 집에서 뛰쳐나와 바에서 이웃들과 이야기를 나누기 시작했으며, 갑작스러운 침묵이 덮쳐와 남녀노소를 불문하고 상실감에 마음을 가눌 수 없었다" 수백만 명의 사람들에게 루스벨트가 없는 미국이란 상상할 수도 없었다. 3주 후, 나치 독일이 항복하자 트루먼은 미국의 환희를 유럽에서의 전쟁을 끝내기 위해 헌신한 루스벨트의 영전에 헌정했다. **NK**

# 히틀러 자살

러시아군이 총통의 벙커로 시시각각 진격해오고 있는 사이 히틀러와 그의 부인이 스스로 목숨을 끊는다.

▲ 히틀러의 시신은 베를린의 총리 관저 뒤 정원에 묻혀 있다고 전해진다.

연합군이 독일 서부와 중부로 깊숙이 진격해 들어가는 동안 아돌프 히틀러는 베를린에 남아 참모 장교들, 근위대, 비서들, 요리사들, 의사들, 정부 에바 브라운, 그리고 개 한 마리에 둘러싸여 있었다. 도시 한복판의 총리 관저 지하 깊은 곳의 콘크리트 벙커 안에서 그는 독일 수도를 향해 진군해 오는 소련군을 기다리고 있었다. 그는 측근들의 간청을 무시한 채 베를린을 떠나는 것을 거부했다. 한때 자신이 무소불위의 권력을 누렸던 이곳에서 계속 싸우거나 죽거나 둘 중 하나를 택하겠다고 결심했던 것이다. 그는 만신창이가 되다시피한 독일군에게 베를린에 입성하기 위해 잠시 멈춘 포위군을 무찌르라는 명령을 내렸다.

4월 29일, 소련군이 벙커를 향해 포위망을 좁혀 오는 동안 그는 독일 해군 사령관 되니츠 제독을 자신의 후계자이자 차기 총통으로 임명하는 최후의 문서를 구술한 뒤 에바 브라운과 결혼식을 올리고 죽음을 준비하였다. 이튿날 그의 부관은 총통의 개를 안락사시켰다. 영양사와 비서들과 함께 점심을 먹은 히틀러와 그의 신부는 응접실로 들어갔다. 에바 브라운은 청산가리를 마셨고, 히틀러는 권총을 입에 물고 방아쇠를 당겼다.

히틀러는 이전부터 자신이 죽은 뒤 시체가 적의 손에 넘어가지 않도록 하라는 명령을 내려두었다. 경호원들은 히틀러와 에바의 시체를 벙커에서 끌어내 가솔린을 뿌려 태운 뒤 소련군의 포격이 빗발치고 도시가 불타는 와중에 포탄으로 인해 패인 구덩이에 묻었다. 히틀러와 에바의 시신은 이후 끝내 발견되지 않았다. 이후 9일 동안 유럽의 독일군은 남김없이 연합군에 투항하였다. **NK**

# 최초의 원자폭탄 실험

뉴멕시코에서 폭발한 원자폭탄이 무기로서의 가능성을 증명하다.

▲ 만의 하나 핵폭발이 실패할 경우 플루토늄을 흡수하기 위해 건설된 거대한 철제 컨테이너.

▶ 뉴멕시코 주 트리니티 부지에서 최초의 핵폭탄이 폭발했을 때 발생한 저 유명한 버섯 모양의 구름.

"핵폭탄은 미래에 전쟁이 일어날 수 있다는 예상마저 견딜 수 없는 끔찍한 것으로 만들어버렸다."

**로버트 오펜하이머**

미국의 원자폭탄 개발 프로젝트를 담당한 수석 과학자였던 로버트 오펜하이머는 아무리 이론적으로 확고하다 할지라도 내부 폭발 유도 메커니즘이 제대로 작동한다는 것을 확신하기 위해 최초의 핵무기 실험이 필요하다고 판단했다. 7월 16일, 연구소가 위치한 로스앨러모스에서 그리 멀지 않은 뉴멕시코 주 앨러머고도의 외진 사막에서 작전명 "트리니티"라 이름붙인 플루토늄 분열 폭탄이 폭발했다.

1930년대 이래 유럽과 북미의 물리학자들은 핵분열은 물론 동력원과 가공할 만한 신무기로써의 핵분열의 잠재적인 응용 가능성을 연구해왔다. 파시즘이 대두하면서 수많은 과학자들—이중 일부는 독일에서 연구를 진행하다가 미국으로 망명했다—은 무솔리니와 히틀러에 앞서 자유 민주국가에서 원자력 기술을 개발하지 않으면 안된다고 믿었다.

미국은 영국, 캐나다와 함께 핵무기를 생산하기 위한 이론적, 기술적, 산업적 기반을 발전시키기 위해 긴급 기밀 프로그램을 시작했다. 맨해튼 프로젝트라 이름붙인 이 거대한 사업에는 총 13만 명의 인원이 동원되었다. 맨해튼 프로젝트 팀은 플루토늄 235를 핵분열 물질로 생산하기 위한 새로운 제조 기술 및 복잡한 내부 폭발 유도 메커니즘이 제대로 작용시키기 위한 신(新) 정밀 엔지니어링 기법 개발 연구에 몰두했다. 나치 과학자들과 엔지니어들도 핵무기를 개발 중이라는 불안에 시달린 당국은 미 육군 공병대의 레슬리 그로브스 장군을 책임자로 임명, 프로젝트와 이에 필요한 산업 자원을 감독하도록 했다. 이론적인 작업과 실제 연구는 로버트 오펜하이머가 진두지휘하였다. **NK**

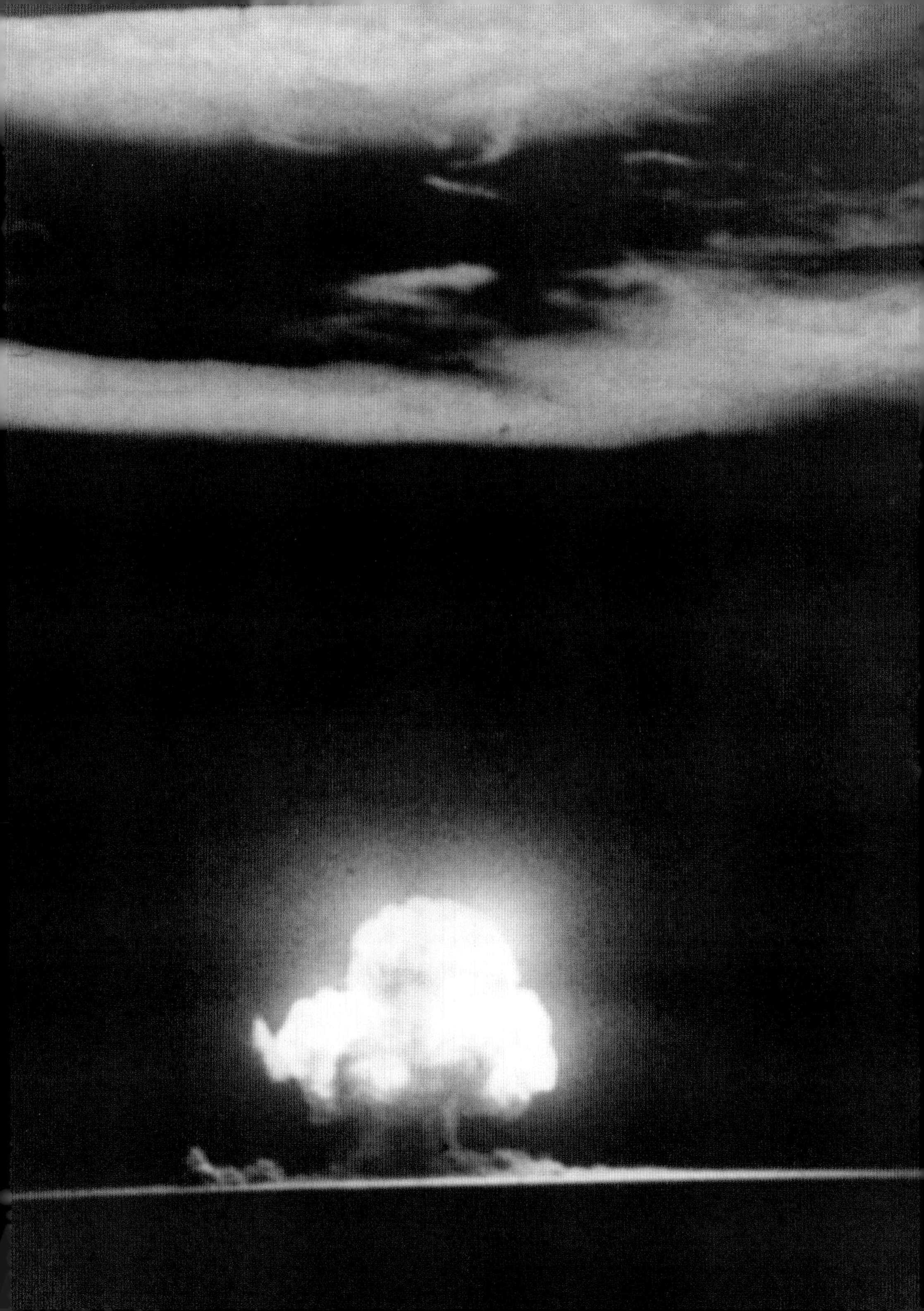

1945년 7월 26일

# 처칠 실각

**전후 영국 총선에서 노동당이 압승을 거두면서 변화가 필요하다는 사실이 명백해진다.**

유럽에서 승전한 지 2개월 만에 처칠은 총칼이 아닌 투표용지의 싸움에서 참담한 패배를 당했다. 왜 영국 국민들은 그들에게 승리를 안겨준 지도자로부터 등을 돌렸을까? 가장 큰 원인은 변화가 필요하다는 공통된 정서였다. 영국은 여전히 가스등 조명에 그나마도 공습 때문에 칠흑 같이 어두웠으며, 길에는 자갈이 깔려 있고 의식주는 쿠폰 배급에 의존해야 했으며, 옥외 화장실에, 뜨거운 물은 상상도 못하는, 사회적으로 불편한 곳이었다. 게다가 대다수의 국민과 접촉도 없는 상류층 토리당이 정권을 쥐고 있었다. 국민들 사이에는 과거를 묻고 새로운 변화를 바라는 분위기가 팽배해 있었다.

> "정치는 전쟁만큼 흥미진진하며, 전쟁만큼 위험하다."
>
> **윈스턴 처칠**

무역 노조 위원장 어니스트 베빈은 노동자 계급에게 왜 사회주의가 유익한지를 역설하여 공감을 얻었다. 1942년 발간된 베버리지 보고서는 보다 높은 수준의 사회복지를 요구하였다. 의회에서는 무료 건강보험, 완전고용, 육아 수당 등에 대한 청사진을 논의하였고, 토리당은 만장일치로 즉각적인 실행에 반대표를 던졌다.

노동당은 기치를 올렸다. 2,500만 명의 유권자가 투표한 총선에서 노동당은 47%의 표를 얻어 38%를 얻은 보수주의자들과 10%에 그친 자유당을 밀어냈다. 180 대 200으로 다수를 유지하던 보수당 정부는 146석의 압승을 거둔 노동당에게 자리를 내주어야 했다. 이는 영국에서 일어난—고용 안정과 사회정의, 그리고 삶의 질 향상을 위한—하나의 혁명이었다. **JJH**

1945년 8월 6일

# 히로시마 원폭

**미군 폭격기가 일본의 도시 상공에 핵폭탄을 떨어뜨린다.**

현지 시간 오전 8시 15분, 최초의 핵무기인 "리틀 보이"가 일본 본토 히로시마 상공 580m에서 폭발하였다. 히로시마가 목표물이 된 것은 이전까지 공습을 받은 적이 없는 도시였기 때문이다. 폴 티베츠 중령이 조종하는 B29 폭격기 에놀라 게이(Enola Gay)호에서 투하한 폭탄이었다. 에놀라 게이는 2기의 동료 공군기—한 대는 촬영, 다른 한 대는 과학적 측정을 위한—와 함께 티니안 섬의 미 공군 기지에서 출발하였다. 무기는 비행 중에 핵탄두를 장착하였으며, 승무원들은 목표 지점에 도착하기 30분 전에 안전 장치를 제거하였다. 일본은 3대의 공군기가 본토에 접근하는 것을 추적하고 공습 경보를 발효했다가 곧 취소하였다. 이처럼 소규모 편대가 위협이 되리라고는 생각지 않았기 때문이었다. 폭격기를 방해하기 위한 전투기도 보내지 않았다.

고도 9,750m 상공에서 투하된 폭탄이 자동 폭발 고도에 도달하기까지는 꼭 57초가 걸렸다. 이로 인해 발생한 구름은 18km 상공까지 치솟았다. 폭발 지점을 중심으로 반경 1.6km 이내 모든 것이 완전히 파괴되었으며 총면적 11km²가 피해를 입거나 화재가 발생하였다. 모든 건물의 90퍼센트가 완전히 혹은 부분적으로 파괴되었다. 일본 당국은 폭발 당시 히로시마에 약 25만 5,000명이 거주하고 있었던 것으로 추정하였으며, 7만 명이 초기 폭발로 인해 사망하였다. 1945년까지 방사능 피폭으로 거의 이와 맞먹는 숫자의 사람들이 사망하였다. 방사능 오염으로 인한 사망과 질병은 오늘날까지도 끊이지 않고있다. **NK**

▶ 완전히 초토화된 히로시마 시가지. 내진 설계로 지은 건물만이 살아남았다.

J.CERABINO · SHOP
ITALIAN OLIVE OIL
PASTENE
FANCY GROCERIES
DRINK
White Rose Tea
IT'S GOOD
GROCERIES

# 종전

**일본군이 연합군에게 항복, 제2차 세계대전이 막을 내린다.**

미 해군 전함 미주리호 선상에서 일본 정부와 군 당군은 공식 항복문서에 서명했다.

8월 15일, 일본은 모든 군사행동을 중지했다. 7월 26일 트루먼 대통령은 일본에게 항복 조건을 구체적으로 명시한 포츠담 선언을 수용하지 않을 경우 국가 전체가 초토화될 것이라고 경고했다. 일본은 처음에는 거부했지만, 8월 6일 히로시마에, 뒤이어 8월 9일 나가사키에 원자폭탄이 투여되자 포츠담 선언 수용을 방송으로 공표한 뒤 미국에 항복했다.

2주 뒤 도쿄 만, 일본 외무성 장관 시게미츠 마모루와 제국 육군 참모총장 우메즈 요시지로가 항복문서에 서명하기 위해 미국과 영국 함대에 에워싸여 미주리호에 올랐다. 선상에서 그들은 연합군 사령관들과 마주했다. 더글러스 맥아더 장군, 필리핀에서 영웅적으로 미국의 저항을 이끌었던 웨인라이트 장군, 그리고 싱가포르의 영국군 사령관이었던 퍼시벌 장군 등이 그들이었다(웨인라이트와 퍼시벌은 포로 수용소에서 풀려난지 얼마 되지 않았을 때였다).

항복 문서에는 연합군 측 모든 사령관들—영국, 프랑스, 네덜란드, 오스트레일리아, 뉴질랜드, 캐나다, 중국, 소련—이 자국 정부를 대표하여 서명하였다. 일본은 경제 기반이 무너지고 주요 도시 두 곳이 초토화된, 몰락한 국가로 전락했다. 이제 사실상 일본의 통치자가 된 맥아더 장군은 새로운 민주주의 헌법 기안 제정과 경제 재건에 착수하게 됐다. **NK**

◀ 뉴욕의 리틀 이태리에서 시민들이 콘페티와 깃발, 국기를 흔들며 종전을 축하하고 있다.



# UN 창립

**전쟁의 잿더미 속에서 세 번째 세계대전을 방지하기 위해 UN이 탄생한다.**

UN의 전신은 그야말로 참담한 실패였음이 증명되었다. 유럽에서 제2차 세계대전이 발발했을 때 국제 동맹은 못본 척으로 일관했다. 새로이 태어난 국제연합(UN)은 그보다는 잘 해야 했다. 1944년 워싱턴 근교의 덤바턴 오크스에서, 1945년에는 샌프란시스코에서 이미 밑그림은 그려졌다. 총 50개 회원국이 미국, 영국, 소련, 중국이 내놓은 제안을 받아들여 UN 헌장에 서명하였다.

그리하여 1945년 10월 24일, 새로운 국제기구가 탄생했다. UN은 주로 자문 역할을 하는 총회와 일종의 집행위원회인 안전보장이사회로 구성된다. 총회에서는 모든 국가가 똑같이 한 표를 행사할 수 있는 반면, 안전보장이사회는 5개의 상임이사국—미국, 영국, 소련, 중국, 프랑스—와 2년 임기의 6개 비상임이사국이 활동한다. 총회는 다수결의 원칙에 따라 결의안을 통과시키며, 안전보장이사회는 군사행동을 비롯한 안건의 집행을 담당하지만, 각 상임이사국은 거부권을 행사할 수 있다. UN 산하기관들은 사회적, 경제적, 인도적 문제들을 해결하기 위해 국제적인 협력을 이끌어낸다. UN은 제2차 세계대전 승전국들에 유리하도록 구성되었기 때문에 힘의 불균형은 어쩔 수 없었으며, 냉전이 냉랭하다 못해 얼어붙고 있던 와중에 창립되었다. 불완전한 장치가 시간이 흐르면서 제대로 작동할 수 있는지에 대해서는 아직도 실험 중이다. **RP**

> "이 헌장이 몇 년 전에만 있었더라도… 수백만 명의 목숨을 구할 수 있었을 것이다."
>
> **미국 대통령 해리 트루먼**

# 제1차 UN총회

평화적인 협력과 토의에 대한 희망이 고조된 가운데 초대 UN 총회가 열렸지만 냉전의 긴장은 여전히 계속된다.

런던은 공습으로 만신창이가 된데다 식량 배급소 밖에는 수천 명이 늘어서 있었다. 장소는 웨스트민스터 대성당. 영국에서 가장 큰 감리교회인 웨스트민스터의 중앙 홀이 대회의장으로 변신한 것이다. 시간은 오후 4시. 임시의장을 맡은 콜롬비아의 술레타 앙헬 박사가 의사봉을 두 번 내리쳐 개회를 선언했다. 51개국에서 참가한 224명의 대표들이 일제히 주목했다. 최초의 UN총회가 시작된 것이다. 영국의 클레멘트 아틀리 총리는 각국 대표와 언론 기자들에게 UN은 전쟁과 기아의 재앙에서 세계를 구하기 위해 "대외 정책의 최우선적인 요소"가 되어야 한다고 역설하였다.

UN의 설립은 제2차 세계대전 종전 무렵 이미 논의되었으며, 1945년 10월 24일에 공식적으로 설립되었다. 많은 이들이 정의, 자유, 평화의 새로운 시대를 희망하고 있었다. 런던에서 열린 제1차 총회는 이러한 희망을 명확히 대변하고 있었지만, 예기치 않은 대립도 있었다. 미국과 서유럽은 폴-앙리 스파크(벨기에)의 의장 선출을 당연시하고 있었지만, 소련이 경쟁 후보를 내세운 것이다. 결국 투표를 거친 끝에 28 대 23으로 스파크가 의장에 선출되었다. 1월 19일 최초의 안전보장이사회 회합이 열렸을 때에도 비슷한 동서 분열이 일어났다.

UN은 당면하고 있는 만만치 않은 문제들에 대해 쉽게 해결책을 이끌어낼 수 없었다. 1949년 UN본부가 뉴욕으로 옮겨가면서 냉전 갈등은 더욱 악화되었다. 그럼에도 불구하고 UN은 오늘날까지 그 존재를 지키고 있으며 현재 회원국은 192개국에 달한다. **RP**

◀ 주미 소련대사 안드레프 그로미코가 UN총회에서 각국 대표들에게 연설하고 있다.

1946월 2월 24일

# 페론 대통령 당선

후안 페론과 그의 애인 에바가 아르헨티나의 권력을 손에 넣는다.

제2차 세계대전 당시 아르헨티나는 처음에는 미국과 영국에 호의적인 중립국이었다. 미국도 영국도 아르헨티나에 경제적으로 국익이 걸려 있었다. 그러나 1943년 쿠데타를 일으켜 권력을 장악한 군부는 아르헨티나의 경제적, 정치적 독립을 추구했으며 국가의 단결이라는 명분 하에 전체주의 정권을 세웠다. 군부의 일원이었던 후안 페론 장군이 1946년 2월 대통령으로 선출되었다.

노동부의 수장으로서 그는 급료를 인상하고 노조를 장려하며 사회복지를 개혁하는 방식으로 권력의 기반을 다졌다. 거기다 배우 출신의 아름다운 정부(情婦)인 에바 덕분에 그의 인기는 한층 올라갔다. 페론은 대통령에 당선되기 직전인 전쟁이 끝날 무렵 에바와 결혼하였다.

> "예산… 그런건 자본주의자들이나 하는 헛소리에요. 난 그냥 가난한 이들을 위해 돈을 쓸 뿐이에요."
>
> **에바 페론**

페론은 외국 기업들을 국영화하고 복지 혜택을 증강시켰다. 아내 에바가 복지 정책을 총괄하였다. 그러나 1950년 금융 위기를 거치면서 억압 정책이 심해졌고, 1951년에는 선거 조작으로 이어졌다. 에바는 1952년 7월 암으로 세상을 떠났고 유혈 시위가 일어나면서 페론은 파라과이로, 1955년에는 다시 스페인으로 망명할 수밖에 없었다.

1973년 페론의 수하였던 엑토르 캄포라가 대통령에 당선되었지만, 10월 페론이 귀국하여 대선에 승리하자 사임하였다. 페론의 집권기는 당내 내분으로 점철되었다. 페론은 1974년 7월 사망하였다. **PF**

1946년 3월 5일

# 철의 장막 연설

처칠이 풀턴 연설에서 영국과 미국의 힘과 단결을 주문한다.

처칠은 "이 불안하고 혼란스러운 시대"에 조언을 던지는 일개 시민의 의견이라고 했다. 그는 인류가 직면한 두 가지 위협—독재와 전쟁—에 대해 이야기했으며, 특히 전자는 "상당히 많은 국가에서" 일어나고 있다고 말했다. 그는 미국과 영국이 "특별한 관계"를 유지하여 "철의 장막"이 쳐진 유럽 대륙에 "위대한 평화의 회복"을 위해 노력해야 한다고 했다. 동유럽에서는 공산당이 전체주의 정권을 세우고 있었으며, 프랑스와 이탈리아에서는 공산주의 제5열이 영향력을 얻고 있었다. 미국과 영국은 강하고 단결되어야 하며 UN 헌장을 수호해야 한다.

> "누가 봐도 이건
> 우리가 세우기 위해 피흘려 싸운
> 유럽이 아니다"
>
> **윈스턴 처칠, 미주리 주 풀턴에서**

예상을 뒤엎고 1945년 선거를 승리한 처칠은 국제 관계에 대해 여러 차례 대규모 강연을 했다. 그의 메시지는 유럽의 상황은 물론 1930년대에 대한 그의 해석으로 정해졌다. 이번에는 어떠한 유화 정책, 군사적 취약도 있어서는 안되었다. 해리 트루먼 대통령은 전적으로 동의하였다.

스탈린은 처칠의 연설 뒤에는 영국과 미국의 선전포고가 숨어있다고 주장하였다. 서방과 소련의 관계는 이미 충분히 냉랭했지만, 처칠의 연설로 냉전 시대의 개막이 더욱 앞당겨지게 되었다. 그러나 어쩌면 더 큰 재앙을 예방하는 데 일조했는지도 모를 일이다. **RP**

# 파리의 비키니 모델

최초의 비키니 등장이 전후 사고방식의 해방을 예고하다.

▲ 루이 레아르가 디자인한 원조 비키니.

"비키니는 결혼 반지 사이로 빼낼 수 없으면 진짜 비키니가 아니다."

**루이 레아르, 비키니 발명가**

시칠리아의 빌라 카살레 데 로마나에 있는 1,700년 된 로마 시대 벽화는 고대 세계에도 여성들이 투피스를 입었다는 것을 보여준다. 2개 부분으로 만든 최초의 근대 수영복은 1930년대에 등장했지만, 오늘날 우리가 알고 있는 비키니는 세계가 전후의 회색 궁핍과 절약과 싸우고 있던 1946년 7월 5일 파리 패션쇼에서 데뷔했다.

비키니는 두 프랑스 남자—엔지니어 루이 레아르와 패션디자이너 자크 앵—의 아이디어였다. 이들은 자신들의 창조물에, 앞서 같은 달에 미국이 핵실험을 한 태평양 마셜 군도의 비키니 섬의 이름을 붙였다. 앵은 새로운 수영복의 폭발적인 효과가 핵폭탄의 그것과 맞먹을 것이라고 생각했고, 그의 예상은 맞아떨어졌다. 두 사람은 이 섹시한 발명품을 입히기에는 전문 모델들이 너무 수수하다고 생각했다. 결국 레아르는 카지노 드 파리 클럽의 누드 댄서인 미셸린 베르나르디니를 고용해서 몰리토르 수영장에서 비키니를 입어보게 했다.

이듬해 크리스티앙 디오르가 어깨를 강조하지 않고 자연스러운 허리 라인에 전보다 짧고 풍성한 스커트로 구성된 "뉴 룩"을 선보이면서 여성의 패션은 또 한번의 중요한 전환점을 맞았다. 여성스러움이 돌아온 것이다.

이후 수십 년 동안 비키니는 점차 서방 세계의 패셔너블한 젊은 여성들(그리고 그리 젊지 않은 여성들도)의 수영복으로 자리잡았다. 보수주의자들의 분개와 스페인과 말타 등 가톨릭 국가들의 금지 조치에도 불구하고 비키니는 「그리고 신은 여자를 창조했다 And God Created Woman」(1957년)의 브리지트 바르도 등이 착용하면서 갈수록 인기가 올라갔다. 「닥터 노 Dr. No」(1963년)에서 조각 같은 몸매의 우르술라 안드레스가 하얀 비키니를 입고 바다에서 떠오르는 장면은 영원히 잊을 수 없을 것이다. **NJ**

# 예루살렘 테러

**킹 데이비드 호텔 폭탄 테러로 영국이 팔레스타인 위임통치령을 반환한다.**

킹 데이비드 호텔은 전세계에서 최고급 호텔 중 하나로, 파리의 리츠 호텔에 맞먹는 명성을 자랑했다. 그러나 1946년 예루살렘에서 테러리스트들이 점점 더 활개를 치면서, 꼭 그래야 하는 경우를 제외하면 이곳에 머무르려 하는 사람은 더 이상 찾아볼 수 없게 되었다. 호텔의 한쪽 윙은 영국 행정부와 군사 당국 직원들이 점거하고 있었으며, 이 때문에 정오에 7개의 커다란 우유 통이 호텔 주방으로 배달되자 모두들 단순히 영국인들의 식탁에 올리기 위한 용도라고 생각하였다. 그러나 사실 이 우유 통은 폭발물로 가득 차 있었으며, 아랍인 복장을 한 배달부는 유대인 준 군사 조직인 이르군 즈바이 레우미 소속 폭도들이었다. 오후 12시 37분 우유 통이 폭발하면서 6개 층이 붕괴되었고 91명이 사망하였다. 그중 41명이 아랍인, 28명이 영국인, 7명이 유대인이었다. 대부분은 호텔 종업원들이었지만, 몇 명은 그들이 증오한 영국인 지배계급이었다.

아랍인들은 너무 많은 유대인들이 팔레스타인으로 유입되고 있다고 불평했으며, 시온주의자들과 그 지지자들은 영국이 홀로코스트 생존자 전원과 그 밖에 입국을 원하는 유대인 전부를 받아주지 않는 것에 경악하고 있었다. 여기에 점차 무법 행위가 늘어나자 영국에게는 결코 유리한 상황이 아니었다. 원로 시온주의 지도자인 카임 바이츠만은 뭔가 대규모 공격이 진행 중이라는 것을 눈치채고 테러리스트들을 최대한 억제하려고 했지만, 이르군 지도자이자 훗날 이스라엘의 총리(1977~1983년)가 되는 메나헴 베긴은 고집을 꺾지 않았다. 킹 데이비드 호텔을 무너뜨리는 수밖에 다른 방법이 없다는 것이었다.

킹 데이비드 폭탄 테러는 팔레스타인 전역에 긴장을 고조시켰다. 특히 영국이 이제 참을 만큼 참았다는 결론을 내리는 데 확실한 역할을 했다. 1947년 2월, 팔레스타인의 미래는 UN의 손으로 넘어갔으며, 이듬해 유대인들은 이스라엘 건국을 선포했다. **RP**

▲ 킹 데이비드 호텔 폭발 이전 전화로 경고가 전해졌지만 아무도 이에 주의를 기울이지 않았다.

"7월 22일,
가장 비열하고 비겁한
범죄가 일어났습니다."

**영국 총리 클레멘트 아틀리**

1946년 9월 30일

# 뉘른베르크 전범 재판

**뉘른베르크 전범 재판에서 주요 나치 전범들이 교수형을 선고받는다.**

뉘른베르크 전범 재판이라는 이름으로 더 잘 알려져 있는 4개국 국제 군사재판이 뉘른베르크의 최고재판소에서 열렸다. 판검사는 미국, 소련, 영국, 프랑스에서 임명되었으며, 피고는 살아남은 23명의 최 고위 나치 인사들이었다. 기소 항목에는 전쟁 도발, 전쟁 범죄, 반 인류 범죄 혐의가 포함되어 있었다. 뉘른베르크 전범 재판은 영국 대표단이 예언했듯 "역사상 가장 위대한 재판"이었다. 또한 재판부가 완벽하게 공평하기를 기대할 수 없는 상황이었기 때문에 논란의 여지도 많았다. 그럼에도 불구하고 피고인 중 3명은 무혐의 판결을 받았다. 11명은 처형되었으며 나머지는 전범 교도소에 수감되었다.

> " …무죄라고 말하는 것은…, 마치 전쟁이 없었다고 말하는 것과 같다."
>
> **로버트 H. 잭슨, 미국측 검사**

피고 측 변호인단은 피고들이 단지 명령을 따랐을 뿐이며 무슨 일이 일어나고 있는지 이해하지 못했다고 주장했다. 헤르만 괴링은 제국의 반인류적 행위에 대해 아무것도 아는 바가 없었다고 증언했다. 모든 책임은 이미 사망한 나치들에게 돌려졌다. 한스 프랑크는 진범은 히틀러라고 말했다—히틀러는 "악마였으며, 그로 인해 우리 모두를 타락시켰다"는 것이었다.

괴링은 몰래 소지하고 있던 청산가리로 자살했지만, 다른 10명은 교수형에 처해졌다. 2류 인물들도 1949년까지 모두 기소되었다. 재판은 완벽하다고는 할 수 없었다. 승자들 역시 무자비한 파괴 행위를 저질렀다는 피고들의 주장도 일리가 있었던 것이다. 그러나 뉘른베르크 전범 재판은 반 인류 범죄에 대한 표준과 선례를 세웠다는 점에 진정한 의의가 있다. **RP**

1947년 2월

# 사해문서

**사해문서의 발견으로 구약 성경과 고대 유대인 세계 연구에 혁명이 일어난다.**

젊은 베두인족 모하메드 아메드 엘-하메드는 도망친 염소를 찾아 사해의 북서쪽 절벽 위를 헤매다가 한 동굴을 발견하고는 돌멩이를 던져 보았다. 무언가가 깨지는 소리를 듣고 동굴 안으로 들어간 그는 도기 항아리들을 보았다. 그중 일부에는 양피지와 파피루스 두루마리가 담겨 있었다. 학자들이 이 동굴과 인근의 다른 동굴들을 조사하였다. 이후 10년에 걸쳐 800개가 넘는 두루마리가 발견되었다.

이것들은 지금까지 알려진 것보다 1,000년 이상 된 구약성경의 필사본이었다. 대부분은 히브리어로 쓰여 있었지만, 몇몇은 서기 1세기 유대 언어였던 아람어로 쓰여 있었다. 이 두루마리들은 기원전 200년부터 기원후 1세기 사이에 인근 쿰란에서 필사된 것으로 추정되며, 서기 70년대에 로마 제국에 대항하여 일어난 유대인들의 반란 중에 숨겨졌다. 이 반란으로 예루살렘이 파괴되었다. 쿰란은 사막에 공동체를 만든 에세네스("성인들"이라는 뜻)라는 이름의 신앙심 깊은 신비주의 교파의 본거지였다. 일부 학자들은 사두체(성경에 등장하는 "사두가이파")라 불리는 사제들이 이곳에 거주했다고 생각한다. 사해문서는 예수나 그 추종자들에 대해 직접적으로 언급한 구절은 없지만 구약성경과 그리스도 시대 유대인 세계를 이해하는 데에 새로운 관점을 불러 일으켰다. 많은 학자들에게 사해문서는 예수의 가르침과 예수 생전의 다른 유대인 성직자들의 가르침 사이의 일관성을 보여주고 있다. **PF**

> "너의 믿음과 나에 대한 자신감이 흔들리게 하지 말라. 나는 언제나 너와 함께 있을 것이다"
>
> **제3호 동굴에서 발견된 문서**

# 마셜플랜 시작

미국 국무 장관 조지 C. 마셜이 2차대전 후 유럽의 재건과 공산주의 확산을 방지하기 위해 재정 원조를 제공한다.

제296회 하버드 대학교 졸업식은 유명 인사들이 줄지어 참석한 별들의 잔치였다. 명예 학위를 받은 명사 중에는 "이 세상은 쾅 소리가 아니라 훌쩍이는 소리와 함께 멸망할 것이다"라고 썼던 시인 T. S. 엘리엇도 있었다. 그러나 미합중국 국무 장관 조지 C. 마셜이 두려워했던 것은 그와는 정반대였다. 마셜이 소개되었을 때 사회자는 "자유는 이분에게 영원한 감사의 빚을 지고 있다"고 소개하였으며, 그의 연설이 끝나자 그 빚은 더욱 커졌다. 마셜은 심각한 세계 정세와 전후 파탄난 서유럽 경제를 강조하였다. 그는 유럽국가들이 미국의 요구 조건에 동의하고 경제 재건을 위해 함께 노력한다면, 미국은 기꺼이 아낌없는 원조를 제공할 것이라고 말했다. 마셜플랜이 시작된 것이다.

마셜의 제안 뒤에는 몇 가지 의도가 있었다. 인도주의적인 충동도 있었지만, 유럽 소비자들의 경제가 회복되지 않으면 미국의 생산자들에게 그 피해가 돌아온다는 계산도 깔려 있었다. 그러나 가장 큰 이유는, 미국이 자국의 부를 공유하지 않으면 절망에 빠진 서유럽이 공산주의의 먹이가 될지도 모른다는 공포였다. 마셜플랜은 불과 몇 달 전에 발표된 트루먼 독트린—"예속 당하기를 거부하는 자유로운 사람들"에 대한 지원—을 보완하는 것이었다. 마셜플랜은 냉전 시대의 무기였다.

영국 외무성 장관 어니스트 베빈은 재빨리 미국의 제안을 받아들였고, 유럽 경제 공동체(EEC) 창립을 도왔다. 베빈의 표현을 빌리자면 마셜 플랜은 "물에 빠져 가라앉고 있는 이에게 던져진 구명줄"이었다. 그 결과 1948년부터 1951년까지 16개국이 130억 달러의 원조를 받았다. **RP**

▶ 번역없음

# 인도 독립

1947년 영국이 분열된 인도를 떠나면서 긴장과 폭력이 피어 오른다.

▲ 인도가 둘로 분열되자 힌두교도들과 이슬람교도들은 각자 자신들의 국가에 새 집을 짓기 위해 옛 집을 파괴하였다.

델리의 총독관저에서 열린 장엄한 예식에서, 인도의 마지막 총독인 마운트배튼 경은 인도의 초대 지사로 취임하였다. 의회에서 정중한 연설을 마친 뒤 저녁 8시 30분, 유니언잭이 내려지고 인도 국기가 게양되었다. 조지 6세는 더 이상 황제가 아니었으며 인도 총독 역시 더 이상 총독이 아니었다. 불꽃놀이가 델리 하늘을 환하게 밝혔으며, 이튿날까지 파티가 계속되었다. 뉴스는 기억하는 한 최다 군중이 "기뻐서 날뛰었다"고 전했다.

영국은 이것이 1857년 동인도회사로부터 통치권을 넘겨받으면서 공식적으로 시작된 영국 통치의 성과라고 말했다. 영국을 몰아내는 데는 두 번의 세계대전과 인도 민족주의의 성장을 필요로 했다. 그러나 영국이 철수 날짜를 못박았을 때 인도 정치계는 심각하게 분열되어 있었다. 결국 인도가 두 개의 국가로 분리된 뒤에야 힌두교도가 주도하는 국민회의와 무슬림연맹 사이의 교착 상태가 깨질 수 있었다. 신생 이슬람 국가 파키스탄에서는 유니언잭 대신 이슬람의 별이 박힌 파키스탄 국기가 게양되었다. 권력 이양의 위엄은 여러 면에서 수백만 명이 자신의 종교를 따라 국경 너머로 이주하면서 일어난 성난 주민들의 긴장과 폭동, 학살을 뒤에 감춘 겉치레에 불과했다.

이전까지 반(半) 독립국가였던 프린슬리 스테이츠(군주국)는 인도와 파키스탄 중 한쪽에 가담하기로 했다. 인도는 세계 최대의 민주 국가가 되었지만 파키스탄의 경우는 좀더 복잡했다. 결국 파키스탄 동부는 1971년 독립하여 방글라데시를 건국하게 된다. **RP**

# 마하트마 간디 암살

힌두교 광신도가 비폭력 불복종의 아버지 간디를 암살한다.

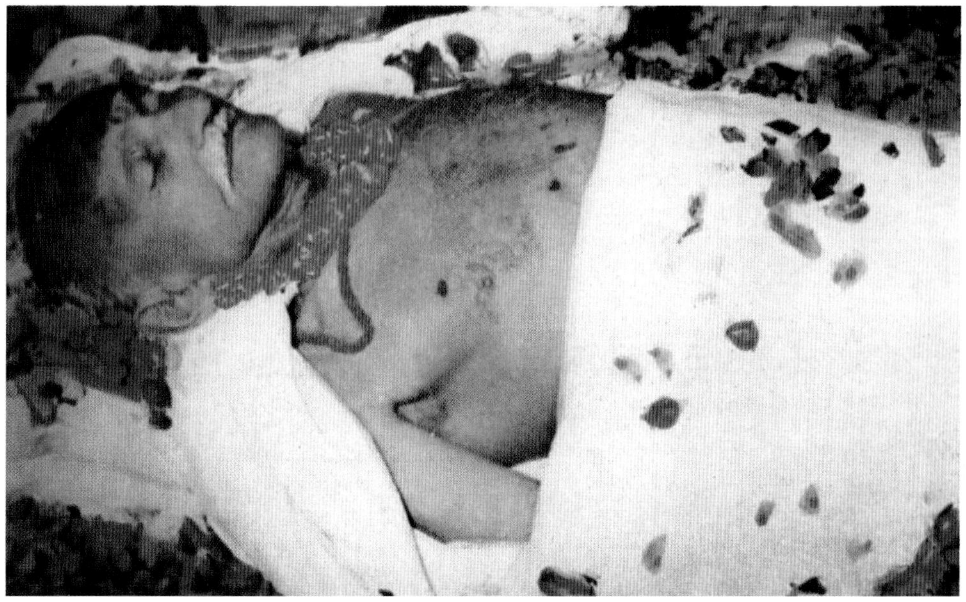

꽃잎에 묻혀 있는 간디의 시신.

델리에 있는 비를라 하우스를 나선 모한다스 "마하트마" 간디는 늘 참석하는 기도회에 늦지 않기 위해 서두르고 있었다. 정치계 원로로서 간디는 갓 독립한 인도의 총리와 부총리 사이에서 중재를 해왔다. 78세의 간디는 최근 힌두-무슬림 간의 화해를 촉구하는 단식으로 쇠약해져 있었기 때문에 빨리 움직일 수가 없었다. 두 증손녀의 부축을 받아 군중 사이를 빠져나가고 있을 때, 한 남자가 나타나 마하트마의 발을 만지려고 했다. 이에 간디는 두 손을 모아 쥐고 미소 지었다. 그러나 남자는 몸을 일으켜 권총을 뽑아 든 뒤 정면에서 세 발을 쏘았다. 간디가 "라마" 하고 신의 이름을 부른 뒤 그의 몸이 땅 위로 쓰러졌다.

간디는 이미 자신의 목숨이 위험에 처해 있다는 사실을 알고 있었다. 불과 열흘 전에도 기도회 자리에서 폭탄이 폭발했던 것이다. 1919년, 비폭력 불복종 운동을 처음 시작한 이래 간디는 언제나 죽음의 가능성과 함께 살아왔다. 그는 "혼란 속에서 나의 평화를 찾는다"라고 말했다. 인도가 독립한 이후 지역 긴장이 절정에 달하자 이슬람교도가 그를 암살할 지도 모른다는 우려가 있었지만, 실제로 그를 암살한 자는 힌두 우익 단체인 마하사바 회원인 나투람 고드세였다.

세계는 충격에 빠졌고 강력한 지도자들이 아무런 정치적 지위도, 심지어 가진 것도 별로 없었던 한 사람에게 경의를 표했다. 인도 총리 네루는 평온을 지키는 데 성공했다. 어떤 유혈 사태도 몸소 비폭력을 체현했던 이 성인에 대한 모욕이었을 것이다. **RP**

1948년 5월 14일

# 이스라엘 건국

## 이스라엘 건국 선언이 중동의 폭력 증가로 이어진다.

로스차일드 대로(大路)는 철통 같은 보안 태세였고 하가나 헌병대가 텔아비브의 미술관 전당에 있는 모든 이들을 샅샅이 검사했다. 유대인들의 국가는 무려 600세대 동안 이날을 기다려왔던 것이다. 회장 안은 사람들로 붐볐으며 무더웠다. 오후 4시, 다비드 벤구리온이 미술관에 들어와 의사봉을 두드리자 사람들의 이목이 집중되었다. 국가 하티크바(Hatikvah)를 부른 뒤 그는 독립 선언서를 낭독하였다. 그런 다음 37명의 국민회의 의원들이 선언서에 서명하였다. 이제 이스라엘은 공식 국가로 탄생하였으며 벤구리온이 초대 총리가 되었다. 팔레스타인에 유대인들을 위한 "민족적 고향"을 수립하고자 하는—표는 1917년, 제1차 세계대전 이후 팔레스타인 땅을 손에 넣은 영국이 처음 공표하였다. 그러나 영국은—심지어 홀로코스트 이후에도—이 지역에 거주하는 아랍인들과 그들의 동맹국들에 대한 염려에서 무제한적인 유대인 이주를 거부하였다. 유대인들과 아랍인들 사이에 폭력 사태가 발발하자 이 문제는 UN으로 가게 되었다. UN이 권고한 영토 분할을 유대인들은 받아들였지만 아랍인들은 거부하였다. 따라서 이스라엘 건국은 비극적일 수밖에 없었다.

> " … 이로서 우리는 이스라엘 건국을 선포한다."
>
> **다비드 벤-구리온**

미국 대통령 트루먼은 소련에 앞서 신생 국가를 인정하였지만 중동 국가들은 이스라엘을 인정하지 않았다. 결국 이스라엘의 정치적 지리는 전쟁으로 결정됐으며, 이로 인해 이 지역은 이후 수십 년간 전쟁의 상흔에 시달리게 된다. **RP**

1948년 5월 26일

# 백인 우월주의

## 아프리카나인들의 국민당이 승리를 거두면서 아파르트헤이트의 막이 오른다.

남아프리카 역사상 가장 치열했던 총선이었다. 한쪽은 친영파 아프리카나인으로 1939년 이래 얀 크리스티안 스뫼츠 총리가 이끄는 영어권 통일당이었고, 다른 한쪽은 전쟁 동안 대놓고 나치를 지지했으며 현재는 공화주의자인 다니엘 말란 박사가 이끄는 아프리칸스어권의 신국민당(Herengde Nasionale Party)이었다.

두 정당 모두 백인우월주의를 내세웠지만 말란의 순혈주의 정책과 아파르트헤이트가 승리하였다. 말란은 오직 백인들만이 시민권을 누려야 한다고 믿었다. 사실상 백인들만이 투표한 총선에서 승리는 신국민당에게 돌아갔다. 불과 5표차의 승리였지만 이것은 어마어마한 중요성을 지닌 전환점이었다.

> "과거에 우리는 이방인과 같은 느낌을 받았다… 그러나 오늘 남아프리카는 우리의 것이다."
>
> **말란 박사, 1948년 총리 취임에 임해.**

새 정부는 오직 아프리카나인들로만 구성되었다. 군대와 경찰, 사법부, 행정부를 "아프리카나화(化)" 하기 위한 엄청난 노력이 이어졌다. 1949년과 1950년에 입법된 법안들은 거의 1935년 유대인들을 대상으로 한 뉘른베르크 법들을 상기시키는 것들이었으며, 1951년 10개의 흑인 "자치구"가 설정되면서 완전해졌다. 이제 인종분리는 남아프리카공화국 전체로 확대되었다. 말란은 1959년 사망했지만 아파르트헤이트의 시대는 1994년 다인종 총선이 열릴 때까지 계속된다. **RP**

# 자메이카에서 이주민이 도착하다

엠파이어윈드러시호의 영국 틸베리 상륙은 불안감을 초래하지만, 영국이 다문화, 다인종 국가로 변화하게 되었음을 알리는 계기가 된다.

원래 나치의 군대 수송선으로 쓰이던 엠파이어윈드러시호는 팔레스타인에서 항해를 시작하여 멕시코, 자메이카, 트리니다드, 쿠바, 버뮤다를 거쳐 목적지에 가까워지고 있었다. 템스 강 어귀에 접어들자 밀항자 여러 명이 배에서 뛰어내렸으나, 배는 계속 나아가 틸베리에 도달했고 이례적으로 많은 군중이 모인 가운데 독에 들어갔다. 관광객과 기자단을 포함한 여러 척의 선박이 모여들었다. 492명의 자메이카인이 탑승한 배가 도달했다는 소식은 뉴스거리였던 것이다. 칼립소(트리니다드 섬에서 유래한 민요의 일종–옮긴이) 가수인 앨드윈 로버츠(키치너 경)는 뉴스 카메라 앞에서 최신곡인 「런던은 나를 위한 장소」를 불러 화답했다.

서인도 제도 이주민들이 영국에 온 이유는 다양했다. 그 일부는 영국 공군 조종사들로, 떠나 있던 고국으로 돌아온 것이었다. 젊고 낙천적인 이들은 보수가 높은 직업을 찾으러 왔다. 모두 영국 시민 대접을 받으며 성장해 왔고 '모국' 땅을 보고자 하는 열망에 차 있었다. 영국의 많은 정치가들은 이러한 일이 사물의 순리를 거스르는 것처럼 여겨져 불안을 느꼈다. 백인인 영국인이 식민지로 이주해 가곤 했는데, 이제 식민지 출신 흑인이 영국으로 이주해 오고 있었던 것이다. 영연방의 모든 시민에게 부여했던 입국 권리가 1962년에 없어진 것은 바로 이러한 태도 때문이었다.

엠파이어윈드러시호를 타고 온 서인도 제도 사람들은 비록 그들의 자격 조건에 부합하는 숙련 노동은 아니라 해도 일자리를 구했으며, 이들의 도착이 빚었던 떠들썩한 소란도 잠잠해졌다. 엠파이어윈드러시호의 도착은 영국이 다인종 · 다문화 사회로 변모하게 되는 시작점이었다. **RP**

◀ 옛 군대 수송선 엠파이어윈드러시호가 영국으로 향하는 이주민 492명을 싣고 틸베리 독에 들어오고 있다.

▶ 틸베리 독에서 하선한 서인도 제도 이주민들이 곰곰이 미래를 생각하고 있다.

# 베를린 공수

연합군의 대규모 공수가 베를린을 소련의 봉쇄로부터 지켜냈을 뿐 아니라 북대서양 조약 기구의 탄생을 불러온다.

1948년 6월 24일, 군용차량의 안테나에서 블루머(여성용의 짧은 바지)가 흩날렸다. "작전명 니커(Knicker, 여성과 아동용 속옷 하의)"는 서독과 서베를린 사이의 철도와 도로를 차단한 소련에 대한 영국과 미국의 맞대응이었다. 이 작전은 1945년 서방 연합국에게 할당된 3개의 항로를 통한 물자의 "공수"도 포함하고 있었다. 하지만 과연 실현 가능할까? 서베를린의 인구는 약 250만 명이었으며 날마다 최소한 2000t의 식량이 필요했다. 베를린 봉쇄 전까지 베를린 시민들은 매일 1만 2000t의 물자를 수입하고 있었다. 기동 가능한 비행기라곤 미국 C-47 수송기 100기와 영국의 다코타 수송기 6대뿐이었다. 둘 다 한번에 최대 수송량이 2.5t에 불과했다. 그리고 또 석유과 석탄은 어쩌란 말인가? 재고는 앞으로 고작 몇 달밖에 버티지 못할 것이었다.

영국 외무장관 어니스트 베빈은 무슨 일이 있어도 공수를 성공시켜야 한다고 주장했다. 그리고 실제로 공수는 성공했다. 7월 말이 되었을 때 연합국은 매일 평균 2,000t의 물자를 날랐으며 1949년 4월에는 그 숫자가 8,000t으로 늘어났다. 하루 종일 1,000여 대의 수송기가 쉬지 않고 지정 항로로 물자를 실어 날랐다. 베를린 봉쇄가 풀린 것은 1949년 5월이었다.

스탈린은 서방 세계가 서독에 민주 정권을 세우는 것을 방해하기 위해 베를린을 봉쇄했던 것이다. 그러나 이제 1949년 그는 베를린에 전초기지를 보유한 독일 연방 공화국의 건국을 지켜볼 수밖에 없었다. 서방 세계는 압력에 굴복하지 않았다. 그리고 앞으로 그럴 필요도 없었다. 같은 해 북대서양 조약기구(NATO)가 발족했기 때문이다. **RP**

▶ 베를린 시민들이 폐허 사이에서 미국의 C-47 수송기가 투하하는 물자를 기다리고 있다.

◀ 산타클로스 복장을 한 아스토리아의 존 코놉 중위가 시민들을 위로하기 위한 계획의 일환으로 크리스마스 선물을 나눠주고 있다.

1948년 7월 5일

# 국가 보건 서비스 탄생

## 영국의 국가 보건 서비스가 무상 의료를 제공한다.

국민 보건법은 1946년 11월에 이미 비준을 받았다. 영국의 모든 국민이 병원 전문의, 일반 개업의, 치과나 안과 의사로부터 무상 의료 서비스를 받게 될 날이 머지않았다. 비용은 세금에서 충당할 예정이었고, 따라서 가난이 건강의 장애물이 되는 일은 더 이상 없을 것이었다. 전문의, 병원 치료, 입원, 약품, 틀니, 안경—누구든지 필요하기만 하면 무상으로 이 모든 것을 얻게 되는 것이다.

7월 5일 시작한 국가 보건 서비스는 국민의 삶에 엄청난 변화를 가져왔다. 그전까지는 의료 서비스가 균등하고 고르게 제공되지 않았다. 대부분의 근로자는 국가보험 덕분에 무상 치료를 받을 수 있었지만 그 부양가족들은 혜택을 받을 수 없었고, 입원 치료는 개인 보험이나 지방 당국, 혹은 자선 단체의 지원에 의존해야 했다. 보건부 장관 애뉴린 베번은 의사들의 참여를 얻어내기 위해 타협을 해야만 했다—개인 의료는 국가 제공 서비스와 별개로 존재하게 되었고, 국가 보건 서비스 병원에 "유료 침대"가 생겼다.

> "이 서비스는 항상 향상되어야 한다. 항상 불충분해 보일 것이 분명하다."
>
> **애뉴린 베번, 1948년 6월 25일**

영국은 서유럽 최초로 포괄적인 무상 의료를 제공하는 국가가 되었다. 이러한 서비스를 요구하는 목소리가 매우 높았으나, 예상했던 것보다 많은 비용이 들었다. 1951년부터는 약간의 비용을 청구했다. 국가 보건 서비스의 우월성 때문에 영국의 개인 의료가 '사라질' 것이라는 베번의 예측은 유감스럽게도 그릇되었다는 점이 드러났다. **RP**

1948년 12월 10일

# UN 인권선언

## UN이 세계 인권선언을 공표한다.

UN의 초기 업적 가운데 하나는 프랑스 인권 선언(1789년), 미국의 권리장전(1791년)과 같은 문서들을 하나의 국제헌장으로 통합한 것이다. 제2차 세계대전 이후 이러한 선언이 줄곧 필요했는데 UN 헌장은 개인의 권리를 정의하고 있지 않았기 때문이다.

UN 인권선언은 UN 사무국의 인권국장이었던 존 피터스 험프리와 UN 인권위원회 의장이었던 엘리너 루스벨트의 합작품이었다. 총 30개 조항은 법 앞에서의 평등, 자유, 교육, 그리고 양심의 자유 등과 같은 권리를 제시하였다. UN 인권선언은 각국 정부가 따라야 하는 일련의 목표와 원칙으로서 쓰였으며, 이를 지키지 않는 정부에게 일종의 도덕적 압력을 가해왔다. UN 인권선언은 만장일치로 채택되었다. 6개의 소비에트 연방 국가들, 사우디아라비아, 남아프리카는 기권하였다.

> "우리 시대 인간 양심의 가장 훌륭한 표현 가운데 하나"
>
> **1995년 교황 요한 바오로 2세**

UN 인권선언은 1976년 국제법으로 채택되었지만, 때때로 문화적인 편차를 유연하게 받아들이지 못한다는 비판을 받기도 했다(예를 들면 이슬람 국가에서는 샤리아 율법을 허용하지 않는다). 그럼에도 불구하고, 압제 정권에 대한 개인의 권리를 세계적으로 수용했다는 점에서 UN 인권선언은 하나의 이정표이자 중요하고 긍정적인 업적이었으며 인권법의 폭넓은 발전으로 이어지는 주춧돌이 되었다. **PF**

# 도쿄 전범 재판

도조 장군을 비롯한 일본의 전시 지도자들이 전범으로 처형된다.

▲ 사람들로 가득한 도쿄의 법정에서 잔혹한 전쟁 범죄로 기소 당한 도조 히데키 장군이 서 있다.

그는 무자비하기 이를 데 없는 성품 탓에 "면도날"이라는 별명으로 불렸다. 극단적인 통제파의 수장이었던 도조 히데키는 1930년대 일본의 중국 진출을 지지했고, 독일, 이탈리아와 3국 군사동맹 조약을 맺었으며 1941년에는 총리대신에 선출되어 진주만 공습과 야만적인 전쟁 공격을 주도하였다. 전황이 악화되자 1944년 7월 사임하였다. 아마도 도조가 유일하게 잘한 일이 있다면 도쿄 전범 재판소에서 혐의를 회피하지 않았다는 점일 것이다. 1948년 12월 23일, 도조를 비롯한 7명의 전범은 스가모 감옥에서 교수형에 처해졌다.

1945년 일본이 항복한 이후 연합군의 점령 통치가 시작되었고, 재판은 1946년 5월부터 시작되었다. 28명의 A급 전범이 극동 국제군사재판부 앞에 세워졌다. 이들의 범죄는 "전쟁 포로와 민간인 억류자의 살인, 신체 훼손, 학대", "군사적인 필요성의 합리적인 도를 넘은 도시와 촌락의 무절제한 파괴", 그리고 "대량 학살, 강간, 약탈, 도적 행위, 고문, 그밖의 야만적인 잔혹 행위" 등이었다. 미국 측 감사 조지프 케넌은 피고들을 "한마디로 살인마들"이라고 단정 지었다. 피고들 가운데 2명은 재판 도중 죽었으며, 1명은 정신적으로 파탄했고, 7명은 사형을, 16명은 종신형, 2명은 징역형을 선고받았다. 1952년 점령군이 철수하자 일본은 민주주의 헌법을 제정하고 천황은 자신의 신성성을 부정하였으며 군국주의는 과거의 일이 되었다. 도조는 이제 대다수의 일본인에게 불편한 기억이 된 것이다. **RP**

# 중화인민공화국 건국

1949년 마오쩌둥의 승리가 세계 제2의 공산국가를 탄생시킨다.

▲ 마오쩌둥이 베이징 자금성의 난간에서 선언문을 읽고 있다.

1949년 10월 1일, 베이징의 티엔안먼(天安門) 광장에서 마오쩌둥은 중화인민공화국 수립을 공식 선언했다. 곧 건국을 기념하는 거대한 포스터들이 등장했다. 미소를 띤 마오가 왼손을 하늘을 향해 치켜들고 근대적인 비행기들이 날아다니며, 흠잡을 데 없는 옷차림의 남녀와 어린이들이 축하를 보내고 있는 모습이었다. 현실은 보다 냉정했다. 중국은 20년 동안의 격렬한 투쟁으로 무릎을 꿇은 상태였으며, 그들의 적—장제스가 이끄는 국민당—은 패배하지 않고 타이완 섬으로 물러나 있을 뿐이었다. 따라서 10월 1일은 그저 임의적인 축하일일 뿐이었다. 그러나 새로운 국가가 탄생한 것은 의심할 여지가 없었다.

중국 공산당을 창당하는 데 결정적인 역할을 한 지 28년 만에 마오는 공산주의 중국의 지도자가 된 것이다. 마오가 정통 마르크스주의자였다면 역사는 달라졌을지도 모른다. 모스크바의 전문가들은 농민들이 프티부르주아이며 반동분자 세력에 가깝다고 세뇌시켜 왔기 때문이다. 만약 마오가 게릴라군의 지도자로서 재능이 덜 풍부했다면 중국 공산주의는 아예 살아남지 못했을 것이었다. 국민당은 처음부터 끝까지 공산주의를 박멸하기 위해 온갖 노력을 다했기 때문이다. 공산당과 국민당은 일본에 대항하여 잠시 손을 잡기는 했지만, 일본이 항복한 뒤 내전이 재개되었다. 심지어 1949년 10월 이후에 중국의 일부 지역은 국민당 지지 세력으로 남아 있었다.

소련과 영국이 신생국가의 존재를 최초로 인정하였다. 국민당은 완전히 자취를 감추지는 않았지만, 타이완 내에만 머무르게 된다. **RP**

5:27 PM
Today
List
Day
October 200
Sun
Mon
Tue
Wed
Thu
30
1
2
3
4
7
8
9
10
11
14
15
16
17
18
21
22
23
24
25
28
29
30
31
1

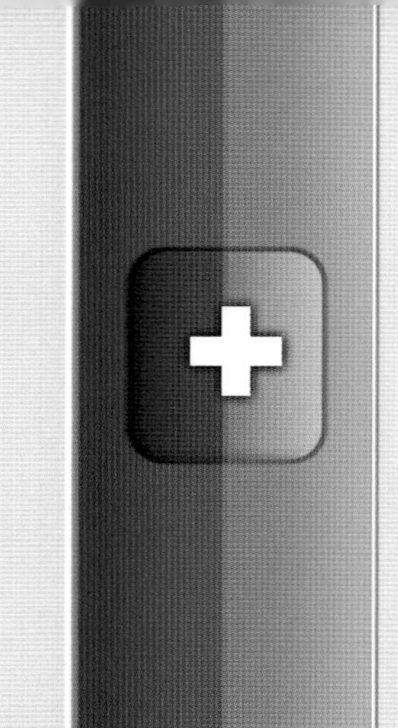

➊ 즉각적인 일정 관리는 21세기 스마트폰의 기본 기능 중 하나다.

# 1950 – PRESENT

1950년 2월 9일

# 빨갱이 리스트

**매카시 상원의원의 휠링 연설로 공산주의자 마녀 사냥이 시작된다.**

조셉 매카시는 미네소타의 농촌 출신으로 법과 공화당 정치에 뛰어들었다. 1946년 38세의 나이로 최연소 상원의원으로 당선된 그는 1950년 웨스트버지니아 주 휠링에서 열린 공화당 여성 당원 회합에서 연설을 하던 도중 정부 기관에서 일하고 있는 공산당 끄나풀의 명단이라고 주장한 문서를 흔들어댔다. 상원 위원회가 매카시의 주장을 조사하였으나, 아무런 근거가 없다는 사실을 밝혀냈다.

중국을 포함한 세계 다른 지역에서 공산주의의 승리는 날이 갈수록 미국 정부의 정책이 공산주의 동조자들에게 휘둘리고 있다는, 히스테리에 가까운 의심에 불을 지펴가고 있었다. 1938년에 창설된 미 하원의 반미행위위원회가 다시 한번 목소리를 낼 수 있는 기회가 찾아온 셈이었다. 반미행위위원회가 주도한 청문회는 신뢰성이 떨어지는 증인들과 연상에 의한 죄의식에 의존한 것이었다. 이들의 활동은 "빨갱이"라 딱지 붙힌 좌익분자와 자유주의자들, 그리고 그들의 단체에 대한 마녀사냥으로 돌변했다. 1950년 1월 전 국무부 관리 앨저 히스가 반미행위위원회에서 러시아 스파이라는 사실을 부인했다는 이유로 위증혐의 유죄 판결을 받았다.

1953년 매카시는 조사를 담당하는 상설 분과위원회의 위원장이 되어 "공산당 동조자(comsymp)" 마녀사냥을 주도하였다. 물론 그가 품은 의혹 중 일부는 매카시 비판자들이 비난하는 것 이상으로 확고한 근거를 지닌 경우도 있었지만, 매카시와 위원회의 수석 법률고문인 뉴욕 주 변호사 로이 콘은 증거와는 상관없이, 죄 없는 사람들의 평판을 무자비하게 망가뜨렸다. 매카시가 자신의 십자군 운동에 대해 어디까지 믿었는지, 그리고 자신이 조국에 끼친 해악을 이해하고 있었는지는 여전히 논란의 불씨로 남아 있다. **RC**

1950년 6월 25일

# 한국전쟁 발발

**UN이 본격적인 행동을 취한다.**

이른 새벽, 북한군이 어마어마한 집중 포격을 앞세워 남한을 전면적으로 침공했다. 북한 지도자 김일성은 남한 대통령 이승만이 아무런 근거 없이 벌인 적대 행위에 대응했을 뿐이라고 주장하였다. 그러나 공격 규모를 보면 이는 누가 봐도 장기간에 걸친 계획적 침략이었다. 한국은 1945년에 분단되었지만 이는 미국과 소련이 한국의 장래에 대해 합의를 이끌어낼 때까지의 미봉책에 불과했다.

남과 북에 두 개의 정부가 생겼고, 이들은 각각 자신들이 한국의 합법적인 정부라고 주장하였다. 북한은 공산주의 정권이 들어섰고, 남한 정부는 부패하고 민심을 잃긴 했지만 미국의 원조를 받아 뼛속까지 반공을 주창하는 독재 정권이었다.

워싱턴은 자신들이 세운 정부가 붕괴되는 것을 두고 볼 수 없었기 때문에 재빨리 행동을 취할 태세가 되어 있었다. 소련은 미국이 공산국가인 중국의 UN 가입을 거부했다는 이유로 안전보장이사회를 보이콧하고 있었다. 소련의 기권으로 거부권을 행사할 수 없게 되면서 미국은 북한의 침공을 비난하고 UN 회원국의 참전을 요청하는 안전보장이사회 결의안을 통과시킬 수 있었다. 그다지 내키지 않은 나라들도 있었고 대체로 한국에 대한 열의보다는 미국의 눈치를 보느라 참전하기는 했지만 어찌됐든 15개국이 파병하였다. 그 외에도 5개 국가가 UN군이라는 명목하에 의무 부대를 파견하였다. 한국전쟁은 냉전시대 최초의 군사 분쟁이었다. **JS**

▶ 두 명의 남한 군인이 저격수를 경계하며 북한 병사를 은신처에서 끌어내고 있다.

# 중국의 티베트 침공

중공군이 오지의 땅으로 밀고 들어간다.

1950년 가을, 정당한 주권 행사이자 티베트인들을 해방시킨다는 명분으로 중국의 인민해방군이 티베트를 침공했다. 중국 황제들은 13세기 이래 티베트에 대한 종주권을 주장해왔고, 이는 탄생한 지 얼마 되지 않는 중화인민공화국에게 티베트을 침공할 명분이 되고도 남았다. 마오쩌둥 정권은 자신들이 주장하는 "중국 대통일"을 완성함으로써 중국의 티베트 통치를 정당화하고자 했다. 달라이라마를 국가 지도자로 하는 신정 체제하의 티베트는 독립국이기는 했지만 중국에 저항하기에는 너무 약했다.

일부 진보주의자들은 처음에 중국의 티베트 점령이 티베트에게 유익할 수도 있다고 희망하였다. 봉건주의에 종지부를 찍음으로써 가난한 티베트 국민들에게 도움이 되고 경제가 발전할 수 있을 것이라고 생각했던 것이다. 그러나 이러한 희망은 곧 퇴색되고 말았다. 중국은 다리와 도로, 학교를 건설했지만, 동시에 불교 성직자들의 권위를 깨뜨리기 위한 운동을 전개했다. 이는 전통 문화와 티베트 엘리트층의 파괴는 물론 엄청난 인권 침해를 수반했다. 1959년 무렵 티베트인들의 분노는 반란으로 이어졌고, 중국은 이를 무력으로 가혹하게 제압했다. 달라이라마는 망명하는 수밖에 없었다. 중국은 특히 불교를 공격해 티베트 사회를 새로운 형태로 재건하고자 했다. 그러나 종교는 지금도 티베트의 국민적 자긍심과 중국에 대한 저항의 상징으로 남아 있다. **JS**

> "우리는 티베트 국민들을 해방시킬 군대를 보내달라는 정중한 탄원을 받았다…"
>
> **마오쩌둥이 주장한 티베트인들의 파병 요청, 1950년 1월**



# 소련 스파이 스캔들

"캠브리지 스파이" 버제스와 매클린이 소련으로 망명한다.

금요일, 도널드 매클린은 여느 때처럼 런던 화이트홀의 외무성에서 하루를 보내고 늘 타는 오후 5시 30분 채링크로스 역에서 태츠필드행 열차에 올랐다. 사실 그날은 매우 특별한 날이었다. 그의 38번째 생일이었을 뿐만 아니라 매클린이 소련에 기밀을 빼돌리는 "내부의 적"임이 거의 확실하다는 사실이 국가보안부에 발각된 날이기도 했던 것이다. 매클린은 월요일에 이미 심문을 받았고 MI5(영국 비밀 첩보 정보기관) 요원들은 채링크로스까지 그를 미행했으나 더 뒤쫓지는 않았다. 만삭인 부인을 두고 망명하리라고는 상상조차 하지 않았던 것이다. 그날 저녁, 또 한 명의 간첩가이 버제스가 매클린의 집을 방문, 매클린의 부인에게 자신을 로저 스타일스라고 소개했다. 도널드는 부인에게 중요한 약속이 있다며 외박을 해야 할 경우에 대비해 간단한 짐가방을 싸야겠다고 말했다. 두 사람은 해안으로 달려가 프랑스로 가는 배에 오른 뒤 자취를 감췄고 그리 오래지 않아 두 사람이 소련으로 망명했다는 사실이 밝혀졌다.

버제스와 매클린은 1930년대 캠브리지 대학교에서 킴 필비와 함께 소련의 스파이로 고용되었다. 매클린은 1944년부터 1948년까지 워싱턴의 주미 영국 대사관에서 근무하는 동안 기밀 정보를 빼돌려 스탈린으로 하여금 서방이 보유한 핵무기의 위력을 가늠하게 했다.

영국에서는 이미 악명 높은 스파이 스캔들이 여러 차례 있었다. 이번 스캔들은 핵심 공무원들의 보다 엄격한 성분 검사 제도 도입으로 이어졌다. 그러나 필비는 1963년에야 소련으로 망명하였고, 또 한 명의 스파이 앤소니 블런트는 1979년에야 발각되었다. 매클린과 버제스 모두 러시아에서 사망하였다. **RP**

# 에비타 사망

아르헨티나 국민의 연인이었던 에바 페론의 죽음과 함께 페론 정부에 대한 지지도도 추락한다.

에비타라는 애칭으로 더 잘 알려진 마리아 에바 두아르테 데 페론이 30대 초반의 젊은 나이에 암으로 사망했다. 눈부시게 아름답고 매력적이었던 그녀는 독재자 후안 페론의 아내로서 아르헨티나 정계에 막대한 영향을 끼쳤다. 그녀는 또한 라디오와 영화에 출연한 여배우로도 명성이 높았다. 1943년 에바는 페론 대령을 만나 그의 정부가 된 뒤 1945년 그의 두 번째 아내가 되었다. 1946년 페론이 대통령에 당선된 이후 그녀는 자신이 직접 사회 복지 연합이라는 자선 단체를 만들어 빈민들을 위해 거액을 후원했으며, 페론 지지세력의 핵심 인물이기도 했다. 그녀의 입김으로 아르헨티나에서는 1950년에 여성이 투표권을 획득했다. 엄청난 인기를 자랑하며 전국을 누볐던 에바는 페론과 지방의 페론 지지자들 사이의 주요 소통 채널이었다.

에비타는 아르헨티나에서는 최초로 항암 화학요법을 받았으며, 사망한 뒤 그녀의 시신은 미라로 만들어졌다. 에바의 헌신적인 지지자들은 그녀를 시성해 달라고 바티칸에 청원하기까지 했다. 에비타가 세상을 떠난 후 페론은 급속도로 지지 기반을 잃었으며 결국 1955년에 망명해야만 했다. 에비타의 시신 역시 자취를 감췄는데 그 행방은 수년간 미스터리로 남아 있었다. 트럭에 남겨졌다는 등, 누군가의 다락방에 숨겨져 있다는 등의 소문이 떠돌았다. 1971년 에비타의 시신은 밴에 실려 스페인에 있던 페론의 거처로 옮겨졌다가, 1976년 아르헨티나로 돌아와 부에노스 아이레스의 라 레콜라타 묘지에 안장되었다. **RC**

◀ 에비타가 언제까지나 아르헨티나 국민들의 영혼이라고 쓰여 있는 포스터.

▶ 조문객들이 유리를 씌운 에바 페론의 관을 옮기고 있다.

# 수소폭탄 실험

에니위톡 환초의 무인도에서 수소폭탄을 실험하다.

▲ 세계 최초의 수소폭탄 폭발—작전명 마이크—는 작은 섬 엘루젤랍을 완전히 없애버렸다.

소련이 자체적으로 핵무기 실험을 시작하자 1950년 트루먼 대통령은 수소폭탄 개발 계획을 승인하였다. 이 프로그램의 핵심 인물인 물리학자 에드워드 텔러는 이전에 최초의 원자폭탄 개발에도 참여했다. 오늘날 일반적으로 최초의 성공적 수소폭탄 실험은 에니위톡(지금은 에니워틱으로 이름이 바뀌었다) 환초에서 시행된 작전명 아이비였다. 태평양에 위치한 이 작은 군도의 주민들은 실험이 실시되기 수 년 전에 모두 이주하였다.

11,000명 이상의 군사 및 행정당국 인원이 참여한 이 무시무시한 실험은 엘루젤랍 섬에서 현지 시간 오전 7시 15분에 실행되었으며, 그 결과 이 섬은 지구상에서 완전히 모습을 감추었다. 이 폭발은 10.4 메가톤의 핵출력과 폭 5km 이상의 불덩어리, 그리고 높이 37km, 상층부 폭 161km에 달하는 대형 버섯구름이 피어올랐다. 산호 파편이 48km 밖까지 날아갔으며, 에니위톡 환초는 심각한 방사능 오염으로 뒤덮였다. 미국 원자력 위원회는 11월 16일 성명을 내고 실험 성공을 신중하게 보고하였다. "세계 평화에 위협이 존재하고, 군비 통제를 위한 효과적이고 강제 가능한 합의가 없는 현 상황에서 미합중국 정부는 자유 세계의 보호를 위해 이 거대한 에너지의 개발을 내다보는 연구를 계속해야 한다." 에니위톡 환초는 결국 정화되었으며 1980년에는 일부 주민의 귀환이 허가되었다.

**RC**

# 폭군의 죽음

수많은 소련 시민들의 동요 속에 세계 무대의 거물이 사망하다.

▲ 수백만 명의 조문객이 스탈린의 시신에 경의를 표했다. 대규모 군중이 밀집하는 바람에 압사 사고가 일어나기도 했다.

2월 28일, 이오시프 스탈린은 가까운 지인들과 함께 영화를 본 뒤 방해하지 말라는 말과 함께 잠자리에 들었다. 다음날 경호원들이 그의 방에 들어가자, 스탈린은 바닥에 쓰러져 있었다. 의료진을 불렀지만 스탈린은 결국 3월 5일, 정치적 책략과 독살 음모설이 난무하는 가운데 사망하였다. 수백만 명이 유리관에 안치된 스탈린의 시신을 보기 위해 모여들었다.

대다수의 소련 시민들에게 25년 동안 흔들림 없는 철권 통치의 주인공이 사망했다는 소식은 미래에 대한 깊은 공포와 불확실함을 남겼다. 심지어 시베리아 강제 수용소의 수감자들조차 눈물을 흘렸다는 이야기도 있다. 뒤이은 권력 다툼에서는 니키타 흐루시초프가 최종 승자로 등극했다. 흐루시초프에게는 한 사람의 변덕과 야망에 너무 오랫동안 휘둘렸던 국가의 합법성을 재정립하는 과제가 주어졌다. 스탈린 숭배와 그의 무오류성에 대한 신화도 깨질 때가 된 것이다. 한동안 정치범들이 석방되고 문화 규제가 완화되는 비교적 자유로운 통치 기간이 이어졌다. 이는 흐루시초프가 1956년 공산당 대의원 회의에서 비밀리에 한 연설에서 정점을 찍었다.

이 연설에서 흐루시초프는 자신이 30년 동안 거의 노예처럼 섬겨온 스탈린을 살인자이자 범죄자라고 비난하였다. 흐루시초프는 자신이 관여했던 범죄에 대해서는 말하지 않았지만, 이 연설은 비밀로 유지하기에는 너무나 큰 폭탄이었다. 그러나 흐루시초프는 스탈린의 절대 권력을 손에 넣는 데에는 끝내 성공하지 못했다. **JS**

# 생명 구조의 해독

크릭과 왓슨이 DNA의 분자 구조 모델을 제시하다.

◐ 1953년 자신들이 발견한 DNA 분자 모델과 함께 포즈를 취한 제임스 왓슨(좌)과 프랜시스 크릭.

1953년 4월 25일 두 명의 과학자—영국의 프랜시스 크릭과 미국의 제임스 왓슨—는 생명 기능이 어떻게 유전되는지에 대한 인류의 이해에 거대한 전진을 발표했다. 나선형으로 꼬인 두 가닥의 디옥시리보 핵산(DNA)의 분자 구조로 구성된 모델을 사용하여 어떻게 유전형질이 한 세대에서 다음 세대로 이어지는지를 설명한 것이다.

크릭은 35살, 왓슨은 겨우 22살이었다. 물리학자였던 크릭은 생화학으로 전환했으며, 왓슨은 원래 조류학자였다가 바이러스 연구로 방향을 틀었다. 왓슨이 DNA 분자의 엑스선 결정학 사진을 연구하던 도중 돌파구가 찾아온 것이다.

이것이야말로 생명공학의 여명을 알리는 서곡이었다. 이후 연구자들은 크릭과 왓슨의 성과를 기반으로 연구를 진행할 수 있게 되었다. 1970년대에 폴 버그와 허버트 보이어는 한 동물의 DNA의 서로 다른 부분을 잘라 붙일 수 있는 방법을 고안하였다. 이로써 이종(異種) 간의 DNA를 잘라서 붙이는 것이 가능해진 셈이었다. 크릭과 왓슨의 업적은 또한 훗날 게놈을 해독하는 데 기여한 것이었다. 처음에는 박테리아의 게놈을 분석했지만, 결국 기술의 발달과 함께 인간 게놈을 해독할 수 있게 되었다. 여기에서 유전 지도가 탄생했다. 유전 지도는 유전병이나, 그밖의 일반적인 질병 및 인간의 행동 양식에 영향을 미치는 유전자를 분별해 내는 데 사용된다. **JS**

# 에베레스트 등정

## 힐러리와 텐징이 세계에서 가장 높은 산을 측량한다.

텐징 노르가이와 에드먼드 힐러리가 에베레스트의 캠프에서 휴식을 취하고 있다.

마지막 산등성이에서 너무나 오랜 시간 동안 눈 속에서 걸음을 옮기느라 더 이상 다리를 움직이기 힘들 정도였다. 출발할 때의 열정은 이미 사라졌고, 이제는 암울한 투쟁일 뿐이었다. 그 순간 힐러리는 눈앞의 산등성이가 솟아오르는 대신 깎아지른 듯 가파르게 떨어져 있다는 사실을 깨달았다. 얼음 도끼를 몇 번 더 휘두르고 났을 때, 마침내 그들은 해냈다. 오전 11시 30분이었다. 힐러리는 텐징의 얼굴에서—어깨까지 내려오는 털실 모자와 고글, 산소 마스크로 뒤덮여 있었음에도—"순수한 희열에서 우러난 전염적인 웃음"을 볼 수 있었다. 두 사람은 악수를 나누고, 거의 숨을 쉴 수 없을 때까지 서로를 끌어안았다. 그들은 15분 동안 사진을 찍고, 영국과 네팔 국기, UN기를 꽂았다.

에베레스트를 티베트에서는 초모룽마, 네팔에서는 사가르마타라 부르며, 둘 다 "세상의 어머니 여신"이라는 뜻이다. 영국에서는 처음에는 피크 XV라고 불렸다가 인도 대륙을 측량한 조지 에버리스트 경의 이름을 따 에베레스트라 부르게 되었다. 정상의 눈 때문에 정밀한 수치는 아니지만 해발고도 8,848m로 세계에서 가장 높은 산이며 등산가들에게는 뿌리칠 수 없는 유혹이다. 힐러리 전에도 면밀한 준비를 거친 등반대가 십여차례 시도했다가 등정에 실패한 바 있다. 현대의 산소 장비와 방한복에도 불구하고 힐러리보다 불과 며칠 전 강풍 때문에 포기한 사례가 있었다. 다행히도 뉴질랜드인 힐러리와 셰르파 탄징 노르가이(두 사람 모두 영국 원정대 소속이었다)가 등반할 때에는 날씨가 완벽했다. 에베레스트 등정 뉴스는 엘리자베스 2세 대관식 전야제에 영국에 전해졌으며, 사람들은 "새로운 엘리자베스 시대"가 왔다며 설레었다. **RP**

# 동독 봉기

동독 전역에서 공산주의 정권에 항의하는 노동자들의 파업이 일어난다.

1953년 6월 동독에서 공산정권에 항의하는 노동자들의 시위는 소련의 꼭두각시 정권에 대한 동유럽 시민들의 불만이 표출된 일련의 유사한 봉기—1956년 헝가리, 1968년 체코슬로바키아, 1970년 폴란드—가운데 첫 번째였다.

발단은 여당인 SED(통일사회당)이 생산성 노르마를 10% 인상시키는 동시에 동독의 공산주의 지도자인 발터 울브리히트의 "60회 생일선물"로 노동자들의 임금을 동결한 것이었다. 1953년 6월 16일, 70여 명의 노동자들이 베를린의 공사장에서 자연스럽게 이러한 새로운 조치에 불만을 터뜨렸다. 이들의 항의 소식은 빠르게 퍼져나갔고, 다음날에는 10만 명의 노동자들이 베를린에 모였다. 일부는 "공산주의에 죽음을!"하고 부르짖었다. 시위는 더욱 번졌고 400개의 대도시와 중소 도시, 심지어 시골 마을까지 영향을 받았다.

당국은 신속하고도 야만적으로 대처했다. 소련 육군 16개 사단(2만 명)과 만 명의 동독 인민경찰(폴크스폴리차이)에게 수단과 방법을 가리지 말고 진압하라는 지령이 내려졌다. 탱크가 동베를린의 거리로 밀려들었고, 군대와 경찰은 운터덴린덴 중심부와 포츠담 광장 주변에서 시위대에게 발포하였다. 최소 55명이 사망했고, 106명이 처형되었으며 수천 명이 장기형을 받고 감옥과 강제 노동 수용소로 끌려갔다. 스탈린이 사망한 지 불과 3개월만의 일이었고 러시아에서는 여전히 권력 공백기의 분쟁이 계속되고 있었기에 베를린 봉기는 동독 지도자들을 큰 충격에 빠뜨렸다. 탄압이 그들의 대응책이었다—결국 이는 고급 인력의 서방 탈출로 이어졌고, 그 결과 1961년 베를린 장벽이 세워지게 된다. **NJ**



# 모사데크 축출

CIA가 이란에서 쿠데타를 조장한 뒤 이란 국민들의 뜻이라고 떠넘긴다.

이란의 경찰청장이 암살당했고, 지역 성직자의 자택에는 폭탄이 터졌다. 성난 군중은 테헤란 시가지에서 시위를 벌였다. 마치 혁명이 일어난 것 같았다. 안전을 선택한 샤(국왕을 부르는 존칭. 여기서는 당시 국왕 팔레비를 지칭)는 카스피해 연안에 있는 여름별장을 나와 로마로 탈출했다. 이는 현명한 행동이었다. 이란 전국에서 폭도들이 그의 동상을 쓰러뜨리고 있었기 때문이다. 1953년 8월 19일, 총리인 모하메드 모사데크를 해임하고 파졸라 자헤디 장군을 그 자리에 내정했다는 뉴스가 흘러나왔다. 군중의 관심은 새로운 쪽으로 쏠렸다. 모사데크 축출을 부르짖는 목소리가 들려왔고, 난투는 더욱 격렬해졌다. 그 결과 300명이 사망했으며 모사데크는 망명했고, 미국 대사관에서 모습을 드러낸 자헤디가 총리에 취임했으며 승리한 샤가 귀국했다. 겉으로 보면 민중의 의지가 승리한 것처럼 보였으나 실은 미국과 영국 정부의 의지였다.

미국인들은 이 사건을 아약스 작전이라고 불렀으며 윈스턴 처칠은 부트 작전이라는 이름을 붙였다. 그 기원은 1951년으로 거슬러 올라간다. 신임 총리 모사데크가 브리튼의 영국-이란 합작 석유회사를 국유화하자 샤는 압력을 가할 것을 공언했다. 공산주의가 이란에 침투할 것을 우려한 미국 중앙정보부는 음모를 꾸며 거액의 뇌물로 자헤디를 비롯한 여러 이란인을 끌어들였다. CIA는 샤를 가리켜 "형태가 없는 의심과 공포가 낳은 우유부단의 화신"이라고 표현했으며, "자기 역할을 해내도록 꾀어내야 한다"고 했다. 실제로 CIA는 샤를 끌어들이는 데 성공했다. 새 정권에는 500만 달러가 주어졌고 영국-이란 석유회사는 영국의 손으로 되돌아갔으며, 모사데크는 반역죄로 유죄 판결을 받고 감옥에 갇혔다. 샤는 1979년 아야톨라 호메이니에게 축출될 때까지 이란을 통치하였다. **RP**

# 로큰롤 히트

빌 헤일리 앤드 히즈 코미츠가 녹음한 「록 어라운드 더 클락 Rock Around the Clock」은 미국 빌보드 차트에서 8주 동안 1위를 차지했다.

로큰롤은 1930년대에 처음으로 로큰롤이라는 이름으로 불리기 시작했으며, 미국의 초기 컨트리 음악과 리듬앤블루스에 그 뿌리를 두고 있다. 원래는 흑인들을 상대로 한 음악이었지만 곧 새롭고 반항적인 청년문화와 함께 백인들도 매료되었다. 1951년, 가수 겸 기타리스트인 빌 헤일리와 그의 밴드인 새들멘이 헤일리가 최초의 로큰롤 음반이라 칭한 「Rock the Joint」를 녹음하였다. 1952년 새들멘은 "혜성"이라는 뜻의 "코미츠(Comets)"로 개명하였다. "헤일리와 혜성들"로 핼리 혜성을 빗댄 말장난이었다. 1953년에는 「Crazy, Man Crazy」로 로큰롤 음반으로는 최초로 빌보드 차트에서 20위권에 드는 기염을 토했고, 덕분에 데카 레코드사와 인연이 닿았다.

데카에서 발매한 이들의 싱글 「록 어라운드 더 클락」은 처음에는 그다지 두각을 드러내지 못했지만, 1955년 영화 「블랙보드 정글 Blackboard Jungle」에 쓰이면서 젊은 시절의 소외에 대한 가사로 많은 사람들의 주목을 받으며 인기가 급격히 올라갔다. 미국에서 8주 동안 최다 판매 음반 자리에 오른 「록 어라운드 더 클락」은 신세대의 아이콘이 되었다.

1950년대 중반, 빌 헤일리와 히즈 코미츠는 히트에 히트를 거듭했다. 1956년에는 두 편의 로큰롤 영화, 「Rock Around the Clock」과 「Don't Knock the Rock」에 출연하기도 했다. 1950년대 말부터 헤일리는 내리막길을 걷는다. 엘비스 프레슬리나 리틀 리처드 같은 젊은 신예들이 그를 앞질렀던 것이다. 절망적인 가난과 산더미 같은 빚에 짓눌린 헤일리는 결국 1981년 심장마비로 사망했다. 그가 사망할 때까지 「록 어라운드 더 클락」은 무려 2,500만 장이 팔려나갔다. **RC**

◀ 더 코미츠: 조이 댐브로즈, 조니 그랜드, 빌 헤일리(뒤쪽), 빌리 윌리엄슨, 마셜 라이틀, 딕 리처즈.

▶ 리처드 브룩스가 메가폰을 잡은 「블랙보드 정글 Blackboard Jungle」이 오스카상 4개 부문에 노미네이트되었다.

# 마의 4분 벽이 깨지다

영국의 로저 배니스터가 옥스퍼드 대학교 트랙에서 사상 최초로 1.6km를 4분 이내에 주파한다.

1.6km를 4분 내 주파하는 것은 수 십 년 동안 중거리 육상선수들의 숙원이었다. 1923년 핀란드의 위대한 육상선수 파보 누르미가 4분 10초를 살짝 넘기는 기록을 세웠다. 1930년대와 40년대, 1초 1초씩 기록이 당겨지면서 1945년에는 마침내 스웨덴의 군데르 하그가 4:01.3까지 끌어내리는 데에 성공했다.

1954년, 바람 부는 5월의 어느 날, 옥스퍼드 대학교 팀과 아마추어 체육인 협회(AAA)간 시합에서 또 한 번의 새로운 도전이 있을 것이라는 소문이 떠돌았고, 이 때문에 평소보다 훨씬 많은 관중이 스타디움으로 몰려들었다. AAA의 주축은 로저 배니스터, 크리스 채터웨이, 크리스 브라셔로 이들은 이미 세심한 전술을 짜놓은 상태였다. 처음 두 바퀴는 브라셔가 페이스세터로 나서 1분 58초에 1/2지점까지 도달하였다. 세 바퀴째도 절반쯤 돌았을 때 몸집이 작은 채터웨이가 앞으로 치고나갔고, 키다리 배니스터가 바로 그 뒤를 좇았다. 채터웨이는 마지막 바퀴의 절반까지 선두를 지키다가 배니스터가 보폭을 넓히면서 여유롭게 채터웨이를 앞지르더니 마지막 코너에서 짜릿한 질주를 펼쳐 마침내 테이프를 끊었다. 채터웨이가 바로 뒤를 따라 들어왔다.

관중은 장내 아나운서가 일부러 뜸을 들이며 천천히 기록을 발표하는 동안 숨을 죽인 채 기다리고 있었다. "시간은…" 아나운서는 잠시 말을 멈췄다. "3분…" 그리고 그 다음은 함성 소리에 묻혀 버렸지만 정확한 기록은 3분 59초 4였다. 스포츠 역사에서 가장 흥분되는 순간 중 하나였음에 틀림없다. **RC**

◀ 1.6km를 4분내 주파한 역사적 순간 당시 로저 배니스터.

1954년 5월 7일

# 프랑스, 디엔비엔푸 패전

**베트남에서 공산당이 승리를 거두면서 미국이 동남아시아에 개입하다.**

호치민은 프랑스 식민 세력과 자신이 이크는 베트민 게릴라의 분쟁을 가리켜 “코끼리와 메뚜기의 싸움”이라고 비유하였다. 프랑스의 앙리 나바르 장군은 1953년 11월 적진 깊숙이 위치한 디엔비엔푸 마을을 요새화하였다. 목표는 게릴라들을 익숙지 않은 야전으로 이끌어내는 것이었다. 야전이라면 프랑스의 압도적인 화력으로 충분히 승산이 있다고 생각한 것이다.

베트민 측은 보 구엔 지아프 장군이 지휘봉을 잡았다. 5만 명에 이르는 농민들이 보급선을 구축하여 중국제 무기를 북부로 수송하였다. 베트남군은 마을을 포위하고 활주로를 포격하였으며 적을 무자비하게 사살하였다. 포위 공격은 5월 7일까지 45일간 계속되었지만, 결국 프랑스군의 마지막 보루는 무너지고 말았다. 1만 6천 명의 프랑스 주둔군 중 3천 명만이 살아남았다. 프랑스군의 참패는 과거 식민지를 되찾으려는 8년에 걸친 전투에 종지부를 찍었다. 프랑스는 인도차이나의 “더러운 전쟁(la sale guerre)”에는 별로 의욕이 없었고, 대신 알제리가 최우선 과제라고 결정했다.

> “가난한 봉건 국가가
> 거대한 식민 세력을
> 물리쳤다 … ”
>
> **보 구엔 지아프 장군**

제네바에서 열린 협상에서 프랑스 측은 동남아시아에서 철수하기로 합의했고, 베트남은 남과 북으로 분열되었다. 호치민과 보 구엔 지아프이 이끄는 공산주의자들이 북부를 손에 넣었고, 남부에는 미국의 보증을 받는 반공 공화 정부가 들어섰다. 1960년대 피비린내 나는 베트남 전쟁의 씨앗이 뿌려진 것이다. **RP**

1954년 12월 2일

# 매카시 비난 결의

**미 상원이 매카시 의원을 끌어내리다.**

조셉 매카시는 미국에서 일명 “거대한 공포”를 불러일으킨 장본인이었다. 그는 미국 행정부에 철저한 악영향을 끼쳤으며, 소비에트 선전에는 하늘이 내린 선물이었다. 1954년 매카시의 몰락은 미군 당국을 공격한 데서 비롯되었다.

1953년 매카시의 반미행위위원회는 미 육군 통신대(Army Signal Corps)에 일련의 스파이 조직이 있다며 수사에 뛰어들었다. 매카시는 신빙성 있는 증거를 찾아내지도 못했을 뿐만 아니라, 전쟁 영웅인 랄프 즈위커 장군에 대한 오만하고 무례한 언행으로 아이젠하워 대통령을 비롯한 애국주의자들을 분개하게 했다.

> “매카시즘은
> 소매를 걷어부친
> 아메리카니즘이다.“
>
> **조셉 매카시 상원 의원, 1952년**

1954년 3월, 존경 받는 언론인 에드워드 R. 머로우는 방송에서 매카시를 신랄하게 비판하였다. 4월에서 6월에 걸쳐 열린 청문회는 방송으로 중계되어 약 2,000만 명이 시청하였다. 미 육군 법률 고문인 조셉 N. 웰치는 매카시가 악의에 찬 거짓말쟁이이자 폭력배로 파괴적인 영향을 미치고 있다고 주장하였다. “도대체 의원님에게는 예의라는 게 있습니까? 예의라는 게 있으시냐 말입니다”라는 유명한 발언으로 청중에게서 박수갈채를 이끌어낸 웰치는 마지막 남아 있던 매카시의 평판을 산산조각내고 말았다.

9월, 상원위원회 보고서는 만장일치로 매카시의 행위를 “변명의 여지가 없고”, “비난 받아 마땅하다”고 규정하였으며, 12월에는 67-22로 비난 결의를 채택하였다. 매카시는 상원 의원직은 유지하였지만 그의 시대는 막을 내렸고 1957년 급성 간염으로 사망하였다. **RC**

# 디즈니랜드 개장

월트 디즈니가 캘리포니아에 최초의 테마 파크를 연다.

▲ 꿈의 건설—캘리포니아 주 애너하임에 지은 디즈니랜드의 성.

오랫동안 미국과 전 세계 만화영화 세계에서 군림해 왔으며 만화와 책, 텔레비전의 절대강자이기도 한 월트 디즈니는 로스앤젤레스에 있는 자신의 스튜디오 근교에 "미키 마우스 파크" 건설을 구상해왔다. 이곳에서 방문객들은 아이들과 함께 디즈니 세계와 "디즈니 마법"을 직접 체험할 수 있다. 디즈니는 로스앤젤레스 남쪽 애너하임의 부지를 사들어 1954년 공사를 시작했다. 총 1,700만 달러를 들여 완공된 디즈니랜드는 1955년 7월 17일 전 세계 언론을 상대로 "인터내셔널 프레스 프리뷰" 행사를 가졌다. 개장 행사의 텔레비전 중계 앵커 가운데에는 훗날 미국 대통령이 된 로널드 레이건도 끼어 있었다. 개장 행사에는 몇몇 기술적 결함이 발견되었고, 아스팔트가 녹을 정도의 높은 기온에 식수 부족 등의 문제가 발견되었다.

이튿날 일반인 개방을 앞두고 흥분한 입장객들이 새벽 2시부터 줄을 서서 기다리기도 했다. 제1호 입장객이 두 번째 입장권을 손에 넣었다—첫 번째 입장권은 월트의 동생 로이 디즈니가 미리 확보했던 것이다. 디즈니랜드는 그리 오래지 않아 엄청난 인기와 명성을 누리게 되었다. 개장 이래 디즈니랜드를 찾은 방문객은 5억 명에 이른다. 디즈니랜드 한복판에는 잠자는 숲속의 미녀의 성이 서 있다. 코스튬을 입은 미키 마우스, 도널드 덕, 그밖의 디즈니 캐릭터들을 도처에서 볼 수 있다. 최초 개장 때는 모두 5개의 메인 구역—미 서부 개척시대 마을을 모티브로 한 메인 스트리트 USA, 정글 테마로 꾸민 어드벤처랜드, 프론티어랜드, 판타지랜드, 투머로우랜드—으로 나뉘어져 있었다. 이후 디즈니랜드는 더욱 진화하였고, 디즈니사는 플로리다와 프랑스 파리, 일본 도쿄, 홍콩에도 디즈니랜드를 건립했다. **RC**

# 제임스 딘 사망

은막의 스타이자 시대의 아이콘이었던 제임스 딘이 교통사고로 생을 마감한다.

▲ 제임스 딘이 "리틀 바스타드(작은 호로자식)"라 이름붙인 은색 포르셰 스파이더 550의 잔해.

제임스 바이런 딘은 사후에 아카데미 남우주연상을 수상한 유일한 배우이다. 1955년 「이유 없는 반항 Rebel Without a Cause」에서 고뇌에 찬 젊은이 역을 맡아 1950년대 반항적인 청년 문화를 암울하게 체현한 그는 24세의 나이로 요절했다. 십대 갱들과 미성년자 흡연, 위험천만한 자동차 경주들이 등장한 이 영화는 젊은 관객층 사이에서 폭발적인 인기를 누렸다. 딘은 이 밖에 단 두 편의 영화에 출연했다. 「에덴의 동쪽 East of Eden」(1954년)와 「거인 Giant」(1956년)이 그것이다.

딘은 스피드가 좋은 자동차와 자동차 경주를 사랑했다. 1955년 9월, 그는 메카닉과 함께 새로 구입한 강력한 포르셰 550 스파이더에 올라 살리나스로 자동차 경주를 하러 떠났다. 가는 도중 시속 90km 제한 구간에서 시속 105km로 달려 이미 한 번 딱지를 떼였다. 그런 다음 466번 고속국도로 접어들어 서쪽으로 향하고 있을 때, 도널드 턴업시드라는 믿겨지지 않는 이름(Turnupseed는 직역하면 "혼란의 씨앗"이라는 뜻)의 23세 청년이 운전하는 1950년식 포드가 옆길로 빠지기 위해 포르셰 앞으로 끼어들었다. 두 차는 정면으로 들이받았다. 구급차가 도착했을 때 딘은 여전히 숨을 쉬고 있었고, 메카닉은 차에서 튕겨 나가 턱이 골절되었다. 턴업시드는 가벼운 찰과상과 타박상만을 입은 채 살아남았으며, 이 사고로 기소 당하지는 않았다. 딘을 태운 구급차는 저녁 6시가 못되어 파소 로블레스에 있는 병원에 도착했으나, 딘은 사망 판정을 받았다. 딘은 소년 시절을 보낸 인디애나주 페어마운트에 묻혔다. 제임스 딘의 사망은 루돌프 발렌티노 사망 당시를 연상케 하는 군중 히스테리를 초래했다. **RC**

1955년 12월 1일

# 버스 인종 분리

**로자 파크스가 자리 양보를 거부함으로서 앨라배마 버스 보이콧에 불을 당기다.**

미국 남부 앨라배마 주 몽고메리에서 "유색인종" 승객은 버스의 앞쪽에 앉지 못하고 뒷자리로 가야 했다. 1955년 12월의 어느 날, 흑인 민권 운동에 적극적으로 참여하고 있었던 중년의 흑인 여성 로자 파크스는 이 규정을 무너뜨렸다. 그녀는 "다리가 피곤하다"는 이유로 클리블랜드 애비뉴 운수회사의 버스에서 백인 남성에게 자리를 양보하는 것을 거부했다. 버스는 멈춰섰고, 파크스는 체포되어 벌금형에 처해졌다.

이것이 민권운동가이 미리 계획한 사태인지의 여부와는 관계없이 그 파장은 어마어마했다. 몽고메리의 흑인 지도자들은 그때까지 거의 알려진 적이 없는 침례교 목사 마틴 루터 킹 주니어를 앞세워 몽고메리 시의 버스를 보이콧하고 언론의 관심을 최대한 이끌어내기로 했다. 아마도 신의 목소리를 들은 결정이었음에 틀림없다. 그 결과는 킹의 비폭력 저항 원칙을 입증했다. 몽고메리의 흑인 시민 가운데 90퍼센트 이상이 보이콧에 참여하였고, 출퇴근을 위해 다른 운송수단을 강구하였다. 버스회사와 시내의 상점들 사이에서 불평이 터져 나오기 시작했다. 1956년 4월 미국 연방 대법원은 버스의 인종 분리 금지 판결을 내렸으나, 몽고메리 경찰서장이 판결에 따르려는 지역 버스 회사들에 압력을 넣었다. 6월, 몽고메리 연방 지방법원은 몽고메리의 인종 분리 규정이 위헌이라고 판결했으며, 11월 연방대법원이 이를 재확인하였다. 몽고메리 시는 결국 백기를 들고 법원의 판결을 따를 것을 공표하였다. 로자 파크스는 시내 버스 앞에서 사진기자들을 향해 포즈를 취했다.

몽고메리의 승리는 미국 전역에서 일어난 흑인 민권운동의 중요한 원동력이 되었으며, 마틴 루터 킹은 미국은 물론 전 세계에서 역사적인 인물로 발돋움하게 된다. **RC**

1956년 2월 25일

# 스탈린 비판

**흐루시초프가 스탈린을 공개 비판함으로서 과거와의 단절을 시도하다.**

1956년 2월, 크렘린 궁에 모인 1,355명의 선거권 대표들과 81명의 비선거권 대표들은 제20회 공산당 전당 대회에서 무엇이 기다리고 있는지 알지 못했다. 이번 대회는 1953년 스탈린 사망 이후 처음 열리는 전당 대회였다. 개회 첫날 제1서기인 니키타 흐루시초프가 최근에 세상을 떠난 공산주의 지도자"들"(복수)을 추모하는 의미에서 기립을 요청했을 때 이미 낌새를 챈 사람도 많았을 것이다(그렇지 않고서야 어떻게 스탈린을 고트발트나 토두카와 같은 급으로 취급한단 말인가?). 2월 25일 비공개 회의에서 흐루시초프가 장장 4시간에 걸쳐 스탈린이 쌓아 올린 개인숭배를 개탄하고, 1924년 자신에 대한 레닌의 적대 행위를 폭로하고, 숙청 과정에서 무죄한 사람들을 수없이 죽인 스탈린의 책임을 비판하리라고는 감히 상상조차 하지 못했다. 흐루시초프는 완전무결하다고 여겨 왔던 지도자가 사실은 소비에트 인민에게 범죄를 저지른 폭군이라고 주장하였다. 인민 대표들이 할말을 잃고 감탄한 것도 무리가 아니다.

수천 명의 정치범이 굴라크에서 풀려났으며, 스탈린 동상들도 철거되었다. 여명이 찾아온 것처럼 보였지만 반발도 만만치 않았다. 많은 사람들이 흐루시초프의 연설을 회의적인 시도로 보았다. 전환점은 흐루시초프가 헝가리에 군대를 보내 계급주의자 적들과 싸우는 데에 확고한 신념을 지니고 있다는 점에서 자신을 스탈린주의자라고 공표했을 때 찾아왔다.

흐루시초프의 연설은 서방세계를 헛된 기대에 빠뜨렸다. 서방세계의 지도자들이 해빙에 대한 희망을 품는 동안 베를린과 쿠바의 외교 풍토가 냉랭하게 식어가고 있었다. 그러나 1956년 스탈린 비판 이후 스탈린의 평판은 두 번 다시 회복될 수 없었으며 소련에서 어느 정도 개방된 사회 분위기를 조성했다는 점에서 흐루시초프는 1980년대 글라스노스트와 페레스트로이카의 선구자였다고 할 수 있다. **RP**

# 엘비스 넘버원

「하트브레이크 호텔 Heartbreak Hotel」의 성공으로 동네 가수였던 엘비스 프레슬리가 전국구 스타로 떠오르면서 로큰롤이 음악의 지도에 새로 쓰인다.

"하트브레이크 호텔"은 엘비스 프레슬리를 단숨에 음악계 주류에 들여놓은 싱글 앨범이다. 메이 액스턴이 작곡한 이 곡은 1956년 4월 21일 히트퍼레이드 1위에 오른 뒤 8주 동안 정상을 지켰다. 일설에 따르면 액스턴은 엘비스에게 "밀리언셀러가 필요하다고? 내가 써주지"라고 말했다고 한다.

엘비스 아론 프레슬리는 1935년 1월 8일에 태어났다. 어린 시절, 교회에서는 가스펠 음악, 흑인들이 많은 동네 이웃들로부터는 리듬앤블루스, 학교와 라디오에서는 백인 컨트리 음악과 웨스턴 음악의 영향을 받았다. 1954년 트럭 운전수로 일하면서 첫 번째 음반을 발표하였다—어머니의 생일을 위한 개인 음반이었다. 1956년, 스물 한 번째 생일 다음 다음날, 엘비스는 RCA의 내쉬빌 스튜디오에서 생애 첫 레코딩 작업에 들어갔다. 매니저인 콜로넬 톰 파커는 4만 달러를 주고 엘비스를 사들였다. 엘비스의 시대가 도래한 것이다.

「하트브레이크 호텔」은 자살한 청년에 대한 신문기사에서 영감을 얻은 곡이다. 4월 3일, 밀튼 벌 쇼(The Milton Berle Show)에 출연한 엘비스는 어마어마한 관중(미국민 4명 중 1명은 그 자리에 있었다) 앞에서 이 노래를 불렀다. 엘비스는 곧 불안정한 백인 십대들의 새로운 아이콘이 되었으며, 막 피어 오르려는 그들의 로큰롤 인기에 불을 지폈다. 그는 말쑥하고 관중의 비위를 맞추려는 경향이 있기는 했으나 당시 텔레비전에 나오는 턱시도나 카우보이 복장의 중년 가수들처럼 안정만 추구하지는 않았다. 엉덩이를 흔들고 무릎을 돌리고 입을 삐죽거리는 그의 연기는 곧 음란하고 야만적이라는 비난을 불러일으켰다. "엘비스 더 펠비스(pelvis는 골반이라는 뜻)"는 그야말로 전국을 뒤흔들고 있었다. **JJH**

▶ 1956년 4월 액자에 넣은 황금 「하트브레이크 호텔」 디스크를 들고 있는 엘비스.

# 수에즈 운하 국유화

수에즈 운하의 국유화로 영국 및 프랑스와 분쟁이 일어난다.

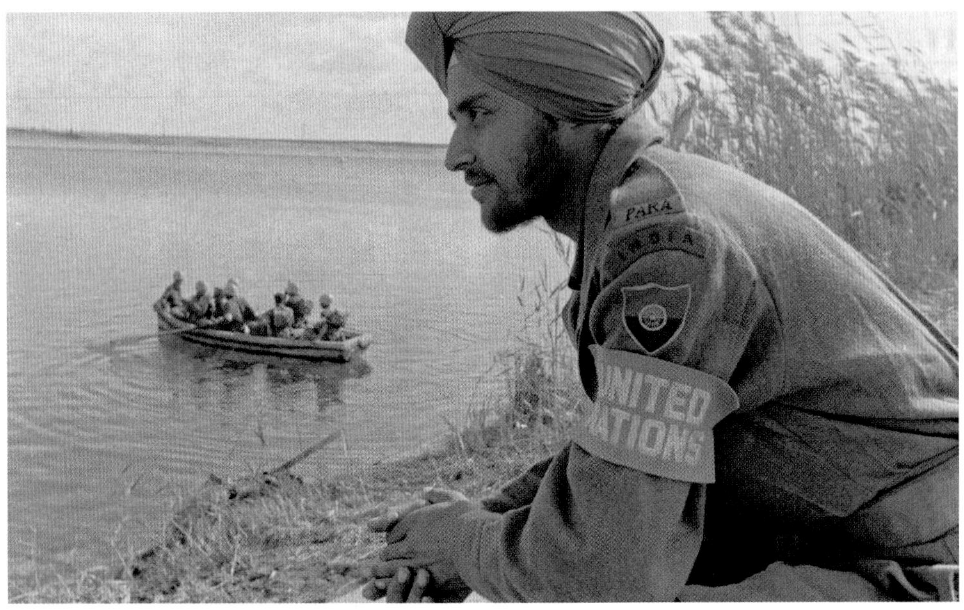


▲ 인도에서 온 UN군 병사가 수에즈 운하 위기 동안 운하를 감시하고 있다. 1956년 사진.

파루크 국왕 망명 4주년을 기념하는 나세르 대통령의 연설을 듣기 위해 5만 명의 군중이 알렉산드리아의 중앙 광장에 운집했다. 이 자리에 오지 못한 사람들은 라디오에 귀를 기울였다. 일부는 나세르가 야심차게 추진한 아스완 댐 프로젝트가 당장 성사되기 힘들기 때문에 비난을 감수하고 머리를 숙일 것으로 내다봤다. 그러나 정작 실제 연설은 자신감에 차 있었다. 나세르는 페르디낭 드 레셉스의 수에즈 운하 회사가 어떻게 이집트 국민들이 누려야 할 부를 착취해 왔는지 설명하였다. 그러나 이 모든 것은 끝났다고 그는 주장했다. 나세르는 수에즈 운하를 국유화하고 운하에서 나오는 수익으로 새 댐의 건설 비용을 충당할 것이라고 말했다. 만약 제국주의자들이 그의 생각이 마음에 들지 않는다면 "화가 나서 숨이 막혀 죽어버리라" 고 했다. 연설이 끝났을 때 게임도 끝났다. 연설에 나온 "페르디낭 드 레셉스"는 이집트군에게 수에즈 운하 회사와 운하를 점거하라는 암호였던 것이다.

수에즈 운하는 1869년 건설되어 지중해와 아시아 사이의 뱃길을 이어주었다. 1875년 최대 주주가 된 영국은 1882년 이집트를 침공하여 자신들의 투자를 지키고자 했다. 운하 양쪽에 주둔한 영국군 수비대는 1952년 민족주의 군부 쿠데타 이후 뜨거운 감자나 다름없었다. 1956년 6월에야 마지막 영국군 병사가 떠났다. 동시에 나세르가 소련과 가까운 관계를 유지하는 것을 못마땅하게 여긴 미국이 댐 건설에 필요한 재정 조달을 중지했다. 나세르의 반제국주의 노선은 영국과 프랑스로부터 즉각 반발을 불러일으켰다. 같은 해 영국과 프랑스의 이집트 침공을 막아낸 나세르는 중동의 영웅이 된다. **RP**

# 헝가리 봉기

1956년 헝가리 봉기가 소련의 지배가 끝나리라는 헛된 희망으로 끝난다.

▲ 환호하는 헝가리의 자유투사들이 탈취한 소련군 탱크 위에 서서 국기를 흔들고 있다.

헝가리 정부는 시위를 단호하게 금지하고 있었지만, 학생들과 노동자들, 그리고 지역 군인들의 결집을 막을 수는 없었다. 1956년 10월, 군중은 소비에트 지배 권력에 공개적으로 저항하며 "붉은 군대를 집으로 보내버리고", "선거를 실시할 것"을 요구하였다. 새로운 독재자 에르노 게뢰는 라디오에서 시위대를 비난하였고, 이는 곧 라디오 방송국 점거로 이어졌다. 그런 다음 부다페스트에 세워져 있는 거대한 스탈린 동상이 끌어내려졌다. 확실히 헝가리, 아니 소련이 지배하는 동유럽에 새로운 새벽이 밝아오고 있었던 것일까?

스탈린의 붉은 군대는 제2차 세계대전이 끝난 뒤 헝가리를 소련 지배하에 편입시켰다. 흐루시초프가 스탈린을 비판하고 총리 임레 나지가 진보적인 개혁을 추진하면서 소련의 입김은 다소 약해졌지만, 결국 탄압이 뒤를 이었고 나지는 당에서 축출당했다. 시국은 혼란 그 자체였다. 흐루시초프는 동요를 가라앉히기 위해 소련군을 부다페스트에서 철수시켰다. 나지는 새 내각을 구성했지만, 헝가리가 바르샤바 조약기구에서 탈퇴할 것임을 공표하자 모스크바의 인내심도 바닥이 나버렸다. 11월 4일 20만 명의 소련군이 2,500대의 탱크를 앞세우고 헝가리로 밀어닥쳤다.

헝가리 봉기로 3,000여 명이 사망하였으며 13,000명이 부상당했다. 나지는 KGB에 체포되어 취조 당한 뒤 총살되었다. 10월 23일은 진짜 새벽이 아니었다. 어쩌면 1989년부터 1990년에 걸쳐 헝가리에서 일어난 공산주의 타도의 리허설이었는지도 모른다. **RP**

# 수에즈 운하 분쟁

나세르를 권좌에서 끌어내리기 위한 조직적인 계획의 일환으로 이스라엘이 이집트를 침공한다.

▲ 포트 사이드에 질서를 회복하기 위해 파견된 UN군.

1956년 10월 29일, 이스라엘군이 야음을 틈타 이집트 국경 너머로 밀어닥쳤다. 그들은 이집트의 시나이 지방으로 들어갔다. 이들의 임무는 테러리스트의 기반을 파괴하는 것이었다. 이들은 곧 수에즈 운하를 겨냥, 서쪽으로 방향을 틀었다. 그날 오후, 영국 총리 앤소니 이든은 각료들에게 상황의 심각성을 강조하였다. 나세르 대통령이 6월에 수에즈 운하를 국유화한 이래 "숨통을 엄지손가락으로 누르고 있었지만," 이집트에서 진짜 전쟁이 일어난다면 영국은 물론 국제 교역이 치명타를 입을 것이었기 때문이었다. 영국은 만약 운하의 안전이 위험에 처한다면 운하를 방어할 권리를 여전히 보유하고 있었다. 따라서 전투원들을 분리시키고 질서를 회복하기 위해 군대를 파견할 의무가 있다고 이든은 역설하였다. 국제법의 정당한 집행에 프랑스가 영국의 원군이 될 것이라고 했다.

영국 공군은 이집트 공군 비행장을 폭격하고 11월 5일에는 8,000명의 영국과 프랑스 군대가 이집트 영토로 들어갔다. 군사적으로는 모든 것이 순조로웠지만, 미국은 UN에서 휴전을 촉구했고 나세르는 콘크리트를 가득 실은 배를 가라앉혀 운하를 폐쇄해버렸다. 이든은 이스라엘의 이집트 침공에 대해 "아무런 사전 통보를 받지 못했다"고 주장했지만, 많은 이들이 영국, 프랑스, 이스라엘이 그럴 듯한 침공 구실을 만들어낸 것이라고 의심했다. 이든은 나세르를 제거하고 아랍 민족주의가 새로이 대두하고 있는 중동에 일격을 날리고자 했다.

파운드화의 대량 매도 사태로 영국은 군사 행동을 중지하고 철군할 수밖에 없었다. 이든도, 대영제국도 수에즈의 실패를 끝내 회복하지 못했다. **RP**

# 가나 독립

가나 건국과 함께 유럽 제국주의가 앞다투어 아프리카에서 빠져나온다.

가나가 영국으로부터 독립을 선언한 직후 크와메 은크루마 총리가 정부 관리들에 둘러싸여 관중 속을 빠져 나오고 있다.

1957년의 어느 위대한 날, 기대와 설렘이 공기를 가득 채운 가운데 전 세계에서 모여든 각국 대표들이 아크라의 크리스티안스보르 성에서 열린 축하 행사에 참석했다. 자정이 되자 대영제국 국기가 내려지고 대신 검은 별이 드높이 게양되었다. 골드코스트는 역사의 뒤안길로 사라지고 아프리카 식민 국가 가운데 최초로 독립을 쟁취한 가나가 탄생한 것이다. "환희가 마구 퍼져나갔다"고 언론은 보도했다. "500만 명의 승리자들의 폭발적인 열정과 한마음의 환호가 113년간의 식민 통치에 사망을 고했다."

일련의 민주주의 선거 이후 권력은 평화적으로 이양되었다. 영국인들과 가나인들은 권력 이양이 순조롭게 이루어졌다는 점에 자랑스러워했다. 마지막 총독인 찰스 아든-클라크 경은 가나 총리 크와메 은크루마에게 "이 순간이 당신들이 손에 넣고자 투쟁했던 것들의 끝이요"라고 말했다. 은크루마는 다음과 같이 대답했다. "이 순간은 우리가 손에 넣고자 투쟁해온 것들의 끝입니다, 찰스 경." 확실히 가나는 아프리카 다른 지역, 아니 세계의 다른 지역에 모델과도 같았다.

영국인들이 보기에 어떤 아프리카 식민지든 자치란 상상조차 할 수 없었던 제2차 세계대전 이전의 골드코스트와는 얼마나 달랐던가. 또한 아크라에서 폭동이 일어나 은크루마와 다른 민족주의자들이 체포되는 사태가 발생한 1948년 2월과도 얼마나 달랐던가. 이후 가나의 정치적 발전은 눈이 부실 정도였다. 슬프게도 이 모든 것들이 1966년에는 또 달랐다. 이 무렵에는 아프리카의 거의 모든 식민지가 놀라운 속도로 독립을 쟁취했지만, 가나는 부패로 가난에 찌든 국가가 되었고 독재자 은크루마는 결국 국민들의 손에 몰락하고 만다. **RP**

# 유럽 자유무역

로마 조약으로 유럽 경제 공동체가 탄생한다.

▲ 로마 조약 조인식—독일 대표가 문서에 서명하고 있다.

하나의 유럽을 향한 움직임의 근원은 오랜 과거로 거슬러 올라갈 수 있지만, 1957년 로마에서 정말로 중요했던 것은 역사의 이론적인 연구가 아닌 경험이었다. 정치인들도, 그들이 대변하는 국민들도, 제2차 세계대전의 살육을 고통스럽게 기억하고 있었다. 이제 과거를 묻어야만 하는 순간이 찾아온 것이다. 프랑스, 서독, 이탈리아, 벨기에, 네덜란드, 룩셈부르크 대표들은 "지금까지 그 어떤 동맹보다 친밀한 통합"을 목적으로 하는 조약에 서명하였다. 유럽 경제 공동체(European Economic Community)가 탄생한 것이다. 6개 회원국 사이에는 모든 관세가 철폐되었으며 상품, 자본, 인력이 자유롭게 이동할 수 있게 되었다.

로마 조약은 1944년 벨기에, 네덜란드, 룩셈부르크가 산업과 무역을 연계시키기 위해 베네룩스 연합을 결성하면서 시작된 일련의 사건 중 정점이라고 해도 좋았다. 1951년 파리 조약은 각국 장관으로 구성된 위원회, 의회, 재판소는 물론 유럽 석탄 철강 공동체까지 탄생시켰다. 그후 1955년, 시칠리아의 메시나에서 로마 조약의 주춧돌이 놓였다. 목적은 회원국들 사이에 전쟁을 예방하고 미래의 번영을 산출하자는 것이었다. 각국의 주권 요소 중 일부를 희생하는 것은 미미한 비용으로 보였다.

그리 오래지 않아 다른 국가들도 꼬리를 물고 가입하였다. 2004년, 이제는 유럽연합(EU)라고 불리게 된 이 기구는 27개 회원국을 자랑하고 있으며 그 미래는 세계 정치에서 가장 흥미진진한 물음표 가운데 하나가 될 것이다. **RP**

# 소련 유인우주선 발사

소련의 과학 위업에 전 세계가 경탄하다.

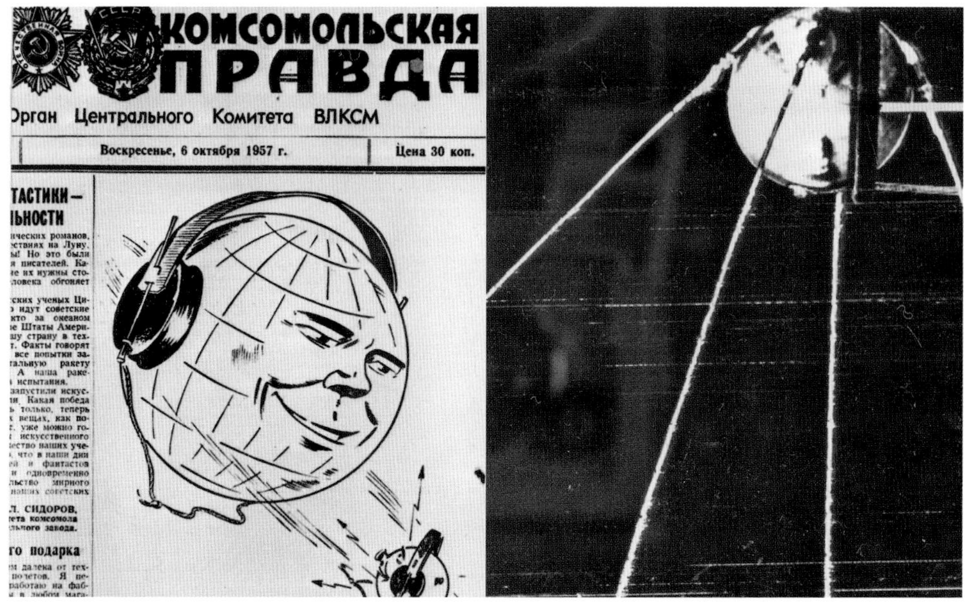

КОМСОМОЛЬСКАЯ ПРАВДА

Орган Центрального Комитета ВЛКСМ

Воскресенье, 6 октября 1957 г. | Цена 30 коп.

ТАСТИКИ —
ЬНОСТИ

ических романов,
ествиях на Луну.
ы! Но это были
я писателей. Ка-
е их нужны сто-
ловека обгоняет

ских ученых Ци-
идут советские
кто за океаном
е Штаты Амери-
шу страну в тех-
т. Факты говорят
все попытки за-
тальную ракету
А наша раке-
испытания.
запустили искус-
ия. Какая победа
ь только, теперь
вещах, как по-
т. уже можно го-
искусственного
ество наших уче-
, что в наши дни
ей и фантастов
и одновременно
льство мирного
наших советских

Л. СИДОРОВ,
ета комсомола
льного завода.

го подарка

м далека от тех-
полетов. Я пе-
работаю на фаб-
в любом мага-

▲ 1957년에 촬영한 스푸트니크 I호의 사진. 소련 지도자 니키타 흐루시초프의 경력 가운데 절정을 기록한 업적 중 하나다.

세계 최초의 인공위성 스푸트니크 I호는 소련의 작품이었다. 니키타 흐루시초프로서는 대단한 승리였고, 그 발사는 서방 세계에게 엄청난 충격이었다. 소련보다 기술적으로 월등히 앞섰다고 호언장담하던 미국도 굉장한 타격을 받았다. 전략적인 측면에서 재앙을 함축하고 있는 사건이었다. 소련은 대륙간 탄도미사일 개발에서 훨씬 앞서 있는 것처럼 보였다. 미국 대통령 아이젠하워는 자국의 과학적 우위를 탕진했다는 비난을 면할 수 없었다.

그러나 아이젠하워는 U-2 정찰기가 수집한 첩보에 의거하여, 전략적으로 주도권은 여전히 미국 쪽으로 확연히 기울어 있다는 사실을 잘 알고 있었다. 다만, U-2 프로그램의 존재를 공개하지 않고는 이러한 사실을 공표할 수 없을 뿐이었다. 미국은 안전하며, 미국의 로켓 연구도 계획대로 진행되고 있다는 그의 발언에는 신빙성이 부족하였다. 반면 흐루시초프는 이렇듯 겉으로 보이는 우월성을 활용하여 서방세계와의 교섭에서 우위를 점하고자 했다. 그는 평화적 공존과 소련의 군비 축소를 원했지만, 소련 미사일의 힘을 심하게 과장하려는 유혹을 참기가 힘들었다. 그 바람에 해외 순방을 나갈 때마다 새 위성을 쏘아 올리는 것이 관례가 되어버렸다. 물론 허세에 불과했지만, 대중은 그대로 믿었다. 결국 이 것이 흐루시초프에게는 자기 발등을 찍는 결과를 초래했다. 미국의 국방력이 불충분하며 미 · 소간 미사일 개발 능력의 차이가 확연히 벌어졌다고 생각한 미국민들이 이러한 사태를 바로잡기 위해 돈의 힘을 휘두를 것을 요구했기 때문이다. 이로서 미 · 소간 미사일 개발 능력의 차이는 정말로 확연해졌으며, 앞선 쪽은 미국이었다. **JS**

# 대약진운동

마오가 인민의 힘을 통한 즉각적인 산업화를 선포하다.

▲ 마오쩌둥의 "대약진운동"은 특히 농촌 지역에서 심각한 빈곤과 엄청난 기아로 이어졌다.

1958년 중국 주석 마오쩌둥이 선언한 새로운 경제 정책은 원대한 야심 그 이상 그 이하도 아니었다. "대약진운동"이라고 명명된 이 정책은 대중의 혁명에 대한 열정을 동원하여 중국을 산업화한다는 하나의 새로운 혁명으로 발돋움했다. 사실 이로써 농민들에게서 잉여 곡물을 마지막 한 톨까지 모두 짜내어 수출한 돈으로 기계 값을 갚았던 러시아식 산업화가 중국에서는 먹힐 수 없다고 인정한 셈이었다. 중국 인구로는 생산한 작물을 수출은커녕 소비하기에도 모자랐다. 기술을 돈 주고 살수 없는 상황에서 이용이 가능한 자원이라고는 농민들의 노동력밖에 없었다. 농민들을 공동생활체로 조직하여 집단 노동을 부과하였다. 처음에는 중국이 하루아침에 바뀔 수 있다는 신념으로 상당히 열정적으로 진행되었다.

그러나 열정이 기술을 대신할 수 있다는 생각은 환상으로 끝났다. 사람들은 뒷마당에 설치한 용광로로 대량의 강철을 생산하겠다고 했으나, 실제로 이렇게 생산된 강철은 너무 질이 낮아 아무런 쓸모가 없었다. 시멘트, 화학 제품, 면(綿) 같은 물자의 생산 같은, 매우 실제적인 발전이 없었던 것은 아니지만, 그 품질은 대체로 매우 조악했다. 자원, 특히 노동력이 농업으로부터 이탈된데다 흉년까지 겹치면서 1960년에는 2,000만 명이 아사하였다. 결국 마오는 대약진운동을 포기할 수밖에 없었다. 이는 마오쩌둥에게 상당한 타격이었으며, 결국 마오는 자신의 권위를 재확인하고자 1966년 문화대혁명의 재앙을 불러일으키게 된다. **JS**

# 카스트로 쿠바 총리 취임

수많은 쿠바 국민이 카스트로군의 아바나 입성을 환영하다.

승리를 거둔 피델 카스트로와 그의 지지자들이 아바나 거리로 입성하고 있다.

피델 카스트로는 1959년 2월 쿠바 총리에 취임했다. 카스트로는 그야말로 전혀 가망이 보이지 않는 상황에서 권좌에 올랐다고 할 수 있다. 그는 1956년 말 쿠바의 서쪽 해안에 단 80명만을 이끌고 상륙하였다. 그의 계획은 사전에 쿠바 정부에 알려졌고, 카스트로와 그의 동지들은 정부군의 공격을 받았다. 대부분은 죽거나 포로가 되었다. 카스트로와 그의 동생 라울, 그리고 에르네스토 "체" 게바라를 비롯한 몇 명만이 시에라 마에스트라 산맥 속에 있는 은신처로 피신하는 데 성공했다. 이곳에서 카스트로는 이렇게 말했다. "이제 우리는 승리할 것이다."

불가능하게 들리는 이 말이 결국엔 옳았다. 혁명주의자들은 라디오 송신기를 십분 활용한 효과적인 프로파간다로 바티스타 정권을 공격하고 해외에서 지지를 이끌어냈다. 그들은 정부에 대항하여 게릴라 전술을 구사했으며, 바티스타 정권에 반대하는 국내 여론은 점점 높아갔다.

1958년 7월, 반정부군은 카르카스에서 회합을 가지고 카스트로를 지도자로 추대하였다. 시에라 마에스트라의 반군에 대한 정부의 맹공격은 실패로 돌아갔고, 카스트로군은 반격에 나섰다. 미국이 마침내 바티스타로부터 등을 돌렸을 때, 혁명군의 숫자는 5만여 명으로 늘어나 있었고, 전국에서 압도적인 지지를 받고 있었다. 1959년 12월 31일 바티스타는 탈출했다. 그 뒤를 이은 군부는 오래 버티지 못하고 무너졌다. 군인들은 전투를 중지했고, 카스트로 지지자들이 아바나로 입성했다. 총리가 된 카스트로는 마르크스-레닌주의 정권을 세우고 러시아와 손을 잡게 된다. **RC**

# 버디 홀리 사망

버디 홀리의 전용기가 이륙 수 분만에 아이오와의 들판에 추락하면서 로큰롤 스타와 그의 밴드가 사망하다.

아이오와의 한 들파에는 기타와 세 장의 레코드판 모양의 스테인리스 스틸 기념물이 놓여 있다. 이곳은 로큰롤 최초의 위대한 전설이 비행기 사고로 요절한 현장이기도 하다. 사망 당시 버디 홀리는 겨우 22세였으며, 이미 비틀스부터 밥 딜런, 브루스 스프링스틴에 이르기까지 수많은 이들에게 영향을 미친 불후의 명곡들을 선보였다.

1950년대 말, 살이 에이는 듯한 2월의 추위 속에서 윈터 댄스파티 투어의 일환으로 아이오와 주 클리어 레이크의 서프 볼룸에서 공연하였다. 이는 로큰롤의 초반 전성기였으며, 그중에서도 최고는 "더 빅 바퍼(The Big Bopper)"(J. P. 리처드슨)와 리치 밸런스와 함께한 버디 홀리였다. 계속되는 버스 투어에 지친 홀리는 밴드(베이스 웨일런 제닝스, 기타 토미 앨솝)와 함께 다음 공연 도시로 가기 위해 개인용 전용기를 임대했다. 그러나 밸런스와 리처드슨은 밴드석으로 가서 자리를 잡았다. 비행기는 눈보라가 휘몰아치는 새벽 1시에 이륙했다. 홀리는 조종사 옆자리에 앉아 있었다. 몇 분 후 비행기가 시야에서 사라졌다. 추락 사고로 전원 사망한 것이다.

엘비스처럼 홀리도 블루스, 리듬앤블루스, 컨트리와 웨스턴 뮤직의 영향을 받았다(홀리는 1955년 텍사스 주 러복에서 열린 엘비스의 쇼 오프닝을 맡았을 때 엘비스를 만난 적이 있다). 1957년, 홀리는 자신의 밴드 "더 크리켓츠"와 프로듀서 노먼 페티와 함께 녹음 작업을 하기 위해 뉴멕시코로 향했다. 페티와의 인연으로 홀리는 비로소 꽃필 수 있었고 일련의 팝 싱글을 발표하였다. 그의 사후에 발표된 「It Doesn't Matter Any More」는 엄청난 히트곡이 되었다. **JJH**

▶ 추락 후 홀리가 탄 비행기의 잔해. 승객 중 한 사람은 튕겨져 나와서 눈 속에 처박혔다.

◀ 버디 홀리가 공식적으로 활동했던 기간은 단 18개월이지만, 그의 음악은 초기 로큰롤에 오랜 세월 동안 창의적인 영향을 미쳤다.

1959년 3월 31일

# 달라이라마 망명

티베트의 영적, 정치적 지도자가 인도로 망명하다.

1959년 초, 중국 점령하의 티베트에서 불온한 정국이 계속되자, 중국 당국이 달라이라마를 체포하려 한다는 루머가 돌기 시작했다. 수천 명의 티베트인들이 달라이라마를 보호하기 위해 포탈라 궁을 에워쌌다. 라싸의 대치 상황은 그리 오래지 않아 폭력을 불렀고 결국 약 2,000명의 중국 병사가 사망했다. 지원군이 신속히 도착해 반란을 짓밟았고, 중국은 아예 정적들을 모조리 탄압하기로 결정했다.

달라이라마는 탈출하는 수밖에 도리가 없었다. 약 10만 명의 티베트인들이 뒤를 따랐다. 인도는 달라이라마의 망명을 받아들였다. 달라이라마는 인도령

"달라이라마는
중국의 손아귀 안이 아닌,
자유 국가에서 환생할 것이다."

**1999년 7월, 달라이라마의 성명 中**

히말라야의 다람살라에 망명정부를 세우고 UN에 거듭 탄원하여 중국으로 하여금 티베트의 인권을 존중하도록 촉구하는 결의안을 수 차례 이끌어내기는 했지만, 이 결의안을 강제로 실시하기 위한 아무런 노력도 기대할 수 없었다. 달라이라마는 티베트가 처한 상황을 알리기 위해 전 세계를 여행하였고, 심지어 1989년에는 티베트 독립을 위한 비폭력 운동으로 노벨 평화상을 수상하기까지 했다. 중국 정부는 티베트인들의 충절을 분열시키기 위해 17대 카르마파 라마를 추켜세웠다. 따라서 2000년 카르마파* 라마가 인도로 망명하자 중국으로서는 크게 당황할 수밖에 없었다. 달라이라마가 중국 당국의 통제가 벗어난 곳에 거주하는 한, 중국의 티베트 통치는 결코 확고할 수 없을 것이다. 그러나 중국이 티베트를 떠난다면 그것은 아주 먼 훗날의 일일 것이다. **JS**

1960년 2월 3일

# 변화의 바람

맥밀런의 케이프타운 연설이 영국 식민 정책의 급격한 변화를 예고하다.

해롤드 맥밀런은 어느 때에도 침착 냉정하기로 유명했지만, 그런 맥밀런마저도 남아프리카 수상의 초청을 받자 흥분한 기색을 감출 수 없었다. 페르부르트 박사는 아파르트헤이트를 종교처럼 숭배하고 "만사에 오직 나만이 옳다"는 신념을 가진 "끔찍한 생각"의 소유자였다. 이날 맥밀런은 남아프리카 공화국 의회 앞에서 아프리카나 정권에 도전하는 연설을 했다. 긴장한 나머지 연설 직전에 몸이 아플 정도였다. 연설 자체는 철저한 준비를 거쳤다. 아프리카에는 "변화의 바람"이 불고 있다고 그는 역설했다. 민족적 자각은 정책상 고려해야 할 정치적인 사실이었다. 그는 아프리카나 민족주의를 아프리카 최초의 민족주의라고 찬사를 보냈지만, 여기에서 끝나서는 안된다고 했다. 계속해서 불평등을 감내해야 한다면 흑인들은 공산주의로 돌아설 것이었다. 맥밀런은 아파르트헤이트에 대해 직접적인 언급은 하지 않았지만 정부는 개인의 권리를 존중해야 한다고 못박았다. 아프리카의 다른 지역에서도 영국의 정책은 변화하고 있으며, 따라서 "여러분들에게 어려운 상황이 될 수 있다"고 꼬집었다.

50분에 걸친 이 연설은 우레와 같은 박수를 받았지만, 그 뒤에 일어난 일련의 사건들은 남아프리카인들을 탄식하게 만들었다. 맥밀런의 연설은 백인 정착자들이 지배 계급인 중앙 아프리카 연방(Central African Federation)의 종말을 예고하고 있었다. 1959년의 폭동과 끔찍한 공식 보고서는 영국이 니아살랜드(말라위)와 북로디지아(잠비아)가 하루라도 빨리 흑인들의 자치 정부를 필요로 한다는 사실을 말해주고 있었다. 남아프리카 공화국은 제명당하기 전에 1961년 자진해서 영연방을 탈퇴했다. 맥밀런의 연설은 아프리카가 겪고 있는 급격한 변화를 다소 뒤늦게 인정한 셈이었다. 그럼에도 불구하고 그의 연설은 아프리카 흑인들의 야망에 불을 지피는 동시에 아프리카나인들의 방어 심리를 한층 견고하게 하였다. **RP**

1960년 3월 21일

# 무자비한 학살

## 샤프빌에서 경찰이 유혈 진압으로 전세계적인 비난을 받다.

아파르트헤이트 시기에 인종간 긴장과 폭력이 새삼스러운 일은 아니었다고 하지만, 그렇다 할지라도 요하네스버그 남서쪽 샤프빌에서 일어난 사건들은 보통 일이 아니었다. 1950년 언론법에 반대하는 시위가 그 발단이었다. 이 법은 백인이 아닌 모든 유색인종은 항시 신분증을 소지하여야 하며, 야간에는 설사 자신의 직장이라고 해도 "백인 구역"에 체재하는 것이 금지되었다. 당연히 위협 행위가 있었고, 일부 흑인들도 참여를 강요당했다. 폭행과 약탈이 일어났지만 아무도 대량학살이 일어나리라고는 예상치 못했다.

시위가 한창일 때 수천 명의 군중이 지역 경찰서를 에워쌌다. 그렇다 해도 이들은 빈손이었고 경찰서 안에 있는 75명의 경찰관들은 자동 화기로 무장하고 있었다. 아무리 시위대가 해산을 거부했다 한들 긴장해야 할 이유는 없었다. 그러나 경찰은 발포 명령을 내렸고 그 결과 69명이 사망하고 200명이 부상을 입었다. 도망치던 남녀와 어린이들이 등에 총을 맞고 쓰러졌다. 한 경찰관은 기자들에게 이 참상이 "시체가 사방에 널부러져 있는 세계대전 전장을 닮았다"고 말하기까지 했다.

정부는 사태의 책임을 범아프리카 회의(PAC)에 돌렸다. 1959년에 결성된 범아프리카 회의는 아프리카민족회의(ANC)보다 훨씬 과격하였다. 2만 명에 달하는 무장 흑인들이 경찰서를 에워싸고 총을 쏘기 시작했다는 것이 정부의 주장이었지만, 이 말을 믿는 사람은 아무도 없었다. 그 대신 4월 1일 UN 안전보장이사회는 남아프리카공화국이 인종분리 정책을 중지할 것을 촉구하였다. 정부가 변화를 보였을까? "우리는 화강암 벽처럼 버틸 것이다"고 페르부르트 총리는 대꾸하였다. 그의 정부는 ANC와 PAC를 모두 금지단체로 규정하고, 요하네스버그의 주교를 추방했으며, 영연방 탈퇴를 선언하였다. 세계로부터 고립된 백인들의 남아프리카는 투쟁을 과격화함으로서 살아남은 셈이다. **RP**

1960년 11월 2일

# 채털리 부인 재판

## D.H.로렌스의 소설이 음란물 무죄판결과 함께 출판을 허가받다.

피고 측 증인들은 적극적인 공세를 취하며 『채털리 부인의 연인』을 "건전"하고 "위생적"이라고 묘사하였다. 그러나 원고 측 변호인인 머빈 그리피스-존스는 그보다 더 웃음거리가 되었다. 그리피스-존스는 증인으로 전문가는 한 사람도 부르지 않았다. 대신 서툴기 그지없는 솜씨로 이 책이 아무런 문학적 가치가 없다는 점만을 부각시키려 했다. 배심원단이 이 작품이 음란하지 않으며 이 책을 출간한 펭귄社 역시 어떠한 위법 행위도 저지르지 않았다는 판결을 내리는 데 3시간이 필요했다.

D. H. 로렌스는 1928년 이 책의 최종본을 탈고하며 "지금까지 쓰여진 소설 중 가장 부적절한 작품"이라고 말했다. 『채털리 부인의 연인』은 포르노그라피는 아니지만 한 마디로 "남성 성기의 사실성에 대한 선포"였다. 영국 당국으로서는 참기 힘든 특징이었다. 이 책은 영국에서 판매 금지 처분을 받았고, 1955년까지만 해도 단순히 이 책을 보관하고 있었다는 이유만으로 서점 주인이 투옥되기도 했다. 1959년 펭귄社가 로렌스의 타계를 기념하기 위해 20만 부를 찍어내자, 검찰 총장은 기소를 결정했다. 이 것이 훗날 저 유명한 채털리 부인 재판이다.

> "여러분은
> 여러분의 아내나 하인들이
> 이 책을 읽기를 원하십니까?"
>
> **머빈 그리피스-존스가 배심원단에게**

놀랄 일도 아니지만, 『채털리 부인의 연인』을 둘러싼 논란은 이 책을 베스트셀러로 만들어주었다. 2년 동안 펭귄본만 300만 부가 넘게 팔려나갔다. 성에 대한 영국인들의 사고방식도, 습관도 변화하고 있었다. 채털리 부인의 재판은 "성적으로 자유분방한 60년대(The Swinging Sixties)의 도래를 알렸다. **RP**

# 아이히만 전범 재판

아이히만 재판은 종전 후 나치 정권이 몰락하고 오랜 세월이 흐른 뒤에도 전범을 재판정에 세울 수 있다는 사실을 보여주었다.

전세계의 이목이 "악의 화신"이라 알려진 나치에게로 쏠렸다—그러나 겉으로 보기에 그는 악의 화신과는 거리가 멀었다. 50대 중반으로 작은 키에 숱이 가늘어진 머리카락을 지닌 그는 실망스러울 정도로 평범해 보였다. 바로 이 자가 유대인들에 대한 범죄, 인류에 대한 범죄, 그리고 전쟁 범죄로 기소당한 피고였다. 기소 항목은 15가지였으며, 이중 하나만 유죄 판결이 나와도 사형이었다. 그의 변론은? 각 항목마다 그는 "기소 절차상 무죄"라고 주장하였다.

1946년 그가 은신처에서 탈출한 뒤 오랜 세월 연기된 재판이었다. 1960년 이스라엘 비밀 정보기관이 그를 체포한 뒤에야 정의의 실현이 가능해진 것이다. 이스라엘 국민 법정에서 판사 3명의 주재로 열린 이 재판은, 취재기자가 너무나 많아 공개 법정으로 실시되었다. 또한 재판 과정이 전세계에 생중계되었다. 판사들은 아무리 결과가 눈에 보이는 공개재판이라 할지라도, 적법절차를 엄격하게 따르고자 했다. 법무장관이 원고를 맡았지만 피고 측 변호인단도 있었다. 1500건의 문서를 샅샅이 조사하고 100명이 넘는 증인들이 소환되었다. 이들 중 대다수는 강제수용소 생존자들이었으며, 자신들을 수용소로 보내는 과정에서 아이히만의 역할을 진술하였다.

아이히만은 자신은 단지 "명령을 따랐을 뿐"이라고 주장하였다. 누가 보아도 불충분한 변론이었다. 아이히만은 모든 혐의에서 유죄판결을 받고 1962년 5월 교수형에 처해졌다. 아이히만 재판의 메시지는 명백했다. 그것은 나치 전범을 끝까지 추적해 찾아낼 것이라는 포고였다. **RP**

◀ 아이히만의 재판이 열리고서야 비로소 나치의 유대인 학살 프로그램의 전모가 전세계에 완전히 드러나게 되었다.

▶ 아이히만 재판이 열리고 있는 법정 밖에서 유대인들이 모여 관련 뉴스를 듣고 있다.

1961년 4월 12일

# 인류, 우주로 나가다

## 유리 가가린과 소련이 미국과의 우주 경쟁에서 한발 앞서 나가다.

최초의 우주비행사를 우주로 보내는 임무를 띤 우주선 보스토크 1호가 카자흐스탄 바이코누르 기지에서 발사되었다. 우주선에는 유리 가가린이 탑승하고 있었다. 그는 최고 301km 고도에서 89분 내에 지구를 단 한 바퀴 일주할 예정이었다. 처음부터 우주선을 착륙시킬 의도는 전혀 없었다. 안전을 기하기 위해 가가린은 대기권에 진입하는 즉시 낙하산을 타고 귀환하였고, 우주비행이 인간에게 유해하지 않다는 사실을 증명하였다. 잘생긴 데다 붙임성 좋은 미소까지 지닌 그는 한 순간에 소련은 물론 국제적인 수퍼스타가 되어버렸다.

가가린의 위업은 미국 대통령 케네디에게는 골칫거리가 아닐 수 없었다. 1957년 스푸트니크 1호 발사 이래 미국이 소련과의 우주 전쟁에서 위험할 정도로 뒤처져 있다는 여론이 강하게 형성되어 있었던 것이다. 날씨나 기후를 조작함으로서 우주의 지배가 곧 지구의 지배로 이어질 것이라는 공포가 고개를 들었다. 선거 유세 당시 케네디는 우주 경쟁에서 뒤처진 책임을 공화당에 돌리며 매섭게 질책했다. 이제는 형세가 반전되어 케네디 자신이 압박을 받게 된 것이다. 케네디는 이듬해 5월, 1970년까지 인간을 달에 보내겠다는 미국의 우주 계획을 발표하였다. 그렇게까지 해야 할 정도로 과학적 가치가 있는 일이냐, 차라리 그 돈을 다른 데다 쓰는 편이 좋지 않겠느냐는 의문들이 꼬리를 이었다. 그러나 우주 계획이 누구도 부인할 수 없을 정도로 드라마틱하다는 것만은 사실이었다. 한마디로 우주 업적의 정치적 가치는 과학적 가치보다 훨씬 더 중요했다. 또 소련에서는 한번도 달 착륙 프로젝트를 구상한 적도 없었다는 점도 놓칠 수 없는 이점이었다. 이것은 미국이 이길 수밖에 없는 게임이었다. **JS**

◀ 유리 가가린이 바이코누르 발사 기지의 보스토크 3KA호에 탑승하여 이륙을 준비하고 있다.

1961년 4월 17일

# 피그스 만 침공

## 카스트로군이 미국의 원조를 받은 피그스 만 침공군을 격퇴하다.

피델 카스트로가 쿠바에서 승리를 거두면서 소련은 아메리카 대륙에서 든든한 동지를 얻었다. 미국 영토에서 그렇게 가까운 거리에 소련의 군사기지가 설치된다는 것은 미국의 그 어떤 정권도 용납할 수 없는 일이었으며, 라틴아메리카에서 카스트로의 선례를 따르는 국가들이 나올 것을 우려하는 미국인들도 많았다.

수많은 쿠바 난민들이 미국으로 망명했으며, 이로 인해 1961년 1월 미국과 쿠바 간 외교 마찰이 일어났다. 4월, 신임 대통령 케네디는 반카스트로 난민들의 쿠바 침공을 승인하였다. 케네디는 소련이 쿠바에 지어준 현대적인 군사 시설을 공격하는 것으로 묘사하였으나, 미국의 군대는 개입하지 않았다. 전 정권하에서 미 중앙정보부(CIA)의 계획으로 실행된 이 작전은 무참하게 실패하고 말았다. 쿠바는 이미 공격을 예상하고 있었고, 쿠바 난민 출신 조종사들이 조종하는 미국 비행기가 4월 15일 각지의 쿠바 공군 기지를 폭격하였으나 그 효과는 미미했다. 이틀 후 니카라과에서 출발한 쿠바의 1개 여단이 쿠바의 남쪽 해안에 위치한 피그스 만에 상륙하였다. 예정된 반카스트로 봉기는 실패하였고, 피델 카스트로가 몸소 열정적으로 지휘한 쿠바군은 48시간 만에 침공군을 격퇴했다. 1,000명이 넘는 전쟁 포로는 1962년 말 몸값을 받고 미국으로 송환했다.

피그스 만 침공의 명백한 실패는, 특히 카스트로의 인기가 더욱 올라갔을 뿐 아니라 소련과 쿠바가 한층 더 가까워졌다는 사실을 감안하면 케네디에게는 곤혹스럽기 그지없었다. 궁극적으로 보면, 피그스 만 침공의 실패는 흐루시초프로 하여금 핵미사일 기지를 쿠바에 설치하여 판돈을 확 올리는 데 기여한 셈이 되었다. **RC**

# 베를린 장벽 건설 시작

베를린 장벽의 목적은 서방의 배격이 아닌 동독인들의 탈출을 막는 것이었다.

동독 군인들이 장벽을 쌓고 있다. 베를린 장벽은 결국 서베를린을 완전히 에워싸는 형태가 되고 말았다.

8월 13일 새벽, 날이 밝도록 흥청거리며 놀던 사람들은 기차 소리가 더 이상 들리지 않는다는 사실을 알아차렸다. 베르나우어 가 주민들은 군용 트럭이 내는 소음에 잠을 깼다. 노동자들의 압축 드릴 소리가 거리 전체를 뒤흔들고 있었다. 그리 오래지 않아 철조망을 두른 펜스가 베를린의 거리를 가로질러 지그재그로 그 모습을 드러냈다. 기관총을 쥔 군인이 "Die Grenze ist geschlossen(국경은 폐쇄되었다)"라고 외쳤다. 서베를린은 길이 182km의 철조망으로 에워싸였다. 베를린 장벽이 세워진 것이다. 베를린 장벽은 문은 서쪽으로, 창문은 동쪽으로 나있는 주택가를 가로질렀다—결국 창문을 벽돌로 막을 때까지 말이다.

1958년, 소련의 니키타 흐루시초프는 "베를린은 서방의 불알이다. 서방의 비명 소리가 듣고 싶을 때마다 나는 베를린을 쥐어짠다"고 말했다. 1949년, 스탈린이 베를린 서쪽을 봉쇄했을 때, 서방세계는 정말로 비명을 질렀다. 그러나 이번에는 소련이 움찔할 차례였다. 1949년부터 1960년에 걸쳐 약 300만 명의 시민들이 베를린을 거쳐 동독을 탈출하였으며, 그 수 역시 급격히 증가하고 있었다. 흐루시초프는 장벽의 건설 목적은 서방의 첩보 공작을 막기 위해서라고 주장했지만, 실제로는 공산주의에 환멸을 느낀 동독 시민들의 대탈출을 막기 위해서였던 것이다. 서방으로서는 항의하는 것밖에는 달리 할 수 있는 일이 없었고, 결국 시간이 흐르면서 동서 양쪽 모두 새로운 체제 내에서 거주하는 것에 익숙해졌다. 베를린 장벽은 냉전시대의 적나라한 상징이 되었으며, 1989년 베를린 장벽의 붕괴는 곧 냉전의 종말을 의미했다. **RP**

# 밥 딜런 뉴욕 데뷔

미네소타의 시골뜨기 소년이 대도시의 가수로 발돋움하다.

그린브라이어 보이즈와 함께한 밥 딜런(중앙). 딜런은 솔로 데뷔 이전 밴드의 반주자로 활동했다.

1960년대 초, 그리니치 빌리지는 이미 뉴욕의 "좌파 본거지"로 확실히 자리매김해 있었다. 이곳에서는 비트족 시인들, 흑인 민권 운동가들, 반전 운동가들이 포크 클럽으로 모여들었다. 이들 포크 클럽은 "바스켓 하우스"라는 별명으로 불리기도 했는데, 여기에서 공연하는 엔터테이너들이 관중에게 바구니(basket)을 돌려 연주료를 받았기 때문이다. 지하에 있는 어두컴컴한 가스라이트는 1958년에 문을 열었으며, 그리니치 빌리지에 생겨난 최초의, 그리고 가장 중요한 클럽 가운데 하나였다. 바로 이곳에서 젊은 밥 딜런은 하모니카와 어쿠스틱 기타를 연주하며 무대 실력을 갈고 닦았으며, 때때로 새로운 노래들을 선보이기도 했다. 9월 6일 딜런은 최초로 자신의 고정 레퍼토리를 연주했다. 그중 4곡—「Man on the Street」, 「He Was a Friend of Mine」, 「Talking Bear Mountain Picnic Massacre Blues」, 그리고 「Song to Woody」는 직접 작사 작곡한 노래들이었다.

딜런은 풍부한 감정을 담아서 노래했다. 「Song to Woody」는 대공황 시대 발라드 가수 우디 거스리(Woody Guthrie, 1912~1967년)에게 헌정한 노래였다. 자신을 미네소타 시골에서 북적이는 라이브 음악과 음반 작업의 세계로 이끌어낸 거스리를 만나는 것이 딜런의 소망이었다. 딜런은 무대 위의 페르소나와 독특한 비음을 세심하게 조정하였다.

감정을 자제한 포크 재즈는 1961년 9월, 로버트 셸튼이 뉴욕타임스 紙에 게재한 감상평에 힘입어 밥 딜런을 전국구 스타의 반열에 올려놓았다. 이 주옥 같은 작품 덕분에 딜런은 컬럼비아 레코드와 계약할 수 있었고, 이는 그의 초기 활동에 결정적인 역할을 하게 된다. **JJH**

1961년 9월 18일

# 수수께끼의 폭발

## UN 사무총장 다그 함마르셸드가 항공기 사고로 사망한다.

폭발이 일어났을 때, DC-6 비행기는 오늘날의 잠비아에 위치한 은돌라 공항에서 그리 멀지 않은 곳을 비행 중이었다. 폭발과 동시에 비행기는 대지로 추락했으며, 탑승하고 있던 15명 중 14명이 사망하였다. 사망자 명단에는 역대 UN 사무총장 중 가장 걸출하고 가장 논란의 중심에 있었던 인물의 이름이 올라 있었다. "다그" 함마르셸드는 약소국들의 권익, 평화를 위한 건설적인 도구로서의 UN의 지위, 그리고 적극적인 행정가로서 UN 사무총장의 역할을 위해 노력해왔다. 근래에 소련이 그의 사임을 공공연하게 요구해왔다는 점을 감안할 때, 그의 비행기에 고의적인 결함이 있었을 것이라는 추측을 피하기 힘들었다.

다그 히알마르 아그네 카를 함마르셸드는 스톡홀름 대학교에서 박사 학위를 받았으며, 그 위에도 수많은 명예 학위를 받았다. 여러 외국어를 구사하고 다재다능 했던 그는 종종 근대의 르네상스인으로 불리웠다. 함마르셸드는 1951년 스웨덴 내각에 발을 들여놓기 전까지 학자, 금융인, 공무원으로 일한 경험이 있었다. 1949년 처음 UN총회에 참석한 뒤 1953년 4월 UN 사무총장이 되었으며 1957년 9월에는 만장일치로 재선되었다. 함마르셸드는 매우 적극적으로 임무를 수행했으며 많은 성공을 거두었다. 1955년 그는 한국전쟁 당시 포로로 잡힌 미국 군인들의 송환을 위해 개인적인 교섭을 벌였으며, UN긴급군(UNEF)와 감시단 활용에 있어서도 선구적인 역할을 했다. 또한 1960년 이래 콩고 내전에 깊숙이 관여하였다. 사망 당시 그는 네 번째로 콩고를 방문하던 중이었다. 1961년 11월, 함마르셸드는 "그가 한 일들, 이루어낸 일들, 국가와 사람들 사이에 평화와 선의를 형성하기 위해 싸워온 일들에 대한 감사의 표시"로 노벨 평화상을 받았다. 그를 기리기 위해 수많은 기념비가 세워졌지만, UN은 조타수를 잃은 채 항해해야 할 처지에 놓였다. **RP**

1962년 7월 3일

# 알제리 독립

## 132년의 투쟁 끝에 마침내 알제리가 독립을 쟁취한다.

프랑스는 1830년 처음 알제리를 침공한 이래, 알제리를 프랑스의 일부로 편입시켰으나 현지 주민들에게는 참정권이 전혀 주어지지 않았다. 1차 세계대전이 끝난 후 알제리에서도 피어오르기 시작한 아랍 민족주의는 1945년 이후에는 더욱 고조되었고 1954년 11월 1일, 자유민족전선(FLN)의 주도로 최초의 봉기가 일어났다. 프랑스 본국에서는 강력한 사회당과 공산당은 이들을 지지했지만, 우파 정당들은 알제리가 계속 프랑스 영토로 남아 있어야 한다고 주장하였다. 8년 동안 프랑스군은 알제리 내부 안정을 위해 싸웠지만 양측 간의 감정은 날이 갈수록 험악해져 드디어 FLN의 군사과격파에 대해 공개적으로 전투를 개시하기에 이르렀다. 프랑스군은 알제리를 물리적으로 장악하는 데는 성공했지만 정치적인 싸움에서는 이길 수 없었다.

> "알제리 국민들은
> 그들의 운명을 스스로
> 자유로이 선택할 것이다."
>
> **샤를 드골, 1960년 1월 29일**

1958년, 은퇴했던 샤를 드골 장군이 알제리 사태를 해결하고 프랑스 정부를 진정시키기 위해 정계로 복귀했다. 드골은 알제리의 독립이 불가피하다는 것을 인정하고 에비앙에서 FLN과 협상을 벌였다. 125만 명 이상의 프랑스 시민이 알제리를 떠나 프랑스 본토로 향하는 동안, 새로이 수립된 알제리 정부는 프랑스 측에 협력하거나 가담한 알제리 국민들에 대한 보복을 자행하였다. **NK**

# 최초의 TV 위성

**텔스타 1호의 발사로 위성에 의한 TV 송수신이 가능해지면서 세계가 더욱 가까워진다.**

오늘날 우주 위성에 의한 통신은 상업적 산업 번영의 근간이자 군사작전에서 결정적인 요소다. 1945년 위성통신을 처음 착안한 사람은 소설가 아서 C. 클라크였으며, 1950년대 들어 클라크의 아이디어를 처음으로 현실화시킨 사람 중의 하나는 벨社의 엔지니어였던 미국인 존 R. 피어스였다. 피어스는 1960년 에코 통신위성, 1962년 텔스타 1호 발사로 이어지는 연구에서 주도적인 역할을 했다.

에코 위성은 알루미늄 표면으로부터 마이크로파 라디오 신호를 반사시켜 지구로 보내지만 텔스타는 그보다는 좀더 세련된 장치로, 최초로 텔레비전 송신을 지구로 반송하는 데 성공하였다. AT&T사, 벨 전화회사, 영국과 프랑스의 우정본부가 공동으로 발사하였다. 텔스타는 미국 메인 주 앤도버 근교에 설치된 거대한 안테나를 자동 추적하며, 이에 따라 텔레비전 화면이 대서양 너머 영국과 프랑스의 방송국에서 수신되었다.

텔스타가 보낸 최초의 화면들은 앤도버 기지에 휘날리고 있는 깃발이었지만 곧 시카고 커브스와 필라델피아 필리스의 야구 경기를 중계하였고, 케네디 대통령은 텔스타를 사용하여 유럽과 라이브 프레스 컨퍼런스를 진행하였다. 텔스타 1호는 1963년 2월 고장을 일으켰다. 원인은 핵무기 실험으로 인한 방사능 오염으로 추정되었다. 이후 텔스타 2호가 1호를 대체하였고 개발 연구도 계속되어 1964년에는 신콤 3호 위성이 도쿄 올림픽 화면을 태평양 너머로 전송하였다. **RC**

◐ 델타 로켓에 맞도록 설계된 텔스타 1호는 길이 880mm, 무게는 77㎏이었다.

◑ 부통령 린든 존슨이 프랑스에서 텔스타 위성으로 보내온 최초의 텔레비전 수신 화면을 보고 있다.

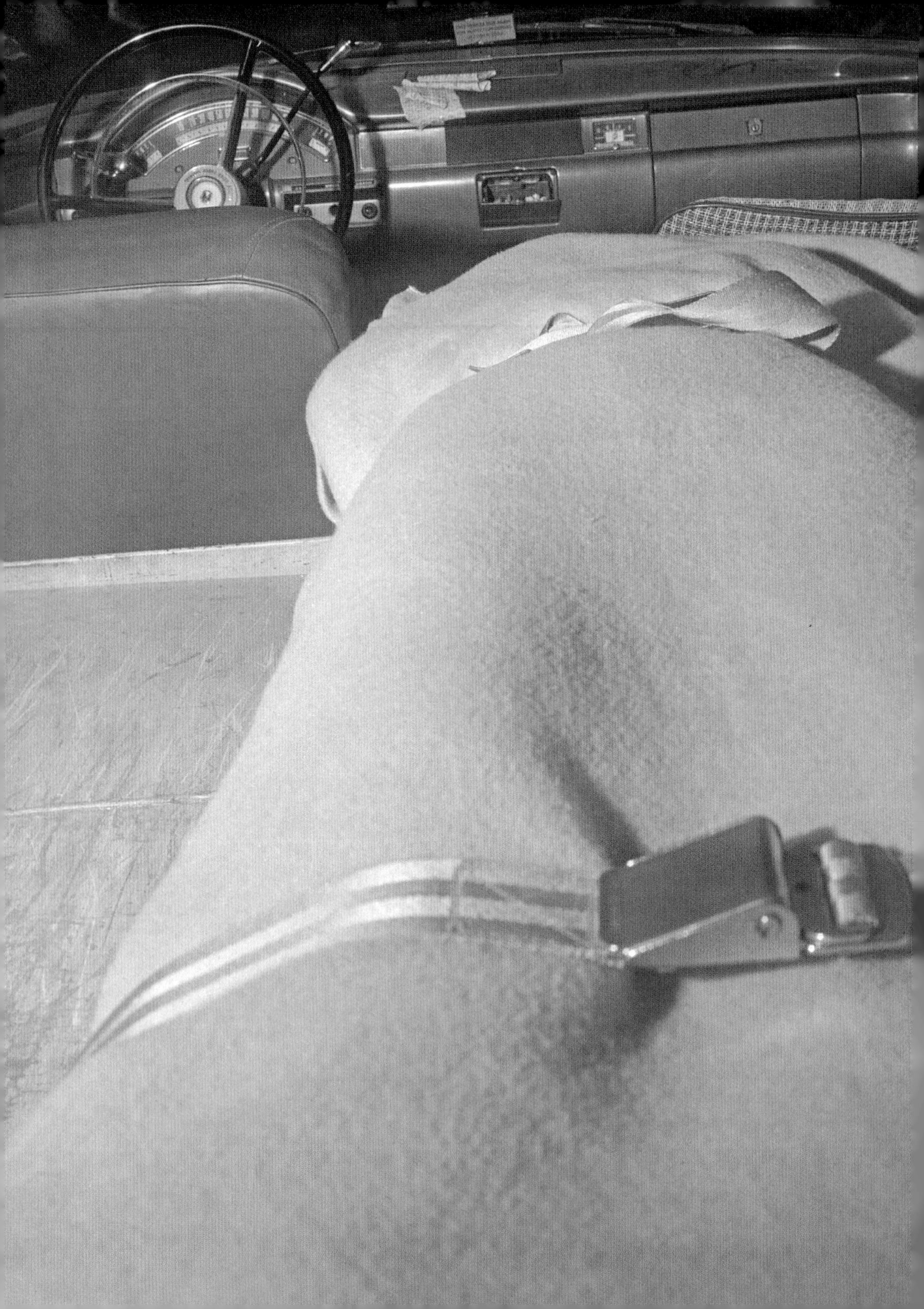

1962년 8월 5일

# 여신의 죽음

**은막의 스타 마릴린 먼로가 로스앤젤레스 자택에서 약물 과용으로 세상을 떠난다.**

고아원과 수양 가정에서 어린 시절을 보낸 노마 진 베이커라는 평범한 이름의 소녀가 세계적인 유명인이 되리라고 생각한 사람은 아무도 없었다. 캘리포니아의 한 공장에서 일하는 도중 사진기자에게 발탁된 그녀는 1946년 20세기 폭스 사와 계약하였다. 한동안 비중이 크지 않은 "머리 나쁜 금발 미인" 역으로 활동한 그녀는 마릴린 먼로로 개명한 뒤 「Bus Stop」(1956), 「The Prince and the Showgirl」(1957), 「Some Like It Hot」(1959) 등 일련의 히트작에 출연하였다. 먼로는 전 세계인의 이상형으로 떠올랐으나 엄청난 심신의 긴장을 떠안고 살아야만 했고 사생활로 말할 것 같으면 한마디로 엉망진창이었다.

오래 가지 못한 첫 번째 결혼에 실패한 후, 그녀는 유명 야구 선수 조 디마지오, 극작가 아서 밀러와 잇달아 결혼했다. 밀러는 먼로를 위해 그녀의 마지막 작품인 「어울리지 않는 사람들 The Misfits」(1961)의 시나리오를 썼다. 그녀가 마지막으로 공개석상에 모습을 드러낸 것은 1962년 케네디 대통령을 위해 '해피 버스데이, 미스터 프레지던트 Happy Birthday, Mr. President'를 불렀을 때였다. 이 때 그녀는 속에는 아무것도 입지 않고 몸에 딱 달라붙는 드레스를 입고 있었다. 당시 먼로는 「사랑할 때 버려야 할 것들 Something's Got to Give」에 출연 계약을 맺은 상태였지만, 어마어마한 양의 처방약으로 간신히 버티는 구제불능의 상황이었고, 결국 계약을 해지 당했다. 그로부터 오래지 않아 그녀는 로스앤젤레스 브렌트우드에 있는 자택 침대에서 숨진 채 발견되었다. 당시 그녀는 서른 여섯 살이었다. 그녀의 죽음이 자살이었는지 단순한 사고였는지는 여전히 논란거리다. 또 케네디 형제의 지령을 받은 FBI나 CIA가 그녀를 살해했을 것이라는 설 역시 무궁무진하다. **RC**

◀ 바르비투르산염 과용으로 자택에서 숨진 채 발견된 마릴린 먼로의 시신이 시체안치소에 도착하고 있다.

1962년 10월 11일

# 교황이 개혁을 촉구하다

**제2차 바티칸 공의회가 가톨릭교회 내부의 긴장을 드러낸다.**

가톨릭교회에조차 변화의 바람이 불어오고 있었다. 1959년 1월, 교황 요한 23세는 "교회의 창을 활짝 열어젖혀 우리는 밖을 내다볼 수 있고, 사람들은 안을 들여다볼 수 있기를" 원한다고 단언하였다. 1962년 10월 11일, 교황은 제2차 바티칸 공의회를 소집하였다. 로마 성 베드로 대성당에 모인 2,400여 명의 가톨릭 주교들, 교회의 고위 성직자들, 기독교의 다른 교파에서 참석한 입회인들, 각종 국제 기구와 세계 86개국 대표들에게 교황은 「어머니 교회는 기뻐한다 Gaudet Mater Ecclesia」는 제목의 연설문을 낭독하였다. 그는 세계와 교회에 닥칠 재앙을 예견해온 "운명의 예언자들"을 거부하였다. 구시대의 사고방식은 변화해야 하며, 옛 교의 역시 재정립되어야 하고 기독교의 통합을 장려할 것이라고 했다. 교황은 핵심적인 이슈는 사목 활동이라고 주장하였다. 어떻게 해야 시공을 초월한 그리스도의 메시지를 끊임없이 변화하는 세계에 가장 잘 전파할 수 있는가 하는 고민이었다.

제2차 바티칸 공의회는 스물 한 번째 공의회이자 1870년 이후 처음 열린 공의회였으며, 가톨릭 역사상 가장 대규모 공의회였다. 요한 23세가 1963년 6월 서거하였기 때문에 1965년 12월 폐회를 선언한 교황은 바오로 6세였다(훗날의 요한 바오로 1세, 요한 바오로 2세, 베네딕투스 16세도 모두 제2차 바티칸 공의회에 참여하였다). 그러나 제2차 바티칸 공의회는 즉각적인 변화를 불러오지는 못했다. 보수파가 진보파에 정면으로 맞섰기 때문이다.

제2차 바티칸 공의회는 4개 헌장, 9개 교령, 3개 선언을 채택하였다. 지난날의 과오를 참회하고 "신성함과 진실함의 많은 요소"를 가톨릭교회 밖에서도 찾을 수 있음을 인정하였으며, 라틴어 미사통상문의 일부를 각국 국어로 번역하여 사용하도록 했다. 제2차 바티칸 공의회는 16세기 종교개혁 이래 가톨릭교회가 취해온 방어적인 자세를 버렸음을 보여주었다. **RP**

# 쿠바 미사일 사태

소련이 쿠바에 미사일 배치를 시도하자 미국이 해상 봉쇄로 맞선다.

▲ 미국인들이 백화점에서 텔레비전으로 케네디가 쿠바의 해상 봉쇄를 알리는 연설을 보고 있다.

▶ 미 해군 정찰기가 소련의 미사일을 실은 포트주노프호가 쿠바에서 방향을 돌리는 모습을 지켜보고 있다.

"나는 흐루시초프 서기장에게…
세계 평화를 위협하는 이번 행위를
중지할 것을 촉구했습니다."

존 F. 케네디, 1962년 10월 22일 TV 연설에서

한동안 소문이 없었던 것은 아니다. 그러나 10월 14일 일요일 아침, 마침내 증거가 확보됐다. 미 중앙정보국(CIA) 국장 존 맥콘은 U-2 정찰기에 일련의 정찰 비행을 명령해 두었는데, 이들이 촬영한 항공 사진으로, 산 크리스토발 지역에 소련이 중장거리 탄도 미사일을 발사할 수 있는 미사일 기지를 건설 중이라는 사실을 확인했던 것이다.

생각해 보라. 소련도 아니고, 심지어 동구의 위성도 아니었다. 다름아닌 서반구에서 미국의 적 1호인 공산주의자 피델 카스트로의 손아귀에 있는 쿠바였다. TNT 100만t의 화력과 맞먹는 미사일이 미국 해안에서 불과 145km떨어진 곳에서 만들어지고 있는 것이다. 미국 동부의 주요 도시들이 모두 사정거리에 들어오고도 남았다. 케네디 대통령은 이 소식을 들었을 때 어이가 없어 할말을 잃었다—이건 미국이 터키에 미사일을 배치하는 것과 뭐가 다르단 말인가. 사실 제정신을 차리고 생각해보니, 미국이 실제로 터키에 미사일을 배치하기는 했지만 말이다. 그렇다 해도 많은 사람들은 소련의 보복을 감수하고라도 케네디가 공군을 시켜 선제 공격을 해서 미사일 배치를 막아야 한다고 믿었다. 전세계가 숨을 죽이고 있었다.

10월 24일, 케네디는 해상봉쇄를 명했다. 전쟁이 발발하느냐 아니냐. 이제 모스크바에 공이 넘어온 셈이었다. 사흘 뒤 군사 장비를 실은 소련 선단이 쿠바에서 방향을 돌렸다. 10월 28일, 니키타 흐루시초프는 미사일을 모두 철수시킬 것을 명령했다. 그리고 이듬해, 막후에서 비밀리에 합의한 대로 미국이 터키에서 미사일을 철수했다. 핵전쟁 문턱까지 갔다가 돌아온 이번 위기로 미국과 소련은 생존이란 협상을 통한 균형을 요구한다는 교훈을 얻게 되었다. **RP**

150498
NAVY

# 노예 해방

**사우디아라비아가 주요 국가들 가운데 마지막으로 노예 제도를 공식적으로 폐지한다.**

사우디아라비아에서 노예제도를 폐지한 파이살 왕세자의 포고령은 여성의 교육을 도입한 근대화 과정에서 나왔다. 약 1만 명—전체 노예 인구의 약 1/3—의 노예가 해방되었다. 이중 70%는 왕족 및 부유층 가정이 소유했던 노예들이었다. 이들 대부분은 가사 노동에 종사하고 있었다.

최초로 해방된 노예들은 탈랄 왕자가 소유하고 있던 32명의 남자 노예와 50명의 첩이었다. 파이살 왕세자 자신도 1956년에 소유하던 노예들을 해방시켰다. 그는 노예 소유주들에게 보상 대금으로 수천만 달러를 지불해야 했다. 제2차 세계대전이 끝난 이후에도 중동 국가들은 노예제도를 존치하고 있었지만, 다국적 석유 회사에서 일하는 노예들은 자신들이 일해서 번 돈을 자신들이 소유할 수 있게 해줄 것을 요구해왔다. 1952년 카타르가 노예소유주들에게 국가가 보상하는 조건으로, 아랍에미리트연합은 금전적 보상 없이 노예제도를 폐지하였다. 예멘의 아덴에서는 영국이 식민통치를 철회하면서 새로 들어온 공산 정권이 노예제를 폐지하였고, 오만은 1970년 영국이 지원한 쿠데타 이후 폐지하였다.

> "샤리아(이슬람 율법)는
> 노예의 해방과 노예제도의 폐지를
> 촉구한다…"
>
> **파이살 왕세자, 1962년 11월**

오늘날 대다수의 사우디아라비아 이민들은 노예나 다름없는 환경에서 일하고 있다. 2005년 미국 정부는 "인신 매매 보고서"에서 사우디아라비아를 비롯한 15개국을 "정부가 국민의 최소한의 생활 조건을 준수하지 않으며, 이를 위해 구체적인 노력을 하지 않고 있는 국가"로 규정하였다. **PF**



# 최초의 여성 우주인

**발렌티나 테레슈코바가 최초의 여성 우주인이 된다.**

1963년 6월 16일, 발렌티나 테레슈코바는 보스토크 6호에 탑승하였다. 통신과 생명지원 장치 점검을 마친 보스토크 로켓이 이륙함과 동시에 그녀는 최초의 여성 우주인이 되었다. 테레슈코바는 우주에 사흘간 머무르면서 지구를 46바퀴 선회하였다. 호출 신호 차이카(Chayka, 러시아어로 "갈매기")로 불린 테레슈코바는 임무 중 모든 미국인 우주비행사의 비행 시간을 전부 합친 것보다 더 오래 비행함으로써, 냉전 시대 소련에게 멋진 선전 거리를 안겨주었다.

1961년 소련이 여성을 우주로 보내기로 결정했을 때, 그녀가 우주인 프로그램에 참여하게 된 것은 낙하산에 대한 열정 덕분이었다. 테레슈코바는 역시 낙하산에 대한 관심을 공유하는 400명이 넘는 후보자들 중 최종 5명에 선발되었다. 테레슈코바는 노동자 계급 출신이고, 그녀의 아버지가 1939년 핀란드 겨울 전쟁 때 전사한 전쟁 영웅이라는 점에서 적합한 후보자라는 평가를 받았다.

> "일단 우주에 나가면,
> 지구가 얼마나 작고 연약한지
> 실감하게 된다."
>
> **발렌티나 테레슈코바**

수 개월 동안 진행된 강도 높은 훈련에서 5명의 우주인들은 무중력 비행, 장기간 고립, 원심력 테스트, 120회 이상의 낙하산 점프, 미그 전투기에서의 조종 실습 등을 받았다. 5명 중 가운데 테레슈코바가 선발되었으며, 다른 4명은 결국 우주에 가지 못했다. 19년 뒤, 미국이 우주 왕복선에 여성 우주인을 탑승시킬 계획에 대항하여 스베틀라나 사비츠카야가 다시 우주로 향했다. **TB**

# “이히 빈 아인 베를리너”

**서베를린에 대한 케네디 대통령의 솔직한 지원 약속에 소련이 베를린 시 전체를 집어삼키려는 시도를 포기한다.**

존 F. 케네디가 서베를린의 쇤베르크 라트하우스(시청) 발코니에 섰다. 수 시간 동안 기다리던 12만 명의 군중은 케네디가 연설하는 동안 점점 더 큰 환호와 함성으로 응답했다. 케네디의 연설은 베를린 시민들에게는 음악이나 다름없었다. 베를린은 동서로 분리되어 18년간 봉쇄당하고 있었다. 거기다 장벽이 세워져 이산가족이 되었다. 이는 역사와 인류에 대한 범죄라고 케네디는 역설하였다. 그러나 베를린 시민들은 잊혀지지 않았다— 그들이 고립되어 있는 자유의 섬은 주류의 일부이며, 그들의 투쟁은 공산주의의 폭정에 대항하는 자유 세계 전체의 싸움을 상징했다. 자유는 불가분의 것이며, 따라서 케네디 자신을 비롯한 모든 자유인은 “이히 빈 아인 베를리너(Ich bin ein Berliner, 나는 베를린 시민이다)”라는 말에서 자긍심을 느낀다고 말했다. 베를린과 베를린 시민들의 조국이 다시 하나가 되는 날까지, 서방세계가 베를린의 뒤에 서 있을 것이라는 데 이보다 더 도전적인 확인은 없었다. 이어 서베를린 시장이 연단에 올랐고, 그 뒤에는 다시 자유의 종이 울렸다. 마침내 군중이 고요해졌다.

베를린 연설은 케네디의 뛰어난 퍼포먼스 중 하나였다. 그는 연단에 서기 직전에 “이히 빈 아인 베를리너”라는 문구를 추가하기로 결정했고, 작은 쪽지에 발음을 적어간 이 한 마디가 그가 하려는 모든 말을 압축해서 보여주었다. 케네디는 서베를린의 사기를 고양시켰으며, 베를린 전체를 집어삼키려던 소련의 시도에 마침표를 찍었다. 케네디의 이 연설이 1990년 독일 통일에 직접적인 원인이 되었다고는 할 수 없지만, 이와 같은 공공연한 서방세계의 단호한 결속이 없었더라면 통일의 가능성은 훨씬 희미했을 것이다. **RP**

◀ 존 F. 케네디가 변화를 갈망하는 수 천명의 베를린 시민들에게 정치적 자유를 열정적으로 호소하고 있다.

▶ 케네디의 연설문 원고 일부. 발음을 틀리지 않도록 소리 나는 대로 적어놓은 저 유명한 문구가 보인다.

# "나는 꿈이 있습니다"

마틴 루터 킹 Jr. 와 흑인 민권 운동가들이 워싱턴에서 행진을 벌인다.

▲ 마틴 루터 킹 Jr. 목사가 링컨 기념관 앞에서 저 유명한 연설을 하고 있다.

▶ "일자리와 자유를 위한 워싱턴 행진"에 참여하기 위해 워싱턴을 찾은 수천 명의 군중이 리플렉팅 연못을 에워싸고 있다.

"자신의 목숨을 바칠 수 있을 만한 가치를 발견하지 못했다면, 살 필요가 있겠는가"
마틴 루터 킹 Jr., 1963년

워싱턴 DC에 운집한 20만 군중은 미국 흑인 민권 운동의 진전 과정을 그대로 보여주었다. 이 행사는 흑인은 물론 백인들의 지지도 이끌어냈고, 공산당 및 다른 좌익 단체들이 성공으로 향하는 길을 갉아먹지 않도록 세심하게 준비되었다. "공인 흑인 민권 단체, 주요 종교 기관, 그리고 노동조합"을 통해서만 참가 신청이 가능했다. 마틴 루터 킹 Jr. 목사와 다른 지도자들(흑인 6명, 백인 4명)이 행렬 맨 앞에 서서 링컨 기념관으로 향하기로 되어 있었다. 이들은 이곳에서 연설을 한 뒤 백악관으로 가서 케네디 대통령과 면담할 예정이었다. 연설 내용은 미리 인쇄하여 언론에 배부된 상태였지만, 킹 목사는 연단에 서기 직전 준비된 원고를 집어 던지고 즉흥적으로 연설하였다.

그가 반복한 구절은 "나는 꿈이 있습니다"였다. 킹 목사가 이 말을 반복할 때마다 거대한 군중이 이를 되받아 마치 메아리처럼 울려 퍼졌다. "나의 벗들이여. 나는 오늘 여러분에게 말합니다. 비록 오늘과 내일 시련을 겪을지라도, 나에게는 꿈이 있습니다. 그것은 아메리칸 드림에 깊이 뿌리박고 있는 꿈입니다. 나는 언젠가 이 나라가 떨쳐 일어나 그 건국 이념의 진정한 의미를 몸소 보여줄 것이라는 꿈이 있습니다. 우리는 모든 인간은 평등하다는 이러한 진실을 품고 있습니다." 킹 목사는 백인과 흑인이 형제가 되며, 하느님의 모든 자녀가 "마침내 자유로운, 전능하신 신에게 감사 드리니, 우리가 끝내 자유로운" 미국을 꿈꾸었다.

청중들은 고조되는 열기로 20세기 명 연설 중 하나로 꼽히는 이 연설에 화답하였다. 그 결과가 어찌됐든, 킹 목사는 역사의 한 획을 그은 것이다. **RC**

# 존 F. 케네디 암살

케네디 대통령이 텍사스 주 댈러스에서 유세 도중 총격을 받고 사망한다.

▲ 암살 3일 후 워싱턴에서 열린 장례식에서 케네디의 유족들.

▶ 저격 직후 대통령 전용차가 쏜살같이 현장을 빠져나가는 와중에 한 비밀 요원이 케네디 부부를 추가로 있을지 모를 공격으로부터 보호하고 있다.

"무언가 특별한 희망이… 한 순간에 공기 중에서 사라져 버렸습니다…"

**아이자야 벌린이 아서 슐레징거에게 보낸 서한에서, 1963년 11월 28일**

댈러스에서의 그 길고도 암울했던 날 이후 수많은 음모론이 판을 쳤다. 마피아의 소행이라는 둥, CIA의 공작이라는 둥, 소련 또는 쿠바의 카스트로 정권이 배후에 있다는 둥 온갖 설이 난무했다. 연방 대법원장 얼 워런이 진두지휘한 공식 수사는, 지금까지 암살 당한 모든 미국 대통령들처럼 존 F. 케네디 역시 광신자의 단독 범행이라는 결과로 마무리되었다. 그러나 단 한 사람의 암살자 그 이상이 연관되어 있다는 가설에는 상당한 타당성이 있다.

세 발의 총성이 울려 퍼졌을 때, 케네디 대통령과 영부인 재클린 여사는 댈러스 시가지에서 카퍼레이드 중이었다. 텍사스 주지사 존 B. 코널리와 그의 부인이 한 차에 타고 있었다. 길을 내려다보고 있는 텍사스 교과서 창고에서 발사된 것으로 보이는 총알은 첫 발은 대통령의 등, 두 번째는 머리에 박혔으며, 코널리 주지사 역시 부상당했다. 재클린이 미친 듯이 남편의 머리를 무릎에 감싸안고 있는 동안 자동차는 5km 떨어진 파클랜드 메모리얼 병원으로 질주했고, 관중은 비명을 지르며 흩어졌다. 케네디 대통령은 오후 1시에 사망 판정을 받았고, 오후 2시 41분, 아메리칸 시스템의 힘을 보여주는 인상적인 예로, 부통령 린든 B. 존슨—역시 케네디와 함께 카퍼레이드 중이었었다—이 워싱턴 DC로 향하는 대통령 전용기 에어포스 원 기내에서 대통령직을 승계하는 선서를 했다. 재키 케네디는 남편의 피로 얼룩진 옷을 그대로 입은 채 그 옆을 지켰다.

미국은 전례가 없는 추모 열기에 사로잡혔다. 미국인이라면 아마 누구나 케네디 대통령 암살 뉴스를 처음 들었을 때 자신이 어디에서 무엇을 하고 있었는지 기억할 것이다. 케네디 대통령의 장례식은 11월 25일, 워싱턴 근교 앨링턴 국립 묘지에서 절차에 따라 엄수되었다. 그 사이 댈러스 경찰은 리 하비 오스월드를 용의자로 체포하였으나, 그 역시 잭 루비의 총을 맞고 사망하고 만다. **RC**

NO
GG 300

# 오스월드 피살

리 하비 오스월드가 수백만 명이 지켜보는 가운데 총격을 받고 사망한다.

리 하비 오스월드는 케네디 대통령 암살범으로 유명해졌으며, 사실 유명인이 되고 싶은 욕망이야말로 그의 범행 동기였던 듯 하다. 학창 시절 줄곧 학교 다니기를 싫어해 결석을 밥 먹듯이 했던 그는 열여섯 살 때 중퇴하고 해병대에 입대했다가 마르크스주의에 심취하게 되었다. 1959년에는 소련으로 가서 시민권을 취득하고자 했으나 받아들여지지 않았다. 1962년, 러시아인 아내와 함께 미국으로 돌아온 그는 뉴올리언스에 살면서 공공연하게 쿠바 공산 정권을 지지하였다. 1963년 3월, 그는 통신 판매로 맨리처-칼카노 소총을 주문하였다.

1963년 10월, 오스월드는 댈러스의 텍사스 교과서 창고에 일자리를 얻었다. 연방대법원장 얼 워런이 이끄는 진상조사 위원회에 따르면, 오후 12시 30분, 오스월드가 케네디 대통령과 코널리 주지사를 향해 운명의 방아쇠를 당긴 곳은 이 창고 건물의 6층 창문이었다. 그가 사용한 소총 역시 창고 바닥에서 발견되었다. 그는 자신을 체포하려 하는 댈러스 경찰관 한 명을 쏘아 죽이고 달아났지만 오후 2시경 한 영화관에서 검거되었다.

11월 24일, 오스월드는 댈러스 내의 다른 교도소로 이송되던 중 호송 경찰관들과 언론 기자들, 그리고 수백만 명의 TV 시청자들 앞에서 나이트클럽 주인 잭 루비가 쏜 총에 맞았다. 오스월드는 그날 늦게 병원에서 사망하였다. 루비는 체포되었지만 그리 오래지 않아 1967년에 사망하였다. 오스월드는 케네디 대통령 암살과 관련하여 자백하기 전에 죽었으며, 오스월드가 모종의 음모에 연관되어 있었고 이를 누설하기 전에 입을 막은 것이라는 설이 오늘날까지도 계속되고 있다. **RC**

◀ 도주 가능성이 거의 없었음에도 불구하고 잭 루비는 앞으로 뛰어들어 리 하비 오스월드를 쏘았다.



# 예루살렘 화해

교황이 수 세기 동안 계속되어 온 가톨릭교회와 동방정교회의 불화를 매듭짓기 위해 손을 내밀다.

예루살렘의 올리브 산에서, 교황 바오로 6세가 동방정교회 대주교 아테나고라스 1세를 껴안았다. 이 포옹은 1054년 교회의 대분열과 1204년 십자군의 콘스탄티노플 약탈 이래 계속되어 왔던 가톨릭교회와 동방정교회의 화해를 상징하는 제스처였다. 종종 보수적인 입장을 보여온 바오로 6세는 피임, 성직자 독신, 교회 내 여성의 역할 등의 이슈에 있어 교황의 견해가 최우선적임을 재확인했다. 그러나 교의적인 면에서 그는 개척자였다. 예루살렘 방문으로 그는 150년 만에 처음으로 이탈리아 땅을 벗어난 교황이 되었으며, 유대교와 동방정교회에 손을 내미는 모습을 보여주었다.

> "그들은… 다시 하나가 되기 위해 차이를 극복하기로 확인하였다."
>
> **가톨릭 교회-동방정교회 공동 성명, 1965년 12월**

바오로 6세는 암만에서 요르단의 후세인 국왕을 만났으며, 성공회, 루터교 등과도 교의적인 합의점을 찾고자 시도하였다. 또한 아프리카와 동남아시아를 예방하였으며 공산주의 세계와 교황청과의 관계를 개선하려는 노력도 어느 정도 열매를 맺었다. 아테나고라스 1세와의 만남은 동방정교회와 가톨릭교회가 영적으로나 상징적으로나 지난 수 세기 동안보다 더 가까워졌음을 의미했다. 그 결과 1054년 동방정교회 대주교와 바티칸의 고위 성직자들의 파문도 상호 철회되었다. 1965년 12월, 가톨릭교회와 동방정교회의 공동 성명은 두 교파의 불화를 해소할 것을 약속하였다. 그렇다고 해서 분열이 끝난 것은 아니었고, 일부 정교회 신도들은 불만을 표시했으나 두 교회의 화해 의지를 보여준 상징적인 사건임에는 틀림 없었다. **JS**

# 비틀스, 미국 TV 라이브 공연

비틀스는 미국 데뷔와 함께 "영국의 미국 침공"의 선봉장이 되었으며, 이들의 싱글은 대서양 양안에서 차트 1위를 차지한다.

이미 유럽 대부분 지역에서 엄청난 인기를 자랑하고 있던 비틀스가 1963년 말 "미국 정복"에 나섰다. 사실 비틀스의 명목상 미국 음반사인 캐피톨社는 그들의 영국 발매 음반 취급을 거부하였다. 비틀스의 매니저 브라이언 엡스타인은 1963년 말 이러한 상황을 타개하기 위해 미국으로 갔다. 미국에서는 한 DJ가 브리티쉬 항공 스튜어디스에게 부탁하여 서둘러 들여온 비틀스의 네번째 싱글 「I Want to Hold Your Hand」가 날이 갈수록 인기가 올라가고 있었다. 엡스타인은 이듬해 2월 9일과 16일, '에드 설리번 쇼 The Ed Sullivan Show'에 출연시킬 것을 합의하였다. 그 사이 폭발적인 수요를 이기지 못한 캐피톨 사는 비틀스의 미국 레이블을 발매할 수밖에 없었다. 마침내 비틀스는 1964년 2월 7일 3천 명의 팬이 운집한 뉴욕 케네디 공항에 내렸다.

이틀 뒤, 비틀스는 약 7천 3백만 청취자들에게 'All My Loving', 'She Loves You', 'I Saw Her Standing There', 'I Want to Hold Your Hand', 'Till There Was You' 등의 명곡들을 선사했다. 라디오 스튜디오의 방청석은 총 728석이었는데, 여기에 5만 명이 넘게 응모하였다. 이날 방송은 미국에서 최대 규모의 비틀스 공연이었다. 에드 설리번 쇼는 당시 미국에서 가장 인기 있는 프로그램이었으며, 비틀스는 케네디 암살과 베트남 전쟁으로 우울해 하던 미국인들에게 즐거움과 떠들썩함을 안겨주었다.

4월, 「I Want To Hold Your Hand」는 최초로 미국과 영국에서 동시에 차트 1위를 차지하는 싱글 앨범이 되었으며, 미국에서 TOP 10 안에 4곡이 오르는 기염을 토했다. **JJH**

▶ 에드 설리번과 주고받은 재치 있는 농담은 이미 치솟고 있던 미국 내 비틀스의 인기를 확고하게 다져 놓았다.

◀ 2월 9일, 에드 설리번이 자신의 쇼에서 비틀스를 소개하면서 영국 밴드의 "미국 침공"이 사실상 시작되었다.

1964년 6월 12일

# 만델라 유죄 판결

**넬슨 만델라가 사형은 면했지만 종신형을 선고 받다.**

사형선고는 간신히 피해갔지만 그날 남아프리카공화국 프레토리아에서는 전 아프리카 민족회의 사무총장 넬슨 만델라를 비롯한 8명이 사보타주와 폭력에 의한 국가 전복을 계획했다는 혐의로 유죄 판결을 받아 전원 종신형에 처해졌다. 수년간 아파르트헤이트 반대 활동을 해왔던 만델라는 본디 비폭력 저항을 지지했으나, 무려 69명이 경찰의 총탄에 목숨을 잃은 1960년 샤프빌 학살과 함께 노선을 변경하였다. 만델라는 ANC 내에 군사 조직 움콘토 웨 시즈웨(Umkhonto we Sizwe, "국가의 창槍"이라는 뜻)을 창설하고 사보타주 캠페인을 시작했다. 만델라는 경찰이 요하네스버그 인근 리보니아를 급습, 무기 은닉처를 찾아냈을 때 이미 불법 출국 혐의로 감옥에 수감 중이었다.

> "모든 국민들에게 투표권을 부여한다고 해서 한 인종이 지배세력이 될 것이라는 이론은 사실이 아니다."
>
> **넬슨 만델라의 법정 증언**

만델라는 재판 내내 위엄 있는 저항 정신을 보여주었으며, 탄압에 대한 저항은 불가피한 것이라고 주장하였다. 감옥에 수감 중인 만델라는 모든 남아프리카 흑인들의 좌절된 염원을 상징했다. 그의 지위는 감옥에 수감된 27년 동안 나날이 올라갔다. 그는 자신의 신념과 타협하는 석방을 거부하였으며, 감방 안에서 전 세계의 핍박 받는 이들의 지도자가 되었다. 만델라의 이름은 아파르트헤이트에 반대하는 전 세계적인 캠페인에 불을 붙이는 데 일조했고, 그 결과 남아프리카 정부와 인종차별 정책은 몰락할 수밖에 없었다. **JS**

1965년 1월 4일

# "위대한 사회"

**린든 B. 존슨 대통령이 미 의회에서 신년 연설을 하다.**

텍사스의 평범한 가정에서 태어난 린든 베인스 존슨은 미 상원에서 민주당 지도자가 되었으며, 1960년 선거에서는 존 F. 케네디의 러닝메이트가 되어 부통령 후보로 출마했다. 케네디가 암살 당하자 존슨이 대통령직을 승계하였다. 그는 케네디의 "뉴프런티어" 정책, 특히 빈곤과 인종 차별을 종식시키기 위한 노력을 계승하고자 하였다.

1964년 자신의 힘으로 대통령 선거에 출마한 존슨은 전체 투표수의 61%에 달하는 압도적인 지지를 받아 당선되었다. 의회 신년 연설에서 존슨은 자신의 이상을 정의하였다. "위대한 사회는 모든 이를 위한 자유의 풍부함 위에 서 있으며, 이는 빈곤과 인종 차별적 부조리의 종식을 요구한다."

> "대통령의 가장 어려운 임무는 옳은 일을 하는 것이 아니라 무엇이 옳은 일인지 아는 것입니다."
>
> **존슨 대통령, 1965년 신년 연설에서**

존슨이 어디까지 성공했는지에 대해서는 딱 잘라 말하기 어렵다. 그의 민권법은 흑인들과 아메리카 원주민들의 지위 향상에 기여하였으며 "빈곤과의 전쟁"에는 수십억 달러가 쓰였고, 연방 정부의 교육 지원도 증가했다. 또 메디케어(노인층을 위한 의료 복지 제도)와 메디케이드(저소득층을 위한 의료 지원 제도)를 도입하여, 일각에서 사회주의적이라 비판을 받기도 했다. 그러나 베트남 전쟁 비용 때문에 "위대한 사회"에 쓸 수 있는 예산은 제한될 수밖에 없었고, 이는 존슨의 지지도 하락으로 이어졌다. 완전히 환멸을 느낀 존슨은 1968년 재선 출마를 거부했고, 리처드 M. 닉슨이 대통령이 되었다. **RC**

# 북베트남 강타

미국이 북베트남을 폭격함으로써 남베트남의 몰락을 저지하려 시도한다.

미 공군의 북베트남 폭격 작전, 작전명 "롤링 썬더"는 처음 도입 당시 베트콩 게릴라들의 보급을 차단하는 것이 목적이었다. 원래는 8주 기간으로 계획되었지만 미국에게 유리하도록 전쟁을 끝내기 위해 북베트남 정부를 압박하려는 목적으로 장장 3년간 계속되었다. 사실 베트콩의 힘은 남베트남 농민들의 지지에서 나온 것이었지 북베트남의 보급에 의존했던 것은 아니었다. 제2차 세계대전 당시 폭격만으로 한 국가의 사기를 꺾는 것이 실패했다는 주장은 무시당했다. 이는 베트콩의 끈질긴 저항에 미국이 급격히 넌덜머리를 내고 있었다는 사실을 보여주는 증거이기도 했다.

정교한 민간 방어 시스템과 날이 갈수록 위력을 더해가는 방공(소련의 원조로 배치되었다)으로 북베트남에서 미국은 700여 기의 공군기를 잃었다. 북베트남의 사기는 견고했고 그 군사력은 최소한의 물자로도 효율적으로 운영되었다. 남베트남에서는 베트콩이 미국 공군기지 공격으로 응수했고, 그 때문에 공군기지를 방어하기 위해 대규모 지상군이 필요하지 않을 수 없다. 전쟁은 예상하지 못했던 속도로 고조되었을 뿐만 아니라 날이 갈수록 미국 중심이 되어 갔다.

미국의 역할이 커지면 커질수록, 남베트남 국민들은 더욱더 한발 물러나려 했다. "롤링 썬더"의 수행기간 동안 네이팜탄과 대인 무기를 포함한 100만t의 화기가 투하되었다. 이러한 살상은 미국 내는 물론 전 세계의 여론이 등을 돌리게 만들었고, 전쟁 자체에 대한 대중의 지지를 크게 훼손시켰다. **JS**

◀ 미국 B-52 공군기가 다이 텅 북부를 폭격한 뒤 그 피해와 탄공을 촬영한 항공 사진

# 로디지아가 독립을 선언하다

로디지아의 소수 백인 정권이 독립을 선언하고 다수 통치를 결코 수락하지 않겠다는 의사를 표명하여, 영국의 외교적 · 경제적 제재를 촉발한다.

이안 스미스가 이끄는 로디지아 정부의 일방적 독립 선언은 주의 깊게 타이밍을 맞춰 식민지인 로디지아에서도 양차 대전의 사망자를 추모해야 하는 날인 영국 휴전 기념일로 계획되었다. 이는 명백하게 로디지아 식민지가 과거에 충성을 바쳤다는 사실을 상기시키려는 의도였으며, 특히 다수 흑인의 통치를 수락하지 않겠다는 백인 주민들—그들 대다수도 영국계였다—의 거부 의사에 동조하는 영국 국민들을 겨냥한 행동이었다.

그러나 영국 노동당 정부와 국민 대부분의 입장은 이것이 반란 행위이며, 민주주의가 지배하기 전까지 결코 로디지아의 독립을 인정할 수 없다는 쪽이었다. 영국 정부는 즉각 외교적 · 경제적 제재를 가했다. 유엔 안전보장이사회 역시 로디지아를 강하게 비난하며 제재에 동참했다. 그러나 많은 아프리카 민족주의자들이 강력히 부르짖었던 영국의 군사적 개입은 결코 일어날 성 싶지 않았다.

제재는 즉각적인 효과를 거의 달성하지 못했다. 아프리카 민족주의 세력을 꺾고 이웃의 모잠비크 식민지를 놓치지 않으려고 단호히 결심한 포르투갈이 로디지아를 지지했던 것이다. 남아프리카 공화국 정부 역시 로디지아를 아프리카 민족주의로부터 자국의 아파르트헤이트 체제를 보호해 주는 보루라 여기는 입장이었다. 1975년 모잠비크는 독립국이 되었고, 남아메리카 공화국은 외부의 제재와 내국 아프리카인의 반발에 시달린 나머지 더 이상 로디지아를 지원할 수 없게 되었다. 1979년 즈음에는 고립되고 공격에 노출된 소수 백인 정권도 다수의 통치에 승복하는 수밖에 다른 도리가 없었다. **PF**

로디지아 정부 관료들이 지켜보는 가운데 총리인 이안 스미스가 물의를 빚은 일방적 독립 선언문에 서명하고 있다.

# 문화대혁명

마오쩌둥이 열혈 청소년들을 선동함으로써 새로운 혁명의 광풍이 중국을 휩쓴다.

중국의 젊은 층으로 하여금 홍위병을 조직하게 하고, 현 지도층을 비판함으로써 마오쩌둥은 자신이 수장으로 있는 중국 공산당에 효과적인 선전포고를 날렸다. 1958년 대약진운동의 참담한 실패로 세력이 약화되자 자존심이 상한 마오는 실패의 원인을 공산당 내의 혁명 정신이 부족한 탓으로 돌렸다. 부르주아 요소들을 당내에 너무 많이 허용했으며, 소련 공산당처럼 프롤레타리아와 농민 계층과의 접점은 줄어들고 당의 책임보다는 특권에 더 치중하고 있다는 것이었다. 젊은 층은 아직 순수한 혁명가들이라고 느낀 마오는 그들을 선동하기로 결심했다. 홍위병으로 하여금 교사, 작가, 모든 예술 분야 종사자, 그리고 부르주아 이념을 지닌 당 간부들을 비판하도록 부추겼다. 비판은 곧 굴욕 행위와 투옥, 고문, 살인으로 이어졌다. 중국은 빠른 속도로 대 혼돈에 빠져들었다.

중국 공산당은 스스로를 방어하려 했지만 누구든 홍위병에 질서를 세우려는 사람은 반동분자로 낙인 찍혔다. 공산당으로서는 자신들을 위한 자체 홍위병을 조직할 수밖에 없었다. 내전의 조짐이 보이기 시작하면서 홍위병의 각 분파끼리 싸움이 벌어졌다. 공산당은 물론 중국이라는 국가 자체가 붕괴 일보 직전에 있었다. 이 혼돈에 종지부를 찍을 수 있는 것은 오직 군대 뿐이었다. 마오는 군이 자신의 홍위병을 지지하기를 원했지만, 1967년 이후 군은 질서를 재 수립하기 시작했다. 문화대혁명은 1976년 마오가 사망한 뒤에야 비로소 막을 내릴 수 있었다. 아이러니컬하게도 이 무렵에는 중국에 그나마 남아 있던 혁명에의 열정마저 모두 사그라들고 말았다. **JS**

▶ 마오쩌둥이 중국의 혁명 정신에 재점화할 것을 선서하는 젊은 홍위병과 악수하고 있다.

◀ 홍위병과 학생 무리가 베이징에서 시위 도중 마오의 '붉은 책'을 휘두르고 있다.

1966년 9월 6일

# 페르부르트 암살

남아프리카 아파르트헤이트 정권의 실력자가 칼에 찔려 숨진다.

남아프리카공화국 총리 헨드릭 프렌쉬 페르부르트가 케이프타운의 국회의사당에서 수백 명의 증인들의 눈앞에서 칼에 찔려 쓰러졌다. 순수국민당(PNP) 당원인 페르부르트는 종종 남아프리카 아파르트헤이트의 설계자로 불리며 1950년에 인종문제장관, 1958년에는 총리로 선출되었다. 그는 아파르트헤이트의 근간이 된 수많은 법안을 감독하였으며, 백인만이 투표할 수 있는 선거를 관장하여 영연방 탈퇴를 이끌어냈다. 그가 국내에서 반대 운동을 탄압하기 시작한 후 1960년 샤프빌 학살에서는 최소한 69명의 비무장 시위대가 경찰이 쏜 총을 맞고 숨졌고, 아프리카 민족회의는 불법단체로 규정되었으며, 넬슨 만델라는 1964년 종신형을 선고받고 투옥되었다.

아이러니컬하게도 그렇게 수많은 적을 만들었음에도 불구하고 페르부르트 암살은 정치적으로 직접 연관이 있지는 않았다. 국회 사환이었던 범인 데메트리오 차펜다스의 범행 동기는 불분명했다. 그리스인 아버지와 스와지족 어머니 사이에서 태어난 차펜다스는 어찌어찌 백인으로 분류되었다. 이 때문에 유색인종으로 분류된 애인과 결혼할 수 없었고, 그로 인해 아파르트헤이트 시스템에 반감을 가졌던 것이 아닌가 추정된다.

그러나 그 자신은 자기 안에 있는 거대한 벌레가 페르부르트를 죽이도록 명령했다고 주장했다. 정치적 암살은 국가적으로 곤혹스러운 사태를 불러올 것이 자명하므로 차펜다스는 정신 이상 판정을 받고 1999년 사망 때까지 정신병원에 수감되었다. 그의 진짜 동기가 무엇이었든지간에 그의 행위는 아파르트헤이트 통치에 반대하는 사람들이 있으며, 통치가 결코 오랫동안 견고하게 유지될 수 없음을 보여주는 명백한 증거였다. **JS**

1967년 5월 30일

# 비아프라 탄생

분리독립 선언으로 나이지리아에서 분쟁이 일어난다.

나이지리아 동부 지역의 군사 수장이었던 에메카 오주쿠 중령은 일방적으로 분리 독립을 선포하고 국가 이름을 비아프라라 했다. 이 지역은 나이지리아의 유일한 수출품인 석유가 나는 곳으로 중앙정부로서는 절대 포기할 수 없는 지방이었으므로 분쟁은 자명한 일이었다.

분쟁의 근원은 나이지리아의 식민 과거에서 찾을 수 있다. 식민지를 분할할 때 영국은 인종 간 특성에 대해 무관심했다. 1960년 독립한 나이지리아는 이슬람과 기독교, 토착신앙이 마구 뒤섞인 데다, 오랜 종족 분쟁의 역사를 지니고 있었다. 민간 정부는 그리 오래 버티지 못했고 1966년 군부가 정부를 탈취했다. 그러나 민족 분쟁과 함께 경제난도 심각해졌다. 최악의 분쟁은 북부의 무슬림 하우사족과 남동부의 기독교 이보족 사이에서 일어났다. 이 가운데 후자가 오랜 세월 동안 차별과 살육의 희생양이었음을 주장하며 비아프라 건국을 추진하였다.

> "신이여 비아프라를 축복하소서…
> 우리는 우리의 모든 적으로부터
> 승리하며 떨쳐 일어났나이다…"
>
> **애국가요 「비아프라 찬양」 중에서**

이는 결국 독립 후 아프리카 최초의, 그리고 가장 참혹한 전쟁 중 하나가 될 수밖에 없는 운명이었다. 전쟁이 계속된 30개월 동안, 100만 명의 난민이 고향을 등졌고, 100만~300만 명이 전사 또는 아사한 것으로 추정된다. 결국 비아프라는 항복했지만, 분쟁의 원인은 그대로 남아 있었다. 수 십 년이 흐른 오늘날 까지도 여전히 이보족은 차별 대우에 대해 불평하며, 언제나 새로운 분쟁 발발 가능성이 남아 있다. **JS**

# 이스라엘, 동예루살렘 점령

6일 전쟁에서 이스라엘이 승리를 거두자 전 세계가 동요한다.

▲ 시나이 사막으로 향하는 이스라엘 호송단이 군복을 벗긴 이집트 군인들을 실은 트럭을 지나가고 있다.

아랍 이웃나라들과의 새로운 전쟁을 일으킨 지 사흘째, 이스라엘군은 요르단군을 격파하고 예루살렘을 점령했다. 현존하는 유일한 고대 유대교 성전인 바위의 돔과 서쪽 성벽이 이스라엘의 수중에 떨어졌다. 겉으로 보기에는 견고하기 그지없었던 아랍 동맹은 이스라엘의 맹습에 속절없이 무너졌다. 연합 공격이 임박했다고 판단한 이스라엘은 기습 선제 공격을 가해 지상의 공군력을 파괴하고 요충지를 먼저 탈취하였다. 6일 전쟁이라 불리게 되는 이 전쟁에서 이스라엘은 요르단 쪽에서 요르단강 서안을, 시리아 쪽에서 골란 고원을, 이집트 쪽에서 가자 지구와 시나이 반도 전체를 정복하는 등 세 방면으로 밀고 들어갔다. 누가 보아도 결정적인 승리였다.

승리에는 항상 보상이 있기 마련이다. 미국은 중립을 선언했으나 사실상 전략적 동지가 되어 이스라엘에 무조건적인 원조를 제공했다. 이집트와 시리아는 1973년 욤키푸르 전쟁에서 다시 맞붙게 되지만, 이집트의 새로운 지도자 안와르 사다트는 이스라엘을 무너뜨리고 시나이 탈환을 위한 협상을 벌인다는 꿈을 포기하려고 했다. 그러나 이제 이스라엘은 수많은 팔레스타인인의 통치자였다. 요르단 강 서안이 떼려야 뗄 수 없는 이스라엘의 영토로 간주되는 데다 압도적인 승리를 거둔 와중에 굳이 협상을 할 필요가 없었다. 그러나 팔레스타인인들은 이스라엘 점령에 거세게 저항했고, 고조되는 유혈 사태는 이 분쟁의 영구적인 조정을 거의 불가능하게 만들었다. **JS**

# 체 게바라 암살

우상과도 같았던 공산주의 영웅 체 게바라가 추적을 당한 끝에 볼리비아에서 피살된다.

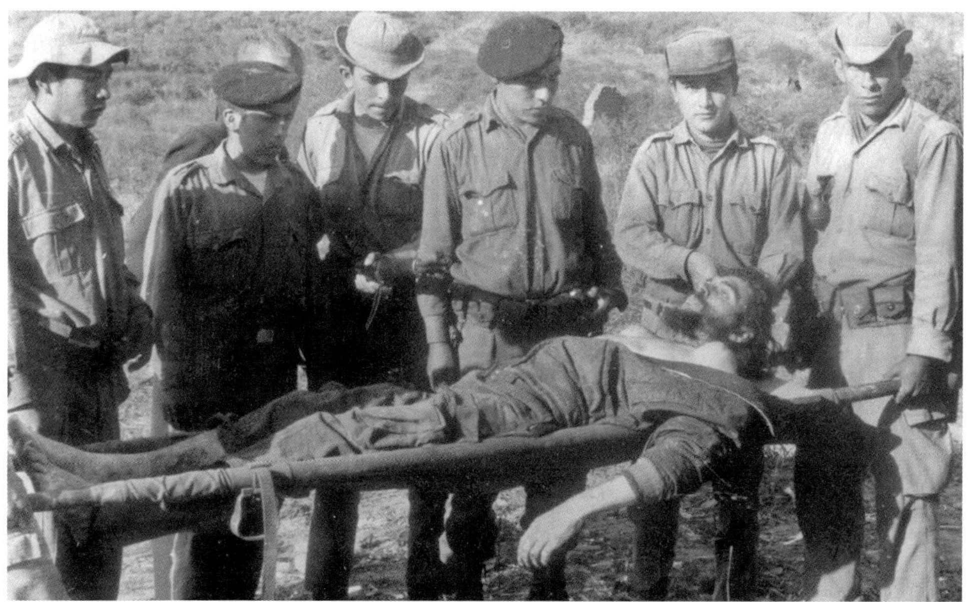

▲ 체 게바라의 시신을 카메라가 지켜보는 가운데 호송하고 있다. 첩보를 받고 출동한 볼리비아군이 체 게바라를 사살하였다.

라 히게라의 본거지에서 볼리비아군 하사관의 총을 맞고 죽었을 때 에르네스토 "체" 게바라는 서른 아홉 살이었다. 본래 아르헨티나 태생인 게바라는 부에노스아이레스 의과대학을 졸업하고 학위까지 받았으나 혁명에 더 관심이 많았다. 그는 멕시코에서 피델 카스트로를 만나 1959년 쿠바에 공산정권을 수립하는 것을 도왔고 카스트로 정부에서 요직을 두루 거쳤다. 그러나 쿠바 미사일 위기 때 소련의 철수를 반대하자 소련은 그의 마오주의 경향을 비판하였다. 1965년 쿠바를 떠난 체 게바라는 콩고에 자신이 발전시킨 고유한 공산주의 이론을 정착시키려 하였으나 실패하였다. 그는 1966년 남아메리카로 돌아왔다. 소수의 게릴라 전사들과 함께 볼리비아의 난카화사 지역에 훈련 캠프를 설립하고 후에 발레그란데 지역으로 옮겨갔으나 난관에 부딪히고 말았다.

지역 주민들은 그를 의심하고 불친절하게 대했으며, 모병에 실패한 나머지 게바라 군은 50명을 넘지 못했다. 미국은 볼리비아가 라 히게라 근교의 계곡에서 체 게바라와 그 일당을 추적하도록 원조는 했지만 직접적으로 개입하지는 않았다. 게바라는 부상을 입고 마을 학교에 포로로 잡혔다. 볼리비아 병사들은 누가 그를 처형할 것인지를 놓고 제비를 뽑았다. 전해지는 바에 따르면 체 게바라의 마지막 말은 "알아두어라. 너는 지금 사람을 죽이고 있다"였다고 한다. 그의 시신은 헬리콥터에서 발레그란데 강으로 던져졌으며, 언론에 그의 죽음이 공표되었다. 아마도 오늘날까지 남아 있는 그의 가장 눈에 띄는 유산은 티셔츠에 그려진 인기 있는 초상일 것이다. **RC**

# 심장 이식 최초 성공

남아프리카 외과의사 크리스티안 바너드가 최초로 인간 심장 이식에 성공하면서 즉각 세계적인 명성을 얻다.

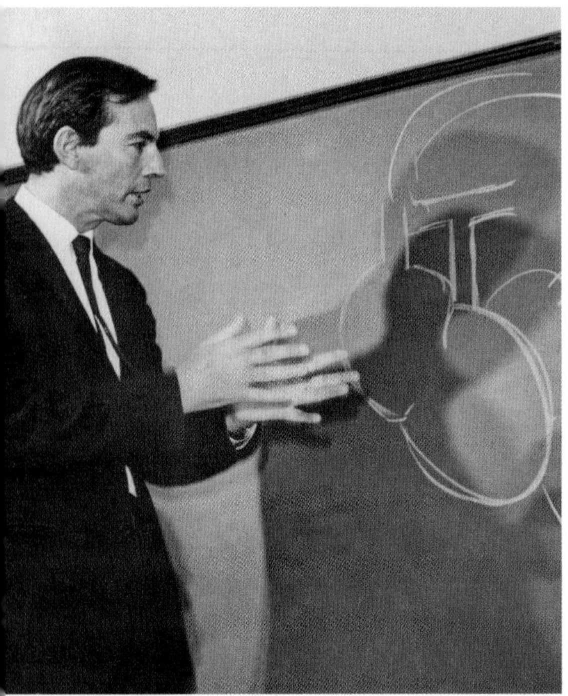

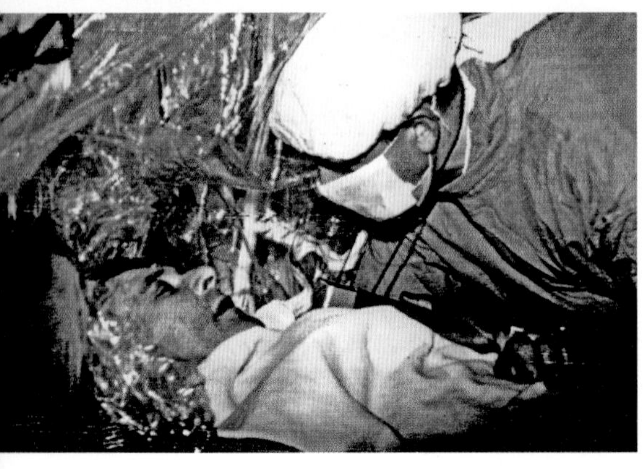

외과의사 크리스티안 바너드는 케이프타운 대학교에서 의학을 공부했으며 미국 미네소타 대학교에서 심장 수술을 전공하였다. 그는 수년간 동물의 장기 이식을 실험해 왔으며, 마침내 자신의 기술을 실현에 옮길 때가 왔다고 느꼈다. 수여자는 55세의 루이스 와슈칸스키, 기증자는 교통사고로 사망한 25세의 드니스 다발이었다. 9시간 동안 계속된 수술에는 무려 30명의 외과 의료진이 투입되었다. 이토록 대중적인 관심이 높으리라고 예상하지 못했던 바너드는 심지어 병원의 국장에게도 미리 수술 내용을 알리지 않았다. 그러나 종류를 막론하고 심장 수술에는 높은 위험이 따랐던 그 시절, 그의 업적은 언론의 엄청난 관심을 받을 수밖에 없었다. 바너드로서는 놀랍게도 그는 즉각적으로 국제적인 명성을 얻었으며, 영화 스타들, 정치가들, 심지어 교황까지 그의 위업을 경축했다.

와슈칸스키는 18일밖에 살지 못했다. 새 장기에 거부 반응을 일으키지 않도록 사용한 약이 감염 저항력까지 감소시키는 바람에 폐렴에 걸렸던 것이다. 노르웨이의 연구자가 면역억제 약물인 사이클로스포린을 개발하여 이러한 문제를 해결해준 것은 1974년에 이르러서였다. 바너드의 선구자적인 업적은 심장 이식 기술의 완성을 위한 길을 터주었다. 그는 연구를 계속했고 1974년 세계 최초로 이중 심장 이식 수술에 성공했다. 실제로 그가 최초의 심장 이식 수술에 성공한 지 20년 만에 심장 이식 수술은 어느 병원에서나 흔히 하는 수술이 되었다. 바너드는 1983년 관절염때문에 외과 현장에서 은퇴했으며, 2001년 아이러니컬하게도 심장병으로 사망했다. **JS**

▶ 크리스티안 바너드가 프레스 컨퍼런스에서 자신의 선구적인 심장 이식 수술 과정을 설명하고 있다.

◀ 바너드가 수술 후 루이스 와슈칸스키의 경과를 모니터하고 있다.

1968년 1월 30일

# 테트 공세 시작

**남베트남에서 테트 공세가 미군을 쇼크에 빠뜨린다.**

베트콩 게릴라들은 남베트남의 모든 도시를 미리 치밀하게 계획된 폭발적인 공격으로 베트남의 설날인 테트를 자축했다. 미군은 싸움의 규모나 격렬함에 넋이 빠질 수밖에 없었다. 심지어 사이공의 미국 대사관 부지에서도 전투가 벌어져 수천 명의 민간인이 사망하였다. 테트 공세는 남베트남을 완전히 붕괴시키려는 의도에서 오래 전부터 계획되었다. 이때까지 미국의 지도자들은 이길 수 있는 전쟁이라고 생각했으며, 지방은 몰라도 도시에서라면 자신이 있다고 확신했다. 북베트남의 보 구엔 지아프 장군은 그들의 생각이 틀렸음을 보여줄 작정이었다. 최상의 경우 이번 공세로 민중 봉기에 불을 붙여 미국인들을 베트남에서 몰아낼 거라는 희망이 있었고, 적어도 미국을 협상 테이블로 이끌어낼 수 있을 것이라고 생각했던 것이다.

> "날이 갈수록… 여기에서 빠져나오는 유일한 이성적인 방법은… 협상뿐이라는 것이 확실하게 보인다."
>
> **월터 크론카이트, 미국 방송인**

군사적인 면만 보자면 미국은 테트 공세에서 승리했다. 베트콩은 대규모 피해를 입었고, 그 때문에 북베트남군은 싸움에서 큰 부담을 져야만 했다. 그러나 정치적인 결과는 달랐다. 미국에서 테트 공세는 패배로 여겨졌고, 미국의 여론은 오늘날 가망 없는 대의로 간주되는 이 전쟁에 등을 돌렸다. 미군의 희생 역시 1973년 평화 협정이 체결될 때까지 계속되었지만, 사실 누가 보아도 미국이 테트 공세 이후 체면을 구기지 않고 베트남에서 철수하는 방법을 찾기 시작했다는 사실은 명백했다. **JS**

1968년 3월 16일

# 베트남의 학살

**밀라이의 참극을 목격한 국제 여론이 베트남 전쟁에 등을 돌린다.**

윌리엄 캘리 중위가 지휘하는 미군은 밀라이라는 작은 마을에 베트콩 게릴라와 그 동조자들이 숨어 있다는 첩보를 받고 이들을 소탕하기 위해 파견되었다. 그러나 결과는 정당한 이유 없는 무차별 학살이었다. 훗날 군 당국의 진상 조사에 따르면 희생자는 남녀노소를 불문한 347명(베트남 측 주장은 504명)이었다. 이 사건은 처음에는 은폐되어 128명의 적군 병사를 사살한 군사작전으로만 보고되었다. 그러나 곧 루머가 돌기 시작했고, 론 라이든아워라는 군인이 닉슨 대통령을 포함한 몇 명의 정치인에게 이 참극을 보고하였다. 더 이상 감출 수 없게 되었지만, 유죄 판결을 받은 사람은 캘리 중위 한 명뿐이었다. 처음에는 계획적 살인 혐의로 종신형을 언도 받았지만, 캘리는 3년 반 동안 가택 연금에 처해졌을 뿐이다.

베트남 국민들의 눈에 고엽제, 네이팜탄, 대규모 폭격 등을 사용한 미국의 군사작전은 남베트남을 구원하기 위하기 보다 오히려 파괴하고 있는 것으로 비쳤다. 반미 감정이 확산되면서 미군은 어딜 가도 시민들의 적의를 상대해야 했다. 이로 인해 미군은 사살된 베트남인은 누구를 막론하고 베트콩이라고 추정하게 했다. 눈에 보이지 않는 적군을 찾아낼 수 없자, 모든 농민들이 베트콩과 담합하고 있다고 의심한 미군은 모든 베트남인을 증오하게 되었다. 밀라이 대학살은 놀라운 일도 아니었고, 이 끔찍한 뉴스가 마침내 터져 나오자, 미국 내의 반전운동은 단결되어 한층 힘을 받게 되었다. 이로 인해 국내 여론은 반전 쪽으로 빠르게 돌아섰고, 또한 많은 남베트남인들조차 미군의 전쟁터가 되느니 공산정권 아래서 사는 편이 나을지도 모르겠다고 생각하게 되었다. **JS**

# 마틴 루터 킹 암살

미국이 위대한 지도자를 잃으면서 분노의 물결이 밀어닥친다.

킹 목사가 암살당한 지 5일 후, 5만 명의 시민들이 조지아 주 애틀랜타에서 열린 장례식에 참석했다.

미국 흑인 민권 운동의 가장 유명한, 그리고 가장 유능한 지도자로 마하트마 간디의 비폭력 원칙을 받아들여 1964년 노벨 평화상을 수상한 마틴 루터 킹 Jr. 목사가 테네시 주 멤피스에서 암살당했다. 그는 흑인 청소부들의 파업을 지원하기 위해 멤피스를 수 차례 방문했으며, 4월 3일 열린 회합에서 자신의 생명이 위협받고 있다는 이야기를 하면서 이렇게 말했다. "모든 사람처럼 나 역시 오래 살고 싶다. 왜 오래 살고 싶지 않겠나. 그러나 지금은 그런 것에 개의치 않는다. 단지 신의 뜻을 따라 행동하고 싶다."

다음날 저녁, 킹이 로레인 모텔의 2층 발코니에서 있을 때 마치 자동차의 배기관이 폭발한 것과 같은 거대한 폭발음이 들렸다. 그것은 인근 주택의 창문에서 발사된 소총의 총성이었다. 잠시 후 킹은 머리에 치명적인 총상을 입고 발코니에 쓰러진 채 발견되었다. 그는 아직 숨을 쉬고 있었고, 친구들이 급히 다른 방에서 침구를 가져와 덮어주었지만, 구급차가 당도하기 전에 사망하고 말았다. 당시 그는 39살이었다.

킹 암살 뉴스는 슬픔과 분노를 불러일으켰다. 워싱턴 D.C.와 다른 도시들에서 폭동이 일어났고, 흑인들은 게토에서 나와 방화와 약탈을 일삼았다. 질서를 회복하는 데에는 수천의 군대가 필요했다. 킹 자신도 이러한 폭력 사태를 용인하지 않았을 것이고, 이런다고 달라지는 것도 없었는데 말이다.

범인은 남부 백인으로 테네시 출신의 경범죄자 제임스 얼 레이였다. 그는 영국으로 도망쳤으나 런던에서 체포되어 멤피스로 송환되었다. 1969년 멤피스에서 99년형을 선고 받은 뒤 1998년 사망하였다. **RC**

# 파리 폭동

프랑스의 수도에서 다시 한번 혁명을 부르짖는 목소리가 터져나온다.

▲ 분노한 학생들이 파리 시가지에서 시위를 벌이고 있다—이들이 일으킨 폭동에 이어 전면 파업이 2주간 계속되었다.

또 한 번의 프랑스혁명이 임박한 것처럼 보였다. 파리에서 학생 시위대와 폭동진압경찰 간의 전투가 수일간 계속되었지만, 파업 노동자들이 시위에 가담하면서 상황은 더욱더 위험해졌다.

발단은 3월에 대학 및 고등학교 당국과 학생들 사이에 일어난 일련의 마찰이었다. 학생들은 지나친 규제와 공립학교에서 가르치는 구시대적이고 부르주아적인 가치에 반발하였다. 프랑스 정부의 대응은 단호했다. 경찰이 소르본 대학을 에워쌌고 학생들은 체포, 구타, 최루탄에 노출되었다. 파리의 대학가인 라탱 지구에서는 시가전이 벌어져 경찰에 대한 노동자 계급의 분노를 불러일으켰다. 비공식적인 전면 파업이 확산되었으며, 천만 명 이상의 노동자들이 참여하여 2주간 프랑스를 마비시키다시피 했다. 정부 붕괴가 초읽기에 들어간 것처럼 보였다. 군대의 충성을 확인하고 탱크를 파리 외곽으로 이동시키는 등, 정부는 최악의 사태에 대비하고 있는 것이 확실했다. 그러나 사태는 발생했을 때만큼이나 빠르게 진정되었다.

나중에 밝혀졌지만 프랑스 노동자들은 학생들의 혁명적인 언변에 공감을 느끼지 못했던 것이다. 임금 및 근로조건, 무역 노조 권리 등에서 정부가 대폭 양보함으로써 전면 파업은 막을 내렸고, 시위대도 해산되었다. 드골 대통령은 조기 총선을 실시하여 지지층을 강화하였고, 학생들은 고립되었다. 그러나 교육과 청년층에 대한 구시대적인 방식은 도전을 받았고, 파리는 물론 유럽 전역에 변화의 바람을 몰고 오게 된다. **JS**

1968년 6월 5일

# 로버트 케네디 암살

**로버트 케네디 상원의원이 캘리포니아 주 로스앤젤레스에서 암살당한다.**

5년 동안 총 3건의 암살이 존 F. 케네디, 마틴 루터 킹 Jr., 그리고 로버트 F. 케네디의 목숨을 앗아갔다. 1957년, 로버트 케네디는 미 상원의 노동조합 갈취 및 공갈 협박 진상조사위원회의 수석고문이었으며, 1960년에는 형인 존 F. 케네디의 대선 유세를 성공적으로 진두지휘 했다. 케네디 정권에서는 법무 장관으로 재임하면서 민권 시위를 지지하고 조직적 범죄 행위에 대한 투쟁을 정열적으로 이끌었다. 존 F. 케네디가 사망한 뒤인 1964년에는 뉴욕 주 상원 의원으로 당선되었으며, 단시간에 자신의 힘으로 정계의 유력 인물이자 대표적인 반전 인사로 떠올랐다.

> "형은 죽은 후에
> 살아 생전 이상으로
> 이상화될 필요가 없습니다…"
>
> **에드워드 케네디 상원의원**

케네디는 1968년 대선 출마를 선언하였으며 6월 4일에는 6개 예비선거 중 5개에서 승리를 거두었다. 그중 하나는 운명의 그날, 캘리포니아 주 예비선거였다. 그가 로스앤젤레스 앰배서더 호텔에서 지지자들과 이야기하고 있는 모습을 보았다면 누구라도 그가 케네디 가에서 두 번째로 백악관 입성에 성공하리라고 믿었을 것이다. 그러나 인파로 북적거리는 복도를 지나가던 도중 그는 총격을 당했고, 다음날 42세의 나이로 병원에서 세상을 떠났다.

범인은 팔레스타인 출신의 이민자 시란 시란으로, 케네디의 친이스라엘 정책을 반대했던 것으로 알려졌다. 그는 1969년 사형선고를 받았지만, 에드워드 케네디 상원 의원의 탄원으로 종신형으로 감형되었다. **RC**

1968년 7월 25일

# 피임 반대

**교황이 피임을 비판하면서 권위의 위기를 불러일으킨다.**

교황 바오로 6세는 회칙「인간 생명 Humanae Vitae」에서 모든 종류의 인공 피임을 격렬하게 비판함으로써 자유진보적인 가톨릭 신도들에게 실망을 안겨주었다. 교황은 피임은 자연 법칙의 위배이자 본질적인 악이라고 주장하며 인공 피임은 혼인 관계의 불의를 조장하고, 도덕 규범을 떨어뜨리며, 여성을 단순한 쾌락의 도구로 전락시킬 것이라고 경고하였다. 생식이라는 기본적인 목적을 인공적으로 배제하는 부부 간의 성관계 역시 자연을 거스르는 행위라고도 했다.

이러한 입장 표명은 경구 피임약의 도입으로 교회가 보다 자유주의적인 입장을 취하리라고 기대했던 다수의 가톨릭 신도들에게는 상당한 충격이었다. 실제로 피임은 전 세계, 특히 저개발 국가에서의 빈곤 퇴치에 핵심적인 요소로 간주되고 있었다. 또한 훗날 AIDS가 확산되면서 이러한 주장은 더욱 시급해졌다. 서양에서 피임은 바티칸이 왈가왈부할 수 있는 이슈라기보다는 개인의 양심에 달린 문제라고 보는 경향이 강해지고 있었다. 생식만이 결혼의 유일한 목적은 아니라는 것이었다. 이로써 교황의 목소리는 점차 무시되기 시작하였다.

많은 가톨릭 신도들이 교황의 주장에 동의하였고, 낙태와 사생아 출산율이 급증하면서 결과적으로 교황의 경고가 옳은 것으로 판명되었다고 주장하고 있지만, 대중의 일반적인 반응은 매우 적대적이었기 때문에 바오로 6세는 낙담하여 두 번 다시 회칙을 발표하지 않았다. 그러나 요한 바오로 2세는 1984년 바오로 6세의 주장을 재확인하였다. 피임 찬성 주장은 가톨릭 교회에 대한 순응 요구와 맞부딪쳤다. 사실상 교회는 성 윤리 교사로서 신뢰성을 상실했고,「인간 생명」에 대한 선택적 의견 차이는 바티칸의 권위에 대한 보다 폭넓은 이의 제기에 불을 지피게 된다. **JS**

# 소련, 프라하 침공

**소련이 이끄는 군대가 알렉산데르 둡체크의 체코 정부가 주도한 개혁을 진압한다.**

소련이 이끄는 연합군이 체코슬로바키아를 침공하면서, 프라하의 봄도 저물었다. 경제 불황과 시민들의 정치 개혁 요구로 1968년 1월 스탈린주의자였던 안토닌 노보트니가 실각하고, 대신 들어선 알렉산데르 둡체크가 일련의 자유주의 개혁을 실시해 왔다. 둡체크는 한 번도 공산당의 실권을 의도하거나, 소련의 안보를 침해하거나, 바르샤바 조약기구에서 탈퇴할 생각이 없었지만 사회주의 역시 인간적인 면모가 필요하다고 주장하였다. 그는 야당의 합법화를 제안하고, 검열제도를 완화하고, 서독과 외교 및 무역 관계를 정상화하기를 원했다. 비극의 씨앗은 체코슬로바키아의 개혁이 전체 공산주의 세계에 어떤 영향을 미치게 될지 둡체크가 이해하지 못했다는 데 있었다.

폴란드에서도 체코와 유사한 개혁을 요구하는 시위가 이어졌다. 모스크바는 이러한 동요가 우크라이나로까지 번지지 않을까 우려하였다. 이는 도저히 용납할 수 없는 사태였지만, 둡체크는 개혁의 속도를 늦추지 않았다. 그는 7월에 바르샤바 조약기구 정상회의에서 보여준 충성이 소련의 우려를 진정시킬 것이라고 생각했던 것이다.

소련은 체코슬로바키아 침공으로 이에 화답했다. 서방세계는 소련의 행위를 비난했지만, 실질적인 조치를 취하지는 않았다. 공산주의 세계에는 명백한 메시지가 전달된 셈이었다. 진정한 변화와 공산주의 정권은 양립할 수 없었다. 이는 바꾸어 말하면, 공산주의가 자진해서 개혁하지 않는다면 개혁은 공산주의가 무너진 뒤에야 올 수 있다는 말이기도 했다. **JS**

◀ 둡체크의 자유주의 정책에 찬성하는 프라하 시민들이 소련의 무력 행위에 저항하고 있다.

▶ 소련이 주축이 된 군대가 탱크를 앞세워 프라하로 진입, 체코슬로바키아 정권을 손에 넣었다.

# 달에서 본 지구

인류가 달에 처음으로 발을 딛기 8개월 앞서 달에서 찍은 지구의 사진이 공개되다.

윌리엄 앤더스가 찍은 지구 사진. 달에서 본 지구의 숨막히는 풍경을 보여주고 있다.

아폴로 8호는 우주비행사 프랭크 보먼, 윌리엄 앤더스, 짐 로벨을 달 궤도에 진입시키는 데에 성공했다. 인류가 지구의 중력권을 이탈하여 다른 천체의 중력권을 여행한 최초의 사건이었다.

이들의 임무는 달 표면을 찍는 것이었지만, 우주선이 선회하여 달의 저편에 당도했을 때 그들은 저 멀리 지구가 달의 거대하고 완만한 표면 위로 떠오르는 광경을 목격하였다. 선장 보먼과 앤더스가 동시에 셔터를 눌렀다. 보먼은 지구가 달의 지평선 위로 떠오르는 장면을 그대로 흑백 필름에 담아냈지만, 앤더스는 검은 하늘 위로 떠오른, 푸른 색과 흰색의 소용돌이를 컬러 사진으로 찍었다. 이 사진은 처음으로 어둠 속에 반쯤 잠겨있는 작은 행성 지구를 우주에서 보았을 때의 모습을 보여주었다. 로벨이 "소석고 또는 잿빛 모래 같다"고 표현한 둔한 회색 덩어리인 달과는 달리, 연약하고, 흐르는 물결이 한데 어우러지는 듯한, 매력적이고 아름다운 모습이었다.

사실 달은 언제나 같은 면을 지구에 향하고 있기 때문에, 지구가 지평선에서 "떠오르거나" "지는" 것은 아니고, 창공에서 같은 지점에 영구히 머물러 있다.

달에서 찍은 지구의 사진은 환경 운동의 발전에 영향을 미쳤으며, 영국의 과학자 제임스 러브록이 주창한 "가이아(Gaia)", 즉 자정 능력을 갖춘 거의 지능적인 유기체로서의 지구의 개념에 강력한 그래픽 이미지 역할을 했다. **PF**

# 항공공학의 승리

세계 최초의 초음속 여객기 콩코르드가 운항을 시작한다.

조종사 앙드레 튀르카가 조종간을 잡은 콩코르드 기가 처녀비행을 위해 툴루즈 공항을 이륙하고 있다.

살을 에는 듯이 추운 어느 날 오후, 프랑스 툴루즈에서 시험 조종사 앙드레 튀르카가 영-프 합작 여객기 콩코르드의 처녀비행에 올랐다. 단거리 비행이었고 초음속까지 도달하지는 못했다. 오늘날까지 유럽의 가장 야심 찬 기술 프로젝트인 콩코르드 비행은 엄청난 반향을 몰고왔다.

초음속 여객기 연구는 1950년대에 시작되었지만, 그 비용이 너무나 막대한 데다 국가 간의 협력이 필요하다는 사실이 곧 자명해졌다. 영국과 프랑스 정부는 1962년 11월 공동 프로젝트를 위한 조약에 서명하였다. 비용이 눈덩이처럼 불어나면서 콩코르드가 과연 날 수 있을지에 대한 의구심도 더해갔다. 처녀비행을 대대적으로 홍보한 것은 영국과 프랑스의 납세자들에게 그들의 혈세를 헛되이 쓴 것이 아니라는 사실을 확인시키기 위해서였다. 사실 콩코르드 프로젝트는 엄청난 손실을 기록했으며 개발 예산을 수 배나 초과했다. 상업용으로는 오직 14기만이 제작되었으며, 영국 항공은 정부의 원조를 받고서야 7대를 구입할 수 있었다(나머지는 에어프랑스의 차지였다). 콩코르드는 생산 지연으로 인해 1976년까지 운항을 시작할 수 없었다. 대서양을 3시간 30분 내에 횡단할 수 있었으며, 항공 산업의 아이콘이 되었다. 그러나 진짜 돈이 되는 태평양 노선은 연료 공급의 한계 때문에 운항할 수가 없었고, 환경보호주의자들은 미국의 공항에 콩코르드가 착륙할 때에 소음 공해를 일으킨다며 반대했다.

콩코르드 기는 2003년 10월까지 운항을 계속했지만, 비용이 계속 올라가는데다 9.11 테러의 여파로 예산이 감소하면서 결국 상업용 운항이 중단되었다. **JS**

# 인류의 위대한 도약

닐 암스트롱이 인류 최초로 달에 착륙한다.

▲ 달에 남긴 착륙용 모듈 조종사 버즈 앨드린의 발자국.

▶ 우주 비행사 버즈 앨드린이 달 표면을 걷고 있다. 닐 암스트롱이 찍은 사진.

"휴스턴,
여기는 고요의 기지.
독수리가 날개를 내렸다."

**달 착륙 모듈이 착륙하는 순간 닐 암스트롱**

전 세계 450만 명의 시청자가 지켜보는 가운데, 그리니치 표준시로 오전 2시 56분, 흐릿한 흑백 사진이 비틀거리며 사다리를 내려가고 있는 한 사람의 모습을 보여주었다. 기계적인 음성이 라디오를 통해 흘러나왔다. "이것은 한 개인에게는 작은 일보(一步)일 뿐이지만, 인류에게는 위대한 도약이다."

미 항공우주국(NASA) 소속 시험 비행사인 38살의 닐 암스트롱이 지구가 아닌 다른 자연 개체에 발을 딛은 최초의 인간이 된 것이다. 그는 사진을 찍고 먼지 샘플을 채취했다. 20분 뒤, 버즈 앨드린이 뒤이어 달 표면을 딛으면서 탄성을 질렀다. "아름답다. 아름답다. 장엄한 폐허다." 이들은 달의 저중력 속에서 뛰는 것을 연습해본 뒤, 성조기와 닉슨 대통령의 서명과 "서기 1969년 7월 여기에 행성 지구에서 온 인간이 달에 첫 번째 발자국을 남기다. 우리는 모든 인류의 평화를 위해 이곳에 왔다"라고 새겨진 명판을 심었다. 그뒤 암스트롱은 닉슨 대통령의 전화를 받았다.

암스트롱과 앨드린은 7월 16일 케네디 우주 센터에서 발사된 아폴로 11호를 타고 3일간 비행, 달 궤도에 진입하였다. 그들은 달 착륙용 모듈인 이글호에 올라 "고요한 바다(Sea of Tranquillity)"의 표면에 내렸다. 팀의 세 번째 멤버였던 마이클 콜린스는 보다 큰 사령 모듈인 컬럼비아호에 남아 달 궤도에 머물렀다. 계산된 착륙 지점을 지나치는 것처럼 보이자 암스트롱은 컴퓨터 제어 대신 수동으로 계기를 조작하였다. 약 30초 분량의 연료밖에 남아있지 않았기 때문이다.

달에서 21시간을 보낸 이글호는 컬럼비아호와 재결합, 지구로의 귀환 여정에 올라 7월 24일 태평양 수면에 착수(着水)했다. 암스트롱은 자신의 유일무이한 경험을 개인적 영달이나 정치적 목적으로 이용하는 것을 거부하고 여생의 대부분을 신시내티 대학교의 항공우주공학과에서 보냈다. **PF**

# 우드스톡 록 페스티벌 개막

45만 명 이상의 군중이 1960년대 최고의 반체제 문화 "해프닝"에 참석한다.

▲ 축제가 끝나고 관중이 몰려나오는 가운데 한 쌍의 남녀가 느긋하게 휴식을 취하고 있다.

1967년 몬테레이 국제 팝 페스티벌은 "사랑의 여름(Summer of Love)"라는 히피의 이상을 한 단계 끌어올렸고, 우드스톡은 이러한 분위기를 국민 의식으로 자리잡게 했다. 계속되는 인종 간의 갈등, 정치적 암살, 그리고 암울한 베트남 전쟁의 우울한 분위기에 저항하는 희망과 낙관주의에 "우드스톡 네이션"이 더해진 것이다.

우드스톡을 기획한 팝 기획자 아티 콘펠드와 마이클 랭과 부유한 사업가의 아들 존 로버츠, 변호사 조엘 로즌먼은 모두 20대였다. 그들은 뉴멕시코에서 "웨이비 그레이비 호그 팜(Wavy Gravy Hog Farm)" 공동체로 날아가 기본적인 안전 장치, 저급한 LSD 환각제, 의료 구호용 천막, 이동 화장실, 식수 등을 조달하였다. 이들은 세계 최대 규모의 야외무대를 감독하였다. 원래는 회전형 무대였으나 고장이 나버렸고, 그 밖의 다른 기획들도 이런 식이었기 때문에 결국 기획자들은 자유 축제라고 공표하였다(약 18만 6,000장의 입장권이 사전 판매되었다).

31명의 연주자들은 만 8,000달러(지미 헨드릭스)부터 2,500달러(더 그레이트풀 데드)에 이르기까지 출연료도 다양했다. 이들 중 일부는 단번에 스타덤에 올랐으며, 다른 이들은 일종의 자격 증명처럼 여겼지만 대다수의 사람들에게는 불분명한 음향 시스템, 폭풍우가 치는 날씨, 열악한 기획이라는 악조건을 넘어 록 뮤직 역사의 새로운 장을 열었다는 데에 승리감을 만끽했다. 거의 주말 내내 재해에 가까웠지만—발목까지 푹푹 빠지는 진흙, 27km에 달하는 교통 체증, 식수와 화장실 부족, 그리고 보고된 것만 3건이나 되는 출산과 사망—우드스톡은 "사흘간의 평화와 음악"을 전달하는 데에 성공하였다. **JJH**

# "휴스턴, 문제가 생겼다"

아폴로 13호가 기체 폭발을 일으킨 뒤 달 탐사 임무를 포기한다.

우주비행사 프레드 헤이스, 존 스위거트, 제임스 로벨이 태평양 수면에 착수한 뒤 안전한 이송을 기다리고 있다.

1969년 최초의 달 착륙 이후 달 표면을 탐사하고 달의 흙이나 돌을 가져오는 등의 임무가 이어졌다. 대부분은 순조롭게 진행되었지만, 아폴로 13호의 경우는 달랐다. 1970년 4월 11일, 케이프 케네디에서 발사된 아폴로 13호는 이틀 후 지구에서 32만 2,000km 떨어진 지점을 비행 중이었으며, 달에 거의 도착해 있었다. 바로 이때 "쾅 소리가 상당히 크게 났다"고 선장은 회고했다. 사령 모듈의 산소 탱크가 폭발하는 바람에 산소, 전기, 물의 공급이 급격하게 줄어들고 있었다. 휴스턴의 작전 통제 센터는 계획된 달 착륙을 포기하기로 결정하였다.

아폴로 13호는 달 주위를 선회하다가 40만 km에 달하는 귀환 비행에 돌입했다. 세 명의 우주 비행사들은 달 착륙용 모듈을 거처로 삼았다. 4월 17일, 이들은 대기권 궤도에 재진입했으며, 모든 사람이 깊은 안도의 한숨을 내쉬는 가운데 미국의 구조선 이오지마호로부터 6.5km 떨어진 태평양 수면에 가뿐하게 착수하였다.

사실 달 탐사는 정치적인 측면이 더 큰 임무였다. 미국이 우주 탐험에서 소련의 후광에 가려져 있는 것처럼 보였기 때문이다. 그러나 미소 관계가 개선되고, 우주 프로그램의 비용이 천문학적으로 증가하면서 미국은 프로그램을 재평가하게 되었다. 달 탐사는 1972년 아폴로 17호의 성공적인 귀환을 마지막으로 막을 내리게 되었다. **RC**

# 지미 헨드릭스 사망

**전설적인 기타리스트가 일렉트릭 블루스에 대한 완전히 독창적인 해석을 남긴 채 사망한다.**

흑인에 왼손잡이였던 헨드릭스는 완전히 새로운 음향 효과의 언어를 창조하였다. 그러나 그는 평생 자신의 화이트 록 이미지와, 자신의 뿌리인 흑인 대중과의 접점이 거의 없었던 찬사에 불편함을 느껴야만 했다.

제임스 마샬 헨드릭스는 1942년 11월 27일 워싱턴 주 시애틀에서 태어났으며, 열두 살 때 처음으로 기타를 연주했다. 그의 초창기 레코딩과 연주는 남부의 블루스 악단과 흑인들의 도시 리듬앤블루스 그리고 소울 밴드 등과 함께한 것이었다(개중에는 B. B. 킹, 더 아이슬리 브라더스, 리틀 리처드도 포함되어 있다). 그 과정에서 그는 현란하고, 눈부시고, 지금까지는 꿈꿔본 적조차 없는 스타일의 록을 백인이 다수를 차지하는 관중에게 선사했다.

뉴욕의 한 나이트클럽에서 그를 발견한 前 더 애니멀스 소속의 베이시스트 채스 챈들러는 그를 영국으로 데려왔다. 이곳에서 그는 드럼에 미치 미첼, 베이스에 노엘 리딩을 더해 3인조 "지미 헨드릭스 익스피어런스"를 결성했다. 이빨로 기타 줄을 뜯거나 목 뒤에서 연주하는 그의 라이브는 잉글랜드의 다른 기타리스트들을 완전히 당황시켰다. 즉흥 연주가 많은 유연한 스타일에 종종 앰프의 피드백을 받은 독특한 사운드는 록의 음향학적 경지를 완전히 재수립하였다.

그의 요절은 약물과 알코올이 치명적으로 뒤섞인 천박한 스캔들이었다. 헨드릭스는 병원으로 이송되던 중 자신의 토사물에 기도가 막혀 사망하였다. 오늘날까지 그 영향이 계속되고 있는, 록 시대의 가장 혁신적인 일렉트릭 기타리스트치고는 실망스러운 말로였다. **JJH**

▶ 헨드릭스는 사망 2주 전 잉글랜드의 아이슬 오브 와이트 페스티벌에서의 전설적인 공연을 불만족스럽게 여겼던 것으로 알려져 있다.

◀ 아이슬 오브 와이트 페스티벌에서 공연한 마일스 데이비스가 아내(左) 및 친구와 함께 헨드릭스의 장례식에 참석하였다.

# 사이클론 재앙

**대홍수를 동반한 사이클론으로 동파키스탄에 재앙이 덮친다.**

시속 185km에 달하는 바람을 몰고 와 동파키스탄을 덮친 사이클론은 3급 허리케인에 맞먹었다. 거기다 폭풍 해일로 인해 인구 밀도가 높은 갠지스 강 삼각주에 홍수가 일어나면서 사망자 수는 30만명으로 치솟았다. 방송으로 경고를 내보내기는 했지만, 범람 경보는 없었던 탓이었다. 타주민(Tazumin) 지역에서는 인구의 45%가 몰살 당했다.

사상자와 이재민을 포함, 총 360만 명이 이번 사이클론으로 재해를 입었다. 동파키스탄 주민들은 보통 생선으로 단백질을 보충하는데, 고깃배 선단은 거의 황폐화되었다. 이만한 규모의 자연재해라면 신속한 구제 조치가 필수적이었다. 그러나 서파키스탄에 기반을 둔 파키스탄 정부는 바로 이 대목에서 높은 비난 여론에 직면하였다. 출동한 헬리콥터는 단 한 대뿐이었고, 그 이후에는 정부의 조치가 지지부진했다. 파키스탄 정부는 인도가 방해하는 바람에 구제 조치가 지연되었다고 핑계를 댔지만, 인도 정부는 강력 부인했다. 파키스탄 정부는 인도 정부의 원조가 자국으로 밀려들어오는 것을 거부했기 때문에, 당연히 도착이 늦어질 수밖에 없었다.

> "모든 조치가 실행되었으며,
> 앞으로 실행될 것이라는 사실을
> 매우 만족스럽게 생각한다."
>
> **야히아 칸 파키스탄 대통령, 1970년 11월**

동파키스탄에서는 농약 살포용 항공기를 동원해 구제 활동에 나섰지만, 파키스탄 정부가 이를 승인하기까지 또 이틀이 걸렸다. 이러한 비효율적인 정책은 아와미 연합 등 분리 독립을 기치로 내건 정당들에 표를 몰아주게 되었고, 결국 동파키스탄은 해방전쟁을 거쳐 방글라데시로 독립하게 된다. **JS**



# 브란트, 나치 희생자 추모

**독일이 총리의 상징적인 행위로 나치의 과거를 인정한다.**

서독 총리 빌리 브란트가 폴란드 수도 바르샤바의 나치 희생자 위령탑 앞에 무릎을 꿇은 것은 히틀러 시대와의 단절을 가장 단호하게 보여준 사건이자—비록 독일 국내에서는 이에 대해 상당한 논란이 있지만—1989년 독일 통일로 이어지는 동서간 화해 모드의 시작을 알린 순간이기도 했다.

브란트의 본명은 헤르베르트 프람으로 1913년 뤼베크에서 태어났으며, 사회주의에 빠져 있었던 젊은 시절부터 나치즘에 반대했다. 1933년 나치가 집권하자 노르웨이로 망명, 노르웨이 시민권을 취득하고 빌리 브란트로 개명하였다. 전쟁이 끝나자 서독으로 돌아와 다시 독일 국적이 된 그는 독일 사회민주당(SPD) 내에서 빠른 속도로 지위가 올라갔다. 그가 베를린 시장으로 재임 중이던 1961년 케네디가 서베를린을 방문하였다. 브란트는 1969년 서독의 총리가 되었으며, 논란의 핵심이라 할 수 있는 "동방외교(Ostpolitik)"를 추진하며 동독을 비롯한 다른 동유럽 국가들과 관계를 틈으로서 그 과정에서 민주주의를 확산시키고자 하였다. 동방외교로 인해 그는 거의 실각하다시피 했다. 한번은 매우 중요한 의회 회기에서 동독의 비밀경찰인 슈타지(Stasi)가 뿌린 뇌물이 아니고서는 브란트가 필요한 표를 도저히 확보할 수가 없다는 소문까지 나돌았다.

동방외교는 동 · 서독 간의 긴장을 완화시킨 협정에서 정점을 찍었다. 브란트는 1944년 바르샤바 봉기—폴란드의 애국지사들이 일으켰으나 나치에게 무참하게 유혈 진압당한—의 희생자들을 추모하는 기념비 앞에 무릎을 꿇음으로서 과거 나치 범죄에 상징적으로 사죄하였다. 일부 독일 국민들은 이러한 행동을 국가적 수모라고 생각했고, 심지어 좌파 성향의 잡지인 '슈피겔(Spiegel)'조차 "브란트는 무릎을 꿇어야만 했는가?"하고 물었다. 그러나 타임(Time)지는 브란트를 1970년 올해의 인물로 제정하였으며, 이듬해 그는 노벨 평화상을 받았다. **NJ**

# 방글라데시 독립

동파키스탄이 분리 독립을 선언하자 파키스탄이 무력으로 대응한다.

▲ 인도군이 다카에 입성하자 방글라데시 국민들이 환호하고 있다.

동파키스탄의 정치 지도자들이 파키스탄으로부터의 독립을 선언하는 성명서를 냈을 때 아무도 놀라지 않았다. 1947년 건국 당시부터 파키스탄은 정치적으로 존립이 불가능했기 때문이다. 그도 그럴 것이, 파키스탄은 무려 1,600km에 달하는 인도 영토로 인해 완전히 떨어져 있는 두 개의 지방으로 구성되어 있었던 것이다.

이슬람이라는 종교를 제외하면 이 두 지방에는 공통점이라고는 거의 찾아볼 수 없었다. 정치적으로 지배하고 있는 쪽은 서파키스탄이었다. 동파키스탄은 인구가 더 많은데도 불구하고 정부 예산의 반도 지원받지 못했으며, 군에서도 목소리가 약했고, 관급 계약에서도 차별을 당했으며, 정치 지도자들은 주류에 끼지 못했다. 1970년 사이클론 재해때 당국이 적절하게 대처하지 못하자 불에 기름을 부은 셈이 되었다. 선거에서 분리주의를 내세운 동파키스탄 아와미 연합이 압승을 거두고 국민의회에서도 다수를 차지하였다. 군부는 선거 결과를 받아들이기를 거부했지만 이런 상황에서 독립선언은 예정된 수순이었다.

물론 서파키스탄 정부는 이러한 도전에 응수하지 않고 넘어가줄 마음은 전혀 없었다. 이미 무참한 탄압 작전을 시작한 참이었다. 우선적인 희생양은 소수의 힌두교도들이었다. 황급히 조직된 무크티 바히니(해방군)가 게릴라 전법을 동원하여 반격에 나섰다. 결국 힌두교도들에 대한 공격과 동파키스탄의 군비 증강으로 분개한 인도가 12월에 개입하면서 사태가 수습되었다. 인도군은 신속하게 진격하여 수일 내에 다카를 수중에 넣었다. 이렇게 하여 방글라데시라는 신생국이 탄생하였다. **JS**

# 북아일랜드 대량 학살

"피의 일요일"로 인해 영국이 전세계 비난 여론에 직면한다.

▲ 피의 일요일, 젊은이들이 영국 군용차에 돌을 던지고 있다.

북아일랜드의 데리(얼스터의 아일랜드 통일주의자들이 부르는 이름으로는 런던데리)에서 영국군 낙하산부대가 공화주의자들의 근거지인 보그사이드 지역에 진입, 시민권을 주장하는 시위대에게 발포해 14명이 사망했다. 군 당국은 아일랜드공화군(IRA)으로부터 지속적인 총격 및 네일봄(nail bomb, 도시 게릴라들이 주로 사용하는 수제 폭탄. 긴 못이 다수 들어 있어 폭발 시 대량 피해를 유발한다) 공격을 당하고 있었으며, 어디까지나 자기 방어를 위한 발포였다고 발표하였다. 그러나 부상을 입은 군인은 한 사람도 없었으며, 이 지역의 민권 운동가들은 비무장 시위대에 대한 발포가 정당한 이유 없는 살인 행위라고 주장했다. 영국의 위저리 수석재판관이 4월에 발행한 사법 보고서가 낙하산 부대에게 면죄부를 주자 영국내 반응조차 회의적이었다. 영국은 1969년 이래 지역 폭력 사태를 진압하기 위해 북아일랜드에 군대를 주둔시켜 왔다. 처음에는 가톨릭교도나 공화주의자들도 영국군을 보호자로 환영하였으나, 호의적인 관계는 곧 사그라들었다. 1972년 초에 이미 가톨릭교회의 지지를 받는 민권 시위가 영국군과 충돌하고 있었다. 데리의 경우는, 시위자들을 체포하기 위해 낙하산 부대를 투입시킨 용두사미에 지나지 않았다. 낙하산 부대는 IRA가 저격수들의 방패막이로 시위대를 이용한다는 경고를 받았지만, 그 결과 일어난 폭력 사태의 규모는 누구 하나 설명하지 않았다. 결과는 재앙에 가까웠다. 전 세계에서 비난이 빗발쳤으며 더블린에서는 분노한 폭도들이 영국 대사관에 불을 질러 잿더미로 만들었다. 지역 분쟁은 심화됐고, IRA는 시민들의 지지를 받게 되었으며, 정치적 교착 상태와 수십년에 걸친 테러의 참극으로 가는 무대가 준비된 셈이었다. **JS**

1972년 2월 21일

# 닉슨-마오쩌둥 회담

**미국 대통령이 현란한 외교적 성공을 거머쥐다.**

리처드 닉슨 대통령이 마오쩌둥을 만나러 중국으로 갔을 때 미국은 아직 중화인민공화국을 외교적으로 인정하지 않은 상태였다. 강경한 반공주의자였던 닉슨을 공산주의 국가인 중국에 대해 호의를 지닌 외교 사절로 생각할 사람은 아무도 없었다. 그러나 닉슨에게는 냉전 시대의 전임 대통령들에게는 없는 이점이 있었다. 닉슨은 공산주의 세계가 모스크바의 지령에 따라 움직이는 단일 블록이 아니라는 사실을 인정했던 것이다. 1969년 3월, 양국의 국경지대인 우시리 강에서 벌어진 무력 충돌로 이미 모스크바와 베이징 사이의 긴장 관계는 드러나 있었다. 미국은 바로 이 분쟁을 이용하기로 했다. 마오쩌둥 쪽에서도 우호적인 수퍼파워를 등에 업고 소련과의 적대 관계에 균형을 맞출 수 있었다. 1971년 4월, 베이징이 미국 탁구 대표팀에게 초청장을 보내면서 양국 간 미묘한 입장 변화가 감지되기 시작했다. 미국에서도 대변인들이 대통령 자신도 이번 초청을 매우 기쁘게 생각한다 말을 흘렸다.

물론 외교란 자연스러운 것이 아니다. 미국의 국가안보 보좌관 헨리 키신저가 미리 중국 당국과 격렬한 토의를 거친 결과였다. 가장 큰 걸림돌은 타이완(臺灣)이었다. 미국은 타이완을 중국의 합법 정부로 인정하고 있었지만, 마오쩌둥에게는 반란 중인 일개 지방일 뿐이었다. 이 문제에 대해서는 미국과 중국 어느 쪽도 양보하려고 하지 않았기 때문에, 슬쩍 피해갈 수 있는 방법이 필요했다. 현실적으로 이 회담은 향후 미 정부가 중화인민공화국을 공식적으로 인정하기 위한 발판을 놓고, 중국이 UN 안전보장이사회 상임이사국 자리를 얻는 준비를 위한 것이라 할 수 있었다. 이 외교 게임에서 가장 큰 패자는 혼자 고립되어 전략적 군비 축소 등의 이슈에서 미국에게 양보하지 않을 수 없게 된 모스크바였다. 닉슨의 화려한 성공으로 냉전 시대의 긴장은 확연히 완화되었다. **JS**

1972년 6월 17일

# 워터게이트

**닉슨 대통령의 몰락으로 이어지는 워터게이트 침입사건이 발생한다.**

1968년 대선에서 리처드 닉슨이 간발의 차로 승리하자 자유주의자들과 베트남 전쟁 반전파들은 낙담할 수밖에 없었다. 닉슨과 그의 측근들은 반대파에 대해 거의 피해망상에 가까웠으며 1971년, 정권의 적들을 감시하고 그 활동을 좌절시키기 위한 "배관공"이라는 이름의 특수 조직을 가동시켰다.

이들 스파이 중에는 CIA 출신의 고든 리디와 하워드 헌트도 포함되어 있었다. 1972년 6월, 워싱턴 D.C.의 워터게이트 빌딩 콤플렉스에 위치한 민주당 전국 위원회 본부에 수 명의 배관공들이 침입하여 도청 장치를 설치했다가 검거되면서 미국은 내부 위기의 소용돌이로 빠져들게 되었다. 체포된 배관공들 중에는 리디와 헌트도 있었다.

> "세게 나가라구.
> 이게 그들의 방식이고,
> 앞으로 우리가 취할 방식이야."
>
> **닉슨 대통령이 H. R. 홀더먼에게**

사람들은 대통령이 이 사건을 사전에 알지 못했을 것이라고 생각했고, 11월에 열린 대선에서 닉슨은 압도적인 표차로 재선되었다. 그러나 워싱턴포스트 기자들의 조사는 닉슨 정권이 저지른 부정행위에 대한 불편한 진실을 밝히기 시작했다. 워터게이트 배관공들은 가택 침입 혐의로 기소되어 1973년 1월 유죄 판결을 받았는데, 이중 한 명이 백악관이 이번 사건에서 그 역할을 은폐해 왔다는 내용의 편지를 재판부에 보냈다. 백악관이 연루되어 있다는 사실은 날이 갈수록 명백해졌고, 이 스캔들은 결국 닉슨 대통령의 몰락을 불러오게 된다. **RC**

# 뮌헨의 참극

**참가 선수들이 인질로 잡히고, 그 구출 과정이 완전히 실패하면서 평화의 축전인 올림픽이 피로 물들다.**

뮌헨 경찰과 팔레스타인 테러리스트 간의 총격전으로 인질로 잡혀 있던 이스라엘 선수 9명 전원이 사망하면서 뮌헨 올림픽이 피로 물들었다. "검은 9월단" 단원 8명은 보안 조치가 허술한 올림픽 선수촌에 잠입, 이스라엘 선수단 숙소를 급습하여 선수 2명을 사살하고 9명을 인질로 잡았다. 테러리스트들은 이스라엘이 감금하고 있는 200명이 넘는 팔레스타인 수감자들을 석방할 것을 요구하였다.

독일 땅에서 유대인이 또 피를 흘리는 가공할 사태에 경악한 서독 당국은 처음에는 납치자들의 탈출을 유도하려 했지만, 결국은 구출 작전 쪽으로 방향을 돌렸다. 이것은 치명적인 결정이었다. 유럽 대부분 국가들이 그렇듯이 뮌헨 경찰도 테러를 다뤄본 경험이 거의 없었고, 인질 구출 작전 경험은 거의 전무하다시피 했다. 저격수가 잘못 배치되고 헬기에 탑승한 경찰조가 임무를 포기했으며 당국간 의사소통이 제대로 이루어지지 않는 등, 구출 작전은 총체적인 실패로 끝났다. 경찰관 1명, 테러리스트 5명이 사망하였다. 3명은 체포되었지만, 불과 몇 주 후 이들의 동지들이 독일 국적기를 납치하면서 결국 석방되었다.

논란에도 불구하고 올림픽은 계속 진행되었지만, 뮌헨의 비극은 서방세계에 현대 테러리즘의 위험을 환기시키는 경고음이었으며, 보복을 요구하는 목소리도 높아졌다. 또한 팔레스타인 문제가 서방과 아랍 세계 간의 관계의 정 중앙에 놓이는 계기가 되었다. **JS**

◀ 이스라엘 선수단 숙소의 발코니에 팔레스타인 해방기구(PLO) 단원의 모습이 보인다.

▶ 살해된 11명의 선수들 유족이 유해를 인도받기 위해 뮌헨에 도착하고 있다.

# 낙태 합법화

**미 연방 대법원이 로 vs. 웨이드 사건에서 낙태를 합법화한다.**

1960년대 미국에서는 페미니즘 운동이 흑인 민권 운동과 함께 꾸준히 기반을 다져왔다. 페미니즘 운동의 한 가지 요소는 여성의 보다 위대한 독립이었다. 이제는 훨씬 많은 여성들이 가정 내가 아닌 가정 외에서 직업을 가지고 있었다. 또 한 가지는 낙태, 강간, 동성애를 포함한 성(性) 관련 이슈들을 보다 공개적으로 토론할 수 있는 새로운 환경 조성이었다.

1971년과 1972년, 연방 대법원은 1964년 제정된 시민권법 아래 여성의 평등을 지지하기 위해 한걸음씩 전진했다. 이듬해 연방 대법원은 로 vs. 웨이드 사건 판결로 논란의 소용돌이에 휘말렸다. 다른 대부분의 주들과 마찬가지로 텍사스 주는 산모의 건강이 위협을 받는 등 의료적인 이유를 제외하고 낙태를 금지하고 있었다. 미혼으로 임신한 댈러스의 젊은 여성 제인 로(가명)은 이에 헌법 소원을 냈다. 그녀를 포함한 원고들은 낙태를 할 경우 기소하겠다는 댈러스 지방 검사 헨리 웨이드의 결정을 연방 대법원에 들고 갔다. 연방 대법원은 이슈의 민감함과 양쪽의 감정적인 측면은 인정하지만, 수정헌법 14조에 의거, 단지 생명의 위협이 없다는 이유만으로 임신 6개월 미만 여성의 낙태를 금지할 법적 근거가 없다고 사실상 선고하였다.

후에 카터 대통령은 비록 개인적으로는 낙태에 반대하지만 대법원의 판결에 간섭하는 것에 대해서도 역시 반대한다고 말했다. 이 발언으로 그는 낙태는 살인이나 마찬가지라는 낙태 반대파들의 격렬한 공격을 받았으며, 결과적으로는 1980년 선거에서 공화당과 로널드 레이건이 승리하는 한 가지 요인이 되었다. **RC**



# 베트남 휴전 협정

**미국과 북베트남이 휴전 협정에 조인한다.**

베트남 전쟁을 끝내기 위한 미국과 북베트남 당국 사이의 평화협정은 5년만에 마침내 열매를 맺었다. 미국은 대규모 폭격을 감행했고, 양측 모두 어마어마한 피해를 입었다. 그동안 미국에서는 반전시위가 고조되어 닉슨 대통령으로 하여금 강화를 맺도록 압력을 가하고 있었다. 미국은 언제나 철수를 원했지만, 그러기 위해서는 남베트남이 독립과 안정을 유지해야 했다. 북베트남은 베트남 전역의 운명을 자신들이 결정할 수 있도록 미국이 발을 빼기를 원했다. 최종 협상 결과는 처음에는 미국 쪽에 유리한 것처럼 보였다. 즉각적인 휴전이 효과를 발휘했다. 양측은 남베트남 국민들이 어떤 체제의 정부를 원하는지 스스로 결정할 수 있도록 전권을 가진다는 데에 합의했다. 북베트남과 남베트남의 재통일은 오직 협상을 통해서만 이루어질 것이었다.

> "우리는 전쟁을 끝내고,
> 명예롭게 평화를 수복하기 위한
> 협정을 맺었습니다."
>
> **리처드 닉슨 대통령, 1973년 1월**

그러나 남베트남에 주둔하고 있는 북베트남 군대의 거취에 대한 부분은 협의에 빠져 있었다. 이는 북베트남군이 여전히 남베트남에 머물러 있으면서, 남쪽의 안보와 안정에 끊임없는 위협을 가한다는 사실을 의미했다. 일단 미국이 무슨 일이 있어도 동남아시아에 되돌아오지는 않을 것이라는 사실을 확실히 한 뒤, 북베트남은 이 협정을 휴지 조각으로 만들고 강제적으로 남북 통일을 주도할 준비가 되어 있었다. 그리고 1975년 4월, 모든 것이 이대로 진행되었다. **JS**

# 칠레 쿠데타

## 사회주의 대통령 아옌데가 권좌에서 밀려나고 피노체트 독재 정권이 막을 열다.

살바도르 아옌데는 젊은 시절부터 마르크스주의자였으며, 1933년 칠레 사회당을 창당한 주인공이기도 하다. 아옌데는 1950년대와 60년대에 여러 번 대권에 도전하였고, 1970년 마침내 "인민 연합"이라는 이름의 사회주의·공산주의 연합 정당 후보로 출마하여 대통령에 당선된다. 아옌데 치하의 칠레는 공산주의 정권인 쿠바와 중국 등과 우호적인 관계를 수립했으며, 1971년에는 피델 카스트로가 칠레를 방문하여 오랫동안 머무르기도 했다. 그러나 칠레를 사회주의 국가로 만들려는 아옌데의 시도는 경제를 심각하게 악화시켰으며, 격렬한 반대 시위와 폭력을 불러일으켰다. 결국 1973년 8월, 아옌데 대통령은 칠레가 내전의 위험에 직면하고 있음을 선포하였다. 미국이 아옌데 축출에 얼마만큼 개입했는지에 대해서는 여전히 논란이 되고 있지만, CIA가 아옌데 정권을 무너뜨리는 데에 수백만 달러의 예산을 쓰도록 승인 받았다는 사실은 확실하다.

9월 초, 산티아고에서 대규모 반정부 시위가 일어나자 군과 경찰이 잔혹한 쿠데타에 성공했다. "아버지 국가를 마르크스주의의 멍에에서 해방시킨다"는 명목하에 그들은 수많은 좌파 지도자를 체포하고 도시의 공장 지대와 노동자 계급 주거 지역을 장악한 뒤 계엄령을 선포하였다. 대통령궁에 갇힌 아옌데는 항복을 뜻하는 백기를 내걸게 했다. 두 발의 총성이 울린 뒤, 아옌데의 시신은 기관총 한 자루와 함께 발견되었다(이 기관총은 피델 카스트로가 보내온 선물이라는 설이 있다). 대통령궁의 모든 저항은 중단되었으며, 군의 우두머리인 아우구스토 피노체트 장군이 칠레의 새로운 대통령이 되었음이 선포되었다. **RC**

◀ 살해당하기 7개월 전인 1973년 2월의 아옌데 대통령.

▶ 대통령으로서 마지막 날의 아옌데. 쿠데타로 정권이 전복되기 수 시간 전에 찍은 사진.

# 욤키푸르 기습 공격

종교 휴일에 벌어진 기습 공격으로 이스라엘이 비틀거리다.

욤키푸르 전쟁 동안 이스라엘군에 포로로 잡힌 이집트 군인들이 감시를 받으며 쉬고 있다.

이집트와 시리아군은 유대교의 종교축제일인 욤키푸르(속죄의 날)에 이스라엘에 대한 기습 공격을 감행했다. 시리아군은 골란 고원으로 밀고 들어갔고, 이집트군은 수에즈 운하를 건너 시나이 반도로 돌진했다. 처음 며칠간 이스라엘은 막대한 피해를 입고 절망적인 상태에서 미친 듯이 예비군을 동원하려 했다. 이스라엘로서는 다행스럽게도 이집트와 시리아의 합동 작전이 효과적이지 못했던 데다, 미국이 대량으로 군 장비를 공수해준 것은 물론, 적의 배치에 대해서도 신속한 첩보를 제공한 덕분에 최악의 상황은 면할 수 있었다. 시리아군은 후퇴할 수밖에 없었고, 수에즈 운하를 건너 반격에 나선 이스라엘군은 이집트 제3군을 궁지에 몰아넣었다. 전쟁 발발 3주가 채 못되어 이스라엘에 유리한 휴전협정이 조인되었다.

비록 짧은 기간이었지만, 욤키푸르 전쟁은 매우 중요한 의의를 가진다. 이스라엘에게 이번 전쟁은 초전 박살의 시절은 끝났다는 사실을 의미했다. 아랍은 1967년에 빼앗긴 영토를 수복하겠다는 희망을 버리지 못했지만, 이번 패배는 너무나 뼈아픈 것이었다. 그럼에도 아랍이 1967년 이래 이 지역을 둘러싼 전략적, 외교적 교착 상태를 깨뜨렸다는 점은 매우 중요하다.

욤키푸르 전쟁은 모스크바와 워싱턴 사이에 또 한 번의 대규모 마찰을 일으킬 것으로 우려되었지만, 양쪽 다 이 지역에서 새로이 불붙은 적의의 위험은 피하고자 했다. 석유수출국기구(OPEC)은 서방에 엄청난 제재를 가함으로써 유럽인들에게 평화의 필요성을 각인시켰다. 심지어 이스라엘 강경파마저 그들의 가장 큰 적인 이집트와 협상을 해야 한다는 사실을 인정하였다. **JS**

# 원유 공급 중단

OPEC의 결정으로 서방세계가 이스라엘을 지지한 대가를 톡톡히 치른다.

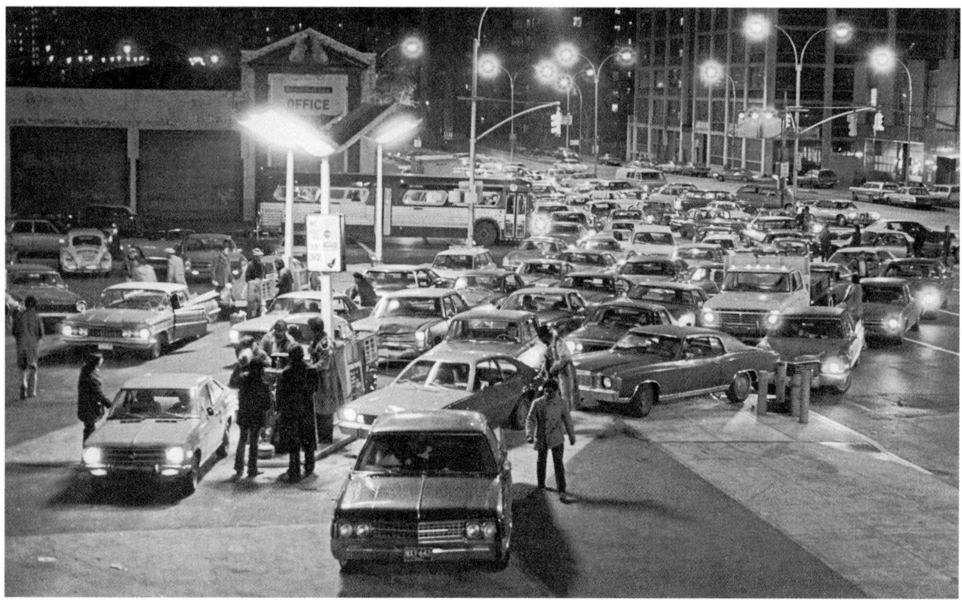


OPEC이 미국과 서방국가에 원유 수출을 중단한 가운데 뉴욕 브루클린 주유소의 풍경.

욤키푸르 전쟁에서 이스라엘이 아랍 연합군에 승리하자, 아랍 세계는 반격에 나섰다. 중동 국가들이 장악하고 있는 석유수출국기구(OPEC)가 미국에 원유 공급을 전면 중단할 것을 발표함으로써 최초로 석유 공급을 무기로 휘두르게 된 것이다. 대상 국가도 빠르게 확대되어 서방세계 국가들의 휘발유 가격이 하루아침에 70% 가까이 치솟았고, 그 결과 경기 침체로 빠져들게 되었다. 사실 OPEC의 이러한 조치들은 단순히 이집트와 시리아에 대한 확고한 연대를 표명한 쇼에 불과한 것만은 아니었다. 오히려 서방세계의 착취에 대한 더욱 깊은 분노에 그 뿌리를 두고 있었다고 보아야 옳다. 서구의 경제성장은 값싼 에너지에 기반을 두고 있었다. 산유국들은 그들의 유일한 수출품이라 할 수 있는 원유에 아주 적은 이윤만을 남겨왔다. OPEC은 원유 가격을 낮게 유지하려는 서방국가들에 압력에 집단으로 저항하기 위해 창설된 것이나 마찬가지였다. OPEC 회원국들은 이미 오래 전에 석유 가격이 훨씬 올랐어야 한다고 주장하였다.

OPEC의 결정은 단기적으로 매우 가혹한 결과를 낳았다. 서방은 인플레이션과 경기 침체를 겪어야만 했다. 실업률은 치솟았고, 휘발유 가격은 4배로 뛰었다. 석유 수출국들은 막대한 부를 쌓아올렸으며, 이 돈은 대부분 정치가들의 손에 들어가거나 군비 증강에 쓰였다. 그러나 이스라엘에 대한 미국의 지지는 흔들리지 않았으며, 곧 대체 유전을 개발하였다. 한 달도 되기 전에 미 의회는 하루에 200만 배럴의 원유 공급이 가능한 트랜스알래스카 송유관 건설을 승인하였다. 그로부터 10년이 채 못되어 OPEC의 힘은 퇴색되고 말았다. **JS**

# 카네이션 혁명

좌파 군사 쿠데타와 함께 포르투갈 독재 정권이 막을 내린다.

▲ 쿠데타 사흘째, 리스본 시가지의 MFA 군인들이 포르투갈 평화 혁명을 상징하는 카네이션을 꽂고 있다.

1974년 4월 25일 자정 직후, 포르투갈의 국영 라디오에서는 민중 저항 가수 제카 아폰수의 노래 「Grandola, Vila Morena」가 흘러나왔다. 무심히 라디오를 듣고 있던 청취자들은 깜짝 놀랐다. 그 곡은 마르첼로 카에타누 총리의 우파 정권에 의해 공산주의자로 낙인 찍힌 아폰수가 부른 금지곡이었기 때문이다. 그러나 포르투갈군의 젊은 장교들에게는 오랫동안 기다려온 순간이었다. 이 노래는 혁명 쿠데타 개시 신호였던 것이다. 그날 밤, "구국 운동(Movimento das Forças Armadas, MFA)"은 전국의 전략적 요충지를 장악하였다. 잠에서 깬 포르투갈 국민들은 쿠데타가 발발하였으며 동요하지 말고 침착하게 행동해줄 것을 요청 받았다. 집안에 머무르라는 MFA의 지시에도 불구하고, 리스본 시내에 군중이 운집하였다. 많은 시민들이 꽃 시장에서 사온 빨간 카네이션을 들고 있었다. 이들은 거리의 군인들이 들고 있는 소총에 이 카네이션을 달아주었다. 빨간 카네이션은 거의 완전한 비폭력 혁명을 상징하게 되었다. 카에타누는 브라질로 망명하였으며, 존경받는 장교 안토니오 스피놀라 장군이 집권하였다.

카네이션 혁명 이전 포르투갈은 거의 40년 가까이 안토니오 살라자르가 세운 "신 국가" 체제 아래 신음하고 있었다. 아프리카 제국에 집착한 이 체제는 앙골라, 모잠비크, 기니비사우의 게릴라들을 상대로 한 전쟁에 막대한 돈을 쏟아부었다. 새로운 정권이 들어서기란 쉽지 않았다. 그리 오래지 않아 스피놀라와 좌파 MFA는 물러났으며, 격동기를 거쳐 마침내 1976년, 자유민주주의 정부가 수립된다. **RG**

# 닉슨 대통령 사임

탄핵이 임박하자 닉슨 대통령이 스스로 권좌에서 물러난다.

TV에서 사임 연설을 하고 있는 닉슨 대통령.

미 상원은 워터게이트 사건을 수사하기 위한 진상조사위원회를 발족했다. 위원회는 곧 닉슨 대통령 자신이 직접 사건에 개입했음을 폭로하는 녹음 테이프의 존재를 알게 되었다. 대통령은 테이프를 넘겨주기를 거부하고 관련 공직자들이 취조 당하는 것을 막으려 했지만, 대통령 고문 가운데 한 명이었던 존 딘이 자신이 알고 있는 사실들을 털어놓고 닉슨의 최측근인 존 D. 엘릭먼과 H. R. 핼드먼이 연루되어 있음을 폭로하였다. 엘릭먼과 핼드먼은 자신들과 대통령의 개입 사실을 부정하려고 했지만, 닉슨 대통령이 거짓말을 하고 있다는 사실은 날이 갈수록 명백해졌다. 1974년 7월, 미 하원 사법위원회는 3개의 탄핵 조항을 권고하였다.

게임은 끝났고, 대통령은 사임하였다. 대통령직을 승계한 부통령 제럴드 포드는 닉슨에게 완전한 사면을 내렸다. 한편 의회와 미 연방 수사국(FBI), 언론의 수사 결과 일련의 불법 행위—선거 유세의 "더티 트릭(Dirty Trick, 상대방의 선거운동 방해를 위한 부정 공작)"과 사기에서 도청에 이르기까지—에 공무원들과 정부 기관들이 가담했음이 드러났다. FBI, CIA, 그리고 국세청까지 닉슨 정권의 "적"을 거꾸러뜨리는 데에 연루되어 있었다. 심지어 그들이 저지른 과거의 불법 행위까지 밝혀졌다.

CIA는 피델 카스트로를 비롯한 해외 정치인들의 암살을 모의했으며, 마피아와도 손을 잡았음이 드러났다. 미국에서 수년간 불법 지하 공작이 극에 달해 있었음이 명백해진 것이다. 정부에 대한 국민의 혐오는 1976년 선거에서 민주당 후보 지미 카터의 승리로 이어졌다. **RC**

# 마이크로소프트 설립

막대한 부와 역사상 가장 거대한 "소프트" 파워의 축적은 이렇게 시작되었다.

▲ 1981년, IBM과 계약을 맺은 뒤의 폴 알렌과 빌 게이츠.

1975년, 19세의 하버드 대학생과 그의 학교 친구가 갓 출시된 앨테어(Altair) 8800 컴퓨터의 BASIC 해석 프로그램을 내놓으면서 이 모든 것이 시작되었다. 프로그램 제작에 몰두하기 위해 두 사람은 뉴멕시코 주 앨버커키로 이주하여 "Micro-Soft"라는 회사를 세웠다. 1976년 11월, 하이픈을 없앤 현재의 트레이드마크를 등록하였다. 1980년 굴지의 컴퓨터 기업 IBM이 마이크로소프트에 접촉, 그들이 개발한 새로운 개인용 컴퓨터(PC)를 위한 해석 프로그램을 개발해줄 것을 요청하면서 신화가 탄생했다. 이후 마이크로소프트는 IBM에 MS-DOS라는 이름의 운영체제(OS)를 공급하게 되었다.

IBM PC와 이를 따라한 컴퓨터 제품들의 인기는 마이크로소프트를 소프트웨어계의 절대 강자로 만들어주었고, 1985년 최초의 윈도우를 출시하면서 마이크로소프트의 지위는 더욱 확고해졌다. 마이크로소프트 제품들은 대부분 "번들", 즉 PC에 장착된 형태로 팔렸다. 그리 오래지 않아 마이크로소프트는 세계 컴퓨터 운영체제 시장은 물론 개인용 또는 기업용 컴퓨터에서 사용하는 소프트웨어 시장 역시 장악하게 되었다. 소프트웨어 시장에서 마이크로소프트의 독주와 제품 결함에 대한 불평에도 불구하고, 마이크로소프트는 역사상 유례가 없는 전세계 시장 독점을 이루어냈다.

마이크로소프트를 세운 두 젊은이는 빌 게이츠와 폴 알렌이었다. 알렌은 건강이 좋지 않아 1980년대 중반 마이크로소프트 경영에서 사실상 손을 뗐지만 여전히 대주주로 남았다. 알렌이 미국 최고의 부자 가운데 한 명으로 만족해야 하는 동안 빌 게이츠는 승승장구하며 세계 최고의 갑부 자리에 올랐다. **PF**

# 폴 포트, 캄보디아 장악

크메르루주가 프롬펜에 입성, 정적들에게 보복을 시작한다.

크메르루주 게릴라들이 캄보디아를 수중에 넣은 날, 지프에 올라 프롬펜 시가지를 누비고 있다.

베트콩 게릴라들이 사용하는 보급선을 차단하기 위해 미군이 캄보디아에 융단 폭격을 퍼부으면서, 1970년대 초 캄보디아는 심각하게 불안정했다. 여기에 1973년 미국이 베트남과 휴전협정을 맺으면서 캄보디아 정부에 대한 원조를 중단하자, 공산주의 반군인 크메르루주는 마침내 수도 프놈펜을 손에 넣을 수 있게 되었다. 1월, 크메르루주가 공격을 시작하자마자 저항은 곧 무너지고 말았다. 크메르루주는 2월에 메콩 강 양안을 수중에 넣고 수도로 향하는 보급선을 차단하였다. 식량과 무기가 떨어지자 정부의 저항은 무너질 수밖에 없었다.

처음에는 크메르루주가 온건한 정책을 펼 것이라는 희망이 있었으나 이는 곧 오래지 않아 산산조각 나고 말았다. 크메르루주의 수장인 폴 포트는 과거의 완전한 단절을 의미하는 "0년"의 도래를 선포하였다. 캄보디아 국민들은 완벽한 혁명 사회—폴 포트의 관점으로는 농민 사회—를 구축해야 했다.

도시민들은 추방 당해 거대한 집단 농장에서 굶주려 가며 강제 노동을 해야 했다. 화폐, 교육, 사유 재산, 종교는 금지되었다. 폴 포트 정권은 길지 않은 집권 기간 동안 무려 100만~300만 명의 국민들을 살해했다. 그러나 크메르루주 정권 몰락의 원인은 이러한 가공할 만한 범죄가 아니라 베트남과의 불화였다. 1978년 12월 베트남군이 캄보디아를 침공하자 크메르루주는 산속으로 돌아가 다시 게릴라전을 펼치는 수밖에 없다. **JS**

1975년 4월 30일

# 미국 베트남전 철수

**미군이 남베트남을 운명에 맡긴 채 사이공을 버린다.**

북베트남군이 사이공을 서서히 조여오는 가운데 미국이 사이공에서 대사관을 철수시키면서 역사상 최대의 헬기 소거 작전이 펼쳐졌다. 남베트남에서 미국을 지원했던 수천 명의 남베트남 국민들도 함께 떠났지만, 더 많은 숫자가 뒤에 남겨졌다. 그러나 남베트남의 함락은 사실상 시간문제나 다름없었다. 북베트남군이 여전히 남베트남에 남아 있게 된 1973년 휴전 이래, 오직 미군이 되돌아올지 모른다는 가능성 하나로 완전 통일이 미루어지고 있었을 뿐이었다. 1974년 남베트남에 대한 미국의 원조는 현저히 줄어들었으며, 이에 따라 더 이상 미군이 적극 개입하는 일은 없을 것이라는 사실이 자명해졌다. 1974년 12월 북베트남은 군사작전을 시작했고, 그리 오래지 않아 남베트남군은 절망적인 상황에 처했다.

> "우리에게 주어진 선택지는 많지 않다… 우리는… 우리의 벗들을 버릴 수 없다…"
>
> **제럴드 포드 대통령, 1975년 4월**

제럴드 포드 대통령의 호소에도 불구하고 의회가 미군의 재배치를 승인하지 않으리라는 것은 명백했다. 이렇듯 공개적인 포기 의사만으로도 남베트남군의 사기를 저하시키기에 충분했다. 북베트남군은 미국의 철수를 굳이 방해하지 않았지만, 필사적으로 미국 대사관에 진입하여 헬기에 탑승하려는 남베트남 국민들의 광란과도 같은 풍경만으로도 미국의 체면이 얼마나 말이 아닌지를 잘 보여주고 있었다. 세계에서 가장 강한 군대가 무기도 변변치 않은 농부들의 군대에 패한 것이다. **JS**

1975년 10월 1일

# 마닐라의 스릴러

**무하마드 알리가 프로복싱의 룰을 다시 쓴다.**

역사상 가장 유명한 복싱 매치는 두 명의 前 세계 챔피언 스모킹 조 프레이저와 33살의 무하마드 알리의 재대결이었다. 먼저 있었던 두 번의 매치—1971년과 1974년—를 사이 좋게 나눠가진 두 사람은 나란히 전적 1승 1패의 무승부 상태였다. 알리는 캐시어스 클레이라는 이름으로 올림픽에서 금메달을 딴 1960년 이래 천부적인 복싱선수로 인정받고 있었다. 그러나 동시에 하늘을 찌르는 자부심과 속에 있는 말을 거침없이 내뱉는 화법으로 일부 백인 선수들에게 비난을 사기도 했다. 거기다 이슬람으로 개종하면서 자신의 "노예의 이름"을 버리자 이러한 비난은 한층 거세졌다. 그것만으로는 부족했던지 알리는 군 입대를 거부해 1967년에는 타이틀을 박탈당하기까지 했다.

프레이저와 알리의 라이벌 구도는 이미 첫 번째 매치가 이루어지기 훨씬 전부터 시작되었다고 보아야 한다. 프레이저는 베트남 전쟁에 찬성했고, 알리는 대표적인 반전 주의자였기 때문이다. 알리는 비교적 준비가 부족한 상태에서 시합장에 도착했다. 반면 프레이저는 알리에게 당한 폭언에 머리 끝까지 화가 나서 (알리는 프레이저를 "백인들의 챔피언"이라고 불렀으며, 심지어 고릴라나 다를 바 없다는 식으로 말하기까지 했다) 마음을 단단히 먹고 훈련해왔다. 상대에 대한 악감정이 팽배한 상황에서 경기는 알리의 맹습으로 시작되었지만, 프레이저는 잘 받아냈다.

10라운드가 끝나고 둘 다 지칠대로 지치자 알리가 다시 한 번 우위를 점했다. 14라운드에서 프레이저는 거의 앞이 보이지 않는 상태에서 무턱대고 주먹을 휘둘러대고 있었다. 다만 타월을 던질 수 없다고 고집을 부리고 있었을 뿐이다. 그러나 경기는 14라운드의 종료와 함께 끝났다. 역사적인 승리를 거둔 알리 자신도 탈진해서 링 위에 쓰러지고 말았다. **PF**

▶ 알리가 단호한 맹습을 시작하자 프레이저가 받아내고 있다. 이 공격으로 결국 경기가 끝났다.

EVERLAST

# 스페인 민주화

수십 년 간의 군사독재가 끝나고 후안 카를로스 1세가 왕좌를 돌려받는다.

▲ 마드리드의 군중이 프랑코의 사망 뉴스를 읽고 있다. 죽음의 침상에서 프랑코는 스페인 국민들에게 새로운 국왕을 지지해줄 것을 호소했다.

"[민주주의를 수복하고]
한 명도 빠짐없는 모든 스페인
국민의 왕이 되기 위하여."

**후안 카를로스, 국회에서 한 첫 번째 연설에서 1975년**

1975년 후안 카를로스가 대관했을 때 스페인은 심각한 문제들을 떠안고 있었다. 독재자 프랑코가 장수하는 바람에 제2차 세계대전이 끝난 후 상황 그대로 뒤쳐져 있었던 것이다. 중앙정부가 통제해온 경제는 전 세계적인 경기 침체에 무방비 상태로 노출되어 있었고, 거기에 주요 무역 상대국인 영국이 1973년 EU에 가입하면서 또 한 번 타격을 입었다. 치솟는 내수 인플레이션은 보통 때라면 침묵을 지켰을 중산층을 강타했고, 대학생들과 하층 노동자들의 동요는 날이 갈수록 격렬해졌다. 노동자들은 직종별 노동조합을 설립하여 국영 기업들로부터 자신들의 권리를 보호하고자 하였다. 스페인에 미 공군기지를 건설하는 데에도 반대가 극심했다(미국은 공산주의에 반대하기 위해 스페인의 파시즘 정권을 방조했다는 비판을 받았다). 여기다 교황 요한 23세의 사회적 교의에 고무된 다수의 가톨릭 사제들까지 공개적으로 노동자들의 시위를 지지하고 나섰다. 한편, 바스크 분리 독립을 주장하는 군사 단체 ETA가 무력 행위를 시작했고, 1973년 프랑코의 부통령 카레로 블랑코의 암살도 ETA의 소행이라는 설이 나돌았다. 여기에 1974년 포르투갈의 파시스트 정권이 무너지자 이미 건강이 악화되고 있었던 프랑코에게는 큰 압력이 아닐 수 없었다. 극보수파인 카를로스 아리아스 나바로 총리는 개혁에 지지부진하여 상황을 더 악화시킬 뿐이었다.

어떤 면에서 1975년 11월 20일 프랑코의 죽음은 그저 서곡에 불과했다. 프랑코는 이미 6년 전에 스페인 왕실의 합법적인 왕위 계승자인 후안 카를로스 데 보르본을 자신의 후계자로 지명해 놓았다. 후안 카를로스는 프랑코 정책의 지지자로 여겨졌으며, 파시스트당(El Movimiento National, 스페인 국민당)에 충성 서약까지 한 상태였지만, 개혁에 대한 야심도 품고 있었다. 1930년대 이후 처음으로 정치 토론과 정당 활동이 합법화되었으나, 변화는 하루 아침에 찾아오지 않았다. **JJH**

# 애플 컴퓨터 창립

**애플사가 컴퓨터 세계에서 마이크로소프트에게 도전장을 던지다.**

애플은 1976년, 샌프란시스코 근교의 실리콘밸리에 있는 휴렛-패커드사에서 일하고 있던 전자공학도 스티브 워즈니악과 비디오 게임 디자이너였던 스티브 잡스가 설립한 회사다. 워즈니악은 결합 회로 기판에서 사용할 수 있는 자신의 개인용 컴퓨터를 디자인했고, 잡스는 그에게 상업용 모델을 만들어보자고 설득하였다. 1076년 4월, 그들은 바로 그 일을 하기 위해 애플 컴퓨터사를 설립했다.

이름을 애플이라고 지은 것은 기존의 컴퓨터 회사들 가운데 알파벳 순으로 가장 먼저 나오기를 바랐기 때문이다(당시 알파벳순으로 가장 먼저 나오는 회사는 애플보다 훨씬 큰 아타리 Atari사였다). 잡스의 침실과 차고에서 만든 그들의 처녀작 애플 I은, 시장에 나온 최초의 개인용 컴퓨터 가운데 하나였다. 애플은 TV 화면과 키보드 등 새로운 요소들을 갖추고 있었고, 가격은 666달러 66센트였다. 애플 I를 업데이트하여 이듬해 출시된 애플 II는 보다 높은 해상도의 그래픽을 구비하였으므로 사진이나 그림을 보는 데에도 무리가 없었다.

1984년 1월, 두 사람은 애플 매킨토시의 첫 번째 버전을 출시하였다. 대부분의 PC가 훨씬 불편한 DOS 운영체제를 쓰고 있을 때, 애플 매킨토시는 "그래픽을 활용한 사용자 중심 인터페이스"를 탑재하고 마우스를 사용하였다. 이때부터 애플은—비록 틈새 시장을 목표로 하긴 했지만—훌륭한 디자인의 제품을 선보이는 것으로 확고한 명성을 얻었으며, 하드웨어부터 소프트웨어까지 수직 통합을 이루어냄으로써 크리에이티브 산업 내에서 특히 매력적인 존재가 되었다.

1981년 4월, 워즈니악은 비행기 사고를 당해 단기 기억상실증에 걸렸다. 결국 그는 애플의 제품 개발 총책임자 자리를 사임해야만 했다. 워즈니악은 1987년 애플사에서 퇴직하였다. 잡스 역시 1986년에 회사를 떠났지만 1997년 최고경영자(CEO)가 되어 돌아왔다. **PF**

▲ 스티브 잡스가 1979년 애플 II 컴퓨터 모니터로 체스 게임을 설명하고 있다.

" …집안에서
한 개의 사과가 의미하는 모든 것,
건강하고 개인적인 것들…"

**스티브 워즈니악**

# 소웨토 학생 시위

남아프리카 경찰이 공립학교의 아프리칸스어 사용에 반대하는 학생 시위를 과잉 진압한다.

처음에는 소웨토의 드문드문한 여러 마을에서 열린 평화로운 행진이 점차 폭력 사태로 변하면서 23명이 사망하였다. 학생들의 시위 원인은 1974년 아프리칸스어 의무 사용 법령이었다. 아프리칸스어—네덜란드계 백인 식민주의자들의 언어—사용이 점점 감소하는 것을 우려한 남아프리카 정부는 모든 학교에서 전체 과목의 절반 이상은 아프리칸스어로 가르쳐야 한다는 명령을 내렸다. 문제는 아프리칸스어가 일상생활에서 널리 쓰이지 않는 언어인데다 압제자의 언어라는 인식이 팽배해 있다는 사실이었다. 4월, 오를란도 웨스트 중학교 학생들이 등교 거부에 들어갔고, 항의 시위가 잇따랐다. 학생들은 몰래 행진을 조직하였고, 전혀 예상하고 있지 못했던 경찰은 깜짝 놀랐다. 경찰은 최루탄을 쏘았고 학생들은 돌을 던지며 맞서자 경찰은 무차별 발포하였다.

아파르트헤이트에 대항하여 어떤 형태든 도전이 있을 것이라는 사실은 쉽게 예상할 수 있었다. 1975년 모잠비크의 프렐리모가 그랬듯, 민족주의 운동이 거둔 승리들은 남아프리카인들도 백인 식민지배자들을 굴복시킬 수 있다는 사실을 보여주었다. 남아프리카 내부에는 젊은이들 사이에서 새로운 저항 정신과 자신감이 불타올랐다. 언어 문제는 남아프리카의 젊은이들이 느끼고 있던 좌절과 분노를 대변했다는 점에서 한 세대 전체를 정치적으로 움직이게 하는 동력이 되었다. 남아프리카 보안군은 두 번 다시 과거에 그랬듯 평화와 안정을 강요할 수 없었다. 해방을 갈구하는 투쟁은 이미 진지하게 막을 올렸던 것이다. 1976년이 저물 무렵, 시민들의 봉기로 700명 가까이 목숨을 잃었다. 남아프리카는 전 세계로부터 비난을 받았고, 보이콧의 강도가 높아졌으며, 경제는 갈수록 흔들리고 있었다. **JS**

◀ 손에 돌을 쥔 소웨토의 학생들이 거리에 나와 폭동에 참여하고 있다.

# 엔테베의 승리

**이스라엘 특공대가 인질범을 어떻게 다루는지 전 세계에 보여준다.**

눈부신 군사작전을 펼친 이스라엘 특공대가 우간다 엔테베 공항의 인질극 사태에 종지부를 찍었다. 드라마는 1주일 전, 4명의 군사조직원—팔레스타인해방인민전선(PFLP) 소속 2명, 독일 적군파 소속 2명—이 이스라엘을 따나 파리로 향하던 에어프랑스 여객기를 납치했다. 이 비행기가 우간다 엔테베에 착륙하자 우간다의 독재자 이디 아민은 PFLP를 지지하는 연설을 했다. 납치범들은 대부분의 승객은 풀어주었지만, 이스라엘 시민과 유대인 이름을 지닌 승객들은 여전히 공항 건물에 인질로 잡고 있었다. 그들은 5개국에 구금되어 있는 35명의 다른 조직원들을 석방하지 않으면 인질들을 죽이겠다고 위협하였다. 이스라엘 군당국은 재빨리 대응책을 계획하였다.

> "이번 작전은
> 군사사의 기록에
> 남을 것이다..."
>
> **이스라엘 총리 이츠하크 라빈, 1976년 7월**

3대의 C-130 허큘리스 수송기에 탄 200명의 군인들이 공항을 급습했다. 그들은 한 순간도 낭비하지 않고 곧장 공항 건물로 밀고 들어가 납치범 전원과 20여 명의 우간다 군인들을 사살하였다. 이스라엘 측의 인명 피해는 단 한 명으로, 바로 작전을 진두지휘한 요나탄 네타냐후 중령이었다. 그들은 추격을 막기 위해 지상에서 미그 17 전투기 11기를 파괴하고 나이로비에 들러 일부 부상자들을 치료한 뒤 이스라엘로 귀환했다. 이번 기습 작전의 눈부신 성공은 이스라엘인들에게는 가슴이 터질 듯한 자랑거리였고, 아민에게는 그의 독재 정권이 막을 내리기 시작했음을 알리는 조종(弔鐘)과도 같았다. **JS**



# 근대에의 경의

**파리 퐁피두 예술 센터가 개관한다.**

많은 이들이 손꼽아 기다리던, 그리고 그만큼 비난도 많이 받던 퐁피두 센터가 1977년 파리 보부르 구역에 개관하였다. 퐁피두 센터는 1969년부터 1974년까지 대통령이었던 조르주 퐁피두의 아이디어로, 퐁피두는 모든 사람이 한 곳에서 시각 예술, 음악, 연극, 영화, 문학을 즐길 수 있는 근대적인 공간을 창조하고자 하였다. 설계를 맡은 건축가 렌조 피아노와 리처드와 수잔 로저스 부부는 이 무렵 비교적 무명이었지만, 그들의 디자인은 혁신 그 자체였다.

7층짜리 건물의 내부 공간을 극대화시키기 위해 전선, 수도관, 기타 등등은 모두 건물 외부에 장착한 화려한 색상의 파이프 속으로 집어넣어버렸다. 에스컬레이터도 건물 외부에 만들고, 투명한 플라스틱 관을 씌워 멋진 파리 풍경을 감상할 수 있게 했다. 비판하는 쪽에서는 겉과 속이 뒤집힌 것 같은 건물이라고 했고, 찬사를 보내는 쪽에서는 시각의 고양과 디자인의 급진성에 후한 점수를 주었다.

퐁피두 센터에는 3개 층을 차지하는 거대한 공공 도서관과 5만 여 점의 작품을 소장한 근대 미술관, 음악당, 컨퍼런스 센터, 그리고 레스토랑과 어린이 구역이 갖추어져 있다. 건물 밖 광장은 파리지앵들에게 인기 있는 만남의 장소가 되었으며, 거리의 악사들로 유명하다. 이 광장 역시 연령과 배경을 막론하고 모든 이가 평등하게 근대 문화를 즐길 수 있는 공간으로 기획되었다. 여러 면에서 퐁피두 센터는 역시 성공적이었다는 평가를 받을 만 하다. 매일 평균 2만 5,000명의 방문객이 찾는, 파리에서 가장 인기 있는 관광 명소가 되었다. 사실 너무나 인기가 높은 나머지 1990년대에 2년 넘게 보수 공사를 위해 폐관해야만 했다. 이 과정에서 전시 공간을 확장하기 위해 사무실을 외부로 옮기기도 했다. 혐오하는 사람들도 많지만, 어찌됐건 퐁피두 센터는 근대 세계의 국제적인 아이콘으로 떠올랐다. **JS**

# 스타워즈 개봉

**조지 루카스의 대서사 모험담이 미국 극장가에서 서막을 올린다.**

"할리우드 악동들(스티븐 스필버그, 프랜시스 코폴라 등 야심 찬 신세대 감독들)" 가운데 하나인 조지 루카스가 각본, 감독한 공상 우주 모험극 「스타워즈」는 역사상 최고의 성공과 영향력을 자랑하는 영화 중 하나이다. 이 영화는 총 6편으로 구성된 시리즈 중 첫 번째였다(단, 스토리의 진행 과정으로는 네 번째에 속한다). 「스타워즈」는 2편의 3부작으로 구성되었으며, 이중 먼저 개봉한 3부작을 보통 「스타워즈」라고 부른다(이 작품들은 후에 각각 「스타워즈4: 새로운 희망」, 「스타워즈5: 제국의 역습」(1980), 「스타워즈6: 제다이의 귀환」(1983)이라는 제목이 붙었다). 두 번째 3부작은 1999년부터 2005년에 걸쳐 개봉되었다.

책과 영화에 등장하는 수많은 신화와 액션 이야기에서 영감을 받은 루카스는 1974년에 이미 「스타워즈」의 구상을 끝냈으나, 어떤 할리우드 스튜디오도 선뜻 투자를 하려고 나서지 않았으며 결국 20세기 폭스사와 계약하였다. 줄거리는 어드벤처 영화지만, 스토리들은 대중 심리학과 가상 신화의 옷을 입고 있다. 이중 대부분은 어디에나 존재하는 신비로운 "포스"라는 개념을 중심으로 하고 있으며, 선(주인공인 루크 스카이워커)와 악(훗날 스카이워커의 아버지로 밝혀지는 다스 베이더)의 대결과, 선을 위해 싸우는 제다이 기사단의 이야기가 거대한 서사극을 이룬다.

1983년, 로널드 레이건 미국 대통령이 소련의 미사일 공격의 위협에 대항한 우주 기반 방어 시스템인 전략 방위 구상(SDI)을 공표함으로써 「스타워즈」는 대중 문화에서 국제 정치의 영역에까지 그 개념이 확장되었다. 지금까지 시도해본 적이 없는 기술을 대폭 채용하는 바람에, SF에서나 가능하다고 믿은 이들이 이 계획에 「스타워즈」라는 이름을 붙여주었던 것이다. **PF**



# 엘비스 프레슬리 사망

**"로큰롤의 제왕"이 그레이슬랜드의 자택에서 심장질환으로 사망한다.**

"로큰롤의 제왕"—또는 단순히 "제왕"—으로 불렸던 엘비스 프레슬리가 42세의 나이로 쓸쓸히 세상을 떠났다. 그는 정크푸드와 진통제, 수면제, 안정제에 절어 테네시 주 멤피스에 있는 자신의 저택 그레이슬랜드의 화장실에서 발견되었다. 사망 원인은 부정맥이었지만, 이미 수년 동안 간 및 장과 관련한 각종 질환을 앓아왔다. 구리 관에 누운 엘비스의 시신은 조문객들이 볼 수 있도록 홀에 안치되었다.

다음날 5만 명의 조문객들이 밀어닥쳤으며, 그의 음반은 2,000만 장이 팔려나갔다. 처음에 엘비스는 그의 어머니 묘 옆에 안장되었지만, 한 달 뒤 무덤이 훼손되는 사건이 발생하자 그레이슬랜드 영지 내로 이장하였다. 한편 일부 팬들은 엘비스가 죽은 것이 아니라 어딘가로 모습을 감춘 것이라고 주장했으며, 사후 수년간 미국 전역에서 엘비스를 목격했다는 사람들이 나타났다.

> "엘비스 프레슬리의 죽음으로 우리는 우리나라의 한 부분을 잃었습니다."
>
> **지미 카터 미국 대통령, 1977년**

엘비스는 사망 직전까지도 공연과 녹음 활동을 계속했다. 한때 미시시피 출신의 별볼일 없는 청년에 불과했던 엘비스 프레슬리는 1950년대 십대들의 반항과 무한한 성적 매력의 궁극적인 상징이었다. 그를 통해 수백만의 백인 청년들이 처음으로 흑인 음악을 접하고 관심을 기울였으며, 그 자신이 "비틀즈가 끼친 위험한 영향"에 대항하여 보수 아메리카를 상징하는 아이콘이 되었다. 1973년 엘비스 프레슬리 특집 방송은 닐 암스트롱의 달 착륙 때보다 더 많은 시청자들을 TV 앞으로 불러모았다는 전설이 있다. **PF**

# 스티브 비코, 경찰서 유치장에서 사망

반아파르트헤이트 운동가 스티브 비코가 프레토리아의 경찰서 유치장에서 사망했으나 경찰은 살해 혐의를 부인한다.

세계적으로 존경을 받는 반아파르트헤이트 운동가 스티브 비코가 프레토리아의 경찰서 유치장에서 사망하였다. 그는 지난 18개월 동안 경찰의 조사를 받다가 유치장에서 숨진 20번째 반아파르트헤이트 운동가였다. 비코는 나탈 대학교 의대생 시절부터 정치 활동에 참여하기 시작했으며 그 때문에 학교에서 퇴학당했다. 타고난 달변가에 글 솜씨도 좋았던 비코는 비폭력으로 아파르트헤이트에 대항할 것을 역설해왔음에도 불구하고 당국에게는 눈의 가시였다. 1973년 3월, 그는 활동 금지 명령을 받았다. 이는 그의 저술을 출간할 수 없음은 물론 한 번에 2명 이상의 청중에게 말을 해서도 안되며, 그 누구도 그의 말을 인용하거나 전달해서는 안 된다는 것을 의미했다. 그러나 비토의 영향력은 너무나 강했기 때문에 그는 여전히 1976년 소웨토 봉기로 이어지는 일련의 시위에 영감을 불어넣은 것으로 비춰지고 있다.

1977년 8월, 비코는 도로의 바리케이드에서 테러 공격 혐의로 경찰에 체포되었다. 그는 벌거벗겨져 사슬에 묶인 채 포트 엘리자베스의 유치장에 구류되어 있다가 치료를 위해 프레토리아로 긴급 이송된 직후 사망했다. 경찰은 그가 장기간 단식투쟁을 벌이다가 사망했다고 주장했지만, 시신을 조사한 결과 머리에 심한 구타로 추정되는 큰 상처가 발견되었다. 상처가 하나라도 있다면 그것은 자해 흔적일 뿐이라는 것이 경찰의 주장이었다. 남아프리카공화국 법무장관은 증인이 없기 때문에 그의 죽음과 관련하여 단 한 사람의 경찰관도 기소할 근거가 없다고 했지만 국제적인 비난은 피할 수 없었다. 반아파르트헤이트 세력의 기를 꺾으려는 정부의 시도는 결과적으로 실패했다. 아프리카인 스스로 긍지를 가져야 한다는 비코의 메세지는 오랫동안 저항 운동의 영혼에 횃불이 되었다. **JS**

▶ 비코의 죽음을 조사하기 위한 예심이 열린 프레토리아의 법무부 청사 정문 앞에서 한 시위자가 항의하고 있다.

# 천연두 정복

**최후의 자연 발생 천연두 환자가 치료를 받고 회복한다.**

인류의 가장 큰 재앙 가운데 하나였던 천연두는—적어도 자연 발생의 경우에 한해서—지구상에서 공식적으로 박멸된 최초의 질병이 되었다. 20세기는 눈부신 의학적 발전을 보인 세기지만, 그중에서도 천연두 박멸은 최고의 위업으로 손꼽힌다.

20년 전만 해도 25개 국가에 천만 명이 넘는 천연두 환자가 있었다. 그중 절반은 인도인이었다. 1958년 세계보건기구(WHO)는 천연두 퇴치 캠페인을 계획했다. 이 프로젝트가 본격적으로 가동된 것은 1967년으로, 천연두가 새로 발생하는 지역을 신속히 파악할 수 있도록 감독하고, 환자를 격리시키고, 백신 접종을 보편화하는 등의 내용이었다. 라틴 아메리카와 서아프리카, 중앙 아프리카의 경우 눈에 띄는 진전이 있었지만 남아시아, 특히 인도는 여전히 주저하고 있었다. 비용이 문제였다. 1970년대에 이러한 장애물이 사라지면서 1975년 인도를 찾은 세계보건기구 관계자들은 인도가 이미 "천연두 제로" 수준에 도달했다는 사실에 놀라움을 감출 수 없었다. 1977년 10월, 마지막 천연두 감염 사례가 아프리카 소말리아에서 보고되었다. 환자는 23살의 병원 조리사 알리 마오우 말린이었다. 그가 천연두 진단을 받은 지 2주 만에 약 5만 5,000명이 백신을 접종해 질병 확산을 막았고 말린은 치료를 받고 회복했다.

1980년 5월, WHO는 천연두 박멸을 공식적으로 선언했다. 천연두 퇴치 프로그램에는 총 3억 달러가 조금 넘는 비용이 들었으며, 어마어마한 의료 비용을 절감할 수 있었다. 그러나 아이러니컬하게도 몇몇 국가에서는 여전히 천연두 바이러스를 보유하고 있다. 만의 하나 천연두가 다시 발병할 때를 대비하여 백신을 만들기 위한 이유도 있지만, 생물학 무기를 만들려는 이유도 있다. 2000년대 초에는 이 바이러스가 테러 조직이나 "깡패 국가"의 손에 들어갈지도 모른다는 공포가 만연하기도 했다. **PF**



# 캠프 데이비드 협상

**캠프 데이비드 합의로 중동 분쟁에 해결의 실마리가 보이기 시작한다.**

1977년 1월 미국 대통령에 취임한 지미 카터는 중동의 평화가 최고 우선 과제임을 천명했다. 1977년 11월 이집트 대통령 안와르 알 사다트가 이스라엘을 깜짝 방문하면서 실질적인 돌파구가 생겼다. 이집트가 외교적으로 이스라엘의 국체를 인정한다는 것을 에둘러 말해준 셈이었기 때문이다. 덕분에 쌍방 교섭의 길이 열렸다. 뒤이어 1978년 9월 캠프 데이비드에서 열린 협상에서 카터는 협상이 실패로 돌아가는 것을 용인하지 않겠다는 자세를 보여줌으로써 타결에 결정적인 역할을 했다. 가장 큰 걸림돌은 요르단 강 서안의 팔레스타인 거주 지역과 가자 지구였다.

> "…이 지역은
> 국가들 사이에서 공존과
> 협력의 본보기가 될 수 있다."
>
> **캠프 데이비드 합의문, 1978년 9월**

이스라엘 총리 마나켐 베긴은 평화조약의 대가로 시나이 반도는 이집트에게 돌려줄 생각이었으나, 팔레스타인 내 이스라엘 점령 지역은 절대 포기할 수 없다고 못박았다. 결국 사다트는 아랍 세계 전체보다는 이집트의 국익을 따르기로 결정했다. 1979년, 이스라엘이 시나이 반도를 반환하는 조건으로 이집트와 이스라엘 사이의 평화조약의 골격을 담은 두 장의 문서가 마련되었다. 중동 지역 전반에 대한 구상을 담은 또 한 장의 문서는 팔레스타인인들에게 어느 정도의 자치를 허용할 것을 언급했다. 이번 협상의 최대 수혜자는 이스라엘이었다—이집트만 아니라면 그 어떤 적대적인 동맹도 그들의 생존을 위협할 수 없었다. 그러나 캠프 데이비드는 양국 간 국경에 평화를 주지 못했다. 사다트는 아랍의 대의를 저버린 배신자로 낙인찍혔고, 결국 1981년 10월, 이슬람 원리주의자들에게 암살당했다. **JS**

# 존스타운 집단 자살

**가이아나 존스타운에서 일어난 인민사원 기독교 신도들의 대규모 집단 자살로 미국이 충격과 혼란에 빠진다.**

가이아나 존스타운에서 짐 존스가 이끄는 913명의 미국 시민들이 한꺼번에 집단 자살했다. 이들은 인민사원 기독교회라고 알려진 사이비 종교 신도들이었으며, 이중에는 276명의 어린이도 포함되어 있었다. 존스는 1972년 침체에 빠져 있던 인민사원 기독교회의 본거지를 샌프란시스코로 옮겨, 인종 통합을 유도하고 자선 활동도 매우 활발하게 펼쳤다. 그러나 다시 한 번 부흥을 맞이하면서 스캔들이 잇따랐고, 결국 인민사원 기독교회는 조세 포탈 혐의로 당국의 수사를 받는 처지가 되었다. 이에 존스는 가이아나의 정글 일대를 임대하고 존스타운을 건설하는 것으로 맞섰다.

가혹한 강제노동과 불충분한 배식으로 교회 내에서 반발이 일어났다. 존스는 약물, 협박, 그리고 야만적인 처벌로 교회 내의 불평분자들을 다스린 것으로 알려져 있다. 탈출을 기도한 일부 신도들이 살해됐다는 루머도 있었다. 이를 들은 미 하원 의원 레오 라이언은 조사에 착수했고, 언론, 정부, 신도 가족들의 대표들을 이끌고 존스타운을 방문했다.

그 이후에 일어난 일에 대해서는 보도마다 엇갈리지만, 일부 신도들이 라이언과 함께 탈출하려 한 듯하다. 그러나 일행이 인근 비행장에 다다랐을 때, 괴한의 공격을 받았고 라이언 외 4명이 목숨을 잃었다. 이후 신도들 대부분은 순순히 줄을 서서 바륨과 시안화물을 섞은 죽음의 칵테일을 마셨다. 소수의 신도들만이 탈출에 성공했고, 일부는 그 와중에 총에 맞아 죽었다. 일개 종교 집단 교주가 이만한 영향력을 휘둘렀다는 사실에 미국은 경악했고, 다른 국가들에서도 신흥 종교를 불신하는 경향이 생겨나게 되었다. **JS**

◀ 인민사원 신도 래리 레이튼이 인근 비행장에서 라이언 일행에게 총격을 가한 혐의로 경찰에 체포되었다.

▶ 존스타운 사건은 여러모로 괴이한 상황에서 일어났으며, 근대사에서 최대 규모의 집단 자살로 기록되었다.

# 아야톨라 호메이니 귀국

추방당했던 성직자 아야톨라 호메이니가 귀국하여 이슬람 혁명을 이끌다.

▲ 아야톨라 루홀라 호메이니가 기나긴 망명 생활을 끝내고 15년 만에 테헤란 땅을 밟고 있다.

아야톨라(이슬람 시아파에서 신앙과 학식이 높은 고위 성직자에게 수여하는 칭호– 역주) 루홀라 호메이니가 열렬한 환영을 받으며 테헤란에 돌아왔다. 그는 오랫동안 무하마드 레자 팔레비 국왕에 반대하는 이슬람 세력의 최전선에 서왔으며, 토지를 개혁하고 여성에게 참정권을 부여하고 비무슬림들의 공직 임명을 허용한 1963년 샤의 "백색 혁명"을 부정하였다. 그는 1964년 11월에 추방되었고, 파리에 거주하면서 끊임없이 샤 반대 운동을 펼쳤다. 그의 저술과 설교는 이란에서 금지 당했음에도 불구하고 널리 유포되고 있었으며 날이 갈수록 영향력이 커지고 있었다. 1970년대 말, 샤에 대한 정치적 반대가 광범위하게 일어나자 샤는 점점 더 탄압에 의존할 수밖에 없었다. 그러나 1979년 1월이 되자 물리적인 탄압으로도 대규모 시위와 날로 심해지는 혼돈을 가라앉힐 수 없었다. 샤는 가족과 함께 해외로 여행을 떠난다고 발표했다—사실상 자진 퇴위였다.

이란 혁명이 어떤 형태로 진행될 것이냐에 대해서는 불분명했다. 누가 보아도 이슬람 원리주의자들이 샤 반대파의 선봉에 서 있었던 것이다. 그러나 샤 반대 운동을 한 사람들 중에는 자유주의자도 있었고, 사회주의자도 있었고, 심지어 공산주의자들도 있었다. 많은 이들이 민주주의가 다스리는 세속 국가를 원했다. 샤가 이란을 떠나자 세속주의자인 샤푸르 바크티아르가 임시정부를 이끌었다. 그러나 호메이니는 이란의 운명을 결정한 유일무이한 심판관이 되기로 마음을 굳혔다. 그는 자신의 추종자인 메흐디 바자르간을 총리 자리에 앉히고 그를 거역하는 이는 알라를 거역하는 것과 같다고 선언했다. 그는 바크티아르를 몰아내고 이슬람 신정정치로 가는 길을 열었다. **JS**

# 스리마일 섬의 악몽

미국 역사상 가장 심각한 원자력 사고가 펜실베이니아에서 일어난다.

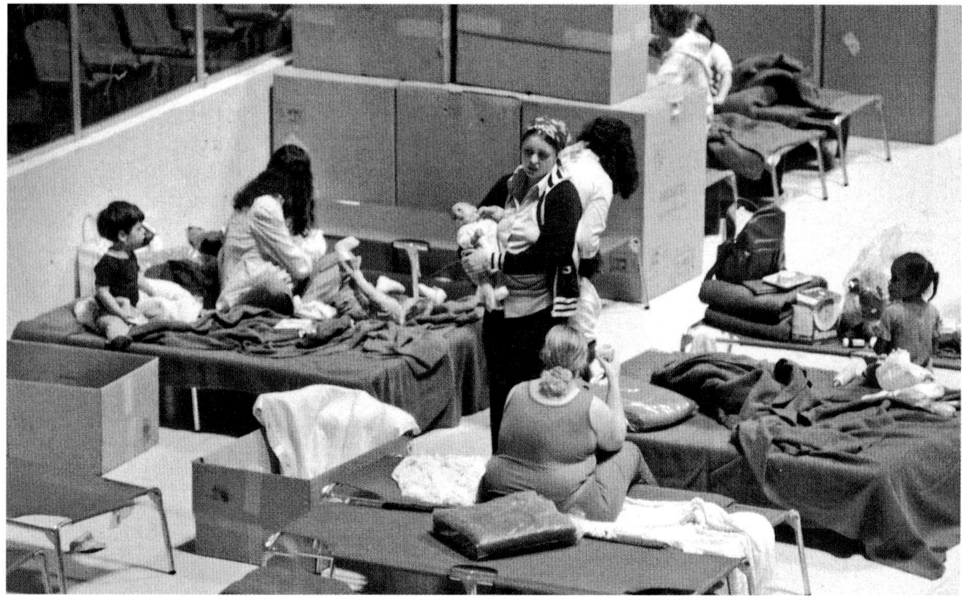

▲ 대피 소동과 함께 큰 혼란이 야기됐으며, 몇몇 여성과 아이들은 지역 스포츠 센터로 피신했다.

아무도 정확한 이유를 알아내지 못했지만, 새벽 4시, 펜실베이니아 주 미드타운 인근 스리마일 아일랜드 원자력 발전소에서 제2원자로의 주 급수 펌프가 작동을 멈췄다. 비상 펌프 역시 작동을 하지 않았고, 원자로 중심에서 순환하며 열을 전도시키는 물 공급이 중단되었다. 원자로 중심은 자동으로 차단되었으나, 장치들의 오작동과 운전자의 실수가 잇따랐고, 원자로 중심을 식히는 냉각수가 상당량 손실되었다. 원자로 중심 자체도 녹아 내리기 시작하였고, 방사능 기체가 누출되었다.

그러나 천만다행으로 대기중으로 유출된 방사능의 양은 놀랄 만큼 적었고, 사고로 인한 즉각적인 부작용도 보고되지 않았다. 발전소 직원들도, 8㎞ 반경 내에 거주하는 2만 5,000명의 주민들 가운데 어느 하나도 건강상의 피해를 입지는 않았다. 그럼에도 불구하고 사고가 불러일으킨 공포는 대단했다. 유사한 원자로 일곱 기가 즉시 임시 차단되었다. 카터 대통령과 펜실베이니아 주 하원 의회가 수사를 지시했다. 이 사고로 한동안 새 원자로의 승인이 보류되었으며, 미국 원자력 산업에도 수년 간 먹구름이 드리워졌다. 스리마일 섬의 제1원자로는 사고로 인한 아무런 영향도 받지 않았지만, 1985년까지 운전이 중지되었으며, 제2원자로를 보수하려는 시도 역시 여전히 접근이 너무 위험하다는 이유로 1990년에 완전히 중단되었다.

이 사고로 미국 국내는 물론 해외에서도 원자력에 대한 공포가 높아졌으며, 원자력 반대 여론을 고무시켜 반핵 운동가들에게 큰 힘이 되었다. **RC**

# 대처 총리 당선

마거릿 대처가 여성으로는 최초로 다우닝 가에 입성한다.

1975년, 마거릿 대처가 정치적 동지들을 제치고 보수당의 수장이 되었을 때 그녀는 영국 정치사상 최초의 여성 당수로 이름을 올렸다. 4년 뒤, 53세의 대처는 총선에서 보수당을 승리로 이끌어 유럽 역사상 최초의 선거에 의한 여성 총리가 되었다.

대처는 부유한 사업가인 남편 데니스 대처의 외조를 받으며 꾸준히 정치 경력을 쌓았으며 1959년 드디어 의회에 입성하였다. 1970년대에 테드 히스 내각에서 교육과학부 장관이 되기는 했지만, 그녀가 영국의 차기 지도자가 되리라고 예상한 사람은 거의 없었다.

이제 그녀는 캘러헌 총리가 이끄는 노동당을 권좌에서 끌어내려야 했다. 대처는 거대 노조의 권력에 염증이 난 중산층의 자포자기, 하늘을 찌르는 인플레이션, 치솟는 실업률, 그리고 국제사회에서 영국의 위상 상실 등을 조목조목 들이댔다. “Labour Isn't Working”이라는 슬로건 아래 발을 끌며 길게 늘어서서 걷고 있는 실업자들의 사진을 내세운 캠페인은 특히 효과적이었다. 대처는 또 소득세를 감면하고 공공지출을 줄이고, 내 집 마련을 쉽게 하고 노조의 권한을 축소할 것을 약속하였다.

노련한 캠페인에도 불구하고 그녀의 지지도는 하락하게 된다. 이 때문에 대처가 선거에서 승리할 수 있었던 것은 그녀 자신의 인기 때문이 아니라 노동당 추락에 따른 반사 이익이라는 주장도 있었다. **JJH**

▶ 마거릿 대처가 다우닝 가 10번지에 들어서며 환하게 웃고 있다. 그녀는 훗날 “철의 여인”이라는 별명을 얻었다.

◀ 런던 첼시 지구에서 대처가 그녀가 이긴 3번의 총선 중 첫 번째 승리를 자축하고 있다.

1979년 6월 2일

# 영광의 순례

**폴란드 출신의 교황이 고향을 방문한다.**

최초의 폴란드인 교황이자, 1522년 이후 최초의 비이탈리아인 교황 요한 바오로 2세가 오케치에 공군 비행장에 내려 고국 땅에 무릎을 꿇고 입을 맞췄다. 바르샤바로 향하는 길 양쪽에는 200만 인파가 열렬한 환호로 교황을 맞이했고, 바르샤바에서 집전한 공개 미사에서는 25만 명의 신도들이 더 참석하였다.

1920년 폴란드 크라쿠프 근교 바도비체에서 태어난 카롤 유제프 보이티와는 재능 있는 운동선수였으며 배우나 극작가를 꿈꾸는 젊은이였다. 1939년, 독일의 폴란드 침공은 그의 인생을 바꾸었다. 그는 하느님의 부름을 받고 1942년 비밀리에 신학 공부를 시작했다. 1946년 사제 서품을 받은 뒤 눈부신 속도로 부상해 1967년에는 추기경이 되었다.

> "마치 카니발, 십자군 출전, 그리고 성대한 폴란드식 전통 결혼식 같다…"
>
> **타임 매거진, 1979년 6월**

이 특정 시점에서 폴란드 출신 교황의 선출은 운명적인 결단이었다. 동유럽 시민들은 공산정권 치하에서 정치적, 경제적 침체로 거의 한계에 다다랐으며 변화에 대한 갈망이 충만했다. 새 교황에 대한 폴란드 정부의 입장은 모호할 수밖에 없었다. 공산주의를 신랄하게 비판해온 가톨릭교회의 수장에게 영웅 대접을 할 마음은 없었지만 대놓고 거부할 수도 없었다. 교황은 고국 방문이 어디까지나 영적인 행보라고 강조했지만, 누가 봐도 그는 정치적 중요성을 자각하고 있었다. 가톨릭교회의 인기가 치솟았으며, 교황의 폴란드 방문은 1980년 독립 직능 노조인 솔리다리노시치(Solidarność) 설립에도 영향을 미쳤다고 한다. **JS**

1979년 11월 4일

# 미 대사관 습격

**아야톨라 호메이니의 추종자들이 불법으로 이란의 미국 대사관을 점거한다.**

아야톨라 호메이니를 광적으로 추종하는 한 무리의 이란 학생들이 테헤란의 미국 대사관을 습격, 외교관과 직원 등 66명을 인질로 잡았다. 이번 사태는 지미 카터 미국 대통령이 폐위된 이란 국왕 무하마드 레자 팔레비에게 암 치료를 위한 입국을 허용한 직후에 일어났다. 샤는 줄곧 워싱턴의 충실한 동맹이었지만, 샤의 송환과 재판, 처형을 요구해온 이란 국민들은 분노하였다.

미국이 군사적 보복을 감행하지는 않을 것이 확실해지자, 아야톨라의 공개적인 지지를 받은 학생들은 샤를 송환하고 그의 재산을 이란에 반환할 것, 그리고 과거 미국이 이란에 저지른 악행을 인정하고 사죄하며, 이러한 과거가 다시 되풀이되지 않도록 보증할 것을 요구하였다. 여성과 흑인들은 대부분 풀려났지만, 52명은 무려 444일 동안이나 인질로 잡혀 있어야 했다.

미국내 이란 자산을 동결하는 것 외에는 달리 취할 수 있는 방도가 없었던 카터로서는 참을 수 없는 굴욕이었다. 1980년 4월, 미군 특수작전부대가 "독수리 발톱" 작전을 감행했다. 그러나 형편없이 구상된 구출 계획은 헬기가 충돌하고 요원 8명이 사망하는 등 혼돈과 비극으로 끝났다. 이란인들이 보기에 이것은 신의 도우심이었다.

아야톨라는 이 기회를 틈타 정적들을 쓸어버리고 이란에 신정 체제를 확립하는 데 성공했다. 한편 카터로서는 최후의 일격을 당한 셈이었다. 몇 달 후 열린 대선에서 그는 참패하고 말았다. 결국 인질들의 무사 귀환을 위해 미국은 이란에 내정 불간섭을 약속하고 미국내 이란 자산의 동결을 철회하는 수밖에 없었다. 인질들이 풀려난 1981년 1월 20일은 카터의 임기 마지막 날이기도 했다. **JS**

# 소련, 아프가니스탄 개입

소련의 아프가니스탄 개입으로 위험한 모험이 시작된다.

▲ 무자헤딘 군인들이 버려진 소련 헬리콥터를 둘러보고 있다.

소련이 아프가니스탄을 침공하면서 냉전 시대에 새로운 전선이 열렸다. 소련은 1978년, 친소파인 아프가니스탄 인민민주당(PDPA)이 쿠데타로 정권을 장악하면서 처음 아프가니스탄에 개입했다. 봉건주의를 타파하기로 작정한 PDPA는 아프가니스탄 농민들의 종교와 전통 등 민감한 부분을 함부로 건드렸다. 이슬람의 반격으로 곧 온 나라가 극심한 혼란에 빠졌고, PDPA는 독자 생존이 불가능해 보였다. 이러한 상황은 모스크바에게 골칫거리가 아닐 수 없었다.

1979년 이란혁명으로 이슬람 원리주의가 얼마나 위험한지 뼈저리게 느낀 바였다. 자칫하면 우즈베키스탄이나 투르크메니스탄 같은 소비에트 연방 내 이슬람 신도들에게까지 확산되지 않으리란 보장이 없었다. 개입도 위험하긴 마찬가지였지만, 아프가니스탄에 친소 정권을 세워놓으면 이슬람에 대항하는 바람벽이 될 수 있을 터였다. 모스크바는 우선 침공 뒤 바브라크 카말에 정권을 세우고 철수하기로 가닥을 잡았다.

군사작전은 성공적이었지만 모스크바는 정치적인 오판을 저질렀다. 제1차 무자헤딘(저항군)이 등장했고, 미국은 기꺼이 이들에게 무기를 대줄 용의가 있었다. 지하드(이슬람의 성전 聖戰)에 참가하기 위해 이슬람 세계에서 지원병들이 속속 모여들었다(개중에는 오사마 빈 라덴도 끼어 있었다). 소련군은 게릴라전의 수렁에 빠져들고 말았다. 전쟁에서 승리할 가능성이 점점 희박해지면서 모스크바는 국민들에게 신뢰를 잃었고, 결국 이는 소련의 붕괴로 이어지는 데에 결정적인 역할을 했다. 전쟁 역시 확산되어 소련은 물론 미국까지 적대적인 이슬람 원리주의를 하나로 단결시키는 데 일조하고 말았다. **JS**

# 그단스크 조선소 파업

폴란드 노동자들의 단결이 공산정권에 드라마틱한 변화를 불러일으킨다.

▲ 파업 지도자 레흐 바웬사가 폴란드 그단스크의 레닌 조선소 정문 앞에서 지지자들에게 연설하고 있다.

그단스크의 레닌 조선소에서, 부글부글 끓던 분노가 마침내 폭발해 비공식 불법 파업에 불씨를 댕겼다. 노동자들은 임금과 가족 수당 인상을 요구했다. 그리 오래지 않아 전기 기술자인 레흐 바웬사가 파업 지도자로 떠올랐다. 그는 노동자들에게 조선소를 점거하도록 설득하고 새로운 독립 직능 노조 "솔리다르노시치(Solidarność, '단결'이라는 뜻)"을 조직한 뒤, 가톨릭 교회의 지지를 등에 업고 파업을 전국으로 확산시켰다. 솔리다르노시치를 통해 총파업이 계획되었고, 경제적 불만과 함께 정치 자유를 요구하는 목소리도 공공연하게 터져나왔다. 폴란드는 격랑에 휩싸였고, 정부는 협상을 시작했다.

그러나 솔리다르노시치의 존재만으로도 이미 공산정권에 대한 도전이었다. 노동자 계급을 대표한다고 주장해온 공산당을 지금 노동자들이 거부하고 있었기 때문이다. 모스크바로서는 도저히 용납할 수 없는 상황이었다. 소련 지도자들은 폴란드 당국이 질서를 회복하지 않으면 소련이 직접 나서겠다는 의사를 분명하게 전달했다. 소련의 침공을 두려워한 군 지도자 보이치에흐 야루젤스키가 12월에 총리에 취임, 계엄령을 선포했다. 솔리다르노시치는 금지되었고, 수천 명이 체포되었으며, 보안경찰과의 충돌 와중에 수 명이 사망하였다. 그러나 지하 운동은 계속되었고, 솔리다르노시치는 폴란드 국민들의 충실한 지지를 받았다. 야루젤스키 정권은 국민들의 지지를 받지 못했고 1989년, 필요한 개혁을 단행하는 데 실패하자 솔리다르노시치와 협상을 시작했다. 미처 깨닫지 못하는 사이에 폴란드에서는 공산주의가 서서히 무너져 내리고 있었다. **JS**

# 존 레논, 뉴욕에서 사망

전 비틀즈 멤버이자 세계 평화 운동가가 총격을 받고 사망한다.

▲ 수천 명의 팬과 평화운동가들이 뉴욕에 모여 존 레논을 위해 철야 기도를 하고 있다.

광팬의 총격을 받고 쓰러졌을 때 존 레논은 평화 운동, 감정 폭발 치료, 평범한 남편으로서의 일상에 매진하며 폴 매카트니와의 관계 악화에서 비롯된 상처에서 빠져 나오려 발버둥치고 있었다. 역사상 가장 성공적인 송라이터 파트너십의 한 축이었으며, 비틀즈 멤버로서 대중음악을 세계적인 현상으로 바꾸어놓은 레논은 일본계 미국인인 전위 예술가 오노 요코에게 빠지면서 그 자신이 지금까지 쌓아올린 업적을 무너뜨리려 하고 있었다. 다른 비틀즈 멤버들은 자기들 사이에 까탈스러운 여자가 끼어들어 참견하는 것을 참을 수 없었다. 1970년 비틀즈가 공식적으로 해체됐을 때 레논과 오노는 이미 결혼하였고 뉴욕에 정착해 창조적인 새로운 가족관계를 형성하였다.

1980년 12월 8일 밤 10시 50분, 레논이 뉴욕의 다코타 아파트로 귀가하고 있을 때, 불과 몇 시간 전에 그에게 사인을 받아간 마크 데이비드 채프먼이라는 이름의 팬이 접근했다. 채프먼은 소리치며 레논을 부른 뒤 등에 네 발을 쏘았다. 병원에 도착했을 때, 레논은 이미 숨져 있었다.

레논을 죽이라는 목소리를 들었다고 주장한 채프먼은 J. D. 샐린저의 『호밀밭의 파수꾼』을 읽으면서 경찰이 도착하기를 기다렸다. 그는 후에 이 책의 주인공인 홀든 콜필드에게 강한 공감을 느낀다고 털어놓았다. 그는 유죄를 인정했으며 종신형을 선고 받았다. 레논이 사망한 지 3주 뒤, "(Just Like) Starting Over"가 차트 1위에 올랐다. **PF**

# "4인방" 공개재판

마오쩌둥 추종자 4명의 재판으로 문화대혁명의 막이 내린다.

▲ 왕훙원(王洪文)은 감옥에서 자신의 죄를 인정했으나 장칭(江靑)은 무죄를 주장했다.

1981년 "4인방"은 소위 "반당(反黨) 행위"로 재판에 회부되었다. 4인방은 마오쩌둥의 부인 장칭, 마오쩌둥의 동료였던 왕훙원, 장춘차오, 야오원위안을 지칭하며, 모두 문화대혁명 기간 내내 마오의 충성스런 추종자였다. 문화대혁명은 1966년 시작되어 중국을 폭력과 혼돈으로 물들였다. 이들을 기소한 당 간부들 가운데에는 덩샤오핑도 있었다. 덩샤오핑은 문화대혁명 때 숙청 대상이었으며 아들 푸팡은 고문까지 당했다. 덩샤오핑은 집념이 강한 사람이었다. 그는 마오쩌둥의 건강이 악화되기 시작한 1973년 당으로 복귀했다. 혼란스러운 내부 권력 다툼이 이어졌지만 결국 승리자는 덩샤오핑이었다. 4인방은 마오가 사망한 직후인 1976년 10월 체포되어 권력 찬탈을 기도했다는 죄목으로 기소되었다. 재판 내내 장칭은 유난히 반항적이었으며 장춘차오와 함께 모든 혐의를 부인했다. 왕과 야오는 죄를 자백하고 참회하였다.

그러나 이런 대조적인 대응이 재판 결과에 큰 차이를 불러온 것은 아니었다. 4명 모두 장기 징역형을 선고 받았지만 몇 년 후 석방되었다. 어차피 이들의 권력은 땅에 떨어진 후였다. 4인방 재판은 중국이 영구적인 혁명을 거부한다는 현실을 보여준 단적인 예였다. 덩샤오핑은 중국이 안정과 번영을 필요로 한다는 사실을 인정하였다. 1978년 이후 덩은 "사회주의 시장경제"를 도입하여 사실상 마오쩌둥의 이상을 저버렸다. 다만 그것을 겉으로 인정하지 않고 공산당이 정치적 실권을 유지했을 뿐이다. 마오쩌둥에 대한 비판도 허용되었고 중국은 급속한 경제성장을 이루며 발전해나갔다. 그러나 정치적 자유만은 단 한 번도 허용되지 않았고, 지금도 마찬가지다. **JS**

# PC의 성공

**IBM이 5150 모델 양산을 시작해 즉각적인 성공을 거둔다.**

20세기의 가장 중요한 발명 가운데 하나는 바로 컴퓨터다. 컴퓨터는 거대하고 다루기 불편한 기계에서 사무실과 가정에서 모두 편리하게 사용할 수 있는 작은 개인용 기기로 진화하였다. 이러한 발전 과정에서 핵심적인 사건을 꼽으라면 1981년 IBM사가 출시한 개인용 컴퓨터(PC)의 등장을 들 수 있다. 절대로 최초의 '개인용 컴퓨터'라고는 할 수 없지만, IBM의 품질에 대한 탄탄한 평판을 바탕으로 날개돋친 듯이 팔려나갔고, 덕분에 개인용 컴퓨터 시장은 엄청난 탄력을 받았다. 이제 컴퓨터는 일시적인 유행이 아니라 필수품이 되었다.

IBM은 이 방면에 이미 경험이 있었다. IBM은 1967년에 세계 최초로 플로피 디스크를 개발했으며 1975년에는 최초의 자급자족형 휴대용 컴퓨터인 5100을 선보였다. 1980년경, IBM은 올인원 데스크탑 워드프로세서인 데이터마스터를 출시했다. 5100과 마찬가지로 값이 비쌌고(약 1만 5,000달러) 잘 팔리지도 않았다. 그러나 5150은 대히트였다. 비교적 합리적인 가격인 3,000달러 안팎의 가격에, 경쟁사 제품보다 메모리 용량도 많았다. 경쟁사들은 곧 5150을 모방한 제품을 내놓기 시작했고, 그 때문에 'IBM 복제품'이란 별명이 붙었다가 나중에는 간단하게 PC라고 불리게 되었다.

엔지니어 돈 에스트리지의 작품인 최초의 5150은 '인텔 8088 CPU'를 탑재했으며 단일 플로피디스크 드라이브에 64KB 램 메모리가 장착되었다. 여기에 마이크로소프트사의 DOS 운영체제를 도입하기로 결정하면서 마이크로소프트사는 이후 소프트웨어 시장의 황제로 군림하게 되었다. **RC**



# 아르헨티나, 포클랜드 침공

**아르헨티나의 영국령 포클랜드 제도 침공이 절박한 도박으로 끝난다.**

레오폴도 갈티에리가 이끄는 아르헨티나 군사독재 정권이 보기에 1982년 포클랜드 제도 침공은 심각한 경제 위기와 갈수록 불안해지는 국내 정국에서 국민들의 관심을 돌리기 위한 절호의 기회였다. 남대서양에 위치한 영국령 포클랜드 제도는 아르헨티나에서는 말비나 제도라는 이름으로 불리며 19세기 이래 양국 간 영유권 분쟁이 끊이지 않았다. 1965년 협상이 시작되었으나 영국은 해결책을 찾는 데 별 흥미를 보이지 않았다. 그러나 1981년 영국은 포클랜드에 주둔하고 있던 마지막 해군 함정을 철수시키고, 1,800명의 주민에게 완전한 영국 시민권을 부여하기 위해 상정했던 법안도 철회하기로 했다. 말비나를 아르헨티나 품으로 되가져오기만 하면 군부는 엄청난 지지를 받을 터였다. 영국은 어차피 포클랜드에 별 관심이 없어 보이니 완력으로 빼앗으면 기정사실로 수용할 거라고 생각한 것이다. 이것은 심각한 계산 착오였다. 영국 총리 마거릿 대처는 당시 경제 개혁으로 사회가 분열되고 양극화가 심해지면서 심각한 지지율 저하를 겪고 있었다. 그녀 역시 인기를 되찾기 위해 뭔가를 보여주어야 했다. 존재 가치를 증명하기 위해 기꺼이 나선 해군의 재촉을 받은 대처는 포클랜드 제도를 재정벌하기 위해 해군 부대를 보냈다.

74일간의 분쟁은 아르헨티나의 참패로 끝났다. 양측 사망자는 900명, 부상자는 2,000명에 달했다. 1만 1,000여 명의 아르헨티나 군인이 항복하였다. 아르헨티나 군부는 이러한 치욕을 겪고 버틸 수 없었다. 1983년 아르헨티나는 다시 민주 국가가 되었고, 대처 역시 같은 해 열린 총선에서 압도적인 승리를 거두었다. **JS**

▶ 폭탄 뇌관을 제거하던 도중 폭탄이 터지면서 화염에 휩싸인 군함 HMS 앤텔로프호. 이는 포클랜드 전쟁을 상징하는 사진이 되었다.

# 베이루트 학살

이스라엘이 팔레스타인 난민 캠프에서 벌어진 참극에 대한 책임을 부인한다.

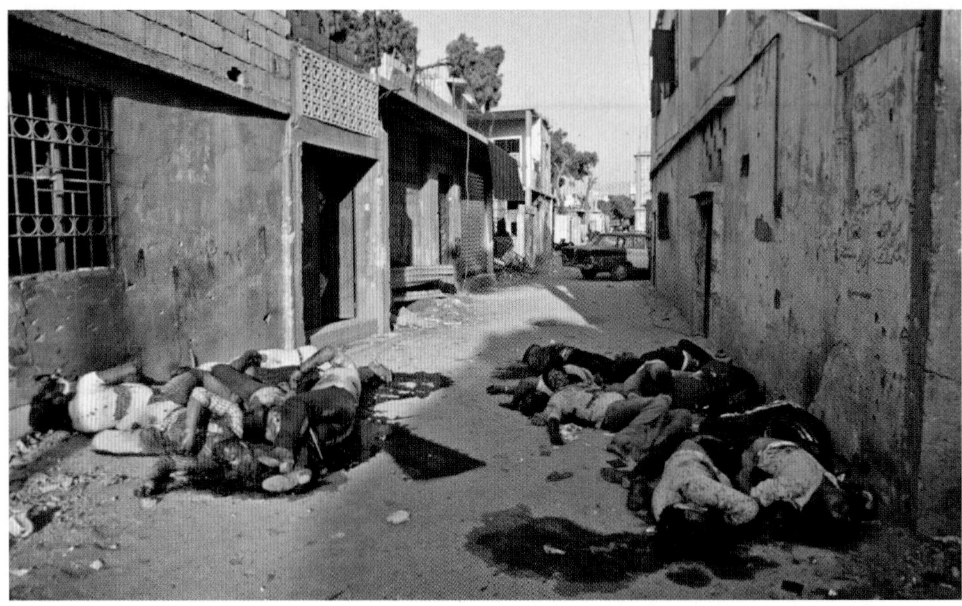

▲ 총에 맞거나 칼에 찔리거나 난도질을 당해 사망한 무고한 희생자들의 시체가 이글거리는 태양 아래 그대로 버려져 있다.

레바논 내전은 1975년에 처음 발발했다. 1982년 6월 팔레스타인해방기구(PLO)를 축출하기 위해 이스라엘군이 개입, 샤틸라 난민 캠프와 인근 사브라 지역을 포위하면서 분위기는 한층 더 공포스러워졌다. 그 사이에 기독교 팔랑헤당 민병대가 캠프에 난입, 사흘간에 걸쳐 광란의 대량 학살과 잔학 행위를 벌였다. 아무 힘도 없는 3,500명의 무고한 민간인이 목숨을 잃었다. 팔랑헤 당원들은 그들의 당수인 바시르 제마옐이 팔레스타인인의 손에 암살당했다고 믿었던 것이다(그러나 제마옐 살해를 모의한 주범은 시리아였다). 이스라엘 국방 장관 아리엘 샤론은 당시 이미 베이루트에서 철수한 상태였던 PLO가 레바논에 위장 게릴라를 남겨두었다고 주장했다. 이스라엘군은 당시 학살이 일어나고 있었다는 사실을 몰랐다고 주장했지만, 생존자들은 이스라엘군이 실질적인 공범이었음을 주장했다. 이로 인해 샤론이 PLO는 물론 팔레스타인 난민 전원을 레바논에서 제거하고자 했다는 의혹이 일어났다.

진실이 무엇이건 간에, 전 세계, 특히 유럽에서 비난의 목소리가 터져나왔다. 텔아비브에서는 30만 명의 이스라엘인들이 이러한 반인도적인 행위에 반대하는 뜻에서 시위를 벌였다. 12월, UN총회에는 샤크라 학살을 인종 말살 행위로 비난하였다. 1983년 2월, 이스라엘의 카한 위원회는 당시 이스라엘 군인 전원에게 무혐의 판결을 내렸지만, 샤론 개인은 직무 유기의 책임을 피할 수 없었다. 샤론은 사임했지만 2001년 이스라엘 총리로 정계에 화려하게 복귀했다. 2002년 샤론을 기소하려던 시도 역시 무위로 돌아갔다. **JS**

# 레이건, "별들의 전쟁" 선포

미국이 신개념 방위 정책을 선포한다.

▲ 우주에서 미사일을 발사하겠다는 레이건의 계획은 고르바초프로 하여금 냉전 종식을 위한 협상 테이블에 앉게 했다.

1983년 3월, 로널드 레이건은 우주 미사일 기지 건설을 골자로 하는 전략방위구상, 일명 "별들의 전쟁(Star Wars)"을 선언했다. 한때 할리우드 스타였던 레이건은 캘리포니아 주지사를 거쳐 1980년 대통령 선거에 공화당 후보로 출마, 승리하였다. 당시 많은 유권자들은 미국이 실망스러울 정도로 약해졌다고 생각하고 있었다. 세련된 방위 정책이 절실한 순간이었다.

새 정부는 레이건이 "악의 제국"이라고 부른 소련과 그 동맹국들에 대항하여 소리 없는 전쟁 수준의 무언가가 진행 중이라고 믿고 있었다. 레이건은 전 세계 반공 세력에게 원조를 제공할 준비가 되어 있었으며 미국의 군사력을 증강시켰다. 일례로 1980년에는 1,360억 달러였던 국방부 예산이 5년 후에는 2,440억 달러로 늘어났다. 어마어마한 파괴력을 자랑하는 신세대 핵미사일과 무기들이 제조되었으며, 그중 일부는 유럽에 배치되었다. 새로운 "별들의 전쟁" 구상이 기술적으로 가능한지는 의심스러웠지만, 소련 지도층은 긴장할 수밖에 없었다. 세계는 핵전쟁에 점점 다가가고 있는 것처럼 보였지만, 레이건의 위협은 결국 먹혀 들었고 소련은 한 발짝 물러섰다.

소련의 새 지도자 미하일 고르바초프가 소련이 더 이상 천문학적인 비용을 필요로 하는 군비 경쟁을 감당할 수 없다는 사실을 깨달았기 때문이다. 고르바초프는 레이건과 성공적인 협상을 벌였고, 소련 체제가 붕괴를 향해 비틀거리며 나아가고 있는 동안 냉전 시대는 막을 내렸다. **RC**

# 유럽 대규모 시위

**유럽에서 크루즈 미사일 배치에 반대하는 대규모 시위가 일어난다.**

이날, 유럽 전역에서 수백만 명이 거리로 나와 미국의 "퍼싱 2" 크루즈 미사일을 유럽에 배치하기로 한 결정에 항의하는 시위를 벌였다. 독일에서는 약 120만 명이 슈투트가르트에서 노이울름에 이르기까지 100km에 달하는 인간 사슬을 만들었다. 런던에서는 시위대 추산 백만 명이 시가 행진을 벌였다. 로마, 빈, 스톡홀름, 파리, 브뤼셀, 마드리드, 더블린에서도 시위가 일어났다. 1982년 초, 영국의 그린햄 커먼에 96기의 크루즈 미사일을 배치하기로 결정하면서 처음 반대 운동이 시작되었으며, 기지 외곽에 여성과 어린이들만으로 구성된 영구 평화 캠프 설립으로 이어져 영국 정부를 당황하게 만들었다. "퍼싱 2" 미사일의 문제는 비교적 크기가 작은데다(길이 10m) 이동용 발사 차량으로 운반할 수 있고, 값이 싸다는(핵탄두를 제외하면 1기에 약 200만 달러) 것이었다. 이 때문에 그 숫자와 위치를 파악하기가 어려워 무기 감시 조약에는 악몽이나 다름없었다. 총 572기가 유럽에 배치될 예정이었다. 게다가 미국 대통령 로널드 레이건과 그의 충실한 파트너인 영국 총리 마거릿 대처는 평화 운동가들 사이에서 강경파 냉전주의자에 무기가 어울리는 골수 매파로 인식되고 있었다.

유럽에서의 시위는 냉전 심화에 대해 시민들이 얼마나 넌덜머리를 내고 있는지를 보여주었다. 그러나 미국과 영국 정부는 한 발짝도 물러서지 않았다. 퍼싱 2 미사일 배치는 예정대로 진행되었고, 1987년 미국과 소련이 중거리핵전력협정을 맺은 뒤인(아이러니컬하게도 이 협정을 주선한 사람은 레이건이었다) 1991년 3월에야 제거되었다. 그러나 그린햄 커먼 평화 캠프는 2000년까지 그대로 남아 전 세계 평화 운동가들에게 영감을 주었다. **JS**



# 자살 폭탄 테러

**베이루트에서 레바논 자살 폭탄 테러리스트들이 서부 전선을 박살낸다.**

두 명의 레바논 시아파 자살 폭탄 테러리스트들이 미국과 프랑스군 기지를 폐허로 만들었다. 이들은 레바논을 안정시키고 내전을 종식시키기 위해 파견된 다국적군 소속이었다. 일단의 시아파 군사 조직—훗날의 헤즈볼라—은 외국 군대가 제국주의자들이자 영원한 적인 이스라엘의 보호막이라고 생각했다. 베이루트 국제공항의 미군 해병대 기지에서는 군인들이 대부분 잠들어 있던 시간에 거대한 폭탄을 실은 트럭이 주청사 로비로 돌진했다. 건물이 붕괴하면서 242명의 대원이 사망했다. 미군 해병대 역사상 제2차 세계대전 이후 1일 동안 최대 사망자를 기록한 날이었다. 그와 동시에 프랑스군 기지에서도 비슷한 형태의 테러 공격으로 지하 주차장에 폭탄이 터지면서 58명이 낙하산 부대원들이 사망하였다.

> "당신들의 힘으로는 스스로를 지킬 수 없다… 앉아서 무슨 일이 일어나기를 기다리는 것은 재앙이다."
>
> **캐스퍼 웨인버거, 2001년 9월**

미국 국방장관 캐스퍼 웨인버거는 미국은 테러리즘의 협박에 굴하지 않을 것이며 중동 정책에도 변함이 없을 것이라고 주장하였다. 프랑스 미테랑 대통령도 같은 내용의 성명을 발표했지만 1984년 2월 미 해병대는 결국 철수했고 다국적군 역시 4월에 그 뒤를 따랐다. 가혹한 대응은 아랍 세계에서 반미 감정을 부채질했다. 2003년, 미국 법정은 이란 정부가 테러를 주도했다고 판결했으나, 이후 책임 진 사람은 아무도 없었다. **JS**

# 황금 사원 습격

편자브 주에 위치한 신성한 사원이 습격을 받으면서 인도는 물론 전 세계 시크교도들이 격렬하게 반발한다.

인도군이 편자브 주 암리차르에 위치한 시크교 최고 성전인 황금 사원을 급습해 이곳에 은신 중이던 담다미 탁살 무장 분리독립주의자들과 그들의 지도자 자르나일 싱 빈드란왈레 체포에 나섰다. 빈드란왈레는 시크 분리 독립을 부르짖어 왔다. 시크교도들 사이에서 그의 인기와 영향력은 날이 갈수록 커지고 있었고, 인도 정부는 국가 통합에 위협이 되는 암초를 그대로 두고 볼 수 없었다. 인도 정부는 황금 사원을 포위하고 물자 공급을 끊었다. 무장 조직원들과 수천 명의 시크교 순례자들이 사원 안에 갇혔다. 수 일이 지나갔고, 인디라 간디 총리는 마침내 "푸른 별" 작전을 개시할 것을 명령했다. 군대가 진입하자 격렬한 전투가 벌어졌고 수많은 사상자가 발생했으며, 사원은 심하게 훼손되었다.

이미 그 전에 이 지역에서 기자들이 추방 당했기 때문에 정확한 상황이 어땠는지에 대해 격한 논란이 벌어졌다. 군은 군인 83명과 빈드란왈레를 포함한 492명이 사망했다고 주장했다. 시크교도들은 학살당한 민간인의 숫자가 더 많으며 사원이 복구 불가능할 정도로 손상되었다고 주장했다. 시크교 도서관과 아칼 타크핫(황금 사원 바로 옆에 있는, 시크교 세속 통치자들의 전통적인 거처)은 고의적으로 파괴되었다. 전 세계의 시크교도들이 분개했다. 인도의 수많은 온건파들조차 극단주의에 불을 지필 뿐인 이러한 사태에 경악했다. 황금 사원 습격 후 수천 명의 시크교도들이 체포되었고, 그 결과 테러와 당국의 탄압이 수년 동안 계속되었다. 간디 자신도 시크교도 경호원의 손에 암살 당하는 운명을 맞았다. **JS**

신성한 황금 사원 습격 이후 분노한 시크교도들의 시위가 절정에 달했다.

# 인디라 간디 암살

인도 총리가 시크교 성소를 모독한 대가를 치른다.

▲ 인디라 간디 암살 직후 폭동이 일어나기는 했지만 장례식은 경건하고 위엄 있게 거행되었다.

인도 총리 인디라 간디를 쓰러뜨린 두 암살자, 베안트 싱과 사트완트 싱은 그녀 자신의 경호원이었다. 시크교도였던 이들은 간디가 1983년 6월 시크교의 가장 신성한 성소인 암리차르의 황금 사원 습격을 용인한 데에 분개하여 범행을 모의했다. 습격에는 언제나 위험이 동반하지만, 간디는 어쩔 수 없다고 생각했다. 담다디 탁살 시크 분리독립주의자들과 그들의 지도자 자르나일 싱 빈드란왈레는 시크교 신정 공화국을 세워야 한다고 주장해왔으며 황금 사원에 피신해 있는 상태였다.

인도의 국체에 대한 그러한 도전은 어떻게 해서든 뿌리뽑아야 했다. 당연히 군사작전은 수많은 인명 피해와 신전의 훼손을 불러올 수밖에 없었다. 수많은 시크교도들은 인도군이 수천 명의 민간인들을 학살했으며 고의적으로 신전의 일부를 파괴했다고 믿었다. 이후 이어진 시크 분리주의 탄압은 테러와 보복의 악순환을 낳았을 뿐이었다. 인디라 간디는 거듭되는 신변의 위협에도 침착하게 자신을 운명에 맡겼다. 이런 시국에 시크교도 경호원들을 두는 것이 현명한지에 대한 질문을 받자 그녀는 자신을 10년간 경호해온 베안트 싱을 가리키며 자신이 전적으로 신뢰하는 사람이라고 말했다.

간디가 정원을 거닐고 있는 동안 두 경호원은 그녀에게 서른 한 발의 총알을 쏘았다. 베안트 싱은 그 자리에서 사살되었으며 사트완트 싱은 부상을 당한 뒤 처형되었다. 암살 뉴스가 전해지자 인도 전국에서 종교 폭동이 일어났다. 분노한 힌두교도들은 시크교도들을 색출하는 데 혈안이 되었다. 인디라 간디 암살은 시크 분리 독립 투쟁에 또 하나의 비통함을 더한 것이다. **JS**

# 보팔 가스 참사

수천 명의 인도인이 유니언 카바이드사 공장의 독성 가스 유출 사고로 처참하게 목숨을 잃는다.

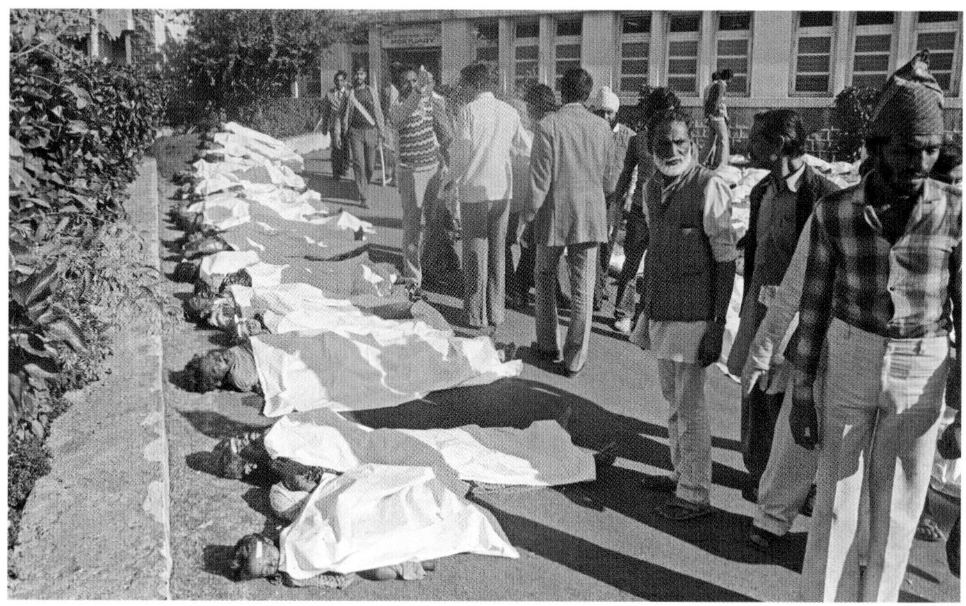

노동자들이 합동 매장 또는 화장을 위해 수없이 많은 시체들을 수습하고 있다.

인도의 보팔 시에서 미국계 다국적기업인 유니언 카바이드사가 소유한 살충제 공장의 독성 가스 유출 사고로 하룻밤에 수천 명이 사망하였다. 시안화 가스와 제1차 세계대전 때 쓰였던 가장 치명적인 독가스인 포스겐이 뒤섞인 약 39t의 맹독 가스 메틸이소시아네이트가 한밤 중에 도시의 대기로 흘러나온 것이다. 사망자 수의 최종 집계는 저마다 다르지만, 역사상 최악의 산업 사고로 기록될 이 사고로 약 3만 명이 사망한 것으로 추산된다. 15만여 명이 불구가 되었으며, 50만 명이 가스 중독으로 인한 피해를 입었다.

상수도가 오염되면서 암과 호흡 곤란, 기형아 출산율이 치솟았다. 유니언 카바이드사는 비용이 더 든다는 이유로 공장을 도시 외곽에 건설하기를 거부했다고 알려졌다. 1980년대 들어 살충제 수요가 감소하면서 이 공장은 필사적인 비용 절감 중이었고, 이 때문에 보수 및 안전 기준이 대폭 저하되었다는 것이다.

유니언 카바이드사는 피해 보상을 회피하기 위해 기나긴 법정 투쟁을 벌였으며 1989년에야 겨우 합의에 도달했다. 가장 인명 피해가 큰 가족이 한 가구당 2,200달러의 보상금을 받았을 뿐이고, 불구가 된 이들은 거의 한 푼도 받지 못하다시피 했다. 1992년, 보팔 법원은 사고 당시 유니언 카바이드사의 최고 경영자였던 워런 앤더슨에 대해 고살(故殺) 혐의로 체포 영장을 발부했지만, 미국은 신병 인도를 거부했다. 그러나 이 사건은 저개발 국가에서 서양 다국적 기업의 행위에 대한 심각한 문제를 제기하였다. **JS**

# 탄광 노조 항복

영국 탄광 노조가 파업을 철회한다.

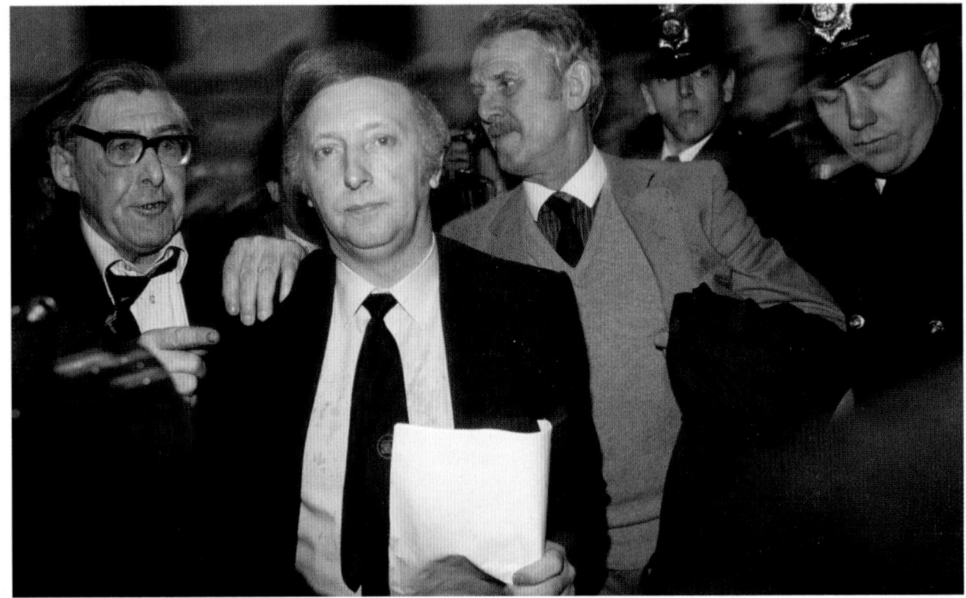

▲ 영국 탄광 노조 위원장 아서 스카길이 탄광 폐쇄를 둘러싼 협상을 타결하기 위해 파업 실패를 발표한 직후 기자들의 카메라 플래쉬 세례를 받고 있다.

51주 동안 계속된 투쟁 끝에 전국탄광노조는 결국 파업을 철회했다. 특별 대표자 회의에서 98대 91로 파업 철회안이 가결된 것이다. 수많은 갱에서 브라스밴드를 앞세워 일터로 복귀한 광부들은 체면을 구기지 않으려 애썼다. 그러나 이 정도로는 1974년 보수당 정권을 무너뜨렸던 영국 최고의 강성 노조가 얼마나 참담한 패배를 겪었는지 숨길 수 없었다.

사실 마거릿 대처의 보수당 정부는 이번 투쟁에 오랫동안 대비해온 것은 물론 환영하기까지 했다. 이번 싸움에서 승리하면 대처의 과격한 산업 개혁에 저항하는 모든 직능 노조를 한꺼번에 거꾸러뜨릴 수 있었기 때문이다. 대처는 미리 대량의 석탄 재고를 확보해놓도록 지시했으며, 특정 목표물의 집단 봉쇄 등 탄광노조의 원정 파업 지원 요원들의 전술을 격파하기 위해 경찰을 무한 지원했다. 여기에 탄광노조 위원장 아서 스카길이 파업 찬반 투표에서 필요한 표를 확보하지 못할 것을 우려해 투표 없이 불법 파업에 들어가는 악수까지 두면서 정부 측은 더욱 힘을 받았다. 패배의 결과는 참담했다. 그로부터 20년 동안 한때 19만 7천 명 규모를 자랑했던 영국 석탄 산업은 6개 탄광에 4천 명으로 축소되었다. 심지어 근대적인 설비를 갖추고 높은 수익을 올리는 탄갱이 많으며, 파업에도 큰 열의를 보이지 않았던 이스트 미들랜드 지방 역시 칼날을 피해갈 수 없었다.

경제적으로 탄광에 전적으로 의존하고 있던 지역들은 황폐화되다시피 했다. 그러나 대처는 모든 노조에 대한 승리의 축배를 들 수 있었다. **PF**

# 레인보우 워리어호 침몰

프랑스의 사보타주 행위로 결국 자국의 핵실험 프로그램에 종지부를 찍다.

뉴질랜드 총리 데이비드 레인지가 레인보우 워리어호 침몰을 "국제적으로 국가가 지원한 지저분한 테러 행위"라고 비난하다.

밤 11시 45분, 뉴질랜드의 오클랜드 항구에서 금속성의 푸른 불꽃이 튀더니 두 번의 폭발이 일어났다. 4분 뒤, 선체 길이 40m의 트롤 어선이 침몰했다. 선원 가운데 10명은 안전하게 대피하는 데 성공했지만, 포르투갈 출신의 사진작가 페르난도 페레이라는 장비를 가지러 선실로 돌아갔다가 미처 빠져 나오지 못하고 익사하였다.

레인보우 워리어라는 이름의 이 배는 환경보호 단체 그린피스(Greenpeace) 소속으로, 폴리네시아 뮈뤼로아 환초에서 실시 예정이었던 프랑스의 핵탄두 실험에 항의 시위 중이었다. 그린피스는 프랑스와 동맹 관계이긴 했지만 비핵국인 뉴질랜드를 출항하여 뮈뤼로아로 가서 실험을 방해할 예정이었다. 폭발 며칠 전, 두 명의 프랑스 비밀 요원이 레인보우 워리어를 찾아가 선체에 흡착 폭탄을 설치하였다. 이들은 인명 피해는 발생하지 않도록 할 생각이었다. 과실치사 혐의를 인정한 이들은 레인보우 워리어호가 정탐 설비를 갖추고 있었으며, 페레이라는 KGB 소속 스파이였다고 주장하였다. 이들은 징역 10년 형을 선고 받았지만, 몇 년 후 프랑스로 송환되었다.

레인보우 워리어호 침몰 이후, 수많은 민간 선박이 뉴질랜드를 떠나 뮈뤼로아로 향했으며, 프랑스는 이후 10년간 핵실험을 포기하게 된다. 뉴질랜드의 비핵 정책은 강한 지지를 받았으며, 국제적으로 그린피스의 인기와 명성이 치솟았다. 당시 프랑스 대통령인 프랑수아 미테랑이 핵실험을 승인했음이 훗날 밝혀졌다. **PF**

# 에티오피아 긴급 구호 공연

밥 겔도프가 주도한 공연에서 음악인들이 무료 연주를 펼친다.

▲ 런던의 웸블리 스타디움에서 열린 역사적인 라이브 구호 콘서트. 대규모 관중이 참석하였으며, 전세계로 TV 중계되었다.

어느 화창한 날 오후 12시 2분, 런던의 웸블리 스타디움에서 록밴드 스테이터스 쿼(Status Quo)의 프랜시스 로시가 7만 2,000명의 팬들 앞에서 콘서트 개막을 알렸다. 대서양 건너 미국 필라델피아의 JFK 스타디움에서도 9만 명의 관중이 운집한 가운데 오후 1시 51분에 공연이 시작되었다.

전 세계 160개 국에서 약 15억 명으로 추산되는 시청자가 TV로 쇼를 시청하였다. 이것은 전 세계의 주크박스에 "스위치를 넣음"으로써 에티오피아에서 일어나고 있는 끔찍한 기아 사태를 알리고 구호 자금을 모금하기 위한 라이브 콘서트였다. U2의 보노가 관중석으로 내려와 한 여성의 손을 잡고 춤을 추는가 하면 퀸의 프레디 머큐리가 최고의 히트곡들을 모조리 훑으면서 관중은 무아지경에 빠져들었다. 그러나 음악과 음악 사이는 집단 자각—굶어 죽어가는 에티오피아의 어린이들의 비디오, 사람들에게 전화기를 들고 성금을 내도록 설득하는 32세의 아일랜드 출신 공동 기획자인 밥 겔도프의 감탄사—으로 채워졌다. 겔도프가 아니었다면 이번 콘서트는 이루어지지 못했을 것이다. 1984년 10월, TV에서 죽어가는 에티오피아 어린이들의 비참한 실상을 목격한 붐타운 래츠의 리드 싱어 겔도프는 세계의 정치인들과 음악인들로부터 모두 도외시되고 있던 사회 문제에 각성의 불을 붙였다. 무관심했던 각국 정부들은 포기를 모르는 겔도프의 탄원에 결국 무릎을 꿇었다.

라이브 구호 콘서트는 대성공이었다. 전 세계에서 공연에 참여하겠다는 음악인들이 줄을 섰고, 자원봉사자들도 쇄도하였으며, 총 6,200만 달러를 모금하였다. **PF**

# 록 허드슨 사망

은막의 인기 스타가 사망하면서 점점 커져가는 에이즈의 위협에 이목이 집중되다.

▲ 1996년 에이즈 희생자를 추모하기 위해 워싱턴에 조성된 보도의 명판에 록 허드슨의 이름이 보인다.

록 허드슨은 놀라울 정도로 잘생긴 데다, 누가 보기에도 남성적인 매력이 물씬 풍기는 배우였다. 그가 할리우드에서 거둔 성공은 상당 부분 자신의 에이전시와 스튜디오를 직접 설립한 데에 있었다. 심지어 허드슨은 자신의 이름까지 직접 지었다. 록은 지브롤터 바위(Rock of Gibraltar)에서, 허드슨은 뉴욕의 허드슨 강에서 따온 것이다. 1948년, 그가 최초로 출연한 「전투 비행대 Fighter Squadron」에서 단 한 줄의 대사를 위해 38번을 테이크 해야 했다는 이야기는 이제 할리우드의 전설이 되었다. 그러나 1950년대와 1960년대에 그는 일련의 코미디 영화에 출연하여 인기를 얻었는데, 그중 상당 수의 영화에서 도리스 데이가 상대역을 맡았다.

촬영장 밖에서는 조용하고 수줍음이 많은 성품이었던 허드슨은 스크린에서 보는 자신을 좋아하지 않는다고 말하곤 했다. 그는 동성애자였으며, 1955년 에이전트의 비서와 결혼한 것은 호기심 많은 세간의 시선을 다른 방향으로 돌리기 위한 연극이었다는 사실을 아는 사람은 거의 없었다. 이 결혼은 3년간 유지되었다. 허드슨이 동성애자라는 것이 드러난 것은 그가 에이즈로 거의 사망 직전에 이르러서였다. 허드슨은 베벌리힐스의 자택에서 60세를 얼마 남겨놓지 않고 존엄사 하는 쪽을 택했다.

그는 영화계에서는 에이즈로 사망한 최초의 유명인이었다. 대부분의 언론 반응은 무자비했지만, 동시에 허드슨이 동성애자였다는 뉴스는 사회가 동성애를 점차 수용하는 데 일조하기도 했다. 1970년대부터 힘을 받던 게이 인권 운동이 탄력을 받았으며, 이 새로운 치명적인 질병에 대해 대중의 동정적인 인지도를 높이는 데에도 기여하였다. **RC**

# 우주왕복선 폭발

## 우주왕복선 챌린저호가 비극적으로 임무를 마친다.

▲ 우주왕복선 챌린저호((STS-51L)가 플로리다 주 케네디 스페이스 센터에서 이륙하고 있다.

▶ 발사 73초 후, 챌린저호의 추진용 로켓과 외부 연료 탱크가 선체에서 이탈하면서 붕괴되었다.

"…그들은 손을 흔들어 작별 인사를 하고, 하느님의 얼굴을 만지기 위해 이 땅을 벗어났다"

**로널드 레이건 대통령, 시 「고공 비행 High Flight」을 인용하며**

오전 11시 30분경, 우주왕복선 챌린저호가 발사된 지 70여 초 후 폭발하였다. 시속 3,220km의 속도로 14.5㎞ 상공까지 도달했을 때였다. 승무원 7명은 전원 사망하였다. 이들은 우주선에서 발사 후 사망한 최초의 미국인이었다(1967년 발사대에서 3명의 우주 비행사가 사망한 적은 있다).

이 사고가 특히 유명해진 것은 민간인으로는 최초로 우주 비행을 위해 선발된 크리스타 맥컬리프라는 이름의 교사가 탑승하고 있었기 때문이었다. 게다가 맥컬리프의 남편과 아이들은 물론 다른 우주비행사들의 가족들까지 발사 장면을 현장에서 지켜보고 있었기 때문에 더욱 비극적인 사건이었다. 이번 참사는 설문 조사 결과 설문에 응답한 미국인 가운데 85퍼센트가 사고 발생 한 시간 이내에 무슨 일이 일어났는지를 알고 있었다고 밝혀, 일반 대중과 언론에 강한 인상을 심었다.

플로리다 해안 중부에 위치한 케네디 우주 센터에서 이륙한 챌린저호는 악천후와 기술적인 문제 때문에 수 차례 발사가 연기되었다. 운명의 그날은 살을 에는 듯 추워서, 우주선에서 얼음을 긁어내기 위해 발사가 2시간 가까이 지연되었을 정도였다. 발사와 거의 동시에 외부 추진용 로켓 중 하나에서 불꽃과 연기가 보였으며, 곧 추진용 로켓은 화염에 휩싸였다. 그 뒤 우주왕복선은 빨강과 주황과 백색의 거대한 불덩어리로 변했다. 한편 승무원들은 무언가 잘못되었다는 것을 전혀 알지 못했다. 진상 조사 결과, 외부 추진용 로켓에는 문제 발생 시 경고를 보내기 위한 센서가 없었으며, 오른쪽 추진용 로켓의 O링(접합용 패킹의 일종)이 발사에 실패했을 때 이미 문제가 생겼다는 사실이 발견되었다.

이번 참사는 이미 과도한 비용으로 어려움을 겪던 우주 프로그램에 치명타를 날렸다. 이후 우주왕복선은 거의 3년 동안 발사가 연기되었다. **RC**

# 스웨덴 총리 암살

올로프 팔메가 영화관에서 귀가하던 도중 총격을 받고 사망한다.

스톡홀름 중심부의 올로프 팔메 암살 현장. 현재는 보도 위에 사건을 알리는 동판을 설치해 놓았다.

어느 추운 겨울날 밤, 스웨덴 총리 올로프 팔메와 그의 아내 리스베트는 스톡홀름의 그랜드 시네마에서 영화를 관람한 뒤 집으로 걸어오고 있었다. 그때 뒤에서 한 남자가 나타나 권총을 뽑아 들고 수발을 발사했다. 팔메는 등에 치명상을 입었다. 리스베트도 총상을 입었지만 생명에는 지장이 없었다.

현장에 있던 두 소녀가 팔메 부부에게 달려간 사이 인근을 지나가던 택시 운전사가 구급차를 불렀다. 팔메는 병원으로 긴급 후송되었으나, 병원에 도착한 1986년 3월 1일 자정 직후 사망 선고를 받았다. 보통은 항시 팔메의 곁을 지키는 경호원이 사건 당시에는 없었다는 것이 결정적이었다. 팔메의 암살자는 어둠을 틈타 자취를 감췄지만, 2년 후 크리스테르 페테르손이라는 남자가 살인죄로 유죄 판결을 받았다. 그러나 페테르손은 항소 후 석방되었다. 수많은 가설들이 난무했다. 그 결과 스웨덴을 뒤흔든 암살 사건은 오늘날까지 최대의 미결 사건 가운데 하나로 남아 있다.

20년이 넘는 세월이 흐른 지금, 팔메의 업적은 논란의 대상이다. 대다수의 스웨덴인들이 팔메가 스웨덴을 사회적, 경제적으로 발전시켰다고 생각하지만, 그에 대한 증오를 공공연하게 입에 담는 이들도 많다. 팔메는 과격하고, 거리낌없이 말하고, 카리스마 넘치는 리더로 베트남 전쟁에 반대했으며 전 세계의 압제 당하는 이들을 위해 열정적으로 싸웠다. 총리로서 그는 복지국가를 수호하였으며, "경제적 민주주의"라고 불리는 일련의 법안들을 도입하였다. **TB**

# 레이건의 복수

미국이 테러 공격의 보복으로 리비아의 목표 지점들을 폭격한다.

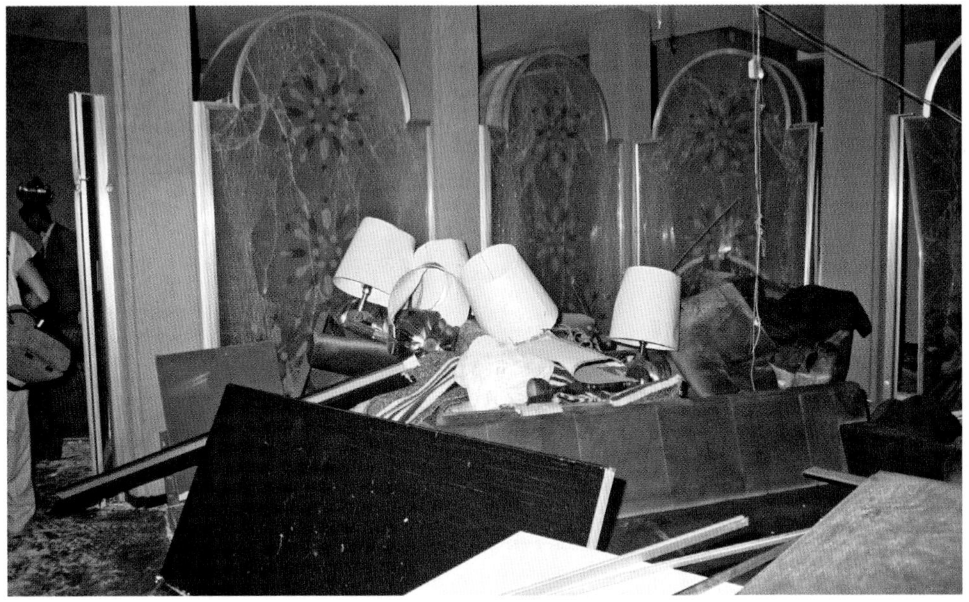

▲ 미국이 "군사 지점"을 공습한 직후 파괴된 트리폴리의 가정집에 파손된 물건들이 쌓여 있다.

미국의 로널드 레이건 대통령이 지령을 내린 작전명 "엘도라도 캐년"은 리비아의 트리폴리와 벵가지의 일부 지역을 폭격하는 것이었다. 미 당국은 해군사관학교, 군 비행장, 트리폴리의 육군 병영 등 군사 지점이 목표였다고 주장했다. 그러나 일부 민간인의 인명피해가 있었고, 그중에는 리비아의 독재자 무아마르 카다피 장군의 생후 몇 개월 안된 입양한 딸도 포함되어 있었다.

미국과 리비아 사이의 긴장이 높아져 갔고, 불과 몇 주 전에는 시드라 만에서 미 해군과 리비아 해군 사이에 무력 충돌이 벌어져 리비아 측 선원 35명이 사망했다. 그로부터 2주 뒤에는 미군 장병들이 자주 출입하는 서베를린의 디스코텍에서 폭탄이 터져 3명의 미국인과 1명의 터키인 여성이 숨졌다. 230여 명이 부상을 입었는데 그중 50명이 미국인이었다. 미국은 리비아 정부가 연루되어 있음을 증명하는 암호를 해독했다고 주장하였다. 미국의 공습은 이에 대한 반응이었으며, 국가적 자기방어 행위를 허가하는 UN헌장 51조에 의해 어디까지나 전적으로 합법적이었다.

그러나 많은 유럽인들은 이같은 합리화에 회의적이었다. 미국의 공습은 리비아에서는 분노를, 아랍 사회에서는 동정을 불러일으켰다. 이에 대응하여 군사 조직인 아랍혁명조(Arab Revolutionary Cells)는 레바논에 억류되어 있던 3명의 영국인과 미국인 인질들을 사살하였다. 2001년 리비아 외교관 한 명을 포함한 4명이 폭탄 테러 범인으로 유죄 판결을 받았지만, 중동의 테러리즘을 근절하기에는 역부족이었다. **JS**

# 체르노빌 원전 사고

우크라이나에서 체르노빌 핵 원자로가 폭발하여 대량의 방사능이 누출된다.

이른 아침, 우크라이나 체르노빌의 원자력 발전소에서 제4호 원자로가 폭발하였다. 이 사고는 경험이 부족한 야간 교대조가 원자로의 안전 시스템을 시험하던 중 발생하였다. 이것이 실패하면서 일어난 폭발은 원자로와 지붕과 측면에 구멍을 냈고 거대한 원자로 뚜껑이 공중으로 날아갔다. 치명적인 방사능 오염 구름이 대기 중으로 흘러나왔다. 사고 발생 초기, 원자로 직원들은 사태의 심각성을 제대로 이해하지 못하고, 상황을 통제하기 위해 현장에 남았다. 지역 소방관들이 출동해 불길을 잡으려고 했다. 이들 중 누구도 방제복을 입지 않았고, 다수가 방사능 피폭으로 사망하였다. 당국은 늑장 대처로 일관했다. 책임자들은 하나같이 사태를 믿지 못하거나 부정하였다.

방사능 구름은 유럽 전역으로 오염을 확산시켰다. 소련 당국 역시 고통스러울 정도로 느리게 대처하였다. 36시간이 지난 후에야 인근 프리퍄트 시의 주민 5만 명을 대피시키라는 명령이 내려졌고, 주민들에게는 단지 "임시적인 조치"라고만 공표되었다. 우크라이나의 수도 키예프에서는 노동절 퍼레이드가 계획대로 진행되었다. 어떠한 경고도 발표되지 않았다. 마침내 체르노빌과 그 인근 일대가 전면 격리되고 원자로 위에 석회를 부어 임시로 방사능 오염을 봉쇄하게끔 하였다. 놀랄 일도 아니지만 늑장 대처와 불충분한 오염 정화, 그리고 장기간에 걸친 건강 문제로 특히 우크라이나와 벨라루스에서 소비에트의 리더십은 크게 불신을 받게 되었다. **JS**

◀ 방사능 전문가들이 헬리콥터를 타고 체르노빌의 지붕 없는 제4호 원자로 여러 지점의 방사능을 측정하고 있다.

# 프리모 레비 사망

**학자들이 홀로코스트 생존자인 대문호가 자살했다는 주장에 논쟁을 벌인다.**

이탈리아계 유대인 문호 프리모 레비가 토리노에 있는 자신의 아파트 계단에서 시신으로 발견되었다. 검시관은 우울증으로 인한 자살로 판정하였으나 레비가 우울증을 앓았다는 확실한 증거는 없었다. 유서가 없었다는 점도 단지 3층에서 사고로 굴러 떨어졌을 뿐이라는 설을 뒷받침하였다.

그가 자살했는지의 여부는 매우 중대한 의미를 지니고 있었다. 레비는 폭력과 압제와 대면했을 때의 삶의 가치를 개방적이고 긍정적으로 역설해왔으며, 특히 그의 저술은 아우슈비츠 생존자로서의 경험을 탐구한 것으로 유명했다. 토리노 대학교에서 화학을 전공한 그는 1943년에는 이탈리아 빨치산 조직에 합류하여 무솔리니 괴뢰 정권에 맞서 싸웠다. 1944년 2월 체포되어 아우슈비츠로 보내졌으며, 11개월 뒤 연합군이 아우슈비츠를 해방시켰을 때 아우슈비츠에서 생존한 단 20명의 이탈리아계 유대인 중 한 사람이었다.

> "바퀴가 굴러가고,
> 삶을 살기 위해 불순은
> 필요할 수밖에 없다…"
>
> **『원소의 주기율표 Il sistema periodico』(1975)**

전쟁이 끝난 뒤 그의 책들, 특히『만일 이것이 인간이라면 Se questo è un uomo』(1947년)과『휴전 La tregua』(1963년)은 유대인을 말살시키려는 나치의 희생양으로서 끔찍한 참극을 증언하는 등, 비인간적인 환경에서의 인간 생명의 가치를 탐구해 국제적인 찬사를 받았다. 따로 독일에 대한 반감을 표현하지는 않았지만, 이탈리아 반파시스트주의를 대표하는 목소리였으며, 홀로코스트를 부종(不從)하려는 세력에 대한 반대 운동을 이끌었다. **PF**



# 당을 건 투쟁

**고르바초프가 페레스트로이카 노선을 도입하면서 과격하고 위험한 소련의 개혁 프로그램이 시작된다.**

소련의 지도자 미하일 고르바초프는 페레스트로이카(구조조정)와 글라스노스트(정보공개)를 도입해 어떻게 자신이 소련의 문제를 치유하고 장기적인 생존을 보증할 것인지를 제시하였다. 1980년대 소련은 미국과의 군비 경쟁으로 경제적 · 사회적 압박이 날이 갈수록 지탱하기 힘들어져 가고 있었다. 다수의 경제 분야가 침체를 겪고 있었으며, 알코올 중독이 만연하였다. 일반 대중은 소비에트 사회 시스템을 거부하지는 않았지만, 그 단점에 대해서는 점점 더 인내심을 잃고 있었다. 고르바초프에게 있어서 유일한 해결책은 국가와 당 체계를 완전히 바꾸는 것이었다. 시민들의 바람에 보다 부응하고 그들이 공개적인 비판을 수용해야만 했다. 경제를 현대화시키고 국가의 통제를 완화시켜야 했다. 당의 보수파들은 당의 몰락을 부를 뿐이라며 개혁에 반대하였다. 이들은 단호한 관료적 저항으로 페레스트로이카에 맞섰으며 고르바초프의 노력에 대대적인 방해 공작을 폈다. 사실 이것은 당의 생명과 혼을 건 전투였다.

> "페레스트로이카—우리 나라의
> 변화 과정—은 위로부터
> 시작되었다…"
>
> **미하일 고르바초프, 회상록, 1995**

그 결과는 보수파들을 분개시키고, 그렇다고 개혁파들을 만족시키지도 못하는 어중간한 조치들로 이어졌다. 거기다 그나마 구식 경제 시스템을 돌아가게 만들었던 압제까지 없어지자, 이를 대체할 동기를 제공하지 못하게 되었다. **JS**

# 거리의 저항

팔레스타인인들의 “인티파다”가 이스라엘 점령군에 도전장을 던진다.

얼굴을 스카프로 가린 젊은이가 돌을 투척하고 있다.

이스라엘 군용차량이 낸 교통사고로 자발리아 난민 캠프에서 온 4명의 팔레스타인인이 사망하자, 이스라엘 점령하에 있는 팔레스타인 전역에서 항의 시위가 폭발적으로 일어났다. 그러나 인티파다(“흔들어 털어내다”라는 뜻)의 대의는 한 건의 교통사고보다 훨씬 더 깊은 곳에 뿌리를 두고 있다. 1978년 이스라엘과 이집트 사이의 캠프 데이비드 협상 이래, 팔레스타인에서 이스라엘을 몰아내기 위해 다시 전쟁이 일어날 가능성은 사라졌다. 팔레스타인인들은 자신들의 대의가 잊혔다고 느꼈다. 급속한 인구 증가와 높은 실업률, 거기에 이스라엘 측의 수치스러운 보안 절차가 팔레스타인인들의 절망에 불을 붙였다. 1987년 자발리아에서 시작된 폭동은 전국 봉기로 발전했다. 폭동의 형태도 이스라엘 측에 내는 세금의 납부를 거부하는 등의 시민 불복종부터 이스라엘 군인들에 대한 공격이나 이스라엘 협력자로 의심받는 이들을 살해하는 등 다양했다. 1989년 7월, 이스라엘은 최초의 자살 폭탄 테러를 경험했다.

6년 동안 계속된 제1차 인티파다에서 팔레스타인인들은 160명의 이스라엘인과 약 1,000명의 친이스라엘파를 살해했다. 이스라엘은 군중 통제 경험이 별로 없는데다, 기껏해야 돌을 던지는 것이 전부인 젊은이들에게 치명적인 무기를 사용했다는 이유로 국제적인 비난을 받았다. 인티파다로 인해 많은 이스라엘인들은 이제 팔레스타인과 직접 협상하지 않으면 안 된다고 생각하게 되었다. 팔레스타인인들은 그들의 국가 정체성을 주장해 왔으며, 독립국가로 인정 받고자 했다. 1993년, 이러한 협상들로 제1차 인티파다는 종료되었지만, 독립국가로서 인정받는 데 대한 수많은 이슈들은 그대로 남아 있었다. **JS**

# 할라브자의 참상

이라크가 자국 민간인들에게 화학 무기를 사용, 한층 높은 야만성을 드러낸다.

사담 후세인이 할라브자에서 화학 무기를 사용한 뒤 땅 위에 포개져 있는 쿠르드족의 시신들.

쿠르드인들이 "피의 금요일"로 부르며 영원히 잊지 못할 그날, 이라크군은 치명적인 독가스를 할라브자에 살포하였다. 더욱 경악할 일은 할라브자가 이라크의 영토라는 사실이었다. 약 5천 명이 사망하고 7천여 명이 오랫동안 후유증으로 고통을 겪었다. 이라크군이 사용한 독가스는 인체의 신경계에 작용하는 사린, 타분, VX 등을 혼합한 것이었다. 인구 7만 여 명의 쿠르드족 도시인 할라브자는 이란과의 국경에서 가까우며, 쿠르드 민족주의자들은 오랫동안 이라크의 지배에 저항해 왔다. 이란-이라크 전쟁(1980~1988년) 동안 사담 후세인의 사촌인 "케미칼" 알리 하산 알-마지드는 쿠르드족을 말살하는 "안팔(전리품이라는 뜻)" 작전으로 이러한 저항을 뿌리뽑고자 했다. 안팔 작전으로 18만 명이 넘는 쿠르드족이 학살당했다. 1988년, 미국이 이란의 이슬람 근본주의에 대항하기 위한 견제 세력으로 이라크를 지원하면서, 전황은 이란에게 몹시 불리했다. 이러한 상황을 타개하기 위해 이란은 할라브자를 점령한 뒤 쿠르드 민족전선의 페쉬메르가 게릴라를 지원하였다. 전통적인 무기로 성공을 거두지 못하자 이라크는 화학 무기를 사용하였다.

이러한 만행이 뉴스를 통해 서방세계에 전파되기 시작할 무렵, 미국 국방정보국은 처음에는 화학 무기를 사용한 것은 이란이라고 주장하였다. 그러나 사담 후세인 정권의 소행이라는 증거가 속속 나오기 시작하였고 UN 안전보장 이사회는 후세인을 비난하였다. 하지만 주모자들에게 정의를 실현하는 데에는 당시 아무도 관심이 없었다. 이 비극은 2003년, 미국의 이라크 침공을 합리화하는 이슈 가운데 하나가 되었다. **JS**

# 약물 파동으로 메달 박탈

벤 존슨이 금지 약물에 양성 반응을 보여 올림픽 금메달을 박탈당한다.

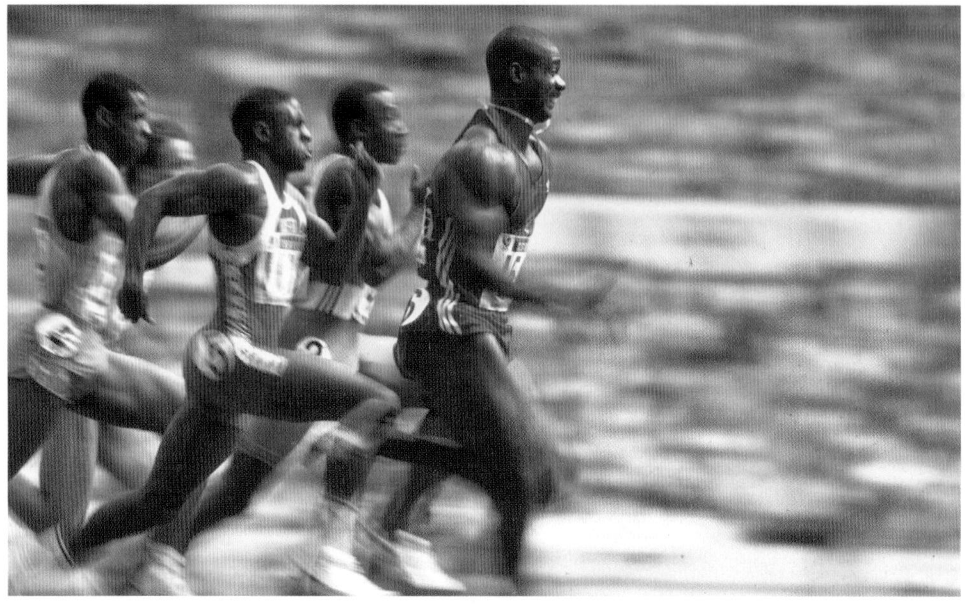

벤 존슨이 서울 올림픽에서 눈부신—그러나 유감스럽게도 약물의 도움을 받은—승리의 레이스를 펼치고 있다.

사흘 동안 캐나다 출신의 스프린터가 100m 결승 테이프를 끊는 사진은 서울 올림픽의 센세이션이었다. 그는 9초 79의 기록으로 세계신기록을 수립하며 불과 몇 센티미터 차이로 라이벌들을 제치고 금메달을 거머쥐었다.

남자 육상 100m 결승전은 어떤 올림픽 게임이든 최고로 이목을 끄는 이벤트이며, 특히 이번 올림픽은 벤 존슨과 미국의 육상 전설 칼 루이스 사이의 경쟁이 그야말로 점입가경이었다. 자메이카 출신의 존슨은 1년 전인 1987년 9월 로마에서 9초 87로 세계기록을 깨뜨렸다. 그러나 서울에서 경기 직후 실시된 소변검사 결과 단백 동화 스테로이드의 일종인 스타나졸롤 양성 반응이 나왔고, 3일 뒤 그는 2년간 출전 금지 처분을 받고 굴욕적으로 귀국해야 했다. 금메달은 루이스에게 돌아갔고 영국의 린포드 크리스티가 은메달을 차지했다. 아이러니컬하게도 루이스와 크리스티 역시 훗날 다른 대회에서 불법 약물 양성 반응이 나오게 된다(루이스는 1988년 서울 올림픽을 위한 미국 국가 대표 선발전에서 세 번이나 약물 테스트를 통과하지 못했다. 그러나 감기약에 들어 있는 각성제 성분이었기 때문에 고의가 아닌 실수라고 주장하여 대표로 선발될 수 있었다). 1993년 존슨은 또다시 금지 약물을 복용한 것이 발각되어 영구 제명 당했고, 선수 생명이 끝났다.

존슨의 케이스는 "속임수와의 싸움"에 있어 가장 명확한 성공이었으며, 최고 레벨의 선수들 사이에서도 약물 복용이 만연해 있다는 사실을 대중에게 인식시켰다. 또한 스포츠에 끊임없이 따라다니는 비난의 희생양들도 점차 늘어나게 된다. **PF**

# 미국 여객기 폭발

밝혀지지 않은 테러리스트가 장착한 폭탄으로 팬암 103편이 로커비 상공에서 폭발한다.

팬암 103편은 한 승객에게 주어진 라디오 속에 장착된 폭탄이 터지면서 폭발하였다. 이번 사고로 각국 정부는 새로운 형태의 위협에 직면하게 되었다.

런던 히스로 공항을 이륙해 뉴욕 케네디 공항으로 향해 비행 중이던 미국 항공기 팬암 103편이 하늘에서 폭발했다. 이륙 후 38분이 경과했을 때, 앞쪽 화물칸에서 450g의 플라스틱 폭탄이 터지면서 259명의 탑승객 전원이 사망했다. 기체가 산산조각 나면서 잔해와 희생자들의 유체가 103km에 걸쳐 흩어졌다. 비행기의 날개 일부분이 스코틀랜드의 로커비라는 마을에 떨어져 직경이 47m나 되는 거대한 분화구가 생기고 11명의 주민들이 사망하면서 사람들은 더욱 경악하였다.

수사관들은 그리 오래지 않아 리비아의 독재자 카다피 장군이 이번 사건의 주모자라는 것을 밝혀냈다. 1986년 4월 트리폴리 공습에 대한 보복이었던 것이다. 2명의 리비아 첩보 요원인 아브델바세트 알리 모하메드 알-메그라히와 알 아민 칼리파 피마가 용의자로 지목되었다.

수년간의 경제 제재와 더 심각한 보복 위협 끝에, 카다피는 여전히 리비아가 이 사건에 관계가 없음을 주장하면서도 두 사람을 넘겨주기로 합의했다. 알-메그라히와 피마는 네덜란드에서 스코틀랜드 법에 따라 재판을 받았다. 84일간의 재판 끝에 2001년 1월 피마는 무혐의 판결을 받았지만 알-메그라히는 유죄 판결과 함께 종신형에 처해졌다. 알-메그라히 역시 끊임없이 무죄를 주장해 왔다. 실제로 그의 유죄 여부에 대해 의문점들이 제기되었고 2007년 6월 두 번째 항소심이 스코틀랜드 법정에서 열렸다. 이에 따르면, 1988년 7월 미군 순양함 USS 빈센호가 이란의 여객기를 격추시킨 것에 대한 보복으로 이란 정부가 용의자일 가능성이 높다. **JS**

# 살만 루시디 사형 선고

아야톨라 호메이니가 살만 루시디의 처형을 명령한다.

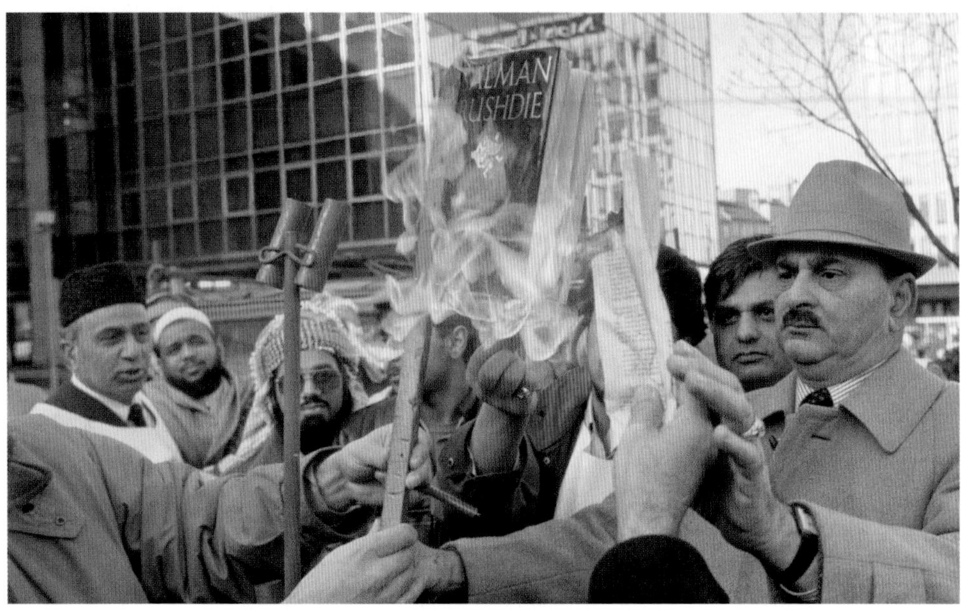


◆ 아야톨라 호메이니의 파트와가 공표된 이후 영국 브래드포드의 무슬림들이 모여 루시디의 『사탄의 시』를 불에 태우고 있다.

이란의 종교 지도자 아야톨라 호메이니가 인도계 영국인 작가 살만 루시디에게 사형선고를 내렸다. 이슬람법에 의거한 판결인 "파트와"에서 호메이니는 이슬람을 모독했다는 이유로 무슬림들에게 루시디를 처단할 것을 명령했다. 문제가 된 것은 루시디의 네번째 소설인 『사탄의 시 The Satanic Verses』로, 동양과 서양의 관계를 탐구한 책이다. 이 작품에는 많은 무슬림이 깊은 모욕을 느낀, 선지자 무하마드에 대한 언급이 여러 번 나온다. 이란 정부는 루시디의 목에 현상금을 내걸었으며, 전 세계 무슬림이 분개하여 시위를 벌였다. 거기다 영국법상 이 책의 출판을 막을 수 없다는 것이 분명해지면서 무슬림의 분노는 한층 높아졌다. 루시디는 은둔할 수밖에 없었고, 영국은 자국 시민의 살해를 선동했다는 이유로 이란과 단교했다.

결국 루시디는 경찰의 보호 아래 10년을 은신처에서 보냈다. 이란 정부가 사형선고에서 한 발짝 뒤로 뺀 뒤 영국과 이란은 1998년 9월 외교 관계를 재개했다. 그러나 파트와는 오직 선고한 사람만이 철회할 수 있으며, 호메이니는 1989년 6월에 사망하였다. 그의 후계자인 아야톨라 알리 하메네이는 루시디의 사형선고를 재승인하기까지 했으며, 과격한 무슬림들은 기회만 있다면 이를 실행에 옮길 것임을 공언하고 있다.

2007년 6월 루시디가 대영제국 기사 작위를 받으면서 논란이 재점화되었고, 이슬람 세계와 서방세계 사이의 심화되는 갈등이 표면으로 드러났다. 의사 표현의 자유라는 서구의 전통적인 권리가 이슬람에 대한 공격을 옹호했다는 것은 젊은 무슬림들을 정치적이고 과격하게 기울게 하는 데 일조하였다. **JS**

# 엑손 발데스 유조선 재앙

알래스카에서 일어난 대규모 기름 유출 사고로 전세계가 환경 보호의 절박함을 깨닫다.

▲ 프린스 윌리엄 해협에서 유조선 엑손 발데스호에서 유출된 기름 제거 작업을 벌이고 있다.

1989년 3월, 유조선 엑손 발데스호가 좌초되면서 자그마치 4,200만ℓ나 되는 원유가 프린스 윌리엄 해협의 청정 바다에 유출되는 사고가 발생했다. 이 사고가 환경에 미친 영향은 경악할 만했다. 엑손 발데스호가 3월 23일 저녁, 약 2억ℓ의 원유를 싣고 발데스 석유 터미널을 출항, 워싱턴으로 향하는 여정에 올랐을 때, 송유관 문제나 기름 유출의 위험은 둘째치고 알래스카의 미개척 자연에서 유전을 판다는 사실 자체가 이미 논란의 대상이었다. 3시간 뒤, 엑손 발데스호는 암초에 부딪혔다. 엄청난 양의 기름이 해협에 흘러나왔고, 바다가 너무 잔잔해서 기름띠를 분산시키려던 엑손 측의 초기 방제 시도는 실패로 돌아갔다. 기름을 태워 없애거나 오일펜스를 설치하여 기름의 확산을 막는 등의 방법으로 어느 정도 성공을 거두기는 했다. 그러나 며칠 후 폭풍이 불었고, 바람은 기름을 바위투성이의 들쭉날쭉하고 외딴 해안으로 밀어보냈다. 결국 대규모 방제 작전이 필요해졌다. 약 50만 마리의 바다 새와 수백 마리의 바다표범이 몰살됐으며, 수많은 연어 산란지가 파괴되었다. 대합조개, 청어, 바다표범들이 사라지면서 이 지역 어업은 치명타를 입었다.

이후 기름과 방제 작업이 환경에 미치는 영향에 대해서 심도 있는 연구가 진행되었고, 그 결과 새로운 방제 기술들이 개발되었다. 1년 후 기름띠는 대부분 자취를 감추었지만, 20년이 지난 오늘날까지도 토양 깊은 곳에서는 기름이 배어 나온다. 엑손사는 사태 초기의 늑장 대응으로 비난을 받았지만, 대규모 방제 작업의 책임을 다했다. 이 사고로 인한 엑손사의 배상 책임에 대해서는 현재까지 재판이 진행되고 있다. **PF**

# 티엔안먼 사태(천안문 사태)

**당국이 시위대를 학살하면서 중국의 민주주의에 대한 희망이 사그라든다.**

이날, 중국 인민해방군은 베이징의 티엔안먼(天安門) 광장에서 평화 시위 중이던 시민들을 공격했다. 군인들은 무차별로 총을 쏘았고 장갑차가 시위대를 깔아뭉개면서 수백 명, 어쩌면 수천 명이 사망하였다. 사건의 발단은 7주 전, 한 학생이 벌인 후야오방 추모 행진이었다. 후야오방은 중국 공산당 지도자 중 한 사람으로 개혁파의 대표로 불렸으며 당시 사망한 지 얼마 되지 않았다. 여기에 시국에 불만을 품은 많은 중국인들이 참여하면서 불만을 입 밖으로 냈다. 1978년 덩샤오핑은 중국에 시장경제를 도입했지만, 경제 개혁에 준하는 진지한 정치 개혁은 이루어지지 않았다. 게다가 소련의 개혁가인 미하일 고르바초프가 곧 베이징을 방문할 예정이었다. 여기에 고무된 시위대는 티엔안먼 광장을 점거하고 당이 민주적인 개혁을 약속할 때까지 해산을 거부하였다.

공산당의 반응은 혼란과 우유부단 그 자체였다. 처음에는 무력 진압을 하지 않겠다고 약속하며 해산을 요구했다. 천여 명의 노동자들이 단식투쟁에 들어가자 중국 전역에서 지지의 목소리가 터져 나왔다. 이것은 공산당으로서는 도저히 간과할 수 없는 도전이었다. 고르바초프가 중국 땅을 떠나자마자 외곽 지방의 군대가 베이징으로 밀고 들어왔다. 그들은 경고도 없이 시민들을 공격했다. 민주주의 운동가들의 체포가 뒤를 이었고 민주주의 운동은 마비되다시피 했다. 중국도, 전 세계도 이러한 탄압에 경악하였다. 국제적인 제재가 가해졌지만, 무역 파트너로서 중국의 중요성 때문에 그리 오래 가지는 못했다. 중국 공산당은 다시 한 번 나라를 확고하게 장악한 것이다. **JS**

◀ 한 시민이 베이징의 용안루(永安路)에서 전진하는 탱크 앞에 외로이 버티고 서 있다.



# 자유의 사슬

**소련의 지배에서 벗어나기 위해 발트 3국이 손을 잡는다.**

8월 23일, 발트 3국—라트비아, 리투아니아, 에스토니아—전체 인구의 약 1/4에 달하는 200만 명의 시민들이 손에 손을 잡고 역사상 가장 긴 인간 사슬을 만들었다. 600km에 달하는 인간 띠는 세 개 나라 모두를 가로질렀다. 이것은 소련으로 하여금 그때까지 자유 독립국가였던 세 나라를 합병하도록 비밀리에 용인한 1939년 독-소 불가침 조약 체결 50주년을 되새기는 완전한 평화 시위였다. 또한 전 세계로 하여금 이날로 부터 50년 전에 자행된 불의가 여전히 이 땅에서 사라지지 않고 있음을 상기시키기 위한 시위이기도 했다. 발트 3국에서 소비에트 연방에 반대하는 최초의 소규모 시위가 일어난 것은 미하일 고르바초프가 페레스트로이카(사회 개혁)와 글라스노스트(정보 공개)를 도입한 직후였다. 물론 경찰에게 진압 당했지만, 소비에트 시스템이 삐걱거리면서 시위자들은 더욱 대담해졌다.

이 시위는 고르바초프를 충격에 빠뜨렸다. 물론 독-소 불가침 조약의 비밀 의정서가 여전히 존재한다는 사실을 인정할 준비는 되어 있었지만, 발트 3국은 자의로 소비에트 연방에 가입했다는 것이 그의 주장이었다. 한걸음 더 나아가 고르바초프는 발트 3국이 분리를 요구할 어떠한 근거도 없다고 주장했다. 그러나 지역 주민들은 1939년의 대규모 강제 이주와 체포, 1941년 독일 침략군을 해방군이라고 여겨 환영했던 일, 그리고 독일이 패전한 뒤 소련이 잔인하게 다시 이 지역을 손에 넣은 일, 그리고 러시아 식민주의자들을 대규모로 이주시켜 정착시킨 일들을 모조리 기억하고 있었다. 모스크바가 그들을 놓아줄 마음이 없는 만큼이나 그들의 독립 의지는 강경했다. 고르바초프는 경제 제재와 군사력으로 질서를 유지하려 했으나 1991년 8월 모스크바에서 쿠데타가 일어나면서 발트 3국은 마침내 독립을 쟁취할 수 있었다. **JS**

# 베를린 장벽 무너지다

독일 국민들이 벽을 무너뜨리고 통일의 길을 열다.

▲ 수많은 동료 시위자들이 지켜보는 가운데 한 남자가 큰 쇠망치로 오랫동안 증오의 대상이었던 베를린 장벽을 부수고 있다.

▶ 베를린의 상징인 브란덴부르크 문 앞에서 동베를린과 서베를린 시민들이 함께 어우러져 1990년 새해를 축하하고 있다.

"바스티유 함락과 신년 축하의 떠들썩함이 결합..."

타임지, 1989년 11월

독일 시민들이 베를린 장벽—그 존재 자체만으로도 냉전의 상징이었던—의 양쪽에서 거대한 파도처럼 벽을 무너뜨렸다. 28년 전, 이 벽을 건설한 동독 공산정권은 베를린 장벽이 동독 국민들을 보호하는 "반파시스트 벽"이라고 주장했다. 그러나 이 말에 속은 사람은 아무도 없었다. 누가 보아도 동독 국민들이 대규모로 보다 풍요로운 서독으로 이주하려는 것을 막기 위해 세운 것이었기 때문이다. 그동안 서독은 동독의 생존을 위협할 정도로 눈부시게 성장하였다. 지난 세월 동안 몰래 벽을 넘어 탈출한 사람들도 있고, 벽을 넘으려다 죽임을 당한 사람들도 있지만, 베를린 장벽은 굳건하게 동독 체제를 지켜주었다.

그러나 1980년대에는 이러한 안정도 위협에 직면하고 있었다. 소련에서 미하일 고르바초프가 개혁의 기치를 내걸면서 변화를 간절하게 갈망하던 동독 시민들은 흥분의 도가니에 빠졌다. 그러나 개혁이 결국 공산정권의 붕괴로 귀착될 수밖에 없음을 잘 알고 있었던 공산당 지도자 에리히 호네커는 고르바초프의 뒤를 따르기를 거부하였다. 시민들의 불만은 쌓여만 갔고, 이는 결국 대규모 시위로 이어졌다. 이번에는 헝가리를 통한 탈출이 쇄도하였다. 당시 헝가리-오스트리아 국경이 개방되어 있었기 때문에, 수천 명이 오스트리아를 거쳐 서독으로 향했다. 1989년 10월, 동독을 살리려는 절박한 노력의 일환으로 공산당 서기장이 호네커에서 에곤 크렌츠로 교체되었다.

크렌츠 정권은 점점 악화되는 위기 상황을 놀랄 만큼 무능력하게 대처했다. 서방으로의 여행 규제를 완화할 것이라고 공표했으나, 세부적인 내용은 아무것도 공개되지 않았다. 장벽이 개방될 것이라는 소문이 돌자 수천 명이 검문소로 몰려들었다. 질서가 무너진 군인들은 군중을 그대로 통과시켰다. 동독 정권의 권위는 땅에 떨어졌으며, 1990년 10월, 동독이라는 국가 자체도 명운을 다했다. **JS**

ME OF THE PE

# 하벨 대통령 당선

바츨라프 하벨이 공산주의 붕괴 후 새로운 체코슬로 바키아의 지도자로 선출된다.

극작가이자 반체제인사인 바츨라프 하벨이 체코슬로바키아 연방 의회에서 만장일치로 민주 정부 초대 대통령으로 선출되었다. 비록 민주 선거가 열린 것은 아니었고 의회 의원들은 여전히 대다수가 공산주의자들이었는데도 말이다.

하벨 당선은 여러 면에서 의외의 사건이었다. 1936년 부유한 자본주의 가정에서 태어난 하벨은 공산주의 정권 치하에서 언제나 감시의 눈초리하에 있었다. 1968년, 그는 이미 극작가로 상당한 명성을 얻었지만 공산주의 정권에 대해서는 비판적이었다. 그는 1968년 알렉산데르 둡체크가 이끈 "프라하의 봄"을 지지했으며, 뒤따른 소련군의 체코 침공을 공공연히 비난하였다. 그 결과 그의 작품들은 무대 상연 금지 명령을 받았다. 그러나 이는 그를 정치적으로 더욱 열정적으로 만들었을 뿐이었다. 그는 여러 차례 투옥되었고, 국내외적으로 유명 인사가 되었다. 1989년 "벨벳 혁명"에서 그는 민주주의 개혁의 대표자로 떠올랐다.

처음에는 체코슬로바키아(1989~1992년), 그 다음에는 체코 공화국(1993~2003년)의 대통령이 된 하벨은 국제적으로 높은 존경을 받았지만 자국내에서의 지위와 평가는 엇갈린다. 그는 슬로바키아인들을 설득하여 체코와 연방국가를 유지하는 데에 실패했다. 그는 체코 경제의 민간화를 주도했지만, 부분적으로는 개인이, 부분적으로는 국가가 소유하는 일종의 혼합경제를 선호하였다. 죄수들을 사면하고 사형제를 폐도하고 1945년 주데텐란트에서 추방된 독일인들에게 사죄한 것은 일부 국민들의 반발을 샀다. 하벨은 또 체코를 민주주의 체제로 전환시켰으며 북대서양조약기구(NATO)에도 가입하였다. 퇴임했을 때 체코 국민들은 그의 임기를 전반적으로 긍정적으로 평가하였다. **JS**

체코슬로바키아 학생들이 "벨벳 혁명" 동안 하벨을 응원 하고 있다.

# 자유로의 긴 여정이 끝나다

## 넬슨 만델라의 석방으로 아파르트헤이트의 종말을 예고한다.

오후 4시 14분, 아내 위니 마디키젤라와 손을 꼭 잡은 71세의 자그마한 노인이 케이프타운 인근 파를의 빅토르-베스터 교도소의 긴 직선 대로를 걸어나왔다. 그의 이름은 지난 세월 동안 전 세계에서 모르는 사람이 없게 되었지만, 그의 얼굴과 목소리는 30년 가까이 한 번도 대중 앞에 공개된 적이 없었다. 교도소 정문에 다다랐을 때, 그는 하늘을 향해 주먹을 치켜든 뒤, 한 마디 말도 없이 차를 타고 떠났다. 같은 날 저녁, 그는 케이프타운 시청 발코니에서 한 시간 동안 연설하였다. 세계가 기다려온 유려한 명 연설은 아니었지만, 듣는 이들로 하여금 그가 계속해서 아프리카 민족회의에서 대의에 헌신할 것임을 확인시켜주는 연설이었다. 그날은 아프리카 민족회의가 34년간의 금지령에서 풀려난 날이기도 했다. 그는 1964년 반역죄와 사보타주, 송전선 훼손죄로 자신을 감옥에 넣은 아파르트헤이트 정권에 계속하여 투쟁하는 것이 얼마나 중요한지를 역설하였다.

27년의 수감 생활 중 18년을 악명 높은 로벤섬 감옥에서 보낸 넬슨 만델라는 아파르트헤이트에 대항하는 투쟁의 상징이 되어 있었다. 정부는 그에게 더 이상 폭력 사태를 유발하지 않는다면 석방시켜주겠다고 제안했으나 그는 원칙과 위엄을 지니고 개인적으로나 정치적으로 타협할 것을 거부함으로써 영웅이 되었다. 이후 수 개월 동안 그는 F. W. 데 클레르크 총리와 아파르트헤이트 정권의 종식을 협상하였고, 남아프리카 최초의 다인종 다민족 선거를 주도하였으며, 1994년부터 1999년까지는 대통령으로서 예상외로 평화롭게 다수결 원칙으로 정권 이양을 이끌어내 세계에서 가장 존경받는 정치가가 되었다. **JS**

넬슨 만델라와 부인 위니가 석방 직후 케이프타운에서 승리의 주먹을 들어 보이고 있다.

# 허블 망원경 발사

유럽과 미국이 합동으로 허블 우주 망원경을 쏘아올린다.

허블 망원경은 지상에 설치한 천체 망원경보다 50배나 정밀한 것으로 알려져 있다.

"우리는
창조의 비밀을
증명할 수 있을 것입니다."
레너드 피스크, NASA

외부 우주에 대한 탐사와 연구는 20세기 후반의 역사에서 메인 테마 중 하나다. 1957년 소련이 최초의 인공 위성을 발사하자, 이듬해 아이젠하워 미국 대통령이 미 항공 우주국(NASA)를 설립하여 수많은 주요 우주탐사 프로젝트를 수행하게 했다. 1975년, 우주 연구와 기술 증진을 목적으로 유럽우주연구기구(European Space Research Organization)와 유럽우주로켓개발기구(European Launcher Development Organization)가 합병하여 유럽 우주 기구(European Space Agency)가 탄생하였다. 13개국—오스트리아, 벨기에, 덴마크, 프랑스, 독일, 아일랜드, 이탈리아, 네덜란드, 노르웨이, 스페인, 스웨덴, 스위스, 영국—이 가입하고 핀란드가 준 가맹국으로 참여하였다.

수 차례 연기되고 재정적인 난항을 겪은 뒤, NASA와 유럽우주기구는 합동으로 천체관측 기구를 우주 궤도에 발사하였다. 외부 은하를 최초로 발견한 미국의 천문학자 에드윈 허블의 이름을 딴 이 망원경은 주 거울 구경 241㎝로 지구의 대기에 영향을 받지 않고 상을 포착할 수 있다. 또한 우주비행사들만이 수리할 수 있도록 만들어진 유일한 망원경이기도 하다. 지구 상공 580㎞ 궤도에 진입한 직후, 주 거울에서 망원경의 임무를 심각하게 방해할 수 있는 오류가 발견되었다. 1993년 우주비행사들은 최초의 우주 수리 임무에 나서 오류를 수정하였다. 이후 허블 망원경은 수많은 중요한 발견을 해냈다. 허블 망원경 덕분에 우리는 우리가 살고 있는 태양계부터 수십억 년 전에 존재한 머나먼 은하에 이르기까지 전에 없이 깊고 깨끗한 우주 사진을 볼 수 있다. **RC**

1990년 8월 2일

# 이라크, 쿠웨이트 침공

**이라크가 석유 매장량이 풍부한 쿠웨이트를 침공, 국제 질서에 도전장을 던진다.**

이른 새벽, 10만 명의 이라크 군인들이 700대의 탱크를 앞세워 이웃 나라 쿠웨이트의 국경을 넘어 밀어닥쳤다. 완전히 기습 당한 쿠웨이트는 불과 며칠 버티지 못하고 무너졌다. 수백 명이 사망하고 수천 명의 외국인들이 고립되었다. 이라크의 독재자 사담 후세인은 쿠웨이트를 정복하여 합병하려는 계획에 도전하는 자가 있다면 쿠웨이트 시티를 거대한 공동묘지로 만들어주겠다고 위협했다.

이유는 들어볼 필요도 없었다. 이란-이라크 전쟁(1980~1988년) 이후 이라크 경제는 파탄이 났고 남은 것이라곤 산더미 같은 부채뿐이었다. 유일한 주력 수출품인 석유 가격을 올리는 것이 급선무였다. 이라크는 쿠웨이트가 국제시장에 원유를 대량 공급하는 바람에 유가가 오르지 못하고 있다고 주장했다. 또 쿠웨이트가 이라크의 라마일라 유전에서 기름을 훔치고 있으며, 이라크 영토 내에 군대를 주둔시키고 있다고 비난했다. 사담 후세인은 쿠웨이트의 유전을 손에 넣으면 국제 시장에서 어마어마한 힘을 휘두를 수 있음을 알고 있었다. 그러나 그에게는 불행하게도 국제사회 역시 이 사실을 너무나 잘 알고 있었다.

중동 지역 국가들은 이번 침공이 도저히 용인할 수 없는 일이라는 데에 상당 부분 동의했다. UN 안전보장이사회는 이라크의 쿠웨이트 침공을 비난하고 즉각적인 철군을 요구했다. 이라크가 쿠웨이트에서 저지른 만행이 알려지자 국제사회의 분노는 한층 격해졌다. 미국의 주도하에 국제 동맹이 사우디아라비아에서 대규모 군대가 조직되기 시작했다. 만약 협상이 결렬될 경우 쿠웨이트에서 이라크를 몰아내는 것은 물론, 사우디가 쿠웨이트와 똑같은 운명을 맞는 것을 예방해야 했던 것이다(불행하게도 이 때문에 이슬람 원리주의자인 오사마 빈 라덴의 심기를 거스르고 말았다). 1991년 1월, 이를 위해 사막의 폭풍 작전이 시작된다. **JS**

1990년 11월 19일

# 냉전 종식

**과격파 공산주의자들의 쿠데타 시도가 실패로 돌아가다.**

파리에서 22개 국가들이 재래식무기감축조약(CFE)에 서명함으로써 냉전 시대에 마침표를 찍었다. 동서간 군축 협상은 1969년에 처음 시작되었으며, 전략적 무기를 제한하는 데에도 일련의 합의를 이끌어 냈다. 그러나 재래식무기의 경우에는 그리 쉽지 않았다. 소련이 동서 양측이 동일한 "규모"로 축소할 것을 요구했는데, 그럴 경우 소련은 수적으로 압도적인 우위를 확보하게 되기 때문이었다. 미국은 이를 예방하기 위해 동일한 "수준"의 축소를 주장했다. 소련이 우랄 산맥 너머, 즉 법적으로는 유럽을 벗어난 곳에 무기를 비축해두었다가 필요한 경우 재빨리 되가져오는 사태가 벌어질 경우, 조약의 의무를 다한 것으로 보아야 하느냐 아니냐의 문제가 여전히 남아 있었다.

1980년대 말, 미하일 고르바초프의 개혁으로 경제 위기가 발생하자, 소련은 군비의 대규모 축소를 받아들일 수밖에 없었다. 고르바초프는 유럽 내에서 엄청난 금액의 일방적인 군비 축소를 발표하였다. 덕분에 조약 체결에도 숨통이 트였다. 재래식무기감축조약은 군인 수와 무기를 제한하고, 유럽 내에서 북대서양조약기구(NATO)와 바르샤바조약기구(WTO) 양쪽 모두 이를 준수하도록 했다. 예를 들면 탱크 2만 대, 화기 2만 문, 전투기 6,800기, 공격용 헬리콥터는 2,000대로 제한되었다. 모든 잉여 무기는 엄격한 검증 절차하에 폐기하도록 했다. 1991년 소련이 붕괴하면서 그 자리를 대신한 신생국들 역시 조약을 승인하도록 요구 받았다. 재래식무기감축조약이 조인된 이후 동서 관계의 새로운 시대가 열릴 것이라는 낙관론이 고개를 들기 시작했다.

2007년 7월, 러시아 대통령 블라디미르 푸틴은 중앙 유럽에 레이더 기지를 설치하는 내용을 골자로 한 미국의 새로운 미사일 방어 시스템에 항의하여 조약의 효력을 정지시켰다. **JS**

1991년 2월 27일

# 이라크, 쿠웨이트에서 철수

다국적군이 쿠웨이트에서 이라크군을 몰아내다.

수 주에 걸친 공습과 나흘 동안의 지상군 작전 끝에 쿠웨이트 해방은 대성공을 거두었다. 이라크 지도자 사담 후세인은 1990년 이라크가 쿠웨이트를 침공하여 합병시켰을 때 국제사회가 기정사실로 받아들이기를 희망했다. 그러나 일개 국가가 세계 석유 시장을 좌지우지하게 될지도 모른다는 사실에 놀란 UN은 사우디아라비아에서 다국적 동맹군을 조직하였다. 우선은 이라크가 다른 주변 국가를 추가 침공하는 것을 막기 위해서였고, 궁극적으로는 사담 후세인을 끌어내리기 위해서였다. 후세인의 유일한 희망은 동맹을 파기시키는 것이었다. 그는 이번 전쟁을 아랍 세계와 그들의 공공의 적인 이스라엘 간의 대결 구도로 몰고감으로서 아랍 국가들을 다국적군에서 분리시키려고 했다. 공습이 시작되자, 후세인은 소련제 스커드 미사일 몇 발을 이스라엘 도시들에 발사했다. 만약 이스라엘이 보복한다면 다른 아랍 국가들이 다국적군에서 발을 뺄 거라는 계산이었다. 그러나 미국은 이스라엘에 압력을 넣어 보복 공격을 하지 못하게 했다.

> "그는 패닉에 빠져 철군을 명령했다. 그러나 다국적군은 그것으로 만족하지 않았다."
>
> **영국 일간지 '더 가디언', 사담 후세인의 부고 中에서**

쿠웨이트의 승리에는 엄청난 대가가 따랐다. 이라크는 쿠웨이트에 환경 재앙을 선사했다. 수백만 갤런의 원유를 페르시아 만에 쏟아 부은 것은 물론 600여 개의 유전에 불을 붙였다. 다국적군이 이라크로 밀고 들어와 독재자를 몰락시킬 것이라고 믿은 이라크 북부의 시아파와 남부의 쿠르드인들이 봉기를 일으켰다. 그러나 이라크 침공이 불리하다고 판단한 다국적군은 이들에게 별다른 도움을 주지 않았다. **JS**

1991년 4월 6일

# 다국적군, 쿠르드 원조

겨울이 찾아오자 국제 동맹이 개입하여 이라크 북부의 쿠르드 난민들을 구제한다.

그동안 이라크 북부의 170만 명에 달하는 쿠르드인들의 참상은 무시되어 왔다. 프로바이드 콤포트 작전(Operation Provide Comfort)은 사담 후세인 정권 희생자들의 절망적인 사태를 파악하고 물자와 보호를 제공했다.

쿠르드족은 길고 피비린내 나는 탄압의 역사를 견뎌왔다. 제1차 세계대전 이후, 자신들의 국가인 쿠르디스탄을 두 번 다시 되찾지 못하고 이란, 이라크, 터키, 시리아 등에 찢어져 어디에서나 의심의 눈초리를 받으며 살아야 했다. 이란-이라크 전쟁(1980~1988년) 동안 이라크 내 쿠르드인들은 반역자 취급을 받았고 그들이 겪어야 했던 수난은 입이 벌어질 만큼 참혹했다. 쿠르드 페쉬메르가 게릴라 진압이라는 명목 하에 악명 높은 안팔("전리품"이라는 뜻) 작전으로 18만 명의 쿠르드인들이 살해 당했다. 따라서 다국적 동맹군이 쿠웨이트를 해방시켰을 때, 사담 후세인도 몰락시킬 것이라고 쿠르드인들이 기대한 것도 당연하다. 그러나 다국적군은 전진을 멈췄고, 이들은 절망 속에 남겨졌다. 난민들은 터키와 맞닿은 북쪽 국경으로 향했지만, 1984년 이래 쿠르드 분리독립주의자들과 싸우는 중인 터키는 이들의 입국을 거부했다.

쿠르드인들은 잘 곳도, 마실 물도, 식량도, 의약품도 없이 한겨울에 산속에 버려진 것이다. 언론이 이들의 끔찍한 상황을 전 세계에 드러낸 뒤에야 다국적 동맹도 마침내 움직였다. 이라크는 이라크 북부의 항공기 운행을 금지당했다. 30개 국이 구호품을 조달했다. 그러나 쿠르드인들에게 다국적 동맹의 구호는 아마도 처음으로 일말의 독립 정체 혹은 심지어 국가로서 인정을 받은 것으로 여겨졌다. **JS**

# 한 국가의 붕괴

크로아티아와 슬로베니아가 유고슬라비아로부터 독립을 선언, 세르비아와의 내전 가능성에 불을 지핀다.

1945년 빨치산 공산주의자들을 이끌고 승리했던 티토가 1980년에 사망한 뒤, 공산주의 유고슬라비아의 운명은 불확실했다. 1980년대 말, 경제는 비틀거렸고 공산당은 국민들의 불신을 받고 있었다. 이 틈을 타서 공산당의 중간급 당직자였던 슬로보단 밀로셰비치가 극단적인 세르비아 민족주의를 표방하며 등장했다.

밀로셰비치는 해묵은 인종 감정과 공포를 적극 활용하여 세르비아를 손에 넣었다. 그는 연방군을 세르비아인들로 채웠으며, 코소바와 보이보디나의 자치권을 박탈하였다. 모든 것이 세르비아가 지배하는 유고슬라비아를 향해 착착 진행되고 있었다. 만약 그게 안 된다면 더 위대한 세르비아를 건설하여 영토를 빼앗으면 되는 것이었다. 크로아티아와 슬로베니아는 저항할 준비가 끝나 있었다. 밀로셰비치는 크로아티아가 크로아티아에 거주하는 소수의 세르비아인들을 상대로 대량 학살을 계획하고 있다고 걸고 넘어졌다. 전쟁이 터졌고, 크로아티아와 슬로베니아는 즉시 독립을 선언했다. 연방군은 슬로베니아에서 예상치 못한 패배를 당했지만, 크로아티아에서는 전황이 훨씬 치열하고 처참했다. "인종 청소"라는 무시무시한 낱말이 사전에 등장하게 된 것도 이때부터다.

1992년 1월, 겨우 휴전에 들어갔지만 세르비아는 이번에는 보스니아-헤르체고비나로 시선을 돌렸다. 전 세계가 무기력하게 수수방관하고 있는 동안, 또 한 번의 끔찍한 참극이 되풀이되었다. 이러한 야만 행위는 1995년 크로아티아가 예전의 자국 영토를 전부 되찾을 때까지 계속되었으며 데이턴 협정으로 보스니아 내전은 간신히 막을 내릴 수 있었다. **JS**

◀ 새 슬로베니아 국기와 군복을 입은 군인들이 신생 공화국의 독립 의식을 거행하고 있다.

▶ 1980년 5월 베오그라드에서 열린 요시프 티토의 장례식. 티토의 죽음은 여러 면에서 유고슬라비아 연방이 더 이상 존속이 불가능함을 알리는 신호탄이었다.

1991년 12월 25일

# 소비에트 연방 최후의 날

**단 한 장의 간단한 성명서와 함께 소련이 역사의 뒤안길로 사라진다.**

1991년 말, 러시아 대통령 보리스 옐친과 우크라이나 대통령 레오니드 크라브추크, 벨라루스 대통령 스타니슬라우 슈슈케비치가 한자리에 모여 소비에트 사회주의 공화국 연방이 더 이상 존속하지 않는다는 데에 합의하였다. 지난 8월 모스크바에서 쿠데타 시도가 일어난 뒤 소련 공산당은 급격히 위축되었으며, 그 권력과 특권도 붕괴되었다.

옐친에게 소련과 소련 지도자 미하일 고르바초프는 불편한 존재로 남아 있었다. 전자를 없애면 후자도 자연히 따라서 사라지게 되며, 러시아 연방 내에서 옐친의 권력을 확고하게 해줄 것이었다. 그는 독립국가연합(CIS)이 소비에트 연방을 대체하고 세계에서 소련이 차지해왔던 지위를 유지할 것이라고 생각하였다. 그러나 소비에트 연방 소속이었던 공화국 대다수, 특히 우크라이나는 CIS가 러시아에의 종속을 끝낼 수 있는 수단에 불과하다고 생각하였다. 심지어 발트 3국(에스토니아, 라트비아, 리투아니아)은 아예 CIS 가입을 거부하였다.

많은 러시아인들은 소련이 소유했던 힘의 상실을 아쉬워했고, 우크라이나가 영구적으로 떨어져나갔다는 사실을 수용하지 못했다. 러시아와 전 소비에트 연방 회원국들과의 관계는 항상 불편했으며, 이들 중 다수는 러시아가 자국의 내정에 간섭한다고 분노하였다. 이들 나라에 거주하는 2,500만 러시아인들은 하루 아침에 외국인이 되어버렸으며, 종종 심각한 차별 대우를 받았다. 러시아 연방 내에 존속한 민족 가운데 일부도 독립 투쟁에 나섰다. 1994년 체첸이 독립을 선언하자 야만적인 전쟁이 발발하였다. 러시아 내부에서는 극단적인 민족주의 세력이 등장하여 인종차별적인 폭력 행위를 서슴지 않았다. 지금도 전 소련 회원국들은 많은 러시아인이 잃어버린 제국을 되찾기를 꿈꾸고 있다는 사실을 너무나 잘 알고 있다. **JS**

1993년 9월 13일

# 평화의 가능성

**오슬로 협정으로 팔레스타인 해방기구와 이스라엘 간의 분쟁에 서광이 비친다.**

이스라엘 총리 이츠하크 라빈과 팔레스타인 해방기구(PLO) 의장 야세르 아라파트가 마침내 협정에 서명한 것은 워싱턴에서였지만, 협정의 골격은 오슬로에서 세워졌다. 라빈은 제1차 인티파다(1987~1993년) 기간 중 대부분을 이스라엘 국방장관으로 재임했으며, 팔레스타인과의 협상 외에는 다른 대안이 없다는 결론을 내렸다. 1992년 라빈이 총리에 취임하자 대다수의 이스라엘인들이 그의 의견에 동의했다. 물론 반대파는 경악했지만 말이다. 그러나 오슬로 협정은 단지 평화로 향하는 기나긴 여정의 시작일 뿐이었다. PLO는 폭력을 부정하고 이스라엘이 존재할 권리를 인정하기로 합의하였다. 이스라엘은 PLO를 팔레스타인인들의 대표로 인정하고 팔레스타인의 자치권을 승인하였다.

> "이것은 평화가 공존하는 새로운 시대가 개관되는 역사적인 사건입니다."
>
> **야세르 아라파트**

이스라엘군은 가자 지구와 요르단 강 서안 일부에서 철수하고 팔레스타인 자치 정부(PA)를 세운 뒤, 5년에 걸쳐 영구 정착지에 대하여 협상하기로 했다. 오슬로 협정에서는 미정으로 남겨둔 것들이 너무 많았다. 새로운 팔레스타인 국가의 경계는 어디로 정해야 하며, 동예루살렘도 포함해야 하는가? 점령 지역 주민들은 어떻게 되며, 또 난민들은 어떻게 되는가? 이러한 이슈들에 대한 합의를 도출하기란 매우 어려웠다. 협상 진척이 더디자 이는 환멸로 이어졌다. 점령 지역에서 이스라엘인들의 정착은 급속히 확장되어 갔다. 팔레스타인 게릴라 공격이 재개되었으며 PA는 이들을 말릴 힘도, 의지도 없었다. 1996년, 신임 총리 벤자민 네타냐후는 폭력 사태를 중지시킨다는 조건하에 오슬로 협정의 모든 차후 단계를 밟아나가면서, 사실상 협정이 전면 중단되었다. **JS**

# 르완다 대량 학살

## 대통령 암살로 르완다에서 인종 학살이 시작된다.

쥐베날 하비아리마나 르완다 대통령이 탄 여객기가 격추되어 수도 키갈리에 추락했다. 후투족이었던 하비아리마나는 소수인 투치족을 대표하는 혁명 그룹인 르완다 애국전선(RPF)과 위태로운 평화 협상을 진행하던 중이었다. 하비아리마나 암살이 투치족의 소행이라고 여긴 대통령 경호 부대가 투치족을 닥치는 대로 죽이기 시작했고, 끔찍한 인종 학살이 수도에서부터 전국으로 확산되었다. 정치인들과 군인들의 선동을 받은 후투족들은 투치족과 후투족 온건파들을 눈에 띄는 대로 살해했다. 그 결과 약 80만 명이 목숨을 잃었다. 후투족 암살단은 희생자들을 큰 칼로 난도질하거나 곤봉으로 때려죽이는 것으로 악명을 떨쳤다.

투치족과 후투족 간의 뿌리 깊은 반목은 빈부차에 그 원인이 있었다. 학살이 자행되는 데도 국제사회는 수수방관하였다. 많은 서방국가들은 UN 평화 유지군에 파병하기를 거부했다. 사실 평화 유지군은 소수의 인명 피해가 나자 바로 철수해버렸다. 이후 UN은 휴전협정을 시도하는 것으로 스스로의 역할을 한정해버렸다. RPF가 키갈리를 점령하고 후투족인 파스퇴르 비지뭉구를 새로운 대통령으로 세운 뒤에야 학살은 종료되었다. 투치족 RPF 지도자인 폴 카가메가 부통령이 되었다. 투치족의 보복을 두려워한 200만 명의 후투족은 즉각 탈출하였고, 이로 인해 이웃 국가들에 심각한 불안을 야기했다. 이후에도 종족 갈등은 여전히 미해결 상태로 남아 있다. **JS**

▲ 가장 처참했던 대학살의 현장인 교회 주변에서 해골과 뼈들이 뒹굴고 있다.

"우리는 악마가
지구상의 낙원을 집어삼키는
광경을 보았다…"

**로메오 들레이르 UN군 중장**

# 남아프리카 민주주의 승리

남아프리카가 최초의 인종 통합 선거를 치른다.

두 여성이 넬슨 만델라의 역사적인 승리를 축하하고 있다.

마침내 남아프리카의 백인 통치 시대가 막을 내렸다. 피비린내 나는 혁명이 아닌 투표소 앞에 질서정연하게 줄지어 선 시민들이 이루어낸 위업이었다. 국민당과 프레데릭 빌렘 데 클레르크 대통령, 그리고 아프리카 민족회의(ANC) 지도자 넬슨 만델라 사이의 협상이 마침내 남아프리카를 민주 국가로 이끈 것이다. 그러나 평화로운 정권 이양이 보장되었다고는 말할 수 없었다. 백인 사회는 다수결 원칙에 대해 상반된 반응을 보였다. 안도하는 이들도 있었고, 분노하는 이들도 있었다. 백인 극단강경파가 무기를 들거나, ANC와 줄루족이 중심이 된 인카타 자유당 간의 갈등이 표면으로 드러날 가능성이 매우 높았다. 되도록 모든 국민이 투표권을 행사할 수 있도록, 투표는 사흘간 계속되었다.

결과는 1,200만 표 이상을 얻은 ANC의 압도적인 승리였다. 국민당은 약 400만 표, 인카타 자유당은 200만 표를 얻었다. 그 밖의 군소 정당들이 각각 수천 표를 챙겼다. 이미 사전에 합의한 대로, 3개 주요 정당은 국가 통합을 위한 연립정부를 구성하였다. 이들은 엄청난 기대를 한 몸에 받았다. 당시 남아프리카는 높은 실업률과 빈곤, 불평등 등 심각한 사회문제를 겪고 있었다. 새로 투표권을 인정받은 아프리카인들은 선거만 하면 삶의 질이—특히 주택, 취업, 교육 분야에서—신속하고 드라마틱하게 향상될 거라고 기대하였다.

결과적으로 새 정부는 모든 기대치를 다 채워줄 수는 없었지만, 민주주의를 정착시키고 유지했다는 점에서는 위대한 성공을 거두었다. **JS**

# 지하철 가스 테러

옴 진리교 신도들이 도쿄 지하철에서 맹독 가스인 사린을 살포한다.

▲ 도쿄의 구급요원들이 사린 신경 가스 테러 직후 지하철에 진입하려 하고 있다.

언제나 만원으로 악명이 높은 도쿄의 지하철이 아침 출근 시간의 러쉬아워에 치명적인 신경가스 테러의 표적이 되었다. 5개의 전동차가 역에서 출발하기 직전, 문이 닫히는 순간에 사린 가스가 들어있는 비닐 봉지가 터뜨려진 것이다. 12명이 사망하고 1,000명 이상이 중독되었으며 이중 50명은 중태에 빠졌다. 그 외에도 수많은 사람들이 일시적인 시력 상실로 고통을 겪었다. 도쿄의 종합병원들은 테러 희생자들로 가득 찼으며, 독가스의 종류를 파악하는 데만 수 시간이 걸렸다.

범인은 옴 진리교라는 신흥 종교의 신도들이었다. 옴 진리교는 1984년 아사하라 쇼코가 창설한 명상 단체로 시작하여, 이후 10년간 일본에서 교세가 괄목할 만큼 확장됐으나 늘 선교와 자금 조성 방식으로 문제가 꼬리표처럼 따라다녔다. 1990년대 초, 옴 진리교는 러시아와 강력한 관계를 구축하였다. 또 일본 헌법에 전쟁을 선포하고 재래식 무기를 사들이는 것은 물론, 화학 무기와 생물학 무기까지 생산하기 시작하였다. 1994년 옴 진리교는 일본 나가노 현의 소도시 마쓰모토에서 사린 테러를 시작했다. 이들은 경찰이 옴 진리교 본부를 기습할 것을 예상하고 도쿄 테러를 벌인 것으로 알려져 있다.

아사하라는 테러 직후 도주했으며, 이후에도 몇 번의 테러 시도가 있었다. 결국 아사하라는 체포되어 대량 살인 혐의로 사형선고를 받았다. 옴 진리교는 아직도 존재하지만, 이름은 알레프로 바뀌었다. **PF**

# 오클라호마 폭탄 테러

오클라호마 시티 연방 정부 청사가 극우파 티모시 맥베이와 테리 니콜스의 폭탄 테러 표적이 된다.

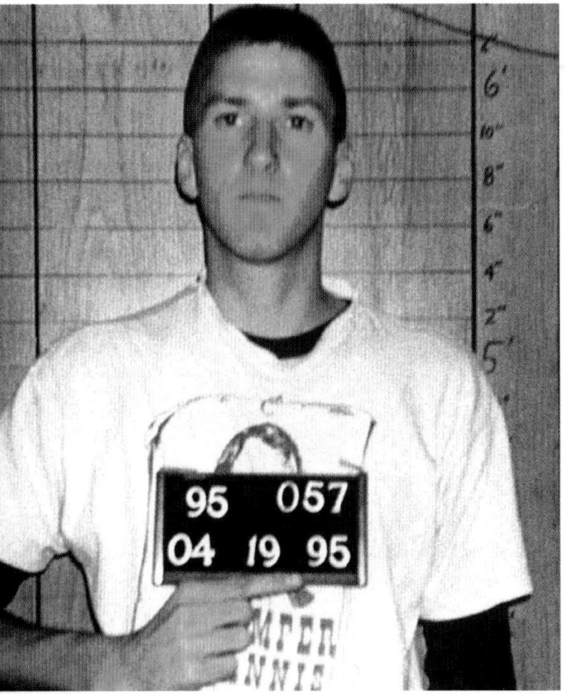

텍사스 주 웨이코에서 정부가 사교 집단을 포위 소탕하다가 민간인 사상자를 낸 사건에 복수하기 위해, 정확히 2년 뒤 오클라호마 시티의 연방 정부 청사 바로 바깥에서 폭탄을 실은 트럭이 폭발했다. 건물에는 거대한 구멍이 생겼고 수십 명이 잔해 속에 깔렸다. 사망자 수는 168명으로 집계되었으나, 끔찍하게도 잘려진 다리가 하나 더 발견되어 또 한 명의 희생자가 더 있을 것으로 추정되었다. 800명 이상이 부상을 입었다.

당시 연방 정부에 극렬하게 반대하는 광신 집단들이 다수 존재하였고 수천 명에 달하는 그 회원들은 대부분 백인 남성이었다. 곧 이들 가운데 두 명인 티모시 맥베이와 테리 니콜스에게 의심이 집중되었다. 맥베이는 4월 15일 캔자스 주 정션시티에서 트럭을 렌트하였고, 다음날 두 사람은 오클라호마 시티에 도주용 차를 남겨두었다. 이들은 캔자스로 되돌아와 플라스틱 양동이와 욕실용 체중계를 사용하여 약 2,268kg짜리 폭탄을 제조했다(원료는 질산암모늄 비료와 니트로메탄 등으로 밝혀졌다). 폭탄을 트럭에 실은 뒤 맥베이는 4월 19일 아침 일찍 오클라호마 시티로 향했다. 그는 존 윌크스 부스가 에이브러햄 링컨을 암살했을 당시에 외쳤다던 "Sic semper tyrannis(폭군은 늘 이렇게 되는거야)"라는 문구가 쓰인 티셔츠를 입고 있었다. 그는 트럭을 주차하고 2분짜리 퓨즈에 불을 붙인 다음 유유히 걸어서 사라졌다.

맥베이는 2001년에 사형이 집행되었으며 니콜스는 종신형에 처해졌다. 이 참사 직후 극우 과격주의의 기세가 꺾이는 계기가 되었다. **RC**

▶ 경찰이 찍은 티모시 맥베이의 사진. 맥베이는 체포되어 결국 처형되었다.

◀ 맥베이의 트럭 폭탄은 앨프리드 P. 머라 연방 정부 청사의 유리 벽면을 무너뜨릴 정도로 파괴력이 컸다.

# 보스니아 무슬림 학살

UN이 무기력하게 지켜보는 가운데 세르비아군이 스레브레니차에서 수천 명의 무슬림들을 학살한다.

1993년 4월, 스레브레니차는 UN에 의해 "안전 지역"으로 선포되었으나 1995년 7월 보스니아의 세르비아인들을 대표하는 레푸블리카 스르프스카군이 이 도시를 점령하였다. 그후 수일 동안 8,000명 이상의 무슬림들이 살해되었다.

스레브레니카 인근 지역은 세르비아인들이 정복한 영토 한가운데에 있는 유일한 무슬림 거주지였고, 1993년 3월 이래 포위되어 있었다. 그러나 UN 대표 필리프 모리용 장군은 주민들에게 UN의 보호 아래 있다는 것을 확약했었다. 안전 지역으로 선포된 뒤 이곳에 네덜란드 평화유지군이 주둔하였다. 1995년 초, 보스니아의 세르비아인 지도자 라도반 카라지치는 전쟁을 하루 빨리 끝내라는 압력을 받았고, 항복하기 전에 이곳을 완전히 초토화시켜버리기로 결심했다. 라트코 믈라디치가 지휘하는 카라지치의 군대가 점점 포위망을 좁혀왔다.

무슬림들은 심각한 물자 부족에 시달리고 있었으며, 군인들 역시 조직이 엉성하고 무장도 형편없었다. 그들은 대규모 공격을 받을 것이라고는 예상하지 못했다. 평화유지군 역시 경무장 상태였으며 만약 공격을 받을 경우 어떻게 하라는 정확한 지침을 받지 못한 상태였다. 최초의 공격에 거의 저항이 없자 세르비아인들은 도시로 진입했다. NATO가 공습에 나설 것이라고 위협하자 세르비아인들은 네덜란드 평화유지군의 안전을 보장할 수 없다며 맞섰다. 결국 평화유지군은 인질로 전락하여 눈앞에서 벌어지는 학살을 보고 있을 수밖에 없었다. 수치스러운 사건이었지만, 카라지치와 믈라디치로 하여금 대가를 치르게 하려는 시도는 무위로 돌아갔다. **JS**

스레브레니차 지역의 집단 매장지에서 발굴된 시신들이 지하 안치소의 벽을 따라 줄지어 늘어서 있다.

스레브레니차 학살은 제2차 세계대전 후 유럽에서 벌어진 최대의 인종 청소였으며, 희생자들은 대부분 성인 남성과 소년들이었다.

# 다이애나 왕세자비 사망

**다이애나 왕세자비와 도디 알 파예드가 타고 있던 차가 파리의 터널에서 기둥을 들이받는다.**

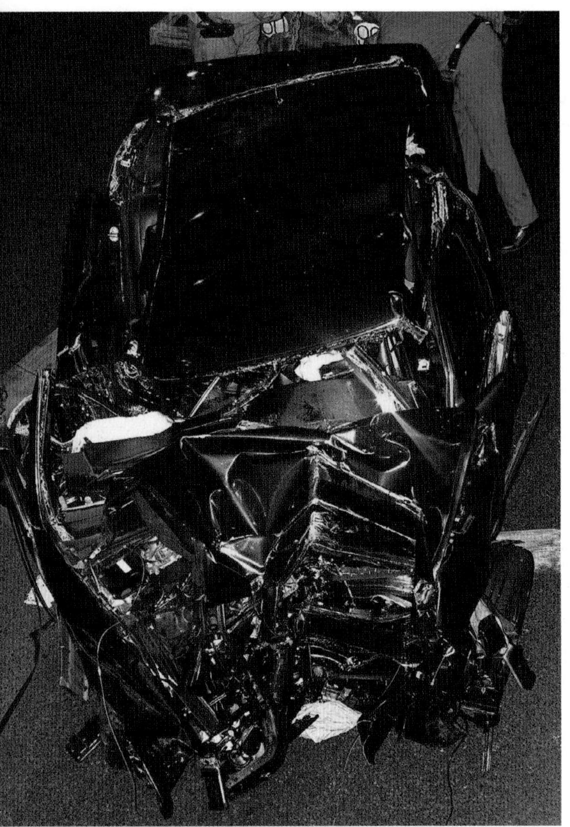

다이애나와 도디 알 파예드가 타고 있던 리무진의 잔해. 다이애나는 죽는 순간까지 파파라치의 추적에서 자유롭지 못했다.

> "차에 타고 있던 인원 중 그 누구를 살해하려는 음모는 없었다."
>
> **런던 경시청장 스티븐스 경, 2006년 12월**

영국의 다이애나 왕세자비는 전 세계에 어린이와 집 없는 사람들, 그리고 AIDS 환자들에 대한 지칠 줄 모르는 구호 활동가로 알려져 있었다. 그녀는 또 그녀 자신의 매력과 카리스마로 많은 이들을 매료시켰지만 이 때문에 언론은 그녀를 한시도 가만히 놓아두지 않았다. 1981년 찰스 왕세자와 약혼한 이래 언론은 다이애나의 사생활을 샅샅이 파헤칠 준비가 되어 있었다.

다이애나는 파리에서 애인 도디 알 파예드(이집트 출신 갑부 모하메드 알 파예드의 아들), 운전사 앙리 폴과 함께 교통사고로 사망하였다. 경호원 트레버 리스만이 살아남았다. 이들은 늦은 밤 파리의 리츠 호텔에서 알 파예드의 아파트로 향하고 있던 중이었다. 이들이 탄 메르세데스 벤츠 S280은 파파라치의 추격을 피하기 위해 전속력으로 달리다가 퐁드랄마 터널의 기둥을 들이받았다. 이후 수사 과정에서 폴이 음주 상태였다는 것이 밝혀졌다. 다이애나의 죽음은 영국에서 엄청난 파장을 불러일으켰다. 전국에 세워진 즉석 추모비에 산더미처럼 꽃다발이 쌓였다. 전 세계 25억 명의 시청자들이 웨스트민스터 사원에서 거행된 그녀의 장례식을 시청하였다.

사고 직후부터 음모론이 끊이지 않았다. 여기에는 교통사고라는 어이없는 이유로 아들이 죽었다는 사실을 받아들일 수 없었던 모하메드 알 파예드의 비통함이 어느 정도 작용했다. 일각에서는 영국 비밀 요원들이 다이애나를 암살했다고 주장하기도 했다. 다이애나가 알 파예드의 아이를 임신 중이었거나 혹은 그와 결혼할 계획이었거나, 이슬람으로 개종할 예정이거나 등의 이유로 왕정을 위협한다는 이유에서였다. 그러나 2008년 4월, 검시 재판은 다이애나가 "파파라치와 운전사 앙리 폴의 중과실로 인한 비합법적인 사망"으로 결론을 내렸다. **JS**

# 마더 테레사 사망

전 세계가 마더 테레사의 죽음을 애도한다.

인도에서 극빈자 구호에 40년의 세월을 헌신한 마더 테레사가 캘커타에서 심장마비로 세상을 떠났다. 향년 89세였다.

마더 테레사는 1910년 현 마케도니아의 수도 스코플레에서 태어났다. 속명은 아그네스 곤자 보야지우. 18세 때 수녀가 되기 위해 로레토 수녀원에 들어갔으며 선교활동을 위해 인도에 파견되었다. 그 후 그녀는 두 번 다시 가족을 보지 못했다. 아일랜드의 수녀원에서 짧은 기간 동안 수련하면서 영어를 배운 그녀는 1929년 인도에 도착했다. 수년간 안락한 수녀원에서 교사 생활을 한 그녀는 1946년 캘커타에서도 가장 비참한 빈민가 사람들 속으로 들어가기로 결심했다. 그녀는 버려진 힌두 사원을 개조하여 가난한 이들이 존엄하게 죽을 수 있는 무료 호스피스로 만들었다. 나병환자와 고아들을 거두는 일도 시작했다.

1950년, 그녀는 새로운 수녀회를 설립해도 좋다는 바티칸의 허가를 받았다. 이것이 바로 "사랑의 선교 수녀회"이다. 13명으로 시작한 사랑의 선교 수녀회는 마더 테레사가 세상을 떠날 무렵 4,000명의 수녀와 10만 명의 자원봉사자가 활동하는 거대한 조직이 되었다. 이들은 현재 전 세계에서 수많은 호스피스와 고아원, 구호센터를 운영하고 있다. 마더 테레사는 지칠 줄 모르는 봉사로 세계적인 명성을 얻었으며 1979년 노벨 평화상을 비롯, 유수한 국제적인 상을 수상하였다. 1996년에는 미합중국 명예 시민권을 받기도 했다.

물론 마더 테레사를 비판하는 사람들이 아주 없었던 것은 아니지만—예를 들면 그녀의 병원에서 피하주사 바늘을 재활용한다고 주장하는 이들도 있었다—극히 소수에 불과했다. 많은 이들에게 그녀는 "살아 있는 성녀"였다. 마더 테레사 사망 후 교황 요한 바오로 2세는 그녀를 "캘커타의 축복받은 테레사"로 시복(가톨릭 성인이 되는 시성의 전단계)하였다. **JS**

▲ 사랑의 선교 수녀회 소속 수녀들이 마더 테레사에게 마지막 작별을 고하고 있다.

"나는 모든 인간에게서 하느님을 발견합니다… 정말 아름다운 경험이 아닌가요?"

**마더 테레사, 1974년**

# 인간 게놈 지도 완성

인간의 지도를 그리다.

▲ 인간 게놈 연구는 감염에 대한 개개인의 저항 등 대다수 질병에서 유전자가 차지하는 역할을 밝혀내 왔다.

1980년대 중반 이래 제임스 왓슨—1950년대에 DNA 구조를 밝혀낸 획기적인 발견의 주인공 두 명 중 하나—이 주축이 되어 인류의 게놈, 즉 유전자 지도를 작성하려는 계획이 진행되어 왔다. 이 프로젝트가 공식적으로 시작한 것은 1990년으로, 전 세계 여러 연구팀이 참여하였다. 미국 에너지 부와 영국 국립보건연구원이 주로 연구 자금을 댔다.

1998년, 셀레라 지노믹스社의 크레이그 벤터가 이끄는 민간 프로젝트가 여기에 도전장을 냈다. 벤터 팀은 시간을 단축할 수 있는 방법을 사용하였고, 연구팀이 발견한 정보 중 일부를 사용할 수 있는 권한을 셀레라 지노믹스사에 허용하였다. 아마도 양팀 간의 경쟁이 속도전에 불을 붙였을 것이다. 결국 공공 프로젝트 쪽인 국립인간게놈연구원이 빌 클린턴과 토니 블레어가 발표한 예정보다 2년이나 빠른 2000년 6월 26일, "밑그림"을 완성하는 데 성공하였다. 인간 세포 하나에는 인체의 핵심적인 역할을 하는 24개의 유전자가 들어 있는데, 이 안에는 다시 2만 여 개의 유전자가 있다. 이 "밑그림"은 이 유전자들을 구성하는 30억 쌍의 화학 염기 중 97퍼센트를 해독한 내용을 포함하고 있었다. 클린턴과 블레어는 유전자와 질병 간의 관계를 해독하는 기술이 눈부신 속도로 발전함에 따른 의학적 이점을 강조하였다.

3년 후 완성된 게놈 지도가 발표되었으며 프로젝트는 2006년 공식 종료되었다. 그 결과 유전자와 유전자가 인체 안에서 나타나는 방식 간의 상호작용에 대해 훨씬 심도 있는 연구가 이루어질 수 있는 데이터의 토대가 마련되었다. **PF**

# 9/11

테러리스트들의 공격으로 3천여 명의 무고한 생명이 희생된다.

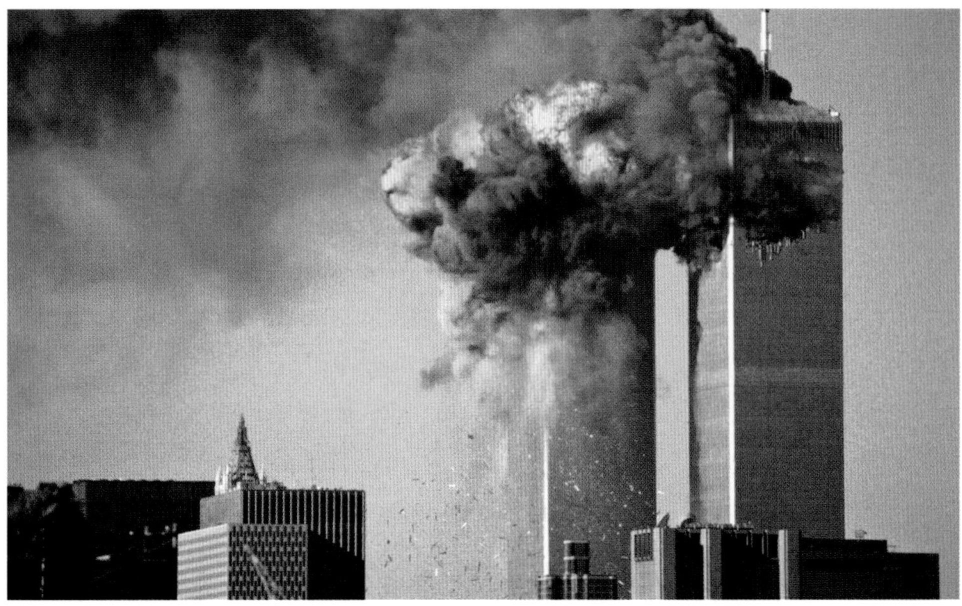

▲ 북쪽 타워가 불타고 있는 동안 남쪽 타워는 두 번째 비행기가 돌진하여 충돌하면서 거대한 불덩어리로 변했다.

9/11이라고 부르는 이 날의 악몽은 미국 역사상 최악의 참사라 불러도 과언이 아니었다. 이슬람 원리주의 테러 조직 알-카에다의 영향을 받은 무슬림들에 의해 저질러진 이번 테러로 3천여 명의 무고한 시민이 목숨을 잃었다. 9월 11일 아침, 4개조로 나뉜 테러리스트들은 동부 각 도시에서 캘리포니아로 향하는 4대의 비행기를 납치했다. 각 조마다 훈련된 비행기 조종사가 포함되어 있었다. 이중 뉴욕에서 출발한 비행기 두 대는 세계무역센터의 쌍둥이 타워에 충돌했다. 아메리칸 항공 보잉 여객기가 동부표준시 오전 8시 46분에 북쪽 타워를 들이받았고, 유나이티드 항공 보잉 여객기는 9시 03분에 남쪽 타워에 부딪혔다. 빌딩 안에서 일하고 있던 사람들 중 다수가 즉사했고, 구급 소방 요원들을 포함한 다른 사람들은 빌딩이 붕괴될 때 죽거나 잔해 속에 파묻혔다. 빌딩이 산산이 무너져내리며 화염과 연기에 휩싸이는 장면은 TV로 생중계되어 전 세계를 경악과 공포에 몰아넣었다.

세 번째 비행기는 워싱턴 D.C.로 향해 미 국방부 청사에 충돌했다. 워싱턴 D.C.의 국회의사당으로 향하던 것으로 알려진 네 번째 비행기에서는 용감한 승객들이 납치범들에게 저항하여 조종간을 빼앗으려고 했다. 실랑이 와중에 비행기는 펜실베이니아의 들판에 추락했고, 승객 전원이 사망했다. 테러범들은 대부분 사우디아라비아 출신이었다. 알카에다는 1979년 소련이 아프가니스탄을 침공했을 때 생겨났으며, 대부 격인 사우디 갑부 오사마 빈 라덴은 미국의 원조를 받은 반소련 조직에서 러시아인들에 대항하여 싸운 적도 있었다. 1998년 빈 라덴은 추종자들에게 "전 세계의 미국인을 죽이라"는 명령을 내렸다. 9/11의 결과 미국은 이슬람 테러리즘과의 전쟁에 돌입하게 된다. **RC**

# 엔론 코퍼레이션 파산

한때 존경받던 에너지 회사, 엔론의 부정과 날조 행각들이 드러나, 파산 신청을 하면서 자본주의의 어두운 면이 드러났다.

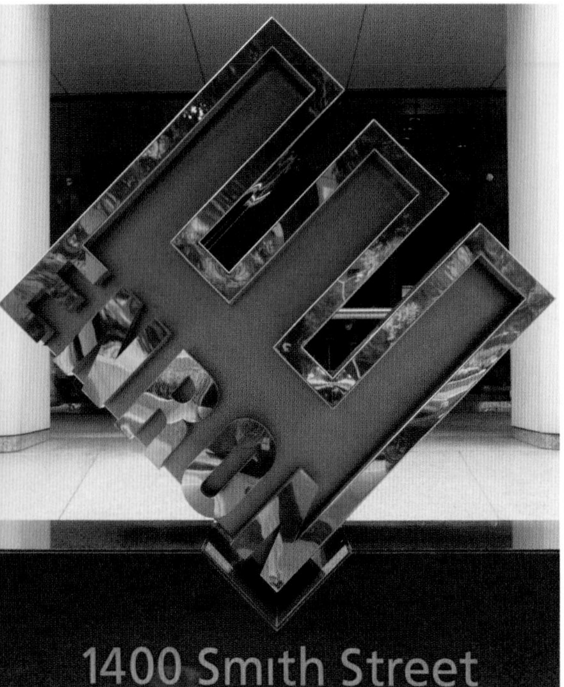

미국 역사상 최악의 테러 공격의 충격이 채 가시기도 전에 몇 달 후 이번에는 엄청난 파산 스캔들이 터졌다. 엔론사는 통신, 천연 가스, 전기, 제지, 플라스틱, 석유 화학, 철강, 심지어 "기후 리스크 관리" 같은 분야에까지 손을 댄 에너지 기업이었다. 1931년 네브래스카 주 오마하에서 노던 내추럴 가스 컴퍼니라는 이름으로 시작한 이 회사는 사업을 점차 확장하였고 1980년대에는 엔론으로 사명을 바꾸었다.

유명 경제 잡지인 《포춘(Fortune誌)》로부터 수년간 "미국에서 가장 혁신적인 기업"이라고 극찬하였고, 2000년에는 '일하기 좋은 100대 회사'에 꼽히기도 했던 엔론은 텍사스 주 휴스턴에 있는 호화로운 본사 건물을 소유하고, 약 2만 명의 직원을 거느리고 있었다. 그러나 2001년 8월, 높은 평가를 받는 금융 애널리스트 대니얼 스코토가 보고서에서 엔론을 가리켜 "모든 것이 엉망이며 갈 곳이 없다"는 표현을 사용하며 주주들에게 당장 지분을 팔고 빠져나올 것을 조언했다. 엔론의 자산과 이익 수치는 대부분 가짜였다—어떤 경우에는 엄청나게 부풀려졌으며 아예 처음부터 끝까지 날조인 것도 있었다. 엔론의 가장 가치있는 자산이자 실질적인 수익원은 이 회사의 모태였던 노던 내추럴 가스 컴퍼니뿐이었다.

사회적으로 큰 존경을 받던 기업이 사실은 교묘한 회계 부정에 의존하고 있었다는 사실이 밝혀지면서 엔론은 기업의 탐욕과 부패, 그리고 자본주의의 어두운 면과 동의어가 되었다. 일부 경영진은 개인적으로 소송을 당했으며, 상당한 금액의 피해보상을 해야 했다. 또한 엔론의 회계감리사였던 유명 회계법인 아서 앤더슨은 문을 닫았다. **RC**

▶ 텍사스 주 휴스턴에 위치한 본사 외부의 엔론 코퍼레이션 로고이다.

◀ 2002년 5월, 엔론의 이사회 임원들이 회사의 붕괴에 있어 자신들이 했던 역할에 대해 심문받고 있다.

# 발리 폭탄 테러

열대의 낙원 발리에서 대규모 테러가 일어나 세계를 충격에 빠트리고 관광산업이 타격을 입는다.

인도네시아 역사상 최악의 테러였다. 휴양 리조트가 즐비한 발리에서 폭탄 테러가 일어나 202명이 숨지고 209명이 부상당했다. 사망자 중 인도네시아인은 38명이었고, 대부분은 관광객들이었다. 이 중 88명은 오스트레일리아, 26명은 영국, 7명은 미국인이었다. 이번 테러는 인파로 붐비는 쿠타 해변 지역에서 일어났다. 자살 폭탄 테러범이 폭탄이 든 배낭을 메고 패디스 퍼브 나이트클럽으로 들어갔다. 그와 동시에 사리 클럽 밖에 세워져 있던 차량에서도 폭탄이 폭발했다. 결과는 참혹하고도 끔찍했다. 재산 피해도 엄청났으며, 부상자들은 심각한 화상을 입어 전문 의료진의 치료를 받기 위해 오스트레일리아로 보내져야 했다.

테러범들은 이슬람 원리주의 테러 조직인 제마 이슬라미아(JI) 소속이었다. 미국과 오스트레일리아 정부는 즉각 JI와 알카에다의 연관성을 주장했다. 그러나 인도네시아 국내에도 자국 이슬람 원리주의의 근원이 명백했다. JI의 지도자인 아부 바카르 바시르는 재판을 받았지만 범행과의 어떠한 연관도 부정했다. 그는 반역죄로는 무죄판결을 받았고, 비교적 경미한 죄목으로 30개월의 징역형을 살았을 뿐이었다. 이로 인해 미국과 오스트레일리아 국민들이 분노하는 사태가 벌어졌다. 다른 세 명은 폭탄 테러 혐의로 사형에 처해졌다. 이중 주모자인 아므로지 빈 하지 누르하심은 2003년 4월 사형선고를 받을 때 쾌활하게 양손 엄지손가락을 치켜세워 보이는 제스처를 취하기도 했다. JI 역시 세계의 다른 유사 테러 조직들과 마찬가지로 죽음의 위협으로는 꺾을 수 없다는 것이 증명된 셈이다. **JS**

◀ 쿠타의 나이트클럽 두 곳에서 폭탄 테러가 일어난 지 한 달 후, 방문객들이 멈춰 서서 희생자들을 위한 기도를 올리고 있다.

▶ 첫 번째 폭발이 일어난 곳에서 그리 멀지 않은 사리 클럽 밖에 주차되어 있던 차량에서 폭탄이 터진 뒤 자동차와 건물들이 화염에 휩싸이고 있다.

2003년 2월 1일

# 컬럼비아호 사고

## 우주왕복선 컬럼비아호가 공중 폭발하여 승무원 7명이 전원 사망한다.

미국의 우주 프로그램은 20세기 가장 놀랄만한 발전 중의 하나였지만, 그로 인한 재앙 역시 피해갈 수 없었다. 그중 하나는 1986년 챌린저호 사고였고, 또 하나는 우주 왕복선 컬럼비아호 사고였다. 컬럼비아호가 발사되었을 때 약 1m 길이의 작은 발포 절연체가 외부 연료 탱크에서 떨어져 나오면서 문제가 잇따라 발생하였다. 컬럼비아호는 이전에도 거품 때문에 문제가 여러 번 있었으며, NASA 엔지니어들은 이런 문제에 익숙해진 나머지 대수롭지 않게 생각했다. 이 현상은 후에 "일탈의 일반화"라는 엄숙한 명칭이 붙었다.

> "그들이 목숨을 바친 대의는 계속될 것입니다. 우리의 우주 여행도 계속될 것입니다."
>
> **조지 W. 부시 대통령, 2003년 2월 1일**

컬럼비아호의 대기권 재진입 담당 팀이 2월 1일 오전 2시 30분 통제 센터에서 임무에 돌입했을 때, 통제 센터 측도 컬럼비아호 측도 특별히 우려할 만한 사항을 발견하지 못했다. 오전 8시 15분, 컬럼비아호는 인도양 해상 282㎞ 상공에서 "궤도 이탈을 위한 점화"에 들어갔고, 대기권 재진입을 위해 속도를 시속 2만 8,000㎞로 줄였다. 컬럼비아호는 오전 8시 44분, 태평양 해상 122㎞ 상공에서 대기권에 진입하여 캘리포니아 해안을 건넜으며, 오전 9시 텍사스 상공에서 붕괴되기 시작했다. 당시 지상에 있던 사람들은 어마어마한 굉음을 들었으며 하늘에 연기와 잔해가 자욱한 광경을 목격하였다. 승무원 7명 전원이 목숨을 잃었다. **RC**

2003년 4월 7일

# 바그다드 함락

## 바그다드가 함락하면서 사담 후세인의 권력도 몰락한다.

미국이 이끄는 다국적군의 이라크 침공은 2003년 바그다드 함락 때까지만 해도 대성공으로 보였다. 다국적군은 이라크 국민들이 자신들을 해방군으로 환영해 줄 것이라 기대했지만, 이라크 국내에서 격렬한 반대에 부딪혔다. 1991년 2월 쿠웨이트 해방 후 봉기를 일으켰는데도 버림 받았던 남부의 시아파 주민들은 다국적군을 돕기 위해 들고 일어날 생각이 없었다. 영국군이 바스라를 손에 넣는 데에만 2주가 걸렸으며, 바그다드에서도 치열한 전투가 예상되었다. 그러나 수도가 순식간에 함락되자 이제는 저항 세력도 무릎을 꿇으리라는 기대가 높아졌다. 이라크 지도자 사담 후세인은 다른 고위층 지지자들과 함께 도주하였다. 서방 언론들이 호들갑을 떤 정도는 아니었지만, 바그다드 거리에서는 시민들의 환호성이 울렸다. 미군 장갑차가 피르두스 광장의 후세인 동상을 무너뜨리자 군중은 환호했다.

수년간의 경제 제재와 전쟁 패배에 시달린 이라크 국민들은 사담의 몰락을 별로 동정하지 않았다. 그러나 외세의 정복과 점령이 쉽게 받아들여질 리 없었다. 신속한 재건과 생활 수준 향상, 그리고 문민 정부로의 빠른 권력 이양이 무엇보다 중요해졌다. 바그다드 함락과 거의 동시에 이런저런 문제들이 발생하기 시작했으며 폭동과 약탈이 끊이지 않았다. 그 결과 국립 박물관이 소장하고 있던 가치 있는 유물들이 사라졌고, 국립 도서관과 공문서 보관소는 불탔다. 미국이 제 시간에 해낸 것은 석유부의 장악뿐이었다. 혼돈이 계속되었고 무장 저항 세력이 난립하게 되었다. **JS**

▶ 위풍당당하게 서 있던 사담 후세인의 동상이 미군에 의해 땅에 끌어내려지고 있다.

TV

2004년 3월 11일

# 마드리드 폭탄 테러

테러 공격이 스페인 정부의 생존을 위협한다.

일련의 폭탄 테러가 스페인의 수도를 공포로 몰아넣었다. 총 10건으로 확인된 폭발은 3개 기차역—중앙역인 아토차 역과 그보다 작은 산타 에우제니아와 엘 포소 역—의 역내와 그 주변에서 발생했다. 테러범들은 사상자 수를 최대한 늘리기 위해 출퇴근 러시아워를 골랐다. 모두 191명이 사망하였으며, 부상자 수는 1,800명에 달했다. 부상이 너무나 심했기 때문에 시내 종합병원들은 수혈용 혈액이 부족하여 헌혈 요청 광고를 내야만 했다. 경찰은 조각난 시신을 전부 맞춰서 신원을 파악하는 것조차 불가능할지 모른다고 경고했다.

스페인 정부는 이 테러의 배후에 누가 있는지 한 치의 의심도 없었다. 내무부 장관 앙헬 아세베스는 바스크 분리 조직인 에타가 범인임에 틀림없다고 자신했다. 그러나 시민들의 반응은 회의 그 자체였다. 엄청난 규모로 보나 일반적인 경고 전화가 없었다는 점으로 미루어 에타가 배후라는 설은 어불성설이었다. 스페인 정부는 이라크 침공 당시 미국의 강력한 동맹이었으며, 이를 감안하면 이슬람 원리주의 세력이 보다 그럴듯한 용의자였다. 이튿날 용의 차량인 밴이 마드리드 교외에서 발견되었을 때 수색 결과 이슬람 세력의 개입을 보여주는 증거가 나타나자 시민들은 공개적으로 분노를 표출했다. 스페인 정부는 그들이 이슬람 세력의 위협을 심각하게 받아들이지 않았다는 사실을 은폐하기 위해 에타에게 혐의를 전가한 것으로 보였다. 테러 사흘 후 열린 총선에서 여당은 예상 외의 참패를 당했고 새로운 사회주의 총리 호세 루이스 로드리게스 사파테로는 이라크에서 스페인군을 철수시키겠다는 공약을 재확인하였다. **JS**

2004년 12월 26일

# 공포의 파도

인도양에서 발생한 쓰나미가 재앙을 초래한다.

쓰나미, 또는 대형 지진 해일이 인도양 해안에서 수많은 생명과 재산을 파괴하면서 공포가 인도양 연안을 휩쓸고 지나갔다. 쓰나미의 원인은 리히터 규모 8.9의 해저 지진이었다. 강진으로 인도네시아의 아체 주 해안에서 해상이 10m 가까이 솟아 올랐다. 40년 만에 최대 규모를 자랑하는 엄청난 쓰나미가 시속 800km 속도로 몰려왔다.

아체 해안과 주도 반다 아체는 완전히 파괴되었다. 일부 마을에서는 인구의 70퍼센트가 사망했으며, 농작물과 어선이 파괴되고 50만 명의 이재민이 발생하였다. 인도네시아에서만 13만 명이 목숨을 잃었다. 쓰나미는 버마(미얀마), 태국, 스리랑카, 인도, 심지어 아프리카 동부까지 덮쳐 소말리아에서도 200명이 사망하였다. 총 사망 인원은 20만 명에 달할 것으로 추산되었다. 이 지역은 관광 리조트로 인기가 높았기 때문에, 피해자의 국적도 제각각이었다. 서방 국가 중에서는 550명의 사망자를 낸 스웨덴의 인명 피해가 가장 컸다. 수 개월 후에도 시신이 발견되었고, 오염된 물과 부패한 시신들로 인해 전염병 우려까지 확산되었다.

이러한 무참한 자연 재앙은 전세계를 충격에 빠뜨렸고, 6개월 만에 120억 달러의 구호 기금이 조성되었다. 이 지역 국가 정부들 역시 향후 이와 같은 재해를 예방하기 위해 조기 경보 체제를 갖추기로 합의하였다. 사체의 신원 파악을 위해 전 세계의 법의학자들이 공동으로 노력하였다. 그러나 이러한 노력에도 불구하고 가난하고 집을 잃은 사람들, 특히 구호 지원을 받을 기회조차 얻기 어려운 극빈층에게, 재건은 느리고 고통스러웠다. **JS**

▶ 안다만 제도의 태국령 코 라야에서 사람들이 밀려오는 파도를 믿을 수 없다는 듯이 쳐다보고 있다.

DIESEL

# 런던 자살 폭탄 테러

자살 폭탄 테러로 인한 참극에 런던이 혼란에 빠진다.

◐ 테러 공격을 자행하기 위해 런던으로 향하기 직전 루톤 기차역에서 CCTV에 잡힌 범인들의 모습.

◑ 타비스톡 스퀘어의 버스에서 일어난 폭발로 차체 지붕이 날아가고 후면이 파괴되었다.

"그들은 무고한 사람들을 학살함으로써 우리를 겁먹게 하려고 하고 있습니다…"

**영국 총리 토니 블레어, 2005년 7월**

7월 7일, 런던은 처음으로 자살폭탄테러의 끔찍함을 경험하게 된다. 3개 지하철 노선—리버풀 스트리트 역, 엣제웨어 로드 역, 그리고 킹스크로스 역과 러셀 스퀘어 역 중간—과 타비스톡 스퀘어의 버스에서 총 4건의 공격으로 56명이 사망하고 700명이 부상했다. 런던의 교통 시스템은 마비되었으며, 사람들이 미친 듯이 안부 전화를 거느라 통신망에 과부하가 걸렸으며, 이로 인해 구조 작업이 더욱 지연되었다.

사태는 아일랜드 공화군(IRA)이 30년에 걸쳐 영국 본토에 자행한 공격보다 더 심각했다. 이전까지는 이름조차 알려지지 않았던 한 이슬람 단체가 자신들의 소행이라고 주장하고 나섰다. 2주 후, 4명이 이를 모방한 테러를 기도했지만, 다행히 폭탄이 터지지는 않았다. 이튿날, 경찰은 스톡웰 지하철역에서 테러범 용의자를 사살했지만, 그는 무고한 브라질인 쟝 샤를 드 므네스로 밝혀졌다.

영국 국민들을 경악케 한 것은, 4명의 테러범—모하메드 시디크 칸, 셰자드 탄위르, 저메인 린제이, 하시브 후세인—이 모두 영국에서 태어난 영국 시민권자로 한번도 이슬람 과격파로 경찰의 주목을 받은 적이 없다는 사실이었다. 지인들은 하나같이 그들을 코란보다는 스포츠에 더 관심이 많았다고 기억했으며, 칸과 린제이의 부인은 임신 중이었다.

영국인들은 어떻게 평범한 영국인 무슬림들이 그토록 자신들의 조국으로부터 멀리 떨어져 이런 식으로 죽음을 택하게 되었는지 의문을 품지 않을 수 없었다. 자살 폭탄 테러범들이 남긴 메시지는 명확했다—영국의 중동 정책이 그들의 행위에 커다란 영향을 주었다는 사실이었다. **JS**

taxi
Mon-Fri
7-10am
4-7pm
Bus lane
cameras
LEARNING PAYS

# 허리케인 카트리나

허리케인 카트리나가 뉴올리언스를 강타했으나 당국은 늑장 대응한다.

▲ 상륙 직전 5급(시속 160마일)까지 세력이 강화된 허리케인의 모습을 보여주는 위성 사진.

"8월 31일,
최소한 뉴올리언스 시의
80%가 침수되었다..."

미 국립 기후 데이터 센터 발표 자료

미국 역사상 가장 강력한 폭풍 중 하나로 기록된 허리케인 카트리나가 재즈의 고향 뉴올리언스를 덮쳤다. 뉴올리언스 시장 레이 네이긴은 대피 명령을 내렸고 허리케인이 시시각각 다가오는 가운데 시민 수십 만 명이 피신하였다. 그러나 일부 주민들, 주로 빈민층과 노인들은 그대로 시내에 남아있었다. 수퍼볼 경기장이 이들에게 최후의 대피소로 제공되었다.

태풍의 눈은 도시 동쪽을 휩쓸고 지나갔지만, 허리케인은 뉴올리언스를 홍수로부터 보호하기 위해 건설한 제방 시스템을 완전히 무너뜨렸다. 물이 시가지로 밀려들어왔고, 시내에 남아 있던 주민들 중 다수는 헤엄을 쳐서 안전한 곳으로 대피하거나 다락방 또는 지붕에 갇혀서 구조의 손길을 기다려야만 했다. 저녁이 되자 물이 찬 거리에 둥둥 떠다니거나 잔해 속에 버려진 시체들이 눈에 띄기 시작했다. 일부는 며칠 동안 그대로 방치되어 부패하는 바람에 신원 확인조차 어려워졌다.

뉴올리언스에는 깨끗한 물도, 전기도 없었다. 대부분의 건물들은 허리케인에도 꿋꿋이 버텼지만, 유리창은 대부분 날아갔다. 벽면 전체가 유리로 만들어진 하얏트 리젠시 호텔은 외벽이 완전히 파괴되었고 침대가 창문 밖으로 날아갔다. 허리케인이 지나가자 권총으로 무장한 개인과 집단의 약탈과 폭동이 심각한 문제가 되었다. 경찰은 여전히 피해자 구조에 정신이 없었고, 상점 주인들은 자신의 재산을 스스로 지키지 않으면 안되었다. 심지어 구조대원과 경찰이 저격당했다는 신고까지 들어왔다—실제로 일어난 일인지는 확인되지 않았지만 말이다. 연방 정부가 뒤늦게 사태 수습에 나섰지만 재앙에 뒤늦게, 그리고 불충분하게 대응했다는 강력한 비판을 피해갈 수 없었다. **RC**

# 최후의 반항

## 이라크의 독재자 사담 후세인이 처형된다.

1979년부터 2003년까지 이라크를 통치한 독재자 사담 후세인이 일출 직전 바그다드의 카디미야에서 교수형에 처해졌다. 그가 처형당한 건물은 예전에 그 자신이 거느린 비밀경찰들이 수많은 사람들을 처형한 곳이었다. 후세인은 2005년 11월, 1982년 시아파 지역인 두자일에서 148명을 살해한 혐의로 사형선고를 받았다. 그가 저지른 수많은 악행을 감안할 때, 이 한 건만으로 사형이 선고되었다는 사실은 1년에 걸친 그의 재판이 얼마나 혼란스럽고 또 터무니없었는지를 증명하고도 남았다. 3명의 변호인이 암살 당했고, 1명은 국외로 망명했다. 후세인은 종종 청문회를 보이콧했으며, 한번은 재판정을 향해 "창녀의 딸"이라고 욕해 법정에서 끌려나가기도 했다. 인권단체들은 재판 진행 절차에 대해 지극히 비판적이었으며, 이라크인들은 전반적으로 별 관심이 없었다.

후세인은 처형 당시 그를 조롱하고 몰래 처형 장면을 불법 촬영한 입회인들보다도 더 위엄이 있었다. 고분고분하게 코란을 받아들었지만 전혀 참회하는 기색은 없었다. 처형 소식이 알려지자 바그다드의 시아파 거주 지역인 사드르에서는 환호성이 일었지만, 후세인의 고향인 티크리트에서 항의 시위가 벌어졌다. 이라크 총리 누리 알-말리키는 후세인의 처형으로 이라크 역사의 어두운 장이 마침표를 찍었다고 말했다. 후세인의 유해는 미군 헬리콥터로 고향인 티크리트 인근 알-아우자로 보내져 가족 묘지에 매장되었다.

미국의 조지 W. 부시 대통령은 후세인의 처형이 이라크가 민주주의로 나아가는 중요한 한 걸음이었다고 말했다. 그러나 대다수의 이라크 국민들은 이것으로 전국을 할퀴고 있는 폭력 사태가 종식되기만을 간절히 바랐을 뿐 무관심으로 일관했다. 결국 이들이 옳았다. 같은 날 바그다드에서만 3건의 차량 폭탄 테러가 일어나 37명이 사망하였으며, 이라크 전역에서 4명의 미군 병사가 목숨을 잃었다. **JS**

▲ 후세인이 교수형에 처해지기 몇 분 전, 이라크 TV 중계 화면.

"너는 우리를 파괴했다.
너는 우리를 살해했다. 너는 우리를
가난 속에 살게 만들었다."

**처형 당시 현장에 있었던 한 경비원의 절규**

2008년 9월 15일

# 금융 위기

**리먼 브라더스 파산으로 세계가 경기 침체에 돌입하다.**

이미 수 개월간 경고의 목소리가 들려왔었다. 신용 등급이 낮은 "서브프라임" 대출의 채무 불이행 증가는 대형 금융기관들을 위협했으며, 필요한 자금을 마련하기는 날이 갈수록 어려워졌다. 지난 10년간 월스트리트 마법은 전 세계에 리스크를 확산시켰으며, 쥐꼬리만한 담보만 있어도 신용 대출을 해주었고, 경제의 구름을 사라지게 만들었다. 따라서 느닷없이 폭풍이 닥쳐왔을 때 대비가 되어 있었던 은행은 거의 없었다.

150년의 역사를 자랑하던 리먼 브라더스는 폭풍에 고스란히 노출된 금융기관 중 하나였다. 2008년 2분기, 리먼의 손실은 28억 달러에 달했고 주가는 곤두박질쳤다. 리먼은 인수자를 찾으려 시도했지만 실패했고, 9월 15일 파산 보호를 신청했다. 한때 어마어마한 연봉과 수십만 달러의 보너스를 받던 직원들은 긴급 회의에서 이 소식을 듣자 박스에 소지품을 챙겨서 회사를 떠났다.

리먼의 몰락은 전 세계 금융 시스템에 도미노 현상을 불러일으켰다. 은행 간 대출이 전면 중지되다시피 했으며, 미국, 영국과 그외 국가들에서도 주요 금융기관의 붕괴를 막기 위해 천문학적인 액수의 공적자금이 투입되었다. 그러나 아이슬란드의 은행들은 결국 부도를 피하지 못했고, 위기의 연쇄 작용으로 전 세계에서 기업과 개인에 대한 대출이 얼어붙었다. 그 결과는 대규모 경기 침체였다. 이는 또한 금융인들이 이제는 "부실 자산"이 되어버린 것들을 되팔아 이득을 챙긴 결과이기도 했다. 전 세계가 금융인들의 오만과 탐욕의 대가를 지불해야만 했던 것이다. **PF**

2009년 1월 20일

# 오바마 미국 대통령 당선

**버락 오바마 취임과 함께 미국의 리더십에 변화가 도래한다.**

살이 에일 듯이 추운 어느 날 아침, 사상 최대 규모인 200만 명의 인파가 워싱턴 D.C.의 국회의사당 앞에 운집했다. 바로 전날은 1960년대 흑인 민권 운동 지도자였던 마틴 루터 킹의 탄생 80주년 기념일이기도 했다. 불과 몇십 년 전만해도 흑인이 자유롭게 투표하는 것조차 불가능했던 나라에서 최초의 흑인 대통령 취임을 앞두고 이러한 타이밍은 길조로 여겨졌다. 또한 9/11 직후 높은 지지율을 유지하지 못하고 대내적으로는 경제 위기, 대외적으로는 이라크와 아프가니스탄 전쟁으로 국민들을 실의에 빠뜨린 조지 W. 부시 대통령의 임기가 마침내 끝난다는 것을 의미했다.

여러 면에서 버락 오바마는 과거와의 단절 그 자체였다. "우리가 믿을 수 있는 변화"를 선거 슬로건으로 내세웠던 오바마는 미국 정치 시스템을 재정의하고 부흥시키는 데 착수했다. 시카고 출신 변호사로 일리노이 상원 의원을 지낸 그는 민주당 경선에서 힐러리 클린턴과 역사적인 경쟁을 벌이면서 빼어난 연설 실력과 어떤 상황에도 흔들리지 않는 침착함으로 명성을 얻었다. 텍사스, 캔자스, 하와이, 케냐, 인도네시아를 아우르는 복잡한 가정 환경은 전국적인 지지를 이끌어내는 데 일조하였다. 2008년 11월 4일, 오바마는 공화당 후보 존 매케인을 누르고 제44대 미합중국 대통령에 당선되었다.

취임식에서는 밴드가 연주하고, 흑인 소울 가수 아레사 프랭클린이 노래했으며, 요요마가 첼로를 연주했다. 정오가 되자 오바마는 연방 대법원장 존 로버츠의 입회 아래 취임 선서를 했으며, 많은 사람이 기대했던 이 취임 연설은 미국의 새로운 시작을 위해 직면해야 할 도전들을 담고 있었다. **PF**

▶ 미국 대통령 버락 오바마가 2009년 1월 20일 밤에 열린 취임 축하 무도회에서 지지자들에게 손을 흔들고 있다.

# 마이클 잭슨 사망

"팝의 황제"가 장기 투어 공연을 수 주 앞두고 사망하다.

▲ 인도 방갈로르의 한 팬이 고인을 애도하고 있다. 잭슨의 죽음은 전 세계의 팬들을 울렸다.

미국의 댄스가수 마이클 잭슨이 로스앤젤레스의 자택에서 사망한 채 발견되었다(향년 50세). 사인은 잭슨의 불면증 치료를 담당하고 있던 개인 의사 콘래드 머레이가 마취제인 프로포폴을 과다 투여한 것으로 판명되었다. 사망 당시 잭슨은 수년간의 공백을 깨고 컴백 라이브 공연을 준비하고 있었으며, 3주 후면 런던의 O2 아레나에서 장기 시즌 공연에 돌입할 예정이었다. 잭슨은 6살 때 잭슨 파이브의 리드 싱어로 데뷔하여 빌보드 차트 정상을 차지한 이래 줄곧 스타의 삶을 살았다. 솔로로 전향한 뒤 1980년대, 특히 앨범 〈스릴러 Thriller〉(1982)로 세계적인 스타가 되어, 세계 어디서나 그의 이름을 모르는 이가 없을 정도였다. 마이클 잭슨은 1984년 광고촬영 중 사고로 인해 백반증이라는 병에 걸려 피부 색이 변해갔다. 그가 늘 우산을 쓰고 잘 나오지 않은 이유도 햇빛을 받으면 피부에서 멜라닌이 생성되어 백반증이 심해지기 때문이었다. 그는 캘리포니아에 자신이 건립한 대저택 '네버랜드'에서 아동을 성추행한 혐의로 기소를 당해 재판을 받기까지 했다(2005년 무죄 판결을 받았다). 이후 그의 인기는 재정 상태와 함께 급속도로 추락하였다. 잭슨의 사망 뉴스는 사망 판정이 내려진지 18분 만에 가십 웹사이트인 TMZ.com에 보도되면서 전 세계로 퍼져나갔고, 1963년 존 F. 케네디와 1997년 다이애나 왕세자비 사망 때와 맞먹는 애도 물결이 일어났다. 장례식은 7월 7일 가족 예식으로 치러졌으며, 이후 수많은 스타들이 한 자리에서 그를 추모하는 공식 행사가 열려 전 세계적으로 12억 명이 넘는 인구가 시청하였다. **PF**

# 아이티 대지진

대지진으로 섬나라가 초토화되다.

▲ 대지진으로 완전히 무너져내린 수도 포르토프랭스의 대성당.

1월 12일 정오, 관측사상 최고 강도(리히터 규모 7.0)의 강진이 세계 최빈국 중의 하나인 아이티를 덮쳤다. 수도 포르토프랭스의 대부분이 완전히 초토화되었다. 초기 보도 자료에 따르면 사망자 수와 부상자 수는 각각 25만 명에 달하며, 100여만 명의 이재민이 발생하였다. 수많은 정부 청사와 공공건물, 병원 등이 피해를 입으면서 사회기반시설도 대부분 파괴되었다. 전 세계가 온정의 손길을 뻗쳤으나, 서로 다른 구호 단체 간의 협력이 제대로 이루어지지 않으면서 구호 활동이 지체되었다. 구호물자의 전달과 배분 역시 공항이 너무 작은데다 그나마도 지진으로 파괴되어서 제때에 이루어지지 못했다. 미군이 신속하게 포르토프랭스로 진입하여 질서 유지에 들어갔으나, 수많은 생존자들은 1주일 이상을 기다리고 나서야 생필품–식량, 텐트, 식수 등–을 받을 수 있었다. 신속한 구호 활동 노력에도 불구하고, 이재민 수가 너무 많은데다 피해 규모도 워낙 커서 지진 후 수개월이 지났는데도 수많은 사람들이 여전히 시내와 외곽에 텐트를 치고 살았다. 미국을 비롯한 몇몇 국가들은 난민 신청을 받아들였고, 전 세계 은행들은 수억 달러의 원조를 제공했으며, 세계은행은 국가 채무 상환을 5년간 연장하였다.

**PF**

# 딥워터 호라이즌 석유 시추선 폭발

미국은 1930년대 더스트 볼 현상 이래 최악의 환경 재해를 겪는다.

멕시코 만 루이지애나 해안에서 64km떨어진 딥워터 호라이즌 석유 굴착 시설의 폭발과 화재로 인해 사상 최악의 해상 원유 유출 사고가 발생했다. 결함 있는 시멘트 탓으로 알려진 이 폭발로 인해 시추선은 침몰하였고 11명이 사망했으며 1,524m 깊이의 해저에서 대량의 원유 유출이 일어났다. 하루 50,000~60,000 배럴 가량의 원유가 바다로 흘러나왔고 석유회사인 BP는 유출을 막으려 거듭 시도했으나, 수심이 너무 깊어 실패했다. 거의 5백만 배럴의 원유가 멕시코 만을 뒤덮었고 첫 폭발이 일어난 지 약 3개월이 지난 7월 15일에서야 비로소 유정이 덮였다.
유출로 인해 생긴 거대한 기름띠는 루이지애나 해안을 따라 몇 백 마일이나 퍼져 대규모 봉쇄, 분산, 정화 작업에도 어업과 관광산업에 막대한 피해를 주고 환경 재앙의 조짐을 보였다. 멕시코 만 주변에서 바닷새, 거북, 돌고래, 갑각류 등 여러 종의 어류가 피해를 입었고, 전문가들은 피해의 규모를 완전히 파악하려면 여러 해가 걸릴 것으로 추정했다. 하지만 바람에 의해 기름띠는 상대적으로 신속히 분산되었고, 덕분에 최악의 영구적인 생태학적 피해는 피할 수 있었는지 모른다.

하지만 BP사는 유출을 막기까지 보인 명백한 무능함과 최고경영자인 영국인 토니 헤이워드의 서투른 홍보로 인해 막대한 비난을 받았다. 특히 미국의 대통령 버락 오바마는 BP사가 반드시 피해를 배상해야 한다고 촉구했다. 손해배상액은 최초에는 최고 1천억 달러까지로 추산되었고 이로 인해 영국 경제에 끼칠 영향에 대한 염려가 분분했다. **PF**

◀ 유출지점에서 14km 떨어진 수면에 떠 있는 유처리제에 엉긴 기름과 원유.

▲ 딥워터 호라이즌 호의 굴착 시설이 불타면서 멕시코 만으로 무너지고 있다.

"우리가 (바다에) 쏟고 있는 기름의 양은… 물 전체의 양에 비하면 근소하다."

토니 헤이워드, 2010년 5월 14일

# 튀니지 정부 붕괴

튀니지 혁명은 "아랍의 봄"의 시작을 알렸다.

◐ 파리에서 일어난 튀니지 국민들을 지지시위에서 벤 알리 대통령의 사진을 태우고 있다.

◑ 튀니지에서 집회를 해산시키기 위해 경찰이 최루 가스를 살포하자 시위자들이 달아나고 있다.

"우리가 요구하는 것은 단 하나, 정부를 타도하는 것이다. 그들은 모두 사라져야 한다."

**바셈 엘 바루니, 튀니지의 시위자**

2010년 12월, 튀니지의 시디 부지드에서 노점상 모하메드 부아지지가 경찰의 부당한 대우에 항의하여 분신자살했다. 그리고 뜻밖에 이 사건은 지네 엘 아비디네 벤 알리 대통령의 장기집권 독재 정권에 대한 저항의 물결에 방아쇠를 당겼다. 시위 참가자들을 진압하려던 정부의 시도는 실패로 돌아갔다. 시위대는 소셜 네트워크, 특히 트위터와 페이스북을 통해 행동을 조직하고 홍보하며 바깥 세계에 사실을 알렸기 때문이다.

처음에는 실업, 부패, 언론의 자유에 대해 언급했던 시위는 점차 벤 알리 본인에 대한 직접적인 공격으로 변했다. 1987년 쿠데타 이후부터 대통령을 지낸 벤 알리는 2009년 재선에서 90퍼센트의 득표율을 올렸다.

1월 14일 벤 알리는 사임했고 가족과 함께 사우디아라비아로 탈출했다. 그는 결석 재판에서 자금 세탁으로 유죄 판결을 받았고 장기 금고형이 선고되었다. 시위는 몇 주간 이어졌으며 마침내 튀니지 국민들은 구 체제의 대표자 전부가 권력에서 쫓겨났음을 알게 되었고 10월에 선거가 요청되었다.

튀니지 혁명은 "아랍의 봄"의 시작이었다. 바레인, 예멘, 시리아 등 중동 전역에서 대규모 시위가 일어났다. 이집트에서는 카이로의 타흐리르 광장에서 2주간의(1월 25일~2월 11일) 대규모 시위가 일어나, 35년간 정권을 잡았던 호스니 무바라크가 축출되었다. 하지만 모든 시위에서 이처럼 목적이 제대로 달성된 것은 아니었으며, 시리아 같은 나라에서는 정부의 보복으로 광범위한 폭력 사태가 지속되고 있다. 이와 같은 사건들은 외부 세력의 개입이 거의 없는 상황에서 일어났다. 하지만 리비아의 경우는 무아마르 카다피에 대한 봉기에서 NATO(북대서양조약기구)가 비행금지구역을 설정하여 도움을 주었고, 카다피는 8월에 축출되었다. **PF**

# 쓰나미가 일본을 덮치다

**연속해서 일어난 지진과 쓰나미로 일본에 대참사가 발생했다.**

최대 규모로 기록된 일본 대지진은 3월 11일 오후 2시 46분 일본 동쪽 해안에서 약 70km 떨어진 곳에서 일어났다. 지진으로 인해 최대 8m높이의 쓰나미가 일어났고 한 시간도 안 되어 해안을 덮쳤다. 550㎢가 넘는 지역이 파괴되었고 뿌리째 뽑혀 나온 집들과 배, 트럭과 같은 엄청난 양의 잔해가 내륙으로 밀려왔다. 많은 마을들이 완전히 황폐해졌고 15,000명이 사망한 것으로 확인되었으며, 실종자와 부상자는 수천 명에 달했다. 4백만 이상의 가옥이 전기가 끊겼으며 댐이 파괴되어 물 공급이 중단된 곳은 수백만이 넘었다. 도로, 철도, 항구가 심한 피해로 인해 구조와 청소 작업은 어려웠다. 지진과 쓰나미로 발생한 경제적 피해는 2천3백 50억 달러로 추산되었고, 이는 역사상 최대 규모의 재난 피해액이다.

그러나 가장 우려되는 피해지역은 후쿠시마 해변의 원자력 발전소로, 세 대의 노후한 원자로가 지진과 쓰나미의 타격을 입었다. 냉각 시스템의 손상으로 코어가 녹아내렸으며 이로 인해 수소 폭발이 일어나고 방사능 물질이 대기와 수중으로 유출되었다. 발전소 20km 이내의 지역주민은 소개되었고 기술자들은 대참사를 피하기 위해 분투했다.

전력 회사와 정부는 서투른 상황 대처를 보이고 대중에게 명확한 정보를 알리지 않아 비판을 면치 못했다. 체르노빌 규모의 재난은 면했지만 후쿠시마에서 일어난 일들은 정부로 하여금 일본의 원자력 의존도에 대해 재고하도록 하였다. **PF**

◀ 폐허가 된 키세누마 시의 잔해들 속에서 불타는 집들과 엉망이 된 배들.



# 오사마 빈 라덴 사살

**파키스탄에서 진행된 미군의 비밀 작전에서 알카에다의 우두머리가 사살되다.**

전 세계의 수배 대상 1순위인 알카에다의 지도자 오사마 빈 라덴은 2001년 아프가니스탄에서 도주한 뒤 그늘 속에 살아 왔다. 이따금씩 오디오나 비디오테이프를 통해 그가 활동 중인 것과 파키스탄 북서부의 외딴 곳에 거처하고 있는 것이 암시됐지만 미국과 파키스탄 양측 보안기관의 수사에서는 아무것도 드러나지 않았다. 그러나 2011년 초 CIA에서 그가 파키스탄 아보타바드 시의 주택단지에 살고 있다는 제보를 받았다.

5월 2일 현지시각으로 자정이 막 지났을 때, 미국 대통령 버락 오바마의 명령에 따라 파키스탄 정부에는 알리지 않은 채 미군 특수부대가 주택단지를 급습했다. 경비는 삼엄하지 않았고, 잠깐의 총격전에 이어 특수부대는 빈 라덴의 방에 진입해 그의 가슴과 머리를 쏘았다. 시신은 헬리콥터로 운반되었으며 급습은 38분 만에 끝났다. 오바마 대통령은 백악관에서 생중계되는 비디오 영상으로 이를 지켜보았다.

> "알 카에다에 사랑하는 이들을 잃은 이들에게는… 정의가 실현되었습니다."
>
> **버락 오바마 대통령**

시신은 빈 라덴으로 확인되었고, 사진 촬영 이후 바다에 수장되었다. 습격 소식은 미국과 세계에서 환영받았지만, 파키스탄 정부는 비밀리에 급습을 단행한 것을 자국에 대한 불신의 표시로 여겨 미국의 파키스탄 주권 침해에 대해 강력한 불만을 표시했다. **PF**

# 신의 입자가 발견되다

**대형 강입자 가속기가 스위스의 유럽원자핵공동연구소에서 확인하기 어려운 힉스 입자의 존재를 발견했다.**

▲ 힉스 입자의 존재를 밝혀내고 우주에 대한 우리의 이해를 변화시킨 유럽원자핵공동연구소의 대형 강입자 가속기이다.

> "그 발견이 내 생전에 일어났다는 것이 대단히 놀랍다."
>
> **피터 힉스**

과학자들은 오래 전부터 질량이 물질의 본질적인 특성이라는 것을 이해했으나, 정확히 무엇이 물질에 질량을 부여하는지를 설명하기 위해 분투해 왔다. 전통적으로 이는 원자핵 안의 중성자와 양자일 것이라 여겨졌다. 그러나 중성자나 양자에 질량을 부여하는 것은 무엇인가? 소립자 물리학은 이에 답할 수 없었다.

1960년대에 영국 과학자 피터 힉스는 기본적인 질량 부여 입자가 존재함을 예측했다. 이는 힉스 입자라 명명되었으나 그 추정되는 특성상 실존여부의 확인이 불가능했다. 아이러니하게도 그토록 작은 입자를 찾기 위해서는 거대한 기계와 막대한 에너지 공급이 필요했고, 이를 제공해 주는 것이 스위스에 위치한 유럽원자핵공동연구소의 대형 강입자 가속기, 즉 거대한 입자 충돌형 가속기였으며, 2008년 가동되었다. 이 기계에게 주어진 최초의 주요 도전과제는 힉스 입자를 찾는 것이었다. 또한 힉스 입자는 어떻게 빅뱅이 우리가 알고 있는 우주를 창조했는지에 대해 설명할 수 있기 때문에 핵심적인 요소이기도 했다.

포착이 어려운 힉스 입자는 '신의 입자'라는 별칭으로 유명하다. 이는 레온 레더만이 1993년 출간한 책을 따라 붙여졌다. 레더만 책의 원제는 『빌어먹을(Goddamn) 입자: 우주가 그 답이라면, 질문은 무엇인가?』였는데, 출판사에서 이 제목의 첫 부분을 『신의 입자The God Particle』라고 변경했다. 그 밖에 힉스 입자가 신이라는 개념과 연관이 있음을 시사하는 것은 없고, 많은 과학자들이 이 명칭에 오해의 소지가 있다고 여겨 이의를 제기했다.

2012년 7월 4일, 유럽원자핵공동연구소의 과학자들은 힉스 입자에 대한 그들의 예측과 양립 가능한 결과를 관측했다고 발표했다. 그들은 사실상 완전히 새로운 형태의 물질을 발견한 것이다. 다음 해에 그 발견은 사실로 입증되고 다듬어졌으며, 2013년 피터 힉스는 50년 전의 업적으로 노벨상을 받았다. **PF**

# 허리케인 샌디 뉴욕을 강타

## 열대 폭풍이 예측하지 못한 진로를 택하여 미국에 대규모 파괴를 입혔다.

허리케인 샌디는 기록상 최대 규모의 대서양 태풍이며, 2005년의 허리케인 카트리나에 이어 두 번째로 미국에서 큰 피해를 입혔다. 이 태풍으로 인해 200명 이상의 사망자가 발생했고 수백만 명의 사람들의 집에 전력 공급이 끊겼으며, 미국 24개 주에 걸쳐 680억 달러 이상의 재산 피해를 초래했다.

허리케인 샌디는 10월 말 카리브 해에서 열대 폭풍으로 발생하여 자메이카와 아이티를 거친 다음 바하마를 거쳐 북상했고, 미국 동부 해안을 따라 진출했다. 여기 저기에서 비상사태가 선포되었고, 항공편이 취소되며 학교에 휴교령이 내려졌다. 또한 여러 곳에 대피령이 내려졌다. 비슷한 폭풍들이 북동쪽으로 경로를 바꿔 바다에서 소멸된 바 있었으나, 2012년 10월 29일 허리케인 샌디는 서쪽으로 경로를 틀었다. 태풍은 애틀랜틱시티와 뉴저지, 뉴욕에 상륙했다. 맨해튼 배터리 파크의 파도 높이는 거의 4.3미터에 달했다. 이스트 강은 제방을 넘쳐흘러 로어 맨해튼 대부분 지역에 홍수를 내고 지하철 노선 7개를 침수시켰다. 건물들은 전력 공급이 끊기고 증권거래소는 7일간 폐장했다. 뉴욕에서만 71명이 사망하고 뉴욕 시의 총 피해규모는 480억 달러로 추산되었다. 애틀랜틱시티에서는 병원과 소방서에 대피령이 내렸고 세 개 마을의 1.5m가 물에 잠겼다. 적어도 22,000채 이상의 주택이 거주 불가 상태가 되었으며 이재민들을 위한 지원 부족에 대해 원성이 높았다.

허리케인 샌디가 강타한 것은 대선 며칠 전이었으며 이는 정치적 이슈가 되었다. 피해 입은 주들의 주지사, 특히 뉴저지의 공화당 소속 크리스 크리스티와 뉴욕의 민주당 소속 마리오 쿠오모는 피해 확산을 막기 위해 오바마 대통령과 협력하였다. 태풍의 이례적인 경로와 강력함이 기후 변화과 연관 있을 수 있다는 점이 논의되었다. **PF**

뉴욕과 뉴저지를 강타하기 직전 바하마에 있던 허리케인 샌디를 포착한 나사의 위성사진이다.

> "이 태풍은 상륙하면 더 많은 인명을 앗아갈 살인 태풍이다."
>
> **마틴 오말리, 메릴랜드 주지사.**

MRD

2014년 7월 17일

## 말레이시아 항공 MH17 여객기 격추

러시아와 우크라이나의 갈등을 분명하게 드러낸 비극.

우크라이나는 1991년에 소비에트연방에서 독립했다. 이는 일부는 소련정부를 지도자로 생각하고 일부는 서방과 더욱 긴밀한 관계를 원하는 불안정한 상태를 촉발했다. 2014년에 전 우크라이나 대통령 빅토르 야누코비치가 축출되면서 이러한 갈등은 폭발했다. 러시아가 지배하는 우크라이나 동부지역은 내전에 돌입했다. 2014년 2월에 러시아의 지원을 받는 분리주의자들과 러시아 군대는 크림반도(우크라이나 내 자치공화국)를 점령했다. 2주 후, 러시아는 크림반도에 대한 권리를 주장했으며 푸틴 대통령은 크림반도를 러시아에 병합했다.

2014년 7월 17일, 암스테르담을 떠나 쿠알라룸푸르로 가던 말레이시아 항공의 보잉777 여객기가 교전이 벌어지고 있던 우크라이나 도네츠크주 그라보베에 추락했다. 네덜란드인 193명, 말레이시아인 43명, 호주인 38명을 포함한 탑승자 298명이 모두 사망했다. 추락현장은 접근이 어려웠으며 분리주의자들이 유류품을 약탈했다.

조사를 통해 말레이시아 항공 여객기는 지대공 미사일 부크(Buk)에 격추되었음이 밝혀졌다. 우크라이나 분리주의자들과 러시아 정부는 우크라이나 정부가 전투기로 여객기를 격추했다고 주장했다. 그러나 자신의 소행임을 주장하는 분리주의자들의 전화 대화가 녹음되었다. 러시아의 미사일 지원이 있었던 것으로 보인다. 우크라이나 정부는 이 미사일이 러시아 영토에서 발사되었다고 주장했다. 러시아는 이 사건에 책임이 있는 자들을 기소하자는 유엔의 제안에 거부권을 행사했다. 2014년 3월, 239명을 태운 말레이시아 항공 MH370 여객기가 실종되었었다. 이 두 사고로 말레이시아 항공은 국유화되었다. **PF**

◀ 2014년 11월, 그라보베 마을 인근 사고현장의 MH17 여객기 잔해이다.

2014년 8월 19일

## IS(이슬람국가) 참수 동영상

테러집단 IS가 전 세계의 관심을 끌기 위해 잔인한 충격전술을 쓰다.

2011년 시리아에서 민주화 항쟁을 정부가 진압 이후에 발발한 내전으로 혼란에 빠지고, 2013년 연합군 철수 이후에 이라크 정부의 힘이 약화되면서, 극단적인 지하디스트와 여러 이슬람 단체들이 등장했다. 이 중에서 가장 성공한 단체가 이라크-레반트 이슬람국가(ISIL, ISIS 혹은 IS)다. 시리아 동부와 이라크 서부의 넓은 지역 점령, 유정(油井)을 포함한 상당한 자원을 획득하고 이라크 군대의 장비들을 입수한 뒤, 최고지도자 알 바그다디는 2014년 6월에 새로운 이슬람 칼리프 국가를 선포했다.

수많은 주류 이슬람교도들이 IS를 비-이슬람적이라고 비난했다. 그것은 세계의 종말이 임박했다고 선언하는 천년왕국설 숭배였고 잔인한 방식으로 시민들에게 이슬람의 극단적인 해석에 복종하라고 강요했다. IS는 서방을 싸움에 끌어들이기를 열망했고, 전 세계에서 새로운 대원을 모집하기 위해 그래픽 이미지와 소셜 미디어를 이용하는 등 전파매체를 능숙하게 이용했다.

서양의 구호단체직원과 언론인을 납치했던 IS는 2014년 8월 19일에 주황색 옷을 입고 바닥에 꿇어앉은 미국인 보도사진가 제임스(40세)를 복면을 쓴 남자가 칼로 참수하기 전에 촬영한 영상을 내보냈다. 이 살인자는 영국에서 태어나 런던에서 대학을 다녔으며 두 해 전에 시리아를 여행했던 것으로 확인되었다.

이후 몇 달에 걸쳐 개인과 집단을 점점 가학적으로 처형하는 잔악함을 보여 주는 영상뿐 아니라 참수 영상도 더 나왔다. IS는 몇 달간의 미국의 공습과 드론 공격에도 수그러들지 않고 목표를 향해 전진하고 있다는 인상을 주려고 노력했다. **PF**

# 《샤를리 에브도》 만평가들의 살해

종교적 만평에 격분한 극단주의자들이 파리의 잡지사를 공격했다.

▲ 파리 시민들이 이날 아침 살해된 사람들을 기리기 위해 1월 7일 파리 시내 레퓌블리크 광장에 모였다.

좌파 풍자잡지 《샤를리 에브도》는 특히 종교와 관련된 권위 있는 인물을 묘사한 불경한 만평으로 프랑스에서 유명했다. 2013년과 2014년에 이 잡지는 무함마드와 샤리아 법을 풍자하는 여러 개의 만평을 실었다. 다수의 이슬람 전통에서 무함마드를 그리는 것은 금지되어 있다.

2015년 1월 7일 아침에 알제리계 사이드 쿠아치와 셰리프 쿠아치 형제는 파리 《샤를리 에브도》 사무실에 침입해, 편집장 스테판 샤르보니에와 만평가들을 포함한 11명을 죽였다. 이들은 도주 중에 여러 사람을 다치게 했고 건물 밖에서 경찰을 살해했다. 이 형제는 순교자로 죽기를 바라는 알카에다 소속이라고 주장했으며, 범인추적 다음 날 파리 북쪽에서 사살되었다.

《샤를리 에브도》에 대한 공격을 프랑스의 가치인 "자유, 평등, 박애"에 대한 공격으로 보았던 프랑스 사람들의 반응은 어마어마했다. 많은 사람들이 희생자들과 연대감을 드러내기 위해 "내가 샤를리다(Je suis Charlie)"라고 외쳤고 언론의 자유를 주장했다. 파리와 전 세계 도시에서 철야농성이 벌어졌으며 1월 11일에는 파리에서 프랑스 대통령 프랑수아 올랑드와 독일 총리 앙겔라 메르켈 등 세계 여러 나라의 총리를 포함한 2백 만 명이 이 잡지와 연대감을 보여 주는 가두 행진을 했다. 테러 후 발행된 《샤를리 에브도》 최신호는 전 세계에서 거의 5백만 부가 판매되었는데, 이는 테러 이전 3만 5천 부와 비교되는 수치다. **PF**

# 난민 수백 명이 지중해에서 사망하다.

## 유럽연합(EU)이 바다 건너 유럽으로 오는 기록적 수의 난민들로 인해 구조작업을 중단하다.

이탈리아 해안 경비대가 촬영한, 희망에 부풀어 지중해를 건너는 이민자들로 붐비는 난민선이다.

시리아 내전, IS의 진군, 에리트레아의 소요사태 등이 합쳐지면서 2014년과 2015년에 대규모 난민 위기가 발생했다. 수천 명의 사람들이 유럽으로 가기 위해 고국에서 도망쳤고, 밀수업자들은 이들의 탈출을 도우면서 활개를 쳤다. 리비아에서 이탈리아의 작은 섬 람페두사는 주요 이동경로다. 항해에 부적합한 낡은 배에 지나치게 많은 사람들이 오르는데, 이들은 유럽에 도착하면 난민 지위를 인정받고, 도착하지 못하더라도 유럽연합 경비대가 구조해 줄 거라는 기대를 가지고 바다를 건넌다.

2015년 초, 포괄적 구조 활동을 더 이상 감당할 수 없는 것으로 보았던 유럽연합은 해로 순찰에 관한 정책을 변경했다. 그러나 난민은 증가했고, 4월 중순에는 리비아에서 60킬로미터 떨어진 해상에서 21미터 배가 전복돼 6백 명이 익사하고 수십 명만 구조되었다.

여름에만 수만 명이 이 경로로 유럽에 도착했고 수백 명은 바다에서 죽었다. 터키 해안과 가까운 그리스 섬들이나 동유럽을 통해 들어오는 사람들도 있었는데, 이들은 지역 사회, 국경 관리, 처리 절차 등에서 사람들을 당황하게 만들었다. 유럽연합과 이러한 인도주의적 위기를 해결할 공동정책을 거의 가지고 있지 않다. 오래 전에 확립된 국경의 위치와 자유로운 이동은 도전을 받고 있다. 각국 정부는 밀수업자들을 추적하기로 약속했지만 가망이 없는 일인 듯하다. 난민의 행렬은 1945년 이래 유럽 최대 규모의 이동이었다. **PF**

# 파리 총격

**파리의 시민들은 도시 전역 7곳에 걸쳐 지하디 무장괴한들의 공격을 받았다.**

파리는 샤를리 엡도 사건이 발생한 지 채 1년도 지나지 않은 시점에 두 번째로 큰 규모의 이슬람교도 공격의 타깃이 되었다. 금요일 저녁 8시 20분경부터 도시 전역에 걸친 일곱 군데의 장소에서 공격이 발생했다. 공격은 평범하게 친구들과 술을 마시거나 콘서트에 참석하거나 축구 경기를 관람하는 등 일상을 보내는 파리의 젊은이들을 대상으로 진행되었다. 이로 인해 129명이 숨지고 수백 명의 부상자가 발생했다.

공격은 벨기에에 기반을 둔 프랑스 출신 집단이 행한 것으로 밝혀졌다. 3명의 자살 폭탄 테러범들은 프랑수아 올랑드 대통령이 참석한 프랑스와 독일의 축구 경기가 진행되는 경기장을 공격하려고 시도했으나 진입하지 못했다. 동시에 칼라슈니코프 자동 소총을 든 남성들이 파리 동부의 여러 술집과 식당 등지에 총격을 가했고, 또 다른 이들은 미국의 록 밴드가 공연하고 있는 바타클랑 극장을 공격했다. 이튿날 IS는 자신들이 테러를 자행했다고 주장하며 다음과 같이 말했다. "프랑스를 비롯해 함께 길을 걷는 자들이 우리에게 저항하는 성전 운동을 계속하는 한 죽음의 냄새가 영원히 떠나지 않을 것이다. 프랑스에서 이슬람과 싸우는 것을 자랑스럽게 여기고, 그들의 비행기로 칼리프의 땅에서 이슬람교도를 공격한 일을 자랑스럽게 여기는 것은 썩을 대로 썩은 파리 도시에 결코 도움이 되지 않을 것이다. 이번 공격은 거대한 폭풍의 시작에 지나지 않을 것이며, 배우고자 시도하는 자들에 대한 경고이다."

범인 수색이 이어졌고 프랑스는 전시와 맞먹는 상황이었다. 한편 파리 시민들은 삶과 자유의 가치를 주장했다. **PF**

# 영국의 브렉시트 투표

**영국 유럽연합(EU) 회원국 국민 투표에서 과반수가 탈퇴에 찬성했다.**

영국의 회원 가입 이슈는 마스트리흐트 조약(1992)이 유럽 경제 공동체를 유럽연합(EU)으로 변경한 이후 모든 정부 차원에서 문제였다. 나이절 패라지가 포퓰리즘적인 영국독립당(UKIP)을 창당하자 반군 정치인들이 크게 증가했다(1993년 존 메이저 총리가 "개자식들"이라는 별명을 붙였다). 2013년에 보수당 내 반(反)유럽 파벌에 시달렸던 데이비드 캐머런 총리는 다음 선거 이후 국민 투표를 진행하기로 약속했다.

캐머런은 예기치 않았지만 2015년 재차 권력을 잡은 후 2016년 6월 23일 국민 투표를 소집했다. 캐머런의 우방이자 절친한 이들인 마이클 고브와 보리스 존슨은 영국의 법과 국경, 법률에 대한 "통제권을 되찾고자" 영국에서 브뤼셀로 향하는 자금 유동을 중단하겠다고 선언했다. Remain(남아야 한다) 캠페인을 이끈 캐머런은 '브렉시트'의 경제 위기를 집요하게 파고들었다. 두 캠페인은 특히 Remain 측을 지지했던 진보 성향의 메트로폴리탄 엘리트들과 웨스트민스터에 의해 잊혀졌던 도시와 도시 노동자 계급 간의 깊고 쓰린 분열을 드러냈다.

여론 조사가 종료되고 Leave(떠나야 한다) 지지자들은 그들의 패배를 선언했지만, 몇 시간 후 그 선언이 잘못됐다는 사실을 알게 되었다. 투표 결과의 최종 집계는 51.9:48.1로 국민은 유럽연합(EU)을 탈퇴하는 데에 찬성했다. 결과와 관계없이 어떻게든 직책을 유지하겠다고 발표했던 캐머런은 다음 날 아침 사임했다. 테레사 메이 총리는 정치적으로 혼란스러운 시기가 지나고 나서 보수당에 의해 총리로 선출되었고, "브렉시트는 브렉시트를 의미한다."라고 선언하며 역사상 가장 극적인 방향의 전환을 준비했다. **PF**

◀ 89명의 희생자가 발생한 바타클랑 극장의 맞은편 도로에서는 추모객들이 모여 애도의 시간을 가졌다.

# 미국 위의 트럼프 타워

**도널드 트럼프가 미국 제45대 대통령에 취임했다.**

▲ 도널드 트럼프 대통령은 현대에 이르러 가장 치열하게 분열된 캠페인을 벌였지만, 숫자는 여전히 그의 편이었다.

"조국에서 잊혀 간 남녀들은 더는 잊히지 않을 것이다."

**도널드 트럼프, 2016년 11월 8일**

민주당의 버락 오바마의 8년 임기, 그리고 경선 시즌 내내 공화당이 혼란에 빠진 가운데 많은 이들이 빌 클린턴 전 대통령의 부인인 힐러리 클린턴 민주당 후보가 차기 대통령에 당선될 것으로 예측했다. 이에 공화당은 예상치 못한 반격으로 힐러리 클린턴에게 도전장을 내밀었다. 바로 부동산 재벌이자 TV 연예인인 도널드 트럼프를 내세운 것이다. 그는 유권자들 사이에서는 유명했지만, 정치 경험은 전무했다. 거친 언변과 단순한 언어에 의존하는 트럼프는 트위터라는 매체를 효과적으로 활용해 메시지를 전달했다. 하지만 트럼프는 여성 · 장애인 · 흑인 · 무슬림 · 멕시코인 등의 많은 특정 집단을 빈번하게 모욕하는 발언을 일삼았다. 때로는 기괴한 행동을 종종 보이기도 해서 대통령 후보자로서 거듭 낙인찍히기도 했다.

그럼에도 불구하고 트럼프는 불법 이민을 줄이고, 오바마 대통령 시절 해외로 옮겼던 러스트 벨트의 일자리를 되찾아 "미국을 다시 위대하게 만들자"라는 일관된 메시지를 던졌다.

선거 당일 클린턴은 300만 표의 차이로 국민 투표에서는 승리를 거머쥐었지만, 트럼프는 침체되어 있던 펜실베이니아와 오하이오주에서 승리해 선거인단을 확보했다. 그의 승리는 중국을 향한 호전적인 언변과 러시아에 대한 확실한 연대 의식이 결합되면서 미국을 비롯한 세계의 많은 곳에서 충격과 두려움으로 받아들여졌다. 트럼프는 당선 후, "주류 언론"을 공격하면서 이른바 "가짜 뉴스"를 만들어 냈다고 비난했다. 트럼프는 군중의 규모와 폭력 시위에 대한 논쟁으로 점철된 취임식에서 "실업, 마약, 갱단, 열악한 교육의 산물인 '미국의 대학살'"을 언급하고자 했다. 새롭지만 예측 불가능한 시대가 시작된 것이다.

**PF**

# 버마(미얀마)의 불교 대학살

## 대학살의 비명이 끊이지 않자 수천 명의 미얀마 이슬람 소수민족들이 도망쳤다.

버마(미얀마)는 주로 버마 민족으로 구성된 불교 국가지만, 로힝야라고 알려진 약 100만의 이슬람 소수민족을 포함하고 있다. 이들은 주로 북부 해안 주인 라카인주에 거주하고 있다.

2016년 로힝야족에 대한 군정부의 단속 이후, 2017년 9월 지역 경찰서와 교량에 아라칸 로힝야 구세군(ARSA)의 공격이 잇따르자 대규모 반격이 시작됐다. ARSA는 이러한 공격을 도시 중심가에 대한 정부 포위 공격을 막으려는 시도로 정당화했다.

ARSA는 이슬람 테러리스트 조직으로 선언되었으며, 군대는 라카인 불교 민병대의 지원을 받아 공격을 시작했다. 수백 개의 마을이 불탔고, 대규모 강간과 학살로 인해 약 만 명 정도의 사람들이 사망했다. 2018년 초까지 거의 70만 명의 로힝야족은 이웃인 방글라데시로 피신해 난민촌에 수용되었다.

이 공격은 인종 청소 및 대량 학살로 전 세계에 널리 보도되었고 국제적인 비난을 면치 못했다. 버마(미얀마)군은 오랜 시간 국제적인 비난에 익숙해졌지만, 버마주 임시 섭정(총리) 아웅 산 수 치—버마군의 오랜 박해와 가택연금에도 이어나간 인권 및 민주주의 캠페인으로 1991년 노벨상을 받은 인물—의 태도는 많은 이들을 놀라게 했다. 그녀는 그런 공격들을 막기 위한 아무런 움직임을 보이지 않았다. 아웅 산 수 치는 "잘못된 정보의 거대한 빙산"이라고 답하며, 로힝야족은 진정한 버마 시민이 아닌 불법 이민자임을 시사하며 잔인한 인종 청소가 실제로 벌어지고 있는지에 의문을 제기했다. **PF**

▲ 버마에서 박해를 피해 탈출한 수천 명의 로힝야 난민들이 콕스 바자르에 있는 방글라데시 국경에 늘어서 있다.

"미얀마(버마)는 국제적인 감시가 두렵지 않다."

아웅 산 수 치, 2017년 9월 19일

# 용어 사전

### 4두 정치(테트라르키아)
그리스어, "4인 분할 통치".

### A.N.C.
아프리카 민족회의. 남아메리카 공화국의 흑인들이 결성한 정치 단체로, 아파르트헤이트 정권에 반발하는 운동을 벌여 1960년대에는 금지 당했다.

### B.C./A.D., B.C.E./ C.E.
그레고리력은 전통적으로 예수가 탄생했다고 보는 해의 전과 후의 두 시대로 나뉜다. B.C. "예수 탄생 전"(before Christ)과 A.D "우리 주님의 해"(Anno Domini)이다. 이에 해당하는 오늘날의 용어가 B.C.E. ("기원전"(before the common era))와 C.E.("서기"(common era))이다.

### HUAC(반미활동위원회)
1930년대에 나치의 활동을 조사하기 위해 창설된 미국 하원 소속 조사위원회. 1945년 상설 위원회가 되어 공산주의자 혐의를 받는 이들을 조사하는 데 집중했다. 1947년 이 위원회는 할리우드의 작가, 배우, 감독, 그 외 연예 산업 관련자들을 공산주의자라는 혐의로 블랙리스트에 올렸다.

### K/T 경계층
약 6,500만 년 전 백악기(K) 말과 신생대 제3기(T) 초를 구분하는 지층. 운석 충돌 등, 아직도 논란이 분분한 어떤 사건이 일어나 많은 생물이 멸종했다.

### OPEC
석유 수출국 기구, 1960년 설립되었으며 석유를 수출하는 12개국으로 이루어져 있다.

### 가나안
히브리어 성서에 '가나안 땅'이라고 나온 고대 영토, 대략 오늘날의 이스라엘, 팔레스타인 영토, 요르단, 이집트, 시리아, 레바논 일부를 지칭한다.

### 가즈나 왕조
'이슬람' 참조.

### 가지
아랍어, "신앙을 위해 싸우는 용맹한 자"라는 말이다.

### 게으름뱅이 왕(Roi faineant)
프랑스어로 "아무것도 하지 않는 왕"이라는 뜻. 특히 메로빙거 왕조의 지게베르트 3세와 클로비스 2세를 가리킴.

### 공안(公案)
일본어, 역설적인 물음.

### 교회 대분열
1409년 이후, 요한 23세, 베네딕투스 13세, 로마 교황 그레고리우스 12세라는 3명의 교황이 저마다 교황권을 주장하고 나섰던 사태를 가리킨다.

### 구르왕조(Ghurid)
이슬람 왕조 참조.

### 굽타
550년 무렵 인도 북부를 지배했던 제국.

### 기독교국
기독교 법률과 제도를 통해 다스리는 정치체제. 역사적으로는 392년부터 샤를마뉴가 신성 로마 황제로 즉위한 800년까지의 비잔틴 제국을 의미한다.

### 네덜란드 동인도 회사
1602년 네덜란드에서 설립했으며, 새로운 영토를 찾고 해외 무역에서 독점권을 확립하려는 탐험에 자금을 대 주었다.

### 노블레스 오블리제
프랑스어, 귀족은 그 신분에 걸맞은 행동을 보여야 한다는 의미.

### 다이카(大化)
일본어, "커다란 변화".

### 대(大) 플리니우스
가이우스 플리니우스 세쿤두스(23~79년)는 고대 로마의 작가이자 박물학자인 동시에 해군과 육군 사령관이기도 했다. 유일하게 남아 있는 그의 저작은 『박물지』로, 의학, 식물학, 농업, 건축학, 조각술, 지질학, 광물학에 대한 지식을 집대성한 참고 서적이었다. 그는 79년 폼페이와 헤르쿨라네움을 멸망시킨 베수비우스 화산 폭발을 지켜보다가 사망했다.

### 더 트러블스
북아일랜드의 공화파(주로 가톨릭)와 왕당파(주로 프로테스탄트) 준(準)군사 조직들 간의 기나긴 분쟁의 기간(1968년경~1998년). 분쟁의 뿌리는 17세기까지 거슬러 올라간다. 1998년, 당시 진행 중이던 북아일랜드 평화 협상 절차의 일환으로 양측 모두 성(聖) 금요일 협정을 승인했다.

### 데모스
그리스어, 고대 아티카의 마을 혹은 행정 구획 단위.

### 데우스 불트
라틴어, "신께서 그것을 원하신다."

### 디아도코이
그리스어, "후계자들", 특히 알렉산드로스 대왕의 후계자를 자청한 이들을 가리킴.

### 랑가티라
마오리어, "마오리족의 추장".

### 레콩키스타
스페인어, "재정복". 8세기부터 15세기에 걸쳐 기독교 왕국들이 무슬림이 지배하고 있던 스페인 땅을 되찾기 위해 벌인 전쟁.

### 루디 사이쿨라레스
라틴어, "백년제", 이 축제 때에는 제물을 바쳤다.

### 루아 페네앙
프랑스어, "아무것도 하지 않는 왕", 특히 지게베르트 3세와 클로비스 2세를 가리킨다.

### 르네상스
중세 후기 이탈리아에서 일어나 전 유럽으로 확산되었던 문화 운동. 고전 학문 부흥과 더불어 시작되었으며 예술, 문학, 철학, 정치학, 과학, 종교에 영향을 미쳤다.

### 마그나 카르타
1215년 잉글랜드 귀족들이 왕의 권력을 제한하기 위해 발행한 헌장. 왕이 법적 절차를 승인하고 그 자신도 법적인 구속력의 지배를 받아야 함을 요구했다. '인신 보호 영장' 참조.

### 마야
기원전 400년 경부터 16세기 중반 스페인 정복 시대까지 오늘날 멕시코의 유카탄 반도와 과테말라, 벨리즈, 엘살바도르, 온두라스에 해당하는 지역까지를 점령했던 중앙아메리카 문명. 콜럼버스 전 시대의 아메리카 대륙에서는 유일하게 발전된 형태의 문어(文語)를 사용했다.

**마케도니아**
오늘날의 마케도니아 주와 상통하는, 지리학적이고 역사적인 의미의 그리스 지방. 이후 마케도니아 왕국의 영토는 고대 그리스의 남부 도시국가를 흡수했으며 알렉산드로스 대왕(기원전 356~323년) 때에는 더욱 팽창하여 페르시아, 이집트, 오늘날의 인도 영토 일부까지를 포함하게 되었다.

**매카시즘**
1940년대와 1950년대 만연했던 반공산주의 선풍. 자신이 보기에 공산주의에 동조하는 듯한 이라면 누구든 강력하게 공산주의자라 추궁했던 상원 의원 조셉 매카시의 이름을 딴 용어이다.

**먼로 독트린**
제임스 먼로 대통령이 1823년 12월 2일 처음 선언했으며, 미국이 유럽에 대하여 중립을 지킬 것임을, 그리고 유럽 열강에게 더 이상 미국을 식민지화하거나 내정에 간섭할 권리가 없음을 선포했다.

**메소포타미아**
오늘날의 이라크에 해당하는, 티그리스 강과 유프라테스 강 사이의 지역. 기원전 5천년부터 인류가 정착했으며 우르와 우루크, 아카드와 바빌로니아 제국과 같은, 인류 역사상 가장 오래된 고대 도시들이 위치한 곳이다.

**모나코스**
그리스어, "고독".

**무굴 왕조**
16세기부터 19세기까지 인도 대륙을 지배한 왕조. 무굴인은 투르크계 혈통이었으며 광대한 이슬람 제국을 세웠다. 무굴 왕조의 가장 유명한 군주는 1556년부터 1605년까지 통치한 악바르 대제다.

**무어인**
중세에 이슬람 통치 이베리아 반도와 북아프리카에 거주하던 무슬림.

**민주정(데모크라티아)**
그리스어, "시민에 의한 통치", '이소노미아' 참조.

**밀리테스 크리스티**
라틴어, "그리스도의 군사들", 수도사와 십자군 군사를 모두 지칭했다.

**바빌론**
오늘날의 이라크에 위치한 메소포타미아의 고대 도시. 함무라비(기원전 1728~1686년) 재위 시대부터 바빌로니아의 중심지였다.

**반유대주의**
유대인과 유대교에 대한 편견과 적대감.

**발리스타/발리스타이**
라틴어, 석궁(石弓).

**봉건제**
중세 유럽의 정치적 · 사회적 체제. 농민은 영주에게 법적이고 군사적인 봉사의 의무를 졌으며, 영주 역시 같은 식으로 왕을 섬겨야 했다.

**부르**
앵글로색슨어, 버러(borough) 즉 성채 도시.

**부와이흐 왕조**
10세기에 이슬람 신봉 지배 왕조가 된 페르시아 가문.

**불레/불라이**
그리스어, "의도하다". 고대 그리스의 입법 의회.

**비잔티움**
기원전 667년에 설립된 고대 그리스 도시. 이후 로마 시대에는 콘스탄티노플이라는 이름으로 비잔틴 제국의 중심지가 되었다.

**비잔틴**
5세기와 6세기에 발달한 장식적이고 금박을 많이 입힌 건축 양식. 이후에는 전통적인 그리스 예배 방식을 사용하고 동방 정교 교회법을 따르는 교회를 의미하게 되었다.

**사이쿨룸 노붐**
라틴어, "새로운 시대".

**사토리(悟り)**
일본어, "갑작스런 깨달음".

**사파위 왕조, 사산 왕조**
'이슬람' 참조.

**상퀼로트**
프랑스어, "반바지를 입지 않은"이라는 의미. 프랑스 혁명에 동참했던 이들 중 빈곤한 이들을 지칭한다.

**세임**
폴란드어, "의회"

**셀주크**
11세기 중반부터 오늘날의 터키, 레반트, 페르시아부터 아프가니스탄, 투르크메니스탄, 그 너머까지에 해당하는 중동 지역에 광대한 왕국을 세웠던 투르크계 민족.

**솔 인빅투스**
라틴어, "정복되지 않는 태양", 후기 로마의 태양신.

**쇼군**
'막부'라는 행정 구역을 다스리던 무사 지도자. 중세 이래 일본 역사에서는 항상 강력한 쇼군들이 천황 후계자를 결정해 왔다.

**수메르**
티그리스 강과 유프라테스 강 사이 오늘날의 이라크에 해당하는 비옥한 지역에 위치했던 고대 문명.

**순나**
아랍어, "예언자의 본보기"(오늘날은 '수니'라고 함).

**스튜어트 왕가**
스코틀랜드의 메리 여왕은 가문의 성 철자를 스튜어트(Stewart)에서 스튜어트(Stuart)로 바꾸었다. 그녀의 아들인 스코틀랜드의 제임스 6세는 잉글랜드의 제임스 1세가 되었다. 최후의 스튜어트 왕가 군주는 앤 여왕(1714년 사망)으로, 통합된 그레이트브리튼을 다스렸다.

**시르다르**
힌두/우르드어, "사령관".

**시아투 알리**
아랍어, "알리의 파". (오늘날 '시아'라고 함)

**시크 셈페르 티라니스**
라틴어, "폭군의 말로는 항상 이런 것이다".

**시황제**
진시황은 '최초의 황제'라는 의미의 시황제라는 칭호를 사용했다. 그는 기원전 3세기에 중국을 통일하여 다스렸다.

**신성 로마 제국**
800년 샤를마뉴를 시작으로 신성 로마 황제들이 다스렸던 중세 중부 유럽 국가들의 동맹.

**실크로드**
중국, 인도와 서유럽을 잇는 고대 무역로. 온갖 다른 종류의 상품도 오갔지만, 서방 세계가 비단 제조의 비결을 알아내기 전까지는 특히 중국 비단이 주요 무역품이었다.

**십자군**
1096년부터 시작한 군사 원정으로, 서유럽의 기독교 군대가 예루살렘과 성지를 정복하여 이슬람 지배로부터 해방시킬 목적으로 군대를 일으켰다.

**아바**
아람어, "아버지"

**아바스 왕조, 알모아데 왕조**
'이슬람' 참조

**아시리아**
티그리스 강 유역 오늘날의 이라크 지역에 위치한 제국. 이집트의 비옥한 초승달 지대까지 뻗었다.

**아이기스**
그리스어, "방패, 가슴받이"

**아즈텍**
나우아틀어를 말하는 소수 민족으로, 아즈텍 제국은 14세기에서 16세기까지 중앙아메리카를 지배했다.

**아파르트헤이트**
남아프리카의 소수 백인 정권이 1948년에서 1990년까지 강행한 인종 분리 정책.

**아힘사**
산스크리트어, "비폭력"

**앙시앵 레짐**
프랑스어, "구체제". 군주, 성직자, 귀족 계급으로 이루어진 14세기부터 18세기까지의 프랑스 귀족주의 정치 체계.

**앙주 왕가**
12세기와 13세기에 노르망디, 잉글랜드, 아키텐, 아일랜드를 다스렸던 가문. 플랜태저넷 왕가 참조.

**에이스 텐 폴린**
그리스어, "도시 안에서". 이스탄불이라는 이름은 여기서 파생해 나왔다.

**에트루리아**
이탈리아 반도의 고대 문명으로 선사시대부터 번영을 이룩했으나 훗날 로마 제국에 흡수되었다.

**오스만**
1299년부터 1922년까지 지속되었던 투르크족 제국으로 수도는 콘스탄티노플이다. 전성기 때는 그 영토가 유럽, 중동, 북아프리카라는 세 대륙에 걸쳐 있었다.

**왕정복고**
올리버 크롬웰의 공화국이 종말을 맞은 뒤 1660년에 찰스 2세가 영국 왕위에 복위한 사건.

**우마이야 왕조**
'이슬람' 참조.

**움마**
아랍어, "공동체".

**위그노**
칼뱅파라고도 알려진, 16세기부터 18세기까지의 프랑스 프로테스탄트 교도들. 로마 가톨릭의 종교 의식, 성직 계급 제도, 수도원 제도에 비판을 가했다. 위그노는 성경에 대한 보다 직접적이고 개인적인 해석을 중시했다. 16세기 말 프랑스는 위그노를 박해했고, 다수가 프랑스를 떠나 잉글랜드, 남아프리카, 북아메리카에 정착했다.

**유다/유대**
'남(南)왕국' 이라고도 알려진 유다 왕국은 오늘날의 이스라엘 남부에 위치한 고대 국가로 그 수도는 예루살렘이었으며 기원전 10세기부터 서기 6세기까지 지속되었다.

**이단**
불순종적인 신앙. 중세의 이단이란 일반적으로 기독교를 벗어난 신앙을 의미한다. 그 예로 카타리파와 그노시스파가 있다.

**이소노미아**
그리스어, 모두에게 동등한 권리.

**이슬람**
아바스, 알모아데, 가즈나, 구르, 사파위, 사산, 티무르, 우마이야 왕조는 632년 예언자 무함마드의 사망 이후 이슬람 세계에서 부상한 지배 왕조에 속한다. 이슬람 문명은 중동 지역과, 멀리 떨어진 무어 통치 시대 스페인까지 그 영향력을 떨쳤다.

**인술라이**
라틴어, 고대 로마의 공동 주택 단지를 가리킨다.

**인신 보호 영장(하베아스 코르푸스)**
라틴어, "우리는 그대가 신체를 소유할 것을 명한다." 1215년 마그나 카르타에 의해 정해진 법적 조처로 비합법적인 구금에 대해서는 누구든지 구조를 요청할 수 있다는 내용이다. 법적인 제재에 대한 개인의 자유를 보호한다.

**인티파다**
아랍어, 영어로 대략 옮기자면 "봉기"라는 의미다. 1980년대 후반부터 이 단어는 이스라엘 통치에 반발하는 팔레스타인의 봉기를 뜻하는 데 쓰이게 되었다.

**잉카**
남아메리카 안데스 중부 지역에서 발달한 문명. 11세기에 융성하게 꽃피어 스페인이 지배하기 전 아메리카 대륙에서 가장 거대한 제국을 다스렸다.

**자유의 아들단**
영국령 아메리카 식민지의 상인과 장인 단체로, 인지세법 폐지 운동을 벌여 성공을 거두었다.

**장로(프레스비테로스)**
그리스어, 초기 기독교의 성직자를 가리킨다.

**장미전쟁**
흰 장미를 문장으로 삼은 요크 가문과 붉은 장미를 문장으로 삼은 랭커스터 가문이 잉글랜드 왕위를 차지하기 위해 1455년부터 1485년까지 벌였던 싸움. 이 전쟁은 보즈워스 전투에서 장래 헨리 7세가 되는 헨리 튜더가 승리하면서 종결되었다.

**재커바이트**
잉글랜드와 스코틀랜드 왕위에 스튜어트

왕가 출신을 복위시키려는 운동의 지지자.

**전국시대(戰國時代)**
기원전 5세기부터 기원전 221년 진나라가 중국을 통일하기까지, 중국의 국가들이 패권을 다투던 시대.

**조지 왕조풍**
조지 1세(1714년~1727년 재위)와 더불어 시작된 하노버 왕가 통치 시대 영국의 문화와 예술.

**종교개혁**
유럽사에서 종교개혁이라 함은 16세기 초 마르틴 루터의 주창으로 로마 가톨릭교회가 프로테스탄트로 개혁하게 된 사건을, 혹은 영국 교회가 로마 교회에서 분리해 나온 원인을 제공한, 헨리 8세의 영국 국교회로의 개혁을 가리킨다.

**종교재판**
중세에 기독교에서 이단을 타파하기 위해 사용한 방식으로 그 대상은 비(非)기독교도와 프로테스탄트였다. 가장 무자비하게 실시한 예는 1483년 교황 식스투스 4세가 설립한 스페인 종교재판소로, 이단이라는 자백을 강제로 받아내기 위해 고문까지 동원했다.

**중세**
유럽 역사에서 5세기부터 15세기까지의 시기.

**초토화 정책**
인류 역사 전반에 걸쳐 사용되어 온, 적군이 영토를 되찾지 못하도록 토지와 기반 시설을 완전히 파괴해 버리는 군사 전술.

**카이사르**
라틴어, 부황제.

**칸**
원래는 중앙아시아 유목민 부족의 우두머리를 의미했으며 이후 투르크와 몽골족에서도 이 칭호를 채택했다. 칸이라는 칭호를 사용한 가장 유명한 지배자는 칭기즈 칸(1162~1227)으로, 그는 '칸 중의 칸'이라는 의미인 '카간'이라 불렸다.

**칼리프**
샤리아 법이 지배하는 이슬람 공동체(칼리프국)의 수장. 특히 우마이야, 아바스, 오스만 왕조가 칼리프국이었다.

**쿠릴타이**
투르크어, "집회".

**크샤트리아**
산스크리트어, 힌두교의 지배층인 무사 계급.

**타키투스**
푸블리우스 코르넬리우스 타키투스(56~117년)는 1세기 로마의 원로원 의원이자 역사가다. 현재 전해지는 저작인 『연대기』와 『역사』는 아우구스투스의 죽음(14년)부터 티베리우스, 클라우디우스, 네로를 거쳐 도미니티아누스의 죽음(96년)까지 로마 황제들의 치세에 관한 기록이다.

**튜더 왕가**
보즈워스 전투 이후 헨리 7세가 창시한 1485년부터 1603년까지 잉글랜드를 다스린 왕조. 아들 헨리 8세가 그의 뒤를 이었고, 헨리 8세의 딸인 잉글랜드의 엘리자베스 1세가 최후의 튜더 군주였다.

**티르탕카라**
"성자", 자이나교에서 영적인 깨달음에 도달한 자를 이르는 말.

**티무르 왕조**
'이슬람' 참조.

**파넴 에트 키르켄세스**
라틴어, "빵과 서커스", 시민들에게 음식과 구경거리를 제공해 관심을 돌려 불만을 누그러뜨리는 정책.

**파티마 왕조**
아랍 이슬람 왕조. 10세기부터 11세기까지 우세했으며 오늘날의 이집트와 레반트가 근거지였고 수도는 카이로였다.

**페니키아**
오늘날의 레바논, 시리아, 이스라엘 해안 지역의 정착촌을 중심으로 발달한 고대 해상 무역 문명.

**페르시아**
대략 오늘날의 이란에 해당하는 지역. 페르시아 제국은 기원전 500년까지 거슬러 올라가는 오랜 역사를 지녔다. 페르시아 문명이라 함은 이란과 그 주민의 역사를 지칭한다.

**펠로폰네소스 전쟁**
기원전 5세기에 아테네의 고대 그리스인들과 스파르타가 주도하는 펠로폰네소스 동맹이 벌인 군사적 충돌.

**플랜태저넷 왕가**
프랑스와 잉글랜드 앙주 왕가의 한 분파를 지칭한다. 잉글랜드 왕 헨리 2세의 아버지인 앙주 백작 조프루아의 성이 플랜태저넷이었다.

**하노버 왕가**
조지 1세를 시작으로 1714년부터 1837년까지 영국을 다스린 왕조. 조지 1세는 계승 서열 52번째였음에도 불구하고 왕위 계승령에 따르면 가장 왕위에 근접한 프로테스탄트였다.

**한자 동맹**
발트 해 연안의 무역 거점들을 연결했던, 북유럽을 중심으로 한 무역 길드 동맹. 한자 동맹은 1159년 독일의 뤼벡 시의 재건과 더불어 시작되었다고 한다.

**할사**
펀자브어, "순수한"이라는 의미로 시크교 군대를 가리킨다.

**헬레니즘**
기원전 323년 알렉산드로스 대왕의 죽음 이후 그리스어권 세계의 건축 양식과 문화.

**호플리테스**
그리스어, "보병", 창을 쓰는 것이 일반적이다.

**헤지라**
아랍어, "이주", 특히 무함마드가 메카로 이주한 사건.

**헬레니즘 양식**
기원전 323년 알렉산드로스 대왕 서거 이후 그리스어권 세계에서 발달한 문화 및 건축 양식.

# 찾아 보기



## 가



## 나

## 다



## 라

## 마

## 바



## 사

## 아

## 자

## 차



## 카



## 타

## 파

## 하

# 사진 출처

Every effort has been made to credit the copyright holders of the images used in this book. We apologize for any unintentional omissions or errors and will insert the appropriate acknowledgment to any companies or individuals in any subsequent editions of the work.

**22** Science Photo Library/Matthew Bate **23** Science Photo Library/Prof. Walter Alvarez **25** Corbis/Bettmann **27** AKG-Images/Erich Lessing **28** ArtArchive/Gianni Dagli Orti **29** Corbis/Gianni Dagli Orti **30** Corbis/Alinari **31** Alamy/Visual Arts Library **32** Art Archive/National Palace MuseumTaiwan **33** Corbis/Ali Meyer **34** AKG **36** Art Archive/Bibliotheque des Arts Decoratifs Paris/Gianni Dagli Orti **39** Alamy/Mary Evans **40** Alamy/Christine Osborne **43** Bridgeman/Bibliotheque Nationale, Paris, France **44** AKG **45** Alamy/Visual Arts Library **47** Bridgeman/Bibliotheque des ArtsDecoratifs, Paris, France, Archives Charmet **48** Corbis/Bettmann **49** Alinari/Bridgeman **50** AKG **51** Alinari/Bridgeman **53** Art Archive/HellenicInstitute Venice/Gianni Dagli Orti **54** Alinari/Bridgeman **56** Art Archive/Mechitarista Congregation Venice/Alfredo Dagli Orti **57** AKG **59** Alamy/Mary Evans **60** AKG **62** Alamy/The Print Collector **63** AKG/Laurent Lecat **64** Bridgeman/Private Collection, The Stapleton Collection **66** ArtArchive/British Library **68** Corbis/Bettmann **70** Bridgeman/Gahoe Museum, Jongno-gu, South Korea **73** Alamy/Visual Arts Library **75** Alamy/MaryEvans **76** Scala **77** Bridgeman/Villa Barbarigo, Noventa Vicentina, Italy, Giraudon **78** Scala/Photo Austrian Archive **80** Art Archive/RheinischeLandesmuseum Trier/Gianni Dagli Orti **81** Bridgeman/Galleria degli Uffizi, Florence, Italy **85** Alamy/Marion Kaplan **86** Scala/courtesy of theMinistero Beni e Att. Culturali **88** Bridgeman/Musee des Beaux-Arts Andre Malraux, Le Havre, France, Giraudon **89** Alinari **90** Alamy/The PrintCollector **92** Bridgeman/Musee des Beaux-Arts, Lille, France, Lauros / Giraudon **93** Corbis/Sean Saxton Collection **94** Corbis/Historical PictureArchive **96**t AKG/Reproduced with the cooperation of Irvin Ungar, HISTORICANA, Burlingame, CA www.szyk.com **96**b Alamy/Israel Images98 AKG **100** AKG **101** Scala/courtesy of the Ministero Beni e Att. Culturali **102** Art Archive/Palazzo Leoni-Montanari Vicenza/Gianni Dagli Orti**103** Corbis/Historical Picture Archive **104t** AKG **104b** Bridgeman/Private Collection **107** Alamy/Mary Evans **109** Alamy/Visual Arts Library**111** Alamy/Visual Arts Library **112** Scala/courtesy of the Ministero Beni e Att. Culturali **113** Scala/courtesy of the Ministero Beni e Att. Culturali**114** Alamy/Mary Evans **117** Alamy/Visual Arts Library **118** Corbis/Summerfield Press **119** Bridgeman **120** AKG/Ullstein Bild **122** Corbis/StapletonCollection **125** AKG/British Library **126** Illustration from the Tounomine engi emaki supplied by Tanzan Jiniya **128** Corbis/Michael Nicholson**130** Bridgeman/Brooklyn Museum of Art, New York, USA, Gift of K. Thomas amd Sharon Elghanayan **133** Alamy/Nick Fraser **134t** Alamy/MaryEvans **134b** Alamy/Visual Arts Library **136** Bridgeman/Bibliotheque Mazarine, Paris, France, Archives Charmet **137** Bridgeman/Private Collection,Giraudon **139** Alinari/Bridgeman **140** Art Archive/British Library **141** Bridgeman/Private Collection, Roger Perrin **143** AKG/British Library **144** ArtArchive/Galerie Theoreme Louvre des Antiquaires/Gianni Dagli Orti **147** AKG **149** Bridgeman/Private Collection, ©alker Galleries, Harrogate,North Yorkshire, UK **150** Alamy/Mary Evans **151** AKG **153t** Alamy/Visual Arts Library **153b** Art Archive/Bibliotheque Nationale Paris **154** Corbis/Stapleton Collection **157** Corbis/Gianni Dagli Orti **159** Corbis/Bettmann **160** Corbis/Leonard de Selva **164** AKG/Erich Lessing **166t** AKG/PaulAlmasy **166b** Alamy/Dinodia **168** Alamy/ArkReligion **170** AKG/British Library **171** AKG/Erich Lessing **172** AKG **173** AKG **174** Corbis/MichaelFreeman **175** Art Archive/Museo Civico Bologna/Gianni Dagli Orti **176** AKG/Erich Lessing **177** Scala/Ann Ronan/HIP **178** Bridgeman/MuseoCivico, Prato, Italy **179** Alamy/Visual Arts Library **180** Bridgeman/Phillips, The International Fine Art Auctioneers, UK, Photo ©Bonhams, London, UK**182** AKG **183** AKG/British Library **184** Alamy/David Lyons **185** AKG/British Library **186** AKG/British Library **187** Bridgeman/Galleria Civica d'ArteModerna di Torino, Turin, Italy, Alinari **188t** Alamy/Print Collector **188b** Alamy/JTB Photo Communications, Inc. **190** Alamy/Print Collector **191** AKG/British Library **192** Art Archive/Private Collection Paris/Gianni Dagli Orti **193** Art Archive **195** Alamy/Visual Arts Library **196** Alamy/VisualArts Library **197** Bridgeman/Bibliotheque Nationale, Paris, France **199t** Bridgeman/©ritish Library Board. All Rights Reserved **199b** Scala/HIP**200** Bridgeman/Palacio del Senado, Madrid, Spain, Index **203** Corbis/Summerfield Press **204** Corbis/Bettmann **207** Corbis/Historical PictureArchive **209** Alamy/Mary Evans **211** Bridgeman/Biblioteca Marciana, Venice, Italy, Giraudon **212** Alamy/Mary Evans **213** Art Archive/Galleria d'ArteModerna Palermo/Gianni Dagli Orti **214** Bridgeman/©ritish Library Board. All Rights Reserved **215** Bridgeman/Smith Art Gallery and Museum,Stirling, Scotland **217** Bridgeman/©ritish Library Board. All Rights Reserved **219** Bridgeman/Museo Nacional de Antropologia, Mexico City,Mexico, Ian Mursell/Mexicolore **220** Bridgeman/Louvre, Paris, France **221** AKG/Stefan Diller **222t** Art Archive/Bibliotheque Nationale Paris**222b** AKG/Jerome da Cunha **224** Getty/Hulton Archive **225** Art Archive/Hamburg Staatsarchiv/Harper Collins Publishers **226** Alamy/Dennis Cox**228** AKG/British Library **229** AKG/British Library **230t** Alamy/Mary Evans **230b** AKG **232** AKG **233** Bridgeman/Private Collection, The StapletonCollection **235** Art Archive/Santa Maria Novella Church Florence/Gianni Dagli Orti **236** Alamy/Mary Evans **237** AKG/Jerome da Cunha **238** Scala/courtesy of the Ministero Beni e Att. Culturali **241** Alamy/North Wind Picture Archive **242** Bridgeman/Topkapi Palace Museum, Istanbul, Turkey**244t** Bridgeman/©he Trustees of the Weston Park Foundation, UK **244b** Alamy/Mary Evans **247** Alinari/SEAT **248** Corbis/Stapleton Collection**249** Bridgeman/©oyal Geographical Society, London, UK **250** Corbis/Bettmann **251** Bridgeman/Banco Nacional Ultramarino, Portugal, Giraudon**252** Bridgeman/Museo Nazionale del Bargello, Florence, Italy **253** Alamy/Visual Arts Library **257** Bridgeman/Louvre, Paris, France, Lauros/Giraudon**258** Corbis/Gallery Collection **259** Alinari **260** Scala **261** Scala **263** Alinari **265t** Bridgeman/©ity of Edinburgh Museums and Art Galleries,Scotland **265b** Bridgeman/Bibliotheque des Arts Decoratifs, Paris, France, Archives Charmet **266** AKG **267** Bridgeman/Musee Conde, Chantilly,France **268** Alinari/Bridgeman **269** Bridgeman/Topkapi Palace Museum, Istanbul, Turkey, Bildarchiv Steffens **270** Bridgeman/Galleria degli Uffizi,Florence, Italy, Giraudon **271** Alamy/Visual Arts Library **272** Alamy/Leo Macario **273** Corbis/Alinari **275t** AKG **275b** AKG/Joseph Martin**276** Corbis/Stapleton Collection **277** AKG **279** Art Archive/Kalmar Castle Sweden/Alfredo Dagli Orti **280** AKG/Erich Lessing **281** AKG **282** Scala/HIP **283** Alamy/Visual Arts Library **284** Bridgeman/Private Collection **285** Alinari/SEAT **287** Scala **288** Bridgeman/Private Collection **289** AKG **290** Bridgeman/Private Collection, ©Philip Mould Ltd, London **291** Art Archive/Musee du Louvre Paris/Gianni Dagli Orti **292** Scala/HIP**294** Bridgeman/Bibliotheque Nationale, Paris, France, Lauros/Giraudon **297t** Corbis/Hulton **297b** Bridgeman/Private Collection **299** Alinari/Finsiel**300t** Alamy/Classic Image **300b** Alamy/Pictorial Press Ltd. **302** Bridgeman/Chateau de Versailles, France **303** Alamy/Mary Evans **304** Bridgeman/Private Collection, Photo ©afael Valls Gallery, London, UK **305** AKG/Andre Held **306** Art Archive/Eileen Tweedy **307** Bridgeman/©uildhall ArtGallery, City of London **308** Bridgeman/©heltenham Art Gallery & Museums, Gloucestershire, UK **309** Art Archive/Kobe Municipal Museum/Laurie Platt Winfrey **310** Alinari/Bridgeman **311** AKG/Jerome da Cunha **313** AKG **314** Corbis/Bettmann **316** AKG/Erich Lessing **317** Bridgeman/The Crown Estate **319t** Bridgeman/Private Collection, ©ook and Learn **319b** Bridgeman/State Art Gallery of Kirgiz Republic, Bishkek, Kyrgyzstan**320** AKG **321** Scala/HIP **323** Bridgeman/©shmolean Museum, University of Oxford, UK **325** Bridgeman/Private Collection **326** Art Archive/British Museum/Eileen Tweedy **327** Mary Evans **328** Art Archive **329** Art Archive/Pinacoteca Nazionale di Siena/Gianni Dagli Orti **330** Bridgeman/Private Collection **331** Mary Evans/Asia Media **332** Alamy/Mary Evans **333** AKG **334** Art Archive/Culver Pictures **335** Bridgeman/PrivateCollection, Ken Welsh **336** Alamy/North Wind Picture Archive **337** Bridgeman/National Portrait Gallery, London, UK **338** Scala/Ann Ronan/HIP**339** Alamy/Mary Evans **340** The Art Archive/Galleria Borghese Rome/Alfredo Dagli Orti **341** The Art Archive/San Luigi dei Francesi Rome/AlfredoDagli Orti **343** Corbis/Christophe Boisvieux **344t** Corbis/Louie Psihoyos **344b** Bridgeman/Private Collection **346** AKG **347** Corbis **348** Alinari/Bridgeman **349** Bridgeman/Private Collection, The Stapleton Collection **350** Alamy/Print Collector **352** Scala/BPK,

Bildagentur fuer Kunst, Kulturund Geschichte, Berlin **354** Bridgeman/Louvre, Paris, France, Peter Willi **355** Art Archive/Tokyo University/Laurie Platt Winfrey **356** Bridgeman/Musee des Beaux-Arts, Rouen, France, Lauros/Giraudon **358** AKG **360** Bridgeman/Private Collection **362t** Getty/Hulton **362b** Getty/Popperfoto**364** Bridgeman/National Gallery, London, UK **365** Art Archive **367t** Bridgeman/Louvre, Paris, France, Lauros/Giraudon **367b** Bridgeman/Chateaude Versailles, France, Lauros/Giraudon **369** Bridgeman/Santa Maria della Vittoria, Rome, Italy **371** AKG/Electa **372** AKG/Jean-Louis Nou**375** Bridgeman/©useum of London, UK **376** Alamy/Lebrecht Music & Arts Photo Library **378** Alamy/Mary Evans **379** Art Archive/Musee duChateau de Versailles/Gianni Dagli Orti **380** Corbis/Art Archive **382** Alinari/Imagno **384** Corbis/Bettmann **385** AKG **388** Corbis/Bettmann**389** Alamy/Print Collector **390** Bridgeman/Houses of Parliament, Westminster, London, UK **391** Corbis/Bettmann **392** Alinari/Topfoto**393** Bridgeman/St. Paul's Cathedral Library, London, UK **394** Bridgeman/Archives du Ministere des Affaires Etrangeres, Paris, France, ArchivesCharmet **395** Scala/Art Media/HIP **396** Bridgeman/©ictoria Art Gallery, Bath and North East Somerset Council **397** Getty/Hulton **398** Alinari/Bridgeman **401t** Bridgeman/National Portrait Gallery, London, UK **401b** Alamy/Mary Evans **402** Bridgeman/Schloss Augustusburg, Bruhl,Germany **403** Bridgeman/©orwich Castle Museum and Art Gallery **404t** Bridgeman/Courtesy of the Council, National Army Museum, London,UK **404b** Bridgeman/Private Collection **406** Alamy/Classicstock **407** AKG **408** Bridgeman/Pennsylvania Academy of the Fine Arts, Philadelphia,USA **409** Bridgeman/Private Collection **410** Corbis/Bettmann **412** Bridgeman/Private Collection, Phillips, Fine Art Auctioneers, New York, USA**413** Scala **414** Bridgeman/Private Collection **416** Getty/Hulton **417** AKG/British Library **418** AKG **419** Bridgeman/Bibliotheque Polonaise, Paris,France, Bonora **421** Bridgeman/American Antiquarian Society, Worcester, Massachusetts, USA **422** Getty/Hulton **423** Art Archive/Private Collection Paris/Alfredo Dagli Orti **424** Alamy/Stockmontage Inc **426** Corbis/PoodlesRock **427** Alamy/Select Images **428** Bridgeman/©ixsonGalleries, State Library of New South Wales **429** Getty/Hulton **430** Alamy/Print Collector **431** Bridgeman/Ecole Nationale des Ponts et Chaussees,France, Archives Charmet **432** Art Archive/Coll Diaz Peru/Mireille Vautier **434** AKG **437** Bridgeman/Pennsylvania Academy of the Fine Arts,Philadelphia, USA **438** Bridgeman/Musee de la Ville de Paris, Musee Carnavalet, Paris, France, Giraudon **439** Alamy/Visual Arts Library**440** Bridgeman/©ritish Library Board. All Rights Reserved **441** Alinari **443t** Corbis **443b** Getty/Popperfoto **444t** Bridgeman/Musee de la Ville deParis, Musee Carnavalet, Paris, France, Giraudon **444b** Scala/Ann Ronan/HIP **446** Bridgeman/Private Collection, Ken Welsh **447** Art Archive/MuseeLambinet Versailles/Gianni Dagli Orti **448** Getty/Hulton **449** Corbis/Art Archive **450** Corbis/Burstein Collection **451** Getty/Time & Life Pictures**453** Bridgeman/Academie Nationale de Medecine, Paris, France, Archives Charmet **454t** Getty/Time & Life Pictures **454b** Bridgeman/PrivateCollection **456t** Getty/Hulton **456b** Art Archive/Eileen Tweedy **459** Getty/Hulton **460** AKG/Erich Lessing **463t** Getty/Hulton **463b** AKG **464** AKG**465** AKG **466** Corbis **469** Bridgeman/Louvre, Paris, France **470** AKG **471** Alamy/Mary Evans **472** Bridgeman/Private Collection **473** AKG/ErichLessing **474** Art Archive/Eileen Tweedy **475** Bridgeman/Bibliotheque Nationale, Paris, France, Lauros/Giraudon **476t** AKG **476b** Bridgeman/Prado,Madrid, Spain **478** Bridgeman/State Central Artillery Museum, St. Petersburg, Russia **479** Bridgeman/Private Collection, Photo©onhams, London,UK **480** Alamy/Visual Arts Library **481** Corbis/Bettmann **482** AKG **483** Alamy/Visual Arts Library **484** Bridgeman/Private Collection, The StapletonCollection **485** Bridgeman/Private Collection **487** Bridgeman/Bolivar Museum, Caracas, Venezuela, Giraudon **488t** Bridgeman/©ollection of theNew York Historical Society, USA **488b** Alamy/North Wind Picture Archives **490** Art Archive/Bibliotheque Marmottan Boulogne/Gianni Dagli Orti**491** Art Archive/Museo Nacional de Historia Lima/Gianni Dagli Orti **492** Art Archive/Biblioteca National do Rio de Janiero Brazil/Gianni Dagli Orti**493** Corbis/Bettmann **494t** Bridgeman/National Portrait Gallery, London, UK **494b** AKG **496** Alamy/Visual Arts Library **497** Corbis/Bettmann**498** Bridgeman/Gernsheim Collection, University of Texas, Austin, USA, Archives Charmet **499** Art Archive/Museum der Stadt Wien/Alfredo DagliOrti **500** Scala/HIP **501** Getty/Hulton **502t** Getty/Hulton **502b** Alamy/Mary Evans **504** Bridgeman/©he Royal Institution, London, UK**505** Corbis/Hulton **506t** Corbis/Bettmann **506b** Science Photo Library **508** Bridgeman/Guildhall Library, City of London **509** Getty/Hulton**510** Alamy/Mary Evans **511** Bridgeman/State Russian Museum, St. Petersburg, Russia, Giraudon **512** Getty/Hulton **513** Corbis/Bettmann**514t** Alamy/INTERFOTO Pressebildagentur **514b** Alamy/Mary Evans **516** Science & Society Picture Library/NMeM **517** Bridgeman/Courtesy of the Council, National Army Museum, London, UK **519** © Antiques & Collectables / Alamy **521t** Corbis/Bettmann **521b** Scala/HIP **522** Alamy**524** Bridgeman/Private Collection **525** Getty/Hulton **527** Corbis **528t** AKG **528b** AKG **530** Scala **531** Bridgeman/Private Collection, TheStapleton Collection **532** Corbis/Bettmann **533** Scala/HIP **534** Corbis/Bettmann **535** Bridgeman/Private Collection, Giraudon **536** Scala/NationalPortrait Gallery Smithsonian/Art Resource **538** Corbis/Bettmann **539** Alamy/ClassicStock **540** Getty/Felice Beato/Hulton **541** Getty/Hulton**542** Science Photo Library **543** Corbis/Hulton **544** Corbis/Hulton **545** Bridgeman Art Library **547** Scala **549** Corbis/Hulton **550** Corbis/Bettmann**551** Art Archive/Musee National de la voiture et du tourisme Compiegne/Gianni Dagli Orti **553t** Corbis **553b** Corbis **554** AKG **555** Corbis/Hulton**556** Alamy/Ultimate Group LLC **557** Corbis/Bettmann **558t** AKG **558b** Getty/Time & Life Pictures **560** AKG/RIA Novosti **561** Corbis/Bettmann**562** Corbis **563** Corbis/Bettmann **564t** AKG/RIA Nowosti **564b** AKG/RIA Nowosti **566** AKG **567** Corbis **568** Corbis/Asian Art & Archaeology, Inc.**569** Alamy/Print Collector **570** Corbis/Bettmann **571** Getty/Hulton **572** Alinari **574** Corbis/Bettmann **576** Alamy/Mary Evans **577** Alamy/MaryEvans **578** Alamy/Print Collector **579** Corbis/Stapleton Collection **580t** Alamy/Lebrecht Music & Arts Photo Library **580b** Corbis/Hulton**582** Corbis/Bettmann **583** Getty/Hulton **585** Getty Images **586** Alamy/Mary Evans **587** Bridgeman/©eeds Museums and Galleries (City ArtGallery) UK **588** Corbis/Bettmann **589** Corbis **590** AKG **591** Art Archive/Culver Pictures **593** AKG **594t** Bridgeman/©amuel Courtauld Trust,Courtauld Institute of Art Gallery **594b** Corbis/Francis G. Mayer **596** Corbis/Bettmann **597** Alamy/Pictorial Press Ltd. **598** Corbis/Bettmann**599** Alamy/Print Collector **600** Corbis/Sygma **601** Kobal Collection/Lumiere **603** AKG **604** Corbis **605** Corbis/Bettmann **606** Corbis/Hulton**607** Alamy/Mary Evans **608** AKG **611** Corbis **614** Alamy/Mary Evans **615** Getty/Hulton **617** Corbis/Bettmann **618** Rex Features/Roger-Viollet**619** Corbis/Bettmann **620** Corbis **621** AKG **623** Alamy/Print Collector **624** Alamy/Mary Evans **625** Rex Features/Tony Davis **627** Corbis/Hulton**628** Science Photo Library/RIA Novosti **629** Getty/Time & Life Pictures **630t** Getty/Popperfoto **630b** Getty/Hulton **632** Getty/Hulton **633** ArtAchive/National History Museum Mexico City/Gianni Dagli Orti **634** Mary Evans/Rue Des Archives **635** Corbis/Bettmann **636t** AKG/Ullstein Bild**636b** Corbis/Hulton **638** Rex Features **639** Art Archive/Ocean Memorabilia Collection **640** Rex Features/Roger-Viollet **641** Corbis/Hulton**642** Corbis/Bettmann **643** Corbis/Bettmann **644** Art Archive **645** Corbis/Hulton **647t** AKG/Ullstein Bild **647b** Getty/Hulton **649t** Rex Features**649b** Alamy/INTERFOTO Pressebildagentur **650** Art Archive/Imperial War Museum **651** Getty/Popperfoto **652** Corbis **655t** AKG **655b** Getty/Popperfoto **656** Rex Features/Roger-Viollet **657** Alamy/Print Collector **658** Corbis/Bettmann **659** Corbis/Hulton **660** Corbis/Bettmann **661** AKG**662** Corbis/Hulton **663** Corbis/Bettmann **664** Getty/Hulton **665** Getty/Hulton **666t** Corbis/Bettmann **666b** Getty/Hulton **668** Getty/Hulton**669** Corbis/Bettmann **670** Science & Society Picture Library **671** Corbis/Bettmann **672** Corbis **673** Getty/BIPS/Hulton **674t** Corbis/Hulton**674b** Getty/Time & Life Pictures **676** Corbis/Bettmann **677** AKG **678** Getty/Hulton **679** Getty/Time & Life Pictures **680** Science Photo Library/Emilio Segre Visual Archives/American Insitute Of Physics **682** Alamy/Mary Evans **683** Corbis/Bettmann **685** Alamy/Pictorial Press Ltd. **686** Corbis/Bettmann **688** Rex Features/SNAP **689** Corbis/Hulton **690** Corbis/Bettmann **691** Corbis/Bettmann **693** Getty/Hulton **694** Corbis/Bettmann**695** Corbis/Bettmann **696** AKG **697** UPPA/Photoshot **699t** Corbis/Bettmann **699b** Corbis/Bettmann **700** Getty/AFP **701** Corbis/Bettmann**702** Getty/Popperfoto **705** Getty/Hulton **706** Corbis/Bettmann **707** Getty/Laski Diffusion **709t** AKG **709b** Corbis/Hulton **710** Getty/Time & LifePictures **711** Corbis/Bettmann **712** Paul Popper/Popperfoto/Getty Images **714t** Corbis/Bettmann **714b** ©orbis **717t** Kobal Collection/Selnick/MGM **717b** Kobal Collection **718** Getty/Hulton **719** Corbis **720** Getty/Bert Hardy **722** Rex Features/Roger-Viollet **723** © Francois Pugnet/Kipa/Corbis **724** Getty/Hulton **725** Corbis **726t** Corbis **726b** Getty/IanWaldie **728** AKG **729** Getty/Hulton **730**

Getty/Hulton **732** Getty/Popperfoto **733** Corbis **734** Getty/Hulton **735** Alamy/Mary Evans**736** Alamy/Mary Evans **737** Getty/Hulton **738** Magnum/©2001 CornellCapa **739** Getty/Time & Life Pictures **740** AKG **742** Corbis/Hulton**744** Corbis/ Bettmann **745** Corbis **746** Getty/Time & Life Pictures**747** Getty/Hulton **748** Corbis **749** Corbis **751** Corbis/ Bettmann**752** AKG **754** Corbis/Bettmann **756** Rex Features/Sipa **757** Corbis/Hulton **759** Corbis **760** Getty/Popperfoto **761** Alamy/Print Collector**763t** Getty/Hulton **763b** Getty/Popperfoto **764t** Getty/Time & LifePictures **764b** Corbis/Bettmann **766** Getty/AFP **767** Getty/ AFP**771** Corbis/Bettmann **773t** AKG/Paul Almasy **773b** Corbis/ Bettmann**774** Science Photo Library/Los Alamos National Laboratory **775** Getty/Popperfoto **776** Science Photo Library/A. Barrington Brown **777** Alamy/Royal Geographical Society **779t** Getty/Michael Ochs Archive**779b** Corbis/ CinemaPhoto **780** Alamy/Mary Evans **782** Rex Features/Everett Collection **783** Alamy/Pictorial Press Ltd. **785** Getty/Time & LifePictures **786** Corbis/Hulton **787** AKG **788** Getty/ Popperfoto**789** Corbis/Bettmann **790** Getty/Hulton **791** Getty/AFP **792** Alamy/INTERFOTO Pressebildagentur **793** Getty/Popperfoto **794t** Corbis/Bettmann **794b** Getty/Michael Ochs Archive **797t** Getty/ Popperfoto**797b** Corbis/ David Rubinger **798** Getty/AFP **800** Getty/ Popperfoto**801** Getty/Hulton **803t** Corbis/Bettmann **803b** Corbis/ Bettmann**804** Corbis/Bettmann **806** Getty/Time & Life Pictures **807** Getty/Time &Life Pictures **809t** AKG **809b** Corbis/Reuters **810** Corbis/ Bettmann**811** Getty/Time & Life Pictures **812** Getty/Hulton **813** PA Photos/JamesW. Ike Altgens/AP **814** Rex Features/Everett Collection **816t** Corbis/Bettmann **816b** Getty/Hulton **818** Corbis/Tim Page **819** Corbis/Bettmann **820t** Corbis/Bettmann **820b** Getty/AFP **822** Corbis/ Bettmann**823** Corbis/JB Russel/Sygma **824t** Corbis/Bettmann **824b** Getty Images**826** Corbis/Bettmann **827** Rex Features/Sipa **829t** Corbis/Libor Hajsky/EPA **829b** Rex Features/Edwin Walter **830** NASA **831** Getty/AFP**832** NASA **833** NASA **834** Corbis/Bettmann **835** Getty/ Time & LifePictures **836t** David Redfern/Redferns **836b** Getty/Time & Life Pictures**838** Corbis/Christian Simonpietri/Sygma **839** Magnum/ Gilles Peress**841t** Getty Images **841b** Getty Images **843t** Getty/AFP **843b** Corbis/Dmitri Baltermants **844** Rex Features/Sipa **845** Allan Tannenbaum/Time& Life Pictures/Getty **846** Corbis/Henri Bureau/ Sygma **847** Getty/Hulton**848** Rex Features/Sipa **849** Getty/AFP **851** Corbis/Bettmann **852** Getty/Hulton **853** Getty/Time & Life Pictures **854** Alamy/Peter Jordan**856** Getty/Hulton **857** Corbis/Selwyn Tait/ Sygma **859t** Getty/DavidHume Kennerly **859b** Getty/David Hume Kennerly **860** Corbis/Bettmann **861** Getty/Time & Life Pictures **862t** Corbis/Hulton**862b** Getty/Hulton **864** Corbis/Alain DeJean/Sygma **865** Corbis/Bettmann **866** Getty/Hulton **867** Rex Features/Sipa **869** Getty/Hulton**870** Corbis/Michel Philippot/Sygma **871** Corbis **873** Corbis/KapoorBaldev/Sygma **874** Corbis/David Turnley **875** Corbis/ Kapoor Baldev/Sygma **876** Getty/ David Levenson **877** Getty/AFP/ Patrick Riviere**878** Getty/Georges De Keerle **879** Corbis/Larry Downing/Sygma**880** Getty/Hulton/MPI **881** Rex Features/Sipa **882** Getty/AFP **883** RexFeatures/Mr. F. Zabci **884** Corbis/ Igor Kostin/ Sygma **886** Corbis/PeterTurnley **887** Rex Features/Sipa **888** Getty/ Steve Powell **889** Corbis/BrynColton/Assignments Photographers **890** Corbis/Sygma **891** Getty/AFP**892** Corbis/Reuters **894** Corbis/ Reuters **895** Corbis/Wolfgang Kumm/DPA **896** Corbis/Peter Turnley **897** Rex Features/Sipa **898** Corbis **901t** Getty/AFP **901b** Corbis/ Bettmann **903** Getty Images **904** Corbis/David Turnley **905** Tokyo Shimbun/Corbis Sygma **906t** Rex/Sipa Press **906b** Rex/Sipa Press **907t** Corbis **907b** Corbis **908** Rex Features/Sipa Press **909** Pablo Bartholomew/Gamma Liaison **910** Florence Durnad/Sipa Press/Rex Features **911** Sean Adair/Reuters/Corbis **912t** James Nielsen/Getty Images **912b** Stephen Jaffe/AFP/Getty Images **913t** Corbis **913b** Darma/AFP/Getty **915** Partick Baz/AFP/Getty **917** John Russell/AFP/ Getty **918** 2005 Metropolitan Police **919** Balkanpix.com/Rex Features **920** Rex Features **921** Ali Haider/EPA/Corbis **923** Corbis/Chris Gardner **924** Jagadeesh NV/epa/Corbis **925** Getty **926** Christopher Berkey/ epa/Corbis **927** MCT via Getty Images **928** AFP/Getty **929** Christophe Ena/AP/Press Association Images **930** STR/epa/Corbis **932** Richard Juilliart/AFP/Getty Images **933** NG Images/Alamy Stock Photo **934** Ettore Ferrari/epa/Corbis **936** Dimitar Dilkoff/AFP/Getty Images **938** Haytham Pictures/Alamy Stock Photo **939** REX Shutterstock **941** SK Hasan Ali/Alamy Live News

# 필자 소개

**토니 번팅(TB)**은 센트럴 랭커셔 대학의 대학원 과정 연구생으로 20세기 국제 관계를 전공하고 있다.

**리처드 카벤디쉬(RC)**는 역사가로 『히스토리 투데이』지에 과거 사건의 역사적 기념일에 관해 정기적으로 글을 싣는다.

**피터 퍼타도(PF)** (책임 편집자)는 『세계 역사의 지도』를 비롯해 세계 역사에 관한 다수의 참고 서적 편집을 맡아 왔다. 영국 왕립 역사 학회의 특별 회원이다.

**레그 그랜트(RG)**는 역사적이고 군사적인 주제에 관해 스무 권 이상의 저서를 집필했다. 『비행: 항공 역사 100년』과 『군인: 전투하는 인간에 관한 생생한 역사』가 대표작이다.

**제임스 J. 해리슨(JJH)**은 역사와 문화에 관한 글을 쓴다. 『역사-결정적인 시각적 가이드』의 필자였으며 『밀레니엄을 만든 1000인』의 편집 자문을 맡았다.

**존 헤이우드(JH)**는 랭커스터 대학의 명예 연구 회원으로 고대사와 중세사에 대한 글을 쓴다. 저작으로 『암흑 시대: 유럽의 건축』이 있다.

**나이절 존스(NJ)**는 작가이자 역사가이다. 제1차 세계 대전에 대해 여러 편의 논문을 집필하였고 현재 나치의 유명한 죄수들에 관한 책을 집필중이다.

**닉 케네디(NK)**는 옥스퍼드에서 역사를 전공했다. 출판계에서 경력을 쌓은 후, 현재는 20세기의 군사 역사에 열중하고 있다.

**수잔 케네디(SK)**는 옥스퍼드에서 역사를 전공했다. 출판계와 BBC에서 일했고, 현재는 성인과 어린이를 위한 역사적 참고서적을 편집하고 집필한다.

**로버트 피어스(RP)**는 전직 컴브리아 대학 근대사 교수로, 스무 권 이상의 저서를 집필했으며 『히스토리 리뷰』지의 편집자이다.

**존 스위프트(JS)**는 컴브리아 대학 수석 강사이다. 저작으로 『팰그레이브 요약판 냉전 시대의 역사적 지도』(2003)와 『위기에 처한 노동: 클레멘트 애틀리와 야당의 노동당, 1931~40』(2001)이 있다.

# 감사의 말

Quint**essence** would like to thank the following:
**Sales** Helena Baser **Editing** Jemima Dunne, Ben Hubbard **Copy Editing** Joe Fulman **Indexing** Ann Marangos